Le fer rouge
de la mémoire

Jorge Semprún

Le fer rouge de la mémoire

Le Grand Voyage

L'Évanouissement

Quel beau dimanche !

L'Écriture ou la vie

Le Mort qu'il faut

Quarto Gallimard

Avertissement de l'éditeur

Le titre retenu pour ce Quarto, *Le Fer rouge de la mémoire*, emprunté à Semprún, figure dans *Autobiographie de Federico Sánchez*: «Eh bien soit, je continuerai à remuer ce passé, à mettre au jour ses plaies purulentes, pour les cautériser avec le fer rouge de la mémoire.» À la lecture des cinq «romans» et des *Varia* (Préfaces, articles...) recueillis dans cet ouvrage, le lecteur mesurera à quel point le fer rouge et ses usages ne sont qu'une facette d'une mémoire protéiforme, saturée et imprévisible, dont la complexité est aussi l'un des objets de ce recueil. Camp, souvenir, mémoire, oubli, vie, mort. Comment articuler les termes, quand leur distribution se rejoue inlassablement? Semprún écrit à propos de sa mémoire comme on écrirait d'un champ de bataille ou d'un électron libre. Depuis la sortie de Buchenwald, «ma mémoire était pleine de sang», «des flocons de neige flottaient dans ma mémoire. À moins que ce ne fussent des flocons de fumée grise», «la mémoire de Buchenwald était trop dense, trop impitoyable», «seul l'oubli pourrait me sauver», «une mémoire déchaînée, découvrant dans un éblouissement instantané tous les enchaînements obscurs, subitement devenus évidents», «des immobilités, mais vertigineuses; lisses en surface, peut-être même plates ou ternes, pourtant creusées de l'intérieur par un terrible tourbillon immobile», «Il n'y a plus de mémoire innocente, plus pour moi». Et à propos du bon usage de la mémoire: «La mémoire est le meilleur recours, même si cela paraît paradoxal à première vue. Le meilleur recours contre l'angoisse du souvenir, contre la déréliction, contre la folie familière et sourde. La criminelle folie de vivre la vie d'un mort.» Alors s'ouvre un autre abîme, parce qu'il n'y a pas de passage naturel entre le souvenir et le dire. Et c'est aussi l'ambition de Semprún, trouver la forme qui permette de rendre compte des camps (ceux de l'Allemagne nazie comme ceux de la Kolyma, en Russie soviétique, qu'il se fait un devoir de s'approprier), inséparables de sa vie de militant communiste clandestin dans l'Espagne de Franco, de l'effondrement du rêve de rédemption par l'action politique et la révolution, et tout aussi inséparables de l'enfance, des œuvres qui ont marqué une vie de jeune étudiant, des chansons populaires. «Raconter bien, ça veut dire : de façon à être entendus. On n'y parviendra pas sans un peu d'artifice. Suffisamment d'artifice pour que ça devienne de l'art!» Ce sont ces voix multiples, qui circulent à la périphérie pour rendre le centre audible, que Semprún nous donne à entendre. Ce sont ces voix qui nous aspirent dans la spirale infernale de sa mémoire, dont le fer rouge imprime désormais sa marque sur nous.

Le lecteur trouvera à la fin du volume (p. 1101 à 1172) un ensemble de références, auteurs, œuvres et événements auxquels J. Semprún fait allusion ou se réfère implicitement. Toutes les notes qui figurent dans les préfaces et articles reproduits dans ce volume ont été introduites par les éditeurs.

JORGE SEMPRÚN

VIE ET ŒUVRE

1923-2011

> « Eh bien soit, je continuerai à remuer ce passé,
> à mettre au jour ses plaies purulentes,
> pour les cautériser avec *le fer rouge de la mémoire.* »
> *Autobiographie de Federico Sánchez*

1923

13 septembre. Putsch du général Miguel Primo de Rivera qui élimine le système parlementaire au profit d'un Directoire militaire, avec l'appui d'Alphonse XIII. La dictature qui dure jusqu'en 1930 interdira en mai 1924 les organisations syndicales et anarchistes — la Confédération nationale du Travail (anarchiste) entre dans la clandestinité. L'état de siège ne sera levé que le 16 mai 1925.

10 décembre. Naissance à Madrid de Jorge Semprún, fils de José Maria de Semprún y Gurrea et Susana Maura Gamazo, fille d'Antonio Maura qui fut cinq fois président du Conseil sous Alphonse XIII.

José Maria de Semprún y Gurrea est juriste, il a étudié la philosophie du droit à l'université de Madrid. Il occupera aussi les fonctions de gouverneur civil à Tolède.

La famille comptera sept enfants : Susana (1920), Maria Isabel (1921), Gonzalo (1922), Jorge (1923), Alvaro (1924), Carlos (1926), Francisco (1928). Jorge, comme Carlos, fait disparaître la particule « de » de son nom.

« La seule photographie qui me reste d'elle est la reproduction d'une image de la revue illustrée *Blanco y Negro*. On y voit ma mère au milieu d'un groupe de convives. Grande, très brune, le regard fixé sur l'objectif de l'appareil, attendant l'éclair de magnésium. [...] Direc'teur de l'Académie espagnole, mon grand-père reçoit à dîner quelques membres de l'illustre compagnie. Réception intime, familiale – de fait l'épouse de don Antonio, et ses deux filles, dont ma mère, sont là – mais compassée. » *Adieu vive clarté* [1998], Gallimard, Folio, 2000, pp. 45-46.

1926

Dès l'âge de trois ans, il commence à parler l'allemand. « N'oublions pas une tradition espagnole, celle des gouvernantes allemandes. Grâce à l'une d'entre elles, j'ai parlé l'allemand presque en même temps que l'espagnol : c'était ma deuxième langue. »

1930

28 janvier. Après la démission du général Primo de Rivera, qui échoue à faire légitimer le régime par la constitution, le gouvernement du général Berenguer est formé. Tout au long de l'année ont lieu de nombreuses grèves, souvent émaillées d'incidents violents.

Décembre. Le 12, la garnison de Jaca se soulève ; le soulèvement échoue et ses deux animateurs républicains sont exécutés le 14. Le 13, la CNT et l'UGT (socialiste) décrètent la grève générale contre la monarchie d'Alphonse XIII. Le 15, un Comité révolutionnaire politique lance un appel pour instaurer la République.

Sa mère, alors qu'il a sept ans, lui prédit qu'il sera écrivain.

« Mon père, typiquement espagnol, c'est-à-dire s'occupant à la fois très bien et pas du tout de ses nombreux enfants, avait l'habitude, le dimanche matin, de les emmener au Prado par classe d'âge. »

Lire, art. cit., 1986.

1931

8-14 février. Le 8, le gouvernement convoque de nouvelles élections aux Cortes. Républicains et socialistes refusent d'y participer. Le 14, le gouvernement Berenguer démissionne. Un nouveau gouvernement est formé par l'amiral Aznar.

Le père de Jorge Semprún est nommé gouverneur civil de la province de Santander.

22 mars. Les garanties constitutionnelles sont rétablies en vue des prochaines élections municipales.

12 avril. Les républicains remportent une victoire écrasante aux élections municipales. Aussitôt un manifeste du Comité révolutionnaire politique demande le départ du roi. La CNT lance une grève générale.

14 avril. La République est proclamée. Le gouvernement provisoire compte trois ministres socialistes : Francisco Largo Caballero (Travail), Fernando de Los Ríos (Justice), Ignacio Prieto (Finances). L'oncle de Semprún, le républicain conservateur Miguel Maura, est ministre de l'Intérieur de ce premier gouvernement républicain. Il en démissionnera pour marquer son opposition à la décision gouvernementale de supprimer la subvention annuelle de l'État à l'Église qui entraîne la fermeture des écoles religieuses.

Au moment où la république est proclamée, la famille Semprún Gurrea scandalise le voisinage en mettant à la fenêtre le drapeau républicain (rouge or violet, et non pas le drapeau rouge comme on l'a écrit à tort). Son père, lorsque certains membres de la famille ne partageant pas son orientation politique lui téléphonent, s'amuse à leur faire entendre *La Marseillaise*.

28 juin. Les élections aux Cortes voient le triomphe de la coalition des républicains et des socialistes (383 députés dont 116 socialistes sur 422). L'agitation politique et sociale accompagne les réformes sociales que le gouvernement tente de mettre en place (lois sur les coopératives, regard ouvrier sur l'administration des entreprises).

Été. La famille passe les vacances au Sardinero, le quartier résidentiel des plages de Santander. Jorge Semprún conservera le souvenir de la maison et de sa véranda : «C'est donc sur cette véranda que tu découvris à l'âge de huit ans, inconscient de ce que tu venais de découvrir, les contradictions de la république bourgeoise et, par là même, les déchirements intérieurs de la conscience libérale.»

Autobiographie de Federico Sánchez [1978], Le Seuil, coll. «Points», 1996, p. 105.

1932

Sa mère, Susana de Semprún, meurt d'une septicémie. Jorge n'a que neuf ans.

Juin. Troubles agraires en Andalousie.

10-11 août. Tentative de coup d'État militaire dirigée par le général Sanjurjo, à laquelle réplique une grève générale à Séville organisée par la CNT.

Octobre. Premier numéro de la revue *Esprit*, fondée par Emmanuel Mounier (1905-1950) et des catholiques soucieux de s'ouvrir au monde. Le père de Jorge Semprún se rattache à ce courant qui donnera naissance au personnalisme. Il devient le correspondant du groupe Esprit en Espagne.

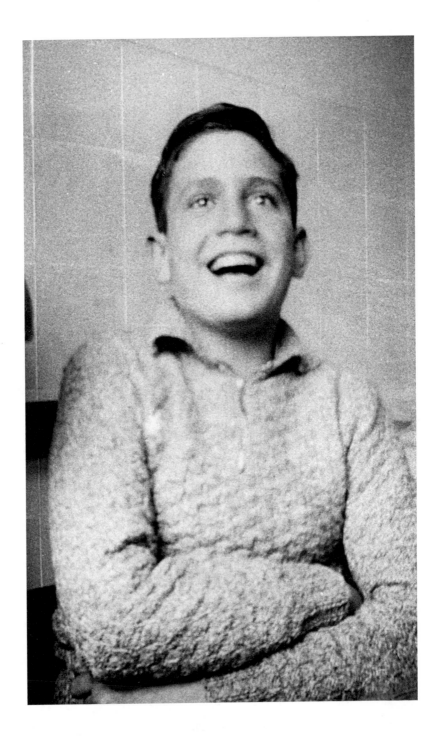

« … dans ma famille, en Espagne, où j'ai commencé mes études, on était ouverts de façon cosmopolite à plusieurs cultures. Mon père était correspondant non seulement de la revue, mais aussi du mouvement Esprit. Il y avait donc chez nous un rapport étroit avec la culture française, mais aussi un rapport très fort avec la culture allemande, ce qui est traditionnel dans l'Espagne du XXᵉ siècle… »

Lire, art. cit., 1986.

1933

Janvier. Grève insurrectionnelle dans toute l'Espagne à l'initiative de la CNT.

Avril. Premier numéro de la revue *Cruz y Raya, revista de afirmación y negación* (la couverture est simplement frappée d'un + et d'un − avec le numéro de la livraison), fondée par l'écrivain et dramaturge José Bergamín (1895-1983) avec le père de Jorge Semprún. La revue paraîtra jusqu'en juin 1936 (n° 39).

Été. Après la mort de son épouse, José Maria de Semprún change de villégiature et loue une maison dans un petit village de pêcheurs du Pays basque, à Lekeitio.

19 novembre. Les élections législatives sont un triomphe pour les partis de droite (Confédération espagnole des droites autonomes). La gauche ne compte que 87 socialistes élus et les communistes un seul.

Décembre. José Maria de Semprún publie un premier article dans la revue *Esprit* (n° 15) : « Espagne : origine et aspect de sa jeune République. »
L'Aragon est le théâtre d'un soulèvement : les ouvriers agricoles proclament le communisme libertaire.

1934

Juin. Grève générale des moissonneurs.

Octobre. Le 5, à Oviedo (Asturies), un Comité révolutionnaire regroupant les partis ouvriers lance une insurrection pour s'opposer « à la liquidation de la république démocratique bourgeoise et à l'instauration d'un État autoritaire et contre-révolutionnaire par la voie parlementaire ». Le 6, le gouvernement central proclame l'état de guerre dans toute l'Espagne, le gouvernement de Catalogne ayant proclamé la République. Le *Tercio* (Légion étrangère) et les troupes coloniales, qui ne font pas de prisonniers, écrasent la révolte des mineurs. Elle prend fin le 19 octobre.

Autobiographie..., op. cit., p. 115.

Quelque temps plus tard, Jorge Semprún entend le professeur de droit Alfredo Mendizábal, « raconter à [s]on père les journées qu'il avait vécues à Oviedo durant l'insurrection prolétarienne d'octobre 1934 ». Semprún, parlant de lui-même, ajoute : « Il te semblait comprendre que la cause défendue par les ouvriers des Asturies était juste, mais que les moyens auxquels ils recouraient pour la défendre ne l'étaient pas. »

Autobiographie..., op. cit., p. 105.

L'historien Gerald Brenan affirme que l'on peut considérer ce soulèvement « comme la première bataille de la guerre civile ». L'Espagne compte alors environ 40 000 prisonniers politiques.

G. Brenan, *Le Labyrinthe espagnol*, Champ libre, 1984, p. 338.

1936

Janvier. Les Cortes sont dissoutes le 7, de nouvelles élections sont prévues pour le 16 février. Le 15 se constitue le Front populaire pour lequel adhèrent la Gauche républicaine, l'Union républicaine, la Gauche républicaine de Catalogne, le Parti socialiste, le Parti communiste, l'Union générale du travail, la Fédération nationale des Jeunesses socialistes, le Parti syndicaliste, le Parti ouvrier d'unification marxiste. L'amnistie générale est le premier point de son programme.

À l'époque, le Parti communiste espagnol, dépourvu de base ouvrière, ne compte que quelques milliers de militants.

16 février. Les élections voient le triomphe du Front populaire (267 sièges contre 132 à la droite). Six jours plus tard, une loi d'amnistie pour faits politiques ou sociaux permet la libération de milliers de militants emprisonnés.

Affiche de Toni Vidal, juillet 1936.

Le père de Jorge Semprún est nommé gouverneur civil de Tolède.

C'est un homme aux goûts éclectiques : il apprécie les poètes Rubén Dario et Gustavo Adolfo Bécquer et possède une édition du *Capital* de Marx, depuis 1932 comme l'indique la mention inscrite à l'intérieur du livre : «José Ma. de Semprún y Gurrea, juin 1932». Il s'agit de l'édition Gustav Kiepenheuer, préfacée par le philosophe Karl Korsch (1886-1961), ancien député communiste de Thuringe, exclu du PCA en 1926. Le volume porte ses annotations manuscrites, en espagnol, en allemand. Il a l'intention de le relire l'été, à Lekeitio.

Autobiographie…, op. cit., p. 36 et pp. 412-413.

1er avril. Jeunesses socialistes et Jeunesses communistes fusionnent pour former les Jeunesses socialistes unifiées. L'un des acteurs de cette fusion, Santiago Carrillo, de retour de Moscou, et une fois la guerre civile enclenchée, rallie le Parti communiste espagnol (PCE), livrant les JSU et ses 200 000 adhérents au PCE. En 1939, son père, Wenceslao Carrillo, écrira à Staline au sujet du ralliement de son fils au communisme, après un voyage en Union soviétique. Sans renier l'amour qu'il porte à son fils, Wenceslao Carrillo dénonce la manipulation dont il a fait l'objet et son ralliement au stalinisme : « M. Staline, j'ai appris à mon fils à aimer la liberté. Vous l'avez ravalé au rang d'esclave. » Une belle carrière d'apparatchik commence pour le jeune Santiago... Wenceslao Carrillo meurt en exil en 1963, son fils, devenu secrétaire général du PCE, sera le supérieur de Jorge Semprún au sein de la hiérarchie communiste.

Wenceslao Carrillo, *Après la tragédie espagnole. La Vérité sur les événements d'Espagne. Lettre ouverte à Joseph Staline*, Berne, Fédération internationale des ouvriers sur Métaux, 1939.

Esprit publie une note de José Maria de Semprún sur la situation après les élections. Il y fait preuve d'un certain optimisme : « Je crois que M. Azaña est très bien disposé à faire au pouvoir un effort de modération et de *légalisation* des forces révolutionnaires : c'est l'unique tâche possible en ce moment. Si la droite penche vers la réaction, et si l'extrême gauche la dépasse par des excès dans la rue, alors l'issue est difficile à prévoir. Personnellement, je ne crois à aucun de ces deux dangers. [...] le vrai danger est dans l'absence d'une élite de cadres capable de donner un sens, un ordre et une spiritualité à la révolution (à la révolution *inévitable*, je le répète). »

Chez les Semprún, il n'y a pas que la politique qui fasse l'objet de débats, il y a aussi la présence de la littérature avec les soirées de lecture. Ainsi Federico Garcia Lorca lit sa dernière pièce, *La Casa de Bernarda Alba*, au domicile des Semprún, avant de partir pour Grenade où il sera arrêté puis fusillé le 19 août 1936.

12 juillet. Calvo-Sotelo, le dirigeant du Bloc national des Droites, est assassiné à Madrid.

17 juillet. *Pronunciamiento*, au Maroc, de la junte des généraux contre la République. Le lendemain, la grève générale est décrétée dans toute l'Espagne par les organisations syndicales et politiques.

La guerre civile commence avec l'échec partiel du coup d'État.

En vacances, comme d'habitude, au Pays basque, la famille est dans l'impossibilité de rentrer à Madrid. José Maria de Semprún participe à des réunions du Front populaire à Santander.

L'escalier de la légation à La Haye, 1937. « Les jeunes Basques, garçons et filles d'Eresoinka [ensemble de musique chorale basque] sont installés sur l'escalier du hall central de la villa. Ils en occupent les marches, de bas en haut, dans leurs vêtements typiques. Au pied de l'escalier se trouve mon père, en effet. Il a le visage grave, le regard triste [...]. Sur les premières marches se tiennent mes deux sœurs, Susana et Maribel, les aînées de la tribu. [...] Non loin d'un jeune homme au sourire éclatant qui s'appelait déjà Luis Mariano, et qui était l'un des chanteurs solistes de la chorale. » *Adieu vive clarté...*, *op. cit.*, pp. 27-28.

Août. Jean-Marie Soutou, qui a rejoint le groupe Esprit de Pau l'année précédente, est envoyé par Emmanuel Mounier à Lekeitio pour prendre des nouvelles de José Maria de Semprún et sa famille.

La chute d'Irun, prise par les rebelles, coupe l'accès à la frontière française.

Début août, le gouvernement français de Front populaire adopte la « politique de non-intervention » en Espagne, politique voulue par la Grande-Bretagne. Vingt-sept pays s'y sont ralliés, y compris l'Allemagne et l'Italie qui, jouant double jeu, envoient des volontaires et du matériel aux nationalistes (Légion Condor).

Fin septembre. Les Semprún quittent le Pays basque en bateau pour rejoindre l'Espagne républicaine en passant par la France. Ils arrivent à Bayonne sur le *Galerna*.

Saint-Sylvestre. La famille se réunit chez les sœurs Grobéty qui hébergent Jorge et Gonzalo. De gauche à droite : Alvaro, Jorge, Gonzalo, Carlos, Francisco. À l'arrière-plan Elsa Grobéty. « Face à l'appareil photographique, serrés les uns contre les autres, nous levons le poing pour le salut de la fraternité et de l'espoir. Pour saluer aussi, sans doute, la ville de notre enfance, Madrid, qui avait tenu, qui tenait toujours, assiégée, bombardée, affamée : debout. » *Adieu vive clarté…, op. cit.*, p. 77.

Automne. José Maria de Semprún est nommé chargé d'affaires de la République espagnole aux Pays-Bas. Il appelle Jean-Marie Soutou auprès de lui pour prendre en charge son secrétariat.

Octobre. Article de José Maria de Semprún dans *Esprit* : « La question de l'Espagne inconnue ».
Le texte est traduit et publié en néerlandais.

Novembre. Les rebelles annoncent la chute de Madrid. La mobilisation de la population et l'arrivée des premiers étrangers volontaires qui forment les Brigades internationales, bloquent l'offensive.
« … en novembre 1936, Madrid faisait aussi les gros titres de la presse quotidienne. J'étais à Genève, alors, dans une classe du collège Calvin. »
Ses deux sœurs aînées, Susana et Maribel, sont placées dans une institution catholique, ses trois frères cadets vivent à Ferney-Voltaire, pris en charge par un

Adieu vive clarté…, op. cit., p. 71.

Dolorès Ibárruri, la « Pasionaria », haranguant les défenseurs de Madrid.

Américain « immense et débonnaire », Gouverneur Paulding, appartenant lui aussi au réseau de la revue *Esprit*. Quelque temps plus tard, les enfants rejoignent leur père à La Haye.

1937

L'intervention soviétique (la distribution des armes) combinée à la stratégie communiste (opportunisme, modération et protection des biens) permet au PCE d'acquérir un poids de plus en plus considérable dans les structures de la République.

Mai. Journées de Barcelone. À la suite de la tentative de reprise du central téléphonique par une unité de police aux ordres des dirigeants communistes, les militants de la Confédération nationale du Travail et le POUM (Parti ouvrier d'unification marxiste) s'insurgent. Leurs dirigeants appellent à déposer les armes. Dans les jours qui suivent, les services spéciaux de la République, infiltrés par les agents soviétiques, mènent une chasse aux militants du POUM et aux libertaires. Ces derniers sont enlevés et détenus dans des prisons secrètes quand ils ne sont pas tout simplement exécutés après avoir été torturés, comme ce fut le cas pour Andreu Nin, le dirigeant du POUM. George Orwell, qui a combattu dans les rangs de la milice du POUM, dénoncera cette répression couverte par le gouvernement républicain qui aboutit à l'interdiction du POUM, et les mensonges de la propagande communiste.

Jorge Semprún reviendra sur cet aspect de la guerre civile dans son roman *Vingt ans et un jour* qui paraîtra en 2003.

L'ami de son père, l'écrivain José Bergamín, très philo-communiste, approuve la répression en participant à la campagne de calomnies contre le POUM.

Affiche anonyme, 1936.
Lors de son discours du 19 juillet 1936, Dolorès Ibárruri utilise cette formule « le fascisme ne passera pas ! » qui donnera naissance, par élision, au slogan républicain « ils ne passeront pas » (*¡No pasarán!*).

Juillet. Le camp de concentration de Buchenwald est mis en service à la fin du mois. Les premiers éléments ont été construits par des prisonniers amenés du camp de Sachsenhausen. Au 1er juillet, on dénombre 6 102 prisonniers de droit commun et 1 621 classés comme politiques (triangles rouges). À proximité du camp, une caserne accueille l'un des régiments de la SS *Totenkopf* chargée de la garde des camps.

Décembre. Parution de *L'Espoir* d'André Malraux.

Jorge Semprún analyse la genèse du roman, «l'origine verbale du roman», qu'il définit comme «une œuvre chorale, [d']une orchestration des voix les plus diverses de la guerre civile espagnole». Il souligne cependant que Malraux «a délibérément écarté de sa construction narrative tout élément qui mettrait en cause la politique qu'il avait adoptée, après mûre réflexion : celle de l'antifascisme stalinien, du compagnonnage avec le Parti communiste». «Malraux, poursuit-il, ne peut ignorer les arrestations des dirigeants du POUM ; la disparition d'Andreu Nin, qui mourra sous la torture ; la répression qui se développe et qui est le fait des services spéciaux de la République espagnole, contrôlés par les conseillers soviétiques. Mais il n'en dira rien…»

Le Point, 10 novembre 1986.

1938

Au début de l'année, le jeune homme cesse secrète-ment de fréquenter l'église. À l'heure de la messe, il part faire de longues promenades en vélo jusqu'à la plage de Scheveningen.

Jean-Marie Soutou lui fait découvrir *Les Fleurs du mal.*

« Dans la librairie de Martinus Nijhoff, sur l'avenue ombragée du Lange Voorhout, où je fouinais et furetais souvent, je trouvai peu après une édition des œuvres de Baudelaire qui venait de paraître. C'était le premier titre d'une nouvelle collection reliée en cuir, d'une belle typographie sur papier bible : celle de la Pléiade, bien sûr. […] Les poèmes de Baudelaire m'ouvrirent l'accès à la beauté de la langue française. À sa beauté concrète et complète, j'entends : beauté du son autant que du sens, prosodique autant que conceptuelle, sensuelle autant que significative. »

Adieu vive clarté…, op. cit., pp. 58-59, 61.

Novembre. Dans *Esprit* (n° 74 du 1er novembre), José Maria de Semprún donne son sentiment sur la disparition de l'honneur comme vertu chrétienne. Il analyse une des caractéristiques de l'époque en ces termes : « Nous avons tous eu l'occasion de voir des choses dures et terribles, des injustices et des violences ; mais ce que Bernanos a vu à Majorque — comme Villaplana l'avait vu à Burgos, comme d'autres l'ont vu à Vienne et comme on verra chaque jour davantage dans plusieurs lieux de cette triste Europe — ce n'était pas simplement la violence ou l'injustice, c'était un abus tellement odieux et sadique de la force qu'il froissait et révoltait un sentiment plus élémentaire encore que l'indignation. »

1939

Février-mars. Jorge et Gonzalo, son frère aîné, quittent La Haye pour Paris, accompagnés par Jean-Marie Soutou. Ils s'inscrivent à Henri-IV.

Jorge Semprún devient pensionnaire de troisième. Quelque temps plus tard, le proviseur le fera passer en classe de seconde.

28 mars. Madrid tombe aux mains des franquistes, ce qui met un terme à la guerre civile.

* *Ce Soir*, quotidien communiste dirigé par Louis Aragon.

« En sortant du lycée, j'avais acheté *Ce Soir** au premier kiosque venu. […]. J'étais seul et Madrid était tombée. Je lisais ce titre de *Ce Soir* et des larmes me montaient aux yeux. Une colère sombre, aussi, au cœur, impuissante, mais rageuse. Madrid était tombée et j'étais seul, foudroyé, le journal déployé devant mes yeux aveuglés par des larmes montées du tréfonds de l'enfance.»

Adieu vive clarté…,
op. cit., pp. 70-71.

Printemps. Jean-Marie Soutou devient secrétaire de la rédaction d'*Esprit.*

Mai. Au dernier trimestre, Jorge Semprún se lie avec Armand J., un khâgneux «érudit et bourru», interne comme lui à Henri-IV. Plus mûr politiquement que Jorge, il l'entraîne à la manifestation du 1er mai. Lecteur du *Paludes* de Gide, Semprún s'attire les sarcasmes de son aîné à propos du *Retour d'URSS* de l'écrivain.

*«L'un des plus grands romans français [du xxe siècle], – étrangement méconnu.»
Adieu vive clarté…,*
op. cit., p. 128.

«… il m'avait fait lire *Le Sang noir,* de Louis Guilloux*, *La Conspiration*, de Paul Nizan, *Le Mur* et *La Nausée*, de Jean-Paul Sartre, *La Condition humaine* et *L'Espoir*, d'André Malraux.»

Adieu vive clarté…,
op. cit., p. 103.

«Si je n'avais pas, à cet âge-là, lu *[La Condition humaine]*, je ne serais pas devenu communiste. […] Et si je n'avais pas lu *L'Espoir*, d'un autre côté, je n'aurais pas conservé, à l'intérieur de ma façon violente d'être communiste […] quelque lueur d'esprit critique. […] je l'ai lu d'abord comme le récit lyrique d'une geste populaire : épopée de la fraternité combattante des humiliés et des offensés. C'est ce livre-là, aux pages imprégnées de l'entêtante odeur de plastic, que j'avais dans mon sac, dans le maquis du "Tabou".»

Adieu vive clarté…,
op. cit., p. 129.

2 juillet. Lors du troisième congrès des groupes Esprit tenu à Jouy-en-Josas auquel il assiste avec son père, Jorge Semprún rencontre Édouard-Auguste F. qui s'intéresse à «… cette famille espagnole que le groupe Esprit avait prise sous son aile protectrice. É.A.F. faisait partie des Amis d'*Esprit*, il connaissait Pierre-Aimé Touchard qui fut mon correspondant, pendant les mois d'internat à Henri-IV…»

Adieu vive clarté…,
op. cit., p. 104.

Pierre-Aimé Touchard habite rue Lhomond à deux pas d'Henri-IV ; il est facile pour l'étudiant de rendre visite à son correspondant qui lui offre la possibilité de côtoyer d'autres membres de la rédaction d'*Esprit*, Jean-Marie Soutou bien sûr, mais aussi Paul-Louis Landsberg et parfois Emmanuel Mounier.

23 août. Signature du pacte germano-soviétique qui, dans ses clauses secrètes, prévoit le partage de l'Europe centrale entre les deux régimes totalitaires. Le 1ᵉʳ septembre l'Allemagne envahit la Pologne, le 17, c'est le tour de l'Union soviétique.

Pour le jeune homme, seul l'abandon de la République espagnole par les puissances occidentales compte : « Staline trahissait les démocraties ? La belle affaire ! m'écriais-je, avec un brin de joie sadique. Inavouée et sans doute inavouable. La France et l'Angleterre étaient payées dans la monnaie de leur propre pièce.»

Adieu vive clarté..., *op. cit.*, p. 31.

À Saint-Prix. Carlos et Francisco avec leur père et leur belle-mère.

Septembre. Jorge passe à Saint-Louis, pour faire sa classe de première.

La famille, à une date indéterminée, s'est installée à Saint-Prix, grâce au réseau des amis d'*Esprit*. Son père s'est remarié avec l'institutrice suisse des enfants.

Adieu vive clarté..., *op. cit.*, p. 174.

« À Saint-Prix, en tout cas, dans l'appartement de la maison Wolf, ou Sedaine, mon père et la marâtre avaient gardé auprès d'eux les deux plus jeunes membres de la fratrie, Carlos et Francisco, qui ont souffert sous la férule obtuse et arbitraire de la Suissesse.»

1940

Juin. José Maria de Semprún demande sa naturalisation française pour «partager le sort de la France meurtrie» en tant que Français.

Le 20, le maréchal Pétain a demandé l'armistice qui est signé le 22 à Rethondes et devient effectif le 25 juin.

11 novembre. Étudiants et lycéens manifestent à l'Étoile, bravant l'interdiction allemande de commémorer la victoire de 1918 au tombeau du Soldat inconnu. Semprún participe à cette première action de résistance organisée par les étudiants (communistes et autres) qui se sont regroupés depuis quelques jours dans un Comité de défense pour protester contre l'arrestation du professeur Paul Langevin. Il y a des blessés et plusieurs dizaines d'arrestations. Le 17, l'Université de Paris est fermée ainsi qu'une trentaine d'établissements. Elle le restera jusqu'au 20 décembre.

1941

Juin. Jorge obtient son baccalauréat et le deuxième prix de Philosophie au Concours général.

Le tout jeune étudiant lit Emmanuel Lévinas dans la *Revue philosophique*, Husserl, et découvre le marxisme, ce qui le pousse «naturellement» vers l'engagement politique fin 1941. Le livre de Lukács, *Histoire et conscience de classe*, joue un rôle déterminant. Il le lit en allemand.

À la Sorbonne, Jorge a comme professeur Maurice Halbwachs qui préside, depuis 1938, l'Institut français de sociologie.

Geschichte und Klassenbewusstsein: Studien über marxist. Dialektik, Berlin, Der Malik-Verlag, Kleine revolutionäre Bibliothek, 1923, 343 s.

1942

Jean-Marie Soutou épouse Maribel Semprún, sœur de Jorge. Il dirige, à l'époque, à Vichy, le mouvement Jeune France, fondé par Georges Lamirand.

Fils de Lucien Herr (1864-1926) le célèbre bibliothécaire de l'ENS, ancien de l'École normale supérieure et ancien de l'école militaire de Saint-Maixent qui forme les officiers de réserve, Michel Herr, après sa désertion des Chantiers de Jeunesse, prend contact avec Soutou. Celui-ci l'emmène à Lyon où il rencontre l'abbé Glasberg qui lui fait connaître le maquis Lastic, près de Veynes, dans les Hautes-Alpes. De là, Michel Herr adhère au Parti communiste autrichien et à la Main-d'œuvre immigrée (MOI), organisation regroupant par section de langue les militants communistes étrangers. En octobre, de retour à Paris via Lyon, Maribel Soutou demande à Michel Herr de prendre contact avec son frère Jorge. Leur rencontre a lieu 39 boulevard du Port-Royal, dans la maison de Lucien Herr.

Henri Frager (1897-1944).

En mai 1943, Michel Herr est contacté par un responsable de la MOI, Toni Lehr, rencontré au maquis Lastic, pour qu'un contact soit pris avec le réseau «Jean-Marie Action», qui dépend des services britanniques (SOE) dont la section française est dirigée par le colonel Maurice Buckmaster (1892-1982). Il s'agit de s'introduire dans ce réseau afin d'en détourner des armes reçues d'Angleterre au profit des Francs-Tireurs et partisans (communistes) – Semprún dira : «orienter les armes».

Le Réseau «Jean-Marie Action» est dirigé par Henri Frager, ancien combattant de 14-18, ingénieur de profession, qui s'est rendu à Londres à plusieurs reprises.

1943

2 février. Capitulation de Paulus à Stalingrad.

Interrogé sur les raisons qui l'ont conduit à adhérer au Parti communiste, Jorge Semprún répond : «C'était une époque où l'on devenait facilement communiste : je fais partie de la génération qui a eu vingt ans au moment de Stalingrad. Pour moi, il y avait aussi les raisons liées à la guerre d'Espagne, il y avait l'exil et le fait que pour se battre la structure de combat la plus facile à trouver était celle du Parti communiste.»

Lire…, art. cit., 1986.

Mars. Arrestation de Paul-Louis Landsberg, ancien d'*Esprit*, par la Gestapo. Déporté à Oranienburg, il y mourra d'épuisement en avril 1944.

Marc Chervel et *al*, *De la résistance aux guerres coloniales. Des officiers républicains témoignent*, L'Harmattan, 2001. Voir pp. 27-50.

Michel Herr entraîne le tout jeune Jorge Semprún dans l'Yonne, il en fait son adjoint. Lui-même organise les incendies de batteuses pour empêcher la réquisition du blé par les Allemands, le déraillement de trains, les attaques contre les mairies ou commissariats — comme celui de Joigny le 24 septembre — pour y voler des tickets d'alimentation, la réception de parachutages et la cache des armes…

Jorge Semprún visite régulièrement le maquis «Tabou», à Pothières, non loin au nord de Châtillon-sur-Seine dans la forêt, qui regroupe des réfractaires au Service du travail obligatoire. Le maquis est commandé par Julien Bon.

Semprún, qui se fait appeler «Gérard», passe un peu moins d'une semaine à Pothières, après la réception d'un parachutage d'armes effectué par l'aviation anglaise.

Les combattants du maquis «Tabou».

Octobre. À la suite de l'imprudence de deux résistants qui ont fait sauter un train de munitions à Pontigny et se sont fait arrêter, la police allemande lance une vaste opération. Elle se rend, le 8, chez Irène Chiot à Épizy, un faubourg de Joigny, où, par malchance, Jorge Semprún faisait escale pour y dormir. Les deux résistants sont arrêtés et emprisonnés à Auxerre.

Résistant également emprisonné à Auxerre, Jean Puissant donne son témoignage au retour de Buchenwald (matricule 44725) : «Les nuits à Auxerre étaient atroces. Dès qu'il faisait noir, dans le silence que troublait seulement de temps à autre le brouhaha du poste d'en bas, un pas lourd sonnait tout à coup sur les marches de fer. De lourdes bottes cloutées s'approchaient avec des boum... boum... insistants... un cliquetis de clefs... cela passait sur la galerie, devant les portes... où allait s'arrêter le gardien ?

Pour qui cette visite redoutée qui signifiait l'interrogatoire au bureau, les coups, la torture ?»

Jorge Semprún n'est pas interrogé immédiatement. Puis viennent «quinze longues journées d'interrogatoires par la Gestapo...», l'épreuve des coups et de la baignoire.

Jean Puissant, *La Colline sans oiseaux. Quatorze mois à Buchenwald*, Éditions du Rond-Point, 1945, pp. 14-15.

Autobiographie..., op. cit., p. 82.

1er décembre. Les Allemands attaquent et détruisent le maquis «Tabou». Parmi les 17 maquisards, deux sont tués, six réussissent à s'échapper, les neuf autres, faits prisonniers, sont fusillés le 14 janvier 1944 à Chaumont.

1944

Transféré de Dijon à Compiègne, Jean Puissant, avec une jambe invalide, fait partie du convoi de déportation du début de l'année. Son récit rejoint celui du *Grand Voyage*, sur un autre mode : «À la gare chaque groupe de cent fut affecté à un wagon, et alors commença ce voyage épouvantable qui reste pour mes camarades comme le plus mauvais souvenir de leur vie. Nous, les invalides, nous échappâmes à l'horreur. Les Allemands prirent en considération nos infirmités, et nous laissèrent cinquante seulement dans un wagon...

«Mais les autres !... Entassés à cent dans un wagon à bestiaux hermétiquement clos, ne pouvant ni s'asseoir ni s'allonger, obligés de rester debout côte à côte, sans lumière, sans air, sans eau, ils restèrent deux jours et trois nuits dans cet enfer. Comme de jeunes déportés, à l'aide de leurs couteaux, avaient scié des planches de la paroi, avaient sauté du train en marche et s'étaient enfuis, les Allemands fous de rage, avaient fait déshabiller

Jean Puissant, *La Colline sans oiseaux...*, op. cit., pp. 33-34.

complètement les occupants du wagon des évadés, et avaient retiré les chaussures à tout le monde. [...] L'un de nous avait tout de même soulevé une lamelle de lucarne, et par un joint de deux centimètres de large, on entrevoyait parfois en un éclair les pentes raides des côtes de Moselle et leurs vignes. À Trèves, dans la gare énorme et grossière, notre convoi s'arrêta.»

Arrivé à Buchenwald, il découvre un univers inimaginable : «Je me glissai jusqu'à la porte, je me laissai couler sur le ballast. Je risquai un regard. Quel spectacle ! Dans la nuit étoilée, des forcenés hurlants frappaient à tour de bras. Des matraques blanches rayaient l'ombre, et l'on entendait des chocs sourds et des gémissements. Parfois un aboiement : de gros chiens jaunes sautaient sur des malheureux, les renversaient, les prenaient à la gorge avec des grognements rageurs. Nous prenions contact avec messieurs les SS...»

Jean Puissant, *La Colline sans oiseaux...*, op. cit., p. 35.

«Quand nous eûmes revêtu ces hardes sans couleur, rapiécées, déchirées, plissées en accordéon, quand nous claquâmes maladroitement des pieds avec ces galoches informes qui entravaient notre marche, nous nous regardâmes stupéfaits : un ramassis de clochards guenilleux, avec dans les yeux une expression de morne désespoir. Nous touchions du doigt pour la première fois l'un des principes de l'odieux système de répression nazi : la dégradation de l'homme.»

Jean Puissant, *La Colline sans oiseaux...*, op. cit., p. 39.

Jorge Semprún devient le matricule 44 904 en janvier 1944.

Impact médecin, 2 mai 1997.

«Ces conditions pour survivre, c'est Primo Levi qui les a codifiées. Il fallait parler allemand ou être ouvrier qualifié. Le vieux communiste allemand qui a rédigé ma fiche d'inscription, au lieu d'étudiant, a inscrit *stukator*, c'est-à-dire ouvrier qualifié dans le stuc. Il m'a sauvé la vie, car les étudiants étaient promis aux convois vers la mort. La centaine de prisonniers politiques espagnols du camp de Buchenwald était très protégée par les communistes allemands, souvent anciens des Brigades internationales, car ils représentaient à leurs yeux les derniers survivants de cette épopée d'Espagne.»

Après la quarantaine obligatoire à l'arrivée, Semprún est envoyé au block 62 où il est repéré par un responsable communiste, un ancien FTP, qui l'a connu dans

Ci-contre.
Block 56, Maurice Halbwachs.
Block 62, Jorge Semprún.

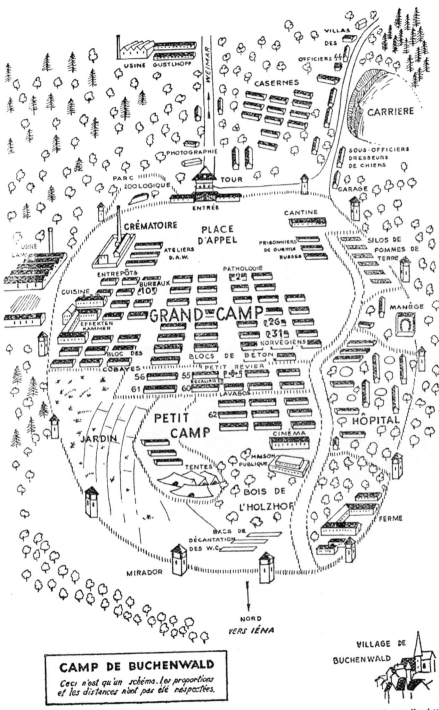

CAMP DE BUCHENWALD

Ceci n'est qu'un schéma. Les proportions et les distances n'ont pas été respectées.

Croquis exécuté par l'auteur

l'Yonne, et qui le signale à l'organisation clandestine des Espagnols du camp. Il est le seul Espagnol à parler allemand, aussi, sur «ordre de la direction clandestine de l'organisation du PCE au camp», est-il versé au service administratif interne, l'*Arbeitsstatistik*.

Jorge Semprún, *Entretiens avec Jean Lacouture*, France Culture/ Grasset, 2012, p. 89.

«Ma stalinisation s'est opérée au camp», déclare-t-il en 1996, interrogé par Jean Lacouture.

Au milieu du camp, entre la cuisine et les douches, trône le hêtre sous lequel Johann Peter Eckermann situe ses conversations avec Goethe (1749-1832).

L'arbre de Goethe, photographie prise clandestinement par Georges Angeli, déporté en juin 1943 à Buchenwald.

Lors d'un bombardement américain visant l'usine Gustloff, le camp est atteint et le hêtre se consume : «Devant la cuisine, des charpentiers débitaient le fût du fameux [hêtre] de Goethe. C'était le seul arbre qu'il y eut au camp. [...] Une légende assurait que lorsque l'arbre ne serait plus, l'empire allemand s'écroulerait. Lors du bombardement, des flammèches avaient incendié le grand [hêtre] mort, mais des détenus, pour hâter la réalisation de la prédiction, avaient quelque peu aidé au sinistre.»

Jean Puissant, *op. cit.*, p. 147.

Jean Puissant donne une description du block 61 où ont été transférés les professeurs Maurice Halbwachs et Henri Maspero : « Le Block 61 ! C'était le comble de l'horreur. Depuis deux mois, on l'avait consacré aux dysentériques graves. Le malade qui y était envoyé portait déjà son numéro inscrit au crayon à encre sur la cuisse : il savait ce qui l'attendait. À l'entrée, il recevait une chemise. S'il la souillait, on le transportait dans l'aile A, tout nu, sous une couverture sale, et on le laissait sans soins, sauf le matin où on le tirait de ses planches pour le doucher. Les plus robustes duraient trois jours. »

2 juillet. Arrestation d'Henri Frager à Paris. Il est déporté à Buchenwald où il a l'occasion de parler avec Semprún. Il est exécuté le 4 octobre.

25 août. La nouvelle de la libération de Paris est connue dans le camp très rapidement. Les déportés qui rentrent des chantiers extérieurs au camp « manifestent » en se rendant sur la place d'appel dans un ordre impeccable, marchant au pas, ce qui n'est pas leur attitude ordinaire.

« Ainsi également autour de Maurice Halbwachs et d'Henri Maspero, pour de passionnées discussions dominicales. Je me souviens d'y avoir rencontré Julien Cain, directeur de la Bibliothèque nationale, Maurice Hewitt, le musicien, Jean Baillou, secrétaire de l'École normale supérieure. D'autres aussi, anonymes et fraternels. »

Mal et modernité : le travail de l'histoire, voir dans ce volume.

1945

Janvier. L'offensive soviétique de la mi-janvier contraint la Wehrmacht à la retraite. Les SS forcent les déportés à quitter la Silésie à pied (les « marches de la mort ») et en wagon. Marcel Conversy, matricule 39540, raconte : « Des prisonniers en provenance des camps silésiens, menacés par l'offensive russe, arrivent à Buchenwald dans un état qui défie toute description. Nous voyons passer des cadavres qui marchent encore ; nous entendons les cris de malheureux dont les pieds gelés s'en vont en lambeaux pendant qu'on les transporte sur des charrettes au block 61, devenu l'antichambre de la mort. Chaque cahot arrache des plaintes qui nous poursuivent.

Un jeune Juif français, qui a résisté au voyage, me dira avoir marché quinze jours dans la neige, à peine nourri, avec un convoi de 4 000 qui fondit tout au long de la route. Chaque homme qui tombait était abattu. La fin du voyage s'effectua par chemin de fer, en wagons découverts où les plus robustes, résistants seuls au froid, piétinaient les cadavres. Un millier seulement arriva à Weimar...»

Marcel Conversy, *Quinze mois à Buchenwald*, Éditions du milieu du Monde, Genève, 1945.

Dans le camp contrôlé par les « triangles rouges », les politiques, une organisation de résistance est peu à peu mise en place en prévision de la libération du camp dont on ignore dans quelles conditions elle pourrait avoir lieu. Des détenus réussissent à cacher des armes.

«Buchenwald est devenu un centre de passage qui redistribuait la main-d'œuvre vers une centaine de kommandos. 240 000 détenus y sont passés par Buchenwald, 50 000 en sont sortis par la cheminée. Cela ne veut pas dire pour autant qu'il y est mort 50 000 détenus sur 240 000 : à la libération du camp, il en restait environ 40 000. Les autres avaient transité et, pour une part, étaient morts ailleurs.»

François Maspero, *Les Abeilles & la guêpe*, Éditions du Seuil, 2008, p. 29.

Avril. Interné dans une maison en bordure de Buchenwald en avril 1943, Léon Blum y reste jusqu'en avril 1945. Il a à ses côtés son épouse Jeanne Levylier qui a tenu à le rejoindre. Il est interné avec Georges Mandel qui fut ramené en France et assassiné par la Milice le 7 juillet 1944. L'auteur des *Nouvelles Conversations de Goethe avec Eckermann* (1901) ne sort jamais de son lieu de résidence forcée. «C'est aussi la rigueur de cette clôture qui explique un fait à première vue incompréhensible, je veux dire notre ignorance si longtemps prolongée sur les horreurs indicibles qui se perpétraient à quelques centaines de mètres de nous. Le premier indice que nous ayons surpris est l'étrange odeur qui nous parvenait souvent, le soir, par les fenêtres ouvertes, et qui nous obsédait la nuit entière, quand le vent continuait à souffler dans la même direction : c'était l'odeur des fours crématoires.»

Léon Blum, *Le Dernier Mois*, Arléa, 2000, pp. 16-17.

Le personnage de Blum reviendra souvent dans les récits et romans de Jorge Semprún. Le lendemain du 24 août 1944, à la suite d'un bombardement, Léon

Blum put apercevoir les bagnards, «en souquenilles zébrées», envoyés pour effectuer des réparations à l'extérieur du camp.

Marcel Conversy fait le récit de la libération du camp : «Mercredi 11 avril. Le beau temps persiste, la canonnade aussi, qui paraît se rapprocher. […] À 15 h 45, une rumeur vient battre les parois du block. Je lâche le jeu [d'échecs] pour me précipiter dans la cohue qui se rue vers la porte. Des cris : "Les chars américains arrivent…" Et Buchenwald ne se défend pas !

«Des détenus armés, brassard blanc au bras, passent au pas de course. Tout le camp est en effervescence. Des drapeaux blancs fleurissent sur les blocks, face au nord et sur la Tour.

«Et là-bas, le long de la forêt, montant vers nous, les puissants chars d'assaut s'avancent. Ils atteignent le camp, le longent et continuent sur la route de Weimar leur marche victorieuse.

«Nous sommes libérés. Je réalise difficilement cette miraculeuse aventure. L'enthousiasme s'exprime par des embrassades, des larmes, des cris de joie. Les Français chantent *La Marseillaise*. Nous vivons des minutes inoubliables. Un sous-officier américain pénètre dans le camp. Il est entouré, acclamé, presque étouffé. Comme on le complimente en anglais, il répond avec un bel accent de Belleville. Un Parisien ! Le premier Américain qui pénètre dans le camp est un Français.»

Marcel Conversy, *Quinze mois à Buchenwald, op. cit.,* pp. 188-189.

Mai-Juin. Dans un discours public, Santiago Carrillo annonce les grandes orientations et la ligne politique du PCE. Il s'agit pour le chef du PCE de lutter contre les trotskistes et les poumistes, mais il met aussi en garde contre d'éventuels agents de la Gestapo infiltrés parmi les déportés espagnols de retour. La reprise en main se fait donc sous l'emprise d'une «conception métaphysico-policière de l'histoire», analysera plus tard Jorge Semprún. Il insistera sur la similitude de l'attitude de Carrillo avec la politique soviétique : «En réalité, ce qui se passe en juin 1945 au sein du PCE, sous la responsabilité directe de Carrillo, vis-à-vis des cadres communistes réchappés des camps de concentration nazis, n'est que la reproduction exacte de l'attitude qu'ont au même moment les services

Autobiographie…, op. cit., p. 144.

spéciaux russes vis-à-vis de tous les déportés et prisonniers de guerre soviétiques, dont la plupart passent directement des camps allemands dans ceux du Goulag stalinien.»

Autobiographie..., op. cit., p. 146.

Septembre. «Buchenwald a été libéré par les Américains, la IIIe Armée de Patton, le 11 avril 1945. En juin 1945, les derniers déportés – des antifascistes yougoslaves – ont quitté le camp et il a été fermé. Buchenwald s'est retrouvé dans la zone soviétique d'occupation et il a été rouvert en septembre 1945, par les Soviétiques. Il sert alors de camp spécial de la police politique, un "Special Lager II". On y interne d'abord quelques membres de la Jeunesse hitlérienne puis, très vite, les opposants au communisme, en particulier les sociaux-démocrates. Il fonctionnera jusqu'en 1950. Peut-on commémorer Buchenwald sans parler de la destinée de ce camp après les nazis ?»

Libération, 10 avril 1995.

1946

De retour à Paris, Jorge Semprún travaille comme traducteur auprès de l'Unesco dont le siège se trouve avenue Kléber. En face, se situe le siège du PCE. «Il me suffisait de traverser l'avenue Kléber, passant du côté pair au côté impair, pour me rendre de mon bureau de l'Unesco au siège du parti.»

Autobiographie..., op. cit., p. 126.

Il participe aux activités de la section du VIe arrondissement du PCF et appartient à une cellule du PCE qui se réunit dans l'immeuble des Sociétés savantes, rue Danton. Il collabore épisodiquement, sous pseudonyme, au journal communiste *Action,* «hebdomadaire de l'indépendance française», dirigé par Pierre Hervé.

Dans son *Anthologie des poèmes de Buchenwald,* éditée chez Robert Laffont, André Verdet publie un poème de Jorge Semprún: «Ensemble nous avions fait le rêve ancien de vivre...»

1947

1er mars. Bilbao est le théâtre d'une grève générale.

19 mars. Plénum du PCE à Montreuil. Dolorès Ibárruri, «la Pasionaria», déclare : «Nous tenons cette conférence plénière au moment où le régime franquiste touche à sa fin.» C'est la première fois que Jorge Semprún rencontre cette figure emblématique du PCE.

Autobiographie…, op. cit., p. 109.

«Sans doute me fut-il donné de lire ces mêmes documents en 1947. Et je n'y trouvai rien à redire. En moi ils n'éveillèrent pas l'ombre d'un soupçon critique. Je n'étais rien de plus qu'un militant de base, il est vrai.»

Autobiographie…, op. cit., p. 121.

4 juillet. Article de Jorge Semprún dans *Action* sur *L'Espèce humaine* de Robert Antelme*, paru en avril à La Cité universelle, maison d'édition créée par Marguerite Duras et Dionys Mascolo.

* Reproduit dans ce volume.

26 juillet. Naissance de Jaime, fils de Loleh Bellon et Jorge Semprún.

4 octobre. Dans le n° 109 d'*Action*, Jorge Semprún, sous le pseudonyme de Georges Falcó, critique violemment André Breton pour son livre *Arcane 17*, paru en juin aux éditions du Sagittaire : «À chercher l'inactuel, on ne trouve que le bric-à-brac que charrie l'inconscient collectif d'une époque ou d'une classe.

Mais, à vrai dire, il n'y a rien d'étonnant dans cette prise de position idéaliste de Breton. Il y avait dans le surréalisme, dès son origine, une ambiguïté foncière.

Manifestation de la mauvaise conscience des jeunes intellectuels bourgeois, après l'autre guerre ; il n'y avait d'avenir en lui que s'il aboutissait à une prise de conscience vraiment révolutionnaire. Cela ne fut possible que sur le plan individuel. Les autres, et Breton en tête, ont rejoint le camp des mystificateurs de tout genre, se réfugiant derrière un rempart de majuscules, lisant l'avenir dans les étoiles. »

Quelque temps plus tard, Semprún loue l'appartement d'André Breton, 42 rue Fontaine. Ils se rencontrent, mais il ne dévoile pas à Breton qu'il est Georges Falcó.

1949

Mai. Jacques-Francis Rolland, qui collabore épisodiquement à *Action*, est très lié à Jorge Semprún qu'il a croisé à Buchenwald peu après la libération du camp — « nous faisions la tambouille dans des appartements de fortune. Princes du monde, certains de détenir les secrets du bonheur, de la joie que nous allions offrir à la terre entière », écrit-il dans ses souvenirs. Il rapporte l'incident qui provoqua la prise de distance de Marguerite Duras, Dionys Mascolo et quelques-uns des habitués de la rue Saint-Benoît avec leur engagement au PCF :

« Une autre affaire, parisienne celle-là, avait commencé juste avant l'arrestation de Rajk. Au sortir d'une réunion de la cellule 722 du VIᵉ arrondissement, les familiers de la rue Saint-Benoît, Marguerite, Mascolo, Robert Antelme, Monique Régnier, vont prendre un verre au café le Bonaparte, en compagnie d'Eugène Mannoni, journaliste parlementaire de *Ce Soir*, et Jorge Semprún. Des propos ironiques et acerbes sont échangés contre Aragon, Kanapa, Casanova, "grand mac" selon Mannoni, appellation soigneusement omise dans les nombreux rapports qui vont suivre. En effet le contenu de l'entretien vient aux oreilles de Jacques Martinet et Arthur Kriegel, membres du comité de section, informés par Semprún. Traité de "mouchard", Semprún, ulcéré, vint me voir en niant toute dénonciation calculée, mais regrettant une étourderie, un simple bavardage imprudent. Il me demanda de rassembler une sorte de "Jury d'honneur". […] J'organisai donc une première réunion sans y assister, n'étant pas inscrit dans l'arrondissement. Des scènes se succédèrent, violentes, pathétiques. [...] Le Parti créa une commission d'enquête sur les agissements "fractionnels" du Bonaparte. Écœurés par le rapport de Martinet, "tissu de mensonges et de falsifications d'une grossièreté cynique", Marguerite et Dionys décidèrent de ne pas reprendre leur carte à la fin de l'année.»

Jacques-Francis Rolland, *Jadis, si je me souviens bien*, coll. « Résistance. Liberté-Mémoire », Édition du Félin, 2009, pp. 421-422.

1950

Février. Signal du raidissement des partis communistes, *Nuestra Bandera* publie un éditorial non signé (mais dû à Carrillo) appelant à «apprendre à mieux lutter contre la provocation». Alors que se déroule à Budapest le procès de László Rajk, Carrillo dénonce le «cas Monzón» en instaurant un lien entre l'activité militante de Jesús Monzón et le procès fabriqué de Hongrie – Jesús Monzón avait été chargé de diriger l'activité du PCE, en France et en Espagne, au sortir de la guerre.

Autobiographie..., op. cit., p. 155.

Le local (avenue Kléber) de la direction du PCE en exil est fermé par la police. Les organisations du PCE sont mises hors la loi.

Autobiographie..., op. cit., p. 12.

«Benigno [un militant du PCE] fut sans conteste, par suite de l'admiration que je lui portais en ces années 1946 à 1952, le principal responsable de ma propre stalinisation idéologique.

«Chez moi, comme chez tous les intellectuels communistes d'origine bourgeoise, était à l'œuvre, comme élément moteur de ce processus de glaciation idéologique, le complexe des origines sociales.»

Autobiographie..., op. cit., p. 31.

Poème de Federico Sánchez:

Naître, naître au rythme d'une classe
Montante, printanière, d'une classe qui passe
À l'attaque; dans le ciel d'avril trace
Son étoile et je chante à voix basse:
Naître, naître de nouveau: nouveau. Nouvelle classe.

Autobiographie..., op. cit., p. 36.

1951

Un important mouvement social secoue Barcelone.

1952

Autobiographie…,
op. cit., p. 94.

Jorge Semprún cesse son travail de traducteur à l'Unesco pour devenir permanent du PCE.

À Prague, l'ancien secrétaire du Parti communiste, Rudolf Slánský, accusé de « titisme », est condamné à mort à l'issue d'un procès fabriqué qui met en cause des anciens de la guerre d'Espagne et prend une coloration antisémite.

Jorge Semprún suit le déroulement du procès dans *L'Humanité* :

« Tu lus que Josef Frank, secrétaire adjoint du PC tchécoslovaque, avait reconnu avoir travaillé sous les ordres de la Gestapo au camp de concentration de Buchenwald. […] Frank avait été ton compagnon de travail aux services de l'*Arbeitsstatistik* de Buchenwald. Tu avais vécu à ses côtés pendant deux années. Tu sus immédiatement que l'accusation était fausse. […] C'était comme une goutte d'acide qui se mettait à ronger toutes tes certitudes. Bien que tu fusses un intellectuel stalinisé, sans doute ne vivais-tu pas complètement dans l'univers idéologique du communisme d'alors. Tu connaissais les œuvres d'un certain nombre d'hétérodoxes. Tu avais lu par exemple la biographie de Staline écrite par Boris Souvarine, livre splendide… Tu avais vécu aux côtés de Josef Frank : rien ni personne ne pourrait te convaincre qu'il avait été un agent de la Gestapo. Tu ne dis rien, cependant. Tu ne proclamas nulle part l'innocence de Frank, la fausseté des accusations portées contre lui. En proclamant cette innocence, sans doute eusses-tu fini par te faire exclure du parti. Tu décidas de rester au parti. Tu préféras vivre à l'intérieur du parti le mensonge de l'accusation portée contre Frank plutôt que de vivre hors du parti la vérité de l'innocence. »

Autobiographie…,
op. cit., p. 162-164.

1953

5 mars. Radio-Moscou annonce de la mort de Joseph Staline. Semprún écrit un poème à cette occasion :

Le cœur de Staline
a cessé
a cessé de battre,
> *de battre a cessé.*
Son cœur! Le souffle du parti!

Impossible de penser qu'il en a été ainsi,
Qu'il n'y a plus rien à faire, que c'est une fois pour toutes,
Que toute vie s'est assombrie
Par cette mort de Staline
> *une fois pour toutes:*
que le temps plein de bruit et de fureur se tait
du silence de Staline,
> *à jamais.*
Pour toujours, songes-y, pour toujours.
Et jamais plus, jamais plus, plus jamais,
Jamais plus les mots de Staline ni son sourire.
Songes-y, pour toujours, jamais plus.

«C'est moi qui ai écrit ça, il convient de le rappeler. […] J'écrivis ce poème au mois de mars 1953, quelques heures après l'annonce officielle de la mort de Staline. Je ne l'écrivis pas sur ordre, ce fut une chose qui jaillit du plus profond de ma conscience aliénée.» *Autobiographie…, op. cit., pp. 183-184.*

Juin. Militant non repéré par la police franquiste, Jorge Semprún présente le profil parfait pour s'introduire en Espagne sous une fausse identité. Il effectue son premier voyage clandestin en allant de Barcelone à San Sebastián. Son séjour a été préparé par Victor Velasco, adjoint de Carrillo à la commission de l'Intérieur. Semprún s'est procuré un faux passeport par ses propres moyens: son ami Jacques Grador lui a donné le sien. En Espagne, il s'est présenté comme hispaniste français intéressé par les problèmes de la culture espagnole. *Autobiographie…, op. cit., pp. 69 et 71.*

«…entre 1953 et 1959, j'avais dû chercher mes gîtes clandestins dans Madrid par mes propres moyens et en comptant sur l'aide de quelques camarades…» *Autobiographie…, op. cit., p. 295.*

Le 17, débutent les émeutes ouvrières à Berlin-Est. Le mouvement de protestation s'étend à l'ensemble de la RDA.

Autobiographie…, op. cit., p. 76.

Ci-dessus. Dans un château de Tchécoslovaquie, réunion des dirigeants communistes espagnols. De droite à gauche, la Pasionaria (cheveux blancs), Jorge Semprún de dos ; derrière lui, Santiago Carrillo.

Les Nouvelles littéraires, n° 7, juin 1986.

« Pour ma dernière journée à San Sebastián, les journaux se couvrirent de gros titres sur l'insurrection ouvrière de Berlin-Est. Cela faisait à peine quelques mois que Staline était mort et déjà commençaient à se lézarder les marches frontalières de son empire bureaucratique. »

1954

Novembre. « … À Buchenwald, j'eus pour compagnon de travail un communiste allemand, Herbert W., qui avait vécu à Prague, en exil, de l'avènement du nazisme à 1939. Herbert me racontait Prague, qu'il avait adorée. Il me décrivait ses charmes et sa splendeur. La matière des récits de Herbert était encore plus irréelle que celle des images cinématographiques. Encore plus vraie.

« En tout cas, en 1954, lorsque je suis arrivé à Prague pour la première fois, il m'a semblé reconnaître cette ville que je ne connaissais pas. Au détour d'une ruelle, devant quelque portail, quelque façade baroque, j'avais l'impression du déjà-vu, du déjà vécu. Prague avait pour moi l'étrange familiarité du rêve. »

Jorge Semprún est élu membre du comité central du Parti communiste espagnol lors du congrès de Prague.

1955

Son frère Carlos devient fonctionnaire clandestin du parti à Madrid. Il le restera jusqu'en 1957.

Autobiographie..., op. cit., pp. 46 et 96.

Jorge Semprún décrit en ces termes la vie d'un clandestin : « Jamais tu ne te rends directement aux rendez-vous de ce genre. Tu prends plus que le temps nécessaire, tu y vas lentement, tu fais des détours, hume l'atmosphère du quartier, observe de loin le lieu de rendez-vous. [...] Il y a un kiosque à journaux sur le trottoir d'en face, côté pair. [...] Tu achètes un journal du soir, tu t'éloignes avec lenteur, quelques pas seulement, le temps d'examiner le lieu de rendez-vous, sur le trottoir opposé de la rue Cea Bermúdez. Tu ne remarques rien de suspect. Aucune voiture insolite, aucun mouvement inhabituel, aucun piéton rôdant de manière bizarre autour du lieu de rendez-vous. [...] L'heure du rendez-vous est arrivée. Pas trace du camarade. Les minutes passent, interminables et toujours pas l'ombre du camarade... [...] Tu es venu à bout des chroniques sportives du journal. Le camarade ne viendra plus.

« De fait c'est qu'on l'a arrêté.

De nouveau tu médites sur ce qu'est la liberté. Enfin, ta liberté, dans ces circonstances concrètes. Ta liberté est le silence des camarades arrêtés. »

Autobiographie..., op. cit., pp. 80-81.

À la fin de l'année, il rencontre Fernando Claudín, vétéran du communisme espagnol de retour d'un long séjour à Moscou où il a pu mesurer les effets du timide dégel qui s'amorce en URSS.

Jorge Semprún effectue un voyage en train de Prague à Bucarest avec Dolorès Ibárruri. Il découvre le luxe inouï dont jouissent les apparatchiks communistes.

Autobiographie..., op. cit., pp. 275-276.

1956

14 février. Ouverture du XXe congrès du PCUS. Dans la nuit du 25 au 26, Khrouchtchev présente son Rapport secret sur Staline et sa politique.

4 juin. Publication du Rapport Khrouchtchev par le State Department américain. Le texte est repris quelques jours plus tard dans *Le Monde*.

Été. Pendant l'été, Semprún est coopté au bureau politique du PCE.

1958

Il effectue son premier séjour en URSS, dans le Caucase, en compagnie de Colette Leloup, monteuse et maman d'une petite fille, Dominique. Elle deviendra sa seconde épouse en 1963. Ils visitent Sotchi, sur la mer Noire.

Septembre. Le plénum du PCE se réunit près de Berlin.

1959

De retour à Paris, Semprún fait la connaissance de l'écrivain communiste Juan Goytisolo.

Il est ensuite à nouveau clandestin en Espagne. «La maison du numéro cinq de la rue Concepción Bahamonde fut le premier domicile clandestin que me procura le parti.»

Autobiographie…, op. cit., p. 297.

18 juin. Tentative de Grève nationale pacifique, la « Gé Enne Pé » (GNP), à l'initiative du Parti communiste.

«La GNP ou Gé Enne Pé, trois initiales majuscules et charismatiques qui ont fait vivre les communistes un si grand nombre d'années – de 1959 à la mort de Francisco Franco – dans l'univers chimérique des rêves.»

Autobiographie…, op. cit., p. 102.

1960

Mars. Dans la revue du PCE, *Nuestra Bandera*, Federico Sánchez (Jorge Semprún), qui coordonne le travail clandestin sur Madrid, analyse les problèmes d'organisation que rencontre le parti.

Été. À Moscou, Semprún fait la connaissance de Mikhaïl Souslov, l'idéologue du PCUS. Semprún se rend compte que le PCE et la question espagnole n'intéressent Moscou que dans la mesure où ils sont des

Une fausse carte d'identité.

pions utilisables et manipulables au profit de la politique générale de l'Union soviétique.

Vacances en Crimée, à Foros, en compagnie du général Lister, de Santiago Carrillo et de la Pasionaria.

Autobiographie...,
op. cit., p. 317.

1962

Semprún, qui est clandestin à Madrid, met à profit les moments de temps libre pour écrire : «Au moment où l'oubli était déjà établi, où je n'avais plus de rêves ni de réminiscences, le récit de l'Espagnol passé par Mauthausen m'a rappelé les camps. C'était comme si je retrouvais mon identité. C'est en revenant à une parole sur cette mort très ancienne que je pouvais redevenir moi-même. Et c'est à ce moment-là que j'ai écrit *Le Grand Voyage.*»

Lire..., art. cit., 1986.

«... sans trop y penser, sans même l'envisager de propos délibéré — ou encore sans en être venu à me dire : je vais écrire un livre —, je me mis à rédiger *Le Grand Voyage.* Où plutôt, devrais-je dire, je me mis à écrire quelque chose qui finit par devenir *Le Grand Voyage.*» Ce livre, Semprún l'écrit en «langue étrangère», en français.

Autobiographie...,
op. cit., p. 307.

Été. Séjour à Capri avec Juan Goytisolo et Monique Lange.

Novembre. Arrestation à Madrid du dirigeant communiste Julián Grimau.

Celle-ci est suivie de l'arrestation de Maria et Manolo Azaustre qui hébergeaient Semprún. Manolo avait été déporté à Mauthausen mais « il ignorait que j'avais été à Buchenwald ».

Autobiographie…,
op. cit., p. 299.

L'arrestation de Grimau a été provoquée par le non-respect des consignes de sécurité par Grimau lui-même. Il s'était fait identifier par un mouchard infiltré dans une assemblée. « J'avais fait la connaissance de Grimau une dizaine d'années auparavant, en 1953, à l'époque où je commençais à travailler clandestinement en Espagne comme chargé de mission du comité central. »

Autobiographie…,
op. cit., p. 250.

L'amitié entre Semprún, Montand et Signoret date de cette époque.

1963

Autobiographie…,
op. cit., p. 313.

« Au début de l'année 1963, après mon dernier voyage clandestin à Madrid, Carrillo me fit part de l'intérêt qu'il y aurait à normaliser ma situation juridique en France. »

Avril. Le vendredi 19, l'annonce de la confirmation de la condamnation à mort de Grimau tombe.

Semprún se rend la nuit même chez Carrillo, avenue Roger-Salengro, à Champigny (Seine), pour l'exhorter à entreprendre d'ultimes démarches.

Grimau est exécuté le lendemain. Semprún n'ignore pas que Grimau a participé activement à la répression menée contre le POUM durant la guerre civile mais ne refuse pas son concours pour l'édition en espagnol d'un livre d'hommage au militant : *Julián Grimau : el hombre, el crimen, la protesta,* avec une introduction de Santiago Carrillo, Éditions sociales, 1963.

1er mai. Parution du *Grand Voyage* chez Gallimard, pour lequel Semprún reçoit le prix Formentor décerné par treize éditeurs de treize pays (Gallimard, Rowohlt,

Weidenfeld, etc.). Le prix déclenche une publication simultanée dans 14 pays l'année suivante. Des extraits sont publiés dans *Les Temps modernes*. La critique est enthousiaste.

Remise du prix Formentor à Salzbourg. Jorge Semprún en compagnie de Jérôme Lindon et de Colette Leloup.

Claude Roy : « Cela suffirait déjà pour être certain que *Le Grand Voyage* n'est pas seulement un livre admirable, mais certainement la révélation d'un écrivain espagnol de langue française qui promet de compter parmi les plus importants de sa génération. […] C'est une sorte de Proust révolutionnaire, la méditation d'un revenant des camps sur le temps retrouvé et le sens de la vie conquis à travers l'épreuve. »

Libération, 7 mai 1963.

Un an plus tard, Jean Blot rendra compte du livre dans la revue *Preuves* : « Il ne s'agit pas de décrire ou de narrer. La description n'intéresse que la raison, la narration ne s'adresse qu'à la curiosité. La littérature commence au-delà. […] Antelme, Rousset, d'autres encore ont prouvé que l'intelligence était sauve et dominait la pire terreur. Semprún, dans *Le Grand Voyage*, a fait davantage, il me semble. C'est tout l'homme, intelligence et sensibilité, qui sort triomphant de l'épreuve. En même temps, c'est la littérature qui est sauvée. Car si elle était incapable d'exprimer le fait concentrationnaire, elle ne serait guère plus qu'un art d'agrément. »

Preuves, juin 1964.

Semprún écrit la version française du *Vicaire*, la pièce de Rolf Hochhuth qui critique l'attitude de Pie XII face à l'extermination des Juifs durant la Seconde Guerre mondiale. Elle est donnée à l'Athénée dans une mise en scène de Peter Brook.

3 mai. Semprún est présent à la réunion des délégués des partis communistes d'Europe occidentale, avec Santiago Carrillo, et les Italiens Rossana Rossanda, Giancarlo Pajetta.

Juin. Parution chez Gallimard du *Grand Voyage*.

Décembre. Le journal belge *Le Soir* publie un entretien avec Jorge Semprún : « J'achève un deuxième roman. Dans *Le Grand Voyage*, vous le savez, il s'agissait des deux convois, celui du départ, celui du retour, avec la grande épreuve pesant sur ces êtres conduits vers la mort, et sauvés de la mort. Il n'y est pas question du camp de façon directe, seulement par le souvenir. Cette fois, j'évoquerai *Un dimanche au camp*. Le dimanche était le jour où l'on se sentait le plus désemparé : en semaine, il y avait le travail forcé, et l'on pensait moins. [...] Je me suis, en effet, demandé si je ne devrais pas, avant de publier *Un dimanche au camp*, donner une œuvre totalement différente. En fin de compte, je ne le crois pas. Ces choses doivent être dites, mais il ne s'agit plus de décrire les horreurs qui s'y passaient, de les évoquer, sans doute, sans les dire, surtout de faire apparaître comment elles trouvaient leur explication dans une logique inhumaine, diabolique. »

Publication de *Une journée d'Ivan Denissovitch* d'Alexandre Soljenitsyne. La découverte du Goulag pousse Jorge Semprún à une révision complète des fondements politiques de son engagement. Jusque-là, obsédé par l'Espagne, il n'avait pas pris en considération la réalité des camps soviétiques. Après cette prise de conscience, il poursuit sa réflexion et la remise en cause radicale du communisme. Il décide de réécrire *Le Grand Voyage* en y intégrant la dimension soviétique des camps, ce qui, dix ans plus tard, deviendra *Quel beau dimanche !*

1964

29 janvier. Federico Sánchez intervient le dernier lors des discussions sur les orientations du PCE.

Il est violemment attaqué par les orthodoxes du PCE.

Avril. Lors du plénum de l'exécutif qui a lieu dans «un ancien château des rois de Bohême aux environs de Prague», Jorge Semprún revient sur le cas Josef Frank: «Nulle part je n'avais proclamé son innocence. Je m'étais tu, sacrifiant la vérité sur l'autel de cet Esprit absolu qui, chez nous, avait nom Esprit-de-Parti. Et cette plaie du stalinisme dans ma propre chair continuait de me brûler.

Autobiographie..., *op. cit.,* p. 177.

«Claudín et moi avions été provisoirement écartés du comité exécutif, dans l'attente que le comité central, au vu des comptes rendus de la réunion, se prononce sur le fond du débat.»

Autobiographie..., *op. cit.,* p. 239.

La réflexion plus ouverte menée par les dirigeants italiens — Giancarlo Pajetta et Rossana Rossanda notamment, avec lesquels il reste en relation —, accentue le contraste qu'il ressent avec la ligne politique imposée par Carrillo.

Le 19, assemblée de près d'un millier de militants à Stains, municipalité communiste. «Cette assemblée de militants [...] fut organisée pour coïncider avec la date anniversaire de l'exécution de Grimau. Délibérément, Carrillo se servit du climat émotionnel...»

Carrillo prononce un discours: «Or ni Santiago Carrillo ni aucun des dirigeants qui l'entouraient à la tribune de cette assemblée n'avaient le droit d'évoquer la mémoire de Grimau, de la mort duquel ils étaient indirectement responsables.

«Car trois jours après cette assemblée de militants, le 22 avril, Claudín et moi envoyâmes à la direction du parti une lettre de protestation [...].»

Semprún sollicite une entrevue auprès de Carrillo qui le reçoit chez lui et l'assure qu'il n'a déformé ses positions en aucune manière. Il lui remet un texte de son intervention qui ne coïncide nullement avec les paroles qu'il a prononcées.

1ᵉʳ mai. Le prix Formentor lui est remis à Salzbourg.

«… Ce livre n'eût certes pas été ce qu'il était si tu ne l'avais écrit rue Concepción Bahamonde, dans cette maison où tu allas passer la nuit du 17 juin 1959, sûr de toi, autrement dit sûr de lui, sûr que Simón Sánchez Montero ne parlerait pas dans les locaux de la Brigade…».

Autobiographie…,
op. cit., p. 363.

Mai. *Le Grand Voyage* est couronné par le prix littéraire de la Résistance.

3 septembre. Pour la dernière fois, Semprún rencontre Santiago Carrillo, lors d'une réunion avec une délégation de l'exécutif du PCE. Est présent Gregorio López Raimundo, «l'un de ceux les mieux au fait de tous les secrets de merde et de sang du parti – depuis les petits tours de promenade à l'heure du laitier en 1936 jusqu'aux exécutions sommaires de l'époque des guérillas en 1945-1948 – en passant par la liquidation du POUM…».

Autobiographie…,
op. cit., pp. 49 et 50.

Décembre. Fernando Claudín, avec qui il mène la bataille contre la ligne Carrillo, envoie au comité central un bilan de la situation : *Divergences au sein du Parti.*

1965

Janvier. Semprún est finalement exclu du comité central et du PCE.

Dans un entretien avec Gérard de Cortanze, en 1981, Semprún en donnera son interprétation : «L'une des raisons pour lesquelles Claudín, moi-même et quelques autres avons été exclus du PCE […] c'est que nous avions annoncé que le passage du franquisme au post-franquisme, étant donné la situation et ce que l'on pouvait apprendre de l'expérience même des autres pays, se ferait sous l'hégémonie de ce qu'on appelle, pour simplifier, les forces bourgeoises et non sous celle des forces populaires.»

Gérard de Cortanze,
*Jorge Semprún, l'écriture
de la vie,* Gallimard,
2004, p. 228.

Mars. *La Nouvelle Critique,* «revue du marxisme militant» dirigée par Guy Besse, publie un débat sur «marxisme et humanisme» entre Louis Althusser et Jorge Semprún. Après de longs développements philosophiques sur l'antihumanisme théorique de Marx, Althusser expose ses conclusions : « Le communisme dans lequel s'engage l'Union soviétique est un monde sans exploitation économique, sans violence, sans discrimination — un monde ouvrant devant les Soviétiques l'espace infini du progrès, de la science, de la culture, du pain et de la liberté, du libre développement... »

Semprún, qui définit le stalinisme comme « le marxisme sans débat... », revient sur la période stalinienne : « Les thèmes de l'humanisme socialiste sont devenus strictement idéologiques (c'est-à-dire aliénants et mystificateurs) à l'époque du discours de Staline sur "l'homme, le capital le plus précieux", à l'époque de la célébration théorique de la Constitution de 1936, qui est l'époque où se déclenche la répression massive, la liquidation de tous les éléments institutionnels qui jalonnaient les progrès matériels de l'humanisme réel », puis célèbre « le rétablissement de la légalité socialiste et le programme d'édification d'une société communiste », qui établiraient « la possibilité concrète » de la « réalisation de l'humanisme socialiste, à un niveau historique supérieur... ».

Des années plus tard, revenant sur le débat engagé avec Althusser à propos du jeune Marx, Jorge Semprún fera remarquer : « [...] le problème n'est pas de savoir quand Marx a cessé d'avoir affaire à la dialectique hégélienne, mais pourquoi il n'a jamais cessé d'avoir affaire avec elle. »

Autobiographie...,
op. cit., p. 34.

1966

Dès 1964, Florence Malraux, fille d'André, qui a lu *Le Grand Voyage,* l'a recommandé à Alain Resnais dont elle est l'assistante. Celui-ci commande à Semprún le scénario de *La guerre est finie.* Resnais choisit Yves Montand pour interpréter le rôle principal.

« ... Diego Mora, le personnage de *La guerre est finie,* être fictif sans doute aucun, remplit une fonction identique, mais en sens inverse. Il assure, quoique de façon heurtée, le passage concret, vital, malaisé, de la réalité fantomatique mais agissante — relativement agissante — de Federico Sánchez à la réalité de chair et d'os, et pourtant hypothétique, de Jorge Semprún. »

Autobiographie...,
op. cit., p. 133.

Juillet. Semprún se rend à Prague, avec Alain Resnais, pour la présentation du film *La guerre est finie*, sélectionné au festival de Karlovy Vary, mais le film a été retiré de la compétition officielle, sur recommandation du comité central du Parti communiste tchèque répondant à la demande du comité central du PCE.

À Karlovy Vary, ils sont reçus par le critique littéraire Antonin Liehm et le réalisateur Milos Forman. Le festival décerne au film de Resnais le prix spécial du jury, pied-de-nez à la censure du régime communiste. *La guerre est finie* recevra également le prix Méliès 1966, le prix Louis Delluc en janvier 1967, et le prix international de l'Académie du Cinéma.

Son père meurt en exil à Rome.

1967

Janvier. Parution de *La guerre est finie* chez Gallimard, scénario et photos.

Mai. Publication de *L'Évanouissement*, second roman de Semprún. Un déporté rentré en France, éprouvé par la fragilité de sa mémoire et la violence de ses souvenirs, tente de reprendre pied.

Juillet. Jorge Semprún fait sa «première incursion légale» en Espagne.

«Tournée la page des émotions, des passages clandestins, des joies de jadis à franchir le vieux pont de Béhobie pour rentrer dans mon pays sans la permission de personne.»

Autobiographie…, op. cit., p. 99.

Semprún se rend à Cuba à l'invitation de Carlos Franqui, l'un des dirigeants de la révolution de 1959, en compagnie d'un groupe d'intellectuels. Il entend pour la première fois Fidel Castro le 26 juillet 1967 — à l'occasion de l'anniversaire de la prise éphémère de la caserne de la Moncada en 1953. Il l'entendra à nouveau quelques mois plus tard, début janvier 1968, lors de la cérémonie de clôture du Congrès culturel de La Havane en tant que membre d'une délégation d'intellectuels européens triés sur le volet, dont Maurice Nadeau, Michel Leiris, Marguerite Duras, Juan Goytisolo. Lui-même est très réservé sur la «démocratie» affichée par le régime. Le socialisme cubain vu par la gauche française comme un renouveau inespéré fait encore illusion... Revenant sur l'expérience castriste, Jorge Semprún en tire cette conclusion : «Le Parti s'est transformé en une fin en soi, en une création dévorante et métaphysique dont la principale vocation consiste à persévérer dans son être.»

Autobiographie...,
op. cit., p. 217-218.

1969

26 février. Sortie de *Z* de Costa Gavras, adapté du roman de Vassili Vassilikos, fondé sur l'assassinat du député de la gauche démocratique Grigóris Lambrákis en 1963. Le film dénonce la dictature des colonels en Grèce en avril 1967.

Costa Gavras : «... c'est au cours d'un de ces week-ends d'Autheuil [chez Montand et Signoret, dans l'Eure] que je lui proposai de collaborer avec moi pour l'adaptation de *Z*. Il connaissait l'histoire Lambrákis et je crois que ça l'amusait d'écrire sur la dictature de militaires grecs. C'était aussi une façon pour lui de parler de la dictature dans son pays, l'Espagne». Semprún : «Quand nous avons écrit *Z*, personne n'en voulait. Il a fallu l'acharnement de Jacques Perrin et un événement social, mai 1968, pour rendre ce film possible. Et le succès n'est venu qu'après des semaines, grâce au bouche à oreille.»

Hommage à Jorge Semprún
11 juin 2011, Lycée Henri-IV,
Gallimard, 2012.

Printemps. Semprún séjourne à Prague avec Costa Gavras pour y préparer le tournage de *L'Aveu* d'après le livre d'Arthur London racontant le procès Slánský de 1952.

«J'étais sur le trottoir de la Vaclavské Namesti, la place Vencelas, devant l'hôtel Yalta. J'étais à Prague depuis deux jours, avec Costa Gavras et le producteur Bertrand Javal. À l'époque, il semblait encore possible de réaliser sur place le tournage de *L'Aveu*. Les dirigeants du cinéma tchèque en étaient d'accord, en tout cas. Il y avait eu l'invasion, sans doute, neuf mois plus tôt. Le pays était occupé par les troupes soviétiques. Mais les conquêtes de l'année 1968 n'avaient pas encore été totalement liquidées par le biais de la "normalisation".

Double page suivante.
Costa Gavras, Jorge Semprún
et Yves Montand.

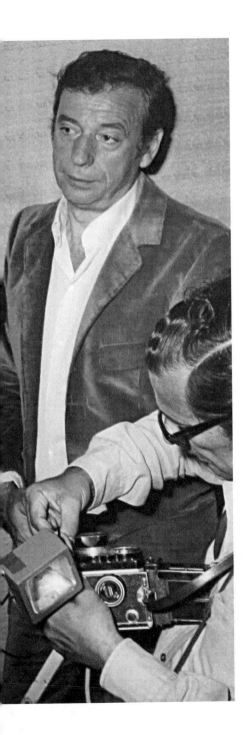

Les Nouvelles littéraires,
n° 7, juin 1986.

«Quelques semaines plus tard, cependant Alexander Dubček fut chassé du pouvoir et *L'Aveu* fut finalement tourné à Paris et à Lille.»

Été. Semprún séjourne à Madrid durant la belle saison.

Autobiographie…,
op. cit., p. 87.

«Tu n'étais plus Federico Sánchez. Ce fantôme-là s'était évanoui. Tu étais de nouveau toi-même : déjà moi.»

Automne. Voyage à New York pour la première de *Z*.

Novembre. *La Deuxième Mort de Ramón Mercader,* publié chez Gallimard, reçoit le prix Femina.

«Pour avoir voulu pratiquer une certaine littérature politique, Jorge Semprún est perdant sur les deux tableaux. Le plan littéraire, car son livre est un des plus mal faits qui se puissent imaginer. Le plan politique, car l'anticommunisme militant qui est le sien l'amène, en dépit de l'esthétisme derrière lequel il se masque, à sombrer dans la propagande la plus éculée. Jorge Semprún réussit là une assez jolie démonstration − celle que l'antiréalisme antisocialiste peut aboutir à d'aussi désolants résultats que les pires productions nées des excès de son contraire.»

Martine Monod,
L'Humanité-Dimanche,
17 décembre 1969.

Dans un entretien à *L'Express*, Jorge Semprún clarifie sa position : «Je ne suis pas un ancien communiste. Je suis communiste.» Interrogé dix-sept ans plus tard par le magazine *Lire* à ce sujet, il revient sur ses déclarations : «Prenons l'exemple de Boris Souvarine, comparaison, je vous l'accorde tout de suite, immodeste et absurde… […] Le premier article qu'il a publié après son exclusion par l'Internationale communiste s'intitulait : "Exclu, mais communiste." On commence toujours […] par se dire : je suis communiste, ce sont "eux" qui ne le sont pas et qui trahissent. Puis on finit par comprendre que non, et que ce sont bien "eux", les vrais communistes. Puisqu'il n'y a pas d'autre vrai communisme que le communisme réel. […] Le communisme orwellien, c'est cela le vrai communisme. Voilà pourquoi j'ai pu déclarer en 1969 être encore communiste, ce qui, bien sûr, n'est plus du tout ma position maintenant − au contraire.»

4 novembre. Diffusion de l'adaptation du *Grand Voyage* réalisée pour la télévision par Jean Prat, avec pour interprètes : Roland Dubillard, Jean Le Mouel, Henri Labussière, Roger Ibáñez, Raymond Studer.

1970

23 avril. Sortie de *L'Aveu*.

Décembre. En Pologne, les émeutes ouvrières mettent en cause le monopole politique du parti.

« Quand [...] les ouvriers polonais des chantiers de la Baltique doivent affronter les forces de l'ordre [...] ; quand, poussés, par l'énergie du désespoir, ces ouvriers débordent tous les cordons de police et promènent leurs morts sur des civières à travers les villes en pleine rébellion [...] ; quand le feu est mis aux locaux du parti qui symbolisent un pouvoir bureaucratique, aliénant, inique quand ils sont devenus maîtres de la rue [...] ; en réalité, ils sont la classe-en-soi, mais cela ils l'ignorent. » *Autobiographie..., op. cit., pp. 223-224.*

« Le fait que dans les pays de l'Est l'appropriation de la plus-value a cessé d'être de caractère privé pour devenir *publique*, bureaucratique, par le biais de l'appareil politico-productif de l'État/parti, ne supprime pas la réalité même de la plus-value qui continue à être extorquée aux travailleurs salariés desdits pays. » *Autobiographie..., op. cit., p. 221.*

1972

Jorge Semprún se lance dans la réalisation d'un documentaire sur la guerre civile d'Espagne : *Les Deux Mémoires*, construit à partir d'entretiens avec Santiago Carrillo (PCE), Federica Montseny (libertaire), Dolorès Ibárruri (PCE), José Peirats (CNT-FAI), Dionisio Ridruejo (phalangiste), Juan Andrade (POUM), avec les voix de María Casares, Yves Montand, François Périer, Georges Kiejman, Costa Gavras, Carmen Claudín et Florence Delay. Le film sort en 1974.

Il est l'un des scénaristes de *L'Attentat* du réalisateur Yves Boisset, inspiré de l'affaire Ben Barka.

1974

15 mai. Sortie du *Stavisky* d'Alain Resnais, avec Jean-Paul Belmondo dans le rôle de l'escroc. Le scénario de Semprún est publié la même année chez Gallimard.

Michel Mohrt: «Avec habileté Resnais et Semprún nous donnent une sorte de "chronique privée" de la vie de l'escroc. [...] Pour corser une histoire assez ténue [...], ils ont imaginé de couper le récit des derniers mois de la vie de l'escroc, par des scènes de l'arrivée de Trotski en France, à Cassis [...] On voit mal la relation entre les deux histoires.»

Carrefour, 30 mai 1974.

Le fils de Stavisky demande, sans succès, la saisie du film.

Automne. Santiago Carrillo publie *Mañana España: conversaciones con Régis Debray y Max Gallo* (Librairie du Globe).

«Ce qui intéressait Carrillo, au prix de n'importe quels mensonges, c'était de bien identifier Sánchez à Semprún, Semprún à Sánchez, et de jésuitiquement saper leur prestige à tous deux.»

Carlos Semprún Maura, son frère, publie *Révolution et contre-révolution en Catalogne*, aux Éditions Mame.

1975

23 avril. Sortie en salle du film de Costa Gavras: *Section spéciale* dont Semprún est le coscénariste. Le film retrace la mise en place d'un tribunal d'exception en 1941 pour juger rétroactivement des militants communistes déjà emprisonnés pour d'autres motifs, après l'attentat commis par Pierre Georges (futur colonel Fabien) au métro Barbès, le 21 août 1941.

Août. Dans les premiers jours d'août, Semprún commence l'écriture du *Palais d'Ayete* dans sa maison du Gâtinais qu'il abandonnera. Il s'agit d'une «œuvre de fiction sur la mort de Franco que la réalité de son agonie vint interrompre.»

Autobiographie..., op. cit., p. 377.

Le restant du mois, il séjourne à San Vicente de la Barquera.

20 novembre. Francisco Franco, le «caudillo», meurt. Une possible évolution de l'Espagne franquiste vers la démocratie se profile à l'horizon.

Décembre. Semprún se rend à Barcelone ; il est en train d'écrire le scénario et les dialogues des *Routes du Sud*, pour Joseph Losey, un film sur l'Espagne, le passage des frontières. Semprún a rencontré Losey par l'intermédiaire de Florence Malraux.

Avec Yves Montand et Joseph Losey pendant le tournage des *Routes du Sud*.

1976

10 novembre. Le film réalisé par Pierre Granier-Deferre, *Une femme à sa fenêtre*, d'après le roman de Pierre Drieu La Rochelle, dont Jorge Semprún est coscénariste, sort en salle.

1977

Santiago Carrillo publie *Eurocommunisme et État*, dans lequel il soutient que le PCE avait su préserver

son autonomie vis-à-vis de Moscou. Semprún parle à ce propos d'«omission cynique» et de «faux délibéré».
«Santiago Carrillo a effrontément menti en affirmant avec ses fanfaronnades habituelles [...] que la direction du PCE n'a consulté le parti russe préalablement à aucune prise de décision politique importante. [...] La vérité est que ce furent les directives tranchantes et péremptoires de Staline qui motivèrent le changement de stratégie du PCE», dont la dissolution des guérillas d'après-guerre.

Autobiographie…, op. cit., pp. 137, 138 et 139.

Octobre. Jorge Semprún reçoit le prix Planeta pour *Autobiografía de Federico Sánchez,* écrit en espagnol.

Le jury du prix ignorait le véritable nom de l'auteur, Semprún s'étant dissimulé derrière le nom d'un certain Garcia. Il révèle la supercherie lors d'une conférence de presse.

«Ce livre politique a été conçu dans son ensemble en 1965, après mon exclusion du PCE. Mais il existait chez moi, je m'en suis expliqué, ce sentiment que, tant que Franco était là, je ne pouvais pas, aussi bien sur le plan politique que personnel, dire certaines choses contre le Parti ou contre Santiago Carrillo. Quand le PC a été légalisé, alors, il m'a paru normal de parler.»

Lire, art. cit., 1986.

Il revient sur une dimension essentielle du marxisme: «… Le marxisme est avant tout, dans son principe et sa méthode, un athéisme. Autrement dit que pour être communiste — ne pas confondre communiste et membre du parti: ce sont deux choses fort différentes —, il faut commencer par ne pas croire, même si, bien entendu, cette condition n'est pas suffisante.»

Autobiographie…, op. cit., p. 180.

1978

28 avril. Sortie du film *Les Routes du sud.*

«Le film est moins autobiographique que *La guerre est finie,* dans la mesure où ce personnage d'intellectuel engagé, communiste déçu mais qui continue par fidélité à accomplir des missions pour le Parti, est aujourd'hui loin de moi. Il n'empêche que c'est un personnage qui a encore un certain rapport avec moi, et dont je prends congé définitivement. C'est le dernier film de ce cycle,

de cette couleur, de cette trame…», explique-t-il dans *L'Express* des 1er-7 mai 1978, qui publie aussi les bonnes feuilles d'*Autobiographie de Federico Sánchez*.

Avec Emmanuel Le Roy Ladurie et Yves Montand, lors d'une manifestation contre la torture.

Mai. *Autobiographie de Federico Sánchez* paraît aux Éditions du Seuil, traduit par Claude et Carmen Durand.

Lettre de Pierre Vidal-Naquet :

«Cher Jorge Semprún,

Merci de m'avoir envoyé votre livre. Bien que n'ayant jamais été membre du PC, j'ai une sorte de passion perverse pour les autobiographies d'anciens militants du PC. […] C'est un grand livre digne de la *Seconde Mort de Ramón Mercader* que j'admire énormément. C'est un grand livre pas seulement parce qu'il est "composé autrement que la genèse", parce qu'il combine à la perfection votre histoire et une histoire collective. Aussi se place-t-il parmi les tout premiers livres de sa catégorie à côté de *L'Autocritique* de Morin et du tout récent bouquin de Robrieux. Je souhaite que ce livre ait en France le succès qu'il mérite et je vous redis toutes mes félicitations.»

1980

Février. Parution de *Quel beau dimanche!* chez Grasset.
L'historien Emmanuel Le Roy Ladurie rend compte
du livre : « Le meilleur de l'ouvrage tient dans une méditation narrative, à propos des grands enfermements du
XXᵉ siècle. Auschwitz et la Kolyma sont, entre autres, les
produits de cette invention géniale (du siècle dernier),
le fil de fer barbelé. [...] C'est Semprún, en l'occurrence,
qui voit clair : il paraphrase Sartre et voit dans le Goulag
russe, vietnamien ou cambodgien, l'"indépassable hori-

zon de notre temps". »
Semprún reçoit une lettre de Vladimir Jankélévitch :
« 23 février 1980
Merci, cher monsieur, pour ce beau livre, courageux
et salutaire comme tout ce que vous faites.
À vous en toute admiration
Vl Jankélévitch
PS : J'ai toujours pensé que l'inhumanité foncière de
notre temps remonte en fait à Lénine lui-même. Staline
est en fait une aubaine. Un abcès de fixation. Il nous
autorise à avoir bonne conscience. Nous aurons ainsi
le droit de penser que le stalinisme est une perversion
du système. Alors qu'il en est l'accomplissement. La
violence implacable prend son origine chez Lénine. »

1981

Parution de *L'Algarabie* chez Fayard.
« Ce livre que je traîne depuis dix ans sous diverses
formes, brouillons et étapes, dans ma tête et sur ma table,
écrit alternativement en espagnol et en français, a pendant
des mois cherché sa langue. Son titre témoigne de cette
hésitation de la langue. Il s'agit d'une francisation d'alga-
rabia, le charabia : la langue incompréhensible, le vacarme,
Babel ! Mais, au fond, cela dépasse la simple problématique
de l'écriture : tout ne serait-il pas un peu de l'algarabie, ou,
comme dirait l'autre, du bruit et de la fureur ? »

1983

Mars. Avec la parution de *Montand la vie continue* chez Denoël, Montand et Semprún sont invités ensemble sur le plateau d'«Apostrophes».

1985

Jorge Semprún prend la direction d'une nouvelle collection chez Denoël.

Il y fait paraître un recueil de textes de Boris Souvarine : *À contre-courant. Écrits 1925-1939*, ensemble présenté par Jeannine Verdès-Leroux ; puis *Un monde à part*, du Polonais Gustaw Herling qu'il préface (voir dans ce volume).

1986

30 avril. Sortie du film du réalisateur argentin Hugo Santiago, *Les Trottoirs de Saturne* ; Semprún a participé à l'écriture du scénario et des dialogues.

Costa Gavras,
Montand, Semprún.

La publication de *La Montagne blanche*, chez Gallimard, lui offre l'occasion de revenir sur son propre destin et de livrer sa vision de l'histoire du xxᵉ siècle.

« En me mettant hors jeu, je dirais que la grande affaire du xxᵉ siècle a été l'échec, avec tout ce que cela comporta comme conséquences, de la révolution communiste. [...] Historiquement, il n'y avait aucune possibilité pour que cette aventure tourne bien. Il n'empêche que c'est cette aventure qui a marqué toute notre histoire intellectuelle, culturelle, politique et sociale. [...] On peut établir des équivalences historiques. On peut même dire que le régime stalinien a été plus néfaste pour l'humanité, a provoqué plus de morts et a entraîné une défaite de la classe ouvrière beaucoup plus profonde, historiquement, que la défaite de 33-34 de la classe ouvrière allemande. Mais on ne peut établir des équivalences morales. Reste qu'on ne peut plus opérer la critique du nazisme sans faire la critique du stalinisme, et vice versa. Je suis tout à fait partisan d'une critique globale des totalitarismes tout en marquant la spécificité de chacun d'eux. »

Lire..., *art. cit.*, 1986.

1987

11 avril. *L'Écriture ou la vie* «s'est imposé le 11 avril 1987. C'était l'anniversaire de la libération de Buchenwald et la nouvelle que j'ai entendue ce jour-là à la radio fut le suicide de Primo Levi.»

Septembre. Alors qu'il prépare un essai sur la transition démocratique en Espagne, Jorge Semprún critique l'attitude de certains intellectuels qui voient dans l'établissement de la démocratie une manœuvre des États-Unis pour passer de la dictature à l'état de démocratie *vigilada*, «surveillée». À ses yeux, cette critique de gauche n'«aboutit à rien car elle ne propose pas de véritable alternative politique». «Il faudrait sortir de cette mythologie de l'antifascisme», ajoute-t-il, dans *Art Press*.

Parution aux Éditions J.-C. Lattès de *Netchaïev est de retour*. Plaidoyer contre le fanatisme qui produit le terrorisme, le roman est aussi une critique des aspects sombres des démocraties tel le trafic d'armes.

1988

7 juillet. Le Premier ministre espagnol Felipe González remanie son gouvernement. Il demande à Jorge Semprún d'en être le ministre de la Culture.

Lors de sa venue pour la prestation de serment, il est accueilli par ses simples mots de la reine : « Enfin, vous voilà ! »

« J'ai considéré que, dans le contexte de l'entrée de l'Espagne dans l'Europe, c'était le rôle d'un intellectuel d'être le ministre de la Culture de Felipe González, auprès de ce pouvoir qui était en train de moderniser et de démocratiser l'Espagne », déclare-t-il à *Impact Médecin* en 1997.

Il assiste à son premier Conseil des ministres le 15 juillet. Il restera ministre jusqu'en 1991.

1989

Février. Lors de l'hommage rendu au poète Antonio Machado à l'occasion du cinquantième anniversaire de sa mort, devant les Cortes, Semprún insiste sur les circonstances et la signification de cette disparition : « Il ne faut pas oublier le passé. Je pense qu'un demi-siècle représente un laps de temps suffisant pour avoir une vision plus large, à la fois pacifique et critique, du passé, suffisante pour savoir quel passé est le nôtre, pour ne pas nous tromper. Ainsi, il ne faudrait pas oublier que Machado n'est pas mort par hasard à Collioure. Il n'est pas arrivé là en touriste. Machado est mort à Collioure en tant qu'exilé politique, exilé d'une cause démocratique pour laquelle il avait lutté et pour laquelle il avait pris parti. »

Cité par Àngeles González-Sinde, ministre de la Culture du gouvernement espagnol, in *Hommage à Jorge Semprún*, 11 juin 2011, Lycée Henri-IV, Gallimard, 2012.

1991

Jacques Deray adapte pour le cinéma *Netchaïev est de retour.*

Page de droite.
Jorge Semprún photographié par Mathieu Landman.

In diesem Ge...
links des W...
Massengräber mit...
Toten des so...
lagers Buchen...
Der Wald ist auf der...
freien Fläch...
vierzig Jahre...

À Buchenwald, au mémorial
de l'Ettesberg, en hommage
aux victimes du camp stalinien.

1992

Jorge Semprún se rend en compagnie de ses petits-fils (les fils de Dominique) à Buchenwald : « J'étais accompagné par Thomas et Mathieu Landman, mes petits-fils par les liens du cœur : une filiation qui en vaut toute autre. Je les avais choisis pour m'accompagner en Allemagne… J'ai ressenti tout au long de ce voyage la présence émue, rieuse, chaleureuse, de leur jeune regard sur mes vieux souvenirs : les cendres de mon passé. »

L'Écriture ou la vie,
Gallimard, Folio,
1996, p. 244.

1993

Publication de *Federico Sánchez vous salue bien* aux éditions Grasset, ouvrage dans lequel il fait le bilan de son action à la tête du ministère de la Culture espagnol.

1994

Mai. Jorge Semprún reçoit le prix de la Paix décerné par les libraires allemands.

Septembre. *L'Écriture ou la vie*, chez Gallimard.

Caroline Eliacheff: «On réalise en effet que les souvenirs ne sont probablement ni imprimés ni stockés dans le cerveau. Ils sont *reconstruits* à la faveur d'un signe, d'un appel le plus sensoriel: une odeur, un mot, une rencontre, une sensation visuelle ou tactile. Cette reconstruction est rarement volontaire, bien qu'elle soit consciente. Chacun d'entre nous en fait fréquemment l'expérience, sans y prêter vraiment attention. Cela tend à montrer qu'il n'y a pas de souvenir "vrai", il n'y a que ses souvenirs reconstruits, et vous nous montrez que dans la reconstruction l'art ou le génie peuvent parfois émerger.»

Dans *L'Express* (avril), lors d'un dialogue avec Alain Finkielkraut, en réponse à la question de savoir si la fiction ne doit pas s'imposer des règles particulières depuis l'offensive négationniste, Jorge Semprún répond: «La condition essentielle est de ne pas tricher! De ne jamais construire de fiction sur des faits qui engagent moralement le témoignage. Je n'ai pas le droit, par exemple, d'inventer le Juif moribond qui chante le kaddish dans le mouroir de Buchenwald. C'est une règle que je m'impose depuis toujours. Mais l'apparition du négationnisme n'a fait qu'en renforcer la nécessité.»

En février 1995, le magazine *Lire* lui décerne le Prix du meilleur livre de l'année.

À Buchenwald.
La grille de l'entrée du camp et la devise
JEDEM DAS SEINE,
À CHACUN SELON SON DÛ.

Le Figaro, 17 novembre 1994.

Décembre. Dans un entretien accordé à *L'Humanité*, Jorge Semprún rappelle que les communistes à Buchenwald ont continué « à être internationalistes », « à être solidaires », « à avoir une perspective antifasciste » et que, ainsi, « les communistes étrangers étaient incorporés au fur et à mesure de leur arrivée » dans le réseau de résistance interne au camp.

1995

Mars. La chaîne Arte diffuse le 1er un dialogue entre Jorge Semprún et Elie Wiesel — le texte en est publié en 1997, sous le titre *Se taire est impossible*, en coédition Arte/Les Mille et une nuits.

« … Il m'arrive une chose particulière par rapport à la mémoire, par rapport à l'angoisse de l'oubli. Plus j'écris — trois livres ont un rapport direct avec l'expérience des camps, même, dans les autres livres il y a des références beaucoup plus indirectes, romanesques, disons, ce sont des personnages, ce n'est pas moi qui ai ce rapport-là —, plus j'écris, plus la mémoire me revient. »

Jorge Semprún et Lambert Wilson présentent *Paludes* d'André Gide à la Bibliothèque nationale de France — le comédien donnant lecture du texte de Gide.

5 avril. Il obtient le prix Fémina Vacaresco pour *L'Écriture ou la vie*.

8-11 avril. Jorge Semprún retourne à Buchenwald à l'occasion du cinquantième anniversaire de la libération du camp.

« Que va-t-on commémorer ? On a commencé par commémorer la libération d'Auschwitz par l'armée Rouge en janvier 1945. Très bien, mais pourquoi ne pas rappeler que cette armée venait d'un pays où il y avait, aussi, des camps ? Ces commémorations sont toujours un peu hémiplégiques. Si on se décide à faire œuvre de mémoire, il faudra commémorer le centenaire du Goulag. »

Libération, 10 avril 1995.

Mai. Jorge Semprún est proposé comme candidat à l'Académie française. Un obstacle surgit : il a conservé la nationalité espagnole et les statuts de l'Académie ne permettent pas l'élection d'un étranger. Le 1ᵉʳ juin, l'élection est «suspendue et reportée à la mi-octobre». Le 7 juillet, par un communiqué de presse, Jorge Semprún déclare qu'il renonce.

3 juin. Jorge Semprún reçoit le prix Louis-Guilloux à Saint-Brieuc. «Jeune réfugié politique en France depuis 1939, j'ai appris le français pendant l'été en dévorant des romans français dont *Le Sang noir*. Ce livre m'a profondément marqué. Ensuite, il m'est arrivé de rencontrer Louis Guilloux dans les cafés du quartier Latin. Nous étions compagnons de silence. Je n'ai jamais parlé avec lui de mon engagement au Parti communiste espagnol et de la déportation. J'ai pourtant le sentiment que lui seul, avec sa tendresse pour les humiliés et les opprimés, aurait été capable d'entendre ce que personne ne voulait entendre à l'époque.»

Ouest-France, 7 juin 1995.

Août. Au festival d'été de Weimar, sa pièce de théâtre, *Carola Neher*, est présentée dans une mise en scène de Klaus Michaël Grüber, avec une scénographie d'Eduardo Arroyo. La pièce repose sur l'histoire d'une actrice amie de Brecht qui se réfugie en Union soviétique puis est déportée au Goulag.

5 octobre. Le prix de la ville de Weimar lui est attribué.

Cette année 1995, Semprún est devenu chroniqueur au *Journal du Dimanche*.

1996

26 mars. Arte consacre une soirée «Thema» à Jorge Semprún. À cette occasion, le téléfilm de Jean Prat, tiré du *Grand Voyage*, est rediffusé.
France Culture lui ouvre ses micros pour un entretien avec Jean Lacouture. Le texte est publié en 2012 chez Grasset.
Son bilan du communisme: «Dans les pays où il a été au pouvoir […] il aura créé les sociétés les plus injustes, les plus opaques, les plus créatrices de privilèges.»

Edmonde Charles-Roux
et Jorge Semprún
à l'Académie Goncourt.

4 juin. Jorge Semprún est élu à l'Académie Goncourt, à l'unanimité, au fauteuil d'Hervé Bazin.

Il est le premier membre étranger de l'Académie.

18 octobre. Toujours attentif à la marche du monde, il s'élève, dans *Le Figaro*, contre l'idée d'une «fin de l'histoire»: «L'idée que la victoire définitive de la démocratie libérale et de l'économie de marché liquide tous les problèmes procède d'une vision très superficielle de l'histoire. Au contraire, depuis l'effondrement du communisme, l'histoire s'est remise en marche. La seule fin de l'histoire aurait été la victoire du communisme, sous la forme totalitaire qu'il a prise. [...] L'histoire ne s'arrête pas, notre univers change sans cesse. Des États-nations émergent dans les pays les plus archaïques. L'islamisme gagne du terrain... [...] Un cycle de civilisation est en train de s'achever, même si toutes les valeurs du passé n'ont pas disparu. [...] Aujourd'hui, en Europe, un lien social ne peut se rétablir que s'il est fondé sur des valeurs spirituelles et non pas des valeurs d'ordre matériel. On ne construira pas l'Europe autour de l'euro. L'Europe est avant tout une communauté où sont nées des valeurs démocratiques et culturelles. Un cycle économique prend fin mais l'économie de marché ne disparaîtra pas. Le XXᵉ siècle a prouvé qu'on ne pouvait pas maintenir les libertés civiles en supprimant la liberté de marché. Certains regretteront de vivre dans la jungle du marché libre. Je reprends ici l'image employée par Milos Forman. Ils préféreront le zoo totalitaire où les animaux sont nourris… mais enfermés. Parfois, je pense au zoo avec une pointe de nostalgie, mais la plupart du temps, je pense que la jungle du marché vaut mieux que le zoo totalitaire…»

Mario Vargas Llosa et Jorge Semprún se rencontrent à Londres. Un compte rendu de leur échange sera publié dans *El País*. Semprún : «Pour moi, un type d'intellectuel de notre temps, moins mis en valeur que d'autres, ce serait George Orwell. Un intellectuel de gauche, avec tous les mythes de la gauche, qui en 1940, alors que la démocratie est sur le point de succomber aux assauts des totalitarismes, écrit un essai génial, *Le Lion et la licorne*, dans lequel il dit : "Messieurs, arrêtons nos bêtises et prenons la défense de la démocratie parce que c'est ce que nous avons de mieux. Elle avait été détruite en Espagne, en France… elle fut sauvée de peu." Aujourd'hui on oublie tout cela. Que la démocratie a été le principal ennemi des extrémismes, qui l'ont persécutée sans relâche.»

Jorge Semprún devient président de l'association Paris-Sarajevo-Europe, qui soutient le centre culturel André-Malraux de Sarajevo.

1998

Le Retour de Carola Neher est publié dans la collection «Le Manteau d'Arlequin», chez Gallimard.

1999

Octobre. Le musée Bonnat de Bayonne invite Jorge Semprún à organiser, selon son goût, l'accrochage de ses collections, parmi lesquelles se trouvent des œuvres du Greco, d'Ingres, Goya, Murillo, Degas, David.

2001

Le Mort qu'il faut est publié chez Gallimard.

Norbert Czarny, critique à *La Quinzaine littéraire* : «... ce récit n'est rien sans le lieu dans lequel il commence : les latrines collectives. On y vient "pour recréer une communauté, parfois une communion". C'est là que se trouve Semprún quand il apprend que Kaminsky, l'un de ses compagnons, responsable du service de la statistique, a trouvé "le mort qu'il faut". Il s'agit en effet de faire mourir administrativement Semprún. Des questions sont arrivées de la Gestapo de Berlin, on s'interroge sur son sort. Ce n'est jamais bon signe. Le "mort qu'il faut" a son âge, lui ressemble. Mieux, il est arrivé à Buchenwald par le même convoi que lui, de France. Il entrera dans la statistique sous le nom de Semprún, qui deviendra...»

La Quinzaine littéraire,
16 avril 2001.

2002

11-13-15 mars. Dans le cadre des grandes conférences de la Bibliothèque nationale de France, Jorge Semprún prononce trois conférences. Le cycle s'intitule «Une morale de résistance : Husserl, Bloch, Orwell» : Husserl, Vienne, 1935 ; Marc Bloch, *L'Étrange Défaite*, 1940 ; George Orwell, *Le Lion et la Licorne*, 1941.

2003

Parution de *Veinte años y un día*, qui sera publié l'année suivante chez Gallimard.

2005

Avril. Publication de *L'Homme européen* (Plon) en collaboration avec Dominique de Villepin.

Le Premier ministre, Dominique de Villepin, demande la Légion d'honneur à titre militaire pour Jorge Semprún — la seule concevable pour l'écrivain.

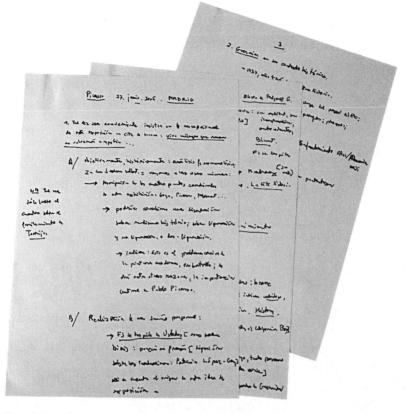

Manuscrit d'une conférence
sur Picasso, 2006.

2007

20 octobre. Mort de Colette Semprún.

2009

Mort de son frère Carlos Semprún Maura.

2010

Le cinéaste Franck Apprederis réalise un long entretien, en situation, de Jorge Semprún sur son itinéraire intellectuel ; le film s'intitule : *Empreintes*. Il avait réalisé en 2008 : *Ah ! c'était ça la vie !* avec le concours de Jorge Semprún.

11 avril. Jorge Semprún se rend à Buchenwald, sur l'invitation de la ministre présidente de Thuringe et du directeur du Mémorial de Buchenwald-Dora, pour les cérémonies célébrant la libération du camp.

Dans *Le Monde* du 7 mars, il a publié une tribune intitulée : « Mon dernier voyage à Buchenwald ».

Juin. Semprún est fait citoyen d'honneur de la ville de Strasbourg.

30 août. Décès de son fils Jaime Semprún, auteur de nombreux essais, fondateur de *L'Encyclopédie des nuisances* et des éditions du même nom, éditeur de George Orwell, Gustav Anders, entre autres.

Publication d'*Une tombe au creux des nuages. Essais sur l'Europe d'hier et d'aujourd'hui*, chez Climats-Flammarion.

2011

Franck Apprederis réalise *Le Temps du silence* d'après un scénario de Jorge Semprún.

7 juin. Jorge Semprún meurt à Paris.

« … je pensais à la justesse, parfois paradoxale en apparence, des expressions toutes faites : *mémoire revenue*, bien sûr, car la mémoire ne se détruit jamais entièrement, elle s'effrite, elle se dégrade, mais surtout, dans la force de l'âge, elle s'absente, ses richesses se réfugient ailleurs, se replient sur elles-mêmes, s'objectivant dans le non-être pléthorique d'où elles peuvent, à chaque instant, au moindre hasard heureux, revenir, mémoire revenue… »
La Seconde mort de Ramón Mercader, 1969.

L'Espèce humaine, Robert Antelme

Article publié dans *Action*, 4 juillet 1947

Déporté le 1er juin 1944, Robert Antelme est envoyé à Buchenwald puis dans un kommando extérieur. Il appartenait au réseau dont François Mitterrand était l'un des dirigeants : le Mouvement national des prisonniers de guerre et déportés (MNPGD), fondé en mars 1944 par la fusion de trois organisations, l'une gaulliste, l'autre communiste, la troisième plutôt giraudiste.

Miraculeusement retrouvé à Dachau par François Mitterrand alors que ce dernier avait été envoyé en mission en Allemagne par le général de Gaulle, Robert Antelme — exsangue et malade du typhus — est rapatrié, dans des conditions difficiles, le 24 avril 1945.

Durant sa convalescence, il écrit *L'Espèce humaine*, l'un des témoignages les plus profonds sur la déportation. Le livre paraît en avril 1947 aux Éditions de la Cité universelle qu'Antelme, Duras et Dionys Mascolo avaient fondées en 1946.

Le journal *Action* a été créé par Maurice Degliame-Fouché en octobre 1943 comme « organe social de la France combattante » et il est lié au mouvement Combat. Par la suite, il est pris en main par Maurice Kriegel-Valrimont, son directeur, qui l'entraîne dans le sillage du Parti communiste français. Un temps « organe social » du Mouvement de libération nationale, *Action* devient, après guerre, l'« hebdomadaire de l'Indépendance française » et accompagne les évolutions de la politique communiste.

L'article de Jorge Semprún paraît le 4 juillet 1947, sous le pseudonyme de Georges Falcó, un nom que l'on retrouve une seule fois dans *Quel beau dimanche !* mais qui apparaît auparavant dans *L'Évanouissement*. C'est celui d'un Espagnol, déporté sous ce faux nom, nommé en réalité Lucas, appartenant à la direction clandestine du Parti communiste espagnol. Deux choses frappent à la lecture de cet article : la première est le caractère très affirmé de l'engagement communiste de l'auteur — en témoigne le rapprochement de la condition du déporté avec celle du prolétaire, qui établit une filiation entre nazisme et capitalisme dont le nazisme est censé être issu ; la seconde concerne l'attention déjà portée à l'indispensable adéquation entre l'écriture et l'expression de la déshumanisation de l'homme dans les camps.

Il y a longtemps que je n'avais pas lu un livre témoignant de la grandeur humaine d'une façon aussi nue, bouleversante, que le récit de Robert Antelme. À première vue cette affirmation peut paraître paradoxale, puisque la vie qui y est décrite est la plus misérable, la plus méprisée, celles des déportés d'un petit kommando extérieur de Buchenwald, inexorablement soumis aux lois SS. Voici le lever de l'aube, le « quart » de café, le mégot pour quatre, le travail sous les coups, l'attente de la soupe, la soupe et la faim après la soupe, les poux et ça va recommencer demain.

D'autres livres ont mis en valeur d'autres aspects, plus sociologiques et politiques, de la vie concentrationnaire, mais il fallait que ceci soit dit, que cette voix se fasse entendre. Car il ne faudrait pas oublier qu'il n'y a pas seulement ceux qui sont revenus des camps, survivants qui ont pu s'exprimer et comprendre, assumer cette expérience. Il y a surtout ceux qui en sont morts et la voix qui se fait entendre ici est très exactement la voix de nos morts, de ceux qui ont jusqu'au bout fait l'expérience de l'aliénation de l'homme.

En outre, brisant constamment l'horizon fermé des circonstances exclusives à la déportation, Robert Antelme a fait de son récit une description exhaustive, et partant accusatrice, de la condition prolétarienne. Après lecture, nul ne pourra manquer de comprendre, toutes proportions gardées, toutes nuances indiquées, qu'il n'y a pas d'hétérogénéité radicale entre la vie des camps et la vie d'ici, quotidiennement.

Mais, « au prolétaire le plus méprisé la raison est offerte ». Il est moins seul que celui qui le méprise, dont la place deviendra de plus en plus exiguë et qui sera inéluctablement de plus en plus solitaire, de plus en plus impuissant.

Voilà la certitude qui fait de cette description de l'esclavage un apprentissage de la liberté, qui consiste pour ces déportés à ne vouloir être que ce qu'ils sont, des hommes. Voilà pourquoi dans cet extrême désespoir se forge l'espoir le plus efficace, celui d'une libération de l'espèce humaine par l'affranchissement du prolétariat. Voilà pourquoi le livre de Robert Antelme est un témoignage de la grandeur humaine.

Il y a encore d'autres qualités qui font de ce livre un événement, les qualités d'un écrivain véritable. Car la souffrance des hommes, l'horreur de leur existence, ces réalités ne sont pas accessibles immédiatement, encore faut-il leur donner une expression littéraire. Dans ce domaine, et pour la première fois dans un livre sur les camps, la réussite d'Antelme est complète. Ceux qui ne savent pas dire ce qu'ils ont vécu, qui se heurtent au gré des soirs aux souvenirs insupportables pour lesquels ils n'ont que les mots les plus banals, «c'était dur», «on avait faim», ceux-là reconnaîtront dans ce livre leur vie inexprimée, les mots pathétiques qu'ils auraient voulu dire. Dans la plus efficace simplicité, chaque phrase du récit porte.

Pour terminer (mais il y aurait tellement d'autres choses à dire), il faut indiquer que Gandersheim, le kommando décrit, représente bien le camp SS à l'état pur, tel qu'il aurait pu être partout, sans possibilités de défense pour les politiques, exclus systématiquement de tout poste responsable. C'est pour cela que l'expérience humaine passe ici au premier plan. La description de ce lent anéantissement de la conscience, voulu par les SS, dans la faim, la solitude, la saleté, exigeait un courage exemplaire, car elle n'allait pas sans risques. Si ces risques ont été surmontés, si l'impression finale est d'une victoire de l'homme, c'est certainement à cause de la certitude qui habite l'auteur, de sa prise de conscience trouvant dans la plus parfaite aliénation les moyens de la surmonter.

LE GRAND VOYAGE

1963

Pour Jaime,
parce qu'il a 16 ans.

I

Il y a cet entassement des corps dans le wagon, cette lancinante douleur dans le genou droit. Les jours, les nuits. Je fais un effort et j'essaye de compter les jours, de compter les nuits. Ça m'aidera peut-être à y voir clair. Quatre jours, cinq nuits. Mais j'ai dû mal compter ou alors il y a des jours qui se sont changés en nuits. J'ai des nuits en trop ; des nuits à revendre. Un matin, c'est sûr, c'est un matin que ce voyage a commencé. Toute cette journée-là. Une nuit ensuite. Je dresse mon pouce dans la pénombre du wagon. Mon pouce pour cette nuit-là. Et puis une autre journée. Nous étions encore en France et le train a à peine bougé. Nous entendions des voix, parfois, de cheminots, au-delà du bruit de bottes des sentinelles. Oublie cette journée, ce fut le désespoir. Une autre nuit. Je dresse un deuxième doigt dans la pénombre. Un troisième jour. Une autre nuit. Trois doigts de ma main gauche. Et ce jour où nous sommes. Quatre jours, donc, et trois nuits. Nous avançons vers la quatrième nuit, le cinquième jour. Vers la cinquième nuit, le sixième jour. Mais c'est nous qui avançons ? Nous sommes immobiles, entassés les uns sur les autres, c'est la nuit qui s'avance, la quatrième nuit, vers nos futurs cadavres immobiles. Il me vient un grand éclat de rire : ça va être la Nuit des Bulgares, vraiment.

— Te fatigue pas, dit le gars.

Dans le tourbillon de la montée, à Compiègne, sous les cris et les coups, il s'est trouvé à côté de moi. Il a l'air de n'avoir fait que ça toute sa vie, voyager avec cent dix-neuf autres types dans un wagon de marchandises cadenassé. «La fenêtre», a-t-il dit brièvement. En trois enjambées et trois coups de coude, il nous a frayé un passage jusqu'à l'une des ouvertures, barrée par du fil de fer barbelé. «Respirer, c'est l'essentiel, tu comprends, pouvoir respirer.»

— Ça t'avance à quoi, de rire, dit le gars. Ça fatigue pour rien.

— Je pensais à la nuit prochaine, lui dis-je.

— Quelle connerie, dit le gars. Pense aux nuits passées.

— Tu es la raison raisonnante.

— Je t'emmerde, qu'il me répond.

Ça fait quatre jours et trois nuits que nous sommes imbriqués l'un dans l'autre, son coude dans mes côtes, mon coude dans son estomac. Pour qu'il puisse poser ses deux pieds bien à plat sur le plancher du wagon, je suis obligé de me tenir sur une jambe. Pour que je puisse en faire autant, et sentir les muscles des mollets se décontracter un peu, il se dresse aussi sur une seule jambe. On gagne quelques centimètres ainsi et nous nous reposons à tour de rôle.

Autour de nous, c'est la pénombre, avec des respirations haletantes et des poussées subites, affolées, quand un type s'effondre. Lorsqu'ils nous ont comptés cent vingt devant le wagon, j'en ai eu froid dans le dos, en essayant d'imaginer ce que ça pouvait donner. C'est encore pire.

Je ferme les yeux, je rouvre les yeux. Ce n'est pas un rêve.

— Tu vois ça ? je lui demande.

— Eh bien ? dit-il, c'est la campagne.

C'est la campagne, en effet. Le train roule lentement sur une hauteur. Il y a de la neige, de grands sapins, des fumées calmes dans le ciel gris.

Il regarde un instant.

— C'est la vallée de la Moselle.

— Comment peux-tu savoir ? je lui demande.

Il me regarde pensivement et hausse les épaules.

— Par où veux-tu qu'on passe ?

Il a raison, le gars, par où voulez-vous qu'on passe, pour aller Dieu sait où ? Je ferme les yeux et ça chantonne doucement en moi : vallée de la Moselle. J'étais perdu dans la pénombre, mais voici que l'univers se réorganise autour de moi, dans l'après-midi d'hiver qui décline. La vallée de la Moselle, ça existe, on doit la trouver sur des cartes, dans les atlas. À H.-IV, nous chahutions le professeur de géographie, ce n'est sûrement pas de là que je garde un souvenir de la Moselle. De toute cette année-là, je ne crois pas avoir appris une seule fois la leçon de géographie. Bouchez m'en voulait à mort. Comment est-ce possible que le premier en philo ne s'intéresse pas à la géographie ? Il n'y avait aucun rapport, bien entendu. Mais il m'en voulait à mort. Surtout depuis cette histoire des chemins de fer d'Europe centrale. J'avais sorti le grand jeu et je lui avais même collé les noms des trains. Je me souviens de l'Harmonica Zug, je lui avais collé entre autres l'Harmonica Zug. « Bon devoir, avait-il noté, mais trop exclusivement basé sur des souvenirs personnels. » Alors, en pleine classe, quand il nous avait rendu les copies, je lui avais fait remarquer que je n'avais aucun souvenir personnel de l'Europe centrale. L'Europe centrale, connais pas. Simplement, j'avais tiré profit du journal de voyage de Barnabooth. Vous ne connaissez pas A. O. Barnabooth, monsieur Bouchez ? À dire vrai, je ne sais toujours pas s'il connaissait A. O. Barnabooth. Il a piqué une crise et j'ai failli passer en conseil de discipline.

Mais voici la vallée de la Moselle. Je ferme les yeux, je savoure cette obscurité qui se fait en moi, je savoure cette certitude de la vallée de la Moselle, au-dehors, sous la neige. Cette certitude éblouissante dans les tons gris, les grands sapins, les villages pimpants, les fumées calmes dans le ciel de l'hiver. Je m'efforce de garder les yeux fermés, le plus longtemps possible. Le train roule doucement, avec un bruit d'essieux monotone. Il siffle, tout à coup. Ça a dû déchirer le paysage d'hiver, comme ça déchire mon cœur. J'ouvre les yeux, rapidement, pour surprendre le paysage, le prendre au dépourvu. Il est là. Il est simplement là, il n'a rien d'autre à faire. Je pourrais mourir maintenant, debout dans le wagon bourré de futurs cadavres, il n'en serait pas moins là. La vallée de la Moselle serait là, devant mon regard mort, somptueusement belle comme un Breughel d'hiver. Nous pourrions tous mourir, moi-même, et ce gars de Semur-en-Auxois, et le vieux qui hurlait tout à l'heure, sans arrêt, ses voisins ont dû l'assommer, on ne l'entend plus, elle serait quand même là, devant nos regards morts. Je ferme les yeux, j'ouvre les yeux. Ma vie n'est plus que ce battement de paupières qui me dévoile la vallée de la Moselle. Ma vie a fui de moi, elle plane sur cette vallée d'hiver, elle est cette vallée douce et tiède dans le froid de l'hiver.

— Tu joues à quoi? dit le gars de Semur.

Il me regarde attentivement, il essaye de comprendre.

— Tu te trouves mal? me demande-t-il.

— Pas du tout, lui dis-je, pourquoi donc?

— Tu clignes des yeux comme une demoiselle, affirme-t-il. Un vrai cinéma.

Je le laisse dire, je ne veux pas me distraire.

Le train tourne sur le remblai de la voie à flanc de colline. La vallée se déploie. Il ne faut pas me laisser distraire de cette joie tranquille. La Moselle, ses coteaux, ses vignes sous la neige, ses villages de vignerons sous la neige, me rentrent par les yeux. Il y a des choses, des êtres ou des objets, dont on dit qu'ils vous sortent par les trous du nez. C'est une expression française qui m'a toujours amusé. Ce sont les objets qui vous encombrent, les êtres qui vous accablent, qu'on rejette, métaphoriquement, par les trous du nez. Ils reviennent à leur existence en dehors de moi, rejetés de moi, trivialisés, déchus, par leur rejet de moi. Mes trous de nez deviennent l'exutoire d'un orgueil démesuré, les symboles mêmes d'une conscience qui s'imagine souveraine. Cette femme, ce copain, cette musique? Finis, n'en parlons plus, par les trous de nez. Mais la Moselle, c'est tout le contraire. La Moselle me rentre par les yeux, inonde mon regard, gorge d'eaux lentes mon âme pareille à une éponge. Je ne suis rien d'autre que cette Moselle qui envahit mon être par les yeux. Il ne faut pas me laisser distraire de cette joie sauvage.

— On fait du bon vin, dans ce pays-ci, dit le gars de Semur.

Il veut qu'on parle. Il n'a sûrement pas deviné que je suis en train de me noyer dans la Moselle, mais il sent qu'il y a du louche sous mon silence. Il veut qu'on soit sérieux, le gars, ce n'est pas une plaisanterie, ce voyage vers un camp d'Allemagne, il n'y a pas de quoi cligner des yeux comme un con devant la Moselle. Il est d'un pays de vignes, alors il se raccroche aux vignes de la Moselle, sous la neige mince et poudreuse. C'est sérieux, les vignes, ça le connaît.

— Un petit vin blanc, dit le gars. Quand même pas aussi fameux que le chablis.
Il se venge, c'est régulier. La vallée de la Moselle nous tient enfermés dans ses bras, c'est la porte de l'exil, une route sans retour, peut-être, mais leur petit vin blanc ne vaut pas le chablis. C'est une consolation, en quelque sorte.

Il voudrait que l'on parle du chablis, je ne lui parlerai pas du chablis, pas tout de suite, en tout cas. Il sait que nous avons des souvenirs communs, que nous nous sommes peut-être même rencontrés, sans nous connaître. Il était dans le maquis, à Semur, quand nous avons été leur apporter des armes, Julien et moi, après le coup dur de la scierie, à Semur. Il voudrait que l'on évoque des souvenirs communs. Ce sont des souvenirs sérieux, comme les vignes et le travail des vignes. Ce sont des souvenirs solides. A-t-il peur d'être seul, qui sait, tout à coup? Je ne crois pas. Pas encore, tout au moins. C'est de ma solitude qu'il a peur, certainement. Il a cru que je flanchais, subitement, devant ce paysage mordoré sur un fond blanc. Il a cru que ce paysage m'avait frappé à quelque point sensible, que je flanchais, que je ramollissais subitement. Il a peur de me laisser tout seul, le gars de Semur. Il m'offre le souvenir du chablis, il veut que nous buvions ensemble le vin nouveau des souvenirs communs. L'attente dans la forêt, avec les SS embusqués sur les routes, après le coup de la scierie. Les sorties nocturnes, en traction-avant aux vitres éclatées, le FM pointé vers l'ombre. Des souvenirs d'homme, autrement dit.

Mais je ne flanche pas, mon vieux. Ne prends pas mon silence en mauvaise part. Nous parlerons tout à l'heure. C'était beau, Semur en septembre. Nous parlerons de Semur. Il y a une histoire, d'ailleurs, que je ne t'ai pas encore dite. Julien, ça l'embêtait que la moto soit perdue. Une Gnome et Rhône puissante, presque neuve. Elle était restée dans la scierie, cette nuit-là, quand les SS sont arrivés en force et que vous avez dû décrocher vers les hauteurs boisées. Ça l'embêtait, Julien, qu'elle soit perdue, cette moto. Alors, nous sommes allés la chercher. Les Allemands avaient établi un poste au-dessus de la scierie, de l'autre côté de l'eau. Nous y sommes allés en plein jour, nous faufilant dans les hangars et parmi les tas de bois. La moto était bien là, cachée sous des bâches, son réservoir à demi plein d'essence. Nous l'avons poussée jusqu'à la route. Au bruit du démarrage, les Allemands, bien sûr, allaient réagir. Il y avait un bout de route, en pente raide, complètement à découvert. Du haut de leur observatoire les SS allaient nous tirer dessus comme à la foire. Mais il tenait à cette moto, Julien, il y tenait vraiment. Je te raconterai cette histoire tout à l'heure, tu vas être content de savoir que la moto n'a pas été perdue. Nous l'avons menée jusqu'au maquis du «Tabou», sur les hauteurs de Larrey, entre Laignes et Châtillon. Mais je ne raconterai pas la mort de Julien, à quoi bon te raconter la mort de Julien? De toute façon, je ne sais pas encore que Julien est mort. Julien n'est pas encore mort, il est sur la moto, avec moi, nous filons vers Laignes dans le soleil de l'automne et les patrouilles de la *Feld* s'inquiètent de cette moto fantôme sur les routes de l'automne, elles tirent à l'aveuglette sur ce bruit fantôme de moto sur les routes dorées de l'automne. Je ne te raconterai pas la mort de Julien, il y aurait trop de morts à raconter.

Toi-même, tu seras mort avant la fin de ce voyage. Je ne pourrai pas te raconter comment Julien est mort, je ne le sais pas encore, et tu seras mort avant la fin de ce voyage. Avant que l'on ne revienne de ce voyage.

Nous serions tous morts dans ce wagon, entassés morts debout, cent vingt dans ce wagon, qu'il y aurait cependant la vallée de la Moselle devant nos regards morts. Je ne veux pas me laisser distraire de cette certitude fondamentale. J'ouvre les yeux. Voici la vallée façonnée par un travail séculaire, les vignes étagées sur les coteaux, sous une couche mince de neige craquelée, striée de traînées brunâtres. Mon regard n'est rien sans ce paysage. Je serais aveugle sans ce paysage. Mon regard ne découvre pas ce paysage, il est mis au jour par ce paysage. C'est la lumière de ce paysage qui invente mon regard. C'est l'histoire de ce paysage, la longue histoire de la création de ce paysage par le travail des vignerons de la Moselle, qui donne à mon regard, à tout moi-même, sa consistance réelle, son épaisseur. Je ferme les yeux. Il n'y a plus que le bruit monotone des roues sur les rails. Il n'y a plus que cette réalité absente de la Moselle, absente de moi, mais présente à elle-même, telle qu'en elle-même l'ont faite les vignerons de la Moselle. J'ouvre les yeux, je ferme les yeux, ma vie n'est plus qu'un battement de paupières.

— Tu as des visions? dit le gars de Semur.

— Justement, je dis, justement pas.

— On dirait, pourtant. On dirait que tu ne crois pas à ce que tu vois.

— Justement, justement si.

— Ou bien que tu vas tourner de l'œil.

Il me regarde avec circonspection.

— Ne t'en fais pas.

— Ça va aller? qu'il me demande.

— Ça va aller, je t'assure. Ça va, en réalité.

Il y a tout à coup des cris dans le wagon, des hurlements. Une poussée brutale de toute la masse inerte des corps entassés nous colle littéralement contre la paroi du wagon. Nos visages frôlent le fil de fer barbelé qui boucle l'ouverture. Nous regardons la vallée de la Moselle.

— Elle est bien travaillée, cette terre, dit le gars de Semur.

Je regarde cette terre bien travaillée.

— Ce n'est pas comme chez nous, bien sûr, dit-il, mais c'est du travail bien fait.

— Les vignerons, c'est des vignerons.

Il tourne légèrement la tête vers moi et ricane.

— Tu en sais, des choses, me dit-il.

— Je voulais dire.

— Mais oui, dit-il, impatienté, tu voulais dire, c'est clair ce que tu voulais dire.

— Leur vin ne vaut pas le chablis, tu disais?

Il me regarde du coin de l'œil. Il doit penser que ma question est un piège. Il me trouve bien compliqué, le gars de Semur. Mais ce n'est pas un piège. C'est une question pour renouer le fil de nos quatre jours et trois nuits de conversation.

Je ne connais pas encore le vin de la Moselle. C'est plus tard seulement que je l'ai goûté, à Eisenach. Lors du retour de ce voyage. Dans un hôtel d'Eisenach où avait été installé le centre de rapatriement. Ça a été une soirée curieuse, cette première soirée de rapatriement. De quoi en être dégoûté. En fait, nous étions plutôt dépaysés. C'était nécessaire, sûrement, cette cure de dépaysement, pour nous habituer de nouveau au monde. Un hôtel d'Eisenach, avec des officiers américains de la IIIᵉ Armée, des Français et des Anglais des missions militaires envoyées jusqu'au camp. Le personnel allemand, tous des vieux déguisés en maîtres d'hôtel et garçons de café. Et des filles. Des tas de filles allemandes, françaises, autrichiennes, polonaises, que sais-je encore. Une soirée très comme il faut, au fond, très ordinaire, chacun jouant son rôle et faisant son métier. Les officiers américains mâchant leur gomme à mâcher et parlant entre eux, buvant sec au goulot de leurs propres bouteilles de whisky. Les officiers anglais, solitaires, l'air ennuyé de se trouver sur le Continent, dans cette promiscuité. Les officiers français, entourés de filles, se débrouillant très bien pour se faire comprendre par toutes ces filles d'origines diverses. Chacun faisant son métier. Les maîtres d'hôtel allemands faisant leur métier de maîtres d'hôtel allemands. Les filles de diverses origines faisant leur métier de filles d'origines diverses. Et nous, faisant notre métier de rescapés des camps de la mort. Un tant soit peu dépaysés, bien sûr, mais très dignes, le crâne rasé, les pantalons de toile rayée enfoncés dans les bottes que nous avions récupérées dans les magasins SS. Dépaysés, mais très comme il faut, racontant nos petites histoires à ces officiers français qui pelotaient des filles. Nos dérisoires souvenirs de crématoire et d'appels interminables sous la neige. Ensuite, nous nous sommes assis autour d'une table, pour dîner. Il y avait une nappe blanche sur la table, des couverts à poisson, des couverts à viande, des couverts à dessert. Des verres de forme et de couleur différentes, pour le vin blanc, pour le vin rouge, pour l'eau. Nous avons ri sottement devant ces choses inhabituelles. Et nous avons bu le vin de la Moselle. Ça ne valait pas le chablis, ce vin de la Moselle, mais c'était du vin de la Moselle.

Je répète ma question, qui n'est pas un piège. Je n'ai pas encore bu le vin de la Moselle.

— Comment sais-tu que ça ne vaut pas le chablis, leur vin de par ici ?

Il hausse les épaules. C'est l'évidence même. Ça ne vaut pas le chablis, c'est l'évidence.

Il m'agace, pour finir.

— Comment sais-tu que c'est la vallée de la Moselle, d'ailleurs ?

Il hausse les épaules, c'est encore l'évidence même.

— Écoute, mon vieux, ne sois pas casse-pieds. Il faut bien que le chemin de fer suive les vallées. Par où voudrais-tu qu'on passe ?

— Bien sûr, je fais, conciliant. Mais pourquoi la Moselle ?

— Je te dis que c'est le chemin.

— Mais personne ne sait où l'on va.

— Mais si, on sait. À quoi passais-tu ton foutu temps, à Compiègne? On sait qu'on va à Weimar.

À Compiègne, mon foutu temps, je l'ai passé à dormir. À Compiègne, j'étais seul, je ne connaissais personne, et puis le départ du transport était annoncé pour le surlendemain. J'ai passé mon foutu temps à dormir. À Auxerre, il y avait les copains de plusieurs mois, la prison en était devenue habitable. Mais à Compiègne on était des milliers, c'était une vraie pagaille, je ne connaissais personne.

— Je passais mon foutu temps à dormir. Je n'y suis resté qu'un jour et demi, à Compiègne.

— Et tu avais sommeil, me dit-il.

— Je n'avais pas sommeil, je lui réponds, pas particulièrement. Je n'avais rien d'autre à faire.

— Et tu arrivais à dormir, avec le bordel qu'il y avait à Compiègne, ces jours-là?

— J'y arrivais.

Il m'explique ensuite qu'il est resté plusieurs semaines, à Compiègne. Il a eu le temps de savoir. C'était l'époque des départs massifs pour les camps. Des renseignements sommaires parvenaient à filtrer. Les camps de Pologne étaient les plus terribles, les sentinelles allemandes en parlaient, paraît-il, en baissant la voix. Il y avait un autre camp, en Autriche, où il fallait espérer également ne pas aller. Il y avait ensuite des tas de camps, en Allemagne même, qui se valaient plus ou moins. La veille du départ, on avait su que notre convoi était dirigé vers l'un de ceux-là, près de Weimar. Et la vallée de la Moselle, c'était le chemin, tout simplement.

— Weimar, je dis, c'est une ville de province.

— Toutes les villes sont des villes de province, me dit-il, sauf les capitales.

Nous rions ensemble, puisque le bon sens est la chose du monde la mieux partagée.

— Je voulais dire, une ville provinciale.

— C'est ça, dit-il, quelque chose comme Semur, c'est ça que tu insinues.

— Peut-être plus grand que Semur, je ne sais pas, sûrement plus grand.

— Mais il n'y a pas de camp à Semur, me dit-il, hostile.

— Pourquoi pas?

— Comment, pourquoi pas? Parce que. Tu voudrais dire qu'il pourrait y avoir un camp à Semur?

— Et pourquoi pas? C'est une question de circonstances.

— Je les emmerde, les circonstances.

— Il y a des camps en France, j'explique, il aurait pu y en avoir à Semur.

— Il y a des camps en France?

Il me regarde, interloqué.

— Bien sûr.

— Des camps français, en France?

— Bien sûr, je répète, pas des camps japonais. Des camps français, en France.

— Il y a Compiègne, c'est vrai. Mais je n'appelle pas ça un camp français.

— Il y a Compiègne, qui a été un camp français en France, avant d'être un camp allemand en France. Mais il y en a d'autres, qui n'ont jamais été que des camps français en France.

Je lui parle d'Argelès, Saint-Cyprien, Gurs, Châteaubriant. — Merde alors, qu'il s'exclame.

Ça le déroute, cette nouveauté. Mais il se reprend vite.

— Faudra que tu m'expliques ça, vieux, me dit-il.

Il ne met pas en doute mon affirmation, l'existence de ces camps français en France. Mais il ne se laisse pas non plus bousculer par cette découverte. Faudra que je lui explique. Il ne met pas en doute mon affirmation, mais elle ne cadre pas avec l'idée qu'il se faisait des choses. C'est une idée toute simple qu'il se fait des choses, avec tout le bien d'un côté et tout le mal de l'autre, pratique comme tout. Il n'a pas eu de difficulté à me l'exposer, en quelques phrases. Il est fils de paysans presque aisés, il aurait voulu quitter la campagne, devenir mécanicien, qui sait, ajusteur, tourneur, fraiseur, n'importe, du beau travail sur de belles machines, m'a-t-il dit. Et puis il y a eu le STO. C'est évident qu'il n'allait pas se laisser emmener en Allemagne. L'Allemagne, c'était loin, et puis ce n'était pas la France, et puis, quand même, on ne va pas travailler pour des gens qui vous occupent. Il était devenu réfractaire, donc, il avait pris le maquis. Le reste en est issu tout simplement, comme d'un enchaînement logique. «Je suis patriote, quoi», m'a-t-il dit. Il m'intéressait, ce gars de Semur, c'était la première fois que je voyais un patriote en chair et en os. Parce qu'il n'était pas nationaliste, pas du tout, il était patriote. Des nationalistes, j'en connaissais. L'Architecte était nationaliste. Il avait le regard bleu, direct et franc, fixé sur la ligne bleue des Vosges. Il était nationaliste, mais il travaillait pour Buckmaster et le War Office. Le gars de Semur, lui, était patriote, pas nationaliste pour un sou. C'était mon premier patriote en chair et en os.

— C'est ça, lui dis-je, je t'expliquerai tout à l'heure.

— Pourquoi tout à l'heure?

— Je regarde le paysage, je lui réponds, laisse-moi regarder le paysage.

— C'est la campagne, dit-il, d'un air dégoûté.

Mais il me laisse regarder la campagne.

Le train siffle. Un sifflet de locomotive obéit toujours à des raisons précises, j'imagine. Il a une signification concrète. Mais la nuit, dans les chambres d'hôtel qu'on a louées près de la gare sous un faux nom et quand on tarde à s'endormir, à cause de tout ce qu'on pense, ou qui se pense tout seul, dans les chambres d'hôtel inconnues, les coups de sifflet des locomotives prennent une résonance inattendue. Ils perdent leur signification concrète, rationnelle, ils deviennent un appel ou un avertissement incompréhensibles. Les trains sifflent dans la nuit et l'on se retourne dans son lit, vaguement inquiet. C'est une impression nourrie de mauvaise littérature, certainement, mais elle n'en est pas moins réelle. Mon train à moi siffle dans la vallée de la Moselle et je vois défiler lentement le paysage de l'hiver. Le soir tombe. Il y a des promeneurs sur la route, en bordure de la voie. Ils vont vers ce petit village couronné de fumées calmes. Peut-être ont-ils un regard vers ce train, un regard distrait, ce n'est qu'un train de marchandises comme il en passe souvent. Ils vont vers leurs maisons, ils n'ont que faire de ce train, ils ont leur vie, leurs soucis, leurs propres histoires. Je réalise subitement, à les voir marcher sur cette route, comme si c'était une chose toute simple, que je suis dedans et qu'ils sont dehors. Une profonde tristesse physique m'envahit. Je suis dedans, cela fait des mois que je suis dedans, et ces autres sont dehors. Ce n'est pas seulement le fait qu'ils soient libres, il y aurait beaucoup à dire là-dessus. C'est tout simplement qu'ils sont dehors, que pour eux il y a des routes, des haies au long des sentiers, des fruits sur les arbres fruitiers, des grappes dans les vignes. Ils sont dehors, tout simplement, alors que je suis dedans. Ce n'est pas tellement le fait de ne pas être libre d'aller où je veux, on n'est jamais tellement libre d'aller où l'on veut. Je n'ai jamais été tellement libre d'aller où je voulais. J'ai été libre d'aller où il fallait que j'aille, et il fallait que j'aille dans ce train, puisqu'il fallait que je fasse les choses qui m'ont conduit dans ce train. J'étais libre d'aller dans ce train, tout à fait libre, et j'ai bien profité de cette liberté. J'y suis, dans ce train. J'y suis librement, puisque j'aurais pu ne pas y être. Ce n'est donc pas ça du tout. C'est tout simplement une sensation physique : on est dedans. Il y a le dehors et le dedans, et je suis dedans. C'est une sensation de tristesse physique qui déferle en vous, rien d'autre.

Plus tard, cette sensation est devenue plus violente encore. À l'occasion, elle est devenue intolérable. Maintenant, je regarde ces promeneurs et je ne sais pas encore que cette sensation d'être dedans va devenir intolérable. Je ne devrais peut-être parler que de ces promeneurs et de cette sensation, telle qu'elle a été à ce moment, dans la vallée de la Moselle, afin de ne pas bouleverser l'ordre du récit. Mais c'est moi qui écris cette histoire et je fais comme je veux. J'aurais pu ne pas parler de ce gars de Semur. Il a fait ce voyage avec moi, il en est mort, c'est une histoire, au fond, qui ne regarde personne. Mais j'ai décidé d'en parler. À cause de Semur-en-Auxois, d'abord, à cause de cette coïncidence de faire un tel voyage avec un gars de Semur. J'aime bien Semur, où je ne suis plus jamais retourné. J'aimais bien Semur, en automne. Nous y avons été, Julien et moi, avec trois valises pleines de plastic et de mitraillettes Sten. Les cheminots nous avaient aidés à les planquer, en attendant qu'on prenne contact avec le maquis. Puis, on les a transportées au cimetière, c'est là que les gars sont allés les chercher. C'était beau, Semur en automne. Nous sommes restés deux jours avec les gars, sur la colline. Il faisait beau, c'était septembre d'un bout à l'autre du paysage. J'ai décidé de parler de ce gars de Semur, à cause de Semur, et à cause de ce voyage. Il est mort à mes côtés, à la fin de ce voyage, j'ai fini ce voyage avec son cadavre debout contre moi. J'ai décidé de parler de lui, ça ne regarde personne, nul n'a rien à dire. C'est une histoire entre ce gars de Semur et moi.

De toute façon, quand je décris cette impression d'être dedans qui m'a saisi dans la vallée de la Moselle, devant ces promeneurs sur la route, je ne suis plus dans la vallée de la Moselle. Seize ans ont passé. Je ne peux plus m'en tenir à cet instant-là. D'autres instants sont venus se surajouter à celui-là, formant un tout avec cette sensation violente de tristesse physique qui m'a envahi dans la vallée de la Moselle.

C'est le dimanche que cela pouvait arriver. Une fois l'appel de midi terminé, on avait des heures devant soi. Les haut-parleurs du camp diffusaient de la musique douce dans toutes les chambrées. Et c'est au printemps que cette impression d'être dedans pouvait devenir intolérable.

J'allais au-delà du camp de quarantaine, dans le petit bois à côté du *Revier*. À la lisière des arbres, je m'arrêtais. Plus loin, il n'y avait plus qu'une bande de terrain bien dégagé, devant les tours de guet et la barrière de barbelés électrifiés. On voyait la plaine de Thuringe, riche et grasse. On voyait le village dans la plaine. On voyait la route, qui longeait le camp sur une centaine de mètres. On voyait les promeneurs sur la route. C'était le printemps, c'était dimanche, les gens se promenaient. Il y avait des gosses, parfois. Ils couraient en avant, ils criaient. Il y avait des femmes, aussi, qui s'arrêtaient sur le bord de la route pour cueillir les fleurs du printemps. J'étais là, debout sur la lisière du petit bois, fasciné par ces images de la vie, au-dehors. C'était bien ça, il y avait le dedans et le dehors. J'attendais là, dans le souffle du printemps, le retour des promeneurs. Ils rentraient chez eux, les gosses étaient fatigués, ils marchaient sagement à côté de leurs parents. Les promeneurs rentraient. Je restais seul. Il n'y avait plus que le dedans et j'étais dedans.

Plus tard, un an plus tard, et c'était de nouveau le printemps, c'était le mois d'avril, j'ai aussi marché sur cette route et j'ai été dans ce village. J'étais dehors mais je n'arrivais pas à goûter cette joie d'être dehors. Tout était fini, nous allions refaire ce voyage en sens inverse, mais peut-être ne refait-on jamais ce voyage en sens inverse, peut-être n'efface-t-on jamais ce voyage. Je ne sais pas, vraiment. Pendant seize ans j'ai essayé d'oublier ce voyage et j'ai oublié ce voyage. Nul ne pense plus, autour de moi, que j'ai fait ce voyage. Mais en réalité, j'ai oublié ce voyage tout en sachant pertinemment qu'un jour j'aurais à refaire ce voyage. Dans cinq ans, dans dix ans, dans quinze ans, il faudrait que je refasse ce voyage. Tout était là, à m'attendre, et la vallée de la Moselle, et le gars de Semur, et ce village dans la plaine de Thuringe, et cette fontaine sur la place de ce village où je vais encore aller boire une longue gorgée d'eau fraîche.

Peut-être ne refait-on pas ce voyage en sens inverse.

— Qu'est-ce que tu regardes, maintenant? dit le gars de Semur. On n'y voit plus.

Il a raison, le soir est tombé.

— Je ne regardais plus, je reconnais.

— C'est mauvais, ça, dit-il sèchement.

— Mauvais comment?

— Mauvais de toutes les façons, m'explique-t-il. Regarder sans rien voir, rêver les yeux ouverts. Mauvais, tout ça.

— Se souvenir?

— Aussi, se souvenir aussi. Ça distrait.

— Ça distrait de quoi? je lui demande.

Ce gars de Semur n'a pas fini de m'étonner.

— Ça distrait du voyage, ça ramollit. Il faut durer.

— Durer, pour quoi? Pour raconter ce voyage?

— Mais non, pour en revenir, dit-il, sévèrement. Ce serait trop con, tu ne trouves pas?

— Il y en a toujours quelques-uns qui reviennent, pour raconter aux autres.

— J'en suis, dit-il. Mais pas pour raconter, ça je m'en fous. Pour revenir, simplement.

— Tu ne penses pas qu'il faudra raconter?

— Mais il n'y a rien à dire, vieux. Cent vingt types dans un wagon. Des jours et des nuits de voyage. Des vieux qui déraillent et se mettent à hurler. Je me demande ce qu'il y a à raconter.

— Et au bout du voyage? je lui demande.

Sa respiration devient saccadée.

— Au bout?

Il ne veut pas y penser, c'est sûr. Il se concentre sur les questions de ce voyage. Il ne veut pas penser au terme de ce voyage.

— Chaque chose en son temps, dit-il finalement. Tu ne trouves pas?

— Mais si, tu as raison. C'était une question comme ça.

— Tu poses tout le temps des questions comme ça, dit-il.

— C'est mon métier, je lui réponds.

Il ne dit plus rien. Il doit se demander quel genre de métier cela peut être, qui oblige à tout le temps poser des questions comme ça.

— Vous êtes des cons, dit la voix derrière nous. De sales petits cons.

On ne lui répond pas, on a l'habitude.

— Vous êtes là, comme des cons, comme de sales petits emmerdeurs, vous n'arrêtez pas de raconter vos vies. Emmerdeurs, sales emmerdeurs.

— J'entends des voix, dit le gars de Semur.

— Des voix d'outre-tombe, je précise.

Nous rions tous les deux.

— Vous pouvez rire, abrutis, vous pouvez vous saouler de paroles. Mais votre compte est bon. Raconter ce voyage? Laissez-moi rigoler, conards. Vous allez crever comme des rats.

— Alors, nos voix aussi sont des voix d'outre-tombe, dit le gars de Semur.

Nous rions de plus belle.

La voix écume de rage et nous insulte, avec méthode.

— Quand je pense, reprend la voix, que c'est à cause de types comme vous que je suis là. De vrais salauds. Ça joue aux petits soldats et c'est nous qui payons les pots cassés. Sales petits cons.

C'est comme ça presque depuis le début du voyage. D'après ce que nous avons compris, le type avait une ferme dans une région de maquis. Il a été pris dans une rafle générale, quand les Allemands ont voulu nettoyer la région.

— Ça court les nuits sur les routes, dit la voix haineuse, ça fait sauter les trains, ça fout la pagaille partout, et c'est nous qui payons les pots cassés.

— Il commence à me courir, ce type, dit le gars de Semur.

— M'accuser, moi, d'avoir fourni des vivres à ces salauds. Mais plutôt me faire couper la main droite, plutôt les dénoncer, voilà ce que j'aurais dû faire.

— Ça va comme ça, dit le gars de Semur. Fais gaffe de ne pas te faire couper autre chose, les couilles en rondelles tu vas te faire couper, oui.

La voix hurle d'épouvante, de rage, d'incompréhension.

— Ferme-la, dit le gars de Semur, ferme-la ou je cogne.

La voix s'arrête.

Au début du voyage, le gars de Semur lui a déjà tapé dessus, un bon coup. Le type sait à quoi s'en tenir. C'était quelques heures après le départ. On commençait à peine à réaliser que ce n'était pas une mauvaise blague, qu'il faudrait vraiment rester des jours et des nuits comme ça, serrés, écrasés, étouffés. Des vieux commençaient déjà à s'affoler à haute voix. Ils ne tiendraient jamais le coup, ils allaient mourir. Ils avaient raison d'ailleurs, certains allaient bel et bien mourir. Et puis il y a des voix qui ont demandé le silence. Un jeune type — on supposait qu'il faisait partie d'un groupe — a dit que les copains et lui, ils avaient réussi à camoufler des outils. Ils allaient scier le plancher du wagon, dès que la nuit tomberait. Ceux qui voudraient tenter l'évasion avec eux n'auraient qu'à se rapprocher du trou et se laisser tomber bien à plat sur la voie, quand le train roulerait doucement.

Le gars de Semur m'a regardé et je lui ai fait oui de la tête. On en était, de ce coup-là, bien sûr qu'on en était.

— Ils sont costauds, les copains, a murmuré le gars de Semur. Avoir passé les outils à travers toutes les fouilles, ça c'est costaud.

Dans le silence qui s'est établi, le gars de Semur a parlé.

— D'accord, vieux, allez-y. Quand vous serez prêts, prévenez, qu'on se rapproche.

Mais cette phrase-là a soulevé un concert de protestations. La discussion a duré une éternité. Tout le monde s'y est mis. Les Allemands allaient découvrir la tentative d'évasion et prendre des représailles. Et puis, même si l'évasion réussissait, tout le monde ne pourrait pas partir; ceux qui resteraient seraient fusillés. Il y a eu des voix tremblantes qui ont supplié, pour l'amour du ciel, qu'on ne tente pas une folie pareille. Il y a eu des voix tremblantes qui nous ont parlé de leurs enfants, leurs beaux enfants qui allaient devenir orphelins. Mais on a fait taire ces voix-là. C'est dans cette discussion que le gars de Semur a cogné le type. Il n'y allait pas par quatre chemins, celui-là. Il a dit carrément que si on commençait à scier le plancher du wagon, il appellerait les sentinelles allemandes, au prochain arrêt du train. Nous avons regardé le type, qui se trouvait juste derrière nous. Il avait une tête à ça, pas de doute. Alors le gars de Semur lui a cogné dessus. Il y a eu des remous, nous avons basculé les uns sur les autres. Le type s'est effondré, le visage en sang. Quand il s'est mis debout, il nous a vus autour de lui, une demi-douzaine de visages hostiles.

— T'as compris, lui a dit un homme aux cheveux déjà gris, t'as compris, mon salaud ? Un geste suspect, un seul, et je jure que je t'étrangle.

Le type a compris. Il a compris qu'il n'aurait jamais le temps d'appeler une sentinelle allemande, qu'il serait mort avant. Il a essuyé le sang sur son visage et son visage était celui de la haine.

— Ferme-la, lui dit maintenant le gars de Semur, ferme-la ou je cogne.

Trois jours ont passé, depuis cette discussion, trois jours et trois nuits. L'évasion a raté. Des gars d'un autre wagon nous ont devancés, au cours de la première nuit. Le train s'est arrêté dans un grincement. On a entendu des rafales de mitrailleuse et des projecteurs ont balayé le paysage. Puis les SS sont venus fouiller, wagon par wagon. Ils nous ont fait descendre à coups de matraque, ils ont fouillé les types un à un et ils nous ont fait enlever nos chaussures. On a été obligés de jeter les outils, avant qu'ils n'arrivent à notre wagon.

— Dis donc, dit le gars de Semur, dans un souffle.

Je ne lui connaissais pas cette voix-là, basse et rauque.

— Oui ? je demande.

— Dis donc, faudra qu'on essaye de rester ensemble. Tu trouves pas ?

— On est ensemble.

— Je veux dire, après, quand on sera arrivés. Faudra qu'on reste ensemble quand on sera arrivés.

— On essaiera.

— À deux, ce sera plus facile, tu ne trouves pas ? On tiendra mieux, dit le gars de Semur.

— Faudra qu'on soit plus nombreux à être ensemble. À deux seulement, ça va pas être commode.

— Peut-être, dit le gars. Mais c'est déjà quelque chose.

C'est la nuit qui tombe, la quatrième nuit, qui réveille les fantômes. Dans la cohue noire du wagon, les types se retrouvent tout seuls, avec leur soif, leur fatigue, leur angoisse. Il s'est fait un silence lourd, coupé par quelques plaintes indistinctes, continues. Toutes les nuits, c'est pareil. Plus tard, il y aura les cris affolés de ceux qui croient mourir. Des cris de cauchemar, qu'il faut arrêter par n'importe quel moyen. On secoue le type qui hurle, convulsé, bouche ouverte. On le gifle, au besoin. Mais à présent c'est encore l'heure trouble des souvenirs. Ils remontent à la gorge, ils étouffent, ils ramollissent les volontés. Je chasse les souvenirs. J'ai vingt ans, j'emmerde les souvenirs. Il y a une autre méthode, aussi. C'est de profiter de ce voyage pour faire le tri. Faire le bilan des choses qui pèseront leur poids dans ta vie, de celles qui ne pèsent rien. Le train siffle dans la vallée de la Moselle, et je laisse s'envoler les souvenirs légers. J'ai vingt ans, je peux encore me permettre ce luxe de choisir dans ma vie les choses que je vais assumer et celles que je rejette. J'ai vingt ans, je peux gommer de ma vie des tas de choses. Dans quinze ans, quand j'écrirai ce voyage, ce sera impossible. Tout au moins, j'imagine. Les choses n'auront pas seulement un poids dans ta vie, mais aussi leur poids en elles-mêmes. Dans quinze ans, les souvenirs seront moins légers. Le poids de ta vie sera peut-être quelque chose d'irrémédiable. Mais cette nuit, dans la vallée de la Moselle, avec le train qui siffle et mon copain de Semur, j'ai vingt ans et j'emmerde le passé.

Ce qui pèse le plus dans ta vie, ce sont des êtres que tu as connus. J'ai compris ça cette nuit-là, une fois pour toutes. J'ai laissé s'envoler des choses légères, des souvenirs plaisants, mais qui ne concernaient que moi. Une pinède bleue, dans Guadarrama. Un rayon de soleil, dans la rue d'Ulm. Des choses légères, pleines d'un bonheur fugace mais absolu. Je dis bien, absolu. Mais ce qui pèse le plus dans ta vie, ce sont certains êtres que tu as connus. Les livres, la musique, c'est différent. Pour enrichissants qu'ils soient, ils ne sont jamais que des moyens d'accéder aux êtres. Ceci, quand ils sont vrais, bien entendu. Les autres sont desséchants, en fin de compte. Cette nuit-là, j'ai tiré cette question au clair, une fois pour toutes. Le gars de Semur a sombré dans un sommeil peuplé de rêves. Il murmurait des choses que je n'ai pas l'intention de répéter. C'est facile de dormir debout, quand on est pris dans la gangue haletante de tous ces corps serrés dans le wagon. Le gars de Semur dormait debout, dans un murmure angoissé. Je sentais simplement une plus grande lourdeur de son corps.

Rue Blainville, dans ma chambre, nous nous mettions à trois, des heures durant, pour faire le tri aussi parmi toutes les choses de ce monde. La chambre de la rue Blainville pèsera dans ma vie, je le savais déjà, mais cette nuit-là dans la vallée de la Moselle, je l'ai inscrite définitivement dans l'avoir du bilan. Nous avons fait un long détour pour arriver aux choses réelles, à travers des monceaux de livres et d'idées reçues. Systématiquement, avec férocité, nous avons passé au crible les idées reçues. C'est après ces longues séances que nous descendions vers le Coq d'Or, les jours de liesse, pour dévorer le chou farci. Le chou farci craquait sous les dents longues de nos dix-huit ans. Aux tables voisines, des colonels russes-blancs et des boutiquiers de Smolensk pâlissaient de rage, en lisant les journaux lors de la grande retraite de l'armée Rouge, l'été 41. Pour nous, les choses, à ce moment-là, étaient déjà très claires, dans la pratique. Mais nos idées retardaient. Il nous fallait mettre nos idées en accord avec la pratique de l'été 41, dont la clarté était aveuglante. C'est une affaire compliquée, malgré les apparences, que de mettre en accord des idées retardataires avec une pratique en plein développement. J'avais connu Michel en hypokhâgne, et nous étions restés amis, quand j'avais lâché, ne pouvant plus concilier la vie studieuse, abstraite et totémique de l'hypokhâgne avec la nécessité de gagner ma vie. Et Michel avait amené Freiberg, dont le père avait été ami de sa famille, un universitaire allemand, israélite, dont la trace s'était perdue lors de l'exode de 1940. Nous l'appelions von Freiberg zu Freiberg, car son prénom était Hans, et que nous pensions au dialogue de Giraudoux. Nous vivions toutes choses à travers les livres. Plus tard, pour l'embêter, quand il avait tendance parfois à trop couper les cheveux en quatre, je jetais à la tête de Hans le qualificatif d'austro-marxiste. Mais c'était une injure gratuite, rien que pour le faire marcher. En fait, c'est à lui que nous devons, en grande partie, de ne pas être restés à mi-chemin, dans notre remise en question du monde. Michel était obsédé par le kantisme, comme un papillon de nuit par la lueur des lampes. À cette époque c'était normal, parmi les universitaires français. Encore aujourd'hui, d'ailleurs, regardez autour de vous, parlez avec les gens. Vous rencontrerez des tas d'épiciers, de garçons coiffeurs, d'inconnus dans les trains, qui sont kantiens sans le savoir. Mais Hans nous a précipités tête baissée dans la lecture de Hegel. Ensuite, il sortait triomphalement de sa serviette des livres dont nous n'avions jamais entendu parler, et qu'il tirait je ne sais d'où. Nous avons lu Masaryk, Adler, Korsch, Labriola. *Geschichte und Klassenbewusstsein* nous a pris plus de temps, à cause de Michel, qui n'en voulait plus démordre, malgré les observations de Hans, mettant en relief toute la métaphysique sous-jacente aux thèses de Lukács. Je me souviens d'une collection d'exemplaires de la revue *Unter dem Banner des Marxismus*, que nous avons disséquée comme des scoliastes appliqués. Les choses sérieuses ont commencé avec les tomes de la *Marx-Engels-Gesamte-Ausgabe*, que Hans avait aussi, bien entendu, et qu'il appelait la *Mega*. Arrivés là, la pratique a repris ses droits, d'un seul coup. Nous ne nous sommes plus retrouvés rue Blainville. Nous voyagions dans les trains de nuit pour aller faire dérailler les trains de nuit. Nous allions dans la forêt d'Othe, au maquis du «Tabou», les parachutes s'ouvraient soyeusement dans les nuits de Bourgogne. Nos idées étant à peu près mises au clair, elles se nourrissaient de la pratique quotidienne.

Le train siffle et le gars de Semur sursaute.

— Quoi? dit-il.

— Rien, je fais.

— Tu n'as rien dit?

— Rien du tout, je réponds.

— J'avais cru, dit-il.

Je l'entends soupirer.

— Quelle heure peut-il être? demande-t-il.

— Je n'en ai pas la moindre idée.

— La nuit, dit-il, et puis il s'arrête.

— Quoi, la nuit? je lui demande.

— La nuit, elle va être longue encore?

— Elle vient de commencer.

— C'est vrai, dit-il, elle vient de commencer.

Quelqu'un hurle tout à coup dans le fond du wagon, à l'opposé de nous.

— Ça y est, dit le gars.

Le hurlement s'arrête net. Un cauchemar, qui sait, on a dû secouer le type. Quand c'est autre chose, la peur, cela dure plus longtemps. Quand c'est l'angoisse qui hurle, quand c'est l'idée qu'on va mourir qui hurle, cela dure plus longtemps.

— C'est quoi, La Nuit des Bulgares? demande le gars.

— Comment?

— Eh bien, la Nuit des Bulgares, insiste-t-il.

Je ne croyais pas avoir parlé de la Nuit des Bulgares. Je croyais y avoir pensé ; à un moment donné. Peut-être en ai-je parlé ? Ou bien, je pense tout haut. J'ai dû penser tout haut, dans la nuit étouffante du wagon.

— Alors ? dit le gars.

— Eh bien, c'est une histoire.

— Une histoire comment ?

— Au fond, je dis, c'est une histoire idiote. Une histoire comme ça, sans queue ni tête.

— Tu ne veux pas me dire ?

— Mais si. Mais il n'y a pas grand-chose à dire, à vrai dire. C'est une histoire dans un train.

— Ça tombe bien, dit le gars de Semur.

— C'est pour ça que j'y ai pensé. À cause du train.

— Et après ?

Il y tient. Pas tant que ça, au fond. Il tient à la conversation.

— C'est confus. Il y a des gens dans un compartiment, et puis, sans rime ni raison, il y en a certains qui commencent à balancer tous les autres par la fenêtre.

— Mince alors, ce serait chouette ici, dit le gars de Semur.

— D'en balancer quelques-uns par la fenêtre, ou d'être balancés ? je lui demande.

— D'être balancés, bien sûr. On roulerait sur la neige du talus, ce serait chouette.

— Eh bien, tu vois, l'histoire, c'est quelque chose comme ça.

— Mais, pourquoi des Bulgares ? demande-t-il aussitôt.

— Pourquoi pas des Bulgares ?

— Tu ne vas pas me dire, dit le gars de Semur, que c'est courant, les Bulgares.

— Pour les Bulgares, je dis, ça doit être assez courant.

— Ne pinaille pas, répond-il. Tu ne vas pas me dire que les Bulgares sont plus courants que les Bourguignons.

— Nom de dieu, en Bulgarie, ils sont bien plus courants que les Bourguignons.

— Qui te parle de la Bulgarie ? dit le gars de Semur.

— Puisqu'il est question de Bulgares, j'argumente, la Bulgarie est quelque chose qui vient à l'esprit.

— N'essaye pas de m'entortiller, dit le gars. La Bulgarie, c'est très bien. Mais des Bulgares, ce n'est pas courant dans les histoires.

— Dans les histoires bulgares, sûrement.

— C'est une histoire bulgare ? demande-t-il.

— Eh bien non, dois-je reconnaître.

— Tu vois, dit-il, péremptoire. Ce n'est pas une histoire bulgare et c'est quand même plein de Bulgares. Avoue que c'est louche.

— Tu aurais préféré des Bourguignons ?

— Et alors !

— Tu penses que c'est courant, les Bourguignons ?

— Ça, je m'en fous. Mais ce serait chouette. Un plein wagon de Bourguignons et ils commencent à se balancer par la fenêtre.

— Tu crois que c'est courant, des Bourguignons qui se balancent par la fenêtre du compartiment? je lui demande.

— Là, tu charries, dit le gars de Semur. Ton histoire vaseuse pleine de Bulgares de mes deux, j'ai rien dit contre. Si on se mettait à discuter, ta Nuit des Bulgares, c'est rien du tout.

Il a raison. Je n'ai rien à dire.

Il y a les lumières d'une ville, tout à coup. Le train longe des maisons entourées de jardins. Des immeubles plus importants, ensuite. Il y a de plus en plus de lumières et le train entre en gare. Je regarde l'horloge de la gare et il est 9 heures. Le gars de Semur regarde l'horloge de la gare et il voit l'heure, forcément.

«Merde, dit-il, il n'est que 9 heures.»

Le train s'arrête. Il flotte dans la gare une lumière bleuâtre, chichement distribuée. Je me souviens de cette lumière blafarde, aujourd'hui oubliée. C'est une lumière d'attente que je connais depuis 1936, pourtant. C'est une lumière pour attendre le moment où il faudra éteindre toutes les lumières. C'est une lumière d'avant l'alerte, mais où l'alerte s'inscrit déjà.

Plus tard, je me souviens — c'est-à-dire, je ne m'en souviens pas encore, quand nous sommes dans cette gare allemande, puisque ce n'est pas encore arrivé — plus tard, j'ai vu comment il fallait éteindre non seulement les lumières. Il fallait aussi éteindre le crématoire. Les haut-parleurs diffusaient les communiqués signalant les mouvements des escadres aériennes, au-dessus de l'Allemagne. Quand c'était le soir et que les bombardiers arrivaient à une certaine proximité, les lumières du camp s'éteignaient. La marge de sécurité n'était pas grande, il fallait que les usines tournent, que les arrêts fussent le plus brefs possible. Mais à un certain moment, les lumières s'éteignaient quand même. Nous restions dans le noir, à entendre le noir bourdonner d'avions plus ou moins lointains. Mais il arrivait que le crématoire soit surchargé de travail. Le rythme des morts est une chose difficile à synchroniser avec la capacité d'un crématoire, pour bien équipé qu'il soit. Dans ces cas-là, le crématoire fonctionnant à plein rendement, de hautes flammes orangées dépassaient largement de la cheminée du crématoire, dans un tourbillon de fumée dense. S'en aller en fumée, c'est une expression des camps. Fais gaffe au *Scharführer*, c'est une brute, si tu as une histoire avec lui, tu es bon pour t'en aller en fumée. Tel copain, au *Revier* en était à son dernier souffle, il allait s'en aller en fumée. Les flammes dépassaient donc la cheminée carrée du crématoire. Alors on entendait la voix du SS de service, dans la tour de contrôle. On entendait sa voix dans les haut-parleurs: — *Krematorium, ausmachen*, disait-il plusieurs fois. Crématoire, éteignez, crématoire, éteignez. Ça les embêtait sûrement d'avoir à éteindre les feux du crématoire, ça diminuait le rendement. Le SS n'était pas content, il aboyait: — *Krematorium, ausmachen* d'une voix morne et hargneuse. Nous étions assis dans le noir et nous entendions le haut-parleur: — *Krematorium, ausmachen.* — Tiens, disait un gars, les flammes doivent dépasser. Et puis nous continuions à attendre dans le noir.

Mais c'est plus tard, tout ça. Plus tard dans ce voyage. Pour l'instant nous sommes dans cette gare allemande et j'ignore encore l'existence et les inconvénients des crématoires, les soirs d'alerte.

Il y a des gens sur le quai de la gare et le nom de la gare écrit sur un panneau : « TRIER. »

— C'est quoi, cette ville ? dit le gars de Semur.

— Tu vois, c'est Trèves, je lui réponds.

Oh ! dieu de feu de dieu de nom de dieu de bon dieu de merde. J'ai dit Trèves, à voix haute et je réalise tout à coup. C'est bien un nom de dieu de connerie que ce soit Trèves, justement. Étais-je aveugle, seigneur, aveugle et sourd, bouché, abruti, pour n'avoir pas compris plus tôt d'où je connais la vallée de la Moselle ?

— Tu as l'air tout épaté que ce soit Trèves, dit le gars de Semur.

— Merde, oui, je lui réponds, j'en suis épaté.

— Pourquoi ? Tu connaissais ?

— Non, c'est-à-dire, je n'y ai jamais été.

— Tu connais quelqu'un d'ici, alors ? il me demande.

— C'est ça, voilà, c'est ça.

— Tu connais des Boches, maintenant ? dit le gars, soupçonneux.

Je connais des Boches, maintenant, c'est bien simple. Les vignerons de la Moselle, les bûcherons de la Moselle, la loi sur les vols de bois dans la Moselle. C'était dans la *Mega*, bien sûr. C'est une amie d'enfance, bon dieu, cette bon dieu de Moselle.

— Des Boches ? Jamais entendu parler, qu'est-ce que tu veux dire par là ?

— Oh tu charries, dit le gars. Tu charries drôlement, cette fois.

Il n'a pas l'air content.

Il y a des gens sur le quai de la gare et ils viennent de réaliser que nous ne sommes pas un train comme n'importe lequel. Ils ont dû voir les silhouettes s'agiter derrière les ouvertures grillagées. Ils se parlent entre eux, ils montrent le train du doigt, ils sont tout excités. Il y a un gosse d'une dizaine d'années, avec ses parents, juste en face de notre wagon. Il écoute ses parents, il regarde vers nous, il hoche la tête. Puis le voilà qui part en courant. Puis le voilà qui revient en courant, avec une grosse pierre à la main. Puis le voilà qui s'approche de nous et qui lance la pierre, de toutes ses forces, contre l'ouverture près de laquelle nous nous tenons. Nous nous jetons vivement en arrière, la pierre ricoche sur les fils de fer barbelés, elle a failli atteindre au visage le gars de Semur.

— Alors, dit celui-ci, les Boches, tu connais toujours pas ?

Je ne dis rien. Je pense que c'est une drôle de saloperie, que ça se passe à Trèves, justement. Il y a pourtant des tas d'autres villes allemandes, sur ce trajet.

— Les Boches, et les enfants de Boches, tu connais maintenant ?

Il jubile, le gars de Semur.

— Aucun rapport.

À ce moment le train démarre de nouveau. Sur le quai de la gare il reste un gosse d'une dizaine d'années qui nous tend le poing et qui hurle des insanités.

— Des Boches, je te dis, me dit-il. C'est pas sorcier, des Boches, tout simplement.

Le train reprend de la vitesse et s'enfonce dans la nuit.

— Mets-toi à sa place.

J'essaye de lui expliquer.

— À la place de qui?

— De ce gamin, je lui réponds.

— Foutre non, qu'il me fait. Qu'il garde sa place, ce fils de putain de Boches.

Je ne dis rien, je n'ai pas envie de discuter. Je me demande combien d'Allemands il va falloir tuer encore pour que cet enfant allemand ait une chance de ne pas devenir un Boche. Il n'y est pour rien, ce gosse, et il y est pour tout, cependant. Ce n'est pas lui qui s'est fait petit nazi et c'est pourtant un petit nazi. Peut-être n'a-t-il plus aucune chance de ne plus être petit nazi, de ne pas grandir jusqu'à devenir un grand nazi. À cette échelle individuelle, les questions n'ont pas d'intérêt. C'est dérisoire, que ce gosse cesse d'être petit nazi ou assume sa condition de petit nazi. En attendant, la seule chose à faire pour que ce gosse ait une chance de ne plus être petit nazi, c'est de détruire l'armée allemande. C'est d'exterminer encore des quantités d'hommes allemands, pour qu'ils puissent cesser d'être nazis, ou boches, selon le vocabulaire primitif et mystifié du gars de Semur. Dans un sens, c'est ça qu'il veut dire, le gars de Semur, dans son langage primitif. Mais dans un autre sens, son langage et les idées confuses que son langage charrie bouchent définitivement l'horizon de cette question. Car si ce sont des Boches, vraiment, ils ne seront jamais rien d'autre. Leur être boche est comme une essence que nulle action humaine ne pourra atteindre. Si ce sont des Boches ils seront boches, à tout jamais. Ce n'est plus une donnée sociale, comme d'être allemands et nazis. C'est une réalité qui flotte au-dessus de l'histoire, contre laquelle on ne peut rien. Détruire l'armée allemande ne servirait de rien, les survivants seraient des Boches, toujours. Il n'y aurait plus qu'à aller se coucher et attendre que le temps passe. Mais ce ne sont pas des Boches, bien sûr. Ce sont des Allemands, et souvent des nazis. Un peu trop souvent, pour le moment. Leur être allemand et trop souvent nazi fait partie d'une structure historique donnée et c'est la pratique humaine qui résout ces questions-là.

Mais je ne dis rien au gars de Semur, je n'ai pas envie de discuter.

Je ne connais pas beaucoup d'Allemands. Je connais Hans. Avec lui, pas de problème. Je me demande ce que fait Hans, à présent, et je ne sais pas qu'il va mourir. Il va mourir une de ces nuits, dans la forêt au-dessus de Châtillon. Je connais les types de la Gestapo, aussi, le Dr Haas et ses dents en or. Mais quelle différence y a-t-il entre ces types de la Gestapo et les flics de Vichy qui t'ont interrogé toute une nuit à la préfecture de Paris, cette fois où tu as eu cette veine insensée? Tu n'en croyais pas tes yeux, au matin, dans les rues grises de Paris. Il n'y a aucune différence. Ils sont aussi boches les uns que les autres c'est-à-dire, ils ne sont pas plus boches les uns que les autres. Il peut y avoir des différences de degré, de méthode, de technique; aucune différence de nature. Il faudra que j'explique tout ça au gars de Semur, bien sûr qu'il comprendra.

Je connais aussi ce soldat allemand d'Auxerre, cette sentinelle allemande dans la prison d'Auxerre. Les courettes où l'on se promenait, dans la prison d'Auxerre, formaient comme une sorte de demi-cercle. On arrivait par le chemin de ronde, le gardien ouvrait la porte de la courette, la refermait à clef derrière vous. On restait là, dans le soleil de l'automne, avec ce bruit de serrure derrière vous. De chaque côté, des murs lisses, assez hauts pour vous empêcher de communiquer avec les courettes mitoyennes. L'espace délimité par ces murs allait se rétrécissant. Au bout il n'y avait pas plus d'un mètre et demi entre les deux murs, et cet espace-là était fermé par une grille. Ainsi, la sentinelle pouvait voir tout ce qui se passait dans les courettes, en faisant quelques pas d'un côté et de l'autre.

Cette sentinelle-là, j'avais remarqué qu'elle était souvent de garde. C'était un homme d'une quarantaine d'années, en apparence. Il s'arrêtait devant ma courette et regardait. Je marchais de long en large, à moins que ce ne fût de large en long, ou bien je m'appuyais au mur ensoleillé de la courette. J'étais encore au secret, j'étais seul dans ma courette. Un jour, à l'heure de la promenade, je me souviens qu'il faisait beau, il y a tout à coup un des sous-officiers de la *Feldgendarmerie* de Joigny qui s'arrête devant la grille de ma courette. À côté de lui se tenait Vacheron. Par des messages arrivés jusqu'à moi, j'avais appris que Vacheron s'était mis à table. Mais il avait été pris à Laroche-Migennes, sur une autre affaire, les jours passaient et il semblait bien qu'il n'avait pas parlé de moi. Le type de la Feld et Vacheron sont devant la grille de ma courette, et la sentinelle, cette sentinelle dont je parle, précisément, un peu en retrait. Alors, Vacheron fait un signe de la tête dans ma direction.

— *Ach so !* dit le type de la *Feld.*

Et il m'appelle à la grille.

— Vous vous connaissez ? demande-t-il, en nous montrant alternativement du doigt.

Vacheron est à cinquante centimètres de moi. Il est décharné, barbu, son visage est marqué. Il se tient courbé en deux, comme un vieillard et son regard vacille.

— Non, je fais, jamais vu.

— Mais si, dit Vacheron, dans un murmure.

— *Ach so !* dit le type de la *Feld.* Et il rigole.

— Jamais vu, je répète.

Vacheron me regarde et hausse les épaules.

— Et Jacques ? dit le type de la *Feld.* Vous connaissez Jacques ?

Jacques, c'est Michel, bien entendu. Je pense à la rue Blainville. C'est de la préhistoire, maintenant. L'esprit absolu, la réification, l'objectivation, la dialectique du maître et de l'esclave, ce n'est plus que la préhistoire de cette histoire réelle où il y a la Gestapo, les questions du type de la *Feld*, et Vacheron. Vacheron aussi fait partie de l'histoire réelle. Tant pis pour moi.

— Quel Jacques ? je demande. Jacques comment ?

— Jacques Mercier, dit le type de la *Feld.*

Je secoue la tête.

— Connais pas, je dis.

— Mais si, dit Vacheron, dans un murmure.

Il me regarde et fait un geste résigné.

— Il n'y a rien à faire, dit-il encore.

— Va te faire foutre, lui dis-je entre les dents.

Un peu de sang monte à son visage marqué par la *Feld.*

— Comment, comment? crie le type de la *Feld*, qui ne saisit pas toutes les nuances de la conversation.

— Rien.

— Rien, dit Vacheron.

— Vous ne connaissez personne? demande encore le type de la *Feld.*

— Personne, je fais.

Il me regarde et me soupèse du regard. Il sourit. Il a l'air du monsieur qui pense qu'il pourrait me faire connaître des tas de gens.

— Qui s'occupe de vous? me demande-t-il maintenant.

— Le Dr Haas.

— *Ach so,* dit-il.

Il a l'air de trouver que si le Dr Haas s'occupe de moi, on doit bien s'occuper de moi, efficacement.

Tout compte fait, ce n'est qu'un petit sous-officier de la *Feldgendarmerie* et le Dr Haas est le chef de la Gestapo pour toute la région. Il a le respect des hiérarchies, ce type de la *Feld*, il n'a pas à s'inquiéter d'un client du Dr Haas. Nous sommes là, de chaque côté de cette grille, sous le soleil de l'automne, et nous avons l'air de parler d'une maladie que j'aurais et que le Dr Haas est en train de traiter efficacement.

— *Ach so,* dit le type de la *Feld.*

Et il emmène Vacheron.

Je reste debout devant la grille, je me demande si cela va se passer comme ça, simplement, s'il n'y aura pas un retour de flamme. La sentinelle allemande est de l'autre côté de la grille, debout devant ma courette, et me regarde. Je ne l'avais pas vu s'approcher.

C'est un soldat d'une quarantaine d'années, au visage lourd, ou bien peut-être est-ce le casque qui alourdit son visage. Car il a une expression ouverte, un regard net.

— *Verstehen Sie Deutsch?*[1] me demande-t-il.

Je lui dis oui, que je comprends l'allemand.

— *Ich möchte Ihnen eine Frage stellen*[2], dit le soldat.

Il est poli, cet homme, il voudrait me poser une question et il me demande l'autorisation de me poser cette question.

— *Bitte schön*[3], je lui dis.

---

1. «Comprenez-vous l'allemand?»
2. «Je voudrais vous poser une question.»
3. «Je vous en prie.»

Il est à un mètre de la grille, il fait un geste pour remettre en place la courroie de son fusil, qui avait glissé sur son épaule. Il fait un soleil tiède, nous sommes polis comme tout. Je pense vaguement que le type de la *Feld* est peut-être en train de téléphoner à la Gestapo, par acquit de conscience. Peut-être vont-ils faire le rapprochement et trouver qu'en effet c'est étrange que je n'aie rien dit de Jacques, que je ne connaisse pas Vacheron. Peut-être que tout va recommencer.

Je pense à cela vaguement, de toute façon je n'y puis rien. D'ailleurs, c'est clair, il ne faut jamais se poser que les problèmes qu'on peut résoudre. Dans la vie privée aussi, il faut appliquer ce principe, nous en étions arrivés à cette conclusion, au Coq d'Or, précisément.

Ce soldat allemand désire me poser une question, je lui dis «je vous en prie», nous sommes polis, c'est bien gentil tout ça.

— *Warum sind Sie verhaftet?*[1], demande le soldat.

C'est une question pertinente, il faut dire. C'est la question qui, en ce moment précis, va plus loin que toute autre question possible. Pourquoi suis-je arrêté? Répondre à cette question, c'est non seulement dire qui je suis, mais aussi qui sont tous ceux qui en ce moment se font arrêter. C'est une question qui va nous projeter du particulier au général, avec une grande facilité. Pourquoi suis-je arrêté, c'est-à-dire, pourquoi sommes-nous arrêtés, pourquoi arrête-t-on, en général? Quelle est la ressemblance entre tous ces gens dissemblables qui se font arrêter? Quelle est l'essence historique commune de tous ces êtres dissemblables, inessentiels la plupart des fois, qui se font arrêter? Mais c'est une question qui va encore plus loin. En questionnant le pourquoi de mon arrestation, on tombera sur l'autre face de la question. Car je suis arrêté, parce qu'on m'a arrêté, parce qu'il y a ceux qui arrêtent et ceux qui sont arrêtés. En me demandant: pourquoi êtes-vous arrêté? il demande aussi, et dans le même mouvement: pourquoi suis-je là à vous garder? Pourquoi ai-je l'ordre de tirer sur vous, si vous tentez de fuir? Qui suis-je, en somme? Voilà ce qu'il demande, ce soldat allemand. C'est une question qui va loin, autrement dit.

Mais je ne lui réponds pas tout ça, bien sûr. Ce serait con comme la mort. J'essaie de lui expliquer brièvement les raisons qui m'ont conduit ici.

— Alors, vous êtes un terroriste? me dit-il.

— Si vous voulez, je lui réponds, mais ça n'avance à rien.

— Quoi donc?

— Ce mot-là, ça ne vous avance à rien.

— J'essaye de comprendre, dit le soldat.

Hans serait content de voir les progrès que je fais dans sa langue natale. Il adorait sa langue natale, Hans von Freiberg zu Freiberg. Non seulement je lis Hegel, mais je parle avec un soldat allemand, dans la prison d'Auxerre. C'est beaucoup plus difficile de parler avec un soldat allemand que de lire Hegel. Surtout de lui parler de choses toutes simples, de la vie et de la mort, de pour quoi vivre et pour quoi mourir.

---

1. «Pourquoi êtes-vous arrêté?»

J'essaye de lui expliquer pourquoi ce mot de terroriste ne l'avancera pas.

— Récapitulons, voulez-vous? me dit-il quand j'ai fini.

— Récapitulons.

— Ce que vous voulez, c'est défendre votre pays.

— Mais non, je lui réponds, ce n'est pas mon pays.

— Comment? s'écrie-t-il, qu'est-ce qui n'est pas votre pays?

— Mais la France, je lui réponds, la France n'est pas mon pays.

— Ça n'a pas de sens, dit-il, déconcerté.

— Mais si. Je défends mon pays, de toute façon, en défendant la France, qui n'est pas mon pays.

— Quel est votre pays? demande-t-il.

— L'Espagne, je lui réponds.

— Mais l'Espagne est notre amie, dit-il.

— Vous croyez? Avant de faire cette guerre-ci, vous avez fait la guerre à l'Espagne, qui n'était pas votre amie.

— Je n'ai fait aucune guerre, dit le soldat sourdement.

— Vous trouvez? je lui demande.

— Je veux dire, je n'ai voulu aucune guerre, précise-t-il.

— Vous trouvez? je lui répète.

— J'en suis convaincu, dit-il, solennel.

Il remonte de nouveau la courroie de son fusil, qui avait glissé.

— Moi pas du tout.

— Mais pourquoi?

Il a l'air blessé que je mette en doute sa bonne foi.

— Parce que vous êtes là, avec votre fusil. C'est vous qui l'avez voulu.

— Où pourrais-je être? fait-il, sourdement.

— Vous pourriez être fusillé, vous pourriez être dans un camp de concentration, vous pourriez être déserteur.

— Ce n'est pas si facile, dit-il.

— Bien sûr. C'est facile de se faire interroger par vos compatriotes de la *Feldgendarmerie* ou de la Gestapo?

Il a un geste brusque de dénégation.

— Je n'ai rien à faire avec la Gestapo.

— Vous avez tout à faire, je lui réponds.

— Rien, je vous assure, il a l'air affolé.

— Tout à faire, jusqu'à preuve du contraire, j'insiste.

— Je ne voudrais pas, de toute mon âme je ne voudrais pas.

Il a l'air sincère, il a l'air désespéré à l'idée que je le range avec ses compatriotes de la *Feld* ou de la Gestapo.

— Alors, je lui demande, pourquoi êtes-vous ici?

— C'est la question, dit-il.

Mais on entend la clef dans la serrure de la courette, le gardien vient me chercher.

C'est la question en effet, *das ist die Frage*. On y arrive forcément, même à travers ce dialogue de sourds, décousu, que nous venons d'avoir. Et c'est moi qui dois poser la question : *warum sind Sie hier ?* parce que ma situation est privilégiée. Par rapport à ce soldat allemand, et en ce qui concerne les questions à poser, ma situation est privilégiée. Parce que l'essence historique commune à nous tous qui nous faisons arrêter en cette année 43, c'est la liberté. C'est dans la mesure où nous participons de cette liberté que nous nous ressemblons, que nous nous identifions, nous qui pouvons être si dissemblables. C'est dans la mesure où nous participons de cette liberté que nous nous faisons arrêter. C'est donc notre liberté qu'il faut interroger, et non pas notre état d'arrestation, notre condition de prisonniers. Bien entendu, je laisse de côté ceux qui font du marché noir et les mercenaires des réseaux. Ceux-là, leur essence commune est l'argent, non pas la liberté. Bien entendu, je ne prétends pas que nous participions tous également de cette liberté qui nous est commune. Certains, et ils sont sûrement nombreux, participent accidentellement de cette liberté qui nous est commune. Ils ont peut-être choisi librement le maquis, la vie clandestine, mais depuis lors ils vivent sur la lancée de cet acte libre. Ils ont librement assumé la nécessité de prendre le maquis, mais depuis lors ils vivent dans la routine que ce libre choix a déclenchée. Ils ne vivent pas leur liberté, ils s'y encroûtent. Mais il ne s'agit pas d'entrer dans les détails et les détours de ce problème, maintenant. Je ne parle de la liberté que d'une façon occasionnelle, c'est le récit de ce voyage qui est mon propos. Je tenais simplement à dire qu'à cette question du soldat allemand d'Auxerre : *warum sind Sie verhaftet ?* il n'y a qu'une réponse possible. Je suis emprisonné parce que je suis un homme libre, parce que je me suis vu dans la nécessité d'exercer ma liberté, que j'ai assumé cette nécessité. De la même façon, à la question que j'ai posée à la sentinelle allemande, ce jour d'octobre : *warum sind Sie hier ?* et qui se trouve être une question bien plus grave, à cette question il n'y a qu'une réponse possible. Il est ici parce qu'il n'est pas ailleurs, parce qu'il n'a pas senti la nécessité d'être ailleurs. Parce qu'il n'est pas libre.

Il est revenu à la grille, le lendemain, ce soldat allemand, et cette conversation décousue, où surgissaient spontanément les questions les plus graves, a continué.

Je pense à ce soldat d'Auxerre à cause de ce gamin sur le quai de la gare de Trèves. Le gamin, lui, n'est pas dans le coup. Il y est simplement dans la mesure où on l'y a mis, ce n'est pas lui qui s'y est mis. Il nous a jeté la pierre, parce qu'il fallait que cette société aliénée et mystifiée dans laquelle il grandit, nous jette la pierre. Car nous sommes la négation possible de cette société, de cet ensemble historique d'exploitation qu'est aujourd'hui la nation allemande. Nous tous, en bloc, qui allons survivre dans un pourcentage relativement dérisoire, nous sommes la négation possible de cette société. Malheur sur nous, honte sur nous, pierre contre nous. Ce sont des choses auxquelles il ne faut pas attacher trop d'importance. Bien sûr, c'était désagréable, ce gosse brandissant la pierre et criant des insanités sur le quai de la gare. — *Schufte*, criait-il, *Bandieten*. Mais il n'y faut pas attacher trop d'importance.

Ce soldat allemand d'Auxerre auquel je pense, c'est autre chose, par contre. Car il voudrait comprendre. Il est né à Hambourg, il y a vécu et travaillé, il y a souvent été chômeur. Et ça fait des années qu'il ne comprend pas pourquoi il est ce qu'il est. Il y a des tas d'aimables philosophes qui nous racontent que la vie n'est pas un « être » mais un « faire », et plus précisément un « se faire ». Ils sont contents de leur formule, ils en ont plein la bouche, ils ont inventé le fil à couper le beurre. Demandez donc à ce soldat allemand que j'ai connu à la prison d'Auxerre. Demandez donc à cet Allemand de Hambourg qui a été chômeur pratiquement tout le temps jusqu'au jour où le nazisme a remis en marche la machine industrielle de la remilitarisation. Demandez-lui pourquoi il n'a pas « fait » sa vie, pourquoi il n'a pu que subir l'« être » de sa vie. Sa vie a toujours été un « fait » accablant, un « être » qui lui était extérieur, dont il n'a jamais pu prendre possession, pour le rendre habitable.

Nous sommes chacun d'un côté de la grille et je n'ai jamais si bien compris pourquoi je combattais. Il fallait rendre habitable l'être de cet homme, ou plutôt, l'être des hommes comme cet homme, car pour cet homme, sûrement, c'était déjà trop tard. Il fallait rendre habitable l'être des fils de cet homme, peut-être avaient-ils l'âge de ce gamin de Trèves qui nous a jeté la pierre. Ce n'était pas plus compliqué que ça, c'est-à-dire, c'est bien la chose la plus compliquée du monde. Car il s'agit tout simplement d'instaurer la société sans classes. Il n'en était pas question, pour ce soldat allemand, il allait vivre et mourir dans son être inhabitable, opaque et incompréhensible pour son propre regard.

Mais le train roule et s'éloigne de Trèves et il faut poursuivre ce voyage, et je m'éloigne du souvenir de ce soldat allemand dans la prison d'Auxerre. Je me suis dit souvent que j'écrirais cette histoire de la prison d'Auxerre. Une histoire toute simple : l'heure de la promenade, le soleil d'octobre et cette longue conversation, par petites bribes, chacun de notre côté de la grille. C'est-à-dire, moi j'étais de mon côté, lui ne savait pas de quel côté il était. Et voici que l'occasion se présente d'écrire cette histoire et je ne peux pas écrire cette histoire. Ce n'est pas le moment, c'est ce voyage qui est mon propos et je m'en suis déjà suffisamment écarté.

J'ai vu ce soldat jusqu'à la fin novembre. Moins souvent, car il pleuvait tout le temps et la promenade était supprimée. Je l'ai vu fin novembre, avant son départ. Je n'étais plus au secret, je partageais ma cellule et ma courette avec Ramaillet et ce jeune maquisard de la forêt d'Othe, qui avait été dans le groupe des frères Hortieux. La veille, précisément, ils avaient fusillé l'aîné des frères Hortieux. À l'heure calme d'avant la promenade, « La Souris » était monté chercher l'aîné des frères Hortieux, qui était déjà depuis six jours dans la cellule des condamnés à mort. Nous avions vu monter « La Souris » à travers la porte entrouverte. Il y avait à Auxerre un système de serrures très pratique, qui permettait de verrouiller les portes tout en les laissant entrouvertes. L'hiver, ils faisaient comme ça, sauf les jours de punition collective, pour qu'un peu de chaleur entre dans les cellules, montant du gros poêle installé au rez-de-chaussée. Nous avions vu arriver « La Souris », l'escalier était en face de notre porte, et ses pas se sont perdus vers la gauche, sur la galerie. Au fond de cette galerie se trouvent les cellules des condamnés à mort. Ramaillet était sur son lit de camp. Comme d'habitude, il lisait une de ses brochures de théosophie. Le gars de la forêt d'Othe est venu se coller à la porte entrouverte, près de moi. Si je me souviens bien — je ne crois pas que ce souvenir ait été reconstruit dans ma mémoire —, il s'est fait un grand silence dans la prison. À l'étage supérieur, celui des femmes, il s'est fait un grand silence. Sur la galerie d'en face, aussi. Même ce type qui chantait tout le temps «mon bel amant, mon amour de Saint Jean», s'est tu aussi. Depuis des jours nous attendions qu'on vienne chercher l'aîné des frères Hortieux, et voici «La Souris» qui se dirige vers les cellules des condamnés à mort. On entend le bruit du verrou. L'aîné des frères Hortieux doit être assis sur son lit de camp, menottes aux mains, sans souliers, et il entend le bruit du verrou qu'on tire, à cette heure inhabituelle. De toute façon, l'heure de mourir est toujours inhabituelle. Il n'y a plus que le silence, pendant quelques minutes, et puis l'on entend le bruit des bottes de «La Souris», qui se rapproche de nouveau. L'aîné des frères Hortieux s'arrête devant notre cellule, il marche sur ses chaussettes de laine, il a les menottes aux mains, les yeux brillants. — C'est fini, les gars, nous dit-il, par la porte entrouverte. Nous tendons les mains à travers la fente de la porte, nous serrons les mains serrées dans les menottes de l'aîné des frères Hortieux. — Salut, les gars, nous dit-il. Nous ne disons rien, nous serrons ses mains, nous n'avons rien à dire. «La Souris» se tient derrière l'aîné des frères Hortieux, il détourne la tête. Il ne sait que faire, il agite les clés, il détourne la tête. Il a une bonne tête de bon père de famille, son uniforme gris-vert est fripé, il détourne sa tête de bon père de famille. On ne peut rien dire à un camarade qui va mourir, on serre ses mains, on n'a rien à lui dire. — René, où es-tu, René? C'est la voix de Philippe Hortieux, le plus jeune des frères Hortieux, qui est au secret dans une cellule de la galerie d'en face. Et alors René Hortieux se retourne et crie, lui aussi. — C'est fini, Philippe, je m'en vais, Philippe, c'est fini! Philippe est le plus jeune des frères Hortieux, il a pu s'échapper quand les SS et la *Feld* sont tombés, à l'aube, sur le groupe Hortieux, dans la forêt d'Othe. Ils ont été livrés par un mouchard, les SS et la *Feld* leur sont tombés dessus à l'improviste, ils ont à peine pu esquisser une résistance désespérée. Mais Philippe Hortieux a échappé à l'encerclement. Il s'est caché dans la forêt durant deux jours. Ensuite, il en est sorti, a descendu un motocycliste allemand arrêté sur le bord de la route, et il a filé vers Montbard, sur la machine du mort. Pendant quinze jours, aux endroits les plus imprévus, la moto de Philippe Hortieux apparaissait subitement. Pendant quinze jours, les Allemands ont mené la chasse, à travers toute la région. Philippe Hortieux avait un Smith & Wesson, au long canon peint en rouge, on nous en avait parachuté pas mal récemment. Il avait une mitraillette Sten et des grenades et du plastic, dans un sac de montagne. Il aurait pu s'en tirer, Philippe Hortieux, il connaissait des points d'appui, il aurait pu quitter la région. Mais il est resté. Caché la nuit de ferme en ferme, il a fait la guerre pour son compte, pendant quinze jours. Il est allé, sous le soleil de septembre, en plein midi, dans le village de ce mouchard qui les avait livrés. Il a rangé sa moto sur la place de l'église et il est parti à sa recherche, mitraillette au poing. Toutes les fenêtres des maisons se sont ouvertes, les portes se sont ouvertes, et Philippe Hortieux a marché vers le bistrot du village au milieu d'une haie de regards secs et brûlants. Le forgeron est sorti de sa forge, la bouchère est sortie de sa boucherie, le garde champêtre s'est arrêté sur le bord du trottoir. Les paysans ont enlevé la cigarette de leur bouche, les femmes tenaient leurs enfants par la main. Personne ne disait rien, c'est-à-dire un homme a dit simplement : — Les Allemands sont sur la route de Villeneuve. Et Philippe Hortieux a souri et il a continué à marcher vers le bistrot du village. Il souriait, il savait bien qu'il allait faire une chose qu'il fallait faire, il marchait au milieu d'une haie de regards désespérés et fraternels. Les paysans savaient bien que l'hiver allait être terrible pour les gars des maquis, ils savaient bien qu'on nous avait menés en bateau, une fois de plus, avec ce débarquement toujours annoncé et toujours remis. Ils regardaient marcher Philippe Hortieux et c'étaient eux qui marchaient, mitraillette au poing, faire justice par eux-mêmes. Le mouchard a dû sentir la pesanteur de ce silence sur le village, tout à coup. Peut-être s'est-il souvenu de ce bruit de moto, entendu quelques minutes avant. Il est sorti sur le perron du bistrot, son verre de rouge à la main, il s'est mis à trembler comme une feuille, et il est mort. Alors, toutes les fenêtres se sont fermées, toutes les portes se sont fermées, le village s'est vidé de toute vie et Philippe Hortieux est parti. Pendant quinze jours, il a tiré sur les patrouilles de la *Feld*, surgi de n'importe où, il a attaqué à la grenade les voitures allemandes. Aujourd'hui il est au secret, dans sa cellule, le corps brisé par les matraques de la Gestapo et il crie : — René, oh René ! Et toute la prison s'est mise à crier aussi, pour dire adieu à René Hortieux. L'étage des femmes criait, les quatre galeries de résistants criaient, pour dire adieu à l'aîné des frères Hortieux. Je ne sais plus ce que, nous criions, des choses dérisoires certainement, sans commune mesure avec cette mort qui s'avançait vers l'aîné des frères Hortieux : — Ne t'en fais pas, René, — Tiens le coup, René, — On les aura, René. Et au-dessus de toutes nos voix, la voix de Philippe Hortieux qui criait sans arrêt : — René, oh René ! Je me souviens que Ramaillet a sursauté sur son lit de camp, devant ce vacarme. — Qu'est-ce qui se passe, a-t-il demandé, qu'est-ce qui se passe ? Nous l'avons traité de con, nous lui avons dit de s'occuper de ses oignons, à ce conard. Toute la prison criait et «La Souris» s'est affolé. Il ne voulait pas d'histoires, «La Souris», il a dit : — *Los, los* ! et il a poussé René Hortieux vers l'escalier.

C'était le lendemain de ce jour-là, il faisait un soleil pâle. Au matin, le gars qui était de corvée pour la distribution du jus nous avait dit, dans un chuchotement : — René est mort comme un homme. Bien sûr, c'était une expression approximative, dénuée de sens, d'une certaine façon. Car la mort n'est personnelle que pour l'homme, c'est-à-dire dans la mesure où elle est acceptée, assumée, elle peut l'être pour lui, et pour lui seulement. C'était une expression approximative mais elle disait bien ce qu'elle voulait dire. Elle disait bien que René Hortieux avait saisi à pleines mains cette possibilité de mourir debout, d'affronter cette mort et de la faire sienne. Je n'avais pas vu mourir René Hortieux, mais ce n'était pas difficile d'imaginer comment il était mort. En cette année 43, il y avait une assez grande expérience de la mort des hommes pour imaginer la mort de René Hortieux.

Plus tard, j'ai vu mourir des hommes, dans des circonstances analogues. Nous étions rassemblés, trente mille hommes immobiles, sur la grande place d'appel, et les SS avaient dressé au milieu l'échafaudage des pendaisons. Il était interdit de bouger la tête, il était interdit de baisser les yeux. Il fallait que nous voyions ce camarade mourir. Nous le voyions mourir. Même si on avait pu bouger la tête, même si on avait pu baisser les yeux, nous aurions regardé mourir ce camarade. Nous aurions fixé sur lui nos regards dévastés, nous l'aurions accompagné par le regard sur la potence. Nous étions trente mille, rangés impeccablement, les SS aiment l'ordre et la symétrie. Le haut-parleur hurlait : — *Das Ganze, Stand*! et l'on entendait trente mille paires de talons claquer dans un garde-à-vous impeccable. Les SS aiment les garde-à-vous impeccables. Le haut-parleur hurlait : — *Mützen ab*! et trente mille bérets de forçats étaient saisis par trente mille mains droites et claqués contre trente mille jambes droites, dans un parfait mouvement d'ensemble. Les SS adorent les parfaits mouvements d'ensemble. C'est alors qu'on amenait le camarade, mains liées dans le dos, et qu'on le faisait monter sur la potence. Les SS aiment bien l'ordre et la symétrie et les beaux mouvements d'ensemble d'une foule maîtrisée, mais ce sont de pauvres types. Ils se disent qu'ils vont faire un exemple, mais ils ne savent pas à quel point c'est vrai, à quel point la mort de ce camarade est exemplaire. Nous regardions monter sur la plate-forme ce Russe de vingt ans, condamné à la pendaison pour sabotage à la *Mibau*, où l'on fabriquait les pièces les plus délicates des V-1. Les prisonniers de guerre soviétiques étaient fixés dans un garde-à-vous douloureux, à force d'immobilité massive, épaule contre épaule, à force de regards impénétrables. Nous regardons monter sur la plate-forme ce Russe de vingt ans et les SS s'imaginent que nous allons subir sa mort, la sentir fondre sur nous comme une menace ou un avertissement. Mais cette mort, nous sommes en train de l'accepter pour nous-mêmes, le cas échéant, nous sommes en train de la choisir pour nous-mêmes. Nous sommes en train de mourir de la mort de ce copain, et par là même nous la nions, nous l'annulons, nous faisons de la mort de ce copain le sens de notre vie. Un projet de vivre parfaitement valable, le seul valable en ce moment précis. Mais les SS sont de pauvres types et ne comprennent jamais ces choses-là.

Il faisait donc un soleil pâle, c'était la fin novembre, et j'étais seul dans la courette des promenades avec Ramaillet. Le gars de la forêt d'Othe avait été conduit à l'interrogatoire. Nous avions eu le matin même une engueulade avec Ramaillet et Ramaillet se tenait à l'écart.

La sentinelle allemande était debout contre la grille et je me suis rapproché de la grille. — Hier après-midi ? je lui demande. Son visage se crispe et il me regarde fixement.

— Quoi donc ? dit-il.

— Étiez-vous de service, hier après-midi ? je lui précise.

Il secoue la tête.

— Non, dit-il, je n'en ai pas fait partie.

Nous nous regardons sans rien dire.

— Mais, si on vous avait désigné?

Il ne répond pas. Que peut-il répondre?

— Si on vous avait désigné, j'insiste, vous auriez fait partie du peloton d'exécution?

Il a un regard de bête traquée et il avale sa salive avec effort.

— Vous auriez fusillé mon camarade.

Il ne dit rien. Que pourrait-il dire? Il baisse la tête, il bouge les pieds sur le sol humide, il me regarde.

— Je m'en vais demain, dit-il.

— Où ça? je lui demande.

— Sur le front russe, dit-il.

— Ah! je dis. Vous allez voir ce que c'est qu'une vraie guerre.

Il me regarde, il hoche la tête, et il parle d'une voix blanche.

— Vous souhaitez ma mort, dit-il d'une voix blanche.

Je souhaite sa mort? *Wünsche Ich seinen Tod?* Je ne pensais pas souhaiter sa mort. Mais il a raison, d'une certaine manière je souhaite sa mort.

Dans la mesure où il continue d'être soldat allemand, je souhaite sa mort. Dans la mesure où il persévère dans son être soldat allemand, je souhaite qu'il connaisse l'orage de fer et de feu, les larmes et les souffrances. Je souhaite de voir répandu son sang de soldat allemand de l'armée nazie, je souhaite sa mort.

— Il ne faut pas m'en vouloir.

— Mais non, dit-il, c'est normal.

— Je voudrais bien pouvoir vous souhaiter autre chose, lui dis-je.

Il a un sourire accablé.

— Il est trop tard, dit-il.

— Mais pourquoi donc?

— Je suis tout seul, dit-il.

Je ne peux rien pour briser sa solitude. Lui seul y pourrait quelque chose, mais il n'en a pas la volonté. Il a quarante ans, une vie toute faite déjà, une femme et des enfants, personne ne peut choisir pour lui.

— Je me souviendrai de nos conversations, dit-il.

Et il sourit de nouveau.

— Je voudrais vous souhaiter tout le bonheur possible.

Je le regarde, en lui disant cela.

— Le bonheur? et il hausse les épaules.

Puis il regarde autour de lui et il met la main dans une poche de sa longue capote.

— Tenez, dit-il, en souvenir.

Il me tend rapidement à travers la grille deux paquets de cigarettes allemandes. Je prends les cigarettes. Je les cache dans ma veste. Il s'écarte de la grille et sourit de nouveau.

— Peut-être, dit-il, aurai-je de la chance. Peut-être que je m'en sortirai.

Il ne pense pas seulement à vivre. Il pense à s'en sortir, réellement.

— Je le souhaite.

— Mais non, dit-il, vous souhaitez ma mort.

— Je souhaite l'anéantissement de l'armée allemande. Et je souhaite que vous vous en sortiez.

Il me regarde, il hoche la tête, il dit « merci », il tire sur la courroie de son fusil et il s'en va.

— Tu dors ? demande le gars de Semur.

— Non, je lui réponds.

— Il fait soif, dit le gars de Semur.

— Et comment.

— Il reste un peu de dentifrice, dit le gars de Semur.

— Allons-y.

C'est encore un truc du gars de Semur-en-Auxois. Il a dû préparer son voyage comme on prépare une expédition polaire. Il a pensé à tout, le gars. La plupart des types avaient camouflé dans leurs poches des bouts de saucisson, du pain, des biscuits. C'était de la folie, disait le gars de Semur. Le plus grave n'allait pas être la faim, disait-il, mais bien la soif. Or, le saucisson, les biscuits secs, toutes ces nourritures solides et consistantes que les autres avaient camouflées ne feraient qu'aiguiser leur soif. On pouvait bien rester quelques jours sans manger, puisque de toute façon on allait être immobiles. C'était la soif, le plus grave. Il avait donc camouflé dans ses poches quelques petites pommes croquantes et juteuses et un tube de dentifrice. Les pommes, c'était simple, n'importe qui y aurait pensé, à partir de cette donnée initiale de la soif comme ennemie principale. Mais le dentifrice, c'était un trait de génie. On étendait sur ses lèvres une mince couche de dentifrice et quand on respirait, la bouche se remplissait d'une fraîcheur mentholée bien agréable.

Les pommes sont finies depuis longtemps, car il les a partagées avec moi. Il me tend le tube de dentifrice et j'en mets un peu sur mes lèvres desséchées. Je lui rends le tube.

Le train roule plus vite maintenant, presque aussi vite qu'un vrai train qui irait vraiment quelque part.

— Pourvu que cela dure, je dis.

— Quoi donc ? dit le gars de Semur.

— La vitesse, je réponds.

— Merde oui, dit-il, je commence à en avoir ma claque.

Le train roule et le wagon est un bruissement rauque de plaintes, de cris étouffés, de conversations. Les corps entassés et ramollis par la nuit forment une gelée épaisse qui oscille brutalement à chaque tournant de la voie. Et puis, subitement, il y a de longs moments de silence pesant, comme si tout le monde sombrait ensemble dans la solitude de l'angoisse, dans un demi-sommeil de cauchemar.

— Ce con de Ramaillet, je dis, quelle tête il aurait faite.

— Qui c'est, Ramaillet ? demande le gars de Semur.

Ce n'est pas que j'aie envie de parler de Ramaillet. Mais j'ai senti chez le gars de Semur un subtil changement, depuis que la nuit est tombée. Il faut lui faire la conversation, je crois bien. J'ai senti comme une fêlure dans sa voix, depuis que la nuit est tombée. La quatrième nuit de ce voyage.

— Un type qui était en taule avec moi, j'explique.

Ramaillet nous avait dit qu'il ravitaillait le maquis, mais nous le soupçonnions d'avoir tout simplement fait du marché noir. C'était un paysan des environs de Nuits-Saint-Georges et il semblait avoir une passion dévorante pour la théosophie, l'esperanto, l'homéopathie, le nudisme et les théories végétariennes. Quant à ces dernières, c'était une passion toute platonique, car son mets préféré était le poulet rôti.

— Ce salaud-là, je dis au gars de Semur, il recevait des colis énormes et il ne voulait pas partager.

À dire vrai, quand nous étions seuls dans la cellule, lui et moi, avant que n'arrive le gars de la forêt d'Othe, il ne refusait pas de partager. Car la question ne se posait pas. Comment aurais-je osé lui demander de me donner quoi que ce soit ? Il était inconcevable que je lui pose une question pareille. Il ne refusait donc pas de partager. Tout simplement, il ne partageait pas. Nous mangions la soupe, dans nos gamelles de fonte, grasses et douteuses. Nous étions assis l'un en face de l'autre, sur les lits de fer. Nous mangions la soupe en silence. Je la faisais durer le plus longtemps possible. Je mettais dans ma bouche de toutes petites cuillerées de bouillon insipide, que je m'efforçais de savourer. Je jouais à mettre de côté, pour plus tard, les quelques débris solides qui traînaient à l'occasion dans le bouillon insipide. Mais c'était difficile de tricher, c'était difficile de faire durer la soupe. Je me racontais des histoires, pour me distraire, pour m'obliger à manger lentement. Je me récitais tout bas *Le Cimetière marin*, en essayant de ne rien oublier. Je n'y arrivais d'ailleurs pas. Entre «tout va sous terre et rentre dans le jeu» et la fin, je n'arrivais pas à combler un vide dans ma mémoire. Entre «tout va sous terre et rentre dans le jeu» et «le vent se lève, il faut tenter de vivre», il n'y avait pas moyen de combler le vide de ma mémoire. Je restais la cuillère en l'air et j'essayais de me souvenir. On se demande parfois pourquoi je commence à déclamer *Le Cimetière marin*, tout à coup, quand je suis en train de nouer ma cravate, ou de déboucher une bouteille de bière. Voilà l'explication. C'est que j'ai souvent récité *Le Cimetière marin*, dans cette cellule de la prison d'Auxerre, en face de Ramaillet. C'est bien la seule fois où *Le Cimetière marin* a servi à quelque chose. C'est bien la seule fois où cet imbécile distingué de Valéry a servi à quelque chose. Mais il était impossible de tricher. Même «L'assaut au soleil de la blancheur des corps des femmes» ne permettait pas de tricher. Il y avait toujours trop peu de soupe. Il y avait toujours un moment où la soupe était finie. Il n'y avait plus de soupe, il n'y avait jamais eu de soupe. Je regardais la gamelle vide, je raclais la gamelle vide, mais il n'y avait rien à faire. Ramaillet, lui, mangeait sa soupe tambour battant. La soupe, pour lui, ce n'était qu'une distraction. Il avait sous son lit deux grands cartons remplis de nourritures bien plus consistantes. Il mangeait sa soupe tambour battant, et ensuite il rotait. — Excuse, disait-il en portant la main à sa bouche. Et puis : — Ça fait du bien. Tous les jours, après la soupe, il rotait. — Excuse, disait-il, et puis, — Ça fait du bien. Tous les jours la même chose. Il fallait l'entendre roter, dire — Excuse, ça fait du bien, et rester calme. Il fallait surtout rester calme.

— Je l'aurais étranglé, dit le gars de Semur.

— Bien sûr, je lui réponds. Moi aussi je l'aurais bien fait.

— Et c'est après la soupe qu'il se tapait tout seul la cloche ? demande le gars de Semur.

— Non, c'était la nuit.

— Comment, la nuit ?

— Eh bien, la nuit.

— Mais pourquoi la nuit ? demande le gars de Semur.

— Quand il croyait que je dormais.

— Oh merde, dit-il, je l'aurais étranglé.

Il fallait rester calme, il fallait surtout rester calme, c'est une question de dignité.

Il attendait que je dorme, la nuit, pour dévorer ses provisions. Mais je ne dormais pas, ou bien je me réveillais, à l'entendre bouger. Je restais immobile, dans le noir, et je l'entendais manger. Je devinais sa silhouette assise sur le lit et je l'entendais manger. Au bruit de ses mâchoires, je devinais qu'il mangeait du poulet, j'entendais craquer les petits os du poulet rôti à point. J'entendais craquer les biscottes sous ses dents, mais pas de ce craquement crissant et sablonneux de la biscotte sèche, non, d'un craquement feutré, ouaté par la couche de crème de gruyère que je devinais étendue sur la biscotte. Je l'entendais manger, le cœur battant, et je m'efforçais de rester calme. Ramaillet mangeait la nuit parce qu'il ne voulait pas céder à la tentation de partager quoi que ce soit avec moi. S'il avait mangé dans la journée, il aurait cédé, une fois ou l'autre. À me voir devant lui, le regardant manger, il aurait peut-être cédé à la tentation de me donner un os de poulet, un petit morceau de fromage, qui sait. Mais cela aurait créé un précédent. Cela, au fil des jours, aurait créé une habitude. Il craignait la possibilité de cette habitude, Ramaillet. Car je ne recevais aucun colis, et il n'y avait pas la moindre chance que je lui rende jamais l'os de poulet, le morceau de fromage. Alors, il mangeait la nuit.

— Je n'aurais pas pensé que c'était possible, un truc pareil, dit le gars de Semur.

— Tout est possible.

Il grogne, dans le noir.

— Toi, me dit-il, tu as toujours une phrase toute faite pour répondre à tout.

— C'est pourtant vrai.

J'ai envie de rigoler. Ce gars de Semur est prodigieusement réconfortant.

— Et alors ? Tout est possible, c'est vrai. Je n'aurais quand même pas cru que ça soit possible, un truc pareil.

Pour le gars de Semur, il n'y a pas eu d'hésitation. Il avait six petites pommes croquantes et juteuses et il m'en a donné trois. C'est-à-dire, il a partagé en deux chacune des six petites pommes juteuses et il m'a donné six moitiés de petites pommes juteuses. C'était comme ça qu'il fallait faire, il n'y avait pas de problème pour lui. Le gars de la forêt d'Othe, c'était pareil. Quand il a reçu son premier colis, il a dit: — Bon, on va faire le partage. Je l'ai prévenu que je n'aurais jamais rien à partager. Il m'a dit que je l'emmerdais. Je lui ai dit: — Bon, je t'emmerde, mais je voulais te prévenir. Il m'a dit: — T'as assez causé comme ça, tu ne trouves pas? Maintenant on va faire le partage. C'est alors qu'il a proposé à Ramaillet de mettre en commun les provisions, et de faire trois parts. Mais Ramaillet a dit que ce ne serait pas juste. Il me regardait et il disait que ce n'était pas juste. Ils allaient se priver tous les deux d'un tiers de leurs colis pour que je mange autant qu'eux, moi qui n'apportais rien à la communauté. Il a dit que ce ne serait pas juste. Le gars de la forêt d'Othe a commencé à le traiter de tous les noms, comme aurait fait celui de Semur, tout comme. En fin de compte, il l'a envoyé chier avec ses gros colis de merde, et il a partagé avec moi. Le gars de Semur aurait fait pareil.

Plus tard, j'ai vu des types voler le morceau de pain noir d'un camarade. Quand la survie d'un homme tient précisément à cette mince tranche de pain noir, quand sa vie tient à ce fil noirâtre de pain humide, voler ce morceau de pain noir c'est pousser un camarade vers la mort. Voler ce morceau de pain c'est choisir la mort d'un autre homme pour assurer sa propre vie, pour la rendre plus probable, tout au moins. Et pourtant, il y avait des vols de pain. J'ai vu des types pâlir et s'effondrer en constatant qu'on leur avait volé leur morceau de pain. Et ce n'était pas seulement un tort qu'on leur causait à eux, directement. C'était un tort irréparable que l'on nous causait à tous. Car la suspicion s'installait, et la méfiance, et la haine. N'importe qui avait pu voler ce morceau de pain, nous étions tous coupables. Chaque vol de pain faisait de chacun de nous un voleur de pain en puissance. Dans les camps, l'homme devient cet animal capable de voler le pain d'un camarade, de le pousser vers la mort.

Mais dans les camps l'homme devient aussi cet être invincible capable de partager jusqu'à son dernier mégot, jusqu'à son dernier morceau de pain, jusqu'à son dernier souffle, pour soutenir les camarades. C'est-à-dire, ce n'est pas dans les camps que l'homme devient cet animal invincible. Il l'est déjà. C'est une possibilité inscrite dès toujours dans sa nature sociale. Mais les camps sont des situations limites, dans lesquelles se fait plus brutalement le clivage entre les hommes et les autres. Réellement, on n'avait pas besoin des camps pour savoir que l'homme est l'être capable du meilleur et du pire. C'en est désolant de banalité, cette constatation.

— Elle en est restée là, cette histoire? demande le gars de Semur.

— Mais oui, je lui réponds.

— Il a continué à manger ses colis tout seul, Ramaillet?

— Mais bien sûr.

— Fallait l'obliger à partager, dit le gars de Semur.

— C'est facile à dire, je rétorque. Il ne voulait pas, qu'est-ce qu'on pouvait y faire?

— Fallait l'obliger, je te dis. Quand on est trois types dans une cellule, et que deux sont d'accord, il y a mille moyens de persuader le troisième.

— Bien sûr.

— Alors? Vous ne m'avez pas l'air bien dégourdis, le gars de la forêt d'Othe et toi.

— On ne s'est jamais posé la question comme ça.

— Et pourquoi donc?

— Faut croire que la nourriture nous serait restée dans la gorge.

— Quelle nourriture? demande le gars de Semur.

— Celle qu'on aurait obligé Ramaillet à nous donner.

— Pas à vous donner. À partager. Il fallait l'obliger à tout partager, ses colis et ceux du gars de la forêt d'Othe.

— On ne s'est jamais posé la question sous cet angle, je reconnais.

— Vous m'avez l'air bien délicats, tous les deux, dit le gars de Semur.

Quatre ou cinq rangées derrière nous, il se fait un brusque remous et l'on entend des cris.

— Qu'est-ce qu'il y a encore? dit le gars de Semur.

La masse des corps oscille d'un côté et de l'autre.

— De l'air, il lui faut de l'air, crie une voix derrière nous.

— Faites de la place, bon dieu, qu'on le rapproche de la fenêtre, crie une deuxième voix.

La masse des corps oscille, se creuse, et les bras d'ombre de cette masse d'ombres poussent vers la fenêtre et vers nous le corps inanimé d'un vieillard. Le gars de Semur le soutient d'un côté, moi de l'autre, et nous le tenons devant l'air froid de la nuit qui s'engouffre par l'ouverture.

— Bon dieu, dit le gars de Semur, il a l'air mal parti.

Le visage du vieillard est un masque crispé aux yeux vides. Sa bouche est tordue par la souffrance.

— Qu'est-ce qu'on peut faire? je demande.

Le gars de Semur regarde le visage du vieillard et il ne répond pas. Le corps du vieillard se contracte subitement. Ses yeux redeviennent vivants et il fixe la nuit devant lui.

— Vous vous rendez compte? dit-il, d'une voix basse mais distincte. Puis son regard chavire de nouveau et son corps s'affale entre nos bras.

— Eh, vieux, dit le gars de Semur, faut pas se laisser aller.

Mais je crois bien qu'il s'est laissé aller à tout jamais.

— Ça doit être un truc au cœur, dit le gars de Semur.

Comme si le fait de savoir de quoi ce vieillard est mort avait quelque chose de rassurant. Car ce vieillard est mort, sans aucun doute. Il a ouvert les yeux, il a dit: — Vous vous rendez compte? et il est mort. C'est un cadavre que nous tenons à bout de bras, devant l'air froid de la nuit qui s'engouffre par l'ouverture.

— Il est mort, je dis au gars de Semur.

Il le sait aussi bien que moi, mais il tarde à en prendre son parti.

— Ça doit être un truc au cœur, répète-t-il.

Un vieillard, c'est normal, ça a des trucs au cœur. Mais nous, nous avons vingt ans, nous n'avons pas de trucs au cœur. C'est ça qu'il veut dire, le gars de Semur. Il range la mort de ce vieillard parmi les accidents imprévisibles, mais logiques, qui arrivent aux vieillards. C'est rassurant. Cette mort devient quelque chose qui ne nous concerne pas directement. Cette mort a fait son chemin dans le corps de ce vieillard, elle était en chemin depuis longtemps. On sait ce que c'est, ces maladies de cœur, ça vous frappe n'importe où et n'importe quand. Mais nous avons vingt ans, cette mort ne nous atteint pas.

Nous tenons le cadavre sous ses bras morts et nous ne savons que faire.

— Alors? crie une voix derrière nous, comment qu'il se trouve?

— Il ne se trouve plus du tout, je réponds.

— Comment? fait la voix.

— Il est mort, dit le gars de Semur, plus précis.

Le silence s'appesantit. Les essieux grincent dans les virages, le train siffle, il marche toujours à bonne allure. Et le silence s'appesantit.

— Il devait avoir un truc au cœur, dit une autre voix, dans le silence qui s'est appesanti.

— Vous êtes sûrs qu'il est mort? dit la première voix.

— Tout à fait, dit le gars de Semur.

— Son cœur ne bat plus? insiste la voix.

— Mais non, vieux, mais non, répond le gars de Semur.

— Comment ça s'est passé? demande une troisième voix.

— Comme d'habitude, je réponds.

— Qu'est-ce que ça veut dire? fait la troisième voix, irritée.

— Ça veut dire qu'il était vivant et que tout de suite après il était mort, j'explique.

— Il devait avoir un truc au cœur, dit encore une fois la voix de tout à l'heure.

Il y a un bref silence, pendant lequel les types ruminent cette idée rassurante. C'est un accident banal, une crise cardiaque, ça aurait pu lui arriver sur les rives de la Marne, en train de pêcher à la ligne. Cette idée de crise cardiaque, c'est une idée rassurante. Sauf pour ceux qui ont des trucs au cœur, bien entendu.

— Qu'est-ce qu'on en fait? demande le gars de Semur.

Car nous tenons toujours le cadavre sous ses bras morts, face à l'air froid de la nuit.

— Vous êtes bien sûrs qu'il est mort? insiste la première voix.

— Dis donc, tu nous fatigues, dit le gars de Semur.

— Peut-être est-il simplement évanoui, dit la voix.

— Oh merde, dit le gars de Semur, viens voir toi-même.

Mais personne ne vient. Depuis que nous avons dit que ce vieillard est mort, la masse des corps les plus proches de nous s'est distancée. C'est à peine perceptible, mais elle s'est distancée. La masse des corps autour de nous ne colle plus à nous, ne pousse plus sur nous avec la même force. Comme l'organisme rétractile d'une huître, la masse des corps a reflué sur elle-même. Nous ne sentons plus la même poussée continue contre nos épaules et nos reins et nos jambes.

— Nous n'allons quand même pas le tenir toute la nuit, le copain et moi, dit le gars de Semur.

— Il faut demander aux Allemands d'arrêter, dit une voix nouvelle.

— Pour quoi faire? demande quelqu'un.

— Pour qu'ils prennent le corps et le renvoient à sa famille, dit la voix nouvelle.

Il y a un jaillissement de rires grinçants et quelque peu brutaux.

— Encore un qui a vu jouer *La Grande illusion* en couleurs, dit une voix de Paris.

— Viens, me dit le gars de Semur, on va le poser par terre, bien allongé contre le coin de la paroi. C'est là qu'il prendra le moins de place.

Nous commençons à bouger pour faire comme il a dit et nous bousculons forcément un peu ceux qui nous entourent.

— Eh, qu'est-ce que vous faites? crie une voix.

— On va l'allonger sur le plancher, contre le coin, dit le gars de Semur, c'est là qu'il prendra le moins de place.

— Faites gaffe, dit un type, il y a la tinette par là.

— Eh bien, poussez-la, cette tinette, dit le gars de Semur.

— Ah non, dit quelqu'un d'autre, vous n'allez pas me coller la tinette sous le nez.

— Oh ça va, crie un troisième, rageur. Jusqu'à présent, c'est moi qui l'ai eue, votre merde, sous le nez.

— La tienne aussi, dit un autre, rigolard.

— Moi, je me retiens, dit celui d'avant.

— C'est mauvais pour la santé, dit le rigolard.

— Vous les fermez, vos grandes gueules, dit le gars de Semur. Poussez cette bon dieu de tinette, qu'on allonge ce gars.

— On ne poussera pas cette tinette, dit le gars de tout à l'heure.

— Et comment qu'on va la pousser, crie celui qui a eu jusqu'à présent la tinette sous le nez.

On entend le bruit de la tinette qui racle le bois du plancher. On entend des jurons, des cris confus. Puis, le vacarme métallique du couvercle de la tinette qui a dû dégringoler.

— Ah les salauds! crie une autre voix.

— Qu'est-ce qui se passe?

— Ils l'ont renversée, cette tinette, à force de faire les cons, explique quelqu'un.

— Mais non, dit celui qui prétend avoir eu la tinette sous le nez jusqu'à présent, c'est juste une giclée.

— Je l'ai eue sur les pieds, ta giclée, dit celui d'avant.

— Tu te laveras les pieds en arrivant, dit le rigolard de tout à l'heure.

— Tu te crois drôle? dit celui qui a eu la giclée sur les pieds.

— Mais oui, je suis un marrant, dit l'autre, placide.

On entend des rires, des plaisanteries douteuses et des protestations étouffées. Mais la tinette, plus ou moins renversée, a été déplacée et nous pouvons allonger le corps du vieillard.

— Ne l'allonge pas sur le dos, dit le gars de Semur, il prendrait trop de place.

Nous coinçons le cadavre contre la paroi du wagon, bien allongé sur le côté. Il est d'ailleurs tout maigre, ce cadavre, il ne prendra pas trop de place.

Nous nous redressons, le gars de Semur et moi, et le silence retombe sur nous.

Il avait dit : — Vous vous rendez compte ? et il était mort. De quoi voulait-il qu'on se rende compte ? Il aurait eu du mal à préciser, certainement. Il voulait dire : «Vous vous rendez compte, quelle vie cette vie. Vous vous rendez compte, quel monde ce monde.» Mais oui, je me rends compte. Je ne fais que ça, me rendre compte et en rendre compte. C'est bien ce que je souhaite. J'ai souvent rencontré, au cours de ces années, ce même regard d'étonnement absolu qu'a eu ce vieillard qui allait mourir, juste avant de mourir. J'avoue, d'ailleurs, n'avoir jamais bien compris pourquoi tant de types s'étonnaient tellement. Peut-être parce que j'ai une plus longue habitude de la mort sur les routes, des foules en marche sur les routes, avec la mort aux trousses. Peut-être que je n'arrive pas à m'étonner parce que je ne vois que ça, depuis juillet 1936. Ils m'énervent, souvent, tous ces étonnés. Ils reviennent de l'interrogatoire, éberlués. — Vous vous rendez compte, ils m'ont tabassé. — Mais que voulez-vous qu'ils fassent, nom de dieu ? Vous ne saviez donc pas que ce sont des nazis ? Ils hochaient la tête, ils ne savaient pas très bien ce qui leur arrivait. — Mais bon dieu, vous ne saviez pas à qui nous avons affaire ? Ils m'énervent souvent, ces éberlués. Peut-être parce que j'ai vu les avions de chasse italiens et allemands survoler les routes à basse altitude et mitrailler la foule, bien tranquillement, sur les routes de mon pays. À moi cette charrette avec la femme en noir et le bébé qui pleure. À moi ce bourricot et la grand-mère sur le bourricot. À toi cette fiancée de neige et de feu qui marche comme une princesse sur la route brûlante. Peut-être qu'ils m'énervent, tous ces étonnés, à cause des villages en marche sur les routes de mon pays, fuyant ces mêmes SS, ou leurs semblables, leurs frères. Ainsi, à cette question : — Vous vous rendez compte ? j'ai une réponse toute faite, comme dirait le gars de Semur. Mais oui, je me rends compte, je ne fais que ça. Je me rends compte et j'essaie d'en rendre compte, tel est mon propos.

On était sortis de la grande salle où il avait fallu se déshabiller. Il faisait une chaleur d'étuve, on avait la gorge sèche, on trébuchait de fatigue. On avait couru dans un couloir et nos pieds nus claquaient sur le ciment. Après, il y avait une nouvelle salle, plus petite, où les types allaient s'entasser au fur et à mesure de leur arrivée. Au bout de la salle, il y avait une rangée de dix ou douze types en blouse blanche, avec des tondeuses électriques dont les longs fils pendaient du plafond. Ils étaient assis sur des tabourets, ils avaient l'air de s'ennuyer prodigieusement et ils nous tondaient, partout où il y a des poils. Les types attendaient leur tour, serrés les uns contre les autres, ne sachant que faire de leurs mains nues sur leurs corps nus. Les tondeurs travaillaient vite, on voyait bien qu'ils en avaient une sacrée habitude. Ils tondaient leurs types partout en un tour de main et au suivant de ces messieurs. Poussé et tiraillé d'un côté et de l'autre par les remous de la foule, je me suis finalement trouvé sur la première rangée, juste devant les tondeurs. L'épaule et la hanche gauches me faisaient mal, des coups de crosse de tout à l'heure. À côté de moi il y avait deux petits vieux, assez difformes. Ils avaient justement ce regard exorbité par l'étonnement. Ils regardaient ce cirque avec des yeux exorbités par l'étonnement. Leur tour est arrivé et ils ont commencé à pousser des petits cris, quand la tondeuse s'est mise à attaquer leurs parties sensibles. Ils se sont regardés et ce n'était plus seulement de l'étonnement, c'était une sainte indignation. — Vous vous rendez compte, monsieur le Ministre, mais vous vous rendez compte? a dit l'un d'eux. — C'est incroyable, monsieur le Sénateur, po-si-ti-ve-ment incroyable, lui a répondu l'autre. Il a dit positivement, comme cela, en détachant chaque syllabe. Ils avaient l'accent belge, ils étaient grotesques, ils étaient misérables. J'aurais aimé entendre les réflexions du gars de Semur. Mais le gars de Semur était mort, il était resté dans le wagon. Je n'entendrais plus les réflexions du gars de Semur.

— Elle n'en finira pas, cette nuit, dit le gars de Semur.

C'est la quatrième nuit, n'oubliez pas, la quatrième nuit de ce voyage. Cette sensation revient, que peut-être sommes-nous immobiles. Peut-être est-ce la nuit qui bouge, le monde qui se déploie, autour de notre immobilité haletante. Cette sensation d'irréalité grandit, elle envahit comme une gangrène mon corps brisé par la fatigue. Autrefois, la faim et le froid y aidant, j'arrivais facilement à provoquer en moi cet état d'irréalisation. Je descendais jusqu'au boulevard Saint-Michel, jusqu'à cette boulangerie au coin de la rue de l'École-de-Médecine où ils vendaient des boulettes de sarrasin. J'en achetais quatre, c'était mon repas de midi. La faim et le froid y aidant, c'était un jeu d'enfant que de pousser mon cerveau brûlant jusqu'aux limites mêmes de l'hallucination. Un jeu d'enfant qui ne menait à rien, bien entendu. Aujourd'hui c'est différent. Ce n'est pas moi qui provoque cette sensation d'irréalité, elle est inscrite dans les événements extérieurs. Elle est inscrite dans les événements de ce voyage. Heureusement qu'il y a eu cet intermède de la Moselle, cette douce, ombreuse et tendre, enneigée et brûlante certitude de la Moselle. C'est là que je me suis retrouvé, que je suis redevenu ce que je suis, ce que l'homme est, un être naturel, le résultat d'une longue histoire réelle de solidarité et de violences, d'échecs et de victoires humaines. Les circonstances ne s'étant pas encore reproduites, je n'ai jamais plus retrouvé l'intensité de ce moment, cette joie tranquille et sauvage de la vallée de la Moselle, cet orgueil humain devant ce paysage des hommes. Le souvenir m'en envahit parfois, devant la ligne pure et brisée d'un paysage urbain, devant un ciel gris sur une plaine grise. Mais pourtant, cette sensation d'irréalité, au cours de la quatrième nuit de ce voyage, n'a pas atteint l'intensité de celle que j'ai éprouvée lors du retour de ce voyage. Les mois de prison, certainement, avaient créé une sorte d'accoutumance. L'irréel et l'absurde devenaient familiers. Pour survivre, il faut que l'organisme colle à la réalité, et la réalité était précisément ce monde absolument pas naturel de la prison et de la mort. Mais le vrai choc s'est produit au retour de ce voyage.

Les deux automobiles se sont arrêtées devant nous et il en est descendu ces filles invraisemblables. C'était le 13 avril, le surlendemain de la fin des camps. Le bois de hêtres bruissait dans le souffle du printemps. Les Américains nous avaient désarmés, c'était la première chose dont ils s'étaient occupés, il faut dire. Ces quelques centaines de squelettes en armes, des Russes et des Allemands, des Espagnols et des Français, des Tchèques et des Polonais, sur les routes autour de Weimar, on aurait dit qu'ils en avaient une sainte frousse. Mais nous occupions quand même les casernes SS, les dépôts de la division *Totenkopf,* dont il fallait faire l'inventaire. Devant chacun des bâtiments il y avait un piquet de garde, sans armes. J'étais devant le bâtiment des officiers SS et les copains fumaient et chantaient. Nous n'avions plus d'armes, mais nous vivions encore sur la lancée de cette allégresse de l'avant-veille, quand nous marchions vers Weimar, en tiraillant sur les groupes de SS isolés dans le bois. J'étais devant le bâtiment des officiers SS et ces deux automobiles se sont arrêtées devant nous et il en est descendu ces filles invraisemblables. Elles avaient un uniforme bleu, bien coupé, avec un écusson qui disait «Mission France». Elles avaient des cheveux, du rouge à lèvres, des bas de soie. Elles avaient des jambes dans les bas de soie, des lèvres vivantes sous le rouge à lèvres, des visages vivants sous les cheveux, sous leurs vrais cheveux. Elles riaient, elles jacassaient, c'était une vraie partie de campagne. Les copains se sont tout à coup souvenus qu'ils étaient des hommes et ils se sont mis à tourner autour de ces filles. Elles minaudaient, elles jacassaient, elles étaient mûres pour une bonne paire de claques. Mais elles voulaient visiter le camp, ces petites, on leur avait dit que c'était horrible, absolument épouvantable. Elles voulaient connaître cette horreur. J'ai abusé de mon autorité pour laisser les copains sur place, devant le bâtiment des officiers SS et j'ai conduit les toutes belles vers l'entrée du camp.

La grande place d'appel était déserte, sous le soleil du printemps, et je me suis arrêté, le cœur battant. Je ne l'avais jamais encore vue vide, il faut dire, je ne l'avais même jamais vue réellement. Ce qu'on appelle voir, je ne l'avais pas encore vue vraiment. D'une des baraques d'en face jaillissait doucement, dans le lointain, un air de musique lente joué sur un accordéon. Il y avait cet air d'accordéon, infiniment fragile, il y avait les grands arbres, au-delà des barbelés, il y avait le vent dans les hêtres, et le soleil d'avril au-dessus du vent et des hêtres. Je voyais ce paysage, qui avait été le décor de ma vie, deux ans durant, et je le voyais pour la première fois. Je le voyais de l'extérieur, comme si ce paysage qui avait été ma vie, jusqu'à avant-hier, se trouvait de l'autre côté du miroir, à présent. Il n'y avait que cet air d'accordéon pour relier ma vie d'autrefois, ma vie de deux ans jusqu'à avant-hier, à ma vie d'aujourd'hui. Cet air d'accordéon joué par un Russe dans cette baraque d'en face, car seul un Russe peut tirer d'un accordéon cette musique fragile et puissante, ce frémissement des bouleaux dans le vent et des blés sur la plaine sans fin. Cet air d'accordéon, c'était le lien avec ma vie de ces deux dernières années, c'était comme un adieu à cette vie, comme un adieu à tous les copains qui étaient morts au cours de cette vie-là. Je me suis arrêté sur la grande place d'appel déserte et il y avait le vent dans les hêtres et le soleil d'avril au-dessus du vent et des hêtres. Il y avait aussi, à droite, le bâtiment trapu du crématoire. À gauche, il y avait aussi le manège où l'on exécutait les officiers, les commissaires et les communistes de l'armée Rouge. Hier, 12 avril, j'avais visité le manège. C'était un manège comme n'importe quel manège, les officiers SS y venaient faire du cheval. Ces dames des officiers SS y venaient faire du cheval. Mais il y avait, dans le bâtiment des vestiaires, une salle de douches spéciale. On y introduisait l'officier soviétique, on lui donnait un morceau de savon et une serviette éponge, et l'officier soviétique attendait que l'eau jaillisse de la douche. Mais l'eau ne jaillissait pas. À travers une meurtrière dissimulée dans un coin, un SS envoyait une balle dans la tête de l'officier soviétique. Le SS était dans une pièce voisine, il visait posément la tête de l'officier soviétique et il lui envoyait une balle dans la tête. On enlevait le cadavre, on ramassait le savon et la serviette éponge et on faisait couler l'eau de la douche, pour effacer les traces de sang. Quand vous aurez compris ce simulacre de la douche et du morceau de savon, vous comprendrez la mentalité SS.

Mais ça n'a aucun intérêt de comprendre les SS, il suffit de les exterminer.

J'étais debout sur la grande place d'appel déserte, c'était le mois d'avril, et je n'avais plus du tout envie que ces filles aux bas de soie bien tirés, aux jupes bleues bien plaquées sur des croupes appétissantes, viennent visiter mon camp. Je n'en avais plus du tout envie. Ce n'était pas pour elles, cet air d'accordéon dans la tiédeur d'avril. J'avais envie qu'elles fichent le camp, tout simplement.

— Mais ça n'a pas l'air mal du tout, a dit l'une d'elles, à ce moment.

La cigarette que je fumais a eu un goût pénible et je me suis dit que j'allais quand même leur montrer quelque chose.

— Suivez-moi, leur ai-je dit.

Et je me suis mis en marche vers le bâtiment du crématoire.

— C'est la cuisine, ça? a demandé une autre fille.

— Vous allez voir, j'ai répondu.

Nous marchons sur la grande place d'appel et l'air d'accordéon s'efface dans le lointain.

— Elle n'en finira pas, cette nuit, dit le gars de Semur.

Nous sommes debout, brisés, dans la nuit qui n'en finira pas. Nous ne pouvons plus du tout bouger les pieds, à cause de ce vieillard qui est mort en disant: « Vous vous rendez compte? », nous ne pouvons quand même pas lui marcher dessus. Je ne dirai pas au gars de Semur que toutes les nuits finissent, car il en arrivera à me taper dessus. D'ailleurs, ce ne serait pas vrai. À ce moment précis, cette nuit n'en finira pas. À ce moment précis, cette quatrième nuit de voyage n'en finira pas.

J'ai passé ma première nuit de voyage à reconstruire dans ma mémoire le côté de chez Swann et c'était un excellent exercice d'abstraction. Moi aussi, je me suis longtemps couché de bonne heure, il faut dire. J'ai imaginé ce bruit ferrugineux de la sonnette, dans le jardin, les soirs où Swann venait dîner. J'ai revu dans la mémoire les couleurs du vitrail, dans l'église du village. Et cette haie d'aubépines, seigneur, cette haie d'aubépines était aussi mon enfance. J'ai passé la première nuit de ce voyage à reconstruire dans ma mémoire le côté de chez Swann et à me rappeler mon enfance. Je me suis demandé s'il n'y avait rien dans mon enfance qui soit comparable à cette phrase de la sonate de Vinteuil. J'étais désolé, mais il n'y avait rien. Aujourd'hui, en forçant un peu les choses, je pense qu'il y aurait quelque chose de comparable à cette phrase de la sonate de Vinteuil, à ce déchirement de *Some of these days* pour Antoine Roquentin. Aujourd'hui il y aurait cette phrase de *Summertime*, de Sidney Bechet, tout au début de *Summertime*. Aujourd'hui, il y aurait aussi ce moment incroyable, dans cette vieille chanson de mon pays. C'est une chanson dont les paroles, à peu près traduites, diraient ceci : «Je passe des ponts, passe des rivières, toujours je te trouve lavant, les couleurs de ton visage l'eau claire va les emportant.» Et c'est après ces paroles que prend son vol la phrase musicale dont je parle, si pure, si déchirante de pureté. Mais au cours de la première nuit de voyage je n'ai rien trouvé dans ma mémoire qui puisse se comparer à la sonate de Vinteuil. Plus tard, des années plus tard, Juan m'a ramené de Paris les trois petits volumes de la Pléiade, reliés en peau havane. J'avais dû lui parler de ce livre. — Tu t'es ruiné, lui ai-je dit. — Ce n'est pas ça, a-t-il dit, mais tu as des goûts décadents. Nous avons ri ensemble, je me suis moqué de sa rigueur de géomètre. Nous avons ri et il a insisté. — Avoue, que ce sont des goûts décadents. — Et *Sartoris*? lui ai-je demandé, car je savais qu'il aimait bien Faulkner. — Et *Absalon, Absalon*? Nous avons tranché la question en décidant que ce n'était pas une question décisive.

— Oh vieux, dit le gars de Semur, tu ne dors pas?

— Non.

— Je commence à en avoir ma claque, il me dit.

Moi aussi, certainement. Mon genou droit me fait de plus en plus mal et il enfle à vue d'œil. C'est-à-dire, je sens au toucher qu'il enfle à vue d'œil.

— Tu as une idée de ce que ça peut être, ce camp où l'on va? demande le gars de Semur.

— Ça alors, pas la moindre idée.

Nous restons à essayer d'imaginer ce que ça peut être, comment cela peut être, ce camp où l'on va.

Je sais maintenant. J'y suis entré une fois, j'y ai vécu deux ans et maintenant j'y rentre de nouveau, avec ces filles invraisemblables. Je tiens à dire qu'elles ne sont invraisemblables que dans la mesure où elles sont réelles, où elles sont telles que les filles sont, en réalité. C'est leur réalité même qui me paraît invraisemblable. Mais le gars de Semur ne saura jamais comment c'est, exactement, ce camp où nous allons et que nous essayons d'imaginer, au cœur de la quatrième nuit de ce voyage.

Je fais entrer les filles par la petite porte du crématoire, celle qui mène directement à la cave. Elles viennent de comprendre que ce n'est pas la cuisine, et elles se taisent, subitement. Je leur montre les crochets où l'on pendait les copains, car la cave du crématoire servait aussi de salle de torture. Je leur montre les nerfs de bœuf et les massues, qui sont restés sur place. Je leur explique à quoi cela servait. Je leur montre les monte-charge, qui menaient les cadavres jusqu'au premier étage, directement devant les fours. Nous montons au premier étage et je leur montre les fours. Elles n'ont plus rien à dire, les petites. Elles me suivent et je leur montre la rangée des fours crématoires, et les cadavres à moitié calcinés qui sont restés dans les fours. Je ne leur parle qu'à peine, je leur dis simplement: «Voici, voilà.» Il faut qu'elles voient, qu'elles essayent d'imaginer. Elles ne disent plus rien, peut-être qu'elles imaginent. Peut-être que même ces jeunes femmes de Passy et de «Mission France» sont capables d'imaginer. Je les fais sortir du crématoire, sur la cour intérieure entourée d'une haute palissade. Là, je ne leur dis rien du tout, je les laisse voir. Il y a, au milieu de la cour, un entassement de cadavres qui atteint bien quatre mètres de hauteur. Un entassement de squelettes jaunis, tordus, aux visages d'épouvante. L'accordéon, maintenant, joue un *gopak* endiablé et sa rumeur arrive jusqu'à nous. L'allégresse du *gopak* arrive jusqu'à nous, elle danse sur cet entassement de squelettes que l'on n'a pas encore eu le temps d'enterrer. On est en train de creuser la fosse, où l'on mettra de la chaux vive. Le rythme endiablé du *gopak* danse au-dessus de ces morts de la dernière journée, qui sont restés sur place, car les SS en fuite ont laissé s'éteindre le crématoire. Je pense que dans les baraques du Petit Camp, les vieux, les invalides, les Juifs, continuent de mourir. La fin des camps, pour eux, ne sera pas la fin de la mort. Je pense, en regardant les corps décharnés, aux os saillants, aux poitrines creuses, qui s'entassent au milieu de la cour du crématoire, sur quatre mètres de hauteur, que c'étaient là mes camarades. Je pense qu'il faut avoir vécu leur mort, comme nous l'avons fait, nous qui avons survécu, pour poser sur eux ce regard pur et fraternel. J'entends dans le lointain le rythme allègre du *gopak* et je me dis que ces jeunes femmes de Passy n'ont rien à faire ici. C'était idiot d'essayer de leur expliquer. Plus tard, dans un mois, dans quinze ans, je pourrai peut-être expliquer tout ceci à n'importe qui. Mais aujourd'hui, sous le soleil d'avril, parmi les hêtres bruissants, ces morts horribles et fraternels n'ont pas besoin d'explication. Ils ont besoin d'un regard pur et fraternel. Ils ont besoin que nous vivions, tout simplement, que nous vivions de toutes nos forces.

Ces jeunes femmes de Passy, il faut les faire partir.

Je me retourne, elles sont parties. Elle ont fui ce spectacle. Je les comprends, d'ailleurs, ça ne doit pas être drôle d'arriver dans une belle voiture, avec un bel uniforme bleu qui moule les cuisses et de tomber sur ce monceau de cadavres peu présentables.

Je sors sur la place d'appel et j'allume une cigarette.

L'une des filles est restée là, à m'attendre. Une brune, avec des yeux clairs.

— Pourquoi avez-vous fait ça? dit-elle.

— C'était idiot, je reconnais.

— Mais pourquoi? insiste-t-elle.

— Vous vouliez visiter, je lui réponds.

— Je voudrais continuer, dit-elle.

Je la regarde. Ses yeux sont brillants, ses lèvres tremblent.

— Je n'en aurai pas la force, lui dis-je.

Elle me regarde en silence.

Nous marchons ensemble vers l'entrée du camp. Un drapeau noir flotte en berne sur la tour de contrôle.

— C'est pour les morts? demande-t-elle, d'une voix tremblante.

— Non. C'est pour Roosevelt. Les morts, ils n'ont pas besoin de drapeau.

— De quoi ont-ils besoin? demande-t-elle.

— D'un regard pur et fraternel, je réponds, et de souvenir.

Elle me regarde et ne dit rien.

— Au revoir, dit-elle.

— Salut, je lui fais. Et je m'en vais retrouver les copains.

«Cette nuit, bon dieu, cette nuit n'en finira jamais», dit le gars de Semur.

J'ai revu cette fille brune à Eisenach, huit jours après. Huit ou quinze jours, je ne sais plus. Car ce sont huit ou quinze jours qui ont passé comme un rêve, entre la fin des camps et le début de la vie d'avant. J'étais assis sur l'herbe d'une pelouse, en dehors de l'enceinte barbelée, entre les villas des SS. Je fumais et j'écoutais la rumeur du printemps. Je regardais les brins d'herbe, les insectes sur les brins d'herbe. Je regardais bouger les feuilles sur les arbres alentour. Tout à coup il y a Yves qui apparaît en courant. — Te voilà enfin, te voilà. Il arrivait d'Eisenach avec une camionnette de l'armée française. Un convoi de trois camions partait demain directement sur Paris, il m'avait réservé une place et il était venu d'Eisenach pour me chercher. Je regarde vers le camp. Je vois les tours de guet, les barbelés où le courant ne passe plus. Je vois les bâtiments de la DAW, le jardin zoologique où les SS élevaient des biches, des singes et des ours bruns.

C'est bon, je m'en vais. Je n'ai rien à aller chercher, je peux partir comme je suis. J'ai des bottes russes, à la tige souple, des pantalons de grosse toile rayée, une chemise de la Wehrmacht et un tricot en laine de bois grise, avec des parements verts au col et aux manches, et de grandes lettres peintes sur le dos en noir: KL BU. C'est bon, je m'en vais. C'est fini, je pars. Le gars de Semur est mort, je m'en vais. Les frères Hortieux sont morts, je m'en vais. J'espère que Hans et Michel sont vivants. Je ne sais pas que Hans est mort. J'espère que Julien est vivant. Je ne sais pas que Julien est mort. Je jette ma cigarette, je l'écrase du talon sur l'herbe de la pelouse, je vais partir. Ce voyage est terminé, je rentre. Je ne rentre pas chez moi, mais je me rapproche. La fin des camps c'est la fin du nazisme, c'est donc la fin du franquisme, c'est clair, voyons, il n'y a pas l'ombre d'un doute. Je vais pouvoir m'occuper de choses sérieuses, comme dirait Piotr, maintenant que la guerre est finie. Je me demande quel genre de choses sérieuses je vais faire. Piotr avait dit:

— Reconstruire mon usine, aller au cinéma, faire des enfants.

Je cours à côté d'Yves jusqu'à la camionnette et nous filons sur la route de Weimar. Nous sommes assis tous les trois sur le siège avant, le chauffeur, Yves et moi. Yves et moi, nous passons notre temps à nous montrer des choses. Regarde, la baraque de la *Politische Abteilung*. Regarde, la villa d'Ilse Koch. Regarde, la gare, c'est là qu'on est arrivés. Regarde, les bâtiments de la Mibau. Ensuite, il n'y a plus rien eu à regarder, que la route et les arbres, les arbres et la route, et nous chantions. C'est-à-dire, Yves chantait, avec le chauffeur. Moi, je faisais semblant, car je chante faux.

Voici le tournant où nous avons accroché, le 11 avril à midi, un groupe de SS qui se repliaient. Nous avancions sur l'axe de la route, les Espagnols, avec un groupe de *Panzerfaust* et un groupe d'armes automatiques. Les Français à gauche et les Russes à droite. Les SS avaient une chenillette et ils étaient en train de s'enfoncer en plein bois, par un chemin forestier. Nous avons entendu, sur la droite, des cris de commandement et puis, trois fois de suite, un long «hourra». Les Russes chargeaient les SS à la grenade et à l'arme blanche. Nous autres, Français et Espagnols, nous avons fait mouvement pour tourner les SS et les déborder. Il s'en est suivi cette chose confuse qu'est un combat. La chenillette flambait et tout à coup il s'est fait un grand silence. C'était fini, cette chose confuse qu'on appelle un combat était terminée. Nous étions en train de nous regrouper sur la route, quand j'ai vu arriver deux jeunes Français, avec un SS blessé. Je les connaissais un peu, c'étaient des FTP de mon block.

— Gérard, écoute, Gérard, m'ont-ils crié en approchant. On m'appelait Gérard, en ce temps-là.

Le SS était blessé à l'épaule ou au bras. Il tenait son bras blessé et il avait un regard terrifié.

— On a ce prisonnier, Gérard, qu'est-ce qu'on en fait? dit l'un des jeunes.

Je regarde le SS, je le connais. C'est un *Blockführer* qui n'arrêtait pas de gueuler et de brimer les types sous sa férule. Je regarde les deux jeunes, j'allais leur dire: «Fusillez-le sur place, et regroupez-vous, nous continuons», mais les paroles me restent dans la gorge. Car je viens de comprendre qu'ils ne feront jamais ça. Je viens de lire dans leurs yeux qu'ils ne feront jamais ça. Ils ont vingt ans, ils sont embêtés à cause de ce prisonnier, mais ils ne vont pas le fusiller. Je sais bien que c'est une erreur, historiquement. Je sais bien que le dialogue devient possible, avec un SS, quand le SS est mort. Je sais bien que le problème, c'est de changer les structures historiques qui permettent l'apparition du SS. Mais une fois qu'il est là, il faut exterminer le SS, chaque fois que l'occasion s'en présentera au cours du combat. Je sais bien que ces deux jeunes vont faire une sottise, mais je ne vais rien faire pour l'éviter.

— Qu'est-ce que vous en pensez? je leur demande.

Ils se regardent, ils hochent la tête.

— Il est blessé, ce salaud, dit l'un d'eux.

— C'est ça, dit l'autre, il est blessé, il faut d'abord le soigner.

— Alors? je leur demande.

Ils se regardent. Ils savent aussi qu'ils vont faire une sottise, mais ils vont la faire, cette sottise. Ils se souviennent de leurs camarades fusillés, torturés. Ils se rappellent les affiches de la Kommandantur, les exécutions d'otages. C'est peut-être dans leur région que les SS ont coupé à coups de hache les mains d'un enfant de trois ans, pour obliger sa mère à parler, pour l'obliger à dénoncer un groupe de maquisards. La mère a vu trancher les deux mains de son enfant et elle n'a pas parlé, elle est devenue folle. Ils savent bien qu'ils vont faire une sottise. Mais ils n'ont pas fait cette guerre, volontairement, à dix-sept ans, pour exécuter un prisonnier blessé. Ils ont fait cette guerre contre le fascisme pour qu'on n'exécute plus les prisonniers blessés. Ils savent qu'ils vont faire une sottise, mais ils vont la faire consciemment. Et je vais les laisser faire cette sottise.

— On va le conduire jusqu'au camp, dit l'un d'eux, qu'on le soigne, ce salaud.

Il insiste sur ce terme de « salaud » pour que je comprenne bien qu'ils ne faiblissent pas, que ce n'est pas par faiblesse qu'ils vont faire cette sottise.

— Bien, je leur dis. Mais vous allez me laisser vos fusils, ça manque par ici.

— Oh dis, tu charries, dit l'un d'eux.

— Je vous donne un parabellum en échange, pour conduire ce type. Mais vous allez me laisser vos fusils, j'en ai besoin.

— Mais tu nous les rendras, dis ?

— Sûr, quand vous retrouverez la colonne, je vous les rendrai.

— C'est promis, vieux ? disent-ils.

— C'est promis, je leur assure.

— Tu ne nous ferais pas ça, vieux, de nous laisser sans fusil ?

— Mais non, je leur affirme.

On fait l'échange et ils se préparent à partir. Le SS a suivi toute cette conversation avec un regard de bête traquée. Il comprend bien que son sort est en jeu. Je regarde le SS.

— *Ich hätte Dich erschossen*[1], je lui dis.

Son regard devient implorant.

— *Aber die beiden hier sind zu jung, sie wissen nicht dass Du erschossen sein solltest. Also, los, zum Teufel*[2].

Ils s'en vont. Je les regarde partir et je sais bien que nous avons fait une sottise. Mais je suis content que ces deux jeunes FTP aient fait cette sottise. Je suis content qu'ils sortent de cette guerre capables de faire une sottise comme celle-là. Ils seraient morts debout, fusillés, en chantant, si les SS les avaient faits prisonniers, si c'était l'inverse qui était arrivé. Je sais bien que j'avais raison, qu'il fallait exécuter ce SS, mais je ne regrette pas de n'avoir rien dit. Je suis content que ces deux jeunes FTP sortent de cette guerre avec ce cœur faible et pur, eux qui ont choisi volontairement la possibilité de mourir, eux qui ont si souvent affronté la mort, à dix-sept ans, dans une guerre où il n'y avait pas de quartier pour eux.

Ensuite nous regardons les arbres et la route, et nous ne chantons plus. Ils ne chantent plus, c'est-à-dire. La nuit tombe, quand nous arrivons à Eisenach.

— Bonsoir, dit la jeune femme brune aux yeux bleus.

---

1. « Je t'aurais descendu. »

2. « Mais ces deux-là sont trop jeunes. Ils ne savent pas que tu devrais être fusillé. Allez au diable. »

Elle est venue s'asseoir sur le canapé, à côté de moi, dans le grand salon aux lustres de cristal.

— Bonsoir, lui dis-je.

Rien ne m'étonne ce soir, dans cet hôtel d'Eisenach. Ça doit être le vin de la Moselle.

— Que faites-vous là ? dit-elle.

— Je ne sais plus très bien.

— Vous partez par le convoi de demain ? demande-t-elle.

— Ça doit être ça, je lui réponds.

Il y avait des nappes blanches et des verres de plusieurs couleurs. Il y avait des couteaux en argent, des cuillers en argent, des fourchettes en argent. Il y avait le vin de la Moselle.

— Il avait tort.

— Comment ? dit la jeune femme.

— Il est fameux, le vin de la Moselle, je précise.

— De qui parlez-vous ? demande-t-elle.

— D'un type qui est mort. Un gars de Semur.

Elle me regarde gravement. Je connais ce regard.

— Semur-en-Auxois ? dit-elle.

— Bien sûr.

Et je hausse les épaules, c'est l'évidence même.

— Mes parents ont une propriété dans le coin, dit-elle.

— Avec de grands arbres, une longue allée au milieu, et des feuilles mortes, lui dis-je.

— Comment savez-vous ? demande-t-elle.

— Les grands arbres vous vont bien, je lui fais remarquer.

Elle hoche la tête et regarde dans le vague.

— Il ne doit pas y avoir de feuilles mortes, à présent, dit-elle doucement.

— Il y a toujours des feuilles mortes quelque part, j'insiste. Ça doit être le vin de la Moselle.

— Présente-nous cette mignonne, fait Yves.

Nous sommes assis autour d'une table basse. Il y a une bouteille de cognac français, sur la table basse. Ça doit être le vin de la Moselle et le cognac français, mais les copains sont en train de ressasser des souvenirs du camp. J'en ai marre, je commence à leur voir pousser une âme d'anciens combattants. Je ne veux pas devenir un ancien combattant. Je ne suis pas un ancien combattant. Je suis autre chose, je suis un futur combattant. Cette idée subite me remplit de joie, et le grand salon de l'hôtel, aux lustres de cristal, devient moins absurde. C'est un endroit où passe par hasard un futur combattant.

Je fais un geste vague de la main vers la jeune femme brune aux yeux clairs et je dis : — Voilà.

Elle me regarde, elle regarde Yves et les autres et dit :

— Martine Dupuy.

— Voilà, je dis, tout content. Ça doit être le vin de la Moselle ou bien alors cette certitude rassurante de ne pas être un ancien combattant.

— Mademoiselle Dupuy, je vous présente un groupe d'anciens combattants.

Les copains rigolent, comme on fait dans ces cas-là.

Martine Dupuy se tourne vers moi.

— Et vous? dit-elle à voix presque basse.

— Pas moi. Je ne serai jamais un ancien combattant.

— Pourquoi? dit-elle.

— C'est une décision que je viens de prendre.

Elle sort un paquet de cigarettes américaines et elle en offre à la ronde. Certains en prennent. J'en prends aussi. Elle allume sa cigarette et me donne du feu.

Les copains ont déjà oublié sa présence et Arnault explique aux autres, qui hochent la tête, pourquoi nous avons combattu, nous qui sommes des anciens combattants. Mais je ne serai pas un ancien combattant.

— Que faites-vous dans la vie? demande la jeune femme aux yeux bleus. C'est-à-dire Martine Dupuy.

Je la regarde et je réponds très sérieusement, comme si elle était importante, à cette question. Ça doit être le vin de la Moselle.

— Je déteste Charles Morgan, j'ai horreur de Valéry et je n'ai jamais lu *Autant en emporte le vent.*

Elle a un battement de paupières et demande:

— Même *Sparkenbroke?*

— Surtout, je lui réponds.

— Pourquoi? dit-elle.

— Ça se passait avant la rue Blainville, je lui explique.

Et l'explication me paraît lumineuse.

— C'est quoi, la rue Blainville? demande-t-elle.

— C'est une rue.

— Bien sûr, elle donne sur la place de la Contrescarpe. Et alors?

— C'est là que j'ai commencé à devenir un homme, je lui fais.

Elle me regarde et a un sourire amusé.

— Quel âge avez-vous? dit-elle.

— Vingt et un ans, je lui réponds. Mais ce n'est pas contagieux.

Elle me regarde droit dans les yeux et sa bouche fait une moue méprisante.

— C'est une plaisanterie d'ancien combattant, dit-elle.

Elle a raison. Il ne faut jamais sous-estimer les êtres, je suis pourtant payé pour le savoir.

— Effaçons, dis-je, un peu honteux.

— Je veux bien, dit-elle, et nous rions ensemble.

— À vos amours, fait Arnault, très digne, et il lève en l'air son verre de cognac.

Nous nous servons du cognac français et nous buvons aussi.

— À ta santé, Arnault, je fais. Toi aussi tu as fait le mouvement Dada.

Arnault me regarde fixement et boit son verre de cognac, toujours très digne.

La jeune femme brune aux yeux bleus n'a pas compris non plus et j'en suis tout content. Tout compte fait, ce n'est qu'une fille du seizième arrondissement, j'en suis ravi. Son regard bleu est comme le rêve le plus ancien, mais son âme se limite au nord avec l'avenue de Neuilly, au sud avec le Trocadéro, à l'est avec l'avenue Kléber et à l'ouest avec la Muette. Je suis ravi d'être tellement astucieux, ça doit être le vin de la Moselle.

— Et vous? je lui demande.

— Moi?

— Que faites-vous dans la vie? je précise. Elle baisse le nez sur son verre de cognac.

— J'habite la rue Scheffer, dit-elle doucement.

Je ris, tout seul cette fois-ci.

— J'y pensais, justement.

Son regard bleu s'étonne de mon air cinglant. Je deviens agressif, mais ce n'est pas le vin de la Moselle. J'ai envie de cette fille, tout simplement. Nous buvons en silence et les copains sont en train de se rappeler mutuellement à quel point nous avons eu faim. Mais avons-nous eu faim, réellement? Le seul dîner de ce soir a suffi pour effacer deux ans de faim atroce. Je n'arrive plus à réaliser cette faim obsédante. Un seul vrai repas, et la faim est devenue quelque chose d'abstrait. Ce n'est plus qu'un concept, une idée abstraite. Et pourtant, des milliers d'hommes sont morts autour de moi à cause de cette idée abstraite. Je suis content de mon corps, je trouve que c'est une prodigieuse machine. Un seul dîner a suffi pour effacer en lui cette chose désormais inutile, désormais abstraite, cette faim dont nous aurions pu mourir.

— Je n'irai pas vous voir, rue Scheffer, je dis à la jeune femme.

— Vous n'aimez pas ce quartier? demande-t-elle.

— Ce n'est pas ça. C'est-à-dire, je ne sais pas. Mais c'est trop loin.

— Où voulez-vous, alors? dit-elle.

Je regarde ses yeux bleus.

— Boulevard Montparnasse, il y avait un endroit qui s'appelait le Patrick's.

— Je ressemble à quelqu'un? demande-t-elle, d'une voix voilée.

— Peut-être, je lui dis, vos yeux bleus.

J'ai l'air de trouver tout simple qu'elle ait compris ça, cette ressemblance avec quelqu'un d'autrefois.

J'ai l'air de tout trouver normal, cette nuit, dans cet hôtel d'Eisenach au charme vieillot.

— Venez me voir à Semur, dit-elle. Il y a de grands arbres, une longue allée au milieu des arbres et peut-être même des feuilles mortes. Avec un peu de chance.

— Je ne crois pas, je lui dis, je ne crois pas que j'irai.

«Cette nuit, bon dieu, cette nuit n'en finira jamais», disait le gars de Semur.

Je bois une longue gorgée de cognac français et c'était la quatrième nuit de voyage vers ce camp d'Allemagne, près de Weimar. J'entends de la musique tout à coup, un air que je connais bien, et je ne sais plus du tout où j'en suis. Que vient faire ici *In the shade of the old apple tree?*

— J'aimais bien danser, dans ma jeunesse, je dis à la jeune femme brune.

Nos regards se croisent et nous éclatons de rire ensemble.

— Excusez-moi, lui dis-je.

— Ça fait deux fois que vous glissez sur la pente de l'ancien combattant, dit-elle.

Les officiers français ont trouvé des disques et un phonographe. Ils font danser les filles allemandes et françaises et polonaises. Les Anglais ne bougent pas, ça ne les concerne en rien. Les Américains sont fous de joie et chantent à tue-tête. Je regarde les maîtres d'hôtel allemands. Ils ont l'air de très bien se faire à leur nouvelle vie.

— Venez danser, dit la jeune femme brune.

Elle a un corps souple et les lustres du salon tournoient au-dessus de nos têtes. Nous restons enlacés, en attendant qu'on mette un autre disque. C'est une musique plus lente et la présence de cette jeune femme aux yeux bleus devient plus précise.

— Alors, Martine ? dit une voix, près de nous, vers le milieu de la danse.

C'est un officier français, en tenue de combat, avec un béret de commando sur le crâne. Il a un air de propriétaire et la jeune femme de la rue Scheffer s'arrête de danser. Je crois que je n'ai plus qu'à aller retrouver les copains et boire du cognac français.

— Bonsoir, vieux, dit l'officier, pendant qu'il prend Martine par le bras.

— Bonsoir, jeune homme, je lui réponds, très digne.

Son sourcil gauche tressaute mais il ne réagit pas.

— Tu viens du camp ? dit-il.

— Comme vous voyez, je lui réponds.

— C'était dur, hein ? fait l'officier au béret de commando, avec un air concentré.

— Mais non, je lui dis, c'était de la rigolade.

Il hausse les épaules et emmène Martine.

Les copains étaient toujours là. Ils buvaient du cognac et ils étaient en train de se raconter ce qu'ils allaient faire, une fois arrivés chez eux.

Plus tard, dans la chambre que je partageais avec Yves, Yves m'a dit :

— Pourquoi l'as-tu laissée tomber, cette fille ? Ç'avait l'air de marcher.

— Je ne sais pas. Il y a un grand con d'officier avec un béret à rubans qui est venu la reprendre. Elle avait l'air d'être à lui.

— Pas de veine, a-t-il dit, laconique.

Plus tard, encore plus tard, après que j'eus dit à haute voix, sans m'en rendre compte, le début de ce poème ancien : « Jeune fille aride et sans sourire — ô solitude et tes yeux gris... », il a grogné : — Si tu veux réciter des vers, va dans le couloir. On se lève tôt, demain.

Je ne suis pas allé dans le couloir et on s'est levé à l'aube. La ville d'Eisenach était déserte, quand le convoi de trois camions a mis le cap sur Paris.

— Cette nuit, bon dieu, cette nuit n'en finira jamais, disait le gars de Semur, et cette autre nuit n'en finissait pas, cette nuit d'Eisenach, dans cette chambre d'hôtel allemande d'Eisenach. Était-ce l'étrangeté du vrai lit, au drap blanc, à l'édredon léger et chaud? Ou bien le vin de la Moselle? Peut-être le souvenir de cette fille, la solitude et ses yeux gris. La nuit n'en finissait pas, Yves dormait du sommeil du juste, comme n'en finissaient pas les nuits d'enfance à guetter le bruit de l'ascenseur, qui annoncerait le retour des parents, à guetter les conversations dans le jardin lorsque Swann venait dîner. Je riais tout bas de moi-même, avec une allègre lucidité, au fur et à mesure que je découvrais les lieux communs, les pièces abstraites et littéraires de mon insomnie peuplée de rêves. Je ne pouvais pas dormir; demain, la vie recommencerait et je ne savais rien de la vie. C'est-à-dire, de cette vie-là qui allait recommencer. J'étais sorti de la guerre de mon enfance pour entrer dans la guerre de mon adolescence, avec une légère halte au milieu d'une montagne de livres. J'étais à l'aise devant n'importe quel livre, devant n'importe quelle théorie. Mais dans les restaurants, les serveurs ne voyaient jamais mes gestes d'appel; dans les magasins, je devais devenir invisible, les vendeuses ne réalisaient jamais ma présence. Et les téléphones ne m'obéissaient pas, je tombais toujours sur un faux numéro. Les filles avaient ce regard bleu, inaccessible, ou bien elles étaient tellement faciles que c'en devenait une mécanique sans intérêt véritable. Demain, la vie allait recommencer et je ne savais rien de cette vie-là. Je me retournais dans mon lit, vaguement angoissé. La nuit n'en finirait jamais, l'ascenseur ne s'arrêtait pas à notre étage, et je guettais le départ de Swann, qui s'attardait à bavarder dans le jardin. Je me retournais dans mon lit, dans cette chambre d'hôtel allemande, à Eisenach, et je cherchais un réconfort dans ma mémoire. C'est alors que je me suis rappelé cette femme israélite de la rue de Vaugirard.

Devant le palais du Luxembourg, un camion déchargeait des monceaux de viande pour les cuisiniers de la Wehrmacht. J'avais jeté un coup d'œil sur le spectacle, légèrement écœuré, et j'avais poursuivi ma route. Je marchais sans but précis, simplement, il faisait trop froid dans ma chambre. Il me restait deux gauloises et j'étais sorti pour me réchauffer un peu en marchant et en fumant. J'avais dépassé la grille du Luxembourg, quand j'ai remarqué l'attitude de cette femme. Elle se retournait sur les passants qui arrivaient à sa hauteur et les dévisageait. On aurait dit, c'est-à-dire, je me suis dit, qu'elle cherchait une réponse urgente à quelque question essentielle dans les yeux des passants. Elle dévisageait les passants, semblait les mesurer du regard : étaient-ils dignes de sa confiance? Mais elle ne disait rien, elle détournait la tête et continuait sa marche harassée. Pourquoi harassée? Je me suis demandé pourquoi cette expression toute faite, «marche harassée», m'était venue à l'esprit. J'ai regardé cette femme solitaire, sur le trottoir de la rue de Vaugirard, à quelques mètres devant moi, entre la rue Jean-Bart et la rue d'Assas. L'expression toute faite, «marche harassée», qui était venue spontanément sur les lèvres de ma pensée était bienvenue. Une certaine courbure du dos, cette raideur des jambes, cette épaule gauche un peu tombante, c'était bien une marche harassée. J'avais bien vu. Je me suis dit alors que j'allais arriver à hauteur de cette femme, qu'elle allait se retourner sur moi et qu'il fallait qu'elle m'adresse la parole. Il fallait, tout simplement, qu'elle me pose cette question qui la tourmentait. Car cette question la tourmentait, j'avais observé l'expression de son visage quand elle se retournait sur les passants. J'ai ralenti ma démarche, pour retarder l'instant où je me trouverais à sa hauteur. Car elle pouvait me laisser passer, comme tous les autres, jusqu'à présent, et cela aurait été catastrophique. Si elle me laissait passer, je devenais un être indigne de la confiance d'une femme harassée, trébuchant presque à chaque pas, tout au long de cette interminable rue de Vaugirard. Ce serait vraiment moche, qu'elle me laisse passer, qu'elle n'ait rien à me dire, à moi non plus.

Je suis arrivé à sa hauteur. Elle s'est tournée vers moi, elle m'a dévisagé. Elle pouvait avoir une trentaine d'années. Elle avait un visage usé par cette marche harassante, qu'elle n'avait pas seulement faite avec ses jambes, qu'elle avait faite avec tout son être. Mais elle avait un regard implacable.

— S'il vous plaît, me dit-elle, la gare Montparnasse, vous savez ?

Elle a un accent slave, ce qu'on appelle un accent slave, et sa voix est légèrement chantante.

Je m'attendais à tout autre chose, je dois dire. Je l'avais vue flancher devant au moins une demi-douzaine de passants, n'osant pas, à la dernière minute, leur poser la question qu'elle avait à poser. Je m'attendais à une tout autre question, beaucoup plus grave. Mais je la regarde et je vois dans ses yeux fixés sur moi, dans la lumière implacable de ses yeux, que c'est la question la plus grave qu'elle ait à poser. La gare Montparnasse, c'est vraiment une question de vie ou de mort.

— Oui, je réponds, c'est facile.

Et je m'arrête pour lui expliquer.

Elle est debout, immobile, sur le trottoir de la rue de Vaugirard. Elle a eu un bref sourire douloureux, quand je lui ai dit que la gare Montparnasse, c'était facile à trouver. Je ne sais pas encore pourquoi elle a eu ce sourire, je ne comprends pas. Je lui explique le chemin, elle m'écoute attentivement. Je ne sais pas encore qu'elle est israélite, elle me le dira tout à l'heure, en marchant vers la rue de Rennes. Je comprendrai pourquoi elle a eu ce bref sourire, douloureux. C'est qu'il y a près de la gare Montparnasse une maison amie où elle va peut-être enfin pouvoir reprendre son souffle, après cette longue marche harassante. Je l'accompagne, finalement, vers cette maison amie, près de la gare Montparnasse.

— Merci, dit-elle, devant la porte de la maison.

— Vous êtes sûre que c'est là ? je lui demande.

Elle a un coup d'œil bref vers le numéro sur la porte.

— Oui, dit-elle, merci de ce que vous avez fait.

J'ai dû lui sourire. Je pense que j'ai dû lui sourire, à ce moment-là.

— Vous savez, ce n'était pas sorcier.

— Sorcier ?

Elle hausse des sourcils interrogateurs.

— Pas bien compliqué, je veux dire.

— Non, dit-elle.

Elle regarde la rue et les passants. Je regarde avec elle la rue et les passants.

— Vous auriez bien trouvé toute seule.

Elle hoche la tête.

— Peut-être pas, dit-elle, j'avais le cœur mort, peut-être que je n'aurais pas trouvé toute seule.

Il me reste une gauloise, mais j'ai envie de la garder pour tout à l'heure.

— Vous aviez le cœur mort? je lui demande.

— Oui, dit-elle, le cœur, tout le reste. J'étais toute morte, à l'intérieur.

— Vous voici arrivée, je lui dis.

Nous regardons la rue, les passants, nous sourions.

— Ce n'est pas la même chose, de toute manière, dit-elle doucement.

— Quoi donc? je lui demande.

— De trouver toute seule ou d'être aidée, dit-elle, et elle regarde bien au-delà de moi, dans son passé.

J'ai envie de lui demander pourquoi elle s'est adressée à moi, parmi tous les passants, mais je ne le ferai pas, cela ne regarde qu'elle, en fin de compte.

Elle ramène son regard vers moi, vers la rue, vers les passants.

— Vous aviez l'air d'espérer que je vous parle, dit-elle.

Nous nous regardons, nous n'avons plus rien à nous dire, j'ai l'impression, ou alors ça nous entraînerait trop loin. Elle me tend la main.

— Merci, dit-elle.

— C'est moi qui vous remercie, je lui réponds.

Elle a un regard intrigué, une seconde, puis elle tourne les talons et disparaît sous la voûte de l'immeuble.

— Vieux, oh vieux, dit le gars de Semur, tu ne dors pas?

En fait, j'ai dû sommeiller, j'ai l'impression d'avoir fait des rêves. Ou bien des rêves se font tout seuls, autour de moi, et c'est la réalité de ce wagon que je crois rêver.

— Non, je ne dors pas.

— Tu crois qu'elle va bientôt finir, cette nuit? demande le gars de Semur.

— Je ne sais pas, je ne sais pas du tout.

— J'en ai vraiment marre, dit-il.

Sa voix le laisse bien entendre.

— Essaye de sommeiller un peu.

— Oh non, c'est pire, dit le gars de Semur.

— Pourquoi ça?

— Je rêve que je tombe, je n'arrête pas de tomber.

— Moi aussi, je lui dis.

C'est vrai qu'on tombe, irrémédiablement. On tombe dans un puits, du haut d'une falaise, on tombe dans l'eau. Mais cette nuit-là, j'étais heureux de tomber à l'eau, de m'enfoncer dans la soie bruissante de l'eau, plein la bouche, plein les poumons. C'était l'eau sans fin, l'eau sans fond, la grande eau maternelle. Je me réveillais en sursaut, lorsque mon corps pliait et s'affalait, et c'était pire. Le wagon et la nuit dans le wagon étaient bien pires que le cauchemar.

— Je crois que je ne vais pas tenir le coup, dit le gars de Semur.

— Tu me fais rire, je lui réponds.

— Sans blague, vieux, je me sens tout mort à l'intérieur.

Ça me rappelle quelque chose.

— Comment ça, mort? je lui demande.

— Eh bien mort, pas vivant.

— Le cœur aussi? je lui demande.

— Mais oui, j'ai le cœur mort, dit-il.

Il y a quelqu'un, derrière nous, qui commence à hurler. La voix monte, et puis s'évanouit presque, dans un gémissement chuchoté, et reprend de plus belle.

— S'il n'arrête pas, on va devenir dingues, dit le gars de Semur.

Je le sens tout crispé, j'entends sa respiration haletante.

— Dingues, oui ça vous fera les pieds, dit la voix derrière nous.

Le gars de Semur se retourne à demi, vers la masse d'ombre des corps entassés derrière nous.

— Il n'est pas encore crevé, ce conard? dit-il.

Le type marmonne des grossièretés.

— Sois poli, dit le gars de Semur, et laisse-nous parler en paix.

Le type ricane.

— Ça, pour parler, vous êtes fortiches, dit-il.

— On aime ça, je fais, c'est le sel des voyages.

— Si tu n'es pas content, ajoute le gars de Semur, descends à la prochaine.

Le type ricane.

— À la prochaine, dit-il, on descend tous.

Il dit vrai, pour une fois.

— T'en fais pas, dit le gars de Semur, où qu'on aille, on t'aura à l'œil.

— Bien sûr, dit une autre voix, un peu plus loin, à gauche, les mouchards, ça se surveille de près.

Du coup, le type ne dit plus rien.

Le hurlement de tout à l'heure est devenu une plainte chuchotée, interminable, accablante.

— Qu'est-ce que ça veut dire, je demande au gars de Semur, d'avoir le cœur mort?

C'était il y a un an, à quelque chose près, rue de Vaugirard. Elle m'avait dit: «J'ai le cœur mort, je suis toute morte à l'intérieur.» Je me demande si son cœur s'est remis à vivre. Elle ne savait pas si elle pourrait rester dans cette maison amie, longtemps. Peut-être a-t-elle été obligée de se remettre en marche. Je me demande si elle n'a pas déjà fait ce voyage que nous faisons, le gars de Semur et moi.

— Je ne saurais pas te dire, dit le gars de Semur. On ne sent plus rien, comme un trou, ou alors comme une pierre très lourde, à la place du cœur.

Je me demande si elle a finalement fait ce voyage que nous faisons. Je ne sais pas encore que, de toute façon, si elle a fait ce voyage, elle ne l'a pas fait comme nous le faisons. Car il y a encore une autre façon de voyager, pour les Juifs, j'ai vu cela plus tard. Je pense à ce voyage qu'elle a peut-être fait, vaguement, car je ne sais pas encore d'une façon précise quelle sorte de voyages on fait faire aux Juifs. Je le saurai plus tard, d'une façon précise.

Je ne sais pas non plus que je verrai cette femme, une fois encore, lorsque ces voyages seront oubliés. Elle était dans le jardin de la maison de Saint-Prix, des années après le retour de ce voyage, et j'ai trouvé tout naturel de la voir, subitement, dans le soleil frileux d'un début de printemps. À l'entrée du village, là où s'amorce la route qui monte vers le Lapin Sauté, on avait loti le grand parc qui descendait vers Saint-Leu, en pente douce. Je venais de traverser la forêt, dans le soleil levant, avec toute la fatigue sur mes épaules d'une nuit blanche, d'une nuit gâchée. J'avais laissé les autres, dans la grande pièce où tournaient sans arrêt les mêmes disques de jazz, et j'avais marché dans la forêt, longuement, avant de redescendre vers Saint-Prix. Sur la place, la maison avait été ravalée, récemment. La porte était entrouverte et j'ai poussé la porte. À droite, le couloir mène vers le jardin, et j'ai traversé la pelouse, en frissonnant sous le soleil du printemps, après cette nuit blanche. Le désir m'était venu, dans la forêt, pendant que je marchais longuement dans la forêt, d'entendre de nouveau le bruit que faisait la cloche du potager. J'ai ouvert et fermé plusieurs fois la porte du potager, pour entendre ce bruit dont je me souvenais, le bruit oxydé, ferrugineux, de la petite cloche que le battant de la porte vient heurter. C'est alors que je me suis retourné et que j'ai vu une femme qui me regardait. Elle était allongée sur une chaise-longue, près de la vieille cabane où on serrait le bois de chauffage, autrefois. — Vous entendez ? lui dis-je. — Comment ? dit la femme. — Le bruit, lui dis-je, le bruit de la cloche. — Oui, dit-elle. — J'aime bien, lui dis-je. La femme me regarde, pendant que je traverse la pelouse et que je m'approche d'elle. — Je suis une amie de Mme Wolff, dit-elle, et je trouve tout naturel qu'elle soit là, et qu'elle soit une amie de Mme Wolff, et que ce soit le début du printemps, une nouvelle fois.

Je lui demande si la maison appartient toujours à Mme Wolff et elle me regarde. — Ça fait longtemps que vous n'êtes pas venu ? me dit-elle. Je pense que ça fait cinq ou six ans que ma famille a quitté cette maison. — Ça fait six ans, à peu près, lui dis-je. — La cloche du potager, dit-elle, vous aimiez son bruit ? Je lui réponds que je l'aime toujours. — Moi aussi, dit-elle, mais j'ai l'impression qu'elle préférerait être seule. — Vous êtes entré par hasard ? me demande-t-elle, et j'ai l'impression qu'elle voudrait bien que je sois entré par hasard, qu'il n'y ait aucune vraie raison pour que je sois ici. — Pas du tout, lui dis-je, et je lui explique que je voulais revoir le jardin et entendre de nouveau ce bruit que fait la cloche du potager. — En fait, je suis venu d'assez loin, pour ça, lui dis-je. — Vous connaissez Mme Wolff ? dit-elle, précipitamment, comme si elle voulait éviter à tout prix que je lui dise les vraies raisons de ma venue. — Bien sûr, lui dis-je. À côté de la chaise longue il y a un siège pliant, avec un livre, fermé, et un verre d'eau, à moitié plein, posés dessus. Je déplace le livre et le verre et je m'assieds. — Vous ne fumez pas ? lui dis-je. Elle secoue la tête et je me demande si elle ne va pas fuir. J'allume une cigarette et je lui demande pourquoi elle aime le bruit de cette cloche. Elle secoue les épaules. — Parce que c'est comme autrefois, dit-elle, sèchement. — Voilà, dis-je et je lui souris. Mais elle se redresse sur la chaise longue et se penche en avant. — Vous ne pouvez pas comprendre, dit-elle. Je la regarde. — Mais si, lui dis-je, pour moi aussi c'est un souvenir d'avant. Je me penche vers elle et je lui prends le bras droit, par le poignet, je lui retourne le bras, et mes doigts effleurent sa peau blanche et fine, et le numéro bleu d'Oswiecim tatoué sur sa peau blanche, fine, un peu flétrie, déjà. — Je me demandais, lui dis-je, je me demandais si vous aviez fait, finalement, ce voyage. Alors, elle retire le bras, qu'elle serre contre sa poitrine, et elle se replie, le plus loin possible, sur la chaise longue. — Qui êtes-vous ? dit-elle. Sa voix s'étrangle. — Dans la vallée de la Moselle, lui dis-je, je me suis demandé si vous aviez fait ce voyage. Elle me regarde, haletante. — Plus tard, aussi, quand j'ai vu arriver les trains des Juifs évacués de Pologne, je me suis demandé si vous aviez fait ce voyage. Elle commence à pleurer, silencieusement. — Mais qui êtes-vous ? implore-t-elle. Je secoue la tête. — Je me suis demandé si cette maison, rue Bourdelle, derrière la gare Montparnasse, allait être un refuge durable, ou bien si ce n'était qu'une halte, avant de reprendre le voyage. — Je ne vous connais pas, dit-elle. Je lui dis que je l'ai tout de suite reconnue, c'est-à-dire, j'ai su tout de suite que je la connaissais, avant même de la reconnaître. Elle pleure toujours, en silence. — Je ne sais pas qui vous êtes, dit-elle, laissez-moi seule. — Vous ne savez pas qui je suis, mais une fois vous m'avez reconnu, lui dis-je. Je me souviens de son regard d'autrefois, rue de Vaugirard, mais elle n'a plus ce regard implacable. — Rue de Vaugirard, lui dis-je, en 41 ou 42, je ne sais plus. Elle prend sa tête entre ses mains. — Vous vouliez savoir comment aller vers la gare Montparnasse, vous n'osiez pas le demander aux passants. Vous me l'avez demandé. — Je ne me souviens pas, dit-elle. — Vous cherchiez la rue Antoine-Bourdelle, en vérité. Je vous y ai conduite. — Je ne me souviens pas, dit-elle. — Vous alliez chez des amis, rue Antoine-Bourdelle, vous ne vous souvenez pas ? lui dis-je. — Je me souviens, cette rue, cette maison, je me souviens, dit-elle. — Vous aviez un manteau bleu, lui dis-je. — Je ne me souviens pas, dit-elle. Mais j'insiste encore, je m'accroche encore à l'espoir qu'elle va se souvenir. — Vous étiez perdue, lui dis-je, vous ne saviez pas comment trouver la gare Montparnasse. C'est moi qui vous ai aidée. Alors, elle me regarde et elle crie, presque. — Personne ne m'a aidée, jamais. Je sens que c'est fini, qu'il faudrait partir. — Moi, lui dis-je, on m'a aidé tout le temps. — Personne, dit-elle, jamais. Je la regarde et je vois qu'elle est tout à fait sincère, qu'elle est tout à fait convaincue de ce qu'elle dit. — J'ai eu de la chance, peut-être, lui dis-je, toute ma vie je suis tombé sur des types qui m'ont aidé. Alors, elle crie, de nouveau. — Vous n'êtes pas Juif, c'est tout. J'écrase sur l'herbe le mégot de ma cigarette. — C'est vrai, lui dis-je, je n'ai jamais été Juif. Parfois, je le regrette. Maintenant, j'ai l'impression qu'elle voudrait m'insulter, par son rire de mépris, par son regard fermé, par la blessure ouverte de son visage de pierre. — Vous ne savez pas de quoi vous parlez, dit-elle. — Je ne sais pas, lui dis-je, je sais que Hans est mort. Il y a du silence, ensuite, et il faut que je m'en aille. — Vous êtes sûr de m'avoir vue rue de Vaugirard, en 42? dit-elle. Je fais un geste de la main. — Si vous avez oublié, c'est comme si je ne vous avais pas vue. — Comment? dit-elle. — Si vous avez oublié, c'est vrai que je ne vous ai pas vue. C'est vrai que nous ne nous connaissons pas. Je me lève, après avoir dit ça. — C'est un malentendu, lui dis-je, excusez-moi. — Je ne me souviens pas, dit-elle, je regrette. — Ça n'a pas d'importance, lui dis-je, et je m'en vais.

Mais je ne sais pas encore qu'elle a fait ce voyage et qu'elle en est revenue morte, murée dans sa solitude.

— Quelle heure peut-il être? dit une voix derrière nous.

Personne ne répond, puisque personne ne sait l'heure qu'il peut être. C'est la nuit, simplement. La nuit dont on ne voit pas le bout. D'ailleurs, en ce moment, la nuit n'a pas de bout, elle est réellement éternelle, elle s'est installée à jamais dans son être nuit sans fin. Même si nous avions pu garder nos montres, même si les SS n'avaient pas pris toutes nos montres, même si nous pouvions voir l'heure qu'il est, je me demande si cette heure aurait une signification concrète. Peut-être ne serait-ce qu'une référence abstraite au monde extérieur, où le temps passe réellement, où il a sa densité propre, sa durée. Mais pour nous, cette nuit, vraiment, dans le wagon, n'est qu'ombre sourde, nuit détachée de tout ce qui n'est pas la nuit.

— On ne bouge pas, ça fait des heures qu'on ne bouge pas, dit une voix derrière nous.

— Tu croyais peut-être qu'on avait priorité? dit quelqu'un d'autre.

Il me semble reconnaître cette dernière voix. Je crois bien que c'est celle du type qui a dit qu'il était un marrant, lors de l'incident de la tinette. C'est lui sûrement. Je commence à distinguer les voix de ce voyage.

Plus tard, dans quelques mois, je saurai quelle sorte de voyages ils font faire aux Juifs. Je verrai arriver les trains, à la gare du camp, lors de la grande offensive soviétique d'hiver, en Pologne. Ils évacuaient les Juifs des camps de Pologne, ceux qu'ils n'avaient pas eu le loisir d'exterminer, ou bien peut-être pensaient-ils pouvoir encore les faire travailler un peu. Ça a été un rude hiver, cet hiver de l'année prochaine. J'ai vu arriver les trains des Juifs, les transports des Juifs évacués des camps de Pologne. Ils étaient près de deux cents dans chaque wagon cadenassé, près de quatre-vingts de plus que nous. Cette nuit-là, à côté du gars de Semur, je n'ai pas essayé d'imaginer ce que cela pouvait représenter, d'être deux cents dans un wagon comme le nôtre. Après, oui, quand on a vu arriver les trains des Juifs de Pologne, j'ai essayé d'imaginer. Et ça a été un rude hiver, cet hiver de l'année suivante. Les Juifs de Pologne ont voyagé six jours, huit jours, dix jours parfois, dans le froid de ce rude hiver. Sans manger, bien entendu, sans boire. À l'arrivée, quand on tirait les portes coulissantes, personne ne bougeait. Il fallait écarter la masse gelée des cadavres, des Juifs de Pologne morts debout, gelés debout, ils tombaient comme des quilles sur le quai de la gare du camp, pour trouver quelques survivants. Car il y avait des survivants. Une lente cohorte trébuchante se mettait en marche vers l'entrée du camp. Certains tombaient, pour ne plus se relever, d'autres se relevaient, d'autres se traînaient, littéralement, vers l'entrée du camp. Un jour, dans la masse agglutinée des cadavres d'un wagon, nous avons trouvé trois gosses juifs. L'aîné avait cinq ans. Les copains allemands du *Lagerschutz* les ont escamotés sous le nez des SS. Ils ont vécu au camp, ils s'en sont sortis, les trois orphelins juifs que nous avions trouvés dans la masse congelée des cadavres. C'est ainsi, ce rude hiver de l'année prochaine, que je saurai comment ils font voyager les Juifs.

Mais cette année-là, à côté de mon copain de Semur, qui avait le cœur mort, tout à coup, j'ai seulement pensé que peut-être avait-elle déjà fait ce voyage, cette femme juive de la rue de Vaugirard. Peut-être avait-elle regardé la vallée de la Moselle, elle aussi, de ses yeux implacables.

On entend des voix de commandement, dehors, des pas précipités, des bruits de bottes sur les bas-côtés de la voie.

— On repart, je dis.

— Tu crois ? demande le gars de Semur.

— Ils rappellent les sentinelles, on dirait.

Nous restons immobiles, dans le noir, à attendre. Le train siffle deux fois et repart, brutalement.

— Oh vieux, regarde, vieux, dit le gars de Semur, tout excité.

Je regarde et c'est l'aube. C'est une frange grisâtre, à l'horizon, et qui s'élargit. C'est l'aube, une nuit de gagnée, une nuit de moins de ce voyage. Cette nuit n'en finissait pas, en vérité, elle n'avait pas de fin prévisible. L'aube éclate en nous, ce n'est encore qu'une mince bande grisâtre d'horizon, mais rien ne pourra plus arrêter son déploiement. L'aube se déploie d'elle-même, à partir de sa propre nuit, se déploie vers elle-même, vers son anéantissement rutilant.

— Ça y est, vieux, ça y est, chante le gars de Semur.

Dans le wagon, tout le monde se met à parler à la fois et le train roule.

Le voyage du retour, je l'ai fait dans les arbres. C'est-à-dire, j'avais les yeux pleins d'arbres, pleins de feuilles d'arbres, pleins de branches vertes. J'étais allongé tout à fait à l'arrière du camion bâché, je regardais le ciel, et le ciel était plein d'arbres. D'Eisenach à Longuyon, c'est fou ce qu'il y avait comme arbres, dans le ciel du printemps. De temps à autre, aussi, des avions. La guerre n'était pas finie, c'est entendu, mais ils avaient l'air irréels, pas à leur place, ces avions ridicules dans le ciel du printemps. Je n'avais d'yeux que pour les arbres, pour les branches vertes des arbres. D'Eisenach à Longuyon, j'ai fait le voyage dans les arbres. C'était bien reposant, de voyager comme ça.

Le deuxième jour du voyage, vers le soir déjà, je sommeillais les yeux ouverts, il y a des voix qui ont éclaté tout à coup dans mes oreilles.

— Ça y est, les gars, ça y est, ce coup-ci.

Un type d'une voix stridente, a commencé à chanter *La Marseillaise*. C'était le commandant, sans doute, il n'y avait que lui pour me faire un coup pareil.

J'étais bien, je n'avais pas envie de bouger. Toute cette agitation me dépassait.

— Ça y est, les gars, on est chez nous, les gars.

— Vous avez vu, les gars ? C'est la France.

— On est en France, les gars, c'est la France.

— Vive la France, a crié la voix stridente du commandant, ce qui a interrompu *La Marseillaise*, bien entendu. Mais *La Marseillaise* a repris aussitôt, on pouvait faire confiance au commandant.

Je regardais les arbres et les arbres ne m'avaient averti de rien. Tout à l'heure, si j'en croyais tous ces cris, c'étaient des arbres allemands, et voici que c'étaient des arbres français, si j'en croyais mes compagnons de voyage. Je regardais les feuilles des arbres. Elles étaient du même vert que tout à l'heure. Je devais mal voir, certainement. Si l'on avait demandé au Commandant, il aurait sûrement vu la différence. Il ne s'y serait pas trompé, avec des arbres français.

Il y a un type qui me secoue aux épaules.

— Vieux, dit le type, vieux, t'as pas vu ? Nous sommes chez nous.

— Pas moi, je lui réponds, sans bouger.

— Comment ça ? demande le type.

Je me redresse à demi et je le regarde. Il a l'air méfiant.

— Mais non, je ne suis pas français.

Le visage du type s'éclaire.

— C'est vrai, dit-il, j'oubliais. On oublie, avec toi. Tu parles tout à fait comme nous.

Je n'ai pas envie de lui expliquer pourquoi je parle tout à fait comme eux, pourquoi je parle comme le Commandant, sans accent, c'est-à-dire, avec un accent bien de chez eux. C'est le plus sûr moyen de préserver ma qualité d'étranger, à laquelle je tiens par-dessus tout. Si j'avais de l'accent, ma qualité d'étranger serait dévoilée à tout moment, dans toute circonstance. Elle deviendrait quelque chose de banal, d'extériorisé. Moi-même, je m'habituerais à cette banalité d'être pris pour un étranger. Du même coup, ce ne serait plus rien, d'être étranger, cela n'aurait plus de signification. C'est pour cela que je n'ai pas d'accent, que j'ai effacé toute possibilité d'être pris pour un étranger, d'après mon langage. Être étranger, c'est devenu en quelque sorte une vertu intérieure.

— Ça ne fait rien, dit le type. On ne va pas te chicaner pour si peu, un si beau jour. La France, d'ailleurs, c'est ta patrie d'adoption.

Il est content, le type, il me sourit amicalement.

— Ah non, je lui dis, une patrie, c'est bien suffisant, je ne vais pas encore m'en coller une seconde sur le dos.

Il est vexé, le type. Il m'a fait le plus beau cadeau qu'il puisse me faire, qu'il pense pouvoir me faire. Il m'a fait Français d'adoption. En quelque sorte, il m'autorise à être semblable à lui-même, et je refuse ce don.

Il est vexé et s'écarte de moi.

Il faudra que j'essaye de penser un jour sérieusement à cette manie qu'ont tant de Français de croire que leur pays est la seconde patrie de tout le monde. Il faudra que j'essaye de comprendre pourquoi tant de Français sont si contents de l'être, si raisonnablement satisfaits de l'être.

Pour l'instant, je n'ai pas envie de m'occuper de ces questions. Je continue de regarder les arbres qui défilent au-dessus de moi, entre le ciel et moi. Je regarde les feuilles vertes, elles sont françaises. Ils sont rentrés chez eux, les gars, tant mieux pour eux.

Un hiver, je me souviens, il y a quelques années, j'attendais dans une grande salle de la préfecture de police. Je venais pour le renouvellement de mon permis de séjour, et la grande salle était pleine d'étrangers, venus comme moi, pour la même chose, ou pour quelque chose d'analogue.

J'étais dans une file d'attente, c'était une longue file d'attente devant une table qu'il y avait au bout de la salle. À la table, il y avait un petit homme dont la cigarette s'éteignait tout le temps. Il était tout le temps en train de rallumer sa cigarette. Le petit homme regardait les papiers des gens, ou les convocations qu'ils avaient, pour les diriger vers tel guichet ou bien tel autre. Parfois, il en renvoyait, tout simplement, avec de grands cris. Le petit homme mal fagoté ne voulait sûrement pas qu'on le confonde, qu'on le prenne pour ce qu'il avait l'air d'être, un petit homme mal fagoté dont la cigarette s'éteignait tout le temps. Alors, il criait, parfois, il insultait les gens, surtout des femmes. Qu'est-ce que nous nous imaginions, nous tous, nous métèques ? Le petit homme, c'était l'incarnation du pouvoir, il avait l'œil à tout, c'était un pilier de l'ordre nouveau. Qu'est-ce que nous nous imaginions, qu'on peut se présenter comme ça, avec un jour de retard sur la date de la convocation ? Les gars expliquaient. Le travail, une femme malade, des enfants à soigner. Mais il ne se laissait pas avoir, le petit homme, par ces raisons dérisoires, par cette évidente mauvaise foi. Il allait nous montrer de quel bois il se chauffait, vous allez voir, mes salauds, de quel bois je me chauffe, il allait nous montrer qu'il ne fallait pas le confondre, qu'il avait ce que l'on sait où l'on pense. Il allait nous dresser, nous, sales étrangers. Et puis, subitement il oubliait qu'il avait à être l'incarnation foudroyante du pouvoir et il suçotait son mégot, sans rien dire, pendant de longues minutes. Le silence tombait sur la grande salle, sur les bruits confus des chuchotements, des pieds qui raclent le parquet.

J'étais fasciné par le spectacle du petit homme. Je n'ai même pas trouvé le temps trop long. Finalement, mon tour est arrivé et je me suis trouvé devant la petite table, le petit homme et son mégot qui venait justement de s'éteindre encore une fois. Il prend mon récépissé de carte de séjour et l'agite, d'un air dégoûté, en me fusillant du regard. Je ne bronche pas, je le regarde fixement, ce type me fascine.

Il pose le récépissé sur la table, rallume son mégot et regarde le récépissé.

— Ah, ah, dit-il d'une voix tonnante, un rouge espagnol.

Il a l'air fou de joie. Ça doit faire longtemps qu'il n'a pas eu un rouge espagnol à se mettre sous la dent.

Je me souviens vaguement du port de Bayonne, de l'arrivée du chalutier dans le port de Bayonne. Le chalutier avait accosté juste à côté de la grande place, il y avait des massifs de fleurs, des estivants. Nous regardions ces images de la vie d'avant. C'est à Bayonne que j'ai entendu dire pour la première fois qu'on était des rouges espagnols.

Je regarde le petit homme, je ne dis rien, je suis en train de penser vaguement à cette journée de Bayonne, il y a des années. De toute façon, il n'y a jamais rien à dire à un flic.

— Voyez-moi ça, crie-t-il, un rouge espagnol.

Il me regarde, je le regarde. Je sais que tout le monde a les yeux fixés sur nous. Alors, je me redresse un peu. D'habitude, je me tiens le dos un peu courbé. On a eu beau me dire : «tiens-toi droit», rien à faire, je me tiens toujours les épaules un peu voûtées. Je n'y puis rien, je suis plus à l'aise dans mon corps de cette façon-là. Mais je me redresse tant que je peux, maintenant. Il ne faudrait pas que l'on prenne mon attitude naturelle pour une attitude de soumission. Ça me fait horreur, cette pensée-là.

Je regarde le petit homme, il me regarde. Tout à coup, il explose.

— Je vais t'apprendre, mon salaud, moi, oui, moi. Faudrait pas se foutre de ma gueule. Et d'abord, tu vas te remettre au bout de la queue et tu vas recommencer à attendre.

Je ne dis rien, je lui reprends mon récépissé sur la table et je me détourne. Son mégot s'est encore éteint et cette fois il l'écrase rageusement dans un cendrier.

Je marche dans la salle, tout au long de la file d'attente, et je pense à cette manie des flics, de toujours vous tutoyer. Ils s'imaginent peut-être que ça nous impressionne. Mais il ne sait pas ce qu'il a fait, ce triste enfant de pute. Il m'a traité de rouge espagnol et voilà que j'ai tout à coup cessé d'être seul dans la grande salle grise et terne. Tout au long de la file d'attente j'ai vu s'épanouir les regards, venir au jour, dans cette grisaille, les plus beaux sourires du monde. Je tiens toujours mon récépissé à la main, pour un peu je le ferais claquer en l'air. Je reprends une place, au bout de la file d'attente. Les gars se serrent autour de moi, ils sourient. Ils étaient seuls, et j'étais seul, voilà que nous sommes tous ensemble. Il a gagné, le petit homme.

Je suis allongé dans le camion, je regarde les arbres. C'est à Bayonne, sur le quai juste à côté de la grande place de Bayonne, que j'ai appris que j'étais un rouge espagnol. Le lendemain, j'ai eu ma deuxième surprise quand nous avons lu dans un journal qu'il y avait les rouges et les nationaux. Pourquoi c'étaient des nationaux, tout en faisant la guerre avec les troupes marocaines, la Légion étrangère, les avions allemands et les divisions Littorio, ce n'était pas facile à saisir. C'est un des premiers mystères de la langue française que j'ai eu à déchiffrer. Mais à Bayonne, sur le quai de Bayonne, je suis devenu rouge espagnol. Il y avait des massifs de fleurs, des tas d'estivants derrière les gendarmes, qui étaient venus voir débarquer les rouges espagnols. Nous avons été vaccinés et on nous a laissés débarquer. Les estivants regardaient les rouges espagnols et nous regardions les vitrines des boulangers. Nous regardions le pain blanc, les croissants dorés, toutes ces choses d'autrefois. Nous étions dépaysés, dans ce monde d'autrefois.

Ensuite, je n'ai plus cessé d'être un rouge espagnol. C'est une façon d'être qui était valable partout. Ainsi, au camp, j'étais un *Rotspanier*. Je regardais les arbres et j'étais content d'être un rouge espagnol. Les années passaient, j'en étais de plus en plus content.

Subitement, il n'y a plus d'arbres et le camion s'arrête. Nous sommes à Longuyon, au camp de rapatriement. Nous sautons en bas du camion et j'ai les jambes engourdies. Des infirmières s'approchent de nous et le commandant les embrasse toutes. La joie du retour, certainement. Après, c'est le cirque. Il faut boire du Viandox et répondre à des tas de questions stupides.

À écouter toutes ces questions, j'ai brusquement pris une décision. Il faut dire, elle mûrissait déjà en moi, cette décision. J'y avais déjà pensé, vaguement, dans les arbres, entre Eisenach et ici. Je pense qu'elle mûrissait depuis que j'avais vu les copains devenir des anciens combattants, dans le salon de l'hôtel d'Eisenach, sous les lustres de l'hôtel d'Eisenach. Peut-être même a-t-elle commencé à mûrir avant. Peut-être étais-je tout disposé à prendre cette décision, dès avant le retour de ce voyage. En tout cas, en répondant machinalement à toutes ces questions stupides : vous aviez très faim ? vous aviez froid ? vous étiez très malheureux ? j'ai pris la décision de ne plus parler de ce voyage, de ne plus jamais me mettre dans la situation d'avoir à répondre à des questions sur ce voyage. D'un côté, je savais bien que ce ne serait pas possible, à tout jamais. Mais, au moins, une longue période de silence, des années de silence sur ce voyage, seigneur, c'était la seule façon de s'en sortir. Peut-être plus tard, quand personne ne parlera plus de ces voyages, peut-être alors aurais-je à en parler. Cette possibilité flottait confusément à l'horizon de ma décision.

Nous avions été tiraillés de droite et de gauche, et finalement nous nous sommes retrouvés dans une salle d'où on nous a conduits, un par un, à la visite médicale.

Quand mon tour est venu, je suis passé à la radioscopie, chez le cardiologue, chez le dentiste. On m'a pesé, mesuré, on m'a posé des tas de questions sur les maladies que j'avais eues étant enfant. Au bout de la filière, je me suis trouvé assis devant un médecin qui avait mon dossier complet, avec les observations faites par les différents spécialistes.

— C'est inouï, dit le docteur, après avoir consulté ma fiche.

Je le regarde et il m'offre une cigarette.

— C'est incroyable, dit le docteur, apparemment, vous n'avez rien de grave.

Je fais un geste vaguement intéressé, car je ne sais pas de quoi il parle, au juste.

— Rien aux poumons, rien au cœur, tension normale. C'est incroyable, répète le docteur.

Je fume la cigarette qu'il m'a offerte et j'essaye de réaliser que c'est incroyable, j'essaye de me mettre dans la peau d'un cas incroyable. J'ai envie de lui dire, à ce docteur, que c'est d'être vivant qui est incroyable, de me trouver dans la peau d'un vivant qui est incroyable. Même avec une tension anormale, ce serait incroyable d'être encore dans la peau d'un vivant.

— Bien sûr, dit le docteur, vous avez deux ou trois dents de cariées. Mais enfin, c'est logique.

— C'est la moindre des choses, je lui dis, histoire de ne pas le laisser parler tout seul.

— Depuis des semaines, je vois passer des déportés, me dit-il, mais vous êtes le premier cas où il semble que tout soit en ordre.

Il me regarde un instant et ajoute:

— Apparemment.

— Ah oui? je fais, poliment.

Il me regarde avec attention, comme s'il craignait de voir tout à coup apparaître les signes de quelque mal inconnu qui ait échappé aux observations des spécialistes.

— Voulez-vous que je vous dise? me dit-il.

En fait, je ne veux pas, ça ne m'intéresse vraiment pas. Mais il ne m'a pas posé cette question pour que je lui dise si je veux qu'il me dise, il est décidé à me dire, de toute façon.

— Je peux vous le dire, puisque vous êtes en parfait état, me dit-il.

Puis, il fait une légère pause et ajoute:

— Apparemment.

Toujours le doute scientifique. Il a appris à être prudent, cet homme, ça se comprend.

— Je peux vous le dire, continue-t-il, la plupart des types qui sont passés entre nos mains n'y survivront pas.

Il s'emballe, il a l'air passionné par son sujet. Il aborde une longue explication médicale sur les séquelles prévisibles de la déportation. Et je commence à avoir un peu honte d'être en si bon état, apparemment. Pour un peu, je me trouverais suspect. Pour un peu, je lui dirais que ce n'est pas de ma faute. Pour un peu, je m'excuserais d'avoir survécu, d'avoir encore des chances de survivre.

— Je vous dis, la plupart d'entre vous vont y rester. Quelle en sera la proportion, l'avenir le dira. Mais je ne crois pas me tromper si j'affirme que soixante pour cent des survivants vont mourir dans les mois et les années qui viennent, des suites de la déportation.

J'ai envie de lui dire que toute cette histoire ne me concerne plus, que j'ai tiré un trait. J'ai envie de lui dire qu'il m'emmerde, que ma mort ou ma survie ne le regardent pas. De toute façon, mon copain de Semur est mort, j'ai envie de le lui dire. Mais il fait son métier, cet homme, je ne peux quand même pas l'empêcher de faire son métier.

Il me dit au revoir et il paraît que j'ai eu une sacrée veine. Il faudrait presque que je sois tout content d'avoir fait ce voyage. Si je n'avais pas fait ce voyage, je n'aurais jamais su que j'étais un sacré veinard. Je dois avouer qu'en ce moment le monde des vivants me déconcerte un peu.

Dehors, il y avait Haroux qui m'attendait.

— Alors, vieux, me dit-il, tu t'en sortiras ?

— Il paraît, à en croire le toubib, c'était un vrai sana, tellement je suis costaud.

— Pas moi, dit Haroux, en rigolant, il paraît que le cœur, ça marche pas fort. Faut que j'aille me faire vraiment voir, à Paris.

— C'est pas grave, le cœur, suffit de ne pas s'en servir.

— Tu crois que je m'en fais, vieux ? dit Haroux, on est là, il fait soleil, on pourrait être partis en fumée.

— Oui, je dis.

On devrait être partis en fumée, même. Nous rigolons ensemble. Haroux en vient aussi, nous avons le droit d'en rire, si ça nous chante. Et ça nous chante, précisément.

— Allez, viens, dit Haroux. Il faut qu'on aille se faire faire des papiers d'identité provisoires.

— C'est vrai, bon dieu, ça recommence.

Nous nous mettons à marcher vers la baraque de l'administration.

— Et alors, mon petit gars, dit Haroux, tu voudrais pas qu'on te laisse circuler sans papiers, non ? Des fois que tu serais un autre.

— Quelles preuves ont-ils que je ne suis pas un autre. On s'amène comme des fleurs, nous. On peut-être des autres.

Il s'amuse, Haroux.

— Et la foi du serment, mon vieux ? On va déclarer qui nous sommes sous la foi du serment. Tu trouves pas ça sérieux, la foi du serment ?

Haroux, il s'amuse. Il y a son cœur qui ne marche pas fort, sûrement le docteur l'a compté parmi les soixante pour cent qui ne survivront pas, mais il fait soleil et on pourrait être partis en fumée.

— Tu as l'air en forme, Haroux.

— En forme ? Tu peux le dire. Je baigne dans le beurre, vieux, voilà comment je me sens.

— T'en as de la veine, moi, toutes ces infirmières, ces questions stupides, ces docteurs, tous ces regards apitoyés et ces hochements de tête, ça me marche sur les pieds.

Il explose, Haroux, il est pris de fou rire.

— Tu prends tout trop au sérieux, mon gars, je te l'ai toujours dit. T'as une grosse tête, quoi. Laisse-toi aller, vieux, et fais comme moi, ris-en. Tu ne les trouves pas tordants, tous ces pékins ?

On est entrés dans la baraque de l'administration et il a un regard circulaire pour tous ces pékins et ces pékines.

— De toute façon, dit-il, on n'est pas encore dans le coup, tu comprends.

Ça doit être ça, bien sûr.

La foi du serment y aidant, les formalités d'identification ont été assez brèves, dans l'ensemble. On se retrouve au bout de la rangée devant une jeune femme blonde, en blouse blanche, qui prend la fiche de Haroux et écrit quelque chose dessus. Ensuite, elle donne à Haroux un billet de mille francs et huit paquets de gauloises. Car c'est la préposée aux primes de rapatriement. Elle prend ma fiche et ma carte provisoire d'identité. Elle inscrit quelque chose sur la fiche et aligne sur la table les huit paquets de gauloises. Je commence à les mettre dans ma poche, mais il y en a trop, il faut que j'en garde la moitié à la main. Ensuite, elle me tend le billet de mille francs. Haroux me donne une gauloise et nous fumons. La jeune femme blonde jette un coup d'œil sur ma carte d'identité, au moment où elle allait me la rendre.

— Oh, dit-elle, mais vous n'êtes pas français !

— Non, je lui dis.

— Mais vraiment pas ? dit-elle, en regardant ma carte.

— La France est ma patrie d'adoption, à ce qu'il paraît mais je ne suis vraiment pas français.

Elle me regarde et puis elle regarde ma carte de plus près.

— Vous êtes quoi ? demande-t-elle.

— Vous voyez, je suis réfugié espagnol.

— Et vous n'êtes pas naturalisé ? insiste-t-elle.

— Mademoiselle, attendez que je sois mort pour m'empailler.

Après, j'ai un peu honte. C'est encore une plaisanterie d'ancien combattant, comme dirait la jeune femme brune d'Eisenach.

— Mais c'est sérieux, monsieur, me dit-elle, sur un ton administratif, vous n'êtes réellement pas français ?

— Réellement pas.

Haroux, à côté de moi, commence à s'impatienter.

— Qu'est-ce que ça peut faire, qu'il soit français ou turc, mon copain ? demande-t-il.

— Je ne suis pas turc, je dis doucement.

Juste pour mettre les choses au point.

— Qu'il ne soit pas français, qu'est-ce que ça peut foutre ? demande Haroux.

La jeune femme blonde est un peu affolée.

— Voyez-vous, dit-elle, c'est au sujet de la prime de rapatriement. Seuls les citoyens français y ont droit.

— Je ne suis pas citoyen français, je lui explique. D'ailleurs, je ne suis pas citoyen du tout.

— Vous n'allez pas me faire croire qu'il n'a pas droit à ce misérable billet de mille balles, explose Haroux.

— Justement, dit la jeune femme blonde, justement, il n'y a pas droit.

— Mais qui a décidé cette nom de dieu de connerie ? crie Haroux.

La jeune femme blonde est de plus en plus affolée.

— Ne vous fâchez pas, monsieur, je n'y suis pour rien, c'est l'Administration.

Haroux éclate d'un rire tonitruant.

— Administration de mes deux, fait-il, vous trouvez ça normal ?

— Mais je n'ai pas à trouver, monsieur, dit-elle.

— Vous n'avez pas d'opinion personnelle là-dessus ? demande Haroux, méchamment.

— S'il fallait que j'aie des opinions personnelles, monsieur, je n'en finirais pas, dit-elle, sincèrement choquée. Je me limite à exécuter les ordres de l'Administration, monsieur, ajoute-t-elle.

— Ta sœur, fait Haroux, hargneux.

— Ma sœur aussi est fonctionnaire, monsieur, dit-elle, de plus en plus vexée.

— Laisse tomber, je dis à Haroux, tu vois bien que mademoiselle a des ordres.

Haroux me foudroie du regard.

— Ta gueule, fait-il, tu n'es pas français, cette histoire ne te regarde pas. Pour moi, c'est une question de principe.

— Les instructions sont formelles, monsieur. Elles sont consignées dans une note écrite. Seuls les citoyens français ont droit à la prime de rapatriement, dit la jeune femme.

— Alors, nous avons fait cette guerre pour rien, dit Haroux.

— Ne charrie pas.

— La ferme, il dit, c'est une question de principe.

— D'ailleurs, j'insiste, je ne l'ai pas faite, cette guerre.

— Qu'est-ce que tu déconnes ? dit Haroux, furieux.

— Mais rien, je ne l'ai pas faite, c'est tout.

— Ça veut dire quoi, ta salade ? me dit-il.

Il s'est tourné vers moi et la jeune femme blonde nous regarde. Elle a toujours ma carte d'identité provisoire à la main.

— Ça veut dire que je ne suis pas un ancien combattant. Ça veut dire que je ne l'ai pas faite, cette guerre.

— T'es dingue ? Qu'est-ce que t'as fait, alors ?

— J'ai fait de la résistance, je lui précise.

— Ne pinaille pas, veux-tu. Tu ne penses pas que tu y as droit, à cette misère de prime de rapatriement ?

— Oh, pardon ! dit la jeune femme, vexée, ce n'est pas la prime de rapatriement, c'est un acompte. Le montant total de la prime n'a pas encore été fixé.

Elle tient à ce que les choses soient claires, cette jeune femme. On est comme ça, dans l'Administration.

— Acompte de mes deux, fait Haroux.

— Ne soyez pas grossier, dit la jeune femme.

Haroux explose de nouveau d'un rire tonitruant.

— Alors, tu le veux ou tu le veux pas, cet acompte de mes deux ?

— Mais je ne suis pas rapatrié, je dis, innocemment.

— T'es dingue, dit Haroux.

— Mais monsieur, dit la jeune femme, il ne s'agit pas que monsieur veuille ou ne veuille pas, il s'agit qu'il n'y a pas droit. Vous comprenez ? C'est une question d'y avoir droit.

— C'est une question de merde, dit Haroux, définitif.

Le bruit de la discussion a attiré l'attention sur nous. Il y a un type qui s'approche. Il n'a pas de blouse blanche, mais un complet bleu. Il doit être chef de service dans cette Administration qui administre notre retour au monde. Il s'enquiert poliment des causes de la discussion. Haroux les lui explique, avec de fortes paroles et quelques considérations générales sur l'état de la France. La jeune femme blonde lui explique aussi, administrativement, sur un ton neutre. C'est une affaire qui la concerne administrativement, elle n'a pas à prendre parti.

Le chef de service au complet bleu nous explique poliment quelles sont les décisions de l'Administration. Il n'y a pas de doute, il faut que je rende ce billet de mille francs. Je n'ai pas droit à ce billet de mille francs. «Remarquez, d'ailleurs, que monsieur aura certainement droit, à une date ultérieure, à la prime de rapatriement, lorsque la question de la prime de rapatriement et le statut des rapatriés auront été légalement précisés. La question se posera forcément, dans son ensemble, parce qu'ils sont nombreux, les étrangers qui se sont battus pour la France, comme monsieur.» Je n'ai pas envie de lui dire que je ne me suis pas battu pour la France et que, de toute façon, je ne suis pas rapatrié. Je n'ai pas envie de compliquer les choses. Je rends le billet de mille francs auquel je n'ai pas droit. «D'autre part, monsieur a droit au transport et à l'hébergement gratuits, sur tout le territoire national, jusqu'à son lieu de résidence. C'est sur son lieu de résidence que la question de son statut de rapatrié pourra être examinée dans son ensemble.» Je ne lui dis pas que je n'ai pas de lieu de résidence. Peut-être cela compliquerait-il la question de mon hébergement et de mon transport gratuits, sur tout le territoire national. Haroux ne dit plus rien. Il a l'air accablé par toutes ces considérations administratives. Nous allons partir.

— Et les cigarettes? dit la jeune femme blonde.

La question des cigarettes, subitement rappelée, fait écarquiller les yeux du chef de service au complet bleu.

— Les cigarettes, répète-t-il.

Haroux, les bras lui en tombent, il ne sait plus que dire.

Mais le chef de service a pris une décision rapide et courageuse.

— Évidemment, dit-il, selon la lettre de cette circulaire, les cigarettes et cet acompte de mille francs sont liés. Mais je pense que nous serons fidèles à l'esprit de cette circulaire, si nous laissons les cigarettes à monsieur. À moins que monsieur ne soit pas fumeur?

— Eh bien, je rétorque, je suis plutôt fumeur.

— Gardez donc ces cigarettes, dit-il, gardez-les donc. L'esprit de cette circulaire vous y autorise.

Haroux regarde à droite et à gauche, dans le vague. Il cherche à repérer l'esprit de cette circulaire, peut-être.

— Bonne chance, messieurs, dit le chef de service, et bon retour dans vos foyers.

Les petits dieux lares malins de mon foyer doivent s'en payer, pour le moment. Haroux et moi, nous nous retrouvons dans la cour.

— C'est pas croyable, dit Haroux.

Je n'ose pas lui dire que je trouve tout ça assez significatif, dans l'ensemble, il a l'air trop accablé. Nous marchons dans la grande allée du camp de rapatriement. Mais le fait est que je ne suis pas rapatrié, j'en suis presque reconnaissant à cette femme blonde, de me l'avoir rappelé. J'arrive d'un pays étranger dans un autre pays étranger. C'est-à-dire, c'est moi qui suis étranger. Je suis presque content d'avoir retrouvé d'emblée ma qualité d'étranger, cela m'aide à garder mes distances. Haroux, bien sûr, il a un point de vue différent. Il a l'air triste, Haroux, de constater la stabilité des structures administratives de son pays. Il a dû rêver d'une France toute neuve, le dimanche, au camp, quand on avait le temps de rêver. Le choc avec la réalité le navre. Il ne dit plus rien, Haroux. Mais moi, les chocs avec la réalité m'ont toujours semblé prodigieusement excitants pour l'esprit. Ça vous oblige à réfléchir, il n'y a pas de doute. Nous marchons dans la grande allée du camp de Longuyon et nous nous arrêtons pour boire, à une borne-fontaine. Haroux boit le premier, il s'essuie du revers de la main.

— C'est con comme la mort, tout ça, dit-il, bougonnant.

Je trouve qu'il exagère, que la mort c'est quand même beaucoup plus con. Je bois aussi, l'eau est fraîche. Je pense que ce voyage est terminé. L'eau fraîche coule dans ma gorge et je me souviens de cette autre fontaine, sur la place de ce village allemand. Justement, Haroux y était aussi. Nous marchions sur la route blanche et il y avait tantôt de l'ombre et tantôt du soleil. Les bâtiments du Petit Camp étaient restés à droite, parmi les arbres. Nous allions boire. Les SS avaient fait sauter les conduites d'eau, hier, en s'enfuyant. Mais il doit y avoir une fontaine, sur la place de ce village. Il y a sûrement une fontaine, nous allons boire.

Nos bottes heurtent durement les cailloux, sur la route blanche, et nous parlons fort. Il doit y avoir une fontaine, sur la place de ce village. Le dimanche, nous regardions parfois ce village, tapi dans la plaine verdoyante. Nous étions dans le petit bois, juste au-delà des baraques du Petit Camp, et nous regardions ce village. Il y avait des fumées calmes, sur les maisons de ce village. Mais aujourd'hui nous sommes dehors, nous marchons sur la route caillouteuse, nous parlons fort. Le village doit nous attendre, il est au bout de notre marche conquérante, il n'est rien d'autre que le bout de notre marche.

Je regarde les arbres, les arbres bougent. Il y a le vent d'avril sur les arbres. Le paysage a cessé d'être immobile. Avant, sous le rythme lent et immuable des saisons, le paysage était immobile. C'est-à-dire, nous étions immobiles dans un paysage qui n'était qu'un décor. Mais le paysage s'est mis à bouger. Chaque sentier qui s'amorce, à gauche, sous les arbres, est une voie qui conduit vers les profondeurs du paysage, vers le renouvellement perpétuel du paysage. Toutes ces joies possibles, à portée de la main, ça me fait rire. Haroux s'est arrêté pour m'attendre, il marchait en avant. Il me regarde rire, tout seul.

— Pourquoi tu ris, tout seul? demande-t-il.

— C'est marrant, de marcher sur une route.

Je me retourne et je regarde autour de moi. Il fait de même.

— Oui, dit-il, c'est assez marrant.

Nous allumons des cigarettes. Ce sont des Camel, c'est un soldat américain qui me les a données. Il était du Nouveau-Mexique, il parlait un espagnol chantant.

— Le printemps, je dis à Haroux, la campagne, ça m'a toujours fait rire.

— Et pourquoi? demande-t-il.

Il a des cheveux blancs, tout ras, et il se demande pourquoi ça me fait rire, toujours, le printemps, la campagne.

— Je ne sais pas très bien, ça me détend. Quoi, ça me fait rire.

Nous tournons la tête et nous regardons le camp.

Les baraques du camp de quarantaine, les bâtiments du *Revier*, sont en partie cachés par les arbres. Plus haut, sur le flanc de la colline, s'alignent les rangées des blocs en ciment et sur le pourtour de la place d'appel, les baraques en bois, d'un joli vert, printanier. À gauche, tout au fond, la cheminée du crématoire. Nous regardons cette colline déboisée où des hommes ont construit le camp. Il y a le silence, et le ciel d'avril sur ce camp que des hommes ont construit.

J'essaye de réaliser que c'est un instant unique, que nous avons tenacement survécu pour cet instant unique, où nous pourrions regarder le camp, de l'extérieur. Mais je n'y arrive pas. Je n'arrive pas à saisir ce qu'il a d'unique, cet instant unique. Je me dis: mon vieux, regarde, c'est un instant unique, il y a des tas de copains qui sont morts, ils rêvaient à cet instant où nous pourrions regarder le camp, comme ceci, de l'extérieur, où nous ne serions plus dedans, mais dehors, — je me dis tout ça, mais ça ne m'emballe pas. Je ne suis sûrement pas doué pour saisir les instants uniques, dans leur pure transparence à eux-mêmes. Je vois le camp, j'entends le bruissement silencieux du printemps, et ça me donne envie de rire, de courir dans les sentiers vers les sous-bois d'un vert fragile, comme toujours la campagne, le printemps.

J'ai raté cet instant unique.

— Alors, vous venez? crie Diego, cent mètres plus bas.

Et on y va.

Nous avions soif, nous nous étions dit qu'il doit y avoir une fontaine, sur la place de ce village. Il y a toujours des fontaines, sur la place des petits villages campagnards. L'eau y coule, fraîche, sur la pierre polie par les ans. Nous rattrapons Diego et Pierre, à grandes enjambées, qui nous attendent au carrefour de la route goudronnée qui mène vers le village.

— Qu'est-ce que vous foutiez? demande Diego.

— Le printemps, ça le fait rire. Il s'arrête, et rit aux anges, répond Haroux.

— Ça le travaille, quoi, le printemps, constate Pierre.

— Mais non, je dis, pas encore. Mais c'est marrant, de marcher sur une route. Jusqu'à hier, c'est les autres, qui marchaient, sur les routes.

— Quels autres? demande Diego.

— Tous les autres, qui n'étaient pas dedans.

— On était nombreux, à être dedans, dit Pierre, goguenard.

C'est un fait, on était nombreux.

— Alors, fait Diego, on y va, dans ce putain de village?

Machinalement, nous regardons vers le bout de la route, ce putain de village. En vérité, ce n'est pas la soif, principalement, qui nous pousse, vers ce village. On aurait pu boire l'eau que les Américains ont amenée, dans leurs camions-citernes. C'est le village qui nous attire, en lui-même. Le village, c'était le dehors, la vie au-dehors, qui se poursuivait. Le dimanche, sur la lisière des arbres, au-delà du Petit Camp, c'est la vie au dehors que nous guettions. Nous sommes en marche vers la vie au dehors.

Je ne ris plus, je chante.

Diego se retourne, ulcéré.

— Qu'est-ce que tu crois chanter? dit-il.

— Mais, *La Paloma*!

Il m'embête à la fin. Je trouve que ça s'entend, que je chante *La Paloma*.

— Tu parles! et il hausse les épaules.

Chaque fois que je chante, on me dit de me taire. Même quand nous chantons en chœur, je vois les gestes indignés des copains, qui se bouchent les oreilles. Pour finir, quand nous chantons en chœur, je me borne à ouvrir la bouche, mais aucun son ne franchit ma bouche. C'est la seule façon de m'en tirer. Mais il y a pire. Même quand je ne chante rien de précis, que j'improvise, on me dit que c'est faux. Je ne comprends pas comment ça peut être faux, rien. Mais il paraît que le faux et le juste, en musique, sont des notions absolues. Le résultat, c'est que je ne peux même pas chanter à tue-tête, sous la douche. Même là, on me crie de me taire.

Nous marchons sur la route goudronnée et nous ne disons plus rien. La campagne est belle, alentour, mais elle est vide, c'est une campagne verte et grasse où on ne voit personne travailler, où nulle figure humaine n'apparaît. Peut-être n'est-ce pas le moment de travailler aux champs, je ne sais pas, je suis un homme des villes. Ou bien c'est toujours comme cela, la campagne, le lendemain de l'invasion. Peut-être les campagnes sont-elles toujours comme ceci, vides, attentives dans le silence, le lendemain du jour où sont arrivés les envahisseurs. Pour nous, c'est la vie d'avant qui recommence, la vie d'avant ce voyage. Mais pour ces paysans de Thuringe, car il doit y en avoir, quand même, c'est la vie d'après qui commence aujourd'hui, la vie d'après la défaite, d'après l'invasion. Ils sont peut-être chez eux, à attendre quelle tournure va prendre leur vie d'après la défaite. Je me demande quelle tête ils vont faire, dans ce village, en nous voyant apparaître.

Nous arrivons devant les premières maisons du village. Ce n'est pas encore une vraie rue, c'est juste la route qui se prolonge et autour de laquelle commencent à se dresser des maisons. Elles sont bien astiquées, ces maisons, elles sont agréables à regarder. Derrière une barrière toute blanche on entend des bruits de basse-cour. Nous ne disons rien, nous passons devant ces bruits de basse-cour. Et un peu plus loin, c'est la place du village. Elle est bien là, nous ne l'avions pas rêvée. Il y a une fontaine, au milieu, deux hêtres qui ombragent un coin de la place, avec des bancs.

L'eau coule dans une vasque de pierre polie par les ans, sur un terre-plein circulaire auquel on accède par deux marches. L'eau coule, d'un jet égal, et parfois le vent d'avril disperse le jet d'eau et l'on n'entend plus le bruit du jet d'eau venant frapper la surface de l'eau dans la vasque. Nous sommes là, nous regardons l'eau couler.

Diego s'approche du jet d'eau, et boit, longuement. Il se redresse et il a le visage couvert de gouttes brillantes.

— Elle est bonne, dit-il.

Alors, Pierre s'approche à son tour, et il boit.

Je regarde autour de nous, les maisons sur cette place déserte. Le village, on dirait, qu'il est vide mais je sens la présence humaine de ce village, derrière les portes closes, les fenêtres fermées.

Pierre se redresse à son tour, et il rit.

— Bon dieu, ça c'est de l'eau! dit-il.

Au camp, l'eau était mauvaise, il fallait faire attention de ne pas trop en boire. Je me souviens, cette nuit où nous sommes arrivés, il y en a beaucoup qui ont été malades comme des chiens, de s'être gorgés de cette eau tiède et écœurante. Le gars de Semur était resté dans le wagon. Depuis qu'il était mort, je l'avais tenu à bout de bras, j'avais son cadavre contre moi. Mais les SS ont ouvert les portes coulissantes, leurs cris et leurs coups ont déferlé sur nous, au milieu des aboiements rageurs des chiens de garde. Nous avons sauté sur le quai, pieds nus dans la boue de l'hiver, et j'ai laissé mon copain de Semur dans le wagon. J'ai allongé son cadavre à côté de celui du petit vieux qui était mort en disant: — Vous vous rendez compte? Je commençais à me rendre compte, c'est sûr.

Haroux en a bu aussi, de cette eau qui était bonne.

Je me demande depuis combien d'années cette fontaine déverse-t-elle son eau vivante. Mais ce sont des siècles, qui sait. Peut-être est-ce cette fontaine qui a fait ce village, cette source d'autrefois qui a attiré autour d'elle les paysans, les maisons des paysans. Je pense qu'en tous les cas, cette eau vivante coulait ici, déjà, lorsque l'Ettersberg n'était pas encore déboisé, lorsque les branches des hêtres couvraient encore toute la colline où on a construit le camp. Les SS avaient conservé, sur l'esplanade entre les cuisines et l'*Effektenkammer*, ce hêtre dont on dit que Goethe venait s'asseoir à son ombre. Je pense à Goethe et à Eckermann, en train de bavarder pour la postérité, sous ce hêtre entre les cuisines et l'*Effektenkammer*. Je pense qu'ils ne pourront plus y venir, l'arbre a brûlé de l'intérieur, ce n'est qu'une carcasse vide et pourrissante, une bombe au phosphore américaine a liquidé le hêtre de Goethe, le jour où ils ont bombardé les usines du camp. Je regarde Haroux s'inonder le visage de cette eau fraîche et pure et je me demande quelle tête il ferait si je lui disais qu'il est en train de boire l'eau de Goethe, que sûrement Goethe est venu jusqu'à cette source campagnarde, pour étancher sa soif, après avoir bavardé avec Eckermann, pour la postérité. C'est simple, il m'enverrait chier.

Haroux a bu et c'est à moi.

L'eau est bonne, il n'y a pas à dire. Pas aussi bonne que l'eau de Guadarrama, l'eau des sources du Paular ou de Buitrago, mais elle est bonne, il n'y a rien à dire. Elle a un arrière-goût ferrugineux. À Yerres aussi, l'eau de la source, au fond du potager, avait un arrière-goût ferrugineux.

Nous avons fini de boire et nous sommes debout, au milieu de la place.

Nous regardons autour de nous, nous traînons nos bottes sur le pavé de la place. Je me demande si le village a peur, si les paysans nous craignent. Ils ont travaillé dans ces champs, durant des années ils ont eu les bâtiments du camp sous leurs yeux, quand ils travaillaient dans leurs champs. Le dimanche, nous les voyions passer sur la route, avec leurs femmes, leurs enfants. C'était le printemps, comme aujourd'hui et ils se promenaient. Pour nous, c'étaient des hommes qui se promenaient, avec leurs familles, après une semaine de dur travail. Leur être nous était immédiatement accessible, leur comportement était transparent, pour nous. C'était la vie d'avant. Notre regard fasciné les découvrait dans leur vérité générique. Ils étaient des paysans, un dimanche, sur la route, avec leurs familles, se promenant. Mais nous, quelle vision pouvaient-ils avoir de nous ? Il fallait bien qu'il y ait une raison grave pour que nous soyons enfermés dans un camp, pour qu'on nous fasse travailler dès avant l'aube, été comme hiver. Nous étions des criminels, dont les fautes devaient être particulièrement graves. C'est comme cela qu'ils devaient nous voir, ces paysans, si tant est qu'ils nous voyaient, qu'ils réalisaient, vraiment, notre existence. Ils n'ont jamais dû se poser, vraiment, le problème de notre existence, le problème que notre existence leur posait. Nous faisions sûrement partie de ces événements du monde dont ils ne se posaient pas la question, dont ils n'avaient pas les moyens, ils ne voulaient pas les avoir, en outre, de se poser le problème, de les envisager en tant que problèmes. La guerre, ces criminels sur l'Ettersberg (des étrangers, en plus, cela aide à ne pas se poser de problèmes, à ne pas se compliquer la vie), les bombardements, la défaite, et les victoires avant, tout cela c'étaient des événements qui les dépassaient, littéralement. Ils travaillaient leurs champs, ils se promenaient le dimanche, après avoir écouté le pasteur, le reste leur échappait. D'ailleurs, c'est vrai, le reste leur échappait, puisqu'ils étaient décidés à le laisser échapper.

— Il n'y a personne, dans ce village ? dit Pierre.

— Mais si, tu vois bien, lui répond Haroux.

On voit bien, en effet, qu'il y a du monde. Des rideaux bougent, à certaines fenêtres. Des regards nous épient. Nous sommes venus chercher la vie d'avant, la vie au dehors. Mais nous avons amené avec nous la menace de toute chose inconnue, d'une réalité, jusqu'à hier, criminelle et punissable. Le village fait le vide autour de nous.

— Eh bien, dit Pierre, on n'a plus qu'à foutre le camp.

Il a raison, mais nous restons, à traîner nos bottes sur le pavé de la place, à regarder ces maisons dont la vie intérieure s'est dérobée devant nous. Qu'attendait-on, au juste, de ce village ?

— Alors, quoi? fait Diego, c'est un village allemand, il n'y a pas de quoi faire cette tête-là.

Ainsi, nous faisons une tête. Puisque Diego le dit, c'est que nous faisons une tête. C'est-à-dire, c'est que moi aussi, j'en fais, une tête, car les autres, je le voyais bien qu'ils en faisaient, une tête, Diego y compris.

Nous rions, bêtement, en nous regardant.

— Eh bien, on s'en va, dit Haroux.

Et on s'en va. Le village nous expulse, il chasse le bruit de nos bottes, notre présence offensante pour sa tranquillité, pour sa bonne conscience ignorante, il chasse nos vêtements rayés, nos crânes rasés, notre regard des dimanches, qui découvrait la vie au-dehors dans ce village. Et puis, voilà, ce n'était pas la vie au-dehors, ce n'était qu'une autre façon d'être dedans, d'être à l'intérieur de ce même monde de l'oppression systématique, conséquente jusqu'au bout, dont le camp était l'expression. On s'en va. L'eau était bonne quand même, il n'y a rien à dire. Elle était fraîche, c'était de l'eau vivante.

— Oh vieux, secoue-toi, dit le gars de Semur. Depuis que le jour s'est levé, j'ai sombré dans une sorte de somnolence hébétée.

— Quoi? je demande.

— Bon sang. Ça fait des heures qu'on roule, sans arrêt, et tu es là, à ne rien voir. Ça ne t'intéresse plus, le paysage?

Je regarde le paysage, d'un œil morne. Non, ça ne m'intéresse plus, pour l'instant. D'ailleurs, c'est loin d'être aussi beau qu'hier, que la vallée de la Moselle sous la neige.

— Il n'est pas beau, ce paysage, je fais.

Le gars de Semur rigole. C'est-à-dire, j'ai l'impression qu'il se force un peu.

— Qu'est-ce que tu aurais voulu? dit-il. Un circuit touristique?

— Je n'aurais rien voulu. Simplement, hier c'était beau et aujourd'hui ce n'est pas beau, ce paysage.

Depuis que le jour s'est levé, j'ai l'impression que mon corps va se briser en morceaux. Je sens chacun de ces morceaux, isolément, comme si mon corps n'était plus un tout. Les douleurs de mon corps s'éparpillent aux quatre coins de l'horizon. Quand j'étais enfant, je me souviens, dans ce grand salon de coiffure où on nous menait, pas loin du Bijenkorf, à La Haye, je m'efforçais de sentir en face de moi, dans mon image dans la grande glace en face de moi, les vibrations de la tondeuse électrique ou le frisson du fil du rasoir sur les pommettes et la nuque. C'était un grand salon de coiffure pour hommes, avec une bonne dizaine de fauteuils devant cette longue glace qui occupait toute la paroi d'en face. Les fils des tondeuses électriques coulissaient sur une sorte de tringle, à la hauteur d'une main d'homme dressée en l'air. Maintenant que j'y pense, il y avait le même système de tondeuses coulissant sur une sorte de tringle, dans la grande salle de la désinfection, au camp. Mais ici il n'y avait pas de fauteuils, bien entendu. Je m'asseyais dans le fauteuil, dans ce salon de coiffure à côté du Bijenkorf, et je me laissais aller. La chaleur ambiante, le ronronnement des tondeuses, mon absence délibérée de moi-même, me projetaient dans un engourdissement voisin de l'hébétude. Ensuite, je m'ébrouais un peu intérieurement et je fixais mon image, dans la longue glace qui occupait toute la paroi d'en face. D'abord, il fallait faire bien attention de ne fixer que ma seule image, de l'isoler de tous les autres reflets dans la glace. Il ne fallait pas que la tête rubiconde de ce Hollandais qui est en train de se faire raser une barbe rousse vienne me gêner dans ma tentative. Au bout d'un instant de fixité presque douloureuse, j'avais l'impression que mon reflet dans la glace se détachait de la surface polie, avançant vers moi, ou bien reculant plus loin, au-delà de la glace, mais en tout cas cerné par une sorte de frange lumineuse qui l'isolait de tous les autres reflets, devenus flous, obscurcis. Un effort de plus, et la vibration de la tondeuse sur ma nuque, je ne la sentais plus sur ma nuque, c'est-à-dire, si, je la sentais sur ma nuque, mais là-bas, en face de moi, sur cette nuque qui devait se trouver derrière l'image de ma tête reflétée dans la glace. Aujourd'hui cependant, je n'ai pas besoin de jouer, douloureusement, à égarer autour de moi mes propres sensations corporelles, aujourd'hui, tous les morceaux brisés et piétinés de mon corps s'éparpillent aux quatre coins de l'horizon restreint du wagon. Il ne me reste plus, bien à moi, à l'intérieur de moi-même, que cette boule de feu, spongieuse et brûlante, quelque part derrière mes yeux, où semblent se répercuter, mollement parfois, et soudain d'une façon aiguë, toutes les douleurs qui me parviennent de mon corps brisé en morceaux éparpillés autour de moi.

— En tout cas, on roule, dit le gars de Semur.

Au moment même où il dit ça, il y a un soleil pâle qui se reflète sur les vitres d'un poste d'aiguillage et le train s'arrête au long d'un quai de gare.

— Merde alors, dit le gars de Semur.

Les questions fusent de toutes parts vers ceux qui se trouvent près des ouvertures barrées par le fil de fer barbelé. Ils veulent savoir où on est, les gars, qu'est-ce qu'on voit, si c'est une gare ou bien si nous sommes, une fois de plus, arrêtés en pleine campagne.

— C'est une gare, je dis, pour ceux qui se trouvent derrière nous.

— Ça a l'air d'être une grande ville? demande quelqu'un.

— Non, dit le gars de Semur, une petite ville, plutôt.

— On est arrivés? demande quelqu'un d'autre.

— Comment veux-tu qu'on sache, vieux? dit le gars de Semur.

Je regarde la gare et au-delà de la gare et cela a l'air d'être une petite ville, en effet. Le quai est vide et il y a des sentinelles sur le quai et des sentinelles devant les portes qui donnent accès aux salles d'attente et aux passages pour voyageurs. On voit des gens s'agiter, derrière les vitres des salles d'attente, derrière les tourniquets des passages pour voyageurs.

— T'as vu? je fais au gars de Semur.

Il hoche la tête. Il a vu.

— On dirait qu'on est attendus.

L'idée que c'est peut-être la fin du voyage flotte dans les brumes de ma fatigue désespérée. Mais elle ne me fait ni chaud ni froid, cette idée que c'est peut-être la fin du voyage.

— C'est peut-être Weimar, dit le gars de Semur.

— Tu es toujours convaincu qu'on va à Weimar?

Et cela ne me fait ni chaud ni froid, qu'on soit à Weimar, que ce soit Weimar. Je ne suis plus qu'une morne étendue piétinée par le galop des douleurs lancinantes.

— Bien sûr, vieux, dit le gars de Semur, conciliant.

Et il me regarde. Je vois bien qu'il pense qu'il vaudrait mieux que ce soit Weimar, qu'il vaut mieux qu'on soit arrivés. Je vois bien qu'il croit que je n'en ai plus pour longtemps. Cela non plus ne me touche pas, que j'en aie pour longtemps ou pas, que je sois au bout de mon rouleau ou pas.

À Ascona, deux ans plus tard, à peu près deux ans plus tard, je me suis souvenu de cette halte dans la gare provinciale, sous une pâle clarté d'hiver. J'étais descendu à Solduno, à l'arrêt du tram, et au lieu de remonter tout de suite vers la maison, je me souviens, j'ai traversé le pont et j'ai marché jusqu'au quai d'Ascona. C'était l'hiver aussi, mais il faisait soleil, j'ai pris un café en plein air, au soleil, sur la terrasse d'un des bistrots du quai d'Ascona, face au lac miroitant sous le soleil de l'hiver. Il y avait autour de moi quelques femmes, belles, des voitures de sport, et des jeunes gens habillés de flanelle impeccable. Le paysage était beau, tendre, c'était le début de l'après-guerre. On parlait plusieurs langues autour de moi, et les voitures de sport klaxonnaient, en démarrant en trombe, parmi les rires, vers des joies fugaces. J'étais assis, je buvais du vrai café, je ne pensais à rien, c'est-à-dire, je pensais qu'il me fallait bientôt partir, que ces trois mois de repos en Suisse italienne allaient bientôt finir. Il me faudrait organiser ma vie, c'est-à-dire, j'avais vingt-deux ans et il me fallait commencer à vivre. L'été de mon retour, l'automne, je n'avais pas encore commencé à vivre. Simplement, j'avais suivi, jusqu'au bout, jusqu'à l'épuisement, toutes les possibilités recelées dans les instants qui passent, successifs. Maintenant, il me faudrait commencer à vivre, avoir des projets, un travail, des obligations, un avenir. Mais à Ascona, sur le quai d'Ascona, devant le lac brillant sous le soleil de l'hiver, je n'avais pas encore d'avenir. Depuis que j'étais arrivé à Solduno je n'avais fait qu'absorber du soleil par tous les pores de ma peau et qu'écrire ce livre dont je savais déjà qu'il ne servirait qu'à mettre en ordre mon passé pour moi-même. C'est alors, à Ascona, devant mon café, du vrai café, heureux sous le soleil, désespérément heureux d'un bonheur vide et brumeux, que je me suis souvenu de cette halte dans la petite ville allemande, au cours de ce voyage. Au fil des années, il faut dire, des souvenirs m'ont assailli, parfois, d'une parfaite précision, surgissant de l'oubli volontaire de ce voyage, avec la perfection polie des diamants que rien ne peut entamer. Ce soir, par exemple, où je devais dîner chez des amis. La table était dressée dans une grande pièce agréable, il y avait un feu de bois dans la cheminée. Nous avons parlé de choses et d'autres, on s'entendait bien, et Catherine nous a demandé de venir à table. Elle avait prévu un dîner à la russe, et c'est ainsi que j'ai eu à la main, tout à coup, une tranche de pain noir, et j'ai mordu dedans, d'une façon machinale, tout en poursuivant la conversation. Alors, ce goût de pain noir, un peu acide, cette lente mastication du pain noir, grumeleux, ont fait revivre en moi, brutalement, ces instants merveilleux où l'on mangeait notre ration de pain, au camp, où l'on dévorait longuement, avec des ruses d'Indien, pour que cela dure, les minuscules carrés de pain humide et sableux que l'on découpait dans la ration de la journée. Je suis resté immobile, le bras en l'air, avec ma tartine de bon pain noir, un peu acide, à la main, et mon cœur battait follement. Catherine m'a demandé ce que j'avais. Je n'avais rien, comme ça, une pensée, aucun rapport, je ne pouvais quand même pas lui dire que j'étais en train de mourir, en train de défaillir de faim, très loin d'eux, très loin du feu de bois, des paroles que nous prononcions, sous la neige de Thuringe, au milieu des grands hêtres où soufflaient les rafales de l'hiver. Ou bien cette autre fois, à Limoges, au cours d'un voyage. On avait arrêté la voiture devant un café, Le Trianon, en face du lycée. Nous étions au comptoir, en train de boire un café, et quelqu'un a mis en marche l'appareil à musique, c'est-à-dire, j'ai d'abord entendu les premières mesures de *Tequila*, avant de réaliser que quelqu'un d'autre avait dû mettre en marche l'appareil à musique. Je me suis retourné, j'ai vu à une table un groupe de jeunes gens et de jeunes filles, ils battaient la mesure et se trémoussaient sur le rythme de *Tequila*. J'ai souri en moi-même, d'abord, en pensant que, vraiment, on entendait partout *Tequila*, que c'était drôle de voir la jeunesse dorée limousine se trémousser sur l'air de *Tequila*. Comme ça, à première vue, je n'aurais pas facilement associé Limoges et *Tequila*. J'ai pensé à des choses plus ou moins importantes, au sujet de cette diffusion mécanique de la musique-marchandise, mais je n'ai pas l'intention d'essayer de reproduire quelles étaient ces pensées plus ou moins importantes. Les copains buvaient leur café, peut-être entendaient-ils *Tequila*, ils buvaient leur café, sans plus. Je me suis retourné une nouvelle fois, et alors j'ai remarqué le visage de cette toute jeune fille, crispé, les yeux fermés, masque extatique de *Tequila* devenu beaucoup plus que musique, devenu toute jeune fille perdue dans le monde sans limites du désespoir. J'ai bu une nouvelle gorgée de café, les copains ne disaient rien, moi non plus je ne disais rien, nous avions roulé sans arrêt depuis quatorze heures, mais tout à coup j'ai cessé d'entendre *Tequila* et j'ai entendu avec beaucoup de netteté la mélodie de *Star dust*, telle que la jouait, à la trompette, ce Danois qui faisait partie de l'orchestre de jazz qu'Yves avait créé au camp. Il n'y avait aucun rapport, bien entendu, c'est-à-dire, si, il y avait un rapport, car ce n'était pas la même musique, mais c'était le même univers de solitude, c'était le même folklore désespéré de l'Occident. Nous avons payé nos cafés, nous sommes sortis, il nous restait encore pas mal de route à faire. À Ascona, sous le soleil de l'hiver, à Ascona, devant l'horizon bleu du lac, c'est à cette halte dans la petite ville allemande que j'ai pensé.

Le gars de Semur avait dit : — Oh vieux, secoue-toi, juste avant que le train ne s'arrête dans cette petite gare allemande, je m'en suis souvenu. J'ai allumé une cigarette et je me suis demandé pourquoi ce souvenir remontait en surface. Il n'y avait aucune raison pour que ce souvenir remonte en surface, c'est peut-être pour cela qu'il remontait, comme un rappel aigu, au milieu de ce soleil d'Ascona, de ce bonheur vide et brumeux d'Ascona, un rappel poignant de l'épaisseur de ce passé, car c'est peut-être l'épaisseur de ce passé qui rendait vide et brumeux ce bonheur d'Ascona, tous les bonheurs possibles, désormais. Le fait est que le souvenir de la petite gare, le souvenir de mon copain de Semur, est remonté en surface. J'étais immobile, je dégustais mon café à toutes petites gorgées, une fois de plus, une fois encore blessé à mort par les souvenirs de ce voyage. Le gars de Semur avait dit : — Oh vieux, secoue-toi, et aussitôt après nous étions arrêtés dans cette gare allemande. À ce moment-là une jeune femme est venue à ma table, avec une belle bouche maquillée et des yeux clairs.

— Vous n'êtes pas le copain de Bob ? m'a-t-elle demandé. Je n'étais pas le copain de Bob, bien entendu, comment pourrais-je être le copain de Bob ? — Non, je lui ai dit, je m'en excuse. — Dommage, a-t-elle dit, ce qui était assez énigmatique. — Vous avez perdu Bob ? je lui demande. Alors, elle a ri. — Bob, vous savez, il n'y a pas moyen de le perdre, a-t-elle dit. Ensuite elle s'est assise sur le bord d'une chaise et a pris une de mes cigarettes, le paquet était sur la table. Elle était belle, bruissante, exactement ce qu'il me fallait pour oublier mon copain de Semur. Mais je n'avais pas envie d'oublier mon copain de Semur, à ce moment précis. Je lui ai donné du feu, malgré tout, et j'ai regardé de nouveau l'horizon bleu du lac. Le gars de Semur avait dit : — En tout cas, on roule, ou quelque chose comme cela, et juste après le train a stoppé le long du quai désert de cette gare allemande. — Qu'est-ce que vous faites dans le coin ? a demandé la jeune femme. — Rien, je lui ai dit. Elle m'a regardé fixement et a hoché la tête. — Alors, c'est Pat qui aurait raison ? dit-elle. — Expliquez-moi ça, je lui demande, et pourtant je n'ai nulle envie de m'enliser dans une conversation avec elle. — Pat dit que vous êtes là, comme ça, pour rien, mais nous, on pense que vous cherchez quelque chose. Je la regarde et je ne dis rien. — Bon, dit-elle, je vous laisse. Vous habitez la maison toute ronde, au-dessus de Solduno, sur la colline de la Maggia. — C'est une question ? je lui demande. — Mais non, dit-elle, je sais. — Alors ? je fais. — Je viendrai vous voir, un de ces jours, dit-elle. — Entendu, je lui dis, un soir, plutôt. Elle fait « oui » de la tête et se lève. — Mais n'en dites rien à Bob, ajoute-t-elle. Je hausse les épaules je ne connais pas Bob, mais elle est déjà partie. Je demande un autre café et je reste au soleil, au lieu de remonter à la maison pour travailler à mon livre. De toute façon, mon livre, je vais le finir parce qu'il faut le finir, mais je sais déjà qu'il ne vaut rien. Ce n'est pas encore maintenant que je pourrai raconter ce voyage, il faut attendre encore, il faut vraiment oublier ce voyage, après, peut-être, pourrai-je le raconter.

— En tout cas, on roule, avait dit le gars de Semur, et aussitôt après nous nous arrêtions dans cette gare allemande, je me souvenais de cela, à Ascona. Ensuite, il s'est passé un certain temps, des minutes ou des heures, je ne me souvenais plus, en tout cas un certain temps a passé, c'est-à-dire, rien ne s'est passé pendant un certain temps, simplement nous étions là, le long du quai désert, et les sentinelles faisaient des gestes vers nous, ils expliquaient sûrement aux gens accourus qui nous étions.

— Je me demande, ces Boches, qu'est-ce qu'ils pensent de nous, comment ils nous voient, a dit le gars de Semur.

Il regarde cette gare allemande, et ces sentinelles allemandes et ces curieux allemands, avec des yeux graves. En effet, c'est une question qui ne manque pas d'intérêt. Rien ne va changer pour nous, bien sûr, quelle que soit l'image que se fassent de nous ces Allemands massés derrière les vitres des salles d'attente. Ce que nous sommes, nous le serons, quel que soit le regard posé sur nous par ces badauds allemands. Mais enfin, nous sommes aussi ce qu'ils s'imaginent voir en nous. Nous ne pouvons pas totalement négliger leur regard, il nous découvre aussi, il met au jour aussi ce que nous pouvons être. Je regarde ces visages allemands, brouillés, derrière la vitre des salles d'attente et je me souviens de l'arrivée à Bayonne, il y a sept ans. Le chalutier avait accosté devant la grande place où il y avait des massifs de fleurs et des vendeurs de glaces à la vanille. Il y avait une petite foule d'estivants, derrière les barrages de gendarmes, pour nous voir débarquer. Ils nous voyaient comme des rouges espagnols, ces estivants, et cela nous étonnait, au premier abord, cela nous dépassait, et pourtant ils avaient raison, nous étions des rouges espagnols, j'étais déjà un rouge espagnol sans le savoir, et Dieu merci, ce n'est pas mal du tout d'être un rouge espagnol. Dieu merci, je suis toujours rouge espagnol et je regarde cette gare allemande parmi la brume de ma fatigue avec un regard de rouge espagnol.

— Ils nous voient comme des bandits, j'imagine, comme des terroristes, je dis au gars de Semur.

— En un sens, dit-il, ils n'ont pas tout à fait tort.

— Dieu merci, je fais.

Le gars de Semur sourit.

— Dieu merci, dit-il, tu te rends compte, si on était à leur place?

Je me rends compte qu'on ne saurait peut-être pas qu'on est à leur place, c'est-à-dire, qu'on serait peut-être comme eux, mystifiés, convaincus du bon droit de notre cause.

— C'est-à-dire, je lui demande, tu préfères qu'on soit où l'on est?

— Eh bien, je préférerais être à Semur, si tu veux tout savoir. Mais entre eux et nous, ces Boches-là qui nous regardent et nous, j'aime autant être à notre place.

Le soldat allemand d'Auxerre, lui aussi, je sentais bien que parfois il aurait préféré être à ma place. J'en ai connu d'autres, par contre, qui étaient très contents d'être où ils étaient, ils étaient sûrs d'avoir la bonne place. De Dijon à Compiègne, il y a huit jours, les deux sentinelles qu'il y avait dans notre compartiment, par exemple, n'avaient pas de doute sur cette question. C'étaient deux types dans la force de l'âge, bien nourris, ils s'amusaient à nous serrer les menottes le plus fort possible et à nous donner de grands coups de botte dans les jambes. Ils riaient de bon cœur, après, ils étaient ravis d'être aussi forts. J'étais enchaîné à un Polonais, un homme d'une cinquantaine d'années, qui était absolument convaincu qu'on allait tous nous massacrer en cours de route. La nuit, chaque fois que le train s'arrêtait, il se penchait vers moi et chuchotait : — Ce coup-ci, ça y est, on y passe tous. Au début, j'avais bien essayé de le raisonner, mais c'était inutile, il avait complètement perdu la tête. Une fois, au cours d'un long arrêt, j'ai senti son souffle haletant et il m'a dit : — Tu entends ? Je n'entendais rien, bien sûr, c'est-à-dire rien d'autre que la respiration des copains qui sommeillaient. — Quoi ? je lui demande. — Les cris, me dit-il. Non, je n'entendais pas les cris, il n'y avait pas de cris. — Quels cris ? je lui demande. — Les cris de ceux qu'on massacre, là, sous le train. Je n'ai plus rien dit, ce n'était plus la peine de rien dire. — Tu entends ? me dit-il de nouveau, quelque temps après. Je ne réagis pas. Alors, il tire sur la chaîne qui nous lie ensemble, poignet contre poignet. — Le sang, dit-il, tu n'entends pas le sang couler ? Il avait une voix rauque, une voix déjà inhumaine. Non, je n'entendais pas le sang couler, j'entendais sa voix folle, je sentais mon sang à moi, qui se glaçait. — Sous le train, dit-il, là, sous le train, des ruisseaux de sang, j'entends le sang couler. Sa voix est montée d'un ton et l'un des soldats allemands a marmonné : — *Ruhe, Scheiskerl*, et il lui a flanqué un coup de crosse de fusil sur la poitrine. Le Polonais s'est recroquevillé sur la banquette, sa respiration est devenue sifflante, mais à ce moment le train s'est remis en marche et cela a dû le calmer un peu. Je me suis assoupi et dans mon demi-sommeil j'ai entendu sans cesse cette voix déjà inhumaine qui parlait du sang, des ruisseaux de sang. Encore aujourd'hui, parfois j'entends cette voix, cet écho des terreurs ancestrales, cette voix qui parle du sang des massacrés, ce sang lui-même, visqueux, qui chante sourdement dans la nuit. Aujourd'hui encore, parfois, j'entends cette voix, cette rumeur du sang dans la voix tremblante sous le vent de la folie. Plus tard, à l'aube, j'ai été réveillé en sursaut. Le Polonais était debout, il hurlait je ne sais quoi aux soldats allemands, il bougeait son bras droit avec rage et l'acier de la menotte sciait littéralement mon poignet gauche. Les Allemands se sont mis alors à lui taper dessus, jusqu'au moment où il s'est effondré sans connaissance. Il avait le visage en sang et son sang avait rejailli sur moi. C'est vrai, maintenant j'entendais le sang couler, de longs ruisseaux de sang couler sur ses vêtements, sur la banquette, sur ma main gauche liée à lui par la menotte. Plus tard, ils l'ont détaché et ils l'ont traîné par les pieds dans le couloir du wagon et j'ai bien l'impression qu'il était mort.

Je regardais cette gare allemande, où il ne se passait toujours rien, je pensais que ça fait huit jours que je suis en route, avec cette brève halte à Compiègne. À Auxerre, ils nous ont tirés des cellules à 4 heures du matin, mais nous étions prévenus depuis la veille au soir. Huguette était passée me prévenir, elle m'avait chuchoté la nouvelle à travers la porte, lorsqu'elle remontait dans sa cellule, après son travail aux cuisines de la prison. Huguette, elle avait mis «La Souris» dans sa poche, elle circulait dans la prison et portait les nouvelles des uns aux autres. — Demain, à l'aube, il y a un départ pour l'Allemagne, tu en es, m'avait-elle chuchoté. Bon, ça y est, on va savoir comment ils sont, ces fameux camps. Le gars de la forêt d'Othe, il était triste. — Merde, a-t-il dit, j'aurais bien voulu rester avec toi, qu'on fasse ce voyage ensemble. Mais il ne faisait pas partie de ce transport, il restait avec Ramaillet, cette perspective ne le remplissait pas de joie. Ils nous ont sortis des cellules à 4 heures du matin, Raoul, Olivier, trois gars du groupe Hortieux et moi. On aurait dit que toutes les galeries étaient au courant, car il s'est fait aussitôt un brouhaha dans la prison, on nous appelait par nos prénoms et on nous criait au revoir. Ils nous ont mis dans le tortillard, jusqu'à Laroche-Migennes, enchaînés deux par deux. À Laroche, nous avons attendu sur le quai le train de Dijon. Nous étions entourés par six *Feldgendarmen*, mitraillette au poing, un pour chacun de nous, et il y avait en plus deux sous-officiers du *Sicherheitsdienst*. Nous étions groupés sur le quai et les voyageurs passaient et repassaient en silence devant nous. Il faisait froid, j'avais mon bras gauche tout engourdi, car ils avaient serré très fort la menotte et le sang ne circulait plus bien.

— On dirait que ça bouge, dit le gars de Semur.

Il était passé par la prison de Dijon quelques semaines avant moi. C'est à Dijon qu'ils rassemblent les déportés de toute la région, avant de les acheminer vers Compiègne.

Je regarde et en effet, on dirait que ça bouge.

— Qu'est-ce qu'on entend ? demande quelqu'un derrière nous.

Le gars de Semur essaye de voir.

— On dirait qu'ils ouvrent les portes des wagons, là-bas, dit-il.

J'essaye de regarder aussi.

— On est arrivés, alors ? dit une autre voix.

Je regarde et c'est vrai, ils font descendre les types d'un wagon, au bout du quai.

— Tu arrives à voir ? je demande.

— On dirait que les gars remontent dans le wagon, tout de suite après, dit-il.

Nous observons le mouvement sur le quai, pendant quelques minutes.

— Oui, ils doivent faire une distribution de jus, ou quelque chose comme ça.

— Alors, dites, on est arrivés ? demande-t-on derrière nous.

— Ça n'en a pas l'air, dit le gars de Semur, on dirait plutôt qu'ils font une distribution de jus, ou quelque chose comme ça.

— Les gars, ils remontent dans les wagons ? demande-t-on.

— Oui, justement, je fais.

— Pourvu qu'on ait à boire, bon dieu, dit quelqu'un d'autre.

Ils ont commencé par la queue du convoi et ils remontent vers nous.

— On est trop loin, pour voir ce qu'ils distribuent, dit le gars de Semur.

— Pourvu que ce soit de l'eau, dit la même voix de tout à l'heure. Ça doit être un type qui a bouffé du saucisson, pendant tout le voyage, il a l'air assoiffé.

— On est trop loin, on ne voit pas, dit le gars de Semur.

Tout à coup, il y a du bruit, juste à côté de nous, et des sentinelles allemandes prennent position devant notre wagon. Ils ont dû commencer l'opération par les deux extrémités du convoi. Il y a un groupe de cuistots qui s'amènent avec de grands bidons et un chariot à bagages rempli de gamelles blanches qui ont l'air d'être en faïence. On entend le bruit des cadenas et des barres de fer, et la porte coulissante du wagon s'ouvre en grand. Les gars, ils ne disent plus rien, ils attendent. Alors, il y a un SS trapu qui aboie je ne sais quoi et les gars qui sont le plus près de la porte commencent à sauter sur le quai.

— Ça ne doit pas être du jus qu'ils donnent, dit le gars de Semur, dans des gamelles pareilles.

On est entraînés par le mouvement vers la porte.

— Faudra se magner le train, dit le gars de Semur, si on veut retrouver nos places près de la fenêtre.

Nous sautons sur le quai et nous courons vers l'un des bidons devant lesquels les gars s'entassent en désordre. Le SS qui commande l'opération n'a pas l'air content. Il ne doit pas aimer ce désordre et ces cris. Il doit penser que les Français, vraiment, ce ne sont pas des gens disciplinés. Il hurle des ordres, il tape un peu au hasard sur l'échine des gars, avec une longue matraque en caoutchouc.

Nous prenons en vitesse une gamelle blanche, et c'est effectivement de la faïence, et nous la tendons au cuistot qui fait la distribution. Ce n'est pas du jus, ce n'est pas de l'eau, c'est une sorte de brouet marronnasse. Le gars de Semur porte la gamelle à sa bouche.

— Les vaches ! dit-il, c'est salé comme l'eau de mer !

Je goûte à mon tour et c'est vrai. C'est un brouet épais et salé.

— Tu sais pas ? dit le gars de Semur, vaut mieux qu'on bouffe pas cette chierie.

Je suis d'accord avec lui et nous allons poser nos gamelles pleines. Il y a un soldat allemand qui nous regarde faire avec des yeux ronds.

— *Was ist denn los?*[1], dit-il.

Je lui montre les gamelles et je lui dis :

— *Viel zu viel Salz*[2].

Il nous regarde repartir, l'air ahuri, et il hoche la tête. Il doit trouver que nous sommes bien difficiles.

Au moment où nous allions grimper de nouveau dans notre wagon, nous entendons un vacarme de coups de sifflet, de rires aigus, d'exclamations. Je me retourne, le gars de Semur aussi. Il y a un groupe de civils allemands qui ont pénétré sur le quai. Des hommes et des femmes. Ça doit être les personnalités du coin, auxquelles on a permis de venir voir le spectacle de plus près. Ils rient aux larmes, avec de grands gestes, et les femmes poussent des gloussements hystériques. Nous cherchons le motif de leur agitation.

— Eh bien, merde ! dit le gars de Semur.

C'est que les gars du deuxième wagon après le nôtre, ils sont tout nus. Ils sautent sur le quai en vitesse, en essayant de se couvrir de leurs mains, nus comme des vers.

— C'est quoi, ce cirque ? je demande.

---

1. «Qu'est-ce qui se passe ?»
2. «Il y a trop de sel.»

Les Allemands, ils s'amusent bien. Les civils, surtout. Les femmes se rapprochent du spectacle de tous ces hommes nus, courant d'une façon grotesque sur le quai de la gare, et elles gloussent de plus belle.

— Ça doit être le wagon où il y a eu des évasions, dit le gars de Semur, au lieu de leur enlever simplement les chaussures, ils les ont mis à poil.

Ça doit être ça, sûrement.

— Les salopes, elles se payent un jeton, dit le gars de Semur, dégoûté.

Puis nous grimpons dans le wagon. Mais il y a eu pas mal de gars qui ont dû faire comme nous, qui sont remontés en vitesse, et les places près des fenêtres sont déjà toutes occupées. Nous nous poussons quand même le plus près possible.

— Si c'est pas malheureux, dit-il, se donner en spectacle comme ça.

Si je comprends bien, c'est aux gars qui ont sauté tout nus sur le quai qu'il en veut. Et au fond, il a raison.

— Tu te rends compte, dit-il, sachant que ces salopards, ça doit les amuser, ils n'avaient qu'à rester dans leur wagon, bon dieu.

Il hoche la tête, il n'est pas content du tout.

— Il y a des gens qui ne savent pas se tenir, conclut-il.

Il a raison, une fois encore. Quand on part pour un voyage comme ça, il faut savoir se tenir, et savoir à quoi s'en tenir. Et ce n'est pas seulement une question de dignité, c'est aussi une question pratique. Quand on sait se tenir et à quoi s'en tenir, on tient mieux. Il n'y a pas de doute, on tient mieux le coup. Plus tard, j'ai pu me rendre compte à quel point il avait raison, mon copain de Semur. Quand il a dit ça, dans cette gare allemande, j'ai pensé qu'il avait raison, en général, j'ai pensé qu'en effet, il faut savoir se tenir, dans un voyage pareil. Mais c'est plus tard seulement que j'ai réalisé toute l'importance pratique de cette question. J'ai souvent pensé au gars de Semur, plus tard, dans le Petit Camp de quarantaine quand je regardais vivre le colonel. Le colonel était une personnalité de la résistance gaulliste, à ce qu'il paraît, et ma foi, cela devait être vrai, car il a fait carrière depuis, il est devenu général, j'ai lu son nom souvent dans la presse, et chaque fois, je souriais pour moi-même. Le colonel, au camp de quarantaine, était devenu un clochard. Il ne savait vraiment pas se tenir, il ne se lavait plus, il était prêt à toutes les bassesses pour un rabiot de soupe puante. Plus tard, quand je voyais la photo du colonel, devenu général, publiée à l'occasion de quelque cérémonie officielle, je ne pouvais m'empêcher de penser au gars de Semur, à la vérité de ses paroles toutes simples. C'est bien vrai qu'il y a des gens qui ne savent pas se tenir.

Les gars remontent dans le wagon, maintenant. Sur le quai il y a des coups de sifflet, des voix qui crient des ordres, du vacarme. D'avoir pu bouger librement bras et jambes, ne fût-ce que pendant quelques brèves minutes, on dirait que les gars ont perdu l'habitude déjà prise d'être tassés les uns contre les autres. Ils protestent, ils crient : — Ne poussez pas, bon dieu ! aux retardataires qui essayent de se frayer une place dans le magma des corps. Mais les retardataires, ils sont poussés dans le wagon à grands coups de botte et de crosse, il faut bien qu'ils se frayent une place. — Alors, merde, crient-ils, on ne va pas rester sur le quai.

La porte coulissante se ferme à grand bruit, et le magma des corps s'agite encore quelques minutes, avec des grognements, de brusques éclats de colère aveugle. Puis, progressivement, le calme revient, les corps retrouvent leur imbrication, la masse des corps tassés dans l'ombre reprend sa vie haletante, et chuchotante, oscillante aux secousses du voyage.

Le gars de Semur est toujours de mauvaise humeur, à cause de ces types du deuxième wagon après le nôtre, qui se sont donnés en spectacle. Et je comprends son point de vue. Tant que ces Allemands, sur le quai de la gare, derrière les vitres des salles d'attente, tant qu'ils nous voyaient comme des bandits, comme des terroristes, ça pouvait aller. Car ils voyaient ainsi l'essentiel en nous, l'essentiel de notre vérité, c'est-à-dire, que nous étions les ennemis irréductibles de leur monde, de leur société. Le fait qu'ils nous prennent pour des criminels était accessoire. Leur bonne conscience mystifiée était accessoire. L'essentiel était précisément le caractère irréductible de nos rapports, le fait que nous soyons, eux et nous, les termes opposés d'un rapport indissoluble, que nous soyons la négation mutuelle les uns des autres. Qu'ils éprouvent de la haine pour nous, c'était normal, c'était même souhaitable, car cette haine donnait un sens clair à l'essentiel de notre action, à l'essence des actes qui nous avaient conduits dans ce train. Mais qu'ils aient pu s'esclaffer au spectacle grotesque de ces hommes nus, sautillant comme des singes à la recherche d'une gamelle de brouet dégueulasse, c'est cela qui était grave. Cela faussait les justes rapports de haine et d'opposition absolue entre eux et nous. Ces rires hystériques des femmes devant le spectacle des hommes nus bondissant sur le quai était comme un acide qui attaquait l'essence même de notre vérité. C'est donc avec raison que le gars de Semur était de mauvaise humeur.

— Et voilà, je dis, le voyage continue.

Le gars de Semur me regarda et il hoche la tête.

— On tiendra jusqu'au bout, vieux, me dit-il.

— Bien sûr, je lui réponds.

— Jusqu'au bout du voyage, et encore après, dit-il.

— Bien sûr.

Je le regarde et je suis persuadé qu'il tiendra, en effet. Il est solide, le gars de Semur, il a des idées claires sur les choses importantes, il tiendra. Des idées parfois un peu primitives, mais, vraiment, on ne peut pas lui en faire le reproche. Je le regarde et je suis persuadé qu'il tiendra. Pourtant, il va mourir. À l'aube de cette nuit prochaine, il va mourir. Il va dire : «Ne me laisse pas, vieux», et il va mourir.

À Ascona, deux ans plus tard, à peu près deux ans plus tard, je finis ma deuxième tasse de café, et je pense que c'est moche que le gars de Semur soit mort. Il n'y a plus personne à qui je puisse parler de ce voyage. C'est comme si j'avais fait tout seul ce voyage. Je suis tout seul, désormais, à me souvenir de ce voyage. La solitude de ce voyage va me ronger, qui sait, toute ma vie. Je paye et je m'en vais lentement, sur le quai d'Ascona, sous le soleil de l'hiver d'Ascona. Je traverse le pont, je marche vers Solduno. Il va falloir que je m'en sorte tout seul, mon copain de Semur est mort.

La solitude, aussi, m'avait frappé en plein visage, au sortir de cette maison allemande, après que nous avions bu l'eau de la fontaine, sur la place de ce village allemand. Nous marchions de nouveau vers le camp, Haroux, Pierre, Diego et moi, nous marchions en silence, et nous n'avions toujours pas vu âme qui vive. Nous avions la perspective du camp devant nos yeux, maintenant, nous voyions le camp comme les paysans ont dû le voir, des années durant. Car ils ont vu le camp, bon dieu, ils l'ont vraiment vu, ils ont forcément vu ce qui s'y passait, même s'ils ne voulaient pas le savoir. Dans trois ou quatre jours, les Américains vont faire venir jusqu'au camp des groupes entiers d'habitants de Weimar. Ils vont leur montrer les baraques du camp de quarantaine, où les invalides continuent de mourir dans la puanteur. Ils vont leur montrer le crématoire, le block où les médecins SS faisaient des expériences sur les détenus, ils vont leur montrer les abat-jour en peau humaine de Mme Ilse Koch, les ravissants abat-jour parcheminés où se dessinent les lignes bleues des tatouages sur la peau humaine. Alors, les femmes de Weimar, avec leurs toilettes de printemps, et les hommes de Weimar, avec leurs lunettes de professeurs et d'épiciers, vont se mettre à pleurer, à crier qu'ils ne savaient pas, qu'ils ne sont pas responsables. Je dois dire, le spectacle m'a soulevé le cœur, je suis parti me réfugier dans un coin solitaire, je me suis enfui pour enfoncer mon visage dans l'herbe du printemps, parmi les rumeurs du printemps dans les arbres.

Sigrid non plus ne savait pas, ou peut-être, plutôt, ne voulait-elle pas savoir. Je la voyais, dans les bistrots du quartier, on échangeait quelques mots, je crois bien qu'elle posait pour des revues de mode. Et j'avais oublié les femmes de Weimar, dans leurs robes de printemps, massées devant le block 50, écoutant l'officier américain leur expliquer les plaisirs d'Ilse Koch, avant de les faire entrer pour voir les tatouages délicats sur la peau humaine, parcheminée, des abat-jour que collectionnait Mme Ilse Koch. Je crois bien que j'avais tout oublié, et je regardais Sigrid, à l'occasion, dans les bistrots du quartier, et je la trouvais belle. Un soir, pourtant, nous nous sommes trouvés à la même table, et justement, ce soir-là, j'avais eu l'impression de m'éveiller d'un rêve, comme si la vie, depuis le retour de ce voyage, dix ans auparavant, n'avait été qu'un rêve. Peut-être avais-je trop bu, m'étant éveillé de ce rêve qu'était la vie, depuis le retour de ce voyage. Peut-être, n'avais-je pas encore trop bu, quand j'ai remarqué Sigrid, à la même table, mais il était à prévoir que j'allais trop boire. Ou peut-être, tout simplement, la boisson n'avait-elle rien à faire là-dedans, peut-être ne fallait-il chercher aucune raison extérieure, accidentelle, à cette angoisse qui surgissait de nouveau. Quoi qu'il en soit, je buvais un verre, j'entendais le brouhaha des conversations et j'ai vu Sigrid.

— *Gute Nacht, Sigrid*, lui dis-je, *wie geht's mit Dir?*

Elle a les cheveux courts et des yeux verts. Elle me regarde, étonnée.

— *Du sprichst Deutsch?* dit-elle.

Je souris ; bien sûr que je sais l'allemand.

— *Selbstverständlich*, lui dis-je.

Ce n'est pas évident, que je parle l'allemand, mais enfin, je lui dis, que c'est évident.

— *Wo hast Du's gelernt?* demande la fille.

— *Im Kazett.*

Ce n'est pas vrai que j'ai appris l'allemand au camp, je le savais avant, mais enfin, j'ai envie d'embêter cette fille.

— *Wo denn?* dit-elle, surprise.

Elle n'a visiblement pas compris.

Elle ne sait visiblement pas que ces deux initiales, K Z, désignaient les camps de concentration de son pays, que c'est comme ça que les désignaient les hommes de son pays qui y avaient passé dix ans, douze ans. Peut-être n'a-t-elle jamais entendu parler de tout ça.

— *Im Konzentrationslager. Schon davon gehört?* lui dis-je.

Je lui demande si elle a entendu parler des camps de concentration et elle me regarde, attentivement. Elle prend une cigarette et l'allume.

— Qu'est-ce qui t'arrive? dit-elle en français.

— Rien.

— Pourquoi poses-tu ces questions?

— Pour savoir, lui dis-je.

— Pour savoir quoi?

— Tout. C'est trop facile de ne pas savoir, lui dis-je.

Elle fume et ne dit rien.

— Ou de faire semblant de ne pas savoir.

Elle ne dit rien.

— Ou d'oublier, c'est trop facile d'oublier.

Elle fume.

— Tu pourrais être la fille du Dr Haas, par exemple, lui dis-je.

Elle secoue la tête.

— Je ne suis pas la fille du Dr Haas, dit-elle.

— Mais tu pourrais être sa fille.

— Qui c'est le Dr Haas? demande-t-elle.

— J'espère que c'était.

— Qui c'était, alors, le Dr Haas?

— Un type de la Gestapo, dis-je.

Elle écrase sa cigarette à moitié consumée et me regarde.

— Pourquoi tu me traites comme ça? dit-elle.

— Je ne te traite pas, je te demande.

— Tu crois que tu peux me traiter comme ça? dit-elle.

— Je ne crois rien, je te demande.

Elle reprend une cigarette et l'allume.

— Vas-y, dit-elle.

Et elle me regarde dans les yeux.

— Ton père n'est pas le Dr Haas?

— Non, répond-elle.

— Il n'a pas été dans la Gestapo?

— Non, dit-elle.

Elle ne détourne pas son regard.

— Peut-être dans les Waffen-SS, lui dis-je.

— Non plus.

Alors, je ris, je ne peux m'empêcher de rire.

— Il n'a jamais été nazi, bien sûr, lui dis-je.

— Je ne sais pas.

J'en ai assez, tout à coup.

— C'est vrai, dis-je, vous ne savez rien. Personne ne sait plus rien. Il n'y a jamais eu de Gestapo, jamais de Waffen-SS, jamais de *Totenkopf.* J'ai dû rêver.

Ce soir je ne sais plus si j'ai rêvé tout cela, ou bien si je rêve, depuis que tout cela n'est plus.

— Ne réveillez pas cette nuit les dormeurs, dis-je.

— C'est quoi? demande Sigrid.

— C'est un poème.

— Un poème très court, tu ne trouves pas? dit-elle.

Alors, je lui souris.

— *Die deutsche Gründlichkeit, die deutsche Tatsächlichkeit*[1]. Et merde pour les vertus allemandes.

Elle rougit légèrement.

— Tu as bu, dit-elle.

— Je commence.

— Pourquoi moi? demande-t-elle.

— Toi?

— Pourquoi contre moi? précise-t-elle.

Je bois une gorgée du verre qu'on vient de me remplacer.

— Parce que tu es l'oubli, parce que ton père n'a jamais été nazi, qu'il n'y a jamais eu de nazis. Parce qu'ils n'ont pas tué Hans. Parce qu'il ne fallait pas réveiller cette nuit les dormeurs.

Elle secoue la tête.

— Tu vas trop boire, dit-elle.

— Je ne bois jamais assez.

Je finis mon verre et j'en commande un autre.

Il y a des gens qui entrent et qui sortent, des filles qui rient trop fort, de la musique, des bruits de verre, c'est une vraie cohue, ce rêve où on se retrouve quand on vous réveille. Il va falloir faire quelque chose.

— Tu es triste pourquoi? demande Sigrid.

Je hausse les épaules.

— Je ne suis jamais triste, dis-je. Qu'est-ce que ça veut dire, triste?

---

1. «Le sérieux allemand, la positivité allemande.»

— Eh bien, malheureux.

— Qu'est-ce que ça veut dire, le bonheur?

— Malheureux, je n'ai pas dit heureux, mais malheureux, dit-elle.

— C'est la même chose, non?

— Pas du tout.

— À l'envers, la même chose à l'envers, je veux dire.

— Pas du tout, dit Sigrid.

— Tu me surprends, Sigrid. Tu n'es pas la fille du Dr Haas et tu en sais des choses. Mais elle ne se laisse pas détourner de son propos.

— Ce n'est pas l'envers et l'endroit, dit Sigrid. C'est plein de choses différentes, le bonheur, le malheur.

— C'est quoi, le bonheur, Sigrid? et je me demande quand je pose cette question, si je saurais dire ce qu'est le bonheur, vraiment.

Elle aspire la fumée de sa cigarette et elle réfléchit.

— C'est quand on réalise qu'on existe, réellement, dit-elle.

Je bois une gorgée d'alcool et je la regarde.

— C'est quand la certitude d'exister devient tellement aiguë qu'on a envie de crier, dit-elle.

— Peut-être, dis-je, de douleur.

Le regard des yeux verts sur moi est plein d'étonnement. Comme si elle n'arrivait pas à imaginer que la certitude d'exister, dans toute sa plénitude, puisse avoir un rapport quelconque, de quelque ordre que ce soit, avec la douleur d'exister.

— Le dimanche, par exemple, lui dis-je.

Elle attend la suite, qui ne viendra pas.

— *Warum am Sonntag?*[1], insiste-t-elle.

Peut-être est-ce vrai qu'elle ne sait rien, peut-être est-ce vrai qu'elle ne soupçonne pas la réalité des dimanches, au bout du petit bois, devant les barbelés électrifiés, le village sous ses fumées calmes, la route qui tourne et la plaine de Thuringe, verte et grasse.

— Viens danser, je t'expliquerai après ce qu'est le bonheur.

Alors, elle se lève et sourit, en hochant la tête.

— Tu ne dois pas savoir, toi, dit-elle.

— Quoi donc?

— Le bonheur, dit-elle, comment c'est.

— Pourquoi?

— Tu ne dois pas savoir, c'est tout.

— Mais si, c'est la vallée de la Moselle.

— Tu vois, dit Sigrid, tu es tout le temps à te souvenir.

— Pas tout le temps. Tout le temps, j'en suis plutôt à oublier.

— Ça ne fait rien, dit-elle, tu te souviens, tu oublies, mais c'est le passé qui compte.

---

1. «Pourquoi le dimanche?»

— Et alors?

Nous marchons vers la partie de la salle où l'on danse.

— Le bonheur, je t'ai dit déjà, c'est toujours le présent, au moment même.

Elle est dans mes bras et nous dansons et j'ai envie de rire.

— Tu es réconfortante.

Elle est dans mes bras et c'est le présent et je pense qu'elle a dû quitter son pays, sa famille, à cause certainement du poids de ce passé dont elle ne veut rien assumer, pas la moindre parcelle, ni pour le bien, ni pour le mal, ni pour la revanche, ni pour l'exemple, que tout simplement elle essaye d'abolir à travers une infinie succession de gestes sans lendemain, de jours sans racines dans aucun terreau nourri de faits anciens, rien que les jours, les nuits, les uns derrière les autres, et ici, bien sûr, dans ces bars, parmi ces gens futilement déracinés, personne ne lui demande des comptes, personne n'exige la vérité de son passé, du passé de sa famille, de son pays, elle pourrait être, en toute innocence, la fille du Dr Haas, qui pose pour des revues de mode, qui danse le soir et vit dans le bonheur, la certitude aiguë, c'est-à-dire d'exister.

— Tu connais Arosa?

Elle secoue la tête, négativement.

— C'est en Suisse, lui dis-je, dans la montagne.

— C'est toujours dans la montagne, en Suisse, dit-elle, avec une moue désabusée.

Je dois reconnaître que c'est ainsi.

— Alors? dit-elle.

— Il y a un chalet, à Arosa, dans la montagne, avec une belle inscription en lettres gothiques, sur la façade.

Mais Sigrid n'a pas l'air de s'intéresser particulièrement à l'inscription multicolore, en lettres gothiques, sous le soleil des montagnes, à Arosa.

— *Glück und Unglück, beides trag in Ruh' — alles geht vorüber und auch Du*[1].

— C'est ça, ton inscription? demande-t-elle.

— Oui.

— Je n'aime pas.

La musique s'est arrêtée et nous attendons qu'on mette un autre disque sur l'électrophone.

— Le bonheur, dit Sigrid, peut-être qu'il faut le prendre calmement, et encore, ce n'est pas du tout sûr. Il faut plutôt s'y accrocher, ça n'a rien de calme. Mais le malheur? Comment pourrait-on supporter le malheur dans le calme?

— Je ne sais pas, dis-je, c'est l'inscription.

— C'est idiot. Et dire que tout passe, tu ne trouves pas que ce n'est rien dire du tout?

— Tu n'aimes pas cette noble pensée, ça se voit.

— Non, c'est faux ton truc, dit-elle.

---

1. «Bonheur et malheur, prends-les calmement — car tout passe et même toi.»

— Ce n'est pas mon truc ; c'est une belle inscription gothique, à Arosa, sous le soleil des montagnes.

Nous dansons de nouveau.

— En vérité, c'est plutôt tout le contraire.

— On peut essayer, lui dis-je.

— Essayer quoi ?

— Essayer de renverser cette noble pensée, voir ce que ça donne.

Nous dansons lentement et elle sourit.

— D'accord, dit-elle.

— *Glück und Unglück, beides trag in Unruh' — alles bleibt in Ewigkeit, nicht Du*[1]. Voilà ce que ça donnerait.

Elle réfléchit et fronce le sourcil.

— Ça ne me plaît pas non plus, dit-elle.

— Alors ?

— Alors, rien. Le contraire d'une connerie, ce n'est jamais qu'une autre connerie.

Nous rions, ensemble.

Quand cette soirée sera finie et que je me souviendrai de cette soirée où, tout à coup, le rappel aigu de ce passé si bien oublié, si parfaitement enfoui dans ma mémoire, m'a réveillé du rêve qu'était ma vie, quand j'essayerai de raconter cette soirée confuse, traversée d'événements, peut-être futiles, mais remplis pour moi de signification, je vais réaliser que la jeune Allemande aux yeux verts, Sigrid, prend un relief particulier dans le récit, je vais réaliser que Sigrid, insensiblement, dans mon récit devient le pivot de cette soirée, de cette nuit, ensuite. Sigrid, dans mon récit, va prendre un relief particulier, peut-être tout naturellement parce qu'elle est, de toutes ses forces elle essaye d'être, l'oubli de ce passé qui ne peut s'oublier, la volonté d'oublier ce passé que rien ne pourra jamais abolir, mais que Sigrid rejette d'elle, de sa vie, de toutes les vies autour d'elle, avec son bonheur de chaque instant présent, sa certitude aiguë d'exister, opposée à l'aiguë certitude de la mort que ce passé fait suinter comme une résine âpre et tonifiante. Peut-être ce relief, cette pointe sèche soulignant le personnage de Sigrid dans le récit que j'aurai, le cas échéant, à faire de cette soirée, cette importance tout à coup, obsédante, de Sigrid, ne provient-elle que de l'extrême tension, brûlante, qu'elle personnifie, entre le poids de ce passé et l'oubli de ce passé, comme si son visage lisse et lavé par des siècles de pluie lente et nordique, l'ayant poli, modelé doucement, son visage éternellement frais et pur, son corps exactement adapté à l'appétit de perfection juvénile qui tremble au fond de chacun, et qui devait provoquer chez tous les hommes ayant des yeux pour voir, c'est-à-dire, des yeux réellement ouverts, réellement disposés à se laisser envahir par la réalité des choses existantes, provoquer chez eux tous une hâte désespérée de possession, comme si ce visage et ce corps, reproduits des dizaines, qui sait,

---

1. « Bonheur et malheur, prends-les dans l'inquiétude — car tout est éternel, sauf toi. »

des milliers de fois par les revues de mode n'étaient là que pour faire oublier le corps et le visage d'Ilse Koch, ce corps trapu et droit, planté tout droit sur des jambes droites, fermes, ce visage dur et net, incontestablement germanique, ces yeux clairs, comme ceux de Sigrid (mais ni la photographie, ni les bandes d'actualités tournées à ce moment-là et depuis lors reprises, montées de nouveau dans certains films, ne permettaient de voir si les yeux clairs d'Ilse Koch étaient, comme ceux de Sigrid, verts, ou bien clairs d'un bleu clair, ou d'un gris d'acier, plutôt d'un gris d'acier), ces yeux d'Ilse Koch posés sur le torse nu, sur les bras nus du déporté qu'elle avait choisi pour amant, quelques heures plus tôt, son regard découpant déjà cette peau blanche et malsaine selon le pointillé du tatouage qui l'avait attirée, son regard imaginant déjà le bel effet de ces lignes bleuies, ces fleurs ou ces voiliers, ces serpents, ces algues marines, ces longues chevelures de femmes, ces roses des vents, ces vagues marines, et ces voiliers, encore ces voiliers déployés comme des mouettes glapissantes, leur bel effet sur la peau parcheminée, ayant acquis par quelque traitement chimique une teinte ivoirine, des abat-jour recouvrant toutes les lampes de son salon, où, le soir tombé, là même où elle avait fait entrer, souriante, le déporté choisi comme instrument de plaisir, doublement, dans l'acte même du plaisir, d'abord, et ensuite pour le plaisir bien plus durable de sa peau parcheminée, convenablement traitée, ivoirine, zébrée par les lignes bleutées du tatouage donnant à l'abat-jour un cachet inimitable, là même, étendue sur un divan, elle rassemblait les officiers de la Waffen-SS, autour de son mari, le commandant du camp, pour écouter l'un d'entre eux jouer au piano quelque romance, ou bien un vrai morceau de piano, quelque chose de sérieux, un concerto de Beethoven, qui sait ; comme si le rire de Sigrid, que je tenais dans mes bras, n'était là, tellement jeune, tellement gonflé de promesses, que pour effacer, pour faire rentrer dans l'oubli définitif cet autre rire d'Ilse Koch dans le plaisir, dans le double plaisir de l'instant même et de l'abat-jour qui resterait en témoignage, comme les coquillages ramenés d'un week-end à la mer, ou les fleurs séchées, en souvenir de ce plaisir de l'instant même.

Mais au moment où cette soirée commence, quand nous n'avons pas encore rencontré François et les autres, quand nous ne les avons pas encore rejoints pour aller ensemble dans une autre boîte, je ne sais pas encore que Sigrid pourrait prendre une telle importance dans le récit que j'aurais à faire de cette soirée. En fait, je n'en suis pas encore à me demander à qui je pourrais faire le récit de cette soirée. Je tiens Sigrid dans mes bras et je pense au bonheur. Je pense que jamais encore, jamais jusqu'à présent, je n'ai fait quoi que ce soit, je n'ai décidé quoi que ce soit, en fonction du bonheur, ou du malheur, que cela pourrait me rapporter. Cette idée même me ferait rire, qu'on me demande si j'avais pensé au bonheur que tel acte décidé par moi pourrait me procurer, comme s'il y avait une réserve de bonheur, quelque part, une sorte de dépôt de bonheur sur lequel on puisse tirer des traites, peut-être, comme si le bonheur n'était pas quelque chose qui vienne, par surcroît, même au milieu de la plus grande détresse, du plus terrible dénuement, après qu'on a accompli ce que, précisément, il fallait accomplir.

Et peut-être le bonheur n'est-il que ce sentiment qui m'est venu, après que j'eus fui le spectacle des femmes de Weimar, massées devant le block 50, larmoyantes, quand j'ai enfoncé mon visage dans l'herbe du printemps, sur l'autre versant de l'Ettersberg, parmi les arbres du printemps. Il y avait le silence et les arbres, infiniment. Les rumeurs du silence et du vent dans les arbres, une marée de silence et de rumeurs. Et puis ce sentiment m'est venu, dans mon angoisse, mêlé à mon angoisse, mais distinct, comme un chant d'oiseau mêlé au silence, que sans doute j'avais fait ce qu'il fallait faire de mes vingt ans, et qu'il me restait encore, peut-être, une ou deux fois vingt ans pour continuer à faire ce qu'il faut faire.

Au sortir de cette maison allemande, aussi, je me suis couché dans l'herbe et j'ai regardé longuement le paysage de l'Ettersberg.

C'est à l'entrée du village que se dressait cette maison, un peu isolée.

J'ai remarqué cette maison quand nous remontions vers le camp, Haroux, Diego, Pierre et moi. C'était une maison assez cossue. Mais ce qui m'a frappé, m'immobilisant sur place, c'est que, située comme elle l'était, de ses fenêtres on devait avoir une vue parfaite sur l'ensemble du camp. J'ai regardé les fenêtres, j'ai regardé le camp, et je me suis dit qu'il fallait que j'entre dans cette maison, qu'il fallait que je connaisse les gens qui y avaient habité, toutes ces années durant.

— Eh! j'avais crié aux autres, je reste là, moi.

— Comment, tu restes là? a demandé Pierre, en se retournant.

Les deux autres se sont retournés aussi et me regardent.

— Je reste là, je dis, je vais visiter cette maison.

Tous les trois, ils regardent la maison et me regardent.

— Qu'est-ce qui te prend, encore? demande Haroux.

— Il ne me prend rien, je dis.

— T'as vu une fille, à la fenêtre? demande Pierre, goguenard.

Je hausse les épaules.

— Alors, bon dieu, dit Haroux, si tu ne veux pas violer une fille, qu'est-ce que tu cherches, dans cette maison?

J'allume une cigarette et je regarde la maison, je regarde le camp. Diego suit mon regard et il sourit en coin, à son habitude.

— *Bueno, Manuel, y qué*? demande-t-il.

— *Has visto?*

— *He visto*, dit-il, *y qué le vas a hacer?*[1]

— Dites donc, vous, crie Haroux, vous ne pourriez pas causer comme tout le monde, qu'on vous comprenne?

— Ne sois pas chauvin, fait Diego, tout le monde ne parle pas français, tu entends?

— Mais nous, on est là, dit Haroux, et on voudrait bien comprendre.

— Écoute, écoute, dit Diego, tu sais combien de millions de personnes parlent l'espagnol?

---

1. «Bon, Manuel et alors? — Tu as vu? — J'ai vu, qu'est-ce qu'on peut y faire?»

— Dis, tu charries, fait Haroux, tu vas me faire la leçon?

Diego, il rit.

— Non, dit-il, c'est juste pour mettre au point. Tout le monde ne parle pas français.

— Et alors? demande Pierre, pourquoi qu'il veut visiter cette maison, Gérard?

Diego hausse les épaules.

— Demande-lui, il fait.

Alors, Pierre, il me demande:

— Pourquoi tu veux visiter cette maison, au juste?

— Vous avez vu comment elle est située? je leur dis.

Ils regardent la maison et ils se retournent ensuite, pour regarder le camp.

— Bon dieu! s'écrie Haroux, on peut pas dire, ils étaient aux premières loges.

Pierre hoche la tête et ne dit rien. Il me regarde.

— Mais ça t'avance à quoi? demande Haroux.

Je ne sais pas. En vérité, je ne sais pas du tout à quoi ça m'avance.

— Comme ça, je dis, je vais jeter un coup d'œil.

— Si ça t'amuse, fait Haroux en haussant les épaules.

— Non, je dis, ça ne m'amuse pas du tout.

Diego me regarde et il sourit de nouveau.

— *Bueno*, dit-il, *luego nos vemos, Manuel*[1]. Allons-y, les gars, il nous racontera.

Ils font un vague signe de la main et ils s'en vont.

Alors, je me rapproche de la maison. Je pousse la barrière qui entoure le jardinet, sur le devant de la maison. Elle est ouverte et je rentre. Au bout d'une allée, je monte trois marches et je frappe à la porte de la maison.

Personne ne vient, d'abord. Alors, je tape sur la porte à grands coups de poing, je tape sur le bas de la porte à grands coups de botte. Au bout d'un instant, j'entends une voix de femme, derrière la porte.

— *Aufmachen*, je crie, *los aufmachen!*

Je réalise que je suis en train de gueuler comme un SS. *«Los»*, c'était le mot clé du langage SS. J'ai envie de tout laisser tomber et de courir derrière les copains, pour les rattraper. Mais c'est trop tard, la porte s'est entrouverte. Il y a une femme âgée, aux cheveux presque gris, qui se tient dans l'entrebâillement de la porte, et qui m'observe d'un air préoccupé. On ne dirait pas qu'elle a peur, simplement un air préoccupé, interrogateur.

— *Ich bin allein*, dit-elle. *«Je suis toute seule.»*

— *Ich auch. «*Moi aussi je suis tout seul.»

Elle regarde ma tenue et demande ce que je veux.

— *Ich möchte das Haus besuchen.* Je lui dis que je voudrais visiter sa maison, qu'elle n'a rien à craindre de moi. Simplement, visiter sa maison.

Elle n'a pas l'air d'avoir peur, elle se demande simplement pourquoi je veux visiter sa maison, mais finalement elle ouvre la porte et me laisse entrer.

---

1. «Bon, on se verra tout à l'heure, Manuel.»

Je traverse lentement les pièces du rez-de-chaussée, avec la femme sur mes talons. Elle ne dit plus rien, je ne dis plus rien, je regarde ces pièces banales d'une quelconque maison de campagne. Ce n'est pas exactement une maison de paysans, c'est une maison de gens qui habitent la campagne, je me demande ce que font les habitants de cette maison, dans la vie.

En vérité, les pièces du rez-de-chaussée ne m'intéressent pas. Car c'est du premier étage qu'on doit avoir une belle vue sur le camp. Sûrement, une vue imprenable. Je passe rapidement d'une pièce à l'autre, la femme aux cheveux gris sur mes talons. Je cherche l'escalier qui doit mener au premier étage. Je trouve cet escalier et je monte au premier étage. La femme s'est arrêtée un instant, au bas des marches, et elle me regarde monter. Elle doit se demander ce que je veux, c'est sûr. Elle ne comprendrait d'ailleurs pas, si je lui expliquais que je veux simplement voir. Regarder, je ne cherche rien d'autre. Regarder du dehors cet enclos où nous tournions en rond, des années durant. Rien d'autre. Si je lui disais que c'est cela que je veux, simplement cela, elle ne comprendrait pas. Comment pourrait-elle comprendre ? Il faut avoir été dedans, pour comprendre ce besoin physique de regarder du dehors. Elle ne peut pas comprendre, personne du dehors ne peut comprendre. Je me demande vaguement, en montant l'escalier vers le premier étage de la maison, si cela ne veut pas dire que je suis un peu dérangé, ce besoin de regarder du dehors le dedans où nous avons tourné en rond. Peut-être ai-je un peu perdu les pédales, comme on dit. Cette possibilité n'est pas exclue. Peut-être est-ce pour cela que Diego a eu son sourire en coin. Laissons-le assouvir cette petite manie, a-t-il peut-être voulu dire, avec son sourire en coin. Cela ne me préoccupe pas, pour l'instant. J'ai envie de regarder du dehors, ce n'est pas bien grave. Cela ne peut faire de mal à personne. C'est-à-dire, cela ne peut faire de mal qu'à moi-même.

J'arrive en haut des marches et j'hésite devant les trois portes qui donnent sur le palier. Mais la femme aux cheveux gris m'a rattrapé et elle s'avance. Elle pousse l'une des portes.

— *Das ist die Wohnstube*[1], dit-elle.

Je lui ai dit que je voulais visiter sa maison, alors elle me fait visiter sa maison. Elle pousse une porte et me dit que voici la salle de séjour. Elle est bien serviable, la femme aux cheveux gris.

Je pénètre dans la salle de séjour et c'est bien ça, c'est bien ce que j'attendais. Mais non, si je suis sincère je dois dire que tout en m'attendant à ceci, j'espérais que ce serait autrement. C'était un espoir insensé, bien entendu, car à moins d'effacer le camp, à moins de le rayer du paysage, ça ne pouvait être autrement. Je m'approche des fenêtres de la salle de séjour et je vois le camp. Je vois, dans l'encadrement même de l'une des fenêtres, la cheminée carrée du crématoire. Alors, je regarde. Je voulais voir, je vois. Je voudrais être mort, mais je vois, je suis vivant et je vois.

La femme aux cheveux gris, derrière moi, parle :

---

1. « Voici le salon »

— *Eine gemütliche Stube, nicht wahr?*[1]

Je me retourne vers elle, mais je n'arrive pas à la voir, je n'arrive pas à fixer son image, ni à fixer l'image de cette pièce. Comment peut-on traduire *gemütlich*? J'essaye de me raccrocher à ce tout petit problème réel, mais je n'y arrive pas, je glisse sur ce tout petit problème réel, je glisse dans le cauchemar cotonneux et coupant où se dresse, juste dans l'encadrement d'une des fenêtres, la cheminée du crématoire. Si Hans était ici, à ma place, quelle serait la réaction de Hans? Il ne se laisserait sûrement pas sombrer dans ce cauchemar.

— Le soir, je demande, vous vous teniez dans cette pièce?

Elle me regarde.

— Oui, dit-elle, on se tient dans cette pièce.

— Vous habitez ici depuis longtemps? je demande.

— Oh oui! dit-elle, depuis très longtemps.

— Le soir, je lui demande, mais en vérité ce n'est pas une question, car il ne peut y avoir de doute là-dessus, le soir, quand les flammes dépassaient de la cheminée du crématoire, vous voyiez les flammes du crématoire?

Elle sursaute, brusquement et porte une main à sa gorge. Elle fait un pas en arrière et maintenant elle a peur. Elle n'avait pas eu peur jusqu'à présent, mais à présent elle a peur.

— Mes deux fils, dit-elle, mes deux fils sont morts à la guerre.

Elle me jette en pâture les cadavres de ses deux fils, elle se protège derrière les corps inanimés de ses deux fils morts à la guerre. Elle essaye de me faire croire que toutes les souffrances se valent, que toutes les morts pèsent du même poids. Au poids de tous mes copains morts, au poids de leurs cendres, elle oppose le poids de sa propre souffrance. Mais toutes les morts ne pèsent pas le même poids, bien entendu. Aucun cadavre de l'armée allemande ne pèsera jamais ce poids de fumée d'un de mes copains morts.

— J'espère bien, j'espère bien qu'ils sont morts.

Elle recule encore d'un pas et se trouve adossée au mur.

Je vais partir. Je vais quitter cette pièce — comment traduit-on *gemütlich*? — je vais retrouver la lumière du printemps, je vais retrouver les copains, je vais rentrer dans mon enclos, je vais essayer de parler avec Walter, ce soir, ça fait douze ans qu'il est enfermé, ça fait douze ans qu'il mâche tout doucement le pain noir des camps avec sa mâchoire fracassée par la Gestapo, ça fait douze ans qu'il partage le pain noir des camps avec ses copains, ça fait douze ans qu'il a ce sourire invincible. Je me souviens de Walter, ce jour où nous écoutions à la radio les nouvelles de la grande offensive soviétique, la dernière offensive, celle qui allait déferler jusqu'au cœur même de l'Allemagne. Je me souviens que Walter pleurait de joie, car cette défaite de son pays pouvait être la victoire de son pays. Il pleurait de joie car il savait que maintenant il pouvait mourir. C'est-à-dire, maintenant il avait non seulement des raisons de vivre, mais aussi d'avoir vécu.

---

1. «Une pièce confortable, n'est-ce pas?»

En 39, en 40, en 41, les SS les rassemblaient sur la place d'appel, pour qu'ils écoutent, au garde-à-vous, les communiqués de victoire de l'état-major nazi. Alors, Walter me l'avait dit, ils serraient les dents, ils se juraient de tenir jusqu'au bout, quoi qu'il arrive. Voilà, ils avaient tenu. La plupart d'entre eux étaient morts et même les survivants étaient blessés à mort, ils ne seront jamais des vivants comme les autres, mais ils avaient tenu. Walter pleurait de joie, il avait tenu, il avait été digne de lui-même, de cette conception de la vie qu'il avait choisie, il y a si longtemps, dans une usine de Wuppertal. Il fallait que je trouve Walter, ce soir, il fallait que je parle avec lui.

La femme aux cheveux gris est adossée au mur et me regarde.

Je n'ai pas la force de lui dire que je comprends sa douleur, que je respecte sa douleur. Je comprends que la mort de ses deux fils soit pour elle la chose la plus atroce, la chose la plus injuste. Je n'ai pas la force de lui dire que je comprends sa douleur, mais que je suis heureux que ses deux fils soient morts, c'est-à-dire, je suis heureux que l'armée allemande soit anéantie. Je n'ai plus la force de lui dire tout cela.

Je passe devant elle, et je dévale l'escalier, je cours dans le jardin, je cours sur la route, vers le camp, vers les copains.

— Mais non, dit le gars de Semur, tu ne m'as jamais parlé de cette histoire.

J'étais persuadé de lui en avoir parlé, pourtant. Depuis que le train a quitté cette gare allemande, nous roulons à bonne allure. Le gars de Semur et moi, on en est venus à nous raconter nos souvenirs du maquis, à Semur, précisément.

— Je ne t'ai pas raconté l'histoire de la moto ? je lui demande.

— Mais non, vieux, dit-il.

Alors, je lui raconte et il se souvient très bien de cette moto, en effet, qui était restée dans la scierie, la nuit où les Allemands les ont surpris.

— Vous étiez dingues, dit-il, quand je lui explique comment on a été la chercher, cette moto, Julien et moi.

— Qu'est-ce que tu veux, ça lui faisait mal au ventre à Julien, qu'elle soit perdue, cette moto.

— Complètement dingues, dit-il, qui c'est, ce Julien ?

— Je t'en ai déjà parlé.

— Le gars de Laignes ? il me demande.

— C'est ça : Julien. Il la voulait, cette moto.

— Quelle connerie, dit le gars de Semur.

— Ça oui, alors, je reconnais.

— Ils ont dû vous canarder, dit-il.

— Eh oui, mais il tenait à cette moto, Julien.

— Quelle idée, dit-il, ça ne manquait pas, les motos.

— Mais il tenait à celle-là, précisément, j'insiste.

— C'est pour des conneries comme ça qu'on se fait descendre, dit le gars de Semur.

Ça, je le sais bien.

— Qu'est-ce que vous en avez fait? demande-t-il.

Je lui raconte comment nous l'avons conduite jusqu'au maquis du «Tabou», sur les hauteurs entre Laignes et Châtillon. Au long des routes, les arbres étaient dorés par l'automne. Après Montbard, à un carrefour, il y avait une voiture de la *Feld* arrêtée, et les quatre gendarmes allemands en train de pisser dans le fossé.

Le gars de Semur éclate de rire.

— Qu'est-ce qu'ils ont fait? demande-t-il.

Ils ont tourné la tête, en entendant le bruit de la moto, tous les quatre en même temps, comme des poupées mécaniques. Julien a donné un coup de frein et ils ont vu que nous étions armés.

— Tu les aurais vus cavaler dans le fossé, sans même avoir le temps de se reboutonner.

Le gars de Semur rit encore.

— Vous leur avez tiré dessus? demande-t-il.

— Mais non, on n'avait pas intérêt à ameuter le secteur. On a filé.

— Pour finir, ils vous ont eus quand même, dit le gars de Semur.

— Pas Julien.

— Toi, ils t'ont eu quand même, insiste-t-il.

— Plus tard, je lui réponds, bien plus tard. Un coup du hasard, il n'y avait rien à faire.

C'est-à-dire, un coup du hasard, c'est une formule inexacte. C'était une des conséquences prévisibles, rationnelles, obligatoires, des actes que nous faisions. Ce que je voulais dire, c'est que la façon dont cela s'est passé, les circonstances mêmes de l'arrestation, étaient dues, en partie, au hasard. Cela aurait pu se passer de tout autre façon, cela aurait pu ne pas se passer du tout, cette fois-là, voici ce que je voulais dire. Le hasard, c'est que je me sois arrêté à Joigny, juste ce jour-là. Je rentrais de Laroche-Migennes, où j'avais essayé de reprendre contact avec le groupe qui avait fait sauter le train de munitions de Pontigny. En fait, j'aurais dû rejoindre directement Michel, à Paris. Le hasard, c'est que j'avais sommeil, que j'avais des nuits de sommeil en retard. Alors, je m'étais arrêté à Joigny, chez Irène, juste pour dormir quelques heures. Juste pour me faire cueillir par la Gestapo. À Auxerre, le lendemain, il y avait des roses dans le jardin du Dr Haas. Ils m'ont fait sortir dans le jardin et j'ai vu les roses. Le Dr Haas ne nous a pas accompagnés, il est resté dans son bureau. Il y avait juste le grand blond, qui avait l'air de se poudrer, et le gros qui était à Joigny, avec Haas, et qui s'essoufflait tout le temps. Ils m'ont fait marcher dans le jardin de la villa et j'ai vu les roses. Elles étaient belles. J'ai eu le temps de penser que c'était drôle, de remarquer ces roses et de les trouver belles, alors que je savais ce qu'ils allaient faire de moi. Depuis le début, j'avais soigneusement caché que j'entendais l'allemand. Ils parlaient devant moi, sans se méfier, et j'avais quelques secondes, le temps de la traduction, pour me préparer à ce qui allait suivre. Ils m'ont conduit vers un arbre, dans le jardin, à côté du parterre de roses, et je savais déjà qu'ils allaient me suspendre à une branche, par une corde passée entre les menottes, et qu'ensuite ils lâcheraient le chien contre moi. Le chien grondait au bout de sa laisse, tenue par le grand blond qui avait l'air de se poudrer. Plus tard, beaucoup plus tard, j'ai regardé les roses à travers ce brouillard devant mes yeux. J'ai essayé d'oublier mon corps et les douleurs de mon corps, j'ai essayé d'irréaliser mon corps et toutes les sensations bouleversées de mon corps, en regardant les roses, en laissant mon regard se remplir de roses. Juste au moment où j'y arrivais, je me suis évanoui.

— On dit toujours ça, dit le gars de Semur.

— On dit quoi ? je lui demande.

— Que c'est un coup du hasard, qu'il n'y avait rien à faire, dit le gars de Semur.

— Parfois c'est vrai.

— Peut-être, dit-il, mais on se fait toujours prendre.

— Ceux qui sont pris trouvent toujours qu'on se fait toujours prendre.

Le gars de Semur médite un certain temps sur cette vérité d'évidence.

— Là, t'as raison, dit-il, pour une fois, t'as raison. Faudrait demander l'avis de ceux qui ne se font pas prendre.

— Voilà comment il faut raisonner.

Il hausse les épaules.

— C'est très joli, dit-il, de raisonner, mais en attendant, on est faits comme des rats.

— Ce camp où on va, je lui demande, puisque tu es si bien renseigné, tu sais ce que l'on y fait ?

— On y travaille, dit-il, très sûr de lui.

— À quoi, on y travaille ? je veux savoir.

— Tu m'en demandes trop, dit-il, je sais qu'on travaille, c'est tout.

J'essaye d'imaginer à quoi l'on peut travailler, dans un camp. Mais je n'arrive pas à imaginer la réalité, telle que je l'ai connue, plus tard. Au fond, ce n'est pas par manque d'imagination, c'est simplement parce que je n'ai pas su tirer toutes les conséquences des données qui m'étaient connues. La donnée essentielle, c'est que nous sommes de la main-d'œuvre. Dans la mesure où nous n'avons pas été fusillés, tout de suite après notre arrestation, dans la mesure également où nous ne rentrons pas dans la catégorie des gens à exterminer, quoi qu'il arrive, et de quelque façon que ce soit, comme sont les Juifs, nous sommes devenus de la main-d'œuvre. Une espèce particulière de main-d'œuvre, bien entendu, puisque nous n'avons pas la liberté de vendre notre force de travail, que nous ne sommes pas obligés de vendre librement notre force de travail. Les SS n'achètent pas notre force de travail, ils nous l'extorquent, simplement, par les moyens de la contrainte la plus dénuée de justification, par la violence la plus pure. Car l'essentiel, c'est que nous sommes de la main-d'œuvre. Seulement, comme notre force de travail n'est pas achetée, il n'est pas économiquement nécessaire d'assurer sa reproduction. Quand notre force de travail sera épuisée, les SS iront en chercher de nouveau.

Aujourd'hui, dix-sept ans après ce voyage, si je me souviens de ce jour, au cours de ce voyage d'il y a dix-sept ans, où j'essayais d'imaginer quelle sorte de vie pouvait bien avoir lieu dans un camp, ce sont des images diverses qui se superposent, des couches successives d'images. Ainsi, lorsque l'avion plonge vers le sol, vers la piste d'atterrissage, il arrive que l'on traverse plusieurs couches de formations nuageuses, tantôt lourdes, épaisses, tantôt floconneuses, éclairées latéralement par les rayons d'un soleil invisible, il arrive que l'avion retrouve, entre deux couches nuageuses, une frange libre et bleue de ciel au-dessus des moutonnements cotonneux qu'on va percer tout à l'heure, dans le vol plongeant vers la terre ferme. Quand je pense à tout cela, aujourd'hui, plusieurs couches d'images se superposent, qui proviennent de lieux divers, et d'époques différentes de ma vie. Il y a d'abord les images qui se sont fixées dans ma mémoire, au cours des quinze jours qui ont suivi la libération du camp, ces quinze jours où j'ai pu voir le camp de l'extérieur, du dehors, avec un regard neuf, tout en continuant d'y vivre, d'y être à l'intérieur. Il y a ensuite, par exemple, les images de *Come back, Africa*, ce film de Rogosin sur l'Afrique du Sud, derrière lesquelles je voyais, en transparence, le camp de quarantaine, alors qu'apparaissaient sur l'écran des baraquements des banlieues noires de Johannesburg. Il y a encore ce paysage de la zone, à Madrid, ce vallon poussiéreux et puant de La Elipa, à trois cents mètres des immeubles de luxe, où s'entassent les ouvriers agricoles chassés de leur campagne, ce repli de terrain où tournoient les mouches et les cris d'enfants. C'est un univers analogue, et encore, au camp, nous avions l'eau courante, on connaît l'amour que les SS portent à l'hygiène, aux chiens de race et à la musique de Wagner.

Ce jour-là, justement, j'avais essayé de penser à tout cela, en revenant de ce village allemand où nous avions été boire l'eau claire de la fontaine. J'avais réalisé, brusquement, que ce village n'était pas le dehors, que c'était simplement une autre face, mais une face intérieure également à la société qui avait donné naissance aux camps allemands.

J'étais devant l'entrée du camp, je regardais la grande avenue asphaltée qui conduisait vers le quartier SS, vers les usines, vers la route de Weimar. C'est par ici que les kommandos partaient au travail, dans la lumière grise ou dorée de l'aube, ou bien, en hiver, à la lumière des projecteurs, au son allègre des marches jouées par l'orchestre de camp. C'est par là que nous sommes arrivés, au cœur de la cinquième nuit de ce voyage avec le gars de Semur. Mais le gars de Semur était resté dans le wagon. C'est par ici que nous avons marché, hier, avec nos visages vides et notre haine de la mort, contre les SS en fuite, sur la route de Weimar. C'est par cette avenue que je vais partir, lorsque je partirai. C'est par ici que j'ai vu arriver la lente colonne trébuchante des Juifs de Pologne, au milieu de cet hiver qui vient de se finir, ce jour où j'étais allé parler avec le Témoin de Jéhovah, quand on m'avait demandé de préparer l'évasion de Pierrot et de deux autres copains.

C'est ce jour-là que j'ai vu mourir les enfants juifs.

Des années ont passé, seize ans, et cette mort, déjà, est adolescente, elle atteint cet âge grave qu'ont les enfants d'après-guerre, les enfants d'après ces voyages. Ils ont seize ans, l'âge de cette mort ancienne, adolescente. Et peut-être ne pourrai-je dire cette mort des enfants juifs, nommer cette mort, dans ses détails, que dans l'espoir, peut-être démesuré, peut-être irréalisable, de la faire entendre par ces enfants, ou par un seul d'entre eux, ne fût-ce qu'un seul d'entre eux, qui atteignent la gravité de leurs seize ans, le silence de leurs seize ans, leur exigence. L'histoire des enfants juifs, leur mort sur la grande avenue du camp, au cœur du dernier hiver de cette guerre-là, cette histoire jamais dite, enfouie comme un trésor mortel au fond de ma mémoire, la rongeant d'une souffrance stérile, peut-être le moment est-il venu de la dire dans cet espoir dont je parle. Peut-être est-ce par orgueil que je n'ai jamais raconté à personne l'histoire des enfants juifs, venus de Pologne, dans le froid de l'hiver le plus froid de cette guerre-là, venus mourir dans la large avenue qui conduisait à l'entrée du camp, sous le morne regard des aigles hitlériennes. Par orgueil, peut-être. Comme si cette histoire ne concernait pas tout le monde, et surtout ces enfants qui ont seize ans aujourd'hui, comme si j'avais le droit, la possibilité même, de la garder pour moi, plus longtemps. C'est vrai que j'avais décidé d'oublier. À Eisenach, aussi, j'avais décidé de ne jamais être un ancien combattant. C'est bon, j'avais oublié, j'avais tout oublié, je peux me souvenir de tout, désormais. Je peux raconter l'histoire des enfants juifs de Pologne pas comme une histoire qui me soit arrivée, à moi particulièrement, mais qui est arrivée avant tout à ces enfants juifs de Pologne. C'est-à-dire, maintenant, après ces longues années d'oubli volontaire, non seulement je peux raconter cette histoire, mais il faut que je la raconte. Il faut que je parle au nom des choses qui sont arrivées, pas en mon nom personnel. L'histoire des enfants juifs au nom des enfants juifs. L'histoire de leur mort, dans la grande avenue qui conduisait à l'entrée du camp, sous le regard de pierre des aigles nazies, parmi les rires des SS, au nom de cette mort elle-même.

Les enfants juifs ne sont pas arrivés en pleine nuit, comme nous, ils sont arrivés dans la lumière grise de l'après-midi.

C'était le dernier hiver de cette guerre-là, l'hiver le plus froid de cette guerre dont l'issue s'est décidée dans le froid et dans la neige. Les Allemands étaient bousculés par une grande offensive soviétique qui déferlait à travers la Pologne, et ils évacuaient, quand ils en avaient le temps, les déportés qu'ils avaient rassemblés dans les camps de Pologne. Chez nous, près de Weimar, dans la forêt des hêtres au-dessus de Weimar, nous avons vu arriver, au fil des jours et des semaines, ces convois d'évacués. Les arbres étaient couverts de neige, les routes étaient couvertes de neige et dans le camp de quarantaine on enfonçait dans la neige jusqu'au genou. Les Juifs de Pologne étaient entassés dans des wagons de marchandises, près de deux cents par wagon, et ils avaient voyagé pendant des jours et des jours, sans manger et sans boire, dans le froid de cet l'hiver qui a été le plus froid de cette guerre-là. À la gare du camp, quand on ouvrait les portes coulissantes des wagons, rien ne bougeait, la plupart des Juifs étaient morts debout, morts de froid, morts de faim, et il fallait décharger les wagons comme s'ils avaient transporté du bois, par exemple, et les cadavres tombaient tout raides sur le quai de la gare, on les y entassait, pour les conduire ensuite, par camions entiers, directement au crématoire. Pourtant, il y avait des survivants, il y avait des Juifs encore vivants, moribonds, au milieu de cet entassement de cadavres gelés dans les wagons. Un jour, dans un de ces wagons où il y avait des survivants, quand on a écarté l'entassement de cadavres gelés, collés souvent les uns aux autres par leurs vêtements gelés et raides, on a découvert tout un groupe d'enfants juifs. Tout à coup, sur le quai de la gare, sur la neige parmi les arbres couverts de neige, il y a eu un groupe d'enfants juifs, une quinzaine environ, regardant autour d'eux d'un air étonné, regardant les cadavres entassés comme des troncs d'arbres déjà écorcés sont entassés sur le bord des routes, attendant d'être transportés ailleurs, regardant les arbres et la neige sur les arbres, regardant comme des enfants regardent. Et les SS, d'abord, ont eu l'air embêtés, comme s'ils ne savaient que faire de ces enfants de huit à douze ans, à peu près, bien que certains, par leur extrême maigreur, par l'expression de leur regard, eussent l'air de vieillards. Mais les SS, aurait-on dit tout d'abord, ne savaient que faire de ces enfants et ils les ont rassemblés dans un coin, peut-être pour avoir le temps de demander des instructions, pendant qu'ils escortaient sur la grande avenue les quelques dizaines d'adultes survivants de ce convoi-là. Et une partie de ces survivants aura encore le temps de mourir, avant d'arriver à la porte d'entrée du camp, je me souviens qu'on voyait certains de ces survivants s'effondrer en route, comme si leur vie en veilleuse dans l'entassement des cadavres gelés des wagons brusquement s'éteignait, certains tombant droit comme des arbres foudroyés, de toute leur longueur, sur la neige sale et par endroits boueuse de l'avenue, au milieu de la neige immaculée sur les grands hêtres frissonnants, d'autres tombant d'abord sur leurs genoux, faisant effort pour se relever, pour se traîner encore quelques mètres de plus, restant finalement étendus, bras tendus en avant, mains décharnées griffant la neige, dans une ultime tentative, aurait-on dit, pour ramper encore de quelques centimètres vers cette porte là-bas, comme si cette porte était au bout de la neige et de l'hiver et de la mort. Mais finalement il n'y a plus eu sur le quai de la gare que cette quinzaine d'enfants juifs. Les SS sont revenus en force, alors, ils avaient dû recevoir des instructions précises, ou bien leur avait-on donné carte blanche, peut-être leur avait-on permis d'improviser la façon dont ces enfants allaient être massacrés. En tout cas, ils sont revenus en force, avec des chiens, ils riaient bruyamment, ils criaient des plaisanteries qui les faisaient s'esclaffer. Ils se sont déployés en arc de cercle et ils ont poussé devant eux, sur la grande avenue, cette quinzaine d'enfants juifs. Je me souviens, les gosses regardaient autour d'eux, ils regardaient les SS, ils ont dû croire au début qu'on les escortait simplement vers le camp, comme ils avaient vu le faire pour leurs aînés, tout à l'heure. Mais les SS ont lâché les chiens et ils se sont mis à taper à coups de matraque sur les enfants, pour les faire courir, pour faire démarrer cette chasse à courre sur la grande avenue, cette chasse qu'ils avaient inventée, ou qu'on leur avait ordonnée d'organiser, et les enfants juifs, sous les coups de matraque, houspillés par les chiens sautant autour d'eux, les mordant aux jambes, sans aboyer, ni grogner, c'étaient des chiens dressés, les enfants juifs se sont mis à courir sur la grande avenue, vers la porte du camp. Peut-être à ce moment-là n'ont-ils pas encore compris ce qui les attendait, peut-être ont-ils pensé que ce n'était qu'une dernière brimade, avant de les laisser entrer au camp. Et les enfants couraient, avec leurs grandes casquettes à longue visière, enfoncées jusqu'aux oreilles, et leurs jambes bougeaient de façon maladroite, à la fois saccadée et lente, comme au cinéma quand on projette de vieux films muets, comme dans les cauchemars où l'on court de toutes ses forces sans arriver à avancer d'un pas, et cette chose qui vous suit va vous rattraper, elle vous rattrape et vous vous réveillez avec des sueurs froides, et cette chose, cette meute de chiens et de SS qui courait derrière les enfants juifs eut bientôt englouti les plus faibles d'entre eux, ceux qui n'avaient que huit ans, peut-être, ceux qui n'avaient bientôt plus la force de bouger, qui étaient renversés, piétinés, matraqués par terre, et qui restaient étendus au long de l'avenue, jalonnant de leurs corps maigres, disloqués, la progression de cette chasse à courre, de cette meute qui déferlait sur eux. Et il n'en resta bientôt plus que deux, un grand et un petit, ayant perdu leurs casquettes dans leur course éperdue, et leurs yeux brillaient comme des éclats de glace dans leurs visages gris, et le plus petit commençait à perdre du terrain, les SS hurlaient derrière eux, et les chiens aussi ont commencé à hurler, l'odeur du sang les affolait, et alors le plus grand des enfants a ralenti sa course pour prendre la main du plus petit, qui trébuchait déjà, et ils ont fait encore quelques mètres, ensemble, la main droite de l'aîné serrant la main gauche du plus petit, droit devant eux, jusqu'au moment où les coups de matraque les ont abattus, ensemble, face contre terre, leurs mains serrées à tout jamais. Les SS ont rassemblé les chiens, qui grondaient, et ils ont refait le chemin en sens inverse, tirant une balle, à bout portant, dans la tête de chacun des enfants tombés sur la grande avenue, sous le regard vide des aigles hitlériennes.

Mais aujourd'hui l'avenue est déserte, sous le soleil d'avril. Une jeep américaine tourne, là-bas, au carrefour des casernes *Totenkopf.*

Je me retourne et je marche vers la grille d'entrée.

Il faut que je retrouve Diego, ou bien Walter. J'ai envie de parler avec les copains. Je montre mon laissez-passer à la sentinelle américaine et je regarde l'inscription, en grandes lettres de fer forgé, qui se trouve au-dessus de la grille. *Arbeit macht frei*[1]. C'est une belle maxime paternaliste, c'est pour notre bien qu'on nous a enfermés ici, c'est par le travail forcé qu'on nous a appris la liberté. C'est une belle maxime, sans aucun doute, et ce n'est pas une preuve de l'humour noir chez les SS, c'est simplement que les SS sont convaincus de leur bon droit.

J'ai franchi la grille et je marche dans les rues du camp, au hasard, en regardant à droite et à gauche, si je vois des copains.

C'est alors, dans la grande allée qui longe le bâtiment des cuisines, à l'angle du block 34, que je vois Emil. Il est debout, dans le soleil, les bras ballants, il regarde droit devant lui, nulle part.

---

1. Le travail rend libre

J'ai pensé à Emil, il n'y a pas si longtemps, je me suis souvenu de lui, il y a quelques semaines, ces jours où Alfredo a été arrêté. Je me demandais, ces jours où Alfredo a été arrêté, pourquoi on tient, et pourquoi aussi ne tient-on pas, devant la police, sous la torture. Alfredo avait tenu, je me suis souvenu d'Emil, en pensant, ces jours-là, aux raisons qui font que certains tiennent et que d'autres ne tiennent pas. Mais le plus grave, ce qui prête davantage à réflexion, c'est la difficulté, presque l'impossibilité, d'établir les critères rationnels de la force des uns, de la faiblesse des autres. Je pensais à tout cela, car la constatation purement empirique, celui-ci a tenu, celui-là n'a pas tenu, ne me comblait pas d'aise. Alfredo, c'était un jeudi, nous avions rendez-vous à onze heures. Il faisait du vent, un souffle sec et coupant qui descendait des cimes neigeuses. J'ai attendu Alfredo un quart d'heure, ces quinze minutes de battement que l'on s'accorde, avant de penser qu'il est arrivé quelque chose. Les quinze minutes ont passé, il était arrivé quelque chose. On pense d'abord à un empêchement quelconque, un événement banal, bien qu'imprévu. On chasse de son esprit l'idée de quelque chose de grave, de vraiment grave. Mais une angoisse sourde commence à vous ronger le cœur, une contraction douloureuse de tous les muscles internes. J'ai allumé une cigarette, je suis parti, nous avons fait la réunion, quand même. Ensuite, j'ai appelé Alfredo, d'une cabine téléphonique. Une voix d'homme a répondu, qui n'était pas la sienne. Était-ce son père? Je ne pouvais l'affirmer. La voix insistait pour savoir mon nom, pour savoir qui appelait Alfredo. La voix disait qu'Alfredo était malade, que je passe donc le voir chez lui, qu'il serait très heureux d'avoir de la visite. J'ai dit: «C'est ça, monsieur, bien sûr, monsieur, merci beaucoup, monsieur.» Dehors, je suis resté debout sur le trottoir, je pensais à cette voix. Ce n'était pas le père d'Alfredo, bien entendu. C'était un piège, tout simplement, un bon vieux piège cousu de fil blanc. Je fumais une cigarette, elle avait un goût âcre, debout dans le vent glacial des cimes neigeuses et je pensais qu'il fallait déclencher tout de suite les mesures de sécurité, qu'il fallait essayer de couper les fils qui reliaient Alfredo à l'organisation. Quant au reste, cela dépendait d'Alfredo, qu'il tienne le coup ou qu'il ne tienne pas le coup.

Je fumais ma cigarette et j'étais envahi par cette sensation du déjà vécu, par cette amertume des gestes souvent faits, qu'il fallait refaire une fois encore. Ce n'était pas bien compliqué, d'ailleurs, un travail de routine, en somme, quelques coups de téléphone à donner, quelques visites, c'est tout ce qu'il y avait à faire. Après, il n'y aurait plus qu'à attendre. Dans quelques heures nous allions recevoir des nouvelles, venues de plusieurs côtés à la fois, transmises parfois par les détours les plus imprévus. Le veilleur de nuit aura vu partir Alfredo, à trois heures du matin, menottes aux mains, entouré de policiers. Il l'aura communiqué, dès l'aube, au boulanger qui tient boutique six maisons plus haut, et celui-ci, il se trouve qu'il est lié à une de nos organisations de quartier. Dans quelques heures, des téléphones vont sonner et on prononcera des phrases étranges: «Bonjour, monsieur, je vous appelle de la part de Roberto, pour vous dire que la commande sera livrée à deux heures», ce qui laisse entendre qu'il faut aller dans un lieu convenu, prendre connaissance d'une nouvelle importante. Dans quelques heures nous aurons créé autour d'Alfredo une zone de vide, de silences, de portes closes, d'absences imprévues, de paquets changés de place, de papiers mis en lieu sûr, d'attente de femmes, une fois de plus, une fois encore, comme il arrive, souvent, depuis vingt ans, plus de vingt ans. Dans quelques heures nous tisserons le réseau le plus serré de gestes solidaires, de pensées affrontant, chacune pour soi, dans le silence de soi, la torture de ce copain, qui peut être, demain, notre propre torture. Nous aurons des nouvelles, une première idée des origines de l'arrestation d'Alfredo, de ses conséquences, nous pourrons déduire si elle est liée à quelque opération d'envergure. Enfin, nous aurons des éléments concrets sur lesquels travailler pour parer les coups, dans la mesure du possible.

Il n'y avait plus qu'à attendre. C'était la fin de l'automne, seize ans après cet autre automne, à Auxerre. Je me souviens, il y avait des roses dans le jardin de la Gestapo. Je jetais une cigarette, j'allumais une cigarette et je pensais à Alfredo. Je pensais qu'il allait tenir le coup, pas seulement parce que les tortures ne sont plus ce qu'elles étaient autrefois. Je pensais qu'il aurait tenu le coup de toute façon, même autrefois, ou bien qu'il serait mort sous les tortures. Je pensais cela et j'essayais de cerner les éléments rationnels de cette pensée, les points stables sur lesquels reposait cette conviction spontanée. Quand on y réfléchit, c'est effarant qu'on soit obligé, depuis des années, de scruter le regard des copains, d'être attentif aux fêlures possibles de leur voix, à leurs gestes dans telle ou telle circonstance, à leur façon de réagir devant tel événement, pour essayer de se faire une idée sur leur capacité de résister à la torture, le cas échéant. Mais c'est un problème pratique dont il faut tenir compte, absolument, ce serait criminel de ne pas en tenir compte. C'est effarant que la torture soit un problème pratique, que la capacité de résister à la torture soit un problème pratique qu'il faille envisager pratiquement. Mais c'est un fait, nous ne l'avons pas choisi, nous sommes bien obligés d'en tenir compte. Un homme devrait pouvoir être un homme, même s'il n'est pas capable de résister à la torture, mais voilà, les choses étant ce qu'elles sont, un homme cesse d'être un homme qu'il était, qu'il pourrait devenir, s'il plie sous la torture, s'il dénonce les camarades. Les choses étant ce qu'elles sont, la possibilité d'être homme est liée à la possibilité de la torture, à la possibilité de plier sous la torture.

J'ai pris des taxis, je suis allé où il fallait aller, j'ai fait ce qu'il fallait faire, ce qu'on pouvait faire et j'ai continué d'attendre, de toutes mes forces, sous les gestes routiniers de la vie. Il fallait qu'Alfredo tienne le coup, s'il ne tenait pas le coup, nous en serions tous affaiblis. Il fallait qu'Alfredo tienne le coup, que nous soyons tous renforcés par sa victoire. Je pensais à tout cela et je savais qu'Alfredo aussi pensait à tout cela, sous les coups de poing et les coups de matraque. Il pense en ce moment même que son silence n'est pas seulement sa victoire personnelle, que c'est une victoire que nous partagerons avec lui. Notre vérité va revêtir l'éclatante armure de son silence, il sait cela, cela l'aide à sourire dans son silence.

Les heures passaient, il ne se passait rien, c'est le silence d'Alfredo qui soutenait ce calme. On n'a sonné nulle part à trois heures du matin, à cette heure blanche où les perquisitions et les premiers coups vous cueillent à froid, la bouche pleine de sommeil. C'est le silence d'Alfredo qui laisse dormir les copains dans les maisons menacées. Les heures passaient, il ne se passait rien, nous allions être vainqueurs, cette fois encore. Je me souviens de cette journée de printemps, il y a huit mois, j'étais assis sur un banc, avec Alfredo et Eduardo. Il faisait chaud, nous étions au soleil, le parc étendait devant nous ses gazons vallonnés. Nous parlions de choses et d'autres, et je ne sais plus comment la conversation en est venue sur *La Question*. C'est un livre que nous avions lu attentivement, que nous avions relu, car c'est bien plus qu'un témoignage. C'est pour nous un livre d'une grande portée pratique, plein d'enseignements. En quelque sorte, un instrument de travail. Car il est fort utile de comprendre, avec une telle clarté, une semblable rigueur dépourvue de phrases inutiles, qu'on peut tenir sous les secousses de l'électricité, qu'on peut préserver son silence, malgré le pentothal. Nous avons parlé de *La Question* d'une façon pratique, calmement, c'est un livre qui nous concernait pratiquement. C'était un beau livre, utile, qui aidait à vivre. Peut-être Alfredo s'est-il aussi souvenu de cette conversation dans le parc ensoleillé, face aux montagnes bleues couronnées encore de quelques traînées neigeuses, face au paysage sévère d'oliviers et de chênes. Après, nous avons bu de la bière ensemble, avant de nous quitter. Elle était fraîche. C'était agréable d'avoir soif et d'étancher sa soif.

Je me suis souvenu d'Emil, ces jours-là, il y a quelques semaines. Il était debout, dans le soleil, les bras ballants, à l'angle du block 34, la dernière fois que je l'ai vu. Je suis passé près de lui, j'ai détourné la tête, je n'avais pas le courage d'affronter son regard mort, son désespoir, oui, sûrement, son désespoir à tout jamais, en ce jour de printemps qui n'était pas pour lui le début d'une vie nouvelle, mais la fin, certes, oui, la fin de toute une vie. Emil avait tenu, pendant douze ans il avait tenu, et subitement, il y a un mois, alors que la partie était jouée, alors que vraiment nous touchions de la main l'approche de la liberté, tout le printemps était rempli des rumeurs de cette liberté s'avançant, tout à coup, il y a un mois, il avait cédé. Il avait cédé de la façon la plus bête, la plus lâche, on pourrait dire qu'il avait cédé gratuitement. Lorsque les SS, en désespoir de cause, aux abois, avaient demandé des volontaires pour l'armée allemande, il y a un mois, et qu'ils n'avaient pas reçu une seule demande, parmi tous ces milliers de détenus politiques, ils avaient menacé les chefs de blocks. Alors, Emil avait inscrit sur la liste, à côté de quelques criminels de droit commun, qui étaient volontaires, un déporté de son block, un Alsacien mobilisé de force dans la Wehrmacht, déserteur, et détenu pour ce fait. Il l'avait inscrit sans rien lui en dire, bien sûr, se prévalant de son autorité de chef de block. Il avait envoyé cet Alsacien à la mort, ou au désespoir, il avait fait de ce jeune Alsacien un homme perdu à tout jamais, même s'il s'en sortait vivant, un homme qui n'aurait plus jamais confiance en rien, un homme perdu pour toute espérance humaine. J'avais vu pleurer cet Alsacien, le jour où les SS sont venus le chercher, puisqu'il était sur la liste des volontaires. Nous l'entourions, nous ne savions quoi lui dire, il pleurait, rejeté de toute chaleur humaine, il ne comprenait pas ce qui lui tombait dessus, il ne comprenait plus rien, c'était un homme perdu.

Emil était chef de block, nous étions fiers de son calme, de sa générosité, nous étions heureux de le voir émerger de ces douze ans d'horreur avec un sourire tranquille de ses yeux bleus, dans son visage creusé, ravagé par les horreurs de ces douze ans. Et voici que brusquement il nous quittait, qu'il s'effondrait dans la nuit de ces douze ans passés, voici qu'il devenait l'une des preuves vivantes de cette horreur et de cette interminable nuit de douze années. Voici qu'au moment où les SS étaient vaincus, Emil devenait une preuve vivante de leur victoire, c'est-à-dire, de notre défaite passée, déjà mourante, mais entraînant dans son agonie le cadavre vivant d'Emil.

Il était là, au coin du block 34, dans le soleil, les bras ballants. J'ai détourné la tête. Il n'était plus de notre côté. Il était, comme la bonne femme de tout à l'heure, comme ses fils morts, les deux fils morts de cette femme dans sa maison en face du crématoire, il était du côté de la mort passée, encore présente. Quant à nous, il nous fallait justement apprendre à vivre.

— J'imagine, dit le gars de Semur, j'imagine qu'en tout cas ils vont nous faire travailler dur.

Nous sommes là, à essayer de deviner quelle sorte de travail les SS vont nous faire faire, dans ce camp où l'on va.

— Dis donc, vieux, fait une voix, quelque part derrière moi.

Le gars de Semur regarde.

— C'est à nous que tu parles? demande-t-il.

— Oui, fait la voix, ton copain, je voudrais lui dire quelque chose.

Mais je suis coincé dans la masse des corps. Je ne peux pas me retourner vers la voix de ce type qui veut me dire quelque chose.

— Vas-y, je lui dis, en tournant la tête le plus que je peux. Vas-y, j'écoute.

J'entends la voix du type dans mon dos, et le gars de Semur regarde le type, pendant qu'il parle.

— Cette moto dont tu parlais, dit la voix, c'est au maquis du «Tabou» que vous l'avez conduite?

— Oui, je réponds, tu connais?

— Au «Tabou», dit la voix, au-dessus de Larrey?

— Justement, pourquoi, tu connais?

— J'y étais, dit la voix.

— Ah bon, à quel moment?

— Mais j'en viens, dit la voix, pratiquement. Ça fait un mois que les SS, ils ont nettoyé la région. Il n'y a plus de «Tabou».

Ça me porte un coup, je dois dire. Bien sûr, je sais que la guerre continue, que les choses ne vont pas demeurer, immuables, telles que je les connaissais au moment de mon arrestation. Mais ça me fait un coup, de savoir que les SS ont liquidé le «Tabou».

— Merde, je dis. Et c'est bien ce que je pense.

— Je me souviens de cette moto, dit la voix, on s'en est servis, après votre départ.

— C'était une bonne moto, presque neuve.

Je me rappelle cette randonnée, sur les routes de l'automne, et ça m'emmerde vraiment qu'ils aient liquidé le «Tabou».

— Si c'est bien toi, le gars de la moto..., commence la voix.

— Mais oui, c'est moi, vieux, je l'interromps.

— Bien sûr, fait la voix, c'était une façon de parler. Je voulais dire, puisque c'est toi, tu es venu une seconde fois au «Tabou».

— Oui, je fais, avec une traction. On avait des armes pour vous.

— Voilà, dit la voix. Je me souviens aussi de cette fois-là. T'avais un revolver au canon long, peint en rouge, et nous en voulions tous un pareil.

Je rigole.

— Oui, je dis, c'était une vraie pièce d'artillerie.

— Cette fois-là, dit la voix, tu étais avec un autre type. Un grand, à lunettes.

Le grand à lunettes, c'était Hans.

— Bien sûr, je fais.

— Il était avec nous, dit la voix, quand la bagarre a commencé.

— Quelle bagarre? je dis, subitement inquiet.

— Les SS, dit la voix, quand ils ont déclenché l'opération, le grand à lunettes était avec nous.

— Pourquoi? Pourquoi était-il revenu?

— Je ne sais pas, vieux, dit la voix du type qui était au «Tabou», il était revenu, c'est tout.

— Et alors? je demande.

— Je ne sais pas, dit la voix, on s'est battus une demi-journée, le soir et une partie de la nuit, sur place, autour de la route. Ensuite, on a commencé à décrocher vers l'intérieur, pour se disperser.

— Et mon copain?

— Ton copain, je ne sais pas, il est resté dans le groupe de couverture, dit la voix.

Hans était resté dans le groupe de couverture.

— Tu ne l'as plus revu? je demande.

— Non, dit la voix, j'ai été pris dans un barrage, à Châtillon, après la dispersion. Les gars du groupe de couverture, on ne les a pas revus.

Hans était resté dans le groupe de couverture, c'était prévisible.

Plus tard, dans la deuxième quinzaine de mai, cette année de mon retour, d'ici deux ans, Michel et moi nous avons recherché la trace de Hans, de Laignes à Châtillon, de Semur à Larrey, dans toutes les fermes de la région. Michel était dans la Première Armée, il avait eu une permission, juste après la capitulation allemande. Nous avons recherché la trace de Hans, mais il n'y avait plus de trace de Hans. C'était le printemps, nous avons roulé jusqu'à Joigny, il s'était débrouillé pour avoir une voiture et un ordre de mission, Michel. À Joigny, Irène n'était pas revenue. Elle était morte à Bergen-Belsen, du typhus, quelques jours après l'arrivée des troupes anglaises. Sa mère nous avait donné à manger, dans la cuisine d'autrefois et dans la cave il flottait encore l'odeur tenace du plastic. Elle nous avait montré une coupure d'un journal local, racontant la mort d'Irène, à Bergen-Belsen. Albert avait été fusillé. Olivier était mort à Dora. Julien aussi était mort, il avait été surpris à Laroche, il s'était défendu comme un beau diable et sa dernière balle avait été pour lui. Je me souviens, il le disait : « La torture, très peu pour moi, si je peux, je me brûle la gueule. » Il s'était brûlé la gueule. Michel et moi, nous écoutions la mère d'Irène, nous écoutions sa voix cassée. Nous avons mangé du lapin à la moutarde, en silence, avec toutes ces ombres des copains morts autour de nous.

Une semaine après, nous avions réussi à retrouver l'un des survivants du « Tabou ». C'était dans une ferme, près de Laignes, nous attendions dans la cour de la ferme le retour des hommes, qui étaient aux champs. Nous attendions avec la fermière, c'était son fils qui avait survécu au massacre du « Tabou ». Elle racontait d'une voix lente, mais précise, la longue histoire de ces longues années. Nous écoutions mal, car nous connaissions cette histoire. Ce n'était pas cette histoire qui nous intéressait, maintenant, c'était Hans, la trace de Hans, le souvenir de Hans. La fermière racontait cette longue histoire et de temps à autre elle s'interrompait pour nous dire : — Vous prendrez bien un coup de blanc ? Elle nous regardait et ajoutait : — Ou bien du cidre ? Mais nous n'avions pas le temps de lui dire qu'en effet nous prendrions bien un coup de blanc, elle enchaînait aussitôt sur cette longue histoire des longues années qui venaient de finir.

Hier, dans un bistrot près de Semur, où nous mangions du jambon, du pain et du fromage, accompagnés d'un petit vin du pays dont vous me direz des nouvelles, Michel avait dit, après une longue pause de silence entre nous :

— Au fait, tu ne m'as encore rien raconté.

Je sais de quoi il veut parler, mais je ne veux pas savoir. Le pain, le jambon, le fromage, le vin du pays, ce sont des choses qu'il faut réapprendre à savourer. Il faut s'y concentrer. Je n'ai pas envie de raconter quoi que ce soit.

— Raconter ? je réponds, qu'est-ce qu'il y a à raconter ?

Michel me regarde.

— Justement, dit-il, je ne sais pas.

Je découpe un petit carré de pain, je découpe un petit carré de fromage, je mets le pain sous le fromage et je mange. Ensuite, une gorgée de vin du pays.

— Et moi, je ne sais plus ce qu'il y aurait à raconter.

Michel mange aussi. Ensuite, il demande :

— Trop de choses, peut-être ?

— Ou pas assez, pas assez par rapport à ce qu'on ne pourra jamais raconter.

Michel, cette fois, s'étonne.

— Tu en es sûr ? dit-il.

— Non, je dois reconnaître, peut-être n'était-ce qu'une phrase.

— Je crois bien, dit Michel.

— De toute façon, j'ajoute, il me faudra du temps.

Michel réfléchit là-dessus.

— Le temps d'oublier, dit-il, c'est possible. Pour raconter après l'oubli.

— C'est à peu près ça.

Et nous n'avons plus jamais abordé ce sujet, ni au cours des jours qui ont suivi, pendant que nous recherchions la trace de Hans, ni plus jamais. Et maintenant que le temps de l'oubli est venu, c'est-à-dire, maintenant que ce passé revient plus fortement que jamais en mémoire, je ne peux plus le raconter à Michel. Je ne sais plus où trouver Michel.

Le lendemain, nous étions dans cette cour de ferme et la mère de ce gars qui avait survécu au massacre du «Tabou» nous racontait la longue histoire de ces longues années. Puis, les hommes sont revenus. Les hommes nous ont fait entrer dans la longue salle commune de la ferme, et finalement nous l'avons eu, ce coup de vin blanc.

La longue salle commune, ou peut-être était-ce une cuisine, était fraîche et tiède, c'est-à-dire tiède, parcourue, qui sait, par des ondes de fraîcheur, ou bien était-ce un frisson qui me parcourait, des ondes frissonnantes tout au long de mon épine dorsale, la fatigue, peut-être, ou bien les souvenirs du massacre du «Tabou» que ce gars rappelait, d'une façon terne, sûrement, incapable de mettre en valeur, ou de souligner, les épisodes les plus marquants, mais à cause de cela, précisément, d'une façon qui nous touchait davantage, Michel aussi, je crois, j'ai cru le percevoir, bien qu'on n'en ait pas parlé, après, en reprenant la route. Le désordre et la nuit, le désordre et la mort, et Hans était resté dans le groupe de couverture, le gars s'en souvenait parfaitement, c'est-à-dire, il n'y était pas resté, il avait décidé d'y rester, il l'avait choisi. Michel se souvenait, sûrement, c'est lui qui m'en avait parlé, de cette conversation avec Hans, il m'en avait indiqué le lieu, l'endroit où elle avait eu lieu, et Hans lui disant: — Je ne veux pas avoir une mort de Juif, et — Qu'est-ce à dire? lui avait demandé Michel, c'est-à-dire, «Je ne veux pas mourir seulement parce que je suis juif», il se refusait, en fait, à avoir son destin inscrit dans son corps. Michel disait: à moi il me disait, que Hans avait employé des termes plus précis, plus crus, et cela ne m'étonnait pas, Hans avait l'habitude de cacher sous des outrances verbales ses sentiments les plus profonds, puisque c'est ainsi qu'on qualifie les sentiments vrais, comme si les sentiments avaient des densités différentes, les uns surnageant, mais sur quelle eau, les autres traînant au fond, dans quelle vase des tréfonds. Le fait est que Hans ne voulait pas mourir, dans la mesure où il lui faudrait mourir, seulement parce qu'il était juif, il pensait, je pense, d'après ce qu'il en avait dit à Michel, et que celui-ci m'avait rapporté, que cela n'était pas une raison suffisante, ou peut-être, valable, suffisamment valable, pour mourir, il pensait, sûrement, qu'il lui fallait donner d'autres raisons de mourir, c'est-à-dire d'être tué, car, cela j'en suis certain, il n'avait aucune envie de mourir, simplement le besoin de donner aux Allemands d'autres raisons de le tuer, le cas échéant, que celle, tout bonnement, d'être juif. Ensuite, il y a eu un deuxième coup de vin blanc, et un troisième, et finalement nous nous sommes mis à table, « car vous allez bien rester manger avec nous », et le gars dévidait toujours son terne récit, son hallucinant récit terne et désordonné de ce massacre du « Tabou », qui avait bien été quelque chose de terne et de désordonné, pas une action brillante, quelque chose de terne, de gris, dans l'hiver sur les hauteurs, parmi les arbres de l'hiver, une opération, en quelque sorte, de police, ou alors de quadrillage, de cette forêt d'où s'envolaient, chaque soir, les descentes du maquis sur toutes les routes, et les villages de la région. J'avais participé une fois, deux fois, je ne sais plus, peut-être je confonds avec un autre maquis, je ne crois pas, pourtant, à un de ces raids nocturnes, dans la traction qui ouvrait la marche, et les routes étaient à nous, il faut dire, toute la nuit, les villages étaient à nous, toutes les nuits.

Le fait est que Hans était resté dans le groupe de couverture.

— Ce grand type à lunettes, votre copain, dit le gars de la ferme, Philippe, je crois, on l'appelait, eh bien, c'est lui qui a pris le FM, à la fin.

La fermière, elle nous sert à manger, elle reste debout, appuyée des deux mains sur le dossier d'une chaise, elle regarde son fils, et son regard est une pluie d'avril traversée de soleil, une allégresse de gouttelettes brillantes, une giboulée qui se déverse sur la figure penchée, pensive, mâchonnante, de son fils qui renoue les fils du souvenir de ce massacre dont il est sorti sain et sauf, oh, son fils sain et sauf, à côté d'elle, vivant, taciturne ou gai, bougonnant — J'ai faim, maman, j'ai soif, maman, donne-moi à boire, maman.

— Tu ne manges pas, la mère ? demande le fermier.

Ainsi, cette histoire commençait à prendre tournure, mais il arrivait toujours un moment où Hans, brusquement, disparaissait. Ce type dans le train, cette voix anonyme dans la pénombre du wagon, par qui tout avait commencé, parlait de Hans, avec force précisions, jusqu'au moment où avait commencé la débandade. Et ce gars-ci, le fils de ces fermiers, près de Laignes, prenait le relais, donnant d'autres détails sur les mêmes faits, une autre vision des faits, qui prolongeait l'histoire, car il était resté plus longtemps près de Hans, il avait fait partie d'un groupe de jeunes paysans de la région, qui ne s'étaient pas repliés, qui n'avaient pas cherché à se dégager de l'étreinte allemande en gagnant les profondeurs du bois, mais au contraire, tirant profit de leur connaissance de tous les sentiers, de tous les chemins creux, de toutes les haies, boqueteaux, clairières, pentes, talus, fermes, champs labourés et pâturages, ils avaient franchi les lignes allemandes, la nuit tombée, vers l'avant, rampant à un moment donné entre les sentinelles SS, et certains avaient réussi à gagner des fermes amies, plus loin, des portes s'ouvrant dans la nuit pour les laisser entrer, toute la famille debout, dans le noir, volets clos, haletante, écoutant ce bruit des mitrailleuses SS dans la nuit, sur les hauteurs du « Tabou ».

Et ce récit du gars de Laignes, du fils de ces fermiers de Laignes, m'en rappelle un autre, c'est-à-dire, plus exactement, pendant que ce gars dévide son récit, qu'il bute sur les phrases, comme cette nuit-là sur les racines, les ronces et les pierres, une autre marche dans la nuit me revient en mémoire, c'est-à-dire, l'idée que je devrais me souvenir d'une autre marche dans la nuit, que celle-ci évoque, sans encore la dévoiler, sans que je sache encore quelle autre marche dans la nuit, et par qui marchée, rôde aux confins de ma mémoire, bouillonne doucement sous ce récit et les évocations de ce récit. Mais le fait est que Hans, dans cette histoire, il arrive un moment où il disparaît. Et je réalise subitement que nous ne retrouverons jamais la trace de Hans.

Bloch, pour sa part, il acceptait sa condition de Juif. Cela l'épouvantait, certainement, ses lèvres étaient blêmes et il frissonnait, quand je l'ai rencontré vers le milieu de la rue Soufflot et que je me suis mis à marcher avec lui, vers H.-IV. Mais il l'acceptait, c'est-à-dire, il s'installait d'emblée, avec résignation (et peut-être même, je n'oserais pourtant pas le jurer, avec une joyeuse résignation, avec une certaine sorte de joie à se résigner à accepter cette condition de Juif, aujourd'hui infamante, et comportant des risques, mais ces risques étaient inscrits, devait-il se dire, avec cette certaine joie, pleine de tristesse, inscrits depuis toujours dans sa condition de Juif: hier intérieurement différent des autres, aujourd'hui cela devenait visible, étoile de jaune), avec épouvante et joie, avec un certain orgueil, pourquoi pas, un orgueil corrosif, acide, destructeur de soi-même.

— Tu ferais mieux de me laisser seul, Manuel, me dit-il, vers le milieu de la rue Soufflot, pendant que nous marchons, nous avons justement classe de philosophie, ce matin.

— Pourquoi? je demande, bien que je sache pourquoi, mais je voudrais qu'il le dise, pourquoi.

— Tu vois bien, dit-il; il a un geste du menton vers son étoile jaune, cousue sur son pardessus gris.

Alors, je ris, et j'ai peur qu'il y ait eu dans mon rire, si cela était, je voudrais tellement m'en excuser, qu'il y ait eu une nuance de mépris, peut-être pas de mépris exactement, quelque chose de hautain, de glaçant, qui ait pu blesser justement cet orgueil de Bloch, ce triste orgueil de savoir qu'enfin éclatait, pour le pire, non pas pour le meilleur, seulement pour le pire, cette vérité monstrueuse de sa différence d'avec nous.

— Et alors? lui dis-je, je ne vais pas rentrer dans leur jeu, tu penses.

— Quel jeu? dit-il, et nous continuons de marcher ensemble, au même pas.

— Jeu, peut-être pas, je précise, leur tentative, leur décision, de vous isoler, vous mettre en marge.

— Mais c'est vrai, dit-il, et il a souri, et c'est à ce moment que j'ai soupçonné cette dose de triste orgueil corrosif, qu'il pouvait y avoir dans son sourire.

— Ça, lui dis-je, c'est ton affaire, d'accepter cela ou de ne pas l'accepter. Mais moi, mon affaire, et tu n'y changeras rien, c'est justement de ne pas en tenir compte. Ça, tu n'y peux rien, c'est mon affaire.

Il hoche la tête et ne dit plus rien et nous arrivons à H.-IV au moment où sonne la cloche et nous courons vers la classe de philosophie, Bertrand va encore nous expliquer pourquoi et comment l'esprit est créateur de soi-même, et je vais encore faire semblant de croire à cette fantasmagorie.

C'est le lendemain, je pense, en tout cas très peu de temps après le jour où Bloch est arrivé avec son étoile jaune — et nous étions une classe de philosophie de bons Français à part entière, il n'y avait que cette seule, cette solitaire étoile jaune de Bloch, d'autant plus voyante. (Quant à moi, ce n'est que plus tard que les choses sont rentrées dans l'ordre, que j'ai porté non pas une étoile, mais un triangle rouge, pointé vers le bas, vers le cœur, mon triangle rouge de rouge espagnol, avec un *S* dessus) — le lendemain, donc, ou deux jours après, que le professeur de mathématiques s'est cru obligé de faire quelques commentaires sur cette étoile jaune, sur les Juifs, en général, et le monde tel qu'il allait. Bloch m'avait regardé, il souriait comme l'autre jour, rue Soufflot, il faisait bonne contenance, ce n'était que la première étape de ce long sacrifice qu'allait être sa vie, désormais, tout cela était écrit dans les textes, il souriait, pensant déjà, certainement, aux sacrifices futurs, écrits aussi, décrits aussi, inscrits déjà.

Mais ni Bloch, ni moi, ni personne, n'avions pensé à Le Cloarec, nous avions oublié qu'il y a toujours, quelque part, un Breton pour faire des siennes. Le Cloarec a pris l'affaire en main, rondement. Au début du cours, en novembre, nous avions été ensemble, à l'Étoile, après nous être mis d'accord, avec de grands rires et des tapes dans le dos, sur les points suivants : d'abord, nous conchiions la guerre de 1914-1918, elle nous emmerdait, nous emmerdions les tombeaux des soldats inconnus, pas les soldats inconnus, les tombeaux qu'on leur fait après les avoir fait massacrer, incognito ; ça, c'était le point de départ, disait Le Cloarec, la référence abstraite intentionnelle de notre acte, ajoutait-il, et moi j'en rajoutais (d'où les éclats de rire et les tapes dans le dos), c'était l'horizon où se dévoilait la consistance ultime, l'ultimité con-sis-tante, de notre projet, vers lequel notre projet s'ex-ta-si-ait ; mais, en attendant, disait Le Cloarec, soyons concrets, revenons au concret, et moi, jetons-nous, geworfons-nous[1] dans l'ustensibilité déréglée du monde concret, c'est-à-dire, nous emmerdons la guerre impérialiste, donc les impérialistes, et parmi eux nous emmerdons particulièrement les impérialistes le plus particulièrement agressifs, virulents, et triomphants, les nazis ; donc, pratiquement, nous allons participer à une manifestation patriotique sur la tombe du Soldat inconnu, moi Breton, et toi, métèque, sale Espagnol rouge de mes fesses, parce qu'aujourd'hui, concrètement, c'est ça qui peut emmerder davantage les nazis et tous leurs petits amis dans la place, c'est-à-dire, justement, ceux qui ont installé ce tombeau du Soldat inconnu ; et voilà, la boucle était bouclée, méthodi-quement, et dialectiquement, d'où les grandes tapes dans le dos. De toute façon, nous y serions allés, à cette marche sur l'Étoile, tout ceci n'étant que pour notre galerie personnelle, nous aurions marché avec des centaines d'autres étudiants (je ne pensais pas qu'on serait si nombreux), sous le ciel gris de novembre, nous aurions forcé ce barrage de flics français, à la hauteur de Marbeuf (Le Cloarec

---

1. Néologisme à partir du verbe *werfen*, jeter.

était une force de la nature), et nous aurions vu déboucher de l'avenue Georges-V cette colonne de soldats allemands en tenue de combat, ce bruit mécanique et guttural des bottes, des armes et des voix de commandement ; nous aurions foncé jusqu'à l'Étoile, de toute façon, puisque c'était cela qu'il fallait faire.

Alors, Le Cloarec a pris l'affaire en main, rondement.

Quand il nous a exposé son plan, je lui ai dit : — Tu vois, il y a quand même des idées, dans cette petite tête de Breton bretonnant, bretonneur, bretonnisé. Et lui de rire. Et les autres de crier : — Ouest-État, en chœur, d'une voix de stentor, qui a fait se retourner sur nous la tête de Corse, de maquereau corse, ou de flic corse, du surveillant général. Mais nous étions dans la cour, en récréation, il n'avait rien à dire. Cette blague, c'est moi qui l'avais mise au point, à la grande joie de Le Cloarec. Il est tellement breton, ce Le Cloarec, j'avais dit aux autres, que son père ne savait que deux mots de français, alors ces deux mots il les criait de tout son cœur, en 14-18, quand il montait à l'assaut des tranchées allemandes, deux mots qui pour son père résumaient la grandeur de la France, l'esprit cartésien, les conquêtes de 89, ces deux mots : « Ouest-État », qu'il avait appris à lire sur les wagons de la compagnie de chemin de fer desservant la Bretagne. Et eux, depuis, de rire, et de crier en chœur « Ouest-État » chaque fois que Le Cloarec faisait des siennes, et il en faisait souvent. Mais quand je leur disais que je n'avais rien inventé, que cette histoire se trouve dans Claudel, dans un livre de l'illustre ambassadeur de France, les *Conversations dans le Loir-et-Cher,* je crois bien, ils ne voulaient pas me croire. — Tu fignoles, me disait Le Cloarec. — Tu en veux à nos gloires nationales, disait Raoul. J'avais beau insister, leur dire que tout cela Claudel le raconte, mais, sérieusement, avec des larmes entre les lignes, en s'extasiant sur ce « Ouest-État », ils ne voulaient pas me croire. Ils ne pensaient même pas à aller contrôler la vérité de mon affirmation, ils avaient décidé que c'était pure perversité de ma part, d'attribuer à Claudel une semblable connerie.

Le Cloarec, donc, je disais, a pris l'affaire en main. Tous, ils avaient été d'accord, pour marcher dans le projet du Breton. « Ouest-État », ce grand cri druidien avait été le signe de ralliement, le mot d'ordre hurlé ou chuchoté de l'action préparée. Tous, sauf Pinel, bien entendu. Pinel était le bon élève dans toute son horreur, toujours dans les trois premiers, dans quelque matière que ce fût, comme si on pouvait être dans les trois premiers, partout, sans tricher avec soi-même, sans se forcer bêtement à s'intéresser à des sujets qui n'ont vraiment aucun intérêt. Pinel avait dit qu'il ne marchait pas, il avait été scandalisé de ce projet, nous l'avons traîné dans la boue et depuis lors nous lui avons fait, dans la mesure du possible, la vie impossible. Au prochain cours de mathématiques, donc, quand Rablon est entré sans regarder personne (car il était de petite taille et attendait d'être monté sur l'estrade pour nous lancer un regard foudroyant), nous avions tous, sauf Pinel, cousu sur notre poitrine une étoile jaune, avec les quatre lettres de « juif », zébrant en noir le fond jaune de l'étoile. Bloch était dans tous ses états, il faut dire, et il murmurait tout bas que nous étions fous, que c'était de la folie, et Pinel se tenait bien droit, cambrant le buste, pour qu'on voie qu'il ne portait pas l'étoile jaune, lui. Rablon, comme toujours, une fois sur l'estrade, debout, lui, le matheux, a foudroyé du regard cette classe de philosophards, de mauvaises têtes (Philo 2 était une classe traditionnellement de forts en thème et de mauvaises têtes, mélangés, je ne sais si la tradition s'en conserve, à H.-IV), et son regard, tout à coup, est devenu fixe, vitreux, sa bouche s'est affaissée, je ne voyais plus que sa pomme d'Adam monter et descendre, dans une espèce de mouvement spasmodique, Rablon, pris de court, cueilli à froid par ce grand coup de poing dans sa sale gueule, cette marée d'étoiles jaunes, déferlant vers lui, s'étalant comme une vague avant de se briser, tout en hauteur, sur les gradins de la classe. Rablon, il a ouvert la bouche, j'aurais parié qu'il allait se mettre à hurler, mais sa bouche est restée ouverte, sans qu'aucun son n'en sorte, et sa pomme d'Adam, de haut en bas, se déplaçait spasmodiquement de bas en haut dans son cou maigre. Il est resté comme cela, un temps infini, et le silence dans la classe était absolu, et finalement, Rablon, il a eu une réaction inattendue, il s'est tourné vers Pinel, d'une voix hargneuse, blessante, désespérée, il a commencé à traiter Pinel de tous les noms, Pinel n'en revenait pas : — Vous voulez toujours vous distinguer, Pinel, lui disait-il, vous ne faites jamais comme les autres, et c'est sur Pinel qu'il a croisé les feux de toutes ses questions, il lui a fait réciter toute la cosmographie, toutes les mathématiques apprises, si l'on peut dire (Pinel, oui, les avait apprises), jusque-là, depuis le début de l'année. Et il est parti, l'heure venue, sans dire un mot, et c'est un cri unanime «Ouest-État», qui a salué la victoire de Le Cloarec, notre victoire, et nous y avons ajouté quelques «Pinel au poteau», pour faire bon poids.

— Mais non, je dis, il était allemand.

Le fermier me regarde, l'air de n'y rien comprendre. Son fils, ce gars qui avait survécu au massacre du «Tabou» me regarde aussi. La mère, elle n'est pas là, elle est allée chercher quelque chose.

— Comment ? dit le fermier.

Il avait dit, dans un des moments où il ponctuait le récit de son fils de quelque considération générale sur la vie et les hommes, il avait dit qu'avec des Français comme celui-là, comme ce Philippe qui est notre copain, la France, elle ne serait jamais perdue.

— Il était allemand, je dis, pas français, allemand.

Michel me regarde, d'un air las, il doit penser que je vais encore emmerder tout le monde avec mon habitude de mettre au point, de mettre les «i» sous les points.

— Et encore, je dis, il était juif, juif allemand.

Michel, d'un air las, explique un peu plus clairement que ce Philippe était Hans, pourquoi ce Hans était Philippe. Ça les rend songeurs, il faut dire, ils hochent la tête, ça les impressionne, il n'y a pas à dire. Il était juif allemand, je pense, et il ne voulait pas mourir comme un Juif, mais justement nous ne savons pas comment il est mort. D'autres Juifs, j'en ai vu mourir, en quantité, qui mouraient comme des Juifs, c'est-à-dire seulement parce qu'ils étaient juifs, comme s'ils trouvaient que c'est une raison suffisante d'être juifs, pour mourir ainsi, pour ainsi se faire massacrer.

Mais Hans, il se trouvait que nous ne savions pas comment il était mort. Tout simplement, il arrivait toujours un moment, dans cette histoire, dans ce récit du massacre du «Tabou», et quel qu'en fût le récitant, un moment où Hans disparaissait.

Nous foulions cette herbe, parmi les arbres hauts, dans la futaie, autour de ce qui avait été le «Tabou», le lendemain (peut-être), et c'est ici, précisément, que Hans a disparu. Michel marche en avant, il frappe les tiges des hautes herbes du bout d'une baguette flexible. Je m'arrête un instant et j'écoute la forêt. Il faudrait avoir plus souvent le temps, ou l'occasion, d'écouter la forêt. J'ai passé des siècles entiers de ma vie sans pouvoir écouter la forêt. Je m'arrête et j'écoute. Cette joie sourde, paralysante, s'enracine dans la certitude de l'absolue contingence de ma présence ici, de ma radicale inutilité. Je ne suis pas nécessaire pour que cette forêt soit, bruissante, voici la source de cette sourde joie. Michel s'éloigne parmi les arbres et c'est ici que Hans a disparu. Pour finir, c'est lui qui avait pris le FM, ce gars le disait, hier (qui sait, avant-hier). Hans n'a pas eu le temps d'écouter la forêt, dans la nuit d'hiver, il n'entendait que les bruits secs des coups de feu, en désordre, autour de lui, dans cette nuit de l'hiver où s'est produit le massacre du «Tabou». Il est resté seul, pour finir, accroché à son FM, tellement content, je l'imagine, de voler aux SS une mort toute pétrie de résignation, de leur imposer cette mort brutale, et dangereuse pour les meurtriers, de leur imposer cette mort meurtrière, dans la nuit aveugle et désordonnée où a eu lieu le massacre du «Tabou».

Michel revient vers moi et crie.

— Alors ? crie-t-il.

— J'écoute, je lui réponds.

— Tu écoutes quoi ? demande-t-il.

— J'écoute, simplement.

Michel arrête de faucher les hautes tiges des herbes et écoute, à son tour.

— Eh bien ? dit-il, ensuite.

— Rien.

Je marche jusqu'à l'endroit où il se tient, debout, la baguette flexible à bout de bras, avec laquelle il fauchait les tiges des hautes herbes. Je lui offre une cigarette. Nous fumons, en silence.

— Il était où, le camp, tu te souviens ? demande Michel.

— Par là, je dis, vers la droite.

Nous nous remettons en marche. La forêt est muette, à présent. Le bruit de nos pas fait taire la forêt.

— C'est toi qui m'as raconté une histoire de marche en forêt, la nuit, d'une longue marche en forêt, pendant des nuits et des nuits ? je demande à Michel.

Il me regarde et il regarde ensuite autour de lui. Nous marchons en forêt, mais c'est le jour, le printemps.

— Je ne sais pas de quoi tu parles, dit Michel, non, je ne me souviens d'aucune marche en forêt, la nuit, dont j'aie pu te parler.

Il recommence à faucher les hautes herbes, d'un geste large et précis. Je crois qu'il va finir par m'énerver ; je crois que je vais bientôt en avoir assez de le voir faire ce geste, mille fois refait, mécaniquement.

— C'est quoi, cette histoire de marche ? demande-t-il.

— Depuis que ce type nous a raconté leur fuite, à travers la forêt, la nuit du «Tabou», j'ai l'impression que je vais me souvenir d'une autre marche de nuit dans la forêt. D'une autre histoire, ailleurs, mais je n'arrive pas à me souvenir.

— Ça arrive, dit Michel.

Et il recommence à faucher les herbes.

Mais nous débouchons sur la clairière où était le camp et je n'ai pas l'occasion de lui dire qu'il va bientôt m'énerver.

Les cabanes, je me souviens, étaient à demi souterraines. Les gars avaient creusé la terre, profondément, ils avaient étayé les parois avec des planches. Un mètre, à peine, de planches et de chaume, dépassait du niveau de la terre. Il y avait trois cabanes, ainsi, disposées aux trois sommets d'un possible triangle, et dans chacune d'elles il y avait de la place pour loger dix gars, au moins. Plus loin, au bout de la clairière, ils avaient construit une sorte de hangar, pour les deux tractions, la 402 et la camionnette. Les bidons d'essence sous les bâches et les branchages, étaient aussi de ce côté-là de la clairière ; tout cela a dû flamber, la nuit du «Tabou». On voit encore des plaques rougeâtres et grises, dans les buissons, et des arbres à demi calcinés. Nous approchons du centre de la clairière, de l'endroit où se trouvaient les cabanes. Mais la forêt est en train d'effacer toute trace de cette vie d'il y a trois ans, de cette mort déjà ancienne. On distingue encore, sous les amas de terre remuée, des bouts de planches pourries, quelques morceaux de ferraille. Mais tout cela est en train de perdre son aspect humain, son apparence d'objets façonnés par l'homme pour des besoins humains. Ces planches sont en train de redevenir du bois, du bois pourri, c'est entendu, du bois mort, c'est visible, mais du bois échappé de nouveau à tout destin humain, revenu de nouveau dans le cycle des saisons, dans le cycle de la vie et de la mort végétatives. Cette ferraille, seul un effort d'attention permettrait d'y retrouver encore la forme d'une gamelle, d'un quart en fer-blanc, d'une crosse mobile de mitraillette Sten. Cette ferraille retourne au monde minéral, au processus d'échange avec le terreau où elle est enfouie. La forêt est en train d'effacer toute trace de cette vie ancienne, de cette mort déjà vieille, et vieillie, du «Tabou». Nous sommes là, à pousser du pied, sans raison apparente, à remuer du pied les vestiges de ce passé, que les hautes herbes effacent, que les fougères étreignent dans leurs bras multipliés et frissonnants.

Je me disais, il y a quelques semaines, je me disais que j'aimerais bien voir ça, les herbes et les buissons, les ronces et les racines, défonçant au cours des saisons, sous la pluie persistante de l'Ettersberg, sous la neige de l'hiver, sous le soleil de l'avril bref et bruissant, défonçant sans repos, obstinément, avec cette obstination démesurée des choses naturelles, parmi les craquements des bois disjoints, et l'émiettement poussiéreux du ciment qui éclaterait sous la poussée de la forêt de hêtres, sans trêve défonçant ce paysage humain sur le flanc de la colline, ce camp bâti par des hommes, les herbes et les racines recouvrant ce paysage du camp. S'effondreraient d'abord les baraques en bois, celles du Grand Camp, d'un si joli vert, facilement confondues, noyées bientôt par la marée envahissante des herbes et des arbrisseaux, plus tard les blocks en ciment, à deux étages, et en tout dernier lieu, certainement, bien après tous les autres bâtiments, des années plus tard, demeurant debout le plus longtemps, comme le souvenir, ou bien le témoignage, le signe le plus particulier de cet ensemble, la cheminée carrée, massive, du crématoire, jusqu'au jour où les ronces et les racines auront vaincu aussi cette résistance farouche de la pierre et de la brique, cette obstinée résistance de la mort dressée au milieu des amas de buissons verts recouvrant ceci qui fut un camp d'extermination, et encore, peut-être, ces ombres de fumée dense, noire, zébrée de jaune, rôdant dans le paysage, cette odeur de chair brûlée tremblant encore sur ce paysage, alors que les derniers survivants, nous tous, depuis longtemps déjà nous aurions disparu, alors qu'il n'y aurait plus aucun souvenir réel de ceci, seulement des souvenirs de souvenirs, des récits de souvenirs rapportés par ceux qui jamais plus ne sauront vraiment (comme on sait l'acidité d'un citron, le laineux d'un tissu, la douceur d'une épaule), ce que tout ça, réellement, a été.

— Eh bien, dit Michel, il n'y a plus rien à chercher, ici.

Et nous abandonnons la clairière, du côté où les gars avaient aménagé une piste, pour les voitures, aboutissant à ce chemin forestier qui débouchait sur la route, quelques centaines de mètres plus bas. Nous sommes sur le chemin, et Michel s'arrête, de nouveau.

— Je me demande si les sentinelles étaient en place, ce jour-là, dit-il, en fronçant les sourcils.

— Comment? je dis.

Je regarde Michel, je ne comprends pas quelle importance ce détail peut-il bien avoir, désormais.

— Mais oui, souviens-toi, dit-il, cette fois, nous avons fait exprès, pour voir, on est tombés sur eux, dans la clairière, les sentinelles n'étaient pas en place.

Oui, je me souviens, on est arrivés sur eux à l'improviste, n'importe quelle patrouille de la *Feld* en balade aurait pu faire de même. On s'était engueulés là-dessus, avec les gars du «Tabou».

— Mais quelle importance, désormais? je demande.

— N'empêche, dit Michel, ils ont dû se faire surprendre, j'en suis sûr.

— Tu commences à avoir l'esprit militaire, c'est bien, pour un archicube.

Il me regarde et sourit.

— T'as raison, dit-il, laissons tomber.

— De toute façon, je fais, si les SS sont venus en force, sentinelles ou pas, ils ont dû être prévenus.

— Oui, dit Michel, en hochant la tête, on va jusqu'à la ferme, maintenant?

— Bien entendu, mon capitaine, mais entrez donc, mon capitaine, dit le fermier.

Il nous fait signe d'entrer, mais avant de suivre mon capitaine à l'intérieur, je me retourne et je regarde. La ferme se dresse à deux centaines de mètres de l'orée des bois, elle surplombe sur une bonne longueur les lacets de la route qui monte vers le «Tabou». Ils ont dû voir arriver les camions des SS, je me demande s'ils ont eu le temps de prévenir les gars. Sûrement l'ont-ils fait, s'ils en ont eu le temps, ils étaient en très bons termes avec les gars du «Tabou», ces fermiers.

J'entre à mon tour, Michel est déjà en train de boire la goutte, c'est une chose que l'on ne saurait refuser.

— Vous avez eu le temps, je demande, quand j'ai, moi aussi, mon verre d'eau-de-vie à la main, vous avez eu le temps de les prévenir, les gars?

Le fermier hoche la tête et se retourne pour crier, vers l'intérieur de la maison.

— Jeanine, crie-t-il.

Il hoche la tête et nous explique. En effet, ils ont eu le temps, c'est sa fille qui a couru jusqu'aux gars, pour les prévenir.

— Est-ce que les sentinelles étaient en place? demande Michel.

J'ai envie de dire que ça n'a rien à foutre, cette question, que c'est de la sénilité précoce, cet intérêt pour les sentinelles, mais le fermier a l'air perplexe, il semble prendre cette question au sérieux, on dirait presque qu'il se sent pris en faute, de ne pouvoir répondre comme il se doit à cette question imbécile.

— Je comprends bien, mon capitaine, dit-il, il faudra demander à Jeanine, si elle se souvient de ce détail.

Mais il se rattrape en vitesse.

— C'est-à-dire, c'est une question importante... Les sentinelles, mon capitaine, je comprends bien, les sentinelles...

Et il hoche la tête, longuement, avant de vider son verre d'eau-de-vie, d'un brusque mouvement en arrière de tout son corps.

Jeanine, et puis sa mère, et puis la femme du garçon de ferme, les Allemands les ont finalement laissées tranquilles. Ils ont emmené les hommes et le bétail. C'est son fils qui n'a pas eu de chance, ils l'ont déporté en Allemagne.

— Il ne doit plus tarder à rentrer, à présent, dit le fermier, d'une voix hésitante, il en arrive tous les jours, maintenant, les journaux le disent.

Michel me regarde, je regarde le fermier, le fermier ne regarde nulle part. Il se fait un silence.

— Vous avez eu de ses nouvelles, depuis qu'on l'a emmené en Allemagne? demande Michel, finalement.

— La mère en a eu deux fois, dit le fermier, jusqu'au débarquement. Ensuite, plus rien. Même qu'on l'obligeait à écrire en allemand. Je me demande comment il a fait, le gosse.

— Un copain l'aura écrite, je dis, il y a toujours des copains qui savent l'allemand et qui aident ceux qui ne le savent pas. C'est la moindre des choses.

Le fermier hoche la tête et nous sert une nouvelle tournée.

— Il était dans quel camp, votre fils? demande Michel.

— À Buckenval, dit le fermier. Je me demande pourquoi il prononce ainsi, mais le fait est que la plupart des gens le prononcent ainsi.

Je sens que Michel ébauche un geste vers moi, alors je laisse mon regard se vider de toute expression, je laisse les muscles de mon visage se figer, je deviens terne, spongieux, insaisissable. Je ne veux pas parler du camp avec ce fermier dont le fils n'est pas encore revenu. Ma présence ici, s'il apprenait que j'en viens, serait un coup porté à son espoir de voir encore rentrer son fils. Chaque déporté qui rentre, et qui n'est pas son fils, porte atteinte aux chances de survie de son fils, aux chances de le voir rentrer vivant. Ma vie à moi, revenue de là-bas, augmente les possibilités de mort de son fils. J'espère que Michel comprendra ça, qu'il ne va pas insister.

Mais une porte s'ouvre, au fond, et Jeanine entre.

— Oui, dit Jeanine, je me souviens très bien de votre copain.

Nous marchons dans la forêt, de nouveau, vers la clairière du « Tabou ».

— Quel âge aviez-vous, à ce moment-là ? je demande.

— Seize ans, dit Jeanine.

Nous avons mangé à la ferme, nous avons entendu, une autre fois encore, le récit du massacre du « Tabou », un autre récit, différent, sur une autre perspective, mais identique, cependant, par le désordre, et la nuit, les bruits confus de la bataille, et le silence, finalement, le grand silence de l'hiver sur les hauteurs du « Tabou ». La fermière, c'est visible, rongée par l'attente, ne vivant plus que dans l'attente de son fils.

Michel est resté à la ferme, à bricoler le moteur de la traction, a-t-il dit. Je marche de nouveau vers la clairière du « Tabou », dans les hautes herbes, avec Jeanine, qui avait seize ans, à ce moment-là, et qui se souvient très bien de mon copain.

— Il venait parfois jusqu'à la ferme, les derniers jours, avant la bataille, dit Jeanine.

En réalité, toute l'affaire a duré quelques heures, mais pour elle, sûrement, ces quelques heures de bruits confus, de coups de feu, les cris des SS envahissant la ferme, tout cela condense et représente, en fin de compte, la réalité de ces cinq longues années de guerre, toute son adolescence. C'est une bataille qui symbolise toutes les batailles de cette longue guerre, dont les échos parvenaient, assourdis, jusqu'à cette ferme bourguignonne.

Nous sommes assis, dans la clairière du « Tabou », je froisse les herbes qui poussent sur les débris de cette guerre qui vient de finir, déjà effacée.

— Toute la nuit, dit-elle, quand les coups de feu ont cessé, j'ai attendu qu'il arrive, j'ai guetté les bruits autour de la ferme.

Je froisse les herbes, certaines sont coupantes.

— Je ne sais pas pourquoi, dit-elle, mais je pensais qu'il apparaîtrait dans la nuit, sur le derrière de la ferme, peut-être.

Je mâche une herbe, acide et fraîche comme ce printemps de l'après-guerre, qui commence.

— Je me disais qu'il serait blessé, peut-être, j'avais préparé de l'eau chaude, dit-elle, et du linge propre, pour le panser.

Je me souviens qu'elle avait seize ans et je mâche l'herbe acide et fraîche.

— La mère pleurait, dans une pièce du haut, elle pleurait sans arrêt, dit-elle.

J'imagine cette nuit, le silence retombé sur les hauteurs du «Tabou», la trace de Hans, à jamais disparue.

— À l'aube, j'ai cru entendre un froissement, à la porte de derrière. C'était le vent, dit-elle.

Le vent de l'hiver, sur les hauteurs du «Tabou», calcinées.

— J'ai attendu encore, j'ai attendu des jours, sans espoir, dit-elle.

Je me laisse aller en arrière, la tête enfouie dans les hautes herbes.

— Ma mère est allée jusqu'à Dijon, c'est là qu'ils avaient enfermé les hommes, dit-elle.

Je regarde les arbres, le ciel parmi les arbres; j'essaye de ne pas me souvenir de tout ça.

— J'ai parcouru la forêt, dans tous les sens, je ne sais pourquoi, mais il fallait que je le fasse, dit-elle.

Il fallait retrouver la trace de Hans, mais il n'y avait plus de trace de Hans.

— Encore maintenant, dit-elle, je viens ici, parfois, et j'attends.

Je regarde le ciel parmi les arbres, les arbres, j'essaye de me vider de toute attente.

— Mon frère n'est pas revenu, non plus, alors voilà, dit-elle.

Je me retourne sur le côté et je la regarde.

— Vous saviez, dit-elle, qu'il était allemand?

Je me dresse sur un coude, surpris, et je la regarde.

— Il récitait une chanson, dit-elle, où il était question du mois de mai.

Alors, je me laisse aller en arrière de nouveau, la tête enfouie parmi les herbes hautes. Je sens mon cœur qui bat contre la terre humide de la clairière, et c'est le mois de mai, de nouveau, «*im wunder-schönen Monat Mai — wenn alle Knospen blühen*[1]».

Je sens mon cœur qui bat et subitement je me souviens de cette marche dans la nuit, qui hantait ma mémoire, ces jours passés. Je l'entends bouger, près de moi, dans un froissement d'herbes, et sa main vient frôler mes cheveux ras. Ce n'est pas une caresse, ce n'est même pas un geste amical, c'est un tâtonnement d'aveugle qui essayerait de s'y retrouver, comme si elle explorait la signification de ces cheveux ras.

— Vous avez eu la tête rasée, dit-elle.

Je me tourne vers elle. Elle est allongée près de moi, les yeux grands ouverts.

— Vous croyez que mon frère peut encore rentrer? demande-t-elle.

Alors, je lui chuchote l'histoire de cette marche dans la nuit, à travers l'Europe, c'est une façon de lui répondre, l'histoire de la longue marche de Piotr et de ses gars, dans la nuit de l'Europe. Elle écoute avec une attention passionnée. Et c'est le mois de mai, de nouveau, dans la clairière du «Tabou».

— Tu comprends, dit la voix derrière moi, on s'est dispersés par petits paquets, et les gars du groupe de couverture, on ne les a pas revus.

---

1. «Le merveilleux mois de mai — quand tous les bourgeons fleurissent.»

Le gars de Semur regarde le type qui parle et il se tourne vers moi, quand le type a fini de parler.

— C'était un copain à toi, demande-t-il, un bon copain?

— Oui, je fais.

Le gars de Semur hoche la tête, et c'est de nouveau le silence, dans la pénombre du wagon. C'est un sale coup, cette nouvelle de la fin du «Tabou», en plein dans l'estomac, comme ça, au cours de ce voyage. Je ne saurai pas ce qui est arrivé à Hans, jusqu'au retour de ce voyage. Et si je ne reviens pas de ce voyage, je ne saurai jamais ce qui est arrivé à Hans. S'il est resté dans le groupe de couverture, il faudra que je me fasse à l'idée de la mort de Hans. Ces jours qui viennent, ces semaines qui s'avancent, ces mois qui arrivent sur moi, il faudra que je me fasse à l'idée de la mort de Hans, c'est-à-dire, il faudra que cette idée (si tant est qu'on puisse appeler idée cette réalité opaque et fugitive de la mort de quelqu'un qui vous est proche), il faudra qu'elle se fasse à moi, que cette mort fasse partie de ma vie. Ça va prendre du temps, j'ai l'impression. Mais peut-être n'en aurai-je pas le temps, de me faire à cette idée de la mort de Hans, peut-être ma propre mort viendra-t-elle me délivrer de ce souci. Dans la boule spongieuse qui se trouve derrière mon front, entre ma nuque douloureuse et mes tempes brûlantes, où résonnent tous les lancinements de mon corps qui se brise en mille morceaux de verre coupant, dans cette boule spongieuse dont je voudrais pouvoir tirer à pleines mains (ou bien plutôt avec des pinces délicates, une fois soulevée la plaque osseuse qui la recouvre) les filaments cotonneux, et peut-être striés de sang, qui doivent remplir toutes les cavités et qui m'empêchent d'y voir clair, qui m'embrument tout l'intérieur, ce qu'on appelle la conscience, dans cette boule spongieuse se fraie un chemin l'idée que peut-être ma mort n'arrivera pas à être quelque chose de vraiment réel, c'est-à-dire, quelque chose qui fasse partie de la vie de quelqu'un, au moins de quelqu'un. Peut-être la possibilité de ma mort comme quelque chose de réel me sera-t-elle refusée, même cette possibilité, et je cherche avec désespérance à qui je pourrais manquer, quelle vie je pourrais creuser, hanter, par mon absence, et je ne trouve pas, en ce moment précis je ne trouve pas, ma mort n'a pas de possibilité réelle, je ne pourrais même pas mourir, je ne pourrais que m'effacer, tout doucement me faire gommer de cette existence, il faudrait que Hans vive, que Michel vive, pour que je puisse avoir une mort réelle, qui morde sur le réel, pour que je ne m'évanouisse pas tout simplement dans la pénombre puante de ce wagon.

Quand le Dr Haas m'a demandé mes papiers, à Épizy, c'est-à-dire, près de Joigny, dans la maison d'Irène, et bien entendu, je ne savais pas encore que c'était le Dr Haas, je suis simplement entré dans la cuisine, encore tout ensommeillé, et Irène m'a dit, d'une voix calme, d'une voix douce: — C'est la Gestapo, Gérard, elle souriait, j'ai vaguement entrevu les silhouettes des deux hommes et de la femme blonde, une interprète, celle-ci, j'ai su plus tard, et l'un des hommes a aboyé: — Vos papiers, quelque chose dans ce genre, quelque chose en tout cas de très facile à comprendre, alors j'ai fait le geste de sortir mon Smith & Wesson, mais non, ce jour-là, j'avais un revolver canadien, dont le barillet ne basculait pas latéralement, dont la crosse et la chambre de percussion se pliaient en arrière, sur un axe fixe, pour dégager le barillet, mais je n'ai pas pu achever mon geste, le revolver a dû s'accrocher à la ceinture de cuir par la partie renflée où se trouve le barillet, il ne venait pas, et le deuxième homme m'a assommé d'un coup dans la nuque, je suis tombé à genoux, je ne pensais obstinément qu'à sortir mon arme, qu'à avoir la force de sortir mon arme et de tirer sur ce type en chapeau mou, aux dents en or, sur tout le devant de la bouche, c'était la seule chose importante qui me restait à faire, dégager le revolver et tirer sur ce type, la seule chose autour de laquelle je puisse concentrer mon attention, ma vie ; mais le type au chapeau mou, à son tour, de toute sa force m'a frappé sur le haut du crâne avec la crosse d'un pistolet, sa bouche ouverte dans un rictus avec plein de dents dorées dedans, le sang a jailli à flots sur mes yeux déjà embrumés par le sommeil, la femme blonde poussait des cris aigus, et je n'arriverais plus à sortir ce putain de revolver canadien. J'avais du sang sur le visage, cette tiédeur fade était le goût de la vie, je pensais avec une sorte d'exaltation, n'imaginant pas que le type au chapeau mou puisse faire autre chose, à ce moment donné, que me tirer dessus, à bout portant, en voyant la crosse de mon revolver que j'essayais toujours, mais vainement, de dégager. Et pourtant, même à ce moment-là, je n'arrivais pas à réaliser cette mort si proche, si vraisemblable, comme une réalité nécessaire ; même à cette minute où elle semblait fondre sur moi, où elle aurait dû, logiquement, fondre sur moi, la mort demeurait au-delà, comme une chose, ou un événement, irréalisable, ce qu'elle est, en fait, irréalisable sur le plan de la seule individualité. Plus tard, chaque fois qu'il m'est arrivé de frôler la mort (comme si la mort était un accident, ou bien un obstacle solide sur lequel on viendrait buter, se heurter, cogner, taper dedans), la seule sensation réelle que cela a provoquée c'est une accélération de toutes les fonctions vitales, comme si la mort était une chose à laquelle on pouvait penser, avec toutes les variantes, toutes les formes et nuances de la pensée, mais nullement une chose qui puisse vous arriver. Et c'est ainsi, en fait, c'est la seule chose, mourir, qui ne pourra jamais m'arriver, dont je n'aurai jamais l'expérience personnelle. Mais la mort de Hans, cependant, voilà une chose qui m'était bel et bien arrivée, qui ferait partie de ma vie, désormais.

Ensuite, il y a le vide. Depuis seize ans, j'essaye de cerner ces quelques heures qui s'écoulent entre la conversation avec le gars du « Tabou » et la nuit de folie qui nous attendait, j'essaye de pénétrer dans la brume de ces quelques heures qui ont dû, forcément, s'écouler, d'arracher, bribe par bribe, la réalité de ces quelques heures, mais presque en vain. Parfois, dans un éclair, je me souviens, non pas de ce qui s'est passé, car il ne s'y est rien passé, il ne s'est rien passé, jamais, à aucun moment de ce voyage, mais des souvenirs et des rêves qui m'ont hanté ou habité le long de ces heures qui manquent à mon voyage, à ma mémoire parfaite de ce voyage, où il ne manque autrement pas un pli du paysage, pas un mot de ce qui a été dit, pas une seconde de ces longues nuits interminables ; mémoire tellement accomplie que si je me consacrais à raconter ce voyage, dans ses détails et ses détours, je pourrais voir les gens autour de moi, qui auraient bien voulu commencer à m'écouter, ne fût-ce que par politesse, je pourrais les voir languir d'ennui et puis mourir, doucement s'affaisser sur leurs sièges, s'enfonçant dans la mort comme dans l'eau à peine courante de mon récit, ou bien je les verrais sombrer dans une folie, peut-être furieuse, ne supportant plus l'horreur paisible de tous les détails et les détours, les allers, les retours, de ce long voyage d'il y a seize ans. Ici, bien entendu, je résume. Mais ça m'irrite, quand même, arrivé à ce point, de ne pouvoir saisir pleinement, de ne pouvoir démasquer, seconde par seconde, ces quelques heures qui me narguent et s'enfoncent toujours plus loin, à mesure que je débusque quelque proie, minime il est vrai, du souvenir perdu de ces heures-là.

Je n'en retrouve que des bribes. Ainsi, c'est au cours de ces heures qu'il y a eu, forcément, car j'ai eu beau éplucher tout le reste du voyage, minute par minute, je n'ai pas trouvé de place pour le caser, ce rêve, ou ce souvenir, précis dans sa confusion, se détachant clairement, comme un point violemment lumineux dans un brouillard alentour, le rêve ou le souvenir de ce lieu calme, aux odeurs d'encaustique (des livres, plein de rangées de livres) où je me réfugiais, où je fuyais la moiteur puante du wagon, ce grand silence au parfum de cire et de chêne, de chêne ciré, où je plongeais pour fuir le brouhaha sans cesse croissant du wagon, bientôt, la nuit tombée, atteignant son paroxysme. Je ne crois pas, au cours du voyage même, avoir identifié ce lieu calme, cet endroit de rêve, avec le bruit des pages froissées, feuilletées, l'odeur du papier, de l'encre, mêlée aux senteurs d'encaustique, et cette vague impression que ce lieu lui-même était entouré de calme, de silence ouaté, d'arbres dépouillés, tout cela confusément, non pas une certitude, un vague soupçon de tout ce calme enchâssant ce lieu calme. Plus tard, bien sûr, ce fut un jeu d'enfant, d'identifier ce rêve, ou ce souvenir, cette nostalgie brumeuse et claire, brillante et opaque à la fois, au milieu du cauchemar très réel du wagon. C'était la librairie, et plus précisément, le premier étage de la librairie de Martinus Nijhoff, à La Haye. Aujourd'hui, vingt-trois ans après, je pourrais encore, les yeux fermés, monter cet escalier, je saurais encore m'y retrouver, parmi les longues rangées de livres du premier étage. Nijhoff, en général, se tenait au rez-de-chaussée, il me regardait passer vers l'escalier avec des yeux pétillants derrière les verres cerclés d'or. Au premier étage se trouvaient les rayons de livres français, neufs et d'occasion, et j'y passais des heures à lire des bouquins que je ne pouvais m'offrir. Une lumière placide baignait la grande salle, cette belle lumière dense, sans arêtes coupantes, de l'hiver nordique, une luminosité sphérique, irradiant par égal les plans rapprochés et les plans lointains, tamisée dans la grande salle encombrée de rayonnages sévères (et cette odeur d'encaustique devenait en quelque sorte l'équivalent sensible du puritanisme un peu hautain, et combien fragile, dérisoire tout compte fait, de l'ensemble) par les verrières nervurées de plomb cerclant les bouts de vitre colorée, disposés çà et là, selon un ordre vieillot et un tant soit peu monotone. Mais tout ceci, bien entendu, ne fait pas partie de ce rêve-là, au cours de ce voyage. Ce rêve-là n'était que la nostalgie de ce lieu calme et clos, non identifié clairement, ne débouchant sur rien d'autre que sur le sentiment confus d'une perte irréparable, d'un manque impossible à combler, dans la puanteur moite du wagon, traversée bientôt de cris échevelés. Ni l'air souriant et benoît de Nijhoff, ni les avenues dépouillées par l'hiver, ni les canaux gelés, ni la longue course au sortir du Tweede Gymnasium, jusqu'à ce lieu calme et clos, ne font partie de ce rêve, ou plutôt de ce souvenir lancinant, bien qu'imprécis, qui est venu m'assaillir au cours de ces heures mornes, entre la conversation avec le gars du «Tabou» et la nuit de Walpurgis qui nous attendait. Ce lieu calme et clos n'était que l'un des points autour desquels s'organisait mon univers enfantin, battu en brèche, de toutes parts, par les rumeurs grondantes du monde, les hurlements à la radio, lors de l'Anschluss de Vienne, et la stupeur morne et stupide de septembre 1938, qui signait la défaite de mon pays, battu de toutes parts, comme les digues de Scheveningen, au bout des arbres et des dunes, sur lesquelles déferlaient les marées d'équinoxe, cette mer sur laquelle il fallait lever le regard, vers laquelle il fallait monter, au débouché des arbres et des dunes, qui semblait sur le point, à chaque minute, de déferler vers la terre ferme en contrebas. Chez Martinus Nijhoff, ces longues séances de lecture n'étaient qu'une halte, et le pressentiment m'en tourmentait déjà, sur la longue route de l'exil, commencée à Bayonne, mais non, en réalité commencée déjà avant, cette nuit de réveil en sursaut, dans la maison des dernières vacances, au pied des pinèdes, tout le village se mettant en marche, dans le silence haletant, lorsque le brusque embrasement des collines et l'arrivée des réfugiés du village le plus proche, vers l'est, ont annoncé l'approche des troupes italiennes de Gambara piétinant le Pays basque. (Des hommes, à l'entrée du pont, dressaient une barricade de sacs de sable, ils avaient des fusils de chasse, des boîtes de conserve remplies de dynamite, j'en connaissais certains, des pêcheurs rencontrés sur le port, au cours de ces étés, des joueurs de pelote qui montaient à Mendeja, sur le fronton accoté à la vieille église, pour recommencer éternellement une éternelle partie entre équipes rivales, la balle de cuir claquant sur les mains nues, ou heurtant, dans un bruit déchirant, le liseré de fer marquant sur le mur de face la limite inférieure de la surface de jeu ; ils regardaient les collines embrasées par l'incendie, ils serraient sur leur cœur les fusils de chasse, ils fumaient en silence ; s'écarter d'eux, les laisser derrière cette barricade inutile, face aux blindés de Gambara, c'était trancher les liens les plus essentiels, c'était s'engager sur la route de l'exil, on aurait voulu grandir de quelques années, tout à coup, pour rester avec eux, on s'est promis, confusément, dans un terrible désespoir enfantin, de combler ce retard, de rattraper ce temps perdu, de quelque façon que ce fût ; mais on s'éloignait déjà, on partait à la dérive, dans le flot nocturne de cette foule glissant sur ses espadrilles au bruit rugueux sur l'asphalte de la route en corniche, au-dessus de la mer et des rumeurs du ressac : on s'éloignait, voilà, on était partis, il faudrait attendre des années, une longue nuit d'années trouées d'incendies, de coups de feu, avant de prendre sa place, de pouvoir tenir sa place, à côté d'autres hommes, les mêmes hommes, derrière d'autres barricades, les mêmes barricades, le même combat non encore terminé.) Chez Nijhoff, les odeurs d'encaustique, le bruit des pages froissées, la chaleur engourdissante, après la longue course contournant les canaux gelés, parmi les fantômes d'arbres dépouillés par l'hiver, ce n'était qu'une halte, relativement brève, dans cet interminable voyage de l'exil.

Le gars de Semur, en tout cas, n'a plus parlé, durant ces quelques heures qui ont précédé la nuit de folie, la dernière nuit de ce voyage. Peut-être était-il déjà en train de mourir, c'est-à-dire, la mort était-elle déjà en train de ramasser ses forces et ses ruses, pour un dernier assaut, un déferlement subit à travers les artères, un froid caillot d'ombre s'avançant. Il ne disait plus rien, en tout cas. Tout à l'heure, il va ouvrir la bouche, dans un élan désespéré, «ne me laisse pas, vieux», et il va mourir, c'est-à-dire, sa mort va arriver à son terme. Toutes les conversations, d'ailleurs, se sont éteintes, toutes les paroles tues, au cours de ces heures. Une hébétude gangueuse nous gagnait, un silence magmeux, bouillonnant comme une vase de bulles de cris retenus, de brusques sursauts de colère ou d'épouvante, en ondes concentriques, où ce n'était plus ni moi, ni lui, ni toi, qui criait ou chuchotait, mais le magma gangueux que nous formions, par ces cent dix-neuf bouches anonymes, jusqu'à l'éclatement final du désespoir, des nerfs mis à vif, de l'épuisement des ultimes ressorts de volonté.

Chez Martinus Nijhoff, maintenant que j'y pense, il a dû m'arriver aussi d'y aller au printemps, parmi la moiteur des arbres verts et des canaux aux eaux à peine courantes, mais toujours le souvenir qui surgit spontanément est celui de la blancheur crissante de l'hiver, des arbres dépouillés, se découpant dans cette lumière grise, mais infiniment irisée, dont on ne sait plus, tout compte fait, si c'est la lumière réelle ou celle des peintres qu'on allait contempler au Rijksmuseum ou au musée Boymans, la lumière de Delft ou celle de Vermeer van Delft. (Et cette question, il est aisé de s'en apercevoir, se complique étrangement du fait de la fausseté même de certains tableaux de Vermeer, fausseté tellement vraie, c'est-à-dire, qui colle tellement à la réalité de cette lumière dont je parle, qu'il est parfaitement byzantin d'essayer de savoir qui a imité l'autre, peut-être est-ce, avec quelques siècles de prémonition, Vermeer qui a imité Van Meegeren, qu'est-ce que ça changerait, je vous le demande, en tout cas, à Cimiez, dans la villa où Van Meegeren avait vécu sous l'occupation allemande, et où j'ai passé quelques jours, chez les amis qui l'habitaient alors, c'est bien dommage mais il ne restait plus un seul faux Van Meegeren ou vrai Vermeer, puisque c'est la fausseté des tableaux du faussaire qui a porté jusqu'à sa plus grande perfection la vérité ébauchée par Vermeer, la vérité de cette lumière grise, irisée d'en dedans, qui m'enveloppait tandis que je courais, parmi les arbres dépouillés, vers la librairie de Martinus Nijhoff.)

Je courais, donc, désespérément, vers ce lieu calme et clos, mais chaque fois, au moment de l'atteindre, au moment où le souvenir semblait se préciser, où peut-être étais-je sur le point de reconnaître cet endroit, de l'identifier, une secousse de la masse des corps haletants, un cri aigu, surgi des entrailles mêmes de l'épouvante sans rémission, me happait de nouveau, me tirait en arrière, me faisait retomber dans la réalité du cauchemar de ce voyage.

— Il faut faire quelque chose, les gars, dit une voix derrière nous.

Je ne vois pas très bien ce que l'on pourrait faire, sinon attendre, se cramponner à soi-même, résister. Le gars de Semur non plus, ne doit pas voir, il hoche la tête, dubitatif, ou peut-être, tout simplement, hébété. Mais il y a toujours quelqu'un qui prend la situation en main, quand la situation devient intenable, il y a toujours une voix qui surgit de la masse des voix anonymes, qui dit ce qu'il faut faire, qui indique les chemins, peut-être sans issue, souvent sans issue, mais des chemins où engager les énergies encore latentes, dispersées. À ces moments, lorsque cette voix retentit, et toujours elle retentit, la simple agglomération d'êtres rassemblés par hasard, informe, révèle une structure cachée, des volontés disponibles, une étonnante plasticité s'organisant selon des lignes de force, des projets, en vue de fins peut-être irréalisables, mais qui confèrent un sens, une cohérence, aux actes humains même les plus dérisoires, même les plus désespérés. Et toujours cette voix se fait entendre.

— Les gars, il faut faire quelque chose, dit cette voix derrière nous.

C'est une voix nette, précise, qui tranche sur le brouhaha de toutes les autres voix, affolées, à l'agonie. Tout à coup on étouffe, tout à coup on n'en peut plus, tout à coup les gars commencent à s'évanouir, ils s'effondrent, ils en entraînent d'autres dans leur chute, ceux qui tombent sous la masse des corps étouffent à leur tour, poussent de toutes leurs forces pour se dégager, n'y arrivent pas, ou à peine, crient de plus belle, hurlent qu'ils vont mourir, cela fait un vacarme assourdissant, un désordre absolu, on se sent tiraillé de droite et de gauche, on trébuche sur les corps effondrés, on est aspiré vers le centre du wagon, repoussé aussitôt, vers les parois, et le gars de Semur a la bouche ouverte comme un poisson, il essaye d'engloutir le plus d'air possible, — Donnez-moi la main, crie un vieillard. J'ai la jambe prise là-dessous, elle va casser, crie le vieillard, un autre, vers la droite, tape comme un forcené autour de lui, à l'aveuglette, on lui saisit les bras, il se dégage avec un hurlement féroce, il est assommé finalement, il tombe, on le piétine. — C'est de la folie, les gars, remettez-vous, gardons le calme, dit quelqu'un désespérément. — Il faudrait de l'eau, dit un autre. — C'est facile à dire, où veux-tu qu'on la cherche, l'eau ? et puis cette plainte, à l'autre bout du wagon, cette plainte interminable, inhumaine, dont on souhaite pourtant ne pas entendre la fin, qui voudrait dire que cet homme, cette bête, cet être qui la pousse est mort, cette plainte inhumaine est le signe encore d'une vie d'homme se débattant, le gars de Semur a un type près de lui qui vient de s'évanouir, il a failli culbuter, il s'accroche à moi, j'essaye de prendre appui d'une main sur la paroi du wagon vers laquelle nous avons été rejetés, peu à peu, je me redresse le plus possible, le gars de Semur arrive à retrouver son équilibre, il sourit, mais il ne dit rien, il ne dit plus rien, il y a longtemps, je me souviens, j'avais lu le récit de l'incendie du Novedades, un théâtre, la panique qui s'ensuivit, les corps piétinés, mais peut-être, je n'arrive pas à éclaircir ce point, peut-être n'était-ce pas une lecture enfantine d'un journal dérobé, peut-être était-ce le souvenir d'un récit entendu, peut-être cet incendie du Novedades, cette panique, se sont produits avant que je n'aie eu l'âge d'en lire le récit dans un journal dérobé sur la table du salon, je n'arrive pas à éclaircir ce point, c'est une question futile, de toute façon, je me demande comment je peux m'intéresser à une question pareille, en ce moment, quelle importance vraiment cela peut-il avoir que j'en aie entendu le récit, de la bouche de quelque grande personne, peut-être Saturnina, ou que je l'aie lu moi-même, dans quelque journal dont la première page aurait été barrée, je suppose, par les gros titres d'un fait divers si passionnant.

— Dites, les gars, il faut m'aider, fait de nouveau le type.

— T'aider? je demande.

Il s'adresse à moi, visiblement, au gars de Semur aussi, à tous ceux qui l'entourent et n'ont pas encore été saisis, renversés, bousculés, mis hors de combat par le tourbillon de panique qui se déchaîne dans le wagon.

— Il faut ranimer les gars qui s'évanouissent, les remettre debout, dit le type qui a pris la situation en main.

— Ce serait pas mal, je fais, pas convaincu.

— Il y aura des morts, sinon, des gars piétinés, d'autres qui vont étouffer, dit le type.

— Je n'en doute pas, je lui réponds, mais des morts, il va y en avoir de toute façon.

Le gars de Semur écoute, il hoche la tête, il a toujours la bouche grande ouverte.

— Il faut me trouver des récipients, dit le type, d'une voix autoritaire, des boîtes de conserve vides, quelque chose.

Je regarde autour de moi, machinalement, je cherche du regard des récipients, des boîtes de conserve vides, quelque chose, comme il dit, ce type.

— Pourquoi faire? je demande.

Je ne vois pas du tout ce qu'il veut faire avec des récipients, des boîtes de conserve vides, quelque chose, comme il dit.

Mais la voix autoritaire commence à faire son effet. On appelle le type, de-ci, de-là, des mains lui tendent, dans la pénombre hurlante et moite du wagon, un certain nombre de boîtes de conserve vides.

Je regarde le type, ce qu'il va bien pouvoir faire, comme on regarde au cirque quelqu'un qui commence à préparer son numéro et que l'on ne sait pas encore s'il va jongler avec ces assiettes et ces boules, ou les faire disparaître, ou les transformer en lapins vivants, en blanches colombes, en femmes à barbe, en belles jeunes femmes douces et absentes, l'air absent, vêtues d'un maillot rose piqueté de strass brillant. Je le regarde, comme au cirque, je n'arrive pas encore à m'intéresser à ce qu'il fait, je me demande simplement s'il va réussir son numéro.

Le type choisit les plus grandes boîtes de conserve, il laisse tomber les autres.

— Maintenant, dit-il, il faut pisser dans ces boîtes, les gars, tous ceux qui peuvent, il faut me remplir ces boîtes.

Le gars de Semur, sa mâchoire inférieure s'en décroche, d'étonnement, il hoche la tête de plus belle. Mais je crois deviner ce qu'il veut faire, ce type, je crois avoir compris quel est son numéro.

— On n'a pas d'eau, les gars, dit-il, alors on va tremper des mouchoirs dans l'urine, on va sortir les mouchoirs trempés dans l'air de la nuit, ça fera des compresses froides, pour ranimer ceux qui s'évanouissent.

C'est à peu près ça que j'avais cru deviner.

Les gars, autour de moi, se mettent à pisser dans les boîtes de conserve. Quand elles sont pleines, le type les distribue, réunit des mouchoirs, qu'il trempe dans l'urine, qu'il passe ensuite à ceux qui se trouvent près de l'ouverture, pour qu'ils les agitent dans l'air glacé de la nuit. Ensuite, nous nous mettons au travail, sous les ordres de ce type. Nous ramassons ceux qui se sont effondrés, nous leur collons les mouchoirs humides et glacés sur le front, sur le visage, nous les rapprochons le plus possible de l'air frais de la nuit, ça les ranime. Le fait d'avoir une activité soutient les autres, ceux qui ne s'étaient pas encore trouvés mal, ça leur donne des forces, ça les calme. À partir de notre coin, ainsi, le calme gagne progressivement, s'étend vers le reste du wagon en ondes concentriques.

— Fermez la bouche, fermez les yeux, dit le type, quand vous aurez les mouchoirs sur la figure.

La panique cesse, peu à peu. Il y a toujours des gars qui s'effondrent, mais ils sont aussitôt pris en main, poussés vers les ouvertures, vers les porteurs de boîtes de conserve remplies d'urine. On les ranime, avec de grandes claques, parfois, des mouchoirs mouillés et glacés sur les visages inertes.

— Elle est vide, ma boîte, dit quelqu'un, faudrait voir à me la remplir.

— Passe-la par là, dit un autre, j'en ai à te donner.

Des rires, même, recommencent à fuser. Des plaisanteries de corps de garde.

Certains, bien entendu, il n'y a rien eu à faire, pour les ranimer. Ils étaient bel et bien morts. Tout à fait morts. Nous les avons rassemblés, près du premier cadavre de ce voyage, celui du petit vieux qui a dit : — Vous vous rendez compte ? et qui est mort, tout de suite après. Nous les avons rassemblés, pour qu'ils ne soient pas piétinés, mais ça n'a pas été une mince affaire, dans la cohue moite du wagon. Le plus simple, c'était encore de maintenir les cadavres en position horizontale, de les faire avancer ainsi, de main en main, jusqu'à l'endroit où nous avions décidé de tous les rassembler. Soutenus par des bras invisibles, les cadavres aux yeux fixes, ouverts sur un monde éteint, avaient l'air d'avancer par eux-mêmes. La mort était en marche dans le wagon, silencieusement, une force irrésistible avait l'air de pousser ces cadavres vers leur ultime action. C'est ainsi, je l'ai appris plus tard, que les copains allemands faisaient monter sur la place d'appel les cadavres des détenus morts dans la journée. C'était aux premiers temps, aux temps héroïques, où les camps étaient de vrais camps ; maintenant, paraît-il, ce ne sont plus que des sanas, c'est en tout cas ce que disaient les anciens, avec mépris. Les SS passaient en revue les rangs impeccables des détenus, alignés en carrés, block par block. Dans le centre du carré, les morts, debout, soutenus par des mains invisibles, faisaient bonne contenance. Ils raidissaient très vite, dans le froid glacial de l'Ettersberg, sous la neige de l'Ettersberg, sous la pluie de l'Ettersberg, ruisselant sur leurs yeux morts. Les SS faisaient leur compte et c'était le chiffre établi, et contrôlé deux fois plutôt qu'une, qui servait à fixer les rations du lendemain. Avec le pain des morts, avec la portion de margarine des morts, avec leur soupe, les copains faisaient un fonds de nourriture pour venir en aide aux plus faibles, aux malades. Sur la place d'appel, avec la pluie de l'Ettersberg ruisselant sur leurs yeux éteints, avec la neige s'accrochant à leurs cils et à leurs cheveux, les cadavres des copains morts dans la journée rendaient un fier service aux vivants. Ils aidaient à vaincre, provisoirement, la mort qui guettait tous ces vivants.

C'est alors que le train, une fois de plus, s'est arrêté.

Un silence se fait dans le wagon, d'une qualité particulière, pas le silence produit par l'absence momentanée et due au seul hasard des bruits ambiants, mais un silence d'affût, d'attente, de respirations retenues. Et de nouveau, comme chaque fois où le train s'est arrêté, une voix demande si on est arrivés, les gars.

— On est arrivés, les gars ? demande la voix.

Une fois de plus, personne ne répond. Le train siffle, dans la nuit, deux fois. Nous prêtons l'oreille, attentifs, tendus par l'attente. Les gars ne pensent même plus à s'évanouir.

— Qu'est-ce qu'on voit ? demande quelqu'un.

C'est une question habituelle, également.

— Rien, dit l'un de ceux qui se trouvent près d'une ouverture.

— Pas de gare ? demande-t-on encore.

— Rien, quoi, c'est ce qu'on répond.

Des bruits de bottes, sur le ballast de la voie, tout à coup.

— Ils viennent.

— Ils doivent faire une ronde, chaque fois qu'on s'arrête ils font une ronde.

— Demande-leur où on est.

— Quelqu'un, oui, qu'il leur demande si on arrive bientôt.

— Tu crois qu'ils vont répondre.

— Ils se foutent bien de savoir si on en a marre.

— Tu parles, bien sûr, ils ne sont pas payés pour ça.

— Des fois, on tombe sur des types corrects, ils répondent.

— Des fois ma tante en avait deux, c'était mon oncle.

— Ta gueule, des fois ça m'est arrivé.

— T'es l'exception qui confirme la règle, vieux.

— Sans blague, à Fresnes, une fois...

— Raconte pas ta vie, tu nous emmerdes.

— Ça m'est arrivé, quoi, c'est tout.

— Oh, vos gueules, laissez-nous écouter !

— Il n'y a rien à écouter, ils font une ronde, c'est tout.

Mais le silence se fait, de nouveau.

Les bruits de bottes se rapprochent, ils sont là, au pied même du wagon.

— C'est un soldat, tout seul, chuchote un type près de l'ouverture.

— Demande-lui, bon dieu, qu'est-ce qu'on risque ?

— Monsieur, dit le type, eh, monsieur !

— Merde, dit quelqu'un, quelle façon de s'adresser à un Boche.

— Eh quoi, dit quelqu'un d'autre, on demande un renseignement, faut être poli.

Des rires désabusés grincent.

— Cette politesse, bien française, elle nous perdra, fait une voix, sentencieuse.

— Dites, monsieur, vous ne savez pas, est-ce qu'on est arrivés, bientôt ?

Dehors, le soldat répond, mais on ne comprend pas ce qu'il dit, on est trop loin.

— Qu'est-ce qu'il dit ? demande quelqu'un.

— Oh merde, attendez, il nous dira après, le gars.

— Mais bien sûr, dit le gars, on n'en peut plus, là-dedans.

La voix de l'Allemand s'élève de nouveau, dehors, mais on n'entend pas ce qu'elle dit, toujours pas.

— C'est vrai ça ? dit le gars qui parle avec le soldat allemand.

La voix de ce soldat invisible bruit de nouveau, dehors, indistinctement.

— Eh bien, merci, merci beaucoup, monsieur, dit le gars.

Le bruit de bottes reprend sur le ballast et s'éloigne.

— Merde alors, ce que t'es poli, vieux ! dit le même type de tout à l'heure.

— Alors, qu'est-ce qu'il a dit ?

Les questions fusent de toutes parts.

— Laissez-le raconter, bon dieu, au lieu de braire, gueule quelqu'un.

Le gars raconte.

— Voilà, quand je lui ai demandé si on était bientôt arrivés, il me répond : «Vous êtes tellement pressés d'arriver ?» et il hoche la tête.

— Il a hoché la tête ? demande quelqu'un, vers la droite.

— Il a hoché la tête, c'est ça, dit le gars qui raconte sa conversation avec le soldat allemand.

— L'air de vouloir dire quoi ? demande le même type, vers la droite.

— Tu nous les brises, merde, qu'est-ce que ça fout, qu'il hoche la tête, crie quelqu'un d'autre.

— L'air de vouloir dire qu'à notre place, il ne serait pas si pressé d'arriver, dit celui qui a parlé avec le soldat allemand.

— Et pourquoi donc ? demande-t-on, vers le fond.

— Oh, ça va, fermez vos gueules, est-ce qu'on est bientôt arrivés, oui ou non ? crie une voix exaspérée.

— Il a dit qu'on était arrivés, pratiquement, qu'on allait s'engager sur la voie qui conduit à la gare du camp.

— On va dans un camp ? Un camp comment ? fait une voix, étonnée.

Un concert d'imprécations s'élève, autour de cette voix étonnée.

— Tu croyais qu'on allait en colonie de vacances, merde, d'où sors-tu, bon sang ?

Le type se tait, il doit ruminer cette découverte.

— Mais pourquoi il a hoché la tête? Je voudrais bien savoir pourquoi il a hoché la tête, fait le type de tout à l'heure, obstiné.

Personne ne fait plus attention à lui. Tout le monde se laisse aller à la joie de penser qu'il est bientôt fini, ce voyage.

— T'as entendu, vieux? je dis au gars de Semur, on est arrivés, pratiquement.

Le gars de Semur sourit faiblement et il hoche la tête, comme ce soldat allemand a fait, tout à l'heure, si on en croit le type qui a parlé avec lui. Ça n'a pas l'air de l'emballer, le gars de Semur, cette idée qu'on est au bout du voyage, pratiquement.

— Ça ne va pas, vieux? je demande au gars de Semur.

Il ne répond pas aussitôt et le train démarre, avec une brusque secousse, dans un grand bruit d'essieux qui grincent. Le gars de Semur a basculé en arrière, et je le retiens. Ses bras s'accrochent à mes épaules et la lumière d'un projecteur qui balaye le wagon éclaire un instant son visage. Il a un sourire figé et un regard de surprise intense. La pression de ses bras sur mes épaules devient convulsive et il crie, à voix basse et rauque: «Ne me laisse pas, vieux.» J'allais lui dire de ne pas déconner, ne déconne pas, vieux, comment pourrais-je le laisser, mais son corps se raidit brusquement et il devient lourd, j'ai failli m'écrouler au milieu de la masse sombre et haletante dans le wagon, avec ce poids, subitement, de pierre lourde et morte à mon cou. J'essaye de prendre appui sur ma jambe valide, celle dont le genou n'est pas enflé et douloureux. J'essaye de me redresser, de soutenir en même temps ce corps devenu lourd, infiniment, abandonné à son propre poids mort, le poids de toute une vie, brusquement envolée.

Le train roule à bonne allure et je tiens sous les aisselles le cadavre de mon copain de Semur. Je le tiens à bout de bras, la sueur ruisselle sur mon visage, malgré le froid de la nuit s'engouffrant par l'ouverture où scintillent des lumières, à présent.

Il m'a dit: «Ne me laisse pas, vieux», et je trouve cela dérisoire, puisque c'est lui qui me laisse, puisque c'est lui qui est parti. Il ne saura pas comment finit ce voyage, le gars de Semur. Mais peut-être est-ce vrai, peut-être est-ce moi qui l'ai laissé, qui l'ai abandonné. J'essaye de scruter dans la pénombre son visage d'ombre, désormais, cette expression de surprise intense qu'il portait, au moment même où il me demandait de ne pas le laisser. Mais je n'y arrive pas, mon copain de Semur n'est plus qu'une ombre indéchiffrable et lourde à soutenir, à bout de bras crispés.

Personne ne fait attention à nous, mort et vivant soudés l'un à l'autre, et dans un grand fracas de freins nous arrivons, voyageurs immobiles, dans une zone de lumière crue et d'aboiements de chiens.

(Plus tard, toujours, dans les replis de la mémoire la plus secrète, la mieux protégée, cette arrivée dans la gare du camp, parmi les bois de hêtres, les grands sapins, a explosé tout à coup, comme une grande gerbe de lumière fulgurante et d'aboiements rageurs. Il se fait toujours, chaque fois, dans mon souvenir, une équivalence stridente entre les bruits et la lumière, la rumeur, aurais-je parié, de dizaines de chiens aboyant, et la clarté aveuglante de tous les lampadaires, les projecteurs, inondant de lueurs glacées ce paysage de neige. La volonté de mise en scène, la savante orchestration de tous les détails de cette arrivée, ce mécanisme bien rodé, mille fois répété, rituel, sautent aux yeux, à la réflexion. Par là même, on reprend ses distances, cette entreprise peut prêter à sourire, par sa dérisoire sauvagerie. Son côté wagnérien, frelaté. Au débouché, pourtant, de ces quatre jours, ces cinq nuits, de voyage haletant, au sortir, brusquement, de ce tunnel, interminable, on en avait le souffle coupé, c'est excusable. Tant de démesure frappait l'imagination. Aujourd'hui encore, de façon imprévue, aux moments les plus banals de l'existence, cette gerbe éclate, dans la mémoire. On est en train de tourner la salade, des voix retentissent dans la cour, un air de musique, peut-être aussi, désolant de vulgarité ; on est en train de tourner la salade, machinalement, on se laisse aller, dans cette ambiance épaisse et fade du jour qui finit, des bruits de la cour, de toutes ces minutes interminables qui vont encore faire une vie, et subitement, comme un scalpel qui découperait nettement des chairs tendres, un peu molles, ce souvenir éclate, tellement démesuré, tellement hors de proportion. Et si on vous demande : « À quoi tu penses ? », parce qu'on est resté pétrifié, il faut répondre : « À rien », bien entendu. C'est un souvenir difficilement communicable, d'abord, et puis, il faut s'en débrouiller tout seul.)

— Terminus, tout le monde descend ! a crié quelqu'un, dans le centre du wagon.

Mais personne ne rit. Nous baignons dans une clarté violente et des dizaines de chiens aboient rageusement.

— Qu'est-ce que c'est que ce cirque ? chuchote vers ma gauche le type qui a pris la situation en main, tout à l'heure.

Je me tourne vers l'ouverture, pour essayer de voir. Le gars de Semur est de plus en plus lourd.

En face de nous, sur un quai assez large qu'illuminent des projecteurs, à cinq ou six mètres des wagons, une longue file de SS attend. Ils sont immobiles comme des statues, leurs visages cachés par l'ombre des casques que la lumière électrique fait reluire. Ils se tiennent jambes écartées, le fusil appuyé sur la botte qui chausse leur jambe droite, tenu par le canon à bout de bras. Certains n'ont pas de fusil, mais une mitraillette suspendue par la courroie sur la poitrine. Ceux-là tiennent les chiens en laisse, des chiens-loups qui aboient vers nous, vers le train. Ce sont des chiens qui savent à quoi s'en tenir, bien sûr. Ils savent que leurs maîtres vont les laisser foncer vers ces ombres qui vont sortir des wagons fermés et silencieux. Ils aboient rageusement vers leurs futures proies. Mais les SS sont immobiles comme des statues. Le temps passe. Les chiens cessent d'aboyer et se couchent, grondants, poil hérissé, au pied des SS. Rien ne se déplace, rien ne bouge dans la file des SS. Derrière eux, dans la nappe de lumière des projecteurs, de grands arbres frissonnent sous la neige. Le silence retombe sur toute cette scène immobile et je me demande combien de temps ça va durer. Dans le wagon, personne ne bouge, personne ne dit rien.

Un ordre bref a retenti, quelque part, et des coups de sifflet jaillissent, un peu partout. Les chiens sont de nouveau dressés, ils aboient. La rangée des SS, d'un seul mouvement mécanique, s'est rapprochée du wagon. Et les SS se mettent à hurler, eux aussi. Cela fait un vacarme assourdissant. Je vois les SS saisir leurs fusils par le canon, crosse en l'air. Alors, les portes du wagon coulissent brutalement, la lumière nous frappe au visage, nous aveugle. Comme une ritournelle gutturale, le cri jaillit, que nous connaissons déjà, et qui sert aux SS à formuler pratiquement tous leurs ordres : — *Los, los, los!* Les gars commencent à sauter sur le quai, par grappes de cinq ou six à la fois, se bousculant. Souvent, ils ne mesurent pas bien leur élan, ou bien ils se gênent mutuellement, et ils s'étalent à plat ventre sur la neige boueuse du quai. Parfois, ils trébuchent sous les coups de crosse que les SS distribuent au hasard, en soufflant bruyamment, comme des bûcherons à l'ouvrage. Les chiens foncent vers les corps, gueule ouverte. Et toujours ce cri, qui domine le vacarme, claquant sèchement au-dessus du tourbillon désordonné : — *Los, los, los!*

Le vide se fait, autour de moi, et je tiens toujours le gars de Semur sous les aisselles. Il va falloir que je le quitte. Il faut que je saute sur le quai, dans la cohue, si j'attends trop longtemps et que je saute seul, tous les coups vont être pour moi. Je sais déjà que les SS n'aiment pas les retardataires. C'est fini, ce voyage est fini, je vais laisser mon copain de Semur. C'est-à-dire, c'est lui qui m'a laissé, je suis tout seul. J'allonge son cadavre sur le plancher du wagon et c'est comme si je déposais ma propre vie passée, tous les souvenirs qui me relient encore au monde d'autrefois. Tout ce que je lui avais raconté, au cours de ces journées, de ces nuits interminables, l'histoire des frères Hortieux, la vie dans la prison d'Auxerre, et Michel et Hans, et le gars de la forêt d'Othe, tout ça qui était ma vie va s'évanouir, puisqu'il n'est plus là. Le gars de Semur est mort et je suis tout seul. Je pense qu'il avait dit : « Ne me laisse pas, vieux », et je marche vers la porte, pour sauter sur le quai. Je ne me souviens plus s'il avait dit ça : « Ne me laisse pas, vieux », ou s'il m'avait appelé par mon nom, c'est-à-dire, par le nom qu'il me connaissait.

Peut-être avait-il dit : « Ne me laisse pas, Gérard », et Gérard saute sur le quai, dans la lumière aveuglante.

II

Il retombe sur ses pieds, par chance, et se dégage en jouant des coudes, de la cohue. Plus loin, les SS font se ranger les déportés en colonne par cinq. Il y court, il essaye de se glisser au milieu de la colonne, mais il n'y arrive pas. Un remous de la foule le repousse vers la rangée extérieure. La colonne s'ébranle au pas de course et un coup de crosse dans la hanche gauche le pousse en avant. L'air glacé de la nuit lui coupe la respiration. Il allonge sa foulée, pour s'écarter le plus possible du SS qui court à sa gauche et qui souffle comme un bœuf. D'un bref coup d'œil il regarde le SS qui a le visage tordu par un rictus. Peut-être est-ce l'effort, peut-être le fait qu'il n'arrête pas de hurler. Heureusement, ce n'est pas un SS à chien. Brusquement, une douleur aiguë lui traverse la jambe droite et il réalise qu'il est pieds nus. Il a dû se blesser à quelque caillou caché dans la boue neigeuse qui recouvre le quai. Mais il n'a pas le temps de s'occuper de ses pieds. Instinctivement, il essaye de dominer son souffle, de le régler sur le rythme de sa foulée. Il a envie de rire, tout à coup, il se souvient du stade de La Faisanderie, la belle piste à l'herbe rase parmi les arbres du printemps. Il fallait trois tours pour un mille mètres. Pelletoux l'avait attaqué au virage du deuxième tour et il avait commis l'erreur de résister à son attaque. Il aurait mieux valu le laisser passer, et lui coller au train. Il aurait mieux valu conserver sa réserve de vitesse pour la ligne droite de la fin. C'était son premier mille mètres, il faut dire. Ensuite, il avait appris à contrôler sa course.

— Sont fous, ces mecs.

Il reconnaît cette voix, à sa droite. C'est le gars qui a essayé de mettre de l'ordre dans le wagon, tout à l'heure. Gérard lui jette un coup d'œil. Le type a l'air de le reconnaître aussi, il lui fait un signe de la tête. Il regarde derrière Gérard.

— Ton copain? dit-il.

— Dans le wagon, dit Gérard.

Le type trébuche et se reprend, en souplesse. Il a l'air en forme.

— Comment ça? demande-t-il.

— Mort, dit Gérard.

Le type lui jette un coup d'œil.

— Merde, j'ai rien vu, dit-il.

— Juste à la fin, dit Gérard.

— Le cœur, dit le type.

Un gars s'étale, devant eux. Ils sautent par-dessus son corps et continuent. Derrière, il se produit un cafouillage et les SS interviennent, sûrement. On entend les chiens.

— Faut coller à la foule, gars, dit le type.

— Je sais, dit Gérard.

Du coup, le SS qui courait à sa gauche a été distancé.

— T'as pas eu la bonne place, dit le type.

— Je sais, fait Gérard.

— Jamais à l'extérieur, dit le type.

— Je sais, dit Gérard.

Décidément, c'est plein de gars raisonnables, ces voyages.

Ils débouchent sur une grande avenue, brillamment éclairée. L'allure, brusquement, se ralentit. Ils marchent au pas cadencé, sous la lumière des projecteurs. De chaque côté de l'avenue se dressent de hautes colonnes, surmontées d'aigles aux ailes repliées.

— Merde, dit le type.

Une sorte de silence s'installe. Les SS doivent reprendre leur souffle. Les chiens aussi. On entend le chuintement des milliers de pieds nus dans la neige boueuse qui recouvre l'avenue. Les arbres bruissent dans la nuit. Il fait très froid, tout à coup. Les pieds sont insensibles et raides, comme des bouts de bois.

— Merde, chuchote le type, une deuxième fois.

Et on le comprend.

— Ils voient grand, les vaches, dit le type.

Et il ricane.

Gérard se demande ce qu'il veut dire, exactement. Mais il n'a pas envie de lui poser la question, pourquoi il dit qu'ils voient grand, les vaches. Ce brusque ralentissement de la course, le froid cinglant se faisant sensible, tout à coup, et l'absence de son copain de Semur, l'accablent. Son genou enflé remplit sa jambe, et tout son corps, de tiraillements douloureux. Mais, au fond, ce qu'il veut dire est évident. Cette avenue, ces colonnes de pierre, ces aigles hautaines sont faites pour durer. Ce camp vers lequel on marche n'est pas une entreprise provisoire. Il y a des siècles, il a marché vers un camp, déjà, dans la forêt de Compiègne. Peut-être que le type à sa droite en faisait aussi partie, de cette marche dans la forêt de Compiègne. C'est plein de coïncidences, ces voyages. En fait, il faudrait faire un effort et compter les jours qui le séparent de cette marche dans la forêt de Compiègne, dont le séparent des siècles, dirait-il. Il faudrait compter un jour pour le voyage d'Auxerre à Dijon. Il y a eu le réveil, avant l'aube, la rumeur de toute la prison, réveillée d'un seul coup, pour crier son adieu aux partants.

De la galerie du dernier étage, la voix d'Irène lui était parvenue. Le gars de la forêt d'Othe l'avait serré dans ses bras, sur le pas de la cellule 44.

— Salut, Gérard, avait-il dit, peut-être qu'on se retrouvera.

— C'est grand, l'Allemagne, lui avait-il répondu.

— Peut-être quand même, avait dit le gars de la forêt d'Othe, obstiné.

Le tortillard, ensuite, jusqu'à Laroche-Migennes. Ils avaient dû attendre long-temps le train de Dijon, d'abord dans un café transformé en *Soldatenheim*. Gérard avait demandé d'aller aux toilettes. Mais le type du SD qui commandait le convoi ne l'avait pas détaché du vieux paysan d'Appoigny enchaîné à la seconde menotte. Il avait dû traîner le vieillard derrière lui, pour aller pisser, et en plus il n'avait pas vraiment envie de pisser. Dans ces conditions, il n'y avait rien à tenter. Ensuite, ils avaient attendu sur le quai de la gare, entourés de mitraillettes braquées sur eux. Il marche au pas cadencé sur cette avenue brillamment éclairée, dans la neige de l'hiver qui commence, et il va y avoir encore tout un long hiver, après cet hiver qui commence. Il regarde les aigles et les emblèmes qui se succèdent sur les hautes colonnes de granit. Le type, à sa droite, regarde aussi.

— On en apprend tous les jours, dit le type, désabusé.

Gérard essaie encore de compter les jours de ce voyage qui se termine, les nuits de ce voyage. Mais c'est terriblement embrouillé. À Dijon, ils n'ont passé qu'une nuit, ça c'est sûr. Ensuite, c'est le brouillard, plus ou moins. Entre Dijon et Compiègne, il y a eu au moins une halte. Il se souvient d'une nuit, dans un baraquement, à l'intérieur d'une caserne, d'un édifice administratif quelconque, vétuste et délabré. Il y avait un poêle, au milieu du baraquement, mais pas de paillasses, pas de couvertures. Dans un coin, des types ont chanté, en sourdine, «Vous n'aurez pas l'Alsace et la Lorraine», et il a trouvé que c'était dérisoire et touchant. Certains invoquaient d'autres sortilèges, serrés autour d'un jeune curé, du genre fatigant, toujours prêt à vous remonter le moral. À Dijon, Gérard avait déjà été obligé de mettre les choses au point, de lui dire gentiment, mais sans appel, qu'il n'avait nul besoin de réconfort spirituel. Une discussion sur l'âme s'en était suivie, confuse, dont il garde un souvenir amusé. Il s'était roulé en boule dans un coin isolé, son manteau serré autour des jambes, cherchant la paix, le bonheur fugitif de l'accord avec soi-même, cette sérénité que procure la maîtrise de sa propre vie, la prise en charge de soi-même. Mais un jeune gars est venu s'asseoir près de lui.

— T'as rien à fumer, vieux? a-t-il demandé.

Gérard hoche la tête, dans un geste négatif.

— Je ne suis pas d'une nature prévoyante, ajoute-t-il.

Le jeune gars éclate d'un rire strident.

— Moi non plus, merde. Je n'ai même pas pensé à me faire arrêter avec des vêtements d'hiver.

Et il rit encore.

En fait, il n'a qu'une veste et un pantalon tout minces, avec une chemisette à col ouvert.

— Le manteau, dit Gérard, on me l'a apporté en prison.

— Parce que t'as une famille, dit le gars.

De nouveau, il a ce rire strident.

— Bon dieu, dit Gérard, ce sont des choses qui arrivent.

— Je suis payé pour le savoir, fait l'autre, énigmatique.

Gérard lui jette un coup d'œil. Il a l'air un peu hagard, ce garçon, un peu hors de lui.

— Si ça ne te fait rien, dit Gérard, je me repose.

— J'ai besoin de parler, dit l'autre.

Tout à coup, il a l'air d'un gosse, malgré son visage maigre et marqué.

— Besoin? demande Gérard, et il se tourne vers lui.

— Ça fait des semaines que je ne parle pas, dit le garçon.

— Explique.

— C'est simple, j'ai été trois mois au secret, dit le gars.

— Parfois, avec Ramaillet, je me disais que j'aurais préféré le secret, lui dit Gérard.

— Moi, j'aurais préféré Ramaillet.

— C'est si dur que ça? lui demande Gérard.

— Je ne connais pas ton Ramaillet, mais j'aurais préféré Ramaillet, ça j'en suis sûr.

— Peut-être que tu ne sais pas rester en dedans de toi-même, dit Gérard.

— En dedans?

Son regard inquiet n'arrête pas d'aller et de venir.

— Tu t'installes dans l'immobilité, tu te détends, tu te récites des vers, tu récapitules les erreurs que tu as pu commettre, tu te racontes ta vie, en arrangeant un détail, par-ci, par-là, tu essayes de te rappeler les conjugaisons grecques.

— Je n'ai pas fait de grec, dit le garçon.

Ils se regardent et ils éclatent de rire ensemble.

— Merde, qu'on n'ait rien à fumer, dit le garçon.

— Si tu demandais au curé de choc, dit Gérard, il aurait peut-être.

L'autre hausse les épaules, boudeur.

— Je me demande ce que je fais ici, fait-il.

— Il serait temps de le savoir, lui dit Gérard.

— J'essaye, dit le garçon. Et il tape sans arrêt de son poing droit dans sa main gauche.

— Peut-être que t'aurais mieux fait de rester chez toi, dit Gérard.

L'autre rit de nouveau.

— C'est mon père qui m'a donné à la Gestapo, dit-il.

C'est son père qui l'a livré à la Gestapo, juste pour avoir la paix à la maison, disait-il, et la Gestapo l'a torturé, il a la jambe droite marquée au fer rouge. Il a soulevé son pantalon jusqu'au genou, mais les cicatrices montent plus haut, paraît-il, jusqu'à la hanche. Il a tenu bon, il n'a pas donné «Jackie», son chef de réseau, et deux mois plus tard il a appris, tout à fait par hasard, que «Jackie» était un agent double. Alors, il ne sait plus ce qu'il fait ici, il se demande s'il ne sera pas obligé de tuer son père, plus tard. (Cette histoire de «Jackie» rappelle à Gérard le mot qu'Irène lui avait fait parvenir, à Auxerre. Alain lui faisait savoir, racontait Irène, que Londres l'autorisait à se mettre au service des Allemands, pour éviter de nouvelles tortures, tout en continuant à travailler pour Buckmaster, dans ses nouvelles fonctions. «Vous me voyez en agent double?» demandait Irène, et elle soulignait son mot d'un trait de crayon rageur. Cet Alain était un salaud, ça se voyait sur son visage.) Gérard se demande s'il va retrouver ce garçon, dans le camp où ils arrivent, au pas cadencé, par cette avenue monumentale. Il doit faire partie du convoi, il croit l'avoir aperçu, ce matin où les SS ont rassemblé la longue colonne du départ, à Compiègne. Les gens étaient encore au creux de leur lit, dans les maisons éteintes, ou bien en train de se préparer pour une nouvelle journée de travail. On entendait des réveils sonner, parfois, dans les maisons éteintes. Le dernier bruit de la vie d'autrefois a été ce bruit aigre, brutal, des réveils déclenchant le mécanisme d'une nouvelle journée de travail. Une femme, par-ci, par-là, entrouvrait une fenêtre, pour regarder dans la rue, attirée sans doute par cette rumeur, ce bruissement, de l'interminable colonne en marche vers la gare. À coups de crosse, les SS refermaient les volets des fenêtres du rez-de-chaussée. Vers les étages qu'ils ne pouvaient atteindre, ils criaient des injures, en pointant leurs armes. Les têtes disparaissaient en vitesse. Cette impression de coupure, d'isolement dans un autre univers, on l'avait eue déjà le jour de l'arrivée à Compiègne. On les avait fait descendre à Rethondes, il faisait du soleil, ce jour-là. Ils avaient marché parmi les arbres de l'hiver, et le soleil irisait les sous-bois. C'était une joie très pure, après ces longs mois de pierre suintante et de cours en terre battue, sans une herbe, sans une feuille tremblante dans le vent, sans une branche craquant sous le pied. Gérard respirait les senteurs de la forêt. On avait envie de dire aux soldats allemands de cesser ce jeu de cons, de les détacher, pour qu'ils puissent tous s'en aller au hasard des chemins forestiers. Au détour d'un taillis, une fois, il a même vu une bête bondir, et son sang n'a fait qu'un tour, comme on dit. C'est-à-dire, son cœur s'est mis à battre follement, à suivre les bonds de cette biche d'un taillis à l'autre, légère et souveraine. Mais cette forêt de Compiègne aussi avait une fin. Il aurait encore marché volontiers, des heures durant, dans cette forêt, malgré la menotte qui l'enchaînait à Raoul, car à Dijon il s'était arrangé pour se faire enchaîner avec Raoul, avant de repartir pour ce long voyage incertain. Avec Raoul, au moins, on pouvait parler. Le vieux d'Appoigny, par contre, il n'y avait rien à en tirer. Cette forêt de Compiègne aussi avait une fin, et ils se sont retrouvés à marteler le pavé des rues de Compiègne. Au fur et à mesure que leur colonne s'enfonçait dans la ville, en rang par six, enchaînés deux par deux, un silence pesant s'étalait. On n'entendait plus que le bruit de leurs pas. Il n'y avait de vivant que le bruit de leurs pas, le bruit de leur mort en marche. Les gens restaient sur place, pétrifiés, sur le bord des trottoirs. Certains détournaient la tête, d'autres disparaissaient dans les rues adjacentes. Ce regard vide sur eux, pensait Gérard, s'en souvenant, c'est le regard qui contemple le déferlement des armées battues, refluant en désordre. Il marchait sur la rangée extérieure de la colonne, à droite, le long du trottoir, donc, et il essayait, mais vainement, de fixer un regard. Les hommes baissaient la tête, ou bien la détournaient. Les femmes, parfois tenant des gosses par la main, c'était l'heure, croyait-il se souvenir, de la sortie des écoles, elles ne détournaient pas la tête, mais leur regard devenait une eau fuyante, une transparence opaque et dilatée. La traversée de la ville ayant duré assez longtemps, Gérard s'est appliqué à vérifier statistiquement cette première impression. Il n'y avait pas de doute, la majorité des hommes détournaient la tête, la majorité des femmes laissaient flotter sur eux ce regard dénué d'expression.

Il se souvient de deux exceptions, pourtant.

Au bruit de leur passage, l'homme avait dû quitter son atelier, peut-être un garage, ou toute autre entreprise mécanique, car il arrivait en s'essuyant des mains grasses et noires à un chiffon également gras et noir. Il portait un gros chandail à col roulé sous son bleu de travail. Il est venu sur le bord du trottoir, en s'essuyant les mains, et il n'a pas détourné la tête, quand il a vu de quoi il s'agissait. Tout au contraire, il a laissé son regard attentif se remplir de tous les détails de cette scène. Sûrement, il a dû calculer, en gros, de combien d'hommes elle se composait, cette colonne de détenus. Il a dû essayer de deviner de quelles régions de son pays ils arrivaient, si c'étaient des gens de la ville, ou bien de la campagne. Il a dû fixer son attention sur la proportion de jeunes composant la colonne. Son regard attentif soupesait tous les détails, pendant qu'il se tenait sur le bord du trottoir, à s'essuyer les mains, d'un geste lent et infiniment recommencé. Comme s'il avait besoin de faire et de refaire ce geste, de s'occuper les mains, pour pouvoir réfléchir plus librement à tous les aspects de cette scène. Comme s'il voulait, tout d'abord, bien la fixer dans sa mémoire, pour analyser ensuite tous les enseignements qu'il y aurait à en tirer. Chacun de ceux qui passaient, en fait, d'après son allure, son âge, son habillement, lui apportait un message de la réalité profonde de son pays, une indication sur les luttes en cours, même lointaines. Bien entendu, lorsque Gérard a pensé à tout cela, lorsqu'il s'est dit que l'attitude de cet homme, son air attentif, passionnément, pouvaient dire tout cela, l'homme était resté déjà loin en arrière, il avait disparu à tout jamais. Mais Gérard a continué d'observer leur colonne en marche à travers le regard attentif, tendu, brûlant, de cet homme resté en arrière, disparu, sûrement déjà revenu à son travail sur quelque machine précise et luisante, et réfléchissant à tout ce qu'il venait de voir, tandis que ses mains faisaient marcher, machinalement, la machine luisante et méticuleuse. Gérard a observé, à travers le regard que lui avait prêté cet inconnu, que leur colonne en marche était composée, dans son immense majorité, de jeunes, et que ces jeunes, ça se voyait à leurs grosses chaussures, à leurs blousons de cuir ou leurs canadiennes doublées, à leurs pantalons déchirés par les ronces, étaient des maquisards. Ce n'étaient pas des êtres gris, raflés au hasard dans quelque ville, mais des combattants. Leur colonne, c'est-à-dire, dégageait une impression de force, elle permettait d'y lire à livre ouvert une vérité dense et complexe de destinées engagées dans une lutte librement acceptée, bien qu'inégale. Pour cette raison, le regard qu'il fallait poser sur eux n'était pas cette lumière vague et fuyante des yeux terrorisés, mais un regard calme, comme celui de cet homme, un regard d'égal à égaux. Et le regard de cet homme, brusquement, Gérard en avait eu l'impression, faisait de leur marche non pas celle d'une armée en déroute, mais bien plutôt une marche conquérante. Compiègne s'ouvrait docilement devant leur marche conquérante. Et il était indifférent de penser, de supposer, que la plupart d'entre eux marchaient de cette allure conquérante vers une destinée qui ne pouvait être autre que la mort. Leur future mort en marche s'avançait dans les rues de Compiègne, d'un pas ferme, comme un flot vivant. Et le flot avait grossi, il déferlait maintenant, sur cette avenue d'opéra wagnérien, parmi ces hautes colonnes, sous le regard mort des aigles hitlériennes. L'homme de Compiègne, s'essuyant ses mains grasses, interminablement, sur le bord du trottoir, quand Gérard était arrivé à sa hauteur, quand il était passé à moins d'un mètre devant lui, avait souri. Quelques brèves secondes, leurs regards s'étaient croisés, et ils se sont souri.

— Qu'est-ce qui se passe? dit le type, à la droite de Gérard.

La colonne s'est immobilisée.

Gérard essaie de voir, par-dessus les épaules de ceux qui le précèdent. Au fond de la nuit, les deux rangées parallèles des lampadaires qui éclairent l'avenue ont l'air de converger sur une masse sombre, qui barre le chemin.

— Ça doit être l'entrée du camp, là-bas, dit Gérard.

Le type regarde aussi et hoche la tête.

— Je me demande, dit-il, mais il s'arrête et ne dit pas ce qu'il se demande.

Des deux côtés de l'avenue, dans le halo lumineux des lampadaires se détache la silhouette de bâtiments de différente hauteur, étalés parmi les arbres de la forêt.

— C'est grand comme une ville, ce bordel, dit Gérard.

Mais le SS de l'escorte est revenu à sa hauteur et il a dû l'entendre parler.

— *Ruhe*, gueule-t-il.

Et il lui flanque un grand coup de crosse dans les côtes.

À Compiègne, la femme a failli recevoir aussi un coup de crosse en plein visage. Elle non plus n'avait pas détourné la tête. Elle non plus n'avait pas laissé son regard devenir opaque, comme une eau morte. Elle s'est mise à marcher à côté d'eux, sur le trottoir, au même pas qu'eux, comme si elle voulait prendre sur elle une part, la plus grande part possible, du poids de leur marche. Elle avait une démarche altière, malgré ses souliers à semelles de bois. À un moment donné, elle a crié quelque chose vers eux, mais Gérard n'a pas pu entendre. Quelque chose de bref, peut-être même un seul mot, ceux qui marchaient à sa hauteur se sont tournés vers elle et lui ont fait un signe de la tête. Mais ce cri, cet encouragement, ou ce mot, quel qu'il fût, pour briser le silence, pour rompre la solitude, la sienne propre, et celle de ces hommes, enchaînés deux par deux, serrés les uns contre les autres, mais solitaires, car ne pouvant exprimer ce qu'il y avait entre eux de commun, ce cri a attiré l'attention d'un soldat allemand qui marchait sur le trottoir, à quelques pas devant elle. Il s'est retourné et a vu la femme. La femme marchait vers lui, de son pas ferme, et elle ne détournait sûrement pas les yeux. Elle marchait sur le soldat allemand, tête haute, et le soldat allemand lui a hurlé quelque chose, un ordre ou une injure, une menace, avec un visage tordu par la panique. Cette expression de peur a surpris Gérard, au premier abord, mais elle était en réalité bien explicable. Tout événement qui ne colle pas avec la vision simpliste des choses que se font les soldats allemands, tout geste imprévu de révolte ou de fermeté, doit en effet les terroriser. Car il évoque instantanément la profondeur d'un univers hostile, qui les encercle, même si sa surface baigne dans un calme relatif, même si en surface les rapports des soldats d'occupation avec le monde qui les entoure se déroulent sans heurts trop visibles. D'un coup, cette femme marchant vers lui, tête haute, le long de cette colonne de prisonniers, évoque pour le soldat allemand mille réalités de coups de feu partant dans la nuit, d'embuscades meurtrières, de partisans surgis de l'ombre. Le soldat allemand hurle de terreur, malgré le doux soleil de l'hiver, malgré ses compagnons d'armes qui marchent devant et derrière lui, malgré sa supériorité sur cette femme désarmée, sur ces hommes enchaînés, il hurle et lance la crosse de son fusil vers le visage de cette femme. Ils restent face à face quelques secondes, lui toujours hurlant, et puis le soldat allemand détale pour reprendre sa place le long de la colonne, non sans jeter un dernier regard de crainte haineuse vers la femme immobile.

Trois jours après, quand ils ont de nouveau traversé Compiègne, en marche vers la gare, il n'y avait personne sur les trottoirs. Il n'y avait que ces visages, fugitivement entrevus à quelque fenêtre, et ce bruit aigre des réveils dans les maisons encore éteintes.

Depuis que le SS est revenu à leur hauteur, le type qui est à la droite de Gérard ne dit plus rien. Ils sont toujours immobiles. Gérard sent le froid qui commence à le paralyser, qui gagne, comme une coulée de lave glacée, tout le dedans de son corps. Il fait un effort pour ne pas fermer les yeux, pour bien fixer dans sa mémoire les images de cette longue avenue bordée de hautes colonnes, la masse sombre des arbres et des édifices, au-delà de la zone lumineuse. Il se dit qu'une aventure pareille n'arrive pas souvent, qu'il faut en profiter au maximum, bien se remplir les yeux de ces images. Il regarde les hautes colonnes, les aigles du Reich millénaire, ailes repliées, bec dressé dans la nuit de neige, dans la lumière, diffuse à cette hauteur-là, et à cette distance, mais extrêmement crue et précise au centre de l'avenue, que répandent ces dizaines de lampadaires. Il ne manque, se dit Gérard, tout en luttant pour garder les yeux ouverts, pour ne pas se laisser aller, maintenant, tout à la fin de ce voyage, dans la torpeur engourdissante du froid qui gagne tout le dedans de son corps, le dedans de son cerveau, qui est en train de prendre, comme on dit d'une gelée, d'une mayonnaise, de quelque sauce, qu'elle prend, il ne manque qu'une belle et grande musique d'opéra, qui porterait la dérision barbare jusqu'au bout, et il est étrange que les SS, certains d'entre eux au moins, les plus imaginatifs, et Dieu sait si les SS imaginatifs ont de l'imagination, n'aient pas pensé à ce détail, à cette ultime retouche de mise en scène. Mais ses yeux se ferment, il trébuche en avant, la chute amorcée de son corps le tire de l'engourdissement, et il se redresse, il retrouve son équilibre. Il se tourne vers le type à sa droite, et le type à sa droite a tout vu, et il se rapproche insensiblement de Gérard, pour que Gérard puisse prendre appui sur son épaule gauche, sur sa jambe gauche. Ça va aller, vieux, lui dit Gérard, par la pensée, par le regard, puisque le SS est toujours là, à les guetter, ça va aller, merci, c'est un moment à passer, nous arrivons, merci, vieux, lui dit Gérard sans ouvrir la bouche, sans bouger les lèvres, sans rien lui dire, en fait, juste un regard, la dernière chose qui nous reste, ce dernier luxe humain d'un regard libre, échappant définitivement aux volontés SS. C'est un langage limité, bien entendu, et Gérard aurait envie de raconter à son copain, dont l'épaule gauche et la jambe gauche l'aident à tenir debout, mais c'est impossible juste avec les yeux, lui raconter cette idée qui lui est venue à propos de la musique, d'une belle musique noble et grave sur ce paysage de neige et cet orgueil démesuré des aigles de pierre parmi les arbres bruissants de janvier. Si cette conversation avait pu s'engager, si le SS n'était pas là, tout près, à guetter, peut-être avec un sourire, une défaillance, son copain, qui sait, aurait pu expliquer à Gérard que la musique ne manque pas, dans le cérémonial SS. Le dimanche, par exemple, après l'appel de midi, tout au long de ces interminables après-midi, les haut-parleurs diffusent dans toutes les chambrées de la musique, tantôt des chansons, sur un rythme de valse, souvent, tantôt des concerts de grande musique classique. Son copain, peut-être, si cette conversation avait pu avoir lieu, debout dans la neige, en attendant que s'ouvrent les portes de cet enclos vers lequel ils voyagent depuis de si longs jours, aurait pu lui expliquer qu'ils vont passer certains après-midi de dimanche, quand il pleut, par exemple, ou quand il neige, accoudés à la table de la chambrée, à écouter un concerto de Bach, parmi le brouhaha de ces après-midi de loisir, les plus terribles, qui les attendent. Ils auraient pu en arriver à la conclusion, si cette conversation avait pu se dérouler, que seules des raisons techniques empêchaient les SS d'utiliser quelque partition musicale, bien choisie, noble et grave, pour apporter une dernière touche, vraiment fignolée, à leur mise en scène de l'arrivée devant les portes de l'enclos, peut-être un manque de crédits, tout simplement. D'autre part, il y avait bien de la musique, et tous les jours de l'année, lorsque les kommandos partaient au travail, à l'aube, et en revenaient, le soir. Mais à y bien réfléchir, il est peu vraisemblable qu'ils aient pu en arriver à cette conclusion, même si leur conversation avait pu avoir lieu, il est peu vraisemblable que son copain ait pu être aussi averti des choses de cet endroit vers lequel ils marchent, devant les portes duquel, immobiles, ils se tiennent dans le froid de cet hiver qui commence, et il va y avoir encore tout un hiver après cet hiver qui commence. Certainement, il est invraisemblable que ce copain sur l'épaule gauche duquel Gérard a trouvé un appui puisse lui raconter ce départ en musique, vers le travail de chaque jour, vers les usines Gustloff, les Deutsche Ausrrüstungs Werke, en abrégé, DAW, la Mibau, tout ce chapelet d'usines de guerre autour du camp, à l'intérieur de la deuxième enceinte, où ils se trouvent déjà, sans le savoir, le travail dans les carrières, dans les entreprises de terrassement. Il est invraisemblable qu'ils aient pu, au cours de cette conversation, si seulement elle pouvait avoir eu lieu, en arriver à faire preuve d'assez d'imagination pour deviner que les musiciens de cet orchestre portent un uniforme aux pantalons rouges enfoncés dans des bottes noires, et, pardessus, une veste verte à gros brandebourgs jaunes, et qu'ils jouent des marches entraînantes, quelque chose comme une musique de cirque, juste avant l'entrée en piste des éléphants, par exemple, ou de l'écuyère blonde au visage poupin, gainée de satin rose. Il n'y a pas de doute, ni Gérard, ni son copain n'auraient pu faire preuve d'une telle imagination, cette réalité de l'orchestre du camp, de ces départs en musique, de ces retours fourbus aux accents entraînants des marches clinquantes et ronflantes, cette réalité se trouve encore, pas pour longtemps, il faut le dire, au-delà des possibilités de leur imagination. Bientôt, quand ils auront franchi ces quelques centaines de mètres qui les séparent encore de la porte monumentale de cet enclos, ça n'aura plus de sens de dire de quelque chose, n'importe quoi, que c'est inimaginable, mais pour l'instant ils sont encore empêtrés dans les préjugés, les réalités d'autrefois, qui rendent impossible l'imagination de ce qui, tout compte fait, va se révéler parfaitement réel. Et comme cette conversation ne peut avoir lieu, puisque le SS est là qui guette la moindre infraction aux règles établies, la première défaillance, qui lui donnerait le droit d'achever d'une balle dans la nuque le prisonnier tombé à terre, et ne pouvant plus suivre la colonne, comme le silence et l'appui pratiquement clandestin sur l'épaule gauche de ce gars sont les seuls recours qui nous restent, Gérard se bat contre les faiblesses subites de son propre corps, en essayant de garder les yeux ouverts, de laisser ses yeux se remplir de cette lumière glacée sur ce paysage de neige, ces lampadaires tout au long de l'avenue monumentale, bordée de hautes colonnes de pierre surmontées par la violence hiératique des aigles hitlériennes, ce paysage démesuré où ne manque que la musique, noble et grave, de quelque opéra fabuleux. Gérard essaye de conserver la mémoire de tout ceci, tout en pensant d'une manière vague qu'il est dans le domaine des choses possibles que la mort prochaine de tous les spectateurs vienne effacer à tout jamais la mémoire de ce spectacle, ce qui serait dommage, il ne sait pas pourquoi, il faut remuer des tonnes de coton neigeux dans son cerveau, mais ce serait dommage, la certitude confuse de cette idée l'habite, et il lui semble bien, tout à coup, que cette musique noble et grave prend son envol, ample, serein, dans la nuit de janvier, il lui semble bien qu'ils en arrivent par là au bout du voyage, que c'est ainsi, en effet, parmi les vagues sonores de cette noble musique, sous la lumière glacée éclatant en gerbes mouvantes, qu'il faut quitter le monde des vivants, cette phrase toute faite tournoie vertigineusement dans les replis de son cerveau embué comme une vitre par les rafales d'une pluie rageuse, quitter le monde des vivants, quitter le monde des vivants.

L'ÉVANOUISSEMENT

1967

Pour Claude et Dominique Landman.

Il se demande pourquoi il y a tant de neige dans sa mémoire, plein de neige crissante dans son insomnie. C'est le mois d'août, pourtant, le pharmacien le lui a dit, et cela avait éveillé en lui une joie toute transparente, irraisonnée, une sorte de bonheur purement physique, quand il a entendu que c'était le mois d'août.

— Nous sommes lundi, six août, dix-neuf cent quarante-cinq, avait dit le pharmacien, en détachant les syllabes.

Le regard du pharmacien, posé sur lui, était inquiet.

Il y avait eu cette joie toute transparente, dans laquelle il s'est laissé aller, ou plutôt, qui est montée en lui, en apprenant de la bouche du pharmacien que c'était le mois d'août, et pourtant il y a plein de neige dans sa mémoire.

Confusément, dans l'insomnie traversée par les grands éclairs de la douleur qui éclate dans son cerveau, dans tout son corps, confusément, il y a de la neige. Il essaie de cerner ce souvenir de neige, cette mémoire floconneuse où il baigne, raidi dans la douleur qui se prolonge, et il n'est encore que dix heures du soir, il vient de regarder sa montre à la lumière de la lampe de chevet posée sur une chaise, et l'abat-jour en est d'un tissu rose, froncé, fané, mais on a mis un chiffon par-dessus, ou un morceau de tissu, de sorte qu'il y a seulement un cône étroit de clarté, tronqué au sommet, à gauche de son lit, vers lequel il a dû tendre le poignet. La neige ne peut se trouver que dans sa mémoire, même s'il a l'impression parfois de la voir flotter brumeusement, dans la chambre, même s'il lui semble s'enfoncer par moments dans la douceur crissante des forêts enneigées. En réalité, s'il faisait un effort pour savoir, il saurait bien que la fenêtre grande ouverte donne sur le mois d'août.

C'est le pharmacien, au début de l'après-midi, au moment où il sortait de son évanouissement, qui lui a appris que ce bonheur de vivre, cette brutale certitude d'exister, et tous les bruits autour d'elle, les coups de marteau, les portes qui s'ouvraient, les timbres de bicyclettes, et le sifflet, surtout, de la locomotive, vrillant la rumeur que composaient tous les autres bruits, que tout cela avait pour lieu, pour nom, pour demeure, le mois d'août. Pourtant, dans cette réalité du mois d'août, qui ne s'impose pas seulement par les paroles du pharmacien, mais qui est là, bruissante, au-delà de cette fenêtre ouverte, pourtant, il y a de la neige.

Peut-être va-t-il falloir tout reprendre à son début, une nouvelle fois, à cet instant où il a ouvert les yeux, privé de toute mémoire, c'est-à-dire infiniment léger, ne tenant aux choses que par son regard, flottant dans un univers minuscule d'objets colorés. Peut-être, s'il s'acharne sur ce passé tout neuf, ces quelques heures, depuis qu'il s'est retrouvé dans la pharmacie de Gros-Noyer-Saint-Prix, blessé à la tête, pourra-t-il découvrir l'origine de cette neige, de toute cette neige crissante et douce, qui, dans son souvenir, embaume le lilas.

— La neige et le lilas, dit-il à haute voix.

Il rit, ensuite, mais son rire tourne court, car il ravive cette douleur dans son crâne.

Pourtant, s'il était capable de faire un effort pour savoir, il saurait bien que ni la neige ni le lilas n'appartiennent au mois d'août. Ce qui appartient au mois d'août, c'est le bonheur aigu que ce mot a éveillé en lui.

— Nous sommes, a dit le pharmacien, lundi, six août...

Le pharmacien détachait les syllabes, pour que cette vérité précise, datée, lui apparaisse clairement, qu'il ne puisse y avoir de doute là-dessus. Mais ce n'est pas cette précision qui l'a frappé, c'est ce mot mince, aigu, strident, ce mot d'août, qui a éclaté en lui, et qui aussitôt, sans qu'il sache comment ni pourquoi, est devenu le mot *agosto,* qu'il a prononcé en silence, l'eau lui venant à la bouche de tourner ce mot sous sa langue, *agosto,* tout en se demandant s'il y avait deux mots pour chacune des réalités de ce monde (bien sûr, quand il est sorti de son évanouissement, dans la pharmacie dont il est question, il n'a pas du tout pensé les choses ainsi, puisque l'idée de monde, l'idée de réalité lui étaient, à ce moment, impossibles à concevoir, bien sûr, ça n'a été qu'une impression confuse), s'il y avait deux mots pour une seule réalité, le mot *août,* le mot *agosto,* et cette question le faisait sourire, intérieurement, malgré la charge de surprise, peut-être même d'inquiétude, qu'elle contenait. Car peut-être n'y avait-il pas deux mots pour une même réalité, mais bel et bien deux réalités différentes, à des niveaux distincts. Tout lui semblait possible, à ce moment.

Mais tout ça n'explique pas pourquoi la neige et le lilas lui semblent si bien aller ensemble.

Il essaie de changer de position dans son lit et il se dit que cette nuit aussi aura une fin. Il faut remplir cette nuit de souvenirs, pour la rendre habitable, la combler de mémoire, puisque le sommeil ne viendra plus.

Il y avait eu des objets sur des étagères, c'est tout ce qu'il aurait pu en dire. Mais il n'aurait même pas pu le dire, il ne savait même pas que la parole existe. Il savait seulement qu'il y avait des objets devant ses yeux et il voyait ces objets. Il ne savait pas encore s'il était possible de nommer ces objets. Ils étaient de formes diverses, de couleurs distinctes. C'étaient des choses qui étaient là, devant son regard, et c'est ainsi que tout a commencé, il y a quelques heures.

— Le lilas, la neige et les objets, dit-il à haute voix.

Il souhaite tout à coup que quelqu'un vienne, à qui parler, à qui raconter, dans le détail, comme on raconte des événements qui vous ont profondément marqué et que l'on revit, en les racontant lentement, minutieusement, quelqu'un à qui décrire cette impression de ne vivre que par le regard, c'est-à-dire par les objets, inconnus encore, impossibles à nommer, mais réels, indiscutables en quelque sorte, que son regard reflétait. Mais personne ne viendra. Il se souvient qu'il a préféré être seul, pour cette nuit, seul à s'en sortir avec sa douleur, un instant atténuée par la piqûre que lui avait faite le docteur, mais qui est revenue maintenant, envahissante.

Il n'a pas eu cette sensation qu'on éprouve au sortir du sommeil, les choses se remettant en place, dans l'espace et le temps, très vite si c'est dans une chambre habituelle qu'on se réveille, après un bref instant d'accommodement à la réalité, si c'est dans une chambre inconnue. Dans l'un ou l'autre cas, cependant, le premier regard du réveil s'ouvre sur un monde où les objets ont du poids, un sens propre, et leur disposition dans la chambre recèle les traces de tout un passé, dense, immédiatement reconnu, d'avant le sommeil : un monde où s'inscrit aussitôt une certaine figure de l'avenir, par la notion s'imposant d'elle-même de tout ce qu'on a à faire, ou bien, au contraire, par la disponibilité pressentie qui, à ce moment-là, semble totale et pleine de joies, si c'est dimanche, ou si ce sont les vacances et qu'il y a la mer, et on se rendort avec ce pressentiment de sable et de soleil. Mais il ne sortait pas du sommeil, tout à l'heure, il sortait du néant.

Ainsi, tout à coup, il y a eu des objets devant son regard. Il n'y avait jamais rien eu avant, il n'y aurait rien après. Il y avait simplement des objets et il y avait son regard, se justifiant mutuellement, dans un éblouissement instantané. Combien de temps a duré cette sensation ? Il s'est posé cette question depuis qu'on l'a transporté dans cette maison de Saint-Prix, en ambulance. À y bien réfléchir, cette sensation n'a pu durer qu'un temps infiniment bref, un éclair de temps, une poussière de secondes : une éternité. Car, justement, il n'y avait pas de durée, dans cette sensation. Il y avait des objets, non encore nommés, et peut-être innommables, dont le sens, la fonction, n'étaient même pas obscurs, même pas opaques, mais tout simplement inexistants, dont toute la réalité tenait dans leur forme, aisément différenciable, et dans leur couleur, distincte. Sûrement, cette sensation n'a duré qu'une fraction de seconde, mais elle aurait pu durer éternellement, car il n'y avait encore rien avant cette sensation, et rien après, non plus.

Mais les objets, certains d'entre eux, ont commencé à bouger et il a vu une sorte de tube de verre, surmonté d'une aiguille brillante, décrire un cercle au-dessus de ses yeux. (Bien sûr, quand il est sorti de son évanouissement, au début de l'après-midi, dans cette pharmacie de Gros-Noyer, sur la ligne de chemin de fer qui relie Paris à Persan-Beaumont, il n'a pas du tout pensé les événements minimes qui l'entouraient avec des mots comme *tube* et *verre* et *aiguille* et *brillante*, bien sûr, il a simplement perçu le mouvement d'un objet oblong, transparent, se terminant par une pointe plus fine, plus aiguë, d'une luminosité différente, et c'est seulement depuis qu'il a retrouvé l'usage évident du langage qu'il repense les sensations de ce moment-là avec des mots précis, ajustés à une objectivité vérifiable, le mot *verre*, le mot *aiguille*, par exemple.) Il a essayé de suivre le mouvement de cette aiguille et alors, subitement, il n'y a plus eu seulement des choses colorées autour de lui, et son regard pour les percevoir, il a senti que son regard se prolongeait, d'une certaine façon, vers l'intérieur, vers les douleurs de son crâne devenues présentes, brutalement, vers ses bras qu'il bougeait, vers sa jambe dont il voyait la cuisse nue, où il ressentait un pincement minuscule et précis, qu'il a associé, inexplicablement, à cette aiguille brillante de tout à l'heure.

— Ça va mieux ? lui demande-t-on.

Alors, il découvre le langage.

Un bonheur physique le remplit, à entendre ce bruit de voix, s'adressant à lui, et à découvrir que cette voix a un sens, qu'il comprend parfaitement ce qu'on lui demande. On lui demande si ça va mieux, ce qui laisse entendre que tout à l'heure, avant, à un moment dont il ne garde pourtant aucun souvenir, ça n'allait pas bien, vraisemblablement. Les raisons réelles de cette question lui échappent. C'est une question qui flotte sur son brouillard d'ignorance. Mais elle a un sens précis et il saisit très précisément ce sens.

Il sourit.

— Vous vous sentez tout à fait bien ? lui demande-t-on.

Une seconde, il avait craint que ces premières paroles entendues ne fussent, en quelque sorte, qu'un éclair brusque dans une nuit de silence, d'objets muets. Mais non. D'autres paroles ont suivi, qui ont aussi un sens. De nouvelles paroles, compréhensibles pourtant. Ce n'est donc pas par hasard qu'il a compris les premières. Ainsi, il n'y a pas de raison qu'il y ait des bornes au langage. Peut-être peut-on tout dire.

— Ça va, dit-il.

Il essaie de se retourner et la tête lui fait mal. Il lève la main vers ce côté de son crâne qui lui fait mal.

— Ne bougez pas, lui dit-on, vous êtes blessé.

Il se redresse pourtant et il voit un homme, vêtu d'une blouse blanche, qui le regarde attentivement.

Une sourde irritation le gagne, ou peut-être, plutôt, un sentiment de malaise, d'inconfort, comme si cette allusion au fait qu'il soit blessé, et même, cette affirmation tranchante selon laquelle il serait blessé, accompagnée de l'ordre de ne pas bouger, comme si ce frêle ensemble de paroles friables, sitôt évanouies, ouvrait des portes sur un monde confus, dont il n'arrive pas à saisir les contours, mais où il lui semble bien que s'agite, très loin, la sensation du déjà vécu, la certitude, inexprimable, que ces mêmes événements se sont déjà produits, autrefois, ou peut-être ailleurs. Mais au moment où cette sourde irritation, ou ce malaise, ce sentiment d'inconfort, a fini presque par le remplir tout entier, jusqu'au bout des orteils de sa jambe légèrement engourdie, comme saisie d'une crampe, ou fourmillant de mille coups d'épingle, au moment où il est obligé de constater la plénitude de ce sentiment, son envahissante présence, un remous se produit, un courant d'air, et des bouffées de bruits arrivent jusqu'à ses oreilles. Une musique, d'abord et par-dessus toutes les autres rumeurs, grêle, acide, celle d'un orgue de Barbarie peut-être, ou bien alors cette musique qui accompagne le tournoiement des petits manèges de chevaux de bois, primitifs, qu'on fait tourner à la main, parfois, sur les places de village. Et dans l'univers périssable de cette musique, qui arrive comme une bouffée d'air frais, à l'intérieur de l'édifice aérien de cette musique, toute une gamme de bruits divers : des voix, certaines aiguës et rieuses, des coups de marteau, un timbre de bicyclette, et vrillant toute cette masse dense et poreuse à la fois, un sifflet de locomotive, tout proche, et le hoquettement d'un train qui démarre. Il essaie d'oublier tout le reste, l'affirmation de cet homme en blouse blanche, disant qu'il est blessé, qu'il ne faut pas bouger, l'irritation qu'a produite cette idée de blessure, rôdant quelque part autour de sa tête, le sentiment confus du déjà vécu, autrefois, ailleurs, il essaie de tout oublier pour se laisser couler dans la profondeur rafraîchissante de cette bouffée de rumeurs, de musique, de sifflets de train, de bruits du monde au-delà d'une porte qui a dû s'ouvrir. Il essaie de toutes ses forces de se concentrer sur ce pressentiment d'un monde, bruyant, vivant, avec des enfants sur des bicyclettes, et des hommes travaillant des matières sonores, du bois, du métal, à coups de marteau, et des trains qui partent, qui vont faire défiler les paysages au long de leurs vitres, ce monde qui doit se trouver quelque part derrière une porte qui s'est ouverte.

Mais les rumeurs s'évanouissent subitement, et une voix dit :

— L'ambulance est là.

Et il se trouve de nouveau seul, inconnu de soi-même, travaillé par l'inquiétude que ce mot nouveau éveille, ce mot d'ambulance qui vient réveiller les échos confus provoqués par l'affirmation de tout à l'heure, selon laquelle il serait blessé.

— Dites-moi, dit-il.

Mais l'énormité de ce qu'il veut demander l'interrompt, une seconde. Il continue, pourtant, avec un détour précautionneux.

— Je vous en prie, ne vous étonnez pas de mes questions. Quel jour sommes-nous ?

L'homme à la blouse blanche le regarde, étonné, peut-être même inquiet.

— Je ne comprends pas, dit-il. Quel jour sommes-nous, dites-vous ?

— C'est ça, dit-il, patient, pour ne pas effaroucher cet homme, quel jour sommes-nous, exactement ?

Mais il a envie de sourire, il sourirait s'il n'avait pas si mal, tout à coup, dans tout son corps, devenu présent dans la douleur, férocement. Il sourirait, car il vient de trouver le mot pour nommer cet homme vêtu d'une blouse blanche, et par surcroît, le mot aussi pour nommer cet endroit où il se trouve, ces étagères, ces objets rangés sur ces étagères, multicolores.

Le pharmacien, donc, le regarde, inquiet, peut-être.

— Nous sommes lundi, dit-il.

Il trouve que c'est merveilleux que ce soit lundi, mais ce n'est pas ça qu'il veut savoir.

— Non, quel jour du mois, je veux dire, et quelle année.

Alors le pharmacien sursaute et il a, ensuite, une lueur presque amicale dans les yeux. Le pharmacien a dû comprendre qu'il ne sait plus où il est, qui il est, qu'est-ce que c'est.

— Nous sommes lundi, six août, dix-neuf cent quarante-cinq, dit-il lentement, en détachant les syllabes.

Ça commence à déclencher quelque chose, à l'intérieur de cette douleur qu'est son corps, sa tête, son envie de savoir. C'est comme si des portes s'ouvraient, non pas vers l'extérieur, cette fois-ci, vers le monde bruyant, plein de bicyclettes, de trains et de marteaux, des portes, au contraire, vers un monde de silences, s'ouvrant en silence sur un long corridor en spirale descendante, s'ouvrant devant lui avant qu'il ne les atteigne, qu'il n'ait à les pousser.

— Ah! dit-il, et où sommes-nous?

Le pharmacien tourne la tête et regarde dehors, vers ce monde du dehors que son regard à lui n'atteint pas, car il est allongé sur une sorte de divan, ou de canapé, et qu'il ne peut redresser la tête, tout son corps étant raidi dans la douleur.

— Vous êtes dans la pharmacie de Gros-Noyer-Saint-Prix, à côté de la gare.

Les portes, alors, s'ouvrent de plus en plus vite, vertigineusement, et le silence de ce long corridor s'effrite, craque de partout, son silence ouaté commence à se remplir de rayons lumineux où vibrent des bruits analogues à ceux de tout à l'heure, comme si, en fin de compte, toutes ces portes s'ouvrant toutes seules aboutissaient à cette porte qui, tout à l'heure, s'est ouverte sur le monde et les bruits du monde.

— Ah! dit-il, et pourquoi suis-je ici?

En réalité, la question qu'il aurait voulu poser et devant l'énormité de laquelle il a hésité, était celle, incongrue, il le sent bien, et en quelque sorte provocatrice, toute simple, d'un autre côté: qui suis-je? tout bêtement. Mais il y arrive, à la fin, à travers ce détour sur le temps et le lieu, les raisons de sa présence ici.

— Vous avez eu un accident, dit le pharmacien. Vous êtes tombé du train de Paris, juste au moment où il entrait en gare. Vous êtes blessé.

Au bout du corridor, la dernière porte s'ouvre alors, dans un grand fracas, et c'est de nouveau cette même porte qui donne sur l'extérieur, sur le sifflet de la locomotive.

— Ah! bon, dit-il.

Et il ne fait plus aucun effort pour se redresser, pour résister à sa douleur. Il se laisse aller en arrière, il sombre dans cette raideur brutale de tout son corps, ce lancinement sur le côté droit de son crâne, qui se répercute jusqu'au plus profond de lui-même.

— Quelqu'un dans le train vous a reconnu, dit le pharmacien. Vous avez de la famille, dans le haut de Saint-Prix. On va vous y conduire en ambulance.

— Mais oui, dit-il, quarante-sept rue Auguste-Rey.

Il ne regarde plus rien, plus personne. Il est arrivé au bout de son corridor, c'est-à-dire de lui-même, car il sent bien que ce corridor où il marchait, légèrement, c'était sa propre vie, obscurcie encore par l'oubli de tout ce qui n'était pas la certitude brutale, mais combien pauvre en fin de compte, d'exister. Il n'a plus d'efforts à faire, car sa mémoire est encore éparpillée dans le monde, autour de lui, en mille morceaux, mais il sait bien que tous les morceaux, désormais, vont lentement s'imbriquer les uns dans les autres, qu'ils vont se recoller, qu'il n'y a plus qu'à laisser le temps faire son travail.

Il est sur une civière, à présent, sous un ciel bleu, et c'est vrai qu'il y a un petit manège de chevaux de bois, au bout de l'esplanade, avant le passage à niveau.

— Qu'est-ce que c'est, cette blessure? demande-t-il à l'un des infirmiers, pendant qu'on fixe la civière sur la plate-forme de la vieille camionnette qui sert d'ambulance.

— L'oreille, dit l'infirmier, vous avez l'oreille arrachée.

— Arrachée? dit-il, comment arrachée, partie?

— Non, dit l'infirmier, pas partie, à moitié arrachée seulement.

— Quelle allure ça a? demande-t-il.

L'infirmier regarde le côté droit de son crâne et il fait une moue dégoûtée.

— Ça pend, dit-il.

Il regarde une nouvelle fois, attentivement.

— C'est plein de mâchefer, cette blessure.

L'infirmier s'est assis, près de la civière, et l'autre, celui qui l'a aidé à transporter la civière, s'est installé derrière le volant.

— Faudra recoudre, dit l'infirmier, nettoyer et recoudre.

La camionnette démarre, avec une secousse, et il a l'impression que son corps vient d'éclater en morceaux.

— Ah! dit-il.

L'infirmier hoche la tête.

— Faut se farcir la montée, dit-il, ça va valdinguer.

L'infirmier sort une moitié de cigarette de sa poche et l'allume.

— Encore heureux si vous n'avez rien à la colonne vertébrale. Vous avez tapé sur le ballast avec la nuque, le haut des épaules. Mauvaise chute, ça.

L'infirmier aspire longuement la fumée de sa moitié de cigarette.

— Mais l'oreille, pourquoi l'oreille coupée?

L'infirmier le regarde.

— C'est le câble, mon vieux.

La camionnette tressaute sur la route défoncée et il sent la sueur lui ruisseler sur le visage. Il serre les dents et essaie de sourire.

— Ah! c'est le câble!

— Mais oui, mon vieux, le câble de transmission qui court le long de la voie. C'est de l'acier, c'est coupant, et vlan, il a tranché l'oreille à moitié, bien proprement, juste au point d'attache.

L'infirmier regarde encore sa blessure et hoche la tête, en rejetant de la fumée.

— Ce sont les hasards de la vie, mon vieux. On essaie de se supprimer et on se retrouve vivant, avec presque une oreille en moins. De quoi rire.

Il regarde l'infirmier et ne comprend plus rien.

— Comment, se supprimer?

Mais l'homme ne répond pas, il le regarde fixement et il lui vient sur le visage un air de curiosité sournoise, presque obscène.

— Au fait, pourquoi avez-vous essayé de vous supprimer?

Il rit, malgré la douleur que le rire exaspère.

— Jamais, dit-il.

— Quoi, jamais? demande l'infirmier.

— Jamais je n'ai pensé à une connerie pareille, je veux dire.

— Mais alors?

L'infirmier a l'air désappointé, frustré, à l'idée qu'il ne s'agirait pas d'une tentative de suicide.

— Le train était bondé, j'étais sur la plate-forme, j'ai dû m'évanouir et tomber sur la voie, c'est tout.

L'infirmier le contemple à présent avec un mépris bien visible, dans le geste de sa bouche.

— À votre âge, merde! s'évanouir, quelle jeunesse!

Il fait un effort pour ne pas être saisi par le fou rire, il craint d'avoir trop mal. L'infirmier se tasse dans son coin et se désintéresse de lui.

La camionnette a dépassé le croisement de la route de Paris et elle commence à attaquer la montée, dans un grincement du levier de vitesses. Alors, comme il est allongé dans le sens de la marche, les pieds vers l'avant de la voiture, il voit se dresser au bout de son regard le haut de la colline, avec les arbres entourant les maisons et le clocher de l'église. À mesure que la pente s'accentue, le paysage, dirait-on, commence à basculer sur lui, sur ses yeux que la sueur irrite, sur son visage crispé par les dents qui se serrent.

La camionnette arrive au sommet de la pente, tourne à gauche, devant l'épi-cerie-café-tabac de Mme Robbe, et s'immobilise au bout de la rue Auguste-Rey. Il voit la croix, au carrefour, et l'amorce de la route qui monte vers le Lapin Sauté, vers les arbres, le vent, les longues marches, l'automne, la forêt.

— Je vais essayer de me mettre debout, dit-il.

Le chauffeur est déjà descendu.

— Vous allez quoi? dit l'autre.

— Marcher, dit-il.

L'infirmier hausse les épaules.

— Faites pas le fier. C'est tout à l'heure qu'il fallait pas s'évanouir comme une demoiselle.

Mais il rejette la couverture qu'on lui a étendue sur les jambes et il se redresse. Un feu d'artifice éclate derrière son crâne et il pense qu'il doit avoir une auréole, une aurore boréale, peut-être, autour de la tête. Il pose les pieds par terre, cependant. L'infirmier le regarde faire et son mégot s'est éteint.

— Merde! dit-il, si vous vous prenez pour le Christ, allez-y!

Il arrive à se tenir debout. Il prend appui sur la camionnette et il s'élance dans l'espace vide devant lui, vers la porte grise de la maison. Le soleil heurte en biais la façade et fait étinceler les vitres, au premier étage. Il marche vers la façade, vers la porte, vers le soleil qui se décompose en mille miroitements mobiles, là-haut, au-dessus de sa tête, qu'il n'arrive pas à redresser, comme s'il portait un poids très lourd entre les deux épaules. C'est le soleil d'août, se dit-il, le beau soleil d'août qui va disparaître derrière les arbres de la forêt, et je marche vers le soleil d'août, c'est-à-dire vers son reflet miroitant dans les vitres de la maison, une fois de plus je marche vers un rayon de soleil, et cet infirmier me regarde, tout dégoûté que je sois simplement tombé d'un train, il me regarde attentivement, ou plutôt, dans l'attente de me voir tomber, dans l'espoir même, peut-être, de me voir tomber.

Il a atteint la porte et il reste immobile dans l'ombre et la fraîcheur du couloir.

— Dites-moi, dit l'infirmier.

Il est obligé de pivoter sur lui-même, en tournant tout le corps.

— Oui? dit-il.

— Vous êtes chez vous, ça a l'air d'aller, on vous laisse.

— Bien sûr, dit-il, merci.

Ensuite, il est resté longtemps dans le couloir, adossé au mur, croit-il se souvenir. Peut-être devrait-il faire un effort et monter jusqu'au premier étage, rentrer chez lui, c'est-à-dire dans cet appartement que sa famille occupe depuis six ans, à peu près. Mais il n'y est pas plus chez lui qu'il n'était chez lui dans la pharmacie de Gros-Noyer, ou avant, dans le train de banlieue, et encore avant dans tous ces autres trains, ou ce matin à la préfecture de Versailles, renvoyé de service en service, puisque personne ne semblait savoir résoudre le problème qu'il posait. Il n'y est pas plus chez lui qu'il ne serait chez lui dans le jardin, où il a envie d'aller, pourtant, s'asseoir sur un banc, dans la senteur du lilas blanc, et encore, peut-être serait-il bien plus chez lui dans ce jardin plein de lilas, assis au soleil, près du mur du potager, sous le lilas blanc comme neige.

Mais la neige et le lilas c'est plus tard, c'est maintenant, dans son souvenir. Il n'y a plus de neige, il n'y a plus de lilas ailleurs que dans sa mémoire. Il regarde l'heure, de nouveau, à son poignet. Cette nuit va être difficile à rendre habitable. En tout cas, la neige et le lilas, c'est maintenant, et il ne sait toujours pas pourquoi.

Tout à l'heure, quand il est resté seul dans le couloir, il n'y avait pas du tout de neige, pas du tout de lilas, il y avait seulement ce désir, ou ce semblant de désir, cette impression que peut-être vaudrait-il mieux sortir dans le jardin et attendre là, plutôt que de monter dans cet appartement où il n'est pas plus chez lui qu'ailleurs, mais justement, il n'est chez lui nulle part. Cette certitude l'a habité, un moment, et ce n'était pas un sentiment désagréable, pas non plus inquiétant : c'était comme ça, il était étranger à tous ces lieux, depuis des années.

Finalement, il n'est pas sorti dans le jardin, car il a craint de ne plus avoir la force de bouger, ensuite, de remonter dans la maison. Il s'est mis en marche, lentement, prenant appui sur le mur aussi bien que sur la rampe de l'escalier, hissant son corps raidi, courbé sous le poids de cette douleur. Au premier étage, il a frappé à la porte, mais il n'y avait personne dans l'appartement. Il s'est assis sur les marches, alors, pour attendre. Il a su que le temps passait parce que le soleil, c'est-à-dire l'ombre ensoleillée du soleil sur le mur de l'escalier, en face de la fenêtre qu'il avait au-dessus et légèrement à gauche de sa tête est allée en s'amincissant et que, à un moment donné, elle a disparu. Le soleil d'août s'était caché derrière les grands arbres de la propriété dont la grille toujours fermée se trouve de l'autre côté de la rue. Il pense que le nom de cette propriété, écrit sur une plaque de cuivre verdi, au-dessus de la fente d'une boîte aux lettres, à droite de la grille, sur un mur auquel s'adosse également une borne-fontaine, il pense que cette propriété s'appelle La Solitude, mais il n'en est pas vraiment sûr ; à ce moment-là, il ne pourrait pas affirmer qu'il ne confond pas avec quelque autre maison, dans un autre endroit, ou peut-être même avec le nom imaginaire d'un lieu qu'il ne connaîtrait même pas. Il se demande comment il peut avoir des doutes sur le nom de cette propriété, alors qu'il se souvient dans tous les détails de la forme de la grille principale, qu'on n'ouvre jamais, qu'en tout cas il n'a jamais vue ouverte, et même une chaîne cadenassée qui a dû rouiller sous la pluie, au fil des années, tient les deux battants massifs reliés l'un à l'autre. Il se souvient, dans tous leurs détails, de la forme de cette grille, de la perspective de l'allée carrossable qui s'amorce derrière elle, au milieu de deux rangées de châtaigniers, de la couleur de la pierre et des reflets changeants, selon qu'il pleuve ou qu'il fasse beau, de l'ardoise qui couvre la maison des gardiens, à gauche de l'allée, toutes choses qu'il garde en mémoire comme s'il avait passé des heures, et peut-être l'a-t-il fait, à observer l'entrée de cette propriété dont le nom maintenant lui échappe, c'est-à-dire dont le nom lui vient en mémoire, mais d'une façon dubitative, sans aucune certitude de ne pas confondre avec quelque autre nom, réel ou imaginaire. En tout cas, c'est derrière les arbres de cette propriété que le soleil d'août a dû se cacher et c'est ainsi qu'il a compris que le temps passait, dans l'hébétude de la douleur et de l'attente.

Puis il y a eu des pas précipités dans l'escalier et Mme Robbe est apparue.

— Seigneur, seigneur ! dit-elle. Que vous est-il arrivé ?

Il la regarde et se demande s'il va avoir la force de lui expliquer qu'il est allé à Versailles, ce matin, pour essayer d'obtenir à la préfecture un passeport, ou un titre de voyage, n'importe quel bout de papier sur lequel coller sa photo et un visa, tous les visas nécessaires pour aller en Suisse, mais il avait eu l'impression que jamais un étranger n'avait demandé quelque chose de semblable à la préfecture de Versailles, en tout cas depuis des années, car c'était une demande qui avait l'air de plonger dans la plus grande stupéfaction tous les employés qui, de service en service, l'avaient écouté, le renvoyant toujours ailleurs, en sorte que l'image qu'il gardait dans sa mémoire était celle d'une multitude de regards exorbités, de têtes hochées de bas en haut, tandis qu'il s'enfonçait dans des bureaux qui, à en juger par la solennité de plus en plus froide des fauteuils et des tables qui les meublaient, devaient appartenir à des personnages dont l'importance allait croissant, jusqu'au moment où il est tombé sur quelqu'un qui, l'ordre de mission que Jean-Marie lui avait procuré y aidant (personne ne lui a demandé, d'ailleurs, quelle mission il aurait à remplir en Suisse, pour le compte du ministre de l'Information, mais tout le monde avait été très favorablement impressionné par cette grande feuille barrée de tricolore, c'est-à-dire coupée transversalement par deux traits épais, l'un rouge, bleu l'autre, qui délimitaient un espace blanc, le papier étant blanc, au milieu d'eux), ce personnage, donc, a cru se souvenir qu'il y avait quand même un moyen pour faire voyager hors des frontières françaises, même en période de guerre contre le Japon, un étranger soumis, de par sa qualité de réfugié politique, à une législation et à une jurisprudence internationalement agréées, semblait-il, tout au moins par les nations civilisées. Ce personnage s'est même souvenu qu'il devait rester quelque part dans une armoire de la préfecture un certain nombre de passeports Nansen vierges, qui n'avaient trouvé aucune utilisation justifiable, ces dernières années, en raison des circonstances présentement passées. Il allait faire en sorte de retrouver ces passeports et de lui en attribuer un, valable pour la Suisse, pour un seul voyage aller-retour, bien entendu, le consulat suisse ne refusant sûrement pas d'y apposer un visa pour un séjour de trois mois dans la Confédération helvétique, durée maximum à laquelle on puisse prétendre. Il en avait conclu — lui, pas le personnage officiel — pour lequel cela ne semblait pas en question — que la Suisse était l'une de ces nations civilisées acceptant les clauses de cette législation internationale à laquelle il avait été fait allusion.

Ce pas décisif ayant été franchi, dans une certaine allégresse administrative provoquée sans doute par la solution positive, inattaquable, du problème posé, il était revenu sur ses pas, vers des bureaux moins importants où les sièges de peluche rouge se voyaient remplacés par de simples chaises en bois, au vernis craquelé, et où il lui fallut remplir les formulaires prévus dans pareils cas. Il ne lui restait plus, semblait-il, qu'à se faire établir un certificat de domicile et à le rapporter, dûment légalisé, pour obtenir dans quelques jours, une quinzaine au maximum, le titre de voyage qu'il souhaitait avoir et auquel tout portait à croire qu'il avait droit.

Mais il se demande s'il va avoir la force de raconter tout ceci à Mme Robbe.

Pourtant, s'il omettait ces détails, Mme Robbe pourrait ne pas comprendre pourquoi il était dans le train de Persan-Beaumont, qui faisait une brève halte à Gros-Noyer-Saint-Prix, après s'être arrêté également et successivement à Saint-Denis, à La Barre-Ormesson, à Épinay-Villetaneuse, à Enghien-les-Bains, à Ermont-Eaubonne, à Ermont-Halte, et finalement, donc, à Gros-Noyer-Saint-Prix, pour continuer ensuite vers Saint-Leu-la-Forêt et d'autres lieux dont les noms lui étaient inconnus, Saint-Leu étant pour lui la limite de l'univers connu et exploré, tout au moins dans cette direction. Mme Robbe ne comprendrait pas pourquoi il était dans ce train et de là, non plus, évidemment, pourquoi il en était tombé, le train étant bondé et la tête lui ayant tourné, comme on dit, alors qu'il voyageait pratiquement sur le marchepied. Il faudrait, ainsi, commencer par raconter à Mme Robbe sa visite à la préfecture de Versailles, d'où découle tout le reste, à cause de ce certificat de domicile et de sa légalisation, absolument nécessaire, et qui ne pouvait se faire qu'au commissariat de police de Taverny, chef-lieu du canton d'où dépendait son domicile présumé, au 47 de la rue Auguste-Rey, à Saint-Prix (Gros-Noyer étant, dans le bas, quelques maisons autour de la gare, dont la pharmacie, sur l'esplanade avant le passage à niveau, où tout à l'heure tournait le petit manège de chevaux de bois, au son acide et grêle de cette musique qu'il avait entendue en sortant de son évanouissement). Mais, vraiment, il se demande s'il aura la force d'expliquer clairement toute cette histoire à Mme Robbe, en remontant aux sources.

— J'ai vu arriver l'ambulance, dit-elle, et j'ai pensé : il est arrivé quelque chose à M. Manuel !

M. Manuel la regarde et il sait que Mme Robbe n'a pas du tout pensé ça. Elle a simplement arrêté l'ambulance, au retour, et elle s'est renseignée. L'emplacement de l'épicerie-café-tabac de Mme Robbe, située au carrefour des quatre rues principales du village, celle qui monte de la gare, celle qui mène vers l'église et les propriétés des Parisiens, sur le sommet de la colline, en bordure de la forêt, celle qui descend vers Montlignon et la quatrième, enfin, qui conduit à Saint-Leu, cette situation centrale oblige moralement Mme Robbe à être au courant des faits et gestes essentiels du village, et de là, par un glissement tout naturel, elle en est venue à désirer prévoir les événements, à les prédire, ou bien à transformer en divinations les renseignements recueillis après coup.

— Ah ! ces Boches ! je me suis dit, ah ! ces sales Boches ! dit Mme Robbe.

Il essaie de deviner le cheminement qui conduit Mme Robbe de l'accident lui-même aux généralisations historiques.

— Après ce qu'ils vous ont fait, bien sûr, tout peut arriver, n'importe quel malheur ! dit Mme Robbe.

Il devrait lui expliquer que ce ne sont pas les Boches, que c'est la chaleur et le manque de sommeil, mais peut-être la chaleur et le manque de sommeil sont-ils aussi de la faute des Boches, pour Mme Robbe.

— Et puis, l'oreille droite, dit Mme Robbe, celle qui sert le plus !

Mais tout cela a eu lieu dans l'après-midi, après que la trace ensoleillée eut disparu, sur le mur de l'escalier. Maintenant, il n'y a plus que la nuit et toute cette neige, dans sa mémoire. À Versailles, il n'y avait pas de neige, nulle part, ni dans les bureaux de la préfecture, ni sur la place d'Armes, ensuite, vraiment nulle part. Il y avait eu cet étonnement, quand il a compris qu'il aurait finalement un passeport, après toutes ces démarches inutiles. Sur les rives du lac Majeur, l'automne est d'une grande beauté, lui avait-on dit.

Il avait allumé une cigarette, une fois dans la rue, et une certaine fatigue joyeuse lui était venue, à la pensée qu'il allait pouvoir s'absenter de ce tourbillon de jours, cet abîme du mois de mai, du mois de juin, du mois de juillet, et nous sommes en août, déjà, trois mois déjà où chaque nuit exigeait d'être brûlée, consumée, pour attendre le prochain jour, la prochaine nuit, la prochaine flamme.

L'idée de ce voyage en Suisse? Ils étaient assis à la terrasse d'un café, l'été, du côté de la Madeleine.

— Tu mènes une vie imbécile, disait Jean-Marie.

— Oui, grand-père, disait-il.

— Tu devrais venir en Suisse, te reposer, disait Jean-Marie.

Il s'était tourné vers Jean-Marie, solennel.

— Écoute: tu me donnes rendez-vous rue Tronchet, déjà, ça me démoralise. Et c'est pour m'inciter à aller à Berne? Tu as vraiment envie de me faire pleurer?

Ils avaient ri.

— Depuis que tu es au Quai, tu as des idées sinistres, disait-il.

L'été, derrière la Madeleine.

— Non, pas Berne, disait Jean-Marie. Nous allons louer une maison pour l'hiver, à Locarno.

— Locarno? comme le pacte? disait-il.

Et Jean-Marie disait: — C'est ça.

— Et c'est comment? disait-il.

Alors, Jean-Marie prétendait que l'automne est d'une grande beauté, sur les rives du lac Majeur. Il décrivait les villages, autour de Locarno, sous le soleil de l'hiver. À Solduno, il y avait des maisons recueillies, sur la colline. À Ascona, des maisons largement ouvertes sur le paysage du lac. Une maison, ils loueraient, calme, sous le soleil de l'hiver.

— Tu pourras écrire, disait Jean-Marie.

Et lui: — Pourquoi supposes-tu que j'aie besoin d'écrire?

Jean-Marie avait un regard précis, sur lui, une seconde.

— Justement, disait Jean-Marie, je ne suppose pas que tu en aies besoin, envie, simplement.

Lui, il sifflotait.

— Tu me donnes rendez-vous dans un lieu sinistre, tu me parles de la Suisse, et tu coupes les cheveux en quatre. C'est clair, tu vas faire carrière dans la diplomatie.

Ils riaient.

— Envie, besoin, si tu t'exprimais mieux? disait-il.

— Envie de tout dire, tout raconter, témoigner. Une grande fresque. En fonction d'une idée préconçue de la littérature, de son rôle. Mais c'est tout simple, disait Jean-Marie.

Lui, il hochait la tête.

— Alors, je vais t'épater, disait-il. J'ai envie d'écrire *L'Âge d'homme*.

Et Jean-Marie, immobile : — Ça a déjà été fait.

Et lui : — C'est bien ce qui m'emmerde.

Encore, ils riaient.

L'été, du côté de la Madeleine, au soleil. Vers la mi-juillet. Il n'avait pas revu Jean-Marie depuis cinq ans, mais, d'emblée, ils avaient retrouvé cette possibilité de rester ainsi, au soleil, silencieux, à l'aise chacun dans le silence de l'autre. Une longue complicité. Plus tard, l'idée de ce voyage en Suisse avait foisonné, la Suisse n'étant pas tellement un lieu réel, un ailleurs simplement. À l'aube, parfois, dans la fatigue écœurée de l'aube, il avait caressé ces images de Solduno, d'Ascona, des rives du lac Majeur, que Jean-Marie avait décrites. Il avait commencé des démarches, compliquées, parce que ses papiers n'étaient pas en règle. À Versailles, finalement, ce matin, on dirait que toutes ces démarches avaient abouti.

Il éteint la petite lampe de chevet et les escaliers de Versailles luisent dans la blancheur bleutée du mois d'août, dans sa mémoire, dans la nuit qui l'entoure et qui se prolonge, bruissante, au-delà de la fenêtre ouverte. Il a l'impression qu'il va se souvenir de tout, bientôt, que le dernier écran devant les éblouissements de sa mémoire va être emporté, comme les châteaux de sable que l'on construit sur la plage et que la marée montante vient baigner doucement, qu'elle entoure ensuite et qui s'effondrent, brusquement, minés par pans entiers.

Tout à l'heure, dans la pharmacie, il n'avait pas de mémoire du tout. Il n'avait plus que son regard et une multitude d'objets colorés pour remplir son regard. Il a ressenti, un instant, cette certitude fascinante d'exister, toute transparente, totalement dépourvue de contenu. Il savait, simplement, qu'il existait, dans l'ignorance de tout le reste, y compris de lui-même. Il existait, mais il ne savait pas qui existait, ni pourquoi, ni comment, ni avec qui, ni même où.

— C'est le coup sur la tête, dit-il, à haute voix.

Il rallume la lampe et cherche une cigarette.

Finalement, peu après le départ de Mme Robbe, qui retournait dans sa boutique avec une hâte visible, désireuse sûrement de faire partager aussi bien aux clients qu'aux passants, interpellés dans la rue à travers la porte grande ouverte en cette saison, la nouvelle de cet accident dont elle arriverait peut-être à se persuader qu'elle en avait été témoin, finalement est arrivé quelqu'un de sa famille, muni d'une clef de la maison, et il a pu s'étendre pendant qu'on allait chercher un docteur à Saint-Leu, lui semblait-il avoir compris. Mais une fois seul, il s'était relevé et s'était rapproché d'une glace, au-dessus d'une cheminée, pour observer sa blessure. Tu as l'air d'un cadavre, avait-il pensé. Tu as même l'air d'un vieux cadavre, avait-il pensé. Pas du tout jeune, ce cadavre que tu as l'air d'être, avait-il pensé encore. « Un vieux cadavre de vieux paysan castillan », s'était-il dit. Tu as perdu tout ton aspect civilisé, avait-il pensé, cet air d'ici qui t'est venu, à force, tu as tout l'air du cadavre d'un vieux tondeur de moutons de la province de Zamora.

— Salut, vieux cadavre ! s'était-il dit à haute voix, en contemplant son image, t'as la vie dure.

Il avait salué la vie dure de son vieux cadavre, à juste titre, lui semblait-il, à cause de toutes ces occasions ratées de mourir dont il s'est souvenu à cet instant, d'une façon vague, sans essayer d'approfondir les détails dans sa mémoire, et maintenant, pendant qu'il allume une cigarette, il se souvient de plusieurs coups sur la tête, dont certains font partie de ces occasions ratées de mourir.

Tout à l'heure, devant la glace, s'il avait écarté légèrement ses cheveux, sur le côté gauche du crâne, il aurait pu voir la trace d'un de ces coups sur la tête, une cicatrice blanche, assez large, creusant d'une façon perceptible au toucher la paroi osseuse de son crâne. La crosse du pistolet automatique s'était abattue sur lui et, tout de suite, il avait eu les yeux pleins de sang, il avait été aveuglé par tout ce sang sur son visage.

Je me souviens de ce goût de sang, pense-t-il, et je me souvenais vraiment de ce goût du sang, ce n'était pas une hallucination.

J'avais reçu d'abord un coup sur la nuque, porté avec une matraque, peut-être, par le deuxième type, celui qui était petit et gras, celui qui avait des lunettes cerclées d'or. Quand j'étais entré dans la cuisine, il s'était déplacé rapidement, malgré sa corpulence, pour fermer derrière moi l'issue vers la porte. J'avais eu le temps de remarquer ce déplacement, et le geste de cet homme, dont la main droite était enfoncée dans la poche de sa veste, avant même de comprendre qu'il y avait des étrangers dans la cuisine, une femme et deux hommes. J'ai pensé plus tard qu'il m'avait porté ce premier coup avec une matraque, lorsque j'ai vu qu'ils avaient des matraques anglaises, sûrement prises dans un parachutage tombé entre leurs mains, en acier brillant et flexible, avec, au bout, une petite masse carrée d'acier, et qui se dépliaient, un peu comme une longue-vue, de façon à tenir, repliées, le moins de place possible, pour pouvoir aisément les transporter dans la poche d'un imperméable ou d'un manteau. Juste avant de recevoir ce coup sur la nuque et de tomber à genoux, devant l'autre type, qui me regardait d'un air à la fois brutal et terrorisé, j'avais entendu les cris hystériques que poussait la femme qui accompagnait les deux types de la Gestapo. Ensuite, j'ai eu tout ce sang dans les yeux et ce goût du sang dans la bouche. Mais ce n'est pas vrai que l'on revoit toute sa vie comme un film projeté à une vitesse vertigineuse, au moment de mourir. Je me demande d'ailleurs ce que la mémoire et la mort pourraient bien faire ensemble. C'est la mémoire et la vie qui vont ensemble. Quand mûrit la mort, dans les heures tièdes et fades de la vieillesse, la mémoire s'annule simultanément. D'abord la mémoire du plus récent passé, et cette lèpre de l'oubli progresse, lentement ou plus vite, selon les cas, vers l'enfance. À la limite, on pourrait imaginer un vieillard, assis au soleil sur un banc de la grande cour de l'hospice de Bicêtre, n'ayant plus qu'un souvenir dans sa mémoire, un seul point d'attache pour sa vie flottant à la dérive, le plus lointain souvenir enfantin. Dans le corps immobile de ce vieillard, assis au soleil, peut-être courbé sur une canne serrée entre ses genoux, il n'y aurait plus rien d'autre de vivant que ce souvenir d'enfance, le plus ancien souvenir, autour duquel, le cernant, l'enserrant de partout, toute la mort noire de l'oubli. Un seul souvenir, et dérisoire, peut-être, un rayon de soleil sur une vitre de la rue Espalter, la coiffe blanche, empesée, d'une bonne d'enfants sur la Castellana, ou une branche d'arbre bougeant dans le vent du matin, dans le parc du Retiro, devant le palais de Cristal, légèrement vers la droite, quand on suit l'allée qui longe l'étang où coassaient les grenouilles (ou alors, ce souvenir sonore du coassement des grenouilles, même pas une image brillante, colorée, se détachant sur le mur gris de la mémoire murée, simplement un dernier souvenir sonore, celui du coassement des grenouilles, qu'on serait déjà trop vieux, trop démuni, pour explorer, pour tenter de le relier à ce souvenir d'étang perdu dans les abîmes de l'oubli). Je n'ai donc pas vu ma vie défiler devant moi, comme un film vertigineux. J'ai simplement eu du sang dans les yeux, dans la bouche, plein de sang sur mon visage et je me suis dit que j'allais mourir.

Plus tard, après qu'ils m'eurent attaché les poignets avec ma propre ceinture, l'un des types de la Gestapo, celui qui m'avait frappé la deuxième fois et qui m'avait ouvert le crâne avec la crosse de son lourd pistolet automatique, a fouillé dans mes poches et il a trouvé mes papiers d'identité.

— *Ach so!* dit-il, en regardant attentivement.

Je me demande pourquoi il fait cette tête. Il se tourne vers moi, avec un sourire figé et plein de dents dorées au milieu de ce sourire.

— *Ein Rotspanier,* dit-il finalement, en tendant mes papiers d'identité à l'autre type.

J'ai décidé, à ce moment-là, de faire semblant de ne pas comprendre l'allemand. J'ai décidé, d'ailleurs, d'être complètement idiot, pour voir venir.

L'autre type regarde aussi mes papiers et il hoche la tête.

— *Diese Kerle,* dit-il, *findet man überall.*

J'essaie de rester impassible, comme si tout ça ne me concernait pas, mais je suis bien content de l'entendre dire que ces mecs, ces rouges espagnols, on les trouve partout. Je suis bien content de me trouver partout, multiplié à l'infini, et encore, ils n'ont pas fini d'en voir, ces types de la Gestapo.

Alors, celui qui a un sourire doré et qui a l'air d'avoir pris les choses en main, me regarde dans les yeux et il gueule.

— *Du bist ein Rotspanier!* gueule-t-il.

Je ne bouge pas, puisque je suis censé ne pas comprendre.

La femme s'avance à son tour et elle traduit.

— Vous êtes un rouge espagnol, traduit-elle.

Ça m'amuse qu'en traduisant elle ait quitté le tutoiement. Elle n'a pas l'air à son aise, ou plutôt, elle a une façon craintive de se tenir, un regard flou, fuyant, et elle ressemble étrangement à quelqu'un que j'ai dû connaître.

— Rouge? lui dis-je, comment rouge?

— Rouge, dit-elle, rouge de l'armée rouge espagnole.

Je ris, alors, comme si je venais de comprendre, et je l'observe fixement, en essayant de trouver à qui elle a l'air de ressembler.

— Trop jeune, lui dis-je, trop jeune pour être rouge comme ça.

Elle a l'air soulagée d'apprendre cette nouvelle, ses mains en restent un instant immobiles.

— Mais je peux encore le devenir, lui dis-je et je sais à qui elle ressemble.

Fräulein Kaltenbach avait cette même carrure, ce même visage massif, ces mêmes yeux délavés. Elle entrouvrait la porte de la salle d'étude, midi et soir, et elle disait : — *Kinder, Hände waschen und zum Tisch*, et alors, c'était la cavalcade pour arriver le premier à la salle de bains.

— *Was sagt er?* demande le type de la Gestapo.

La femme se tourne vers lui et traduit.

— *Er sagt dass er zu jung ist um Rotspanier gewesen zu sein, aber dass er es noch werden kann.*

Ce *gewesen zu sein* et ce *werden* me plongent dans une méditation philologique, où surnage le respect pour la précision subtile de la langue allemande.

— *Und frech, dazu!* dit le type de la Gestapo.

Il trouve que je suis insolent et il me regarde. J'essaie de lui présenter mon visage le plus idiot possible, jusqu'au moment où il commence à me gifler de toutes ses forces, sur la joue droite d'abord, puis sur la gauche, et encore, et encore. Il s'énerve et commence à crier des insultes, et ma tête ballotte d'un côté et de l'autre.

J'essaie de me souvenir si c'est Fräulein Kaltenbach qui s'enfermait dans les cabinets, pour fumer ses cigarettes anglaises, ou si c'était la précédente, Fräulein Grabner. En tout cas, c'étaient des Capstan-Navy Cut, dans des boîtes métalliques, plates, et il y avait une image dans chacune de ces boîtes qu'on aurait pu coller dans un album. Fräulein Kaltenbach, ou bien peut-être était-ce Fräulein Grabner, allait acheter ses cigarettes au bureau de tabac de la rue Juan de Mena, en face de la pharmacie dont le propriétaire avait eu des histoires avec ma famille, je ne sais plus bien lesquelles, mais on n'y envoyait plus les ordonnances à exécuter, on était obligé d'aller jusqu'à la place de l'Indépendance, chez les successeurs de Madariaga, *Sucesores de Madariaga*, était-il écrit sur la plaque de cette pharmacie-là. Fräulein Kaltenbach, ou alors Fräulein Grabner, s'enfermait dans les cabinets, n'ayant pas l'autorisation de fumer devant nous, lorsque mes parents étaient sortis pour le dîner, et elle y fumait plusieurs cigarettes, l'une après l'autre. Tous les soirs, donc, on avait ce répit, ce moment de pleine liberté, les parents étant sortis, Fräulein Kaltenbach, ou Fräulein Grabner, étant enfermée aux cabinets, et on en profitait pour organiser les jeux les plus interdits, par leur brutalité. De toute façon, cette interprète de la Gestapo ressemblait à Fräulein Kaltenbach, là-dessus je n'avais pas lieu de douter.

Elle essaie de ne pas regarder, pendant que le type de la Gestapo s'énerve de plus en plus, et frappe de plus en plus fort, et je me demande ce qu'elle va faire, lorsque l'interrogatoire commencera vraiment, sérieusement. Peut-être qu'elle ne supportera pas. Peut-être qu'elle traduira ce qu'il y aura à traduire, sans lever les yeux, sans regarder ce qui se passe. Ou bien peut-être appelleront-ils un autre interprète, lorsqu'il s'agira de choses sérieuses. Mais le type de la Gestapo s'arrête brusquement de frapper, et il allume une cigarette, très calmement, et je comprends qu'il n'était pas du tout énervé, qu'il a seulement fait semblant, qu'il a joué la comédie de la fureur, pour m'impressionner peut-être.

Bruno? C'était un Italien de la MOI.

— J'ai vu Bruno, disait Hans.

En marchant, l'été aussi, un an plus tôt, au parc Montsouris. Une surface d'eau brillait.

— Alors? disait-il.

Une jeune femme s'avançait, venant à leur rencontre, distraitement. Les yeux levés vers les silences du lieu.

— Regarde, disait Hans.

Quoi? Il regardait.

— Regarde-la bien, disait Hans.

Il la regardait. La jeune femme, belle. En les croisant, elle s'est tournée vers eux. Son profil d'abord. Son visage, livré de face. Il la reconnaîtrait. Elle était passée.

— Ça y est? disait Hans.

Et lui: — Elle est belle, on n'oublie pas.

Hans haussait les épaules.

— Demain, disait-il.

Il lui donnait le lieu du rendez-vous, le mot de passe.

— Pourquoi pas dans la rue? disait-il.

Il haussait les épaules, Hans.

— C'est prévu comme ça, disait Hans.

— Je préfère le grand air, disait-il.

Dans la rue, dans un parc, le long d'une grille, on s'avance à découvert. Les autres aussi. On se mêle aux passants, on devient gris, l'ombre des arbres vous protège, on sent venir les choses. Dans une cage d'escalier, devant une porte, c'est une souricière, si ça tourne mal. Ça peut toujours tourner mal.

— C'est le métier qui rentre, disait Hans, ou tu deviens nerveux?

Ils riaient.

Et lui: — C'est le métier, bien sûr.

Il manquait lui faire une confidence, il se retenait. Les rendez-vous, les armes, les attentats, les valises, les barrages de police, les *Feldgendarmen*, c'était un univers froid, il n'y avait pas de place pour la peur. Un autre s'y promenait, lui-même. Un regard froid sur cet autre et sur cet univers froid. La peur? Elle était impossible à concevoir, elle ne prenait pas. C'est tout. Hans l'aurait-il cru?

— Alors? disait-il.

Il pensait à Bruno. Mais Hans à la jeune femme.

— Tu la trouves jolie?

Et lui: — Belle, j'ai dit.

Hans allait parler.

— Ne me dis rien, disait-il.

Hans se taisait.

C'était une femme, elle l'attendrait demain, dans un lieu précis. Il ne voulait rien savoir d'elle. Rien non plus de ce que Hans aurait à lui dire d'elle. Demain, il entrerait dans un immeuble, rue Visconti, il frapperait à une porte, il dirait une phrase idiote, on le ferait entrer, la jeune femme serait là, elle aurait des choses à lui dire. C'était tout. Hans, toujours, savait sur les gens des choses qui épaississaient le temps, la mémoire, les troublaient.

— Bruno? disait-il.

L'été aussi, un an plus tôt, au parc Montsouris, Hans lui avait parlé de Bruno, cet Italien de la MOI. Bruno avait été arrêté par la Gestapo et torturé, avant de réussir à s'évader, à la faveur d'un transfert. Il avait dit à Hans comment les choses se passent, réellement, ce qu'on vous fait. Bruno avait dit, lui disait Hans, qu'il fallait aborder cette épreuve dans la colère et dans la haine. Ils avaient discuté cette question d'une façon très systématique, comme s'il s'agissait d'un thème philosophique à préparer, pour une dissertation de khâgne. C'était leur côté pédant. C'est-à-dire, c'était la rigueur abstraite de leur jeunesse, de leur manque d'expérience.

Pourtant, je commençais à soupçonner que la torture, c'était tout autre chose, quand les types de la Gestapo m'ont conduit dans le hangar de la maison d'Irène, à Épizy, une fois qu'ils eurent fini de fumer leurs cigarettes. Ils m'ont attaché les mains dans le dos, avec les menottes que le petit gros est allé chercher dans la voiture qui stationnait sur le chemin de halage. Après, dans le hangar, ils m'ont suspendu par une corde à la poutre maîtresse, une grosse corde attachée à la chaîne d'acier des menottes. Tout le poids du corps — en déséquilibre, à cause des mains liées dans le dos — portait sur les muscles des bras et des épaules, et il fallait surtout ne pas bouger, ça n'arrangeait pas les choses, de bouger. Alors, je me suis mis à soupçonner que la torture, c'est-à-dire, ce petit commencement de torture bien simple, c'était tout autre chose qu'un sujet de discussion. C'était la découverte de soi-même, dans la douleur, et la découverte que la douleur est inépuisable, qu'il y a toujours un peu plus de douleur, d'une qualité différente, après cette douleur qu'on est arrivé à surmonter.

Je regardais les peaux de lapin, accrochées pour sécher à la poutre maîtresse du hangar, et je pensais que dans trois au moins d'entre elles il y avait des armes cachées. C'était Irène qui avait eu l'idée de cette cachette. Ce jour-là, le jour de cet autre coup sur la tête, il y avait des armes cachées dans au moins trois des peaux de lapin. Il y avait du plastic, aussi, et des mitraillettes Sten, dans la cave à pommes de terre creusée à quelques dizaines de mètres de la maison.

Alors, je serre les dents et je savoure cette idée que je suis maître absolu de ces richesses. Il ne tient qu'à moi, c'est-à-dire, il ne tient qu'à mon silence, que ces richesses ne soient pas perdues. Et il ne s'agit pas seulement de ces armes, luisantes de graisse, amoureusement entretenues par Michel. Il s'agit de bien plus. Aujourd'hui, Julien est à Appoigny, dans la ferme des Lautret, dont il courtise la fille. Peut-être est-il en train de marcher avec cette fille que je ne connais pas, le long des sentiers de l'automne. Peut-être s'embrassent-ils, à ce moment précis, et ils sont persuadés, qui sait, qu'ils s'aiment vraiment. Peut-être y a-t-il le ciel de septembre sur leurs yeux fermés, allongés l'un près de l'autre, derrière quelque haie. Peut-être vient-il d'allumer une cigarette et de lui en donner une bouffée, à cette fille des Lautret, qu'il courtise. Peut-être rit-elle bêtement, comme rient les femmes, souvent, lorsqu'elles sont heureuses. Peut-être leurs mains sont-elles entrelacées et peut-être même les arbres de l'automne frissonnent-ils, autour d'eux, au-dessus d'eux. Peut-être est-ce le bonheur, est-ce cela qu'on appelle le bonheur ? Et tout cela est protégé par mon silence, toute cette richesse m'appartient. La joie de Julien, et le plaisir de Julien, et les rires de cette fille sont les richesses de mon silence. Et les arbres autour d'eux, les haies dorées de l'automne, et le chant des oiseaux, et le bruit de la source, s'il y a une source, sont les richesses de mon silence. Je vais laisser passer le temps et Julien va raccompagner cette fille jusqu'à la ferme, et le père Lautret, bien sûr, va le prier de boire la goutte avec lui, et Julien va reprendre son vélo, pour rentrer à Joigny, tout heureux de sa journée, et personne ne pourra m'arracher ce bonheur de Julien, si je garde, tout simplement, le silence. Il suffit que je me taise, encore une minute, et une seconde minute après cette première minute de silence, et encore une troisième minute, et ainsi de suite, de minute en minute et d'heure en heure, et les richesses de mon silence vont se multiplier. Plus je serai silencieux, plus je m'enrichirai de toutes les choses que mon silence préserve. Les types de la Gestapo, par contre, seront de plus en plus pauvres, de plus en plus démunis de tout. Je leur arrache cet arbre au pied duquel s'est allongé Julien. Je leur arrache le ciel de septembre sur les yeux fermés de Julien. Je leur arrache les herbes de l'automne, que Julien froisse, machinalement, pendant qu'il caresse cette fille. Je leur arrache la joie de cette fille, d'être caressée par Julien. Petit à petit, je les prive du monde, à force de silence, tout simplement, je les oblige à n'être que des fantômes flottant dans un paysage où toutes les richesses m'appartiennent.

Peut-être les types de la Gestapo ont-ils senti qu'ils allaient tout perdre, s'ils continuaient ainsi à laisser mon silence s'enrichir, et ils détachent la corde et je tombe brutalement sur le sol en terre battue du hangar, et je reste immobile, en attendant la suite. Bruno avait dit à Hans qu'il fallait aborder cette épreuve dans la colère et dans la haine, mais jusqu'à présent, peut-être parce que les choses sérieuses n'ont pas encore commencé, je n'éprouve que de la curiosité.

Le souvenir de ce coup sur la tête, à Joigny, en 1943, n'a pris que le temps de fumer une cigarette, et il se retrouve dans sa douleur, dans son insomnie, étant tombé d'un train, cette fois-ci, ce qui est quand même bien plus banal que d'être assommé par la Gestapo.

Quand le docteur est arrivé de Saint-Leu, la première chose qu'il a faite a été de lui faire une piqûre calmante. Il s'est laissé examiner, longuement, et la main du docteur ravivait les douleurs, tout au long de la colonne vertébrale.

Il semblait bien qu'il n'y avait rien de cassé, c'était miraculeux, a dit le docteur, mais il fallait attendre les radiographies, pour en être certain. Ensuite, le docteur qui était venu de Saint-Leu a désinfecté la plaie de son oreille, et là, il a serré les dents. Il faudrait opérer, a dit le docteur, mais c'était impossible avant le lendemain.

— Je vais vous faire un pansement provisoire, a dit le docteur.

Il a hoché la tête, en regardant le ciel du mois d'août, au-delà de la fenêtre ouverte, qui s'obscurcissait.

— La nuit ne va pas être gaie, a dit le docteur, aussi.

Il a regardé au-dehors la nuit qui s'approchait.

— Alors, dit le docteur, en reprenant conscience vous aviez perdu la mémoire ?

Il fait un signe affirmatif.

— Expliquez-moi, dit le docteur.

Il a du mal. Il commence, ça le fatigue. Il y avait des objets, un univers minuscule d'objets multicolores, mais innommables.

— Longtemps ? dit le docteur.

Il ne sait pas combien de temps cette absence de mémoire a pu durer. Il le dit au docteur.

— Je ne sais pas, dit-il. Pas très longtemps, je pense.

Le docteur le regarde toujours, attentivement.

— Comment c'est revenu ? dit-il.

— J'ai essayé de mettre un nom sur toutes les choses, autour, et c'est revenu. Un nom sur le jour, c'était lundi. Un nom sur le mois, c'était le mois d'août (*agosto*, c'est-à-dire). Un nom sur l'année, c'était 1945. Un nom sur le lieu, c'était Saint-Prix, et plus précisément, Gros-Noyer-Saint-Prix. Et tous les noms sont venus, en grappes chatoyantes, en tourbillon, les noms des choses et les noms des rumeurs, tous les noms du monde. Et à la fin, le sien propre, une fois que le monde a été nommé.

— C'est revenu tout à fait ? dit le docteur.

C'est une question insensée, bien entendu, à laquelle il est inutile de répondre. Comment savoir si toute votre mémoire est revenue ? Il y a peut-être des visages qui se sont effacés, à tout jamais, ou les odeurs d'un jour de pluie, ou une lumière parmi les troncs d'eucalyptus. Perdus, à tout jamais, comment savoir ? Le temps de toute une vie n'y suffirait pas.

Le docteur n'insiste pas. Il lui offre une cigarette et ils fument, en silence.

— Vous revenez d'Allemagne ? dit le docteur.

— C'est vieux, déjà.

— Vieux ?

Le docteur le regarde, étonné.

— Trois mois déjà, dit-il.

Mai, juin, juillet. Trois fois trente nuits. On entend des voix dans la pièce voisine, qui bourdonnent.

— Maintenant, dit le docteur, la guerre va être finie.

Il sent qu'il y a une allusion précise, dans ce maintenant, c'est-à-dire l'allusion à quelque événement précis. Il sent que ce n'est pas une généralité, par ailleurs assez vraisemblable, qu'il prononce, ce docteur, mais qu'il fait allusion à quelque chose de bien précis, de bien défini.

— Maintenant? demande-t-il.

Dans la pièce voisine, tout à coup, la voix de Mme Robbe se détache, sur le bourdonnement des autres voix.

— Ah! dit le docteur, vous ne savez pas la nouvelle?

Il hoche la tête. Il ne sait pas la nouvelle.

— Les Américains ont lâché une bombe sur le Japon, une arme tout à fait incroyable.

Le docteur tire une bouffée de sa cigarette.

— Quelque chose d'effrayant, dit-il, à voix presque basse. Une seule bombe et toute une ville a été rasée, des dizaines de milliers de morts.

Le docteur a des yeux gris et plein d'ombre inquiète, tout à coup, dans ses yeux gris.

— Une seule bombe, vous vous rendez compte? dit le docteur.

Il se demande vaguement, en regardant le docteur, et l'ombre angoissée dans ses yeux clairs, pourquoi il a l'air de trouver plus monstrueux qu'on rase une ville avec une seule bombe d'un nouveau genre, plutôt qu'avec un tas de bombes d'un genre déjà connu.

Des villes mortes? Il en avait vu, sur le chemin du retour. Francfort, désert de pierres.

— Une bombe comment?

— Je n'ai pas très bien compris, dit le docteur. Ils parlent d'énergie atomique.

Lui non plus ne comprend pas très bien ce que ça veut dire. Il ne fait aucun effort pour comprendre, d'ailleurs. Il pense que, quel que soit le mystère de cette bombe, le fait est là. Une seule bombe qui permet de raser toute une ville.

La voix de Mme Robbe, perçante, domine toujours le brouhaha, dans la pièce voisine. Il commence à en être irrité.

— Comment s'appelle cette ville?

— La ville japonaise? dit le docteur.

— Celle-là.

— Hiroshima, dit le docteur.

C'est un nom de montagne, pense-t-il. Un nom de fleur, aussi, ou un nom de femme. Oui, ça pourrait être un nom de femme. Il essaie de revoir en esprit la carte du Japon, mais ce nom de ville ne lui dit rien, il est incapable de situer cette ville.

— Il faudrait faire taire Mme Robbe, dit-il.

Le docteur le regarde.

— Mme Robbe?

Il fait un geste vers la porte de l'autre pièce.

— Cette voix, c'est énervant. Vous ne connaissez pas Mme Robbe?

Le docteur sourit, il hoche la tête.

— Mais si, dit le docteur. L'épicière, tout le monde la connaît. C'est elle qui fait courir le bruit que vous auriez voulu vous suicider.

— Comment, dit-il, à Saint-Leu, déjà?

— Non, c'est en arrivant. Je me suis arrêté chez elle pour acheter des allumettes. Elle racontait ça.

— C'est l'infirmier, dit-il, je ne sais pas où il a été chercher cette histoire.

— Elle racontait que vous êtes revenu d'Allemagne avec une maladie incurable, et voilà pourquoi.

Il hausse les épaules, il n'a pas l'intention de s'occuper de ça.

— Il y a des gens, dit le docteur, ils aiment les événements. Une tentative de suicide, c'est un événement.

Maintenant, on n'entend plus que la voix de Mme Robbe, un bourdonnement indistinct, mais aigu. Dans la pièce voisine, tout le monde a l'air d'écouter Mme Robbe, en silence. Elle doit être en train de répéter, devant cet auditoire attentif, peut-être par pure résignation devant l'inévitable, la version de l'accident qu'elle a mise au point.

— On va faire l'opération dans une clinique de Montlignon, demain, dit le docteur.

Il n'a rien à dire, il reste silencieux.

— Je vais y aller tout de suite vous inscrire, dit le docteur.

Il regarde le docteur, qui a sorti un gros carnet de sa poche.

— Mora s'écrit comment? Emme, o, erre, a? dit le docteur.

— C'est ça, dit-il.

— Votre prénom? demande le docteur, en commençant à écrire dans son gros carnet.

— Manuel, dit Manuel.

Le docteur écrit.

— Date et lieu de naissance?

— Madrid, dit Manuel, mille neuf cent vingt-quatre.

— Profession?

Il hausse les épaules.

— Étudiant, dit le docteur, on va mettre : étudiant.

Le docteur regarde la blessure de son oreille et il inscrit encore quelques mots dans son carnet.

— Vous avez eu d'autres blessures à la tête? demande-t-il.

Manuel passe la main sur son front.

— Oui, dit-il, un accident d'auto et puis, encore une autre fois.

— C'était quoi, l'autre fois?

— Rien, dit Manuel.

Le docteur le regarde.

— Vous vous êtes évanoui, vous avez perdu la mémoire, ces fois-là aussi?

— Je ne crois pas, dit Manuel, je ne me souviens plus.

C'est-à-dire, il croit se souvenir qu'une fois, mais pas au moment de cet accident d'auto de juin quarante, ni au cours non plus de son arrestation par la Gestapo, une autre fois encore il a perdu momentanément la mémoire, après un coup sur la tête. Il croit se souvenir vaguement de ça, mais il n'en parle pas au docteur, il a trop mal, il voudrait être seul.

Le docteur le regarde et se lève. Peut-être a-t-il compris qu'il voudrait être seul.

— Demain matin, à huit heures, je viendrai vous chercher pour vous emmener à Montlignon.

— Oui, dit-il.

Il regarde le ciel d'août, par la fenêtre ouverte, et l'inquiétude le saisit, brusquement, de voir ce ciel qui s'obscurcit, de voir la nuit, déjà, se lever dans le ciel encore transparent, par endroits, du jardin. Un souhait fou le traverse, que ce ciel ne change plus, que ce crépuscule se prolonge, jusqu'à demain huit heures, qu'il n'y ait pas ces heures d'ombre, cette solitude, entre cet instant qui s'évapore et cet instant de demain où le docteur viendra le chercher, pour le conduire à la clinique. Il voudrait abolir cet espace de temps, ce désert nocturne devant lui, ou alors, peut-être, sombrer tout de suite dans le sommeil.

Mais il a sombré dans l'insomnie et dans cette obsession confuse de neige et de lilas.

C'est au retour de Versailles, au début de l'après-midi, avant de prendre le train pour Saint-Prix, qu'il avait appelé Laurence, d'une cabine téléphonique de la gare du Nord.

— Oui? avait-elle répondu, aussitôt, avant même que la première sonnerie ne s'interrompe.

— C'est moi, avait dit Manuel.

— Où es-tu? demandait Laurence, précipitamment.

Et lui: — À la gare du Nord.

Et elle: — Pour quoi faire?

Et lui: — En général, on prend des trains, dans les gares.

Elle avait respiré profondément, au bout du fil. (Manuel avait senti la respiration profonde, ou le soupir, de Laurence, et il avait pensé: elle soupire, au bout du fil, et aussitôt il s'était irrité contre lui-même, à cause de cette expression toute faite, *au bout du fil*, qui lui était venue machinalement, comme un commentaire silencieux, un peu ennuyé, de sa conversation téléphonique.)

— Qu'est-ce que tu as? avait-il dit, d'une voix plus sèche, volontairement.

— Tu pars tout le temps, disait Laurence.

— Il faut, je t'expliquerai.

— Ça aussi, tu expliques tout le temps.

— Je t'appelle demain, je rentre demain.

— Tu n'es pas aimable.

— Quoi aimable?

— Ta voix, disait Laurence.

— Je n'aime pas le téléphone, il y a des gens qui attendent, et voilà.

Il y avait eu une seconde de silence, au bout du fil.

Il était dans la cabine téléphonique, il voyait le mouvement de la gare, à travers la vitre de la cabine téléphonique. Une femme arrivait en courant, s'approchait d'un guichet, parlait à l'employé, tout en fouillant dans son sac, mais l'employé faisait un geste, comme pour lui montrer quelque chose, alors la femme s'écartait de deux pas, levait la tête et regardait l'inscription au-dessus du guichet, et cette inscription indiquait qu'à ce guichet on délivrait des billets de première classe, et c'était certainement un billet de deuxième que la femme avait demandé, car elle s'écartait en courant de ce guichet-là, et le deuxième employé, derrière le deuxième guichet, se tournait légèrement de profil, pour mieux entendre les paroles de cette femme, peut-être, et il posait un mégot de cigarette sur le rebord de son comptoir et il faisait fonctionner sa machine à imprimer les billets, et la femme lui tendait de l'argent, elle prenait son billet, elle partait en courant vers les portillons d'accès aux quais, elle avait disparu. Mais il y avait eu des dizaines d'autres événements minimes, pendant qu'il parlait avec Laurence, au téléphone, des baisers d'adieu, une femme dont la valise s'était écrasée par terre, la poignée ayant cassé tout net, un groupe de soldats auxquels un monsieur décoré adressait des propos qui provoquaient l'hilarité à peine dissimulée de l'un d'entre eux, se cachant à demi derrière ses compagnons pour mieux rire à son aise. Manuel avait composé le numéro de Laurence et il avait entendu la voix de Laurence, avant même que la première sonnerie d'appel ne s'interrompe, comme si Laurence avait été tout près du téléphone, attendant cet appel, et cette image de Laurence assise près du téléphone, attendant cet appel, ou alors allongée sur son lit, avec le téléphone posé au milieu des journaux, des papiers, des livres, qui l'entouraient toujours quand Laurence s'allongeait, dans l'après-midi, cette image possible, très nette, l'avait ennuyé, c'est-à-dire, l'idée que Laurence attendait son appel, comme si cette attente de Laurence était une intrusion, un abus, quelque chose qui le lierait, quelque chose d'imposé, et il n'avait pas le goût, aujourd'hui, de subir cette attente de Laurence, possessive. Il parlait avec elle, au téléphone, et il voyait le mouvement de la gare du Nord et maintenant il y avait du silence, et il imaginait Laurence, dans la grande pièce calme, avec la fenêtre ouverte sur les arbres d'un jardin de couvent, tout proches, et il aurait affirmé que Laurence laissait ce silence s'épaissir, volontairement. C'était encore une façon d'imposer son absence, mais peut-être était-il de très mauvaise foi, aujourd'hui, envers Laurence.

Laurence ? Allongée sur le lit, c'est possible. Douce et fraîche au toucher aveugle explorant l'abandon de son corps, bientôt tremblant. Les arbres, dehors.

— Pourquoi es-tu parti, cette nuit ? demande Laurence.

Et Manuel, rouvrant les yeux sur la gare du Nord, son va-et-vient :

— Écoute, on ne va sûrement pas en parler, maintenant.

— C'est à quelle heure, ton train ? demande Laurence, très vite.

— Dans trois quarts d'heure, dit-il, et il regrette aussitôt d'avoir dit la vérité, il regrette de ne pas avoir eu la présence d'esprit de lui répondre que le train partait dans cinq minutes, car il sait qu'elle va venir, elle a juste le temps d'arriver, avant le départ du train pour Persan-Beaumont.

— J'arrive, a dit Laurence, bien sûr.

— Mais où ? dit Manuel, excédé.

— Devant les guichets de banlieue, attends-moi, et elle raccroche.

Il sort de la cabine et allume une cigarette.

Cette nuit ? Laurence venait de lui dire, *tu expliques tout le temps*, mais il ne sait pas s'il arrivera à lui expliquer son départ, dans la nuit. Il ne sait pas, même, s'il aura envie de lui expliquer. Quoi ? Dans l'ordre, les choses sont indicibles. Quoi d'abord ? Le réveil, en pleine nuit, n'est pas à l'origine. Provoqué, ce réveil, par un rêve, autre chose. Le réveil est une suite, une fin même, peut-être. Dans le noir, moite, saisi de frissons abjects. Il a prévu les heures, immobiles, jusqu'au gris rose du jour. Les oiseaux, les cloches, le jardin, le bruissement. Mais quoi dire ?

Dehors, il avait tourné à gauche, vers le boulevard des Invalides et il avait marché. Plus loin, vidé de toute angoisse, disponible. Le carrefour Vavin n'était plus le centre du monde, c'était un lieu nocturne, presque désert. Au Petit Schubert, les couples tournoyaient dans une lumière d'aquarium, lentement, sans fin, aurait-on dit à les saisir dans le regard, figé dans le délire infiniment minutieux du blues. Des couples, certains visages connus, c'est-à-dire, déchiffrables. Il était resté au bar. On ne jouait plus les musiques d'autrefois, d'il y a deux ans, trois ans. Il buvait.

Il y a deux ans, trois ans, cette fille était allée vers lui, ou lui vers elle, ils s'étaient reconnus au cours de la nuit, dans un appartement du côté de la rue Boissière où ils étaient tous enfermés jusqu'au lendemain, jusqu'au lever du jour, du couvre-feu. Ils avaient dansé. La voix d'homme, grave et pure, avait chanté *I want the waiter*, vivante, non pas jaillie au contact d'une aiguille sur les sillons d'un disque, matière sèche et friable, mais jaillie d'une gorge d'homme, d'une épaisseur de vie, immortelle, ou toujours en mesure de ressusciter, dans la fumée, la moiteur, le désespoir. La jeune fille lui avait appris de nouveaux pas, gravement, et il partait le lendemain avec Hans, pour aller faire sauter les écluses du canal de Bourgogne. Le bonheur, cet équilibre entre cette perte et cette reprise, ce double vertige. La jeune fille qui dansait gravement dans cet appartement feutré, du côté du métro Boissière, partait aussi, le lendemain, mais en vacances, à la campagne, à Sombernon. Quelle coïncidence, la même région ! Il lui avait dit qu'il allait faire sauter les écluses du canal de Bourgogne et elle avait ri. Une nuit cuivrée, tournoyant lentement autour de l'axe apparemment immobile de leurs deux corps. Sombernon, disait-il, à son oreille. Un nom ombreux, traversé par un frémissement de hautes futaies. Plus tard, elle lui avait écrit une lettre, d'une écriture malhabile, une lettre enfantine, pleine de fautes d'orthographe. Une suite de mots fermés sur eux-mêmes, nulle flamme n'y brûlant. Quand elle dansait, oui. Il avait choisi de ne pas la revoir, gardant plutôt le souvenir de sa joue, son souffle, sa gravité légère. Son corps immobile et tremblant, au son de cette musique, et la voix rauque, lumineuse, qui chantait *I want the waiter.*

Mais on ne jouait plus les musiques d'autrefois, il buvait.

Vers trois heures de l'après-midi, donc, il a marché de long en large, devant les guichets de banlieue de la gare du Nord, en attendant Laurence, qu'il avait attirée vers lui par son manque d'à-propos. Il faudrait essayer d'expliquer à Laurence pourquoi il était parti, dans la nuit, comme un fou — tu pars comme un fou, avait-elle crié, assise dans le grand lit, avec le drap relevé au-dessus des genoux, sur lesquels elle appuyait le menton — ou bien, ne rien essayer du tout, et lui opposer son visage de silence, ou son rire, qui serait une autre forme de silence. Peut-être va-t-il prendre le parti d'en rire, comme si on pouvait, en trichant juste un peu, rendre banale par le rire cette fuite dans la nuit. Ou bien, peut-être, faudrait-il se laisser aller, tout simplement sombrer dans la tendresse, et prendre Laurence dans ses bras, quand elle arrivera, en courant presque, devant les guichets de banlieue. Elle serait heureuse qu'on puisse les prendre pour un couple de fiancés, peut-être même de jeunes mariés, dans les bras l'un de l'autre au milieu de la cohue des voyageurs, au milieu des regards vides ou attentifs, tendres ou haineux, des dizaines de regards donnant une consistance réelle à leur enlacement, et ils seraient heurtés, parfois, par un gosse marchant à la remorque de sa mère, main serrée dans la main maternelle, et il y aurait sur eux le regard curieux, ou imbécile, ou peut-être même émerveillé, de ce gosse inconnu.

Il était à peu près quinze heures quinze, Laurence est arrivée. Son train partait à quinze heures trente-cinq. Il n'aurait pas le temps d'aller jusqu'au commissariat de Taverny aujourd'hui même, mais il avait décidé de coucher à Saint-Prix et de régler cette histoire de certificat de domicile demain matin, à la première heure. Ça lui ferait une soirée tranquille, une longue nuit de sommeil.

Laurence est arrivée et il ne l'a pas prise dans ses bras.

Elle est arrivée près de lui, presque en courant, comme il l'avait imaginé, et, à peine immobile, elle l'a regardé droit dans les yeux et elle lui a dit qu'elle l'aimait.

— Je t'aime, a dit Laurence.

À première vue, il ne saisissait pas du tout le rapport. Il en a été prodigieusement ennuyé.

— Je ne vois pas le rapport, a-t-il dit.

— Mais si, dit Laurence, je t'aime, c'est tout.

Elle a un geste de la main, comme si cet amour qu'elle déclare lui porter avait un rapport évident avec tout ce qui les entoure, avec les voyageurs, et les valises des voyageurs, et les chiens des voyageurs, et les guichets où les voyageurs vont prendre leurs billets, avec les voix, et les sifflets des locomotives, et le monde au-delà des locomotives, au bout de la course des locomotives, et le ciel où ira se perdre la fumée blanche et grise, parfois sortant à un rythme saccadé, et alors en flocons plus noirs et plus denses, de toutes ces locomotives parcourant le monde. Elle l'aime, c'est tout.

— D'accord, dit-il.

Il vient de comprendre que Laurence a décidé de ne lui poser aucune question (aujourd'hui, tout au moins, car, dans quelques jours, si elle arrive à effacer cette nuit d'absence, cette heure où il est parti comme un fou, quand elle aura reconstruit ce qu'elle appelle notre bonheur, elle y reviendra, sûrement). Elle a décidé de considérer comme une chose absolument normale, totalement dépourvue de menace, le fait de quitter une chambre, un lit, de se rhabiller en pleine nuit et de fuir, sans un mot.

Il pense, alors, que cette grande bonté l'excède.

— Je pars en Suisse, dit-il.

Elle le regarde.

— En Suisse, comme ça, sans bagages, par la gare du Nord?

Il lui dit que ce n'est pas comme ça, qu'il partira dans une quinzaine de jours, quand il aura un passeport, des visas, et qu'il ne sait pas du tout par quelle gare on part vers la Suisse.

Quelle gare? Une fois, il y a longtemps, il est arrivé à Paris, venant de Genève. C'était au début du printemps et un calcul rapide lui permettrait d'affirmer que c'était en 1937. Le voyage, l'arrivée, la fine grisaille de l'arrivée, il s'en souvient. L'hôtel aussi, rue Blaise-Desgoffe, où ils avaient passé la nuit. Pas le nom de la gare. Il oublie Laurence, il essaie de revoir quel trajet ils avaient fait, en taxi, de cette gare dont il ignore le nom, jusqu'à cet hôtel qui était le Victoria-Palace-Hôtel, rue Blaise-Desgoffe. Il a toujours eu un sens très précis de l'espace, et des lieux dans l'espace. Toute ville traversée, ne fût-ce qu'une fois, lui livrait aussitôt les points de repère — une statue, une place, la masse des arbres d'un parc entrevu, une enseigne lumineuse — qui lui permettraient, même des années plus tard, de retrouver les grands axes de mouvement, d'exploration, dans cette ville inconnue. Cette fois-là, en 1937, ils venaient de Genève, son frère aîné et lui, et c'était une vieille dame, la mère de Gouverneur Paulding qui les accompagnait. Attendez. Je ne sais plus si cette vieille dame était la mère de Gouverneur Paulding, ou bien la mère de la femme de Gouverneur Paulding? Cette vieille dame était maigre, vêtue d'une robe de voyage foncée, avec du blanc quelque part. Le blanc de cette robe, quelque part, est évident. Elle nous a conduits au wagon-restaurant et il y avait des endives braisées au menu. Les endives braisées, aussi, sont évidentes. C'était la première fois que nous en mangions, mon frère aîné et moi. L'amertume des endives braisées. En Espagne, les endives étaient inconnues, à cette époque dont il est question, tout au moins. Elle nous parlait, pendant le déjeuner, au wagon-restaurant. Voilà. Elle avait un léger accent américain, c'était bien la mère de Gouverneur Paulding. Ainsi, je peux supposer qu'elle était venue, ce matin-là, de Ferney-Voltaire, pour prendre le train à Genève, avec nous, et noua accompagner à Paris. Elle s'était levée tôt, dans la grande maison de son fils, Gouverneur Paulding, à Ferney. La vieille dame, souriante, prenant une tasse de thé très fort, sans sucre, peut-être même debout, infatigable, avant de venir nous chercher à Genève. La brume, encore, sur les prairies, derrière la maison de Gouverneur Paulding, au-delà du ruisseau. Plus tard, les vols de corbeaux.

La maison, encore engoncée dans ces lambeaux de brume, ses bois craquant dans toutes les charpentes. Je me souviens. Au bout du village de Ferney, la Suisse à quelques centaines de mètres, maison frontière. Le soir, quand les brouillards revenaient, la maison repliait ses volets, faisait flamber des bûches dans les grandes cheminées. Nous mangions du maïs grillé, par exemple. La maison de Gouverneur Paulding, à Ferney, était une demeure. Si vous voyez ce que je veux dire. Cela tenait à lui, bien sûr, à la parfaite simplicité de son insertion dans la vie, et de sa contestation de la vie. Sa mère, sa femme, tous trois, ils vivaient ensemble dans cette maison, la rendaient habitable, comme très peu d'autres lieux, depuis. La vieille dame s'était levée très tôt, dans la maison de son fils, cernée encore par des nappes de brouillard, sur les prairies humides, et elle était venue nous chercher, à Genève. Ensuite, le voyage. Et cet hôtel de la rue Blaise-Desgoffe. Et les endives, au wagon-restaurant. Et la tache blanche, évidente, sur la robe de voyage foncée de Mme Gouverneur Paulding, mère.

— Pourquoi tu vas en Suisse? disait Laurence.

Il rit, alors.

— Il paraît que l'automne est de toute beauté, sur les rives du lac Majeur, dit-il.

— L'automne? Elle le regarde.

L'automne aussi, quand ils étaient arrivés dans la maison de Gouverneur Paulding, à Ferney.

— Mais nous sommes en été, disait-elle, encore.

— Après l'été vient l'automne, dit-il, après la vie la mort.

Et Laurence, voulant en rire: — Tu es fou, mon chéri.

Il déteste ça.

Il dit: — Tu as raison, la mort ne vient pas après, mais pendant.

Laurence: — Comment? Pendant quoi?

Lui: — Voyons! Pas après la vie, pendant la vie, dans la vie, au cours de la vie, c'est la vie!

Détourne-t-elle les yeux?

— Si on parlait d'autre chose? dit Laurence.

— On parle toujours d'autre chose.

Il regarde l'heure. Encore quelques minutes.

— Les gares, dit-il, sont un endroit rêvé pour parler de la mort.

— Je t'en supplie, dit-elle.

Elle le regarde et il craint qu'elle ne puisse pas s'empêcher, désormais, de lui poser la question qu'elle avait décidé d'éluder.

Pourtant, y aura-t-il un langage, pour cette question?

En 1918, revenu de Cambridge, le philosophe écrit la préface de son livre. C'est vrai, nous ne sommes pas à Hong Kong, ni à Calcutta: l'Asie, c'est dense, ça grouille, les fleuves vous portent; nous ne sommes qu'à Vienne. De toute façon, après cette guerre mondiale, ce n'est pas mal, Vienne, ça bouge aussi. Le philosophe s'appelle Wittgenstein, ce qui n'est pas un mauvais nom, pour un personnage de roman. Le philosophe de ce roman, donc, termine d'écrire la préface de son livre, à Vienne, en 1918, et il dit: *Dagegen scheint mir die Wahrheit der hier mitgeteilten Gedanken unantastbar und definitiv...* Il continue, encore quelques lignes, c'est-à-dire: *D'un autre côté, il me semble que la vérité des pensées qui sont ici exposées est inébranlable et définitive. Je crois donc avoir résolu à tout jamais les problèmes, en ce qui concerne l'essentiel...* C'est daté à Vienne, en 1918, et c'est signé des deux initiales, L et W, la seconde pour ce nom de Wittgenstein, déjà mentionné, la première pour Ludwig. Et ce n'est décidément pas un mauvais personnage de roman, ce philosophe aussi assuré de son savoir, de la vérité définitive et inébranlable de sa pensée. On l'imagine, à sa table de travail, la fenêtre ouverte, qui sait, sur un moutonnement de toits, ou bien sur les arbres d'un parc. Il écrit la préface de sa *Logisch-Philosophische Abhandlung*, qui sera ultérieurement traduite, bizarrement, dans tous les autres pays, sous un titre latin, *Tractatus logico-philosophicus*, peut-être en souvenir de Spinoza, ou alors par nostalgie d'un langage universel. Plus j'y pense, plus il me semble que ce Wittgenstein serait un bon personnage de roman, pour certains, obsédé comme il l'était par le dire et la façon de dire *(Wovon man nicht sprechen kann, darüber muss man schweigen)*, c'est-à-dire, par le silence, et, en fait, il n'a plus rien publié jusqu'à sa mort, ses *Philosophical Investigations* étant posthumes, sauf un bref article, ce qui ne l'a pas empêché de régner en despote sur ses élèves, à Cambridge, car il était revenu à Cambridge, pendant dix-huit ans, son règne autoritaire étant fondé sur la parole, ce qui est inévitable pour quelqu'un que les malentendus du dire tiennent éveillé. Wittgenstein, donc, un personnage de roman comme il ne vous en sera pas souvent offert. Mais, pour ma part, laissant là, abandonnés, dans la gare du Nord parisienne, ces autres personnages que sont ce jeune Espagnol et cette Laurence — douce et fraîche, en a-t-on dit, sous les doigts aveugles fouillant son corps, bientôt tremblant, le visage rejeté en arrière — pour ma part, je n'ai qu'un mot ou deux à dire, à propos de Wittgenstein. L. W. l'affirme lui-même — c'est la proposition ou l'énoncé par quoi se terminait son traité, en 1918: *Ce qu'on ne peut pas dire, cela doit être passé sous silence.* Je passerai, ainsi, L. W. sous silence, malgré la tentation d'en parler, à cause de Vienne, surtout, Vienne après cette guerre mondiale, cette ville où Lukács va vivre, où Milena va vivre, aussi, pensez aux divagations que cela permettrait. Si Wittgenstein, ici, pourtant, est cité à comparaître, c'est parce que Laurence a une question à poser et qu'elle n'a pas les moyens de le faire, l'énoncé de cette question lui échappant, dans une inquiétude inhabituelle. Manuel la regarde, il sourit. Il vient de comprendre que Laurence ne pourra pas s'interdire, désormais, de lui poser cette question qu'elle avait décidé d'éluder, provisoirement. Il s'agit de la mort, bien entendu, et ce mot est venu dans la bouche de Manuel, par goût de la provocation. Pourtant, Manuel est incapable, en ce moment, d'aller jusqu'au bout de ce mot, et il a complètement oublié Wittgenstein, en ce moment. Il sourit à Laurence, le train de Persan-Beaumont va partir, il tient debout par miracle: vanné, vidé, par cette nuit sans sommeil, après tant de nuits sans sommeil. Il a atteint un certain seuil. Il était question de la mort, mais ni Laurence n'a les moyens de sa question, ni Manuel ceux de la réponse. Ils flottent, tous deux, dans la sonorité creuse de la gare, et Manuel s'efforce, pour ne pas perdre tout à fait pied, d'imaginer le corps de Laurence, dans la crispation bientôt alanguie de ce moment précis où elle s'ouvre, pour être fouillée par lui. Mais il a totalement oublié Wittgenstein. Pourtant, il avait écrit toute une nuit, il y a quelques années, dans un de ses cahiers recouverts de moleskine noire, à propos d'une des propositions de Wittgenstein. Il avait transcrit cette proposition, la soulignant de deux traits de crayon, épais. *Der Tod ist kein Ereignis des Lebens. Den Tod erlebt man nicht.* Il n'avait pas transcrit la traduction de cet énoncé, son sens étant clair, mais peut-être faut-il le faire ici, pour la commodité du lecteur. *La mort n'est pas un événement de la vie. La mort n'est pas une expérience vécue.* (S'il avait eu à traduire cet énoncé, au moment où il en avait fait le commentaire, il y a plusieurs années, il aurait certainement été frappé par la difficulté de traduire en français le verbe *erleben*, et son substantif *Erlebnis*, difficulté qui ne se serait pas posée s'il avait eu l'idée, ou le besoin, de rédiger ce commentaire dont il est question en espagnol, qui est une langue, comme chacun sait, plus riche et plus subtile.) Voilà donc l'une de ces vérités inébranlables et définitives auxquelles était parvenu L. W., à Vienne, en 1918. Et cette proposition porte, pour qu'elle ne soit pas perdue, pour qu'elle n'ait pas l'air incontrôlable, ou contingente, ou hasardeuse, un numéro d'ordre. Elle porte le numéro 6.431, qu'il ne faut pas lire soixante-quatre mille trois cent onze, en pensant peut-être que le point a été mal placé, et qu'il s'agit de la soixante quatre mille trois cent onzième proposition du *tractatus*. Pas du tout. L'*Abhandlung* ou *tractatus* s'articule autour d'un nombre réduit de propositions principales, sept exactement, la septième et dernière étant celle qui préconise le silence sur les choses qui ne peuvent être dites, et chacune de ces propositions principales se ramifie en un certain nombre, variable, de sous-propositions, d'énoncés secondaires. Ainsi, dans le cas qui nous intéresse, cette affirmation sur la mort, niant qu'elle soit un événement de la vie, est la 6.431, parce qu'elle constitue le deuxième développement ou sous-énoncé du troisième énoncé de la quatrième sous-proposition afférente à la proposition principale numéro six. Mais il n'est pas question de remonter des énoncés secondaires jusqu'à la sixième proposition principale, qui concerne la forme générale de la fonction de vérité, pour essayer de montrer comment la mort, en tant que non-événement, non-vécu, apparaît dans le *tractatus*. Manuel et Laurence sont restés dans le hall de la gare du Nord, à Paris, en 1945, devant la rangée des guichets de banlieue. Immobiles, mais d'une immobilité forcée, tendue, semblable à celle des acteurs d'un film cinématographique dont on aurait stoppé la projection. Silencieux, mais d'un silence épais, où bouge confusément la question dont Laurence ignore les termes. Quoi qu'il en soit, ce silence, cette immobilité, ne peuvent pas durer bien longtemps, le train de Persan-Beaumont étant sur le point de partir, encore quelques minutes, et Laurence ayant certainement l'intention d'accompagner Manuel jusque sur le quai, en lui parlant de nouveau de son amour, leur amour, pour conjurer les fantômes de cette question à propos de cette nuit.

Je n'ai donc, vingt ans après cette rencontre de Laurence et de Manuel, dans la gare du Nord, de Paris, que quelques minutes pour parler. Bientôt, dans quelques minutes, cette immobilité va cesser, ce silence va se rompre, Manuel et Laurence vont marcher vers le quai, se mêlant à la foule des voyageurs qui se dirige vers le train de Persan-Beaumont. Alors, devant ces quelques minutes qui me sont données pour parler, le vertige me prend. Aujourd'hui, vingt après le mois d'août dont il est question dans ce récit, je sais que Manuel est mort. Ludwig Wittgenstein, aussi, est mort. Laurence, nul ne sait plus rien d'elle. Il m'a semblé la voir, une fois, dans une galerie de tableaux, rive gauche : toujours belle, usée, le regard vague, voilé. Devant leur jeunesse d'alors, j'ai le vertige.

D'abord, Vienne. L. W. y écrivait son livre. A-t-il rencontré Lukács au cours de ces années ? Lukács, aussi, vivait à Vienne. Il y écrivait aussi des livres. Ils n'avaient certes pas les mêmes préoccupations, mais les gens se rencontrent, c'est évident, malgré leurs différentes préoccupations philosophiques. Dans quelque café, peut-être ? Dans quelque cercle viennois ? Milena, ensuite. L'un d'entre eux a-t-il rencontré Milena Jesenska ? Je ne cesse d'en rêver. Mais ce rêve à propos de Vienne, qui pourrait prendre des heures, et qui semble bien éloigné des réalités de ce récit ; ce rêve vient pourtant s'y mêler, à cause de cette nuit de veille, en plein hiver, où Manuel a commenté, longuement, par écrit, dans ces cahiers intimes, cette proposition de Wittgenstein au sujet de la mort, dont il a déjà été question. Manuel, à cette époque, c'était l'hiver de l'année 1941, louait une chambre dans la Maison des Étudiants protestants, rue de Vaugirard. Cette nuit-là, Manuel n'avait pas mêlé à ses divagations sur la mort, provoquées par L. W., le rêve d'une Vienne vivante. Vienne n'était pour lui, à cette époque, qu'un lieu abstrait : la Vienne du Cercle de Vienne. Il a divagué sur la mort, dans le silence de cette nuit d'hiver de 1941. L'énoncé de Wittgenstein se prêtait à une efficace divagation, pertinente. Bien entendu, la mort ne peut être une expérience vécue, ni même une expérience de la conscience pure, du *cogito* ; elle sera toujours une expérience médiatisée, conceptuelle, l'expérience d'un fait social, pratique. Mais, sous cette évidence d'une extrême pauvreté ne se dissimule qu'une banalité tautologique. En fait, divaguait Manuel, cette nuit-là, dans sa chambre de la rue de Vaugirard, en face des arbres du Luxembourg, l'énoncé de Wittgenstein, pour être rigoureux, devrait s'écrire ainsi : *Mein Tod ist kein Ereignis meines Lebens. Meinen Tod erlebe ich nicht.* C'est-à-dire, *ma* mort ne peut être un événement de *ma* vie, je ne vivrai pas *ma* mort. C'est tout, ça ne va pas bien loin. Pas plus loin que les évidences de *Monsieur Teste,* par exemple. Et la mort des autres ? La mort qu'on donne ? Ta mort vécue par les autres ? Et ta certitude de la mort ? Ainsi, par le biais de cette divagation sur la mort, Wittgenstein était entré dans les réalités de ce récit. Ainsi, une zone diffuse de rapports possibles s'était établie, entre ce philosophe viennois, et la Vienne d'un rêve, et cet Espagnol de dix-huit ans, qui est mort depuis, dans des circonstances qui ne sont pas l'objet de ce récit. Laurence ? Elle n'est pas encore apparue dans cette histoire, en 1941. Les liens, encore, entre tous les personnages de ce roman, sont bien lâches, pour ne pas dire inexistants.

Ils se noueront, bientôt. Aujourd'hui, en fait, vingt ans après cette rencontre dans la gare du Nord, je pense que c'est là dans cette inquiétante immobilité provisoire des personnages, dans ce silence latent de questions dont les termes ne sont, pour personne, explicites, c'est là que les fils se nouent, pour aussitôt se dénouer. En tout cas, c'est une possibilité.

Imaginons.

Laurence dirait: Pourquoi la mort?

Tout serait encore immobile, en eux, autour d'eux, gare du Nord.

Manuel dirait: J'en ai eu la certitude.

Il dirait: C'est comme si j'avais emmené mon cadavre de ton lit.

Laurence, pâlie, transparente.

Elle dirait: La certitude?

Et lui: C'est ça, la certitude.

Elle dirait: De ta mort?

Et lui: Non, la mort, toute la mort.

Laurence, défaite, une veine bleue sous la peau des tempes.

Elle dirait: Tu dormais?

Et lui: Je crois.

Elle dirait: Mais, avant?

Et lui: Avant?

Avant, nous avions fait l'amour, dirait-elle.

Ils seraient immobiles, dans le silence. Ils diraient.

Avant, tu m'avais prise, dirait-elle.

Tais-toi. Mais il se souviendrait.

Elle aurait promené son corps nu, dans la chambre ouverte sur la nuit, sur les arbres d'un jardin de couvent. Elle aurait mis de la musique, apporté des boissons. L'envie d'elle serait venue, comme un événement, pourtant, auquel il ne participerait pas pleinement. Il n'y aurait pas eu de tendresse, après, mais une insatisfaction renouvelée, avide. Aurait-elle confondu les sentiments, pris cette avidité pour de l'amour? Toutefois, elle aurait été docile, abandonnée, prévenante. Ensuite, il y aurait eu un demi-sommeil partagé, dans la torpeur. Manuel? Oui. Tu es là? À peine. Tu sais? Quoi? Comment c'était. Mais il n'en voudrait rien savoir. Il n'aurait que vingt ans, à peine plus de vingt ans. C'est plus tard qu'on nommerait ces choses, pour s'en assurer. Non, dirait-il, je ne sais pas. Elle aurait ri, lisse, blonde, brûlante, contre son épaule.

Tais-toi, mais il se souviendrait.

Souviens-toi, dirait-elle.

Elle lui dirait les gestes, et les rires, et les brûlures. Elle nommerait la nuit.

Tais-toi. Mais il se souviendrait.

Alors? dirait-elle.

Et lui: J'en ai eu la certitude.

La mort?

C'est ça, la mort, il dirait.

Et tu m'as fuie, dirait-elle.

Tu étais vivante.

Je serais morte, dirait-elle. Avec toi, je mourrais.

Désemparés, à bout de souffle, ils seraient, immobiles, gare du Nord.

Alors, sans doute, dans un éclat de rire, prenant Laurence dans ses bras, dans les bruits de la gare, revenus, dans le mouvement de la gare, revenu, il aurait dit : Quel con, ce Wittgenstein ! Le souvenir lui serait revenu. La chambre, rue de Vaugirard, la nuit d'hiver, et cette divagation à propos de Wittgenstein.

Alors, il aurait parlé.

Le dimanche, il descendait dans le Petit Camp. Après midi, l'appel de midi. Il y avait des réunions politiques, toujours. Parfois, aussi, dans les caves du bâtiment des douches et de la désinfection, un bref rapport aux responsables militaires. Mais, dans cette vie dense des dimanches, il trouvait le temps de descendre dans le Petit Camp. Hamelin, aussi. Hamelin l'accompagnait, ou alors ils se retrouvaient sur place. La baraque 56 était la baraque des invalides : les vieillards, les estropiés, les morts déjà, presque, ceux-là pour qui la mort était le seul événement prévisible de leur vie. Ils poussaient la porte, ils entraient dans la puanteur, Hamelin et lui. Les amputés, les vieillards, les dysentériques, les blessés purulents, dans la piscine des cinq galeries. Ils se frayaient un passage, Hamelin et lui. Allongés, côte à côte, dans le même châlit, les voyant venir, d'un regard déjà voilé, il y avait Halbwachs, Maspero. Alors ils s'accoudaient au châlit, ils parlaient avec Halbwachs, avec Maspero. C'est tout ce que nous pouvions faire, leur parler. Halbwachs avait été mon professeur de sociologie, à la Sorbonne. Malheureusement, la morale et la sociologie marchaient ensemble, et devant Le Senne j'avais séché lamentablement. Il m'avait interrogé sur le citoyen selon Aristote, et ce jour-là, Aristote était le dernier de mes soucis. Je n'avais fait aucun effort pour faire semblant de m'intéresser à Aristote, j'avais gardé le silence le plus complet. Le Senne aussi. Le silence a duré, est devenu irrémédiable. Finalement, Le Senne a fait un geste d'impuissance, et je suis parti. Avec Halbwachs, par contre, ça avait très bien marché. Je lui avais parlé de cet oral, le premier jour, et il avait ri. Il était gai, Halbwachs. La mort était le seul événement prévisible de sa vie, mais il riait. Il racontait des souvenirs, il évoquait des choses, en se tournant vers Maspero. Il riait. Hamelin et moi, peut-être, ces dimanches après-midi, c'est la gaieté de Halbwachs que nous venions chercher. Peut-être ne voulions-nous que nous retremper à la gaieté de Halbwachs. Il y avait la puanteur, le brouhaha, et il y avait ce combat de Halbwachs, ce combat de sa gaieté contre sa mort. Sur quoi vous avais-je interrogé, ce jour-là ? me demandait Halbwachs. Sur le potlatch, lui disais-je. Nous avions ri. Il trouvait ça comique d'évoquer le potlatch, dans cette baraque 56, dans cette puanteur. Le potlatch ? Et il riait. Vous l'avez eu ce certificat ? demandait-il. Eh ! non, lui disais-je, Le Senne m'a collé. Il voulait savoir pourquoi Le Senne m'avait collé, pourquoi je ne m'intéressais pas à Aristote, ce jour-là. Certains dimanches, il y avait tout un groupe, autour du châlit de Halbwachs et de Maspero. Il y avait Hamelin, toujours. Et il y avait Baillou, Julien Cain, aussi. Et Taslitzky, aussi. Des copains. Et Pierre Halbwachs, bien sûr, un corps d'ombre, de possible fumée, dans la longue capote russe qui flottait autour de son fantôme. Pierre, comme une ombre, tenant debout dans un effort surhumain pour vivre jusqu'au bout la mort de son père. Quand leurs visages se rapprochaient, nous nous écartions, en silence, dans la puanteur des dimanches. Malgré nous, malgré nos visages détournés, nous entendions la voix brisée de Halbwachs, qui parlait avec son fils, gaiement. Ensuite, nous repartions, Hamelin et moi, sans rien dire, mais étrangement rassurés sur le sens de la vie. Et puis, un jour, le nom de Halbwachs a été sur la feuille. Un jour, comme tous les jours, le *Revier* nous a envoyé la feuille avec les noms des morts du jour, et le nom de Halbwachs était parmi les noms du jour. Au fichier central, nous étions six à tenir l'ordre bureaucratique des morts et des vivants, des arrivées et des départs. Il fallait bien que l'on sache, à chaque minute, où travaillait chacun, pourquoi il était malade, dans quel kommando extérieur il avait pu être envoyé. L'ordre, c'est simple. Et chacun de nous six avait un certain nombre de dizaines de milliers de fiches sous son contrôle. Ainsi, chacune des feuilles, et celle des décès, et celle des affectations de travail, et celle des évasions, et celles des maladies, toutes les feuilles, très proprement tapées à la machine par les services administratifs compétents, passaient entre nos mains, et chacun de nous s'occupait de la tranche numérique qui lui correspondait, et il passait la feuille au suivant, après avoir coché au crayon les numéros matricules dont il avait eu à s'occuper. Ce jour-là, il y avait du soleil derrière les vitres de la baraque de l'*Arbeitsstatistik* et la feuille des décès quotidiens s'est trouvée devant moi et le nom de Halbwachs était sur la feuille. J'ai tiré machinalement le fichier correspondant, j'ai pris machinalement la fiche de Halbwachs, je l'ai eue sur la table, devant moi. Une fiche bien propre, remplie au crayon, avec le nom, Halbwachs, le prénom, Maurice, la profession, professeur, l'affectation, block 56. La fiche était devant moi, il y avait toute l'étendue déserte des dimanches, leur puanteur, leur gaieté, entre ce petit bout de carton blanc et moi. Daniel n'était pas là, je n'avais personne à qui crier que Halbwachs était mort, je ne pouvais que le crier en moi-même. Alors j'ai crié en moi-même que Halbwachs était mort. J'ai pris une gomme, j'ai effacé le nom de Halbwachs, j'ai effacé toutes les traces dérisoires de cette vie sur cette fiche. La fiche était de nouveau blanche, vierge de nouveau, le numéro matricule disponible pour un autre cadavre. La fiche blanche était dans ma main droite, il n'y avait plus de trace de la vie de Halbwachs. Il n'y avait plus que la mémoire. Le potlatch ? avait-il demandé, gaiement. Oui, le potlatch. J'ai remis la fiche à sa place, il n'y avait plus que la mémoire. Il y aurait la mémoire, je le savais. Alors, furieusement, j'ai souhaité que ce con de Wittgenstein fût là, pour lui crier pourquoi la mort de Halbwachs était une chose que j'avais vécue. Mais peut-être avait-il raison, ce con de Wittgenstein, et n'était-ce pas la mort de Halbwachs que j'avais vécue, mais sa gaieté, ses raisons de vivre. De toute façon, Wittgenstein n'était pas là, il était à Cambridge, et je n'avais personne à qui crier la mort de Halbwachs.

Ainsi, il aurait parlé.

Mais personne n'a parlé.

Manuel avait dit que les gares sont un endroit rêvé pour parler de la mort et Laurence avait dit qu'elle le suppliait.

— Je t'en supplie, dit-elle.

Elle le regarde et il craint qu'elle ne puisse pas s'empêcher de lui poser la question qu'elle avait décidé d'éluder. Leur immobilité s'est appesantie. Mais elle a pris sur soi, comme on dit, elle a souri, elle a dit qu'il était fou, aujourd'hui, mon chéri.

— Tu es fou, aujourd'hui, mon chéri, dit-elle.

Alors, il fait semblant d'être fou, aujourd'hui, puisque cette folie était rassurante et le souvenir qui allait éclater dans sa fatigue brumeuse s'est estompé.

— C'est l'heure, a-t-il dit.

C'était l'heure et Laurence l'a accompagné jusqu'au quai. Il lui a semblé qu'elle avait un visage grave, une expression contenue, noble, comme s'il partait pour la guerre. Mais il prenait simplement le train de quinze heures trente-cinq pour Persan-Beaumont. Quarante-cinq minutes plus tard, à peu de choses près, il tombait sur la voie, ayant perdu connaissance, au moment où la locomotive ralentissait sa course, en abordant la halte de Gros-Noyer-Saint-Prix. C'était le 6 août 1945, le pharmacien l'avait dit, et maintenant il était plongé dans l'univers de sa mémoire, bien au chaud dans sa douleur.

À Joigny, deux ans auparavant, ce coup de crosse sur la tête ne lui avait pas fait perdre la mémoire, pas du tout. Il l'avait rendu extrêmement lucide.

Il avait écarté le sang qui lui coulait sur le visage et il s'était dit : voilà, c'est le moment. Il n'aurait sûrement pas pu exprimer exactement ce qu'il entendait par là, mais enfin, c'était le moment, tu allais savoir de quoi il retournait. Tu écartes le sang qui a coulé sur ton visage et tu regardes ce type de la Gestapo, dont la main droite, serrée sur le canon du pistolet automatique, se dresse encore en l'air, menaçante. Tu le regardes et tu penses : voilà, c'est le moment. Ça aurait pu arriver l'autre nuit, quand vous rouliez, tous feux éteints, sur la route de Cézy. Vous aviez décidé de déménager les dépôts de l'AS. Vous aviez décidé cette chose toute évidente que c'était immoral de laisser des armes se rouiller, ou être peu à peu raflées par les Allemands. La négociation avec les gens de l'AS avait pris quinze jours. Finalement, ils avaient consenti à vous remettre trois de leurs dépôts et en échange vous deviez les aider à monter une grande opération de plastiquage sur les écluses du canal de Bourgogne, qu'ils pourraient monnayer auprès du BCRA, à Londres. Le dépôt de Cézy remplissait tout l'arrière de la traction. Michel était au volant et tu étais à ses côtés, sur la banquette avant. Julien, derrière, avec le fusil-mitrailleur. Au détour d'un virage assez serré, vous êtes tombés sur un barrage allemand. Michel a emballé le moteur, la traction a dérapé sur le bas-côté de la route, des coups de feu ont éclaté, des cris aussi, et une vingtaine de mètres plus loin la voiture a dû heurter quelque chose, une borne peut-être, et elle a calé. Alors, d'un même mouvement, Julien et toi vous avez ouvert les portières, du côté opposé à la route, et vous vous êtes laissés rouler dans le fossé. Quelques secondes plus tard, tu entendais à ta gauche le hoquettement brutal du fusil-mitrailleur de Julien et tu n'avais plus qu'à lancer une grenade, au jugé, vers les ombres confuses des soldats allemands. Michel, lui, est resté à son volant, il a remis en marche et il a dégagé la voiture. Il a crié et d'un bond vous y êtes remontés, Julien et toi. Du côté des Allemands, c'était le silence. Peut-être n'étaient-ils pas nombreux. De toute façon, les types de la Wehrmacht n'aimaient pas beaucoup les coups de fusil-mitrailleur dans la nuit, ni les grenades qui vous tombent dessus à l'improviste. Avec les unités SS, c'était autre chose. En tout cas, c'est cette nuit-là qu'aurait pu arriver le moment de te dire : voilà, c'est le moment.

Mais ce n'est pas arrivé. C'est aujourd'hui que c'est arrivé et ce n'est pas comme on imagine. On ne plonge pas, d'un coup, comme dans une eau glacée, au début du printemps, tout bêtement parce qu'on a fait le pari de se jeter à l'eau, ce n'est pas ainsi que l'on plonge dans l'univers de la douleur. Il y a des pauses, des arrêts, on vous plonge un petit coup dans la douleur, comme quand on vous enfonce la tête sous l'eau de la baignoire, et qu'on vous en retire, qu'on vous laisse respirer et qu'on recommence. Le tout est de vous faire croire qu'il n'y aura pas de fin à la douleur, qu'il y aura toujours quelque chose d'autre, après ceci qui vient de vous être fait. Le tout est de vous persuader qu'ils ont tout le temps, qu'ils peuvent rester des semaines autour de vous, à crier, à taper, à poser des questions, et à crier encore, à vous suspendre par les menottes, autant d'heures qu'il le faudra, à vous plonger dans la baignoire, à vous frapper sur le ventre à coups de nerf de bœuf, et ainsi de suite, inutile d'énumérer toutes ces sottises monotones, des semaines durant. Ils arrivent, ils allument des cigarettes, ils parlent entre eux, ils font semblant d'avoir toute la vie devant eux. C'est abstrait, bien sûr, il ne faut pas vous y laisser prendre. Ils n'ont pas tellement de temps. Chaque minute de silence qu'on leur arrache les plonge dans le désespoir, littéralement. Si vous ne parlez pas, ils ne sont plus rien, ils perdent toute raison d'être. Et même les types de la Gestapo détestent cette idée, de n'avoir aucune raison d'être. Ils ont horreur d'être projetés dans le néant par le silence de ceux qu'ils interrogent. Ils ont besoin, physiquement, qu'on parle, pour pouvoir exister, et pour pouvoir vous mépriser ensuite, afin d'exister doublement. Si vous parlez, ils ont eu raison de vous torturer, car vous étiez faible, vous ne méritiez pas mieux. Mais votre silence appelle la mort, il exige que vous disparaissiez de leur vue, de leur vie. Seule votre mort peut leur rendre le sourire, c'est-à-dire, une raison de vivre, la joie de vivre, en somme. Ce n'est là, pourtant, qu'une exigence théorique, en quelque sorte, ou morale, dont la réalisation n'est pas toujours possible, par manque de temps, par le nombre des affaires qu'ils ont à suivre. Ils sont bien obligés d'en laisser vivre un certain nombre, parmi ceux-là qui n'ont pas parlé. D'autres cas les appellent, d'autres hommes à faire parler, d'autres silences qui les guettent, menaçants, dans la fumée des cigarettes, dans l'ambiance épaisse des pièces closes qu'ils aiment, dans cette longue agonie qu'est leur métier de flics. Même si après vous êtes fusillé, même si après vous partez en fumée, ce n'est pas la même chose, pour eux. Ce qu'ils souhaitent, du plus profond de leur âme, c'est que vous ayez à tenir d'eux votre vie d'homme qui a parlé ou votre mort de silence. Ils voudraient donner la vie, donner la mort, avoir ce pouvoir amer et divin.

Mais ce n'est pas ainsi que cela se passe et on ne plonge pas d'un coup dans l'univers de la douleur.

À peine avait-il commencé à deviner ce que pouvait être la torture, dans le hangar d'Épizy, sur le chemin de halage qui passe devant la maison d'Irène, qu'ils l'ont détaché et qu'il est tombé sur le sol en terre battue.

Le visage contre la terre battue, l'odeur mélangée, âcre, de cette terre battue. Un instant de silence. Il se sentait plus vulnérable dans ce silence, dans cette attente, que tout à l'heure, dans la furie des cris et des coups.

La femme de Prunier.

— Alors? disait Irène.

À tour de rôle, elle les regardait. Ils mangeaient. Rien, ils mangeaient.

— Alors?

Rien. Les cuillers remuaient dans les assiettes. Hans buvait.

— Alors, c'est clair, disait Hans.

Tournés vers lui, les regards.

C'était clair, la femme de Prunier, cette histoire.

— Clair? disait Michel.

Enfin; les faits, non les motifs. Michel savait bien pourtant.

— Alors? disait Irène.

Mais oui, ils savaient. Prunier lui-même, dans la cour de la prison. Au secret, pourtant, mais ça arrive. Quelqu'un qu'on croise, un mot échangé, un long chemin, pour ce mot, ensuite.

Un seul mot: Huguette, dans la cour. À voix basse. Le mot était passé, arrivé. Huguette? La femme de Prunier. Il fallait vérifier. Ils l'avaient fait.

— Alors, c'est elle, disait Hans.

Huguette suivie, surveillée, guettée, jusqu'à la voiture allemande, dans la nuit. Donneuse. Le groupe de Toucy, c'était elle. Prunier, c'était elle. Au fait, Prunier, quel prénom?

Ils ne savaient pas, Prunier.

— L'exécuter, disait Irène.

Ils savaient bien. Les assiettes étaient vides, Michel fumait.

— Qui? disait Irène.

Alors, ils bougeaient, tous ensemble, parlaient tous à la fois.

— Moi-même.

Hans, Michel, lui-même. Ensemble, les mêmes mots, moi-même.

Irène souriait.

Elle disait: — Vous êtes faibles! Chacun de vous, si vite, a crié! Pour éviter aux deux autres cette peine, ce poids. L'éviter aux deux autres.

Alors, Michel.

— On tire au sort, disait Michel.

Irène hochait la tête, hostile. Elle avait horreur du hasard, disait-elle.

Elle se tournait vers Hans.

— Pas toi, Philippe. Elle ne te connaît pas, méfiante, elle serait.

Hans baissait la tête.

Elle se tournait vers Michel.

— Non, Jacques. Elle ne t'aime pas, souviens-toi, elle aurait peur.

Ils se tournaient vers lui, tous. Une froideur, dans la nuque, qui descendait. Immobile, sous leurs yeux. Cette froideur, poisseuse.

Il tuerait. Une fois, dans la maison d'Épizy, Prunier, sa femme. Huguette? Rousse, pensait-il. Comment dit-on? Plantureuse, voilà, plantureuse. Belle plante. Bien plantée. Chaude au regard, sous le regard, Huguette. Il la tuerait.

Le ferait-il?

Il cacherait la bicyclette dans le petit bois, derrière la maison. Tout serait calme, il s'en assurerait. Plus tard, une lampe s'allumerait, dans la grande pièce du bas. Il quitterait l'ombre des arbres, pour s'avancer à découvert, dans la tiédeur du soir, légère. La porte serait close, il frapperait. Il resterait en pleine lumière, montrerait son visage. Elle le verrait. Elle reconnaîtrait ce visage, son innocence, elle ouvrirait. Il dirait bonsoir, il penserait qu'elle était plus jeune qu'il n'avait cru. Elle dirait qu'elle l'avait vu chez Irène, elle se souviendrait. Il acquiescerait, lui rappellerait quelques détails de cette rencontre. La robe qu'elle aurait portée, sa coiffure, ce jour-là. Elle arrondirait ses bras autour de sa tête, ses mains dans les cheveux, sa bouche se gonflerait, ambiguë. Elle rirait d'un rire de gorge, très bref, ah! vous vous souvenez! et son regard battrait, sous les paupières à demi closes.

Prunier serait mort, depuis huit jours, fusillé. Il ne se souviendrait pas de Prunier, ce serait lisse ou rugueux, mais informe. D'autres visages viendraient, dans sa mémoire, jamais le bon, le sien. Quel visage, Prunier? Il serait mort, Prunier, oublié. Il ne serait pas là à cause de Prunier, pour lui, pour rétablir par une nouvelle mort un équilibre insolite, ou dérisoire. Il sourirait à cette femme, à la pensée comique d'une justice qui devrait être faite, ou réalisée. Il ne serait pas venu pour faire justice, l'idée même lui répugnerait, mais pour faire de l'ordre. Il serait l'instrument de l'ordre, il sourirait. Elle aurait donné son mari, Prunier, le groupe de Toucy, tout le reste, à l'occasion. Il l'en empêcherait, il ferait de l'ordre. Il ne rendrait pas justice, nul ne pourrait, lui-même n'oserait pas, ou bien se trouverait risible, devant semblable prétention. Il rendrait les choses au cours des choses, il rétablirait l'ordre des choses. Il ne prendrait pas part à une aventure morale, il serait passif. Il serait le simple exécutant d'une opération objective, le rouage d'une nécessité naturelle. Il sourirait à cette femme, ce grain de sable, cette fourmi. Il ne se demanderait surtout pas les raisons de cette femme, ses déraisons. Il ne serait pas venu pour comprendre, mais pour tuer.

Il s'enfoncerait dans un paysage d'aridité, sans résonance. Il aurait sèche la paume des mains, sèche la saignée des coudes, et les aisselles, sèches. Il aurait la froideur du Smith & Wesson, passé dans la ceinture, la froideur du long canon peint au minium, lui griffant l'aine. Il avancerait dans la moiteur de la grande salle commune de la ferme de Prunier, où une lampe poserait des taches lumineuses, sur les murs, au hasard. La femme sortirait la bouteille de marc, lui verserait un verre, qu'il boirait d'un coup, avec un geste en arrière, brusque, de la tête. Elle serait appuyée à la table, la cuisse et la jambe gauches tendues, la cuisse droite à plat sur le bois épais, et le tissu de percale de la blouse noire, boutonnée sur le devant, serait tendu sur ses hanches, ses jambes, sa croupe. Elle aurait encore ce rire de gorge, très bref, le buste en avant. Il lui dirait leur peine, pour Prunier, ce patriote. Elle baisserait les yeux sur cette peine, ce silence, cette mort glorieuse. Il poserait la main, par-dessus la table étroite, sur sa cuisse droite, serrée dans le tissu de percale noire. Il sentirait la chaleur de cette cuisse, dans sa paume, sa tiédeur rousse. Elle bougerait la cuisse, doucement, sous sa paume. Il ne se demanderait pas quel sens elle pourrait prêter à ce geste, à ce moment, il serait indifférent à sa méprise. Il laisserait sa main gauche sur la cuisse de la femme, ferme et galbée, qui tremblerait sous sa paume. Il lui serait indifférent de connaître le sens de ce tremblement, peut-être ne serait-ce que la conséquence de l'effort musculaire de cette position tendue. Il sentirait vivre sous sa paume cet espace minuscule de chair, ce rectangle de chaleur, où aboutiraient les frémissements presque imperceptibles de tout le corps de cette femme. Il ne bougerait pas la main, il la tiendrait posée, immobile, sur le corps de cette femme. Sa paume ne serait pas un creux vivant comme autour d'un genou, d'un sein, d'un menton, d'un pubis, d'une hanche. Sa main serait posée, immobile, lourde, morte peut-être, elle serait comme un morceau de bois, comme un outil qu'on pose, comme un ustensile qui redeviendrait morceau de bois et de métal, après l'usage qu'on en aurait fait et qui l'aurait fait vivre, un temps. Sa main serait comme un outil mort posé sur le corps de cette femme, rousse, vivante, qu'il ne regardait pas, dont il sentirait tous les frémissements secrets aboutir à ce morceau de chair qu'il tiendrait sous sa paume, immobile. La femme tournerait le corps vers lui, davantage, faisant jaillir la gorge lourde et ferme, elle chercherait son regard, dans la méprise et la moiteur où elle aurait plongé, à cause de son geste. Il lèverait les yeux vers elle, vers ses yeux, qui lui offriraient, dans un battement incontrôlé des paupières, une soumission sournoise et impatiente, à la fois. Sa main gauche aurait pu alors remonter le long de la cuisse de cette femme, s'attarder sur le creux du ventre, dans le souffle précipité, bientôt haletant, de cette gorge qui se pencherait vers lui, sous la flamme trouble, presque jaune, des yeux fixés sur lui. Mais il ne bougerait pas la main, qui resterait posée à plat, immobile, sur la cuisse de la veuve de Prunier, pendant que leurs regards se croiseraient. Il n'aurait pas posé sa main sur le corps de cette femme pour provoquer ce trouble, prévisible, promis déjà en quelque sorte par le regard, sous les paupières mi-closes, et le déhanchement, lorsqu'elle se serait déplacée dans la pièce, auparavant. Il serait incapable de partager ce trouble ni cet enchaînement possible de gestes hâtifs et précis. Il serait indifférent à ce déroulement imaginable, qu'une part de lui-même, pourtant, pourrait concevoir et se donner en spectacle, en une suite vertigineuse d'images très nettes et à la fois évanescentes, pendant que l'autre lui-même, celui qui aurait posé cette main, comme un outil, sur le corps de cette femme, serait resté figé, raidi dans une immobilité presque douloureuse, tout son corps devenant insensible et spongieux, autour de la coulée de lave glaciale qui, du bas de la nuque au creux des reins, le ferait tenir tout droit contre la table en bois rugueux de la grande salle commune, au rez-de-chaussée de la ferme de Prunier, aux environs de Toucy. Car il n'aurait posé la main sur la cuisse de cette femme que d'un geste machinal, comme un menuisier tâterait une pièce de bois qu'il aurait à travailler, pour prendre en quelque sorte la mesure des actes qu'il aurait à accomplir, dans la plus grande économie possible, et dans la plus grande précision, des mouvements nécessaires. Mais elle se serait tournée vers lui, d'un mouvement de tout son corps, dont les frémissements seraient devenus vaguement perceptibles, sous la paume ouverte de sa main gauche, et il aurait souhaité dissiper aussitôt cette équivoque, rétablir l'ordre naturel des choses et des desseins, et il aurait pour cela tiré de sa ceinture le long revolver à barillet, un onze quarante-cinq au canon interminable, peint en rouge, et il aurait posé l'arme sur la table, sous sa main droite serrée autour de la crosse. Le regard de cette femme serait devenu fixe, fixé sur l'arme il se serait dilaté, toute la périphérie de ce regard devenant vague et blanche, poreuse peut-être, et friable, avec, au centre, un point sphérique qui se rétrécirait, devenant de plus en plus foncé, noir bientôt, halluciné. Ainsi, tout le vert de ces yeux de femme, toute leur verdeur lumineuse, aurait pâli sur le pourtour de ce regard oblong, fendu sous les paupières habituellement mi-closes, et ce vert de plus en plus dilué n'aurait plus contenu, dans son milieu, qu'une boule minuscule de noirceur étincelante, comme un long cri noir, interminable, aigu. Aurait-elle crié ? Les lèvres de cette femme se seraient arrondies, autour de ce cri possible, mais seul un souffle plus rauque en aurait jailli, gémissant. Elle aurait compris, aussitôt. Tous les gestes qu'il aurait faits, avant, seraient devenus lisibles, à partir de ce moment où la longue arme serait apparue dans sa main droite, pointée. Et cette façon de tenir penché son visage innocent, sous la lumière qui éclairait l'entrée de la maison, pour se faire reconnaître et s'introduire chez elle. Et ces quelques mots, à propos de la robe, de la coiffure, peut-être, de cette femme, ce jour-là, quand elle était venue avec son mari chez Irène. Et sa promptitude à accepter le verre d'alcool, râpeux au gosier, mais fruité ensuite, dégageant une douceur brutale. Et ce geste de la main, sur sa cuisse à elle. Elle aurait compris que tous ces gestes ne déboucheraient plus jamais sur rien d'autre que la mort. Elle aurait compris cela, dans une mollesse subite, viscérale, trop évidente pour s'exprimer par un cri de terreur, ou de protestation. Alors, lui, il parlerait. Il lui dirait le message de Prunier, ce mot, ce nom chuchoté dans la cour d'une prison, et qui avait cheminé jusqu'à eux, dans la tiédeur de septembre. Il lui dirait la veille, l'affût, tous ses pas traqués. Il lui dirait combien de fois, à quelle heure, quel jour, de quelle façon, elle aurait pris contact avec les Allemands. Il ne dirait rien d'autre, car il n'aurait pas à justifier la décision, l'acte inévitable, désormais. Il ne commenterait pas les faits, ni ne les qualifierait, car tout ceci n'aurait rien à faire avec la justice, ses alibis, mais simplement avec les nécessités d'une entreprise. Elle l'écouterait en silence, le souffle court, mais privée de toute possibilité de révolte, car il n'aurait pas prononcé un verdict, mais simplement dévoilé la vérité pesante des choses, la trame obscure des événements. Ensuite, il y aurait du silence. Ils seraient immobiles, leurs regards détournés l'un de l'autre, liés par sa main gauche à lui toujours posée sur cette partie de sa cuisse que la chaleur la plus secrète de cette femme aurait fait frémir, tout à l'heure, l'arme à plat sur la table, sous sa main droite, comme l'image la plus évidente de l'avenir qu'il leur resterait à parcourir. Il serait là, guettant les réactions possibles de cette femme, ses gestes de fuite, l'éclat de sa terreur, qui l'auraient obligé à aussitôt intervenir. Mais il serait absent, aussi, ayant reflué de lui-même, ne sentant plus le monde autour de lui que par la tiédeur, ou la rugosité, de quelques sensations tactiles élémentaires, comme le contact rêche de ses doigts sur le tissu de percale, ou la froideur du métal serré dans sa main droite. Il aurait, malgré son attention tendue vers les gestes possibles de cette femme, et mélangée avec elle, l'impression d'un dédoublement, comme s'il observait cette scène muette et immobile d'un autre endroit de cette pièce, ou même de l'extérieur, à travers les vitres d'une fenêtre, séparé de cette scène, qui en deviendrait en partie illisible, par l'épaisseur du verre qui en assourdirait les bruits, peut-être significatifs, ou même les effacerait entièrement. Il éprouverait l'incapacité de s'exprimer à la première personne, de prendre sur soi les sensations et sentiments provoqués par cette rencontre nocturne avec la femme de Prunier. Tu serais là, devrait-il dire, pour raconter cet épisode, prenant ainsi ses distances, tu serais là, silencieux, devant cette femme silencieuse, maintenant que tout aurait été dit. Tu lui aurais annoncé sa mort et elle aurait reçu cette nouvelle comme une évidence, impuissante à se révolter contre un verdict que personne n'aurait prononcé, qui aurait découlé tout naturellement du cours des choses. Tu attendrais, dans le silence, et elle attendrait aussi, comme si le mécanisme ultime de cette décision évidente n'avait plus dépendu de toi, ni d'elle-même, mais d'un signal obscur des choses, d'un imminent jaillissement objectif. Tu aurais eu à ce moment, très vite, très lumineuse, la certitude d'avoir dépassé toi-même l'instant même de cette mort, d'être au-delà de cette mort, figé dans la rigueur minérale d'une éternité que tu aurais reçue en même temps que donnée, qui t'échoirait en partage, définitif. Tu aurais la sensation, dans ce silence qui se prolongerait, que toute la vie possible, imaginable, avec ses frémissements, ses moiteurs, sa transparence, avec la réalité intériorisée de toutes les lumières, toutes les nuits, tous les arbres, tous les bruits du monde, avait reflué de toi pour embellir atrocement le visage et le corps de cette femme, la veuve de Prunier. Alors, dans l'éblouissement de cette mort où tu te serais engagé trop profondément, tu lèverais ton arme, d'un mouvement à peine perceptible du poignet, vers le visage de cette femme, qui aurait deviné ce mouvement imperceptible, qui aurait posé sur le canon du onze quarante-cinq son regard devenu totalement noir, opaque, d'une noirceur terreuse, et tu aurais appuyé sur la gâchette, dans le jaillissement et le tonnerre simultanés de la flamme et du coup de feu.

Nul ne dirait la suite, de toute façon, ne pourrait.

Mais, sur le sol en terre battue, aux senteurs âcres, du hangar, il se souvient. Peut-être Huguette avait-elle quand même parlé de cette visite qu'elle avait faite, avec Prunier, à Épizy, un jour de l'été, et ne fallait-il pas chercher ailleurs les raisons de cette descente de la Gestapo, dans la maison d'Irène. Il aurait, dans ce cas, tué pour rien. Il n'aurait rien préservé, rien protégé, par sa démarche meurtrière. Dans la tiédeur de septembre, n'aurait-il commis qu'un crime?

Il entendait les types de la Gestapo parler entre eux, au-dessus de lui. L'un d'eux disait qu'il était cinq heures, déjà, qu'il fallait penser à rentrer. L'autre avait faim, disait-il, il aurait bien mangé un morceau. Quant à la femme, c'est d'une tasse de tisane qu'elle avait envie, tout ça l'avait énervée, assoiffée, elle boirait bien une tasse de tilleul. Tout d'abord, il n'avait pas compris le mot qu'elle employait, *Lindenblütentee*, et il avait essayé de concentrer son attention sur ce mot, le décomposant dans son esprit, extrayant de ce mot composé ses éléments, un à un, pour en reconstruire le sens. Bien sûr, il y avait *Unter den Linden*, l'avenue berlinoise sous les tilleuls, et ce *Lindenblütentee*, c'était le thé des fleurs de tilleul, le tilleul, quoi, tout simplement. Elle avait donc envie d'une tasse de tilleul, cette femme. Ils ont décidé alors de l'emmener à la *Feldgendarmerie* de Joigny, une grande bâtisse dans le haut de la vieille ville, où ils pourraient satisfaire leurs divers besoins, et du même coup régler certaines questions qui les préoccupaient. Ils parlaient entre eux, calmement, après une journée de travail.

Il avait souri, intérieurement, le visage contre le sol en terre battue du hangar. C'était l'une des obsessions de Michel, de faire sauter la *Feldgendarmerie* de Joigny. Michel avait élaboré plusieurs variantes d'un même plan, mais aucune d'entre elles n'avait réussi à les convaincre, ni Hans, ni Julien, ni lui. Selon la dernière variante, il s'agissait de faire sauter au bazooka la porte de derrière du bâtiment, qui donnait sur une ruelle en pente prononcée, pour y faire entrer ensuite une traction bourrée de plastic. Julien lui avait fait remarquer que le gars au bazooka se ferait descendre par les *Feldgendarmen*, bien avant d'avoir pu faire sauter les lourds battants en bois massif du portail. Mais Michel s'était proposé pour jouer ce rôle-là et il avait assuré qu'il ne se ferait pas descendre. Hans lui avait alors fait remarquer les difficultés techniques presque insurmontables pour minuter exactement les diverses phases de l'opération. N'importe quel retard imprévu, et mille petits détails pouvaient le provoquer, et la traction exploserait dans la ruelle, faisant sauter, non pas la *Feld*, mais les maisons alentour.

— C'est un risque à courir, avait dit Michel.

Précisément, c'était le genre de risque à ne pas courir, avaient-ils dit à Michel. Si leurs points d'appui à Joigny tenaient depuis si longtemps, c'était grâce à la complicité générale de la population, au soutien tacite qu'ils trouvaient partout. Ils perdraient l'un et l'autre, avec des coups pareils.

Michel n'avait plus insisté, mais il cherchait toujours un moyen pour faire sauter la *Feld* de Joigny. Une nuit, il était revenu à Épizy avec les vêtements lacérés et plusieurs morsures profondes à la jambe droite. Il avait été surpris par un chien de garde, à l'intérieur du jardin qui entourait le bâtiment de la *Feldgendarmerie*, dont il avait sauté le mur. Finalement, il avait pu égorger le chien et rebrousser chemin, dans la nuit. Irène a nettoyé les plaies et lui a fait un pansement.

— C'est bête, a dit Michel, plus tard, quand ils avaient été seuls tous les deux, dans le grenier où ils dormaient, si vous étiez d'accord, ça ferait un beau feu d'artifice.

— De quoi parles-tu ? lui a-t-il demandé.

— Ce bâtiment de la *Feld*, je l'ai vu de près.

— Et alors ?

— Si on y faisait rentrer la traction, a dit Michel, ça ferait une belle explosion. C'est de ce côté-là qu'ils ont leur dépôt d'armes et de munitions.

Il regarde Michel, qui est en train de vérifier soigneusement son Smith & Wesson.

— Tu n'es pas un peu trop influencé par tes lectures ?

Michel se tourne vers lui, l'œil vague.

— Quelles lectures ?

Il savait que Michel trimbalait trois livres dans son sac, ces derniers temps. Un Platon de la bibliothèque de son père, *Geschichte und Klassenbewusstsein* et *L'Espoir*.

— Tu ne te prendrais pas pour le Négus, par hasard ?

— Merde, dit Michel.

— Ce n'est pas le Négus, cet anarchiste de Barcelone qui envoie des voitures contre les canons de Goded ?

— Merde, dit Michel, et il pose son arme.

— T'as aucune imagination, ajoute-t-il, et il se tourne vers le mur, pour bien montrer que la conversation est terminée.

Il se demande si Michel va réussir à faire sauter le bâtiment de la *Feld*, assis sur une chaise au milieu de la grande salle de cette vieille maison, pendant que les types de la Gestapo racontent à une demi-douzaine de sous-officiers de la *Feld* les circonstances de sa capture. La femme est partie, boire sa tasse de tilleul, probablement.

Il est assis au milieu d'une grande pièce, qui a dû être le salon, autrefois, on voit encore aux murs les traces plus claires laissées par les tableaux qui ont été enlevés, et qui est nue maintenant, avec juste quelques chaises et une table en bois blanc, et dans un coin, insolite et dérisoire, une harpe. Depuis qu'ils sont entrés dans le bâtiment de la *Feld*, on lui a enlevé les menottes. Il se frotte les poignets, d'abord le poignet gauche avec sa main droite, ensuite le poignet droit avec sa main gauche, pour activer la circulation, et il se demande s'il ne faudrait pas essayer de partir. Devant lui, il aperçoit le jardin, sous la lumière de septembre. Une lumière de fin d'après-midi de septembre. Ce jardin l'attire. Peut-être faudrait-il essayer de se lever, de partir en courant vers le jardin, de s'enfoncer sous les grands arbres de ce jardin. Avant que les types de la Gestapo et les *Feldgendarmen* qui sont là aient eu le temps de réagir, il serait dans le jardin. Il courrait dans le jardin, sous les grands arbres, en respirant un bon coup, dans la lumière du soir qui tombe. Après, il ne sait pas. Il y aura une poursuite, des chiens, des coups de feu. Mais il y aura aussi la joie de cette course, le hasard de la course, et cette lumière, dehors, où il a tellement envie de plonger. Aucun de ces imbéciles ne serait capable de le rattraper à la course, sous les grands arbres. Un chien, peut-être ; une balle, sûrement. Mais aucun de ces types ne pourrait lui disputer cette belle lumière de septembre autour de ses bras et de ses jambes, au rythme de la course.

Il entend une cloche, au loin, qui sonne l'heure, et qui est, en quelque sorte, l'équivalent sonore de cette lumière de septembre, comme si cette perspective de lumière déclinante sous les grands arbres aboutissait à cette rumeur lointaine, dans l'air transparent, comme si cette transparence tamisée devenait tout à coup, dense et sonore, ce bruit de cloche au loin. Il se demande combien de chances il aurait d'atteindre le mur du jardin, s'il se mettait à courir. Mais, au moment même où ses jambes allaient se détendre, pour qu'il se mette debout, qu'il commence à courir, les *Feldgendarmen* se sont approchés de sa chaise, autour de laquelle ils se sont déployés en demi-cercle. Il devait avoir l'air idiot, assis au milieu d'eux, se frottant toujours les poignets, d'un geste machinal. De fait, ils riaient. Les deux types de la Gestapo étaient restés en arrière, fumant des cigarettes, dont l'arôme était fade, un peu écœurant. En les voyant rester à l'écart, il a supposé vaguement que la séance qui allait suivre ne serait pas un véritable interrogatoire. Il a regardé les arbres du jardin, sous la lumière évanescente, juste au moment où l'un des *Feldgendarmen* a fait quelques pas rapides en avant. D'un grand coup de pied, celui-là a renversé la chaise et il a roulé sur le sol et ils étaient sur lui, tous les six, à grands coups de botte.

Mais ce n'est pas là non plus qu'il s'est évanoui, se souvient-il, deux ans plus tard, dans la longue nuit d'août qui a suivi la disparition d'Hiroshima. Il souffre brutalement, à présent, tout l'effet de la morphine s'étant volatilisé. La douleur a tout envahi, mais il pense qu'il n'y a aucun rapport entre cette douleur d'aujourd'hui, provoquée par sa chute sur la voie, au moment où le train entrait en gare de Gros-Noyer-Saint-Prix, et cette douleur d'il y a deux ans. D'abord, aujourd'hui, la souffrance lui est intérieure, elle jaillit de son propre corps, elle pousse ses racines dans sa nuque, dans ses épaules, tout au long de la colonne vertébrale, et par là elle semble devenir quelque chose de naturel. La douleur d'aujourd'hui fait partie de sa propre certitude d'exister, en quelque sorte, et il arrive à en prendre son parti, à la faire sienne, comme un moment provisoirement indissoluble de toutes ses sensations corporelles. Mais il y a deux ans à Joigny, à Auxerre ensuite, la douleur était une donnée tout à fait objective, quelque chose d'extériorisé, qu'on lui imposait, un événement qu'il était vraiment impossible d'accepter et qu'il fallait pourtant accepter, c'est-à-dire contre le déclenchement duquel on ne pouvait rien. Ce n'était pas son corps qui souffrait, il y a deux ans, dans ses recoins les plus profonds, c'étaient cette matraque, ce nerf de bœuf, cette corde, cette botte, ce coup-de-poing américain, cette baignoire, cet arbre dans le jardin qui devenaient douloureux. C'était le monde qui devenait douloureux, il y a deux ans, tous les objets du monde autour de lui. C'est pour cela que la seule façon de résister à cette hostilité douloureuse du monde était de rechercher, obstinément, pour les isoler et s'y retremper, tous les signes amicaux de ce même monde en train de devenir un bloc hostile et douloureux. Ce jardin de septembre, dans la lumière du soir. Ce ciel bleu pâle, tôt le matin, lors du trajet de la prison à la villa de la Gestapo. Ce geste d'un prisonnier inconnu, croisé dans la galerie, au retour d'un interrogatoire. Il fallait refuser ce monde hostile, rempli d'objets qui n'étaient plus que des ustensiles de douleur, le détruire de l'intérieur avec ce ciel, ce jardin, ce sourire inconnu, mais fraternel. Il fallait remplir ce monde creux, fermé sur lui-même, de toutes les richesses du monde.

Mais le plus grave, il y a deux ans, n'a même pas été cette extériorité de la douleur, gagnant le monde, transformant les objets du monde en objets de douleur, le plus grave a été que cette douleur pouvait s'arrêter à n'importe quel moment. C'est-à-dire, il suffisait de faire un geste, d'annoncer qu'il allait parler, pour faire cesser cette douleur. Les types de la Gestapo se seraient arrêtés de faire leur métier, ils auraient allumé une cigarette et ils auraient écouté, peut-être goguenards. Satisfaits, en tout cas, retrouvant leur sourire. Le plus grave était de se voir forcé à prolonger cette douleur, cette série de douleurs diverses, différenciées, dont l'intensité allait croissant, toujours, à chaque heure passée, par la décision de ne pas parler. C'était son silence, c'est-à-dire, une décision intime, qui rendait le monde insupportable, autour de lui. C'était lui-même qui s'aliénait le monde, dans la douleur. C'était lui-même, le dieu de sa douleur. Aujourd'hui, deux ans après, il ne peut rien contre sa douleur, sinon la supporter, sinon attendre que la nuit finisse et que d'autres personnes, le médecin, le chirurgien, des infirmières, le soulagent de sa douleur. Par là, celle-ci prend, en quelque sorte, une allure de petite fatalité familière qui aide à s'y résigner, en serrant les dents. Mais il y a deux ans, il aurait pu faire cesser sa douleur à tout instant. À chaque instant, il fallait qu'il décide de prolonger sa douleur, à l'infini, il fallait que de sa propre volonté la plus intime jaillisse cette liberté de s'aliéner le monde.

Mais par bonheur, il y avait les types de la Gestapo. C'étaient eux qui redonnaient au monde un sens humain, c'est-à-dire, c'était leur inquiétude devant son silence, leur désespoir de ne pas parvenir à le faire parler, qui recréaient la possibilité d'un monde humain. C'était l'échec de la Gestapo qui maintenait ouvertes les portes vers toutes les possibilités d'un monde humain. L'interprète était là aussi, cette femme blonde et grise qui ressemblait à Fräulein Kaltenbach, et dont les mains se croisaient et se décroisaient, sans arrêt, convulsivement. Elle n'avait pas grand-chose à faire, puisqu'il ne répondait pas aux questions, toujours les mêmes, et son activité principale consistait à croiser et décroiser les mains, nerveusement. Pour sa part, il cherchait tout le temps le regard de cette femme, il essayait de l'immobiliser dans son regard, chaque fois que la possibilité en était donnée. Alors, elle restait clouée sous son regard, avec un visage vide et des mains qui se tordaient, implorantes, comme si elles étaient agitées par une vie propre. L'angoisse de cette femme, visible, aidait à rendre le monde habitable. Au moment où éclataient toutes les possibilités agressives, blessantes, des objets les plus usuels, transformés en ustensiles de torture, les yeux vides de cette femme, ses mains comme des mouettes affolées, introduisaient dans cet univers tournoyant, fermé sur lui-même, une blessure humaine, une chance réelle, peut-être très mince, mais réelle, d'ouverture de ce monde, de destruction de ce monde. Ainsi, à mesure que les heures passaient, et les jours, et les nuits, il reprenait peu à peu possession, par son silence, de ce monde que la torture lui avait rendu étranger. Il en reprenait possession par l'angoisse de cette femme, par l'hébétude désespérée des types de la Gestapo, échouant dans leur propos de le faire parler, et devenant de plus en plus opaques, de plus en plus lointains, c'est-à-dire éloignés d'eux-mêmes, du sens de leur vie, de plus en plus projetés dans l'agonie de leur métier. Je ne sais pas, disait-il, je suis venu dans cette maison d'Épizy, je n'y connaissais personne, je ne sais pas le nom de celui qui m'y a envoyé, je ne sais vraiment rien, et il voyait les types de la Gestapo qui devenaient de plus en plus gris, de plus en plus insignifiants. Inutiles, en fin de compte. Lui, par contre, reprenait possession du monde dont il ne recevait plus seulement quelques signes épars — ce jardin, sous la lumière tombante ; ce ciel pâle, à l'aube ; ce geste de prisonnier, furtif — mais qui redevenait tout entier familier, rayonnant.

Une fois, au retour d'un interrogatoire, le type du SD qui le convoyait, depuis la villa de la Gestapo, a dit, dans la salle de garde de la prison, pendant qu'il déverrouillait ses menottes : *Dieser Scheisskerl, der hat noch nicht gesungen.* En entendant ça, il a levé les yeux machinalement vers le soldat qui assurait la permanence au poste de garde. C'était un homme de la Wehrmacht, d'une cinquantaine d'années, qui s'était mis debout, derrière la table où s'étalaient des papiers. Le type du SD a dit ça, que ce merdeux ne s'était pas encore mis à table, et lui, le merdeux, il a regardé machinalement le soldat de la Wehrmacht. Une expression de joie intense est venue s'inscrire, fugacement, sur le visage de cet homme de la Wehrmacht. Il n'a rien dit, il n'a pas bougé, debout derrière la table, pendant que le type du SD déverrouillait les menottes, mais une lumière fugace de joie rayonnante est venue sur son visage de la cinquantaine, usé, recuit par le soleil et le vent des longues marches de la Wehrmacht à travers l'Europe, un éclair, une lueur de joie tellement soudaine, tellement évidente, qu'elle en devenait indécente, difficile à supporter. L'homme de la Wehrmacht, tout à coup, dans l'ennui bureaucratique de cette salle de garde, où il avait dû trier des papiers, répondre à des coups de téléphone, recevoir des gens qui revenaient de l'interrogatoire, ou en appeler d'autres qui allaient y être conduits, a connu une explosion de bonheur, qui a ravagé son visage, une seconde, parce que, comme le disait le type du SD, ce merdeux ne s'était pas encore mis à table. C'était le soir, une ampoule nue éclairait l'étroit local, un poêle à charbon rougeoyait dans un coin. Il y avait le type du SD, penché sur les menottes qu'il déverrouillait, et qui avait annoncé à la cantonade, d'une voix lasse mais distincte, que ce merdeux ne s'était toujours pas mis à table. Lui, en entendant ce commentaire, avait machinalement levé la tête. Le soldat allemand qui assurait la permanence au poste de garde était debout, derrière la table couverte de papiers. Une odeur aigre flottait dans la pièce et tout aurait pu en rester là. Il aurait regardé le poêle allumé et il aurait eu le souvenir du froid vif et sec de l'extérieur, dans les rues d'Auxerre, dans le jardin de la Gestapo, et il aurait eu, ainsi, confuse, non définie, la sensation du temps qui passe, par ce contraste entre la froidure d'aujourd'hui et la tiédeur lumineuse du jour où la Gestapo l'avait cueilli, chez Irène. Tout aurait pu, ennuyeusement, rester dans la banalité des soirs qui ressemblent à tous les autres soirs, banalité que la sensation éprouvée de la fuite du temps n'aurait fait que souligner, avec la lourdeur insignifiante des vérités premières. Mais son regard machinal s'est posé sur le visage de ce soldat allemand, qui a été, subitement, ravagé par le bonheur. Il a juste eu le temps de constater ce bonheur, d'en connaître la fugace évidence, car déjà on le poussait hors de la salle de garde, un gardien le conduisait vers sa cellule. Alors, il s'est allongé sur le lit de fer — et ce jour-là, justement, il avait saisi cette vérité qu'il n'y a pas de limite à la douleur, qu'il y a toujours plus de douleur possible, qu'il y aura demain encore davantage de douleur — et il a fermé les yeux sur cette image misérable du bonheur. Ce visage de la cinquantaine, ravagé par le bonheur, parce que lui, ce merdeux, ne s'était toujours pas mis à table. Cet homme de la Wehrmacht, alors, dans l'obscurité silencieuse de la cellule, il s'est forcé à en imaginer la vie : longue suite d'échecs minimes, réseau poisseux de faits imposés, monceaux de cendres et de débris sur ce qu'on nomme les illusions de la jeunesse, jusqu'à cette apparence terne, cette existence passée au papier de verre, ce misérable bonheur clandestin, inutilisable, parce qu'un ennemi inconnu de l'ordre qu'il défend met en question cet ordre, subi et abhorré dans le vide d'une conscience ne débouchant jamais sur une pratique quelconque, parce que cet inconnu met en question cet ordre par son silence, provoquant ainsi chez ce soldat un bonheur misérable, mais évident, brutal, ravageant son visage recuit de la cinquantaine. Il a deviné alors, en se remémorant ce bonheur de l'homme de la Wehrmacht, qu'il était parvenu à un point de virage, en quelque sorte, que justement au moment où la douleur commençait à ne plus paraître supportable, le monde allait retrouver son sens et sa richesse. Il faudrait s'obstiner encore un peu, et les choses se remettraient en place.

Le lendemain, ou le jour suivant, en descendant de voiture devant la villa de la Gestapo, il a vu Michel. Habillé comme un jeune paysan, Michel était en train de remettre en place la chaîne de son vélo, de l'autre côté de la rue où se trouvait la villa de la Gestapo. Assis sur le bord du trottoir, Michel remettait en place la chaîne de son vélo et il regardait vers lui. Il est descendu de voiture, il a vu Michel et Michel l'a vu.

Il n'aurait eu qu'à traverser la rue, pour aller s'asseoir à côté de Michel.

— Ça va, Michel?

— Et toi? aurait pu demander Michel. Comment c'est, en réalité?

— C'est rien, c'est comme dans les livres. Ça ne t'apprend rien d'en faire l'expérience.

Ils seraient restés un instant silencieux, en pensant à tous les livres pleins de copains qui avaient fait, déjà, cette expérience de la douleur et qui la leur avaient transmise. C'était comme dans les livres, il n'y avait rien de neuf, rien d'original à tirer de cette expérience.

— Alors, Michel, tu vas faire sauter la *Feld* de Joigny? aurait-il pu demander.

— C'est bien possible.

Michel aurait pu répondre ça, en hochant la tête, d'un air obstiné.

— Et Hans?

Michel, alors, lui aurait répondu, en faisant un geste vague de la main.

— Hans est par là. Il dit que je suis fou.

— Mais bien sûr.

— Toujours d'accord, tous les deux, aurait dit Michel, un peu amer.

— En général, tu es assez fou, aurait-il dit. Mais pourquoi, cette fois-ci?

— Je voulais qu'on prenne d'assaut la prison d'Auxerre, mais Hans n'est pas d'accord.

— Il a bien raison, aurait-il dit. Qu'est-ce qui te prend?

Et Michel aurait hoché la tête, l'air buté, malheureux.

Mais il n'a pas traversé la rue.

Michel avait fini de remettre en place la chaîne de son vélo et il était debout, maintenant. Il y avait Michel, en train d'allumer une cigarette, et Hans ne devait pas être loin, et Julien sillonnait sûrement les routes sur une moto volée. C'étaient les copains, ils étaient vivants, la vie était gaie. Il a eu envie de rire et la certitude lui est venue qu'aujourd'hui même les types de la Gestapo allaient capituler, qu'ils allaient désormais le laisser en paix, en attendant le conseil de guerre ou la déportation.

Quand le docteur est venu, à huit heures du matin, pour l'emmener à cette clinique de Montlignon où on allait lui recoudre l'oreille droite arrachée, il ne savait plus s'il avait dormi, cette nuit, s'il avait rêvé tout cela. Peut-être n'avait-ce été qu'un rêve, et non pas la veille anxieuse de la mémoire? Ça n'avait pas d'importance, puisque, de toute façon, il n'était pas bien certain d'être réveillé, pas du tout certain d'être sorti de l'hébétude cotonneuse de la nuit.

Dans la voiture, qui venait de dépasser maintenant le collège de Massabielle, qui s'engageait sur la descente, à flanc de colline, il voyait le soleil au-dessus des arbres de la forêt. Il était englué dans cette chaleur matinale, comme une mouche encore engourdie, et il avait l'impression que son corps se divisait en deux parties bien distinctes, dont les sensations étaient différenciées, rarement superposables. D'une part, de la nuque au bas des reins, son corps était une raideur homogène et féroce, un seul bloc de douleur précise. Autour de cette raideur parfaitement circonscrite, le reste de son corps s'éparpillait en sensations diffuses, où la frontière avec le monde extérieur semblait avoir été presque entièrement effacée, de sorte qu'il ne savait plus si c'était sa main qui était rugueuse ou bien si cette rugosité ne provenait pas plutôt du tissu laineux qui recouvrait la banquette de la vieille automobile du docteur. Un échange subtil, analogue aux phénomènes de capillarité, semblait s'être établi entre la périphérie confuse de son corps et les objets du monde extérieur, et il lui aurait été impossible de dire si c'étaient ces objets qui avaient commencé à l'envahir, à s'insinuer en lui, ou bien si c'étaient les extrémités de son corps, ses mains, ses bras, ses pieds, ses mollets, qui commençaient à se dissoudre dans les objets laineux, ferrugineux, avec lesquels elles étaient en contact. Mais cela non plus n'avait pas d'importance. Il avait dépassé le seuil en deçà duquel les choses peuvent encore paraître problématiques, il était entré dans l'évidence éblouissante de l'imbécillité.

Le docteur lui parlait.

Boule de feu, disait le docteur, boule de flamme et de feu sur des kilomètres de hauteur. Ciel de feu, disait le docteur, ciel de flamme et de feu jusqu'au ciel le plus haut. Fleur de fumée, disait le docteur, fleur mouvante de fumée dans le ciel de l'été. Ciel de cendres, disait le docteur, ciel de cendres et de suie dans le ciel de l'été. Le docteur parlait d'une voix basse, lente, comme s'il énumérait les détails d'un horrible cauchemar qu'il aurait eu, ou bien aussi comme si quelque force obscure, en lui-même, l'obligeait à nommer l'innommable, avec des mots malhabiles, ne cernant jamais l'exacte réalité des événements qu'ils auraient dû dévoiler. Le mot ciel, le mot cendre, le mot fumée, le mot fleur, le mot feu, le mot flamme, derrière lesquels se cachaient en partie des ciels, des cendres, des fumées, des fleurs, des feux, des flammes qu'on n'aurait jamais vus, pour lesquels il aurait été nécessaire de trouver de nouveaux mots. Il écoutait cette voix monotone, qui revenait constamment sur les mêmes détails de l'événement rapporté, qui tournait autour du fait à décrire comme un vol d'oiseaux dont les spirales descendantes, de plus en plus serrées, n'arriveraient quand même jamais à débusquer réellement la vérité, peut-être effrayante, ou splendide, c'est-à-dire, dégageant une splendeur gorgée d'effroi, de ce ciel de cendre et de feu dont le docteur parlait, inlassablement. En fin de compte, l'image que le docteur de Saint-Leu semblait vouloir extraire de la gangue du langage hésitant, était celle d'une boule de feu, démesurée, qui aurait subitement pris corps dans la transparence d'un ciel d'août, comme un nouveau soleil dans lequel tous les regards, par mégarde portés sur lui, auraient été brûlés, dévastés; une boule de feu qui serait tout d'abord restée suspendue, haut dans le ciel, immobile, bien que peut-être traversée par des ondulations convulsives, et qui aurait ensuite commencé à s'élever, en abandonnant son intolérable luminosité pour devenir nuage de cendre, fleur de fumée, ciel de noirceur posant sur le paysage une ombre matérielle, pluie de poussière recouvrant de grisaille la verdeur lumineuse des pelouses, des pommiers, des parcs et des pagodes.

Il aurait voulu dire au docteur d'arrêter, mais il n'en a pas eu la force. La main droite du docteur était serrée autour du levier de vitesses de la vieille voiture, qu'elle manipulait sans cesse, changeant sans cesse le régime poussif du moteur, dans les tournants et les petites côtes qui avaient succédé à la longue descente en ligne droite, à la sortie de Saint-Prix. Sa main gauche était posée sur le volant, à peu près au centre du demi-cercle supérieur de celui-ci, et elle se déplaçait légèrement vers la droite ou la gauche, selon les nécessités de la conduite. Ces deux mains semblaient agir d'une façon indépendante, comme si elles répondaient d'elles-mêmes aux sollicitations de la route, de ses virages et ses déclivités, pendant que le docteur, les yeux fixés sur un point vague d'un horizon imaginaire, revenait inlassablement sur la description minutieuse de cet événement, qu'aucune précision pourtant ne semblait susceptible d'inclure dans le réel, malgré tous les détails en apparence véridiques du récit, détails empruntés nommément aux dépêches des journaux, aux reportages publiés dans la presse du matin, que le docteur citait abondamment, comme s'il avait voulu effacer l'invraisemblance monstrueuse des faits par l'accumulation de témoignages objectifs, peut-être même irréfutables, et cacher son propre désarroi par toutes ces références explicites aux commentaires des journalistes, aux communiqués officiels, aux prises de position des savants et des hommes de lettres, qui avaient sauté sur l'occasion pour faire entendre leur voix, les uns soulignant la nouveauté scientifique et technique de l'événement, qui ouvrirait une ère de l'histoire de l'humanité, les autres proclamant les vérités génériques de la morale abstraite, les devoirs de l'homme face à ses propres pouvoirs subitement multipliés, peut-être à l'infini, de telle façon qu'ils devenaient démesurés, capables même de produire l'anéantissement de l'espèce, ce qui, pour le docteur, d'accord en cela avec certains des hommes de science ou de lettres auxquels il se référait, dévoilait un horizon de transcendance métaphysique, et il avait envie de dire au docteur de s'arrêter, il avait envie de faire cesser ce brouhaha confus, qui devenait insupportable, mais la voiture a subitement franchi une grille, après avoir viré sur la droite, et ils se sont trouvés parmi les arbres d'un grand parc, dans une ombre légère, striée de traces lumineuses, mouvantes, qui rendaient le paysage poreux, et il y avait au bout de l'allée une maison blanche, précédée d'une terrasse, avec un perron central et un double escalier en demi-cercle, et en contrebas, sur la gauche, un espace dégagé entre les arbres, circulaire, où aboutissaient deux sentiers, avec des bancs autour d'une vasque de pierre, et il a compris qu'ils étaient arrivés, il s'est laissé glisser vers cette maison blanche, à la longue façade percée de hautes fenêtres à croisillons, et le docteur a dit encore une fois le nom de cette ville japonaise qui avait disparu sous un ciel de cendre et de feu, ensuite il y a eu du silence, une certaine épaisseur de silence, et la voiture s'est arrêtée devant le double perron de cette clinique de Montlignon.

— Attention ! c'est ma mauvaise oreille !

Elle s'écarte de lui et rit.

— T'as une oreille bonne et une mauvaise ? dit-elle.

Il hoche la tête, affirmatif.

— Fais voir, dit-elle.

Elle se penche vers lui, écartant les cheveux qu'il a trop longs, et elle découvre la cicatrice bleuâtre qui contourne la partie supérieure de l'oreille droite, tout au long de l'attache de l'oreille et du crâne.

— C'est vrai, dit-elle.

— Pour les petites choses, dit-il, je ne mens jamais.

Ils allument des cigarettes.

— C'est quoi ? dit-elle.

Et lui : — J'avais décidé de me couper l'oreille droite, pour l'offrir à une dame, mais je n'ai pas eu le courage d'aller jusqu'au bout.

Elle ne dit rien, elle lui caresse légèrement l'oreille, les cheveux, la nuque. Il ne se retourne pas, il regarde le lac.

— Manu ! dit-elle.

Il hoche la tête.

— Non, dit-il.

— Quoi, non ?

— J'ai horreur des diminutifs, dit-il.

— Aujourd'hui, dit-elle, tu me détestes.

— Mais non, dit-il, je pense à autre chose.

Il ne pense à rien, il regarde le paysage.

Sur la route de Brissago, le pare-brise d'une voiture en pleine course accroche un rayon de soleil et le renvoie, éblouissant. Il ferme les yeux ; des paillettes blanches, très brillantes, frémissent derrière ses paupières closes.

— La neige, dit-il, en rouvrant les yeux.

Il rit.

Elle s'est complètement tournée vers lui, accoudée à la table, immobile.

— Quelle neige ? dit-elle.

La voiture a dépassé, là-bas, ce point précis de la route de Brissago, au sortir d'un tournant, où le soleil, un instant, l'a prise sous ses rayons, réverbérés dans le pare-brise, devenus aveuglants. Tout est rentré dans l'ordre transparent de l'après-midi : le lac, le ciel, les arbres, l'île de Brissago.

Il rit, il boit une gorgée d'eau.

— Pourquoi la neige ? dit-elle.

Il se retourne vers elle, elle est saisie dans la froideur pointue de son regard, longuement. Elle porte la main à ses cheveux, sa main retombe.

— Je te laisse ? demande-t-elle.

Enfin, il lui sourit. D'un doigt, il caresse l'arcade sourcilière, la haute pommette, ce visage levé vers lui.

— C'est ça, dit-il.

Elle se lève.

Sa main, tendue vers elle, immobile, frôle tout le mouvement de ce corps qui se déploie. Sa main reconnaît chaque endroit de ce corps. Le sein qui pointe, la longue minceur plate du torse et du ventre, la douce courbure osseuse de la hanche, le genou rond autour duquel sa main reste serrée.

Elle est debout, tout contre lui, mais il regarde le paysage.

Sa main remonte lentement le long de la cuisse, avec un grésillement léger des ongles sur la soie, jusqu'à la fraîcheur nue de la peau, au-dessus du bas.

— Tu triches, dit-elle, et elle s'écarte.

Il lève son regard vers elle et lui sourit.

— Je te rejoins, dit-il.

Elle ramasse ses affaires sur la table, les lunettes de soleil, les cigarettes, un briquet, son foulard, une lettre qu'elle n'avait pas ouverte, dont elle avait simplement regardé le nom de l'expéditeur, elle met tout ça dans son sac, elle a fini, elle le regarde.

Elle semble hésiter, elle secoue la tête, elle s'en va.

Il se tourne vers le lac.

Il n'y avait pas eu de signe précurseur, pas de vertige soudain faisant jaillir des gerbes lumineuses derrière ses paupières mi-closes, dans le soleil d'Ascona, à quatorze heures trente-cinq de cette journée de janvier. La consistance des objets proches — les lunettes de soleil de Lorène, par exemple, sur la table du café — n'avait subi aucun changement. Les lunettes étaient là, reconnaissables, identifiables dans leur forme, leur volume. Lorène les avait enlevées et posées sur la table, à un moment donné, quelconque, et elles étaient restées là ensuite, posées, comme un objet familier, d'usage courant, saisi dans un réseau de significations évidentes. C'étaient des lunettes de soleil, en écaille, posées sur le bois verni d'une table de café, en plein air, sous le soleil d'Ascona. Il y avait eu un peu de silence, une couche très mince de silence friable, dans leur conversation, une épaisseur ténue de silence qu'ils allaient traverser sans encombre, semblait-il, légèrement, peut-être même allégrement. Les tasses de café étaient vides, les verres d'eau à moitié pleins ; il n'y avait personne autour d'eux. Ils étaient entrés dans cette épaisseur poreuse de silence, sans souci, sans arrière-pensée, comme on entre dans une coulée d'ombre fraîche sur un chemin parmi les arbres, ensoleillé. Ce n'était qu'une toute petite nuée de silence, imprévisible, mais qui ne mettait rien en question. Alors, sans aucune préméditation de sa part, dans la quiétude, il avait posé son regard sur ces lunettes de soleil que Lorène avait enlevées, quelques minutes auparavant. La monture en était d'écaille, très foncée, les verres de forme oblongue. Il connaissait ces lunettes de soleil, c'étaient celles que Lorène portait habituellement, lors de leurs rencontres dans ce café d'Ascona, sur le quai, devant le paysage du lac. La présence de ces lunettes n'avait rien d'insolite, au contraire, elle soulignait la banalité de cette attente béate, au soleil, avec l'eau bleue du lac et la tache verte de l'île de Brissago. Ces lunettes de soleil réapparaîtraient, un peu plus tard, dans la chambre de Lorène, peut-être sur le couvre-lit de coton blanc, à festons, au moment où elle ferait, presque nue, le geste précis et violent qui le rabattrait, pour découvrir la fraîcheur sommeilleuse des draps ; ou bien, encore plus tard, quand elle s'écarterait de lui, pour chercher à tâtons les cigarettes sur la table de chevet, dans la pénombre de la fin de l'après-midi, ces lunettes de soleil seraient visibles, de nouveau, parmi tous les objets de cette table basse que ses doigts tâtonnants déplaceraient.

Ainsi, ces lunettes de soleil, par une association toute machinale — mais fluide, quand même, dépourvue de brusquerie —, suggéraient des images de possession physique de Lorène, une suite évanescente d'images conçues dans la torpeur du soleil, après le déjeuner de midi, qui faisaient foisonner, derrière les paupières mi-closes, toute la gamme chromatique des blancs : d'abord, sur le quai lui-même, encadrée d'ombres légères, l'aire brillante, argentée, que le soleil installait sur les dalles de pierre polie, sur l'eau lisse du lac, sur les arbres des collines, sur la tache verte, fondue dans cette vibration de lumière argentée, de l'île de Brissago ; ensuite, rappelant cette blancheur brillante par les raies parallèles de soleil tracées par les volets clos sur le mur de la chambre de Lorène, la blancheur plus mate de ce mur lui-même ; et encore, la tache d'un blanc plus ombré du couvre-lit de coton, orné de figures géométriques, et festonné ; ou enfin, la blancheur éclatante et amidonnée des draps recouvrant le corps de Lorène, dénudé. Comme si, en fait, ce geste de la jeune femme, à un moment donné, dénudant son visage, le démasquant de l'ombre protectrice des verres teintés, l'offrant, lisse et sans fard — sauf la bouche, parfois, parée — à son regard tourné vers elle, dans la tiédeur béate de la sieste, n'était qu'un signe cérémoniel annonçant la nudité nécessaire à ce vivace enracinement de leurs deux corps, dans la blancheur ombreuse, ou éclatante, des objets et des lieux. Comme si, en fait, la disparition de cette ombre sur le visage de Lorène, lorsqu'elle enlèverait ses lunettes de soleil, chaque après-midi, dans le café d'Ascona, n'était qu'un lever de rideau, l'annonce de quelque cérémonie qu'ils auraient à accomplir, parmi les paravents chaulés des brefs après-midi de janvier, lumineux.

Il avait donc posé son regard insoucieux sur les lunettes de soleil, abandonnées parmi les tasses de café vides, les verres, les objets familiers. Ils venaient d'entrer dans l'épaisseur banale, et encore ténue, légère, d'un silence, qui ne rompait qu'à peine leurs propos décousus, puisqu'il n'était encore, ce silence, qu'une sorte de suite, ou de contrepoint, à leur conversation intermittente, où s'étaient échangées béatement leurs impressions épidermiques de bien-être, de vague contentement. Il faisait bon au soleil, janvier serait superbe, la neige fondait sur les hauteurs de la Maggia, elle avait dormi tard, Seigneur ! que c'était bon ! janvier, toujours, était superbe, sur les rives du lac Majeur, c'est vrai, on lui avait dit ça, il ne fallait surtout pas venir à Ascona, en été, ah, bon ? mais non, les gens en ont pris l'habitude, pendant la guerre, nulle part ailleurs ils ne pouvaient aller, n'est-ce pas ? l'été, c'était plein de monde, la solitude, janvier, c'était superbe.

Alors, il avait tourné la tête vers l'horizon du lac, et son regard avait saisi, au passage, cet objet sur la table et il s'était fixé sur cet objet, pourtant banal, aisément identifiable : des lunettes de soleil, aux verres oblongs, en écaille noire. Son regard, dès lors, n'avait pas pu quitter cet objet, le dépasser : il s'était englué dans cette vision minime, avec une brusque angoisse. C'est-à-dire, l'angoisse n'avait pas surgi dans son corps, nouant ses viscères, ou les muscles internes, dans une crispation qui se propagerait, par vagues rapides et brutales, vers la région du cœur ; l'angoisse était dans cet objet, au bout de son regard, bien à plat, sur la table du café : il voyait cette angoisse, sous forme de verres oblongs, d'écaille foncée.

Il avait fait un effort pour détacher ses yeux de cet objet, pour les porter au-delà, vers le paysage du lac. Pendant quelques secondes, cette sensation de détachement, d'indifférence légèrement teintée d'inquiétude, avec laquelle il avait constaté l'étrangeté soudaine de cet objet, pourtant usuel, s'est maintenue.

Apparemment, rien n'avait changé. À une dizaine de mètres de la terrasse de café où ils étaient assis, au soleil, l'eau lisse du lac. À droite, le quai se prolongeait vers le pont de Solduno, et, de l'autre côté de l'embouchure de la Maggia, la route de Brissago, parmi les arbres. Ainsi, il aurait pu continuer à énumérer très précisément les éléments de sa vision globale du paysage, et cette image aurait été parfaitement superposable à celle d'il y a quelques minutes, lorsqu'il avait rouvert les yeux sur ce paysage, en écoutant distraitement, dans la laxitude habituelle de cette heure ensoleillée, les propos de Lorène. Mais cette rassurante certitude n'a duré qu'une fraction de seconde, jusqu'au moment où tout le paysage s'est mis à ressembler à ces lunettes de soleil.

C'était le vert des arbres, le bleu Vermeer du ciel et le bleu pâle de l'eau, l'ocre des collines, l'ombre violette des montagnes, dans le halo du soleil, sur la rive italienne du lac, c'était le blanc des blanches maisons d'Ascona, qui s'étaient mis à ressembler à cet objet banal, posé sur la table du café, ces lunettes que Lorène avait enlevées de ses yeux, dénudant son visage, comme si elle avait, par ce geste, involontairement sans doute, dévoilé en même temps l'effrayante évidence de ce paysage, du monde, en fin de compte.

Ailleurs, parfois, souvent même, l'étrangeté du monde l'avait saisi à la gorge. C'est une sensation relativement fréquente, mais bénigne, banale en somme : on s'en sort. Il venait d'arriver à Paris, par exemple, il était interne au lycée Henri-IV, la guerre d'Espagne était finie, c'était son premier jour, jeudi, dimanche, de sortie. Alors, boulevard Saint-Michel, sous la pluie de printemps, tiède et fade, au coin d'une rue, devant un cinéma, il s'arrêtait. Cette ville était inconnue, cette langue était inconnue. Les gens passaient, la pluie obscurcissait lentement le papier d'une première page de journal affiché contre un arbre, à quelque distance. Il lui semblait que cette lente progression de la tache grise, humide, sur la feuille du journal, au gré d'une pluie ténue, tiède et têtue, de printemps, était une équivalence visuelle parfaitement valable de ses sentiments intérieurs. Comme si l'ennui légèrement angoissé, le malaise, la tristesse physique qu'il éprouvait, rongeaient de la même façon les fibres intimes, défaites et molles, de son corps. Il se souvenait d'un poème imbécile de son enfance, où l'écrivain, un Sud-Américain grandiloquent, invoquant une douleur dont les raisons précises s'étaient estompées dans un oubli total, s'adressait à quelqu'un pour lui dire : « N'entends-tu pas tomber les gouttes de ma mélancolie ? » Ainsi, comme d'habitude, entre la réalité du monde, de ce minuscule espace de monde qu'était ce coin du boulevard Saint-Michel, subitement devenue étrangère, entre cette réalité et lui-même, un souvenir était venu s'interposer, ce fragment dérisoire de poème, aujourd'hui, la dense résille grisâtre d'une gravure de Dürer, une autre fois, n'importe quoi d'autre, à l'occasion, comme si toujours un semblable souvenir sonore ou imagé était nécessaire pour mieux saisir la vérité de ce moment, et pour mieux prendre, aussi, le recul indispensable, qui permettait de garder la tête froide, de ne pas confondre ce sentiment banal d'étrangeté au monde avec l'angoisse de vivre, par exemple. Il regardait la tache humide et grise de la pluie progresser lentement sur la feuille de journal, la dévorer, et il arrivait un instant où toute la première page de ce journal était devenue flasque et grise, comme une lande indécise entre la terre ferme et l'océan que la marée montante aurait imperceptiblement submergée, et alors, le cœur vide et imbibé par la moiteur de ce malaise, il remontait vers le lycée Henri-IV, vers les salles d'études vides en ce jour de sortie, vers quelque lecture rêveuse, ou encore aussi vers une promenade infiniment recommencée, dans la grande cour déserte et battue par la pluie fine et grise, par la poussière imperceptible d'un ciel pluvieux de printemps.

Dans ces cas-là, la réalité du monde semble remise en question, par la nouveauté même d'un paysage urbain, d'une situation vécue sans un système quelconque de références préalables, ce qui, somme toute, est une expérience qui ne va pas très loin. Mais aujourd'hui, à quatorze heures trente-cinq d'une journée de janvier, sous le soleil d'Ascona, l'évidence du monde est indiscutable. C'est cette évidence même qui provoque le trouble, transféré maintenant des objets extérieurs — les lunettes de soleil de Lorène, par exemple, mais n'importe quel autre objet aurait pu remplir ce même rôle provocateur — dans l'espace intérieur de son corps lui-même, contracté par une brusque nausée viscérale, déboussolé par les battements désordonnés d'un sang précipité.

Il regarde ce paysage, ces arbres, ce ciel de fête, tellement évidents, tellement inusables, comme s'il les voyait du haut de sa propre mort, avec la certitude très aiguë de la superfluité de son existence. Nul arbre, nulle eau, nulle île de Brissago n'ont besoin de son regard, c'est bien cela qui le fait trembler.

Alors, le silence léger dans lequel ils étaient entrés se prolonge, s'épaissit. Il s'est penché en avant, vers ce paysage ensoleillé qui nie son existence, la nécessité de son existence, tout au moins.

— Manu ! dit la jeune femme.

Il secoue la tête.

— Tu n'es pas bien ?

La voix de Lorène est pleine de sollicitude.

Il secoue la tête, il est très bien.

Il se tourne vers elle, il regarde le visage de la jeune femme.

Elle avait enlevé ses lunettes de soleil, un peu auparavant. Peut-être était-ce ce geste qui avait tout déclenché. Aujourd'hui, ce geste, peut-être, n'avait pas seulement dénudé le visage de Lorène, lisse et mat, aux méplats évidents, fragile, mais d'une fragilité précieuse, minérale, peut-être avait-il aussi dénudé la trame obscure, rayonnante, de ce minime univers du lac, des collines, sous le ciel de janvier. Si Lorène, peut-être, était restée masquée, et n'offrant au soleil que sa belle bouche à peine fardée, simplement soulignée d'un carmin très pâle, peut-être dans ce cas l'évidence naturelle de ce paysage ne l'aurait-elle pas tout à coup plongé dans le néant, dans l'absolue certitude de sa mort.

Il lui sourit.

— Lorène ?

Elle dit oui, tendue vers lui.

— Oui ? dit-elle.

— Rien, je voulais savoir si tu m'entendais.

Elle passe la main dans ses cheveux, elle le regarde, elle regarde le paysage.

— Comment ? dit-elle, d'une voix sourde.

— Si tu m'entendais, si tu connaissais ton nom, si j'existais vraiment.

Alors, elle dit les mots habituels, elle lui demande ce qui ne va pas, aujourd'hui, mon chéri. Elle vient se blottir contre lui, se retournant à demi pour enfouir son visage dans son épaule, sa main gauche tâtonnante lui caressant la nuque, les cheveux, l'oreille.

Il lui dit ça, alors, de faire attention, car c'est sa mauvaise oreille. Ensuite, c'est le rire de Lorène, ses questions vagues, un souvenir de neige, le départ de la jeune femme.

Il est seul, il regarde le lac.

— Heidi ! appelle-t-il.

Il entend la voix de la serveuse du café qui dit : voilà, j'arrive, et ses pas, derrière lui, en effet, se rapprochent.

— Un autre café, Heidi ! s'il vous plaît.

Elle contourne la table, le regarde, constate l'absence de Lorène, ramasse des tasses vides, des verres où l'eau a tiédi, le regarde encore.

— Mme Lorène est partie ? dit-elle.

Il hoche la tête.

— Heidi ! dit-il, vous avez lu l'histoire de Heidi ?

Elle sourit.

— En Suisse, dit Heidi, tous les enfants ont lu l'histoire de Heidi.

Il hoche la tête.

— C'est où, la Suisse ?

Elle hausse les épaules, habituée.

Il n'insiste pas. Il n'a d'ailleurs commencé cette plaisanterie sur la Suisse que par routine; il n'avait pas du tout l'intention de la poursuivre.

— C'est à cause de Heidi que vous vous appelez Heidi? demande-t-il.

Elle hausse les épaules.

— Il faudrait demander à mes parents.

— Où sont-ils, vos parents? dit-il.

— A Wädenswil, dit Heidi.

Il hoche la tête, elle sourit.

— Un café, monsieur Manuel?

— Le plus serré possible, Heidi! s'il vous plaît.

Elle s'en va.

Il regarde le lac.

Autrefois, ils sortaient du parc par l'allée des Statues, ils dévalaient les marches du grand escalier monumental, ils traversaient la rue en faisant attention aux tramways, et ils descendaient par Juan de Mena vers la maison, qui faisait le coin de cette dernière rue et d'une autre, celle d'Alfonso XI. C'était l'hiver, l'automne, le printemps — jamais l'été, ils étaient toujours hors de Madrid, pour les vacances — et ils revenaient vers la maison, à la fin de l'après-midi. Ils étaient en retard, toujours, et ils couraient. Le long de l'allée des Statues, la double rangée des rois wisigoths, figés dans leur immobilité de pierre, contemplaient leur course. L'air était sec et, quelle que fût la saison de l'année, la lumière nette, l'ombre et le soleil ne se mélangeant pas, ne se troublant pas mutuellement, mais simplement juxtaposés. L'ombre et le soleil, côte à côte, jusqu'aux derniers rayons du soleil. Ils dévalaient l'allée des Statues, sous le regard absent des rois wisigoths, dans l'ombre, dans le soleil, posés sur le sable de la promenade en plages évidentes, très strictement délimitées. Parfois, les vannes des systèmes d'arrosage ayant été ouvertes, c'est l'odeur de la terre humide, cette odeur que les averses, aussi, provoquent, dans les pays secs, qui les accompagnait, tout au long de l'allée des Statues. Une odeur d'enfance, et vivace, entêtante. Ensuite, la gouvernante les attendait, pour la leçon d'allemand. Ainsi, c'était Fräulein Grabner, ou peut-être était-ce l'époque de Fräulein Kaltenbach, qui leur faisait lire et traduire le gros roman suisse-alémanique racontant les aventures de Heidi. Les aventures de Heidi étaient confuses, mais touchantes, il s'en souvenait.

Il regarde le lac et Heidi est revenue, avec une nouvelle tasse de café. Il a feint d'ignorer son désir d'entamer une conversation. Heidi a traîné un instant, autour de la table, elle est repartie.

Lui, vingt ans, maigre, avec des cheveux drus dans tous les sens, reste seul. Il ne regarde même plus le lac, il tourne lentement, machinalement, une cuiller dans la tasse de café.

On pourrait saisir cette minute d'inattention pour s'éloigner de lui, silencieusement. On pourrait s'écarter de six pas, d'abord, d'un mouvement furtif, il ne remarquerait rien, je parie. Il serait encore, à cette distance, bien visible, penché sur sa tasse de café, y remuant interminablement la cuiller. Maigre, avec une ombre dans les yeux, au soleil d'Ascona. Devant lui, la table de café et un espace minuscule du quai ; dalles de pierre bistre. On pourrait bouger les yeux, de droite et de gauche, autour de cette figure d'homme penchée sur le bois clair, verni, de la table du café. Des taches de couleur apparaîtraient : un mur blanc, quelques fleurs, du vert feuillu, des choses comme ça. On pourrait s'écarter davantage encore : le paysage s'organiserait alors dans une vision d'ensemble aisément lisible, évidente, autour de sa silhouette immobile à la terrasse du café, d'abord, décalée ensuite par rapport à cette silhouette, selon le mouvement exploratoire des yeux, découvrant sans cesse du nouveau : couleurs, objets, collines, clochers même, Ascona, l'univers.

Alors, dans le recul de cette vision, précise et distraite à la fois, détendue, on pourrait allumer des cigarettes, parler de lui.

Manuel ? Oui, je pourrais en parler.

Il mourrait seulement seize ans plus tard, dans des circonstances restées obscures, même pour ses proches, pour lui-même aussi. Et maintenant que j'y pense, en faisant un effort — non dépourvu de fatigue, d'ennui, de fatigue vaguement ennuyée — pour essayer de reproduire vraiment la couleur, les rafales intimes, le non-être évident, la banalité moite, l'imprévisible émoi, l'aventure minime, l'opacité, l'éclat, de cet après-midi de janvier, à Ascona, en 1946, comme si j'y avais été, comme si réellement je venais à l'instant de m'éloigner de Manuel, sur la pointe des pieds, profitant d'une seconde d'inattention pour intervenir dans ce récit, maintenant que j'y pense, je suis obligé de constater que la vie de Manuel — sa vie : il est licite d'en parler ainsi, puisqu'il est mort — sa vie ne m'apparaît pas, nulle vie peut-être, comme ce qu'elles ont l'air d'être, quand on en parle à la légère, dans la routine d'un langage qui se laisse aller, comme du mouvement, le cours d'un fleuve (et jamais tu ne te baigneras dans la même eau !), de la durée gélatineuse, fluide, poisseuse, du sable entre vos doigts, le reflet des saisons, une masse qui bouge, qui avance, se brûlant elle-même, lave des années, rivière, mort voyageuse. Sa vie m'apparaît au contraire comme une longue suite d'immobilités successives, séparées par de grands espaces vides, du néant confus. Comme une collection d'instantanés dont l'ordre chronologique aurait été troublé et qui, en apparaissant devant mon regard, auraient exigé de moi un effort de mémoire, ou d'imagination, pour reconstituer, à partir de leur surface probablement déteinte, où se cacheraient et se dévoileraient en même temps des visages, des rires, des jardins, des eucalyptus, des chiens, des enfants, des pommes — avec ou sans pommiers —, des mers, des femmes, des tristesses, pour reconstituer à partir de tous ces signes figés le mouvement obscurci qui avait abouti à ces moments privilégiés par le hasard, préservés nul ne sait pourquoi, au détriment peut-être d'événements bien plus considérables.

Des immobilités, mais vertigineuses ; lisses en surface, peut-être même plates, ou ternes, pourtant creusées de l'intérieur par un terrible tourbillon immobile ;

une mémoire déchaînée, découvrant dans un éblouissement instantané tous les enchaînements obscurs, subitement devenus évidents, incontestables, entre les événements hétérogènes, tout au moins en apparence : une pluie d'été et une certaine violence des sentiments ; une lumière glacée, dans un parquage d'automobiles, à la gare de Lyon, et une certaine figure obsessionnelle de la mort ; la couleur jaune, à la fois éclatante et troublée, d'un verre de pastis et l'architecture, subitement surgie de rien, d'un roman qu'on voudrait écrire. Des choses comme ça, des rencontres mentales de cet ordre, fulgurantes.

Je regarde Manuel, qui tourne encore inlassablement la cuiller dans sa tasse de café. Tout son corps est immobile, le torse appuyé contre le rebord de la table, légèrement penché vers la gauche, car son bras gauche est posé sur le bois verni, la main ouverte, à plat, prolongeant ce bras sur lequel la partie supérieure du corps pèse, d'une lourdeur devinée qui traduit autant la lassitude que le désarroi ; le visage, penché, avec les deux trous d'ombre des yeux invisibles ; et la main droite, comme animée par une force irrépressible, tournant la cuiller dans la tasse de café, faisant parfois tinter la porcelaine à fleurs.

— Heidi !

Lorène était enfin partie, j'avais appelé la serveuse, j'avais envie de boire une deuxième tasse de café, en pensant à tout ça. Penser, c'est beaucoup dire. J'avais envie de me laisser aller, de laisser la mémoire aller son cours. Mais le nom de Heidi, prononcé à haute voix, ayant acquis une fugace réalité extérieure, un peu gutturale d'abord, mais éclatant à la fin dans la vibrance de la dernière voyelle, m'avait détourné, momentanément, des souvenirs auxquels je voulais, délibérément, m'abandonner. J'avais retrouvé, à cause de Lorène, de ses lunettes de soleil, de son visage dénudé — comme si aujourd'hui ce geste, pourtant habituel, avait dévoilé la terrifiante évidence du paysage — la même certitude, mais renversée, ayant changé de signe, déjà éprouvée, six mois auparavant, dans la pharmacie de Gros-Noyer-Saint-Prix. Mais le nom de Heidi, flottant en quelque sorte derrière moi, dans l'espace vide, ombragé, qui séparait ma table de l'entrée du café, avait brutalement détourné mon attention de cette certitude retrouvée, pour me plonger dans un passé beaucoup plus lointain.

Assis sous la lampe, à tour de rôle, mes frères et moi, nous lisions à haute voix les aventures de Heidi. La gouvernante allemande surveillait la lecture, corrigeant la prononciation d'un mot, de temps en temps. Ensuite, une fois la page finie, il fallait traduire. Alors, autour de cette image, parfois précise et contrastée, parfois toute floue, où le visage de la gouvernante ne semblait jamais réussir à atteindre une stabilité interne, montrant tantôt les traits de Fräulein Kaltenbach, tantôt ceux de Fräulein Grabner, comme si ce personnage n'avait à jouer dans le souvenir qu'un rôle en quelque sorte fonctionnel, indépendant de la figure réelle de l'une ou l'autre de ces deux femmes, par là confondues sous une identique apparence de distante sévérité, de regard d'un bleu délavé dans un visage massif ; autour de cette image centrale, intermittente, d'autres images étaient venues composer des séries cahotantes, ou des grappes, ou encore des éclatements de magnésium presque aveuglants : la double rangée des rois wisigoths, tout au long de l'allée des Statues par laquelle, immanquablement, nous quittions le parc du Retiro, en courant ; et ce jour d'avril — en 1931 — où nous avions trouvé tous les rois de pierre renversés, certains décapités, bien proprement, et d'autres avec leurs membres éparpillés autour d'eux, parce que la République venait d'être proclamée et que cette destruction systématique, et joyeuse, je présume, des rois de pierre, avait été pour la foule en liesse une matérialisation très évidente de sa victoire, parmi les chants, je suppose, et les grands rires, j'en suis certain ; et encore, une fois branchée sur cette image des rois wisigoths renversés, fracassés, sur le sable de l'allée des Statues qui débouchait sur la porte du parc la plus proche de la maison qu'à ce moment-là nous habitions, ma mémoire avait très machinalement mis au jour d'autres images de foules, surmontées de drapeaux, marchant en rangs serrés à travers les beaux quartiers, tout au long de ces années ; et tout ce déroulement m'entraînait de plus en plus loin de Heidi, bien que ce nom, prononcé à haute voix, et flottant derrière moi, en fût à l'origine, je veux dire, il m'entraînait à chaque seconde plus loin de la serveuse blonde, aux joues fraîches, conventionnelle et douce, de ce bistrot d'Ascona, à travers des épaisseurs, parfois denses, et parfois transparentes de souvenirs d'enfance, vers l'autre Heidi, peut-être plus réelle, vivant entre les pages du gros roman que nous lisions, à une certaine époque, sous la lampe, afin de parfaire notre connaissance d'une langue étrangère, juste avant, ou juste après, la lecture similaire d'un roman d'aventures, imprimé celui-ci en caractères gothiques, *Der letzte Mohikaner,* illustré de très belles gravures, qui nous occupa également de longues semaines.

Mais Heidi était devant moi.

— Heidi ? lui dis-je.

Elle me regarde, elle regarde la chaise de Lorène, inoccupée.

— Mme Lorène est partie ? demande-t-elle.

Je devrais lui dire qu'elle est partie en recouvrant de nouveau le haut de son visage avec les lunettes de soleil, et qu'elle a semblé, par ce geste, avoir rétabli la possibilité d'un rapport innocent avec le monde qui m'entoure : le lac, l'île de Brissago, les collines, les couleurs. Mais je n'en dis rien, bien entendu. Je hoche la tête, je la plaisante, comme d'habitude, j'apprends que ses parents sont de Wädenswil, c'est un village sur le lac de Zurich, devant lequel on passe, quand on fait le tour du lac, en bateau. Il y a des maisons, un clocher, la montagne à l'arrière-plan : un village suisse.

Heidi est partie.

J'ai mis du sucre dans mon café, je tourne lentement la cuiller dans la tasse de café. Ma vie est tout entière devant moi, transpercée par un regard qui est le mien, mais qui n'est pas complaisant, qui est détaché ; transpercée par ce regard, et par lui rendue transparente, jusque dans ses recoins les plus inavouables, ses plis les plus obscurs.

J'ai envie de rire.

J'errais dans Paris avec une jeune femme, c'était le mois de juin. Elle s'appelait Laurence, je l'avais rencontrée dans une soirée, trois jours auparavant. C'était dans le sous-sol d'une librairie, du côté de l'avenue de Saxe. Ils avaient mis des disques, nous avions bu, Albert Camus était tout le temps entouré de jolies filles, ça m'avait irrité : je l'avais accroché à propos de l'un de ses solennels éditoriaux de *Combat*. Ce fut une discussion confuse, nous avions fini par en rire, la soirée était réussie.

À l'aube, cette jeune femme qui s'appelait Laurence marchait à côté de moi. Nous nous sommes assis sur des bancs, nous avons eu les brillantes conversations que l'on a au bout des nuits blanches, et j'ai attendu qu'elle fasse les gestes, ou qu'elle nomme les choses qui nous auraient ouvert le chemin de son lit. Elle était enjouée, et ses cheveux, parfois, frôlaient mon cou, mais elle devait avoir conservé d'une éducation bourgeoise ce principe que c'est à l'homme de faire les premiers pas. Moi, ça m'a souvent fatigué, de faire les premiers pas. Alors, plus tard, je suis rentré tout seul chez les parents de Michel, boulevard de Port-Royal.

J'errais pourtant dans Paris, avec cette jeune femme, depuis trois jours. C'était le mois de juin. Nos paroles étaient de plus en plus précises, de plus en plus impudiques. Le moment approchait où le langage allait devenir un risque, une blessure, une béance profonde, plutôt qu'un lien. Je sentais venir ce moment, cette violence, et elle devait sentir également l'approche de cet éclat, car son regard, parfois, brillait comme une pierre noire. Nous étions dans Paris, ce jour-là, devant un arrêt d'autobus, dans la mollesse d'un début d'après-midi. Un couple âgé se tenait auprès de nous, et la femme me regardait, je veux dire, elle regardait mes cheveux ras. Je connaissais ce regard, déjà, depuis plus d'un mois, et je connaissais les questions qui suivaient, en général, ce regard sur mes cheveux ras. Ça m'emmerdait.

Alors, l'homme et la femme, le couple âgé, comme s'ils s'étaient concertés silencieusement, ont fait un pas vers moi, et l'homme a parlé, d'une voix timide.

— Pardon, monsieur ?

Je me tourne vers lui, et je connais la suite, et ça m'emmerde prodigieusement.

— Vous revenez d'Allemagne ? dit-il.

Je les regarde, ils sont anxieux, désemparés peut-être.

— Non, leur dis-je. Je reviens de Lamarck-Caulaincourt.

C'était la pure vérité, nous avions déjeuné à Montmartre, et c'est là que nous avions pris le métro, pour revenir. Mais je voyais la stupéfaction, sur le visage des vieux, et j'entendais le rire de Laurence, derrière moi, et je sentais le poids de son corps, contre mes épaules, et son bras qui m'entourait le torse, et ses lèvres sur ma nuque.

En général, ils vous demandent si vous revenez d'Allemagne, vous leur dites oui, ils vous demandent dans quel camp vous étiez — tout ça, avec un regard posé fixement sur vos cheveux ras —, vous le leur dites, et ils ont eu un fils, un frère, un neveu, qui est passé par ce camp, et ils vous disent le nom, le prénom, sa date de naissance, ils vous décrivent minutieusement la couleur de ses yeux, de ses cheveux, et ils s'étonnent que vous ne soyez pas tombé sur lui, qu'il n'ait pas été votre copain de chambrée, celui avec lequel vous en avez fait des bonnes, comme au régiment, peut-être même des virées, le dimanche ? Les premières fois, vous vous laissez prendre au piège, vous leur expliquez un peu comment cela se passe, pourquoi il est impossible de se souvenir d'un gars dont on vous donne ce signalement dérisoire : un nom, une description physique d'avant. Ils insistent, vous l'avez sûrement rencontré, il était dans le même camp, voyons ! Les premières fois, vous faiblissez, vous dites qu'à y bien réfléchir, peut-être, en effet, ce type qui était au block 34, en effet, ça lui ressemble vaguement, oui, il allait bien, il avait un peu maigri, bien sûr, il reviendra, pourquoi ne reviendrait-il pas, d'ailleurs, puisque vous êtes là ? Pourquoi serait-il mort, tout bêtement, puisque vous-même, qui leur parlez, avez survécu ? Vous faiblissez, vous leur donnez quelques bribes de cette vie d'ailleurs, vous leur dites que les gars du block 34 n'ont pas disparu sur les routes, lors de l'évacuation du camp, qu'ils étaient là, quand les Américains sont arrivés, et ils vous croient, ils ne mettraient pas une seconde en doute vos paroles, et ils vous remercient, tout tremblants, et vous avez honte, c'est dégueulasse.

Mais, aujourd'hui, je ne suis pas revenu d'Allemagne : je reviens de Lamarck-Caulaincourt, et je sens contre moi le poids du corps de Laurence, je sais d'avance où ce rire qui la secoue va nous mener, tous les deux. Je sens ses lèvres sur ma nuque et je n'ai jamais été en Allemagne, je ne connais personne qui ait été en Allemagne, je ne sais même pas ce qu'est l'Allemagne, sinon le lieu distant et abstrait d'où venaient Fräulein Kaltenbach et Fräulein Grabner, autrefois.

Laurence ?

Heidi m'avait enfin laissé, je remuais la cuiller dans la tasse de café, il n'y avait personne autour de moi. Je me souvenais de Laurence, je regardais vaguement l'île de Brissago. Je n'étais pas encore vivant, le paysage autour de moi n'était pas encore redevenu insignifiant, dans la splendeur non problématique des beaux paysages. Il y avait encore, de-ci, de-là, des traînées ou des touches qui résistaient à mon regard, qui révélaient une réalité sous-jacente, peut-être inaccessible. Mais l'île de Brissago ne se montrait plus dans sa terrifiante évidence, devant mon regard mort, devant l'absence totale de moi-même. J'étais simplement assoupi, retrouvant le rythme de mes artères, les battements de mon cœur, certain désormais d'émerger à nouveau dans la banalité douce-aigre de l'existence. Ça allait passer, comme on dit.

Laurence m'avait expliqué plus tard, dans sa grande chambre ouverte sur un jardin de couvent, sur les arbres et la cloche de ce jardin, pourquoi le rire avait dénoué les violences que le langage, entre nous, ces trois derniers jours, avait accumulées. Je l'écoutais à peine, elle disait longuement des choses très simples. J'entendais sa voix, dans la pénombre, et je me souvenais de ce bordel de la rue d'Athènes. À la sortie, la tenancière nous avait glissé sa carte : Miss Jack, y était-il imprimé, et puis l'adresse. On y était allé un samedi, en sortant du lycée. On avait attendu assez longtemps, plus tard on m'a enfermé dans une chambre, la fille y était, déjà nue, presque, elle avait une tache violacée sur la cuisse gauche, je me voyais me déshabiller, je l'entendais dire des obscénités, d'une voix distraite, une sonnerie a retenti, très vite, pour annoncer la fin de la passe. Tout le restant de la journée, je me souviens, j'avais eu des fous rires.

Je ris, de nouveau, en souvenir de ces fous rires.

— Pourquoi ? demande Laurence.

Elle ne parlait plus, nous étions allongés, dans la pénombre. Elle bouge, je sens ses cheveux me frôler le visage. Je passe la main sur mon visage.

Pourquoi ? Je lui raconte la visite au bordel de la rue d'Athènes. Des détails reviennent, pendant que je raconte. Si je me souviens bien, la chambre était fermée de l'extérieur, il y avait au-dessus de la porte une moitié de sphère métallique, peinte d'une couleur vive, qui recouvrait le mécanisme de la sonnette. Elle a retenti, très vite, du moins en ai-je eu l'impression, stridente.

— C'est gai, dit Laurence.

— Ce n'est pas fait pour être gai, les bordels, lui dis-je.

— Mais non ! C'est gai que je te rappelle une fille de bordel !

Elle ne me rappelle pas une fille de bordel, sa mauvaise foi est évidente. Elle ne me rappelle rien, en fait. Elle est un tout petit morceau de présent, une écaille, un éclat de présent, dans la pénombre, sur la douceur froissée des draps. Elle s'est légèrement soulevée sur le coude gauche, je regarde le contour de sa hanche, le pli de l'aine, le doré d'au-delà. Elle ne peut rien me rappeler, la femme nue est une idée neuve, pour moi. L'attache du cou, la courbe de l'épaule, la minceur du bras ferme, et la saignée du coude, le poignet, la main ouverte, les doigts, la gorge, la plage sans fin du ventre, tellement lisse, la fragile ossature de la hanche, les longues jambes, sont des idées neuves, elles n'ont pas de passé. Je pourrais faire glisser mon doigt sur l'arcade sourcilière, sur les méplats saillants, sur le contour des lèvres, sur la douceur interne de sa hanche, ce serait comme si j'étais en train d'inventer ce sourcil, ces pommettes, cette lèvre, cette hanche, ce creux du ventre. Tous ces fragments de corps sur lesquels je peux poser la main ne sont que des éclats du présent, une multitude d'éclatements minimes, derrière lesquels, peut-être, s'ouvre une histoire : du temps, des jours, une découverte, des habitudes, des gestes, des tics, une obsession, des rêves, un manque, une densité neigeuse, des effrois, du silence, un sommeil partagé, la solitude.

Elle ne me rappelle rien, je le lui dis. Elle hésite, déroutée.

— Rien ?

Rien, des rêves.

La fille de la rue d'Athènes m'avait dit : — Si tu reviens, demande après moi, je m'appelle Kiki, et j'avais hoché la tête. J'étais jeune et poli, légèrement surpris par tout ça, je n'osais pas lui éclater de rire au nez. Elle était assise sur le lit, quand j'étais entré dans la chambre. Assise sur le bord du lit, les jambes écartées, l'air absent. J'étais debout, sur le seuil de la porte, et j'ai entendu la porte se refermer derrière moi. Kiki a levé les yeux — c'est-à-dire, cette fille qui n'avait pas de nom, qui n'aurait jamais de nom — elle a fait semblant de me voir, elle a commencé à parler. Elle n'a pas arrêté de parler, d'ailleurs, jusqu'à la fin, jusqu'à la sonnerie stridente qui annonçait la fin de la passe.

J'étais debout, adossé à la porte, je regardais cette fille. Elle disait des choses, un babillage indécent, elle a bougé, pour faire ses ablutions, elle parlait toujours, nommait des choses, des gestes, des parties de nos corps. J'ai fait trois pas dans la chambre, je me voyais me déshabiller. Il m'a semblé, tout en faisant cela, que je perdais mon corps, au lieu de le dévoiler. Il m'a semblé que mon corps se défaisait en reflets multiples, débris objectifs, posés quelque part en dehors de moi, autour de moi. C'est difficile à dire, et banal. J'étais debout, dans la chambre minuscule, porte bouclée, sans fenêtres, debout, me déshabillant — assis seulement pendant quelques brèves secondes, pour délacer mes chaussures — et j'égarais mon corps. J'étais une main, des mains, des jambes, des genoux, qui tremblaient, des muscles qui se nouaient, de la chaleur, un froid au creux de la nuque, un paquet de chairs : j'étais perdu.

La fille aussi.

Sous mon regard, elle semblait se dissoudre. Elle était éparse, éparpillée, défaite. Déjà, sur elle, au moment même d'entrer dans cette absence qui n'était que le double dérisoire de mon égarement, j'étais sûr qu'elle n'avait pas de corps, qu'elle ne l'aurait jamais dans ma mémoire. Déjà, dès ce moment, je pressentais que cet affrontement exaspéré d'objets corporels — mains, bouches, et jambes et sexes — n'aboutirait jamais à la reconnaissance de mon corps, ni du sien, comme si, dans le murmure confus de ses paroles obscènes, cette fille n'était là, au milieu de l'espace moite, calfeutré, de la chambre close, que pour mesurer l'impossibilité d'un rapport de moi-même à mon corps, et de moi-même au sien, comme si ces assemblages d'objets corporels jetés l'un sur l'autre, dans le bredouillement mécanique d'une voix professionnelle, nommant des choses réelles, mais inexistantes, n'étaient là que pour souligner l'absence totale, et double, que nous formions, jusqu'au moment où le crépitement strident de la sonnerie est venu annoncer la fin de la passe.

Et, tout le temps, même après cette sonnette impérative, mon regard avait flotté dans cette pièce close, dans cette ambiance raréfiée, peut-être oscillant entre l'ampoule nue du plafond et le coin de la tapisserie rouge, lie-de-vin, qui recouvrait le mur me faisant face ; un regard froid, qui provoquerait les fous rires, plus tard.

Je regarde le lac, une dernière fois.

Il est quatorze heures quarante-cinq, c'est le mois de janvier, dix minutes ont passé depuis que Lorène est partie, nous étions à Ascona, la neige commence à fondre sur les hauteurs de la Maggia, je peux contempler en face de moi l'île de Brissago, je peux tourner la tête vers la gauche et regarder les maisons blanches qui s'ouvrent vers le paysage du Sud, je peux me lever, marcher vers le pont, à droite, remonter jusqu'à Solduno, faire mes bagages, partir ce soir même, je m'arrêterai à Genève, je prendrai le tramway jusqu'à Servette-Écoles, je marcherai ensuite dans l'humidité dense de l'avenue de la Forêt, un jour prochain, à l'aube, j'arriverai à Paris, je me suis acheté en Suisse un complet neuf, des chaussures, un manteau, j'ai vingt ans, ça va recommencer, je n'ai pas écrit à Laurence, par paresse, Lorène m'oubliera, le froid de l'hiver, parfois, fera bleuir la cicatrice de ma mauvaise oreille, je suis tombé d'un train de banlieue, au moment même où il entrait en gare de Gros-Noyer-Saint-Prix, Mme Robbe a prétendu que je voulais me suicider, dans la chambre où j'attendais le docteur, ce jour d'août qui a vu disparaître une ville japonaise, au 47 de la rue Auguste-Rey, il y a épinglé au mur un petit drapeau espagnol, républicain, tricolore — rouge, or, violet — je fixais le petit drapeau pendant que j'attendais le docteur, j'essayais de me souvenir d'où il venait, pour me distraire, il est quatorze heures quarante-cinq, six mois ont passé depuis ce jour d'août, j'étais arrivé le premier mai, ensuite j'avais erré dans Paris avec Laurence, nous allions danser au Petit Schubert, boulevard du Montparnasse, j'avais fait un ou deux papiers pour *Action*, que je signais Falcó, à cause d'un copain espagnol qui s'appelait Lucas, mais qui avait été arrêté et déporté sous ce faux nom de Falcó, je l'aimais bien, je n'avais pas d'argent, mes amis en avaient un peu, Michel, surtout, c'est-à-dire, Michel n'en avait pas plus que les autres, il m'en prêtait davantage, les jours passaient, le surlendemain de mon arrivée j'étais allé rue de la Pépinière, où le parti communiste espagnol avait des bureaux, j'avais rempli soigneusement un formulaire imprimé, une biographie, c'était la première fois, avant ça se passait autrement, il ne fallait pas laisser traîner des papiers, je n'avais rien caché de mes origines familiales et sociales, j'avais juste un peu menti par omission, en ce qui concernait mes lectures, j'avais volontairement omis de signaler ma lecture de Trotski, certaines autres, je me voyais mal expliquer tout cela au copain qui s'occupait de la section des cadres, rue de la Pépinière, il était bien brave, mais il n'avait pas une tête, même dans l'euphorie de la Libération, à comprendre que l'on lise Trotski, par contre j'avais très minutieusement décrit mes connaissances pratiques, maniement du plastic, technique du déraillement, ainsi de suite, j'avais énuméré toutes les armes dont je maîtrisais l'usage, je voulais rentrer en Espagne, la guérilla s'accrochait aux flancs des coteaux de Galice, en Aragon, dans les monts du Levant, et peut-être cette étincelle allait-elle mettre le feu à toute la plaine, en tout cas on demandait des volontaires pour cette lutte-là, et j'étais volontaire, j'avais terminé de remplir ma biographie par une note insistant là-dessus, mais j'errais dans Paris avec Laurence, autour du Montparnasse, j'errais autour de son corps, c'était la première fois qu'une femme avait un corps, la première fois que moi-même,

(et pourtant, quand il se souvient du corps de Laurence, dans le soleil de janvier, à Ascona, un peu avant trois heures de l'après-midi, au moment où les tables voisines commencent à être occupées, où le murmure des voix commence à se faire entendre, autour de lui, qu'il n'entend pas pourtant, à ce moment de sa mémoire, très précise, peut-être même complaisante, il y a quelque chose qui, pour la deuxième fois, n'arrive pas à émerger de l'oubli ;

et peut-être cet oubli est-il significatif, jugez-en ;

ils étaient allongés dans la pénombre; le lit de Laurence était disposé parallèlement à la haute fenêtre, ouverte sur un soir de juin, sur la fraîcheur benoîte d'un jardin de couvent; il regardait Laurence, dont le visage se dressait vers lui, et il voyait au-delà du visage de Laurence le rectangle de la fenêtre ouverte, où la lumière semblait se coaguler, toute la lumière restant au monde cristallisée sur le pourtour de ce rectangle, comme le sucre sur le rebord des verres où l'on boit du rhum blanc glacé;

alors, pendant qu'il regardait Laurence, la paume de sa main gauche peut-être posée sur la hanche de la jeune femme, il lui parlait;

— nulle mémoire, disait-il;

il disait: — rien, tu ne peux rien me rappeler, rien, des rêves, je t'invente;

elle se jetait vers lui, troublée, lui parlait;

alors, au-delà de ce visage de Laurence, dressé vers lui, ses yeux ne pouvant plus rester ouverts, comme si elle était éblouie, peut-être par l'immensité pressentie des pouvoirs, des liens, des jeux, des complicités, que cette invention physique lui octroyait sur ce jeune homme venu d'ailleurs, au-delà de ce visage aveugle et transparent, dont l'immobilité presque extatique soulignait le mouvement inlassable du reste de son corps, des jambes, des hanches, contre lui, alors, au-delà de Laurence, par le rectangle encore éclairé de la fenêtre, le son grêle d'une cloche est venu jusqu'à eux, sur eux;

comme si la dernière lueur du jour devenait bruit, rumeur, froissement ferrugineux de la pénombre, équivalence sonore d'une lumière usée jusqu'à la corde, amenuisée, bientôt évanouie;

alors, dans un éclat blanchâtre, presque aveuglant, des images se sont allumées, dans sa mémoire toujours aux aguets, dévorante, toujours prête à épaissir le présent, à le troubler, à le réduire à l'état de frange colorée, mouvante, presque irréelle;

alors, il était dans le salon de la *Feldgendarmerie*, à Joigny, sur une chaise, devant la porte-fenêtre ouverte sur un parc, sur une lumière de septembre, un bruit de cloche, aussi, au loin;

une harpe;

dans le salon, vidé de tous ses meubles, aux murs dénudés, sur lesquels étaient encore visibles les traces, plus claires, des tableaux enlevés, il y avait une harpe;

insolite;

dont le bois avait été doré, pouvait-on supposer, mais écaillé à présent, grisâtre, d'un gris jauni encore, salement, par endroits;

tout à fait insolite;

il regardait la harpe, avidement, à droite de la porte-fenêtre, qui donnait sur le parc, se souvenant d'un poème dérisoire de son enfance, dont l'auteur, pour souligner peut-être l'inspiration brumeuse, romantique, de son œuvre, minime, car il était mort jeune, d'une phtisie galopante, avait porté le double prénom de Gustave-Adolphe;

à voix basse;

del salón en el ángulo oscuro — silenciosa y cubierta de polvo — veíase el arpa;
les deux types de la Gestapo et les *Feldgendarmen* s'étaient légèrement déplacés,
parlant entre eux, lui cachant presque, à présent, la harpe silencieuse et couverte
de poussière de son enfance;

devenue réelle, tout à coup;

plus réelle même que celle, vraiment dorée, qui se trouvait dans le salon d'une
vieille tante, à Valladolid, chez laquelle, une fois, ils avaient fait une halte, en
route vers les plages du Nord;

elle, la vieille dame, leur ayant offert du chocolat amer et brûlant, dans de
toutes petites tasses de porcelaine, avec un grand verre d'eau glacée où fondait
doucement un pain de sucre;

voilà;

il ne voyait plus la harpe de cette grande maison de Joigny ni le parc, ni
la lumière de septembre, tout cela étant caché à présent par le groupe des
Feldgendarmen, se déployant en demi-cercle, marchant sur lui, dans un brouhaha
de rires et de cris;

les rires, la harpe, la mémoire;

alors, dans les bras de Laurence, il s'était souvenu de cet épisode de Joigny, et
de toute la mémoire qui était incluse dans cet événement, toutes ses résonances;

Gustave-Adolphe Becquer, la vieille tante de Valladolid, une enfance;

mais rien ne lui avait rappelé, alors, dans les bras de Laurence, ni plus tard à
Ascona, lorsqu'il se souvenait de Laurence, ni le visage, ni le corps, ni les paroles,
de cette femme de la rue Visconti;

comme si elle n'avait jamais existé, comme s'il n'avait jamais marché, avec
Hans, dans le parc Montsouris, croisant cette femme, son regard posé sur lui, et
Hans lui donnait l'adresse, le mot de passe, le rendez-vous pour le lendemain;

comme si elle n'avait jamais existé;

cet oubli, pourquoi?

mais le fait est là;

il était quatorze heures quarante-cinq, il venait de décider qu'il quitterait la
Suisse, dès le lendemain, il allait retrouver Lorène, une dernière fois, dans sa
maison d'Ascona d'où l'on voyait le lac, les montagnes, l'île de Brissago;

Lorène serait nue; elle rabattrait d'un geste violent, peut-être désespéré, le
couvre-lit de coton blanc, festonné;

il serait allongé à côté d'elle, plus tard, le dos tourné à la fenêtre, et le lac
serait derrière lui, les toits des maisons d'Ascona, le paysage, toutes choses,
absolument certaines, même invisibles, même présentes seulement par un
reflet de soleil qui en proviendrait, comme une traînée poudreuse jusqu'au
fond de la chambre;

elle serait silencieuse, ayant compris cela, qu'il allait repartir;

Lorène;

il y a plusieurs semaines déjà qu'elle aurait enlevé ses lunettes de soleil,
dénudant son visage, à une table voisine, émergeant tout à coup de l'ombre;

ses yeux, l'arcade de ses sourcils, ses hautes pommettes, la terrible fragilité minérale, inusable, de son visage ;

aujourd'hui, silencieux, il caressait le corps de Lorène, ses hanches, son flanc, son épaule, sous le couvre-lit de coton blanc ;

linceul de neige, penserait-il ;

de neige et de lilas, penserait-il, sur cette jeune morte ;

il sourirait, la caressant ;

il serait revenu, l'année d'avant, juste pour le Premier Mai, et la manifestation du Premier Mai se défaisait, du côté de la place de la Nation, cette grande marée se désagrégeant en ruisseaux multiples, par les petites rues, et sur la fin de cette manifestation, sur les drapeaux déployés, la neige était tombée ;

une brusque tourmente de neige, le Premier Mai, qui s'en souvient ?

il se souviendrait maintenant de cette neige légère, fondant sur les cheveux, les mains, les drapeaux, les pancartes, fondant dans la rumeur de la foule, recouvrant d'un linceul éphémère cette foule en fête ;

le Premier Mai, du côté de la Nation ;

et lui, dans un café-tabac, tout seul, dans la chaleur bruyante des cortèges qui se défont, appuyé au comptoir, tout contre un drapeau rouge de nouveau enroulé autour de sa hampe, il aurait entendu cette rengaine que tout le monde chantait, cette année-là, qu'un appareil de radio diffusait, et où il était question de lilas, jardins pleins de lilas ;

la neige et le lilas, il s'en souviendrait, aujourd'hui ;

enfin ;

il se souviendrait qu'il avait erré dans Paris, avec Laurence, autour du Montparnasse, qu'il avait erré autour du corps de cette jeune femme, c'était la première fois qu'une femme avait un corps) ;

la première fois que moi-même je découvrais l'existence de mon corps — aussi réelle et vive que celle de la douleur — dans le plaisir de l'autre, avec Laurence.

Je regarde le lac, une dernière fois, j'appelle Heidi, je paie, je m'en vais.

Il ouvre les yeux, dans la nausée de la conscience revenue. Les objets autour de lui sont blancs, ils n'arrivent pas à s'immobiliser dans son regard. Ou peut-être est-ce son regard qui vacille. En tout cas, tout cela est d'une grande banalité. Même s'il l'éprouve pour la première fois, c'est une sensation connue, et il en a entendu, ou bien lu, cent fois, la description. Il sait très bien pourquoi ce flottement nauséeux, en reprenant conscience dans les vapeurs de l'anesthésie.

Alors, il ferme les yeux.

Un certain temps s'est passé, sans repères intimes. Une certaine masse spongieuse de présence et d'absence. Des pulsations confuses. Un rêve cotonneux. Presque rien.

Il n'y a que deux mots pour établir pourtant un certain ordre, dans toute cette confusion : le mot *avant*, le mot *après*.

Avant, le docteur l'a aidé à monter les marches de l'escalier de la clinique, à Montlignon. Sur la terrasse, il s'est retourné une seconde et a regardé le parc. Il n'y avait rien à dire : c'était clair, net ; un paysage sans pièges. Il voyait le double escalier, l'allée carrossable, plus loin les arbres, et au fond un espace circulaire, dégagé, une sorte de clairière, avec des bancs, une vasque de pierre, peut-être même de l'eau.

Peut-être le monde extérieur est-il vraiment incontestable, fermé sur lui-même et ouvert à tout regard, à la fois. Ce serait rassurant.

Il se retourne vers le docteur et il dit : — Allons-y.

— Allons-y ! dit-il.

Le docteur hoche la tête, ils y vont.

Dans la clinique, il y a eu des conciliabules, des papiers à remplir, du temps vide, et creux, presque pourri. Ensuite, il a été sur la table d'opération.

Une ombre blanche et brève est venue au-dessus de lui, la voix d'une des religieuses s'est fait entendre. Elle disait qu'il fallait respirer très fort, régulièrement, et qu'il fallait compter, un, deux, trois, la suite, jusqu'à ce que mort s'ensuive. C'est-à-dire la petite mort de l'inconscience provoquée par le chloroforme. De toute façon, ce n'est pas l'infirmière religieuse qui a parlé de la mort, ni grande, ni petite : elle s'est bornée à dire qu'il fallait compter, et le masque de l'anesthésie a été posé sur son visage.

Il a respiré très profondément, comme on le lui avait indiqué, tout en comptant à haute voix. D'abord, c'est agréable. Comme une fraîcheur qui vous pénètre, qui vous rendrait poreux, de l'intérieur. Une fraîcheur qui vous désagrège, progressivement, qui vous éparpille doucement, aux quatre coins de l'espace, avec le sentiment, pourtant, d'une cohérence confuse, qui agglutinerait les cent sphères distinctes, les mille paillettes argentées, chatoyantes, de vos sensations.

Il respire régulièrement, et l'angoisse vient, d'un seul coup, glaciale. La coupure est faite. Il commence à flotter, tout seul, à s'éloigner, de plus en plus vite, dans la suffocation, du monde extérieur, dont lui parviennent encore des signaux sonores, stridents, mais dépourvus bientôt de signification : les phrases devenant des mots, les mots devenant des bruits, le bruit devenant l'éclatement brutal du silence.

Alors, à cet instant précis, minuscule, lorsqu'il luttait, déjà sans forces, contre cet éloignement inexorable, un souvenir de neige s'est à nouveau matérialisé, le recouvrant tout entier d'une sorte de linceul floconneux.

Quelle neige ?

Il sombre dans l'inconscience avant d'avoir pu identifier ce souvenir de neige qu'il avait pourchassé, vainement, toute la nuit précédente, dans l'insomnie de la mémoire.

Il y a toutes sortes de neiges, pourtant.

La neige des dimanches, ailleurs, à Guadarrama.

La grosse Oldsmobile rouge avait suivi les boulevards, comme d'habitude. Son père l'avait arrêtée à la même station-service, pour faire le plein d'essence. C'était après San Bernardo, à droite. Son père était descendu de voiture, il avait enlevé ses gants, il parlait avec le mécanicien. Il y avait la cérémonie de l'eau, de l'huile. De longues palabres viriles autour du capot relevé. L'Oldsmobile rouge avait un long moteur, puissant et mystérieux, qui provoquait l'admiration du petit apprenti, pâle, aux cheveux lui retombant sur les yeux, qu'il écartait d'un geste saccadé, incessant, de la tête, et qui venait traîner autour de la voiture, s'essuyant les mains à un chiffon maculé de graisse, jusqu'au moment où le mécanicien le renvoyait à quelque travail subalterne : chercher de l'eau, un bidon d'huile, quelque outil dont il avait besoin. Plus tard, la cérémonie terminée, c'était la course vers la neige, parmi les chênes gris argenté de la plaine, les sapins noirs des hauteurs, jusqu'à la crête des monts du Guadarrama.

Cette neige-là, des dimanches, autrefois ?

S'il n'avait pas sombré dans l'inconscience, il aurait hoché la tête, refusé ce souvenir. Ce n'était pas cette neige-là dont l'oubli le tracassait, dont l'absence hantait sa mémoire. Cette neige des dimanches, autrefois, à Guadarrama, était évidente, elle ne posait aucun problème. Une autre neige, sûrement.

La neige des dimanches, ailleurs, en Allemagne ?

La neige était là toute la semaine, bien entendu, des mois durant. Elle recouvrait le camp, les usines, les routes, les miradors, le monde, toute la semaine. C'était la neige du réveil, à quatre heures du matin, faisant tourbillonner ses flocons légers, dans la lumière des projecteurs. On sortait du block, on plongeait dans l'épaisseur irisée de cette neige, tous les jours, le lundi, on s'enfonçait dans cette neige, le mardi, en route pour la place d'appel, le mercredi, sous les coups de sifflet stridents qui rameutaient les retardataires, le jeudi, ceux qui attendaient sous l'auvent de ciment du block 40, le plus longtemps possible, avant de plonger à leur tour, en courant, le vendredi, pour rejoindre la formation marchant au pas cadencé, sous la neige du samedi, de tous les jours, jusqu'à la place d'appel, où les faisceaux de lumière droite et drue des projecteurs découpaient des tranches de neige aérienne, et dansante, dans l'épaisseur brutale de la nuit. La neige était là tous les jours, mais comme un élément actif du décor, comme un obstacle, comme un piège, un ennemi dont on aurait à se défendre, tout au long du travail, et c'est seulement le dimanche, après l'appel de midi, dans la moiteur immense de ce désœuvrement, qu'elle pouvait être contemplée, qu'elle redevenait belle, naturelle, d'autant plus inquiétante, à y bien réfléchir, cette neige horrible sur un paysage de Noël, trompeur.

Mais ce n'est pas non plus cette neige des dimanches, ailleurs, en Allemagne. Quelle neige ?

Il entendait les voix du chirurgien et des religieuses autour de lui, de plus en plus précises et envahissantes, et en même temps de plus en plus dépourvues de signification, totalement incompréhensibles ; il a eu ce souvenir de neige, à nouveau, et il a sombré dans l'inconscience.

Ce n'est que six mois plus tard, étant assis à côté de L., à Ascona, regardant le lac, l'île de Brissago, alors qu'il avait complètement oublié cet oubli, cette absence de mémoire, qu'il a identifié, de façon tout à fait imprévisible, le souvenir de cette neige du Premier Mai, du côté de la place de la Nation.

Il était arrivé la veille, vers le milieu de l'après-midi. Le camion s'était arrêté rue de Vaugirard, où il y avait un centre d'accueil. Il y a eu un vin d'honneur, quelques discours, ensuite on lui a fichu la paix. Alors, tout le restant du jour, toute la nuit, il a couru d'une maison amie à l'autre, dans la joie d'exister. Il est allé rue Blaise-Desgoffe, rue Pérignon, rue de Maubeuge, boulevard de Port-Royal, rue du Dragon. Il ne sait plus où il s'est endormi, à l'aube, pour un sommeil interminable, et quand il est arrivé du côté de la place de la Nation, la manifestation se disloquait.

Il était dans la rue, au milieu de la foule, une dernière marée de drapeaux rouges s'avançait vers lui, lorsque la neige est tombée. Une brève bourrasque, légère, tourbillonnante, recouvrant de flocons brillants, sitôt fondus, les mains et les visages, les drapeaux et les arbres, la foule, le ciel, Paris, le Premier Mai. Comme si cette dernière neige éphémère n'était apparue, subitement, que pour souligner la fin de l'hiver, de cette guerre, de ce passé. Comme si toute la neige qui avait si longtemps recouvert les hêtres de la forêt, autour du camp, venait de fondre, secouée par une bourrasque légère qui faisait frémir les drapeaux rouges, qui les faisait se déployer, recouverts subitement non pas de crépons de deuil, mais de brillants crépons de printemps.

Alors, il avait ri, levant le visage vers ces flocons légers, vers cette neige ensoleillée, cet hiver éphémère et condamné, ces drapeaux rouges qui s'avançaient comme une marée chantante, comme une forêt, comme une joie, comme une victoire.

Le Premier Mai, du côté de la place de la Nation, l'année de son retour.

Mais il ne s'en était pas souvenu, sur la table d'opération, avant de succomber aux effets du chloroforme, ni la nuit précédente, hantée par cette neige absente et ce lilas d'une rengaine à la mode, cet été-là. Il s'en était souvenu plus tard, à Ascona, assis à côté de L.

L. avait dit : — Quelle neige ?

Il avait souri, il n'avait pas répondu. Il avait bu une gorgée d'eau. Elle avait insisté.

— Pourquoi la neige ? avait dit L.

Alors, il s'était tourné vers L. et elle avait été prise dans la froideur de son regard, elle avait compris qu'il voulait être seul. Il avait été seul.

Pourtant, à Ascona, quand ce souvenir de neige et de lilas était devenu transparent, peut-être parce qu'il l'avait gardé pour lui, sans en rien dire à L., peut-être à cause de cela est-il resté à la surface de ce souvenir, ne l'a-t-il pas vraiment creusé, ne l'a-t-il pas assez exploré pour débusquer un autre souvenir de Premier Mai, dans ce même quartier de la Nation, six ans auparavant.

Il était interne à Henri-IV, en classe de troisième. A. J. était en hypokhâgne, interne également. A. J. était petit, rond, mal habillé, il connaissait Hölderlin par cœur, les lettres à Diotima. Un mois plus tôt, jour pour jour, la guerre d'Espagne était finie : on s'enfonçait dans l'hébétude. Ce Premier Mai-là, en 1939, A. J. l'avait accompagné à la manifestation du Premier Mai. Ça se passait dans les petites rues, derrière la place de la Nation, c'était minable. Les cars de la gendarmerie étaient massés dans les voies adjacentes, les gardes mobiles casqués, mousqueton à l'épaule, ceinturaient le quartier. Il faisait gris, un temps plutôt frais. Devant les trottoirs vides, nulle foule n'ayant accouru, seuls des groupes isolés, gênés d'être si peu nombreux, la manifestation du Premier Mai s'est déroulée, poignante. Un vent de défaite avait soufflé sur ces drapeaux, ces ouvriers malheureux, impuissants, refoulés dans un ghetto social, dont le petit nombre ne dévoilait pas la décision, la force latente, possible, peut-être même prochaine, d'une avant-garde, mais au contraire témoignait du reflux d'une marée, du creux d'une vague. Ces ouvriers du Premier Mai 39 ne marchaient pas en avant d'une masse encore indécise, peut-être mobilisable, ils n'étaient que les débris que laisse sur la plage une mer qui s'est retirée : les branches cassées, les bois tordus, les écorces, les écumes qui jalonnent, sur le sable redevenu sec, le point le plus haut atteint par les marées d'équinoxe, oubliées.

Ainsi, avec A. J., il avait contemplé la manifestation du Premier Mai. À un moment donné, quelques applaudissements ont jailli, parmi les maigres rangées de spectateurs. C'étaient les volontaires d'Espagne qui défilaient, derrière un drapeau tricolore de la République, mal accordé à toute cette grisaille, tranchant sur elle, douloureusement, dans la splendeur dérisoire de son rouge, son or et son violet : éclatants. Un drapeau qui précédait la petite foule serrée des volontaires d'Espagne, anciens combattants d'une guerre perdue depuis un mois.

Alors, A. J. lui avait montré du doigt André Marty, et ils avaient levé le poing, tous les deux, comme on doit lever le poing, j'imagine, devant le peloton d'exécution, devant un camarade assassiné, devant la mort, l'oubli, le désespoir. Et c'est ce soir-là, le soir de ce Premier Mai-là, qu'Armand lui a prêté le petit volume des *Briefe an Diotima*, et qu'il a plongé, à jamais, dans la fascination de Hölderlin.

Une fois, pourtant, des années plus tard, dix ans après ce souvenir incomplet d'Ascona, il s'est rappelé tout cela, dans ses détails et ses détours, à Madrid, sur la place de la Cybèle, en juin 1956, à six heures du matin.

La Cybèle ?

Il serait là, immobile, dix ans plus tard, regardant partir le taxi. Derrière lui, il y aurait l'édifice néoclassique de la Banque d'Espagne ; en face de lui, le bâtiment surchargé de colonnettes, de frises et de corniches, de la Poste centrale. Le taxi serait parti vers la droite, le long du Prado.

Il regarderait machinalement, comme on regarde un lieu parfaitement familier et devenu par là presque invisible. La déesse Cybèle serait sur son char, entourée de lions de pierre, au milieu des eaux vives d'une grande fontaine. Manuel regarderait distraitement, dans la fatigue banale d'une nuit blanche, ces lions de pierre, cette déesse Cybèle, ces eaux vives. Il allumerait peut-être une cigarette, il se mettrait en marche, sans avoir vraiment vu ni la Cybèle, ni les lions de pierre, ni l'eau de la fontaine, ni les arbres de la promenade qui se prolonge à gauche et à droite de la place, coupant la ville d'un trait verdoyant, du nord au sud. Sans même avoir vu le ciel transparent, d'un bleu encore pâle, où le soleil ne se montrerait pas encore, où le soleil dévoilerait simplement sa présence prochaine par un éclairement latéral, une lueur vague, en face de Manuel, qui aurait le visage tourné vers la façade de la Poste centrale.

Alors, au moment de se mettre en marche, la densité du silence l'aurait frappé. Il y aurait eu un instant de silence absolu, sur la place absolument déserte, dans la lumière latérale d'un soleil encore caché, et dans cette immensité de silence il aurait entendu la rumeur des fontaines, le bruit de l'eau jaillissant autour de la déesse Cybèle.

Alors, il se serait souvenu.

En juin 1956, sur la place de la Cybèle.

Manuel vient de quitter une réunion qui a duré toute la nuit et il avait pensé à Hans, parfois, au cours de cette nuit-là.

Hans?

Ils avaient marché ensemble, un été, dans le parc Montsouris. La jeune femme, les croisant, belle.

— Tu te souviendras? avait dit Hans.

Et lui : — On n'oublie pas.

Il l'avait oubliée, pourtant. Mais, pour se protéger, pour son confort moral.

Il avait frappé à une porte, le lendemain, rue Visconti. Il y avait des livres. Un arbre bougeait, ses feuilles, dans une cour intérieure. Ils avaient parlé, dans le bruissement de ces feuilles, rue Visconti.

Manuel avait perdu le contact avec l'organisation clandestine espagnole, après une série de coups de filet de la Gestapo. Cette jeune femme travaillait à la section des cadres de la MOI. Elle reprendrait Manuel en charge.

Ils parlaient.

Elle était méthodique, voulait tout savoir, dans le détail, de sa vie à lui, de ses raisons, ses lectures, ses projets. L'arbre bougeait, dehors, dans la tiédeur. Il a tout dit. Elle a frémi, ses paupières, quand il a parlé de son pays : la nuit de Lekeitio, les premiers blessés de cette guerre-là, les Junkers sur Bilbao. A-t-elle frémi? Il en a eu l'impression.

Ensuite, il y avait eu du silence, elle avait fait du thé, il n'y avait plus qu'un rayon de soleil, contre un miroir, au fond de la pièce, éblouissant.

Ensuite, le rayon de soleil s'est effacé.

Ensuite, il aurait pu partir, les rendez-vous étaient pris. Rien ne le retenait, elle non plus, silencieuse. Il s'est levé, il a regardé les titres des livres, sur les étagères. Il en a sorti un, des poèmes, il en lisait. Elle était près de lui, elle connaissait par cœur, les yeux fermés.

Ensuite, elle a été dans ses bras.

Elle parlait, plus tard, d'une voix brisée. Plus tard, dans la pénombre, ils avaient été déchirés, aveugles, encore insatisfaits, comblés de rires, d'angoisse émerveillée. Il avait dit, dans l'ombre : Comment t'appelles-tu? Elle ne le dirait pas, bien sûr. Elle avait quitté la pièce, était revenue, blême, fébrile, éloignée.

Elle avait rappelé les rendez-vous, les mots de passe, les choses à faire, leur travail.

Sur le pas de la porte, pourtant, elle avait tendu la main vers son visage, furtivement.

— Ne meurs pas, disait-elle.

Il riait, lui, vexé qu'on puisse le croire mortel, vulnérable, même. Il n'avait pas compris de quelle mort elle parlait.

Dehors, la nuit était déserte, il n'y avait pas prêté attention.

Une ombre surgie de l'ombre, rue Jacob, un agent de police. Il avait dit qu'il rentrait chez lui, aux questions posées. Mais l'heure du couvre-feu avait déjà sonné, sans qu'ils le sachent.

Il était revenu dans l'appartement de la rue Visconti. La jeune femme en avait été mécontente. Un lieu clandestin, bien sûr, ce n'était pas des choses à faire. Il a dormi sur un divan, dans la grande pièce. Le bruissement des feuilles, de nouveau. À l'aube, pourtant, quand le miroir attirait sur sa surface toute la lumière naissante, elle l'a rejoint.

Et Hans, quelques jours plus tard, parlait.

Elle était viennoise, d'origine juive, elle avait travaillé très jeune dans l'appareil du Komintern. Une vocation familiale, presque. Elle parlait toutes les langues, elle avait été, en Espagne, secrétaire d'un conseiller militaire soviétique.

Hans parlait, quelques jours plus tard, les yeux clos.

Elle avait aimé un jeune Russe, officier des chars d'assaut, en Espagne. Ils étaient morts, tous, fusillés, au retour dans leur pays. Son père, aussi, son oncle, disparus de l'hôtel Lux, une nuit, accusés nul ne savait de quoi : trotskisme, semblait-il, ce crime universel et multiforme. Elle, en France, avait travaillé dès 1940 dans l'organisation spéciale de la MOI. Murée dans le silence, cherchant la mort, peut-être, dans les missions les plus difficiles.

À Hans, un jour, elle avait tout dit. Mais Hans avait le don de faire dire.

Du silence aussi, entre eux, Hans et lui.

Ensuite, ils avaient décidé de mettre tout cela entre parenthèses. Il avait dit : Maintenant, on se bat. Hans souriait, hochait la tête. Il n'était pas impossible que la vérité fût triste, sordide même : cette longue histoire éclaboussée de sang. Ils avaient décidé de se battre et d'essayer de garder la tête froide. Plus tard, quand on serait vainqueur, il y aurait des comptes à demander : à eux-mêmes, au parti, à l'histoire. Mais Hans était mort et il avait vécu dans la routine des vertus établies, des vérités proclamées.

Cette nuit, à Madrid, en juin 1956, la parenthèse s'était rouverte, et il avait pensé à Hans, parfois, fugacement.

Il est debout, sur le trottoir de la place de la Cybèle, il regarde ce paysage sans le voir. Il a vécu son enfance à quelques centaines de mètres : il suffirait de remonter la rue Montalbán, de tourner à droite, jusqu'au numéro 12 de la rue Alfonso XI. Encore quelques dizaines de mètres, il suffirait de remonter à gauche la rue Juan de Mena, pour arriver devant l'entrée du parc, juste en face de l'allée des Statues. Il était revenu dans son pays quatre ans plus tôt, sous des faux noms, et il avait marché dans la nuit — c'était le mois de juin — jusqu'à cette place, ces arbres, cette fontaine, ces lions de pierre autour de la déesse. La boucle semblait bouclée.

Mais Manuel est encore sous les effets de l'anesthésie, pour quelques minutes. Dix ans plus tard, dans la ville de son enfance, au cours de cette réunion qui a duré toute la nuit, il a pris une décision grave, qui l'engage pour toujours. Un journal parisien avait publié un rapport secret, qui aurait été présenté au XXᵉ Congrès du PCUS. À l'Occident, dans les partis communistes de l'Occident, on contestait la véracité de ce rapport, «attribué à Khrouchtchev» par le Département d'État, les impérialistes : l'ennemi, en somme. Il n'avait reçu aucune indication du centre de direction exilé du parti espagnol ; il savait simplement qu'une âpre discussion s'y déroulait. Alors, cette nuit-là, devant tous les responsables de l'appareil clandestin de Madrid, il avait parié sur la véracité totale de ce rapport secret, il avait imposé une ligne qui tiendrait compte de l'éclatement de cette vérité, qui remettrait en question des dizaines d'années de leur vie. Car c'était leur vie, même indirectement vécue, qu'il remettait en question. Il en était conscient. Et il avait pensé à Hans, parfois, au cours de cette réunion.

Manuel est immobile, sur le trottoir de la place de la Cybèle. Dans le silence, il a entendu le bruit de l'eau, et ce bruit rendait le paysage visible, et réel, dans toute son épaisseur transparente. Alors, il s'est souvenu : la rue Visconti, la neige, Ascona, toute sa vie.

Il aurait attendu que le taxi s'éloigne, dans la routine distraite des actes habituels. Toujours, il procédait ainsi, abandonnant les taxis assez loin de la maison qu'il habitait, Manuel, de son domicile clandestin, pour établir un espace vide, un désert dépourvu de traces, entre la dernière personne qui l'aurait vu, qui aurait pu l'identifier, le cas échéant — ce chauffeur de taxi, aujourd'hui —, et son domicile clandestin. Il aurait regardé la place de la Cybèle, presque invisible, à force d'évidence. Il aurait pensé, vaguement, qu'il allait remonter Alcalá, traverser la Puerta del Col, continuer tout droit, par Arenal, pour déboucher finalement, à travers les ruelles, dans la Travesia del Reloj. Il aurait peut-être souri, imperceptiblement, car ça l'amusait toujours d'habiter à quelques dizaines de mètres du siège du Tribunal militaire spécial qui aurait à s'occuper de lui, s'il était arrêté. Il sourirait en pensant qu'il allait parfois se faire couper les cheveux dans la boutique du coiffeur chez lequel venaient aussi les soldats de garde au siège de ce Tribunal, présidé depuis la fin de la guerre civile par un certain colonel Eymar, dont le fils, semblait-il, avait été tué pendant cette guerre civile, et qui, sur chacun des détenus politiques tombés sous sa coupe se vengeait de la mort de son fils. Il aurait regardé distraitement la place de la Cybèle, en souriant pour lui-même à l'idée de cette bonne farce qu'il faisait au colonel Eymar. Alors, au moment de se mettre en marche, la densité du silence l'aurait frappé et il se serait souvenu.

Mais Manuel vient de rouvrir les yeux, dans la nausée de la conscience revenue.

Personne n'a besoin de lui dire, aujourd'hui, que nous sommes mardi, 7 août 1945, alors qu'hier, sans le pharmacien de Gros-Noyer, il n'aurait jamais su quel jour nous étions. Aujourd'hui, dans la chambre toute blanche de la clinique de Montlignon, le cercle des jours, des mois, des années, se déploie autour de lui, parfaitement en ordre. Il y a juste cette sensation de nausée, rien d'autre.

Ailleurs, sur les routes de l'exode, en juin 40, il avait perdu la mémoire, aussi. Il s'était retrouvé dans l'herbe du fossé, au sortir de son évanouissement, ne sachant plus du tout qui il était, où il était, pourquoi. Des ombres bougeaient, dans la nuit. Une voiture a commencé à flamber. Il avait le visage couvert de sang et plus du tout de mémoire, sous le ciel déchiré par le bruit des avions.

Plus tard, ils avaient marché jusqu'à Dreux, ils avaient dormi dans des granges. Un train passait, descendant vers la Loire. Quatre jours après, ils arrivaient à Redon, parce qu'un adulte croyait à la résistance du réduit breton : l'armée anglaise s'y cramponnerait, disait-il, appuyée par la flotte et l'aviation. Mais le jour de leur arrivée à Redon, les derniers camions de l'armée anglaise s'en allaient vers les ports de rembarquement, livrant un immense dépôt de vivres et de matériel au pillage bon enfant de la population civile et des soldats français de passage.

À Redon, pendant une semaine, il a vu refluer sur les routes les débris d'une armée : soldats à pied, à bicyclette, sur des chars à bancs. Ça lui a rappelé des souvenirs. Il a été partagé entre une certaine pitié pour ces fantômes éparpillés au soleil, et la satisfaction : il n'y avait aucune raison historique pour que les Espagnols seuls eussent connu l'amertume des malheurs foudroyants. Un jour, un bataillon polonais a pris position, autour des accès de la ville. Les Polonais ont mis des mitrailleuses et des canons antichars en batterie. Ils chantaient des chants tristes et ils voulaient se battre. La grande folie slave, bien entendu. La municipalité de Redon au grand complet, appuyée par une délégation des forces vives de la ville, est allée trouver le commandement polonais, pour le prier d'aller se faire battre ailleurs. Les Polonais sont repartis, en ordre, avec tout leur matériel, c'était un spectacle inhabituel.

Ensuite, il y a eu quelques jours qui ressemblaient à des vacances. Il était inutile de descendre vers le Sud, les Allemands avaient contourné la Bretagne et fonçaient sur Bordeaux. Il se baignait dans le canal et il fumait des cigarettes anglaises. Puis, un matin, un grand silence est tombé sur Redon. Deux motocyclistes allemands, vêtus d'uniformes noirs, sont arrivés sur la place de l'hôtel de ville. Ils roulaient lentement, le bruit de leurs moteurs était à peine perceptible. Au centre de la place, ils ont arrêté leurs machines. Le premier Allemand a mis pied à terre, une mitraillette lui pendait sur la poitrine. Il a enlevé son casque, ses grosses lunettes antipoussières. Dans son visage recuit par le soleil, deux cercles plus pâles entouraient ses yeux : il avait un regard bleu, très clair, presque enfantin.

Il était à plat ventre, dans les broussailles, avec Hans, et ils voyaient venir vers eux le motocycliste allemand. Une autre fois, ailleurs.

Ils l'avaient vu venir, d'assez loin, sa tête et son torse émergeant des cultures, sur une motocyclette invisible. Ils s'étaient cachés, sur le flanc de la colline, surplombant le cours d'eau, pour surveiller cet éclaireur qui précédait peut-être une formation allemande. Le motocycliste semblait vouloir dépasser le petit bois où ils se cachaient, roulant vers Laignes peut-être, dans la direction de Laignes, en tout cas. Mais il a brusquement quitté la route, au milieu des cultures, il s'est engagé sur une terre en friche, vers la rivière. Peut-être a-t-il senti la fraîcheur de cette eau, prochaine. Il roulait à présent, totalement visible, sur la pente dégagée qui menait au cours d'eau, lentement, retenant sa machine, qui rebondissait sur les aspérités du terrain. En face d'eux, à une soixantaine de mètres. Il s'est encore rapproché, il a arrêté sa moto sur le bord même du plan d'eau qu'un barrage naturel de rochers avait créé ici, la rivière s'élargissant, à l'ombre des arbres qui se dressaient sur la rive où ils se tenaient, Hans et lui. L'eau était calme, sommeilleuse, quelques taches de lumière y tournoyaient, venues d'un soleil lointain, déclinant à la limite de l'horizon. De l'autre côté de l'eau, à une vingtaine de mètres, le soldat allemand contemplait le paysage. Il avait enlevé son casque, qu'il tenait à la main, par la courroie. Il était aussi jeune et aussi blond que l'autre, le premier soldat allemand qu'il avait vu, à Redon, trois ans plus tôt. Celui-ci, debout, contemplait l'eau, les arbres, la lumière. Peut-être se disait-il que ça devait être un coin idéal pour la pêche. Peut-être avait-il envie de plonger dans cette eau dormante, apparemment, bien que des brins d'herbe, des feuilles, par leur mouvement en spirale, ne manquassent pas de dévoiler le courant profond qui la travaillait, par en dessous, jusqu'à l'étranglement rocheux où elle se précipitait de nouveau, bouillonnante, formant une petite cascade. C'était une rivière à truites, peut-être, et le soldat allemand y pensait, ce n'est pas impossible, à ces truites que l'on peut attraper à la main. Il faut glisser la main, grande ouverte, sous le ventre de la truite immobile, alanguie, pour la saisir d'un geste vif, précis. Il y pensait peut-être, ce soldat allemand, et Hans et Manuel l'observaient, imaginant aisément à quoi pouvait penser ce soldat, dans le silence ensoleillé de l'après-midi. Puis, tout à coup, sans qu'on sache bien pourquoi, le motocycliste allemand s'est mis à chanter à pleine voix. Il avait ses deux mains posées sur la mitraillette qui lui pendait autour du cou, la main gauche sur le canon, la droite sur la crosse en bois clair, ce qui prouvait que l'arme était toute neuve, et il s'est mis à chanter, à tue-tête, comme on dit. Hans, à côté de lui, a tressauté, il avait dû être surpris, également, par cette chanson surgie brusquement, sans raison prévisible. Pourtant, à y mieux penser, pourquoi ne chanterait-on pas, tout seul, même en pays ennemi, lors d'un après-midi de soleil, sur le bord d'une rivière à truites, dans le Châtillonnais ? Le soldat s'est mis à chanter, et il a reconnu l'air et ce n'est qu'après avoir reconnu l'air de cette chanson qu'il en a compris les paroles.

C'était drôle d'entendre chanter *La Paloma*, en allemand. *Kommt eine weisse Taube zu Dir geflogen...* Mais il n'y avait aucune raison d'en être surpris, il avait déjà entendu chanter *La Paloma* en allemand. En réalité, ce n'est pas le fait que l'on chante cette chanson en allemand qui l'avait surpris, c'est la soudaineté avec laquelle ce soldat allemand s'est mis à chanter qui était cause de surprise.

Quelle qu'eût été la chanson chantée, la surprise aurait été semblable. Ça aurait pu être Verdi, par exemple. Pourquoi pas Verdi? Mais le soldat allemand s'était mis à chanter *La Paloma*, et il avait déjà entendu cette chanson en allemand. À La Haye, dans la grande maison du Plein 1813, il y avait un disque qu'on écoutait parfois, avec *La Paloma* en allemand. Ainsi, de façon tout à fait imprévue, il se trouvait dans le Châtillonnais avec Hans, guettant un soldat allemand, et le souvenir de La Haye lui était revenu. Ce n'était pas possible d'en parler avec Hans, à cause de ce soldat allemand, tout proche: il fallait garder le silence, rester figé. Hans aurait-il apprécié, d'ailleurs, ce souvenir hollandais? Il aurait écouté, en tout cas, comme toujours, un sourire au coin de la bouche. Il aurait peut-être posé quelques questions, précises, pour situer ce souvenir hollandais, parfaitement incongru, en apparence.

La Haye? Pourquoi La Haye?

Eh bien, La Haye, s'Gravenhage, Den Haag.

Mais pourquoi?

Comme ça. La dernière partie de la guerre civile, nous étions à La Haye, mon père avait un poste diplomatique. Il était chargé d'affaires de la République espagnole.

Alors, La Haye?

La légation était une grande bâtisse blanche, fort belle, sur la place ou Plein 1813, ce chiffre n'étant pas un simple numéro d'ordre, comme on dit la Quarante-deuxième Rue, ou la Cinquième Avenue, mais la date d'une bataille, dont le souvenir était perpétué par le nom de cette place et un monument au milieu de cette place. Il y avait un grand jardin, derrière, un tennis, une cabane au bout du jardin, que nous prenions d'assaut ou que nous défendions, alternativement Indiens et trappeurs, au cours de séances mémorables. Tu vois, cette cicatrice sur le front, c'est la trace d'un jet de pierre, ou d'un coup de bâton, pendant l'une de ces batailles.

Les souvenirs d'enfance, dirait Hans, en laissant sa phrase en suspens, avec un sourire presque méprisant.

Comment?

Nous serons encore ici dans un mois, dirait Hans, si tu racontes comme ça. Le temps perdu, c'est long.

Ça va, ça va. En classe, au Tweede Gymnasium, j'avais un camarade allemand, un Juif dont la famille s'était réfugiée en Hollande. Il s'appelait Landsberger. Il était aussi positif que toi. Tu vois, j'étais déjà voué aux Juifs allemands.

Tu en as bien besoin, dirait Hans, suffisant.

Mais Hans trouverait encore que son récit était trop minutieux.

Je te connais, dirait Hans, tu vas d'abord me décrire cette maison hollandaise, et le jardin de cette maison, les allées, les plantes, les arbres.

Justement, dirais-je, en l'interrompant, il y avait un magnolia, dans ce jardin, sur le devant de la maison. Connais-tu les fleurs du magnolia? L'odeur des fleurs du magnolia? Il m'arrivait de me pencher à ma fenêtre, dans la nuit, et la nuit était comme saturée par cette odeur des fleurs de magnolia, comme si la nuit, le ciel nocturne, l'ombre des allées, n'étaient que le support impalpable de cette odeur, presque matérielle, entêtante et têtue.

C'est ça, crierait Hans, le magnolia, bien sûr! Et dans un mois nous serons encore ici.

Alors, en désespoir de cause, devant tant de mauvaise volonté, je lui aurais jeté en vrac, à la figure, toutes les richesses minimes de ma mémoire.

La neige, sur le Binnenhof, son silence intime et feutré. Les cygnes, dans la pièce d'eau, à travers les fenêtres du Mauritshuis. Une promenade avec Jean-Marie, chez un libraire, le jour où il avait trouvé une édition originale de *Paludes*. Le vent, sur la plage de Zandvoort. La nouvelle de la prise de Teruel, un soir de Noël, le feu de joie dans la grande cheminée. Les visites du Dr Brouwer, qui avait parlé avec Unamuno, juste avant que celui-ci ne meure. Les roses de Wassenaar. Des choses comme ça.

Mais il n'était pas question d'évoquer ces souvenirs hollandais. À vingt mètres, à peine, le soldat chante toujours *La Paloma*. Il y prend visiblement plaisir, sa voix monte, ou roucoule, elle reproduit parfaitement le rythme de la mélodie, malgré l'accent guttural des paroles allemandes.

Ensuite, ça s'arrête.

Le soldat a encore fait quelques pas. Il met le pied gauche sur une pierre, à fleur d'eau, le pied droit sur une autre, il est entouré d'eau murmurante.

Je regarde Hans.

D'un mouvement imperceptible, Hans est en train de caler son bras droit sur un tronc d'arbre coupé, il est en train de pointer son Smith & Wesson sur le soldat allemand. J'ai envie de hocher la tête, de lui dire de ne pas faire le con. Il devrait savoir qu'il n'y arrivera pas. Tant que ce soldat nous présentera son visage, son regard bleu, sa bouche enfantine, un peu molle, aucun de nous deux n'arrivera à lui tirer dessus. Il devrait pourtant savoir tout ça, Hans. Je le regarde lever son arme, d'un mouvement imperceptible de tout le corps, je le vois devenir livide, fermer les yeux. Je le vois prendre conscience de cette chose toute simple, qu'il n'arrivera pas à tirer sur ce visage dénudé, ce corps livré, ce regard bleu. Ce garçon qui chantait *La Paloma*, tête nue, qui est à peine notre aîné, qui a quitté la route où il roulait pour venir contempler l'eau de cette rivière à truites, son eau sommeilleuse et vive, tout à la fois, comment serait-ce possible de l'abattre, à visage découvert? Le sien, c'est-à-dire.

Je vois Hans prendre conscience de toutes ces choses qu'il aurait dû savoir, je le vois baisser son arme, les yeux fermés.

À ce moment, le soldat se retourne et s'en va, d'un pas lent. Il remonte la pente de la berge, vers sa moto. Il a remis son casque, tout en marchant. Il n'est plus qu'une ombre casquée, bottée, un fantôme de soldat, futur cadavre.

C'est maintenant, je pense.

Je me mets à genoux, c'est-à-dire, le genou droit appuyé sur le sol du sous-bois, le coude gauche appuyé sur le genou gauche relevé, pour que mon avant-bras gauche serve d'appui au lourd Smith & Wesson, que le recul ferait tressauter, sinon, ôtant toute précision à mon tir. Je fais tout cela très vite, sans penser à rien, car on ne peut nommer pensée cette évidence qu'il y a là, à portée de la main, une moto, des armes, à récupérer, et cette évidence non pensée me pousse à faire ces gestes, à viser la silhouette qui s'éloigne, dans le milieu du dos, à appuyer deux fois sur la gâchette du onze quarante-cinq.

Le soldat a fait un bond en avant, comme s'il avait été violemment poussé dans le dos, et il s'effondre, le visage contre la terre.

Les yeux de Hans se sont rouverts, il a hoché la tête. C'est comme cela qu'il fallait faire, a-t-il l'air de dire.

Ensuite, nous avons traversé le cours d'eau, sur les rochers qui formaient barrage, un peu plus bas. Nous avons couru jusqu'au cadavre, pour lui prendre ses armes. Nous sommes partis sur la moto du mort, c'est Hans qui conduisait. Je n'ai jamais su me débrouiller avec des engins motorisés.

— Manuel?

— Oui.

— Pourquoi?

— Quoi, pourquoi?

— Pourquoi était-ce impossible?

— Tais-toi, petit Juif, tu sais très bien.

— Le visage?

— Tais-toi, Hans.

— Le regard bleu?

— Ça suffit, Hans.

— Dans le dos, c'est encore plus dégueulasse.

— Tais-toi, Hans.

— Ça n'est pas plus dégueulasse?

— C'est plus facile.

— Mais c'est dégueulasse, ou non?

— Une moto, c'est dégueulasse? Une mitraillette toute neuve, c'est dégueulasse?

— Mais dans le dos, Manuel?

— Bien sûr. Il n'y avait rien d'autre à faire.

Plus rien, nous n'avons plus rien dit.

Pourquoi avais-je raconté cette histoire à Michel, le surlendemain de ma sortie de la clinique? J'étais resté à Montlignon une journée, et puis une nuit, et dans l'après-midi de la deuxième journée j'avais regagné la maison de Saint-Prix, au 47 de la rue Auguste-Rey. Michel était venu me voir le lendemain, je ne sais plus comment il avait appris que j'avais eu un accident. Il venait de retrouver, rue Dareau, à Paris, chez des copains qui avaient un grand appartement, lieu de refuge et boîte aux lettres, pendant l'occupation, une valise pleine de livres et de papiers de Hans. Il m'avait amené les papiers, nous avions parlé de Hans, bien sûr.

J'étais assis dans un fauteuil, près d'une fenêtre donnant sur le jardin. Michel était assis sur le rebord même de cette fenêtre, il fumait. Je voyais l'écusson Rhin et Danube cousu sur la manche de sa chemise de capitaine et ça me ferait toujours rire, de voir Michel en capitaine. Les papiers de Hans étaient sur une chaise, à côté de moi. Il y avait quatre gros cahiers, un manuscrit assez important écrit sur des feuilles volantes soigneusement reliées, plusieurs dossiers de fiches et de notes de lecture.

Je dis : — Heureusement que nous avons ça.

Il demande : — Pourquoi ?

Je dis : — C'est une preuve irréfutable.

Il demande, intrigué : — Une preuve de quoi ?

Je dis : — De l'existence de Hans, bien sûr !

Il me regarde, se demandant où je veux en venir. Ou peut-être d'où je viens.

— Comment ? dit Michel.

— S'il n'y avait pas tout ça, j'aurais fini par croire que nous l'avions inventé, Hans.

Nous aurions inventé Hans, comme l'image de nous-mêmes, la plus pure, la plus proche de nos rêves. Il aurait été allemand, parce que nous étions internationalistes : dans chaque soldat allemand abattu en embuscade, nous ne visions pas l'étranger, mais l'essence la plus meurtrière, et la plus éclatante, de nos propres bourgeoisies, c'est-à-dire, des rapports sociaux que nous voulions changer, chez nous-mêmes. Il aurait été juif, parce que nous voulions liquider toute oppression, et que le Juif était, même passif, résigné même, la figure intolérable de l'opprimé. Il aurait eu vingt ans, parce que nous les avions, comme ces autres jeunes gens qui nous aidaient à vivre, qui nous faisaient battre le cœur, qui remuaient des idées neuves, et qui s'appelaient Hölderlin, ou Heinrich Heine, ou Marx.

Avions-nous inventé Hans ?

Je prends l'un des cahiers retrouvés par Michel, je le feuillette. Il semble bien que ce soit l'écriture de Hans, minutieuse et pointue.

— Tu as regardé ?

Michel hausse les épaules.

— J'ai jeté un coup d'œil, dit-il. Il faut vraiment déchiffrer. Des notes de lecture, une sorte d'essai inachevé à propos de Lukács, et puis un journal intime.

Je regarde le jardin, au-delà de Michel. Je suis encore comme engoncé dans la douleur de ma nuque, de mon dos.

— Un journal ?

Michel se lève, prend l'un des cahiers, qu'il n'ouvre pas.

— Si on veut, dit-il. Comme une suite de lettres, ou de billets très brefs, non envoyés, à une femme.

— Une femme ?

— Elle n'est pas nommée. Il s'adresse à elle, parle d'elle, dit Michel.

— Elle ?

— Elle, dit Michel. L., comme Louise, comme Lucie, comme Laurence.
Alors, je ris.

— Laurence, sûrement pas, lui dis-je.

Michel me regarde, sans essayer de comprendre.

Quelle femme, dans la vie de Hans, dont le prénom commencerait par L. ?
Je ne vois pas. L. comme Lilith, comme Lisbeth, comme Luciana ? Ainsi, par la
découverte imprévue de ces papiers de Hans, il s'avérait que non seulement nous
ne l'avions pas inventé, mais que sa vie ne nous avait pas été transparente, qu'il y
avait eu en elle des ombres et des opacités. Ainsi, par ces papiers à déchiffrer, par
cette L. inconnue — ou peut-être connue, mais non identifiée — Hans semblait
revivre, auprès de nous. Nous allions peut-être apprendre sur Hans des choses
qui éloigneraient sa mort, en donnant à sa vie un sens, une épaisseur nouvelle.

— Et toi ? demande Michel.

Il est debout, en face de moi. Sur une chaise, entre nous, il y a les papiers de Hans.

— Moi ?

— Que s'est-il passé, au juste ?

Au juste ? Je pourrais m'en tenir aux faits et lui dire que j'étais tombé d'un train
de banlieue. Un évanouissement, un simple évanouissement.

— Je suis tombé d'un train, je lui dis.

Il hoche la tête.

— Ça, je suis au courant, dit-il.

— Eh bien ! c'est tout.

— On ne tombe pas des trains comme ça, dit Michel.

Ça doit être le bon sens militaire, il n'y a rien à dire.

— Peut-être présumes-tu de tes forces, dit Michel, faut-il aller te reposer.

— Ce que tu parles bien, Michel ! je lui dis.

— Va te faire foutre !

Nous rions.

Quand j'avais été arrêté, deux ans auparavant, Michel était revenu à Joigny. Il
avait essayé de monter une opération contre la prison d'Auxerre, pour m'en faire
évader. Ça n'avait pas marché, et finalement c'est lui qui s'est fait prendre. Ce
sont les *Feldgendarmen* de Joigny qui l'ont eu, au cours d'une banale vérification
d'identité. On l'a conduit aussi dans la belle maison où la *Feld* avait établi ses
quartiers. Il a été aussi dans le grand salon, aux murs dénudés, il a vu la harpe.
Pour être tout à fait exact, il avait fallu que j'insiste beaucoup, deux ans plus
tard, pour qu'il se souvienne de cette harpe. Il avait fallu que je lui décrive
minutieusement le décor de cette pièce, pour qu'il admette, à la fin, la réalité de
la harpe. Il faut dire, pour excuser son manque de mémoire, ou son inattention,
au moment même, que les *Feldgendarmen* avaient commencé à lui taper dessus,
tout de suite, pour essayer de le faire parler. Il avait reçu un coup de crosse au
foie, ou plusieurs coups de crosse, qui avaient provoqué une jaunisse, plus tard.
Alors, au moment où ça commençait à mal tourner, l'alerte a été donnée : des
maquisards avaient été signalés, dans une ferme, quelque part autour de Joigny.

Les *Feldgendarmen* sont partis, laissant Michel, pieds nus, menottes aux mains, sous la surveillance d'un seul d'entre eux. Je ne sais pas comment Michel a réussi à persuader cet unique *Feldgendarme* de lui enlever les menottes pour aller satisfaire quelque besoin naturel, comme on dit. Mais il y est parvenu, et, les mains libres, il a assommé l'Allemand, il a couru dans le jardin, il a sauté le mur. Il a réussi à trouver de nouveaux vêtements, à Joigny même, et il a gagné Paris.

À Auxerre, ces jours-là, on m'avait fait descendre dans le bureau de la prison. Un *Feldgendarme* se tenait derrière la table et j'ai aussitôt reconnu, sur la table, le portefeuille de Michel. L'Allemand est en train de manipuler le portefeuille et il me demande si je connais Michel. Il me donne le prénom de Michel, Michel, et son vrai nom, ensuite. Il a ouvert le portefeuille et je vois sur la table les papiers d'identité de Michel. Alors, je tends la main, je prends la carte d'identité de Michel, je regarde sa photographie. L'Allemand a l'air surpris, mais il ne réagit pas. Je regarde la photo de Michel.

— Non, dis-je. Je ne connais pas.

Je pense que Michel est mort. S'il était vivant, on m'aurait confronté avec lui, et non pas seulement avec ses papiers d'identité. Michel est mort et les Allemands essaient de savoir quelque chose sur ce mort.

— Non, ça ne me dit rien.

Je laisse tomber les papiers sur la table, en haussant les épaules.

Michel est mort.

J'imagine qu'il est revenu dans la région, à cause de moi ; qu'il est tombé dans une embuscade quelconque. J'ai envie de crier «merde!» et mes lèvres ont dû bouger, car le *Feldgendarme* se penche vers moi, sourcils froncés.

— *Wast ist los? Was murmelst du?*

Il me demande ce qu'il y a, ce que je murmure. Je ne réagis pas. Je pense que Michel est mort et que j'ai été le piège, l'appât, qui ont fait éclater sa mort. Alors, je crie de nouveau — merde! tout bas, en faisant attention pour que mes lèvres ne bougent pas, cette fois-ci.

— Merde! dit Michel. Tu devrais partir, te reposer un peu, finir ton bouquin.

Je hoche la tête, je dis non.

— Non, dis-je.

— Tu ne veux pas partir? demande Michel.

Je hoche la tête, je dis oui.

— Partir, oui, je vais aller en Suisse. Jean-Marie m'a invité.

— Pourquoi non, alors? demande Michel.

Je ne vais pas finir mon bouquin, voilà pourquoi j'avais dit non. Ça bouge trop, dans ce roman que j'essayais d'écrire. Ça va, ça vient, d'Espagne en Allemagne, des maquis de la forêt d'Othe aux appartements où nous dansions avec des jeunes filles blondes. Ça cavale, c'est épique, on meurt, il y a des scènes, des moments privilégiés, pathétiques. C'est bourré de héros, ce roman. Mais depuis quarante-huit heures, j'aurais plutôt envie de décrire les immobilités de la vie, ses moments minimes, ses épaisseurs, les déchirantes infortunes de la conscience.

Michel hoche la tête.

— Si je comprends bien, tu n'es pas seulement tombé sur la tête, tu as vécu une expérience métaphysique, dit-il.

Ça doit être ça. Nous rions encore.

Mais personne n'a eu besoin de lui dire, ce jour-là, que c'était le mardi 7 août 1945. Il a rouvert les yeux, dans la nausée du chloroforme, et il a retrouvé le monde, un minuscule fragment de monde, il est vrai, parfaitement à sa place. Il est dans une chambre de clinique, sans aucun doute, à Montlignon, on vient sûrement de lui recoudre l'oreille droite.

Il est seul, mais il ne craint rien : il n'a besoin de personne, aujourd'hui, pour savoir qui il est, où il est, pourquoi il y est. Les choses sont évidentes, on pourrait presque dire qu'elles sont réelles, avec un peu d'imagination. Ce n'est pas parce que ça se brouille un peu, parfois, parce que ça tangue, qu'un doute peut lui venir. Alors, il regarde ce monde qu'aucun doute ne travaille, par en dessous, aujourd'hui.

Il y a une fenêtre.

Il parierait qu'on voit, du haut de cette fenêtre, les arbres du parc, et, plus loin, au pied de cette colline qui joint Montlignon à Saint-Leu, la plaine, Paris. La ville, dans une brume, souvent. Par temps clair, la tour Eiffel. Un paysage de carte postale, c'est rassurant.

Il rit, il entend son rire. Il parle, il entend sa voix.

— *Voilà la cité sainte, assise à l'Occident...*

Sa voix s'éteint, rien n'a bougé. Le lit, la table, l'armoire, recouverts d'une peinture blanche, mais dont certains écaillements, peu nombreux à dire vrai, révèlent la matière ferrugineuse, roussâtre, sont restés immobiles, absorbant l'incongruité de sa voix, indifférents à la raison de ces paroles subites, scandées, sifflantes. Il pourrait dire n'importe quoi, les mots les plus démesurés, ça ne changerait rien. C'est triste, mais c'est comme ça.

Il a du mal à l'admettre, pourtant. Il crie.

— *Oh ! mort, vieux capitaine, il est temps, levons l'ancre !*

La porte s'ouvre.

Une religieuse est entrée, dans un frémissement d'amidon.

— Vous avez appelé ?

Elle est jeune, il la regarde. Elle vient jusqu'au lit, range un oreiller, fait des gestes professionnels.

— Moi ? Non, dit-il.

— J'étais dans le couloir, j'ai entendu une voix. Il sourit.

— Sûrement pas moi, mademoiselle.

Elle s'immobilise, ses sourcils se froncent. Ensuite, elle a un sourire empreint de béatitude.

— Appelez-moi « ma sœur », dit-elle.

— Ma sœur ?

— Mais oui, dit-elle.

— Mais pourquoi?

— C'est l'habitude, dit-elle, un peu crispée.

— J'ai deux sœurs, vous savez, mademoiselle? Je sais ce que c'est.

Elle est immobile, elle le regarde.

— On appelle un prêtre, «mon père», dit-elle, et une sœur, «ma sœur».

— Si on veut, dit-il.

Elle regarde quelque chose au-dessus de son lit, elle hoche la tête.

— Bien sûr, dit-elle, conciliante.

— Les liens du sang, vous savez, ça va comme ça, dit-il.

Elle hoche la tête, encore.

— Bien sûr, dit-elle.

Elle touche le pansement qui lui entoure le crâne, d'une main légère.

— Vous n'avez besoin de rien? dit-elle.

— Pourquoi n'êtes-vous pas logique? demande-t-il.

Elle commence à se trouver mal à son aise.

— Comment?

— S'il faut que je dise ma sœur, pourquoi ne dites-vous pas mon frère?

Elle secoue la tête.

— Ce n'est pas la même chose, dit-elle sèchement.

— Voilà, dit-il, c'est bien ce que je pensais.

Elle s'est écartée de quelques pas.

— Vous ne désirez rien?

Il regarde autour de lui.

— Non, dit-il. Tout a l'air d'être en place.

Elle hoche encore la tête, elle s'en va.

Tout a l'air d'être en place, c'est vrai. Il a envie d'être ailleurs.

Jean-Marie avait dit que l'automne était de toute beauté sur les rives du lac Majeur. Il essaie d'imaginer.

Un lac?

Une certaine image semble affleurer, confusément: une étendue d'eau qui tiendrait tout entière dans un seul coup d'œil, des sapins, des crêtes. Pourquoi un lac de montagne? Il essaie de nommer, pour lui-même, les lacs de montagne qu'il connaît, dont le souvenir vague semble avoir nourri aussitôt son imagination. Peut-être ce petit lac des monts de Guadarrama? N'était-ce pas à Peñalara? Il essaie de cerner l'image de ce souvenir possible, de s'en assurer. Mais il reste à l'intérieur d'une vision à la fois confuse et schématique: un cercle d'eau sombre, des sapins, des pentes abruptes. La vision s'efface, se précise à nouveau, sans qu'il parvienne à l'identifier vraiment, à s'assurer de sa réalité. Était-ce à Peñalara? Ou bien alors dans les Pyrénées aragonaises? De l'eau sombre, en tout cas, en cercle, dans le silence des sapins, d'un air très affiné, fragile, où le moindre bruit se répercuterait comme une longue déchirure.

Un lac ou un rêve de lac?

Il sait que ce n'est pas ce genre de paysage qu'il trouvera, du côté de Locarno. Le Tessin, Jean-Marie lui en a parlé, longuement, pour le convaincre de venir : un paysage ouvert sur la lumière du Sud. Il imagine une étendue d'eau dont les limites échapperont à une vision immédiate, dont la réalité lacustre ne se dévoilera pas au regard, car elle le débordera sans cesse, par toutes les parcelles de son horizon qui demeureront invisibles. Ce n'est pas le regard, c'est la connaissance de la géographie qui vous apprend que le lac Majeur est un lac. Mais pour lui, dans la spontanéité de sa mémoire, ou de son imagination, un lac est une étendue d'eau sombre qui tiendrait tout entière dans un unique coup d'œil.

Si j'avais choisi un autre moment de la vie de Manuel, pour parler de lui, un moment plus tardif, plus proche de sa mort, j'aurais pu évoquer de nombreux autres lacs, dans la mémoire de Manuel, qui auraient ressemblé davantage à l'idée toute faite qui hante son imagination. Le lac de Ritsa, dans le Caucase, par exemple. Ou le lac de Machovo, en Bohême. Ou encore le lac d'Orta, dans les montagnes de l'Ossola. Il aurait été facile, à partir de n'importe laquelle de ces visions, de ces immobilités contemplatives, de reconstruire les cercles de la mémoire de Manuel, le mouvement de sa vie. Mais il est trop tard, maintenant, pour recommencer ce récit, et nous ne sommes qu'en 1945, au mois d'août, le lendemain de la disparition d'Hiroshima. À cette époque précise, et par ailleurs tout à fait arbitraire, chacun en conviendra, Manuel ne peut se souvenir d'aucun de ces paysages que je viens de citer, un peu au hasard. Ce n'est donc pas au lac de Ritsa qu'il pense, sans le savoir, quand cette obsession confuse d'eau circulaire, parmi les sapins noirs, les montagnes, est venue l'habiter. Il n'y a vraiment qu'une vision d'enfance, aujourd'hui, qui ait pu nourrir cette image obsessionnelle, bien qu'imprécise.

Pourtant, il y a le lac de La Négresse.

Il n'est pas impossible, d'après ce que je sais de la vie de Manuel, que le paysage de La Négresse ait été une vision de son enfance, même si elle s'est effacée. C'est dans le domaine des choses possibles, et peut-être est-ce à cause de cela qu'il retrouvait toujours ce paysage, plus tard, des années plus tard, avec un sentiment inexpliqué de joie, lorsqu'il contemplait, à droite ou à gauche de la route, selon le sens du voyage, la surface d'eau arrondie, dans la lumière du matin, ou alors sous le soleil couchant. Toujours à ces heures-là, du petit matin ou de la fin de l'après-midi, parce que c'étaient les heures des voyages. Mais peut-être étaient-ce les voyages eux-mêmes qui provoquaient cette joie minime, impossible à partager, car le paysage de La Négresse se trouvait toujours, par la force des choses, au début des voyages ou à leur terme, comme si cette étendue d'eau plate annonçait les départs et les retours, toutes les joies des voyages, comme si les routes du Sud commençaient et finissaient à La Négresse.

Il descendait du train, à Bayonne, tôt le matin, s'il avait voyagé la nuit, aux environs de cinq heures de l'après-midi, s'il avait pris le train de huit heures et quelques, à la gare d'Austerlitz. Antonio l'attendait sur la place, devant la gare de Bayonne, ou bien assis dans l'un quelconque des cafés qu'il y a sur cette place.

Des gens allaient et venaient, il disait bonjour à Antonio. Ensuite, Antonio lui présentait la personne qui allait le conduire. Ils buvaient un verre, ils bavardaient. C'était peut-être l'hiver, ou l'automne, ou l'été, toutes les saisons sont bonnes pour ces voyages. Ensuite, c'était l'heure du départ, Antonio les laissait, à la voiture. Le copain faisait tourner le moteur, ça y est, ça commençait. Ils traversaient le pont sur l'Adour, et puis le deuxième pont, sur cette autre rivière dont il n'a jamais su le nom, ils étaient à la sortie de Bayonne. Une pancarte disait: Frontière espagnole, tant de kilomètres. Ça y est, c'était en route.

Une fois, des années avant ces voyages, deux ou trois ans avant, il avait déjeuné à Biriatou, avec des amis. C'était en septembre, l'air était transparent. De la terrasse du restaurant, on voyait l'eau de la Bidassoa, les collines de leur pays. La serveuse a apporté des assiettes propres, ils buvaient du vin, en regardant les collines de leur pays, toutes proches. Alors, Jesús a soulevé son assiette en riant.

— Voilà, a-t-il dit, en riant.

Il a tendu l'assiette à Carlos M. et Carlos M. l'a regardée, et il a ri aussi, avant de me la montrer.

J'ai trouvé que leur rire était amer et j'ai regardé cette assiette qui provoquait ce rire amer. Elle était en faïence blanche, avec des motifs bleus, des allégories civiques de l'époque de la Révolution et il y avait une inscription, au milieu: «la Liberté ou la Mort!»

Moi aussi, j'ai ri.

— Ça tombe bien, a dit Carlos M. et il regardait les collines de son pays.

Carlos M. avait été en prison, longtemps. Il avait été condamné à mort, puis sa peine avait été commuée, puis il était sorti de prison. Une nuit, il avait franchi la Bidassoa, clandestinement.

— Ça tombe vraiment bien, dit-il encore.

Nous regardons les collines d'Elizondo, la serveuse apporte un plat, qu'elle pose sur la table.

— Voilà! dit la serveuse.

Aucun de nous ne se retourne vers elle, nous regardons ailleurs. Ailleurs, c'est l'Espagne. Nous regardons la rivière, cette mince coupure argentée dans le paysage verdoyant, qui nous sépare de notre pays. C'est dérisoire qu'une si faible distance vous condamne à l'exil, qu'elle vous sépare de l'enfance, des odeurs et des noms de l'enfance. Nous regardons cette frontière dérisoire.

La serveuse ne bouge pas, derrière nous. Elle a dû être surprise par notre silence, notre inattention gastronomique. Elle regarde, peut-être, ce que nous regardons. Mais elle ne verra rien de ce que nous voyons, bien sûr. Elle verra des volumes, du soleil, de l'ombre, du vert, du bleu: rien ne sera problématique. Elle cherchera des yeux, dans ce paysage banal, ce que nous pouvons contempler, dans un tel silence. Elle ne trouvera pas, bien sûr.

— Voilà! dit-elle, encore. Et puis, elle s'en va, peut-être déconcertée.

C'est Carlos M. qui nous a indiqué ce restaurant de Biriatou, qui surplombe le vieux pont de Béhobie, l'eau frontière, la rive espagnole. Je suppose, maintenant, qu'il doit y venir, chaque fois que l'occasion s'en présente, pour contempler les collines d'en face, depuis qu'il est parti en exil. Aujourd'hui, nous contemplons avec lui.

— La liberté ou la mort! dit Carlos M., d'une voix forte.

Nous rions ensemble, de nouveau.

Ensuite, nous nous tournons vers le plat que la serveuse a déposé sur la table.

Ce jour-là, en 1950, le vieux rêve avait repris corps. Je mangeais des chipirons, cuits dans la sauce épaisse de leur encre, et je me disais que la vie n'aurait pas grand sens, qu'elle serait plutôt confuse, incohérente, tant que je n'aurais pas vu l'envers de ce paysage. Tout ce que j'avais fait, depuis quatre ans, me paraissait futile ; je me reconnaissais à peine, dans tous ces actes, toutes ces paroles, ces éclats, cette quotidienne surface de la vie. Il fallait que je contemple la colline de Biriatou, que j'en contemple le versant qui m'était, ce jour-là, invisible. Il fallait renverser le rapport des paysages et des choses, les remettre à l'endroit, pour que l'Espagne soit le dedans, l'intérieur, de ma vie. Tout le reste, à commencer par la colline de Biriatou, qui s'élèverait comme la borne d'un paysage aux profondeurs immenses, ne serait plus que le dehors.

Ainsi, plus tard, quand ce rêve au moins s'est réalisé, je regardais la colline de Biriatou, aux heures crépusculaires des passages, depuis la rive espagnole et le vieux pont de Béhobie.

Aujourd'hui, pourtant, je ne peux pas voir la colline de Biriatou : elle se trouve derrière moi. Mais c'est que je ne quitte pas l'Espagne, j'y reviens. Nous venons de dépasser la douane française. La route qui monte à Biriatou s'amorçait à notre gauche, maintenant nous roulons sur le vieux pont de Béhobie. J'ai une préférence, tout à fait irraisonnée, pour ce point de passage ; je le préfère, de beaucoup, au pont international d'Hendaye. Peut-être à cause de ce souvenir de Biriatou, qui sait ?

La veille, un peu avant minuit, on avait sonné à ma porte.

— Je suis déjà venu deux fois, disait le copain, tu n'étais pas là.

Il a un air vaguement irrité ou surpris. Mais je ne m'en émeus pas : je connais cette surprise irritée des copains, quand la réalité leur résiste, ne fût-ce que par d'imprévisibles détails quotidiens.

— Si tu permets, lui disais-je, j'étais au cinéma.

Il hausse les épaules, il m'explique pourquoi il est venu me voir, à une heure aussi tardive. C'était facile à deviner, d'ailleurs.

Aujourd'hui donc, j'étais assis, vers cinq heures de l'après-midi, à la terrasse de l'un des cafés qui se trouvent sur la place de la gare, à Bayonne. Je venais de descendre du train de Paris.

Je regarde autour de moi. Des gens vont, viennent, c'est le printemps. Il y a des soldats qui traînent sur la place, comme d'habitude. Ils portent des bérets de commando, d'une couleur lie-de-vin. Je n'ai jamais été très fort sur les noms des couleurs, mais je pense que ces bérets sont effectivement lie-de-vin. Je n'en suis pas tout à fait certain, cependant. Si on me démontrait le contraire, je serais tout disposé à admettre une nouvelle qualification de cette couleur.

Je regarde autour de moi, je bois une bière, j'attends Antonio.

— Merde, une femme!

Je vois Antonio, qui s'avance vers moi, je vois cette femme, qui n'a pas l'air de marcher par hasard à côté d'Antonio. Ils ont l'air de marcher ensemble, elle et Antonio, vers moi. Alors, je pense : merde, une femme! dans le silence de mon silence, et je les vois s'avancer vers moi, ensemble.

Je souris.

Ils ont dû prendre mon sourire pour un sourire de bienvenue. Mais je pensais à ce voyage, avec une femme. J'aime bien le silence, en voiture, et que les routes se déploient. Il ne manque plus qu'une chose, je pense, que ce soit une 2 CV. J'imagine avec lassitude une femme bavarde, sur les routes du Sud, avec une 2 CV, et plus précisément au moment d'aborder les grands cols vers l'Andalousie.

Je souris, en pensant à tout ça, résigné, et ils ont dû prendre mon sourire pour un sourire de bienvenue. Tant pis, je les laisse dans l'erreur.

— Vous voulez prendre quelque chose? leur dis-je.

La jeune femme regarde Antonio, elle attend qu'il décide.

— Nous avons le temps? demande-t-elle à Antonio.

J'avais remarqué la fragilité des pommettes, la courbure de son cou, l'abandon juvénile de la bouche : cette voix m'étonne. Elle est cuivrée, un peu rauque, comme voilée; trop grave pour sa jeunesse. Peut-être est-elle émue.

Elle regarde Antonio et Antonio la rassure, d'un geste, en souriant. Il lui dit que nous avons tout le temps. Ils vont prendre du café.

Je me penche vers Antonio.

— C'est une 2 CV, bien sûr.

— Comment? dit Antonio.

On parle en espagnol, à voix basse. La jeune femme se détourne, ostensiblement. Elle veut montrer qu'elle respecte le secret des choses que nous avons à nous dire, Antonio et moi.

— La voiture, dis-je.

Antonio a un rire bref.

— Mais non! dit-il. C'est une déesse.

Je respire, j'aime bien les déesses, sur les routes du Sud.

— Quand même, une femme, pour un voyage pareil!

Antonio cligne de l'œil droit.

— Dis donc, elle n'est pas mal!

— Va dans la merde! lui dis-je, si je traduis ce que je lui dis, en espagnol.

Mais il ne faut pas prendre trop au sérieux les grossièretés qu'on se dit, en espagnol, quand on est vraiment copains. Antonio et moi, on est copains.

Nous rions, ensuite.

— À Séville, lui dis-je, j'aurais vraiment préféré avoir un homme avec moi.

Antonio hoche la tête.

— Je ne sais pas où tu vas, ni pourquoi. Tu crois que c'est facile?

Je ne dis rien, je sais que ce n'est pas facile.

— Une voiture, une bonne, pour toi, aujourd'hui, sans faute. J'ai reçu le message hier soir. J'ai pensé à son mari, c'est le docteur. Il n'était pas libre. Alors, elle s'est proposée.

Je ne dis rien, je la regarde, du coin de l'œil.

— L'autre voiture disponible, dit Antonio, c'était une 4 CV. Le propriétaire est végétarien et sa femme vient de le quitter. Tu vois quelle balade? quelle balade?

Nous rions, encore. L'affaire est entendue.

Je me relève, je me tourne vers la jeune femme.

— Excusez-nous, lui dis-je. J'avais un détail à mettre au point.

Antonio est parti téléphoner, comme d'habitude.

— Mais je comprends très bien, dit-elle, de sa voix voilée.

Je la regarde, ses paupières frémissent.

L'année dernière, j'avais fait plusieurs voyages avec son mari. C'était le meilleur compagnon de voyage qu'on puisse imaginer. À Aranda, une fois, sur le chemin du retour, nous nous étions attardés à bavarder. J'avais eu l'impression que ces randonnées sur les routes espagnoles, ces paquets à porter, ces rendez-vous lointains avec des inconnus, étaient la meilleure façon, la seule peut-être, pour lui, de transformer ses idées en une activité réelle, pesant, ne fût-ce que d'un poids minime et obscur, sur la réalité du monde.

— Vous n'avez pas confiance, dit-elle, d'un ton égal.

Je la regarde, je dois sourire sottement.

— Je conduis bien, dit-elle, je ne suis pas bavarde, je ne me prends pas pour Jeanne d'Arc.

Elle sourit et je dois avoir l'air idiot.

— Pierre m'a fait la leçon, dit-elle.

Antonio est revenu, elle se tait, il nous regarde.

— Nous allons où? demande-t-elle.

Antonio gratte le fond de sa tasse, avec une cuiller.

— Je n'en sais rien, dit-il. Vous passez la frontière, c'est tout. Il vous dira, ensuite.

Elle rougit légèrement, elle doit s'en vouloir d'avoir été trop curieuse. Peut-être est-ce le mot frontière, ce qu'il peut évoquer, mais j'ai l'impression que son regard s'est troublé. L'eau dense et bleue de son regard. Je me penche vers elle.

— Vous verrez, lui dis-je, ce n'est rien, c'est du tourisme.

Elle hausse les épaules. Elle a un air de reproche. Je passe la main sur mon visage. Je dois vieillir, je lui parle comme un ancien combattant, qui en a vu d'autres. Elle se tient toute droite, elle me toise du regard.

— Bon, dit Antonio. On y va?

Antonio paie, on y va.

La jeune femme remarque ma belle valise, d'un œil un peu arrondi. Tout à l'heure aussi, elle a fixé de ce même œil mes vêtements. Elle doit me comparer avec Antonio et ça m'irrite, vaguement. J'aurai le temps de lui expliquer que les beaux bagages, le tweed rêche et le daim souple facilitent les passages. Elle comprendra, peut-être.

La voiture est garée un peu plus loin et elle est mauve, somptueusement. Je regarde Antonio et Antonio attendait mon regard. Il sourit, du coin des lèvres.

— À prendre ou à laisser, dit-il. Pas le temps de la faire repeindre.

Je pense à cette déesse mauve, sur les routes du Sud, avec une femme au volant : tout ce qu'il faut pour passer inaperçu.

— Va te faire foutre, dis-je à Antonio, si je traduis approximativement ce que je lui ai dit, en espagnol ; quelque chose de bien plus précis.

Il rit franchement, moi aussi.

— Vous me laissez à Hendaye, dit Antonio. Nous traversons le pont sur l'Adour, et puis le deuxième pont, sur cette autre rivière dont je n'ai jamais su le nom. Ensuite, c'est la grande place de Bayonne, avec le kiosque à musique. Il y a une pancarte routière qui dit : Frontière espagnole, tant de kilomètres.

Ça y est, c'est parti.

Antonio est à l'arrière, il sommeille.

J'observe la jeune femme, elle conduit bien. Peut-être quelque sécheresse inutile, dans les virages, mais elle doit se sentir observée, ce n'est pas grave. Je me laisse aller sur la banquette, j'entends le bruit sourd, continu, du moteur, et le bruit sourd du vent, dehors : un froissement léger, l'espace qui se déchire.

— Je m'excuse, dis-je à la jeune femme, mais je m'appelle Durand, Durand Michel, ingénieur, marié, deux enfants, vingt-six route de Paris, à Gentilly.

Elle hoche la tête.

— Et vous ? lui dis-je.

— Mes papiers sont dans la boîte à gants.

Je prends son passeport, je vois son prénom, l'âge qu'elle a, des détails comme ça.

— Tiens ! dis-je, j'aurais dit bleus !

— Comment ? dit-elle.

— Ils disent : yeux verts. Bleu Vermeer, même.

J'ai dit ça sans raison, pour évoquer mes fétiches familiers. Elle se détend, souriante, complice peut-être, mais se reprend aussitôt. Elle se consacre aux problèmes de la route.

— Si vous êtes marié, dit-elle, un peu plus tard, et je suis mariée, qu'est-ce que nous faisons ensemble, en Espagne ?

— Une fugue, voyons !

La voiture, brusquement, fait un bond en avant, aborde un tournant, ses pneus crissent.

Antonio s'est réveillé, derrière.

— Eh bien ! qu'est-ce qui se passe ? dit-il.

— Rien, lui dis-je, on essaie le moteur.

— Ça a l'air d'aller, dit-il, placide.

Ensuite, c'est calme, un bavardage décousu, avec Antonio. Je regarde, sur ma droite, le lac de La Négresse, dans le soleil couchant.

Le voyage est commencé.

À midi, tout à l'heure, j'avais quitté ma place, j'avais marché jusqu'au wagon-restaurant. Il y avait un siège inoccupé, je m'y suis assis. Trois jeunes femmes bavardaient, à ma table.

C'était banal, leurs paroles flottaient en l'air, comme des bulles. Peut-être n'écoutais-je pas très bien, c'est possible. Je regardais, plutôt. Elles étaient minces et belles, lisses, inusables, peut-être, ça s'est déjà vu. Finalement, un peu avant qu'on ne nous apporte la bombe glacée, j'ai compris qu'elles étaient mannequins volants. Elles allaient faire une présentation de modes, à Tarbes. Alors, au moment où on a déposé dans nos assiettes les tranches de bombe glacée, le nom de Mercedes est venu dans la conversation de ces jeunes femmes. Il semblait que Mercedes n'était plus que l'ombre d'elle-même, l'ombre douloureuse d'elle-même. Pourquoi ? C'était confus. J'imaginais Mercedes, brune et pâle, *brisée de l'intérieur* — cette expression toute faite est revenue plusieurs fois, *brisée de l'intérieur* — par un grand désespoir. L'une des jeunes femmes, pourtant, semblait en savoir plus long. Elle avait été au Japon, avec Mercedes, par la route du Pôle. Et là, dans l'avion, peut-être au moment de survoler le Spitzberg, la jeune femme ne précisait pas ce détail, Mercedes lui avait fait des confidences. Il semble qu'elle avait aimé un homme, à la folie, et que cet homme était mort. C'est depuis lors que Mercedes n'était plus que l'ombre d'elle-même, ou l'ombre de cette mort, plutôt.

Mais qui était cet homme, dont l'absence hantait Mercedes ? La jeune femme ne se souvenait plus. Pourtant, quand elle avait été au Japon, avec Mercedes, par la route du Pôle, Mercedes lui avait bien dit le nom de cet homme, semblait-il. Il avait eu une mort tragique, c'est tout ce qu'elle pouvait en dire, même que les journaux en avaient parlé. Un accident de voiture, semblait-il, et *Paris-Match* avait publié des photos. La bombe glacée était finie, nous en étions au café. Des photos, dans *Paris-Match* ? Ce détail a rappelé quelque chose à une autre des jeunes femmes : la voiture n'était plus qu'un amas de ferrailles tordues, c'était une Facel Vega. Cette autre jeune femme s'en souvenait très bien.

Alors, toutes à la fois, elles ont parlé de voitures, des accidents qui étaient survenus, ces derniers temps, à plusieurs de leurs amies. Mais elles n'ont pas retrouvé le nom de cet homme. C'était un écrivain, semblait-il, elles n'en savaient pas plus. Il était mort, dans cet amas de ferrailles tordues, et Mercedes n'avait plus été que l'ombre d'elle-même.

Ainsi, la mort était venue, sournoisement, voilant sa vérité sous l'ignorance bavarde de ces jeunes femmes, hanter le début de ce voyage.

Était-ce un signe ?

Je le demande à Ève, c'est son prénom, entre Irun et Pasajes, après lui avoir raconté cette histoire, que je trouve significative, du wagon-restaurant. Mais elle hoche la tête, elle ne veut pas croire aux signes. Moi non plus, d'ailleurs. Ensuite, il y a quand même eu du silence, malgré que nous ne croyions pas aux signes.

À Saint-Sébastien, je lui fais prendre la route en corniche qui borde la mer, autour du massif rocheux du mont Urgull. Je lui demande d'arrêter la voiture, j'en sors, je m'accoude à la balustrade de pierre. L'eau de la baie est calme, sous la lumière du soir. Au fond, on voit l'arc de cercle parfait des plages de la Concha. Des jeunes gens, sur le sable, jouent au foutebaule, on entend des cris, des rires, malgré la distance, à peine assourdis. À ma gauche, derrière le bâtiment de l'aquarium, un canot à moteur vient de surgir. D'autres vont apparaître, à sa suite : c'est l'heure où les barques prennent la mer, pour la pêche nocturne. Elles ne vont pas trop s'éloigner, elles pratiquent ce qu'on appelle la *pesca de bajura*, dans les eaux basses, côtières.

Elle est venue s'accouder près de moi, elle regarde.

Je tourne le dos au paysage, je vois son visage, ses épaules, ses hanches minces. Elle bouge.

— Je croyais que nous étions pressés, dit-elle, ensuite.

J'allume une cigarette.

— Aujourd'hui, nous avons tout le temps, lui dis-je.

Elle regarde l'eau de la baie, légèrement rayée par le sillage des barques qui prennent la mer.

— Et demain ? dit-elle.

— Nous dormons à Vitoria, cette nuit. Demain, à l'aube, on prend la route. Je dois être à Madrid avant midi. J'aurai quelqu'un à voir : deux heures au maximum. Ensuite, nous continuons sur Séville.

— Séville ! s'exclame-t-elle.

— Pourquoi ?

— L'Andalousie !

Elle s'est tournée vers moi, ses yeux brillent.

— L'Andalousie, bien sûr, lui dis-je.

— Il paraît que c'est merveilleux, dit-elle.

Je la regarde.

— Après-demain, lundi, lui dis-je, à dix-sept heures trente, à Séville, un copain ira à un rendez-vous. Il se trouve que la police connaît ce rendez-vous, elle y sera, peut-être. Il faut qu'on arrive avant.

Elle me regarde, elle ne dit rien, ses lèvres tremblent.

Aujourd'hui, samedi, Pedro a déjà quitté Málaga, c'est possible. Il a ce rendez-vous à Séville, après-demain. Il a pris la valise avec les échantillons, il s'est embarqué sur les autocars poussiéreux qui font la navette d'un bourg paysan à l'autre. Il aura parlé avec les voyageurs, nul ne sera méfiant, il parle comme eux, le même accent, la même nonchalance fiévreuse. C'est un voyageur de commerce, on lui offrira à boire, aux haltes de la route, plus d'un aura l'impression de l'avoir vu déjà quelque part. Ainsi, par courtes étapes détournées, calmement, mais sans perdre une minute, Pedro roulera vers ce rendez-vous de Séville, où la police l'attend, peut-être. La nouvelle des arrestations de Séville était arrivée à Paris, hier même. Il semblait que M. avait parlé, ce sont des choses qui arrivent. Or, s'il avait parlé, il avait dû donner ce rendez-vous de lundi. Pour peu qu'il ait faibli, la police avait dû le pousser jusqu'au bout, pour avoir les fils de la liaison de M. avec les échelons supérieurs de l'organisation. C'est élémentaire. Ce rendez-vous avec Pedro était le fil qui intéressait la police, par-dessus tout. Il fallait supposer qu'elle serait au rendez-vous. Dans notre métier, même si c'est déprimant, il faut toujours partir de l'hypothèse de travail la plus pessimiste. Ainsi, Pedro était en route, déjà. Il parlait avec les voyageurs, dans les autocars poussiéreux, aux haltes villageoises. Il buvait du vin clair, dans les tavernes sombres, fraîches. Il mangeait du jambon cru et il demandait des nouvelles sur les conditions de travail, sur la récolte. Ensuite, il sortait, dans le soleil vertical des rues blanches, il était libre. Il croyait être libre. Mais, déjà, à Séville, le piège était en place, son heure était venue, et il marchait dans le désert d'une liberté perdue. Déjà, tous les rouages obscurs et mesquins d'une sorte de destin s'étaient mis en marche, déclenchés par la faiblesse d'un copain, sa peur, son désespoir. Par petites étapes, calmement, inexorablement, Pedro marchait vers ce rendez-vous truqué, cette liberté devenue piège.

Ève ne dit rien, ses lèvres tremblent.

— Je vous expliquerai plus tard ce qu'on va faire, lui dis-je.

Elle me regarde. Maintenant, ses yeux sont verts, sans aucun doute.

Chacun de nous a sa façon à lui, particulière, d'aborder une ville, une organisation, après des semaines, des mois parfois, d'absence. Je ne connais pas la façon de Pedro, je le regrette. S'il préfère arriver dans une ville, au tout dernier moment, pour se rendre directement à son rendez-vous clandestin, il va falloir le rattraper sur place, dans le parc Maria Luisa, à la barbe des policiers. C'est pour cela qu'il faut que je m'arrête à Madrid : j'aurai besoin d'une deuxième voiture, avec une plaque d'immatriculation espagnole. C'est une solution aléatoire, mais pas du tout irréalisable. Une fois, on a bien récupéré un copain dans la salle du Tribunal militaire où il était convoqué, comme prévenu libre. On avait appris de source sûre qu'il allait être condamné à une peine de prison assez lourde et on l'a récupéré, à la toute dernière minute, dans le bâtiment même du Tribunal militaire. D'ailleurs, il est possible que Pedro ait les mêmes goûts que moi, la même façon de faire. Pour ma part, je préfère arriver dans une ville — surtout si je n'y travaille pas habituellement — au moins deux jours avant l'heure du rendez-vous établi. Je vais aux nouvelles, chez des copains qui ne sont pas directement liés à l'appareil clandestin, je me promène, je hume la ville, j'écoute ses rumeurs. Quand une opération policière est en cours, il y a toujours quelque part un signe, une épaisseur de silence, des portes fermées, des regards opaques. Si Pedro a les mêmes habitudes que moi, ça va être un jeu d'enfant de le rattraper, avant le rendez-vous suspect. Une opération de routine, simplement.

— Vous verrez, dis-je à la jeune femme. Ça se passera très bien. Après, nous irons dans les jardins de l'Alcazar. Peut-être même à Chipiona, prendre un bain.

Elle sourit et je comprends qu'elle ne craignait rien, pour elle-même, qu'elle pensait à Pedro, à sa route minutieuse et gaie vers ce rendez-vous, ce piège possible.

— Et à Madrid ? demande-t-elle.

Je ne comprends pas.

— Je vais rester toute seule pendant deux heures ?

J'ai envie de rire.

— Vous irez au Prado, lui dis-je. Vous m'attendrez devant les Velásquez.

Son visage s'éclaire.

— Vous avez tout prévu, dit-elle.

— Je suis payé pour ça, lui dis-je.

Elle se rembrunit, aussitôt.

Je n'ai pas encore trouvé le ton qu'il faut, pour parler à cette jeune femme. J'essaie de l'imaginer, devant les Velásquez.

Une fois, à Madrid, c'était un couple qui était venu me voir, au rendez-vous mensuel pour l'échange du courrier clandestin. Ils étaient d'Angoulême, des gens calmes, d'un certain âge. Leur longue entente était visible, une sorte de paix. Je les connaissais bien et jamais je ne les avais vus faire un faux pas. Ils avaient dû rester plusieurs jours à Madrid, alors, une fois, pour les distraire, je leur ai proposé de les conduire au Prado. L'homme a simplement hoché la tête, il n'avait pas l'air enthousiaste, mais la femme a trouvé que c'était une bonne idée. Au musée, j'ai joué mon rôle de guide, sérieusement, mais ni les Rubens, ni les Van Dyck, ni même les Jérôme Bosch n'ont réussi à vraiment attirer leur attention. Ça devenait morne, j'ai écourté la visite. Je les ai conduits dans la petite salle ronde, consacrée à Goya. Ils ont contemplé les deux *Maja*, l'œil vide, j'étais plutôt vexé. Alors, par un itinéraire savant, je me suis arrangé pour les mener tout droit jusqu'aux *Fusillades du 3 Mai*. Je me suis arrangé pour qu'ils débouchent subitement dans la salle où ce tableau est accroché, pour qu'ils se heurtent à lui, si l'on peut dire. Nous étions devant les *Fusillades du 3 Mai*, devant la lumière jaune de la lanterne qui éclaire en biais ces hommes qui vont mourir, leur désespoir, leur crainte, leur courage, et j'ai senti qu'ils étaient impressionnés, finalement.

La femme a hoché la tête, elle est sortie de son mutisme.

— Ah ! ça c'est beau, a-t-elle dit. On dirait du Fougeron !

Je n'ai pas su quoi dire, que faire. J'étais cloué sur place, littéralement.

Ève est partie d'un grand rire clair, qui fusait, mais qui tournait court, aussitôt. Elle me regarde sévèrement.

— Je n'aime pas cette histoire, dit-elle.

Nous sommes dans un bistrot de la vieille ville de Saint-Sébastien, chez Juanito Kojua, et nous buvons du vin clairet, dans de tout petits verres, en mangeant des sardines grillées, au comptoir de Juanito Kojua.

— C'est une histoire méchante, dit-elle.

— Mais non, lui dis-je, c'est une histoire morale.

Elle secoue la tête.

— Non, dit-elle. Cet homme et cette femme ont pris des risques, ce sont des militants. Il se trouve, par ailleurs, qu'ils n'y connaissaient rien, à la peinture. Et alors ? C'est secondaire, vous ne pensez pas.

— Oui, lui dis-je. Mais à force de traiter la peinture, et la philosophie, et la morale, comme des choses secondaires, vous ne trouvez pas que nous sommes allés un peu loin ?

Elle fronce les lèvres, elle le regarde au-dessus de son verre de vin clairet.

— Nous ? demande-t-elle.

— Nous, lui dis-je. Ce serait trop facile si les saloperies c'était toujours les autres.

Elle hoche la tête.

— De toute façon, lui dis-je, ce n'est pas ce couple qui est en cause. Je n'ai aucune envie de rire à ses dépens. C'est notre imbécillité qui est en cause, une certaine imbécillité communiste. C'est une histoire triste, pas méchante, mais c'est une histoire morale.

Elle pose son verre sur le comptoir.

— Vous n'êtes pas gai, dit-elle.

Je lève mon verre devant ses yeux, pour boire à sa santé. Mais elle ne se déride pas, pas encore.

Alors, dans cette foule qui se presse chez Juanito Kojua, autour du comptoir, dans les rires, les interpellations, je sens un regard posé sur moi. Je sens le poids d'un regard, sur ma nuque. Je ne me retourne pas tout de suite. Je demande au garçon de remplir nos verres à nouveau, je prends le verre d'Ève, je le lui tends, et en faisant ce geste, je pivote légèrement, d'un mouvement qui puisse sembler naturel, pour regarder derrière moi.

À quelques mètres, au milieu d'une grappe de visages, je vois les yeux bleus de Luis Martin Santos. Il tient un verre à la main, il lève son verre, imperceptiblement, dans ma direction. Moi aussi, je lève mon verre. Nous buvons à la santé l'un de l'autre, solitaires mais liés par ce geste, au milieu de la foule, chez Juanito Kojua.

Il s'est passé beaucoup de choses, depuis la dernière fois que je l'ai vu. Nous étions dans la grande pièce de sa maison, aux murs tapissés de livres. Nous bavardions et Maria del Rocio nous a servi à boire. Sa femme s'appelait ainsi, Marie de la Rosée, d'après le nom d'une Vierge andalouse qui attire les foules en pèlerinage, la Vierge de la Rosée, précisément. Mais sa femme était morte, depuis, et on m'avait dit que Luis M. S. ne s'en sortait pas, de cette mort. On m'avait dit qu'il marchait toujours, dans le désert aveuglant de cette mort, accidentelle, violente. Nous bavardions dans la grande pièce, les enfants étaient venus dire bonsoir et Maria del Rocio nous avait servi à boire. Ensuite, elle était restée dans un coin, attentive, mais silencieuse. Nous parlions de l'Espagne, comme toujours, et une fois de plus nous n'avions pas été d'accord. Luis M. S. m'avait reproché ce qu'il nommait nos illusions volontaristes, notre vision de la réalité espagnole, qu'il avait qualifiée d'archaïque. Il avait déjà été en prison, plusieurs fois, il prenait des risques, en me recevant chez lui. Nous parlions, longuement, nous n'arrivions pas à nous mettre d'accord, mais il y avait, au-dessous de nos divergences, une sorte de complicité, une sorte de langage commun, de commune recherche. Nous y étions au chaud, malgré nos désaccords. Ensuite, les lampes ont été allumées et il a fallu que je parte, je devais traverser la frontière, ce soir-là.

Après cette entrevue, j'avais lu son livre, l'un des meilleurs romans que l'on ait écrits, en espagnol, ces dernières années. J'avais déjà lu certains de ses essais philosophiques, mais ce roman-là, c'était vraiment bon. Lucide et chaleureux, démontrant une maîtrise peu habituelle du langage, de ses formes et de son sens.

— Il faut partir, dit Ève, sinon je vais trop boire.

Je la regarde. C'est vrai qu'elle va trop boire.

— Ça ne fait rien, lui dis-je, je conduirai.

Elle fronce les sourcils, méfiante.

À ce moment-là, Luis M. S. quitte le groupe qui l'entoure, il marche vers la porte du bistrot. Sur le pas de la porte, il se retourne vers moi, fait un signe de la tête, minime, comme un appel.

— C'est ça, partons.

Je paie, j'entraîne la jeune femme dans la rue.

— Allez jusqu'à la voiture, lui dis-je, je vous rejoins.

Elle a l'air un peu désemparée, mais elle obéit.

J'allume une cigarette, j'attends quelques instants, et je vais à la rencontre de Luis M. S. Il est au coin de la rue, immobile.

— J'ai lu ton livre, lui dis-je.

Il sourit, il hausse les épaules.

— Tu t'en sors ?

Il a très bien compris ma question, mais il ne répond pas tout de suite.

— Je ne crois pas, dit-il, plus tard.

Nous sommes silencieux, le ciel s'est obscurci. Il lève les yeux, vers ce ciel qui s'est obscurci.

— Tu entres ou tu sors ? dit-il.

En fait, ça ne le regarde pas, que j'aille vers la France ou vers le Sud.

— J'entre, lui dis-je quand même.

Alors, d'un geste bref, il pose une main sur mon bras gauche.

— Chance, alors, dit-il.

Et il s'en va.

Je rejoins la voiture.

Ève est assise derrière son volant, je m'accoude à la portière.

— Sans blague, lui dis-je. Je voudrais bien la conduire, cette bagnole cardinalice.

Elle me regarde, hésitante.

— Vous savez ?

Alors, je ris.

— Conduire une voiture, lui dis-je, manier le plastic, nager, discuter avec les catholiques, ce sont des choses qu'on apprend en première année.

Maintenant, elle est interloquée.

— Quelle première année ?

— Je veux dire que c'est élémentaire, pour un permanent.

Elle me regarde toujours.

— Vous faites de l'humour, n'est-ce pas ? dit-elle.

— Mais oui : c'est un gag intime.

— Nous ne sommes pas intimes, précise-t-elle, à voix basse.

— Ça viendra, lui dis-je.

Alors, rageusement, elle s'écarte sur la banquette et me laisse la place libre, derrière le volant.

J'ai fait le plein d'essence, à la sortie de Saint-Sébastien. Ensuite, la route a été comme un tunnel sonore, dans la nuit tombante, dans la nuit tombée que la lumière des phares trouait, vertigineusement. Mais c'est surtout pour la montée du col d'Echegarate que je voulais conduire. Ça a été superbe.

Ève n'a pas dit un mot, jusqu'au moment où j'ai arrêté la déesse, devant la porte du Canciller Ayala, à Vitoria.

Comment en sommes-nous venus à parler de Hemingway, plus tard ? À cause des taureaux, probablement.

Je l'avais conduite au Portalón, pour dîner, et elle avait été surprise par l'ambiance du lieu, le calme feutré de l'accueil, les bougies sur les tables.

Elle regarde autour d'elle, son visage est éclairé latéralement par la lumière des bougies.

Elle secoue la tête.

— Décidément, dit-elle, ce n'est pas du tout comme ça que j'imaginais ce genre de voyage.

Je n'ai pas répondu, car je composais le menu, c'était important.

C'est ensuite, en attendant qu'on nous serve, qu'elle m'a posé des questions, sur les courses de taureaux. Le nom de Hemingway est venu dans la conversation, bien sûr. Elle n'avait pas lu *A Dangerous Summer*, je lui en ai parlé. Elle n'avait d'ailleurs qu'une idée très vague des courses de taureaux. Je dois dire, ça ne me faisait ni chaud ni froid, les courses de taureaux ne m'intéressent que très modérément. Mais j'en parlais comme ça, dans le silence du Portalón : c'était une simple conversation.

Un peu plus tard, pourtant, elle m'a irrité, par des considérations d'une grande vulgarité, à propos du suicide. Je lui ai répondu sèchement et il y a eu du silence.

Le suicide ?

Hemingway était debout, un verre vide à la main, sur la terrasse, à l'ombre. Il me regarde, en plissant les yeux.

— Vous êtes sûr que vous n'êtes pas journaliste ?

Il m'a déjà posé la même question, tout à l'heure.

— Oui, lui dis-je, tout à fait sûr.

L'ami qui m'a amené s'amuse beaucoup. Il affirme, une nouvelle fois, que je fais de la sociologie. Mais Hemingway me regarde encore, soupçonneux. Je ne dois pas avoir une tête à faire de la sociologie. Ensuite, il hausse les épaules et il montre son verre vide. Quelqu'un le lui remplit aussitôt.

Nous sommes à l'Escurial, à la fin du printemps, en 1956. Hemingway habitait à l'hôtel Felipe Segundo, avec sa femme, et il déjeunait ce jour-là chez l'un de ses meilleurs amis, un *matador* qu'il appréciait par-dessus tous les autres.

C'est ce mot que l'on emploie, en espagnol, pour qualifier le métier de cet homme : *matador,* et plus précisément, *matador de toros,* tueur de taureaux, est-ce à dire, et c'est en effet la meilleure façon de qualifier le métier de cet homme : il a deux taureaux à tuer, chaque après-midi de course. C'est cette fonction qui est sienne, de donner la mort, d'être seul devant la bête, durant le dernier tiers de la course, le tiers de la mort, précisément, qui le place au sommet de la hiérarchie tauromachique.

— Mais non, don Ernesto ! dit le *matador.* On ne vous ferait pas ça, de vous amener un journaliste !

Il ne me connaît pas du tout, je viens de lui être présenté, sous un faux nom. Mais l'ami qui m'a amené est un peu de sa famille et il veut rassurer Hemingway.

Ensuite, il y a eu du silence et nous avons continué à boire, dans ce silence. La terrasse de la maison est ombragée, elle domine le plateau de l'Escurial. On aperçoit, au fond, dorée par le soleil, la façade de pierre grise du monastère.

Nous étions tous assis, Hemingway était debout. Son verre était de nouveau vide. Il parlait lentement, dans un espagnol précis.

— À la frontière, la première fois que je suis revenu, le policier regarde mon passeport et il me dit, en souriant : «Vous vous appelez comme cet Américain qui était avec les rouges, pendant notre guerre.» Il souriait, ce policier, en me rendant mon passeport. Alors, je lui dis : «Je m'appelle comme cet Américain qui était avec les rouges, pendant votre guerre, parce que je suis cet Américain qui était avec les rouges.» Le policier est devenu livide, il m'a regardé avec des yeux ronds. Ensuite, il a avalé sa salive et il m'a dit : «Excusez-moi.» Je suis toujours américain, n'est-ce pas ? Mais il ne souriait plus du tout.

Nous rions tous. Hemingway ne rit pas.

Il est debout, à l'ombre, sa barbe est rousse. Il ne rit pas. Il agite de nouveau son verre vide, mais personne ne pense à le remplir, cette fois-ci.

— Notre guerre ! dit Hemingway. Les Espagnols disent toujours «notre guerre». Les rouges, les blancs, les sans-couleur : notre guerre. Comme si c'était la seule chose qu'ils aient en commun, qu'ils puissent partager.

Il m'a semblé que Hemingway parlait d'une voix sévère. Il m'a semblé aussi qu'il parlait pour lui-même.

— Est-ce qu'on peut partager la mort ? a dit Hemingway.

Il a rejeté le torse en arrière, dans un grand rire rocailleux. Ensuite, il a rempli lui-même son verre, puisque personne n'avait pensé à le faire.

J'écoute Hemingway et je pense à l'autre jour.

Nous avions fait une réunion, avec des étudiants. L'organisation universitaire commençait à grandir, depuis les manifestations de février, et il y avait beaucoup de problèmes à discuter. Nous étions partis en voiture, dans la montagne. Au retour, nous nous étions arrêtés au monastère du Paular, qui était en ruine. Nous avons marché dans le cloître, parmi les herbes folles. Au fond, l'une des ailes de l'édifice tenait encore debout, nous y sommes entrés. Les anciennes cellules des moines s'alignaient en enfilade. Le sol était couvert de gravats, la lumière du jour pénétrait par les plafonds béants. Dans la dernière cellule, presque intacte, par contre, des inscriptions étaient encore visibles, sur le mur. *139 Brigada Mixta*, pouvait-on lire, dans un coin. Et au milieu, en lettres capitales : NO PASARAN. Nous étions immobiles, devant les traces réapparues de cette guerre ancienne, qu'aucun de nous n'avait faite. Chacun de nous, pourtant, a remué des choses dans sa mémoire, je parie. Juan était à côté de moi et je savais que le père de Juan était mort, le premier jour de cette guerre ancienne. Il était propriétaire foncier, dans la province de Tolède, et quand la nouvelle du soulèvement de l'armée a été connue, le premier jour de cette guerre-là, les paysans sont venus, avec des fourches et des fusils de chasse, et ils ont abattu le propriétaire foncier. Maintenant, vingt ans après, Juan était côté de nous et il regardait cette trace sur le mur, ces mots d'une guerre ancienne. Nous sommes restés comme ça, les bras ballants, un instant, et nous sommes repartis en silence.

Dehors, il y avait du soleil. Nous sommes rentrés à Madrid.

Je me souviens de cette inscription, sur le mur d'une cellule de moine, au monastère en ruine du Paular, et j'écoute Hemingway.

— Peut-être n'est-ce pas la mort qu'ils veulent partager, mais leur jeunesse.

Il rit de nouveau, sévèrement.

— La mienne aussi, alors.

Personne ne sait plus quoi dire et personne ne dit rien.

— Quand nous serons tous morts, dit Hemingway, il n'y aura plus rien à partager.

Il ne dit plus rien, il boit.

Le vieil Ernest, avais-je pensé, le vieil Ernest, triste et barbu. Il avait parlé sévèrement, mais j'étais convaincu que cette sévérité ne s'adressait qu'à lui-même.

Ensuite, la conversation avait repris, à bâtons, comme on dit, rompus. Mary Hemingway a eu besoin de quelque chose et elle a demandé ce quelque chose dont elle avait besoin. Le *matador* qui nous recevait à déjeuner s'est levé, pour aller chercher ce que Mary Hemingway avait demandé, de sa voix perçante. Je le regarde marcher, il boitille. Il a été blessé, récemment, à la cuisse, par la corne d'un taureau.

C'était à la course de bienfaisance que l'Association de la Presse organise chaque année, et le hasard avait voulu que j'assiste à cette course-là. Il y avait aussi Antonio Bienvenida, et le public était pour Antonio Bienvenida, dont on disait qu'il avait abandonné son cachet, tout entier, aux œuvres de bienfaisance pour lesquelles la course était organisée. Le public était pour Antonio Bienvenida, à cause de cette rumeur sur la générosité de Bienvenida, qui n'avait pourtant rien à faire avec la course proprement dite. Moi, il m'avait semblé que le *matador* qui nous recevait aujourd'hui avait fait des choses bien plus belles, plus difficiles sous leur apparente aisance, qu'Antonio Bienvenida, avec son premier taureau.

Mais le public le houspillait, lui criait de s'approcher davantage de la bête, le public lui rappelait à grands cris les centaines de milliers de pesetas qu'il allait toucher pour cette course, comme si cet argent lui donnait, au public, le droit de voir couler le sang de cet homme. Alors, avec sa deuxième bête, sous les cris du public, le *matador* dont je parle n'a cessé de faire des choses de plus en plus difficiles. À la fin, le public s'est tu, saisi enfin de panique, peut-être, mais il était trop tard et Ordoñez était déjà, à chacune de ses passes, entre les cornes du taureau, ne laissant plus sortir le taureau à la fin de chacun de ses passages, mais le retenant près de lui, circulairement, dans un mouvement ralenti de leurs deux corps, jusqu'au moment où cette ronde presque parfaite, dans le silence immense de la foule, a été brisée par un écart vicieux de la bête, qui a accroché le *matador* à la cuisse, près de l'aine, le projetant en l'air, et alors une sorte de frémissement a jailli de la foule, comme une rumeur rauque, mais Ordoñez était déjà debout, sanglant, et il a renvoyé tout le monde, avec des cris de rage, il a ramassé le chiffon rouge, son épée, et il a repris la bête en main, il l'a placée comme il sait les placer, les pattes bien écartées, le mufle vaincu, pour recevoir la mort, et il a donné la mort à cette bête, qui l'a reçue dans une secousse brutale, et Ordoñez, alors, s'est effondré, couvert de sang, et on l'a conduit à l'infirmerie.

Il revient, maintenant, en boitillant, avec le sac de Mary Hemingway.

Je le regarde, je regarde l'ami qui m'a amené. Leurs femmes sont là, aussi. Elles sont brunes toutes les deux, minces toutes les deux, et elles écoutent le bavardage de Mary Hemingway, avec un sourire figé.

Je me lève, je suis à côté du vieil Ernest.

— Vous êtes revenu au Gaylord's? lui dis-je.

Il a un regard aigu, au-dessus de son verre, et il hoche la tête, négativement.

— Le Gaylord's? dit-il. Non, sûrement pas.

J'ai envie de lui raconter que j'ai passé toute mon enfance dans la rue où se trouvait l'hôtel Gaylord's. Juste à côté, il y avait une épicerie, chez Santiago Cuenllas, où on allait se fournir. Mais je ne lui dirai rien de tout ça, c'est trop ancien.

— Vous avez vu? lui dis-je, la maison de la rue Serrano a été détruite.

Il pose son verre, il hoche la tête.

— Oui, dit-il. La rue Serrano a beaucoup changé.

J'ai l'impression que nous allons pouvoir parler, maintenant.

Mais le moment est venu de se mettre à table. On nous appelle à table. C'est trop tard, on ne parlera plus. Nous marchons vers la salle à manger, dans un brouhaha de conversations, que domine la voix perçante de Mary Hemingway.

Nous avons mangé, dans la rumeur de cette voix perçante.

— C'est quoi, la rue Serrano? demandait Ève, le lendemain.

— C'est une rue, à Madrid.

Elle hausse les épaules.

— Je veux dire, cette maison de la rue Serrano? dit-elle.

— C'était un hôtel particulier, rue Serrano, où le comité central du Parti s'était installé, pendant la guerre civile.

Mais la rue Serrano avait beaucoup changé.

Le premier soir de mon retour, après tant d'années — dix-sept ans, exactement — j'avais laissé mes bagages à l'hôtel, rue Santa Cruz de Marcenado. On m'avait rendu mon passeport français, à la réception, et j'étais sorti dans la nuit. Je marchais comme un fou, tout était familier, méconnaissable, en même temps. J'avais pris à droite, par San Bernardo, je riais tout seul. C'était le mois de juin, il faisait beau, les rues étaient pleines de promeneurs. J'ai descendu le Gran Via, jusqu'à la place de la Cybèle. Voilà, j'étais arrivé. Je n'avais plus que quelques centaines de mètres à parcourir, je passerais devant le numéro onze de la rue Alfonso XII. Ensuite, je marcherais jusqu'à l'entrée du parc, elle serait fermée pour la nuit. Je longerais la grille, lentement.

Rien n'avait changé, semblait-il, mais je ne reconnaissais plus rien. Ainsi, en arrivant dans la rue Serrano, je n'avais plus envie de rire. Un désarroi confus, comme une mollesse du corps et de l'esprit, s'était emparé de moi.

C'est alors que j'ai vu, sur ma droite, la vitrine du magasin et l'enseigne lumineuse, dans la nuit : La Gloria de las Medias. J'ai fait encore quelques pas, je me suis arrêté.

Tout était confus, quelques secondes auparavant, disproportionné, insignifiant. Cet instant, silencieusement souhaité, avec une certaine angoisse, où la mémoire et le présent allaient être ressemblants, effaçant dix-sept ans d'exil, cet instant avait fondu, il s'était volatilisé, poursuivi d'une rue à l'autre, s'estompant sans cesse, de la place de la Cybèle à la masse nocturne des arbres dans le parc endormi, n'arrivant pas à prendre corps. Mais voici que la vitrine de cette mercerie, totalement oubliée, émergeait dans la nuit, son enseigne lumineuse proclamant ce nom dérisoire, La Gloria de las Medias, comme si, dans le bouleversement des années, des guerres, de l'univers tout entier, la permanence insolite, peut-être même ironique, de cette mercerie de quartier, avec son nom grandiloquent, À la Gloire des Bas, était le seul lien avec un passé d'autant plus révolu que seul ce magasin, ce nom seulement, avaient conservé l'essence inaltérable et fuyante des journées d'autrefois ; comme si, au moment même où il me semblait que j'allais m'égarer, de nouveau, demeurer étranger dans mon propre pays, l'apparition de cette mercerie, sa permanence humble et têtue, les échos que son nom réveillait, me permettaient de fixer ma mémoire, d'entendre enfin le bruissement des acacias le long des rues calmes, de frôler la pierre encore tiède des façades alignées, de retrouver l'odeur pesante, épaisse, de la nuit.

Je regardais l'enseigne lumineuse, tout était redevenu évident.

— Très bien ! dis-je à Ève. Vous avez fait aussi vite que les lanciers polonais. Mais il n'y a pas de neige, aujourd'hui.

Elle change de vitesse. La déesse s'engage sur le sommet du col de Somosierra.

— Comment ? dit-elle.

Nous roulons vers Madrid, maintenant.

— Souvenez-vous, lui dis-je. Napoléon a enlevé ce col, en plein hiver, à bride abattue, avec ses lanciers polonais.

Elle éclate de rire.

— Décidément, dit-elle, vous êtes de bonne humeur, aujourd'hui.

Bien sûr, je rentre chez moi.

Je mentirais si je disais que c'est l'émotion de ce rendez-vous de demain, la possibilité de tirer Pedro des pattes de la police, qui me mettent en joie. C'est parce que je rentre chez moi, tout simplement. Je reviens dans la ville de mon enfance.

— Comment on va faire, à Séville? demande Ève.

Je lui explique en détail le plan qui a été prévu.

À Madrid, je vais demander à L. de prendre l'avion pour Séville, ce soir même. Il a la liaison avec les étudiants de là-bas, et nous aurons peut-être besoin de nous appuyer sur leur organisation, si les arrestations ont rendu intouchable le secteur ouvrier. D'autre part, je demanderai à Juan de prendre sa voiture et de nous retrouver sur place. Pour faire sortir Pedro de Séville, une voiture immatriculée en Espagne sera moins voyante.

— Ce sont des permanents? demande-t-elle.

— Qui ça?

— Ces copains dont vous parlez?

— Pas du tout, lui dis-je. L'un est architecte et l'autre médecin.

— Et ils vont tout laisser tomber pour venir? demande-t-elle.

— Mais oui, lui dis-je. Vous êtes bien venue, vous-même.

Elle rit.

— Dites donc! dit-elle. Enfin quelque chose d'humain!

Je la regarde, lentement. Elle fait semblant de ne pas le remarquer, attentive aux tournants de la route.

— Et ensuite? demande-t-elle.

Ensuite, il faudra décider sur place, selon la situation que nous trouverons à Séville. À la limite, j'irai rattraper Pedro au lieu même du rendez-vous, dans le parc Maria Luisa.

Mais rien ne s'est passé comme prévu.

Nous sommes sur la plage de Chipiona, trois jours après, le mercredi matin. Le sable est d'un gris lumineux, l'eau était tiède, le ciel se pommelait. Nous étions allongés, somnolents.

Le dimanche soir, le lundi, jusqu'à cinq heures de l'après-midi, Pedro avait été introuvable. Nulle trace de son arrivée à Séville, nulle part. Ainsi, nous avions été obligés d'aller à ce rendez-vous, à dix-sept heures trente, dans les allées du parc Maria Luisa. Pedro avait un certain trajet à faire, à partir d'un certain point, et c'est au cours de ce trajet que M. aurait dû se présenter à lui. Je me suis posté dans un lieu qui permettait de surveiller l'arrivée de Pedro. Juan était en voiture, un peu plus loin, dans une allée carrossable. Le vent était tiède, une senteur entêtante se dégageait des massifs. J'étais un promeneur, j'entendais des voix d'enfants, qui jouaient. Le temps s'est distendu, il m'a semblé qu'il s'arrêtait de tourner, dans l'innocence banale d'un après-midi de printemps. Mais Pedro n'est pas venu. Au bout de cette allée, un vieil homme était apparu, avec son chien. Une femme, ensuite, poussant un landau. Des jeunes filles, des livres sous le bras. Le vieil homme revenait, à petits pas, le chien tirant sur la laisse. Le temps avait passé, finalement, à force d'immobilités successives. Pedro ne viendrait plus, et cette absence, qui aurait dû être rassurante, puisqu'elle lui évitait toute possibilité de tomber entre les mains de la police, m'effrayait davantage. Ça devenait confus, notre présence ici n'avait plus de sens, n'importe quoi avait pu arriver, sans que nous puissions intervenir. Il a fallu partir, la bouche amère.

Le lendemain, mardi, nous avions repris le guet, au rendez-vous de repêchage. Il était impossible de savoir si la police avait été présente, hier. Une automobile — une Seat, grise — avait bien roulé, lentement, à l'heure dite, le long de l'allée carrossable. Quatre hommes l'occupaient. Mais ce n'était peut-être qu'une coïncidence. à tout hasard, nous avions changé notre dispositif d'attente. Juan, aussi, était revenu avec une voiture de louage, la sienne, de marque étrangère, étant facilement identifiable. Ce fut le même calme, le même soleil au-dessus des arbres, la même attente vaine.

Je lève la tête, mes yeux se ferment, sous la réverbération du soleil. La plage de Chipiona est déserte, le sable est gris, ourlé par les écumes brillantes.

— Ève! Il faut partir!

Je regarde son corps allongé, sa nuque, ses cheveux courts. Elle se redresse.

— Déjà? dit-elle, somnolente.

Je suis debout, je lui tends la main. Un instant, sa hanche pèse sur moi, son bras sur mon épaule, quand elle se relève.

— On va manger quelque chose, dans le village, avant de repartir, lui dis-je.

— Du poisson frit? demande-t-elle.

Je hoche la tête, elle rit.

Son rire tourne court, ses yeux se troublent.

— Et Pedro? dit-elle.

Je hausse les épaules.

Nous ne pouvons plus rien, pour Pedro. Elle va me laisser à Madrid, je lui donnerai un message pour Antonio. J'attendrai des nouvelles, des instructions.

Elle me regarde, elle regarde la mer.

— C'était étrange, ce voyage, dit-elle, en regardant la mer.

Elle bouge, elle ramasse ses vêtements, on s'en va.

Une semaine plus tard, je tournais la tête, je voyais le lac de La Négresse. Le soleil se couchait, l'eau était plate et sombre.

Finalement, notre voyage avait été inutile. Pedro avait appris l'arrestation de M., par hasard, il n'avait pas bougé de Málaga. On m'avait envoyé une autre voiture, à Madrid, pour que je revienne.

Je revenais.

À Hendaye, je demandais à Antonio le numéro de téléphone du docteur. J'avais du temps à Bayonne, en attendant le train de nuit, je voulais les voir, Ève et lui. Antonio devenait blême, il détournait la tête, il racontait.

Ève était morte, au retour, en abordant le tournant de La Négresse. Un conducteur, en face d'elle, avait perdu le contrôle de son automobile, l'avait heurtée, de plein fouet. Elle était morte sur le coup.

Maintenant, je tournais la tête, je voyais le lac de La Négresse, à ma gauche. L'eau était immobile, plombée. Des choses bougeaient, confusément, dans ma mémoire. L'eau sombre était une paix mortelle, souhaitable.

Un lac ou un rêve de lac?

C'est à cette image obsessionnelle d'une eau sombre, circulaire, parmi les grands sapins des montagnes, que s'est enchaînée, tout naturellement, une certaine vision de l'avenir de Manuel.

Mais aujourd'hui, le 7 août 1945, dans la clinique de Montlignon où on vient de lui recoudre l'oreille droite, cet avenir est imprévisible, inexistant. Il n'y a que ce rêve confus d'une eau rocheuse, dans la conscience brouillée par les nausées du chloroforme.

La porte s'est rouverte.

— Vous avez de la visite, dit une voix.

Il ouvre les yeux.

C'est la même religieuse, celle qui voulait être appelée «ma sœur».

— De la visite? demande Manuel.

— Une jeune femme, dit la religieuse. Votre fiancée.

Alors, il a envie de rire. Il reconnaît les ruses de L., pour s'installer dans sa vie.

— Bien sûr, dit-il.

Et il se laisse aller en arrière, sur les oreillers moites.

Elle avait téléphoné ce matin, à l'épicerie-café-tabac de Mme Robbe. Manuel lui en avait donné hier le numéro, à la gare du Nord, en gage de bonne foi, pour lui prouver qu'il n'allait pas disparaître, à tout jamais, sous le fallacieux prétexte d'une démarche à faire à la préfecture de Versailles.

Elle avait téléphoné ce matin et Mme Robbe était trop heureuse de lui annoncer la nouvelle de cet accident. Mme Robbe s'est offerte pour la conduire à la clinique où on opérait, aujourd'hui même, ce pauvre M. Manuel. Elles avaient pris rendez-vous, dans l'après-midi.

Elle était arrivée et Mme Robbe l'avait aussitôt fait entrer dans sa cuisine, pour bavarder tout à leur aise, en surveillant la boutique à travers la porte entrouverte.

Mme Robbe aurait pu être dans le train de Persan-Beaumont, à entendre le détail du récit qu'elle faisait de la chute sur la voie. Elle aurait également pu se trouver dans la pharmacie de Gros-Noyer, et, en fait, elle avait été partout, elle avait assisté à tout, grâce à ce don d'ubiquité et de clairvoyance qui caractérise les narrateurs passionnés de faits divers.

Ensuite, quand Mme Robbe eut fini de raconter la chute sur la voie, et le réveil dans la pharmacie de Gros-Noyer, et le transport en ambulance, et sa conversation avec M. Manuel, dans l'escalier de la Maison Sedaine, au 47 de la rue Auguste-Rey, Mme Robbe garda le silence, ostensiblement.

Un silence significatif.

Elle regardait Mme Robbe, se demandant peut-être la signification de ce silence.

— Vous savez qu'il a voulu se suicider? demande Mme Robbe, brusquement.

Elle rejette le corps en arrière, avec effroi.

Mme Robbe l'observe, les yeux plissés, espérant trouver dans ce visage de femme la confirmation indiscutable de son pressentiment.

— Se suicider?

Elle pense à Manuel, se levant dans la nuit, comme un fou, fuyant son lit, sa chambre, sans un mot d'explication.

— Ça ne vous étonne pas, n'est-ce pas? dit Mme Robbe.

Elle hoche la tête, elle ne sait que dire.

— Parfois, dit-elle, pour elle-même, ça ne m'étonnerait pas.

Mme Robbe se rejette en arrière, triomphante et rassurée. Son intuition ne l'a pas trompée, elle a su deviner quelle ombre rongeait ce visage pâle, ces yeux absents, ce rire forcé de M. Manuel.

— Voilà, dit Mme Robbe.

Elle est assise, elle regarde Mme Robbe, sans la voir. Au-delà de Mme Robbe, des objets bougent, informes, un danger s'agite, une cloche de couvent sonne l'heure, des feuilles bougent, un bonheur désespéré l'envahit, le monde s'efface, elle a envie de crier.

— Où est cette clinique? dit-elle.

Mme Robbe va la conduire.

Nous autres, Evgueni Zamiatine

Préface

Interdite de publication en Russie soviétique, parue en Grande-Bretagne et en Tchécoslovaquie, publiée en français en 1929 chez Gallimard dans la collection « Les Jeunes Russes » fondée et dirigée par Boris de Schloezer, l'anti-utopie de Zamiatine (1884-1937) reparaît en 1971 dans la collection « Du monde entier », avec une préface de Jorge Semprún.

Evgueni Zamiatine avait connu la prison en 1905 pour ses activités politiques : il était bolchevik à l'époque, considérant que seul le parti de Lénine s'opposait sans faille à l'État tsariste. Amnistié en 1913, il commence à écrire après la prison, se rapproche du « cercle des Préceptes » animé par Ivanov-Razoumnik, et s'inscrit dans le sillage d'Alexeï Remizov.

Dès l'annonce de la révolution démocratique de Février 1917, Zamiatine se précipite à Petrograd où il assiste au coup de force des bolcheviks. Mais, il désapprouve l'orientation imposée par Lénine et, devenu proche des socialistes-révolutionnaires, condamne, dans leur journal *La Cause du Peuple*, la dissolution par la force de la Constituante nouvellement élue en janvier 1918. Dès 1921, il écrit *Nous autres*, description féroce de la société soviétique. À la fin des années vingt, avec la mise sous tutelle de la littérature qui accompagne la mise au pas politique et idéologique et annonce l'époque du « réalisme socialiste », Zamiatine est persécuté et ses possibilités de publier deviennent de plus en plus restreintes. C'est alors qu'il se décide à écrire à Staline — sans la moindre once de repentir — et celui-ci lui accorde l'autorisation de quitter l'URSS.

Commencent pour Zamiatine les années difficiles de l'émigration à Paris.

Le 10 mars 1937, au petit matin, dans une maison meublée située au numéro 14 de la rue Raffet, mourait à Paris, d'une crise d'angine de poitrine, l'écrivain russe Evgueni Zamiatine.

Aujourd'hui encore, une femme se souvient de ce jour lointain, de cette mort oubliée. Elle vivait à l'époque, avec son fils Roman, dans cette maison meublée, dont les locataires étaient surtout des émigrés russes blancs, qui considéraient avec méfiance ou mépris ce Zamiatine, exilé comme eux, mais demeuré citoyen soviétique. Elisabeth K. Poretski se souvient encore de ce jour et de cette mort. Elle vivait avec son fils, rue Raffet, sous quelque nom d'emprunt, dans le paisible anonymat d'une existence apparemment sans histoire. En fait, son mari, plus connu sous le prénom de Ludvik ou sous le pseudonyme d'Ignace Reiss que sous son vrai nom polonais de Poretski, était un communiste plongé depuis vingt ans dans les tourbillons de la vie militante et clandestine, et qui, après avoir travaillé dans l'appareil international du Komintern, avait fini par devenir l'un des chefs du renseignement soviétique en Europe occidentale.

Evgueni Zamiatine est donc mort le 10 mars 1937. Il a été enterré le 12 au cimetière de Thiais. Un mois et demi plus tard, des amis se réunissaient pour évoquer l'écrivain disparu, au cours d'une soirée commémorative. Le critique Marc Slonim (auteur, avec George Reavey, d'une intéressante *Anthologie de la littérature soviétique, 1918-1934*, Gallimard, 1935) y parla de l'œuvre de Zamiatine. Vladimir Nabokov et Ivan Bounine y lurent deux nouvelles de l'écrivain. Finalement, Jean Renoir rappela l'activité cinématographique de Zamiatine à Paris, où il était arrivé en 1932, et en particulier son adaptation des *Bas-Fonds* de Gorki, que Renoir avait précisément tournée l'année précédente, en 1936.

Quelques mois plus tard, le 17 juillet 1937, le communiste Poretski (ou Ludvik, ou Ignace Reiss) était assassiné près de Lausanne par des agents du Guépéou. Il venait de rompre publiquement avec Staline, après le premier des grands procès de Moscou. Il avait essayé de brouiller sa piste, en Suisse, pendant quelques semaines, avant de reprendre son combat révolutionnaire en liaison avec les cercles de l'émigration trotskiste, mais les hommes de main du Guépéou l'avaient retrouvé, lui avaient tendu un piège et l'avaient assassiné. L'histoire de Poretski-Ignace Reiss est maintenant connue. Elle fait l'objet d'un des livres les plus déchirants — les plus sereins aussi — de ces dernières années : *Les Nôtres*, d'Elisabeth K. Poretski (Denoël, collection « Lettres nouvelles »).

Mais pourquoi mettre en parallèle ces deux destinées ? Quel rapport, même obscur et détourné, pourrait-il y avoir entre le révolutionnaire professionnel qu'était Poretski et Zamiatine, écrivain raffiné, que Trotski a qualifié une fois, dans une page de *Littérature et Révolution*[1], avec la brutalité habituelle de ses raccourcis polémiques, de « snob flegmatique » ? (Un peu plus loin, mettant dans le même sac Blok et Zamiatine, Pilniak, Essénine et Ivanov[2], Trotski parle de « la même attitude romantique, passive, contemplative et philistine envers la révolution » qui caractériserait, selon lui, tous ces écrivains.)

Si nous tentons ce rapprochement, ce n'est certainement pas par goût romanesque des lieux insolites — cette maison meublée de la rue Raffet, dans les années trente — ou des rencontres imprévues — qu'auraient pu se dire, au café des Deux-Magots, qu'ils fréquentaient l'un et l'autre, Zamiatine et Poretski ? — ni même par l'obsessionnelle nostalgie d'une histoire, celle des nôtres, celle de la révolution qui a mal tourné, et qu'on a constamment envie de réécrire, dans ses non-dits, dans ses échecs sanglants, pour la rendre plus transparente et supportable.

Si nous mettons en parallèle les destinées de Poretski et de Zamiatine, c'est surtout parce qu'ils incarnent, de façon exemplaire, bien que totalement contradictoire, des personnages clés de l'histoire commencée en octobre 1917 ; parce que l'épaisseur à la fois minime et significative de leur destin individuel, si différent, marque bien les raisons de l'échec de l'entreprise démesurée, et par là même nécessaire, de la révolution russe et du type de pouvoir qui en est issu.

En ce qui concerne Poretski, l'affirmation qui précède semble évidente, elle ne nous paraît pas exiger les développements d'une longue démonstration : la figure du révolutionnaire assassiné pour sa fidélité aux principes et aux objectifs originels de la révolution est en effet banale, tragiquement, à l'époque du stalinisme.

En ce qui concerne Zamiatine, il est probable qu'un certain nombre de bons esprits vont se récrier. La révolution, on le sait, n'est pas un dîner de gala[3] ; elle

---

1. L. Trotski, *Littérature et révolution* ; préface de Maurice Nadeau, Julliard, 1964.

2. Alexandre Blok (1880-1921), poète, auteur des *Douze* (1918), célébrant la révolution ; Boris Pilniak (1894-1938), auteur du *Conte de la lune non éteinte* (1926) qui lui vaut sa disgrâce auprès de Staline, liquidé lors de la Grande Purge ; Sergueï Essenine (1895-1925), poète, son dégoût du régime l'amène au suicide ; Vsévolod Ivanov (1895-1963), membre du cercle des Frères Sérapion dans les années vingt, auteur du *Train blindé 14-69*, roman réaliste socialiste qui met fin aux critiques concernant ses précédents livres.

3. Emprunt à Mao Zedong, *Rapport sur l'enquête menée dans le Hunan à propos du mouvement paysan* (mars 1927), in *Petit Livre rouge*, 1966, p. 13.

n'a que faire des exquis trésors de la conscience malheureuse, humaniste et romantique des écrivains «petits-bourgeois».

Essayons pourtant de secouer ces bons esprits, de les réveiller de leur sommeil idéologique.

Selon Marx, «l'écrivain ne considère pas ses travaux comme un moyen. Ils sont des buts en soi, ils sont si peu un moyen pour lui-même et pour les autres qu'il sacrifie au besoin son existence à leur existence[1]». Cette définition de Marx s'applique parfaitement à l'écrivain Evgueni Zamiatine. Il nous semble même retrouver comme un écho de ces paroles de Marx dans la lettre que Zamiatine, un siècle plus tard à peu près, écrivait à Staline[2].

En 1931, en effet, victime depuis des années des tracasseries administratives, des interdits de la censure, des campagnes de presse orchestrées par la bureaucratie dominant les organisations d'écrivains (se trouvant, en quelque sorte, dans la même situation que connaît Soljenitsyne aujourd'hui), Zamiatine, sur le conseil et avec l'appui de Gorki, se décidait à écrire à Staline, pour lui demander l'autorisation d'émigrer provisoirement.

C'est un texte très simple, très ferme, dépourvu de toute équivoque, de toute imploration larmoyante, que Zamiatine envoya en juin 1931 au secrétaire général du PCUS, devenu omnipotent après l'écrasement de toutes les oppositions. «L'auteur de cette lettre, un homme condamné à la peine capitale, s'adresse à vous avec la requête de commuer cette peine. Vous connaissez probablement mon nom. Pour moi, en tant qu'écrivain, être privé de la possibilité d'écrire équivaut à une condamnation à mort. Les choses ont atteint un point où il m'est devenu impossible d'exercer ma profession, car l'activité de création est impensable si l'on est obligé de travailler dans une atmosphère de persécution systématique qui s'aggrave chaque année.»

Telles sont les premières lignes de la lettre de Zamiatine à Staline, en juin 1931. En quelques mots, le problème est posé: non seulement celui des rapports entre le pouvoir politique et les écrivains, mais aussi celui de la fonction même de l'écriture créatrice. Et il est posé dans les termes établis par Marx. L'œuvre n'est jamais un moyen, mais un but en soi. Elle ne peut donc pas être instrumentalisée; elle ne peut être conçue comme un moyen mis au service d'une cause; elle ne peut donc pas être jugée en fonction de son adéquation ou non-adéquation à la ligne dominante du développement politique et social.

Mais Zamiatine ne s'en tient pas à ces considérations générales. Comme tous les écrivains soviétiques des années vingt — période dont l'histoire critique reste encore à faire et qui serait très instructive quant aux problèmes de la «révolution culturelle» — Zamiatine est aussi un théoricien. De ses préfaces, de ses essais, de ses notes de cours sur «la technique de la prose», se dégage un ensemble

---

1. K. Marx, Mega, Werke, Artikel, Lit. Versuche bis März 1843, *Debatten über Preßfreiheit…*, *La Gazette rhénane*, mai 1842.
2. E. Zamiatine, «Lettre à Staline» (juin 1931), *Le Contrat social*, vol. VI, n° 2, mars-avril 1962.

cohérent d'indications théoriques sur la fonction essentiellement critique, et utopique, de la littérature.

Dans un essai de 1922 sur Julius Robert von Mayer, l'un des fondateurs de la thermodynamique moderne (Zamiatine était ingénieur naval, il possédait une formation scientifique et philosophique très solide), Evgueni Zamiatine affirmait : « Le monde se développe uniquement en fonction des hérésies, en fonction de ceux qui rejettent le présent, apparemment inébranlable et infaillible. Seuls les hérétiques découvrent des horizons nouveaux dans la science, dans l'art, dans la vie sociale ; seuls les hérétiques, rejetant le présent au nom de l'avenir, sont l'éternel ferment de la vie et assurent l'infini mouvement en avant de la vie. » En affirmant ainsi son point de vue, Zamiatine mettait à nu les racines de la contradiction entre la littérature (ou l'art, ou la science) et le pouvoir politique. Celui-ci, en effet, se propose, et ne peut pas ne pas se proposer, de dominer le présent, de définir la situation actuelle et les tâches qui en découlent, d'organiser les forces pour l'exécution de ces tâches. Et le pouvoir révolutionnaire, plus que tout autre, parce qu'il se dresse contre le cours « naturel » et routinier de l'histoire ; parce qu'il est toujours submergé dans une société où prédominent les formes et les forces sociales de l'époque antérieure, encore prédominantes à l'échelle mondiale, doit saisir fortement ce maillon du présent, qui conditionne sa stratégie. Il s'agit donc, entre le pouvoir politique révolutionnaire et la littérature (ou l'art, ou la science, tout au moins dans les domaines qui n'intéressent pas directement la productivité sociale du travail), d'une contradiction objective, inévitable. Il ne faut donc ni s'en scandaliser, en renvoyant dos à dos écrivains et pouvoir politique révolutionnaire, les premiers dans l'enfer petit-bourgeois de l'utopisme humaniste, le second dans celui de la *Realpolitik*, ni la nier non plus, en se voilant la face. Car cette contradiction, dans la mesure où elle est reconnue, où elle trouve l'espace social et culturel de son déploiement, et par là de son dépassement organique, peut être extrêmement féconde, et pour les écrivains et pour le pouvoir politique.

Mais voilà bien le problème : cette contradiction objective n'a jamais été reconnue, sinon par accident ou tactique provisoire et pragmatique aux moments de repli, par aucun pouvoir révolutionnaire du XXe siècle. Niée, tenue pour une simple survivance du passé, cette contradiction a jusqu'à présent toujours été « résolue » par l'emploi de méthodes administratives ou idéologiques : par la censure ou le déchaînement du pathos de la culture prolétarienne. Et le plus souvent par une combinaison des deux méthodes.

En présentant cette réédition de *Nous autres*, l'œuvre la plus accomplie d'Evgueni Zamiatine, c'est cette vérité qu'on voudrait rappeler aux doctrinaires de gauche. Si l'on retrouve dans ce livre de 1920, et malgré toute la différence des situations historiques, des styles, et de la matière littéraire elle-même, certains des thèmes essentiels de Soljenitsyne aujourd'hui — pour ne prendre qu'un des exemples les plus éclatants — cette persistance prête à réfléchir. Non pas seulement parce que le roman de Zamiatine, tout comme ceux de Soljenitsyne aujourd'hui, n'a jamais été publié en Union soviétique, c'est-à-dire, parce que le pouvoir politique continue d'être, comme il y a cinquante ans, incapable d'admettre et d'absorber la fonction critique de la littérature. Aussi, et principalement, parce que la persistance des thèmes de l'humanisme, de l'individualisme, de l'exigence libertaire, dans la littérature soviétique, de Zamiatine à Soljenitsyne, ne dénonce pas seulement — comme le prétendent à trop bon compte les doctrinaires en question — la survivance de valeurs archaïques, qu'on qualifie de «petites-bourgeoises». Elle dénonce bien davantage, cette persistance, l'absence de nouvelles valeurs sociales, l'opacité et l'atomisation de la société russe, l'écrasement d'une alternative réellement socialiste au pouvoir manipulateur et technocratique de la couche dirigeante de la deuxième puissance militaire du monde.

En réalité, on comprend fort bien pourquoi les censeurs ont interdit la publication de ce livre, déjà en 1923, à une époque où le foisonnement de la vie culturelle soviétique n'était pas encore totalement entravé. C'est qu'il s'agit d'une œuvre inquiétante. Dans *Nous autres*, Zamiatine refuse les règles du jeu établi, nie le présent, ses exigences et ses tâches immédiates; le dissout même, en projetant sur lui, ironiquement, la lumière d'un avenir lointain et redoutable. Grand connaisseur de Wells[1], Zamiatine transforme le roman d'anticipation scientifique en une arme de l'esprit critique. Par là, il devient le véritable précurseur de toute une littérature anti-utopique anglo-saxonne, et l'on sait quelle influence son livre a exercé, autant sur *Le Meilleur des mondes*, d'Aldous Huxley, que sur *1984*, de George Orwell.

En publiant, en janvier 1946, dans l'hebdomadaire *Tribune*, un article sur le roman de Zamiatine (qu'il avait lu dans sa traduction française de 1929, aujourd'hui rééditée), Orwell signalait cette ressemblance entre *Nous autres* et le livre de Huxley. Implicitement aussi, il reconnaissait sa dette envers Zamiatine: *1984* allait paraître trois ans plus tard, en 1949. En tout cas, Orwell ne s'est pas trompé sur le sens profond du roman de Zamiatine. Dans sa critique de *Tribune*, il souligne l'importance d'une conversation entre le narrateur et I-330, le principal personnage féminin du livre. «Alors, pourquoi parles-tu de la dernière révolution? Il n'y a pas de dernière révolution, le nombre des révolutions est infini. La dernière, c'est pour les enfants: l'infini les effraie et il faut qu'ils dorment tranquillement la nuit...»

Les enfants, qui sait? Mais les bureaucrates, c'est certain. L'infini de la révolution les effraie. Ils veulent dormir tranquillement la nuit. De temps en temps, un Zamiatine surgit et les réveille. En sursaut.

---

1. Herbert George Wells (1866-1946), auteur de romans de science-fiction et de satires sociales.

La Crise du mouvement communiste.
Du Komintern au Kominform, Fernando Claudín

Préface

L'amitié forgée dans les combats communs du début des années soixante au sein du PCE destinait Jorge Semprún à présenter l'essai de Fernando Claudín (1915-1990) qui y décrit les tournants de l'Internationale communiste (Komintern) jusqu'à sa « dissolution », puis la naissance du Kominform en 1947 et les batailles entre partis dont certains ont accédé au pouvoir dans l'après-guerre. Les deux camarades s'accordent sur l'essentiel. Lorsque Jorge Semprún décrit l'itinéraire de son ami et ses combats contre la direction du PCE, il parle aussi de son propre itinéraire. Au tournant des années soixante, il s'agissait de permettre aux communistes espagnols d'appréhender la réalité nouvelle de l'Espagne contemporaine et d'envisager une sortie du franquisme en dehors des canons du modèle bolchevique. Assurément, elle serait le fruit de l'évolution des classes dirigeantes, conduites à entrer en contradiction avec le régime du généralissime… Mais l'issue de cette bataille politique menée par quelques individus face à un appareil ne faisait aucun doute, les deux iconoclastes ont finalement été exclus.

Publié en espagnol aux Éditions Rudo Iberico de Paris, en 1970, le livre de Claudín est traduit deux ans plus tard aux Éditions François Maspero, à un moment où quatre ans après les événements de Mai 68, l'intérêt pour l'histoire de la III e Internationale avait retrouvé une vigueur au travers des débats opposant les différentes familles révolutionnaires.

« Il semble bien, disait Isaac Deutscher[1] en 1950, dans l'un des articles recueillis dans son livre *Heretics and Renegades*, que la seule attitude convenable pour un intellectuel exclu du parti communiste soit celle de se placer au-dessus de la mêlée. »

Étrange conseil, à première vue. Regardons-y de plus près.

Deutscher, dans ces pages de 1950, analyse les réflexions sur le communisme de quelques écrivains — Arthur Kœstler, Ignazio Silone, André Gide, Louis Fischer, Richard Wright et Stephen Spender[2] — qui ont été membres du parti ou compagnons de route de celui-ci, et il en arrive bien vite à la conclusion qu'il aurait mieux valu que tous ces hommes se taisent. Deutscher, visiblement, n'aime pas les intellectuels exclus du parti, ceux tout au moins qui l'ont été après 1929, après la défaite de l'Opposition de gauche[3]. Ils jouent trop aisément, semble dire Deutscher, le rôle de renégats auquel tout les pousse : et les circonstances objectives, et les anathèmes du processus d'exclusion, et les sarcasmes condescendants des exclus de l'avant-veille.

(En fait, on est toujours exclu au mauvais moment : trop tard ou trop tôt. Trop tard par rapport à l'objectivité des vérités sur le stalinisme, sur l'URSS et les sociétés issues de l'expansion de la sphère d'influence russe dans le monde, vérités qu'on s'est longtemps occultées, dans le flou idéologique des primautés de l'action et des ruses de la raison historique. Trop tôt par rapport aux possibilités d'être

---

1. Isaac Deutscher (1907-1967), militant trotskiste d'origine polonaise, auteur d'une complaisante biographie de Staline parue en 1949 puis de la première biographie de Léon Trotski (1954-1963), qui fit l'objet de nombreuses critiques.
2. Il s'agit du recueil publié sous le titre *Le Dieu des ténèbres*, chez Calmann-Lévy en 1950, dans la collection dirigée par Raymond Aron qui donne une préface à l'ensemble.
3. L'appellation désigne le tout premier groupe des signataires de la plate-forme de l'Opposition (1923) à la politique du triumvirat Kamenev-Zinoviev-Staline, puis l'opposition Trotski-Kamenev-Zinoviev à la direction de Staline et Boukharine à partir de 1926.

compris et suivi à l'intérieur même du parti, où l'on mène une bataille toujours minoritaire et toujours perdue d'avance. Mais ce double retard — retard de la prise de conscience par rapport à l'épaisseur objective du cours des choses, retard de l'ensemble des militants par rapport aux minorités dirigeantes qui aspirent à un «cours nouveau» — ce double retard n'est pas le fruit d'un hasard qu'on pourrait tourner en dérision, pour l'exorciser. Il a la rigueur, les rigueurs, d'une loi historique, applicable à toutes les époques, à toutes les crises du communisme.)

Isaac Deutscher, donc, se méfie des intellectuels dont le parti communiste se sépare, ou qui se séparent de celui-ci. Il leur conseille de ne plus s'occuper de politique, de se tenir au-dessus de la mêlée : de se désintéresser, en somme. Deutscher, sans doute, aurait apprécié l'attitude d'un Roger Vailland, ce brusque passage du fidéisme aliénant à l'agnosticisme de grand seigneur.

Avec ce goût des analogies historiques qui a fait tant de ravages théoriques dans les rangs révolutionnaires, Deutscher donne en exemple aux intellectuels ex-communistes l'attitude passée d'un Jefferson, d'un Goethe, d'un Shelley. Pourquoi ces trois noms bien surprenants ? Parce que — selon Deutscher — on peut établir un parallèle historique entre l'époque stalinienne et l'époque napo-léonienne. Ainsi, les intellectuels ex-communistes devraient prendre exemple sur Jefferson, Goethe et Shelley parce que ceux-ci ont su comprendre que, «malgré la violence et les tromperies de Napoléon, le message de la Révolution française a survécu pour résonner puissamment tout au long du XIXe siècle», et qu'ils ne se sont jamais mêlés au chœur des libéraux faisant le jeu de la Sainte-Alliance.

Étrange comparaison historique, on s'en aperçoit. Le message de la révolution d'Octobre a-t-il continué à se propager malgré «la violence et les tromperies» de Staline ? L'essence «jacobine» du léninisme a-t-elle continué à se manifester malgré le «Thermidor» soviétique ? Les intellectuels exclus du communisme deviennent-ils forcément des «renégats» parce que le parti incarne la raison historique ? Ces conclusions, Deutscher ne les formule pas catégoriquement. Il semble les suggérer, avec un mélange d'illusions idéologiques et de désespoir qui caractérise bien l'époque où son article a été écrit.

Mais nous sommes à une autre époque, et Fernando Claudín n'est pas un écrivain rallié au communisme sur la plate-forme «frontiste» de la défense de la culture et de la paix, et exclu du parti pour crime d'humanisme petit-bourgeois.

Dirigeant de la Jeunesse communiste à Madrid, étudiant en architecture, Fernando Claudín abandonne vers 1933 tout projet personnel, pour devenir un fonctionnaire de la révolution. (Que la révolution n'ait pas fonctionné selon les prescriptions des fonctionnaires est un autre problème.) Depuis lors, et jusqu'à son exclusion du Parti communiste d'Espagne, en février 1965, sa vie se confond avec celle du mouvement communiste, avec l'histoire de la révolution espagnole : de ses succès, de ses échecs, de ses erreurs. Les années de la République bour-geoise, la guerre civile, la défaite et l'émigration, la clandestinité antifranquiste : tous ces épisodes auront été vécus à des postes de responsabilité centrale dans l'appareil du parti communiste.

C'est à la fin de l'année 1963 que commence, dans le comité exécutif du PC d'Espagne, une discussion qui se prolonge jusqu'au printemps de 1964 et qui se terminera par l'exclusion de Fernando Claudín et de quelques autres dirigeants du parti.

(Une discussion? Peut-on appeler ainsi l'affrontement répétitif et stérile d'un double monologue, d'un discours double, que les structures mêmes du «centralisme démocratique» produites par trente années de pratique stalinienne condamnaient irrémédiablement à l'alternative identiquement inopérante, pour des raisons diverses, de la soumission mécanique de la minorité à la majorité ou du travail fractionnel?)

Les questions essentielles de cet affrontement avaient mûri tout au long des années, depuis 1956. Plus tard ou plus tôt, une crise était inévitable au sommet de l'appareil du PC d'Espagne.

Pourtant, les dates qui marquent le début et la fin de ce procès (au double sens du terme: historique et juridique) ne sont pas dépourvues de signification. 1956, ce n'est pas seulement l'année du XXᵉ congrès du rapport secret «attribué à» Khrouchtchev. C'est aussi, surtout, l'année où éclatent dans le bloc des pays soumis à l'hégémonie russe toutes les tendances centrifuges. Les unes, de caractère nationaliste, sont essentiellement négatives, mais inévitables, car elles représentent — et c'est ici l'un des problèmes historiques mis en lumière par l'analyse de Claudín — le prix à payer pour toutes les années de soumission barbare des intérêts révolutionnaires nationaux à ceux, exclusifs, de la raison d'État russe. Mais les autres tendances centrifuges sont d'ordre social. Elles sont éminemment positives. Tout au long des années, de la Pologne à la Hongrie, de la Hongrie à la Tchécoslovaquie, et malgré leur écrasement successif, aux mains de l'intervention militaire de l'État russe, ces tendances mettent à l'ordre du jour la nécessité de nouveaux instruments de la démocratie socialiste. La nécessité de la révolution, en somme, de la critique des armes remplaçant les armes de la critique[1]. Bien entendu, l'expression politique de ces tendances a souvent été confuse, parce que les forces sociales qui en sont porteuses émergent de plusieurs décennies d'opacité historique, de destruction bureaucratique de toute initiative des masses, de dépolitisation et de démoralisation collectives, qui semblent ne laisser ouverts que les chemins de «salut» individuel: carriérisme, cynisme technocratique, religiosité, etc.

D'un autre côté, 1956 a également été en Espagne une année cruciale. Une année de grandes luttes des masses, ouvrières et étudiantes, au cours desquelles commence à se dessiner une nouvelle corrélation des forces de classe, partiellement dépouillée des oripeaux et des surdéterminations idéologiques de la guerre civile. Une année au cours de laquelle le système de direction politique hérité de l'époque de l'autarcie commence à entrer en crise. Les objectifs eux-mêmes

---

1. Jorge Semprún emprunte la formule à *La Critique de la philosophie du Droit de Hegel* de Karl Marx (1844).

de l'économie capitaliste espagnole commencent à se modifier, sous le poids des exigences objectives : l'étape de l'accumulation extensive fait place à celle de l'augmentation de la productivité du travail, de la compétitivité sur les marchés mondiaux. En d'autres termes : le moteur de l'économie capitaliste espagnole ne pouvait plus être l'obtention de la plus-value absolue, mais bien la production de plus-value relative. Signe évident que le capitalisme espagnol abordait le moment de sa « modernité ».

Cependant, en 1963-1964, lorsque la crise qui a mûri au sommet de la direction du PC d'Espagne atteint son point de rupture, aucun des problèmes posés au mouvement communiste, aucune des questions de la stratégie de la lutte en Espagne n'ont été résolus. Au contraire, plutôt : le gouffre entre une vision idéologique subjectiviste et triomphaliste de la réalité et cette réalité elle-même n'a cessé de s'approfondir. À tous les niveaux, dans tous les domaines, c'est une période d'involution.

En URSS, la « déstalinisation » n'a pas dépassé les limites d'un règlement de comptes entre groupes dirigeants de la bureaucratie politique centrale, d'une nouvelle distribution des rôles à l'intérieur d'un système qui demeure intact quant à l'essentiel.

En Espagne, l'ampleur même des luttes ouvrières de 1962 est venue démontrer l'échec définitif de la stratégie de la « grève nationale pacifique ». Ces luttes ont fondé la nécessité d'une élaboration radicalement nouvelle des problèmes de la révolution en Espagne : son caractère, ses objectifs immédiats et lointains, ses alliances de classe.

Exclu du parti communiste en 1965, Fernando Claudín n'a pas suivi le conseil d'Isaac Deutscher. Il ne s'est pas situé au-dessus de la mêlée, il ne s'est pas désintéressé. Il n'a pas essayé de suivre le lointain exemple de Jefferson, de Shelley ou de Goethe, mais bien celui, plus proche, de Deutscher lui-même. Comme ce dernier, et pour nombreuses que soient les différences quant au style de travail, à la méthode et aux conclusions politiques établies, Fernando Claudín s'est fixé pour but d'atteindre à une compréhension globale des raisons de l'échec et de la dégénérescence du mouvement communiste. Par là, bien entendu, il se met lui-même en cause et en question. La meilleure façon de se connaître soi-même, de maîtriser sa propre biographie, n'est-elle pas, en effet, la maîtrise et la compréhension de l'expérience historique dont on est issu et qu'on a contribué à faire ?

Chemin faisant, Claudín redécouvre les vertus tonifiantes du marxisme critique. En entreprenant l'analyse historique de l'Internationale communiste, Claudín ne se projette pas sur la réalité du mouvement communiste pour trouver en elle la confirmation de ses soupçons, de ses amertumes ou de ses intuitions théoriques. Il se projette sur la réalité pour que celle-ci se projette devant nous, dans son objectivité significative, dans son déploiement dialectique. Et c'est ce déploiement de la réalité historique elle-même qui donne au livre de Fernando Claudín sa structure formelle, originale, car elle brise le cadre étroit de l'ordre chronologique pour instaurer un ordre dialectique, à deux niveaux complémentaires et contradictoires : celui de la reconstruction logique indispensable et celui — diachronique-synchronique — de l'histoire elle-même. Mais ne s'agit-il pas là, précisément, des traits distinctifs de la méthode marxiste ?

Le Fascisme. De Mussolini à Hitler, Ernst Nolte

Préface à l'édition du Mercure de France, 1973

Cette préface de 1973 à un fort volume illustré, publié initialement en allemand (traduit par Raymond Barthe), dénonce avec force la tentative de Maurice Bardèche (1907-1998) de présenter le national-socialisme sous un jour idyllique qui ne correspond en rien à sa sinistre réalité. Universitaire spécialiste de Balzac, beau-frère de Robert Brasillach, Bardèche est surtout le premier théoricien du négationnisme, comme l'a bien montré Valérie Igounet dans son *Histoire du négationnisme en France* (Le Seuil, 2000). L'un des tout premiers angles d'attaque de Bardèche était la mise en cause du procès des criminels de guerre à Nuremberg (1945-1946) par la dénonciation d'une prétendue «justice des vainqueurs», justice oublieuse, selon lui, d'Hiroshima ou du bombardement de Dresde en février 1945. Voilà un thème réapparu dans les années quatre-vingt-dix dans diverses œuvres «littéraires».

Pour son analyse, Jorge Semprún recourt au langage et aux concepts marxistes-léninistes. Il laisse dans l'ombre bien des aspects des relations troubles entre le mouvement communiste et le nazisme, comme par exemple le vote, en juillet 1932, par les communistes, d'une motion déposée par le parti national-socialiste au Parlement de Prusse, demandant la confiscation des biens des Juifs de l'Est installés en Allemagne depuis 1914. Il n'est pas non plus question du passage, par groupes entiers, de communistes aux Sections d'assaut. Bien sûr cela renvoie au programme de libération nationale et sociale du Parti communiste allemand (1930). En 1973, ni les œuvres de Soljenitsyne, de Vassili Grossman, ni celles de Leszek Kołakowski (v. page 668) n'ont encore irrigué le champ de la réflexion de Semprún.

Qu'est-ce que le fascisme? La question peut sembler saugrenue. Tout le monde, en effet, croit savoir ce qu'est le fascisme. Tout le monde, en tout cas, emploie le terme, pour l'appliquer aux situations les plus diverses. Mais justement: tout le monde c'est trop de monde et les situations historiques qu'on qualifie — et qu'on occulte parfois, par la même occasion — de ce terme de «fascisme» sont vraiment trop diverses. Comme beaucoup d'autres termes du vocabulaire politique, celui de fascisme subit les ravages conjugués d'une poussée inflationniste et d'une connotation historique et sociale très peu rigoureuse, principalement métaphorique et sentimentale (humaniste): par là, il ne parvient que difficilement à se constituer en tant que concept, tout au moins dans la conscience collective et immédiate du phénomène.

Occultée, obscurcie, mystifiée, la réalité du fascisme l'est de plusieurs façons. Prêtons tout d'abord attention à celle que pratique Maurice Bardèche, «écrivain fasciste» (c'est lui-même qui se présente ainsi). Dans un essai-pamphlet relativement récent Bardèche procède à une double opération[1]. D'une part, il essaye de distinguer «l'idée fasciste» de sa pratique historique concrète, des fascismes concrets. Tentative en elle-même déjà significative, par ce refus sournois de l'historicité du fascisme: manifestation de mauvaise conscience ou explosion de nostalgie revancharde?

Il y aurait donc eu la «jeunesse du fascisme», à laquelle Bardèche avoue ne pas pouvoir penser sans regret. «Il y avait des chemises noires et des bottes, des licteurs et des bras levés, mais sans rien de rauque et de gigantesque. Mussolini était à peine protégé. Il aimait le peuple, les enfants, la familiarité.» On en pleurerait presque. Et puis, nul ne sait comment — en tout cas, Bardèche feint de ne pas le savoir — Mussolini s'est mis à oublier «le charmant peuple italien et les mandolines de Naples et les artisans laborieux de l'Italie et ses immenses

---

1. Maurice Bardèche, *Qu'est-ce que le fascisme?*, Les Septs Couleurs, 1961.

terres pauvres et la soupe fumante sur la table de la famille qui attend le soir les enfants». En somme, n'oubliez pas les mandolines et le fascisme continuera d'être une très pure rêverie de fierté nationale et de justice sociale. Il suffisait d'y penser.

Quant au national-socialisme de Hitler, il reste pour Bardèche «l'image forte du fascisme: pareil à un jeune dieu triomphant et terrible, mais venu des plaines étrangères où naissent les dieux inconnus». Et encore: «Tout ce qui venait de cette Allemagne, toute parole, tout symbole, tout essaim, tout ce qui se passait dans le ciel de cette Allemagne, tout ce qui venait sur la terre de cette Allemagne parlait de courage, de volonté, d'énergie. Ceux qui n'ont pas connu ce printemps de l'Europe ne savent pas ce que nous voulons dire en parlant d'Europe.» (Cette dernière phrase nous rappelle le mot de Talleyrand, selon lequel ceux qui n'ont pas connu le monde d'avant la Révolution ne savent pas ce qu'est la douceur de vivre, mot cynique auquel il suffira d'opposer celui de Saint-Just: le bonheur est une idée neuve en Europe. Et il l'est toujours, certes.)

Bien sûr, le national-socialisme c'est aussi la terreur, les camps d'extermination, la solution finale de la question juive. Bardèche ne peut pas l'ignorer, en 1961, mais il a plus d'un tour dans son sac. «Le fascisme, dit-il, en tant que système politique, n'est pas plus responsable de la politique d'extermination des Juifs que la physique nucléaire, en tant que théorie scientifique, n'est responsable de la destruction de Hiroshima.» Le sophisme est assez abject pour se passer de commentaire, nous semble-t-il.

En somme, selon Bardèche, le fascisme a tout simplement manqué de «modération». Car «il y avait à Berlin en 1934, 42% des médecins qui étaient juifs, 48% des avocats, 56% des notaires, 72% des agents de change; 70% des propriétés foncières de Berlin appartenaient aux Juifs. Aurait-il vraiment paru exorbitant que le gouvernement allemand prétende réintroduire quelques Allemands dans ces emplois réservés? Une politique de délestage, conduite avec prudence, aurait-elle exposé l'Allemagne à cette conjuration internationale de la haine dont Hitler avait lui-même expliqué la puissance?» Voilà: «délestage» — admirons le terme au passage — au lieu de «solution finale» et personne n'aurait eu à s'en plaindre.

Le deuxième volet de l'opération mystificatrice à laquelle se livre Maurice Bardèche consiste à tellement diluer le contenu du fascisme, à le rendre tellement vague, fluide et lyrique, que n'importe qui peut se retrouver en train de faire du fascisme, comme M. Jourdain faisait de la prose, sans le savoir. Le castrisme? Nul n'y aurait pensé, mais Bardèche nous en apporte la révélation (comme toute révélation, celle-ci se passe de preuve, d'analyse historique ou sociale): l'inspiration politique de Fidel Castro serait typiquement fasciste. Un reproche, pourtant: cet homme est trop débraillé, il semble aimer le peuple. Car — sur ce point, Bardèche n'essaye pas de brouiller les cartes — le fascisme n'aime pas le peuple: il aime se mettre à sa place, agir en son nom. Il aime l'ordre (public), la discipline imposée par l'Ordre (chevaleresque) des SS («L'institution des SS, nous dit Bardèche, correspond au contraire à une préoccupation permanente du fascisme.» Faut-il préciser qu'on s'en doutait?).

Il n'a pas été si longuement question de Bardèche sans raison. L'une d'abord, d'ordre pédagogique. «Ceux qui n'ont pas connu ce printemps de l'Europe» — printemps dont les grandes fêtes se nomment incendie du Reichstag, Auschwitz, Coventry, Stalingrad, Lidice et Oradour, par exemple — auraient tout intérêt à lire le petit livre dont nous avons cité quelques passages. Ils y apprendraient beaucoup, non seulement sur le fascisme (dans sa version la plus terrifiante, parce que quotidienne, faussement innocente et mesurée : bien de chez nous), mais aussi sur les mécanismes de la fausse conscience et de la manipulation idéologique.

Une autre raison de s'en référer à Bardèche : sa mesure même, sa modération feutrée (sauf à certains moments où sa pensée dérape), ce côté bien de chez nous — M. Jourdain du fascisme — permet de mettre à nu (mais cette fois dans le camp antifasciste, au sens large et flou du terme) certaines des procédures d'occultation idéologique du phénomène fasciste, dans la conscience et la mémoire collectives.

Le fascisme — première procédure d'occultation — serait une aberration, une maladie du corps social : la «peste brune», en somme. Ce serait une explosion de barbarie, d'inhumanité, dans nos États civilisés.

Il s'agit ici, bien évidemment, d'une explication sécurisante : gardons notre équilibre, évitons de tomber dans les extrémismes. Le meilleur antidote au fascisme serait un régime libéral et démocratique. Or, pour peu qu'on veuille bien la déchiffrer, l'histoire prouve le contraire. Ce sont des libéraux, des démocrates — et même des sociaux-démocrates — qui ont mis en selle les partis fascistes, aussi bien en Italie qu'en Allemagne, pour nous en tenir aux exemples «classiques». L'histoire est lisible : il faut vouloir (pouvoir) la lire. Elle montre comment, dans la période de crise sociale des années vingt, ce sont les institutions, les partis et les hommes de la démocratie (bourgeoise) qui ont, d'abord, contenu et défait les forces révolutionnaires, et ensuite, dans la période de stabilisation, ouvert la voie aux groupuscules fascistes, devenus mouvements de masse au cours de cette dernière période (et, en partie, à cause précisément de la défaite révolutionnaire). Ce qui explique pourquoi le fascisme arrive au pouvoir légalement, c'est-à-dire, dans le cadre de la légalité parlementaire. Il faut en prendre son parti, pour paradoxal ou scandaleux que cela puisse paraître aux bons esprits : la légalité parlementaire (formelle) n'est pas une défense suffisante contre le fascisme. Ce dernier, malgré tous ses alibis idéologiques, s'en nourrit, s'y trouve comme un poisson dans l'eau.

Cette évidence historique pose des problèmes, sans doute. Et tout d'abord, elle contredit l'opinion proclamée par de bons esprits (belles âmes, consciences vertueuses), y compris dans les rangs du marxisme orthodoxe (en fait : c'est dans ces rangs-là que le fascisme fait le plus gravement problème). Selon cette opinion largement répandue, le fascisme serait une «contre-révolution préventive», destinée à casser les reins d'une tentative de prise de pouvoir communiste, dans une phase d'offensive révolutionnaire. Rien n'est plus faux. Quand le fascisme s'enracine, se déploie, entraîne des masses, la révolution prolétarienne est déjà battue, depuis fort longtemps. En fait, quant à l'essentiel de sa fonction historique, le fascisme n'a pas pour objet de résoudre les problèmes que le communisme pose à la société, mais bien ceux que le capitalisme se pose à lui-même. Et de ce point de vue-là — soyons lucides — malgré la défaite militaire, malgré les destructions et les désastres de la guerre, le fascisme a rempli son contrat : il a été l'un des moyens les plus efficaces pour assurer la reproduction de l'ensemble des rapports capitalistes, sur la base d'une concentration et d'une expansion qualitativement supérieures de ses forces productives.

Mais ce n'est pas ici le lieu d'examiner, ni même d'énumérer, les problèmes que le fascisme a posés et ne cesse de poser à la théorie marxiste et à la pratique du mouvement ouvrier. Une question, pourtant, doit être évoquée, même au risque d'un certain schématisme. Elle est grave, en effet, et c'est à son sujet que le marxisme orthodoxe — c'est-à-dire, le marxisme institutionnalisé qui constitue l'idéologie pragmatique des partis communistes — a commis le plus grand nombre de bévues et créé la plus grande confusion. Ce marxisme-là — n'oublions pas que c'était en quelque sorte le marxisme, du point de vue de l'historicité concrète, puisqu'il dominait la pratique de l'immense majorité du mouvement communiste organisé — a commis dans son analyse du fascisme, en tant que produit spécifique d'une certaine crise sociale, et dans son activité concrète à son sujet, deux séries d'erreurs symétriques (identiques : la deuxième n'étant que le renversement mécanique et formel de la première).

Pendant une première période — en gros, jusqu'en 1935 — les partis communistes du Komintern ont été incapables de saisir la spécificité du fascisme, dont ils ont sous-estimé les possibilités et ignoré la nature sociale. En assimilant social-démocratie et fascisme, par la théorie aberrante du «social-fascisme», ils ont concentré le feu de l'action communiste contre les forces politiques et sociales avec lesquelles une alliance était nécessaire, facilitant ainsi l'accession du fascisme au pouvoir. Or, s'il était juste de démasquer les institutions et les politiciens de la démocratie parlementaire, dans leurs ruses et leurs compromissions ; s'il était nécessaire de montrer les liens organiques qui existent, au niveau économique, entre capitalisme (bourgeois) et fascisme (le mot de Max Horkheimer est toujours pertinent : «Celui qui ne veut pas parler du capitalisme doit aussi garder le silence sur le fascisme »), il n'était pas moins juste et nécessaire (question de vie ou de mort) de saisir, au niveau social (lutte de classe) et politique (institutions, organisations), la différence spécifique, la contradiction masquée, mais pouvant devenir opératoire, entre démocratie parlementaire et fascisme, afin d'y fonder une stratégie politique d'alliances défensives.

Car, précisément, à partir de 1923 — en gros — la situation où se trouvaient objectivement les forces antifascistes avait un caractère défensif à la suite de l'échec et du reflux de la grande vague d'après-guerre, qui ébranla le monde mais ne parvint pas à le changer. Or, et c'est la deuxième erreur fondamentale des partis communistes du Komintern, ceux-ci, à travers des virages et des nuances aussi pragmatiques qu'arbitraires, ont toujours maintenu au cours de cette période la conception illusoire d'une offensive révolutionnaire permanente.

Dans une deuxième période, à partir de 1935 (VIIᵉ congrès du Komintern), les partis communistes ont procédé à une certaine correction de leur analyse du fascisme, encore largement insuffisante, mais qui a tout de même permis, grâce à la liquidation de l'aberrante théorie du «social-fascisme», de reconstruire des activités unitaires avec la social-démocratie. Les résultats, pourtant, de cette correction partielle ont été très limités: en fin de compte, le fascisme a triomphé en Europe. Et cela, non pas seulement parce que la politique antifasciste a été subordonnée, rigidement, aux intérêts nationaux de l'État russe, mais aussi, surtout, parce que, renversant mécaniquement l'erreur de la période précédente, les partis communistes n'ont conçu et pratiqué la politique du «front populaire» que sur le mode défensif, comme une stratégie défensive. Or, s'il est certain que, dans une première phase (34-36), l'objectif essentiel ne pouvait être que celui d'un regroupement (défensif) des forces populaires et révolutionnaires, il n'est pas moins certain que, très vite, ce qui a mûri objectivement, c'était la possibilité d'une contre-offensive stratégique. L'explosion de juin 36, en France (et ce n'est pas Blum qui a dit qu'il faut savoir terminer une grève[1]), et la levée en masse du peuple espagnol contre le coup d'État militaire-phalangiste, en juillet 36, sont les signes évidents de cette possibilité offensive.

Cette possibilité a été gaspillée et l'histoire a tourné comme on sait: très mal. Et ce n'est pas du tout par hasard si ce gaspillage des forces révolutionnaires a coïncidé avec l'apogée du stalinisme et l'époque des procès de Moscou.

Il y a pourtant une exception à ce sombre tableau de défaites, héroïques ou minables, de la période des fronts populaires: c'est la Chine. Selon une opinion assez répandue, la chance historique de la Chine révolutionnaire tient à la capacité de Mao d'avoir élaboré une ligne politique générale, en opposition, ou tout au moins en indépendance des directives staliniennes. C'est vrai et c'est faux. C'est faux si l'on pense au contenu théorique de cette ligne, car la pensée de Mao, à la fin des années trente, est directement inspirée par — on pourrait dire: calquée sur — les analyses du VIIᵉ congrès du Komintern. La théorie de la «nouvelle démocratie», la conception des alliances, l'élaboration des questions idéologiques de la période de Yenan et des «bases rouges», sont l'application fidèle des thèses du Komintern. C'est vrai si l'on pense au contexte stratégique (élaboré par Mao dans ses écrits sur la guerre des partisans et la guerre prolongée) dans lequel la direction révolutionnaire chinoise a inséré ces thèses: toute la conception stratégique des communistes chinois, en effet, a été fondée sur l'idée de contre-offensive généralisée. C'est là, dès ce moment, grâce à cette élaboration offensive des principes du front unique, du front antifasciste et du front national, que Mao et les siens ont posé les fondements de leur victoire de 1949.

---

1. La formule appartient à Maurice Thorez. Il la prononce le 11 juin 1936 devant une assemblée de militants communistes de la région parisienne. Elle est le plus souvent citée de manière tronquée puisque Thorez précise «dès l'instant où les revendications essentielles ont été obtenues».

Mais terminons cette digression (tout apparente: en fait, elle nous a permis d'entrer dans — d'effleurer — le vif du sujet). Nous disions que c'était occulter la réalité du fascisme que de le considérer comme une simple maladie du corps social, présumé sain, de la démocratie parlementaire. Que c'était une erreur que de le considérer comme une simple explosion d'inhumanité. Ce critère d'inhumanité est particulièrement fumeux. Il présuppose une «nature humaine» originellement bonne, sur le mode rousseauiste. Vieux mythe et vieille lune. Non seulement l'erreur est humaine, mais aussi le crime, la violence, et leur rationalisation exaspérée. Il ne s'agit pas d'opposer, abstraitement, l'humain (antifascisme) à l'inhumain (fascisme), mais de choisir un certain modèle (utopique jusqu'à présent) de développement social (le socialisme), sans se cacher tous les risques «d'inhumanité» qu'il comporte, dans la pratique. C'est pour cette raison que la formule — métaphorique, certes, et compréhensible dans la monnaie courante du langage quotidien, idéologique — nous a paru toujours molle et faible, lorsqu'on invoque la nécessité d'un «socialisme à visage humain[1]». Car le stalinisme n'est pas «inhumain», ce serait trop commode pour l'esprit. Il vaudrait beaucoup mieux aborder le problème sans équivoques et postuler la nécessité d'un «socialisme à visage socialiste». C'est la liquidation du socialisme qui est grave, dans le stalinisme, bien plus que son «inhumanité».

Revenons au fascisme et aux procédures d'occultation, ou de mystification, du phénomène historique qu'il constitue. Le capitalisme étant un système mondial (et ce n'est pas ici le lieu d'expliciter comment ce système conditionne et surdétermine l'évolution même des pays de l'Est), ce sont les liens organiques qui existent, au niveau économique, entre capitalisme et fascisme, qui font de ce dernier un phénomène universel: en tant que possibilité, tout au moins. Le rappel de cette évidence historique est nécessaire pour démasquer une autre tentative d'occultation du fascisme: celle qui consiste à le considérer comme une aventure qui ne peut arriver qu'aux autres. Aux Allemands, par exemple. Chez nous, bien sûr, étant donné notre tradition démocratique et libérale, le fascisme serait impossible. Belle illusion, démentie par des faits qu'on s'efforce d'oublier.

La constatation, pourtant, de l'universalité du fascisme — en tant que solution agressive des problèmes du capitalisme évoluant de la phase concurrentielle (libérale) à la phase monopoliste (autoritaire, étatique) — n'exclut pas, mais exige, au contraire, une analyse concrète et raffinée de sa spécificité, non seulement sociale, mais tout aussi bien nationale. Que la crise capitaliste ait été résolue, aux États-Unis, dans les années trente, par les moyens du New Deal rooseveltien, et en Allemagne par ceux du national-socialisme, n'est pas indifférent — quelle que soit l'identité au niveau de la pure rationalité économique, ni sur le plan de l'histoire objective, qui doit s'efforcer de saisir concrètement des situations concrètes, ni sur celui de la stratégie politique. Reconnaître et identifier conceptuellement

---

1. L'expression apparaît la première fois en Tchécoslovaquie dans le programme présenté par Alexander Dubček au début de l'année 1968.

l'universalité du phénomène fasciste ne serait donc qu'une platitude, si on se privait par là de la reconnaissance de sa spécificité, seule façon d'aborder le phénomène fasciste utilement: c'est-à-dire, dans l'intention de le détruire.

On ne peut s'opposer efficacement, on ne peut se battre avec des chances de succès que contre l'adversaire dont on connaît les ruses et les raisons. Et on ne connaît celles-ci et celles-là qu'en connaissant leur histoire. Lisons donc l'histoire du fascisme.

QUEL BEAU DIMANCHE !

1980

À Thomas,
pour qu'il puisse
— plus tard, après —
se souvenir de ce souvenir.

«... la lutte de l'homme contre le pouvoir
est la lutte de la mémoire contre l'oubli.»
Milan Kundera

«Dans les camps russes comme dans les camps allemands,
ce sont les Russes qui ont subi le sort le plus dur.
Cette guerre nous a montré que, tout bien pesé,
ce qu'il y a de pire sur cette terre, c'est d'être russe.»
Alexandre Soljenitsyne

«Je persiste à réclamer les noms, à ne m'intéresser
qu'aux livres qu'on laisse battants comme des portes,
et desquels on n'a pas à chercher la clef.
Fort heureusement les jours de la littérature
psychologique à affabulation romanesque sont comptés.»
André Breton

ZÉRO

Il lui avait semblé percevoir un mouvement confus. Une sorte de froissement, de la neige éparpillée. Là-bas, sous les roues d'un camion peut-être, à l'embranchement des routes, vers les casernes. Une gerbe de neige étincelant au soleil, parmi les arbres, sous les roues peut-être de quelque véhicule militaire. Des roues qui auraient dérapé dans la neige fraîche, molle sous les roues.

Un froissement bref, c'était fini. Le paysage retrouvait l'éclat feutré de l'immobilité.

Il faisait quelques pas encore, dans l'inertie d'une démarche poursuivie. Quelques pas, des enjambées, un mouvement involontaire, en tout cas irréfléchi. Il s'arrêtait ensuite au milieu de l'avenue. Sans raison, semblait-il. Réveillé de la routine rêveuse de cette marche.

Le silence pouvait s'éterniser, ce n'était pas impensable.

Le paysage demeurerait disponible, abandonné après ce dernier bruit de vie humaine, d'activité confuse, il y avait un instant.

Il voyait la buée qui se formait devant sa bouche. Il bougeait les orteils, engourdis dans le cuir rêche des bottes. Il enfonçait ses poings fermés dans les poches de son caban de drap bleu.

Il se pouvait que rien n'arrivât, ni personne. L'avenue ne conduirait nulle part. L'hiver déploierait sa solitude glaciale et limpide. Plus tard, dans un avenir incertain mais prévisible, la neige commencerait à fondre. Des ruisseaux, de l'eau vive partout dans la forêt. Le bois travaillerait, la terre aussi, les sèves, les germes. Un jour, ce serait vert. Viride même, foisonnant. Il y a un mot pour tout cela : le printemps.

Alors, sur sa gauche, dans cette sorte d'éternité neigeuse, il voyait l'arbre.

Au-delà du talus, de la rangée de hauts lampadaires, de la longue théorie de colonnes hiératiques, il y avait un arbre. Un hêtre, sans doute. Il supposait, tout au moins. Ça en avait tout l'air. Détaché de la masse confuse des hêtres, au milieu d'un espace dégagé, somptueusement solitaire. L'arbre qui empêchait de voir la forêt, qui sait ? Le hêtre suprême. Il faisait trois pas de côté, il se trouvait très drôle. Il soupçonnait pourtant que ce n'était pas de lui, qu'il ne venait pas d'inventer. Non, sans doute : une réminiscence littéraire. Il souriait, faisait encore quelques pas de côté.

Il semblait bien qu'il allait traverser l'avenue, sans préméditation, selon une marche oblique.

Il ne se souvenait d'aucun autre arbre. Il n'y avait aucune nostalgie dans sa curiosité. Pas de souvenir enfantin, pour une fois, surgi dans un remous du sang. Il n'essayait pas de retrouver quelque chose d'inaccessible, une impression d'autrefois. Pas de bonheur ancien, nourrissant celui-ci. Juste la beauté d'un arbre, dont le nom même, supposé, vraisemblable, n'avait aucune importance. Un hêtre, sans doute. Tout aussi bien un chêne, un sycomore, un saule pleureur, un bouleau blanc, un frêne, un tremble, un cèdre, un tamaris.

La neige et le tamaris, pourtant, ça n'avait pas de sens. Il disait n'importe quoi. Emporté par l'allégresse, en somme. Un arbre, c'est tout, dans sa splendeur immédiate, dans l'immobilité transparente du présent.

Il avait franchi le talus, il marchait dans la neige molle, immaculée.

L'arbre était là, à portée de la main. L'arbre était réel, on pouvait le toucher.

Il tendait la main, il touchait l'écorce en grattant la neige glacée que le vent avait plaquée sur le tronc du hêtre. Il s'écartait aussitôt, prenant du champ, du recul, pour mieux voir. L'ensemble d'un paysage minime sous ses yeux. Il réchauffait ses doigts au souffle de sa bouche, il enfonçait les mains dans les poches du caban bleu. Il se campait sur ses jambes, regardait. Le ciel de décembre était pâle, une vitre à peine teintée.

On pouvait rêver au soleil.

Le temps passerait. Le hêtre se déprendrait de son manteau neigeux. Avec un frémissement sourd, les branches de l'arbre laisseraient s'écraser sur le sol des touffes poreuses, friables. Le temps ferait son travail, le soleil aussi. Ils le faisaient déjà. Le temps s'enfonçait dans l'hiver, sa splendeur rutilante. Mais au cœur même, glacé, de la saison sereine, un futur bourgeon vert se nourrissait déjà de sèves confuses.

Il pensait, immobile, toute sa vie devenue regard méticuleux, que le bourgeon niait l'hiver, et la fleur le bourgeon, et le fruit la fleur. Il riait aux anges, presque béat, à l'évocation de cette dialectique élémentaire car ce bourgeon fragile, encore impalpable, cette verte moiteur végétale dans le ventre enneigé du temps, ne serait pas seulement la négation mais aussi l'accomplissement de l'hiver. Le vieux Hegel avait raison. La neige éclatante s'accomplirait dans le vert éclatant.

Il regardait le hêtre couvert de neige. Il connaissait déjà sa vérité viride. Décembre, combien de mois à attendre ? Il serait mort, lui, peut-être. Le bourgeon éclaterait, portant à son terme la vérité profonde de l'hiver. Et il serait mort. Non, même pas mort : évanoui. Il serait absent, parti en fumée, et le bourgeon éclaterait, boule pleine de sève. C'était fascinant à imaginer. Il riait au soleil, à l'arbre, au paysage, à l'idée de sa propre absence, probable et dérisoire. Les choses s'accompliraient, de toute façon. L'hiver s'accomplirait dans les foisonnements.

Il bougeait les orteils dans ses bottes d'un cuir rendu coupant par le gel. Il bougeait ses mains, serrées, dans les poches du caban bleu.

En somme, il n'avait pas lu le Talmud. «Si tu vois un bel arbre, ne t'arrête pas, continue ton chemin», dit le Talmud à ce qu'il paraît. Il s'était arrêté, il avait marché jusqu'au bel arbre. Il n'avait jamais éprouvé le besoin d'affirmer sa propre existence en niant les beautés éphémères du monde.

Il n'avait pas lu le Talmud, c'était un hêtre superbe, il lui semblait être heureux. Alors, un cliquetis de métal attirait son attention.

Il tournait la tête. Il voyait un sous-officier, qu'il n'avait pas entendu arriver. Le sous-officier avait sorti son pistolet de l'étui de cuir fauve. Il avait fait monter une balle dans le canon. Ce bruit métallique devenait explicite, rétrospectivement.

Il regardait le pistolet braqué sur lui. Le sous-officier avait un regard surpris, inquiet même. Sa voix exprimait une colère scandalisée.

— *Was machst Du hier* ? demandait-il.

Il demandait, le sous-officier, ce qu'il faisait là, lui.

Sa voix tremblait d'indignation ou de surprise. On pouvait le comprendre. Se trouver là, devant un arbre, tout bête, béat, à rire aux anges, hors des chemins battus, n'était pas supportable.

Il réfléchissait une seconde. Il n'était pas question de dire n'importe quoi.

— *Das Baum*, disait-il finalement, *so ein wunderschönes Baum* !

Et c'était bien la seule explication.

Il était satisfait d'avoir exprimé en allemand, avec une réelle concision, les vrais motifs de sa présence en ce lieu inattendu. L'arbre était, en effet, miraculeux de beauté. En français, toutefois, l'explication aurait eu un tour solennel ou guindé. C'est l'arbre, aurait-il dit en français, un arbre miraculeux de beauté.

Le sous-officier tournait la tête vers l'arbre, il regardait aussi, pour la première fois. Il n'avait pas encore remarqué le hêtre, ce militaire. S'il l'avait vu, d'ailleurs, il aurait continué son chemin. Pourtant, il n'avait pas dû lire le Talmud, c'était peu vraisemblable.

Le canon du pistolet décrivait un mouvement descendant vers le sol enneigé.

L'espace d'une seconde, il se surprenait à imaginer que le sous-officier aurait pour l'arbre les mêmes yeux que lui. Le regard du sous-officier avait faibli, envahi peut-être par tant de beauté. Toute cette blancheur, bleutée dans l'épaisseur de sa masse, irisée sur ses contours dentelés, avait dilué la noirceur de son regard. Il tenait le pistolet au bout de son bras ballant, il regardait l'arbre intensément. Une possibilité confuse, peut-être même trouble, semblait surgir.

Ils étaient là, l'un à côté de l'autre, ils auraient pu parler ensemble de cette beauté neigeuse.

Il voyait l'éclair stylisé du double S brodé en argent sur le losange noir ornant les deux pointes du col du sous-officier, et ce n'était pas un obstacle, semblait-il curieusement. Le sous-officier des SS s'écartait de quelques pas, comme lui-même tout à l'heure. Le sous-officier regardait le hêtre, le paysage, d'un œil devenu bleu. Tout semblait innocent, c'était une possibilité confuse, tout au moins.

Le sous-officier pouvait revenir vers lui, en hochant la tête. *Tatsächlich, ja, Mensch, ein wunderschönes Baum*, dirait-il. Ils hocheraient la tête tous les deux, en regardant l'arbre. Il pourrait profiter de l'occasion pour expliquer au sous-officier des SS, délicatement, toute la complexité des frappantes formules d'un philosophe de son pays.

Ils étaient immobiles devant l'arbre. Il y avait du soleil, un ciel pâle, la neige étouffait les bruits, une fumée montait là-bas. Il était dix heures du matin, en décembre, un dimanche. Ça pouvait durer, sans doute.

Aussitôt, c'était fini.

Le sous-officier des SS faisait trois pas vers lui. Le pistolet était de nouveau braqué sur sa poitrine. Une rougeur montait au visage du sous-officier, de colère ou de haine. Il allait hurler.

Mais il se mettait au garde-à-vous, en claquant les talons de ses bottes. Ce n'était pas facile, à cause de la neige molle. Il y arrivait quand même. Ça claquait, c'était impeccable. Il enlevait son béret d'un geste brusque. Tout droit, tête droite, les yeux dans le néant aveugle du ciel pâle, il hurlait, lui. Il devançait le cri du sous-officier des SS, qui en demeurait bouche bée. Il se présentait de la façon établie par des règlements d'autant plus minutieux qu'ils n'étaient pas écrits, en criant son numéro de matricule, son affectation de travail, les raisons de sa présence hors de l'enceinte du camp.

— *Häftling vier-und-vierzig-tausend-neun-hundert-vier* ! hurlait-il. *Von der Arbeitsstatistik* ! *Zur Mibau kommandiert* !

La fumée calme, là-bas, c'était celle du crématoire.

Le sous-officier des SS s'appelle Kurt Kraus. On ne peut rien en dire d'autre. Le numéro 44904 qui a été surpris par Kurt Kraus à l'écart de l'avenue principale bordée de colonnes surmontées d'aigles hitlériennes, en train de contempler béatement un hêtre isolé, vient d'annoncer qui il est : le numéro 44904. Le chiffre est imprimé en noir sur un rectangle d'étoffe blanche cousu sur le côté gauche du caban bleu, à la place du cœur. Imprimé également sur un deuxième rectangle, cousu cette fois sur le côté droit de la jambe droite du pantalon, sur la cuisse. Au-dessus de chacun de ces rectangles, un triangle isocèle d'étoffe rouge. Imprimée à l'encre indélébile sur ces triangles rouges, la lettre *S*.

Un esprit non prévenu pourrait s'y tromper, pourrait croire que ce n'est pas là pure coïncidence. Comme si le double *S* argenté — et stylisé : double éclair, double déchirure fulgurante — sur fond de losange noir au col du sous-officier et le simple *S* noir sur fond rouge aux vêtements du numéro 44904 révélaient quelque rapport hiérarchique. Du simple au double, en quelque sorte. Mais pas du tout. La hiérarchie existe, sans doute. Entre le sous-officier des SS Kurt Kraus et le numéro 44904, il y a toute la distance du droit de mort. Distance et hiérarchie, toutefois, qui ne sont pas symbolisées par ce passage du simple au double, du *S* au SS. À la place du simple *S*, en effet, il aurait pu y avoir toute autre lettre. Un *F*, un *R*, un *T* : *Franzose, Russe, Tscheche,* par exemple, la lettre cousue sur le triangle isocèle n'étant indicative que de la nationalité du porteur du numéro. Dans le cas présent, le *S* est là pour *Spanier,* espagnol. Ainsi, la distance hiérarchique entre tout porteur de numéro et le sous-officier des SS Kurt Kraus n'est pas conditionnée par l'origine nationale dudit porteur. Le droit de mort peut s'appliquer à tout porteur de numéro, indépendamment de sa nationalité. Il concerne l'existence même dudit porteur, quelle que soit la lettre identificative qu'il porte cousue, pour la commodité de l'administration.

Il est dix heures du matin. C'est dimanche. C'est la fin du mois de décembre. Le paysage est couvert de neige.

La forêt de hêtres sur la colline de l'Ettersberg qui donne son nom au lieu-dit, Buchenwald, se trouve à quelques kilomètres de Weimar.

La ville de Weimar n'avait pourtant pas eu mauvaise réputation, jusqu'à ces dernières années. Fondée au ixᵉ siècle, si l'on en croit des sources historiques habituellement respectables, elle appartint jusqu'en 1140 aux comtes d'Orlamünde. En 1345, la ville devint le fief des landgraves de Thuringe et un siècle plus tard, en 1485 exactement, elle échut en apanage à la branche aînée de la maison saxonne de Wettin. Après 1572, Weimar devint la résidence permanente de cette lignée ducale. Sous Charles-Auguste et ses successeurs, la ville fut un centre libéral des arts et des lettres.

Ce dernier aspect de la vie de la cité est fortement souligné, non sans quelque grandiloquence nébuleuse, dans un recueil de documents sur le camp de concentration de l'Ettersberg.

«Weimar, y peut-on lire, était jusqu'alors connue dans le monde comme la ville où Lucas Cranach le Vieux, Johann Sebastian Bach, Christoph Martin Wieland, Gottfried Herder, Friedrich von Schiller, Johann Wolfgang von Goethe et Franz Liszt avaient vécu et créé des œuvres immortelles... Goethe se promenait sur cette colline, parmi ces hêtres. C'est là que fut conçu le *Wanderers Nachtlied.* Avec Goethe, toute la société intellectuelle de Weimar aimait à se retrouver sur l'Ettersberg, afin d'y goûter le repos et le grand air.»

Cette vision bucolique de la vie à Weimar est confirmée par Goethe lui-même. Dans ses *Conversations* avec Eckermann, à la date du 26 septembre 1827, on peut lire le récit charmant d'une promenade sur l'Ettersberg.

Écoutons Eckermann, transcripteur minutieux mais sans éclat, dans la traduction de J. Chuzeville.

«Goethe m'avait fait inviter ce matin à une promenade en voiture vers la pointe d'Hottelstedt, sommet occidental du mont Etter, et de là, vers le pavillon de chasse d'Ettersburg. La journée était extrêmement belle et chaude, et nous sortîmes de bonne heure par la porte de Saint-Jacques... Nous étions maintenant sur la hauteur et nous avancions rapidement. À main droite, il y avait des chênes, des hêtres et d'autres arbres feuillus. Weimar, derrière nous, avait cessé d'être visible...

« — Nous serons bien ici, dit Goethe en faisant arrêter la voiture. Je pense qu'on pourrait voir ce que nous dirait un petit déjeuner dans ce bon air.

«Nous descendîmes et pendant quelques minutes nous marchâmes de long en large sur le sol sec, au pied des chênes rabougris et courbés par les nombreux orages. Pendant ce temps, Frédéric déballait le déjeuner qu'il disposa sur le gazon du talus. De ce lieu, la vue, sous la clarté matinale du plus pur soleil d'automne, était vraiment splendide...

«Nous nous assîmes le dos tourné aux chênes, en sorte que, durant la collation, nous eûmes toujours devant les yeux l'immense spectacle d'une moitié de la Thuringe. Nous dévorâmes une couple de perdreaux rôtis avec un chanteau de pain blanc, et nous bûmes là-dessus une bouteille de très bon vin dans une belle coupe d'or pliante, que Goethe, pour les excursions de ce genre, a coutume d'emporter avec lui, serrée dans un étui de cuir fauve...»

Pourtant, malgré le raffinement de ces souvenirs patriciens, Weimar n'est, quand Goethe y arrive, qu'une bourgade de cinq à six mille âmes. Le bétail piétine dans les rues boueuses. Pas de routes dans le pays, rien que de mauvais chemins où l'on risque de se rompre les os, si l'on en croit les auteurs les mieux informés.

Cinq années plus tard, en 1779, nommé par le duc Charles-Auguste conseiller aulique et directeur des départements de la Guerre et des Ponts et Chaussées, Goethe s'efforcera de remédier à cet état de choses. Mais il semble bien que les progrès n'aient pas été particulièrement rapides. En tout cas, Stendhal, qui traverse la région pour se rendre en Russie auprès de l'Empereur, se plaint encore, dans une lettre à sa sœur Pauline datée du 27 juillet 1812, de la «lenteur allemande» qui ralentit sa chevauchée sur les routes de Thuringe. Le paysage, par ailleurs, n'a pas frappé Stendhal autant qu'il enchantera Goethe et Eckermann. «On sent à Weimar, écrit-il à Pauline, la présence d'un prince ami des arts, mais j'ai vu avec peine que là, comme à Gotha, la nature n'a rien fait ; elle est plate comme à Paris.»

Quoi qu'il en soit, et malgré le désaccord d'esprits aussi illustres, en ce qui concerne tout au moins les beautés du paysage, la ville de Weimar n'avait pas mauvaise réputation. En 1919, après la chute des Hohenzollern, c'est même dans cette ville que se réunit l'Assemblée nationale qui fonda la République, précisément, de Weimar.

Il est souvent difficile, parfois même impossible de dater d'une façon précise le commencement réel d'une histoire, d'une série ou suite d'événements dont les rapports mutuels, les influences réciproques, les liens obscurs, s'ils apparaissent à première vue contingents, invraisemblables même, s'avèrent par la suite fortement structurés, pour atteindre finalement à un tel degré de cohérence déterminée qu'ils en acquièrent le rayonnement, quelque illusoire qu'il soit, de l'évidence.

Pourtant, dans le cas présent, la date du 3 juin 1936 semble décisive.

Ce jour-là, en effet, à Berlin, dans son bureau de la Wilhelmstrasse, l'inspecteur général des camps de concentration et chef des détachements SS *Totenkopf*, Theodor Eicke, signait de la seule initiale majuscule de son nom, *E*, une communication officielle marquée de l'estampille secret, dont les conséquences pour la suite de cette histoire seront déterminantes.

Jugeons-en.

Le *Reichsführer* SS Himmler, écrit Theodor Eicke, a donné son accord pour le transfert du camp de concentration de Lichtenburg (Prusse) en Thuringe. Il s'agit donc de trouver dans ce dernier État, un terrain convenable à l'édification d'un camp prévu pour trois mille détenus, autour duquel seront construites les casernes de la Deuxième Division SS *Totenkopf*. Le coût de l'opération est estimé à un million deux cent mille marks.

Cette communication confidentielle du 3 juin 1936 est adressée à Fritz Sauckel, qui fut longtemps, on s'en souvient, *Gauleiter* de la Thuringe et qui devint en 1942 chef du Service du travail pour le Reich et l'ensemble des territoires occupés, fonction qui l'amena à organiser le départ pour l'Allemagne, à des titres divers, de plusieurs millions de travailleurs, responsabilité pour laquelle, en 1946, jugé par le tribunal de Nuremberg, il fut condamné à mort et pendu.

Pour sa part, Theodor Eicke, le signataire de la lettre, n'était que *Brigadeführer*, deux ans auparavant. C'est lui qui pénétra dans la cellule 474 de la prison de Stadelheim où était enfermé Ernst Röhm, le chef des SA. Il faisait chaud, Röhm était torse nu, disent les chroniques dignes de foi. Ernst Röhm, le chef des nazis plébéiens, fut abattu par Theodor Eicke, sur ordre personnel de Hitler, qui voulait gagner définitivement les bonnes grâces de ces Messieurs de la Haute Finance et du Haut État-Major. Plus tard, Eicke tomba sur le front de l'Est, en 1943.

Mais toutes ces morts ne doivent pas interrompre notre récit.

Rien ne nous interdit d'imaginer la moiteur berlinoise de cette journée de juin, en 1936. Assis dans son bureau de la Wilhelmstrasse, Theodor Eicke vient de relire la lettre qu'il destine à Fritz Sauckel et qu'une secrétaire a placée devant lui. En haut de la première page, à droite, sous la date et les références habituelles : *Berlin SW 68, den 3 Juni 1936. Wilhelmstr. 98/IV*, se trouve entre parenthèses l'inscription geheim. «Secret», nous l'avons déjà dit.

Theodor Eicke prend son stylographe et appose au bas de la lettre, sous la formule d'usage, *Heil Hitler* ! et la nomenclature de ses titres, *Der Inspekteur der Konz. — Lager u. Führer der SS-Totenkopfverbände, SS-Gruppenführer*, l'initiale majuscule et autographe de son nom, *E*. La secrétaire ramasse alors les feuilles dactylographiées et les replace dans le portefeuille de maroquin rouge du courrier administratif spécial. Elle quitte le bureau après avoir échangé quelques mots avec le *Gruppenführer*, quelques phrases où il aura été question du temps qu'il fait, de la santé de l'un ou de l'autre, des projets de vacances sur les plages de la Baltique.

On peut imaginer.

Quoi qu'il en soit, le jour où cette lettre fut écrite et expédiée, Léon Blum n'avait aucune possibilité d'en connaître l'existence, et encore moins de soupçonner l'influence qu'elle aurait sur son propre destin.

Le 3 juin 1936, en effet, la conférence mixte employeurs-syndicats ouvriers réunie depuis le 31 mai par le ministre du Travail, Ludovic-Oscar Frossard — ancien secrétaire du parti communiste après le congrès de Tours, dirigeant du courant centriste, sur lequel on trouvera des appréciations peu flatteuses aussi bien dans les écrits de Zinoviev et de Trotski que dans les rapports et mémoires d'Humbert Droz, et qui, démissionnaire du PC (SFIC) après le IVe congrès du Komintern, finit par devenir ministre du Travail dans les cabinets Laval et Sarraut, de juin 1935 à juin 1936 — la conférence mixte, donc, réunie par Ludovic-Oscar Frossard pour trouver une solution à l'affrontement social et aux occupations d'usines qui se généralisaient, malgré les efforts de la CGT pour calmer les esprits, devait constater l'échec des négociations.

Dans ces circonstances, Léon Blum présentait son ministère au président Lebrun le jeudi 4 juin. «Le ministère sortant, dit Lebrun à Blum, considère la situation comme si grave qu'il vous demande de ne pas attendre à demain pour la passation des pouvoirs. Il vous prie de prendre en main dès ce soir, neuf heures, le ministère de l'Intérieur et le ministère du Travail.» Léon Blum accéda à cette demande et ce même soir Roger Salengro — qui avait proclamé la veille, à la Délégation des gauches : «Que ceux qui ont pour mission de guider les organisations ouvrières fassent leur devoir. Qu'ils s'empressent de mettre un terme à cette agitation injustifiée. Pour ma part, mon choix est fait entre l'ordre et l'anarchie. Je maintiendrai l'ordre envers et contre tous.» — Roger Salengro prit possession de son poste au ministère de l'Intérieur et Jean Lebas à celui du Travail.

Le 3 juin 1936, donc, Léon Blum ne pouvait rien savoir de la lettre expédiée par Theodor Eicke à Fritz Sauckel sous le sceau du secret. Et même s'il en avait eu, par quelque miraculeux hasard, connaissance, il est peu vraisemblable qu'il eût deviné les conséquences qu'elle aurait sur son existence personnelle.

Occupé par la constitution de son ministère, par la préparation de son discours à la Chambre, lors de la séance d'investiture prévue pour le samedi 6 juin, et par le règlement des conflits sociaux, il est peu vraisemblable que Léon Blum se soit rappelé ce jour-là qu'il avait lui-même écrit, trente-cinq ans auparavant, les *Nouvelles Conversations de Goethe avec Eckermann.* Il n'est pas vraisemblable qu'il ait pensé à cet écrit déjà ancien, au moment même où la signature apposée par Theodor Eicke au bas de la communication officielle et secrète adressée à Fritz Sauckel allait avoir pour conséquence la construction d'un camp de concentration sur les lieux mêmes, charmants et agrestes, où Goethe conversait avec Eckermann et où il finirait lui-même, Léon Blum, par être déporté et interné, quelques années plus tard.

Quant au Narrateur, autre personnage essentiel de cette histoire, quelle que soit l'autonomie qu'une critique savante attribue désormais au Texte, le Narrateur, donc, n'a que douze ans, ce 3 juin 1936. Il vient d'échouer à l'un de ses examens de fin d'année. Mais rassurez-vous, il s'agit de mathématiques, et de mathématiques seulement. Dans le domaine des humanités, le Narrateur a toujours été brillant. Quoi d'autre ? Il est probable que cet après-midi-là le Narrateur s'est promené avec deux de ses frères dans le parc du Retiro, à Madrid. Mais le Retiro lui-même a cessé d'être un espace calme, clos, sensuellement étalé autour des eaux maternelles de ses étangs, autour des roseraies, des musées du palais de Cristal. Le Retiro est sans cesse parcouru par des groupes d'ouvriers, agités, parfois vociférants, qui marchent à travers ses allées vers le centre de Madrid, en provenance des faubourgs de Vallecas. Car c'est le dernier mois de juin d'avant-guerre, d'avant la guerre civile, d'avant toutes les guerres.

En somme, ce mercredi 3 juin 1936, comme dans toute tragédie bien agencée, le destin vient de faire son apparition — distraitement, administrativement même — et aucun des personnages n'est encore en mesure de reconnaître son visage, son sourire désabusé, son clin d'œil ironique ou apitoyé.

La lettre envoyée par Theodor Eicke à Fritz Sauckel inaugure une correspondance administrative trop copieuse pour qu'il en soit ici fait état dans le détail.

Une chose est sûre : l'affaire du transfert du camp de Lichtenburg en Thuringe traîne en longueur.

Finalement, le 5 mai 1937 (presque un an aura passé et les délais du plan initial n'auront pas été tenus), une note signée par Gommlich, conseiller au ministère de l'Intérieur de Thuringe, nous apprend que le choix de la colline de l'Etter, l'Ettersberg, dans les environs de Weimar, a été approuvé par Eicke. À la suite de quoi, le 16 juillet 1937, le premier groupe de trois cents détenus sera acheminé sur place, pour y commencer le déboisement nécessaire à la construction des baraquements et des casernes, sous le commandement du SS-*Obersturmbannführer* Koch, dont la femme, Ilse, on s'en souvient, confectionnerait plus tard des abat-jour avec la peau des détenus dont les tatouages avaient retenu son attention.

La première dénomination officielle du nouveau camp, K. L Ettersberg, devait cependant provoquer encore quelques remous. Dans une lettre à Himmler, le 24 juillet 1937, Theodor Eicke signalait en effet que l'Association culturelle nationale-socialiste de Weimar s'élevait contre cette dénomination, « car le nom de l'Ettersberg est lié à la vie et à l'œuvre de Goethe » et que son attribution à un camp de rééducation *(Umschulungslager)* où se rassemblerait la lie de la terre ne pouvait que souiller la mémoire du poète.

Mais il n'était pas non plus possible, disait Eicke, d'appeler le camp par le nom du village le plus proche, Hottelstedt, car les SS de la garnison subiraient de ce fait un préjudice matériel considérable, leurs indemnités de logement devant dans ce cas être calculées d'après le coût de la vie à Hottelstedt — tel était en effet le règlement — alors que le niveau de vie digne d'un SS exigeait plutôt la considération des prix pratiqués à Weimar, ville relativement plus chère. Pour cette raison, Eicke proposait la dénomination de K. L. Hochwald.

Quatre jours plus tard, Himmler tranchait. Le camp s'appellerait K. L. Buchenwald/Weimar. Ainsi, la bonne conscience culturelle des bourgeois de la région ne serait pas blessée et les militaires SS pourraient toucher des indemnités de logement dignes de leur rôle social.

Dans ses *Nouvelles Conversations de Goethe avec Eckermann,* parues pour la première fois en 1901, sans nom d'auteur, aux éditions de la *Revue Blanche,* Léon Blum (mais il est peu vraisemblable que le 7 juin 1936, un dimanche, en ouvrant à 15 heures à l'hôtel du même nom la discussion qui allait aboutir aux accords Matignon, il est peu vraisemblable que Léon Blum ait eu l'occasion de se rappeler cet écrit de jeunesse auquel par contre, quelques années plus tard, interné dans une villa du Falkenhof de Buchenwald, sur les lieux mêmes des ébats de Goethe, de ses promenades avec Eckermann, il aura sans doute plus d'une fois pensé ; peu vraisemblable que Léon Blum, en s'asseyant à la table des négociations qui aboutiraient aux accords Matignon, se soit rappelé cet écrit déjà ancien, alors que, par contre, avec une sourde et triste colère il devait sans doute, tout au long de cet après-midi-là, se souvenir des paroles lancées la veille, samedi 6 juin, à la Chambre des députés, par Xavier Vallat : «Votre arrivée au pouvoir, Monsieur le président du Conseil, marque incontestablement une date historique. Pour la première fois ce vieux pays gallo-romain va être gouverné par un Juif», paroles qui, d'une façon détournée, nous ramènent aux origines lointaines de cette histoire, à cette lettre de Theodor Eicke, si souvent citée, et dont aucun des personnages assis autour de la table des négociations d'où allaient sortir, à l'hôtel Matignon, les accords du même nom, dont aucun d'eux, certes, n'avait la moindre idée) mais Léon Blum, dans ses *Nouvelles Conversations de Goethe avec Eckermann,* trente-cinq ans avant d'être le premier Juif à gouverner la France, quarante-deux ans avant de connaître les lieux mêmes où se déroulèrent ces fameuses conversations, avait écrit :

«*3 juillet 1898,*

«Dîné chez Goethe qui me cite un mot singulier de Racine. Quand il eut achevé le plan de *Phèdre,* il dit à un ami : Ma pièce est finie. Il ne me reste plus que les vers à écrire.»

Écrivons.

UN

— Les gars, quel beau dimanche ! a dit le gars.

Il regarde le ciel et il dit aux gars que c'est un beau dimanche. Mais dans le ciel on ne voit que le ciel, le noir du ciel, la nuit du ciel, et plein de neige qui tourbillonne à la lumière des projecteurs. Une lumière dansante et glacée.

Il a dit ça avec un grand éclat de rire excessif, comme qui dirait «merde !». Mais il n'a pas dit merde. Il a dit : quel beau dimanche, les gars ! en français, en regardant le ciel noir de cinq heures du matin. Il a eu un grand éclat de rire pour lui tout seul et il n'a pas dit merde. S'il avait voulu dire merde, d'ailleurs, il aurait dit *Scheisse*, car les mots importants ne sont pas français. Ni serbo-croates, d'ailleurs, ni flamands, ni norvégiens. Ni même russes, à l'exception de *machorka*, qui est un mot considérable. On dit *Scheisse*, *Arbeit*, *Brot*, tous les autres mots importants, en allemand. Pain, travail, merde : tous les vrais mots. Et puis *machorka*, qui est aussi un vrai mot, pour nommer le tabac, ou plutôt l'herbe qu'on fume, âcrement.

En tout cas, le gars aurait regardé le ciel, la nuit du ciel, la neige du ciel, les lueurs électriques du ciel, et il aurait crié *Scheisse*, s'il avait voulu dire merde. Quand on dit *Scheisse*, tout le monde vous comprend et ça doit être important de se faire comprendre, quand on a envie de crier merde et d'être entendu.

Le rire du gars monte vers la nuit du ciel, la nuit du beau dimanche à l'aube, et il tourne court aussitôt. Le gars ne dit plus rien. Il a dû dire tout ce qu'il pense de la vie et il plonge dans la nuit de neige, vers la place d'appel. Ce n'est plus qu'une ombre qui court, courbée sous les rafales de neige. D'autres ombres se mettent à courir derrière l'ombre du gars qui a dit que c'est un beau dimanche.

Pour qui a-t-il parlé ? Pourquoi cette dérision désespérée dans sa voix, dans son cri vers le ciel de neige ?

Il remontait le col de sa capote qui portait des traces de peinture verte sur le dos, de vagues contours de lettres à demi effacées, un *K* peut-être était encore lisible, *B* et *U* pouvaient se deviner. Debout devant l'entrée du block, protégé des tourbillons de neige par le saillant que forme le double escalier extérieur qui monte au premier étage, il était là, remontant le col de sa capote, regardant l'aube du dimanche, dehors, cette nuit trouée par les reflets des projecteurs, écoutant la rumeur confuse que vrillent les coups de sifflet rassemblant les gars pour le premier appel de la journée.

Alors il a crié, pour lui tout seul, d'une voix forte, déclamatoire, désespérée, dérisoire — ou plutôt : se tournant elle-même en dérision — il a crié que c'est un beau dimanche, les gars !

Un souvenir, sans doute, des beaux dimanches d'autrefois, venu le saisir au moment où il allait plonger dans les tourbillons de neige, l'a fait crier de cette façon-là, a fait éclater en lui ce rire désespéré.

Quel beau dimanche, les gars, sur les rives de la Marne !

Il n'a sans doute pas pu résister à la beauté de ce beau dimanche d'autrefois sur les rives de la Marne, envahissant tout à coup sa mémoire pendant qu'il regardait les tourbillons de neige sur l'Ettersberg. Il a peut-être eu le sentiment de la sottise inacceptable de ce monde où il y a les dimanches sur la Marne — ailleurs, avant, loin, de l'autre côté, dehors — et puis cette neige floconneuse, obstinée, de l'Ettersberg. Il a crié sans doute pour se venger de cette sottise, pour la nommer tout au moins, même de cette façon détournée. S'il avait crié : c'est beau, la Marne, le dimanche ! personne n'aurait compris ce qu'il disait.

Il attendait, cet homme, mêlé au groupe des retardataires, ceux qui ne bougent qu'à la toute dernière minute avant de rejoindre la foule en marche, trébuchante, vers la place d'appel. Il a regardé le ciel et il a crié. Pour lui, pour le souvenir revenu, pour les ombres autour de lui, pour la neige de l'Ettersberg, pour la demi-journée de travail qui l'attend, pour les kapos qui vont gueuler, pour la Marne au printemps, car seul un souvenir de printemps a pu l'envahir soudainement, sous cette neige obstinée. Il a crié que c'est un beau dimanche !

Ensuite, il a fait deux pas de côté, son visage a été pris dans un rayon de lumière, de profil.

C'était Barizon, Fernand Barizon.

Il s'est mis à courir sous les rafales de neige et sa plongée dans la nuit a précipité le départ de tous les autres, tous les retardataires. Barizon est une ombre qui se hâte vers la foule d'ombres en marche dont le pas, bientôt cadencé, scande le début de ce beau dimanche.

Sans doute, plus tard, aligné dans la formation rectangulaire et massive des détenus du block 40, à l'endroit qui revient de droit au block 40 sur la place d'appel — même si la plupart des hommes qui formaient à l'origine ce rectangle massif, immobile, figé dans le garde-à-vous le plus machinal, même s'ils sont morts, partis en fumée, ne laissant pas d'autre trace de leur passage ici que cette permanence de la forme massive, immobile et creuse du block 40 sur la place d'appel, forme vide, indéfiniment remplie, comblée, au fur et à mesure des disparitions, par d'autres détenus, renouvelables — sans doute, dans sa rangée alignée au cordeau, Barizon se souvient-il encore des rives de la Marne.

Dans le silence ouaté, entrecoupé par les ordres tranchants des haut-parleurs, Barizon évoquera délibérément tous les détails de ce souvenir : le temps qu'il faisait, ce dimanche d'autrefois, au printemps ; la couleur des feuilles et celle des robes des jeunes femmes ; le goût du petit vin ; la tiédeur de l'eau fuyant autour des rames immobiles, abandonnées pour allumer une cigarette, ou pour prendre entre les siennes les mains des jeunes femmes. Sûrement, dans l'acuité des sensations que provoque le froid glacial, il en arrivera, Barizon qui se souvient des rives de la Marne, à des pensées sur la fragilité des bonheurs, de banales pensées sur les bonheurs désuets de la vie, au-dehors. Si on avait su, bon dieu, de quoi la vie peut être remplie, toutes les richesses mortelles qu'elle recèle, on n'aurait sûrement pas accepté tout bêtement les petits bonheurs des rives de la Marne, on aurait essayé d'en faire un grand bonheur, assez grand et assez fou pour que la neige d'aujourd'hui, ni le kapo de la Gustloff, ni le SS à lunettes ne puissent l'effacer.

De toute façon, les seuls indices que nous avons pour supposer que Fernand Barizon se souvient des rives de la Marne, ce sont les mots qu'il a criés avant de se mettre à courir. C'est mince, il faut dire.

— Quel beau dimanche, les gars !

Et voilà, c'est dimanche.

C'était comment, les dimanches ?

Ce n'était pas la Marne, en tout cas. Une fois j'avais emmené une fille jusqu'au bois de Boulogne, sur le lac. Le canotage était une saine distraction, peu coûteuse de surcroît. Mais toutes les filles n'apprécient pas le grand air, ni les brillantes digressions culturelles improvisées au fil de l'eau. Avec celle-là, tout au moins, ça n'avait rien donné, je crois me rappeler. Peut-être les rives de la Marne auraient-elles été plus enjôleuses.

Je n'en sais rien, je ne me souviens pas des rives de la Marne.

J'allume la cigarette matinale roulée dans du papier journal. La fumée âcre du *machorka* me brûle la gorge. Je me tiens sous l'escalier extérieur qui monte au premier étage, le col de mon caban bleu relevé. Le bout de mes pieds passe à travers les chaussettes trouées, mes orteils sont griffés par le cuir rêche des bottes. Je tape du talon sur la dalle de ciment, à l'entrée du block 40.

Emil apparaît, le chef du block 40, coiffé de sa casquette de marin, massif, renfrogné, l'œil bleu lavande. Emil a dû vérifier que les dortoirs sont bien vides, que personne n'est resté à la traîne. Il grogne un salut en passant, il s'enfonce dans la nuit neigeuse.

La Marne ? Rien du tout, ça ne me rappelle rien du tout.

Je regarde la neige qui étincelle dans le faisceau des projecteurs. Une lumière dansante et glacée. Je devrais monter maintenant vers la baraque de l'*Arbeitssta-tistik*, c'est bientôt l'heure de l'appel. Mais je prolonge cet instant. Tout seul, avec le goût brutal du *machorka* dans ma bouche. Une sorte de paix, plus de regards sur moi : un espace creux, feutré, fragile, de solitude totale.

Je dormais dans le sommeil des autres, depuis deux ans. J'attendais qu'un copain ait fini, pressé de toutes parts, pour m'installer sur quelques centimètres de banc et manger la soupe du soir. D'autres copains, dans mon dos, attendraient à leur tour que j'aie fini. Je m'accroupissais sur le siège de faïence tiède, sur la même rangée qu'une dizaine d'autres types accroupis, dans l'ordurière promiscuité des latrines. Je marchais en rang, épaule contre épaule, je n'étais plus qu'une patte du gros insecte trébuchant et hâtif. L'eau de la douche ruisselait sur mon corps, sur quelques centaines de jambes velues, de sexes mous, violacés, de ventres gonflés, de poitrines creuses. J'étais jeté depuis deux ans dans un univers plein comme un œuf, gluant de respirations, gargouillant de la rumeur immonde des viscères.

Alors je prolongeais ces instants du matin, cette sorte de solitude : la première cigarette, la lumière dansante et glacée, le silence provisoire, la fabuleuse certitude d'exister.

Mais pourquoi avoir pensé à la Marne, à ses joies dominicales ? Je ne savais rien de la Marne, à vrai dire. Quand Fernand Barizon, tout à l'heure, avait crié ces mots à propos du dimanche, je m'étais souvenu des rives de la Marne, ou, plus exactement, ma mémoire avait été investie par un souvenir qui ne m'appartenait pas. Comme si quelqu'un d'autre s'était mis à se souvenir dans ma mémoire à moi.

Le dernier été d'avant la guerre, je veux dire celui d'entre les deux guerres, l'été 1939, j'allais au cinéma, tous les après-midi. Ce n'était pas prévu, pourtant. Mais ça recommençait tous les jours : la même surprise feinte, la même fascination.

J'arrivais par la rue Soufflot, je m'arrêtais devant la porte de la bibliothèque Sainte-Geneviève. J'aurais dû y entrer, c'est ça qui était prévu, que je fasse semblant d'être un jeune homme studieux. Immobile en haut des marches, je respirais sournoisement l'air tiède, caramélisé, qui circulait sur la place déserte. Comme si je prenais une dernière inspiration avant de plonger dans le remugle austère de la bibliothèque. Mais tout mon être basculait déjà, comme une eau de pluie grise coulant le long des caniveaux, sur les pentes qui descendent vers la Seine.

Je regardais la place, je respirais. Je tournais la tête vers la gauche, je voyais la façade de Saint-Étienne-du-Mont dans la lumière précise et plate du mois d'août. Encore un instant et j'entrerais dans la bibliothèque. C'était décidé, il n'y avait pas à revenir là-dessus. Puis, le cœur battant, je dévalais la rue Valette, avec un dernier coup d'œil coupable et soulagé vers la façade aveugle du Panthéon, derrière moi.

Rue de Rivoli, tous les cinémas projetaient deux films à chaque séance. Parfois, je sortais d'une salle pour entrer dans une autre : quatre films dans mon après-midi. Il y avait Arletty, souvent, et les rives de la Marne semblaient être le lieu-dit des bonheurs. La Marne, les guinguettes, le pernod, les mains gauloisement égarées sur des rondeurs : c'était l'image pelliculaire du bonheur, il semblait bien.

La Marne du cinématographe était d'un gris très pâle et brillant, avec des recoins d'ombre où les barques s'enlisaient. Une sorte de Léthé, mais à l'entrée d'un bref paradis dominical. Ainsi, quand la voix gouailleuse de Barizon, tout à l'heure, avait clamé sa nostalgie des beaux dimanches, j'avais pensé aux rives de la Marne, tout naturellement. La valse, les barques et le pernod. Un rire aigu de femme. La main sous les jupes, le jeu de la petite bête qui monte, qui monte.

Voilà, je me souvenais de la Marne avec la mémoire des autres, et même pas celle d'êtres réels, que j'aurais connus, mais la mémoire des personnages falots et sautillants des films de cet été-là. Comme si les fantômes de Michel Simon et d'Arletty, descendus d'un tandem, s'étaient mis à avoir des souvenirs dans ma mémoire à moi, en ce dimanche de la fin décembre 1944, sous la neige de l'Ettersberg. Arletty, de sa belle voix éraillée, aurait répondu à Barizon, à propos des beaux dimanches d'autrefois. Elle en aurait eu, des choses à dire, sans doute.

Mais je me brûle les lèvres aux dernières bouffées du mégot de *machorka*. Une rumeur sourde provient du haut de la colline. Tout le monde doit être rassemblé sur la place d'appel, à l'heure qu'il est. C'est-à-dire, tous ceux qui ne passent pas l'appel sur le lieu de travail. Moi, je passe l'appel dans la baraque de l'*Arbeit*. C'est l'un de mes privilèges. Je devrais y aller, maintenant, le décompte des détenus va bientôt commencer.

Je regarde encore la nuit, la neige étincelante qui tourbillonne. Je sors les mains de mes poches, je me mets à courir. Que c'était beau, la Marne et le printemps ! Je ris tout seul, comme si j'y avais été.

Ils en parlaient, bien sûr, les copains. Depuis quelques jours, nous ne parlions de rien d'autre.

Ils en parlaient par petits groupes, en attendant l'appel, lorsque j'étais entré dans le bureau de l'*Arbeitsstatistik*. À l'entrée de la baraque, tout en haut de la colline, presque en face du crématoire, j'avais tapé mes bottes contre la barre de fer, au pied de l'escalier. J'avais secoué la neige de mon caban bleu. J'étais entré dans la baraque, j'avais tourné à gauche. À droite, c'était le local de la *Schreibstube*, du secrétariat. En face, c'était la bibliothèque. À gauche, l'*Arbeit*.

Ils étaient tous là, les copains, ils en parlaient. Sauf Meiners, le triangle noir, qui devait s'en foutre.

Au début, certains avaient pensé que c'était un mensonge. Sûrement. Une invention de la propagande nazie, pour remonter le moral des populations. Nous écoutions les bulletins de nouvelles de la radio allemande, diffusés par tous les haut-parleurs, et nous hochions la tête. Un truc pour remonter le moral des populations allemandes, c'était certain.

Mais il avait bientôt fallu se rendre à l'évidence. L'écoute clandestine des radios alliées confirmait la nouvelle. Il n'y avait pas de doute : les troupes britanniques étaient bel et bien en train d'écraser la Résistance grecque. À Athènes, la bataille faisait rage, les troupes britanniques reprenaient la ville aux forces de l'ELAS, quartier par quartier. C'était un combat inégal, l'ELAS n'avait ni blindés ni aviation.

Mais Radio-Moscou ne disait rien et ce silence était diversement interprété.

Nous ne parlions de rien d'autre, depuis des jours. En décembre 1944, sous les tourbillons de neige de l'Ettersberg, nous ne parlions que de la Grèce. La guerre n'était pas encore finie et une autre bataille commençait, à l'intérieur même de la coalition antihitlérienne. Les chars britanniques écrasaient les partisans communistes, avant même que Hitler ne fût définitivement battu. Il y avait de quoi parler, sans doute.

Depuis des jours, nous ne parlions de rien d'autre.

— Dis ! dit Daniel.

— Oui, lui dis-je.

— Deux mots à te dire, dit Daniel.

— Dis-moi, lui dis-je.

— Tout à l'heure, dit Daniel.

Il fait un geste pour me montrer qu'il y a trop de monde, qu'il veut me parler seul à seul.

Bon, j'ai compris de quoi il s'agit. Je hoche la tête pour lui montrer que j'ai compris.

Nous sommes tous là, en attendant l'arrivée du sous-officier SS, pour l'appel, dans l'espace dégagé qui se trouve à l'entrée des bureaux de l'*Arbeitsstatistik.*

On entre, on se trouve dans un espace dégagé. Plus loin, une barrière sépare cet espace vide d'un autre espace, plus vaste, encombré de tables, de chaises, de fichiers, d'étagères, de dossiers, d'armoires. Il y a aussi un poêle, au milieu, un grand poêle rond où brûle du bois bien sec. Une administration, en somme. La moiteur silencieuse d'un lieu bureaucratique.

Au fond de l'espace administratif, encombré d'objets administratifs : fichiers, dossiers, registres ; tables et étagères pour supporter tous ces objets ; chaises pour poser nos culs devant tous ces objets administratifs ; armoires pour enfermer sous clef tous ces objets précieusement administratifs ; au fond, donc, deux portes. À droite, celle qui mène dans la pièce de Willi Seifert, le kapo de l'*Arbeit.* En principe, cette pièce n'est qu'un bureau : le bureau directorial, si l'on veut. Mais Seifert y a fait installer son lit. Il y dort, bien au calme. Les SS ferment les yeux sur cette entorse au règlement.

À gauche, une autre porte mène dans une sorte de salle commune ou de réfectoire où nous pouvons nous retirer, si ça nous chante, pour fumer une cigarette, bavarder un moment avec un copain, rêver, regarder la neige ou le soleil, la pluie aussi, par la fenêtre.

Voilà, il n'y a rien d'autre à dire de ce décor.

J'étais arrivé pour travailler dans les bureaux de l'*Arbeit* un an auparavant, après quelques semaines au block 62, dans le Petit Camp de quarantaine. Ça s'était fait tout simplement, en dehors de moi : une sorte de mécanisme objectif.

Deux jours après l'arrivée de mon transport, j'étais allongé dans le châlit du block de quarantaine, n'essayant même plus de dormir, ni de me protéger contre la vermine qui grouillait dans les paillasses, lorsqu'on m'a appelé par mon nom. Mon vrai nom, je veux dire, mon nom espagnol, celui qui était inscrit dans les registres officiels. En général, les Français qui m'entouraient depuis Compiègne, certains même depuis les prisons d'Auxerre et de Dijon, m'appelaient Gérard. C'était mon nom de guerre.

J'avais une place au bord du châlit, sur la rangée supérieure, la troisième, et j'ai penché la tête pour voir qui m'appelait par mon nom.

Un type était là, visage dressé, qui me parlait en espagnol. Oui, c'était bien moi, lui ai-je dit. Un type aux cheveux ras, aux vêtements disparates, étriqués, comme nous tous. Un visage osseux, des yeux clairs.

Il veut me parler, ce type.

Je bascule par-dessus le rebord du châlit, je descends. Nous faisons quelques pas dans le couloir central du block. C'est la cohue, comme d'habitude. Le type me parle. Comme ça, des questions, des phrases qui n'ont l'air de rien.

Une prise de contact, je sais ce que c'est. J'ai reconnu ce regard, cette prudence, cette ardeur obstinée. L'organisation, déjà. On parle, on a l'air de tourner en rond. Mais non, ça se précise. D'où on vient, ce qu'on a fait, par petites bribes. Et puis, tout naturellement, les cartes sur table. À moi de jouer, prendre ou laisser. J'ai pris les cartes, donné quelques références, pas toutes à la fois. Il faut voir venir. C'est une règle, c'est un rite, c'est un jeu. Le copain a reconstruit le reste, à partir de ces quelques données.

Le parti, voilà.

J'étais seul, j'avais deux yeux : le parti en avait mille. J'étais seul, j'avais une heure à vivre, le présent : le parti a toutes les heures, tout le temps, l'avenir. J'étais seul, je n'avais que ma mort à vivre : le parti pouvait vivre toutes nos morts, il n'en mourrait pas. C'est dans Brecht, à peu près. Mais, à cette époque-là, je n'avais pas lu Brecht, c'était moins littéraire. J'étais repris en charge par l'organisation du parti, tout simplement.

Le copain a sorti de sa poche trois cigarettes, il me les a données. Il m'a donné un mot de passe. Trois cigarettes, un mot de passe, pas davantage. Il pouvait disparaître, quelqu'un viendrait à sa place, nous nous reconnaîtrions.

Plus tard, quand je l'ai mieux connu, j'ai oublié de demander à Falcó — qui faisait partie de la direction de l'organisation communiste espagnole clandestine — comment la nouvelle leur était parvenue, par quelles voies détournées : « Il y a un mec de vingt ans, un Espagnol, au 62, qui arrive d'un maquis de Bourgogne et qui a l'air d'un copain. En tout cas, il travaillait avec les FTP. Allez-y voir. » Mais si j'ai oublié de poser cette question, c'est qu'elle était anecdotique.

La suite a été tout aussi simple.

J'étais le seul à parler l'allemand, parmi tous les déportés espagnols. Merci en passant à Fräulein Grabner et Fräulein Kaltenbach, gouvernantes germaniques d'une enfance choyée ! Ainsi, l'organisation du parti espagnol a demandé aux communistes allemands de m'affecter à l'*Arbeitsstatistik*, pour l'y représenter. J'ai reçu une convocation, un jour. La neige recouvrait le camp. C'était à la fin de la période de quarantaine. C'est Seifert qui m'a reçu, le kapo de l'*Arbeit*. Il m'a reçu dans son bureau personnel — la pièce du fond, porte de droite — et m'a parlé longuement.

Seifert était calme, précis, autoritaire. Ou plutôt : dégageant une autorité qui ne tenait pas seulement à son poste, mais aussi à sa nature. Un seigneur, dans cet univers du camp, ça se voyait. Il avait vingt-six ou vingt-sept ans. Au-dessus du triangle rouge de sa veste bien coupée, il y avait une petite bande rouge supplémentaire. *Rückfälliger :* récidiviste. Le poste qu'il occupait, cette bande d'étoffe rouge supplémentaire, à son âge, ça laissait deviner des choses : une biographie.

Plus tard, par bribes, j'ai su. La Jeunesse communiste, le travail clandestin, la prison, la liberté provisoire, de nouveau le travail clandestin, les camps. Plus tard, une fois, au printemps, j'ai compris d'où il tenait, Seifert, cette autorité devenue naturelle.

Ce jour-là, au printemps, un sous-officier des SS, chef d'un des kommandos de travail de la DAW *(Deutsche Ausrüstungs Werke)* est entré dans le bureau. C'était après l'appel du matin. Nous étions en train de manipuler nos fiches et nos listes, bien sagement. Il y avait aussi, dans l'espace dégagé devant la barrière, une dizaine de déportés de diverses nationalités, convoqués pour recevoir de nouvelles affectations de travail. Le sous-officier des SS est entré, quelqu'un a crié : *Achtung* ! Alors, machinalement, nous nous sommes tous dressés au garde-à-vous, nous sommes restés figés à côté de nos chaises. C'était le règlement. Willi Seifert est sorti de son bureau, détendu. Il a fait l'annonce de rigueur. Le sous-officier des SS nous a donné l'ordre de reprendre notre travail. *Weitermachen* ! Seifert était debout, appuyé des deux mains à la barrière, en face du sous-officier. Celui-ci venait se plaindre. D'une voix hachée, coléreuse, il se plaignait auprès de Seifert, parce que l'*Arbeitsstatistik*, disait-il, n'affectait pas assez de détenus à son kommando de la DAW. Il n'avait pas assez de types, criait-il, ça ne pouvait pas durer. Il était toujours en retard sur le plan de production.

Seifert l'a laissé dire, calmement. Ensuite, sur le même ton que le sous-officier des SS, avec la même hargne, la même violence — mais contenues, maîtrisées — il a expliqué au SS qu'il n'aurait jamais assez de types tant qu'il passerait sa journée à les harceler de coups de matraque.

— Pourquoi enverrais-je des hommes chez vous se faire matraquer ? Il y a plein de kommandos où on leur fout la paix. Cessez de taper sur mes gars et vos effectifs seront complets !

Il criait, Seifert, et je me disais que ça allait mal finir.

Mais le SS l'a laissé crier. Il a hoché la tête, il n'a rien trouvé à dire, il a tourné les talons, il est parti.

Seifert a crié : *Achtung* ! Nous avons de nouveau bougé nos culs de nos chaises. C'était le règlement. Le SS refermait la porte du bureau derrière lui. Nous regardions tous Seifert et Seifert souriait. Ce jour-là, j'ai compris d'où lui venait son autorité. Des années de bataille sournoise, dans la jungle des camps, avaient trempé cette volonté de fer, féroce. Nous étions debout, nous regardions Seifert et Seifert nous dominait tous de sa haute taille. Un seigneur, sans doute.

Plus tard, encore plus tard, pourtant, j'ai vu son visage se décomposer.

Cette fois-là, je faisais partie de l'équipe de nuit. C'était une invention de Seifert, précisément, cette équipe de nuit. En fait, avec nos douze heures quotidiennes de travail, on s'en sortait très bien. L'administration de l'ensemble de la main-d'œuvre du camp était assurée : une bonne administration, empreinte d'efficacité germanique. Mais Seifert avait institué cette équipe de nuit, qui revenait pour chacun de nous toutes les trois semaines, afin que nous puissions nous reposer à tour de rôle. Après l'appel du soir, au moment du couvre-feu, les membres de l'équipe de nuit se retrouvaient dans la baraque de l'*Arbeit*. On pouvait lire, bavarder, rêver, dormir : faire semblant d'exister. Le jour venu, après l'appel du matin, on pouvait regagner les dortoirs des blocks, y dormir encore à son aise, dans le silence inappréciable, avec toute la largeur du châlit pour soi tout seul, puisque les dortoirs étaient pratiquement vides pendant la journée, jusqu'au retour des kommandos.

Je faisais partie de l'équipe de nuit, donc, cette fois-là, je bavardais avec Seifert et Weidlich, qui était son adjoint. Herbert Weidlich avait réussi à quitter l'Allemagne après 1933. Il avait vécu à Prague, en exil. Weidlich nous racontait des souvenirs de Prague, cette nuit-là, je ne sais plus à quel propos. À n'importe quel propos, sans doute, car Weidlich racontait ses souvenirs de Prague à tout propos. Il avait de très bons souvenirs de Prague, jusqu'au moment de l'invasion nazie tout au moins.

Je fumais une cigarette que Seifert m'avait donnée et ce n'était pas du *machorka* roulé dans du papier journal, c'était une vraie cigarette allemande, du tabac oriental. J'écoutais Weidlich attentivement. Ce sont les récits de Weidlich qui m'ont fait aimer Prague, certainement, qui m'ont fait trouver cette ville étrangement familière, quand je l'ai parcourue pour la première fois, dix ans après, en 1954.

Herbert Weidlich avait habité à Prague, à une certaine époque, dans une chambre sur cour. C'était l'été, la plupart des voisins étaient partis en vacances. La nuit, il arrivait à Weidlich d'éteindre les lumières et de s'accouder à la fenêtre, pour respirer, après une journée de chaleur étouffante. Une fois qu'il rêvassait dans le noir, une chambre à coucher s'était éclairée de l'autre côté de la cour. Des voisins rentrés de vacances, peut-être. Un couple d'âge mûr. Enfin, lui, quarante ans à peu près. Elle, un peu plus jeune. Une chambre éclairée, rideaux ouverts, pour capter la fraîcheur nocturne, sans doute. Les rideaux bougeaient faiblement dans le souffle qui montait du fleuve relativement proche.

Weidlich avait vu l'homme et la femme se mettre au lit, ignorant sa présence dans l'ombre. Dans leurs lits jumeaux, l'homme avait ouvert un journal, la femme un livre. Ça avait duré, sans un mot. Plus tard, l'homme avait replié son journal, soigneusement. Il avait tourné la tête vers sa femme, elle vers lui, aussitôt. Peut-être avaient-ils échangé un mot, Weidlich était trop loin pour entendre. Ça avait été bref, en tout cas : un signal, un ordre, un appel. L'homme avait replié son journal soigneusement, il avait rabattu le léger édredon estival dans sa housse de drap blanc. La femme, au même moment, du même geste, se découvrait aussi. L'homme était debout, dans la ruelle, entre les deux lits jumeaux, déjà à moitié nu. Grand, massif, tourné vers la femme, ses fesses et son sexe dans la lumière de la lampe. Elle, dans le lit, allongée, ayant découvert ses jambes et son ventre, cambrant les reins pour faire glisser sa chemise de nuit. En silence, semblait-il. Ou bien lui chuchotait-il quelque chose, penché vers elle, d'une voix basse ? Elle, en tout cas, disait Weidlich avec un rire gras, n'avait bientôt plus la possibilité de parler. Nue, à présent, elle s'était à moitié redressée, appuyée sur un coude, elle enfonçait son visage entre les cuisses de l'homme, qui avait fléchi les jambes, posant ses genoux sur le bord du lit de sa femme, ventre tendu en avant. « Pas moyen de parler, disait Weidlich avec un rire gras, elle devait en avoir plein la bouche ! »

J'écoutais Weidlich, rêveusement : ça évoquait des images.

Weidlich décrivait tout, minutieusement. Le travail de cette bouche sur le sexe de l'homme, les mains de la femme crispées sur les reins de son mari, les cris brefs et rauques de celui-ci. Et puis la suite, les postures, et tout à coup, le rire interminable, grave, déchirant, follement gai, de cette femme.

Je l'écoutais rêveusement lorsque mon regard s'est arrêté, par hasard, sur le visage de Seifert. Sous le coup d'une douleur sourde, d'une angoisse innommable, semblait-il, le visage de Seifert s'était décomposé.

J'étais rêveur, je me faisais mon cinéma personnel, dans cette obscure complicité des récits masculins exaspérée par la privation, lorsque j'ai vu, par hasard, le visage de Seifert, dont le sang avait reflué, semblait-il. Une telle détresse, lisible. On pouvait tout imaginer.

Weidlich poursuivait son récit minutieux de voyeur goguenard et Seifert a dû sentir mon regard sur lui. Il a tourné la tête, il s'est passé la main sur le visage, c'était fini.

Quinze ans plus tard, vers 1960, je me suis encore une fois rappelé le visage que Seifert avait eu, cette nuit-là.

J'étais membre du bureau politique du parti communiste d'Espagne, à cette époque. J'avais un nom de guerre qui me plaisait bien, par sa banalité. Je m'appelais Sánchez. C'était comme si, français, je m'étais appelé Dupont. Je ne sais plus qui m'avait choisi ce nom, en 1954, lorsque j'avais été coopté au comité central, sans doute Carrillo lui-même. Mais il me plaisait bien, ce nom sans histoire, presque anonyme. Il m'arrivait souvent de prendre contact, en Espagne, dans la clandestinité, avec des camarades au long passé militant. Ils avaient fait la guerre civile, ils avaient tenu l'organisation du parti à bout de bras, dans les années terribles, ils avaient été en prison. Ils étaient couverts de gloire, de secrets et de doutes. Ils me regardaient. Ils savaient que j'étais «Sánchez», du comité central, du bureau politique, ils m'écoutaient. Mais je voyais bien à leur regard, les premières fois, qu'ils se demandaient qui j'étais, d'où je sortais. «Sánchez»? C'était quoi, «Sánchez»? Je n'étais pas un dirigeant historique. Je n'avais pas non plus l'âge d'avoir fait leur guerre. Nous n'avions pas les mêmes références, les mêmes obscures et tragiques complicités, la même mémoire glorieuse ou misérable. Nous n'avions pas non plus les mêmes oublis. Je veux dire : la même volonté d'oublier certains épisodes d'une longue histoire sanglante.

«Sánchez»? Ils hochaient la tête, les anciens combattants. Ça ne me gênait pas. J'aimais bien écouter leurs récits, recréer avec eux une mémoire collective. Mais j'aimais encore mieux être «Sánchez», délié de ce passé, lié plutôt à l'avenir de notre lutte.

Quoi qu'il en soit, j'étais allé à Berlin-Est, en 1960, pour régler certains problèmes. J'étais seul, j'habitais l'hôtel réservé aux hôtes du parti allemand. Des limousines noires venaient me chercher pour me conduire aux réunions que je devais assurer. Ce n'était pas passionnant. Le dernier jour, le fonctionnaire du comité central allemand chargé de me piloter m'a demandé si je désirais quelque chose. Alors, brusquement, le souvenir de cette nuit lointaine m'est revenu. J'ai demandé si je pouvais rencontrer Willi Seifert ou Herbert Weidlich. Il n'a pas compris, au début. Il a fallu lui expliquer que j'avais été déporté à Buchenwald, il a fallu lui parler de Seifert et de Weidlich, de l'*Arbeitsstatistik*.

Il s'est exclamé, alors.

J'avais été à Buchenwald? Il était aussi excité qu'un Anglais auquel on annoncerait, au milieu d'une conversation banale, poliment distraite, qu'on est ancien étudiant d'Oxford. Buchenwald ! Mais voyons, pourquoi ne l'avais-je pas dit plus tôt ? Il m'a aussitôt proposé d'organiser une excursion en voiture jusqu'à Weimar, une visite du camp.

Oh non, merde ! J'avais passé quinze ans à essayer de ne pas être un survivant, j'avais réussi à ne faire partie d'aucune association d'anciens déportés, d'aucune amicale. Les pèlerinages, comme on appelait les voyages organisés pour les déportés et leurs familles, sur les emplacements des anciens camps, m'avaient toujours fait horreur. Alors j'ai marmonné, d'une voix blanche, quelque vague prétexte. Il fallait que je retourne à l'Ouest, j'étais pressé. Le travail du parti, c'est ça. Mais le fonctionnaire du comité central insistait, plein de bonne volonté. Je n'étais vraiment jamais retourné à Buchenwald ? Non, jamais. Il hochait la tête. Il me décrivait les travaux d'embellissement qui y avaient été faits. Un mémorial, la République démocratique allemande y avait édifié un mémorial d'une grande richesse plastique. Je hochais la tête, j'avais vu des photographies, je connaissais : c'était dégueulasse. Une tour, des groupes de sculptures, du marbre, une allée bordée de murs couverts de bas-reliefs, des escaliers monumentaux. Dégueulasse, en un mot. Je ne lui ai pas dit ce que j'en pensais, bien sûr. Je me suis borné, timidement, à lui raconter mon vieux rêve : qu'on abandonne le camp au lent travail de la nature, de la forêt, des racines, de la pluie, de l'érosion éclatante des saisons. Un jour, on redécouvrirait les bâtiments de l'ancien camp envahis par le foisonnement irrésistible des arbres. Il m'a écouté, surpris. Mais non, un mémorial, quelque chose qui avait un sens éducatif, politique, voilà ce qu'ils avaient construit. D'ailleurs, c'était une idée de Bertolt Brecht. C'est lui qui avait proposé qu'on érige, face à l'ancien camp de concentration de Buchenwald, sur la pente en direction de Weimar, ce majestueux mémorial. Il voulait même que les personnages en soient plus grands que nature, qu'ils soient taillés dans la pierre et posés sur un socle dénué d'ornements, embrassant du regard un amphithéâtre aux lignes nobles. Dans cet amphithéâtre serait organisé chaque année un festival en souvenir des déportés. On y jouerait des oratorios, enfin, des machins avec des chants choraux, des lectures publiques, des appels politiques.

J'écoutais le fonctionnaire du SED, interdit. Je savais bien que Brecht avait souvent eu mauvais goût, mais à ce point-là, quand même ! Je n'ai rien dit, pourtant. Ça m'embêtait de discuter de tout ça avec lui. Non, je n'avais pas le temps d'aller à Weimar, c'est tout. Je regrettais. Par contre, s'il pouvait me faire rencontrer Willi Seifert ou Herbert Weidlich, je lui en serais reconnaissant. À condition que cela ne pose aucun problème, ai-je ajouté.

Il est redevenu vague, terne, administratif. Il fallait qu'il se renseigne, m'a-t-il dit. Il ne savait pas, m'a-t-il dit. Il me dirait, m'a-t-il dit.

Le fonctionnaire du comité central est revenu au début de l'après-midi. J'étais dans le salon de l'hôtel du Parti, à lire une *Huma* vieille de quatre jours, en buvant mon café. En fait de distraction, ce n'était pas sublime, mais à Berlin-Est, à part les soirées fabuleuses au Berliner-Ensemble, que pouvait-on faire d'autre, tout au moins quand on était pris en charge par l'appareil du parti ?

Le camarade allemand était rayonnant. Pourtant, la nouvelle qu'il avait à m'annoncer était que je ne pourrais rencontrer ni Seifert, ni Weidlich. Ils étaient tous deux absents de Berlin.

Sa satisfaction avait d'autres motifs. Lorsque je lui avais parlé de Seifert et de Weidlich, j'avais bien vu à son regard qu'il ignorait leurs noms. Et si j'avais demandé à rencontrer des gens qui avaient mal tourné ? Ce n'est pas parce qu'on a passé quelques années en camp de concentration, sous le nazisme, qu'on est immunisé contre les déviations politiques. Et si j'avais demandé à rencontrer des gens que le parti avait dû rejeter de son sein paternel (ou maternel, le parti est peut-être androgyne ou hermaphrodite, qui sait) ? Qu'il avait peut-être même été obligé de mettre en prison, ou de pendre haut et court ? J'avais bien vu à son regard quelle sorte de gêne l'avait envahi. Le passé, toujours délicat à remuer. Toujours ennuyeux d'avoir à expliquer pourquoi Untel a mal fini.

Or, il s'avérait que cette crainte était injustifiée. Le fonctionnaire du comité central avait pu vérifier que Seifert et Weidlich avaient fait de brillantes carrières en République démocratique allemande. Surtout Seifert, ce qui n'avait rien de surprenant. De brillantes carrières, sans aucun doute. Weidlich était commissaire de la police criminelle. Quant à Seifert — la voix du fonctionnaire a pris alors cet accent inimitable d'allégresse administrative que nous connaissons bien — Willi Seifert était devenu major général de la Volkspolizei. Mais ni l'un ni l'autre n'étaient à Berlin, hélas ! Il pouvait me dire, confidentiellement, que Weidlich était en mission, quelque part en province, et que Seifert — ici, l'allégresse administrative s'est teintée de satisfaction politique — assistait à un séminaire sur le matérialisme historique (et dialectique, sans doute) réservé aux officiers supérieurs de l'Armée du peuple et de la police du peuple.

Je me suis rappelé le visage de Seifert, cette détresse innommable. Une nuit lointaine, dans la baraque de l'*Arbeit*, à Buchenwald. Herbert racontait d'une voix grasse les ébats de ce couple qu'il avait surpris, voyeur d'abord involontaire, ensuite émoustillé, et sur le visage de Seifert était apparue cette lumière dévastée. Une vérité sur lui-même, parfaitement lisible, dont l'évidence obscène brisait subitement son masque de seigneur.

Il suffisait de faire un calcul, bien sûr, Seifert devait avoir quinze ans, lorsqu'il avait été arrêté pour la première fois. Il n'avait vraisemblablement jamais connu de femme. Il avait toujours vécu dans l'univers aride et opaque, trouble au bout des années de prison et de camp, de la masculinité. Ces images que Weidlich évoquait, sur le mode de la plaisanterie grivoise ; cette explosion imprévisible, entre cet homme et cette femme inconnus, sagement allongés dans leurs lits jumeaux, sous la lumière conjugale et sereine d'une lampe ; cette imprévisible explosion d'une passion de plaisir, libérée de toute retenue, où la soumission brutale des deux corps l'un à l'autre, la douce domination de l'un par l'autre, n'avaient pour objet que ce plaisir-là, dans une sorte de rauque et rude allégresse que ponctuaient les mots hachés de l'homme et le rire, interminable et grave, le rire aux larmes, à la folie, de la femme ; ces images de Prague que le récit de Weidlich évoquait étaient tout simplement celles de la vie, au-dehors.

L'évidence déchirante et fabuleuse de la vie, au-dehors.

Mais finalement, Seifert n'avait pas retrouvé l'évidence de la vie, au-dehors. Ou plutôt, il avait refusé cette évidence du dehors, ses risques et ses contradictions.

À peine sorti de Buchenwald, il était entré dans la police organisée par les Russes dans leur zone d'occupation. Il était resté bien au chaud dans le même univers de la contrainte. Il avait choisi d'y rester, mais du bon côté cette fois-ci, du côté du manche. Le jeune communiste de Buchenwald n'était plus qu'un policier. Et un policier qui avait fait carrière, par-dessus le marché. Il était devenu major général de la Volkspolizei. Or, pour faire carrière à Berlin-Est, sous la férule d'Ulbricht et des services de sécurité russes, au milieu des intrigues, des complots et des purges de la dernière période du stalinisme, d'abord, et des méandres de la déstalinisation bureaucratique, ensuite, il fallait vraiment être prêt à tout.

Prêt à toutes les bassesses, à tous les compromis pourris, pour rester du côté du manche, pour ne pas tomber de la charrette, dans quelque brusque virage.

Ainsi, en 1952, il a dû sentir le vent du boulet, Seifert. Il a dû vivre des semaines de terreur, s'attendant sans doute au pire, chaque nuit. Il a dû essayer de se faire oublier, de ne pas voir les regards sur lui de ses collègues de la police du peuple : soupçonneux, goguenards ou compatissants. Il n'a dû commencer à respirer qu'après la mort de Staline, Seifert.

En 1952, en effet, au mois de novembre, Josef Frank est au banc des accusés, à Prague. Le procès qui se déroule et dont il tient la vedette avec Rudolf Slánský, est le dernier procès à grand spectacle de l'époque stalinienne. L'aboutissement quasi parfait de vingt ans de recherches et de travaux pratiques des services de sécurité de Staline. Mais l'aboutissement, aussi, de vingt ans de soumission inconditionnelle, de veule fascination du mouvement communiste occidental. L'un ne va pas sans l'autre, c'est sûr.

C'était notre camarade de Buchenwald, Josef Frank. Nous avions travaillé avec lui, à l'*Arbeitsstatistik*. Ses copains tchèques l'appelaient « Pepikou ». Personnellement, je ne l'appelais pas par ce diminutif. Frank n'était pas exubérant, il n'était pas facile de franchir les barrières de sa réserve naturelle. Pourtant, j'avais eu de très bons rapports avec lui. Je l'aimais bien, Josef Frank. Il ne nous accablait pas de ses récits d'ancien combattant. Il n'affichait pas comme la plupart des autres dirigeants communistes du camp sa morgue de grand seigneur de la bureaucratie.

Plus tard, après la Libération, Josef Frank est devenu secrétaire général adjoint du PC de Tchécoslovaquie. Mais en 1952, au mois de novembre, à Prague, il est au banc des accusés. Dans quelques jours, il sera pendu. Ses cendres seront dispersées au vent, sur une route enneigée.

Debout, face au tribunal, récitant le texte qu'il a appris par cœur, Josef Frank déclare : « Pendant mon séjour dans les camps de concentration, de 1939 à 1945, je me suis enfoncé davantage dans le marais de l'opportunisme et de la trahison. J'y ai également commis des crimes de guerre. »

Mais le procureur exige des détails, bien sûr. Le scénario de l'interrogatoire public, parfaitement mis au point, plusieurs fois répété, a savamment gradué ses effets. Frank donne donc les précisions qu'on attend de lui, après cette entrée en matière d'un caractère général.

« Pendant mon séjour, au camp de concentration de Buchenwald, dit-il, j'ai obtenu en 1942 un poste de secrétaire et d'interprète dans le service de l'*Arbeitsstatistik* et j'ai désormais exercé cette fonction au bénéfice du commandement nazi du camp. »

Mais ce n'est pas encore suffisant. Il faut que Frank aille encore plus loin. Il faut que le procès public fasse jouer pleinement les mécanismes pédagogiques de la terreur, de la honte des aveux, du scandale. Il faut que le bon peuple comprenne à quelles extrémités l'on peut se laisser entraîner, dès qu'on s'écarte du droit chemin éclairé par les certitudes rayonnantes de la Pensée Correcte. Dans ce but, le texte du spectacle a été soigneusement écrit, corrigé, répété.

Ainsi, si Frank ne livre le contenu concret de ses «crimes de guerre» que progressivement, par petites bribes que semble lui arracher le procureur, c'est que le scénario du procès joue sur les mécanismes du suspense, sur la mythologie d'une horrible vérité enfouie dans la conscience du criminel, vérité que la sage maïeutique du parti va faire éclater en plein jour. Ce sont *les Mystères de Prague* qu'on livre au public tout au long des épisodes successifs du roman-feuilleton du procès, retransmis par tous les postes radiophoniques.

Et si Frank semble parfois avoir du mal à dire son texte, s'il trébuche sur certains mots, tout le monde pensera que c'est la honte de ses crimes qui lui rend la parole difficile, hésitante. Tout le monde pourra penser que c'est la honte d'avouer cette vérité qui le fait ainsi balbutier, par moments, alors que c'est, en vérité, la honte d'avoir à proférer tous ces mensonges.

Le procureur, donc, en cette journée de novembre 1952, demande à Frank d'aller plus loin dans le détail horrible d'aveux mensongers. «Quels sont les crimes de guerre que vous avez commis ?» lui demande-t-il.

Josef Frank répond : «Dans l'exercice de mes fonctions, j'ai aidé les nazis à constituer les transports de détenus destinés aux différents kommandos extérieurs. Dans ces kommandos, les conditions de vie et de travail étaient essentiellement plus dures que dans le camp lui-même. Ainsi, de nombreux détenus envoyés en transport n'en revenaient pas. En outre, dans l'exercice de mes fonctions, j'ai plusieurs fois frappé des détenus, commettant ainsi des crimes de guerre.»

Mais le procureur exige encore davantage de Frank. Le procureur pose encore une question. Une question décisive, n'en doutons pas : «Sur les instructions de qui et de quelle façon envoyiez-vous les détenus à la mort ?» demande le procureur. Et Josef Frank répond à cette question décisive : «Les instructions concernant les transports émanaient du commandement nazi du camp. Elles m'étaient données par le truchement du kapo Willi Seifert, qui me transmettait les listes de détenus devant partir en transport...»

Voilà, c'est dit.

Voilà pourquoi Willi Seifert a dû sentir le vent du boulet, en 1952, au mois de novembre. Tous les journaux d'Europe de l'Est publiaient les comptes rendus des séances du procès de Prague, qui avait un caractère exemplaire. Un jour, donc, Seifert a vu son nom dans les journaux. Et dans quel contexte, Seigneur ! Lui, officier supérieur de la police du peuple, le voici indirectement accusé d'avoir transmis à Frank les ordres nazis d'extermination des détenus de Buchenwald. Il est assez bien placé, Seifert, pour savoir ce que cela signifie. Il sait bien qu'il est inutile, outrecuidant même, d'essayer de rétablir la vérité. À quoi bon rappeler quelle était la situation réelle à Buchenwald, quelles étaient les possibilités réelles de riposte aux exigences nazies, en fonction desquelles une stratégie avait été élaborée, d'un commun accord, avec les diverses organisations nationales de résistance ? À quoi bon rappeler que Josef Frank n'avait jamais eu à s'occuper de l'organisation des transports, à l'*Arbeitsstatistik* ? À quoi bon proclamer que jamais, au grand jamais, on n'avait vu Josef Frank frapper un détenu ? Il sait bien, Seifert, que le procès de Prague est une œuvre de fiction, où ce qui compte n'est pas la vérité, mais la vraisemblance. Il sait bien pourquoi on a demandé à Frank de citer son nom : c'est une méthode éprouvée des services de sécurité de Staline. On cite les noms de militants qui ne sont pas directement inculpés dans le procès en cours, pour laisser la porte ouverte à de nouveaux procès en chaîne. Pour laisser planer la terreur sur ceux qui ont été nommés.

Ainsi, dans ce cas précis, faire citer le nom de Seifert, en novembre 1952, cela veut dire que les services de sécurité de Staline se réservent la possibilité de déclencher une nouvelle purge dans les appareils d'État de la RDA. Quand ? N'importe quand, à la moindre occasion. À l'occasion d'un virage de la politique internationale de l'URSS, d'un changement d'orientation dans les pays du Bloc. Pourquoi ? Pour rien, ou plutôt, pour prouver qu'un pouvoir absolu n'a absolument pas besoin de justifier rationnellement, juridiquement, ses abus de pouvoir. Pour qu'il soit clair qu'il n'y aura jamais de fin à la terreur, pour qu'on se tienne pour dit que la terreur, à partir d'un certain moment, se nourrit d'elle-même, de l'exercice sans fin de son propre pouvoir arbitraire.

Quoi qu'il en soit, il n'a dû reprendre souffle que cinq mois plus tard, Willi Seifert, le jour de la mort de Staline. En attendant, il a dû accentuer encore sa docilité, j'imagine, son respect de la Pensée Correcte, sa vigilance envers les déviationnistes de tout poil. Cinq mois plus tard, le jour de la mort de Staline, il s'est sans doute saoulé à mort — pendant que le peuple se pressait et s'écrasait, se piétinait littéralement, pour contempler une dernière fois le visage cireux du Maître, dans la salle des Colonnes, à Moscou — comme se sont saoulés à mort les rescapés du Politburo russe. Ceux-ci, à vrai dire, n'ont pas eu beaucoup de temps pour fêter la mort du Géorgien : il leur aura fallu plonger aussitôt dans les intrigues, les coups d'État feutrés, les exécutions, les alliances et les renversements d'alliances de la période de succession.

C'est Seifert qui m'avait reçu, la première fois que j'étais venu à l'*Arbeitsstatistik*, en février 1944, après la période de quarantaine.

Par la fenêtre de son bureau, on voyait les bâtiments de la DAW *(Deutsche Ausrüstungs Werke)*, qui se trouvaient à l'intérieur de l'enceinte électrifiée. En se penchant un peu, on voyait aussi la cheminée du crématoire. Ça fumait calmement.

Seifert était derrière son bureau, il jouait avec une longue règle. Il m'a fait asseoir. Il a regardé mon accoutrement, l'air un peu dégoûté. Je ne savais que faire du chapeau de feutre, ramolli et pisseux, qu'on m'avait collé sur la tête, le jour de mon arrivée au camp, après la désinfection. Je roulais le chapeau de feutre informe entre mes doigts, j'ai fini par le poser sur le bureau.

Seifert regardait le chapeau de feutre d'un air dégoûté.

Le temps passait, il y avait du silence. Ça ne me gênait pas, je ne déteste pas le silence. Je regardais dehors. Du soleil sur de la neige. La forêt de hêtres, au-delà des bâtiments de la DAW. Je penchai un peu la tête, c'était bien ça : on voyait le crématoire. Une fumée d'un gris pâle montait dans le ciel.

Alors Seifert a parlé.

— Oui, le crématoire, a-t-il dit. C'est nous qui l'avons construit. Nous avons tout construit, ici.

Il a haussé les épaules.

— Ce camp, c'est un sana, aujourd'hui !

C'était un raccourci, bien sûr, une façon de parler. Ça ne me gênait pas, je comprends les raccourcis, les façons de parler.

Seifert a rangé machinalement des papiers sur son bureau.

Après son entrée en matière, cette phrase à propos du camp, qui n'est qu'un sana, désormais, je m'attendais à ce qu'il développât cette conviction hargneuse et méprisante d'ancien combattant. *Ein Sanatorium* ! *Das Lager ist nur ein Sanatorium, heute* ! Depuis un mois, les anciens nous la répétaient, cette rengaine. Bon, le camp n'était plus qu'un sana, maintenant. Il fallait l'avoir connu à la belle époque, disaient les anciens, méprisants. Et les récits de la belle époque tombaient sur nous, comme la grêle sur les récoltes.

Bon, j'étais assis en face de Seifert, j'avais fini par déposer mon chapeau pisseux sur son bureau et j'attendais qu'il m'expliquât encore une fois que le camp était un sana et que c'était bien autre chose, à la belle époque. Mais pas du tout.

— Je crois que c'est la première fois que je reçois ici un étudiant en philosophie, m'a-t-il dit. D'habitude, les copains qu'on m'envoie sont des prolos. *Die Kumpel die zu mir geschickt werden, sind Proleten.*

Il y avait dans cette phrase deux mots allemands que j'entendais pour la première fois. Le mot *Kumpel*, le mot *Proleten*. Des mots inconnus, mais aussitôt identifiables, reconnus : transparents. Des mots qui vous installaient aussitôt dans un univers familier, celui d'un langage ésotérique et universel. Mots de passe et ouvertures sur le monde.

Nous non plus, dans les trains de nuit qui nous conduisaient à Laroche-Migennes, dans les bistrots autour de la Contrescarpe, dans les bois autour de Semur, nous ne disions pas non plus camarades, pour parler des nôtres : nous disions «copains». Et lorsque nous éprouvions le besoin de nous identifier à cette force obscure, impénétrable et rayonnante, dont la mission, croyions-nous, était de changer le monde, la classe ouvrière, lorsque nous parlions des représentants de cette classe que nous avions connus dans les FTP ou la MOI, nous disions aussi «prolos».

Kumpel et *Proleten*, copains et prolos : c'étaient les mêmes mots, la même volonté idéologique de cohésion, le même orgueil de société secrète, un jour, bientôt, devenue universelle.

Mais dans la bouche de Seifert, ces mots-là, alors que le soleil, au-dehors, posait sur la neige des reflets bleus, alors que montait la fumée calme, routinière, du crématoire, ces mots-là semblaient m'interdire l'accès de cet univers fraternel et hiérarchique, ouvert et ritualisé, du communisme. Je n'étais plus qu'un étudiant en philosophie, mon origine sociale remontait brusquement à la surface, comme un cadavre gonflé d'eau, emmailloté d'algues et de vase, remonte parfois de quelque obscure noyade aux abords d'une plage océanique. Mon cadavre remontait à la surface, sous la forme suspecte, à plus d'un titre, d'un étudiant en philosophie : jeune cadavre de la vieille société.

Jusqu'à ce jour de février 1944, ensoleillé, neigeux, j'avais vécu mon rapport avec mes origines sociales dans une totale innocence. Je ne pensais pas à me sentir coupable, pas du tout. Bien au contraire, ma conscience de moi-même n'était pas dépourvue de quelque satisfaction intime. Je trouvais ça plutôt bien, d'être qui j'étais, d'être où j'étais, venant d'où je venais.

La guerre d'Espagne avait éclaté sur mon enfance. Elle avait apparemment tranché d'un coup tous les problèmes que j'aurais eu, sinon, à trancher un par un, seul. Elle avait délimité les camps, dans l'éclairage brutal des grandes crises historiques. C'était l'histoire, sa ruse et sa violence, qui avait pris mes problèmes à son compte, qui les avait provisoirement tranchés pour moi. C'était la crise de l'histoire qui m'avait évité les crises de l'adolescence, comme elle ferait, par contre, plus tard, en 1956, éclater la crise de l'âge d'homme. La foi des mes aïeux, leurs valeurs morales, c'était l'histoire critique de ces années qui m'en avait débarrassé, dans l'innocence provisoire des orages et des cataclysmes.

Non, vraiment, aucun sentiment de culpabilité. Je me trouvais plutôt fréquentable, à vingt ans.

Mais Seifert, ce jour-là, d'une voix calme, me rejetait dans ma singularité, c'est-à-dire dans la suspecte universalité de mes origines de classe. À la rigueur, je pouvais être un copain, *ein Kumpel*, mais je ne serais jamais un prolo, *ein Prolet*. Jamais, c'est certain. Ainsi, ces mots de passe qui m'avaient semblé ouvrir les portes d'un univers fraternel, où chacun serait jugé d'après sa pratique, et traité selon ses besoins, ces mots se retournaient tout à coup contre moi. J'étais renvoyé par ces mots dans l'enfer sulfureux de l'ontologie. Voici que je n'étais plus jugé selon mes actes, mais bien classé en fonction de mon être, et encore, mon être le plus extérieur à moi-même, la part de moi la plus inerte et visqueuse, dont je ne pourrais jamais assumer la responsabilité : mon être social.

J'écoutais Seifert me parler d'une voix calme et tous mes ancêtres qui avaient été propriétaires fonciers, hobereaux guerroyants, bourgeois aventureux ayant fait fortune dans le commerce des bois précieux, des épices lointaines ou dans l'exploitation des mines indiennes, tous mes ancêtres qui avaient fait la guerre pour la gloire misérable et baroque de l'Espagne — ou bien pour sa liberté, pour le progrès des lumières de la raison, il y en avait aussi — tous mes ancêtres semblaient surgir de l'ombre de l'oubli, de la tristesse couleur sépia des vieilles photographies, avec leur mobilier d'acajou et de palissandre — *caoba y palo-santo* ! — leurs femmes au teint mat, aux gestes alanguis, leurs calèches, leurs Hispano décapotables, leurs phrases à l'emporte-pièce dans les cafés provinciaux des belles places carrées à arcades de pierre blonde, ils semblaient tous surgir pour me tirer par les pieds dans cet enfer ontologique dont j'avais cru, à tort, pouvoir m'échapper. Tous mes ancêtres ricanaient, en écoutant Seifert : Nous te l'avions bien dit que tu ne serais jamais l'un des leurs !

J'écoutais Seifert m'expliquer l'exceptionnelle singularité de mon cas. Jamais, non, au grand jamais, l'organisation du parti ne lui avait envoyé un étudiant en philosophie à planquer dans le bureau de l'*Arbeitsstatistik*. Je sentais bien qu'il se demandait comment un étudiant en philosophie pouvait *vraiment* être communiste.

Moi, je regardais la neige au-dehors. Je savais qu'en penchant un peu la tête je verrais la cheminée du crématoire, sa fumée routinière. Mais je n'arrivais pas à me sentir coupable. Je ne dois pas être doué pour ce sentiment-là.

DEUX

Fernand Barizon est sur la place d'appel.

Il est au centre de la formation du block 40, tout à fait anonyme au milieu de la foule des détenus, bien protégé par les rangées qui s'alignent devant et derrière lui, sur les côtés également.

Il commence à connaître la musique, Barizon.

Il sait qu'il ne faut jamais se mettre en avant, ni au propre ni au figuré. Si vous êtes sur la première rangée, le SS qui fait le compte des détenus peut s'arrêter devant vous, constater qu'il vous manque un bouton, que le numéro cousu sur votre poitrine n'est plus parfaitement lisible, que votre position n'est pas exactement réglementaire. S'il est de mauvaise humeur, s'il a tout simplement envie de faire chier, il peut constater n'importe quoi. Il y aura toujours quelque chose à constater. Alors, c'est le poing dans la gueule, les coups de matraque, peut-être même l'inscription pour une corvée supplémentaire, une punition quelconque.

Fernand Barizon se cache au milieu de la foule des détenus. Il s'y fond, s'y perd, s'y fait oublier. La musique, il connaît.

Il neige toujours, c'est un dimanche de merde.

L'Espagnol, lui, verni, passe l'appel bien au chaud, dans la baraque de l'*Arbeit*. Tout à l'heure, quand il a tourné la tête, devant l'entrée du block 40 avant de se mettre à courir, Barizon a aperçu l'Espagnol derrière lui, dans l'encoignure de l'escalier qui monte à l'étage.

L'Espagnol arrive d'un maquis de Bourgogne, semble-t-il. En tout cas, c'est un copain du parti. On l'appelle Gérard. C'est le nom qu'il portait au maquis, semble-t-il. Barizon, en tout cas, ne lui en connaît pas d'autre.

Il ne lui a jamais connu d'autre nom, en fin de compte. Quand il a revu Gérard, des années plus tard, quinze ans après Buchenwald, je ne m'appelais plus Gérard. Je m'appelais Sánchez. D'ailleurs, Barizon ne m'a visiblement pas reconnu.

Je suis sorti sur le perron du château, quinze ans plus tard. Le château était une grande bâtisse en brique, avec de la pierre de taille là où il faut : du faux Louis-quelconque. Mais du faux de qualité, du faux solide et cossu. Au milieu d'un parc boisé de plusieurs hectares, le château devait servir de colonie de vacances, aux époques de vacances, pour les enfants d'une municipalité communiste de la banlieue parisienne. Les camarades français avaient mis cette propriété à notre disposition pour y tenir une réunion de plusieurs jours avec les cadres et les instructeurs du parti espagnol travaillant clandestinement dans les régions rurales de l'Andalousie et de l'Estrémadure.

La nuit tombait, j'étais sorti sur le perron, je fumais une cigarette. La réunion avait été passionnante. «C'étaient les plus vaillants de la vaillante Espagne...» Quelques vers hugoliens flottaient dans ma mémoire, à voix basse. Il y a toujours quelques bribes de poèmes qui traînent dans ma mémoire, comme le brouillard matinal sur les prairies, à toute occasion et tout propos. Et même hors de propos. Manie bien innocente, sans doute. Utile, de surcroît. En prison, ou dans les longues attentes de la clandestinité, ç'a été souvent utile de pouvoir me réciter des poèmes à mi-voix.

J'étais sur le perron, je fumais une cigarette, la nuit tombait. Dans l'allée carrossable, au pied des marches, quelques voitures automobiles attendaient, qui allaient ramener les camarades vers Paris, par petits groupes. Les chauffeurs étaient là également, bavardant. Je voyais rougeoyer leurs cigarettes, dans l'ombre de la nuit qui tombait. Et brusquement, j'ai entendu la voix de Barizon, Fernand Barizon. Il râlait, Fernand. Il protestait auprès du copain espagnol chargé de l'organisation technique de la réunion. Il n'était pas d'accord sur l'horaire de travail établi. Alors, il protestait.

Il n'avait pas changé, Fernand.

Quinze ans après les dimanches de Buchenwald, dans un sourd battement de tout mon sang, j'ai reconnu la voix râleuse de Barizon. Je suis descendu du perron, j'ai fait quelques pas dans l'allée carrossable. Une lumière électrique éclairait faiblement le groupe des chauffeurs. J'ai regardé le visage de Fernand Barizon, dressé dans la faible lumière de cette lampe lointaine. J'avais envie de m'approcher de lui, de le prendre dans mes bras, de lui dire qu'il n'avait pas changé. «T'as pas changé, Fernand !» J'avais envie de lui rappeler nos conversations du dimanche, à Buchenwald. Se souvenait-il des chansons de Zarah Leander, dans les après-midi de Buchenwald ?

Plus tard, le hasard a voulu que je me trouve dans la voiture qu'il conduisait pour revenir à Paris. À l'une des portes de la ville, je suis descendu. En partant vers la station de métro, j'ai serré la main de Barizon. Il m'a regardé droit dans les yeux, il m'a dit «salut, camarade !» mais il ne m'a pas reconnu, visiblement. Je ne pouvais pas lui en vouloir. Moi-même, quand il m'arrivait de voir sur quelque ancienne photographie la tête que j'avais à vingt ans, je ne me reconnaissais pas.

Quelques mois après cette rencontre, j'ai retrouvé Fernand Barizon sur mon chemin.

Je devais aller à Prague, pour quelque raison urgente dont je ne garde pas le moindre souvenir. Mais enfin, à cette époque, tout nous semblait urgent et décisif. Il n'y avait jamais une minute à perdre. La pratique politique clandestine sécrète cette idéologie de l'urgent, du décisif, comme le foie sécrète la bile.

Donc, je devais aller à Prague, c'était urgent.

Il avait été décidé qu'une voiture me conduirait à Genève. De là, je gagnerais Zurich par le train. À Zurich, je prendrais un avion pour Prague. J'entrerais en Suisse avec une carte d'identité française, je prendrais l'avion à Zurich avec un passeport sud-américain, pour brouiller mes traces.

La routine, en somme.

C'est Fernand Barizon qui avait été désigné pour conduire la voiture jusqu'à Genève.

Fernand avait roulé très vite. Nous n'avions échangé que peu de mots. Je lui avais fait savoir sous quelle identité je voyageais. Si ma mémoire est bonne, je m'appelais Salagnac, cette fois-là. Camille Salagnac. On s'était mis d'accord sur les raisons supposées de ce voyage à Genève, en cas de contretemps imprévu au poste frontière.

Ensuite, je m'étais laissé aller à mes rêveries habituelles.

À l'entrée de Nantua, Fernand a levé le pied de l'accélérateur. Il s'est tourné vers moi avec un grand sourire engageant.

— Si on cassait la croûte ? m'a-t-il dit.

J'ai hoché la tête.

— Pourquoi pas ?

— Tu connais la sauce Nantua ? m'a demandé Fernand.

Je ne connaissais pas la sauce Nantua mais Nantua évoquait quelque chose, vaguement, ou quelqu'un, dans ma mémoire.

Un peu plus tard, installés au restaurant de l'hôtel de France, pendant que Barizon commandait des écrevisses à la sauce Nantua, il m'a semblé que j'aurais dû connaître quelqu'un qui avait été professeur d'anglais dans un collège de Nantua. Mais qui avait bien pu être professeur d'anglais à Nantua ? C'était un peu incongru de se rappeler un détail aussi précis et de ne plus savoir à qui se rapportait ce détail. J'essayais de me souvenir. Mais aucune image ne surgissait, aucun nom.

Quoi qu'il en fût, Nantua ne me faisait pas du tout penser à la sauce Nantua que je découvrais ce jour-là. Se délectant à l'avance, Barizon m'en parlait avec un luxe de précisions gourmandes et quantitatives qui me rappelaient les énoncés des problèmes enfantins : prenez deux décilitres de crème, additionnez-les à un litre de sauce béchamel, faites réduire d'un tiers, et ainsi de suite.

Ça m'amusait de penser que Barizon avait astucieusement préparé cet arrêt gastronomique à Nantua, calculant sans doute la vitesse de la voiture, depuis le départ de Paris, de façon à pouvoir se retourner vers moi, la bouche en cœur, l'air innocent, juste à l'entrée de Nantua, pour me dire, comme si cette idée venait juste de lui venir : — Si on s'arrêtait pour casser la croûte, vieux ? Et c'était l'heure de casser la croûte, bien entendu.

Mais Barizon, ce jour-là, dans la salle à manger de l'hôtel de France de Nantua, ne parlait plus de la sauce Nantua. Brusquement, Barizon avait commencé à évoquer devant moi sa grande faim de Buchenwald. Brusquement, la sauce Nantua n'était plus l'accompagnement du plat qu'on allait bientôt nous servir, mais la réalisation d'un rêve fait à Buchenwald. Un rêve de crème, de béchamel et de beurre d'écrevisses qui venait napper les récits nostalgiques et délirants provoqués par la faim de Buchenwald.

Devenu volubile dans le fumet des sauces, Barizon me racontait sa vie à Buchenwald. Je hochais la tête, je l'écoutais me raconter cette vie qui était aussi ma vie. Barizon ne m'avait pas reconnu, toujours pas. Il savait seulement que j'étais un dirigeant communiste espagnol voyageant sous le faux nom de Salagnac, Camille Salagnac. Il devait me conduire à Genève, c'est tout ce qu'il savait. Alors, dans l'odeur riche et lourde, matricielle, de la sauce Nantua, Barizon me racontait notre vie à Buchenwald.

Mais était-ce bien notre vie ?

Je l'écoutais, je hochais la tête, je ne disais rien. Pourtant, j'avais envie d'intervenir dans ce récit, de corriger certains détails, de lui rappeler des épisodes qu'il semblait avoir oubliés.

Ainsi, Barizon ne disait rien de Zarah Leander. Et Buchenwald sans Zarah Leander, quand même, ce n'était pas vraiment Buchenwald !

Quand nous faisions en même temps partie des équipes de nuit, lui, Barizon, à la Gustloff, moi à l'*Arbeitsstatistik*, il nous arrivait de nous parler longuement, l'après-midi, dans le calme du réfectoire vide, après que nous avions dormi toute la matinée. Nous mangions ensemble une tranche de pain noir enduite d'une mince pellicule de margarine. Nous parlions. Les haut-parleurs diffusaient de la musique douce.

À la tour de contrôle, le SS devait avoir un faible pour les chansons de Zarah Leander. Il faisait tourner sans arrêt des disques d'elle.

On peut imaginer le sous-officier des SS de service à la tour de contrôle. Il est assis dans un fauteuil, les pieds sur la table. De sa place, la vue plonge sur le camp tout entier, étalé sur la pente de la colline. Au-delà de l'enceinte de barbelés électrifiés s'étend la plaine, grasse et riche, saupoudrée de fermes blanches, de hameaux paisibles.

Il a une vue imprenable, le sous-officier de service. Même Goethe n'a pas dû en avoir d'aussi belle, car les arbres qu'on a coupés pour construire le camp devaient boucher la vue, de son temps. Alors, tourné vers les montagnes bleues qui se dressent au fond de la plaine de Thuringe, comme il n'a pas d'Eckermann à proximité pour faire des réflexions immortelles, le sous-officier de service met des disques de Zarah Leander. Tous les haut-parleurs du camp diffusent la voix sombre, traversée de frémissements cuivrés, cette voix qui ne parle que d'amour :

> *Schön war die Zeit*
> *da wir uns so geliebt...*

Le disque passe et repasse dans les après-midi calmes de Buchenwald.

Barizon et moi sommes face à face, dans le réfectoire vide du block 40, au premier étage, aile C. Nous mangeons la tranche mince de pain noir que nous avons gardée pour ce moment privilégié, dans le silence relatif, dans l'absence de hâte de ces après-midi fabuleux, lorsque nous faisons partie des équipes de nuit. Nous écoutons vaguement la voix de Zarah Leander qui parle d'amour, comme si la vie n'était rien d'autre qu'une suite de joies minimes, de nostalgies déchirantes, de sentiments qui tintent comme du cristal.

> *So stelle ich mir die Liebe vor,*
> *ich bin nicht mehr allein...*

Nous parlons tout en écoutant vaguement la voix sombre, cuivrée, de Zarah Leander.

Parfois, je traduis pour Barizon un article du *Völkischer Beobachter* ou de l'hebdomadaire *Das Reich*. Nous parlons de la guerre, de l'avenir de la révolution. Parfois aussi, les jours où la tranche de pain est vraiment trop mince, où il n'y a rien à faire pour la faire durer, où on a beau la mastiquer lentement, minutieusement, la roulant en petites boules grumeleuses sous la langue, entre les dents, rien à faire, le pain a fondu, on pourrait croire qu'il n'y a pas eu de pain, jamais, ces jours-là nous nous racontons des histoires de bouffe.

C'est surtout Barizon qui raconte, à vrai dire. Pour la bouffe, je n'ai pas beaucoup de mémoire, pas beaucoup d'imagination.

En fait, je n'ai pas de souvenirs de bouffe. J'ai seulement des souvenirs d'enfance où il est subsidiairement question de bouffe. Les gâteaux à la meringue du dimanche, à Madrid. Les beignets du petit déjeuner, les jours fériés, après la messe à San Jeronimo. Ou alors, et ça plonge Fernand dans la stupéfaction, le souvenir attendri des pois chiches d'un pot-au-feu familial et systématiquement hebdomadaire. Qu'on puisse se rappeler avec tendresse et complaisance les pois chiches d'un pot-au-feu merdique, ça le laisse pantois, Barizon. Il ne se prive pas de me le dire. Ses souvenirs de bouffe à lui sont bien plus raffinés. Et pourtant, c'est Barizon qui est un prolo, moi, je viens d'une famille bourgeoise. Ça se voit et ça s'entend, d'ailleurs. Il ne se gêne pas pour me le rappeler, Fernand. Quand j'évoque, au détour d'un récit quelconque, les voitures de mon père, ce sont des De Dion-Bouton, des Oldsmobile décapotables, des berlines Graham-Page, et même des Hispano-Suiza. Qu'on ait eu une enfance semblable, chouchoutée, et qu'on se souvienne avec nostalgie des pois chiches d'un pot-au-feu merdique, ça lui ouvre des horizons sur la complexité de l'âme humaine, à Barizon.

Quinze ans après, dans la salle à manger de l'hôtel de France, à Nantua, j'écoute les récits de Barizon, hoche la tête et ne dis rien. Je fais semblant de m'y intéresser, mais je suis plutôt déçu. Il ne raconte pas bien sa vie, Fernand. Les souvenirs s'accrochent les uns aux autres, à la queue leu leu, dans la confusion la plus totale. Il n'y a pas de relief dans son récit. Et puis, il oublie des choses essentielles.

Il oublie de me raconter son escapade en Bretagne, par exemple. Sa virée avec Juliette, il oublie de me la raconter.

Pourtant, à Buchenwald, les jours où nous nous retrouvions dans le réfectoire désert du block 40, parce que nous faisions tous deux partie des équipes de nuit, *Nachtschicht*, les jours où le morceau de pain noir était tellement mince qu'il ne servait à rien de se retenir de le mâcher, qu'il était inutile de le sucer comme un bonbon pour le faire durer puisqu'il ne durait quand même pas, ces jours-là, plongés dans le chuchotement sirupeux des chansons de Zarah Leander, il y avait toujours un moment où Fernand évoquait cette escapade en Bretagne avec une jeune femme qui s'appelait Juliette. C'était le souvenir privilégié de Barizon, son fétiche dans le monde flou et lointain du vécu imaginaire.

Ça se passait toujours de la même façon.

Excité par la faim, par la frustration de ce morceau de pain noir quasiment dépourvu de consistance réelle, sitôt mâché sitôt fondu, Barizon en arrivait toujours à l'évocation de cette virée en Bretagne avec Juliette. Ça pouvait se comprendre. Ils avaient eu tous les deux quelques jours de liberté totale, partagés entre le lit et la table. La tortore et la turlute, disait Barizon. Ainsi, par le biais de ce souvenir heureux, débordant de jouissances, Fernand exorcisait ses désirs les plus dévorants. Les récits des grandes bouffes d'autrefois aboutissaient toujours à des descriptions délirantes de parties de papattes en l'air, et c'est Juliette qui officiait dans la mémoire de Barizon comme le symbole des bonheurs révolus.

J'avais fini par tout savoir de Juliette. Je la connaissais comme si je l'avais faite, ou plutôt, comme si je me l'étais faite. La longueur de ses jambes, le galbe dru de sa haute poitrine, la douceur avide et habile de sa bouche, son rire et ses cris au moment du plaisir. Juliette était devenue la compagne de nos rêves, son corps était un cadeau superbe et pur que Fernand me faisait dans les après-midi de Buchenwald, pendant que frémissait la voix de Zarah Leander.

Mais quinze ans après, à Nantua, alors que nous finissions de déguster les écrevisses à la sauce Nantua, Barizon oubliait aussi bien Juliette que Zarah Leander, dans ses récits de Buchenwald. Alors, légèrement angoissé, regardant Barizon qui ne semblait pas vouloir me reconnaître, qui avait oublié Juliette et Zarah Leander, j'en venais à me demander si j'avais réellement vécu tout cela.

Une nouvelle fois, l'interrogation surgissait, insidieuse. Avais-je rêvé ma vie à Buchenwald ? Ou bien, tout au contraire, ma vie n'était-elle qu'un rêve, depuis mon retour de Buchenwald ? N'étais-je pas tout simplement mort, il y a quinze ans, et tout ceci, Nantua, les écrevisses à la sauce Nantua, et Prague, le vieux cimetière juif de Pinkas, et ce tissu fragile d'une activité politique dont les mailles se défaisaient aussitôt faites, n'était-ce qu'un rêve de fumée grise, prémonitoire, sur la colline de l'Ettersberg ?

Je regardais Barizon, j'écoutais son récit en hochant la tête, je ne savais vraiment pas quoi répondre à cette question blessante, définitive. Pourquoi y avait-il tout ceci plutôt que rien ? Plutôt que la fumée légère du crématoire dans le néant aveugle d'un ciel d'hiver transparent ?

Juliette, sans doute — je l'espérais, tout au moins, je l'espérais désespérément — aurait pu répondre à cette question. Elle aurait eu quelque chose à dire. Mais à Nantua, ce jour-là, Juliette semblait nous avoir abandonnés. Et moi je n'avais rien à dire. Je n'avais pas de réponse à cette question.

Je hochais la tête, j'écoutais vaguement le récit de Barizon, je pensais que je m'étais déjà trouvé, tout récemment, dans une situation semblable.

À Madrid, à l'époque de ce voyage à Genève avec Barizon, en 1960, j'occupais un appartement clandestin du PCE. C'était dans un quartier populaire, à Ventas, rue Concepcion Bahamonde. Dans mon enfance, c'était ici que finissait la ville. Au-delà, c'était une campagne désolée, grise et ocre, haut plateau castillan creusé par des vallonnements, cicatrices plutôt du paysage, où proliféraient les moisissures des bidonvilles, les pustules des baraques en pisé et tôle rouillée, dans lesquelles s'entassaient les ouvriers agricoles cherchant du travail dans les entreprises du bâtiment. Il y avait aussi, dans cette campagne poussiéreuse, quelques oasis verdoyantes : maisons de maraîchers d'une blancheur éclatante, construites sur l'emplacement de quelque source ou puits artésien, entourées de potagers et de vergers tenacement préservés contre les rigueurs du climat.

Mais Madrid avait changé depuis mon enfance.

Il restait encore, en 1960, lorsque j'habitais rue Concepcion Bahamonde, dans cette banlieue de Ventas, quelques taches lépreuses de bidonvilles, quelques maisons maraîchères, aussi. Mais le flot urbain avait déferlé. Les nouveaux quartiers anonymes cernaient de toutes parts ces vestiges du passé.

La rue Concepcion Bahamonde était une petite rue calme, un peu à l'écart du boulevard circulaire marquant la limite de l'ancien noyau urbain. Les maisons y étaient à trois étages, avec des balcons en fer forgé.

Le soir, quand je revenais rue Concepcion Bahamonde, je ne descendais pas à «Manuel-Becerra», station de métro la plus proche. Je descendais à une station plus éloignée. À «Goya», par exemple. Si je revenais en taxi, c'était la même chose. Je demandais au chauffeur de s'arrêter à une assez grande distance de ma rue. Ensuite, j'improvisais chaque fois un itinéraire différent et capricieux. Je revenais en partie sur mes pas, je m'arrêtais au comptoir de l'un des cafés des alentours. Cela me permettait de vérifier que je n'avais pas été suivi, que personne ne s'intéressait à moi.

L'appartement de la rue Concepcion Bahamonde où j'occupais deux petites pièces avait été acheté pour le compte du PCE par un couple de militants, Maria et Manuel Azaustre. En 1939, à la fin de la guerre civile, Maria et Manuel avaient connu l'exil en France. Mais ils étaient rentrés en Espagne tout à fait légalement, n'étant pas connus de la police franquiste. En Espagne, ils ne participaient à aucune activité politique. La mission qu'ils avaient acceptée consistait à acheter un appartement à Madrid, pour le compte du parti, et à le tenir à la disposition de notre appareil clandestin. Manuel travaillait comme chauffeur de maître, Maria s'occupait de l'appartement.

Parfois, le soir, je dînais avec Manuel et Maria. C'est au cours de ces soirées, au moment du café et de l'évocation inévitable des souvenirs, que Manuel me racontait sa vie à Mauthausen. Il avait passé cinq ans dans ce camp, l'un des plus durs du système concentrationnaire nazi.

Le 2 janvier 1941, sous le sceau du secret *(Geheim !)*, Reinhard Heydrich, chef de la police de sécurité et du SD nazis, rédige une note sur la classification des camps de concentration : *Einstufung der Konzentrationslager.* La première catégorie, prévue pour les cas les moins graves, les détenus susceptibles de rééducation et d'amélioration *(unbedingt besserungsfähige Schutzhäftlinge),* comprend les camps de Dachau, Sachsenhausen et Auschwitz 1. La deuxième catégorie, prévue pour les détenus plus dangereux mais encore susceptibles d'être rééduqués et améliorés *(jedoch noch erziehungs und besserungsfähige Schutzhäftlinge),* comprend les camps de Buchenwald, Flossenbuürg, Neuengamme et Auschwitz 2. Quant à la troisième catégorie, prévue pour les cas les plus graves, les détenus à peine récupérables ou rééducables *(kaum noch erziehbare Schutzhäftlinge),* elle ne comprend qu'un seul camp, celui de Mauthausen, précisément.

Bien entendu, cette rationalisation délirante, typiquement bureaucratique, des délits et des expiations, n'a pas été appliquée au pied de la lettre. D'une part, la mise en place de la solution finale de la question juive, avec le transfert vers les camps de Pologne des déportés juifs et l'installation dans ces camps des moyens d'extermination en masse ; d'autre part, les exigences de l'industrie de guerre et d'une distribution conséquente de la main-d'œuvre déportée — ces deux facteurs ont constamment bouleversé, surtout à partir de 1942, l'application des directives de Reinhard Heydrich. Il n'empêche que Mauthausen a toujours été l'un des camps les plus durs du système nazi de répression.

Nous buvions du café, donc, rue Concepcion Bahamonde, et Manuel Azaustre me racontait sa vie à Mauthausen.

Manuel ne savait rien de mon passé, bien évidemment. Il savait seulement que j'étais dirigeant du parti. Il me connaissait sous le nom de Rafael. Rafael Bustamonte, peut-être bien. Ou alors, Rafael Artigas, je ne me souviens plus. Il ne savait pas que j'avais été déporté, moi aussi. Alors, sans mot dire, je l'écoutais me raconter, maladroitement, interminablement, avec la prolixité naturelle de cette sorte de récits, sa vie au camp, la vie des camps. Parfois, quand ça devenait trop confus, quand ça partait dans tous les sens, j'avais envie d'intervenir dans son récit, d'y mettre mon grain de sel. Mais je ne pouvais rien dire, bien sûr, puisqu'il fallait que je préserve mon anonymat.

Mais je suis à Nantua, quelques mois plus tard, à l'automne 1960. Nous finissons de déjeuner à l'hôtel de France de Nantua et j'écoute en hochant la tête les récits de Fernand Barizon.

Il ne raconte pas mieux Buchenwald, me semble-t-il, que Manuel Azaustre ne racontait Mauthausen, à Madrid, dans la petite salle à manger de la rue Concepcion Bahamonde. Peut-être n'est-ce pas leur problème, de raconter de façon convaincante la vie des camps. Leur problème, peut-être est-il tout simplement d'y avoir été et d'y avoir survécu.

Pourtant, ce n'est pas aussi simple. A-t-on vraiment vécu quelque chose dont on n'arrive pas à faire le récit, à reconstruire significativement la vérité même minime — en la rendant ainsi communicable ? Vivre vraiment, n'est-ce pas transformer en conscience — c'est-à-dire en vécu mémorisé, en même temps susceptible de devenir projet — une expérience personnelle ? Mais peut-on prendre en charge quelque expérience que ce soit sans en maîtriser plus ou moins le langage ? C'est-à-dire l'histoire, les histoires, les récits, les mémoires, les témoignages : la vie ? Le texte, la texture même, le tissu de la vie ?

À Nantua, en écoutant le brouillamini de Fernand Barizon, je me demandais pourquoi ce sont toujours les mêmes qui racontent les histoires, qui font l'histoire. Oh ! je savais bien, à Nantua, que ce sont les masses qui font l'histoire ! On me l'avait répété sur tellement de tons — dont des tons tranchants et décapants, parfois même décapitants ; et aussi des tons pastel, pour les moments de larges alliances et de mains tendues, des cent fleurs qui fleurissent juste avant qu'on n'en revienne à la tondeuse, à la faucille, aux fleurs et aux mains coupées — que les masses font l'histoire, et encore mieux, *leur* histoire, que j'avais fini par répéter moi-même cette ânerie, par faire semblant de croire à cette somptueuse stupidité. Les jours de désillusion, ou plus simplement de raffinement idéologique, je pouvais toujours me raccrocher à une formule de Marx un tant soit peu plus désabusée, moins triomphaliste, selon laquelle les hommes font leur histoire, mais ne savent pas l'histoire qu'ils font. Ce qui signifie crûment, et à-bon-entendeur-salut, que les hommes ne font pas l'histoire qu'ils veulent, qu'ils souhaitent, qu'ils rêvent et qu'ils croient faire. Ils ne la font donc pas : ils font toujours autre chose. On en revient par là au début de cette interrogation plus tautologique que métaphysique : qui fait l'histoire réelle ?

À Nantua, dans le fumet des écrevisses à la sauce Nantua que Barizon avait astucieusement convoquées sur notre table, j'avais fini par mettre la question entre parenthèses, grâce à une formule provisoire de compromis : les masses font peut-être l'histoire, mais elles ne la racontent sûrement pas. Ce sont les minorités dominantes — qu'on appelle à gauche «avant-gardes» et à droite, voire au centre, «élites naturelles» — qui racontent l'histoire. Et qui la réécrivent, au besoin, si le besoin s'en fait sentir, et le besoin s'en fait, de leur point de vue dominant, souvent sentir. Les minorités dominantes font leur histoire comme on fait ses besoins. Pour en revenir aux récits brouillons de Manolo Azaustre et de Fernand Barizon, la vie des camps n'est pas facile à raconter. Moi non plus, je ne sais comment m'en sortir. Moi aussi je m'embrouille. Qu'est-ce que je raconte, à vrai dire ? Un dimanche de décembre 1944 à Buchenwald, pendant que les troupes britanniques écrasent la résistance communiste grecque sous l'œil jaune et impassible de Staline ? Ou bien cette journée de voyage avec Barizon, en 1960, qui m'a conduit de Paris à Nantua et de Nantua à Prague, avec tout ce qu'elle peut évoquer dans ma mémoire ?

Tenez, par exemple, à ce moment même, à Nantua, en écoutant distraitement les récits de Fernand Barizon, je viens de me rappeler qui avait été professeur d'anglais dans un collège de Nantua. C'est Pierre Courtade. À moins que je ne mélange la réalité et la fiction. Peut-être est-ce le personnage d'une nouvelle de Courtade qui a été prof à Nantua. En tout cas, par le biais d'un récit de Pierre à propos de lui-même, ou d'un personnage fictif qui l'aurait plus ou moins incarné, Nantua est intimement associée à mon souvenir de Pierre Courtade.

Il m'est impossible, bien entendu, de dire avec exactitude ce que j'ai pensé de Courtade, fugitivement, ce jour-là, au cours de cette halte gastronomique à Nantua. J'écris ceci quinze ans après. Les idées, les sensations, les jugements se superposent dans une couche chronologique restructurée par mes opinions actuelles. Je ne pensais pas en 1960, sans doute, ce que je pense aujourd'hui de Pierre Courtade. D'ailleurs, ce que je pensais ou croyais penser de moi-même, en 1960, je ne le pense plus non plus, pour une bonne part tout au moins. Peut-être pour l'essentiel.

Alors, je ne vais pas essayer de vous raconter cette halte à Nantua comme si nous y étions, comme si vous y étiez. Nous n'y sommes pas, nous n'y serons plus jamais de la même façon. Pierre Courtade est mort. Moi aussi, du moins sous ma forme de Federico Sánchez, ce fantôme lointain qui accompagnait Fernand Barizon. Et Barizon lui-même ? Je ne sais plus rien de Barizon, depuis près de quinze ans. Pourtant, on s'était bien promis de se revoir, la dernière fois que je l'ai rencontré, en 1964.

J'écoutais Barizon, distraitement, en pensant à Pierre Courtade.

Cet été-là, j'avais eu droit à des vacances en Union soviétique. C'était un privilège qu'on nous accordait tous les deux ans, dans les sphères dirigeantes du PCE. (Sphères dirigeantes : comme c'est bien dit ! On entend aussitôt la petite musique des sphères célestes, des univers clos et lisses qui glissent majestueusement dans l'espace éternel du savoir et du pouvoir !)

J'avais donc passé le mois de juillet en Crimée, à Foros, dans une maison de repos réservée aux collaborateurs du comité central du parti russe et aux dirigeants des partis étrangers. «Frères», disait-on, en parlant de ces partis : sans doute comme étaient frères Caïn et Abel.

Le bâtiment principal de cette maison de repos, à l'extrême pointe de la Crimée, au sud-est de Sébastopol, était une ancienne datcha d'un luxe désuet, quelque peu poussiéreux. Une maison de vacances de quelque hobereau ou industriel russe du XIXᵉ siècle, où l'eau des bains était encore chauffée, à l'époque de mon séjour, par de vieilles servantes silencieuses et vêtues de toile grise, à l'aide de grands feux de bois allumés sous des réservoirs en fonte émaillée. Gorki, disait-on, y avait passé de longues périodes de repos à la fin de sa vie. On pouvait le comprendre : le site et le climat devaient lui rappeler Capri.

À Foros, donc, en juillet 1960, nous nous étions retrouvés, pour passer des vacances avec nos familles, Dolorès Ibárruri, Santiago Carrillo, Enrique Lister et moi-même. Autrement dit, Federico Sánchez.

Les fonctionnaires du CC russe regardaient la silhouette vêtue de noir de la «Pasionaria», qui ne descendait pas à la plage mais se promenait dans le vaste parc romantique, avec étangs, rocailles et nénuphars, de la maison de repos. Le soir à la veillée, Lister racontait pour la millième fois, avec sa complaisance habituelle, les exploits guerriers de la 11ᵉ division ou du Vᵉ corps de l'armée républicaine qu'il avait commandés pendant la guerre civile. Quant à Carrillo, cet été-là, il était détendu. Le VIᵉ congrès du PCE, où il avait été nommé secrétaire général à la place de la Pasionaria, pour laquelle nous avions inventé un poste honorifique de président du parti, avait déjà eu lieu. L'une des ambitions majeures de sa vie était réalisée (l'autre, celle d'être admis, reconnu, par la société en général et la bonne société en particulier, n'avait pas encore eu l'occasion d'éclater au grand jour).

Parmi les étrangers invités à Foros, en plus de notre groupe espagnol, il y avait Adam Schaff et sa famille. Le philosophe polonais était encore membre du CC du Parti ouvrier unifié, à cette époque. Il avait apporté, pour le lire en vacances, le même livre que moi : la *Critique de la raison dialectique* de Sartre. Cela nous avait rapprochés. Pendant des heures, sur la plage, nous avions très librement échangé nos opinions sur les problèmes de nos partis respectifs et sur la situation du mouvement communiste.

Cet été-là, le conflit latent entre les Russes et les Chinois avait ouvertement éclaté, tout au moins dans les hautes sphères (encore !) du mouvement communiste. En juin, à Bucarest, à l'occasion du congrès du parti roumain, Peng Chen et Khrouchtchev s'étaient violemment empoignés. — Si vous voulez le glaive de Staline, avait hurlé Nikita Sergueïevitch, prenez-le ! Il est couvert de sang. Et nous vous donnons en prime son cadavre. Emportez chez vous la momie de Staline ! C'est Lister qui nous avait raconté les détails de cet affrontement. C'est lui qui avait représenté le PCE au congrès du parti roumain.

Par ailleurs, à Pékin, dans les coulisses d'une réunion de la Fédération syndicale mondiale, les Chinois avaient également pris l'offensive, attaquant la ligne générale de Khrouchtchev et prônant le «retour au léninisme».

Ainsi, à peine étions-nous arrivés à Moscou, où nous allions passer quelques jours avant le départ pour la Crimée, que Kolomiez, le fonctionnaire du comité central russe qui s'occupait à cette époque des questions espagnoles sous la responsabilité de Zagladine et de Ponomarev, était venu nous trouver avec les premiers documents polémiques échangés entre le parti russe et le parti chinois. C'étaient des documents confidentiels, bien entendu. On vous enfermait dans une pièce pour les lire et on n'avait pas l'autorisation de prendre des notes. Aussitôt terminée la lecture, Kolomiez reprenait les documents.

Kolomiez était un homme jovial, inlassable buveur de vodka. Je l'avais connu en 1954, à l'occasion du Ve congrès du PCE qui s'était tenu clandestinement en Bohême, sur les rives du lac de Machovo. Kolomiez parlait couramment le castillan, il était relativement bien informé de la situation en Espagne. C'était le premier membre du parti russe avec qui je pouvais échanger des opinions depuis mes déconcertantes expériences avec les Russes de Buchenwald.

Rencontre décisive, certainement, qui me permit de comprendre d'un seul coup quel était l'affligeant niveau politique, l'univers mental morne et mesquin des communistes russes, trente-cinq ans après la révolution d'Octobre. M'interrogeant sur les grèves qui avaient eu lieu en Catalogne en 1951, après une longue décennie de défaites de la classe ouvrière, Kolomiez me demanda quel rôle avaient joué, à mon avis, dans ces grèves massives des travailleurs catalans, les agents anglais de l'Intelligence Service. Stupéfait, je lui fis répéter sa question. Mais oui, j'avais bien entendu. Selon Kolomiez, les agents de l'IS avaient certainement joué un rôle dans ces grèves. Ce n'était pas possible autrement. J'essayai de lui démontrer poliment et politiquement l'absurdité de cette opinion. Mais je n'arrivai pas à le convaincre. Nous parlions deux langues différentes, même si les mots de l'une et de l'autre étaient identiques. Nous vivions dans deux univers différents. Pour Kolomiez, les classes sociales, les masses, les forces productives, les groupes structurés autour d'une volonté subjective de lutte, tout cela n'était plus qu'un magma inerte et informe, manipulable par les appareils mais incapable de spontanéité créatrice. Ainsi, puisque l'appareil du parti catalan était bien évidemment trop faible pour avoir provoqué et dirigé ces grèves de l'année 1951, il fallait bien qu'un autre appareil en fût à l'origine. Pourquoi en avoir conclu que c'était un réseau de l'Intelligence Service — plutôt que l'Église catholique ou la franc-maçonnerie — voilà un mystère que je n'ai pas essayé d'éclaircir.

J'avais revu Kolomiez le soir de la clôture du VIe congrès du parti espagnol, celui-là même où nous avons fait de Carrillo le secrétaire général du parti. Pour célébrer l'événement, Carrillo avait été invité à dîner par un groupe de délégués (fraternels, bien évidemment !) des partis de l'Est, et il m'avait demandé de l'accompagner, craignant peut-être de s'y ennuyer tout seul. Ou bien alors son choix avait-il un sens politique. J'étais de bien loin le plus jeune membre du comité exécutif du PCE. De surcroît, j'étais un intellectuel d'origine bourgeoise et je travaillais dans la clandestinité espagnole. En me distinguant par son invitation à l'accompagner, Carrillo voulait peut-être montrer à tous ces Roumains, Russes, Allemands de l'Est et autres Bulgares la volonté de rajeunissement et la largeur de vues du groupe dirigeant du PCE.

Car le despotisme éclairé des Grands Timoniers a besoin de lumières, comme l'épithète même l'indique. Et lorsque les Grands Timoniers sont des autodidactes façonnés par l'appareil, comme Carrillo, ce sont des intellectuels qui tiennent habituellement la chandelle, dans les antichambres du pouvoir et les ruelles de lit des despotes éclairés. Certains la tiennent ainsi jusqu'à la fin de leur vie, voyeurs fascinés par le spectacle de leur propre fascination. Ils se donnent pour prétexte la fidélité à la Cause (de la classe ouvrière, du peuple, des humiliés et offensés), alors qu'ils ne sont fidèles qu'aux despotes successifs et à leur propre absence de fidélité à l'essentiel. D'autres décident un jour, toujours trop tard d'ailleurs, de sauver leur âme, de redevenir ce qu'ils sont. Ils soufflent la chandelle et retournent dans la nuit de leur quête solitaire.

Quoi qu'il en soit, la vodka et le vin coulaient à flots, ce soir-là, et Kolomiez était déjà passablement ivre, avant même qu'on ne s'attaque aux plats de résistance. Ses propos commençaient à devenir incohérents. Ou plutôt, singulièrement cohérents. Avec une joie perverse, un camarade du bureau politique roumain remplissait sans cesse le verre constamment vide du Russe. Alors, vers le milieu du repas, tous freins rompus, toutes inhibitions volatilisées, Kolomiez a commencé à s'en prendre à nous d'une voix pâteuse. Il s'est mis à faire l'éloge de Staline, à nous menacer de son retour. Oui, il réapparaîtrait bientôt, Staline, devant les foules désorientées par son absence. Le camarade Staline, ce géant, allait nous remettre à notre place. Nous n'étions que des fétus de paille dans sa main toute-puissante. Il était l'aigle des montagnes et nous n'étions que des chatons aveugles. Kolomiez poursuivait sa diatribe d'une voix pâteuse.

Un silence de mort est tombé sur nous tous. Nous écoutions dans ce silence mortel cette voix du passé, cette voix toujours présente. Le camarade du bureau politique roumain regardait Kolomiez avec un visage de pierre. Dans son regard se mêlaient le mépris, l'horreur et une sorte de crainte panique et fascinée qui lui faisait battre les paupières. Le camarade roumain se tournait vers nous. « Voilà, semblait-il nous dire, voilà qui sont nos maîtres. Voilà les hommes qui décident de notre avenir ! » Le camarade roumain avait un visage de pierre, ses doigts serrés autour d'un verre. Brusquement, Kolomiez s'est effondré, il a roulé de sa chaise. Alors, le poussant du pied sous la table, le camarade roumain a levé son verre et il a dit d'une voix blanche, tranchante comme le désespoir : — Longue mort au camarade Staline ! Et nous avons levé nos verres à la mort du Géorgien, à sa mort éternelle.

À Foros, donc, cet été-là, en 1960, sur cette plage de Crimée, j'ai longuement discuté avec Adam Schaff. Nous avons abordé en toute liberté les problèmes du mouvement communiste. Je pensais assez naïvement — pour n'être pas encore sorti des illusions réformatrices produites par le XXᵉ congrès du PCUS — que la dispute russo-chinoise allait desserrer l'étreinte idéologique sur les partis communistes européens. Je pensais que ceux-ci pourraient exercer une influence plus déterminante sur l'ensemble du mouvement. Mais Adam Schaff, plus averti, pensait tout le contraire. Il pensait que le conflit russo-chinois allait inaugurer une nouvelle période de glaciation idéologique. Sans doute l'Unique allait-il se briser. Mais ce Un se divisant en Deux ne produirait aucune possibilité de dépassement dialectique : il ne produirait qu'un double discours monolithique et monothéiste, un dédoublement ou redoublement du monisme orthodoxe. La première conséquence en serait une reprise en main plus ou moins brutale dans chacun des deux camps. Or, la Pologne était dans le camp russe, on en verrait bientôt les conséquences.

Il n'était pas très optimiste, Adam Schaff.

Le troisième jour de nos interminables discussions, Carrillo m'a pris à part. Un peu gêné, il m'a dit que les camarades soviétiques ne voyaient pas d'un très bon œil mes conversations avec Schaff. Ignorais-je que celui-ci avait eu, pendant l'Octobre polonais de 1956, des positions nettement antisoviétiques ? Bien sûr, il était membre du comité central du parti polonais, mais enfin, ce n'était pas une garantie suffisante. Depuis 1956, on trouvait à boire et à manger dans la direction du parti polonais. Voilà ce que disaient les camarades soviétiques. J'ai demandé à Carrillo quel était son point de vue personnel sur cette question. Carrillo m'a dit qu'il n'avait pas de point de vue personnel sur la question, qu'il se bornait à transmettre l'observation des camarades soviétiques. Personnellement, me dit-il, il comprenait fort bien que je parle avec Schaff, qui était un intellectuel comme moi. Toutefois, il fallait tenir compte du fait que nous étions en URSS, invités par les camarades soviétiques. Ce n'était peut-être pas indispensable de provoquer des heurts, des malentendus, pour une question somme toute secondaire. De toute façon, c'était à moi de décider, me dit Carrillo avec un sourire ambigu.

J'ai donc décidé d'aller trouver Schaff et de lui raconter en détail ce qui s'était passé. Il n'a pas été outre mesure surpris, je dois dire. Une telle intervention des Russes lui paraissait tout à fait logique. On ne les changerait plus, ces types, me dit-il. Il pensait néanmoins qu'il valait mieux interrompre nos conversations. Inutile de provoquer des malentendus, des conflits, même minimes. De toute façon, nous nous étions dit l'essentiel, me dit-il.

Mais je ne vais pas raconter toutes les péripéties de cet été en Crimée. Ce n'est pas mon propos. Ma mémoire n'a évoqué ces vacances en Crimée, mon dernier séjour en Union soviétique, qu'à cause de Pierre Courtade. Je vais bientôt en revenir à Pierre Courtade, au souvenir de lui brusquement surgi dans la salle à manger de l'hôtel de France, à Nantua.

Non pas que je n'aie plus rien à dire de la Russie. Au contraire, je pourrais en parler pendant des heures. Pendant des nuits entières. À en devenir rauque, à en perdre la voix, le souffle et la raison. Pas besoin de forcer le ton, d'ailleurs, pour parler de la Russie. Pas besoin d'enfler la voix, de multiplier les adjectifs. Je vous ferais un récit retenu, non dépourvu d'une certaine morosité, apparemment gris — de ce même gris argenté et ténu, transparent, des ciels russes sur les plaines sans fin, sur les fleuves immenses — un récit grisaillant, du moins en surface, mais travaillé en profondeur par des irisations, des diaprures imprévues, infimes feux d'artifice des sentiments et du langage.

Mais je ne suis pas aussi naïf, aussi spontanément sincère, donc brouillon, que Fernand Barizon ou Manuel Azaustre. Mon récit de la Russie, si j'avais envie de le faire maintenant, ne s'en irait pas à vau-l'eau. Il serait construit comme un récit. Rien n'est moins innocent que l'écriture. Je mettrais donc au centre du récit, comme un aimant qui attirerait toute la limaille des épisodes secondaires, une soirée de fête en plein air. Le décor en serait l'une des maisons de repos qui entouraient notre résidence de Foros, située dans une zone interdite aux simples mortels par des barbelés et des soldats en armes des forces de sécurité.

Une soirée dansante, par exemple.

Dans l'odeur entêtante et résineuse de la végétation, sur une terrasse nocturne, très vaste, au milieu des cierges implorants des grands cyprès immobiles, un orchestre jouerait des airs de danse. Pas n'importe lesquels, bien entendu. On ne jouerait aucune musique de danse exigeant le contact des corps. Les passions et les rêves du corps sont incompatibles avec les exigences du socialisme, c'est bien connu. Le corps n'est plus qu'un rouage de la machine productive et c'est en tant que tel qu'on s'en occupe, qu'on le nourrit, qu'on lui accorde des soins médicaux théoriquement gratuits et néanmoins incompétents qui renouvellent cahin-caha sa capacité de travail. Mais il ne faut pas réveiller les fantasmes fous des corps, provoquer une dérive incontrôlable vers le gaspillage du désir. Pas de danses lascives, donc. Pas de contacts charnels.

Les musiques de danse jouées inlassablement dans la nuit bleutée et odori-férante de Crimée avaient été choisies selon les critères les plus stricts de cette morale victorienne qui accompagne toujours — et idéalise — les impératifs grossiers de la productivité. Je pensais aux prêtres espagnols qui rédigeaient à cette même époque — pour des raisons sans doute très différentes — des brochures illustrées à l'usage de la jeunesse, condamnant le *baile agarrado*, la danse au corps à corps, source de tentations démoniaques. Ils auraient été satisfaits, les prêtres espagnols. Pas de danses au corps à corps dans les soirées musicales de Crimée.

En 1960, la danse la plus appréciée semblait être une sorte de menuet qui s'appelait — je n'invente rien — le pas de grâce, nom que les Russes pronon-çaient de façon approximative, sans en connaître souvent le sens exact, l'origine réelle, comme on dirait polka, tango ou charleston. Les responsables des loisirs populaires, et donc organisés, avaient été chercher dans le passé de la France monarchique cette danse collective dont les figures charmantes se déroulaient chastement, interminablement. Bien sûr, ces prudes pas de danse révérencieux n'étaient que de la poudre aux yeux, une façon d'affirmer hypocritement — encore un trait victorien — les vertus d'une société où devaient s'épanouir les qualités de l'homme nouveau. En fait, l'homme — ancien ou nouveau — et l'Ève de son paradis chaste et productif, couchaillaient dans les maisons de repos avec une frénésie d'ancien régime. Car l'érotisme vacancier des cadres supérieurs de la bureaucratie ne pouvait s'exercer qu'en dehors des limites légales du couple matrimonial. Sauf de rares exceptions, en effet, maris et femmes ne pouvaient profiter ensemble de leurs congés payés, puisque ceux-ci étaient pris en charge par leurs employeurs respectifs, dans des maisons de repos différentes. Ainsi, ces quelques semaines de vacances estivales sur les bords de la mer Noire ou de la Baltique étaient-elles consacrées à une sorte d'adultère institutionnel, conçu sans doute par le système des loisirs organisés comme un exutoire inoffensif, et somme toute positif, aux difficultés de la vie quotidienne et conjugale. Par là, même l'adultère devenait un mécanisme de plus de la reproduction gratifiante de la force de travail et de la discipline sociale.

Un soir, donc, je regardais évoluer les figures du *pas de grâce*, dansé par des dizaines de couples désunis sur une terrasse dallée, au milieu des cyprès. Brusquement, il m'a semblé que je comprenais tout.

Je regardais ces hommes et ces femmes qui s'appliquaient au *pas de grâce*. Ils étaient heureux, visiblement. Ils étaient gras et forts, en bonne santé, visiblement. C'étaient des fonctionnaires du parti, des syndicats, de l'administration étatique ou industrielle. Il n'y avait pas de savants parmi eux, pas d'artistes ou d'écrivains renommés. Ceux-ci vivaient depuis longtemps dans un autre univers, dans une autre clôture. Ils avaient des datchas privées. Ils consommaient individuellement leur part de la plus-value produite par les ouvriers russes. Les vacanciers des maisons de repos, quant à eux, consommaient collectivement leur part de cette plus-value, leur part du surtravail des ouvriers russes. C'était leur fonction, leur rang dans la hiérarchie des appareils qui leur donnaient ce droit de consomma-tion collective, privilégiée mais anonyme. Demain, s'ils tombaient en disgrâce, ils perdraient ce droit et d'autres, tout aussi anonymes et interchangeables, l'auraient à leur place. En attendant, ils dansaient le *pas de grâce*, ils étaient heureux.

Par leur discipline, par leur silence, par leur pragmatisme, par leur soumission à la Pensée Correcte — assumée dans tous ses virages contradictoires — ils avaient conquis ce droit d'être heureux. Par leur courage aussi, sans doute. Ils s'étaient battus avec acharnement pour défendre la société qui leur accordait ces privilèges.

Ils s'étaient d'abord battus contre les Blancs et les interventionnistes, pour défendre cette société naissante au profil encore indistinct. Et puis ils s'étaient battus contre les déviationnistes de gauche, qui ne comprenaient rien aux problèmes des paysans et des Nepmen, leur disait-on. Et puis, ils s'étaient battus contre les déviationnistes de droite, qui comprenaient trop bien, semblait-il, les problèmes des paysans et des Nepmen. Et puis, dans une deuxième guerre civile encore plus sanglante que la première, ils avaient décimé les paysans et les Nepmen, ce qui était une façon expéditive mais illusoire de liquider leurs problèmes. Et puis, quand ils avaient été vainqueurs par le sang et le fer de tous ces ennemis, quand les nouvelles hiérarchies de leur société semblaient avoir été consolidées, vers le milieu des années 30, il avait fallu reprendre le combat pour exterminer, cette fois-ci, les communistes eux-mêmes. On leur avait expliqué les mystères de la dialectique, ils les avaient compris. Puisque les classes ennemies avaient été liquidées, leur avait-on expliqué, c'est à l'intérieur du parti lui-même que se déroulait désormais la lutte de classe. Il fallait donc exterminer le parti lui-même. C'était simple, il suffisait vraiment d'y penser. D'ailleurs, il semblait bien que l'ensemble du parti fût d'accord avec cette analyse : il s'était laissé exterminer docilement. Et puis il avait fallu se battre encore contre les envahisseurs allemands qui avaient craché sur la main tendue, dialectiquement fraternelle, de Staline. Ils s'étaient donc battus, souvent avec courage. Il suffisait de voir, sur les plages de Crimée, les cicatrices qui labouraient les corps de la plupart des hommes de trente-cinq à cinquante ans pour comprendre qu'ils s'étaient battus. Les autres cicatrices, celles des combats antérieurs, n'étaient pas visibles.

Je les regardais danser le *pas de grâce,* en Crimée, en cet été 1960. Ils étaient les «petites vis» et les «petits rouages» du Grand Mécanisme de l'État et du Parti et c'est à leur santé que Staline avait levé son verre, le jour de la victoire sur l'Allemagne. Pourtant, cette victoire n'avait pas suffi. Toutes sortes de nouveaux ennemis s'étaient dressés, d'autant plus dangereux qu'ils étaient plus sournois, qu'ils ne savaient pas eux-mêmes en quoi consistait leur inimitié, leur dissidence ou leur réserve, vis-à-vis du pouvoir soviétique. C'étaient des ennemis, voilà tout. Des prisonniers de guerre, par centaines de milliers, qui avaient survécu aux stalags nazis, qui allaient périr dans les goulags, sans vouloir comprendre, tellement ils étaient retors, quel était leur crime. Des déportés politiques et des déportés du travail, qui avaient lutté et souffert hors de portée de la main paternelle du pouvoir soviétique, trop longtemps pour être récupérables. Des Ukrainiens, des Lettons, des Lituaniens, des Estoniens, des Tatares, imbus de cette notion néfaste et réactionnaire de la nation à défendre, à préserver, à construire. Et, pour finir, les Juifs, l'ennemi de toujours qui relevait la tête insolemment.

Je regardais danser les petites vis et les petits rouages du Grand Mécanisme et brusquement, il m'a semblé vivre la réalité imaginée par Adolfo Bioy Casares dans son roman *L'Invention de Morel.* Il m'a semblé que tous ces gens étaient morts depuis fort longtemps, que leurs gestes et leurs rires en dansant le *pas de grâce* n'étaient qu'une illusion produite par quelque machine à reproduire le passé, analogue à l'invention romanesque de Bioy Casares. Tout à coup, j'ai eu l'impression d'assister à une danse des morts. Peut-être la Russie était-elle morte et cette musique, cette danse, ce bonheur futile et sanglant, je veux dire fondé sur des océans de sang, ces voix si pures, si déchirantes, qui s'élevaient parfois en chœur, à la veillée, peut-être tout cela n'était-il que le dernier reflet d'une étoile morte.

Mais ce soir-là, en 1960, je me suis arrêté au seuil d'une dernière question. D'une interrogation ultime. Si la Russie était morte, qui l'avait tuée ?

Mais je vous avais promis d'en revenir à Pierre Courtade.

Je suis à Nantua, trois mois après ces vacances en Crimée, dans la salle à manger de l'hôtel de France. Je viens de me rappeler que Pierre Courtade a été prof d'anglais dans un collège de Nantua. Et c'est le souvenir de Pierre Courtade qui a évoqué à son tour quelques images évanescentes de ces vacances en Crimée. Deux ou trois jours avant notre départ de Foros, en effet, on nous a annoncé l'arrivée de Pierre Courtade. Il était à l'époque correspondant de *L'Humanité* à Moscou et il devait, semble-t-il, prendre ses vacances à Foros. Je me réjouissais de cette rencontre. Je connaissais Pierre depuis 1945. Je l'avais vu en toutes sortes d'endroits, mais c'était la première fois que je le verrais en Union soviétique, dans une maison de repos du comité central russe. Je me promettais des conversations pleines de sel avec lui.

Mais, finalement, pour je ne sais quelle raison, son arrivée a été retardée. Nous avons quitté Foros sans le voir. L'ai-je revu, d'ailleurs, avant sa mort ? Je ne sais plus.

C'est Georges Szekeres qui m'avait présenté à Pierre, peu de temps après mon retour de Buchenwald.

Et Szekeres, comment avais-je connu Szekeres ?

J'écoutais distraitement le monologue de Fernand Barizon. J'étais dans le soleil du printemps, quinze ans auparavant, sur le trottoir du boulevard Saint-Germain. J'arrivais au café de Flore avec Michel Herr, deux ou trois jours après mon retour de Buchenwald. C'est Michel Herr, dans le soleil de ce printemps d'il y avait alors quinze ans, à l'entrée du café de Flore, qui m'avait présenté à Georges Szekeres.

Michel portait l'uniforme de capitaine de la Iʳᵉ Armée. Il était à Paris pour quelques jours, en mission ou permission, je ne sais plus. La veille au soir, nous avions longuement fait le bilan des deux dernières années, depuis mon arrestation à Joigny. J'avais trouvé Michel fébrile, douloureusement tendu, sous le masque d'assurance virile qu'il avait affiché dans les bars et les boîtes où nous avions traîné jusqu'à l'aube, à Montparnasse. Au Petit Schubert, on jouait les mêmes musiques cuivrées et rauques de nos surprises-parties de l'année 1942, chez les Beltoise. Au Jimmy's Michel avait convoqué deux filles à notre table. Elles buvaient ferme, mais elles devaient s'ennuyer tout autant, car Michel me parlait de Hegel et du sens de l'histoire. La nuit tirait à sa fin, des étoiles scintillaient dans la brume de ma fatigue. Brusquement, l'une de ces filles s'est mise à effleurer mes cheveux d'une caresse légère. — On t'a rasé, toi ! a-t-elle dit, t'as couché avec les Boches ? Michel m'a regardé, nous avons éclaté de rire. La suite a été confuse, je ne suis pas certain de pouvoir bien la raconter. Je ne suis même pas certain de vouloir le faire. Non, je n'ai pas la moindre intention de raconter cette fin de partie avec Michel et les filles du Jimmy's.

Quelques heures plus tard, à l'entrée du café de Flore, Michel me présentait à Georges Szekeres.

J'ai revu Szekeres, au même endroit, quatre ans après, presque jour pour jour, au printemps 1949. Nous étions devenus amis, entre-temps. Mais ce printemps-là, en 1949, j'avais reçu un coup de téléphone de Roger Vailland. Il m'appelait de la part de Courtade. Il était chargé de prévenir tous les copains, me dit-il. Szekeres était à Paris, mais il fallait refuser de lui parler, me dit-il. Szekeres était un traître, me dit Vailland. Il avait déserté son poste de conseiller à l'ambassade de Hongrie à Rome et il refusait de répondre à la convocation du parti hongrois qui le rappelait à Budapest. À cette information qu'il me transmettait, Vailland ajouta quelques mots de commentaire personnel. L'attitude de Szekeres ne le surprenait pas trop : n'avais-je pas remarqué que Szekeres était un esprit aristocratique, qu'au fond il avait toujours méprisé le peuple ?

En fait, à cette époque on préparait en Hongrie le procès de Laszlo Rajk. Et Georges Szekeres, communiste émigré en Occident, ayant eu pendant la Résistance en France des contacts avec des groupes de toute sorte et des agents des réseaux alliés, était un candidat idéal pour tenir un rôle dans les procès à venir. Ayant compris ce qui se tramait, Szekeres avait quitté son poste et demandé le droit d'asile en France. La police française lui avait mis le marché en main : on lui accorderait le droit d'asile à condition qu'il devienne informateur de la DST. Sinon, il serait expulsé de France et livré aux autorités de son pays. Szekeres a refusé ce marché. Il a été conduit à la frontière de la zone d'occupation soviétique en Allemagne et livré aux forces de sécurité russes.

C'est Szekeres lui-même qui m'a raconté la fin de cette histoire quand nous nous sommes revus, des années plus tard.

Mais en 1960, à Nantua, je n'ai pas encore revu Georges Szekeres. Je ne connais pas dans le détail la fin de cette histoire. Je sais seulement qu'il a été libéré en 1956, qu'il travaille à Budapest. En 1960, à Nantua, je me rappelle ma dernière rencontre avec Szekeres, au printemps 1949, près du kiosque à journaux du boulevard Saint-Germain, devant le café des Deux-Magots.

J'achetais un journal, quelques jours après le coup de téléphone de Vailland. J'ai tourné la tête, Szekeres était à côté de moi. Je l'ai regardé longuement, j'ai fixé son regard. Je ne voulais pas faire semblant de ne pas l'avoir vu. Je voulais qu'il sache que je l'avais vu et que, l'ayant vu, je l'ignorais. Je voulais qu'il comprenne que mon regard et mon silence le renvoyaient en enfer. Encore mieux, au néant.

Je me trouvais archangélique. Je battais doucement des ailes, sur le trottoir du boulevard Saint-Germain, je m'envolais vers le ciel vif-argent du bolchevisme. Je n'étais plus, pendant quelques secondes, un intellectuel d'origine bourgeoise soumis à toutes les tentations de l'humanisme. J'étais un homme de parti et je me plaçais résolument, sans fausse sentimentalité, sur des positions prolétariennes. Je rejoignais d'un coup la foule immense des opprimés qui n'ont rien à perdre et rien à pardonner. Toutes les valeurs, je les mesurais à l'aune de l'esprit de parti. Voilà, c'était simple. J'avais été l'ami de cet homme ? Justement, cette amitié exigeait de moi une attitude d'autant plus ferme. Et si quelqu'un s'était approché de moi pour me reprocher cette attitude, pour me faire honte, je n'aurais même pas eu besoin de chercher mes mots. Ils étaient déjà écrits, les mots que j'aurais lancés à la figure de l'importun ! Je n'avais qu'à les répéter, à les lui jeter à la figure. Je lui aurais crié que le parti se renforce en s'épurant ! Que la révolution n'est pas un dîner de gala ! Ou bien, comme j'étais un intellectuel sensible et cultivé, j'aurais pu jeter à la figure de cet importun quelques vers de Maïakovski. Ou quelques vers d'Aragon. Ou encore, en martelant les syllabes pour qu'il comprenne bien, cet importun, je lui aurais lancé à la figure les phrases de Bertolt Brecht : « Celui qui lutte pour le communisme — doit savoir se battre et ne pas se battre — dire la vérité et ne pas la dire — rendre service et refuser ses services — tenir ses promesses et ne pas les tenir — s'exposer au danger et fuir le danger — se faire reconnaître et rester invisible — Celui qui lutte pour le communisme — ne possède, de toutes les vertus, qu'une seule — celle de lutter pour le communisme. » Voilà ce que j'aurais crié à cet importun. Et comme j'étais un intellectuel non seulement sensible et cultivé, mais également polyglotte, je le lui aurais crié en allemand.

> *Wer für den kommunismus kämpft*
> *hat von allen tugenden nur eine :*
> *dass er für den kommunismus kämpft.*

Mais il n'y a pas eu d'importun.

Nous étions seuls, devant le kiosque à journaux du boulevard Saint-Germain, Szekeres et moi, presque à la même place où nous nous étions connus quatre ans auparavant. Nous nous regardions en silence. Qu'aurais-je fait si Szekeres m'avait adressé la parole ? Je tremblais intérieurement à cette idée. Je tremblais à l'idée d'entendre la voix de Szekeres. Car ma superbe assurance aurait fondu, sans doute. Je serais descendu, minablement, au son de sa voix, du socle de mon attitude archangélique.

À la même époque, à peu près, dans une circonstance analogue, Robert A. avait marché sur moi dans la rue de Rennes. Il m'avait pris par le bras. — Tu ne t'en tireras pas comme ça, m'avait-il dit. Ou bien tu me tues, ou bien tu me parles. Je lui avais parlé, bien entendu. Nous étions allés nous asseoir au Bonaparte et nous avions parlé, longuement. Je lui avais dit pourquoi je plaçais les exigences de l'esprit de parti au-dessus de toutes les autres, même celles d'une longue amitié. Robert A. m'écoutait, désespéré. Non pas de perdre mon amitié, ce qui était, somme toute, secondaire, mais de perdre, à travers moi, à cause de moi, en partie tout au moins, l'espoir qu'il avait mis dans le communisme.

Robert A. essayait de trouver une faille dans mon armure archangélique. Il essayait de me faire comprendre qu'il était rationnellement impossible de croire à la culpabilité de Rajk. Mais je ne me laissais pas entraîner sur ce terrain, bien sûr. D'abord, Rajk était coupable. Pierre Courtade avait assisté au procès et il m'a assuré que Rajk était coupable, de toute évidence. Je sais bien qu'il n'a pas été aussi affirmatif dans ses entretiens avec certains de nos amis communs. Mais je ne peux parler qu'en mon propre nom. À moi, Courtade a affirmé la culpabilité de Rajk, lorsque je l'ai interrogé à son retour de Budapest. Mais je n'allais pas me laisser entraîner sur ce terrain par Robert A. Car, même si Rajk était innocent, il ne fallait pas quitter le parti pour autant, disais-je à Robert. Nous avions une phrase pour justifier dialectiquement cette attitude. Mais oui, dialectiquement. Nous disions qu'il valait mieux se tromper avec le parti que d'avoir raison en dehors de lui ou contre lui. Car le parti incarnait la vérité globale, la raison historique. Une erreur du parti ne pouvait être que partielle et passagère. Le cours même de l'histoire la corrigerait. Une vérité contre le parti ne pouvait être, elle non plus, que partielle et passagère. Stérile, donc, et néfaste, puisqu'elle risquait d'obnubiler, d'obscurcir, d'oblitérer la vérité globale de notre raison historique. L'arbre qui vous cachait la forêt, la vérité qui vous cachait la Vérité et qui en devenait mensongère, l'enfant qu'on jetait avec l'eau du bain. Voilà, CQFD.

Des années plus tard, dans la grande salle de l'ancien château des rois de Bohême où j'ai été exclu du bureau politique du PCE, Santiago Carrillo m'a lancé à la figure cette même phrase : « Il vaut mieux se tromper avec le parti que d'avoir raison en dehors de lui ! » J'ai failli hurler de rire. Voilà, la boucle était bouclée, la vis était vissée, la corde de la dialectique était nouée autour de mon cou.

Mais en 1949, devant le kiosque à journaux du boulevard Saint-Germain, Szekeres n'a rien dit. Nous nous sommes regardés en silence. Il avait un petit sourire crispé, un regard triste. J'ai détourné la tête, j'ai laissé retomber Szekeres dans le néant. J'étais un bolchevik, moi. Un homme d'acier. Un vrai stalinien, somme toute.

Alors, à Nantua, en 1960, furieux de ce souvenir, je me retourne vers Fernand Barizon, j'interromps son monologue :

— Dis donc, je lui dis, à Buchenwald, t'as pas connu d'Espagnols ?

Fernand me regarde fixement :

— Alors là, tu charries, Gérard ! me dit-il d'une voix blanche, tu charries vachement !

Je regarde Barizon, j'en suis resté bouche bée.

Il m'a donc reconnu. Depuis quand m'a-t-il reconnu ?

— Mais depuis le premier soir, me dit-il. Depuis que tu es apparu sur le perron du château, il y a six mois !

— Et pourquoi t'as rien dit, Fernand ?

Il hausse les épaules.

— C'était à toi de faire le premier pas, me dit-il. T'es une huile, maintenant !

Je ris brièvement.

— Une huile ? Merde !

— Quoi, t'es pas une huile ? insiste-t-il.

— Une huile sur le feu, je lui dis.

Il hausse encore les épaules, il allume une cigarette.

— Toujours aussi drôle, me dit-il. Ça veut dire quoi ?

— Ça veut dire que je passe le plus clair de mon temps en Espagne, dans la clandestinité.

Il me regarde, il hoche la tête.

— Ça m'étonne pas de toi, me dit-il. T'as toujours aimé faire le malin.

C'est une façon de voir les choses. Je ne peux m'empêcher de rire.

Dans la chaleur des retrouvailles, Fernand a commandé du cognac.

— Quant à moi, me dit-il, ça fait longtemps que je mets en pratique un proverbe de ton pays : *¡Del amo y del burro, cuanto mas lejos mas seguro!*

La prononciation laisse à désirer, mais enfin, on le comprend. Du maître et de l'âne, plus tu es loin, plus tu es peinard !

Mais il change brusquement de sujet.

— Dis donc, me dit-il, tu es long à la détente ! Ça fait une heure que je te parle de Buchenwald, pour essayer de te faire réagir !

— Sans vouloir te vexer, vieux, tu ne racontes pas très bien, lui dis-je. Tu oublies l'essentiel.

Il ne se vexe peut-être pas, mais il s'étonne.

— J'oublie quoi d'essentiel ? demande-t-il.

— Tu oublies Juliette, par exemple.

Il devient pâle, Fernand.

— Tu te souviens de Juliette ? me demande-t-il d'une voix subitement changée, d'une voix qui tremble.

Bien sûr que je me souviens de Juliette. Comment aurais-je pu oublier Juliette ? J'ai passé des années de ma vie à comparer les plaisirs plus ou moins réels que me procuraient des jeunes femmes bien vivantes à ceux, imaginaires et somptueux, que m'avait prodigués le fantasme de Juliette. Je commence à expliquer à Barizon pourquoi je me souviens de Juliette, mais Barizon ne m'écoute plus, Barizon regarde l'Espagnol qui lui parle de Juliette, Barizon n'entend plus ce que dit l'Espagnol, Barizon est retombé dans son passé, comme on tombe dans un rêve, vertigineusement. Barizon est sur la place d'appel de Buchenwald, un jour de décembre 1944, sous la neige obstinée de l'Ettersberg.

Il vient de penser que l'Espagnol passe l'appel bien au chaud, dans la baraque de l'*Arbeit.*

Barizon se dit qu'il ne sait pas toujours très bien à quoi s'en tenir avec cet Espagnol qu'on appelle Gérard. Celui-ci a vingt ans et ce n'est pas désagréable d'avoir un copain de vingt ans qui prend les choses comme elles viennent. Non, ce qui l'irrite parfois, chez l'Espagnol, c'est un mélange, comment dire ? oui, c'est ça, un mélange de frivolité et de science infuse. La frivolité s'exprime à tout propos par une attitude systématique de dérision. Tout devient sujet de plaisanterie, même les choses les plus sacrées. Le plus chiant, c'est qu'il ne peut s'empêcher de rire, Barizon, aux plaisanteries de Gérard, quitte à s'en vouloir aussitôt après. Heureusement, Fernand se souvient d'un mot de Lénine, qu'il brandit contre l'Espagnol comme une matraque : de l'anarchisme de grand seigneur, voilà quel est le fond de cette attitude ironique à tout propos.

Quant à la science infuse, c'est compliqué à définir. Ce n'est pas que Gérard fasse étalage de son savoir. Il a fait des études, sans doute, mais il ne s'en vante pas. Il aurait plutôt tendance à s'excuser de ce privilège. Par ailleurs, il écoute volontiers. Non, c'est plus compliqué à dire. C'est qu'à certains moments de leurs discussions, l'après-midi, tout en écoutant vaguement Zarah Leander chanter l'amour, la délicieuse désespérance de l'amour, Gérard sort de sa manche des références à Marx, à Lénine, qui sont totalement inconnues de Barizon, et souvent déconcertantes. Les invente-t-il pour les besoins de la cause ? Barizon ne va pas jusque-là. Mais enfin, c'est chiant. En outre, Gérard semble détenir les clefs d'un savoir — des mots, des formules, un discours qui s'articule en fonction d'une cohérence hors de portée pour Barizon — qui lui permet de jongler avec les idées, qui lui donne une assurance tranchante. Non pas qu'il emploie un ton supérieur ni méprisant, Gérard, pas du tout. Une sorte d'assurance objective, qui semble aller de soi. C'est encore pire. On se trouve tout con, sans arguments, profondément irrité, car ce savoir incontestable, hors de portée, vrai ou faux, ne vient pas d'une expérience qu'on pourrait interroger, mettre en question, il vient du savoir lui-même. C'est un savoir qui fait des petits, en somme, par l'opération du Saint-Esprit. Un privilège d'intellectuel, voilà tout, une espèce de privilège de classe, transmissible, peut-être même héréditaire.

Sur la place d'appel, Fernand Barizon tape des pieds pour se réchauffer. Il se frotte les mains.

L'Espagnol a dû monter à l'*Arbeit*, sans se presser, peinard. Bien au chaud, pour passer l'appel. Un planqué, en somme.

Ce n'est pas si simple, pourtant. Il faut réfléchir.

« Il faut réfléchir, Fernand », se dit-il à mi-voix.

C'est une habitude prise en cellule, au secret, celle de se parler à mi-voix pour se tenir compagnie.

Son voisin de droite lui jette un bref coup d'œil, détournant aussitôt la tête pour reprendre la rigidité cadavérique du garde-à-vous, l'œil fixé sur la tour de contrôle. Son voisin de droite n'a pas pu comprendre ce qu'il disait à mi-voix, Fernand, car il est allemand. Au block 40, il n'y a presque que des Allemands. Et même, l'aristocratie des détenus allemands. Les cadres supérieurs de l'appareil communiste, les dirigeants des grèves insurrectionnelles des années 1920, les survivants des Brigades internationales. Le dessus du panier, en un mot. Au block 40, outre les vieux communistes allemands, je veux dire les anciens, ceux qui ont bâti le camp, qui l'administrent aujourd'hui, je veux dire, ceux qui ont survécu à la belle époque, il n'y a qu'une poignée d'étrangers. Surtout des Occidentaux, d'ailleurs. Quelques Français, quelques Espagnols, un ou deux Belges. Et pas n'importe quels Belges. Pour être au block 40, quand on est belge, il faut avoir été député du parti, ou membre du CC, ou secrétaire du syndicat des mineurs, au moins. Mais il y a très peu de Polonais, presque pas de Russes, surtout pas de Hongrois, au block 40. Tous ceux-là sont la plèbe du camp.

Vous voyez bien que c'est compliqué. Il faut réfléchir, Fernand.

Tous les matins, sur la place d'appel, pendant les quelques minutes qui précèdent l'arrivée du SS qui va compter les détenus, Fernand Barizon se paie les joies de la vie intérieure. Il rêve, il se souvient, il réfléchit. Il est seul, perdu dans la foule, protégé par elle. Il s'accorde ce luxe de la méditation. Il faut dire qu'il n'y a guère d'autres moments possibles. Après l'appel, il va y avoir le vacarme, les cris des kapos, la musique militaire, le départ des kommandos, le trajet jusqu'aux usines Gustloff, le travail à la chaîne, et puis, quatorze heures plus tard, le retour harassé, la soupe du soir, et au pieu le plus vite possible, sauf les jours où il y a réunion de la cellule du parti ou exercice clandestin des groupes d'autodéfense de l'appareil militaire international.

Alors là, sur la place d'appel, le matin, Fernand Barizon se laisse aller. C'est comme une respiration intérieure.

Quoi qu'on puisse en penser, c'est l'hiver que cette méditation matinale est possible. Même quand il neige.

On est là, le froid vous engourdit. Le corps commence à vivre pour son compte une sorte d'agonie très douce et cotonneuse. On ne le sent bientôt plus, ou à peine. Ou alors, on le sent ailleurs, à distance, détaché de vous.

Votre corps est devenu un magma de tissus et de vaisseaux placentaires. Il est devenu maternel, il vous tient au chaud, paradoxalement, dans un cocon d'engourdissement protecteur. Et vous, vous n'êtes plus que la petite flamme solitaire de la méditation, de la mémoire : une demeure éteinte où ne brûlerait plus qu'une lampe tutélaire. On appelle ça l'âme, sans doute, si on aime les mots tout faits.

En tout cas, l'hiver, malgré le froid, malgré l'engourdissement, la vie intérieure semble praticable pendant quelques minutes chaque matin. Le temps que le SS arrive devant les rangées de détenus du block 40 pour commencer à les compter.

Au printemps, cela redevient impossible.

À cinq heures du matin, au mois de mai, mettons, le soleil effleure déjà la cime des arbres. La forêt de hêtres qui entoure le camp sur trois de ses côtés s'éveille sous le soleil. Des effluves en parviennent. S'il se fait une seconde de silence, une fraction de seconde même, entre les hurlements des haut-parleurs, le bruit des bottes, les musiques militaires, on entendra le bruissement multiple de la nature. Ça vous déchire, ça vous casse en tout petits morceaux de sensations diffuses et troubles, ça bat dans vos artères, ça monte comme une sève le long des membres immobiles, ça vous enserre et vous étouffe, comme le lierre, la vigne vierge, les glycines, ça vous investit végétalement, ça vous rend tout mou de l'intérieur, tout bête, ça vous enracine dans le terreau nostalgique des enfances lointaines, ça vous rend incapable de réfléchir.

Au mois de mai, à cinq heures du matin, sous le soleil éclairant les forêts de Thuringe, le malheur de vivre, le bonheur d'être vivant vous rendent incapable de réflexion distincte. Votre corps n'est plus qu'une médiation confuse et moite qui vous rattache par mille racines et radicelles à la nature éternelle, au cycle des saisons, à l'immensité de la mort, aux balbutiements organiques du renouveau.

Au mois de mai, mettons, on devient tout simplement fou, à Buchenwald, sous la tiédeur satanique du soleil.

Mais nous sommes en décembre. Il peut réfléchir, Fernand.

Bon, l'Espagnol passe l'appel bien au chaud dans la baraque de l'*Arbeit*. Mais enfin, il ne s'est pas planqué tout seul, l'Espagnol, à l'*Arbeit*. C'est l'organisation du parti qui l'y a planqué et dans un but précis, pour y défendre les intérêts de la collectivité espagnole du camp.

Ici, tout seul, on ne s'en sort pas. Ou alors il faut avoir beaucoup de santé, beaucoup de chance, il faut être drôlement démerdard. Dur, astucieux, impitoyable. Prêt à faire de la lèche au kapo ou au contremaître civil ; prêt à travailler plus vite que les copains, pour se faire remarquer, avec le risque de prendre des coups de barre de fer sur les mains, parce qu'on travaille trop vite et que les copains veillent ; prêt à la resquille, prêt au vol, bien entendu.

Ici, voler se dit *organisieren*.

Barizon, dans le silence de ses pensées, sous la neige, en attendant que l'appel se termine, Barizon a dit mentalement *organisieren*. Il n'y a pas d'autre mot pour voler.

Il ne s'intéresse pas beaucoup à l'étymologie, Barizon, comment en aurait-il la possibilité ? Il prend les mots comme ils viennent, les mots allemands qui concernent les choses importantes, les mots sans lesquels on est perdu, qui balisent la vie quotidienne de signaux compréhensibles. *Arbeit, Scheisse, Brot, Revier, Schnell, Los, Schonung, Achtung, Antreten, Abort, Ruhe.* Tous les mots nécessaires. Et *organisieren*, aussi.

Barizon prend les mots comme ils viennent mais la première fois qu'il a entendu *organisieren* et qu'il a compris que ça voulait dire «voler», il n'a pas pu s'empêcher d'avoir un sursaut intime. *Organisieren,* merde, quel manque de respect ! Jusqu'à ce jour-là, le mot «organiser» n'évoquait pour lui que des choses sérieuses, graves, parfois même dangereuses, mais positives de toute façon. Toute la mémoire politique de Barizon tourne, en fait, autour de ce mot.

N'était-ce pas Maurice qui avait dit que l'organisation décide de tout, une fois la ligne politique établie ? Tout compte fait, peut-être pas Maurice, mais Staline. Oui, c'est Staline qui l'a dit en premier, sans doute. D'ailleurs, il a toujours tout dit en premier, Staline. Voyons, fais un effort, Fernand : à quelle occasion Staline a-t-il dit que l'organisation décide de tout ?

Des images éclatent, des bribes de souvenirs sous la neige de l'Ettersberg.

En 1929, à l'époque du mot d'ordre «classe contre classe», Barizon avait participé à une conférence du rayon de Saint-Denis. Il en avait retenu qu'il était nécessaire de lutter contre la tradition sociale-démocrate et contre celle de l'anarcho-syndicalisme, toutes deux néfastes pour le parti. Et précisément, la ligne de partage, le point de rupture avec ces deux traditions néfastes, mais profondément enracinées parmi les prolétaires, s'établissait autour de la conception léniniste de l'organisation.

Enfin, c'est ça qu'il avait retenu, plus ou moins.

Mais était-ce bien à Saint-Denis qu'avait surgi dans la discussion cette phrase de Staline sur l'organisation qui décide de tout ? Barizon ne se souvient plus très bien. Il mélange peut-être les dates et les réunions. Car il y avait eu aussi, à la même époque, une assemblée régionale sur les résultats du VIe congrès de l'Internationale communiste.

Sur la place d'appel de Buchenwald, Barizon sourit aux anges. Vous saurez pourquoi dans un instant !

Il se rappelle parfaitement la brochure qui avait été publiée par le bureau d'éditions. Une couverture rouge, un titre en capitales noires : CLASSE CONTRE CLASSE. La brochure contenait les discours et les résolutions concernant la question française au IXe exécutif et au VIe congrès de l'Internationale. Il se rappelle aussi qu'Ercoli était intervenu dans cette discussion sur les problèmes du parti français. C'est même lui qui avait développé la théorie des deux traditions. Ercoli, il l'avait rencontré en Espagne, plus tard, Barizon. Il se faisait appeler Alfredo, à cette époque. Ercoli, bien sûr, pas Barizon.

Barizon, lui, ce qui l'avait frappé dans les discours prononcés au IXe exécutif, c'était une phrase de Maurice. Dans ce cas-ci, pas de doute possible. C'était bien Maurice qui l'avait dite, la phrase, et pas Staline. Il avait dit, Maurice, en énumérant les causes des fautes commises par le parti français, que les communistes restaient trop fortement liés à la démocratie, qu'ils n'arrivaient pas à desserrer l'étreinte que la démocratie faisait peser sur le parti. Voilà : l'un des obstacles majeurs à l'action du parti était que celui-ci se développait dans un pays infesté de démocratie, c'est Maurice qui l'avait dit.

Sur le moment, il avait trouvé ça très juste et très fort, Barizon. La démocratie bourgeoise, qu'est-ce que c'est ? C'est l'État bourgeois, la dictature de la bourgeoisie. Voilà ce qu'il faut renverser, détruire. Voilà ce qu'on ne peut en aucun cas aménager, réformer de l'intérieur, si on ne veut pas s'engluer. Mais, justement, cette vérité évidente n'est pas immédiatement visible. Elle fait écran, elle échappe à l'expérience quotidienne, sociale, des masses. Les masses baignent dans la démocratie bourgeoise comme les patates dans l'huile où elles vont frire.

Plus tard, au moment du Front populaire, et surtout après le congrès d'Arles, la démocratie ne semblait plus être un obstacle à l'action du parti, mais, au contraire, un tremplin. Ce renversement de position était dialectique, on l'avait expliqué à Barizon. De toute façon, à cette époque-là, en 1937, Fernand Barizon n'avait plus guère le loisir de se poser des questions théoriques. Il se battait en Espagne, dans les Brigades.

Mais, bien sûr, ce n'est pas à cause du souvenir d'Ercoli, des discours du IXe exécutif, ni même de la phrase de Maurice Thorez que Barizon a souri aux anges, il y a un instant. C'est à cause de Juliette.

Juliette était assise en face de lui, de l'autre côté de la longue table. C'était la pause du repas, pendant cette assemblée de la région parisienne. Juliette lui parlait très sérieusement de son travail au syndicat de l'habillement. Juliette épluchait une pomme, le regardant droit dans les yeux, parlant de son travail syndical. Et puis, brusquement, Barizon a senti, sous la table, le pied de Juliette qui remontait le long de sa jambe gauche, qui s'insinuait entre ses cuisses, les écartant, pour se poser sur son sexe. Juliette continuait de parler sérieusement. Mais son pied, glissé dans l'entrejambe de Barizon, commençait de lui masser doucement le sexe, aussitôt durci sous la caresse insolite. Car le pied de Juliette était nu. Pourtant, elle portait des bas, Juliette, tout à l'heure, Fernand l'avait remarqué. Ou plutôt, il avait remarqué les longues jambes de Juliette gainées de soie artificielle. Avait-elle roulé l'un de ses bas, sous la table, pour mieux frotter le sexe de Fernand ? Elle en était capable, la belle petite garce. En tout cas, Fernand sentait la chaleur vivante de ce pied nu, à travers l'étoffe de son pantalon.

Juliette mangeait une pomme, découpée en tout petits quartiers. Elle parlait du syndicat d'une façon posée, sensée, réfléchie. Elle ne disait pas n'importe quoi. Mais son pied nu, vivant et chaud, malaxait le sexe de Fernand. À un moment, le gros orteil s'est insinué entre deux boutons de la braguette de Barizon. Celui-ci n'a pas pu résister à l'invite. Adroitement, il a défait sa braguette, sous la table, pendant que les copains finissaient de manger dans le brouhaha. Il a sorti son sexe gonflé que Juliette a aussitôt frotté de son pied nu.

Elle lui parlait toujours du syndicat, Juliette, mais son débit s'était quand même précipité. Barizon, lui, aurait été incapable de dire un mot.

Quoi qu'il en soit, sur cette question de l'organisation-qui-décide-de-tout, Barizon a toujours eu quelques doutes. Il a toujours éprouvé un vague malaise, qu'il n'arrivait pas à formuler clairement.

Il faut pourtant le reconnaître : les questions d'organisation reviennent toujours au premier plan lorsqu'on est en difficulté, jamais lorsqu'on a le vent en poupe. Quand le parti est isolé, quand nos mots d'ordre ne touchent pas les masses, en période de reflux (voilà un mot qui plaisait à Barizon, qui disait bien ce qu'il voulait dire, malgré l'abus qu'en faisaient certains : le flux et le reflux, petite rengaine dans la bouche des secrétaires de rayon ; un mot précis, reflux, évoquant des images précises ; quand il entendait le mot reflux dans une réunion, ça y est, c'était parti ; des images qui éclataient dans tous les sens ; le mot reflux, même si la réunion était grave, lui rappelait une escapade de quelques jours avec Juliette, en Bretagne ; une vraie folie ; au retour, il avait été vidé de sa boîte, deux mois de chômage ; mais quelle virée, bon dieu ! les souvenirs tournaient dans sa tête comme la grande roue de la foire du Trône ; cinq jours à coucher ensemble, à bouffer, à se promener sur le sable des plages que le reflux, précisément, découvrait, immenses ; le lit, la table, l'océan ; après, la mise à pied, le chômage, tant pis : voilà cinq jours que les patrons n'auront pas ; reflux, ça lui chauffait le ventre, ce mot-là, lorsque quelqu'un le lançait dans une réunion, et il y avait toujours quelqu'un pour le lancer, on aurait dit qu'on ne s'en sortait pas, du reflux), en période de reflux, précisément, les questions d'organisation revenaient au premier plan, elles semblaient décider de tout.

En fait, elles ne décidaient de rien, même s'il fallait garder pour soi cette pénible évidence. Barizon ne se souvenait pas d'une seule fois où le fait de poser fermement, camarades, la question de l'organisation léniniste au premier plan, ait fait faire le moindre pas en avant au parti. Par contre, quand on avait le vent en poupe, quand on était porté par la vague, tout devenait facile. Attention, Fernand, pas de suivisme ! Le parti n'est jamais porté par la vague, il la précède. Un pas en avant, pas davantage, ne pas perdre le contact avec les masses, l'avant-garde et les masses, voyons : on apprend ça dès l'école de section ! Mais ce n'était pas mauvais, merde, d'être porté, soutenu, poussé au cul par le mouvement qui déferle comme une vague, le flux, les gars, le flux !

À ces moments-là, c'est-à-dire en 35-36, car Barizon n'a pas connu d'autres moments de flux que ceux-là, en 35-36, donc, les questions d'organisation devenaient brusquement secondaires. Il s'organisait tout seul, le parti, avec les masses, en même temps qu'elles, pour elles, par elles, et ce n'était pas la peine de rabâcher la théorie léniniste de l'organisation. D'ailleurs, d'avril à octobre 1917, combien de fois Lénine avait-il rappelé la conception léniniste du parti ? Pas une, les gars ! Ça vous en bouche un coin, sans doute.

C'est ça qui n'était pas clair, qui créait un vague malaise. Il semblait bien, en effet, qu'aux moments d'offensive, lorsque les masses bougeaient, le parti cessait d'être à l'avant-garde. On ne précédait plus les masses, même d'un pas, on leur courait plutôt après. Et encore, on leur courait après plutôt pour les retenir que pour les pousser en avant. « Tout n'est pas possible. » « Il faut savoir terminer une grève. » Le parti, semblait-il, n'était à l'avant-garde qu'aux moments où rien ne bougeait, où les choses, tout au moins, ne bougeaient pas dans le sens prévu par l'exécutif de l'IC. En octobre 1936, en tout cas, ce malaise était devenu suffisamment fort pour que Barizon plaque tout et parte en Espagne, dans les Brigades.

Tout de même, la première fois qu'il a entendu dire *organisieren*, à Buchenwald, et qu'il a compris la signification de ce mot, ça lui a fait un choc. Ensuite, qu'y faire ? Il est entré dans la routine de ce langage. Les mots, il faut les prendre comme ils viennent.

Fernand Barizon est sur la place d'appel.

Il ne neige plus. La nuit est encore plus noire au-dessus des formations des blocks, maintenant que la lumière des projecteurs ne fait plus étinceler les flocons de neige tourbillonnants.

Le décompte des détenus tire à sa fin.

Les sous-officiers des SS ont vérifié avec les chefs de blocks que les chiffres inscrits sur la feuille de rapport coïncident bien avec le nombre des détenus effectivement présents sur la place d'appel. Maintenant, les sous-officiers des SS sont montés vers la tour de contrôle. Le *Rapportführer* va collationner tous les chiffres, les additionner, pour obtenir le montant global des effectifs d'aujourd'hui, dûment vérifiés, block par block, kommando par kommando. Ensuite, il lui restera une dernière opération à faire : soustraire du nombre global des effectifs du dernier appel, celui de la veille au soir, le nombre d'entrées signalées par le crématoire. Si les résultats coïncident, ce sera fini. Quand les vivants et les morts auront été comptabilisés, quand tous les chiffres produiront, correctement additionnés ou soustraits, le juste résultat, l'appel sera terminé. Les kommandos partiront au travail dans la clameur des cuivres. L'orchestre du camp est déjà en place près de la grande porte. Les musiciens portent un uniforme voyant : des culottes de cheval rouges à parements verts, des vareuses vertes à brandebourgs jaunes, des bottes noires. Ce sont des détenus, bien sûr.

Barizon, au milieu de la formation du block 40, s'ébroue pour se réchauffer.

On aura pu le constater, il ne se souvenait pas du tout des rives de la Marne. Les rives de la Marne, les dimanches de printemps sur les bords de la Marne, ce n'était qu'une supposition de l'Espagnol qui l'avait vu partir en courant vers la place d'appel, qui l'avait entendu crier : les gars, quel beau dimanche ! Une invention, c'est tout : du roman. Barizon ne pensait pas du tout à la Marne, à ses charmes et à ses charmilles. Il ne s'est pas du tout souvenu des rives de la Marne, on aura pu le constater. Quoi qu'en pense l'Espagnol, Barizon a crié : — Les gars, quel beau dimanche !, comme ça, sans plus. Comme qui dirait merde.

Et maintenant, Fernand Barizon s'ébroue pour se réchauffer.

Ç'avait commencé par cette idée fugitive que l'Espagnol passait l'appel bien au sec, dans la baraque de l'*Arbeit*. Bon, planqué. Pas si simple, quand même. Planqué par le parti, pour le travail du parti. Et puis, en fin de compte, lui-même, Barizon, n'était-il pas planqué lui aussi ? Par le parti, lui aussi. Bien sûr, il y avait l'appel sur la place, sous la neige le cas échéant. Mais ensuite la Gustloff, une boîte comme toutes les boîtes qu'il avait connues, à ajuster des pièces de la carabine automatique G-43. Barizon n'était pas enclin à se raconter des histoires : Citroën ou Goering — le *Feldmarschall* était, en effet, l'un des actionnaires de la Gustloff — une fois qu'on était sur la machine, dans le vacarme, quelle différence ? C'est-à-dire, oui, il y avait une différence, mais c'était dans votre tête, ce n'était pas dans le travail lui-même. Il avait connu pire, des cadences bien plus dures. Infernales, même, disait-on.

À la Gustloff, l'organisation clandestine tenait la situation bien en main : pas question qu'un rigolo, un paumé ou un lèche-cul quelconque s'avisât de remplir les normes. La boîte tournait au ralenti : quarante pour cent du plan de production, les bonnes semaines. Les mauvaises, plutôt. Bon, ça dépend de quel point de vue on se place. Il y avait belle lurette que les *Meister* allemands — les contremaîtres civils — en avaient fait leur deuil du plan de production, des normes de rendement.

Ainsi, planqué lui aussi, Barizon.

Planqué, ça voulait dire quoi ? Qu'on avait du travail dans l'une des usines du camp (Gustloff, Mibau, DAW, etc.), au chaud, relativement peinard, au moins quand on était métallo, quand on avait l'habitude du travail à la chaîne. On était assuré de ne pas être inscrit sur une liste de transport vers l'un des kommandos d'extermination : Dora, S-III, par exemple. C'était tout simple. On arrivait de Compiègne, tout ahuri, dans cet univers fabuleux, inimaginable, de Buchenwald. On était tout seul, semblait-il, tiraillé de droite et de gauche. La quarantaine, les corvées, la vermine, la schlague des SS et des kapos verts, et même de certains kapos rouges. La tranche de pain qu'il fallait souvent protéger du voisin, à coups de poing. Merde ! votre voisin, un honnête employé de bureau, un colonel de l'armée française, un professeur de droit civil, un homme, tout simplement, devenu bête avide et vorace, impitoyable, attaché à sa seule survie, prêt à tout, apparemment, pour une bouchée de pain, un fond de gamelle de soupe supplémentaires ! Et puis, deux jours, trois jours, quinze jours après, le contact.

Le parti vous reprenait en charge.

La grande surprise, à Buchenwald, c'était ça : l'existence d'une organisation clandestine du parti. C'était le résultat de l'action des copains allemands, bien sûr. Même si on pouvait les trouver brutaux, arrogants et sectaires ; même si la plupart d'entre eux étaient devenus fous, le fait est que les copains allemands avaient préservé et reconstruit l'organisation communiste, c'est-à-dire la possibilité d'une solidarité et d'une stratégie communes. Pris un par un, ils ne valaient pas grand-chose, mais leur organisation avait tenu le coup.

Donc, affecté à la Gustloff, Barizon, à la fin de la période de quarantaine. Au chaud, peinard, travaillant allégrement à la malfaçon des pièces de la carabine automatique G-43, avec des copains tout au long de la chaîne, pour vous épauler, vous couvrir, face aux regards résignés, aux hochements de tête impuissants des *Meister* allemands, des pékins qui n'en pouvaient mais.

L'organisation, voilà.

Bien sûr, on n'a rien pour rien. En échange de cette relative tranquillité, il fallait participer au sabotage systématique, rationnel, de la production. On pouvait toujours être pris sur le fait, en train de saloper une pièce, surtout si on n'était pas un ouvrier vraiment qualifié. On pouvait toujours être dénoncé par un droit-commun ou un *Meister* civil aux surveillants SS. Une chance sur combien ? À la Gustloff, en tout cas de la façon dont c'était goupillé, organisé, du début de la chaîne jusqu'au stand de tir où c'étaient encore des copains qui vérifiaient les armes, à la Gustloff les risques de se faire prendre étaient minimes. Il fallait être fou comme un Russe pour se faire prendre.

Les Russes !

Les Russes, Barizon ne savait pas par quel bout les prendre, les comprendre. Les habitants de la patrie du socialisme semblaient venir d'une autre planète. C'était une foule massive, distante, hostile, de jeunes sauvages qui n'admettaient pas les règles du jeu. Quand ils avaient envie de saboter, ils sabotaient à leur guise, pour leur propre compte, effrontément : pour le plaisir, aurait-on dit. Aucun respect des règles de l'organisation. Chaque fois qu'un gars se faisait prendre sur le fait à saboter à tort et à travers, il s'agissait d'un Russe. Souvent un gamin de moins de vingt ans, hilare, crachant des insultes à la gueule des *Meister* et des SS qui l'embarquaient, leur criant d'aller baiser leur mère, d'aller se faire enculer par leur père. (Les seules phrases russes que Barizon parvenait à comprendre, à force de les avoir entendues, tournaient toujours, en effet, autour de l'acte sexuel entre parents et enfants, frères et sœurs.) Chaque fois qu'un gars était pendu sur la place d'appel devant tous les détenus rassemblés, c'était un Russe.

Il fallait bien s'y résigner. Exception faite des prisonniers de guerre soviétiques qui vivaient en marge, dans une enceinte spéciale du camp, les Russes ne semblaient pas avoir le sens ni le respect de l'organisation. Ils étaient plutôt anars qu'autres chose, les Russes.

Mais s'ils n'avaient pas le sens de l'organisation dans le bon sens du terme, pour l'*organisieren,* ils étaient imbattables. Ils piquaient les déchets de métal dans les ateliers, pour en faire des fourchettes et des cuillers qu'ils échangeaient contre du pain et du tabac. Ils piquaient les bouts de cuir, de feutre et d'étoffe, dans les kommandos intérieurs chargés de l'entretien des vêtements des détenus, pour en faire des bottes, des casquettes ou des vestes molletonnées facilement monnayables au marché des échanges clandestins.

En fait, tous les petits trafics du camp étaient contrôlés par les Russes. Les gros trafics, les SS eux-mêmes s'en chargeaient.

Groupés en bandes, sous le commandement de chefs de vingt ans aisément identifiables à leur accoutrement : pantalons de cheval, bottes de cuir souple, vareuses militaires (et quand il s'agissait de vrais caïds, casquettes des garde-frontières ou des troupes du NKVD récupérées dans les magasins d'habillement du camp), les Russes contrôlaient les trafics, imposant une autorité obscure et sans appel dans les profondeurs du Petit Camp. Le soir, jusqu'à l'heure du couvre-feu, dans l'immense bâtiment fumeux des latrines collectives, dans les cagibis du *Stubendienst,* entre les châlits les plus reculés des blocks d'invalides, le Petit Camp vivait mystérieusement de l'activité fiévreuse et implacable des échanges, règlements de comptes, distributions de boissons fortes clandestinement fabriquées avec de l'alcool à 90° dérobé à l'hôpital.

Les Russes, étrangement indifférents aux problèmes politiques, ne semblaient pas dépaysés dans l'univers de Buchenwald. On aurait dit qu'ils en connaissaient les clefs secrètes, comme si l'univers social dont ils provenaient les avait préparés à cette expérience. Et ils n'admettaient d'autres formes d'organisation que ces bandes d'adolescents sauvages, dont la hiérarchie mystérieuse semblait maintenir leur cohésion nationale. Face à ces bandes juvéniles, la minuscule organisation du PCUS — tolérée par la masse des déportés russes avec cette sorte de méfiance, qui n'exclut pas le respect prudent, ni même la servilité, qu'on accorde généralement aux autorités policières dans les pays où la société civile est peu structurée, plutôt gélatineuse — se voyait obligée de constamment louvoyer de compromis en transaction pour maintenir un semblant d'autorité idéologique.

Pourtant, ces mêmes petits chefs, ces mêmes caïds feraient dresser, à la stupéfaction de Barizon, d'immenses portraits de Staline sur toutes les baraques occupées par les Russes, le 12 avril 1945, au lendemain de la libération de Buchenwald.

Éberlué, Barizon contemplerait cette profusion d'immenses portraits de Staline, fabriqués dans la nuit, dans le style le plus achevé du réalisme socialiste. Pas un poil ne manquerait à la moustache du maréchal, pas un bouton à sa vareuse de généralissime. Dans la nuit, les petits chefs au regard bleu, glacial, tirés à quatre épingles, avec leurs casquettes du NKVD et leurs bottes reluisantes, auraient fait préparer cette profusion de portraits de Staline, en hommage au Grand Chef, au Grand Caïd, qui allait bientôt les reprendre dans sa main paternelle et les envoyer dans les camps de travail du Grand Nord pour y parfaire leur rééducation commencée dans les camps nazis.

Mais ça, bien sûr, Barizon ne pouvait pas le deviner. Les petits chefs non plus, sans doute. Ainsi, quand il pensait aux Russes, Barizon, il ne savait pas qu'en penser.

— Tu te souviens des Russes ? dit Barizon, seize ans plus tard, à Nantua.

Il vient d'émerger du long silence méditatif qu'avait provoqué l'évocation de Juliette. Il dégustait son cognac en silence, depuis de longues minutes. Le Narrateur en avait profité pour continuer le récit des événements d'un dimanche d'autrefois, seize ans auparavant.

— Tu te souviens des Russes, Gérard ? avait demandé Fernand Barizon.

J'avais déjà sursauté tout à l'heure, lorsque Barizon m'avait appelé ainsi. Gérard ? Il y a longtemps qu'on ne m'appelle plus Gérard. On m'appelle de toutes sortes de faux noms qui ne me font pas sursauter. Mais Gérard est un faux nom qui me fait sursauter. Pourquoi ? Peut-être tout simplement parce que c'est un faux nom qui cache plus de vérité que d'autres. Une part de vérité plus importante. Ou le contraire : parce que c'est le faux nom le plus éloigné de moi.

Gérard, de toute façon, n'avait pas choisi ce prénom, autrefois. Un jour, le camarade de la MOI qui était mon contact, comme on disait, m'avait attribué ce pseudonyme. «Tu t'appelleras Gérard», m'avait-il dit. Bon, il s'appellerait Gérard. Plus tard, à Joigny, quand on m'a établi une fausse carte d'identité, il a bien fallu mettre un nom à la suite de ce prénom. Là non plus, ce n'est pas Gérard qui avait choisi. C'est Michel Herr. «Sorel, avait dit Michel, Gérard Sorel.» Pourquoi pas ? Ainsi, je me promenais dans la région avec une fausse carte d'identité au nom de Gérard Sorel, jardinier.

Ça le faisait sourire, jardinier.

Il me semblait devenir, grâce à cette profession étrange (car j'aurais été incapable, même pour convaincre de ma bonne foi les types de la Gestapo, de distinguer dans un jardin les fuchsias des pétunias, ou les dahlias des bégonias ;

mais, en fin de compte, cela n'a eu aucune importance : à Auxerre, dans le jardin de la villa de la Gestapo, il n'y avait que des roses, et les roses je savais les distinguer), il lui semblait devenir, grâce à cette profession étrange et bucolique, semblable à un personnage de Giraudoux.

Je me promenais à bicyclette de Joigny à Auxerre et d'Auxerre à Toucy, avec ma musette de jardinier, et il m'arrivait de le prendre pour un personnage de Giraudoux, ce cycliste baladeur. Contrôleur des poids et mesures aurait été mieux, sans doute. Mais je n'avais pas l'âge, ni le sérieux attendri des contrôleurs des poids et mesures dans les romans de Giraudoux. Alors, je me contentais d'être jardinier sur les routes de l'automne. Je transportais une mitraillette Sten, démontée, dans ma musette de jardinier, et ce n'était pas vraiment surprenant : les jardiniers de Giraudoux ont toujours eu plus d'un tour dans leur sac, quand on y pense.

À Buchenwald, il n'avait plus été Gérard Sorel, sauf pour les Français qui me connaissaient depuis les prisons d'Auxerre et de Dijon, le camp de triage de Compiègne. Je n'étais plus jardinier non plus.

La nuit de mon arrivée au camp, j'avais fini par me trouver planté devant un type, assis à une table, avec des crayons et des fiches devant lui. Deux minutes avant, je courais tout nu — avec des centaines d'autres gugusses également tout nus — le long de couloirs en ciment, d'escaliers labyrinthiques. Puis on avait débouché dans la salle de l'*Effektenkammer,* c'est-à-dire du magasin d'habillement. On venait de nous lancer des frusques disparates et des paires de socques à lanières. La semelle en bois de mes socques avait claqué sur le sol en ciment d'une nouvelle pièce et je m'étais retrouvé devant la table en question.

Le type m'avait demandé les habituels renseignements d'identité qu'il inscrivait sur une fiche. Il était tout content de constater que Gérard parlait couramment l'allemand, ce type. Ça lui facilitait la tâche. Je répondais machinalement. Je ne savais plus très bien où j'en étais, après la longue série de brutales cérémonies initiatiques de cette nuit d'arrivée à Buchenwald : le déshabillage, la douche, le bain désinfectant, la tonte, la longue course à poil et à vif à travers le labyrinthe sonore des couloirs en ciment brut. Je regardais le type qui m'interrogeait et je répondais machinalement. Pour finir, le type m'a demandé quelle était ma profession. — *Beruf?* m'a-t-il demandé. Je lui ai dit que j'étais étudiant, puisque je n'étais plus jardinier. Le type a haussé les épaules. — *Das ist doch kein Beruf*! s'est-il exclamé. Ce n'était pas un métier, semblait-il. J'ai failli faire un calembour d'hypokhâgneux. —*Kein Beruf, nur eine Berufung*! ai-je failli dire. Pas un métier, seulement une vocation. En allemand, vous l'aurez constaté, le calembour était plus réussi, sur le plan phonétique et sémantique tout au moins. Mais je me suis retenu de faire ce jeu de mots d'hypokhâgneux germaniste. D'abord, parce que ce n'était pas tout à fait vrai. Être étudiant, c'était, plutôt qu'une vocation, la conséquence d'une certaine pesanteur sociologique. Et puis, surtout, je ne savais pas qui était au juste le type qui m'interrogeait. Pas un SS, sans doute, c'était visible. Mais enfin, il valait mieux être prudent.

Je n'ai donc pas fait mon calembour vaseux et j'ai insisté sur ma qualité d'étudiant. Alors, prenant son temps, le type m'a expliqué qu'à Buchenwald il valait mieux avoir un métier manuel. Ne connaissais-je rien à l'électricité, par exemple ? N'en fût-ce que des rudiments ? Je hochais la tête négativement. Et la mécanique, y entendais-je quelque chose ? Je hochais toujours la tête. Et le bois, je n'y connaissais rien, aux métiers du bois ? Je saurais quand même tenir un rabot, non ? Le type se fâchait presque. On avait l'impression qu'il voulait à tout prix découvrir quelque capacité manuelle chez cet étudiant de vingt ans qui hochait la tête comme un débile. Gérard alors a pensé que le seul travail manuel dont il maîtrisât les rudiments, c'était celui de terroriste. Les armes, tout au moins les armes légères, jusqu'au fusil-mitrailleur de l'armée française, je connaissais. Les manier, les démonter, les nettoyer, les remonter. Et le plastic, je connaissais. Les explosifs, en général, avec leurs détonateurs, leurs cordons Bickford, tout ce qu'il fallait pour organiser les déraillements. Et les mines magnétiques pour faire sauter camions, locomotives ou portes d'écluse, je connaissais aussi. En vérité, le seul métier manuel que j'aurais pu indiquer à ce type qui commençait à s'énerver, c'était celui de terroriste. Mais je n'en ai rien dit et le type, en désespoir de cause, m'a inscrit comme étudiant.

Ainsi je ne suis plus jardinier à Buchenwald. Je ne suis plus non plus Gérard Sorel. Le jour de mon arrestation, à Épizy, faubourg de Joigny, je portais sur moi mes vrais papiers d'identité espagnols. Je devais gagner Paris, le soir même, pour une réunion avec «Paul», le chef de mon réseau. Et à Paris, ma carte de jardinier de l'Yonne aurait été suspecte. Je n'avais pas tellement l'air d'un vrai jardinier de l'Yonne. D'ailleurs, ma carte d'identité n'avait pas non plus tout à fait l'air d'une vraie carte de l'Yonne. Et ça n'aurait vraisemblablement servi à rien d'invoquer Giraudoux aux contrôles de police un peu attentifs.

J'avais donc, par ce hasard, été arrêté sous mon vrai nom. Pourtant, les Français m'appelaient toujours Gérard. On m'avait appelé ainsi dans les prisons d'Auxerre et de Dijon, au camp de Compiègne, dans le train du transport. Si le gars de Semur avait vraiment existé, il m'aurait appelé lui aussi Gérard, dans le wagon du *Grand Voyage*. Et Fernand Barizon, à Buchenwald, m'appelait Gérard.

Mais seize ans après, à Nantua, ça me fait sursauter, que Barizon m'appelle encore Gérard. C'est comme si je cessais d'être moi, d'être Je, pour devenir le personnage d'un récit qu'on ferait à propos de moi. Comme si je cessais d'être le Je de ce récit pour en devenir un simple Jeu, ou Enjeu, un Il. Mais lequel ? Le Il du Narrateur qui tient les fils de ce récit ? Ou le Il d'une simple troisième personne, personnage du récit ? Quoi qu'il en soit, je ne vais pas me laisser faire, bien sûr, puisque je suis le rusé Dieu le Père de tous ces fils et tous ces ils. La Première Personne par antonomase, donc, même lorsqu'elle s'occulte dans la figure hégélienne de l'Un se divisant en Trois, pour la plus grande joie du lecteur sensible aux ruses narratives, quelle que soit par ailleurs son opinion sur la délicate question de la dialectique.

— Tu te souviens vraiment, Gérard ? demande Fernand Barizon, à Nantua, seize ans après.

— À la frontière suisse, dit Gérard, souviens-toi, toi, que je ne m'appelle pas Gérard, mais Camille : Camille Salagnac.

Barizon hausse les épaules rageusement.

— Je n'en ai rien à foutre, de comment tu t'appelles ! D'abord, je n'ai jamais su ton vrai nom, si tant est que t'en as un ! Aujourd'hui tu t'appelles Salagnac, demain Tartempion : rien à foutre ! Moi, je t'appelle Gérard, c'est du solide, de l'ancien, du garanti. Mais ne crains rien pour la frontière, j'ai l'habitude !

Il a un regard furieux, il vide son verre de cognac.

— Mon vrai nom, c'est Sánchez, dit Gérard.

— C'est ça, dit Barizon. Le mien, tu le connais : c'est Dupont de Mes-Deux ! Nous rions ensemble et Gérard lui demande de quoi il faudrait vraiment se souvenir.

— De quoi veux-tu que je me souvienne vraiment ?

Barizon regarde son verre vide.

— Maintenant que t'es une huile, dit-il, crois-tu que tu pourrais m'offrir un deuxième cognac sur tes frais de voyage ?

Je fais signe que oui et j'appelle le garçon.

— Le camp, dit Barizon. Tu t'en souviens vraiment comme d'une chose qui te serait vraiment arrivée ? Tu n'as pas l'impression, parfois, que t'as rêvé tout ça ?

Je le regarde.

— Même pas, dit Gérard. J'ai l'impression que c'est un rêve, oui, mais je ne suis même pas sûr de l'avoir rêvé, moi. C'est peut-être quelqu'un d'autre.

Je ne dis pas tout ce que je pense. Je ne dis pas que ce quelqu'un d'autre pourrait être quelqu'un qui serait mort.

Barizon boit une longue gorgée du deuxième cognac qu'on vient de poser sur la table. Puis il se penche en avant.

— C'est ça, dit-il, c'est exactement ça ! Mais pourquoi ?

— Peut-être parce que c'est vrai, dit Gérard.

J'allume une cigarette, je ris brièvement.

Peut-être est-ce vrai, en effet. Peut-être ne suis-je que le rêve qu'aurait fait, à Buchenwald, un jeune mort de vingt ans, qu'on appelait Gérard et qui est parti en fumée sur la colline de l'Ettersberg. Mais ce ne sont pas des choses faciles à dire. D'ailleurs, je n'en ai rien dit à Barizon.

Je le regarde.

— Oui, je me souviens très bien, dit Gérard.

La mémoire est le meilleur recours, même si cela paraît paradoxal à première vue. Le meilleur recours contre l'angoisse du souvenir, contre la déréliction, contre la folie familière et sourde. La criminelle folie de vivre la vie d'un mort.

— Tu pourrais raconter ? demande Barizon.

Pourrais-je raconter ?

Ces derniers mois, à Madrid, rue Concepcion Bahamonde, en écoutant les récits décousus de Manuel Azaustre, j'avais eu l'impression que je pourrais raconter. Mieux que lui, en tout cas. Aujourd'hui aussi, à Nantua, en écoutant Fernand Barizon, j'ai eu la même impression. Je n'oublierais pas Juliette, en tout cas, ni Zarah Leander. Mais il ne faut pas se faire d'illusions : jamais on ne pourra tout dire. Une vie n'y suffirait pas. Tous les récits possibles ne seront jamais que les fragments épars d'un récit infini, littéralement interminable.

— Je crois que oui, je pourrais, dit Gérard.

— Bien sûr, dit Barizon, un peu amer. C'est toujours les mêmes qui racontent.

— Même si c'était vrai, dit Gérard, ce n'est qu'une partie du problème.

— Ça y est ! s'exclama Barizon. Nous y revoilà ! T'es une huile mais tu n'as pas changé ! Tu continues à couper les cheveux en quatre et les problèmes en deux. C'est d'ailleurs pour ça que tu dois être devenu une huile. Le pour et le contre, le positif et le négatif, d'un côté, de l'autre côté ! Et quelle est l'autre partie du problème, vieux ?

Il est réconfortant, Barizon. Je ne peux m'empêcher d'en sourire, réconforté.

— L'autre partie du problème, dit Gérard, c'est celle-ci : à qui peut-on raconter ?

Il secoue la tête, Barizon, il pointe un doigt catégorique.

— À personne, dit-il. Personne ne peut vraiment comprendre. T'as déjà essayé ?

— Toi, tu pourrais comprendre, dit Gérard.

Barizon hausse les épaules, visiblement excédé.

— Bien sûr, dit-il, mais quel intérêt ? Si tu me racontes à moi, ce n'est pas un récit, c'est du rabâchage. Et vice versa !

Je suis obligé d'en convenir. Si je lui raconte, à lui, ce ne sera pas un récit, mais du ressassement.

S'il me raconte, lui, ce sera aussi du rabâchage, et mal foutu, par-dessus le marché. Et c'est bien parce que je déteste le ressassement et le rabâchage que je ne fréquente pas les anciens combattants.

— Et Juliette ? dit Gérard. Si on racontait à Juliette ?

Je sais bien que Juliette est morte. Fernand me l'a dit, tout à l'heure, avant de sombrer dans un silence remémoratif ou commémoratif. Pendant la Résistance, Juliette était l'agent de liaison d'un responsable interrégional FTP, dans le Sud-Est. Mais Barizon ne semblait pas décidé à raconter ce qu'il avait appris, en rentrant de Buchenwald, sur la mort de Juliette. Tout à l'heure, il avait fait un geste : Bon, avait-il dit, Juliette est morte, c'est tout ! Alors, puisque Juliette était morte, Barizon avait retrouvé sa femme légitime, la compagne de toujours, la mère de ses enfants, en revenant de Buchenwald. Bon, avait dit Barizon, clôturant son discours d'un geste, c'est comme ça !

Je sais donc que Juliette est morte. Mais j'évoque son fantôme, à Nantua, pendant que Fernand réchauffe son verre de cognac entre les paumes de ses mains, j'évoque le fantôme de Juliette comme on évoquerait le fantôme d'une femme qui vous aime, que vous aimez, qui vous attend, au retour de la mortelle aventure de la vie. Comme on évoquerait Béatrice, ou Pénélope, ou Laure, ou Dulcinée.

Il m'a bien compris, Barizon.

— Peut-être, dit-il, d'une voix sourde. Peut-être aurais-je pu raconter à Juliette. Et moi, à qui aurais-je pu raconter ? Toi, Gérard, à qui aurais-tu pu raconter ? Y avait-il une Juliette dans ta vie ?

Mais Barizon interrompt cette interrogation intime. Il tape du poing sur la table.

— Tu vois comment t'es ! s'exclame-t-il. J'avais une question très précise à te poser. Et je l'ai oubliée en chemin ! Ni vu ni connu, tu m'embrouilles, tu m'emberlificotes, tu m'embarques dans la métaphysique !

Je ne peux pas laisser passer cette occasion.

— C'est quoi, la métaphysique, Fernand ? demande Gérard.

Barizon me regarde, soupçonneux. Il doit flairer un piège. Alors, à tout hasard, il prend l'air sûr de lui.

— Dis donc, vieux ! dit-il. De mon temps, on apprenait ça dès l'école de section. C'est le contraire de la dialectique. Et vice versa !

— Bien sûr, dit Gérard, conciliant. Mais c'est quoi, la dialectique ?

Il n'hésite pas, Fernand. Il me regarde droit dans les yeux.

— C'est l'art et la manière de toujours retomber sur ses pattes, mon vieux ! Son œil pétille et il lève son verre de cognac, comme s'il buvait à ma santé.

Je hoche la tête, ce n'est pas une mauvaise définition. L'art et la manière de justifier le cours des choses, sans doute.

— Et c'était quoi, ta question précise ? demande Gérard.

— Les Russes, dit Barizon.

À Buchenwald, seize ans plus tôt, il avait bien fallu qu'on envisageât la question russe, qu'on essayât de la cerner. Il fallait bien trouver une explication — et dialectique, si possible, comme dirait Barizon, comportant, donc, une hiérarchie vraisemblable de facteurs négatifs et positifs, où ces derniers, certes, devaient finir par prédominer, afin que la spirale dialectique ne débouchât pas dans le pessimisme de la négation, mais bien dans l'optimisme de la négation de la négation — il fallait bien essayer de justifier cette barbarie russe, juvénile et massive, structurée en fonction d'un code non écrit, mais contraignant, autour de noyaux de pur pouvoir brutal.

Plusieurs théories avaient été élaborées parmi nous. Selon l'une, le problème russe était en fait un problème ukrainien. Tout le mal viendrait du fait que la grande majorité des citoyens soviétiques internés à Buchenwald étaient ukrainiens. Plus tard, j'ai vu qu'Eugen Kogon reprenait cette explication dans son essai sur les camps nazis : *L'Enfer organisé.* «Les Russes, y écrivait-il, étaient partagés en deux groupes absolument distincts : les prisonniers de guerre et les civils russes, d'une part, et les Ukrainiens, d'autre part. Ces derniers constituaient l'écrasante majorité. Alors que les prisonniers de guerre formaient des équipes bien disciplinées, qui veillaient avec une grande adresse, mais aussi avec justice, à leurs intérêts collectifs (le choix qui avait été fait dans les stalags avait amené dans les camps les communistes conscients de la cause qu'ils représentaient), la masse des Ukrainiens formait une engeance difficile à qualifier. Ils furent, au début, tellement favorisés par leurs camarades allemands qu'il était presque impossible d'élever la plus petite plainte contre un Russe. Mais l'insolence, la paresse et l'absence de camaraderie d'un grand nombre d'entre eux provoquèrent une évolution rapide et complète qui leur interdit d'accéder à des postes importants. Au cours de la dernière année, à Buchenwald, les prisonniers de guerre russes, ainsi que quelques remarquables jeunes communistes d'Ukraine, ont entrepris d'éduquer et d'incorporer dans l'ensemble la partie utilisable de cette société si mélangée, qui ne connaissait généralement aucune contrainte à ses penchants. »

Eugen Kogon a été un observateur minutieux du système concentrationnaire nazi. En outre, son poste de travail à Buchenwald lui a permis de connaître bon nombre d'aspects secrets de la vie du camp et de la résistance antinazie. Et pour finir, comme il n'était pas marxiste, mais chrétien-démocrate, ses observations et analyses ne devaient pas correspondre aux canons préétablis de la Dialectique. Elles pouvaient donc être objectives. Ce n'était pas obligatoire, mais enfin c'était possible. Il est clair, cependant, que son explication de l'étrange barbarie russe de Buchenwald n'est pas satisfaisante. Pourquoi les Ukrainiens seraient-ils pires que les autres citoyens de l'empire multinational de Staline ? D'ailleurs, si on examine en détail ses propres arguments, on constatera qu'il donne lui-même les éléments d'une autre explication, qui ne serait pas nationalitaire — et à la limite quasi raciste — mais sociale.

En effet, le trait distinctif par lequel Kogon oppose les prisonniers de guerre russes aux déportés ukrainiens n'est pas vraiment leur nationalité. Ceci n'est que l'apparence. L'essentiel c'est qu'ils constituaient des «équipes bien disciplinées», animées de surcroît par des «communistes conscients de la cause qu'ils représentaient». En réalité, la question n'était pas celle de la différence entre Russes et Ukrainiens, mais celle de l'opposition entre cadres (ou élites) et masse (ou collectivité plébéienne) d'une certaine structure sociale de la Russie stalinienne.

La deuxième théorie prévalant parmi nous essayait de prendre en compte et d'expliquer cette différenciation sociale. D'après cette théorie — où la dialectique selon Barizon : l'art et la manière de toujours retomber sur ses pattes retrouvait toutes ses prérogatives — il fallait considérer que la révolution n'avait pas encore eu le temps, en Russie, de créer l'homme nouveau, un homme ayant intériorisé et individualisé les nouvelles valeurs morales du socialisme. Il fallait le reconnaître, l'homme nouveau n'était pas encore né. Par contre, la révolution avait commencé à mettre en place de nouvelles structures sociales, de nouveaux rapports de production, qui n'étaient encore incarnés et personnifiés que par les cadres de la nouvelle société : travailleurs de choc, intellectuels, officiers de l'armée Rouge et ainsi de suite. Or, cette structure sociale avait été détruite dans les territoires occupés par les Allemands et la masse des déportés russes qui en provenait, livrée à elle-même, retombait dans un état de désorganisation où l'ancien prédominait encore sur le nouveau, à cause, en partie, de leur jeune âge, ce qui n'est pas paradoxal mais dialectique.

Ainsi retombions-nous sur nos pattes, comme aurait dit Barizon.

Quelles que fussent les vertus sécurisantes de cette théorisation, il ne me semble pas qu'elle eût satisfait les zélés zélateurs de la Science marxiste. Sans doute l'auraient-ils trouvée encore trop peu dialectique, puisqu'elle ne parvenait pas à justifier pleinement la réalité, puisqu'elle prétendait l'expliquer dans ses contradictions et non pas la glorifier dans la solution ou le dépassement (l'*Aufhebung*, camarades, l'*Aufhebung* !) desdites contradictions. De toute façon, cette explication que nous nous étions forgée à Buchenwald pour essayer de rationaliser l'effarant réel russe n'a jamais été formulée plus tard publiquement, que je sache. Nous l'avons gardée pour nous, comme nous avons gardé dans le secret de nos cœurs tous nos doutes et toutes nos interrogations au sujet des Russes de Buchenwald.

Aujourd'hui, bien sûr, ces signes obscurs deviennent lisibles, ils s'intègrent dans un ensemble cohérent. Ils permettent de se faire, à travers l'analyse du comportement des Russes à Buchenwald, une idée réelle, non dialectique, de la société russe de l'époque. Peut-être ces signes étaient-ils déjà déchiffrables, auraient-ils déjà permis de construire un concept de la réalité russe, en 1944, à Buchenwald. Peut-être. Mais il aurait fallu abandonner les sermons de la Dialectique et tomber dans le vilain défaut de l'empirisme rationaliste et critique. *Horribile dictu* ! Il aurait fallu considérer ces jeunes Russes simplement comme ce qu'ils étaient, des êtres humains, forcément mystérieux, mais accessibles à une communication, et non comme les porteurs génériques des nouveaux rapports de production et des nouvelles valeurs du socialisme. Il aurait fallu les interroger, écouter ce qu'ils avaient à dire, ce qu'ils disaient, en vérité, avec leurs gestes, leurs corps, leur accoutrement, leurs rires brutaux, leurs accordéons infiniment nostalgiques, leur respect de la force, leur tendresse masculine, leur folie printanière qui les faisait s'évader n'importe où, n'importe comment, à n'importe quel moment, dès que le vent d'Est apportait jusqu'à eux les effluves des grands fleuves de leur pays ; il aurait fallu les écouter, au lieu de donner des réponses toutes faites à une interrogation mal formulée.

Aujourd'hui, bien sûr, je crois savoir ce que signifiait la barbarie russe de Buchenwald. «L'insolence, la paresse et l'absence de camaraderie» des jeunes Russes et Ukrainiens de Buchenwald, dont parlait Eugen Kogon, je crois savoir ce qu'elles signifiaient.

Mais nous n'en sommes pas encore là. Nous ne sommes encore qu'en 1960, à Nantua, et j'avais décidé de raconter cette histoire dans l'ordre chronologique, peut-être ai-je oublié de vous le dire. Il faut donc que je constate, pour respecter cet ordre, que Fernand Barizon revient des toilettes, à l'hôtel de France, à Nantua, en 1960.

— Dis donc, vieux, dit-il, faudrait peut-être continuer, si tu veux arriver à Genève avant la nuit !

J'en suis bien d'accord. Alors on quitte l'hôtel de France, à Nantua, et on continue. Deux heures plus tard, nous étions à Genève et plus précisément au buffet de la gare de Cornavin. J'attendais le départ du train pour Zurich.

Si je racontais ma vie, au lieu de narrer plus simplement, plus modestement aussi, un dimanche d'antan à Buchenwald, voici l'occasion rêvée de faire une digression — sans doute touchante, peut-être même brillante — sur la ville de Genève. Car c'est à Genève qu'a commencé l'exil, pour moi, *die schlaflose Nacht des Exils*, comme disait ce «chien crevé» de Marx. C'est à Genève qu'a commencé pour moi la nuit sans sommeil de l'exil, à la fin de 1936. Une nuit qui ne s'est pas encore terminée, malgré les apparences. Qui ne se terminera sans doute jamais. Je ne parle que pour moi, bien entendu.

Peut-être faut-il être plus précis. La précision ne nuit pas à l'ordre chronologique. Peut-être faut-il dire que l'exil commence en réalité à Bayonne, à l'arrivée dans le port de Bayonne du chalutier basque *Galerna* qui transportait des réfugiés de Bilbao, fuyant les armées franquistes. Mais le souvenir de Bayonne a été exorcisé. Depuis 1953, je suis passé tellement de fois à Bayonne, dans ces mêmes rues, cette même place sur le quai de l'Adour, ornée des mêmes massifs de fleurs, que le souvenir enfantin et blessant en a été exorcisé. Je passais par Bayonne, depuis 1953, pour rentrer en Espagne. Je traversais le pont sur l'Adour, et puis le deuxième pont, sur cette autre rivière dont je n'ai jamais su le nom. Ensuite, la route longeait la grande place, avec les massifs de fleurs et le kiosque à musique. Exactement comme autrefois. Et sous le même soleil d'automne, quand c'était l'automne. Il y avait une pancarte routière qui disait : Frontière espagnole, tant de kilomètres. Voilà, je revenais chez moi. Le souvenir enfantin de Bayonne, du jour où a commencé l'exil, où j'ai découvert que j'étais un rouge espagnol, ce souvenir était exorcisé. Je revenais chez moi, j'étais toujours un rouge espagnol, mais Barizon n'était pas au volant de la voiture qui me conduisait dans mon pays. Il le regrettait, d'ailleurs. Il m'a dit entre Nantua et Genève, ce jour de 1960, qu'il aurait bien aimé faire une fois ce voyage-là avec moi.

Après Bayonne, si l'on veut tout à la fois être précis et s'en tenir à l'ordre chronologique, il y a eu Lestelle-Bétharram. Ce petit village béarnais était un lieu de pèlerinage. Il y avait une église collégiale, un calvaire, plusieurs bâtiments religieux ; collège, couvent, ainsi de suite. Et puis, une grotte où devait avoir eu lieu dans le passé quelque événement miraculeux. Je ne me souviens plus lequel, mais compte tenu de la fréquence statistique des apparitions de la Vierge dans les grottes béarnaises, je suppose que l'événement qui avait fait de Lestelle-Bétharram un lieu de pèlerinage était, en effet, quelque apparition mariale. Mais ce n'est pas à cause de cet événement miraculeux que la deuxième étape de l'exil — la première, en réalité, celle de Bayonne, fut fort brève : juste une journée de passage — a été le village de Lestelle-Bétharram. C'est parce que la famille Soutou y possédait une maison et qu'elle a accueilli la mienne — ma famille, je veux dire — dans cette maison. Nous étions démunis de tout, en arrivant en exil, et la famille Soutou nous a recueillis. Jean-Marie était le fils cadet de la famille Soutou. Il faisait partie du mouvement Esprit, ainsi que mon père qui en était le correspondant général pour l'Espagne. Au début de la guerre civile, Jean-Marie Soutou, Béarnais, était apparu à Lekeitio, le village basque où les événements nous avaient surpris lors des vacances estivales de 1936. Il venait prendre contact avec mon père au nom du mouvement Esprit. C'était un tout jeune homme à l'accent chantant et rocailleux, comme la rumeur des gaves sur les galets polis par des siècles d'eau lustrale, dévalant des montagnes vers l'Adour et la Garonne. L'accent lui est passé, depuis le temps, mais non la flamme béarnaise de ses vingt ans. Quoi qu'il en soit, en arrivant à Bayonne, démunis de tout, et contemplant un peu hébétés le spectacle de la paix française — le kiosque à musique, les massifs colorés, les vitrines des pâtisseries, les jeunes filles en fleur — nous avions fait appel à Jean-Marie Soutou. Il était apparu immédiatement, il avait pris la situation en main.

L'étape de Lestelle-Bétharram a été assez longue. Nous courions les routes et les chemins, mes frères et moi, et les lézards se chauffaient au soleil de l'automne, sur les murets de pierre sèche. Un jour, dans un chemin creux qui longeait le gave, nous avons été interpellés par l'un des bons pères du couvent de Bétharram. Il nous avait vus à l'église, nous disait-il à mes frères et à moi, il nous reconnaissait. Comme il nous avait vus à l'église, il ne pouvait pas imaginer que nous fussions autre chose que franquistes. Ou plutôt non, à l'époque, «franquistes» était un anachronisme et les anachronismes ne conviennent pas, dans les récits où l'on respecte l'ordre chronologique. On n'a dit «franquistes» que bien plus tard. À l'époque, les gens de droite disaient nationalistes et ceux de gauche tout simplement fascistes. Ou rebelles, puisqu'ils s'opposaient par un soulèvement armé au gouvernement légitime des républicains ou loyalistes. Je me souviens très bien à quel point toutes ces dénominations nous plongeaient dans la stupeur, ou du moins dans l'embarras. La confusion des langues est l'une des premières expériences de l'exil. La nuit sans sommeil de l'exil est une nuit babélique.

Mais enfin, pour en revenir au bon père du couvent de Bétharram, celui-ci nous avait vus à l'église, il s'imaginait donc que nous étions nationalistes. Il nous a interpellés joyeusement, fièrement, dans le chemin creux où nous pratiquions avec un sadisme allègre la lapidation systématique des lézards, mes frères et moi. Il nous a félicités d'être espagnols, d'appartenir à ce peuple vaillant qui s'était dressé pour la défense de la Foi, dans une croisade contre l'Infidèle marxiste. Ses yeux très bleus rayonnaient de juste colère, d'amour divin et mortifère pour les brebis égarées qu'il fallait ramener dans le bercail par le fer et le feu. Nous écoutions sa diatribe, tête basse. Il nous terrifiait, nous n'osions rien lui dire. Nous n'osions pas le détromper, terrifiés par les saints éclairs de ses yeux d'halluciné. Nous nous en sommes voulu, ensuite. Nous avons eu honte de notre terreur enfantine devant ce personnage prophétique, maniant dans le chemin creux du gave de Pau le glaive verbeux et exterminateur de la Foi.

Mais si j'étais en train de raconter ma vie au lieu de raconter un dimanche à Buchenwald, quelque huit ans après cette rencontre avec le bon père du couvent de Bétharram, je serais bien obligé d'avouer que la chose la plus importante de mon séjour à Lestelle-Bétharram n'a pas été cette rencontre. Ç'a été la lecture de *Belle de jour*, de Joseph Kessel. Je sais bien qu'un récit édifiant aurait dû éviter toute allusion à cet épisode équivoque. Je sais bien que j'aurais dû occulter cet épisode et m'en tenir à la touchante image de l'enfant découvrant les angoisses de l'exil politique, les affres du déracinement. Mais l'enfant, justement, en arrivait aux troubles de la première adolescence. L'enfant aurait bientôt treize ans et, en même temps qu'il perdait — peut-être pour toujours — les signes de son identification à une patrie, à une famille, à un univers culturel, il découvrait, à travers les exigences du corps, son identité, sa masculinité, expression troublante et forcenée de son moi véritable. Il devenait lui-même, un Je, un Sujet, un Je-suis, dans la découverte fascinée de son corps sexué, dans l'autonomie d'un désir non encore objectivé, au moment où la violence de l'histoire l'arrachait aux racines de cette même identité possible. L'enfant, donc, dans l'inconscience de tout cela, bien entendu, mais traversé pourtant d'images coupantes, lacérantes, de rêves suffocants, d'innommables angoisses physiques, avait découvert dans la bibliothèque de la famille Soutou, à Lestelle-Bétharram, un exemplaire de *Belle de jour* qu'il subtilisait périodiquement pour des moments de lecture passionnée et pédagogique dans la quiétude relative des cabinets.

Sans doute n'est-ce pas très convenable. D'ailleurs, l'enfant de Lestelle-Bétharram, devenu plus tard le Narrateur de cette histoire, et d'autres histoires tournant toujours, obsessionnellement, comme les manèges des Luna Parks de la mémoire, autour des mêmes thèmes, d'ailleurs le Narrateur a-t-il eu pour impulsion première la tentation d'oublier cet épisode, de censurer une nouvelle fois le souvenir de la lecture de *Belle de jour*. Le Narrateur, parfois, à des questions sur son enfance, sur son apprentissage de la langue de Claudel et du bon père du couvent de Bétharram, a répondu que les premiers livres qu'il ait lus en français étaient *Les Enfants terribles* de Cocteau et *Fils du peuple*, attribué à Maurice Thorez. Ce n'est pourtant pas tout à fait vrai. La lecture des deux livres susnommés, pour réelle qu'elle soit, n'a eu lieu que plus tard, quelques mois plus tard. C'était déjà à La Haye, autre étape de l'exil, alors que les magnolias fleurissaient, dans le jardin de la légation de la République espagnole en Hollande, en 1937. Mais il existe un lien entre ces lectures, celle de *Belle de jour* et celle de *Fils du peuple* et des *Enfants terribles*. Ce lien, c'est Jean-Marie Soutou. Lien indirect, certes, et même involontaire, inconnu de l'agent de liaison. Car, si c'est bien Jean-Marie Soutou qui m'a fait lire, à La Haye, les deux derniers livres mentionnés, le premier, par contre, *Belle de jour*, ce n'est pas lui qui en est responsable : je l'avais tout simplement subtilisé, au hasard, mais avec une prescience remarquable, dans la bibliothèque de la famille Soutou, à Lestelle-Bétharram.

Mais je suis à Genève, en 1960, et je ne raconte pas ma vie, c'est-à-dire la vie de cet enfant de treize ans que je suis finalement devenu, en retrouvant le souvenir trouble et prodigieusement foisonnant du roman de Kessel. Je raconte un dimanche à Buchenwald, en 1944, et accessoirement, un voyage de Paris à Prague, en 1960, en passant par Nantua, Genève et Zurich, avec plusieurs haltes de longueur indéterminée dans ma mémoire. Dans la mémoire, plutôt, de ce Sorel, Artigas, Salagnac, ou Sánchez, que je suis finalement devenu, de façon aussi plurielle qu'univoque.

Je viens de retrouver Fernand Barizon au buffet de la gare de Cornavin.

Il boit une bière, il me regarde, les sourcils froncés.

— Et maintenant, dit-il, tu t'appelles comment ?

— Je m'appelle Barreto, lui dis-je, Ramon Barreto. Et je suis uruguayen.

Il a un rire bref, sarcastique.

— Tu peux m'expliquer ce que je fais, moi, Barizon, prolo, de La Courneuve, avec un Uruguayen distingué, dans cette putain de ville de Genève ?

Je hausse les épaules.

— La question ne sera pas posée, lui dis-je.

— Sans doute, dit Fernand. Personne ne s'intéresse à nous, en effet. Mais toi, mon vieux, tu ne dois plus savoir qui tu es, avec tous ces changements d'identité !

J'ai envie de dire à Fernand qu'il m'arrive de ne pas savoir qui je suis, même quand je ne change pas d'identité. D'ailleurs, m'arrive-t-il de ne pas changer d'identité ? Quand je retrouve la mienne, n'est-ce pas celle d'un autre, en réalité ? Mais je ne dis rien. Il m'accuserait encore de complication métaphysique. Non sans raison.

Ainsi, à Genève, au moment de quitter Barizon, avant de prendre le train pour Zurich, je ne me suis pas souvenu de Lestelle-Bétharram, ni de Bayonne. Je me suis borné à aller aux toilettes, à glisser ma carte d'identité française, au nom de Michel Salagnac, dans le double fond d'une trousse de voyage, et à en extraire un passeport uruguayen au nom de Barreto. Ce qu'il y a d'emmerdant, avec ces passeports sud-américains, c'est la signature. Les titulaires authentiques et originels de ces passeports, en effet, ont souvent des signatures compliquées, difficiles à imiter lorsqu'il faut remplir des fiches de police dans les aéroports ou les hôtels. Le paraphe fleuri est une vaniteuse habitude hispanique qui complique bien inutilement la vie des clandestins.

Je pensais à des choses comme ça, vaguement, dans les toilettes de la gare de Cornavin, en refermant le double fond de ma trousse de voyage. Je ne pensais pas du tout à Bayonne ou à Lestelle-Bétharram, on aura pu le constater. Je pensais simplement que j'étais de nouveau à Genève et que Genève avait été pour moi, autrefois, le commencement véritable de l'exil, la fin de l'enfance.

Mais je n'étais pas triste, en 1960, dans les toilettes de la gare de Cornavin, en cachant dans le double fond de ma trousse la carte d'identité au nom de Michel Salagnac. Pourquoi aurais-je été triste ? La journée avec Barizon avait été plaisante. Je faisais dans la vie ce que j'avais choisi de faire. Personne ne m'avait obligé à être ce que j'étais. Je l'avais bien cherché, tout seul. J'avais librement décidé d'aliéner ma liberté individuelle au service de la communauté clandestine du PCE. Et je croyais encore, en 1960, que le système politique russe était réformable et que nous allions bientôt renverser le régime franquiste. Aussi songeais-je plutôt à la fin de l'exil qu'à son commencement, vingt-quatre ans auparavant. J'avais oublié *Belle de jour*, l'angoisse de la découverte de moi-même, lointaine. Je n'étais pas triste, donc, ni désanimé, comme j'aurais dit en espagnol, *desanimado,* c'est-à-dire privé d'animation, privé d'âme ou d'*anima* : du goût de la vie, en somme. Non, je n'étais pas encore désanimé, en 1960.

— Tu raconterais comment ? dit tout à coup Barizon.

Je le regarde.

Je m'étais déjà posé la question, à Madrid, quelques mois auparavant, en écoutant les récits réitératifs et filandreux de Manuel Azaustre.

— Je raconterais un dimanche à Buchenwald, lui dis-je.

— Un dimanche ?

— Mais oui ! C'était le jour le plus con, souviens-toi. Je raconterais un dimanche comme les autres, sans rien d'exceptionnel. Le réveil, le travail, la soupe aux nouilles du dimanche, l'après-midi du dimanche, avec des heures devant soi, les conversations avec les copains. Tiens, je raconterais un dimanche d'hiver où nous avons parlé longuement, tous les deux.

— Quoi ? dit Barizon. Tu me mettrais dans ton histoire ?

Je hoche la tête en signe d'assentiment.

— Bien sûr ! Ce dimanche-là, je me souviens, à cinq heures du matin, juste avant l'appel, on était ensemble devant le block 40. Il neigeait et les flocons de neige tourbillonnaient dans la lumière des projecteurs. Une lumière dansante et glacée. Tu as crié : — Les gars, quel beau dimanche !, ou quelque chose d'analogue, avant de te mettre à courir vers la place d'appel. Voilà, je raconterais à partir de là, tout le dimanche. Mais ne t'en fais pas, je changerais ton nom : comme ça, si tu ne te reconnaissais pas dans mon histoire, tu pourrais toujours dire que tu n'y es pour rien.

— Tu m'appellerais comment ? demande-t-il, méfiant.

— Je t'appellerais Barizon, lui dis-je. Mais je garderais ton vrai prénom : Fernand Barizon.

Il réfléchit une seconde. Il hoche la tête.

— Oui, dit-il, c'est pas trop mal.

Un haut-parleur vient d'annoncer que le train rapide à destination de Zurich est entré sur la voie 2. Mais Barizon ne part pas pour Zurich. Il n'entend d'ailleurs pas le haut-parleur de la gare de Cornavin qui annonce le train pour Zurich, mais celui de Buchenwald qui annonce la fin de l'appel. Il entend la voix du *Rapportführer,* dans le haut-parleur de la tour de contrôle, et aujourd'hui, en ce dimanche d'autrefois, sur la place d'appel, Barizon ne pense pas particulièrement aux Russes, pas plus qu'il ne se souvient des rives de la Marne. On aura pu le constater.

Aujourd'hui, ce qui le tracasse, l'évidence saugrenue dont il vient de prendre conscience, avec une brusque et insidieuse inquiétude, ou du moins un certain malaise, est d'une autre sorte. Il vient de découvrir, dans l'engourdissement lumineux de l'appel qui se prolonge, que le fait d'être communiste à Buchenwald vous plaçait d'emblée dans une situation de privilège. Au cœur de l'Allemagne nazie, sous le regard des SS, le fait d'être membre du parti vous plaçait dans une situation de privilège. Bien entendu, cela comportait certains risques. Mais c'est banal : toute situation de privilège, dans la mesure où elle exprime une fonction sociale, comporte un envers d'obligations et de risques. On n'a rien pour rien. Pourtant, le fait d'être un privilégié, parce que communiste, dans un camp nazi, c'était paradoxal à première vue.

Il vient de buter sur cette évidence, Barizon.

Car c'est bien la première fois que le fait d'être communiste le place dans une telle situation. Il se souvient tout à coup de l'Espagne, Barizon.

Pendant la bataille du Jarama, lorsque le front avait cédé sous les charges de la cavalerie maure, le jour où le cercle avait failli se refermer complètement sur les lignes de communication de l'armée républicaine qui tenait Madrid, le commissaire politique de la Brigade avait jailli comme un diable de sa boîte et il avait hurlé, dominant le bruit rageur des rafales de fusil-mitrailleur : — Les communistes, en première ligne ! Et les communistes, terrés jusque-là dans les trous d'obus, serrant les dents et les fesses, les communistes s'étaient dressés, d'un bout à l'autre du paysage couvert de fumée, de brouillard et de cadavres ; les communistes s'étaient mis à avancer vers les cavaliers maures et les chars italiens ; les communistes, debout dans le paysage couvert de fumée, debout dans la brume de l'hiver, s'enfonçant entre les cavaliers maures, entre les chars italiens, jusqu'au corps à corps avec l'infanterie ennemie, bouches ouvertes dans un cri que personne ne pourrait plus entendre, eux-mêmes non plus ; les communistes se frayant un passage à la grenade, à l'arme blanche, dans la vallée du Jarama. Les communistes en première ligne.

Bon, c'était normal, ils étaient là pour ça.

Mais aujourd'hui, la première ligne, où se trouve-t-elle ? À la Gustloff, bien au chaud, à saloper tranquillement les pièces de la carabine automatique G-43 ? Ou bien dans les kommandos extérieurs les plus durs, Dora, S-III, par exemple, où les détenus transférés du camp principal de Buchenwald se voyaient souvent abandonnés à leur sort, soumis à la domination directe des kapos verts et des sous-officiers des SS, précisément parce que l'organisation communiste clandestine qui contrôlait l'administration des forces de travail à Buchenwald se débrouillait pour que les membres du parti, les résistants véritables, n'y soient pas envoyés, sauf accident imprévisible.

Il hoche la tête, Barizon. Ça se discute, cette histoire, ce n'est pas clair. Il faut qu'il en parle avec l'Espagnol.

Mais la voix du *Rapportführer* vient de commander le garde-à-vous, dans les haut-parleurs de la tour de contrôle. *Das Ganze, stand !* Machinalement, Barizon rectifie la position. Machinalement, trente mille détenus concentrés sur la place d'appel rectifient la position. Le garde-à-vous est impeccable. *Mützen, ab !* Trente mille détenus se découvrent, d'un geste précis, pour saluer cette journée qui commence. *Mützen, auf !* Trente mille détenus, maintenant qu'ils ont salué leur propre mort, qu'ils se sont découverts devant leurs futurs cadavres, remettent leurs bérets sur la tête.

L'appel est terminé.

Alors, la musique éclate. Ça claque, ça timbale, ça fifrelote, ça tambourine, ça trompette : c'est le cirque. Les formations des blocks se défont dans une sorte de tourbillon.

Fernand Barizon court vers l'endroit où s'aligne le kommando de la Gustloff : c'est l'un des premiers à sortir de l'enceinte du camp. Les musiciens sont à côté de la porte d'entrée, sous la tour de contrôle. Ils portent des culottes bouffantes, rouges à parements verts, des vareuses à brandebourgs. Ils soufflent dans les cuivres, ils frappent sur les tambours, ils font claquer les cymbales. C'est mieux qu'à Médrano, bordel ! C'est vrai que Juliette n'aimait pas le cirque. Elle aimait bien faire l'amour mais les clowns la faisaient pleurer, les tigres lui faisaient peur. Quant aux funambules, n'en parlons pas : elle fermait les yeux. Bon, Juliette ne saurait pas apprécier la cocasserie de la situation.

Quand même, c'est un dimanche de merde.

TROIS

J'avais décidé de raconter cette histoire dans l'ordre chronologique. Pas du tout par goût de la simplicité, il n'y a rien de plus compliqué que l'ordre chronologique. Pas du tout par souci de réalisme, il n'y a rien de plus irréel que l'ordre chronologique. C'est une abstraction, une convention culturelle, une conquête de l'esprit géométrique. On a fini par trouver ça naturel, comme la monogamie.

L'ordre chronologique est une façon pour celui qui écrit de montrer son emprise sur le désordre du monde, de le marquer de son empreinte. On fait semblant d'être Dieu. Souvenez-vous : le premier jour Il créa ceci, le deuxième jour Il créa cela, et ainsi de suite. C'est Jéhovah qui a inventé l'ordre chronologique.

J'avais décidé de raconter cette histoire dans l'ordre chronologique — toutes les heures d'un dimanche, l'une après l'autre — précisément parce que c'est compliqué. Et irréel. C'est l'artifice qui m'avait attiré, dans les deux sens habituels du mot selon les dictionnaires : dans le sens de «moyen habile et ingénieux» et dans celui de «composition pyrotechnique destinée à brûler plus ou moins rapidement». Ça me plaisait, cette idée : l'artifice de l'ordre chronologique éclatant en feu d'artifice.

En somme, c'est par orgueil que j'avais décidé de raconter cette histoire dans l'ordre chronologique et il est neuf heures du matin, ce dimanche de décembre 1944, quand je me présente à la tour de contrôle avec Henk Spoenay.

Henk a vingt ans, comme moi. Il est hollandais. Il est toujours de bonne humeur, toujours calme. À l'*Arbeitsstatistik*, il occupe l'un des postes les plus délicats : c'est lui qui assure la liaison quotidienne entre nos services et ceux de l'*Arbeitseinsatz* des SS, c'est-à-dire le bureau SS qui contrôle et vérifie tout notre travail. Henk assure, en somme, la liaison entre Seifert, qui est notre kapo, et Schwartz, qui est l'*Arbeitseinsatzführer SS*.

Henk et moi, on s'entend bien.

Il est neuf heures du matin, le froid est vif. Mais le soleil brille maintenant sur le paysage. Le vent d'est a dégagé le ciel. Henk et moi nous présentons à l'officier SS de garde à la tour de contrôle.

Il y a un quart d'heure, j'étais assis à ma place, à la table du fichier central. C'était une journée calme, pas de transport en vue, ni au départ ni à l'arrivée. Pas trop de cadavres à enregistrer non plus, une honnête moyenne. J'avais donc fini d'inscrire sur mes petites fiches les indications fournies par les rapports quotidiens des différents kommandos, ainsi que ceux de l'hôpital et du crématoire. Je rêvassais, un rayon de soleil frappait la vitre, sur ma gauche.

— Qu'est-ce que tu branles ?

Henk est derrière moi, je me retourne à moitié.

— Rien, lui dis-je. Rien à branler aujourd'hui.

Il montre le soleil, dehors, d'un geste.

— Tu viens faire un tour ? dit-il. J'ai un truc à régler à la Mibau.

— Faut que je prévienne Seifert, je lui dis.

Il hoche la tête.

— C'est fait, dit Henk. Si t'as rien à branler, tirons-nous !

On se tire.

Je dis à Walter que je m'en vais avec Spoenay. Walter travaille au fichier, comme moi. Il fait un geste vague, il s'en fout. Il est en train de lire le *Völkischer Beobachter*, édition du dimanche.

Dehors, nous contournons la baraque, nous débouchons dans la place d'appel, déserte. Le silence est d'une qualité rare, dense et friable à la fois. La densité du silence est telle que le bruit le plus infime s'y détache avec netteté. Les baraques en bois, sur le pourtour de la place, sont d'une jolie couleur verte, pimpante. La fumée du crématoire est d'un gris pâle. Ils ne doivent pas avoir beaucoup de travail, au crématoire, pour produire une fumée si légère. Ou alors, ce sont des morts qui brûlent bien. Des morts bien secs, des cadavres de copains comme des sarments de vigne. Ils nous font cette dernière fleur d'une fumée grise, pâle et légère. Fumée amicale, fumée dominicale, sans doute.

— Ce n'est pas vrai, dis-je.

Henk me regarde, il sourit.

— Mais non, ce n'est pas vrai, dit-il, c'est un rêve.

Nous marchons sur la place d'appel, dans ce rêve.

— Quoi ?

— Comment ?

Il a le visage tourné vers moi, nous marchons.

— Qu'est-ce qui est un rêve ? lui dis-je. Ça ? Ou tout le reste ?

— Quel reste ? demande Henk.

— Dehors.

Il rit, Henk.

— Si tout était un rêve ? dit-il. Ça, le dehors, la vie ?

— Pas impossible, lui dis-je.

Il s'arrête de rire.

— Te casse pas la tête, me dit-il. Ça fatigue.

Nous sommes tout près de la porte d'entrée. La sentinelle SS nous regarde approcher.

— La mort aussi, peut-être.

— Comment ?

— Un rêve aussi, lui dis-je.

— Ça, on saura bientôt, dit Henk.

Mais il est temps d'interrompre ces considérations.

Nous sommes arrivés à trois mètres de la sentinelle SS. C'est la distance réglementaire. Nous nous mettons au garde-à-vous, nous claquons des talons, nous enlevons nos bérets, nous nous présentons. Ou plutôt, nous hurlons les numéros de nos matricules, il n'y a pas d'autre présentation possible.

L'officier de garde est sorti de la pièce vitrée aménagée sous la voûte du portail. Il tient le cahier de rapport à la main.

L'officier des SS connaît Henk, bien sûr. Il le voit tous les jours, plusieurs fois par jour. Il lui demande où il va, il commente allégrement le retour du beau temps. Tout en parlant, il inscrit le numéro de Henk dans le cahier de rapport. Ensuite, il se tourne vers moi.

— Quarante-quatre mille neuf cent quatre, dit-il à haute voix en lisant le numéro cousu sur ma poitrine.

Henk intervient pour dire que je travaille à l'*Arbeitsstatistik* et que je l'accompagne à la Mibau.

Le regard de l'officier des SS est resté fixé sur ma poitrine, sur le *S* inscrit dans le triangle rouge de ma poitrine.

— Un Espagnol ? dit-il, surpris. À l'*Arbeitsstatistik* ?

Il me regarde, il a l'air choqué.

— Je suis bien hollandais, dit Henk doucement.

L'officier des SS hausse les épaules. Il a l'air de suggérer que ce n'est pas du tout la même chose, d'être espagnol ou hollandais.

Henk se tourne rapidement vers moi. Il cligne d'un œil, complice.

— Les Espagnols, vous savez, dit Henk, c'est pas n'importe quoi. Ils ont dominé l'Europe. Ils ont même occupé mon pays, longtemps.

Le SS le regarde, pas convaincu.

— Vous savez de quelle façon commence l'hymne national hollandais ? poursuit Henk.

Il ne sait visiblement pas, l'officier des SS.

Je suis toujours au garde-à-vous, j'ai envie de rire. Cette histoire d'hymne national, c'est une plaisanterie entre Henk et moi.

Een prinsen van Oranje been ik altijd geweest —

De konink van Spanje heb ik altijd geerd, dit Henk, en y mettant le ton récitatif.

Et ça veut dire : un prince d'Orange toujours ai-je été — le roi d'Espagne toujours ai-je honoré. Ce qui est historiquement faux, d'ailleurs, tout au moins quant à la deuxième affirmation.

Mais c'était une plaisanterie entre nous. Je disais à Henk qu'en bon Hollandais il se devait de m'honorer, même si je n'étais pas le roi d'Espagne. Henk répondait qu'il conchiait la maison d'Orange tout autant que les rois de mon pays.

L'officier des SS n'a aucune raison d'être au courant de nos plaisanteries intimes. Il a l'air ahuri.

— Il y a même un Espagnol qui a été empereur d'Allemagne, ajoute Henk calmement.

— Empereur d'Allemagne ? Ça, j'en crois rien !

L'officier des SS n'a pas pu contenir son indignation.

— Et Charles Quint, alors ? dit Henk.

Le SS n'est pas convaincu. Mais Henk change de conversation. Il y a des limites qu'il ne faut pas dépasser.

D'un ton neutre, il explique à l'officier des SS que je suis un fonctionnaire modèle, que je parle plusieurs langues, y compris l'allemand, ce qui me rend très utile à l'*Arbeitsstatistik*, où nous avons affaire à des détenus de toute sorte de nationalités.

Le SS se tourne vers moi et me demande si je parle vraiment l'allemand.

Alors je rectifie la position et je lui dis, dans un allemand parfait, que je parle parfaitement l'allemand.

Il a l'air rassuré. Il hoche la tête, il nous dit d'y aller.

Nous franchissons la grille du portail, nous sommes de l'autre côté. Nous marchons dans la longue avenue enneigée. À perte de vue, de hautes colonnes de granit surmontées d'aigles hitlériennes, ou tout simplement impériales, bordent l'avenue enneigée.

— Il n'était pas espagnol, je dis.

— Comment ?

— Charles Quint, je dis. Il était flamand.

— Merde alors ! dit Henk. C'est vrai !

Il rit, nous rions.

Nous marchons dans la longue avenue, l'air est vif.

Je suis revenu seul, Henk est resté à la Mibau. L'affaire dont il avait à s'occuper s'est avérée plus longue à régler que prévu. Il a fallu que je revienne seul, sans l'attendre.

L'avenue est déserte, je marche lentement, je regarde autour de moi.

Tout à l'heure, sur le chemin de l'aller, Henk avait aussi regardé autour de lui.

— Si on se tirait ? avait-il dit.

Nous avions regardé la forêt de hêtres, autour de nous. Nous avions regardé les bâtiments massifs des casernes des SS, plus loin, au bout d'une avenue transversale. Nous avions regardé la neige qui recouvrait les arbres et les casernes, tout le paysage. La neige qui recouvrait l'Europe, jusqu'aux plaines russes, à l'est, jusqu'au massif des Ardennes, à l'ouest.

— Chiche ! lui avais-je dit.

Henk avait haussé les épaules.

— Aucune chance de s'en sortir, avait-il dit.

Nous étions hors de l'enceinte électrifiée du camp proprement dit, mais tout cet ensemble d'usines, de dépôts, de casernes, de bâtiments administratifs — base logistique de la division SS *Totenkopf* était entouré par une deuxième ceinture de barbelés. Et au-delà, la campagne était encore sillonnée par des patrouilles mobiles de surveillance.

Je regardais la neige qui recouvrait l'Europe.

— Les Russes, ils se tirent quand même, avais-je dit.

Henk avait de nouveau haussé les épaules.

— Les Russes se tirent au printemps, avait-il murmuré. Et puis ils sont fous, les Russes.

Les Russes se tiraient au printemps, c'est vrai. Les Russes étaient fous, c'est vrai.

Dès que les beaux jours revenaient, les Russes qui travaillaient en plein air à la réfection des routes ou des voies de chemin de fer, au terrassement, à la carrière, n'importe où, ils se tiraient.

Le printemps revenait, c'était le mois d'avril.

Goethe aurait commandé sa calèche, il aurait emmené Eckermann faire un tour sur les routes de l'Ettersberg, parmi les hautes futaies. Goethe aurait commenté les beautés du paysage, les menues incidences de la vie des oiseaux, il aurait entremêlé ces commentaires de réflexions profondes ou piquantes, de souvenirs sur Schiller ou Hegel, peut-être même sur Napoléon. Eckermann l'aurait écouté bouche bée, béat, notant le moindre mot dans sa mémoire, puisqu'il n'était sur terre que pour transcrire ces divagations de Goethe. Ce serait le printemps, dans nos belles forêts de Thuringe !

Alors, brusquement, quand le printemps revenait, à la première hirondelle de ce printemps fragile, les Russes se tiraient. Ils n'avaient pas de plan préconçu, ils n'avaient pas préparé leur évasion. Ils se tiraient, tout simplement.

Ça se passait toujours de la même façon. Brusquement, un Russe s'arrêtait de travailler. Il s'appuyait sur sa pelle ou sa pioche, dans la tiédeur du printemps, dans l'odeur du printemps qu'un souffle léger venait de faire éclore, comme une buée. Ça lui montait à la tête, une sorte d'ivresse. Un vertige pétillant. Le Russe se redressait, il regardait le paysage. Il laissait tomber sa pelle, il se tirait.

Ce n'était pas une évasion, c'était un coup du cœur. On ne résiste pas à cette sorte de coups.

Il y avait eu cette buée légère, odorante. Le Russe avait levé les yeux. La haie était verte, là-bas, le boqueteau se parait de pousses tendres. Le Russe ne pouvait plus rester là à remuer la terre avec sa pelle, c'était trop con. Il se tirait. Il jetait sa pelle de côté, il dévalait la pente, il courait vers la haie, le boqueteau, le blé en herbe, les premières pousses, le ruisseau murmurant, la vie au-dehors. Il courait follement vers le paysage immense et lointain des plaines de son pays, sous le soleil du printemps.

Parfois, le Russe se faisait aussitôt abattre d'une balle dans le dos. Mais la mort avait été douce, elle avait eu une odeur de printemps, à ce dernier instant où le visage s'enfouissait dans l'herbe. Parfois, on rattrapait l'évadé après quelques heures de liberté buissonnière et il y avait encore sur son visage le reflet d'une joie enfantine, démesurée, lorsqu'il était pendu haut et court sur la place d'appel.

Dès les beaux jours revenus, les Russes se tiraient, c'était connu.

— Ils sont fous, les Russes, avait dit Henk.

Sans doute, ils étaient fous. Elle me faisait battre le cœur, cette folie russe.

Des années plus tard, je lisais les *Récits de la Kolyma*, de Varlam Chalamov, et tout à coup mon sang n'a fait qu'un tour. J'avais l'impression que mon sang avait reflué, que je flottais comme un fantôme dans la mémoire de quelqu'un d'autre. Ou alors c'était Chalamov qui flottait dans ma mémoire à moi comme un fantôme. C'était la même mémoire, en tout cas, dédoublée.

Sur la Kolyma aussi, raconte Chalamov, quand le printemps revenait, ils se tiraient, les paysans russes. Ils n'avaient aucune chance de s'en sortir, pourtant. Des centaines de kilomètres de taïga à traverser, avec les commandos de chasse à leurs trousses. Mais ils se tiraient quand même, les paysans russes, dès que le printemps fugace du Grand Nord revenait. Les commandos de chasse des sections spéciales du ministère de l'Intérieur les rattrapaient, ils coupaient les têtes des fuyards, qu'ils ramenaient proprement emballées pour prouver qu'ils avaient bien rattrapé les évadés et pour toucher les primes.

Les têtes coupées des paysans russes, raconte Chalamov, s'alignaient devant la baraque de la *kommandantura*, à la Kolyma. Yeux ouverts sur la mort. Yeux fous, d'un bleu pâle, d'un gris glacial : petits lacs où s'était reflétée l'ardeur subite et mortelle du printemps. Yeux fous de la folie russe. La même folie qu'à Buchenwald. La même folie de vivre des paysans russes dans les camps de Hitler et les camps de Staline.

Il n'y a plus de mémoire innocente, plus pour moi.

J'étais à Londres, je lisais les *Récits de la Kolyma*, de Varlam Chalamov. C'était à la fin du printemps, en 1969. Sans doute pourrais-je préciser la date exacte si ça avait le moindre intérêt. Il y a des années qui s'effacent presque entièrement de la mémoire — de la mienne, je veux dire — et qu'il faut reconstituer, parfois péniblement, à partir d'un certain nombre d'événements qui ont laissé des traces vérifiables, transformés en documents. Mais cette année-là est restée dans mon souvenir, tout entière, transparente, dans ses détails et ses méandres.

Quoi qu'il en soit, j'étais à Londres, c'était la fin du mois de mai 1969 et je lisais les *Récits de la Kolyma*.

J'avais des rendez-vous de travail tous les matins dans un bureau de production cinématographique, à Dean Street. J'arrivais de mon hôtel à pied, par Piccadilly et Shaftesbury Avenue. À l'entrée de la rue, dès le coin d'Old Compton, je pouvais choisir la filière des pubs, avec leurs odeurs d'encaustique, de sciure de bois et de bières anglaises, rudes et toniques, topazées, ou bien celle des petits cafés à l'italienne, nombreux dans ce quartier du Soho traditionnellement peuplé d'immigrants, avec leurs expressos tout à fait acceptables.

Le matin, bien entendu, je choisissais la filière des cafés italiens, qui étaient d'ailleurs tenus par des Espagnols des deux sexes, les Ritals ayant déjà franchi quelques échelons de plus dans leur ascension sociale.

Ces haltes matinales présentaient pour moi un double intérêt. D'abord, celui de la dégustation même d'un ou plusieurs vrais cafés, indispensable avant les longues discussions prévisibles à propos d'un projet cinématographique qui m'a occupé par intermittence tout au long d'une année et qui ne devait jamais se réaliser, mais dont j'ai tiré divers bénéfices secondaires, à commencer par celui de ces nombreux séjours à Londres. La dégustation des expressos était d'autant plus nécessaire qu'ensuite, dans les bureaux des producteurs putatifs, je ne parviendrais jamais à obtenir qu'un breuvage pâle et tiède, à peu près complètement dépourvu d'arôme et de caféine. L'autre intérêt ou avantage de ces haltes matinales était que je pouvais parler en castillan avec la plupart, sinon la quasi-totalité des serveuses et des serveurs desdits bistrots. La communication, même conçue sous ses aspects les plus limitatifs ou techniques, de simple transmission d'une commande ou d'un souhait — celui, précisément, de boire un café — s'en voyait grandement facilitée. Mais il n'y avait pas que cet aspect purement médiatique. Il y avait la saveur même des mots et des accents hispaniques, des bribes d'histoires amorcées ou devinées, la possibilité de commenter quelque événement de la vie espagnole, et particulièrement des événements sportifs.

Ainsi, je serais accoudé au comptoir d'une *coffee-house* londonienne, contemplant les gestes précis d'un serveur qui n'a pas manifesté la moindre surprise en m'entendant tout à l'heure lui commander en castillan un café très serré, parce qu'il appartient sans doute à cette nouvelle génération d'Espagnols qui ne s'étonnent plus de rien, ayant brisé à tout jamais l'horizon provincial et désuet de la vie quotidienne de leur pays. Et puis, au moment même où le serveur poserait la tasse de café devant moi et me proposerait un journal espagnol, et plus précisément *Marca*, un quotidien sportif, au moment même où j'accepterais cette offre — celle du quotidien, bien entendu, puisque le café ne pouvait en aucun cas m'être offert — je me serais souvenu des jours d'autrefois, à Madrid.

Je passais des heures, autrefois, à Madrid, dans les cafés. C'était au début des années 50. Je n'avais pas encore de vrais domiciles clandestins. Je veux dire que je vivais sous des faux noms, bien sûr, mais ici ou là, en sous-louant généralement une chambre avec cabinet de toilette, ou accès à la salle de bains, chez des veuves de fonctionnaires ou d'officiers de carrière morts pour la patrie — on meurt toujours pour la patrie, même dans son lit, quand on est officier de l'armée espagnole — qui complétaient par cette sous-location de quelques-unes des chambres de leur appartement, habituellement vaste et délabré, leur maigre pension de veuvage. J'avais des faux papiers impeccables, dont les nom et prénom changeaient régulièrement chaque fois que je changeais de chambre et de quartier, mais qui faisaient de moi quelqu'un toujours originaire de la province de Santander, que je connaissais suffisamment bien, y ayant passé toute mon enfance, c'est-à-dire tous les longs mois enfantins des grandes vacances, pour pouvoir répondre aux questions intéressées, et parfois même indiscrètes, mais nullement par malveillance, par pure curiosité de femme esseulée, que pouvaient me poser les propriétaires des appartements. Ainsi, originaire de la lointaine province cantabrique de Santander, j'expliquais à toutes ces braves dames ménopausiques ma présence à Madrid par mon intention d'y préparer un concours en vue d'obtenir un poste de professeur de sociologie. La sociologie impressionnait favorablement les veuves de militaires ou de fonctionnaires du ministère des Travaux publics, j'ignore pourquoi, mais je puis en porter témoignage. La préparation hypothétique dudit concours m'obligeait cependant — ou plutôt, obligeait le personnage que je feignais d'être, et dont j'avais à jouer le rôle d'une façon convaincante — à passer de longues heures de travail dans les bibliothèques et les séminaires de l'université. Il m'était difficile, car ç'aurait pu finir par paraître suspect, de quitter la maison et d'y revenir plusieurs fois par jour, chaque fois que j'avais à assurer l'un de mes nombreux rendez-vous clandestins. Je groupais donc ces rendez-vous, dans la mesure du possible, pour faire semblant d'observer un horaire strict et régulier de futur professeur de sociologie. Mais il était impensable d'éviter totalement les heures creuses, les attentes, les moments perdus d'un rendez-vous à l'autre. Ainsi, et j'en reviens à mon propos initial, j'étais obligé, à cette époque, au début des années 50, de passer de longues heures dans les cafés madrilènes.

Les personnes qui ne m'ont pas connu à l'époque auront sans doute du mal à me croire, mais le fait est que je ne m'intéressais pas du tout au foutebaule, dans ces lointaines années 50. Je m'y intéressais si peu que mon ignorance à ce propos provoquait immanquablement sinon la franche suspicion du moins une surprise peinée et vaguement méfiante, dans les divers bistrots où j'étais forcé de passer de longs moments, accoudé au comptoir devant un café coupé d'une goutte de lait. On ne peut, en effet, on ne pouvait pas, en tout cas à l'époque dont je parle, rester dans un café madrilène plus de quelques minutes — à moins d'être assis à une table, ostensiblement et peut-être même hostilement plongé dans une lecture solitaire, ou la rédaction laborieuse d'une lettre ou d'une supplique à quelque service officiel — on ne pouvait donc pas y rester sans avoir à faire face à l'expansive cordialité, au besoin inné de communication et de convivialité des Madrilènes. Or, toute conversation s'engageait obligatoirement sur le thème du foutebaule. C'était l'époque où commençait la carrière européenne du Real Madrid, l'époque où chaque dimanche à la radio, et le lundi et le mardi dans la presse écrite, les journalistes spécialisés commentaient longuement les exploits de Di Stefano, l'avant-centre argentin qu'on appelait *la saeta rubia* — la flèche blonde — et qui faisait les délices ou le désespoir, selon les cas, des frénétiques supporters espagnols (ô ces feintes de tir pour mieux se démarquer ! ces déboulés imprévus qui fichaient la panique dans la défense adverse, alors qu'il n'avait même pas le ballon au pied ! ces buts marqués de près d'une talonnade imperceptible et aérienne, d'un geste comparable à ceux d'un danseur étoile !). Le jour où, au comptoir du Café Inglés de la place San Bernardo, j'ai eu l'imprudence non seulement de dire à un voisin en veine de conversation confiante que j'ignorais les résultats de la dernière journée du championnat de foutebaule, mais aussi de confesser que le nom de Di Stefano ne me disait pas grand-chose, j'ai senti un silence glacial prendre autour de moi, s'épaississant comme une mayonnaise qui arriverait à son point exact de consistance. J'ai eu brusquement l'impression d'être un Martien en mission subversive sur notre planète et que les Terrestres viendraient de démasquer à cause de son insensibilité à quelque aspect de la vie quotidienne. Mais il était très dangereux que j'apparaisse comme un Martien, que je sois démasqué dans ma singularité. Il me fallait, au contraire, me fondre et m'effacer dans la foule, devenir anonyme et banal : il me fallait, ai-je compris dans un éclair, pouvoir interminablement et brillamment discourir des chevauchées de Gento, des finesses de Di Stefano, de la technique impeccable, quoique sans grande inspiration, de Luis Suarez, et ainsi de suite.

C'est donc la politique, comme vous aurez pu le constater, et pour paradoxal que cela puisse paraître à une époque où la passion du foutebaule était en Espagne, selon les bons esprits, un élément de démobilisation, de dépolitisation des masses, c'est la politique qui m'a poussé à m'intéresser à ce jeu de la balle au pied. Aujourd'hui, bien sûr, je n'ai plus besoin de ce prétexte tout à fait respectable à mes propres yeux. Je m'y intéresse sans aucun prétexte, aucune justification : pour le pur plaisir du spectacle.

Quoi qu'il en soit, j'étais dans un petit bistrot de Dean Street, ou de quelque rue avoisinante, à Londres, à la fin du printemps 1969, et le serveur m'a tendu *Marca*, un quotidien sportif de mon pays. Il a commenté brièvement, mais avec pertinence, les derniers résultats du championnat espagnol de première division, d'une façon qui indiquait clairement et ses préférences et son origine : il était basque, nul doute n'était possible là-dessus, et c'était justement une toute récente contre-performance de la Real Sociedad, le club de San Sebastian, qui le chagrinait ce matin-là.

Je dégustais à petites gorgées le café amer et chaud, je parlais avec le serveur, qui était de Pasajes, et je me sentais bien au chaud dans cette minuscule patrie masculine, sans doute inconsistante et épisodique, mais pleine de la nostalgie des jours lumineux d'autrefois, à Madrid.

Mais j'étais à Londres et je lisais les *Récits de la Kolyma*, de Varlam Chalamov.

À Buchenwald aussi, les Russes s'évadaient au printemps. Ils ne s'évadaient même pas, à dire vrai : ils se tiraient. Ils s'arrêtaient de manier la pelle ou la pioche, brusquement. Ils se dressaient. Peut-être y avait-il eu un friselis de vent tiède, parfumé de tous les sucs, toutes les sèves du printemps, qui avait fait frémir un feuillage tout proche. Peut-être avait-on entendu des oiseaux s'égosiller. À Buchenwald, dans l'enceinte même du camp, entouré pourtant de la masse sombre et altière d'une somptueuse forêt de hêtres, on n'entendait jamais le chant des oiseaux. On ne voyait jamais d'oiseaux. Il n'y avait pas d'oiseaux, sur la colline de l'Ettersberg. Peut-être les oiseaux ne supportaient-ils pas l'odeur de chair brûlée, vomie sur le paysage dans les épaisses fumées du crématoire. Peut-être n'aimaient-ils pas les aboiements des chiens-loups des détachements SS. Mais au printemps, quoi qu'il en soit, dans l'un quelconque des kommandos de terrassement travaillant hors de l'enceinte proprement dite, peut-être était-ce l'étrange et poignante nostalgie provoquée par le chant imprévu d'un oiseau, une triomphale envolée de trilles, qui avait fait se redresser ce jeune Russe de vingt ans. Il aurait écouté le chant de l'oiseau pendant un bref instant d'éternité suspendue. Le sourire aux lèvres, il aurait écouté. Et puis, brusquement, il aurait rejeté loin de lui la pelle ou la pioche et il serait parti en courant, avec un cri perçant, de surcroît, un hurlement d'Indien sioux sur le sentier de la guerre, un hurlement de joie sauvage, ce qui était un comble, quand il fallait plutôt essayer de passer inaperçu.

Mais je vous raconte ces évasions printanières des Russes comme si j'y avais été. Or je n'y ai pas été, je n'ai jamais assisté à l'une de ces évasions. C'est Sebastian Manglano qui y a assisté, une fois. C'est lui qui m'a raconté. Et il racontait très bien.

Sebastian Manglano était né dans l'un des quartiers les plus populaires de Madrid, du côté de la Cava Baja. Il avait l'accent traînant, gouapeur, la dégaine et la vantardise masculine d'un jeune coq madrilène. Mais il avait fait la guerre civile, presque adolescent, dans une unité militaire du Ve corps de l'armée républicaine, corps d'élite et de prestige, commandé par des communistes et chouchou de la propagande du PCE. Le mélange de ces deux éléments biographiques s'avérait plutôt positif, dans la mesure où l'éducation communiste n'avait pas réussi à étouffer la spontanéité populaire — et parfois populacière, sans doute, mais toujours juste dans sa perception de l'injustice et de l'abus de pouvoir — de Sebastian Manglano.

En un mot, Manglano n'était pas un mauvais compagnon d'infortune. La seule chose que je puisse lui reprocher c'est qu'il avait attrapé des poux, à la Gustloff, sans doute, où il avait été affecté après la période de quarantaine. Or, comme nous étions devenus voisins de châlit, au block 40, nous avons été tous deux envoyés à la désinfection, comme le prévoyaient les règlements d'hygiène. Lui, parce qu'il avait découvert un pou dans ses vêtements et moi, parce que j'étais son voisin de châlit. Remarquez que dans ce block 40 où était réunie une bonne partie de la crème, de l'aristocratie des détenus, nous avions d'autres voisins de châlit qui n'ont pas été envoyés à la désinfection d'office. Mais c'est qu'ils étaient allemands. Ils ne provenaient pas de ces lointaines, douteuses et malpropres contrées méditerranéennes dont nous provenions, Manglano et moi. Un pou sur des Espagnols n'est pas du tout comparable, quant aux conséquences prévisibles, à un pou sur la peau lisse et rose, bien tendue et bien nourrie, aryenne en somme, d'un détenu allemand. On n'a donc envoyé se faire désinfecter que les métèques du châlit, ceux dont le sang n'était pas assez pur pour repousser d'emblée toute contamination. Et quand je dis «on», je ne parle pas des SS, bien sûr : ils n'intervenaient pas nécessairement dans un détail aussi banal de la vie quotidienne Je parle du chef de block et de ses adjoints.

Nous avons donc été envoyés à la désinfection, Manglano et moi. Le fait de travailler à l'*Arbeitsstatistik*, signe évident que j'appartenais à la bureaucratie politique dirigeante, ne m'a pas évité la désinfection, où l'on était de nouveau entièrement rasé, comme lors de l'arrivée au camp, et plongé d'une main ferme dans un bain ignoble de crésyl verdâtre par de jeunes Russes que ça amusait visiblement de nous y enfoncer la tête le plus longtemps possible. Il ne suffisait donc pas d'être «planqué» pour éviter la désinfection plébéienne : il fallait être allemand, en outre. Être tchèque aurait suffi, peut-être.

Mais je ne regrette pas du tout cet épisode. D'abord, à l'époque j'étais encore curieux de tout et presque insensible à la douleur physique. Et puis, rien d'extérieur et d'objectif ne pouvait m'humilier : ces Russes imbéciles et grossiers, qui prenaient sur nous une mesquine, quoique compréhensible revanche sur le sort qui était généralement fait à leurs compatriotes dans les camps nazis, ne pouvaient vraiment pas m'impressionner, m'humilier. Moi seul pouvais m'humilier. Je veux dire : la seule chose qui pouvait m'humilier aurait été le souvenir d'un acte honteux que j'aurais pu commettre moi-même. Mais moi je ne plongeais la tête de personne sous l'eau verdâtre et puante du bain désinfectant. La seule chose humiliante aurait été de me trouver du côté des bourreaux, des nantis, des profiteurs. Et je n'étais sûrement pas de ce côté-là.

Quoi qu'il en soit, le bâtiment de la désinfection se trouve à la lisière ouest du camp de Buchenwald, tout contre l'enceinte de la DAW *(Deutsche Ausrüstungs Werke)*, sur la même rangée, à peu de chose près, que le block 40. Il est derrière les édifices des bains-douches et de l'*Effektenkammer*, ou magasin d'habillement. Manglano et moi nous sommes présentés à l'heure dite et on nous a dit d'attendre devant la porte. C'était en plein hiver, le dernier hiver de cette guerre ancienne. Il faisait un froid à fendre l'âme et sans doute aurions-nous eu l'âme fendue si Manglano ne nous l'avait réchauffée en racontant avec sa verve et son imagination habituelles des histoires de sa jeune vie aventureuse. C'est en attendant qu'on nous fasse passer à la désinfection que Manglano m'a raconté l'évasion insensée d'un jeune Russe à laquelle il avait assisté, le printemps précédent, alors qu'il était encore affecté à un kommando de terrassement.

— Ce jour-là, j'étais plutôt de bon poil, me disait Manglano. La veille au soir, tu étais venu me voir dans le block de quarantaine, tu t'en souviens ? Tu m'avais apporté un peu de tabac, de la part de la famille.

La famille, c'est le parti, bien sûr. *La familia.* Pour des raisons multiples, parfois claires, historiquement déterminées, faciles donc à déceler, et parfois bien plus obscures, les communistes espagnols ont très longtemps évité de désigner nommément le parti, de le nommer en tant que parti, même entre eux, dans les conversations privées et éloignées de toute oreille indiscrète et possiblement malveillante : l'oreille de l'ennemi, en somme. *Es de la familia*, ou encore : *Es de casa*, disait-on, d'un air entendu, ou plutôt sous-entendu, pour parler d'un camarade. « Il est de la famille », ou encore plus succinctement, de façon encore plus révélatrice : « Il est de chez nous. » Et sans doute cette habitude invétérée avait-elle des origines historiques. Tout d'abord, le PCE a été clandestin pendant la plus longue partie de son existence. Ce détour sémantique pouvait être pris pour une précaution conspirative, et il l'était, d'une certaine façon, au premier degré. Plus tard, pendant la guerre civile, le PCE a joué un rôle politique d'une importance disproportionnée à son implantation réelle dans la société, et qui dépendait de toute une série de facteurs extérieurs, dont un particulièrement : l'aide militaire soviétique et la mainmise communiste sur les appareils d'État que cette aide a facilitée. À cette époque, le PCE a appliqué avec frénésie la tactique du noyautage, de l'infiltration — de l'entrisme, en somme — dans toutes les organisations, les institutions, et principalement dans les appareils militaires et policiers. En somme, le PCE a pratiqué sur un certain plan la même tactique que les services spéciaux staliniens, infiltrés depuis l'époque de la guerre civile dans les organisations espagnoles les plus diverses et variées, à commencer par le parti communiste lui-même, bien entendu. Tout cela a renforcé l'habitude d'une référence métaphorique et détournée à l'appartenance au parti, qui ne pouvait être rendue publique pour des raisons de tactique et de camouflage.

Mais ce goût du secret n'avait pas que des raisons et des racines historiquement déterminées, bien sûr. Il révélait quelque chose de plus profond. Il soulignait le rapport entre le secret et le sacré. Le Parti était, en fait, l'entité rayonnante dont il ne fallait pas vainement évoquer le Nom, qu'il ne fallait nommer qu'à bon escient, dont il n'était pas question de dévoiler l'existence aux non-initiés. Ainsi, dans les occasions où il apparaissait indispensable de l'évoquer, on avait pris l'habitude de le faire à travers ces détours significatifs.

Mais Manglano me racontait pourquoi, ce jour du printemps précédent, il avait eu des raisons d'être plutôt de bon poil. Pas seulement parce que, la veille, je lui avais apporté la ration de tabac de la solidarité communiste. Aussi parce que ce matin-là, au moment des coups de sifflet stridents du réveil, dans sa baraque du Petit Camp, il avait pu constater avec un attendrissement émerveillé que sa masculinité ne s'était pas envolée à tout jamais, comme il le craignait depuis des semaines.

— Tu comprends, me disait Manglano, ça faisait un temps fou que je n'avais plus rien à me mettre dans la main ! Comme s'il était mort, Gustave, endormi à tout jamais. Rien au réveil et pourtant, c'est pas pour me vanter, mais j'avais l'habitude des réveils comme un âne. Depuis des semaines et des semaines, plus rien. J'avais beau titiller, tâter, touiller, tarabuster la zouzinette, dès que j'avais un instant propice, rien à branler, mon vieux, c'est le cas de le dire ! Et puis, tout à coup, ce matin-là, dès le réveil, sans crier gare, coucou Gustave ! Du beau, du bon, dubonnet, du coulé dans le bronze, du zobinet de première !

Ici, on l'aura compris, je fais un effort, sans doute approximatif, pour transcrire en français le castillan primesautier, plein d'inventions et de typismes madrilènes, que Manglano avait utilisé ce jour-là.

Nous étions devant la porte du bâtiment de désinfection, et la chaleur descriptive du récit de Manglano nous aidait à oublier le froid glacial qui nous enveloppait. Je voyais à quelques dizaines de mètres, au bout de l'esplanade qui s'étendait devant nous, entre l'*Effektenkammer* et le bâtiment des bains-douches, l'arbre de Goethe. Ou plutôt, la souche calcinée qui en restait. Car si les SS l'avaient épargné, quand ils avaient construit Buchenwald, une bombe au phosphore américaine y avait mis le feu, lors du bombardement d'août 1944. Sur le tronc de cet arbre, disait-on, il y avait eu les initiales gravées au couteau de Goethe et d'Eckermann. Je veux bien le croire.

Je commençais à m'engourdir dans le froid de cette matinée d'hiver et le récit de Manglano, le récit de cette évasion printanière et insensée d'un jeune Russe de vingt ans à laquelle il avait assisté, devenait incohérent et répétitif. Pour la troisième fois déjà le Russe, dans le récit de Manglano, s'était redressé, l'œil aux aguets, le sourire aux lèvres — un sourire bienheureux, disait Manglano pour la troisième fois — juste avant de jeter au loin la pioche et de détaler vers un petit bois en poussant un cri d'Indien sioux sur le sentier de la guerre.

— Pourquoi sioux ? demandais-je avec une mauvaise foi évidente.

— Comment ? disait Manglano, interrompu sur sa lancée.

— Pourquoi sioux et pas navajo, ou comanche, ou apache, tout bêtement ?

Il fronçait les sourcils, Manglano.

— Pourquoi pas sioux ? disait-il, bourru.

— Enfin, merde ! criais-je, tu sais faire, toi, la différence entre les cris de guerre sioux, apaches, navajos, comanches ou dieu-de-merde-sait-quoi ?

Mais nous n'avons pas pu poursuivre cette intéressante mise au point. La porte du bâtiment de désinfection s'est ouverte et un type gras et rubicond nous a aboyé l'ordre d'y entrer.

Ainsi, et malgré cette controverse finale et bien superflue sur l'exacte filiation indienne d'un cri de guerre, par ailleurs totalement absurde, poussé par un jeune Russe anonyme au moment de sa fuite improvisée, j'étais en possession d'un témoignage de première main sur les évasions printanières des compatriotes de Varlam Chalamov, à Buchenwald.

Mais tous les Russes ne s'évadaient pas au printemps, sur des coups de tête, des coups de cœur. Comme à la Kolyma, il y avait aussi à Buchenwald des évasions longuement préparées, mûrement réfléchies.

J'étais à Londres, je lisais dans les *Récits de la Kolyma* l'histoire de l'évasion du lieutenant-colonel Ianovsky et de son groupe et je me souvenais de Piotr. Nous l'appelions Pedro, à Buchenwald. Il était russe, pourtant, mais il avait combattu en Espagne, dans les blindés. Il parlait couramment le castillan.

Piotr avait décidé que c'était vraiment trop bête de moisir dans un camp de concentration. Surtout qu'étant russe comme il l'était, il pouvait se faire prendre en grippe par un quelconque sous-officier SS minable et haineux et finir au crématoire. Or, l'idée de partir en fumée alors que la fin de la guerre n'était plus qu'une question de mois semblait à Piotr particulièrement stupide. D'où la décision qu'il avait prise de s'évader de Buchenwald. Je dis bien s'évader et non pas se tirer n'importe quand, n'importe comment, au premier souffle doux-amer du printemps.

Une vraie évasion, ça se prépare.

La première chose à prévoir consistait précisément à ne pas tenter sa chance à Buchenwald. De l'intérieur de l'enceinte même du camp, ou de l'un des kommandos de travail les plus proches, ceux dont les détenus rentraient tous les soirs au camp proprement dit pour l'appel, il était pratiquement impossible de s'évader. Piotr avait donc élaboré un plan d'évasion en groupe à partir d'un kommando extérieur réunissant le maximum de conditions favorables.

C'est pour cette raison qu'il était venu me trouver. Mon poste de travail à l'*Arbeitsstatistik* me permettait de l'aider à dénicher ce lieu plus ou moins idéal.

Piotr avait finalement porté son choix sur un kommando mobile qui travaillait à la réparation des voies de chemin de fer bombardées par les Alliés et qui se déplaçait le long de ces voies dans un train spécial, à la fois prison et atelier, une *Eisenbahn-baubrigade*. Il s'y était fait inscrire avec un groupe d'une quinzaine de jeunes volontaires russes qu'il avait rassemblés. Nous n'étions pas au printemps. Nous étions à la fin de l'automne. L'hiver allait commencer, l'hiver le plus long et le plus froid, le dernier hiver de cette guerre-là. Quelques semaines plus tard, un rapport est parvenu à l'*Arbeitsstatistik*. Une évasion collective s'était produite à la *Baubrigade :* Piotr et tous ses gars s'étaient fait la belle. Plusieurs jours après, deux des évadés furent repris. Le rapport SS annonçait sur la même ligne que les deux jeunes Russes avaient été repris et aussitôt libérés : *entlassen*. C'était la formule administrative habituelle pour indiquer qu'ils avaient été exécutés, libérés de leur lourde et misérable apparence terrestre, et qu'il fallait en tout état de cause les rayer des effectifs de Buchenwald.

Au fil des jours et des semaines, d'autres rapports de ce genre sont parvenus jusqu'à nous. Un évadé du groupe de Piotr était repris ici ou là et aussitôt exécuté : *entlassen*. Comme ces rapports indiquaient très précisément les lieux où les Russes avaient été repris, on pouvait suivre la progression du groupe de Piotr à travers l'Europe, vers l'est, vers l'armée Rouge. Un dernier rapport situait le groupe en Slovaquie, tout près de la frontière hongroise. Ensuite, le silence est tombé sur cette affaire. Autour de Piotr, quatre ou cinq hommes restaient encore en liberté. Continuaient-ils à marcher, la nuit, à travers l'Europe ? Avaient-ils réussi à gagner les lignes de l'armée Rouge ?

J'avais beaucoup fabulé, plus tard, au sujet de cette évasion de Piotr, au sujet de Piotr lui-même. Dans ma mythologie personnelle, Piotr était devenu en quelque sorte l'incarnation vivante de l'homme soviétique : homme nouveau, homme véritable.

Comme Suzanne dans son île du Pacifique se consolait de sa solitude en invoquant la Marne — et je savais ces pages de Giraudoux par cœur, j'aurais pu les réciter en 1969, accoudé au comptoir de ce petit café de Dean Street, j'aurais pu les crier dans la nuit de Buchenwald, en 1944, même au risque d'effaroucher Fernand Barizon, je peux les répéter ici même, à l'instant : « Sous toutes les lignes du *Petit Éclaireur* le seul nom de Marne coulait comme un ruisseau sous les planches à jour d'un pont. Si bien que machinalement je dis tout haut, essayant sur moi ce baume : — Elle est seule dans son île, mais il y a la Marne... et soudain, en effet, la Marne me promit mon retour, tant je revis nettement à Charenton, sur son embouchure même, ce pêcheur à la ligne plein de ravissement... — comme Suzanne invoquait la Marne, j'invoquais, moi, le souvenir de Piotr : sa gaieté, son courage, son sens de la fraternité. Plus tard, à certains moments difficiles de la guerre froide — classe contre classe, science contre science, leur morale et la nôtre — j'essayais de me rassurer, de me conforter au souvenir de Piotr. Bien sûr, la peinture de Fougeron n'était pas fameuse, je dirais même, entre nous, qu'elle était répugnante, et je le savais bien, je ne m'en laissais pas conter, mais il y avait Piotr, l'homme soviétique, le simple homme véritable. Bien sûr, le texte du Cercle des philosophes communistes publié dans la *Nouvelle Critique* de novembre 1950 était aberrant : on y caractérisait longuement le « retour à Hegel » comme « le dernier mot du révisionnisme universitaire », et ça se terminait par ces mots ronflants et abjects : *« Ce Grand Retour à Hegel n'est qu'un recours désespéré contre Marx, dans la forme spécifique que prend le révisionnisme dans la crise finale de l'impérialisme : un révisionnisme de caractère fasciste »*, et sans doute trouvais-je cette appréciation, dans le silence de mon intimité schizophrène, tout à fait aberrante, sans doute n'en avais-je rien à faire, mais il y avait Piotr, le souvenir de Piotr, pour me donner espoir. On ne se battait pas, tout au moins ne me battais-je pas, ô imbécile malheureux ! pour mettre au point la question des rapports du marxisme avec Hegel, ni pour trancher — quel mot charmant ! — des mérites respectifs de Fougeron et de Braque : on se battait, je me battais pour que Piotr soit l'homme de demain, avec sa gaieté indomptable, son courage tranquille, son sens de la justice fraternelle.

Mais à Londres, en 1969, dans ce petit bistrot de Dean Street, je n'avais plus besoin de cette fable, de ces fabulations. Je savais désormais que le mythe de l'homme nouveau était l'un des plus sanglants de la sanguinaire histoire des mythes historiques. J'avais commandé un deuxième café. Je parlais avec le serveur, qui était basque, de Pasajes. Nous ne parlions plus de foutebaule. Les commentaires sur une récente défaite de la Real Sociedad, l'équipe de San Sebastian, nous avaient bien vite et vivement menés dans le vif du sujet. Qui était la politique, bien sûr, l'histoire de notre pays. De nos pays, devrais-je dire, plutôt, pour être précis.

Je lisais les *Récits de la Kolyma*, à Londres, la gorge serrée. Je savais désormais quel avait été le destin de Piotr. Un destin exemplaire, sans doute, mais pas au sens où je l'entendais, à l'époque où il m'arrivait de raconter la belle et poignante histoire de l'évasion de Piotr, de la longue marche de Piotr et de ses gars à travers l'Europe, la nuit de l'Europe, les montagnes et les forêts de l'Europe. Un destin exemplaire parce que Piotr avait dû finir dans un camp du goulag, bien entendu. Peut-être avait-il croisé Varlam Chalamov, à la Kolyma ? Toutes les circonstances étaient réunies, en tout cas, les plus aggravantes je veux dire, pour faire de Piotr un candidat idéal à la déportation dans un camp stalinien. N'avait-il pas combattu en Espagne ? Ne s'était-il pas évadé d'un camp nazi ? Toutes les circonstances, sans aucun doute. Avait-il encore essayé de s'évader, Piotr, de l'un des camps de la Kolyma, comme le lieutenant-colonel Ianovsky dont parle Chalamov ? Était-ce lui, cet officier soviétique évadé d'un camp nazi, envoyé ensuite sur la Kolyma, dont Chalamov évoque la fin héroïque, dans un récit que je n'ai pu lire car il n'a pas été traduit du russe, *Le Dernier Combat du major Pougatchev,* mais dont Michel Heller parle avec émotion dans son indispensable essai sur *Le Monde concentrationnaire et la littérature soviétique* ? Ou bien était-il, communiste brisé par le communisme, épuisé par le froid, la faim, le travail inhumain, était-il mort sans comprendre pourquoi, se demandant quelle erreur il avait commise, quand, pour quoi, où ça avait mal tourné ? Ou encore, ce n'était pas impensable, même si c'était douloureux à penser, était-il, véritable homme nouveau, communiste véritablement fidèle, exemplaire, était-il devenu un stakhanoviste du travail forcé, un brigadier impitoyable, un robot criard et haineux de la Pensée Correcte, un bourreau pour ses compagnons de déportation ?

Quoi qu'il en soit, ça ne me réconfortait plus du tout, en 1969, de me souvenir de Piotr, que nous appelions Pedro, parce qu'il avait combattu en Espagne.

Ça m'aurait plutôt rendu morose.

Mais j'étais à Dean Street, à la porte de l'immeuble où se trouvait l'officine cinématographique plusieurs fois mentionnée. J'allais y pénétrer, je tournais la tête une dernière fois pour observer le mouvement animé de la rue. Sur la maison d'en face, du côté des numéros pairs, je voyais tout à coup une plaque commémorative qui rappelait que Karl Marx avait vécu là, précisément.

Et sans doute était-ce un hasard qui n'était pas dépourvu de sens.

À Buchenwald, vingt-cinq ans plus tôt, j'avais parfois rêvé que Goethe, immortel et olympien, goethéen en un mot, continuait de se promener sur la colline de l'Ettersberg, en compagnie d'Eckermann, cet imbécile distingué. Je m'étais plu, non sans quelque perversité intellectuelle, à imaginer les conversations de Goethe et d'Eckermann à propos du camp de Buchenwald. Qu'aurait dit Goethe, un dimanche de décembre, par exemple, se promenant le long de l'avenue des aigles, s'il avait remarqué l'inscription forgée dans le fer de la grille monumentale du camp, *Jedem das Seine* ? « À chacun son dû » ? En 1944, bien sûr, je ne savais pas que Varlam Chalamov entendrait parler de cette inscription, un jour prochain, quelque part dans la zone concentrationnaire de la Kolyma. L'un quelconque des nombreux Russes de Buchenwald déportés par la suite dans le Grand Nord — Piotr, qui sait ? — avait dû parler de cette inscription en arrivant à Magadan. Et comme souvent, presque inévitablement, dans les récits transmis de bouche à oreille, le sens de l'inscription initiale s'était peu à peu transformé. Ainsi, Chalamov écrit : «On dit qu'au-dessus des camps de concentration allemands figurait une citation de Nietzsche : chacun pour soi».

Et dans les récits sans doute colportés par des Russes qui auraient évoqué, dans un baraquement de la Kolyma, leur expérience de Buchenwald, *Jedem das Seine* avait fini par devenir *Jeder für Sich* : «À chacun son dû» était devenu «Chacun pour soi». Ce qui n'a strictement aucun rapport, nul besoin d'en faire la démonstration. En fait, la seule chose un peu surprenante dans toute cette histoire est que Chalamov ait pu prendre cette banale expression de l'égoïsme immémorial qui caractérise ce qu'on appelle «la sagesse des nations», *Chacun pour soi*, pour un mot de Nietzsche. Pourquoi Nietzsche ? Je me le demande encore.

Quoi qu'il en soit, en 1944, alors que j'imaginais avec un plaisir assez pervers les élucubrations de Goethe à propos de cette inscription de Buchenwald, *À chacun son dû* — expression cyniquement égalitaire — je ne savais pas que Varlam Chalamov aurait été un interlocuteur tout à fait valable, dans ces dialogues imaginaires sur l'Ettersberg. Je ne savais rien de Varlam Chalamov. Je ne savais rien de la Kolyma.

C'est-à-dire, plus précisément : même si j'avais su, je n'aurais rien voulu savoir.

Mais ce jour-là, en 1969, au moment où je découvrais cette plaque commémorative sur la façade d'une maison, à Dean Street, rappelant que Karl Marx avait vécu là — et c'est de là que partait la joyeuse caravane familiale, en expédition pédestre, bruyante et bon enfant, vers les vallons gazonnés du parc de Hampstead, si l'on en croit le témoignage de Liebknecht ; c'est ici, au 28 de Dean Street, où Marx a vécu de 1850 à 1856, qu'il écrivit *Le Dix-huit Brumaire de Louis Bonaparte*, et des centaines d'articles et d'essais politiques — ce jour-là, j'en savais suffisamment pour ne plus perdre mon temps à interpeller Goethe, pour ne plus prendre — entreprise trop aisée, sans doute, allant presque de soi, mais toujours salutaire, cependant — l'humanisme bourgeois au piège de ses hypocrisies historiques. Ce jour-là, c'est Marx que je rêvais de voir sortir de son immeuble, au numéro 28 de la rue, dans sa redingote usée. Qu'aurait-il eu à dire à Varlam Chalamov ?

La veille au soir, à mon hôtel, j'avais repris la lecture des *Récits de la Kolyma*. J'en étais à la page 87 et je lisais un bref texte qui s'intitule : «Comment tout a commencé.»

Tout à coup, au début d'une phrase, mon sang n'a fait qu'un tour, qu'un détour, il a reflué de mon visage, de mes mains ensuite, il s'est figé, glacé, dans mon cœur qui battait follement. J'avais lu ceci : *«Dans les lueurs triangulaires des projecteurs qui éclairaient le placer minier la nuit, les flocons dansaient comme des grains de poussière dans un rayon de soleil...»*

Les flocons de neige dans la lumière des projecteurs !

Nous sommes encore quelques milliers d'anciens déportés (je n'aime pas beaucoup cette façon de dire, bien sûr. Anciens déportés comme anciens combattants ? Mais que dire d'autre ? Rescapés des camps de la mort ? Outre la dérisoire grandiloquence de l'expression, le mot «rescapés» renvoie plutôt à l'expérience d'un cataclysme naturel : rescapés d'un tremblement de terre, d'une inondation. Alors ? Survivants ? C'est un mot qui ne veut rien dire. Enfin, rien de précis, rien de juste. À quoi aurait-on survécu ? À la mort ? Voilà qui serait plaisant : on ne survit jamais à sa propre mort, en effet. Elle est toujours là, tapie, pelotonnée comme un chat patient, à attendre son heure. Survit-on à la mort des autres ? Voilà qui est banal : on n'a pas besoin des camps pour savoir que ce sont toujours les autres qui meurent. L'expérience de la mort est sociale, elle est une revanche ou victoire de l'espèce, disait à peu près ce Docteur Marx dont une plaque commémorative rappelait, sur une façade de Dean Street, précisément, l'existence londonienne), mais enfin, nous sommes encore quelques milliers d'hommes et de femmes, à l'ouest, quelques centaines de milliers, à l'est — je ne prétends pas, en donnant ces chiffres, à une exactitude scientifique : je donne un ordre de grandeur, tout simplement, une proportion toute relative — à ne pas pouvoir nous souvenir de la neige tourbillonnant dans la lumière des projecteurs sans avoir une sorte de coup de sang, de coup de cœur et de mémoire.

Ça m'était arrivé en 1963, en avril, gare de Lyon.

Gare de Lyon ?

Mais je ne revenais pas d'un voyage clandestin. Plus jamais, vraisemblablement, je ne reviendrais d'un voyage clandestin. Je ne revenais pas d'Espagne, en tout cas. D'ailleurs, on ne revient pas d'Espagne, on n'y part pas non plus, par la gare de Lyon. Depuis le mois de décembre 1962, j'avais cessé de travailler clandestinement en Espagne. J'avais tout bonnement cessé d'être clandestin. J'avais retrouvé mon identité, je veux dire, l'identité que semblaient m'attribuer les papiers administratifs officiels, les documents de filiation.

Je ne pensais à rien de particulier, crois-je me souvenir. Je ne pensais qu'à me dégager de la foule prévisible et pressée, engluante, des voyageurs, et à gagner la sortie de la gare à grandes enjambées. J'étais descendu sur la partie découverte du quai lorsque je fus surpris par le tourbillon floconneux d'une bourrasque de neige, inattendue. Une voix éraillée a annoncé quelque chose, dans un haut-parleur, sans doute une arrivée ou un départ de train. C'est ce qu'on annonce généralement, dans les gares. J'ai levé la tête, brusquement. Le cœur battant, avant même de savoir pourquoi. Alors, j'ai vu ce tourbillon de neige légère éclairé latéralement par le faisceau des projecteurs, cette flaque de lumière dansante et glacée.

Je suis resté immobile, figé sur place, tremblant.

Une lumière dansante et glacée, une lumière dansante, une lumière...

Immobile, debout, dans le va-et-vient, le brouhaha, la confusion des retrouvailles, je regardais ces flocons de neige légère qui dansaient dans la lumière des projecteurs. *Une lumière dansante et glacée.* Qui disait ces mots, en moi ? D'où venaient-ils ? Qui les disait, les chuchotait, sinon moi-même ? D'où venaient-ils, sinon du plus lointain de moi-même ?

Sans doute, j'aurais pu me reprendre, me morigéner à voix basse. J'aurais pu me dire qu'il n'y avait pas là de quoi faire tout un plat. Ça m'était déjà arrivé d'être brusquement, à n'importe quel propos et même hors de propos, traversé par un souvenir lancinant de Buchenwald. La neige, les projecteurs : bon, il n'y avait pas de quoi faire un fromage. Bon, oui, un souvenir incommunicable. J'en avais l'habitude.

Mais je ne me souvenais pas de Buchenwald, ce jour-là, en avril 1963, voilà la question.

Je me souvenais d'un endroit où je n'avais jamais été. J'avais vu tourbillonner la neige légère, gare de Lyon, et je me souvenais d'un camp où je n'avais jamais été enfermé. Voilà pourquoi je ne pouvais chasser ce souvenir d'un geste, d'un mot, comme je l'avais déjà fait tant d'autres fois. Un geste, un mot auraient suffi pour exorciser un souvenir de Buchenwald, pour brutal ou lancinant qu'il eût été. Un geste, un mot, pour le remettre à sa place, dans le désert d'une mémoire aux richesses inépuisables et mortelles, mais dont on ne saurait partager que des miettes. Or je ne me souvenais pas de Buchenwald. Je me souvenais d'un camp inconnu dont j'ignorais le nom : le camp spécial où est enfermé — depuis toujours, me semble-t-il, jusqu'à la fin des temps, peut-être — Ivan Denissovitch Choukhov.

J'avais lu le récit de Soljénitsyne quelques jours auparavant et je vivais encore dans l'univers obsessionnel de cette lecture. Ainsi, lorsque j'avais aperçu la neige tourbillonnante, à la lumière des lampadaires de la gare de Lyon, la neige de cette subite bourrasque de printemps, je ne m'étais pas souvenu de Buchenwald, à cinq heures du matin, un jour d'hiver quelconque, peut-être même un dimanche. Je m'étais souvenu d'Ivan Denissovitch au début de sa journée, en route pour l'infirmerie, alors que *le ciel est toujours aussi noir,* alors que *les deux projecteurs hachent toujours la zone du camp de leurs larges pinceaux.* Je n'étais pas à la place de Gérard dans un lointain souvenir de Buchenwald. J'étais à celle de Choukhov — ou encore plus tristement, à celle de Senka Klevchine, que j'avais peut-être connu — dans le présent d'un camp spécial, quelque part en URSS.

Debout, immobile, dans le brouhaha, le va-et-vient, j'étais envahi une nouvelle fois par une sensation déjà vécue d'irréalité.

Mais entendons-nous bien. Ce n'est pas la gare de Lyon, la foule, la neige tourbillonnante de cette subite bourrasque printanière : ce n'est pas le monde, en somme, autour de moi, qui me semblait irréel. C'est moi qui l'étais, apparemment. C'est ma mémoire qui m'enracinait dans l'irréalité d'un rêve. La vie n'était pas un songe, oh non ! c'est moi qui l'étais. Et davantage : le songe de quelqu'un qui serait mort depuis longtemps. J'ai déjà nommé, malgré son innommable indécence, cette sensation qui m'a parfois assailli au cours des ans. Cette certitude sereine et totalement désespérée de n'être que le fantasme rêveur d'un jeune mort d'autrefois.

Ce soir-là, gare de Lyon, alors que la lumière dansante et glacée de la neige tourbillonnant dans les faisceaux des projecteurs me rappelait la lecture toute récente du récit de Soljenitsyne, ce soir-là j'allais franchir un nouveau pas, j'allais descendre une nouvelle marche dans le tunnel qui me conduisait, inexorablement peut-être, vers une folie solitaire, vers la flamme vacillante de ma propre déraison, qui ne serait pourtant que le reflet de l'incendie barbare qui aura ravagé ce siècle. J'allais tout à coup cesser d'être la mémoire d'un mort, le rêve désespéré et lucide d'un jeune mort d'autrefois, qui aurait pourtant été moi-même, qui aurait pu être moi-même, sous n'importe quel nom, y compris un nom supposé, y compris celui de Gérard Sorel, jardinier ; j'allais abandonner mon être, même irréel, pour commencer à habiter, ou à être habité, plutôt, par une autre vie, investi par une autre mémoire : celle d'Ivan Denissovitch, tout d'abord, et puis, les années passant, les lectures y aidant, celle de tous les *zeks* des camps du Goulag dont la mémoire et les noms nous auront été conservés dans les récits et témoignages multiples, et peut-être, à la limite, aux frontières mêmes de la mort, ou de la folie, finirais-je par être investi par le travail monstrueux d'une mémoire anonyme et muette, la mémoire plate et dévastée, dénuée désormais de la moindre étincelle d'espoir, de la moindre possibilité de pitié, la mémoire boueuse et morne d'un *zek* inconnu, oublié de tous, gommé de tous les souvenirs de ce monde.

Peut-être, pourquoi pas ?

Et sans doute y avait-il une façon de trancher dans le vif de cette angoisse. Sans doute y avait-il une façon d'effacer le rêve en effaçant le rêveur, quel qu'il fût. D'effacer aussi la culpabilité que j'éprouvais d'avoir vécu dans l'innocence benoîte du souvenir de Buchenwald, l'innocent souvenir d'avoir appartenu au camp des justes, sans aucun doute, alors que les idées pour lesquelles je croyais lutter, la justice pour laquelle je pensais me battre, servaient au même moment à justifier l'injustice la plus radicale, le mal le plus absolu : le camp des justes avait créé et géré les camps de la Kolyma. Sans doute peut-on toujours se suicider. Ainsi, Fadeiev s'était suicidé. Il n'y a qu'avec du sang qu'on peut effacer le sang.

Y avait-il du sang dans ma mémoire ?

Les jours qui ont suivi ma lecture du récit de Soljenitsyne, je les ai consacrés à une exploration de ma mémoire. J'ai continué à faire semblant de vivre, certainement. J'ai répondu aux questions qu'on me posait, certainement. J'ai peut-être tenu la porte aux vieilles dames, dans les escaliers du métro. J'ai passé le sel et le pain, quand on me demandait le pain ou le sel, à table. Il m'est sûrement arrivé de faire des mots d'esprit, de commenter avec une précision narquoise tel film ou tel livre. Mais c'était superficiel : des bulles à la surface de la vie. Au tréfonds de moi-même, avec la minutie maniaque qui caractérise habituellement les moments de remise en question, j'ai poursuivi l'analyse de ma mémoire.

Il n'y avait pas de sang dans ma mémoire.

Entendons-nous : ma mémoire était pleine de sang. Dans la mesure où ma mémoire recoupait l'histoire de ce siècle, elle était pleine de sang. Le siècle est éclaboussé de sang, comme tous les autres siècles de l'histoire. Peut-être davantage même que les autres siècles de cette longue histoire sanglante. Mais c'était un sang que je pouvais assumer. Que je pouvais aussi rejeter, me refusant désormais à participer aux combats de ce siècle. Je ne veux pas parler de ce sang-là, le sang dégoulinant d'une histoire éclaboussée de sang. Je parle du sang qu'on peut avoir dans la mémoire, et même sur les mains, ineffaçable, quand on a milité dans les rangs du communisme à l'époque de Staline. Et je ne parle pas précisément de l'époque de Staline dans l'illusion qu'il n'y aurait pas eu de sang avant le Géorgien, pas de sang après lui. Non, je mentionne précisément l'époque de Staline parce que c'est celle où je suis précisément devenu communiste, même si c'est seulement après la mort de Staline que je suis devenu un dirigeant du PCE.

Je parle du sang de gauche, de tout sang innocent, quel qu'il soit, qu'on aurait fait couler — directement ou de façon plus subtile, à travers les médiations apparemment logiques d'une idéologie terroriste et assurée d'elle-même, de son aberrante et vertueuse vérité — précisément parce qu'on était un dirigeant communiste, parce qu'on aurait disposé d'une parcelle, ne fût-ce que d'une parcelle, de pouvoir absolu. Pouvoir de vie ou de mort, comme on dit si justement.

Mais il n'y avait pas de ce sang-là dans ma mémoire.

Il y avait plein de choses désagréables, ou ridicules, des arborescences honteuses, de la mauvaise-bonne foi répugnante et envahissante, de l'idéologie schizoïde, de la rigueur terroriste et creuse : plein de choses à arracher patiemment. Il fallait mettre le feu aux broussailles de ma mémoire, sans doute, mais il n'y avait pas de sang à effacer avec du sang.

Il n'y avait pas de quoi être particulièrement fier, d'ailleurs. Peut-être n'était-ce qu'une question d'âge. Peut-être était-ce qu'il me manquait simplement les cinq ou dix ans qu'il fallait pour avoir l'âge du sang sur les mains, du sang dans la mémoire. Peut-être l'innocence n'est-elle qu'une question d'âge. Avec cinq ou dix ans de plus, peut-être aurais-je eu dans la mémoire le sang du POUM, le sang de Gabriel Leon Trilla, le sang de révolutionnaires innocents. Pourrais-je jurer du contraire ?

Quoi qu'il en soit, même si c'était seulement par un hasard biographique, il n'y avait pas de sang dans ma mémoire qui eût exigé du sang pour s'effacer. Je pouvais continuer à vivre cette vie qui m'était donnée, qu'elle fût vraiment la mienne ou celle d'un autre qui serait mort à Buchenwald vingt ans plus tôt. Je pouvais continuer à vivre cette vie qu'avait changée, de façon invisible mais radicale, la lecture de *Une journée d'Ivan Denissovitch.*

Voilà comment tout avait commencé, au mois d'avril 1963, gare de Lyon, en regardant la neige tourbillonner dans la lumière des projecteurs.

Mais j'étais à Londres, quelques années plus tard, devant la maison où Karl Marx avait vécu.

Dès la première ligne de son *Dix-huit Brumaire*, sans doute l'œuvre la plus importante qu'il ait écrite au 28 de Dean Street, Marx fait allusion à Hegel. Allusion sous forme de boutade sans conséquence, malgré le sort que lui ont fait des générations et des générations de marxistes distingués. Boutade qui est une plaisanterie ou gag intime, *private joke*, entre Engels et lui. Car, en fait, la célèbre phrase de Marx sur les personnages et les événements historiques qui se répètent deux fois, d'après Hegel, qui aurait oublié d'ajouter qu'ils se produisent la première fois sous forme de tragédie et la seconde en tant que farce, cette fameuse petite phrase est textuellement piquée à Engels. Dans une lettre du 3 décembre 1851, au lendemain même du coup d'État de Louis Bonaparte, Engels écrit à son ami pour commenter l'événement. Il était en verve, ce jour-là, le brave Engels. Sa lettre est enlevée, brillante, caustique. Tout à fait fausse, par ailleurs. Je veux dire quant au fond, au jugement exprimé sur le sens historique du coup d'État impérial, la lettre est remarquable d'aveuglement. Quoi qu'il en soit, c'est dans cette lettre qu'Engels formule, avec beaucoup de force et de précision sarcastique, cette idée sur la répétition historique que Marx reprend textuellement, en édulcorant sa forme littéraire, mais en lui donnant en même temps une portée générale à laquelle Engels ne songeait sans doute pas.

Mais ce n'est pas Engels qui m'intéresse maintenant, c'est Hegel. Le vieux Hegel, qui fait les frais des boutades, brillantes improvisations ou analyses raffinées de Marx et d'Engels, dans leur correspondance privée ; ce «chien crevé» pour les petits-maîtres de l'époque comme pour les althussériens d'aujourd'hui, n'était encore qu'un jeune homme, il y a près de deux siècles — tiens ! à peu de chose près, au moment du 18 Brumaire, le premier, le vrai, celui de novembre 1799 — lorsqu'il caractérisait en quelques lignes l'essence même du système concentrationnaire encore à venir.

Dans un fragment, en effet, des notes de lecture qu'il a rédigées à Berne et à Francfort, Hegel analyse le *Gefägniswesen*, l'être carcéral, à propos d'un livre du juriste Carmer. Et il arrive à la conclusion suivante : *Mit kaltem Verstande die Menschen bald als arbeitende und produzierende Wesen, bald als zu bessernde Wesen zu betrachten und zu befehligen, wird die ärgste Tyrannei, weil das Beste des Ganzen als Zweck ihnen fremd ist, wenn es nicht gerecht ist.* C'est-à-dire : «Considérer les hommes et les commander, à la suite d'un froid raisonnement, tantôt comme des êtres travailleurs et productifs, tantôt comme des êtres à améliorer, devient la plus terrible tyrannie, car le Mieux de la Totalité conçue en tant que Fin leur est étranger, lorsqu'il n'est pas fondé sur la justice.»

Peut-on formuler en moins de mots l'essence commune aux systèmes répressifs nazi et soviétique ? Faire travailler et corriger, rééduquer par le travail forcé, n'est-ce pas là que se trouve l'identité profonde, quelles que soient les différences dues aux circonstances historiques, ou même géographiques, entre les deux systèmes ?

En 1934, lorsque le ministère de l'Intérieur hitlérien établit les normes de l'internement administratif dans les camps de concentration, il y a déjà quinze ans que le système fonctionne en URSS. C'est en février 1919, à la huitième séance du comité central exécutif panrusse, que Dzerjinski a déclaré : «Je propose de maintenir les camps de concentration pour utiliser le travail des détenus, des individus sans occupation régulière, de tous ceux qui ne peuvent travailler sans une certaine coercition...» (Phrase ô combien admirable ! Qui a jamais travaillé sans une plus ou moins certaine coercition ? Quel est le prolétaire qui est allé travailler en usine sans une certaine coercition économique et extra-économique, qui l'oblige à vendre librement sa force de travail ? Mais cette formule de Dzerjinski, outre qu'elle ouvre la voie à l'arbitraire le plus total, occulte l'hypocrisie dialectique qui préside désormais à l'idéologie du travail. Celui-ci, depuis la victoire de la révolution bolchevique, est considéré comme une affaire d'honneur pour le travailleur, comme la façon d'exprimer son adhésion à la révolution. Toute réticence vis-à-vis du travail pourra donc être jugée comme un délit, ou comme une preuve de mauvaise volonté, tout au moins. Un demi-siècle plus tard, à Cuba, la loi contre la paresse de Fidel Castro reproduit exactement la même articulation idéologique. Le gendre de Marx, Paul Lafargue, né à Cuba et auteur d'un irrespectueux pamphlet sur *Le Droit à la paresse,* a dû se retourner dans sa tombe.) Et Dzerjinski poursuit : «Si nous considérons les administrations, cette mesure» — c'est-à-dire le maintien des camps — «sanctionnerait le manque de zèle, les retards, etc. Elle permettrait de mettre au pas nos fonctionnaires. Nous proposons de créer ainsi une école du travail.»

Voilà : école, le mot est lâché ! Le vieux Hegel avait donc parfaitement raison : c'est en vertu de cette terreur pédagogique qu'il avait déjà dénoncée à la fin du XVIIIᵉ siècle, et dont l'essence consiste à considérer les hommes *bald as arbeitende und produzierende Wesen, bald als zu bessernde Wesen,* c'est par le moyen d'un travail forcé, productif et rééducatif, que Lénine et Dzerjinski se promettent de corriger massivement tous les parasites, les fainéants, les insectes nuisibles — et les hystériques, aussi : voici un mot que Lénine ne cesse d'avoir à la bouche et sous la plume, dès qu'il qualifie ses adversaires politiques ; des malades, donc, qu'il faudra soigner énergiquement, ses successeurs ne s'en sont pas privés — parce qu'ils encombrent la société soviétique naissante.

En 1934, donc, lorsque le ministre de l'Intérieur hitlérien établit que la détention administrative est l'affaire exclusive de la Gestapo *(Zur Anordnung der Schutzhaft ist ausschliesslich das Geheime Staatspolizeiamt zuständig)* en reproduisant presque mot pour mot une phrase prononcée par Dzerjinski dans le discours déjà cité : «Le droit d'internement dans les camps de concentration est dévolu à la Tchéka», en 1934, il y a longtemps déjà que Gorki — adversaire virulent de la révolution bolchevique à ses débuts et critique souvent lucide de ses aspects dictatoriaux — il y a belle lurette que Gorki a chanté les louanges du nouveau système répressif : «Il me semble que la conclusion est nette : les camps tels que les Solovki sont indispensables», proclame-t-il en 1929. Et encore, reprenant sans le savoir le mot de Dzerjinski, Gorki ajoute que les camps des Solovki doivent être considérés «comme une école préparatoire». Est-il besoin de préciser que Varlam Chalamov, qui a connu les Solovki avant de connaître la Kolyma, n'est pas du tout du même avis ? Mais Chalamov n'est sans doute pas un écrivain réaliste-socialiste. Il n'est pas un ingénieur des âmes. Peut-être faut-il comprendre que les Solovki étaient une «école préparatoire» à l'enfer de la Kolyma ? Rude école où il y avait beaucoup d'appelés et peu d'élus ?

En 1937, en tout cas, lorsque les premiers détenus en provenance de divers autres camps d'Allemagne commencent la construction de Buchenwald, sur les hauteurs de l'Ettersberg, le système concentrationnaire du Goulag arrive à son apogée.

Mais l'emploi du mot Goulag est-il licite ? Certains marxistes, et sans doute les plus sots, les plus hypocrites et les plus sinistres de tous les marxistes : ceux du PCF, bien entendu, voudraient nous interdire d'employer le mot Goulag. Ils ont produit un pitoyable libelle, *L'URSS et nous,* que les dirigeants du PCF ont mis en avant, en vedette et en exemple, à l'époque déjà révolue où il était de bon ton de prendre des distances avec le «socialisme réel», redevenu depuis lors «globalement positif». Dans ce livre, donc, des intellectuels dont je préfère oublier les noms ont écrit le paragraphe suivant : «L'emploi du mot Goulag appelle des réflexions du même ordre» — ils viennent de dire pourquoi ils se refusent à employer le qualificatif *stalinien* — «ce mot est un sigle. Il est formé des initiales russes de la direction d'État des camps de travail correctif» — encore bravo, vieux Hegel ! — «qui a désigné jusqu'en 1956 l'administration des camps. *Soljenitsyne a compris la charge affective que ces deux syllabes étranges et inquiétantes peuvent porter ; les mass media ont organisé autour une orchestration colossale et obsédante.* Le mot est venu alors s'interposer entre l'Occidental moyen» — quelle est cette nouvelle espèce ? de quel hybride s'agit-il ? — «et toute vision rationnelle et différenciée du monde socialiste, de son évolution et de sa réalité.»

C'est moi qui ai souligné, bien entendu.

Comment faut-il qualifier, sans passion mais avec rigueur, les intellectuels — car ce sont des intellectuels, je le répète — capables de produire un texte pareil ? Sont-ce des cyniques, des aliénés, des imbéciles ? Ou nous prennent-ils plutôt pour des imbéciles, des aliénés ou des cyniques ? Le mot Goulag est un sigle, en effet. Il l'a toujours été, aussi bien sous la plume de Soljenitsyne que, bien avant, sous celle de Gustaw Herling ou de David Rousset. Un sigle comme Snecma, Urssaf ou Inserm. Quant à la «charge affective» que ces deux syllabes peuvent porter, elle ne tombe pas d'un ciel métaphysique, elle n'est pas une fatalité sémantique. Pour que ces deux syllabes ne fussent pas «étranges et inquiétantes», il aurait suffi qu'il n'y eût pas de camps en URSS, c'est aussi simple que cela ! La «charge affective», donc, vient du fait que l'on sait, désormais, ce que Goulag veut dire. Pas seulement grâce à Soljenitsyne, mais enfin sa contribution à la vérité et à la connaissance sur ce point est décisive, qualitativement nouvelle. Et avant de «comprendre» la «charge affective» que ces deux syllabes contiennent — comme disent avec une infecte hypocrisie les intellectuels du PCF — Soljenitsyne l'a subie. Il a subi la «charge affective» du Goulag pendant huit ans. Varlam Chalamov, lui, a subi cette «charge affective» pendant vingt ans. Ainsi, si les deux syllabes du mot Goulag sont significatives, c'est parce qu'elles renvoient plus ou moins clairement à une expérience historique. Ce n'est pas sur le plan de la phonétique que se situe le problème. On sait désormais, à peu près tout au moins, quel est le contenu de cette expérience. Et si les médias ont contribué à répandre ce savoir, vivent les médias ! À mon avis, pourtant, ce savoir est encore fragile, bien loin d'être suffisamment établi, suffisamment étendu. Il aurait plutôt tendance à s'estomper, à se banaliser (peut-être à cause de ces mêmes médias. Dans ce cas, à bas les médias ! Je sais être dialectique, n'en doutez pas), car les racines sociologiques et politiques de la surdité occidentale face aux réalités de l'Est sont toujours très fortes.

Qu'auraient dit ces intellectuels du PCF, au moment de la projection d'*Holocauste* sur les écrans de télévision européens — ou occidentaux moyens —, de la publication d'un texte de ce genre : «Ayant compris la charge affective que peuvent porter les mots *chambre à gaz* et *four crématoire*, les Juifs — une variante pourrait dire : les sionistes — en ont organisé à travers les mass media une orchestration colossale et obsédante» ? Ils auraient crié au scandale, sans doute. (Enfin, on ose encore l'espérer !) Pourtant, ils font exactement la même chose. Leur démarche est identique dans l'ignominie.

Ainsi, ces historiens, ces économistes, ces critiques — hélas ! oui, ils sont tout cela ! — du PCF, voudraient nous interdire l'usage du mot Goulag. Ils se l'interdisent en tout cas à eux-mêmes. Peut-être croient-ils supprimer la chose, la réalité des camps, ou tout au moins les effets de cette réalité en censurant le mot qui la désigne. Ce serait là, pour des marxistes-et-fiers-de-l'être, une singulière preuve d'idéalisme. L'argument qu'ils donnent, quoi qu'il en soit, est que ce mot, Goulag, fait écran, qu'il s'interpose entre «l'Occidental moyen et toute vision rationnelle et différenciée du monde socialiste». Il me semble qu'ils ont oublié un adjectif, pourtant bien utile. Ils ont oublié l'adjectif «dialectique». Une vision rationnelle, différenciée et dialectique : voilà ce qu'il nous faut ! Déduisons, en tout cas, de cette savante formule, qu'il y a bel et bien un «monde socialiste» pour nos intellectuels chiens-de-garde. Et cette fois, ce monde-là, ce beau monde-là, n'est même pas qualifié de façon minorative. Il n'est pas qualifié de «réel», ni de «primitif», ni d'«inachevé». Ce monde-là est socialiste, ni plus ni moins. Eh bien, nous ne sommes pas de ce monde-là. Nous ne sommes pas du même monde.

En 1937, lorsque les premiers détenus allemands se rassemblent sur l'Ettersberg, pour y déboiser la forêt de hêtres, le système concentrationnaire des camps de travail correctif, le Goulag, en somme, voit déferler en URSS le grand ouragan de cette année terrible.

L'histoire de la Terreur a connu en URSS des étapes différentes. Des seuils ont été franchis avant de parvenir à l'apogée stalinien de la Terreur. L'année 1937 constitue l'un de ces seuils, sans doute.

Le texte de Chalamov que je lisais hier — je veux dire : la veille de ce jour que je reconstitue maintenant par l'écriture, ce jour de 1969, à Londres, où je me suis brusquement trouvé en face de la plaque commémorative de Karl Marx qui a provoqué cette apparente digression — le chapitre, donc, des *Récits de la Kolyma* que je lisais hier et dont le titre était «Comment tout a commencé», traite précisément du seuil franchi en 1937 dans l'univers historique de la Terreur, dans l'histoire même du Goulag.

«De toute l'année 1937, dit Varlam Chalamov, deux hommes, sur un effectif officiel de deux ou trois mille, un déporté et un homme libre, trouvèrent la mort sur la mine *Partisan* [l'une des mines de la zone de la Kolyma]. On les enterra côte à côte, sous un tumulus. Deux vagues obélisques — un peu plus petit pour le déporté — surmontèrent leurs deux tombes... En 1938, c'est une brigade entière qui travaillait en permanence à creuser des tombes.» Car la tornade a déferlé à la fin de l'année 1937 sur les camps de la Kolyma comme sur toute la société soviétique. Sous les ordres du colonel Garanine, qui finira fusillé comme «espion japonais», tout comme son maître Iéjov, qui a remplacé Iagoda, fusillé lui aussi, à la tête du NKVD, finira fusillé, et sera remplacé par Beria, lequel, à son tour... le colonel Garanine, donc, a fait déferler sur le Dalstroï, la zone concentrationnaire de la Kolyma, la tornade de folie de l'année 1937.

Sous les ordres du colonel Garanine, on a fusillé dans les camps du Grand Nord les déportés par milliers. On les a fusillés pour «agitation contre-révolutionnaire». En quoi ça consiste, dans un camp du Goulag, l'agitation contre-révolutionnaire ? Varlam Chalamov répond : «Affirmer à haute voix que le travail était pénible, susurrer la remarque la plus innocente à l'adresse de Staline, garder le silence lorsque la foule des déportés braillait : Vive Staline !... fusillé ! Le silence c'est l'agitation.» On a fusillé «pour outrage à un membre de la garde». On a fusillé «pour refus de travailler». On a fusillé «pour vol de métal». Mais, dit Chalamov, «la dernière rubrique, la plus riche ! sous laquelle on fusillait les déportés par vagues, c'était pour non-exécution des normes. Ce crime menait des brigades entières à la fosse commune. Les autorités fournirent à cette rigueur une base théorique : dans le pays tout entier on démultipliait le plan quinquennal en chiffres précis dans chaque usine, pour chaque établi. À la Kolyma on en définit les exigences pour chaque placer, pour chaque brouette, pour chaque pic. Le plan quinquennal c'est la loi ! Ne pas exécuter le Plan c'est un crime contre-révolutionnaire ! À la trappe les chiens qui n'exécutent pas le Plan !».

Le Plan, donc, preuve tangible, disait-on, de la supériorité de la société soviétique, le Plan qui permettait d'éviter les crises et l'anarchie de la production capitaliste, le Plan, donc, concept presque mystique, était non seulement responsable dans la société civile, comme on dit, mais dans ce cas tout à fait incivile, d'un despotisme d'entreprise exacerbé — puisqu'il liait le travailleur à son usine comme le bagnard à son bagne —, le Plan était simultanément la cause d'un redoublement raffiné de terreur à l'intérieur même des camps du Goulag. Le Plan était tout aussi assassin que le colonel Garanine. L'un n'allait pas sans l'autre, d'ailleurs.

Mais, raconte Chalamov, «la pierre et la terre éternellement gelée de la *merzlota* refusent les cadavres. Il faut dynamiter, piocher, déblayer le roc. Creuser des tombes, effectuer des fouilles aurifères réclamaient les mêmes procédés, les mêmes instruments, le même matériel, les mêmes exécutants. Une brigade entière consacrait ses journées à tailler des tombes, ou plutôt des fosses où l'on entassait fraternellement les cadavres anonymes... On entassait tous les cadavres, totalement nus, après leur avoir cassé leurs dents en or, enregistrées sur le procès-verbal d'inhumation. On déversait dans la fosse corps et pierres mêlés, mais la terre refusait les morts, imputrescibles et condamnés à l'éternité dans le sol perpétuellement gelé du Grand Nord...».

Hier, en lisant ces lignes — c'est-à-dire, non pas hier, mais la veille de ce jour de printemps, à Londres, dont je reconstitue aujourd'hui le souvenir, dix ans après — en lisant ces lignes, hier, cette image m'a brûlé les yeux : l'image de ces milliers de cadavres nus, intacts, pris dans le gel de l'éternité, dans les charniers du Grand Nord. Charniers qui étaient les chantiers de l'homme nouveau, souvenons-nous-en !

À Moscou, dans le mausolée de la place Rouge, des foules incroyables et crédules continuent de défiler devant le cadavre imputrescible de Lénine. J'ai moi-même visité le mausolée, en 1958. À cette époque, la momie de Staline tenait compagnie à celle de Vladimir Ilitch. Deux ans avant, au cours d'une séance à huis clos du XXᵉ congrès du PCUS, Nikita Sergueïevitch Khrouchtchev avait brûlé cette idole qu'il avait adorée et encensée comme tous ses pairs. Deux ans après, à Bucarest, Khrouchtchev proposerait à Peng Chen d'emmener en Chine la momie sanglante de Staline, qui serait finalement enlevée du mausolée, après le XXIIᵉ congrès du PCUS. Mais en 1958, l'été, Staline était dans sa tombe de marbre rouge, à côté de Lénine, j'en témoigne. Je les y ai vus tous les deux. Paisibles, intacts, imputrescibles : il ne leur manquait que la parole. Mais il leur manquait la parole, heureusement. Allongés, calmes, tous les deux, dans une lumière d'aquarium, protégés par des sentinelles d'un régiment de la Garde, immobiles comme des statues de bronze.

Dix ans après, à Londres, après avoir lu ces lignes de Varlam Chalamov, je me suis souvenu du tombeau de la place Rouge. J'ai pensé que le véritable mausolée de la Révolution se trouvait dans le Grand Nord, à la Kolyma. On pourrait creuser des galeries au milieu des charniers — des chantiers — du Socialisme. On défilerait devant les milliers de cadavres nus, imputrescibles, des déportés pris dans le gel de la mort éternelle. Il n'y aurait pas de sentinelles, ces morts-là n'auraient pas besoin d'être gardés. Il n'y aurait pas de musique non plus, pas de marches solennelles et funèbres jouées en sourdine. Il n'y aurait que le silence. Au bout du labyrinthe des galeries, dans un amphithéâtre souterrain taillé dans la glace d'une fosse commune, entouré de toutes parts du regard aveugle des victimes, on pourrait organiser des réunions savantes sur les conséquences de la «déviation stalinienne», avec le concours d'une brochette représentative de distingués marxistes occidentaux.

Pourtant, les camps russes ne sont pas *marxistes* comme les camps allemands sont *hitlériens.* Il existe une immédiateté historique, une transparence totale entre la théorie nazie et sa pratique répressive. Hitler, en effet, a pris le pouvoir par le fait d'une mobilisation idéologique des masses et la grâce du suffrage universel, au nom d'une théorie proclamée, sans équivoque. Il a lui-même mis en pratique ses idées, reconstruisant en fonction de ces dernières la réalité allemande. La situation de Karl Marx, par rapport à l'histoire du XXᵉ siècle, même celle qui s'est faite en son nom, est radicalement différente, c'est évident. En fait, les adversaires des bolcheviks, au moment de la révolution d'Octobre, une partie essentielle de ceux-là tout au moins, se réclamaient tout autant de Marx que les bolcheviks eux-mêmes : c'est au nom du marxisme que non seulement les mencheviks, mais aussi les théoriciens de l'ultragauche allemande critiquaient l'autoritarisme et la terreur, le monolithisme idéologique et l'inégalité sociale qui s'étendirent sur l'URSS dès la victoire d'Octobre.

Les camps russes ne sont donc pas, de façon immédiate et univoque, des camps *marxistes*. Ils ne sont pas non plus simplement *staliniens*. Ce sont des camps *bolcheviques*. Le Goulag est le produit direct, inéquivoque, du bolchevisme.

On peut cependant faire un pas de plus. On peut repérer dans la théorie de Marx la faille par où s'est engouffrée plus tard la démesure barbare de la Pensée Correcte — qui engendre les camps de travail correctif — la folie de l'Unique, la dialectique mortifère et glacée des Grands Timoniers.

Le 5 mars 1852, Karl Marx écrit à Joseph Weydemeyer. Celui-ci publie à New York *Die Revolution,* un périodique à périodicité incertaine, comme il arrive à la plupart des revues socialistes de l'époque par suite de difficultés financières. C'est pour cette publication de Weydemeyer que Marx est en train de finir, en ces journées pluvieuses de la fin de l'hiver londonien, ses articles sur le *Dix-huit Brumaire,* qui paraîtront finalement dans une livraison de *Die Revolution* sous un titre légèrement modifié par Weydemeyer : *Der 18te Brumaire des Louis Napoleon,* au lieu de Bonaparte, et à l'enseigne de la Deutsche Vereins-Buchhandlung von Schmidt und Helmich, au numéro 191 de William Street.

Ce jour de mars 1852, donc, Karl Marx écrit à Weydemeyer. Deux jours avant, il a reçu cinq livres sterling que Frédéric Engels lui a envoyées de Manchester. La famille Marx a dû manger à peu près à sa faim, cette semaine-là, après le remboursement des dettes d'épicier et de médecin les plus pressantes. Maintenant Karl Marx a jeté un coup d'œil par la fenêtre de son appartement. Il a observé le mouvement de la rue, toujours animée. Son regard a glissé sur l'encoignure étroite de la porte de l'immeuble qui lui fait face. Il n'y a rien vu de particulier. C'est vrai qu'il n'y a pas encore, et pour cause, d'officine cinématographique installée dans ledit immeuble. Il est allé s'asseoir à sa table de travail. De son écriture presque indéchiffrable, il a écrit la date, en haut de la page, à droite. Sous la date du jour, il a ajouté son adresse : 28, Dean Street, Soho, London.

C'est dans cette lettre à Joseph Weydemeyer, on s'en souvient sans doute, que Marx a précisé son apport personnel à la théorie des classes et de la lutte des classes. Après avoir souligné que les historiens bourgeois avaient déjà exposé, bien avant lui, le déroulement historique de cette lutte, et que les économistes bourgeois en avaient aussi exposé l'anatomie économique, Marx précise quel est son apport nouveau : *was ich neu tat*. «Ce que j'ai apporté de neuf, dit-il, c'est de : 1) montrer que l'existence des classes n'est liée qu'à certaines phases de développement historique de la production ; 2) que la lutte des classes conduit nécessairement à la dictature du prolétariat ; 3) que cette dictature elle-même n'est que la transition vers la suppression de toutes les classes et vers une société sans classes.»

Il s'agit d'un texte archiconnu, qu'on a mis à toutes les sauces, que des générations de savants commentateurs ont disséqué, que des polémistes brillants et percutants se sont mutuellement jeté à la figure depuis plus d'un siècle. Pourtant, on peut encore y revenir. On peut encore y réfléchir. On peut y trouver du nouveau : *etwas neues*.

Quel est, en tout cas, l'apport que Marx proclame avoir fait dans sa théorie, au plan concret de l'histoire et des luttes de classe qui font l'histoire ? C'est d'avoir montré — ou démontré : Marx utilise le verbe *nachweisen*, qui peut s'interpréter dans les deux sens ; mais dans les deux sens il est utilisé à contresens par Marx, qui n'a jamais montré ni démontré ce qu'il avance, comme nous le verrons — d'avoir montré ou démontré, donc, un certain nombre de points.

Laissons de côté le premier, celui qui concerne l'historicité de l'existence même des classes. Cette question relève d'une philosophie de l'histoire dont je n'ai que faire, pour l'instant. Que l'humanité soit destinée à passer d'une société sans classes, celle du communisme primitif, à une autre société du même genre, mais développée, baignant dans le beurre de l'abondance, à travers un long purgatoire historique de luttes de classes acharnées, indécises — et produisant toujours, par ailleurs, des effets réels différents de ceux que les théoriciens marxistes, à commencer dans ce cas par Marx lui-même, avaient prévu — est une idée qui me laisse totalement froid. Ça ne fait plus bander personne, l'idée qu'il y a eu, et que donc il y aura, dans le tréfonds de l'histoire, des sociétés idéales et idylliques, des communautés sans État. Je sais bien qu'écarter cette idée, telle qu'elle s'exprime, de façon concise, dans le premier point de Marx, est quelque peu arbitraire. Je sais bien, et j'y reviendrai, que la philosophie de l'histoire sous-hégélienne qui sous-tend l'idée contenue dans le premier point de Marx, sous-tend également les deux autres points. Mais on peut cependant, pour des raisons de pure méthode, écarter ce premier point de notre analyse actuelle, le mettre provisoirement entre parenthèses.

Quoi qu'il en soit, donc, de la question de l'historicité, de la relativité de l'existence des classes, il est facile de voir que les deux points suivants énumérés par Marx ne relèvent pas de la science historique — dans la mesure où science il y a — mais de la prévision. Ou prédiction. Ou même de la prédication prophétique. Que la lutte des classes conduise nécessairement à la dictature du prolétariat n'est rien d'autre qu'une hypothèse, peut-être un souhait pieux. Mais ni l'hypothèse ni le pieux souhait n'ont été vérifiés ni exaucés nulle part par l'histoire réelle. Il n'y a jamais eu nulle part de dictature du prolétariat, au sens marxien de ce concept. Un siècle après la lettre de Marx à Weydemeyer, c'est une constatation que l'on peut faire.

Ici, bien sûr, on entend les criailleries indignées des distingués marxistes, au fond de la salle. (On se donne toujours en spectacle, peu ou prou, quand on écrit. Il n'y a que deux ou trois imbéciles de par le monde à encore ignorer cela. Et si on se donne en spectacle on peut imaginer la salle où donner ledit.)

Ils piaillent, les marxistes, tous à la fois.

J'entends mentionner à grands cris la Commune de Paris, il fallait s'y attendre. J'entends citer d'une voix péremptoire la phrase de Frédéric Engels : «Eh bien, messieurs, voulez-vous savoir de quoi cette dictature a l'air ? Regardez la Commune de Paris. C'était la dictature du prolétariat.» Eh bien, messieurs, regardez la Commune de Paris, mais regardez-la bien. Vous y verrez des choses passionnantes, instructives aussi. Mais vous n'y verrez jamais la dictature du prolétariat. Oubliez Engels et sa phrase ronflante, qui termine en beauté son introduction à *La Guerre civile en France*, de Marx, vingt ans après les événements, oubliez la littérature engelsienne pour en revenir aux rudes vérités de l'histoire, et vous n'y trouverez pas la dictature du prolétariat. Lisez les textes de l'époque, à commencer bien sûr par les procès-verbaux des séances de la Commune elle-même, et vous comprendrez que la tentative grandiose et dérisoire, héroïque et mesquine, pétrie d'une vision juste de la société et rongée par les idéologies les plus confuses, des Communards de Paris n'a rien à faire avec une dictature du prolétariat.

Mais on ne me laisse pas poursuivre ma démonstration (*Nachweisung*, dirait Marx : j'ai pourtant l'avantage sur lui de parler le dos à l'histoire, d'essayer de l'expliciter, je n'ai aucun besoin de la fantasmer ; je peux donc démontrer, c'est-à-dire, montrer ce que l'histoire démontre). Des voix m'interrompent, jaillies de partout à la fois.

Bon, je poursuivrai à un autre moment, peut-être dans un autre lieu. Mais quel que soit le tohu-bohu, le brouhaha des voix marxistes de toute sorte, je dirai encore deux mots, même s'il faut monter le ton et le son, sur le troisième point de Marx : celui qui considère la dictature du prolétariat comme une simple transition — un État qui serait déjà de l'anti-État — vers la société sans classes, vers la suppression de toutes les classes.

Ici également nous nous trouvons face à un simple postulat : une pétition de principe. L'histoire réelle a démontré — *nachgewiesen* — tout le contraire. Elle a montré le renforcement continu et implacable de l'État, l'exaspération brutale de la lutte des classes, qui non seulement n'ont pas été supprimées, mais qui se sont, au contraire, davantage encore cristallisées dans leur polarisation. À côté de la véritable guerre civile déclenchée contre la paysannerie, en URSS, au début des années 30, les luttes de classes en Occident sont des dîners de gala. À côté de la stratification des privilèges sociaux en URSS — privilèges fonctionnels, sans doute, liés au *statut* et non pas, ou pas forcément, à la personne — l'inégalité sociale réelle, c'est-à-dire relative au produit national et à sa distribution, n'est en Occident qu'un véritable conte de fées.

En un mot, donc : ce que Marx prétend avoir apporté de neuf à la théorie des classes et de leurs luttes n'est rien de théorique, rien, en somme, qui éclaircisse le réel et permette d'agir sur lui. Ce n'est que de la prédiction prédicative, du *wishful thinking*, expression qu'on devait souvent utiliser au 28 de Dean Street, dans le Soho londonien.

Et c'est ici, sur ce point précis de la théorie marxienne de la dictature du prolétariat, comme transition inévitable vers la société sans classes, que s'articule la folie mortifère du bolchevisme. C'est en ce lieu théorique que prend ses racines et que se nourrit la Terreur. C'est en vertu de ces quelques points sèchement énumérés par Marx, un jour du mois de mars 1852, énumérés comme allant de soi, par ailleurs, que tous les Grands Timoniers se sont mis à penser — et pis encore, à rêver la nuit — dans les têtes des prolétaires. C'est au nom de cette mission historique du prolétariat qu'ils ont écrasé, déporté, dispersé par le travail, libre ou forcé, mais toujours correctif, des millions de prolétaires.

Une idée sous-tend en effet ces points — ces nouveautés théoriques — que Marx énumère notarialement : l'idée de l'existence d'une classe universelle qui soit la dissolution de toutes les classes ; une classe qui ne puisse s'émanciper sans s'émanciper de toutes les autres classes de la société et sans, par conséquent, les émanciper toutes. On aura reconnu la voix frémissante du jeune Marx annonçant, dès 1843, dans un texte qu'il n'avait pas écrit à Dean Street, mais rue Vaneau à Paris, *Introduction à la Critique de la philosophie du droit de Hegel*, l'épiphanie du prolétariat. Mais cette classe universelle n'existe pas. La leçon de ce siècle qui nous sépare de Marx est, tout au moins, que le prolétariat moderne n'est pas cette classe. Continuer à maintenir cette fiction théorique a d'énormes conséquences pratiques, car ainsi le terrain est livré aux partis *du* prolétariat, aux dictatures *du* prolétariat, aux chefs *du* prolétariat, aux camps de travail correctif *du* prolétariat : c'est-à-dire que le terrain est livré à ceux qui, dans le silence du prolétariat, bâillonné, parlent en son nom, au nom de sa prétendue mission universelle, et parlent haut, fort, de façon souvent tranchante (c'est le moins qu'on puisse dire !).

Ainsi, la première tâche d'un nouveau parti révolutionnaire qui ne parlerait pas au nom du prolétariat, mais se considérerait seulement comme une structure transitoire, toujours défaite et refaite, à reconstruire, d'écoute et de prise de conscience, qui donnerait un poids organique, une force matérielle, à la voix du prolétariat, sa première tâche serait celle de rétablir la vérité théorique, avec toutes les conséquences que cela entraîne, sur l'inexistence d'une classe universelle.

Mais ce point aveugle de la théorie de Marx, par où elle se relie aux aberrantes réalités du xxᵉ siècle, est aussi son point aveuglant. Je veux dire, le point focal où brille toute l'illusion grandiose de la Révolution. Sans cette fausse notion de la classe universelle, le marxisme ne serait pas devenu la force matérielle qu'il a été, qu'il est encore partiellement, transformant profondément le monde, fût-ce pour le rendre encore plus invivable. Sans cet aveuglement, nous ne serions pas devenus marxistes. Pour démonter simplement les mécanismes de production de plus-value, pour dévoiler les fétichismes de la société marchande, domaine dans lequel le marxisme est irremplaçable, nous ne serions pas devenus marxistes. Nous serions devenus professeurs. C'est la déraison profonde du marxisme, conçu comme théorie d'une pratique révolutionnaire universelle, qui a été notre raison de vivre. La mienne, en tout cas. Je n'ai donc plus de raison de vivre. Je vis sans raison. Mais sans doute est-ce normal. En tout cas, n'est-ce pas dialectique ?

— La dialectique, vieux, c'est l'art et la manière de toujours retomber sur ses pattes !

À Nantua, neuf ans plus tôt, Fernand Barizon m'avait regardé dans les yeux. Il avait porté le verre de cognac à hauteur de son visage.

Voilà, je me suis souvenu de Barizon, ce jour-là, à Londres, à cause de la dialectique.

Sans doute m'étais-je souvenu plusieurs fois de Fernand, ces jours derniers. Je veux dire, ces jours de la fin du printemps 1969, alors que je lisais les *Récits de la Kolyma*. C'est facile à comprendre. Mais ces souvenirs de Barizon étaient restés vagues, un peu flous, à l'arrière-plan de l'image de ma mémoire. Au premier plan, il y avait toujours de la neige. La neige sur les dimanches de l'Ettersberg, la neige sur Magadan ou Kargopol.

Mais cette fois-ci, à cause de la dialectique, le souvenir de Barizon était plus précis. Tout à fait précis, même.

Je me suis souvenu du voyage avec Fernand, en 1960, de Paris à Prague — enfin, c'est moi qui allais jusqu'à Prague, pas Barizon — avec des haltes à Nantua et à Genève. À Zurich aussi, mais nous n'en sommes pas encore là. Ça va venir.

Nous étions à Genève, en tout cas, au buffet de la gare de Cornavin. Nous ne disions plus rien, nous allions nous quitter. Un haut-parleur venait d'annoncer que le train rapide à destination de Zurich était formé sur la voie numéro 2 et Barizon gardait le silence.

— Dis donc, vieux ! dit-il tout à coup.

Je le regarde.

— Qu'est-ce que tu dirais si je t'accompagnais à Zurich ? dit Barizon.

— À Zurich ? lui dis-je un peu interloqué. Tu veux prendre le train avec moi ?

Il hausse les épaules.

— Le train ? À quoi bon le train ? On continue en bagnole. Tu ne m'as pas dit que ton avion décolle demain après-midi ? On a tout le temps.

On avait tout le temps, en effet.

Je regarde Barizon, je suis quelque peu décontenancé. J'aime bien voyager seul. C'est-à-dire que j'aime bien prendre le train ou l'avion tout seul. Ça me repose. Ça me donne des idées, aussi. Ça fonctionne bien, dans le dépaysement passager du voyage solitaire. Mais l'idée de poursuivre la conversation avec lui ne me déplaît pas non plus.

Il y a des compagnons de voyage, dans ces sortes de voyages, avec qui on n'a pas envie de parler. D'ailleurs, on n'a rien à leur dire. Quinze jours avant, j'avais fait un court voyage à San Sebastian et Vitoria avec un militant français de Bayonne, ou de Saint-Jean-de-Luz, je ne me souviens plus. Toute conversation était impossible avec lui. Il était acariâtre et sentencieux. Végétarien, de surcroît. Il n'arrêtait pas de se plaindre de la nourriture, alors que la cuisine basque, nom de dieu ! est une merveille. Au retour, quand nous avons fait les comptes, il m'a demandé de lui rembourser le prix de l'essence, ce qui était tout à fait normal et prévu, mais aussi je ne sais combien de centimes au kilomètre pour l'amortissement de sa voiture. Les bras m'en sont tombés, mais il ne plaisantait pas. Il m'a expliqué qu'il comptait toujours, lors de tous les voyages semblables qu'il avait faits pour nous, pour l'appareil clandestin du PCE, un certain nombre de centimes au kilomètre, pour prix de l'amortissement de sa petite automobile privée. Alors, j'ai compris et approuvé intérieurement sa femme, qui l'avait quitté deux ou trois mois auparavant. Il m'avait annoncé cette nouvelle à Vitoria, un soir où il pestait contre l'huile d'olive en particulier et la conduite indécente des femmes, en général.

Mais, avec Barizon, ce n'était pas pareil.

— En effet, lui dis-je, on a tout le temps. Allons à Zurich en voiture, si tu veux.

Il veut bien, il hoche la tête, apparemment tout heureux.

— La seule chose, lui dis-je, c'est qu'il faut que je reprenne ma carte d'identité française avant de partir.

Il me regarde. Il a l'air d'attendre une explication.

— Voyons ! lui dis-je. Tu l'as remarqué toi-même, tout à l'heure. Salagnac et Barizon ensemble, deux Français, ça va tout seul. Mais un Uruguayen et un Français ensemble, ça peut intriguer quelque petit malin, au moindre incident. À l'hôtel de Zurich, par exemple. C'est un risque minime, mais à quoi bon le courir si on peut faire autrement ?

Il me regarde et il siffle entre ses dents :

— Tu penses à tout, Gérard ! dit-il, un peu ironique. Je comprends maintenant pourquoi t'es une huile !

Je hoche la tête.

— Non, lui dis-je. Tu comprends pourquoi je ne suis pas en taule, après tant d'années.

Il me regarde, Fernand.

— Continue comme ça, vieux ! dit-il sobrement.

Je bois une gorgée de bière, je lève mon verre.

— Ne t'en fais pas, Fernand ! Je suis immortel !

Le lendemain, nous étions sur le pont de l'un des bateaux qui font le tour du lac de Zurich. Il faisait un grand soleil d'automne. Nous regardions le paysage : l'eau bleue du lac picorée d'écumes blanches, les prairies vertes, les villages paisibles, les montagnes roussies sous la lumière automnale.

Ces tours du lac, en attendant l'heure de l'avion de Prague, c'était presque une tradition. Parfois, je les faisais tout seul, parfois avec mes compagnons de voyage, quand j'avais des compagnons de voyage.

Aujourd'hui, je fais le tour du lac avec Fernand Barizon, mais il m'est arrivé de le faire avec Carrillo. Il m'est arrivé de faire avec lui le voyage de l'Est, via Zurich. Ce n'était pas Fernand qui conduisait la voiture, alors, mais René. Quoi qu'il en soit, nous avons déjà fait le tour du lac, Carrillo et moi. Il était détendu, en voyage, il évoquait des souvenirs, des épisodes plus ou moins connus de sa vie ou de l'histoire du mouvement communiste. Est-ce là, sur le pont d'un bateau qui faisait le tour du lac de Zurich, qu'il m'a raconté comment Khrouchtchev et les autres membres du présidium du PCUS avaient liquidé Beria, quelque temps après la mort de Staline ? Je n'en suis pas tout à fait sûr. C'est au cours d'un voyage, en tout cas, qu'il m'a raconté cet épisode. Les voyages forment la jeunesse, on le sait, et délient parfois la langue des voyageurs. Je ne sais pas pourquoi c'est ainsi, mais c'est ainsi. Ils délient même la langue des vieux communistes, les voyages. Enfin, ils la délient un peu. Ce qui n'est pas peu dire.

Le fait est que Khrouchtchev avait invité à dîner, dans l'une des salles d'apparat du Kremlin, un certain nombre de délégués à la conférence des partis communistes tenue à Moscou en 1957. Carrillo était parmi ces invités. Au moment du dessert, Khrouchtchev fit le récit de la mort de Beria. Il a raconté à tous ces communistes européens, médusés, comment ils étaient parvenus à se débarrasser de Beria au cours de l'une des séances du présidium, après la mort de Staline. Ils s'étaient concertés secrètement pour éliminer Beria, pour le liquider physiquement. Ce n'était pas facile, car tous les membres du présidium étaient fouillés par des hommes du KGB avant de pénétrer dans la salle de réunion, selon une habitude instaurée du vivant de Staline. Impossible, en principe, d'introduire des armes dans la salle du Kremlin réservée aux réunions du présidium. Ils avaient tourné la difficulté, quand même. Car les officiers généraux de l'armée n'étaient pas fouillés en pénétrant dans l'enceinte réservée du Kremlin. Ainsi, Boulganine, qui avait rang de maréchal, avait pu faire passer quelques pistolets automatiques, avec la complicité d'un autre officier supérieur. Une partie des chefs suprêmes de l'armée, en effet, étaient dans le secret du complot contre Beria et certaines unités militaires avaient été mises en état d'alerte, pour la suite des opérations. Ainsi, Boulganine introduisit quelques armes courtes dans la salle du Kremlin où se tenaient habituellement les réunions du présidium des héritiers de Staline. À peine la réunion commencée, les comploteurs se précipitèrent sur les armes et abattirent Beria à bout portant. On roula le cadavre de Beria dans un tapis pour le faire sortir du Kremlin sans que nul se doutât de ce qui venait de se passer. Ensuite, alertées par un coup de téléphone qui leur donnait le feu vert, des unités militaires d'élite arrêtèrent les principaux collaborateurs de Beria et les commandants des troupes spéciales du ministère de l'Intérieur qu'on supposait être des inconditionnels du dernier chef de la police de Staline.

Dans la grande salle du Kremlin, d'un luxe surchargé de dorures et de lustres, où se tient le banquet des délégués fraternels, Khrouchtchev a fini de raconter, avec sa verve coutumière, comment ils sont parvenus à se débarrasser de Lavrenti Beria. Peut-être a-t-il brodé un peu, ce n'est pas impossible. Peut-être était-ce en vérité plus compliqué, plus sordide aussi. Mais un silence épais, glacial, s'est installé parmi les convives. Un silence de mort, c'est le cas de le dire. Les délégués fraternels n'osent même pas se regarder entre eux. Alors le vieux Gollan, secrétaire du parti communiste de Grande-Bretagne, se penche vers ses voisins et murmure : — *A gentlemen's affair, indeed* !

C'est Carrillo qui m'avait raconté cet épisode. Il était assis tout près de Gollan, à la table du banquet fraternel, au Kremlin. Et je crois bien que Carrillo m'a fait ce récit à Zurich, sur l'un des bateaux qui font le tour du lac. Je n'en suis pas tout à fait sûr, mais je crois bien que c'est là.

Aujourd'hui, cependant, je ne fais pas le tour du lac de Zurich avec Santiago Carrillo. C'est Fernand Barizon qui m'accompagne.

Nous sommes sur le lac bleu, sous le soleil d'automne, en face du village de Wädenswil.

— Tu as remarqué le type, sur le quai, au moment de l'embarquement ? dis-je à Barizon.

— Quel type ? demande-t-il, en fronçant les sourcils.

— Un petit, trapu, avec une barbiche et un chapeau melon.

Ce détail du chapeau melon a l'air d'évoquer quelque chose dans sa mémoire.

— Un chapeau melon ? En effet, j'ai remarqué un chapeau melon, s'exclame Barizon. Mais pas le type qui était sous le chapeau.

— C'était Lénine, lui dis-je.

Barizon avale de travers la fumée de sa cigarette. Il tousse et s'étrangle.

Je lui donne quelques tapes dans le dos. Mais l'air pur de la Suisse alémanique a bientôt rétabli la respiration normale de Barizon.

— Et moi je suis Napoléon, dit Fernand dès qu'il a retrouvé son souffle.

— Tiens ! lui dis-je. Quelle rencontre historique ! J'aurais bien voulu y assister. Une discussion entre Lénine et Napoléon sur la stratégie. «On s'engage et puis on voit.» On a vu, dans les deux cas, c'est vrai qu'on a vu.

Mais Barizon écoute avec une méfiance détachée mes élucubrations.

— Il ressemblait vraiment à Lénine, ce type ? demande-t-il. Je n'ai pas fait attention.

Je hoche la tête.

— C'était Lénine, je te dis. D'ailleurs, ça n'a rien d'étonnant qu'il revienne hanter les lieux où il a été heureux.

Barizon se retourne et regarde la vieille ville de Zurich qui s'étale sur la colline, au loin.

— Il a été heureux à Zurich, Lénine ? demande-t-il.

Je hoche la tête.

— Bien sûr, je réponds. Il y avait Inessa. Et puis, il a passé son temps dans les bibliothèques, à lire des bouquins de philo et d'économie politique. Ce sont les meilleurs moments pour les révolutionnaires, ceux qu'ils passent dans les bibliothèques.

Barizon se tourne vers moi, visiblement mécontent.

— Mais non ! dit-il. Les meilleurs moments pour les révolutionnaires, c'est quand ils font la révolution !

— Tu parles ! lui dis-je. D'abord, ces moments-là sont plutôt rares, reconnais-le. Et puis, ça tourne très vite mal. Ça tourne autrement que prévu, en tout cas.

Barizon contemple le paysage lacustre. Il se retourne vers moi, ensuite :

— Dis donc, Gérard, maintenant que t'es une huile et que tu voyages, tu peux peut-être me répondre. Ils sont comment, les Russes ?

— Ils sont fous, les Russes ! avait dit Henk Spoenay seize ans auparavant.

Nous marchions dans la neige, sur l'avenue des aigles. Nous avions parlé des Russes, de leurs fuites, ou fugues, au printemps. Sans m'en rendre compte, je m'étais arrêté. Je regardais le paysage enneigé, peut-être sans le voir.

Je rêvais.

De toute façon, ce n'était pas le printemps. Nous étions en décembre, c'est ça. Fin décembre, un dimanche, en 1944.

J'avais pensé à Piotr, que nous appelions Pedro. Il poursuivait sa longue marche à travers l'Europe, vers l'est, vers l'armée Rouge. Il y avait un deuxième Pedro parmi nous, à Buchenwald. Et celui-là non plus n'était pas espagnol. Il était slovaque. Les deux Pedro avaient combattu en Espagne. Le Slovaque dans les Brigades internationales et le Russe dans les blindés, avec les spécialistes militaires soviétiques. Ils parlaient couramment castillan tous les deux.

J'ai oublié, si tant est que je l'aie jamais su, le nom et le patronyme de Piotr, le tankiste russe. Par contre, je me souviens très bien du nom de l'autre Pedro, le fantassin slovaque. Il s'appelait Kaliarik. Mais ce n'était qu'un faux nom, ai-je appris beaucoup plus tard. En fait, il ne s'appelait ni Pedro, ni Kaliarik. Il s'appelait Ladislav Holdos. Mais je n'ai appris cela que vingt ans plus tard. En avril 1945, quand j'ai quitté Pedro le Slovaque, Kaliarik autrement dit, je ne savais pas qu'il allait redevenir Holdos. Nous nous sommes dit au revoir, brièvement, — *Salud, suerte, hasta la vista* ! sans savoir que nous mettrions vingt ans à nous retrouver. Nous n'avons pas échangé nos noms, nos adresses, à quoi bon ? D'abord, nous n'avions pas d'adresse, ni l'un ni l'autre. Nous n'avons échangé que nos bottes, je m'en souviens.

Nous avions été ensemble, le 11 avril 1945 et les jours suivants, dans les groupes de combat de la résistance clandestine de Buchenwald. Kaliarik avait une responsabilité plus importante que moi, bien sûr, dans l'appareil militaire clandestin. D'abord, il était plus âgé que moi, d'au moins dix ans. Et puis, il avait combattu en Espagne, dans la Résistance française, c'était un vétéran. Il avait cette expérience de la guerre qui constitue le fonds commun, l'acquis indiscutable de tant de générations communistes. Au XXe siècle, en effet, si on y réfléchit un tant soit peu, c'est sur le terrain de la guerre, civile ou autre, que les communistes ont été le plus efficaces. Il leur est même arrivé d'y être brillant. Comme si l'esprit militaire était consubstantiel au communisme du XXe siècle. À tel point que c'est par le biais de la guerre, de l'esprit militaire — et bientôt militariste — que des mouvements à l'origine très éloignés du marxisme, et même violemment opposés à ce dernier, comme le castrisme et tous ses dérivés latino-américains, ont fini par se retrouver dans le giron de la Sainte Église communiste, dans les rangs serrés et martiaux des héritiers du défunt maréchal Staline. Le communisme du XXᵉ siècle a raté toutes les révolutions qu'il a inspirées, ou maîtrisées après qu'elles eurent eu lieu, mais il a réussi brillamment plusieurs guerres décisives. Et ce n'est pas fini : un avenir pas trop lointain confirmera cette prédiction. Un présent très transparent à qui sait voir la confirme jour après jour. C'est d'ailleurs facile à comprendre : l'échec de la révolution, c'est-à-dire l'échec dans le domaine de la reconstruction sociale, pousse inéluctablement à l'expansion armée, fût-ce par soldats afro-cubains, arabes ou jaunes interposés.

Quoi qu'il en soit, Kaliarik commandait l'un des groupes de choc, armés des fusils automatiques dérobés pièce par pièce à l'usine de la Gustloff, qui ont occupé la tour de contrôle de Buchenwald, le 11 avril 1945, au moment de la débandade des SS. «La première vague d'assaut est lancée contre la fameuse tour, sous les ordres d'un Tchèque que l'on appelle Pedro», dit Olga Wormser-Migot dans son livre *Quand les Alliés ouvraient les portes...* À ceci près qu'il était slovaque et que cela a lourdement pesé sur sa vie, plus tard, ce Pedro-là est le mien : mon copain Kaliarik. Moi, je n'ai fait partie que de la deuxième vague, de la réserve qu'on a armée à la porte du camp avec les mitraillettes, les *Panzerfaust* — c'est-à-dire les bazookas, puisqu'il n'y a pas de mot français, semble-t-il, pour cet engin individuel antichar — et autres armes prises dans les postes de garde des SS. Ainsi s'est-on retrouvés, Kaliarik et moi, sur la route de Weimar, dans la forêt de hêtres chère à Goethe, cette fameuse nuit du 11 avril. On parlait beaucoup castillan, cette nuit-là, dans les sous-bois autour de Weimar.

Mais nous n'avons pas échangé de bien longues salutations, quelques jours plus tard, en nous quittant. Nous n'avons pas non plus échangé nos adresses, nous n'en avions pas. Nous n'avons échangé que nos bottes. Il se trouvait que les bottes en cuir que j'avais récupérées dans le magasin des casernes SS lui allaient mieux qu'à moi. Et vice versa, celles qu'il avait récupérées lui-même m'allaient mieux qu'à lui. Nous avons fait cette découverte importante un jour de la mi-avril, assis au soleil devant le block 40, quelques jours après la fin de cette guerre-là. Alors, bien entendu, nous avons échangé nos bottes. Ainsi, le 1ᵉʳ mai 1945, quand je suis arrivé à Paris juste à temps pour assister au défilé du Premier Mai, j'avais aux pieds les bottes de Kaliarik. J'ai pensé à lui, d'ailleurs. Pas seulement à cause de ces bottes souples qu'il avait échangées contre les miennes. À cause de la bourrasque de neige légère qui est tombée sur Paris, ce jour-là, le jour de ce Premier Mai, au moment où se disloquait le défilé du Premier Mai, du côté de la place de la Nation. J'ai regardé les tourbillons de neige légère et j'ai pensé aux copains, bien sûr.

Mais c'est seulement vingt ans après, en 1964, que j'ai revu Kaliarik et que j'ai appris son vrai nom, Ladislav Holdos.

J'avais rendez-vous chez des amis, boulevard Voltaire, pour rencontrer les London, que je ne connaissais pas. C'est-à-dire qu'en 1945, à mon retour de Buchenwald, j'avais croisé une fois Artur London, à la sortie d'une réunion, à Paris. J'étais avec Michel Herr mais je ne me souviens plus si celui-ci nous a présentés ou bien s'il s'est borné à me dire que ce grand type maigre et voûté, là-bas, qui rentrait de Mauthausen, était «Gérard», le légendaire dirigeant de la MOI. Ça n'a guère d'importance, de toute façon. La scène n'avait duré, présentation ou pas, que quelques secondes.

En 1964, lorsque nous nous sommes vraiment connus, chez des amis, boulevard Voltaire, London nous a fait le récit, pendant des heures de respiration retenue, de haine et d'angoisse accumulées, multipliées, de toutes les péripéties de son arrestation, de son procès et de son emprisonnement en Tchécoslovaquie. Et sans doute, tel du moins qu'il s'est gravé dans ma mémoire, ce récit-là était-il plus implacable, plus dénué de toute volonté de justification autobiographique, que la transcription des mêmes événements que London produisit des années plus tard dans *L'Aveu*. Mais ce n'est pas encore le moment, pas encore l'heure de parler de *L'Aveu*. N'oublions pas que je me dois de respecter l'ordre chronologique. En fait, et malgré les détours sinueux et sournois de la mémoire, qui prennent des allures de «retour en avant» — comme on pourrait dire en s'inspirant du terme «retour en arrière» de la technique cinématographique — à cause des traces perdues et retrouvées de Kaliarik, qui s'appelait en réalité Holdos, malgré tout cet apparent va-et-vient, donc, nous sommes toujours en train de revivre un dimanche de décembre 1944, à Buchenwald. *L'Aveu* n'a pas encore sa place dans cette expérience revécue. Ce qui m'intéresse à présent, dans cette nuit de l'automne 1964, boulevard Voltaire, chez Jean Pronteau, ce n'est pas le récit d'Artur London qui allait fournir la matière de *L'Aveu*, quelques années plus tard, c'est la présence de Pedro Kaliarik. C'est celui-ci qui avait partagé avec moi le dimanche en question, et beaucoup d'autres dimanches, à Buchenwald.

Je suis donc entré dans cet appartement du boulevard Voltaire, un soir, chez Jean Pronteau. Il y avait les London. Il y avait aussi cet homme que j'ai immédiatement reconnu. Pedro, mon copain slovaque de Buchenwald.

Ç'aurait pu être une fête de retrouver Kaliarik, pourquoi pas ? Vingt ans après, on serait tombé à l'improviste sur un copain, on aurait eu plein de choses à évoquer, plein de souvenirs. On aurait commencé par ces paires de bottes qu'on avait échangées. Tu te souviens, les bottes qu'on avait prises dans le magasin SS ? J'aurais pu raconter à Pedro ce que ses bottes étaient devenues. Ensuite, on aurait évoqué ces journées d'avril, après la libération du camp. Tu te souviens, Pedro, la nuit, sur la route de Weimar, cette famille de nazis qui s'est fait ramasser par l'une de nos patrouilles ? Il s'en serait souvenu, Pedro. On aurait évoqué ainsi plein de choses enfouies dans la mémoire, dormantes, prêtes à servir, pourtant, prêtes à renaître. On aurait ri bêtement, béatement, à tous ces souvenirs revenus. Il y aurait eu, sans doute, l'ombre des copains partis en fumée. Elle aurait glissé sur nous, un instant, léger et fraternel. Il y aurait eu la cheminée du crématoire, sans doute, dans l'image ensoleillée de cet avril lointain de la mémoire. Mais nous aurions ri, sans doute, malgré l'ombre de la mort, malgré les fumées du crématoire.

Ce n'est pourtant pas trop demander à la vie que de connaître cette joie de retrouver un copain comme Pedro, vingt ans après, par hasard, et d'évoquer avec lui l'innocence rutilante du passé.

Mais ça n'a pas été possible. Nous n'avons pas pu évoquer le passé. Ou plutôt, si, nous avons évoqué le passé, mais ce n'était pas le passé de Buchenwald. Ce n'était pas le passé de l'innocence. Car Kaliarik était rentré chez lui, en 1945. Il était redevenu Holdos, Ladislav Holdos. Sous ce nom, son vrai nom, il était devenu membre du présidium et du secrétariat du PC de Slovaquie. Et puis député, et vice-président du Conseil national slovaque. Mais en 1951, au début de l'année, Holdos est arrêté. Il est accusé de faire partie d'un groupe nationaliste-bourgeois slovaque, autour de Clementis. Le 21 février 1951, le comité central du PC de Tchécoslovaquie entend un rapport sur *La découverte du travail d'espionnage et de sabotage de Clementis et du groupe fractionnel antiparti des nationalistes-bourgeois dans le PC slovaque.* Les mois passent, le scénario des procès change. Finalement, Clementis ne sera pas le protagoniste principal, la vedette d'un procès public où seront démasquées devant le bon peuple réuni et horrifié les horreurs du nationalisme slovaque. Clementis sera transféré, pour y tenir un rôle secondaire, dans le procès Slánský. Il sera condamné à mort avec celui-ci, en 1952. Il sera exécuté et ses cendres dispersées au vent, sur une route glacée des environs de Prague. Les cendres de Clementis et de Josef Frank seront dispersées en même temps, mêlées et confondues, sur une route enneigée de Bohême.

Les coaccusés de Clementis, quant à eux, parmi lesquels on trouve, aux côtés de Holdos, Novomesky, Okali, Horvath et Husak — mais oui, Husak ! sorti des prisons staliniennes pour faire, implacablement, la politique répressive des héritiers de Staline, après août 1968 — doivent attendre encore des années qu'on mette au point en haut lieu le scénario de leur procès, qu'on établisse le protocole minutieusement élaboré de leurs déviations et qu'on écrive le texte de leurs confessions. Ils ne seront jugés, finalement, qu'en avril 1954, du 21 au 24 de ce mois, à Bratislava.

J'écoutais Pedro, dix ans plus tard, à Paris, boulevard Voltaire, en 1964, à l'automne. Une colère désespérée m'envahissait. La même colère qui faisait trembler la voix de Pedro, sans doute.

Quelques semaines auparavant, Nikita Sergueïevitch Khrouchtchev avait été renversé. Une page de l'histoire était tournée. La seule et unique possibilité que l'histoire aurait offerte au communisme de réformer son système politique — sans les affrontements sanglants d'une révolte généralisée, et forcément chaotique, sans les destructions massives d'un conflit militaire extérieur — serait définitivement gâchée. Plus aucune autre possibilité historique de cet ordre ne mûrirait jamais. Et sans doute Nikita Sergueïevitch avait-il été victime, avant tout, de ses propres contradictions, de sa stratégie pour le moins incertaine. Il avait succombé sans doute aux limitations historiquement déterminées de son entreprise, qui n'aurait pu réussir — en tant que stratégie réformiste — que par le déploiement d'un mouvement démocratique de masse qui aurait porté en lui, bien sûr, les germes du dépassement négateur de ladite entreprise. On l'avait bien vu en Pologne et en Hongrie, on commence à le voir en Chine. Mais Nikita Sergueïevitch n'avait pas seulement été sacrifié par ses pairs, qui rétabliraient le pouvoir absolu de la nouvelle classe dirigeante, confortée par la liquidation khrouchtchévienne de la Terreur, dans la mesure tout au moins où cette Terreur la concernait en tant que classe ; il avait également succombé sous l'incompréhension, les attaques, les dérobades et le travail de sape de la majorité du mouvement communiste international. Une fois de plus, et avec une conséquence obscure et inavouée — inavouable — digne d'une analyse approfondie qui ne peut même pas être esquissée ici, le mouvement communiste dans son ensemble, et quelles qu'eussent été les exceptions, parfois intéressantes, avait joué le rôle néfaste pour lequel il avait été véritablement créé, quoi qu'on feigne de croire. Dans les années 30 de ce siècle il avait facilité, par sa soumission abjecte et inconditionnelle, la stalinisation définitive du système. Vingt ans plus tard, dans les années 50, le mouvement communiste international empêchera la propagation de l'onde de choc provoquée par le XXᵉ congrès du PCUS. Sous l'impulsion du PC français à l'ouest, et du PC chinois à l'est, il bloquera la situation à un niveau tolérable pour les appareils nationaux.

Mais je n'allais pas regretter la disparition de Nikita Sergueïevitch, à l'automne 1964, dans cet appartement du boulevard Voltaire où j'ai retrouvé Ladislav Holdos. À cette époque-là, je n'avais plus rien à regretter, plus rien à espérer non plus. J'étais allé jusqu'au bout de ma bataille personnelle — baroud d'honneur : pour une fois, l'expression toute faite sonnait juste — au sommet de l'appareil dirigeant du PCE. Peu de temps auparavant, le 3 septembre 1964, j'avais été convoqué par une délégation du comité exécutif. On m'avait donné rendez-vous, à deux heures de l'après-midi, devant la mairie d'Aubervilliers. Je connaissais assez bien tous les appartements, tous les pavillons de cette banlieue où nous avions fait pendant des années des réunions clandestines de la direction du PCE, pour imaginer dans lequel celle-ci allait se dérouler. On aurait même pu, pour s'éviter des détours inutiles, me donner directement rendez-vous dans l'un de ces appartements. Mais pas du tout. Le réflexe policier, qu'on justifie dans tous les partis communistes par d'hypocrites raisons de «vigilance révolutionnaire», avait déjà pleinement joué. Ce jour-là, 3 septembre 1964, à cette heure-là, deux heures de l'après-midi, avant cette réunion à laquelle j'avais été convoqué, j'étais encore membre de la direction du PCE : membre du comité central du parti, provisoirement écarté du comité exécutif, en attendant qu'on examine mes déviations politiques. Mais j'étais déjà traité en ennemi, comme un traître en puissance. Ainsi, non seulement ne m'avait-on pas donné rendez-vous directement dans l'appartement où nous devions immanquablement nous retrouver, mais, de surcroît, la voiture qui était venue me chercher devant la mairie d'Aubervilliers faisait-elle nombre de tours et de détours, comme s'il s'était agi de semer un poursuivant ou de me faire perdre à moi-même le sens de l'orientation. Ce qui me chagrinait le plus, dans cette sinistre comédie, c'était que le copain qui accompagnait le chauffeur de la voiture et qui était chargé de me conduire à bon port était l'un de mes anciens compagnons de clandestinité, à Madrid. «Bernardo», d'ailleurs, faisait preuve d'une nervosité grandissante. Alors, pour finir de l'accabler, je l'ai couvert de sarcasmes. Je lui ai dit qu'ils étaient inconséquents, qu'ils venaient de démontrer une fois de plus à quel point ils étaient incapables d'un travail sérieux. Car de deux choses l'une : ou j'étais un ennemi ou je n'en étais pas un. Leur façon de se comporter avec moi comme des flics laissait entendre qu'ils me considéraient comme un ennemi. Peut-être même comme un flic. Mais alors, ils étaient vraiment trop cons. Car si j'étais un flic, je l'étais forcément depuis longtemps. Je n'étais pas devenu flic ce matin, en me lavant les dents. Donc, j'aurais déjà pu donner l'adresse de cet appartement vers lequel ils me conduisaient immanquablement, malgré la comédie de leurs tours et détours. J'aurais pu donner, en vérité, beaucoup d'autres adresses. — Sais-tu, «Bernardo», lui disais-je, combien d'adresses clandestines je connais, ici et à travers toute l'Espagne ? As-tu la moindre idée des secrets que je pourrais livrer et que tu ne parviendrais pas à protéger, quels que fussent tes efforts ? Tiens, tu l'ignores toi-même, mais veux-tu que je te donne les adresses et les mots de passe pour pénétrer dans toutes nos imprimeries clandestines, à Madrid ? Et «Bernardo» était de plus en plus inquiet. Le chauffeur aussi, d'ailleurs. Il commençait à conduire de façon tout à fait imprudente, ce que je n'ai pas manqué de lui faire observer. — Tiens, «Bernardo», lui disais-je encore, tu ne connais sûrement pas l'adresse clandestine de Carrillo, nous sommes très peu nombreux à la connaître, je vais te la dire ! Veux-tu aussi son numéro de téléphone ? Mais «Bernardo» me demandait de me taire, affolé. Et pourquoi donc me tairais-je, «Bernardo» ? Tu ne m'as pas mis un bâillon, ni un bandeau sur les yeux. Tu aurais dû le faire, d'ailleurs, si tu avais été conséquent. À quoi ça sert, tous ces tours et détours, puisque je sais d'avance où nous allons aboutir ? À quoi ça sert de me demander de me taire puisque personne n'arrivera plus jamais à m'interdire de prendre la parole, et c'est bien ça qui vous emmerde !

Quoi qu'il en soit, le 3 septembre 1964, une délégation du PCE m'a communiqué que le comité central avait ratifié mon exclusion du comité exécutif et qu'on attendait de moi la rectification de mes opinions erronées. Mais je me suis refusé une nouvelle fois — une dernière fois — à pratiquer l'exercice délicieusement masochiste et sécurisant de l'autocritique stalinienne et les choses en sont restées là, après quelques empoignades verbales de pure forme. Je veux dire que nous savions déjà, les uns et l'autre, à quoi nous en tenir.

Ainsi, cette nuit de l'automne 1964, quand j'ai retrouvé Pedro, boulevard Voltaire, j'étais déjà de l'autre côté. Je ne regrettais plus rien, je n'espérais plus rien. Et pourtant, une sombre colère inutile — parce que totalement désespérée, totalement incapable de nourrir quelque action que ce fût — m'envahissait encore, à écouter le récit de Pedro.

En avril 1954, donc, Pedro avait comparu devant un tribunal, à Bratislava. Le procès s'était déroulé selon le scénario établi par le secrétariat du comité central du PC tchécoslovaque. Pedro, c'est-à-dire Ladislav Holdos, avait été condamné à treize ans de prison.

Le procès avait commencé le 21 avril 1954. Neuf ans plus tôt, jour pour jour, le 21 avril 1945, Pedro et moi avions échangé nos bottes, à Buchenwald. On pourrait s'étonner de la précision de ce souvenir, qui tombe vraiment trop bien, pourrait-on dire. Mais cette précision est tout aussi indiscutable que banale. Car il se trouve que nous avons échangé nos belles bottes de cuir souple, Kaliarik et moi, l'avant-veille de mon départ de Buchenwald, dans un camion de la mission de rapatriement de l'abbé Rodhain. Et comme j'ai quitté Buchenwald le 23 avril, date facile à retenir parce que c'est le jour de la Saint-Georges et que ça m'avait amusé de repartir de Buchenwald le jour de la Saint-Georges, saint patron de la cavalerie du même nom et encore plus vénéré patron de la Catalogne, il est donc tout simple d'en déduire que nous avons échangé nos bottes le 21. Neuf ans plus tard, jour pour jour, s'ouvrait le procès de Ladislav Holdos, à Bratislava.

Je pensais à tout cela, en écoutant le récit de Pedro, boulevard Voltaire, tant d'années après, presque vingt ans après cet adieu à Buchenwald. Je pensais aussi que le procès de Pedro avait donc finalement eu lieu plus d'un an après la mort de Staline. Je pensais que Staline avait continué à tuer, à emprisonner, à calomnier, à détruire des vies, même après sa mort. Je pensais qu'en 1945 les déportés continuaient à mourir, à Buchenwald, même après la libération. Les survivants juifs d'Auschwitz continuaient à mourir, dans le Petit Camp de Buchenwald. Je pensais que Staline avait été, à lui tout seul, comme un immense camp de concentration, comme une chambre à gaz idéologique, comme un four crématoire de la Pensée Correcte : il continuait à tuer même après sa disparition. Je pensais surtout que Staline détruisait l'innocence possible de notre mémoire. Car on aurait pu tomber dans les bras l'un de l'autre, Pedro et moi, ce soir-là, boulevard Voltaire, chez Jean Pronteau. Tomber dans les bras d'un copain d'autrefois, sans arrière-pensée, sans souvenirs troubles ni troublés. On aurait pu évoquer cette paire de bottes échangée, ce bonheur ancien de Buchenwald : le bonheur d'avoir tenu notre place, rien d'autre que notre place, librement, avec tous ses risques et ses moments d'angoisse, avec tous ses infimes éclats d'espérance et de joie, notre place dans le combat pour une juste cause. Mais ce n'était plus possible, désormais. Nous sommes tombés dans les bras l'un de l'autre, certes, mais non pas pour évoquer ces bottes de cuir souple échangées le 21 avril 1945 : pour évoquer le procès qui s'était ouvert à Bratislava, neuf ans après, jour pour jour. Nous étions tombés dans les bras l'un de l'autre et une sombre colère nous envahissait, tous les deux. Une colère inutile et coupable. Inutile parce qu'il n'y avait plus rien à espérer, quoi qu'on eût feint de dire, parfois, dans l'inertie d'un mouvement idéologique qui ne conçoit pas de lutte sans espoir, ni de persévérance dans la lutte sans succès. Et coupable parce que Pedro se rappelait sans doute les aveux qu'on lui avait arrachés, et que moi je me souvenais de mes silences sécurisants d'autrefois et de ma surdité serve et volontaire aux cris de certains de ces suppliciés qui avaient été mes camarades.

Il n'y avait plus de mémoire innocente, plus pour nous.

Mais je suis à Buchenwald, en décembre 1944. C'est ça, fin décembre, un dimanche. J'étais sorti du camp avec Henk Spoenay. Je reviens tout seul de la Mibau, Henk y a été retenu. Tout à l'heure, il y a une éternité, sur le chemin de l'aller, avant tous ces détours dans l'avenir de ma mémoire, Henk et moi nous avions parlé des Russes.

— Ils sont fous, les Russes ! avait-il dit.

Je n'avais pas encore entendu parler de la Kolyma.

Au bout de la longue avenue enneigée se dresse le portail monumental de l'entrée du camp, surmonté par la tour de contrôle.

Je marche au soleil, lentement.

— C'est un rêve, avait dit Henk, tout à l'heure, sur la place d'appel.

Mais qu'est-ce qui est un rêve ? Ce paysage est-il un rêve que je fais, avec sa neige d'une blancheur bleutée, son soleil pâle, la fumée calme là-bas ? Ou bien est-ce moi qui suis un rêve que fait ce paysage, qui se fait dans ce paysage, comme une fumée à peine plus dense que celle de là-bas ?

Ne suis-je qu'un rêve de future fumée, prémonition rêveuse, en quelque sorte, de cette inconsistance fumeuse que serait la mort ? La vie ? Ou encore, tout ceci, cet univers du camp, et les copains, et Fernand Barizon, et Henk, et le Témoin de Jéhovah, et l'orchestre de Jiri Zak, toute cette vie grouillante n'est-elle qu'un rêve dont je ne serais que l'un des personnages et dont quelqu'un, un jour, celui qui l'aura rêvé, peut-être, pourra se réveiller ? Et même tout le reste, le dehors, tout ce qu'il y a eu avant, tout ce qu'il y aura après, n'est-ce pas qu'un rêve ?

J'éprouve une sorte de vertige sous le soleil pâle de ce rêve hivernal. Ce n'est pas inquiétant. Ce n'est même pas désagréable. Il n'y a plus de critère de réalité, tout simplement. Je ne suis pas assez stupide pour me pincer, pour prétendre vérifier mon état de veille à cette douleur aiguë, brève, précise, que produirait le pincement. Car cela ne prouverait rien, bien entendu.

Il n'y a plus de critère de réalité, tout est possible. Je fais encore quelques pas, je m'arrête.

Goethe pourrait apparaître, au bout de l'avenue, avec son fidèle Eckermann, ce fieffé con. N'était-ce pas ici leur lieu de promenade préféré ? Goethe et Eckermann, sur l'avenue bordée de colonnes de granit surmontées d'aigles héraldiques, hiératiques.

Ils pourraient apparaître entre les arbres, du côté du Falkenhof.

«Aujourd'hui, pourrait écrire Eckermann plus tard, malgré le froid très vif, Goethe a exprimé le désir de faire une promenade sur l'Ettersberg.»

«J'ai pensé ce matin, m'a dit Goethe, que mon souvenir de ces belles forêts est empreint de la tiédeur, déclinante et fauve, de l'automne, ou bien marqué par l'ardeur prochaine, jaillissante, dont on devine déjà la verdeur virile, du printemps. Ma mémoire de l'Ettersberg semble associée aux couleurs du mois de mai et à celles de septembre, aux odeurs de ces deux saisons. Et pourtant, je suis certain d'être allé parmi ces beaux arbres en plein hiver, pour d'aimables courses en traîneau, parfois nocturnes, à la gaie lumière des torches. Mais ce souvenir s'est estompé. En vieillissant, a ajouté Goethe, il semble que je me réfugie dans la moiteur d'une mémoire plus douillette.

«Je n'ai pas pu m'empêcher de sourire, en entendant Goethe parler du vieillissement. Il y a une telle vivacité, une telle jeunesse de l'âme sur son visage empreint de noble majesté ! Comment pourrait-on croire que cet homme admirable, ce génie goethéen, sera bientôt deux fois centenaire ?

«À ce propos, je n'ai pu éviter une pensée un peu mélancolique. Pourvu que cette malheureuse guerre soit finie, dans cinq ans, en 1949, afin que le deuxième centenaire de la naissance de mon maître puisse être convenablement célébré par l'ensemble des peuples européens, pacifiés, réconciliés à l'occasion précisément de cette commémoration ! Quel malheur si cela ne devait pas se produire, et quelle perte pour l'humanité !

«Qui, en effet, mieux que Goethe lui-même, pourrait recevoir à Weimar les grands de ce monde, à l'occasion de ce congrès de la Paix universelle qui clôturerait, en apothéose, les fêtes du deuxième centenaire de sa naissance ? Après l'inévitable, et désormais proche défaite du Reich — défaite dont Goethe prédit que la nation allemande y puisera les forces d'un nouvel essor —, quel homme politique allemand, en effet, pourrait mieux que Goethe incarner l'histoire et la sagesse allemandes ? Qui pourrait mieux que Goethe plaider auprès du président Roosevelt, du maréchal Staline, du Premier ministre Winston Churchill et du général de Gaulle la cause de la participation allemande à la reconstruction de l'Europe ?

«Quoi qu'il en soit, Goethe était ce matin d'humeur fort agitée, un tant soit peu fébrile, quand je suis arrivé dans son cabinet de travail. Il contemplait distraitement quelques icônes russes, gracieusement envoyées par le colonel von Sch. qui se bat sur le front de l'Est, et avec lequel Goethe maintient une correspondance du plus haut intérêt. J'ai commencé à lui faire un résumé de la presse dominicale, mais il a bientôt interrompu d'un geste brusque cette lecture fastidieuse.

« — Cessons un instant, m'a-t-il dit, de nous occuper des affaires du monde ! Quoi de neuf, en fait, sous le soleil, mon bon Eckermann, mon cher, pour moi qui étais à Valmy, qui ai vu déferler la marée de la Révolution française, qui ai vu naître et s'éteindre la gloire de Napoléon ? Non, vraiment, l'histoire est tristement répétitive. Sur ce point, combien avait-il raison, mon vieil ami, le professeur G.W. F. Hegel ! Vous avez connu le professeur Hegel en octobre 1827, lorsqu'il était de passage à Weimar et que j'offris un thé en son honneur. Mais à l'époque à laquelle je pense, l'époque d'Iéna, vous n'étiez pas encore auprès de moi, mon cher Eckermann ! Iéna, mais c'était le centre du monde civilisé, mon bon ! J'en garde un souvenir ébloui et pas seulement, comme le prétendent certains bien méchamment, à cause de la petite Minna Herzlieb, ma Minchen ! Pas du tout ! Iéna, à cette époque, avec son université, dont j'avais à m'occuper en raison de mes fonctions auprès du grand-duc, était l'endroit où vivaient et travaillaient certains des plus grands esprits allemands de ce siècle — je veux dire, du siècle dernier ! Schiller et Fichte, Schelling et Hegel, et Humboldt, et les frères Schlegel, et Brentano, et Tieck, et Voss, et j'en oublie ! Tout ce monde travaillait dans des conditions misérables, car la richesse de l'esprit, en Allemagne, a souvent fleuri sur le sol nourricier de la misère matérielle ! Je me souviens qu'une fois j'ai dû faire donner dix thalers à Hegel par un ami commun, le brave Knebel, tellement le Professeur se trouvait aux abois !

«Mais, chassant d'un geste ces souvenirs mélancoliques autant que sublimes, Goethe s'écria : — Aujourd'hui, j'ai envie de vous emmener sur l'Ettersberg. L'observation de la nature hivernale nous fournira sans doute maint sujet de conversation.

« J'ai approuvé ces paroles, tout en me demandant si c'était là le vrai motif de l'impatience de Goethe. Je soupçonnais que ce n'était pas le cas, je ne sais pas pourquoi. Sans tarder, j'ai commandé le traîneau, et nous sommes bientôt partis, emmitouflés sous un amas de fourrures, au trot de deux robustes chevaux empanachés, à l'assaut des pentes de l'Ettersberg, cette belle colline, hélas ! bien abîmée par la construction d'un camp de travail correctif, *Umschulungslager*, où sont enfermés des criminels de plusieurs nationalités.»

Il y a un bruit sur ma gauche, qui me distrait de cette rêverie.

Une gerbe de neige étincelle au soleil, derrière un rideau d'arbres, du côté des casernes. Un camion militaire, sans doute, dont les roues auront patiné sur la neige fraîche. Ça n'a duré qu'une seconde. Une sorte de bruissement feutré, lumineux.

C'est fini, le silence est revenu.

Tant qu'à faire, ça ne me coûte rien d'imaginer que le traîneau de Goethe s'est arrêté là-bas, brusquement, faisant voltiger la neige. Goethe a peut-être exprimé le désir de visiter le Falkenhof.

Je suis là, immobile dans le soleil froid de ce dimanche de décembre, à rêver à quelque apparition de Goethe et d'Eckermann, au bout de l'avenue bordée d'aigles hitlériennes.

Je bouge un peu, je tape des pieds sur la neige tassée, je souffle dans mes doigts. L'avenue est toujours déserte.

On peut imaginer n'importe quoi, un dimanche de décembre, dans ce paysage historique, sur la colline de l'Ettersberg. Le grand-duc Charles-Auguste a organisé des chasses ici en l'honneur de Napoléon, après les entretiens d'Erfurt. Je pourrais tout aussi bien imaginer l'apparition de Napoléon au détour d'un sentier, dans l'uniforme des chasseurs de la Garde qu'il portait le jour où il a reçu Goethe, à Erfurt. «Voilà un homme !» aurait-il dit, en parlant de Goethe, ce qui, tout compte fait, est une exclamation assez banale. Ensuite, à Weimar, au cours de la somptueuse réception où se pressaient, ambitieux et serviles, tous les noblaillons allemands, sous les regards ironiques de Talleyrand, il aurait encore lancé à Goethe ces mots qui ont fait fortune et que certains, ignares, prennent pour une phrase de Malraux : «Le destin, c'est la politique !»

Tout à coup, je vois l'arbre.

Sur ma gauche, au-delà du talus, un arbre solitaire, détaché de la masse neigeuse des arbres, me cachant la forêt. Un hêtre, sans doute. Je traverse l'avenue, je monte sur le talus, je marche dans la neige fraîche et molle, immaculée, je suis tout près de l'arbre, à le toucher. Je le touche. Cet arbre n'est pas une hallucination.

Je reste là, au soleil, à contempler cet arbre, béat. J'ai envie de rire, je ris. Ça dure des siècles, une fraction de seconde. Je me laisse investir par la beauté de cet arbre. Sa beauté d'aujourd'hui, neigeuse. Mais aussi la certitude de sa beauté viride, prochaine, inévitable, survivant à ma mort. C'est le bonheur, une sorte aiguë et violente de bonheur.

Mais le bruit que j'entends n'est pas non plus une hallucination. Ni la voix qui m'interpelle brutalement :

— *Was machst Du hier* ?

Je me retourne.

Un sous-officier des SS braque sur moi son pistolet Mauser neuf millimètres. Le bruit que j'ai entendu est facile à déchiffrer, rétrospectivement. Le SS vient de faire monter une balle dans le canon de son arme. C'est le bruit métallique de la culasse que j'ai entendu.

En vérité, que lui répondre ? Il me demande ce que je fais ici. Mais qu'est-ce que je fais ici ?

Une réponse explicite et détaillée nous mènerait trop loin. Il faudrait que je parle au sous-officier des SS de Hans, de Michel, de nos lectures, boulevard de Port-Royal. Il faudrait que je lui parle de Hegel. Nous savions le passage par cœur. *Die Knospe verschwindet in dem Hervorbrechen der Blüte…* Mais ça nous mènerait trop loin. Il est probable que le sous-officier des SS ne m'écouterait pas jusqu'au bout, surtout si l'on pense qu'un récit détaillé comporterait nombre d'incidentes, de digressions, de chemins de traverse. Il ne m'écouterait pas jusqu'au bout, il me tirerait sans doute une balle dans la tête avant la fin.

Ce serait dommage.

Alors, j'opte pour une réponse plus précise. Je lui dis que c'est à cause du hêtre, cet arbre merveilleux.

— *Diese Buche,* lui dis-je, *so ein wunderschönes Baum* !

Mais peut-être est-ce trop laconique. En tout cas, il me regarde comme un imbécile. C'est-à-dire comme si j'étais un imbécile.

Il finit par se détourner un instant. Il marche vers le hêtre, le contemple, cherche à comprendre de quoi il s'agit. Il fait un effort visible, mais visiblement infructueux. Il revient vers moi. Il braque de nouveau le pistolet sur ma poitrine. Il va hurler.

Mais je viens de comprendre que rien ne peut m'arriver. Ce n'est pas encore l'heure.

Le sous-officier des SS a beau avoir le visage tordu par une grimace haineuse, en me menaçant de son arme. Il aura beau hurler, je ne vois pas les signes annonciateurs de la mort, nulle part. Le SS a beau m'avoir débusqué hors des chemins autorisés, il a beau supposer que je tente de m'évader, il a beau avoir le droit, peut-être même l'obligation de m'abattre, je ne vois pas l'ombre lumineuse et légère de la mort, nulle part.

Elle est tellement absente de cet instant, l'ombre insatiable, poreuse et familière, de la mort, que le SS, sa haine, son pistolet, son droit de donner la mort en deviennent dérisoires. Il est tout simplement pitoyable, ce SS qui essaie de chausser les cothurnes de la tragédie, qui s'efforce de ressembler à l'ombre vaporeuse et vorace du destin.

La mort n'a pas le visage de ce sous-officier des SS, pas du tout.

C'est dans Giraudoux que j'ai appris à reconnaître la mort. D'ailleurs, à cette époque, pour mes vingt ans, j'avais presque tout appris dans Giraudoux. Tout l'essentiel, je veux dire. Comment reconnaître la mort, sans doute. Mais aussi comment reconnaître la vie, les paysages, la ligne de l'horizon, le chant du rossignol, la langueur lancinante d'une jeune femme, le sens d'un mot, la saveur fruitée d'un soir de solitude, le frémissement nocturne d'une rangée de peupliers, l'ombre vaporeuse de la mort : j'en reviens toujours là. En 1943, dans les fermes du pays d'Othe, moi, étranger, citadin de toujours, je savais comment parler aux paysans qui nous ouvraient leur porte, qui nous offraient le gîte et le couvert, malgré les risques de représailles nazies. Je leur parlais avec des mots de Giraudoux et ils me comprenaient. Ça leur semblait même tout à fait naturel, ce langage qui était pour moi la quintessence de la littérature. Je n'étais plus un étranger, un exilé des paysages et des mots de l'enfance. Les mots de Giraudoux m'ouvraient l'accès de leur mémoire de paysans et de vignerons français. Je pouvais leur parler du pain, du sel et des saisons avec les mots de Giraudoux. Alors, sans doute pour bien montrer qu'ils m'acceptaient dans leur communauté, ils me traitaient de «patriote». J'étais un «patriote» et je me battais pour l'avenir de leur mémoire, pour l'avenir de leurs vignes et de leurs champs de blé. Je mangeais la soupe épaisse et savoureuse, à la lumière des lampes, dans les fermes du pays d'Othe, du Châtillonnais, de l'Auxois et je hochais la tête lorsque le chef de famille me félicitait d'être un «patriote». Je pensais à Giraudoux. J'imaginais Simon et Sigfried, Suzanne et Juliette me faire un sourire complice. Nous étions heureux, eux et moi.

Ce jour-là, donc, en 1944, sous le soleil de décembre, auprès de ce grand arbre couvert de neige, à l'écart de l'avenue bordée de hautes colonnes, tout ce que j'ai appris dans Giraudoux me permet d'affirmer que ce n'est pas encore l'heure. Pas encore mon heure, comme on dit.

Curieusement, c'est souvent dans des endroits paisibles et plaisants qu'il m'est arrivé de reconnaître la mort : des bals populaires, des quais le long d'un fleuve, des clairières à l'automne. Elle ne me remarquait pas, bien sûr, sinon je ne serais pas ici à raconter cette histoire. Tous mes efforts pour attirer son attention étaient vains, présomptueux. Ce n'est pas avec moi qu'elle avait affaire. La mort était une jeune femme qui ne me voyait pas : ça me vexait.

Peu à peu, au fil des ans, j'ai appris ainsi à déceler sa présence, même quand elle abandonnait son apparence terrestre, quand elle se cachait dans le souffle du vent, le bruit des rames sur une eau transparente, ou le pas d'un cheval, ou le frémissement feuillu d'un tremble, l'ondoiement des blés mûrs. Même quand elle devenait tout bêtement paysage, feu clignotant à un carrefour, tasse inerte sur une table, je la reconnaissais.

À Paris, à l'automne 1975, je l'avais reconnue.

Vous voyez comme c'est compliqué, l'ordre chronologique. J'étais en train de vous emmener avec moi, en décembre 1944, sur l'avenue des aigles impériales qui aboutissait à l'entrée monumentale du camp de Buchenwald. Et puis, tout d'un coup, à cause de Varlam Chalamov, de ses *Récits de la Kolyma*, j'ai été obligé de faire un détour par Londres, au printemps, en 1969, et nous voici il y a quatre ans, à Paris, à cause de Giraudoux, cette fois-ci, non plus de Chalamov. C'est-à-dire, en 1975, quatre ans à compter d'aujourd'hui, à rebours. Donc, trente et un ans après décembre 1944. Ça va et ça vient dans la mémoire, c'est fou.

C'était en 1975, à Paris, l'automne.

Cette fois-là, la mort m'est apparue dans une brasserie du XVIe arrondissement. L'endroit peut paraître incongru, mais l'heure était propice : minuit.

Nous étions quatre, nous revenions d'un spectacle. À une table voisine, un groupe bruyant dînait au champagne. Des hommes et des femmes qui brassaient l'air, et les mots et les rires, pour se prouver à eux-mêmes qu'ils existaient. Comme s'ils craignaient, au moindre silence, au premier ange qui serait passé par là, de se décomposer, de disparaître. Que seraient-ils devenus, à tomber la tête la première dans un trou occasionnel de la conversation ? Peut-être des tas informes de viande pourrissante, des monceaux de trognons de légumes, des amoncellements d'ordures ménagères, qu'il aurait fallu balayer à l'aide de grands jets d'eau. Ils seraient devenus ce qu'ils étaient, en somme : des personnages d'une peinture de Bacon.

En attendant, ils se tenaient bien droits, fébriles, dans la fumée des cigares et le délire de la parlote, faisant un effort désespéré pour se prouver que leur vie était gaie, qu'elle valait la peine d'être vécue, n'arrivant pas à s'en convaincre totalement, sans doute. Car la phosphorescence vacillante qui les auréolait — et qui n'émanait pas d'eux, qui n'était sur eux que le reflet pentecôtique d'une étoile déjà morte, très loin, au fond des siècles — cette lumière trouble n'était qu'un feu follet. Ça puait le cadavre, à la table voisine.

QUATRE

— Tu voulais me voir, vieux ?

Je m'adresse à Daniel, dans le bureau de l'*Arbeitsstatistik*. Il se tourne vers moi, souriant.

Il est souvent souriant, Daniel. En ce qui me concerne, je l'ai toujours vu souriant. Mais enfin, je suppose que ça doit lui arriver aussi de ne pas être souriant. De temps en temps, ça doit lui arriver. Alors, par souci de vérité, je ne dis pas qu'il est toujours souriant je dis seulement qu'il est souvent souriant : je suis un écrivain réaliste, n'en doutez pas.

— Dis donc, tu t'étais tiré ! me dit Daniel.

Oui, je m'étais tiré avec Henk Spoenay.

Finalement, le SS qui m'avait débusqué près du grand hêtre s'était décidé à me ramener à la porte du camp, le canon de son Mauser enfoncé dans le dos. Dans cet opéra bouffe, ce n'est pas le rôle d'ange de la mort qui lui avait été assigné. Il avait dû le sentir à la dernière minute.

Il m'avait ramené à la porte du camp et l'officier de garde, le même qui nous avait laissés passer, Henk et moi, une heure auparavant, avait jailli de son bureau. Ils me poussèrent dans une pièce sans fenêtres, au rez-de-chaussée de la tour de contrôle. Ils criaient tous les deux, ils consultaient le cahier de rapport, ils se fâchaient tout rouge.

J'allais recevoir des coups dans la gueule, c'était prévisible.

Mais le *Hauptsturmführer* Schwartz arriva à ce moment-là. Il prit les choses en main.

Je m'étais présenté à lui, de nouveau, dès qu'il était entré dans la pièce. Raide, tête droite, criant mon numéro de matricule, le nom de mon kommando, la raison de ma présence hors de l'enceinte. Une présentation impeccable, sans aucun doute. Je commençais à être très fort à ce petit jeu.

Le *Hauptsturmführer* Schwartz reprit mon interrogatoire d'une voix sèche. J'y répondis tout aussi sèchement : service, service. Tous les militaires du monde aiment la concision, mais les SS, eux, en raffolent.

Schwartz avait vérifié que je m'étais bien présenté avec Henk Spoenay, une heure auparavant, à l'officier de garde. Il avait constaté que nos numéros et la raison de notre sortie hors de l'enceinte avaient bien été inscrits dans le cahier de rapport. Il m'avait demandé pourquoi j'étais revenu seul. Je lui avais répondu que Spoenay avait été retenu plus longtemps que prévu à la Mibau, et qu'il m'avait renvoyé au camp pour reprendre le travail à l'*Arbeitsstatistik*.

Il hochait la tête, tout cela était régulier.

Il aborda ensuite l'aspect le plus délicat de l'interrogatoire. Je m'y étais préparé.

— Pourquoi t'es-tu écarté de la route ? me demande-t-il.

Je le regarde bien en face. Il faut qu'il voie l'innocence de mon regard.

— À cause de l'arbre, *Hauptsturmführer* ! lui dis-je.

Ça aussi, je sais que c'est un bon point pour moi, que je lui donne exactement le grade qu'il a dans la hiérarchie SS. Ils n'aiment pas qu'on s'emmêle les pieds dans la complication de leurs grades, les SS.

— L'arbre ? dit-il.

— Il y avait un arbre un peu isolé, un hêtre, très bel arbre. J'ai pensé tout à coup que ça pouvait être l'arbre de Goethe, je me suis approché.

Il a l'air très intéressé.

— Goethe ! s'exclame-t-il. Vous connaissez l'œuvre de Goethe ?

J'incline la tête modestement.

Il m'a dit « vous », peut-être sans s'en rendre compte. Le fait que je connaisse l'œuvre de Goethe l'a fait changer de ton, instantanément.

C'est beau, la culure, quand même.

— D'ailleurs, dit le *Hauptsturmführer* Schwartz, vous parlez très bien l'allemand. Où l'avez-vous appris ?

J'ai l'impression d'avoir déjà vécu cet instant, d'avoir déjà eu à répondre à cette même question.

C'est ça, il y a un an et demi, à peu près, dans le train qui nous conduisait vers Les Laumes, Julien et moi. Il y a eu un contrôle allemand et l'officier, après avoir regardé les papiers d'identité de tous les voyageurs, jette un coup d'œil sur les bagages.

— À qui appartient cette valise ? demande-t-il dans un français hésitant.

Je regarde et je vois qu'il montre ma valise, c'est-à-dire la valise que je transporte à Semur, remplie de mitraillettes Sten démontées et de chargeurs pleins. Julien en a une autre, sur le filet à bagages, au-dessus de sa tête.

Je ne regarde pas Julien. Je sais qu'il a un Smith & Wesson 11,43, comme moi, dans la ceinture de son pantalon.

Je me tourne vers l'officier de la Wehrmacht.

— *Das gehört mir* ! lui dis-je.

Je lui dis que cette valise m'appartient.

— *Ach so* ! dit-il, radieux. *Sie sprechen Deutsch* !

Il est heureux que je parle l'allemand, visiblement.

— *Also, bitteschön,* dit l'officier, poliment, *was haben Sie in diesem Handkoffer* ?

Il veut savoir ce que je transporte dans cette valise. C'est la moindre des choses. Je regarde dans le vague, comme si je faisais un effort pour me souvenir.

— *Zwei oder drei Hemde,* lui dis-je, *ein Paar braune Halbschuhe, ein grauer Anzug, und soweiter. Nur persönliche Sachen* !

J'énumère tous les effets personnels que je suis censé transporter dans ma valise.

L'officier remue la tête, radieux :

— *Sie sprechen ganz nett Deutsch,* dit-il. *Wo haben Sie's gelernt* ?

Il veut savoir où j'ai si bien appris l'allemand. Alors, je prends un air légèrement supérieur :

— *Bei uns zu Hause haben wir immer ein deutsches Fraülein gehabt* !

L'officier me sourit d'un air approbateur, presque complice.

— *Dankeschön,* dit-il en inclinant le buste.

Ça a l'air de flatter son orgueil national qu'il y ait toujours eu des institutrices allemandes dans ma famille. Ça a l'air de le rassurer totalement sur mon compte. Du coup, il ne s'inquiète plus du contenu de cette valise dont l'ouverture devient une formalité totalement superflue. Comme si un jeune homme qui a été élevé par des institutrices allemandes pouvait transporter dans sa valise quoi que ce soit d'interdit !

L'officier me fait un grand salut et quitte le compartiment.

Je m'aperçois alors que tous les autres voyageurs me regardent d'un air soupçonneux.

Julien aussi me regarde, pas d'un air soupçonneux, lui, mais éberlué.

— Comme ça, tu parles boche ? dit-il, en se penchant vers moi.

— Qu'est-ce que tu veux ? C'est la vie !

— Mais qu'est-ce que tu lui as raconté ?

— La vérité, tout simplement, lui dis-je.

Julien s'esclaffe.

— Par exemple ?

— Je lui ai dit ce qu'il y a dans ma valise. C'est ça qu'il voulait savoir !

Julien se penche encore davantage vers moi. Il ne peut s'empêcher de rire.

— Et qu'est-ce qu'il y a, dans ta foutue valise ?

— Mais rien, lui dis-je, deux ou trois chemises, un complet gris, une paire de souliers, et voilà, des affaires personnelles.

Du coup, Julien manque de s'étrangler. Il se tape sur les cuisses, il n'en peut plus.

Les autres voyageurs nous regardent toujours, d'un air inquiet maintenant.

Mais c'était il y a un peu plus d'un an, dans le train qui nous conduisait de Joigny vers Les Laumes, Julien et moi.

Et c'est la même question que me pose aujourd'hui le *Hauptsturmführer* Schwartz. Il veut savoir où j'ai appris l'allemand. Je lui fais la même réponse.

— *Bei uns zu Hause haben wir immer ein deutsches Fräulein gehabt* !

J'explique au *Hauptsturmführer* qu'il y avait toujours eu des institutrices allemandes, chez nous, en Espagne. J'ai appris l'allemand dès mon plus jeune âge et je n'ai pas cessé de le pratiquer, pendant mes études. Oui, je connais l'œuvre de Goethe, je m'y intéresse même vivement.

Schwartz me regarde, il fronce les sourcils. Il a l'air d'avoir un problème.

— Des institutrices allemandes ? s'écrie-t-il. Vous êtes d'une bonne famille ! Mais alors, qu'est-ce que vous faites ici ?

Voilà son problème, à Schwartz. Il se demande comment je me suis débrouillé, malgré d'aussi bons antécédents sociaux, pour me retrouver ici avec tous ces voyous, ces terroristes, du mauvais côté de la barrière, en somme.

Je dois dire, mes origines sociales commencent à m'emmerder. Ou plutôt, la façon dont on les utilise contre moi, la façon qu'on a de me les jeter à la figure. Aujourd'hui, c'est le *Hauptsturmführer* Schwartz qui ne comprend pas pourquoi je suis ici, dans un camp de rééducation par le travail, malgré d'aussi bonnes origines sociales. Il ne comprend pas que je puisse m'intéresser à Goethe, ça ne cadre pas avec l'idée qu'il se fait d'un rouge espagnol détenu pour faits de résistance. Il fronce les sourcils, Schwartz, il est perplexe. Ça lui paraît louche.

L'autre jour, c'était Seifert, sentencieux, qui m'expliquait à quel point c'était gentil de m'accepter à l'*Arbeitsstatistik* malgré mes origines sociales. Un étudiant en philosophie, de famille bourgeoise, bon dieu, c'était la première fois qu'il voyait ça dans son bureau, Seifert ! Il me le faisait lourdement remarquer. J'avais l'impression d'être admis seulement à titre d'essai. À la moindre incartade, on me renverrait brûler éternellement en enfer, dans la marmite de mes origines de classe.

Plus tard, tout au long de ma vie politique, ç'a été la même chose. Mes origines de classe étaient là, tapies dans l'ombre, prêtes à me sauter sur le paletot à la moindre pensée discordante. Je passais mon temps à morigéner silencieusement mes origines sociales. Je leur parlais comme on parle aux bêtes domestiques : «Couchées, couchées ! N'emmerdez pas les invités !»

Mais soyons juste. Parfois, mes origines sociales étaient mises en valeur, positivement, avec une certaine insistance même, quand les camarades éprouvaient le besoin de souligner l'influence du parti, son rayonnement, son ouverture. Regardez, messieurs-dames, à quel point notre parti est large d'esprit, pas sectaire pour un sou ! Voici notre camarade Sánchez, issu d'une famille de la grande bourgeoisie apparentée à l'aristocratie : il y a des ducs et des duchesses parmi ses cousins et cousines ! Le camarade Sánchez est un intellectuel, n'est-il pas vrai ? Et pourtant, il a accédé aux plus hautes responsabilités dans notre grand et beau Parti communiste espagnol !

Je prenais l'air sage, modeste, comme pour une photo d'anniversaire ou de distribution de prix. J'entendais voleter autour de moi les petits anges joufflus et souffleurs de trompettes de mes origines sociales. Un vrai tableau de Murillo !

Bon, cette époque d'euphorie ne pouvait pas durer éternellement. Tout a une fin dans cette vie. Mes origines sociales ont fait leur réapparition, comme les sorcières de Macbeth, affublées des plus noirs oripeaux. Je n'étais de nouveau, tout compte fait, qu'un intellectuel d'origine bourgeoise, voué par essence au doute, aux vacillations, à l'esprit négateur, au manque de confiance, à l'anarchisme de grand seigneur. Le ver était dans le fruit, voyons !

Je les écoutais dire, mes camarades érigés en tribunal, assis à la longue table autour de laquelle se décidait mon sort, au mois de mars 1964, dans un ancien château des rois de Bohême. Je ne me sentais pas du tout coupable. Je les regardais, ces nouveaux puritains qui descendaient de la classe ouvrière comme les bonnes familles de Boston descendent du *Mayflower* ou le singe descend de l'arbre. Ils me faisaient plutôt rire. Aux larmes, il est vrai.

Je savais bien ce qu'ils étaient devenus, ces fils du peuple, la plupart d'entre eux, tout au moins : des fonctionnaires timorés et retors, attentifs au vent qui souffle dans les couloirs, les antichambres et les sérails de l'appareil. J'avais envie de leur dire que les dirigeants issus de la classe ouvrière, les Thorez, les Rakosi, les Ulbricht, les Gottwald, et j'en oublie, ils pouvaient se les garder, se les mettre où je pense. Mais ça ne servirait à rien d'essayer de leur expliquer. Ils étaient assis là, autour de la longue table où se décidait mon sort, comme les apôtres, sévères mais justes : une petite langue de feu se dressait sur leurs crânes, le Saint-Esprit était descendu sur leurs calvities, parce qu'ils étaient d'origine ouvrière, eux. Je n'avais qu'à retourner dans mon enfer.

Mais nous n'en sommes pas encore là. Aujourd'hui, ce n'est pas Seifert, ni Carrillo, qui me rappellent mes origines sociales. C'est le *Hauptsturmführer* Schwartz. Il s'étonne que je sois à Buchenwald, du mauvais côté de la barrière, avec de telles origines sociales.

Je serai donc toujours suspect, d'un côté comme de l'autre, pour des raisons inversement identiques. Un jour, il faudra bien que je leur explique, aux uns et aux autres, ce que c'est qu'un intellectuel communiste. Avant même la fin de ce livre, il me faudra leur expliquer plus en détail que c'est mon côté suspect, précisément, qui fait mon intérêt, qui est ma raison d'être. Si je n'étais pas suspect, je ne serais pas un intellectuel communiste issu de la bourgeoisie, mais un intellectuel de la bourgeoisie. Si je n'étais pas suspect, je ne serais qu'un intellectuel-chien-de-garde, ours savant, contribuant par mon travail idéologique à reproduire l'ensemble des rapports de production bourgeois. Si je suis suspect, c'est parce que j'ai trahi ma classe. Mais cette trahison ne m'est pas épisodique, elle m'est essentielle. Je suis un traître à ma classe parce que j'ai eu la vocation, la volonté, la capacité — la chance, aussi — de trahir avec la mienne toutes les classes, la société de classes dans son ensemble, parce que mon rôle (et je ne parle ici à la première personne que par métaphore ou facilité de langage, bien entendu : il ne s'agit pas de moi, mais de l'intellectuel communiste en général, génériquement), mon rôle en tant qu'intellectuel communiste est précisément celui de nier les classes en soi, la société de classes sous quelque forme qu'elle se présente, au risque même de brûler les étapes, comme on dit, de ne pas comprendre les méandres de la *Realpolitik*, qui est un terme pour nommer la réalité de la politique et la politique de la réalité. C'est-à-dire pour nommer, en fait, toute politique conservatrice, la politique révolutionnaire étant, par essence, négation de la réalité, bouleversement créateur et désordonné de l'ordre légitime, du cours naturel de l'histoire. D'où son caractère improbable. Si je ne suis pas suspect, donc suppôt démoniaque de l'esprit de négation, critique permanent de l'ensemble des rapports sociaux, je ne suis rien. Ni intellectuel, ni communiste, ni moi-même.

Mais enfin, il m'est difficile d'expliquer cela au *Hauptsturmführer* Schwartz, tout au moins dans ces termes.

Alors, j'évite de répondre à sa question.

— J'ai cru que c'était l'arbre de Goethe, *Hauptsturmführer*, lui dis-je. Je n'ai pas pu résister à la tentation d'y aller voir de plus près.

Il hoche la tête, Schwartz, compréhensif.

— Vous vous êtes trompé, dit-il. L'arbre de Goethe, celui sur lequel il a inscrit ses initiales, se trouve à l'intérieur du camp, sur l'esplanade entre les cuisines et l'*Effektenkammer* ! Et puis ce n'est pas un hêtre, mais un chêne !

Je le savais déjà, bien entendu, mais je manifeste le plus vif intérêt, par une mimique appropriée, comme si j'étais ravi d'apprendre cette bonne nouvelle à l'instant même.

— Ah, c'est celui-là !

— Oui, dit Schwartz. Nous l'avons épargné, quand la colline a été déboisée, en souvenir de Goethe !

Et le voilà parti dans un long discours sur le respect national-socialiste envers la bonne tradition culturelle allemande. Je le regarde bien en face, toujours au garde-à-vous, ce sont les usages, mais je ne l'écoute plus. Je pense que Goethe et Eckermann seraient contents de l'entendre. Je pense à la beauté somptueuse du hêtre, sur l'avenue des aigles. Je pense que Daniel avait quelque chose à me dire, tout à l'heure, et que je suis parti avec Henk sans lui avoir parlé. Je pense que c'est dimanche, que le *Hauptsturmführer* Schwartz est un sinistre con, que les troupes britanniques ont écrasé les partisans de l'ELAS, à Athènes. Je pense que j'ai envie de me tirer, maintenant.

À ce moment, on frappe à la porte de la pièce où nous nous trouvons, les trois SS et moi. Une image éclate : la porte s'ouvrirait et Johann Wolfgang von Goethe ferait son entrée, majestueux.

La porte s'ouvre, en effet.

Mais ce n'est pas Goethe qui entre, c'est mon copain Henk Spoenay.

— Dis donc, tu t'étais tiré ! me dit Daniel.

Nous sommes dans le bureau de l'*Arbeitsstatistik*.

Daniel a un sourire doux, calme, presque béat. Les sourires calmes, doux, presque béats, sont la plupart du temps des sourires bêtes. Mais le sourire de Daniel est l'un des sourires les plus intelligents que je connaisse. Peut-être parce qu'il y a, brillant au-dessus de ce sourire doux, calme, presque béat, l'un des regards les plus vifs que je connaisse. Ça doit être ça.

— Oui, je m'étais tiré, dis-je à Daniel. J'avais rendez-vous avec Eckermann et Goethe.

— Et comment vont-ils ? me demande Daniel de l'air le plus naturel du monde.

Ma surprise doit être visible. Peut-être même en suis-je resté bouche bée.

— Quoi ? dit Daniel. Qu'est-ce que ça a d'extraordinaire d'avoir rendez-vous avec Goethe et Eckermann ? Tout le monde sait qu'ils ont l'habitude de se promener sur l'Ettersberg !

J'essaie de ne pas m'avouer battu.

— Tu sais peut-être aussi de quoi nous avons parlé ?

Daniel me regarde, il hoche la tête.

— De quoi pourrait-on parler avec Goethe sinon de Goethe lui-même ? me dit-il sur le ton de l'évidence.

Alors, on se regarde, on éclate de rire, c'est dimanche.

Daniel est tailleur. Il travaillait sur mesure, du côté de la rue Saint-Denis. Les tailleurs, comme les typographes, c'est connu, étaient des types réfléchis. Le rythme de leur travail leur permettait de prendre le temps de lire, de penser. Ce n'est pas par hasard que ces deux corporations ont fourni des cadres au mouvement ouvrier, par centaines, tout au long du XIXᵉ siècle. En général, certes, la tradition qu'ils représentaient était plutôt celle du syndicalisme révolutionnaire. Mais enfin, ce n'est pas la faute des tailleurs ni des typographes si le marxisme — ou ce qui passait pour tel — n'a jamais profondément pris racine dans la classe ouvrière française. Il doit y avoir une autre explication.

Daniel est tailleur, donc. Il est juif, aussi. Mais il n'est pas ici parce qu'il est juif. Il ne porte pas un triangle jaune, cousu à l'envers sous le triangle rouge pour former l'étoile de David, comme les quelques Juifs allemands qui vivent encore afin de raconter la mort de tous les Juifs allemands qui sont morts ici. Il est ici parce qu'il est communiste.

En tout cas, toutes les conditions requises pour avoir le sens de l'humour sont réunies chez Daniel, puisqu'il est juif et tailleur.

— T'as gagné ! vieux ! dis-je à Daniel.

Je me suis assis auprès de lui, dans la baraque de l'*Arbeit*.

Il me regarde, il sort d'une poche un minuscule bout de papier, plié en quatre de surcroît. Il met le minuscule bout de papier dans ma main.

— Trois copains des FTP, me dit Daniel. Ils arrivent d'un camp de Pologne. Le parti posera la question de leur affectation de travail dès que la quarantaine sera finie. En attendant, il faut éviter qu'ils soient embarqués par surprise dans un transport. Le parti veut qu'ils restent au camp. Vois ce que tu peux faire.

Je hoche la tête, je lui dis que je suis d'accord, je me lève.

À la longue table du fichier central, Walter est encore plongé dans la lecture du *Völkischer Beobachter*, édition du dimanche. À moins qu'il ne rêve avec le journal ouvert devant lui, ce n'est pas impossible.

Walter est l'un des rares vieux communistes allemands de l'*Arbeit* qui ne soit pas fou. Je veux dire : qui ne soit pas agressivement fou. Il doit bien avoir son grain de folie, sans doute, mais c'est une folie douce. Walter est affable. On dirait même qu'il se rend parfois compte qu'il y a des gens qui vivent autour de lui. Il lui arrive de nous adresser la parole, de nous poser des questions. Les autres vieux communistes allemands, la plupart d'entre eux tout au moins, ne nous voient même pas.

Quand je dis «nous», entendons-nous, il y a des nuances, une sorte de hiérarchie. Les plus invisibles d'entre nous, c'est vraiment nous : nous qui sommes arrivés à Buchenwald des pays occupés d'Europe occidentale. Nous sommes là depuis 1943, plus ou moins. Nous avons donc dix ans de retard sur eux et nous les aurons toujours : ça ne se rattrape pas, ce retard-là. En 1943, ça faisait déjà dix ans qu'ils étaient dans les camps et les prisons, eux. Que pouvions-nous savoir de leur vie, de leurs obsessions ? Comment comprendre ce qui les avait rendus fous ? Nous étions dehors, nous buvions de la bière : ils étaient dedans. Nous étions dehors, nous nous promenions au parc Montsouris : ils étaient dedans. Nous étions dehors, nous effleurions des hanches, des épaules, des paupières de jeunes femmes : ils étaient dedans.

Dix ans de retard, c'est trop. Ça nous rend transparents. Ils nous regardent, ils ne nous voient pas, ils n'ont rien à nous dire.

Un peu moins invisibles, porteurs d'un minimum d'existence réelle, les déportés qui viennent de Tchécoslovaquie. Ou plutôt, du Protectorat de Bohême-Moravie. Ceux-là viennent non seulement d'une Europe impériale et en partie germanisée, mais ils sont arrivés ici à partir de 1939. Ça commence à faire un bail : ils ont connu la fin de la belle époque, lorsque le camp n'était pas encore un sana.

Et puis, il y a les autres : les Polonais, les Russes, les gens de l'Est. Ceux-là sont à part, ils forment la plèbe des camps.

Mais Walter, lui, est affable. Il parle avec nous tous. Même avec les Belges. Même avec les Hongrois, le cas échéant.

August aussi, je dois dire. Mais August n'est pas un vrai vieux communiste allemand. Ou plutôt, c'est un vrai vieux communiste et c'est un vrai Allemand, mais il avait émigré en Argentine bien avant l'arrivée au pouvoir du nazisme. Il était revenu pour faire la guerre en Espagne, dans les Brigades. Il avait fini par être interné au camp du Vernet, en 1939. C'est là, au Vernet, que la police de Vichy l'avait livré à la Gestapo.

August, donc, était un peu cosmopolite, si vous voyez ce que je veux dire. Et d'ailleurs, bien qu'il portât le triangle rouge, sans aucune lettre noire d'identification nationale imprimée dessus, comme les Allemands, August était administrativement considéré par les SS comme un étranger, comme un rouge espagnol : *Rotspanier.* Comme moi, en somme, comme les autres rouges espagnols. Ça ne lui faisait ni chaud ni froid, à August, je dois dire, d'être retranché administrativement de la communauté nationale allemande. Il était plutôt fier d'être un rouge espagnol, August. Il était petit, rond comme une boule, inusable, l'œil vif derrière les verres de ses lunettes et il parlait couramment l'espagnol. Le castillan, je veux dire, ou plutôt, l'argentin.

Ça vaut le coup d'avoir vu ça : August, debout sur une chaise, dans le bureau de l'*Arbeit*, pour être plus près de l'un des haut-parleurs, écoutant les communiqués officiels de la Wehrmacht qui annonçaient d'un ton funèbre le déferlement des chars russes à travers la Pologne. — *Macanudo*, criait-il, *macanudo* ! Mais cela ne vous fera pas rire, vraisemblablement. Il faut comprendre l'espagnol, pour en rire avec moi. Ou plutôt, l'argentin, pour saisir le charme insolite de cet adverbe dans la bouche de ce vieux communiste allemand, à Buchenwald. Adolfo Bioy Casares en rirait certainement, de cette petite histoire. — *Macanudo, macanudo* ! Et les chars russes déferlaient à travers la Pologne.

Quoi qu'il en soit, August était affable, tout comme Walter. Il y a toujours des exceptions à la règle.

Tu dois mélanger les dates, mêler les souvenirs, confondre les voyages. Ce n'est pas cette fois-là que tu as revu August, à Berlin-Est. C'est une autre fois, avant. Cette fois-là, la dernière, tu voyageais normalement, avec un vrai passeport, une identité officiellement reconnue, vérifiable. Des amis de la DEFA préparaient un film sur la vie de Goya et ils t'avaient fait venir pour discuter avec toi du scénario, te demander ton avis.

D'ailleurs, tu as gardé des preuves de ce dernier voyage. Depuis que tu peux te le permettre, depuis que ta vie est publique, que tu n'as rien (presque rien) à cacher aux différentes polices, tu gardes avec une avidité maniaque des preuves minimes de ton existence, comme s'il fallait t'en assurer, rattraper en quelque sorte le temps perdu. Comme s'il fallait que ta mémoire se matérialise dans les petits bouts de carton des billets de théâtre, des cartes postales, des photographies pâlissantes, tout au long des années, des pays, des voyages.

Tu n'as qu'à ouvrir le tiroir, en sortir une enveloppe jaunie.

Nr. 17/5/7657
EINREISE — und WIEDERAUSREISE VISUM
zur einmaligen Einreise nach
und Wiederausreise aus der
Deutschen Demokratischen Republik
über die Grenzstellen

zur Einreise : Schönefeld
und Ausreise : Schönefeld
Gültig vom : 6 Dez. 1965
bis zum : 21 Dez. 1965
Reisezweck : Berlin u. Babelsberg
Berlin, den : 6 Dez. 1965

Tu regardes ce visa valable pour un seul voyage d'entrée en / et de sortie de la / République démocratique allemande. Tu regardes les cachets qui ont été apposés sur ce visa. Deux cachets rouges, rectangulaires, ceux de la police des frontières, à l'aéroport de Schönefeld. Un cachet noir, circulaire, du ministère des Affaires étrangères, avec un timbre fiscal, gratuit : *Gebührenfrei*. Mais ce qui est important, c'est la date : décembre 1965, voilà. Tu n'es pas resté jusqu'au 21 décembre, d'ailleurs, tu as quitté Berlin-Est dès le 11. Tu as une raison très précise pour te souvenir de cela si précisément. La veille, 10 décembre, était le jour de ton anniversaire.

Mais ce n'est pas cette fois-là que tu as revu August, c'était une autre fois, des années auparavant.

Les traces matérielles de ce dernier voyage, en décembre 1965, sont dans l'enveloppe jaunie. Tu les contemples. Une carte de crédit du *Magistrat von Gross-Berlin*, te permettant de faire des achats jusqu'à concurrence de deux cents marks. Tu ne t'en es pas servi, la carte est vierge de tout tampon. Tu dois toujours avoir deux cents marks à ton compte, à Berlin-Est. Des programmes de théâtre. *Die Tragödie des Coriolan* et *Der aufhaltsame Aufstieg des Arturo Ui*, au Berliner-Ensemble. Les souvenirs affluent, les images. *Der Drache*, de Evgueni Schwarz, mise en scène de Benno Besson, au Deutsches Theater. Tu feuillettes les programmes. Tu avais vu *Le Dragon* de Schwarz le 10 décembre, veille de ton départ. Ta dernière soirée à Berlin-Est, tu n'y retourneras plus. Trois billets de banque, aussi. Un billet de cinq marks, avec l'effigie d'Alexander von Humboldt sur l'une des faces. Tu souris, tu penses à Malcolm Lowry ! La rue Humboldt à Cuernavaca, tu ris tout seul. Deux billets de vingt marks. Tu les regardes, tu ris encore plus fort. On dira, bien entendu, que tu es obsédé par les coïncidences. Avoue que tu ne t'attendais pas à celle-ci ! Les billets de vingt marks portent en effigie le portrait de Johann Wolfgang von Goethe, sur l'une des faces, et sur l'autre il y a la façade du Théâtre national de Weimar. Le hasard fait bien les choses, avoue-le ! Tu ris tout seul. Tu regardes le billet de vingt marks. Goethe a le front large, dégagé, goethéen. Il a le regard d'un homme qui en a vu de toutes les couleurs : humain, compréhensif, goethéen. Voilà un homme ! s'était écrié Napoléon. Sans doute, oui, un homme. Davantage même, un humaniste : l'homme faisant profession d'humanité, l'homme-fonctionnaire de la nature humaine. Ça te fatigue. Tu prends le billet de vingt marks, tu le contemples à contre-jour. Sur le côté gauche du billet, il y a un espace blanc avec le numéro de série, en haut : CF 378575. Au-dessous, en filigrane, dans l'éclairage du contre-jour, apparaît une nouvelle fois le visage de Johann Wolfgang von Goethe. Tu regardes apparaître, dans le contre-jour, le visage de Goethe. Une fumée, un brouillard, une buée, un rêve incorporel : le fantôme en filigrane de l'humanisme bourgeois. C'est ce fantôme-là qui garantit l'authenticité de cette monnaie démocratique. Ça te fatigue, tu remets le billet de vingt marks dans l'enveloppe jaunie, avec les autres souvenirs de ce dernier voyage à Berlin-Est, en 1965.

Mais ce n'est pas cette fois-là que tu avais revu August. Une autre fois, des années auparavant.

C'était dans le salon de l'hôtel réservé aux hôtes du parti allemand. Le fonctionnaire du SED t'avait annoncé que Seifert et Weidlich étaient absents de Berlin, que tu ne pourrais pas les rencontrer. Il t'avait demandé s'il n'y avait pas quelque autre camarade allemand de Buchenwald que tu aurais désiré voir. Tu avais pensé à August, tu avais dit son nom. On avait retrouvé la trace d'August, très vite. Il vivait à Berlin, oui, tu pourrais le voir.

Une heure après, une limousine noire de fabrication russe — rideaux de tulle épais tirés sur la lunette et les vitres latérales, à l'arrière — te conduisait à travers Berlin-Est vers l'endroit où travaillait August. Il faisait une chaleur moite, tu regardais la ville vivre mollement sous cette moite chaleur.

August travaillait dans quelque institution qui dépendait du ministère du Commerce extérieur. Ça ne devait pas être un service important, le bâtiment était assez délabré, à l'écart des centres administratifs essentiels. Tu as gravi les marches du perron de cet ancien hôtel particulier. On t'a fait attendre dans une antichambre, quelques minutes, ensuite on t'a fait entrer dans le bureau d'August. Il n'avait pas été prévenu de ta visite. C'était une surprise, en quelque sorte. Tu t'es retrouvé dans le bureau d'August qui regardait entrer ce visiteur imprévu, peut-être inopportun. August te regardait entrer et il n'avait pas beaucoup changé, à première vue. Alors, te croyant drôle — mais peut-être était-ce par émotion, pour cacher ton émotion — tu lui as dit en espagnol, t'efforçant de prendre l'accent argentin : — *Macanudo, viejo, no habés cambiado nada* ! «Formidable, vieux, tu n'as pas du tout changé !» Mais il a dressé la tête, dérouté, et il s'est écrié : *Was, was* ? Dérouté, sans comprendre. Quoi, quoi ? Alors, tu t'es avancé de deux pas et tu as vu qu'il avait changé. En fait, malgré la première impression, il n'était plus du tout le même. Quelque chose dans le regard, c'est ça, une usure intérieure.

August te voyait avancer, il ne te reconnaissait pas, c'était visible. Bon, ça n'avait rien d'étonnant, toi aussi tu avais changé. Tu lui as dit qui tu étais, l'Espagnol de l'*Arbeitsstatistik*, tu lui as rappelé ton nom. Il a répété ce que tu lui disais, à haute voix, en hochant la tête. Il essayait de mettre un visage sur ton visage, c'était visible. Ton visage de vingt ans sur ton visage de trente-cinq ans, c'était visible. Il disait : «Ah oui, oui, l'Espagnol de l'*Arbeitsstatistik* !» Mais on voyait bien qu'il énonçait une certitude abstraite. Il savait qu'il y avait eu un Espagnol à l'*Arbeitsstatistik* comme on sait que Napoléon a perdu la bataille de Waterloo. Ça n'évoquait aucune image, vraiment aucune.

Tu étais là, debout devant lui, déconcerté, comme si tu avais perdu ton ombre. Tu avais perdu ton image de vingt ans dans la mémoire d'August et c'était une espèce de petite mort. Angoissé, tu racontais des choses, très vite. Épisodes, péripéties, souvenirs communs, même dérisoires, pour essayer de convoquer ton image de vingt ans dans la mémoire d'August. Une brume légère, matinale, se serait dissipée dans le paysage de sa mémoire, et tu y serais apparu avec la luminosité à la fois aveuglante et floue des images d'autrefois, quand elles réapparaissent. Mais August ne se souvenait pas, ou plutôt il savait bien qu'il y avait eu un Espagnol à l'*Arbeitsstatistik*, mais ce n'était pas un souvenir. Il parlait avec toi, gentiment, comme on peut parler avec la forme corporelle, grossière et inattendue, d'une certitude abstraite. Tu n'étais plus qu'une idée, tu n'arrivais pas à prendre corps. Tu avais pourtant eu vingt ans, merde, quand même ! Malgré les apparences, malgré l'oubli d'August, tu avais eu vingt ans, à Buchenwald. Mais le fantôme de tes vingt ans ne surgissait décidément pas dans la mémoire d'August et l'absence de ce fantôme te rendait toi-même léger, fantomatique. Tu essayais d'en prendre ton parti, tu fixais avec incertitude le portrait d'Ulbricht accroché derrière le bureau d'August. Tu te disais que tu n'avais peut-être jamais eu vingt ans, qui sait ? Peut-être avais-tu rêvé tout cela. Peut-être n'étais-tu même pas encore venu au monde.

Ensuite, faisant semblant de vous être vraiment reconnus, vous avez parlé de choses et d'autres. Tu étais devenu quoi ? Il te demandait gentiment ce que tu étais devenu, August. Tu le lui disais, sans entrer dans les détails. C'était difficile de dire ce que tu étais devenu, surtout sans entrer dans les détails, à cet homme vieilli dont la mémoire et la vie avaient subi quelque étrange érosion. D'ailleurs, étais-tu devenu quelque chose ? Ce jour-là, en essayant de résumer pour August ta vie depuis Buchenwald, tu eus l'impression que tu n'étais pas devenu quoi que ce fût, que tu avais simplement continué d'être le même qu'à vingt ans, ce qui était scandaleusement peu dialectique.

Willi Seifert, lui, était devenu quelque chose. Il était devenu major général de la Volkspolizei. Il n'aurait eu aucune difficulté à dire ce qu'il était devenu, si on lui avait posé la question. — Qu'es-tu devenu, Seifert ? — Je suis devenu major général de la Volkspolizei, aurait-il répondu, sans une seconde d'hésitation. Mais August hochait la tête, en t'écoutant résumer ce que tu croyais être devenu. Tu ne devais pas être très convaincant. August hochait la tête, distraitement, comme lorsqu'on entend un inconnu dans un train vous raconter, interminablement, quelque incident stupide qu'il aurait eu avec le contrôleur de la compagnie.

Après, il y avait eu un moment de silence. August n'essayait plus de se rappeler ton image à vingt ans, c'était visible. Il hochait la tête, machinalement, et tu avais l'impression d'être un intrus, non seulement dans sa mémoire mais aussi dans sa vie quotidienne. Pourtant, avant de te lever, de partir, tu lui avais rendu la politesse. Tu lui avais aussi demandé ce qu'il était devenu. — Et toi, August, qu'es-tu devenu ? lui avais-tu demandé. Il t'avait regardé longuement, en hochant la tête, sans te voir, semblait-il. — La vie, tu sais, t'a-t-il dit, ça va, ça vient. Il y a des hauts et des bas. Ce n'était pas très explicite, mais enfin, à ce moment-là, tu n'avais pas envie d'en savoir davantage, vraiment. Des hauts et des bas, bien sûr. Tout à coup, August s'était penché en avant, sa voix avait changé. — Pour les anciens d'Espagne, tu sais, il y a eu des moments très durs, ici ! avait-il dit. Tu as eu l'impression qu'il essayait de nouveau de mettre un visage d'autrefois sur ton visage d'aujourd'hui. Il te regardait avec anxiété. Tu as eu l'impression qu'il aurait parlé davantage, si ton image d'autrefois, l'image de tes vingt ans, à Buchenwald, lui était revenue en mémoire. Tu as pensé, à ce moment-là, qu'il t'aurait fait confiance si ton image d'autrefois avait réussi à prendre corps. Tu as retenu ton souffle, tu as attendu. Mais rien n'a dû se passer, rien du tout. Pas de déclic, ton image est restée dans l'ombre. Vous avez été rejetés loin l'un de l'autre, chacun de votre côté. Toi, dans ta petite mort, lui, dans sa solitude.

August s'est excusé de ne pas te retenir plus longtemps. Il avait un travail à finir, t'a-t-il expliqué. C'était le jour, en effet, de quelque commémoration officielle et le comité du parti de l'entreprise l'avait chargé de prononcer l'allocution de circonstance, lors de la réunion solennelle qui aurait lieu, à la fin de la journée de travail, avec l'ensemble du personnel. August t'a montré les feuillets dactylographiés qu'il devait encore corriger. — C'est un grand honneur, tu comprends ? te disait-il, qu'on me confie cette tâche, après les difficultés politiques que j'ai eues ! Et d'une voix monocorde, subitement, il t'a lu un passage de cette allocution qu'il était chargé de prononcer, passage où il était question des grands mérites du camarade Walter Ulbricht. Il t'a regardé ensuite brièvement et il t'a semblé retrouver la vivacité de son regard d'autrefois, mais empreinte aujourd'hui d'une ironie désespérée.

Le regard d'August s'est éteint aussitôt. Tu pouvais partir.

Tu étais dans le couloir, tu descendais les marches du perron, tu retrouvais la chaleur moite de la rue, c'était insupportable. Non, tu n'irais pas à Weimar, visiter le mémorial de Buchenwald. Tu n'en avais rien à foutre, du mémorial de Buchenwald. Tu avais vu des photos, tu n'en avais rien à foutre. Tant pis pour Bertolt Brecht, si vraiment l'idée de ce mémorial infect était de lui. La grande tour rébarbative, surmontée d'un carillon géant, le *Glockenturm*, phallus ignoble dressé sur la colline de l'Ettersberg, ils pouvaient se la mettre où tu pensais. Avec, en prime, l'ensemble sculptural du Professeur Fritz Cremer, artiste émérite du peuple, sans doute, érigé devant le *Glockenturm*.

Tu n'irais pas à Buchenwald, jamais. Tes copains n'y seraient plus, de toute façon. Tu n'y retrouverais pas Josef Frank, par exemple, il avait été pendu à Prague, dans son pays, par les siens, ses cendres dispersées au vent. Tu ne pourrais retrouver que Willi Seifert ou Herbert Weidlich. Ils étaient vivants, eux. Mais ça ne t'intéressait plus. Ce n'étaient plus tes copains de Buchenwald, c'étaient des policiers. Ça ne t'intéressait pas, les policiers.

Tu n'avais pas retrouvé August, non plus.

Autrefois, il était tout rond, le teint rosé, inusable. Son regard lançait des éclairs derrière le verre de ses lunettes cerclées de métal doré. Il écoutait les communiqués de la Wehrmacht annonçant sur un ton funèbre le déferlement des chars de Staline à travers les plaines de Pologne et il criait : — *Macanudo, viejo, macanudo* ! Il avait fait la guerre d'Espagne, il avait connu les camps français, il avait été livré par le régime de Vichy à la Gestapo, il avait été déchu de sa nationalité allemande, il n'était plus qu'un rouge espagnol, à Buchenwald : il était inusable. Mais tu n'avais pas retrouvé August. Car le pouvoir des siens — des tiens — le pouvoir des policiers de Seifert l'avait usé, ayant fait de lui ce qu'aucun autre pouvoir n'avait réussi à faire : un vieillard brisé, désabusé, qui s'apprêtait à faire cyniquement, désespérément, l'éloge de Walter Ulbricht.

Tu regardais la limousine noire garée sur la chaussée, au bas du perron. Tu as dit au chauffeur que tu avais envie de marcher, qu'il pouvait disposer. Mais le chauffeur ne l'entendait pas de cette oreille. Il avait des instructions, t'a-t-il dit, il fallait qu'il te ramène à l'hôtel du parti. Tu l'as rassuré, tu lui as dit que tu rentrais bien à l'hôtel du parti, mais en marchant, tu avais envie de marcher. Tu ne lui as pas donné le temps de discuter, tu es parti, à pied, dans la direction de l'hôtel. Tu marchais lentement dans la moite chaleur berlinoise. Au bout de quelque temps, tu as tourné la tête. La limousine noire te suivait à une dizaine de mètres. Tu as regardé la limousine noire, tu as eu une sorte de brusque éblouissement nauséeux. Tu as reconnu les signes, implacables. La limousine noire était l'ombre de la mort attachée à tes pas. C'était comme si tu marchais devant ton propre corbillard. Pour la première fois, l'ombre de la mort semblait te suivre, s'intéresser à toi. Sous le ciel plombé, dans la chaleur moite de Berlin, la limousine noire qui matérialisait, grotesquement, le pouvoir des tiens, n'était rien d'autre que l'ombre de la mort.

Pourtant, il semble que la mort n'a pas encore totalement gagné la partie. Le jour même où tu corrigeais ces pages, tu as reçu une carte de vœux. *Frohe Weihnachtstage und GLÜCK im neuen Jahr*, était-il imprimé sur la première page de cette carte de vœux. Le mot *GLÜCK*, bonheur, était écrit en caractères majuscules et dorés, rien que ça ! Ainsi donc, «joyeux Noël et BONHEUR pour la nouvelle année», te souhaitait-on avec cette carte de vœux. Et puis, sur la deuxième page, d'une écriture manuscrite, ferme, il y avait ces mots : *wünscht seinem jungen Kameraden Jorge in dauernden Verbundenheit, der alte Freund, August G.*

Voilà, tu regardais, tremblant, cette carte de vœux en provenance de RDA, tu regardais la signature d'August, son adresse. August, «le vieil ami» qui souhaitait un joyeux Noël et tout le BONHEUR possible à «son jeune camarade Jorge». Tu n'étais plus tellement jeune, as-tu pensé ! Mais c'était à ta jeunesse d'il y a longtemps, à Buchenwald, qu'August s'adressait, bien sûr. Alors tu te mis à espérer follement que la mort ne gagnerait pas totalement la partie. Tu te dis que la lumière, finalement, s'était faite dans la mémoire d'August, qu'il avait fini par retrouver, dans le livre que tu avais écrit, sans doute, l'image de tes vingt ans. Par quel camarade de Berlin-Est August avait-il trouvé ton adresse à Paris ? Par W., par K., par J., par Ch., par St. ? Tu te dis que ça n'avait pas d'importance, du moment qu'il l'avait trouvée, qu'il avait retrouvé la mémoire. Tu regardais la carte de vœux d'August, tu te demandais s'il y aurait encore assez de communistes à travers l'Europe pour reprendre le combat, s'attaquer à la mort, à l'amnésie organisée et devenue institution d'État, pour s'en prendre aux limousines noires, aux liserés bleus, verts ou rouges sur les casquettes des policiers du peuple, aux dialecticiens infaillibles, aux Grands Timoniers de toute espèce.

Follement, tu te mettais à espérer que la mort ne gagnerait pas totalement la partie.

J'ai repris ma place à la grande table du fichier central.

Walter lève la tête de son journal.

— T'es revenu ? me dit-il.

Il constate, simplement. Je ne dis rien, on ne commente pas une constatation.

— Tiens, c'est pour toi, dit Walter.

Il me passe quelques feuilles dactylographiées, par-dessus les étagères où se trouvent les longues boîtes du fichier. Avant, nous avions des livres, de grands registres cartonnés pour tenir la comptabilité des morts et des vivants, mettre à jour les affectations de travail, les départs en transport. Mais Seifert nous a fait établir un fichier. C'est plus rationnel, semble-t-il.

Je me dresse pour attraper les feuilles que me tend Walter. Il s'agit des rapports quotidiens des différents kommandos, indiquant les changements dans leur composition. Absences, départs, arrivées, ainsi de suite. Il y a aussi les rapports du *Revier*, l'hôpital du camp, et ceux du crématoire.

Ordnung muss sein.

Décidément, c'est un dimanche calme, il n'y a pas beaucoup de travail. J'ai juste deux ou trois dizaines de fiches à mettre à jour, dans les tranches numériques qui m'incombent. Chacun de nous, en effet, a un certain nombre de milliers de numéros qui lui sont attribués. Bien sûr, les Allemands qui travaillent au fichier se sont réservé d'autorité les tranches numériques les plus basses, celles des prisonniers les plus anciens. Dans ces tranches-là, il se produit très peu de mouvements. Ils ne changent pas de kommando, ils ne partent pas en transport, les anciens. Curieusement, ils sont même très rarement malades. Ils ne meurent plus, non plus. Ils ne donnent pas beaucoup de travail, en somme.

Moi, comme par hasard, ce sont les tranches numériques qui vont de quarante mille à soixante-dix mille qui m'ont été attribuées. Et ça bouge, dans ces tranches-là, que c'en est un plaisir ! Ça va, ça vient, ça meurt avec une rapidité déconcertante.

Ainsi, je commence à manipuler les boîtes du fichier, à gommer sur chaque fiche les indications périmées, à rajouter au crayon les nouvelles indications fournies par les divers rapports quotidiens.

J'en profite pour m'occuper des copains français dont Daniel m'a donné les noms et les numéros de matricule. Je sors le petit bout de papier, je le déplie, je le planque sous ma main gauche après m'être assuré que personne ne me regarde. J'ai l'impression de copier en classe. Je prends l'air détaché et sûr de moi, comme si je voulais désarmer le regard vigilant des pions.

Les trois numéros de matricule des copains dont Daniel m'a demandé de m'occuper se suivent. On imagine aisément. Quand le transport a été organisé dans le camp de Pologne d'où ils viennent d'être transférés, les trois copains ont dû s'arranger pour voyager ensemble, dans le même wagon. À l'arrivée à Buchenwald, ils ne se sont pas quittés, ils sont restés ensemble pendant les formalités de la désinfection et de l'habillement. Ils devaient être ensemble dans le même maquis, ils ont dû être arrêtés ensemble, ils ont dû se jurer de rester ensemble quand leur déportation a été décidée. Voilà, ils ont réussi, ils sont ensemble, leurs numéros se suivent. Et ils vont rester ensemble, ici aussi.

Sur les deux premières fiches, j'écris DIKAL et la date du jour où nous sommes. Sur la troisième fiche, pour changer un peu, j'écris DAKAK et la date de la veille. DIKAL, ça signifie : *Darf in kein anderes Lager*, « ne doit être transféré dans aucun autre camp», et DAKAK, *Darf auf kein Aussenkommando*, «ne doit être envoyé dans aucun kommando extérieur».

Bien sûr, je n'ai absolument pas le droit de porter ces inscriptions sur les fiches. C'est la *Politische Abteilung*, c'est-à-dire la section de la Gestapo qui contrôle le camp, qui décide quels sont les détenus DIKAL et DAKAK, sur indication de Berlin. Lorsque la Gestapo veut garder des détenus sous la main, elle nous envoie des ordres pour qu'ils soient inscrits DIKAL ou DAKAK. En général, ce n'est pas bon signe, que la Gestapo veuille vous garder sous la main. Ça veut dire que votre affaire n'est pas définitivement réglée, que la Gestapo peut à tout moment vous réclamer pour complément d'information, comme on dit. D'un autre côté, les détenus sur les fiches desquels est portée l'une de ces inscriptions, DIKAL ou DAKAK, sont assurés de rester au camp principal de Buchenwald. Ils seront automatiquement écartés de toute liste de transport.

Ainsi, j'utilise l'autorité redoutable de la Gestapo pour protéger ces copains. Ça nous a souvent fait rire, Daniel et moi, ce détournement de l'autorité de la Gestapo.

Si Seifert ou Weidlich s'apercevaient de mon manège, ça tournerait mal pour moi. Je serais immédiatement chassé de l'*Arbeitsstatistik*. Peut-être même serais-je envoyé dans quelque kommando extérieur particulièrement dur — Dora, Ohrdruf ou S-III, par exemple — pour ce manquement à la discipline. À moins que le parti espagnol ne réussisse à me garder à Buchenwald. Il faudrait qu'il y mette le paquet. Et même dans ce dernier cas, rien ne pourrait m'éviter quelques mois de travail punitif. À la carrière, par exemple.

Ce que je fais en falsifiant les fiches est qualifié de sabotage par les SS. La peine prévue dans ce cas, si ce sont les SS eux-mêmes qui découvrent le fait, c'est la pendaison sur la place d'appel, devant tous les détenus rassemblés.

Mais le risque d'être découvert par les SS est-il réel ou seulement hypothétique ? J'ai examiné la question sous tous ses angles, le plus objectivement possible.

Examinons la question sous tous ses angles.

En ce mois de décembre 1944, la stratégie des officiers SS affectés à la direction du camp de Buchenwald est assez facile à deviner. Ils veulent à tout prix éviter d'être envoyés sur le front. Ils veulent continuer à vivre à l'arrière, dans le confort de leur sinécure. Donc, il leur faut à tout prix éviter les histoires qui pourraient attirer l'attention de Berlin sur leur gestion à Buchenwald et provoquer des mesures disciplinaires.

Mais comment éviter les histoires ? La meilleure solution consiste à laisser gérer les affaires internes du camp par les communistes allemands, installés aux postes clés de l'administration interne depuis des années, depuis qu'ils ont éliminé les droit-commun au terme d'une lutte sournoise et sanglante. Pour cela, il faut que les détenus communistes allemands disposent d'une certaine autonomie. De cette façon, les officiers SS, corrompus et fainéants, peuvent se consacrer à leurs grands trafics et petites ripailles.

Les communistes allemands qui occupent les postes décisifs de l'administration du camp — doyens, kapos, chefs de block, contremaîtres, *Stubendienst, Lagerschutz* — sont d'ailleurs des hommes capables, travailleurs acharnés, ayant un sens remarquable de l'organisation. On peut leur faire confiance pour faire tourner la machine.

Mais toutes ces qualités, indispensables pour la bonne marche du camp, avec ses usines, ses kommandos extérieurs, ses dizaines de milliers de détenus travaillant pour la plupart dans les industries de guerre nazies, toutes ces qualités des communistes allemands ont aussi pour conséquence un effritement progressif de l'autorité réelle des SS, un élargissement presque imperceptible mais non moins efficace, du contre-pouvoir clandestin de l'organisation communiste internationale de Buchenwald.

Les communistes allemands qui occupent les postes administratifs essentiels représentent le sommet visible, la hiérarchie officielle de cette organisation clandestine. Mais les communistes des autres nationalités, surtout les Tchèques, les Français et les Espagnols (les déportés de l'Est posent un problème à part : il y a très peu de communistes parmi les Russes, presque pas parmi les Polonais ; quant aux Yougoslaves, ils sont peu nombreux à Buchenwald, je ne sais pour quelle raison ; peut-être tout simplement parce qu'on déporte très peu de résistants yougoslaves, parce que les nazis les fusillent plutôt sur place), les communistes tchèques, français et espagnols, disais-je, jouent également un certain rôle dans l'organisation clandestine de Buchenwald. Et ce rôle tend à augmenter, même de façon visible, dans l'administration officielle. Toutes les occasions sont utilisées pour imposer aux SS une plus large participation des étrangers à l'administration du camp. Ainsi, après le bombardement par l'aviation américaine des usines de Buchenwald, en août 1944, les responsables communistes allemands, arguant de la «bonne tenue» des déportés étrangers, qui avaient évité toute panique et s'étaient rapidement portés au secours des blessés et à l'extinction des incendies allumés dans le camp proprement dit par les bombes au phosphore américaines, tirant donc argument de tout cela, les responsables communistes de Buchenwald avaient obtenu des SS qu'on ouvrît les rangs du *Lagerschutz* — police intérieure du camp composée uniquement de détenus — aux étrangers. Pas à tous les étrangers, bien sûr. Pas question qu'il y eût des Russes dans le *Lagerschutz,* par exemple. Mais aux Tchèques et aux Français, ressortissants de pays vraiment européens, même au regard des SS.

Ce renforcement continu, têtu, du genre vieille taupe taraudeuse, du contre-pouvoir des politiques à Buchenwald — qui fait de ce camp un cas tout à fait spécifique dans le système concentrationnaire nazi —, ce renforcement ne s'arrête pas aux limites des organisations communistes. Il les déborde sans cesse. Appliquant, en effet, la stratégie établie par le Komintern dans l'acte même de sa dissolution, en 1943, les différents partis déploient la politique des fronts nationaux antifascistes. Par là, avec les variantes propres à la composition particulière de chaque communauté nationale, des résistants démocrates-chrétiens, agrariens, socialistes — gaullistes, dans le cas de la France — se voient associés aux multiples réseaux clandestins qui maintiennent la cohésion des déportés et qui irriguent leur vie quotidienne d'informations, de soutiens matériels et moraux, sous la direction des différents comités nationaux, pyramidalement coiffés par le comité international.

L'accroissement presque imperceptible mais continu du contre-pouvoir des politiques, indispensable d'un côté à la bonne marche du camp, provoque, d'un autre côté, un ralentissement du rythme de travail dans les usines du camp, une diminution constante, inexorable, de la production, en vertu d'un sabotage systématiquement organisé. D'où, bien évidemment, risque de conflit entre le commandement SS de Buchenwald et le quartier général de Himmler à Berlin.

Ainsi, les officiers SS se trouvent dans une situation aux exigences objectivement contradictoires. Pour que l'administration du camp, de sa main-d'œuvre, de ses usines, fonctionne correctement, il faut qu'ils nous laissent faire. Pour que le quartier général de Berlin ne s'alarme pas, n'intervienne pas, il faut que la production des usines d'armement soit maintenue à un niveau justifiable. Il faut donc qu'ils ne nous laissent pas faire n'importe quoi.

Et c'est l'*Arbeitsstatistik,* dans la mesure où l'organisation du travail et l'affectation de la main-d'œuvre lui sont attribuées, qui se trouve au centre même de cette contradiction. D'où les conflits presque quotidiens entre Willi Seifert et le *Hauptsturmführer* Schwartz. C'est une guerre d'usure que nous sommes obligés de livrer au commandement SS et au cours de laquelle alternent des périodes calmes et des moments de brusque tension.

Il y a quelques semaines, par exemple, Schwartz nous a rassemblés pour nous tenir un discours menaçant. Nous étions au garde-à-vous, dans la salle de l'*Arbeit,* et Schwartz nous menaçait des pires représailles. Il savait bien, hurlait-il, quelle politique nous faisions à l'*Arbeit,* quelle catégorie de détenus politiques nous protégions ! Il allait personnellement veiller à ce que tout cela change, hurlait-il. Mais il n'y a pas longtemps veillé, à vrai dire. Il s'est très vite fatigué de venir inspecter quotidiennement notre travail. La vie a repris son cours habituel.

Ainsi, tout bien pesé, le risque d'être découvert par les SS en train de falsifier les fiches afin d'éviter à certains camarades le départ en transport est plutôt hypothétique. En tout cas, ce ne sont pas les interventions épisodiques du *Hauptsturmführer* Schwartz qui constituent un danger réel. Pour être surpris, il faudrait un contrôle systématique et global de l'ensemble du fichier. Cela prendrait des semaines, voire des mois. D'autre part, il est pratiquement impossible que la Gestapo de Buchenwald déclenche une opération de cette sorte sans que nous en soyons avertis. Les camarades allemands ont mis en place, en effet, un réseau d'informateurs aux postes clés de l'administration SS. Coiffeurs du commandant et des officiers supérieurs, employés au service domestique dans les villas SS, électriciens ou plombiers faisant des travaux d'entretien dans ces mêmes villas ou dans les locaux administratifs : tout un réseau de détenus recrutés principalement parmi les *Bibelforscher* : objecteurs de conscience, ou Témoins de Jéhovah, recueille et transmet des informations sur les intentions et l'état d'esprit des SS. Même les communications téléphoniques directes avec Berlin sont régulièrement interceptées.

De ce fait, ce n'est pas du côté des SS, mais bien paradoxalement, de celui des communistes allemands que réside pour moi le plus grand danger d'être découvert. Et encore, dans ce cas non plus il ne faut pas exagérer les risques. Il faudrait que je sois pris sur le fait, en train de falsifier une fiche, pour que le scandale éclatât avec toutes ses conséquences prévisibles. Les copains allemands ont un tel respect des normes établies, des conventions qui régissent notre activité selon lesquelles c'est par la voie de l'organisation clandestine internationale que se règlent les radiations éventuelles des listes de transport et les affectations aux postes de travail privilégiés, que l'idée qu'on puisse falsifier des fiches, faire ce que Daniel et moi nous appelons du travail FTP, ou de la récupération individuelle, ne leur viendrait même pas à l'esprit. Si Seifert ou Weidlich tombent sur des fiches portant l'inscription DIKAL ou DAKAK, ils n'iront pas vérifier dans les dossiers s'il y a bien une note de la Gestapo demandant que le détenu Untel soit inscrit sous la classification en question. Non, ils ont le respect de l'ordre bureaucratique et ils pensent que nous partageons tous ce même respect. Ils ne savent pas que le travail FTP constitue souvent le sel de la vie.

Ainsi, tout compte fait, mon audace n'est pas très grande. J'ai déjà fait des choses bien plus difficiles. Certainement.

Des années plus tard, dans l'atmosphère enfumée des bistrots, il m'est arrivé d'assister à des discussions très pertinentes — je veux dire : abstraitement pertinentes — sur ces questions. Les mêmes questions qui préoccupaient Fernand Barizon, ce dimanche-là, à Buchenwald, en décembre 1944.

Je me souviens d'un soir, entre autres.

C'était au Méphisto, bistrot avec sous-sol musical et dansant, qui se trouvait autrefois à l'angle de la rue de Seine et du boulevard Saint-Germain. Aujourd'hui, il doit y avoir à la place un magasin de fringues. Il y a partout, dans ce quartier, des magasins de fringues, à la place des commerces de charmes et d'idées qui faisaient autrefois le charme de ce quartier.

C'était au Méphisto, tard dans la nuit, en tout cas.

Nous étions dans le sous-sol dansant mais nous ne dansions pas. Nous écoutions la trompette d'Armstrong, par contre. Au moment, en tout cas, où cette scène, ce très ancien événement, commence à se reconstruire dans ma mémoire — comme ces images photographiques qui se développent devant vous, dont les couleurs et les contours flous vont se précisant — à ce moment-là, nous écoutions un disque d'Armstrong, j'en mettrais ma main au feu. C'est peut-être même principalement à cause d'Armstrong que cette soirée, ce petit matin plutôt, s'est gravé dans ma mémoire, parmi tant d'autres soirées, tant d'autres petits matins semblables.

Ainsi, j'écoutais d'une oreille — ma meilleure oreille — la trompette d'Armstrong et d'une autre oreille, plus distraite, la discussion en cours, à la table où je m'étais assis.

Pourtant, cette discussion me concernait. Elle ne me concernait peut-être pas davantage que la musique d'Armstrong, mais au moins autant. D'ailleurs, il existait un obscur rapport entre la désespérance lucide et cuivrée de la musique d'Armstrong et le sujet dont on parlait à ma table, doctement.

Il y avait à ma table Pierre Courtade et Maurice Merleau-Ponty. Il y avait de nombreuses autres personnes, bien sûr. Les tables du Méphisto, à ces ultimes heures de la nuit, étaient généralement fort bien garnies. Il y avait toujours du beau linge. Peut-être y avait-il aussi à cette table « Touki » Desanti. Peut-être même Boris Vian. Et Pierre Hervé. Il n'est pas impossible que Roger Vailland y ait fait une apparition. Mais je n'en jurerais pas. Je confonds peut-être avec d'autres soirées. Vian et Desanti, Hervé et Vailland, en effet, faisaient souvent partie des groupes qui se formaient dans l'angoisse diffuse de cette nouvelle nuit finissante, de cette aube nouvelle qui allait naître, dont on retrouverait la saveur amère, la lumière trouble, en sortant de la cave du Méphisto, ou de quelque autre refuge souterrain et maternel. En tout cas, il y avait plein de gens à notre table, dont certains allaient et venaient. Mais Pierre Courtade et Maurice Merleau-Ponty se détachent de l'ensemble, dans mon souvenir, sans doute parce qu'ils faisaient les frais essentiels de la conversation.

Il y était question des rapports entre la morale et la politique. À première vue, ni l'endroit ni l'heure ne paraissent appropriés pour aborder ce vaste sujet. Mais cette première vue risque bien d'être assez courte. Pourquoi ne parlerait-on pas de morale et de politique vers trois heures et demie du matin, au Méphisto, dans la rumeur rauque de la trompette d'Armstrong ? C'est, au contraire, une très bonne occasion. Une excellente ambiance. Surtout si nous nous trouvons en l'an de grâce 1948. La guerre froide commence à produire ses effets les plus néfastes.

Les affinités électives, les alliances politiques, les convergences culturelles de la Résistance finissent de voler en éclats sous la pression d'une polarisation aberrante. Camp contre camp, classe contre classe, morale contre morale : *Leur morale et la nôtre*. Mais cette dernière formule n'était ni de Courtade ni de Merleau-Ponty. Elle était bien plus ancienne, puisqu'elle émanait de Trotski.

Quoi qu'il en soit, on en était venu à parler de morale et de politique, cette nuit-là. Sans doute avait-on parlé auparavant de toute sorte d'autres objets. Mais on en était revenus, une fois encore, aux rapports de la morale et de la politique.

Quelqu'un, je ne sais plus qui, avait pris pour référence exemplaire ou métaphorique de sa démonstration la situation de la résistance dans les camps nazis. Ce n'était pas à cause de Barizon, certainement. Aucun de mes compagnons n'avait entendu parler de Barizon, ni de ses problèmes. Même Courtade ne savait pas encore qu'il serait, douze ans plus tard, en 1960, indirectement lié à Fernand Barizon dans mon imagination, tout au moins, à cause de cette halte à Nantua dont il a déjà été question. Non, ce quelqu'un dont je ne me souviens pas — peut-être Merleau-Ponty lui-même — avait pris pour référence de son discours les livres de David Rousset. C'était Rousset qui était à l'origine de la question évoquée, et non pas Barizon. C'était son essai sur *L'Univers concentrationnaire* et son reportage romanesque *Les Jours de notre mort*. Rousset, on s'en souvient, avait été le premier à dépasser aussitôt, dans ses écrits sur les camps nazis, le seuil du témoignage pour dégager une perspective d'ensemble, une tentative d'analyse globale. C'est sans doute cela qui lui a permis à une époque qui se situe peu après cette soirée au Méphisto où il avait été question de ses livres, de poser le problème des camps russes, le problème du Goulag.

Mais il n'était pas question du Goulag, du moins directement, cette nuit-là, au Méphisto. Il était question des camps nazis.

Fallait-il occuper des parcelles de pouvoir, dans le système d'administration interne des camps, afin d'utiliser ces pouvoirs partiels au bénéfice de la Résistance ? Avait-on le droit de rayer certains détenus, pour des raisons politiques, des listes de transport, afin d'assurer leur survie ? En sauvant les uns, ne condamnait-on pas à mort les autres, ceux qui prendraient immanquablement la place des déportés rayés des listes ?

Telles étaient les questions dont on débattait à cette table, fort pertinemment. Mais c'était une pertinence abstraite. Je n'avais pas, au début tout au moins, l'impression qu'on parlât d'une histoire que j'avais vécue. C'était, en quelque sorte, comme si on avait parlé devant moi du problème des otages de la Commune de Paris, en 1871. Ou des thèmes abordés par Trotski dans *Terrorisme et Communisme*. C'était comme si on avait discuté de la pièce de Simone de Beauvoir, *Les Bouches inutiles*.

Ça ne me concernait pas davantage, au début tout au moins.

Il faut dire que ça m'est arrivé souvent, au cours de ces années. Il m'est souvent arrivé d'entendre parler des camps nazis, de Buchenwald même, sans intervenir, comme si je n'y avais pas été moi-même. J'avais réussi à oublier. Ou plutôt, j'avais réussi à refouler très loin ce souvenir. Alors je restais dans mon coin, dans mon silence, et j'écoutais les gens pérorer à propos des camps, fort intéressé. Ça m'intéressait vraiment, tous ces récits. J'étais plutôt bon public.

Puis, subitement, quelque détail de la conversation déclenchait le déploiement de ma propre mémoire. Souvent, cela ne suffisait pas à me faire parler moi-même, à intervenir dans le rôle de témoin, ou dans celui de survivant. Je n'étais justement pas sûr d'y avoir survécu. La plupart des fois, je me levais et partais. Je laissais ces braves gens pérorer sur les horreurs nazies, sur la tarte-à-la-crème idéologique du rapport bourreau-victime.

Parfois aussi, plus rarement, je parlais.

Cette nuit-là, au Méphisto, j'écoutais débattre doctement de la question de la résistance dans les camps nazis. Je restais extérieur à ce débat. Je jaugeais les arguments des uns et des autres, de l'extérieur, sans mot dire. C'était intéressant, mais abstrait. Et puis, subitement, j'ai basculé dans le souvenir. Les eaux boueuses de la mémoire ont déferlé en moi comme si un barrage avait cédé quelque part en amont.

C'est la trompette d'Armstrong qui a tout provoqué.

Subitement, la trompette d'Armstrong, que j'écoutais toujours de ma bonne oreille, a fait s'écrouler les murs de Jéricho. J'étais à Buchenwald, de nouveau, un dimanche après-midi, et Jiri Zak, un jeune communiste tchèque de la *Schreibstube*, me proposait de l'accompagner à une séance de travail de la formation de jazz qu'il avait aidé à constituer au camp. J'écoutais Armstrong, au Méphisto, et j'entendais en même temps ce Danois que Zak avait déniché et qui jouait *Star Dust*, ce dimanche-là, au cours d'une séance de travail. Il y avait Markovitch aussi, au saxo. Et Yves Darriet, qui préparait les orchestrations.

Alors, subitement, j'ai pris la parole.

— Vous ne dites que des conneries ! ai-je dit.

On m'a regardé avec un peu de surprise. Et puis Courtade s'est écrié :

— Merde, c'est vrai ! Tu y étais !

C'est bien ça, j'y étais. Non seulement j'y avais été, mais j'y étais toujours.

— Vous voulez bien qu'on parte d'une situation concrète, leur ai-je dit, au lieu de partir des grands principes ?

Ils ont hoché la tête. La situation concrète avait l'air de leur plaire. Ils n'étaient pas contre, tout au moins.

— Bon, la situation concrète est bien simple, ai-je poursuivi. Un jour, l'administration SS donne l'ordre qu'un transport de trois mille déportés parte pour Dora, jeudi prochain, à huit heures du matin. Ce n'est qu'un exemple, bien sûr. Mais vous pouvez être sûrs que jeudi prochain, à huit heures, trois mille types partiront pour Dora. Un très mauvais camp, Dora ! C'est un chantier où l'on creuse les tunnels d'une usine souterraine pour la fabrication des V-1 et V-2, les fusées allemandes dites de représailles, V pour *Vergeltung*, vengeance, qui sont utilisées pour bombarder l'Angleterre. Dora, c'est l'enfer. Le dernier cercle de l'enfer, si vous voulez. Mais l'alternative n'est pas de partir pour Dora ou de rester. Il n'y a pas le choix, comprenez-moi bien ! Quoi qu'il arrive, trois mille types partiront pour Dora, le jour dit, à l'heure dite. Et si l'administration interne, qui est largement aux mains des politiques allemands, à Buchenwald — car chaque camp est un cas d'espèce : je ne parle que de Buchenwald, moi — refuse de préparer ce transport (c'est une hypothèse qu'on peut faire ici, trois ans plus tard, bien tranquille, pour s'amuser avec les grands principes !), si les politiques allemands refusent, donc, de préparer ce transport, le commandement SS confiera de nouveau le pouvoir administratif interne aux détenus de droit commun, par exemple. Ou bien il préparera directement ce transport et tous les autres, par la suite. Donc, trois mille déportés partiront jeudi prochain, à huit heures, pour Dora. Le seul choix qui se présente est le suivant : est-ce qu'on laisse faire le hasard ou est-ce qu'on intervient pour modifier, minimement d'ailleurs, ce hasard ? Ce n'est peut-être pas le hasard, d'ailleurs, mais le destin. Ou alors c'est Dieu. Comme vous voudrez. Mais il n'y a pas d'autre choix : laisser faire Dieu, le destin ou le hasard, ou intervenir avec les forces que nous avons, le pouvoir dont nous disposons. Comment se prépare une liste de transport, en effet ? On puise d'abord dans les effectifs du Petit Camp de quarantaine, où se trouvent les déportés non encore affectés à des travaux stables de production, à des kommandos fixes. C'est là, au Petit Camp, que se trouve l'armée de réserve de cette sorte de prolétariat que nous sommes devenus. Supposons qu'il n'y ait pas trois mille déportés disponibles dans le Petit Camp. On complétera la liste du transport pour Dora avec les déportés du Grand Camp qui ne sont pas affectés à des travaux directement liés à la production de guerre. Un métallo qui travaille à la Gustloff, par exemple, l'usine de carabines automatiques, n'a pratiquement aucune chance, aucune malchance plutôt, aucun risque, en tout cas, de partir pour Dora. La première liste du transport pour Dora s'établit donc ainsi, selon ce hasard statistique de la situation des réserves de main-d'œuvre. À l'aveuglette, en somme. C'est ensuite seulement que commence l'activité de la direction clandestine. Chaque comité national, qui regroupe les organisations de résistance, présente la liste de ceux qu'il souhaite voir rayer du transport. Enfin, quand je dis chaque comité national, ce n'est pas tout à fait exact. Les Allemands, eux, ne partent pas en transport. Ou plutôt, ils partent seulement en tant que kapos, en tant que chefs, pour encadrer les simples déportés, la piétaille des camps. Deux possibilités pour les Allemands : ou bien ils sont envoyés en transport, et avec l'accord des intéressés eux-mêmes, par la direction clandestine, afin d'encadrer les nouveaux kommandos ; ou bien il s'agit de Verts, de droit-commun, ou de mouchards des SS, que l'on éloigne de Buchenwald pour des raisons de sécurité. Les Tchèques non plus ne partent pas en transport, ou alors ils partent comme les Allemands. Les Espagnols ne partent pas du tout. La communauté espagnole n'est pas très nombreuse à Buchenwald : à peine cent cinquante déportés. Par une décision de la direction clandestine, cette collectivité est globalement protégée de tout transport. En souvenir de la guerre d'Espagne, voilà la raison. Car il y a pas mal de combattants des Brigades internationales parmi les responsables communistes de Buchenwald. Et l'Espagne, c'est le vert paradis de leur mémoire antifasciste. Bon, disons qu'en général ce sont les Russes et les Français, c'est-à-dire les groupes nationaux les plus nombreux, qui constituent le gros des transports. Mais où en étais-je ? C'est ça, les comités clandestins présentent la liste de ceux qu'ils souhaitent garder au camp. Parfois, garder au camp, ça veut dire garder en vie. Dans le cas de Dora, par exemple, les chances de rester en vie diminuent considérablement si l'on y est envoyé. Ce sont les listes de résistants que les comités préparent, bien sûr. Du point de vue de la métaphysique, je le sais bien, tout homme en vaut un autre. Du point de vue de Dieu, du point de vue tout aussi bien de la Nature humaine, tout homme est l'égal de l'autre. Chaque homme participe au même titre du divin, ou de l'humain, de l'espèce humaine. Tout homme est un être générique, tout homme est l'Homme, en quelque sorte. Dieu, sans doute, se refuserait à choisir les trois mille déportés qui doivent partir pour Dora. Ce n'est pas en fonction de leurs états de résistance, de leur attitude dans les camps, de leur mort à Dora ou de leur survie à Buchenwald, que Dieu le jour venu, s'il vient, jugera les hommes ou les âmes, n'est-ce pas ? Donc, Dieu laisserait faire : ce n'est pas son problème. Ce n'est pas en sauvant deux ou trois FTP que Dieu agirait sur le cours des choses, sur l'histoire du monde. C'est clair. Mais nous, qui ne sommes pas Dieu — et même si nous admettons, même si nous proclamons l'égalité métaphysique de tous les hommes — nous sommes obligés de juger et de jauger, si nous voulons agir, pour peu que ce soit, sur le cours des choses. À Buchenwald, tous les hommes ne pèsent pas le même poids. Un maquisard ne pèse pas le même poids qu'un type qui a été raflé par hasard dans un quartier bouclé après un attentat, ou qui a été arrêté pour marché noir. Ils sont peut-être égaux devant Dieu, ils portent certainement le même triangle rouge de déporté politique que les SS donnent à tous les Français indistinctement, mais ils ne pèsent pas du même poids, à Buchenwald, au regard d'une stratégie de la résistance. Dans six mois, peut-être, ils pèseront de nouveau le même poids. Je veux dire : si nous sommes libres, dans six mois, si nous sommes toujours vivants.

Je suis libre, je suis toujours vivant. Je bois une gorgée de bière, je reprends mon souffle. Mais je ne vais pas essayer de reproduire ici, dans le détail, la discussion de cette nuit-là, au Méphisto. Je n'y parviendrais pas, de toute façon. Et puis, je ne raconte pas une nuit au Méphisto, vers 1948, malgré l'intérêt possible d'un tel récit, mais un jour à Buchenwald, un dimanche plus précisément, quelques années plus tôt.

Quatre ans plus tôt.

Au Méphisto, pourtant, en cette nuit lointaine (lointaine de toutes les façons, dans tous les sens : lointaine aujourd'hui, au moment où j'écris ces lignes, trente ans après la nuit en question au Méphisto ; lointaine aussi, bien que d'une autre façon, par rapport au dimanche de Buchenwald ; moins lointaine, sans doute, dans le temps vécu, puisque quatre ans seulement séparent Buchenwald du Méphisto, mais très éloignée dans le temps de l'histoire, puisqu'en 1948 nous sommes en train d'atteindre l'apogée de ce qu'on a nommé la guerre froide, l'apogée clinquant, claquant de tous ses drapeaux déployés, de la coupure stalinienne, qui n'était pas seulement épistémologique : pas seulement Marx contre Hegel, science prolétarienne contre science bourgeoise, Lyssenko contre Mendel, Fougeron contre la peinture considérée comme l'un des beaux-arts, alors qu'on prétendait nous la faire considérer comme l'une des belles-armes, mais coupure qui était également politique et morale, culturelle) en cette nuit lointaine au Méphisto, pourtant, un certain nombre de points d'accord s'étaient dégagés entre nous.

Il fallait résister, voilà le premier point. À cette fin, il fallait utiliser toutes les possibilités, pour étroites qu'elles fussent, que pouvait offrir l'ordre imposé par les SS eux-mêmes, voilà le deuxième point. Donc, les communistes allemands de Buchenwald avaient eu raison, historiquement, de conquérir des parcelles de pouvoir dans l'administration interne du camp.

Mettre cela en question, a dit je ne sais plus lequel d'entre nous, serait aussi enfantin que de proclamer, par exemple et par métaphore, que toute discussion par des syndicats ouvriers d'une convention collective avec le patronat — même s'il s'agit d'un patronat féroce, de droit divin — discussion qui se déroulera forcément à l'intérieur des normes juridiques établies par l'État bourgeois — et qui peut même les consolider, ces normes — doit obligatoirement être une trahison, un abandon des positions de classe.

En somme, il faut oser lutter, savoir lutter par tous les moyens, y compris les moyens légaux.

Cette nuit-là, au Méphisto, aucun de nous n'avait entendu parler d'Alexandre Soljenitsyne, bien sûr. Soljenitsyne n'était encore qu'un *zek* anonyme. Il commençait la troisième année de son périple à travers les îles de l'Archipel. Il était encore dans le premier cercle de l'enfer. Mais aujourd'hui, quand je décris cet épisode lointain, étrangement précis dans ma mémoire pour certains de ses détails, tout à fait flou pour d'autres, aujourd'hui je ne puis m'empêcher de penser à ce que Soljenitsyne déclare sur la résistance, dans le troisième volume de *L'Archipel du Goulag*.

Aujourd'hui, je ferais volontiers intervenir Soljenitsyne dans cette discussion du Méphisto.

«Aujourd'hui, dirais-je justement avec les mots de Soljenitsyne, lui empruntant ces mots qui sonnent juste et fier, aujourd'hui, tandis que je suis en train d'écrire ce livre, des rayons de livres humanistes me surplombent sur leurs étagères et leurs dos usés aux ternes éclats font peser sur moi un scintillement réprobateur, telles des étoiles perçant à travers les nuages : on ne saurait rien obtenir dans ce monde par la violence ! Glaive, poignard, carabine en main, nous nous ravalerons rapidement au rang de nos bourreaux et de nos violenteurs. Et il n'y aura plus de fin...

«Il n'y aura plus de fin... Ici, assis à ma table, au chaud et au net, j'en tombe pleinement d'accord.

«Mais il faut avoir écopé de vingt-cinq ans pour rien, mis sur soi quatre numéros, tenu les mains toujours derrière le dos, être passé à la fouille matin et soir, s'être exténué au travail, avoir été traîné au Bour sur dénonciation (chez nous, à Buchenwald, le Bour c'était le *bunker*, le cachot), foulé aux pieds plus bas que terre, pour que de là-bas, au fond de cette fosse, tous les discours des grands humanistes vous fassent l'effet d'un bavardage de pékins bien nourris.»

Voilà, d'un certain point de vue, nos discussions au Méphisto étaient un bavardage de pékins bien nourris.

Alexandre Soljenitsyne fait cette constatation pertinente à propos d'un problème crucial de la vie concentrationnaire : celui de l'élimination des mouchards. C'est par là, en effet, que toute résistance a commencé, aussi bien dans les camps russes que dans les camps allemands. Quel est le maillon sur lequel peser pour rompre toute la chaîne de la servitude ? se demande Soljenitsyne. Et il répond : «Tuez les mouchards ! le voilà, le maillon ! Flanquez-leur un coup de couteau dans la poitrine ! Fabriquons des couteaux, égorgeons les mouchards, le voilà le maillon !»

On peut se réjouir au passage, c'est mon cas tout au moins, du détournement plein de sens que Soljenitsyne opère de la thèse léniniste bien connue du «maillon le plus faible». Ce n'est pas la seule fois, d'ailleurs, qu'au long de sa vie et de son activité d'écrivain Soljenitsyne aura détourné certains principes ou formules du léninisme, tout à fait brillants sur le plan tactique, au bénéfice d'une stratégie de dénonciation et de prise de conscience des réalités despotiques de la nouvelle société d'exploitation issue du léninisme.

Mais la ressemblance entre les conditions de la résistance dans les camps nazis et les camps bolcheviques s'arrête là, à ce point crucial et en quelque sorte originaire, à propos de la nécessité d'éliminer les mouchards. Pour tout le reste, la situation est radicalement différente.

Énumérer, ne fût-ce que cela, sans même qu'il soit question d'une réflexion articulée à ce propos, énumérer simplement les différences entre les camps allemands et les camps russes, n'est pas mon propos, pour l'instant. Je ne veux souligner qu'un seul point.

Dans les camps nazis, la situation du déporté politique (je mets entre parenthèses la question des droit-co, des Verts, qui n'entre pas en ligne de compte dans ce contexte), cette situation des politiques était claire : les SS étaient nos ennemis, leur idéologie était ce que nous abhorrions, nous savions donc très bien pourquoi nous étions à Buchenwald. Nous étions là parce que nous voulions détruire l'ordre SS, parce que nous avions pris des risques et des décisions, librement, qui nous avaient menés là où nous étions. Nous savions pourquoi nous étions à Buchenwald. En quelque sorte, il était normal que nous y fussions. Il était normal qu'ayant pris les armes contre le nazisme, la sanction de notre arrestation eût été la déportation. Nous aurions pu être fusillés, d'ailleurs. Et nous aurions trouvé cela également normal. C'est seulement parce que le sort des armes, sur les fronts de cette guerre mondiale, commençait à être défavorable à l'Allemagne hitlérienne, parce que les besoins de la production de guerre exigeaient l'accroissement du travail forcé — dont l'aspect productif primait dorénavant sur l'aspect correctif, pour continuer à employer les termes du vieux Hegel — que nous n'avions pas été fusillés.

Mais enfin, si on était venu nous chercher quelque jour d'automne, à l'aube, dans la prison d'Auxerre, pour nous coller au mur, il n'y aurait rien eu d'anormal à cela. Seuls les imbéciles auraient pu s'en étonner. Ou les naïfs, les inconscients qui se seraient engagés dans la Résistance comme dans une aventure excitante. Ceux-là auraient pu penser tout à coup, le dos au mur des fusillés, que le jeu, tout compte fait, n'en valait pas la chandelle. Mais pour nous, aucune surprise n'aurait été justifiable.

À Buchenwald, donc, outre la satisfaction provisoire d'être toujours en vie — je parle, bien sûr, en mon nom, au nom de ceux qui étaient toujours en vie : rien ne m'autorisera jamais à parler au nom des morts, l'idée même de m'attribuer ce rôle me remplit d'horreur ; c'est bien pour cela que je ne suis pas un survivant, que je ne parlerai jamais comme quelqu'un qui a survécu à la mort de ses camarades. Je ne suis qu'un vivant, c'est tout. C'est moins impressionnant, sans doute, mais c'est plus vrai. Plus vivable, aussi —, nous savions très clairement pourquoi nous étions là. Les camps, si j'ose dire, étaient tranchés, clairement délimités. Il y avait eux et nous, les SS et nous, la mort et la vie, l'oppression et la résistance, leur morale et la nôtre.

Mais dans les camps russes, sur ce point précis qui est celui qui m'intéresse à présent, la situation était toute différente. Qui était déporté politique, dans les camps du Goulag, en vertu du fameux article 58 ? La grande masse des détenus politiques était composée d'innocents, de gens qui n'avaient jamais eu l'intention de renverser, ni même de changer quoi que ce soit au régime soviétique. Ils étaient là, par centaines de milliers, par millions, parce que leurs pères avaient été paysans aisés, à une époque, par ailleurs, où l'on encourageait les paysans à conquérir l'aisance ; parce qu'un de leurs frères avait assisté une fois, par hasard ou simple curiosité, à une réunion de l'opposition de gauche ; parce qu'ils étaient habitants de Leningrad et que la population de cette ville avait été décimée par les déportations massives, après l'assassinat provocateur de S. M. Kirov ; parce qu'ils avaient fait dans un cercle privé — mais il n'y avait plus rien de privé, Lénine l'avait expliqué de façon drastique dans sa lettre à Kourski de 1922 — un commentaire élogieux d'un roman russe publié à l'étranger ; parce qu'ils avaient déclaré qu'il fallait vraiment faire la queue trop longtemps pour avoir un morceau de savon. Agitation contre-révolutionnaire que tout cela ! Cinq, dix, quinze ou vingt ans de travail forcé correctif dans un camp, selon les dispositions de l'article 58 !

«Et suivant la coutume russe, commente avec une ironie glacée Varlam Chalamov, dans ses *Récits de la Kolyma,* les traits du caractère russe, l'imprudent qui prend cinq ans se réjouit de ne pas en avoir écopé dix, l'étourdi qui écope de dix ans se félicite de ne pas partir pour vingt-cinq ans, et l'insensé que les juges condamnent à vingt-cinq ans se grise à l'idée qu'il a évité le poteau d'exécution.»

À côté de cette masse d'innocents — dans les deux sens du terme : innocents des crimes dont on les accusait et innocents d'esprit — il y avait les membres du parti communiste. Mais ceux-là non plus n'étaient pas armés, ni moralement, ni idéologiquement, pour résister au régime des camps. Le système politique extérieur, dont les organes de sécurité les avaient arrêtés, interrogés — souvent torturés — et déportés, n'était-il pas, malgré les possibles déviations staliniennes, objet d'interminables débats chuchotés, plus ou moins leur œuvre ? L'État n'était-il pas, malgré ses déformations bureaucratiques, un État ouvrier, leur État ?

Ils ne pouvaient pas aisément, comme nous le pouvions, dire «eux et nous», trancher entre «eux et nous». Ils étaient «nous» eux-mêmes, petites vis du même appareil, petits rouages du même État, «nous» face à l'ennemi de classe, aux impérialistes, aux hésitants : «nous» déportés et «nous» gardes-chiourme. Et ce n'est sans doute pas par hasard que le roman précurseur de Zamiatine s'intitule *Nous autres*. Ni non plus que le témoignage d'Elisabeth Poretski porte le titre *Les Nôtres*. «Nous», «les nôtres», «nous autres», voilà l'un des maîtres mots du langage de bois dont on fait les bûchers et l'armature des guillotines.

Dans le PCE, j'y pense à l'instant, ce mot «nous», avec son dérivé «notre», investissait cancéreusement tout le langage officiel. La revue théorique du parti espagnol s'appelait — et s'appelle toujours, en 1979 — *Nuestra Bandera* (*Notre Drapeau*), la maison d'éditions du PCE s'appelait Nuestro Pueblo (Notre Peuple) et la revue culturelle que j'ai moi-même dirigée s'appelait *Nuestras Ideas* (Nos Idées) ! Et sans doute est-ce Soljénitsyne qui a le plus lucidement, avec la dose toujours nécessaire de sarcasme vengeur, mis en relief et en déroute cette habitude invétérée du «nous» communiste, qui a si longtemps désarmé la résistance à l'oppression et qui, sans doute, continue de la désarmer.

Ainsi, pour comparer valablement la situation des détenus politiques dans les camps nazis et les camps staliniens, il faudrait supposer que les premiers eussent été remplis principalement d'hitlériens. Remplis, par exemple, d'anciens membres de la SA de Röhm. Si la purge entreprise par Hitler, en 1934, au moment de la Nuit des longs couteaux, dans les rangs de la SA, ne s'était pas soldée par quelques centaines d'assassinats, d'exécutions sommaires, si elle avait conduit dans les camps de concentration des milliers ou des dizaines de milliers de membres de la SA, virtuels opposants plébéiens et extrémistes au nouveau cours conservateur de la politique de Hitler, dans ce cas la comparaison entre les camps de Hitler et ceux de Staline aurait été possible, du point de vue tout au moins de l'attitude des politiques.

Dans ce cas, les SS auraient haï et craintivement méprisé les SA internés comme les officiers du NKVD haïssaient et méprisaient, avec une nuance d'horreur craintive, les détenus en vertu de l'article 58. Et le SA brimé, tabassé, mené à la trique par son ancien camarade SS, compagnon de lutte de la révolution nationale-socialiste, n'aurait pas plus compris que le brave militant du PCUS ce qui lui arrivait. Il aurait fait du zèle, comme ce dernier, travaillant avec acharnement à remplir les normes du plan de production. Il aurait construit le crématoire de

Buchenwald dans un temps record, le SA détenu. Et le soir, parfois, après l'appel interminable, le ventre creux, il aurait peut-être pensé que Hitler ne pouvait pas être au courant de toutes ces ignominies, que si Hitler avait su !

Quoi qu'il en soit, et pour en revenir à cette lointaine soirée du Méphisto, il aurait été intéressant d'y écouter Alexandre Soljenitsyne, ce qu'il avait à dire. Mais nous ne l'aurions pas entendu, sans doute. Moi, tout au moins, je n'aurais pas entendu sa voix. J'étais sourd, à l'époque.

Au Méphisto, donc, en cette nuit lointaine, alors que nous semblions nous être mis d'accord sur quelques conclusions précises, Merleau-Ponty nous rappela d'un ton calme que ces points précis relevaient du domaine de la stratégie.

— Mais moi, disait-il, je ne parlais pas seulement de stratégie, je parlais de morale.

— Dans le cas dont on parle, lui dis-je aussitôt, ce qui était moral c'était d'avoir une stratégie correcte !

Merleau-Ponty sourit. Il connaissait mon faible pour les formules tranchantes.

— Formule pour formule, dit Merleau-Ponty, en souriant, je vous en propose une autre : Il y a des guerres justes, il n'y a pas d'armées justes !

— Innocentes ! dis-je, irrité. Pas d'armées innocentes !

Merleau-Ponty me regarda, les sourcils froncés.

— Vous en êtes sûr ? demanda-t-il.

J'en étais sûr, mais j'avais tort. C'est Merleau qui a cité correctement cette phrase bien connue. Tant pis, je préfère ma version : Il y a des guerres justes, il n'y a pas d'armées innocentes !

Mais Pierre Courtade était intervenu, avec son habituelle moue ironique :

— Dis donc, Merleau ! Tu ne vas pas nous dire que c'est une phrase de Lénine ! Il ne manquerait plus que ça, que tu cites Lénine à notre place !

On riait, mais ce n'était pas une citation de Lénine.

Ça m'avait rappelé quelque chose, brusquement, cette discussion à propos des guerres justes et des armées innocentes. Quelque chose d'autrefois. J'avais l'impression aiguë du déjà vécu.

— Comment, comment ? avait dit Barizon, un dimanche d'autrefois, à Buchenwald.

Je lui répète la phrase que je viens de citer.

— Il y a des guerres justes, il n'y a pas d'armées innocentes !

Il me regarde, méfiant.

— Tu vas me dire que c'est de Lénine ! dit-il.

Je hoche la tête négativement.

— Non, lui dis-je, c'est de Garcia.

— Qui c'est, ce coco-là ?

Il est sur ses gardes, Barizon. Son regard devient mauvais sous les sourcils charbonneux.

— Quoi ? Tu ne connais pas Garcia ?

Je feins la sainte indignation.

— Garcia, l'un de nos classiques ! Marx, Engels, Lénine et Garcia !

Il est au bord de l'explosion coléreuse.

— Te fous pas de ma gueule, Gérard ! gueule-t-il.

Il rit, Gérard, il pose une main sur l'épaule de Fernand, pour le calmer.

Le soleil brille, il fait un froid sec et vif.

Une demi-heure avant, aussitôt après l'appel, ils s'étaient retrouvés dans le réfectoire du block 40.

— Te tire pas après la soupe ! avait dit Barizon. Faut qu'on parle, que tu m'expliques quelque chose.

Une demi-heure avant, Gérard sifflait entre ses dents.

— Merde alors ! La classe ouvrière sollicite les explications de l'intellectuel petit-bourgeois ! C'est un événement.

Mais Fernand Barizon a l'habitude. Il hausse les épaules sans se démonter.

— La classe ouvrière t'emmerde, vieux ! Mais elle te pardonne, parce que c'est dimanche.

Puis il fronce ses sourcils épais.

— Petit-bourgeois ? dit-il. C'est quoi, de la modestie subite et totalement imprévue ? Si j'en crois ce que tu m'as raconté de ton enfance, tu ne serais pas plutôt un foutu fils de foutu grand bourgeois, non ?

Ils rient ensemble.

— Et comment ! dit Gérard. Il y a même plein de ducs et de duchesses parmi mes cousines et cousins.

Barizon, bien sûr, n'en croit pas un mot. L'Espagnol raconte toujours des histoires à dormir debout.

— N'en rajoute pas, vieux, dit Barizon. C'est déjà assez triste comme ça, ton origine sociale !

Ils rient encore.

— C'est quoi, ton problème ? demande Gérard.

Barizon fait un geste de la main.

— Minute ! dit-il. D'abord, on va bouffer tranquillement cette putain de soupe. On parlera après.

Ils sont dans le réfectoire du *Flügel* C, au premier étage du block 40. Ils attendent ensemble la distribution de cette putain de soupe. Mais le dimanche, cette putain de soupe est un peu moins putain que les autres jours. Elle est presque décente. Ce n'est pas une soupe de mauvaise vie : elle vous donnerait presque le goût de vivre. Une putain de soupe pour un putain de jour de fête.

À quoi est-ce dû ? À un relent indécrottable d'humanisme judéo-chrétien, sournoisement niché au cœur même du système nazi ? Au fait que le dimanche est, dit-on, le jour du Seigneur ? Ou bien, tout simplement, aux impératifs de la

production ? À un calcul sournoisement objectif du temps d'usure et de reconstitution de la force de travail, qui recommande cette petite pause, cette prime
du dimanche, cette gâterie dominicale ? Le dimanche des travailleurs a-t-il été
inventé par Dieu ou par le despotisme immémorial et rusé du travail lui-même ?

Quoi qu'il en soit, la soupe du dimanche est à Buchenwald plus épaisse que
celle des jours de semaine. Ce n'est pas difficile, sans doute, mais c'est presque
une vraie soupe. Avec de vrais morceaux de vrais légumes : de vrais rutabagas,
de vrais trognons de chou. Des filaments de viande, même, visibles à l'œil nu,
si l'on n'est pas trop affamé, ou si, étant affamé, on prend quand même le temps
de regarder ce que l'on mange dans l'espoir de le faire durer. Et de vraies pâtes,
surtout. De grosses pâtes blanches, un peu molles à vrai dire.

Il a raison, Fernand. La soupe aux nouilles du dimanche, c'est sérieux. Il faut
la manger sérieusement. Pas question de bavarder en même temps. Ça distrait,
la conversation. C'est un plaisir de riches, la conversation à table. On pique délicatement un morceau dans l'assiette tout en improvisant une brillante digression
culturelle. Quand on a vraiment faim, quand on est pauvre, quand on est *zek*
(merde ! je voulais dire *kazettler* !) manger n'est pas un plaisir, c'est un besoin.

Et parce que c'est un besoin, ça peut devenir un rite.

Ainsi, à Marseille, dans une maison du quartier ouvrier de la Cabucelle, on
comprendrait aisément ce que Gérard pense en ce moment, dans ma tête. À la
Cabucelle, chez les Livi, c'est le père qui mettait la main à la pâte, le dimanche.
Et voilà une expression toute faite qui tombe bien, qui nous va comme un
gant : c'est justement des pâtes qu'il cuisinait, le dimanche, le père Livi : *la
pasta della domenica*. Le dimanche, c'était le jour de la chemise blanche. Le
jour de la *pasta* préparée par le père, qui officiait à la cuisine, avec un brin de
gravité latine. C'est ainsi que son propre père, et le père de son père, avaient
toujours fait, à Monsumano, avant le fascisme, avant l'exil. Le dimanche, avec
les chemises blanches des hommes, et les femmes endimanchées, assises, les
mains posées sur les genoux comme dans les vieilles photographies de famille,
couleur sépia, en attendant les pâtes préparées par le père, c'était un jour de
fête à la Cabucelle, chez les Livi.

Mais à Buchenwald, en décembre 1944, ni Gérard ni Barizon n'ont jamais
entendu parler de la famille Livi. Ils ne peuvent pas savoir que l'un des garçons est
en train de devenir Yves Montand. Cette histoire de pâtes du dimanche, pourtant,
avec ses rites et son sérieux, avec ses rires et ses airs d'opéra lancés à la cantonade
et aussitôt interrompus, est une histoire qu'ils pourraient se raconter plus tard,
le cas échéant, et qui les rapprocherait. Une histoire d'exilés, sans doute. Mais
d'ailleurs, ils se la sont racontée plus tard, cette histoire d'exilés, ces exilés.

Et c'était dans le réfectoire de l'aile C du block 40, aussitôt après l'appel du
dimanche. Un dimanche à Buchenwald, et non pas à la Cabucelle. Gérard et
Fernand Barizon attendaient la distribution de la soupe aux nouilles du dimanche.

Maintenant qu'ils l'ont mangée, cette putain de soupe, en silence, sérieusement
(mais je ne vais pas essayer de dire comment c'était vraiment, de manger la soupe

du dimanche, j'ai oublié ; je ne pourrai pas reconstituer la vérité de ce moment d'autrefois, j'inventerais ; ou alors je me souviendrais de cette faim d'autrefois à travers les récits de Chalamov, ou de Soljenitsyne, ou de Herling-Grudzinski, ou de Robert Antelme ; grâce à eux, sans doute, je retrouverais les mots qu'il faut, qui pourraient sonner juste ; mais moi-même j'ai oublié ; j'avais écrit dans *Le Grand Voyage* : «Un seul vrai repas, et la faim est devenue quelque chose d'abstrait. Ce n'est plus qu'un concept, une idée abstraite. Et pourtant, des milliers d'hommes sont morts autour de moi à cause de cette idée abstraite. Je suis content de mon corps, je trouve que c'est une prodigieuse machine. Un seul dîner a suffi pour effacer en lui cette chose désormais inutile, désormais abstraite, cette faim dont nous aurions pu mourir...», j'avais écrit ces mots parce que c'était vrai, je veux dire que c'était vrai pour moi : c'est ainsi que cela se passait dans ma tête, dans mes viscères, mais j'avais reçu plusieurs lettres indignées de lecteurs ; pas de n'importe quels lecteurs, des anciens déportés ; ils étaient ulcérés, blessés que je puisse parler ainsi de la faim ; pour un peu, ils auraient mis en doute la réalité de ma déportation, s'ils avaient osé ils m'auraient traité de fabulateur ; l'un d'eux, particulièrement indigné, me disait que sans doute j'étais devenu fou : lui-même, me disait-il, n'avait pas pu se retenir pendant des mois de se précipiter sur les restes de nourriture, les épluchures et les détritus de toute sorte, pour les dévorer à pleines dents ; bon, j'étais peut-être fou, ce n'était pas impossible) mais à présent qu'ils l'ont mangée, cette soupe aux nouilles du dimanche, Barizon et Gérard se promènent au soleil de décembre.

Les haut-parleurs diffusent de la musique douce sur toute la colline de l'Ettersberg et Gérard a mis la main sur l'épaule de Barizon, pour le calmer.

Derrière son copain, au milieu de l'esplanade, il voit un groupe de Français du block 34. Il croit reconnaître Boris, qui dépasse d'une bonne tête ceux qui l'entourent.

— Te fâche pas, Fernand ! dit Gérard. Garcia est un personnage de Malraux, dans *L'Espoir.*

Barizon se détend aussitôt.

— Ah bon ! dit-il. J'aime mieux ça !

— Tu aimes mieux Malraux que Lénine ?

— Ne recommence pas, Gérard, veux-tu ? Malraux, je connais, c'est ça que je veux dire.

Il se souvient très bien de Malraux, Barizon.

En novembre 1936, à Albacete, alors que sa compagnie allait rejoindre la XIVe Brigade internationale, sur le front de Madrid, après une brève période d'instruction, le commissaire politique avait demandé à tous les mécaniciens d'aviation de se faire connaître. Il s'était présenté, lui, car il avait travaillé près de deux ans chez Bloch, après son escapade en Bretagne avec Juliette. Mais la suite ne lui avait pas du tout plu. Au lieu de l'envoyer au feu, avec ses copains, on prétendait le garder pour réparer les moteurs de l'escadrille de Malraux. Il avait gueulé un bon coup, Barizon. Il n'était pas venu en Espagne pour réparer des moteurs d'avion, merde ! Le commissaire politique de la compagnie ne voulait rien entendre. Il appliquait les consignes, c'est tout. Service, service ! On lui avait demandé de dénicher des mécaniciens d'aviation et il ne voulait pas lâcher Barizon. Ça ne courait pas les rues d'Albacete, les mécaniciens d'aviation qualifiés. Finalement, Barizon avait réussi à rencontrer ce fameux Malraux.

L'année d'avant, il l'avait vu de loin, à la Mutu, dans la fumée et le brouhaha. On entendait mal ce qu'il disait, mais ça avait de la gueule. À Albacete, Malraux avait fumé cigarette sur cigarette et il l'avait écouté attentivement. Pour finir, il avait eu gain de cause, Barizon. On l'avait laissé partir avec sa compagnie sur le front de Madrid.

— Camarade, que je lui dis, dit Barizon, les Brigades, c'est pas un bureau d'embauche. Je cherche pas du travail dans ma branche, moi, je veux me battre. Duconneau, le commissaire politique, il m'explique que tout le monde peut tenir un fusil, mais que pour un moteur d'avion, il faut des travailleurs qualifiés. Eh bien, je n'en ai rien à foutre, que je lui dis, camarade, du travail qualifié ! Ici, je ne suis pas métallo, mais fantassin. Ma seule qualification, c'est que je peux tuer des fascistes. S'il faut se salir les mains, c'est pas avec du cambouis, c'est avec du sang. Des mécanos, il doit bien y en avoir, en Espagne. Qu'on les mobilise, qu'on les réquisitionne, qu'on leur paie des primes de rendement, des heures supplémentaires, des congés payés, des allocations familiales, je n'en ai rien à foutre ! Il faut respecter les raisons pour lesquelles je suis venu en Espagne. Je suis un volontaire, moi ! Et il m'a donné raison, Malraux.

— Tu l'as trouvé comment ? demande Gérard.

— Je l'ai trouvé marrant, dit Barizon.

Ils reviennent sur leurs pas, le long de l'allée qui sépare la rangée de baraques en bois de celle des blocks en ciment à deux étages.

— Et alors ? demande Barizon. Il disait quoi, Garcia ?

— Il y a des guerres justes, il n'y a pas d'armées innocentes.

Barizon réfléchit quelques secondes.

— Ouais, dit-il, c'est pas mal. Seulement, moi, je ne te parle pas de morale, je te parle de stratégie !

Barizon ne se désintéresse pas de la morale, pas du tout. Il a, au contraire, un sens très aigu du juste et de l'injuste : *ça ne se fait pas*, est l'une des phrases clés du langage de Barizon. Et ce sens-là, celui du juste et de l'injuste, n'est pas comme le bon sens selon Descartes : il n'est pas la chose du monde la mieux partagée. Donc, Barizon fait constamment un choix moral, dans son comportement quotidien, à la Gustloff, dans ses rapports avec les uns et les autres. Mais dans le cas précis de la question qui le préoccupe aujourd'hui, dont il a voulu discuter avec l'Espagnol, celle d'une stratégie de la résistance dans les camps, Barizon ne pense pas qu'il se pose de problème moral.

Autrement dit, il est juste de résister : voilà pour la morale. Mais quelle façon est la meilleure : voilà pour la stratégie.

— Quand même, dit Gérard, ce n'est pas si simple.

Ils ont tourné à gauche, dans une allée transversale qui remonte la pente de la colline. Ils se trouvent maintenant entre les blocks 10 et 11, presque à l'orée de la place d'appel.

Barizon regarde la tour, puis se tourne vers Gérard.

— Avec toi, ce n'est jamais simple, dit-il.

— Le pour et le contre, le plus et le moins, la fleur et le fruit : c'est la dialectique, Fernand, qui n'est pas simple !

Barizon regarde à nouveau la tour. Un peu plus à gauche, il regarde la cheminée du crématoire, couronnée d'une fumée dense. Il regarde ensuite la neige sur la forêt.

Il sourit à Gérard.

— Le crématoire aussi, c'est dialectique ? dit-il avec un accent gouailleur.

Mais ce n'est pas une question qui puisse désarçonner Gérard.

— Bien sûr, dit-il.

— Explique-moi ça, dit Barizon en fronçant les sourcils.

— Le crématoire, c'est la mort, n'est-ce pas ? Le signe massif de la mort. Or, celle-ci n'est pas au-delà de la vie, hors de la vie, après la vie. La mort est dans la vie, c'est la vie. De la même façon, le crématoire est dans le camp. C'est bien plus qu'un symbole, c'est la mort qui est au milieu de notre vie, qui est notre vie. Le crématoire est le signe de la mort, mais il est aussi le signe de la vie qui nous reste à vivre, notre avenir le plus probable.

Barizon regarde la cheminée du crématoire. Il siffle entre ses dents.

— Ma parole, dit-il, tu devrais être prof ! Ou prédicateur !

Et puis, d'un ton définitif :

— Le crématoire, c'est de la merde !

Gérard pointe un doigt contre la poitrine de Barizon.

— La merde aussi, c'est dialectique.

Mais Barizon fait un geste pour l'interrompre.

— Ça va, ça va ! Fais-moi grâce de ta démonstration !

Ils rient.

Ils regardent la cheminée du crématoire, la tour, les murs massifs du bunker construit dans le prolongement du bâtiment de la garde. Ils regardent la neige, ce linceul blanc d'où va surgir, un jour ou l'autre, le renouveau printanier, la vie nouvelle de la nature. Mais peut-être ne seront-ils pas là pour le voir.

— Avant que tu ne m'interrompes, dit Gérard, j'avais la joie de te dire que ce n'est pas aussi simple : on ne peut pas séparer de façon absolue la morale de la stratégie.

Ils ont repris leur marche. Ils s'éloignent de la place d'appel par l'allée qui longe les baraquements des prisonniers de guerre soviétiques.

— Arrivera-t-il jusqu'à l'armée Rouge, Piotr ?

— Tu le sais bien toi-même, dit Gérard. Ne m'as-tu pas dit tout à l'heure que le fait d'être privilégié, parce que communiste, dans un camp de nazi, te posait des problèmes ?

Barizon hoche la tête affirmativement.

C'est pourtant vrai que ce n'est pas simple.

— Alors ? dit Barizon.

— Alors, j'en reviens à la formule de Garcia, qui explique tout : Il y a des guerres justes, il n'y a pas d'armées innocentes.

Nous faisons une guerre juste, dans des conditions difficiles, parmi les plus difficiles qu'on puisse imaginer, au cœur même du système nazi. Mais nous ne sommes pas innocents pour autant, en tout cas, pas inévitablement puisque cette guerre juste nous octroie des privilèges, des planques, du pouvoir dont nous pouvons abuser. On voit ça tous les jours, n'est-ce pas ?

Il hoche la tête, Barizon.

— Alors ? répète-t-il.

— Alors, dit Gérard, à l'intérieur de ces circonstances-là, chacun réagit à sa façon. C'est une question individuelle. En avoir ou pas. Avoir une morale, avoir du courage. D'ailleurs, la morale c'est la plupart du temps une question de couilles. Si tu ne veux plus courir aucun risque, tu cesseras d'avoir un comportement moral. Quand tu en as deux, t'en as une. Je veux dire : deux couilles et une morale.

Gérard a plein d'exemples à l'esprit, en disant cela.

Il pense à Fritz et à Daniel, par exemple.

Ils ont tous les deux le même âge, à peu de chose près. Ils sont tous les deux communistes. Sans doute Fritz est-il enfermé depuis plus longtemps que Daniel. Il a quelques années de prison et de camp de plus que Daniel. Il faut en tenir compte, sans doute. Ça ne justifie rien, mais ça explique, peut-être, certaines choses. Quoi qu'il en soit, Fritz applique les règlements en vigueur, il exerce le pouvoir partiel qui lui est échu — minime, en réalité, du point de vue de l'ensemble de la vie du camp : décisif, parfois, pour la vie de tel ou tel déporté — dans l'administration intérieure du camp, comme si ce pouvoir et lesdits règlements étaient neutres : ni bons ni mauvais en soi. Comme s'il s'agissait tout simplement de faire tourner une machine bureaucratique dans des conditions optimales de rationalité et de rentabilité.

Daniel, par contre, exerce ce pouvoir et applique ces règlements en les retournant constamment contre les objectifs qui leur sont propres et qui les fondent : en essayant de réduire au minimum leur rentabilité et leur rationalité, puisque aussi bien l'une et l'autre ont été conçues au bénéfice de la production de guerre nazie, au détriment de la main-d'œuvre déportée. Et par son attitude, bien sûr, il est constamment porté à prendre davantage de risques que ce salaud de Fritz.

Ainsi, c'est effectivement une question individuelle.

Pour qu'une stratégie devienne une morale, il faut non seulement qu'elle soit juste dans son principe, mais que les hommes qui la mettent en pratique soient justes, eux aussi, qu'ils ne se laissent pas corrompre par le pouvoir qu'ils ont conquis pour déployer cette stratégie et parce qu'ils l'ont déployée. Car le pouvoir fait boule de neige, on le sait.

Mais Barizon, cette histoire de couilles l'a fait bien rire.

— Ça, c'est pas mal ! s'écrie-t-il. Quand t'en as deux, t'en as une. Remarque qu'on peut retourner ta belle formule, vieux ! Une morale et deux roupinettes : et c'est la morale qui les fait grossir !

— Voilà, dit Gérard, ça peut se retourner parce que c'est une formule vraiment dialectique.

On peut la retourner mais pas la dépasser, *aufheben*, pense Gérard. C'est la maudite *Aufhebung* qui fout en l'air la dialectique hégélienne, qui la rend irréelle à force de perfection. Mais il garde cette pensée pour soi : pas la peine de provoquer Barizon.

Justement, celui-ci s'arrête de marcher et le regarde.

— Tu sais que t'es chiant ? dit-il.

— Je sais, dit Gérard.

Au Méphisto, quatre ans plus tard, la discussion est devenue confuse. Dans mon souvenir, tout au moins, c'est devenu confus. Seule la trompette d'Armstrong a gardé, dans mon souvenir, une clarté déchirante.

— Et toi, m'avait dit Pierre Courtade, à un certain moment de cette fin confuse de la nuit, tu ne vas rien écrire sur les camps ?

J'ai hoché la tête.

— Non, ai-je répondu, c'est trop tôt.

Courtade a eu un petit rire sarcastique.

— Tu attends quoi ? a-t-il dit. Qu'il soit trop tard ? Que tout le monde ait oublié ?

J'ai hoché la tête, je n'avais pas envie de parler de ça.

Mais finalement, quand le temps d'écrire arriverait, je n'écrirais pas le récit dont je parlais avec Fernand Barizon, en 1960, à Genève. J'en écrirais un autre. C'est-à-dire le même, mais d'une autre façon.

En 1960, Barizon m'avait demandé : — Tu raconterais comment ? — Je raconterais un dimanche, lui avais-je répondu. À vrai dire, je n'avais pas répondu à sa question, on aura pu le constater. Je ne lui avais pas dit comment je raconterais, mais ce que je raconterais. Ce n'est pas la même chose. Mais enfin, on ne vas pas chichiter là-dessus. Barizon, en tout cas, n'avait pas fait le chichiteux. Il avait admis ma réponse sans chicaner.

Curieusement, j'avais l'impression que cette idée que je venais d'avoir, à Genève, de raconter un dimanche à Buchenwald, qui venait apparemment de me traverser l'esprit — tiens ! les idées traversent l'esprit comme les piétons traversent un carrefour ? est-ce que les idées traversent aussi dans les passages cloutés ? aux feux verts ? J'avais l'impression curieuse que cette idée n'était pas nouvelle, malgré les apparences. Ça me rappelait quelque chose, vaguement, cette idée de raconter un dimanche à Buchenwald.

Deux jours après, j'étais à Prague.

Je ne sais plus pourquoi j'étais à Prague, quelle était la raison. Mais j'étais à Prague et cette raison urgente, quelle qu'elle fût, me laissait des loisirs. Car j'étais en train de contempler un tableau de Renoir, à la Galerie nationale de Prague, un tableau voluptueux et gai, avec une jeune femme gaie et voluptueuse au milieu d'un paysage mordoré. Je ne sais pourquoi cette jeune femme de Renoir m'a fait penser aux dimanches de Buchenwald, mais enfin, c'est là que j'y ai pensé, devant son portrait.

Peut-être était-ce le contraste, tout simplement.

Ça m'arrive, parfois, d'être sensible aux contrastes. D'en être intimement remué, je veux dire, mis sens dessus dessous. D'en être blessé, je veux dire. Ça m'est arrivé, au cours de ces années. Le contraste, par exemple, entre quelque bonheur aigu, même furtif ou fugace, mais vraiment poignant, et le souvenir brusquement revenu — à cause de ce bonheur ? — d'un moment au camp. Un moment d'angoisse, dans la foule bruyante, gigotante, épaisse, hostile, du dortoir, la nuit. Un moment de folie, devant le paysage de la plaine de Thuringe, si banalement beau. Un moment de faim atroce, où l'on aurait vendu son âme pour une soupe aux nouilles. Mais il n'y avait pas de diable, à Buchenwald, à qui vendre son âme. Il n'y avait que des hommes : tant pis. Enfin, des contrastes semblables, entre des bonheurs présents, même fugaces, et les jours d'autrefois. Je ne dis rien, bien sûr, quand ça m'arrive, je laisse passer ces instants de désarroi. Je ne détrompe personne, jamais, à quoi bon ? Je laisse croire que ce soupir a été un soupir de satisfaction, que ce gémissement traduit le bonheur. Peut-être même le plaisir. Si je passais mon temps à nommer les moments où ma vie est ailleurs, je deviendrais peu fréquentable. Alors, je ne dis rien.

Quoi qu'il en soit, je contemplais le tableau de Renoir, à la Galerie nationale de Prague, et je me suis rappelé les dimanches de Buchenwald.

Je me suis rappelé que j'avais déjà écrit quelque chose, longtemps auparavant, à propos des dimanches de Buchenwald. Avant-hier, donc, à Genève, en parlant avec Barizon, je ne venais pas d'avoir cette idée, je ne venais pas de l'inventer. Dix ans plus tôt, j'avais déjà commencé d'écrire à propos des dimanches de Buchenwald. Ça s'appelait *Les Beaux Dimanches,* précisément. C'était une pièce de théâtre qui est restée inachevée. Dix ans auparavant, à peu près. En tout cas, je me revois revenant de l'Unesco dont les bureaux étaient installés avenue Kléber, à l'époque. Je rentrais dans l'appartement meublé que je louais rue Félix-Ziem, derrière le cimetière Montmartre, pour travailler à cette pièce de théâtre. Je ne prétends pas que je rentrais tous les soirs pour y travailler. Non, ce serait une trop grande prétention. Il m'arrivait souvent de passer la soirée, et même une bonne partie de la nuit, entre le Montana et le Méphisto, par exemple, à Saint-Germain-des-Prés. Il faut dire que les compagnons de ces interminables périples et discussions nocturnes étaient passionnants. Les compagnonnes aussi, parfois, plus rarement.

En tout cas, si j'écrivais cette pièce de théâtre, *Les Beaux Dimanches,* rue Félix-Ziem, cela permet de donner une date très précise à cette période d'écriture.

Cela donne l'année 1950.

J'habitais rue Félix-Ziem, en effet, en septembre 1950, lorsque le gouvernement français interdit la presse et les activités légales du PCE en France. On s'en souvient peut-être, plusieurs dizaines de militants et de cadres moyens du PCE ont alors été arrêtés au cours d'une rafle policière. Certains ont été assignés à résidence en Corse, d'autres expulsés vers des pays de l'Est. Mais la nouvelle et même la date exacte de cette rafle avaient été connues d'avance, à la direction du PCE, installée aussi avenue Kléber, presque en face de l'Unesco, ce qui était fort pratique pour moi. Les secrets d'État ne sont pas toujours bien gardés dans un État libéral, même aux périodes autoritaires et restrictives, qui sont récurrentes, on le sait bien, dans l'histoire des États libéraux. Je ne me plains pas, bien entendu, de cette porosité des appareils d'État libéraux — ou démocratiques, si vous préférez : ceux où la domination des minorités dominantes s'exerce médiatement, et souvent même benoîtement, à travers le système de la majorité parlementaire — je ne m'en plains pas, bien au contraire. Je souhaite, bien au contraire, que tous les opposants de tous les pays, quel que soit le régime auquel ils s'opposent, puissent bénéficier d'une telle porosité des appareils d'État.

Donc, avenue Kléber — pas à l'Unesco, mais en face, dans les bureaux du PCE — on avait appris plusieurs jours à l'avance le déclenchement de cette rafle policière. Quelqu'un avait alors traversé l'avenue et demandé à me voir.

J'étais en ce temps-là l'adjoint du chef de la section de traduction espagnole. J'ai reçu cet émissaire dans mon bureau, au dernier étage du bâtiment de l'Unesco. Il faut dire que cette noble institution occupait alors les locaux de l'ancien hôtel Majestic, lequel avait servi de quartier général, pendant l'occupation, à un certain nombre de services de police nazis. J'avais mon bureau dans une ancienne chambre de cet ancien hôtel. Dans l'ancienne salle de bains contiguë, dont on avait enlevé les appareils sanitaires, il y avait des meubles de rangement et des classeurs. J'étais assis à mon bureau et j'écoutais l'émissaire du PCE, qui avait traversé l'avenue Kléber pour venir me parler. Je voyais une partie de la salle de bains contiguë, dont la porte avait disparu. Je voyais des classeurs, mais je voyais aussi les robinets de la baignoire. Inutiles, puisque la baignoire elle-même avait été enlevée, insolites même, ces robinets tarabiscotés de l'ancienne salle de bains du Majestic qui étaient restés fixés au mur.

Cette vision, parfois, lorsque je levais les yeux des pages posées devant moi, m'avait incommodé. Parfois, ces robinets rococo, fixés au mur, sur une baignoire fantôme, m'avaient produit une impression désagréable. Une sorte de frisson avait parcouru mon épine dorsale. La raison en était facile à comprendre. Les robinets me rappelaient la baignoire absente, et la baignoire, même absente, me rappelait la Gestapo qui avait occupé ces lieux quelques années auparavant. Or, la baignoire était mon plus mauvais souvenir de la Gestapo. Je n'avais pas eu affaire à la Gestapo du Majestic, sans doute, mais la Gestapo d'Auxerre connaissait aussi l'usage de la baignoire. Je levais les yeux de mon travail et je voyais les robinets de la baignoire fantôme, tout en réfléchissant à quelque problème linguistique.

Ainsi, l'avant-veille, une commission avait été réunie : fallait-il traduire, dans les documents officiels, *Droits de l'homme* par *Derechos del hombre* ou bien par *Derechos humanos* ? J'étais partisan de la formule *Derechos del hombre*, qui me semblait plus conforme à l'origine française de la notion et à une tradition établie. Et les traditions ne sont pas à négliger quand il s'agit d'une langue, c'est-à-dire du véhicule d'une histoire et d'une mémoire collective et culturelle. Mais les Latino-Américains tenaient dur comme fer à *Derechos humanos*. C'était comme ça qu'ils disaient, eux, et puis en anglais, c'était *Human Rights,* on le sait, comme on sait aussi que le langage officiel, diplomatique et commercial de l'Amérique du Sud tendait déjà à s'aligner sur l'anglais, de plus en plus.

Plus tard, quelques années plus tard, après le XXᵉ congrès du PCUS, je me suis rappelé ces farouches empoignades linguistiques. J'avais quitté l'Unesco en 1952 pour devenir permanent du PCE, mais je me souvenais des interminables discussions d'antan, dans les commissions *ad hoc* de l'Unesco chargées d'unifier le langage officiel. Mais c'est que nous avions aussi des discussions interminables, dans les commissions de rédaction du comité central du PCE, après le XXᵉ congrès du parti russe. Comment fallait-il qualifier le fameux «culte de la personnalité»? Invariablement, quand je faisais partie d'une telle commission de rédaction chargée d'élaborer la résolution politique d'une assemblée plénière du CC, par exemple — et il m'arrivait souvent d'en faire partie — je qualifiais de «cancéreux» le fameux «culte de la personnalité». J'écrivais toujours le «cancer du culte de la personnalité», dans le brouillon soumis pour sa rédaction finale aux instances suprêmes du PCE dont je faisais d'ailleurs également partie. Et le mot «cancer» provoquait toujours une discussion. Non, il était impossible d'employer le mot «cancer», me disait-on. D'abord, le mot «cancer» avait une connotation trop péjorative, trop néfaste, me disait-on. Bon, et alors? Est-ce que le «culte de la personnalité» n'avait pas été néfaste? Si, bien sûr, il l'avait été, mais le mot «cancer» évoquait une maladie mortelle, la plupart du temps. Or, le «culte de la personnalité», me disait-on, n'avait pas été mortel pour la société socialiste. N'est-ce pas le socialisme lui-même qui avait trouvé dans ses propres profondeurs les ressources organiques qui avaient permis d'éliminer le «culte»? Mais je ne vais pas reproduire dans le détail les méandres casuistiques d'une telle discussion. Disons que je finissais par me replier sur le terme «tumeur». Mais le terme «tumeur» était également repoussé, après un examen aussi rituel qu'approfondi. Car il y a des tumeurs malignes, on le sait bien. D'ailleurs, dans la plupart des cas, le terme «tumeur» n'est qu'un euphémisme provisoire pour «cancer», me disait-on. Bien, finalement nous en revenions au terme qui était prévu d'avance, au terme consacré que j'avais essayé de contourner en livrant un baroud d'honneur — ou de déshonneur? —, un baroud purement dialectique, en tout cas. Et le terme consacré était celui d'«excroissance». Le culte de la personnalité n'avait été qu'une excroissance malsaine et passagère sur l'organisme sain et vivace du socialisme, lequel avait trouvé en lui-même les forces nécessaires pour supprimer cette excroissance et en cautériser la plaie. Voilà, c'était réglé.

Mais ne nous égarons pas.

Je suis dans mon bureau de l'Unesco, en septembre 1950, et je ne pense pas du tout au «culte de la personnalité». Comment y penserais-je, étant ce que j'étais et à la date où nous étions ? Je pense à la discussion de l'avant-veille sur *Derechos del hombre* et *Derechos humanos*. C'est-à-dire, Droits de l'homme et *Human Rights*. Je pense à un fonctionnaire argentin de la commission *ad hoc*, avec qui j'ai eu une empoignade. — Droits de l'homme, me disait-il, et la femme, alors ? Je lui rétorquais rétorquais que l'homme, ou *hombre*, qui avait, dans cette expression, droit à des droits inaliénables, était un être générique, c'est-à-dire, bisexué, peut-être même pansexuel : l'homme des Droits de l'homme c'était tout aussi bien la femme et l'enfant, voyons ! Et comme je savais que cet Argentin, assez calamistré et tout à fait pédant, était aussi tout à fait progressiste — je l'avais rencontré dans une soirée, chez les A., où il accompagnait Madeleine Braun — je m'amusais à lui faire des allusions marxistes, des clins d'œil au *Gattungswesen* de Marx, allusions qui ne faisaient que l'irriter davantage, je ne sais pourquoi. Peut-être parce qu'il y voyait, chez moi, de la suffisance, plutôt que de la complicité théorique.

Je pense aux Droits de l'homme, donc — et de la femme aussi, bien sûr : n'essayez pas, comme l'Argentin en question, de me faire croire que j'étais misogyne — et je vois les robinets rococo de la baignoire de la Gestapo. Ça évoque des souvenirs désagréables. Les plus désagréables, sans doute, de tous les souvenirs possibles. Pendant ce temps, l'émissaire du PCE est en train de me dire, sous le sceau du secret, que la police française prépare une rafle contre le parti espagnol et qu'on a pensé que mon appartement serait un refuge assez sûr pour y cacher un camarade responsable.

Je regarde les robinets tarabiscotés de l'ancien hôtel Majestic, sur la baignoire disparue d'une Gestapo fantomatique, et j'acquiesce d'un geste. Sans doute, cet appartement de la rue Félix-Ziem que m'a procuré le service de logement de l'Unesco est-il un refuge assez sûr.

C'est ainsi que Victor Velasco et sa femme sont venus se mettre à l'abri dans l'appartement où j'écrivais, épisodiquement, une pièce de théâtre qui s'appelait *Les Beaux Dimanches* et qui est restée inachevée. Velasco était l'un des adjoints de Carrillo, à la commission qui dirigeait le travail clandestin du parti en Espagne même. Mais à l'époque je ne connaissais pas Carrillo. Je ne l'ai connu que trois ans plus tard.

Quelques jours après l'installation des Velasco chez moi, la rafle de la police française a eu lieu, comme prévu. Et, comme prévu, le sommet dirigeant de l'appareil du PCE replongé dans la clandestinité a échappé à la rafle.

Ainsi, les locaux de l'avenue Kléber — pas ceux de l'Unesco, ceux du PCE — ont été abandonnés. Ça me compliquait un peu la vie. Jusque-là, je n'avais que l'avenue à traverser, et vice versa. Les émissaires du PCE, eux aussi, n'avaient que l'avenue à traverser, quand on avait besoin de moi.

Mais je suis à Prague, à la Galerie nationale du palais Sternberk devant un tableau de Renoir, à l'automne 1960.

Je viens de me rappeler que j'écrivais *Les Beaux Dimanches*, dix ans auparavant, rue Félix-Ziem. C'était une histoire qui se passait à Buchenwald, un dimanche, comme son titre l'indique. D'ailleurs, c'était une histoire d'indicateur, elle tombe bien, cette allitération. L'histoire d'un mouchard, si vous préférez, ou plutôt, l'histoire de sa découverte et de sa liquidation. L'action de la pièce se déroulait un dimanche après-midi, en un seul lieu — la baraque de l'*Arbeitsstatistik* — et elle concernait l'élimination physique d'un mouchard des SS. La règle des trois unités était scrupuleusement respectée, vous pouvez m'en croire. Et l'un des personnages de la pièce s'appelait Gérard, bien sûr.

Voilà, je viens de me rappeler tout cela devant le portrait d'une jeune femme appétissante, je veux dire : faisant éclater son appétit de vivre, et celui de Renoir, du même coup, dans un paysage mordoré où il n'y a pas la moindre trace, pas même la plus lointaine possibilité d'une fumée de crématoire. Ainsi, avant-hier, lorsque j'avais dit à Fernand Barizon que je raconterais un dimanche à Buchenwald, je n'inventais rien. Je n'improvisais rien. Sans le savoir, je retrouvais une ancienne obsession.

Mais justement, je suis à Buchenwald, seize ans plus tôt, un dimanche, et j'ai fini de maquiller les fiches des trois copains français dont Daniel m'a donné les noms et les numéros. Les voici devenus intouchables. C'est la Gestapo elle-même qui les protège, qui leur évite tout départ intempestif en transport.

Je mets dans ma bouche le petit bout de papier que Daniel m'avait donné. Je le mâche lentement et je l'avale. Le soleil frappe les vitres, sur ma droite.

— Tu veux le journal ?

C'est Walter qui m'interpelle, le *Völkischer Beobachter* à la main.

Je lui dis oui, que je veux bien le journal. Il me le tend par-dessus le fichier.

— Cette histoire de Grèce, dit Walter, c'est de la merde !

Les premiers jours, nous avions refusé de croire à cette histoire. De la propagande nazie, sans doute. Ensuite, rendus à l'évidence, la question qui se posait à nous n'était pas tellement de savoir pourquoi les Britanniques avaient décidé d'écraser l'ELAS. Ça, on pouvait comprendre. Mais pourquoi le silence de Moscou ? Pourquoi les Soviétiques laissaient-ils faire ? ou alors, si les Soviétiques avaient décidé d'éviter tout affrontement avec les Britanniques, dans l'intérêt de l'alliance antihitlérienne — ça aussi, on pouvait comprendre — pourquoi laissaient-ils les communistes grecs s'engager dans une stratégie confuse et par là démoralisante, faisant alterner les coups de force insurrectionnels et les compromis les plus éhontés ?

À l'*Arbeitsstatistik*, nous étions un petit groupe de communistes de diverses nationalités à avoir discuté de cette affaire avec passion. Matin et soir, en attendant l'appel, un cercle se formait. Il y avait là des Allemands : Walter et August. Parfois aussi Georg Glucker, tranchant et apocalyptique, comme à l'époque, j'imagine, de sa jeunesse et du mot d'ordre «classe contre classe». Il y avait parfois Jupp, l'Allemand de Silésie qui parlait le polonais comme un Polonais et Jan, le Polonais de Silésie qui parlait l'allemand comme un Allemand. Il y avait un Tchèque, Josef Frank. Un Belge, Jean Blume. Et puis Daniel A., le camarade français. Seifert et Weidlich venaient de temps en temps se mêler aussi à nos discussions, mais c'était plutôt rare. D'ailleurs, quand ils étaient présents, ils ne disaient pas grand-chose. Ils ne semblaient pas avoir d'opinion personnelle, en tout cas.

Les discussions passionnées sur la stratégie — où il n'était pas seulement question de la Grèce, mais aussi de l'Europe occidentale en général, et de la France en particulier, dont nous étaient parvenues des nouvelles fragmentaires sur le désarmement des Milices patriotiques — avaient dégagé deux courants parmi nous.

Pour les uns, l'essentiel était de maintenir l'alliance antihitlérienne sur le plan international, et le front uni de la résistance sur le plan national. Le maintien de forces armées autonomes sous une direction communiste aurait provoqué l'intervention des troupes américaines et britanniques, désastreuse dans le contexte du rapport de forces existant. Qui sait même, disaient ceux-là, si les Anglo-Américains ne profiteraient pas d'incidents de cette sorte pour signer une paix séparée avec l'état-major allemand, refermant ainsi le cercle autour de l'URSS ?

Pour les autres — dont j'étais, bien sûr : je n'avais ni l'âge ni l'expérience nécessaires pour me trouver parmi les «réalistes», ceux qui avaient déjà deviné ou subodoré, avec ce flair particulier des vieux routiers, les intentions de Staline — pour nous, donc, le rapport de forces en Europe n'était pas quelque chose d'intangible : on pouvait le modifier par une stratégie du mouvement ouvrier occidental orientée vers la transformation de la société ; stratégie fondée sans doute sur des alliances très larges, mais garantie par une autonomie, armée de préférence, des forces ouvrières et révolutionnaires.

Mais depuis quelques jours, en cette fin de décembre 1944, nous en étions parvenus au stade béatifique de la théorie. Les discussions sur la stratégie, confuses, parfois violentes, s'apaisaient désormais dans la tiédeur rassurante et sirupeuse d'une dialectique vaguement hégélianisante. Comme si le mouvement de nos pensées avait obéi à une force de gravitation identique, nous en étions tous à fonder sur un même raisonnement mystificateur notre justification du cours des choses. La dialectique du général et du particulier, il fallait y penser. Les problèmes de la révolution en Grèce n'étaient qu'un aspect particulier d'une question générale : celle de la guerre antifasciste. Les intérêts du mouvement ouvrier dans son ensemble étaient liés à la solution de cette question générale, à la victoire dans la guerre antifasciste. Tout le reste devait s'articuler à la juste solution de cette question générale. Les contradictions secondaires entre l'ELAS et Churchill, pour douloureuses qu'en fussent les conséquences, ne devaient pas prendre le pas sur la contradiction principale entre le camp hitlérien et le camp antifasciste. Le particulier grec devait être sacrifié, le cas échéant, et pour pénible que cela fût, sur l'autel de la cause générale de l'antifascisme.

Nous ronronnions cette pseudo-dialectique, devenue moulin à prières, et l'écrasement de l'ELAS se transfigurait en accident particulier d'une histoire dont le cours général était — ô merveille de la dialecto-tautologie ! — précisément dans le sens de l'Histoire. L'écrasement de l'ELAS entrait dans le champ lumineux de la théorie. Il devenait supportable, dans la mesure où il était théorisé.

— Cette histoire grecque, c'est de la merde ! avait dit Walter en me tendant le *Völkischer Beobachter.*

Je hochais la tête.

C'était de la merde, en effet, malgré tous nos beaux exercices dialectiques.

CINQ

L'odeur des pommes de terre rôties me remplit les narines. Elle m'envahit peu à peu. Elle me fait venir l'eau à la bouche. L'odeur des pommes de terre rôties me fait battre le sang. Je vais défaillir.

C'est Meiners qui fait rôtir des pommes de terre.

Avant cette odeur de pommes de terre rôties par laquelle commence un nouveau chapitre de ce dimanche, je somnolais. J'étais dans la salle commune, la cantine de l'*Arbeitsstatistik*, le front appuyé sur mes bras repliés sur la table. Je somnolais. Je n'avais pas perdu toute conscience de ce qui se passait autour de moi. J'entendais la porte donnant sur le bureau de l'*Arbeit* s'ouvrir et se fermer, je ne doutais pas de la réalité de ce bruit de porte s'ouvrant et se fermant. J'entendais des pas racler le plancher, je ne doutais pas de la réalité de ce bruit. Une partie de moi continuait à vivre dans un état de veille confuse, une autre partie se perdait dans les rêves rutilants de ma somnolence.

Avant, encore avant, j'étais dans la salle de l'*Arbeit* devant les rangées du fichier central. Le soleil éclaboussait les vitres, la fumée du crématoire montait dans le ciel, quelqu'un toussotait, les chars britanniques avaient écrasé les forces de l'ELAS, le titre du journal déployé devant moi, *Völkischer Beobachter*, était imprimé en caractères gothiques modernes, soulignés de rouge, la Marne était belle au printemps, j'en avais assez.

Je m'étais levé, j'avais regardé autour de moi.

Le poêle ronflait, tout était à sa place, c'était insupportable. Daniel était à sa place, à côté du vieux Fritz, ce gâteux malveillant. Daniel me tournait le dos, il ne pouvait pas voir mon regard désemparé. Je fis deux pas, titubant, pris d'une subite envie de m'absenter, d'un besoin irrésistible de m'enfouir dans les draps frais d'un vrai lit, pour un long sommeil sans rêves. Je regardai de l'autre côté, vers le fond de la salle, je vis August. Il était à sa place entre le copain polonais de Silésie qui parlait parfaitement l'allemand et le copain allemand de Silésie qui parlait parfaitement le polonais.

Je me serais approché d'August, il aurait levé la tête.

— *Qué pasa, viejo* ? m'aurait-il demandé avec son accent argentin.

— *Domingos de la gran puta* ! lui aurais-je répondu pour exprimer le désarroi lisible dans mon regard.

C'était un dimanche de la grande pute, voilà ce que c'était. Un dimanche de merde. Une putain de dimanche de merde, voilà ce que c'était.

August ne m'aurait pas fait le coup de l'ancien combattant, ce n'était pas son genre. Il n'aurait pas piqué une crise en m'expliquant que Buchenwald n'était plus qu'un sana, maintenant, qu'à la belle époque les dimanches étaient vraiment des dimanches de la grande pute, avec des appels qui duraient souvent six ou huit heures. August n'aurait pas fait le compte de tous les dimanches de la grande pute que je n'avais pas connus, pour me les jeter à la figure, pour m'en faire honte, pour m'accabler sous le poids de tous ces dimanches de Buchenwald que je n'avais pas connus.

August aurait haussé les épaules, il aurait souri.

— *Asi es la vida, viejo* ! m'aurait-il dit.

C'était la vie, bien sûr. Et il n'y avait aucune raison vraiment impérieuse pour qu'elle fût autrement, c'est ça qui était chiant. C'était que la vie fût ainsi, tout bonnement, qui était chiant.

Mais je n'étais pas allé faire un brin de conversation avec August.

J'avais marché vers la pièce commune, au fond de la baraque de l'*Arbeit,* à côté de la chambre de Seifert.

La pièce commune était vide.

Je m'étais fait réchauffer un quart de ce jus noir qu'on nous distribuait le matin et dont il y avait toujours un gros bidon plein, dans la pièce commune. J'avais branché l'un des réchauds électriques de fabrication artisanale, totalement interdits par les SS, et j'avais bu ce quart de jus réchauffé.

Ensuite, j'avais fumé une cigarette.

Le temps de boire le jus réchauffé, de fumer une cigarette, n'avait pas pris beaucoup de temps. Je retombai dans l'abattement physique d'il y a un instant. Ça me rappelait quelque chose, des sentiments et des mots d'autrefois. J'étais peut-être voué à cette sorte d'angoisse, ce n'était pas impossible. Peut-être les circonstances présentes n'y étaient-elles pour rien. Peut-être aurais-je éprouvé, éprouverais-je encore n'importe où une angoisse identique. Peut-être était-ce le fait de vivre qui était angoissant, même s'il n'y avait pas eu le silence glacé de l'Ettersberg, la fumée du crématoire, l'incertitude brutale de ce dimanche à Buchenwald. Peut-être la vie était-elle angoissante, n'importe où, dans n'importe quelles circonstances.

J'étais au milieu de la Contrescarpe, en 1942, au printemps, immobile. Immobile, toi ? Immobile, le printemps ? Immobiles, toi, le printemps. Immobilités centrifuges, tournoyantes. Du pollen, de minuscules débris végétaux flottaient dans l'air de la place, l'aire de la place. Debout, immobile sur le terre-plein central, agité d'un mouvement intérieur, imperceptible mais fébrile, je me laisserais recouvrir de pollen, de débris végétaux. Un jour prochain, les fientes des oiseaux parachèveraient cette œuvre de l'immobilité. Statue sur la place, friable, bientôt érodée par les intempéries, je remplacerais fugitivement les statues de bronze disparues des squares, des places de la ville. Immobile au milieu de la Contrescarpe, depuis combien de temps ? J'essayais de mettre de l'ordre dans mon esprit — ce placard vide, ce lieu d'aisance, ces chiottes — j'essayais de reprendre pied en mettant de l'ordre dans ces lieux obscurs.

Tu, me disais-je, tu t'es levé ce matin à l'heure habituelle. Bien souligner cet adjectif : l'habituel, même quand il ne rassure plus, même lorsque, par un renversement sournois, il devient précisément la figure de l'innommable, même dans ce cas, l'habituel t'enracine, t'empêche de flotter définitivement. Tu, me disais-je, à l'heure habituelle, donc, t'es levé. Les deux fenêtres de ta chambre donnent sur un jardin intérieur. Bien souligner cette réalité du jardin intérieur, s'y attarder même : lieu clos, mais ouvert vers le ciel, fleuri parfois, feuillu, encombré de bruits peu citadins, orné en son milieu d'une statue de pierre grise décapitée, féminine. Les seins de pierre éclairés latéralement par un soleil matinal, parfois, les matins de soleil latéral. Tu, donc, me disais-je, habites une chambre à deux fenêtres sur jardin intérieur, tu, donc, t'y es réveillé ce matin.

Pas mauvais, ça, le réveil : sorte de commencement. Commençons par ce commencement. Mais justement, ce matin, tu, me disais-je, tu n'as pas eu du tout l'impression, même fugace, futile même, d'un commencement. Rien n'avait dans cette chambre à deux fenêtres sur jardin intérieur l'éclat du neuf. Rien n'avait non plus la patine rassurante et tendre de l'ancien. Les objets, les meubles, la lumière, les livres, les contours : tout semblait être là pour la première fois, mais tout était déjà délabré, rongé par une usure irrémédiable, intemporelle. Tu, me disais-je, toi-même, dès le réveil, as été contaminé, toi-même as eu la certitude, dès le premier coup d'œil sur cet univers minuscule de la chambre à deux fenêtres sur jardin intérieur, d'être là non seulement par hasard : occasionnellement ; non seulement d'être là pour la première fois : sans attaches ; mais aussi la certitude d'être là depuis toujours : éternité immobile et foudroyante, dépourvue de sens. Tu, me disais-je, tu as su aussitôt que rien ne commençait aujourd'hui : que ça recommençait, plutôt.

Au milieu de la Contrescarpe, au printemps, en 1942, j'essayais de mettre de l'ordre, si possible chronologique, dans mon esprit. Immobile, sur le terre-plein central de la place, incapable depuis un temps indéfini de faire un geste, de décider d'un mouvement, de choisir un itinéraire, un but, un sens à mes déplacements ultérieurs. Il n'en était pas question. C'était impensable, résolument.

Tu, me disais-je, tu habites une chambre à deux fenêtres sur jardin intérieur. Une commode entre les deux fenêtres. Une table et des étagères pour les livres contre l'une des deux parois perpendiculaires au mur éclairé par les deux fenêtres. Un lit contre la deuxième paroi perpendiculaire. Un cabinet de toilette derrière la quatrième paroi, celle qui est parallèle au mur troué par les deux fenêtres. Accessible, ce cabinet de toilette, par une porte ouverte dans cette paroi parallèle, à droite, à l'angle de la paroi perpendiculaire contre laquelle s'appuie le lit, et aussi par une deuxième porte donnant directement dans l'antichambre de l'appartement, antichambre d'où l'on a aussi accès direct à ta chambre, ce qui permet de multiples possibilités d'entrées et de sorties, en passant par le cabinet de toilette, ou en l'évitant, possibilités où, les jours comme ce jourd'hui, les risques de s'engluer, d'indéfiniment tourner en rond comme dans un labyrinthe, ne sont pas négligeables.

Je, te disais-tu, j'habite une chambre à deux fenêtres sur jardin intérieur, à cabinet de toilette sans eau courante, à trois cent cinquante francs par mois, payables d'avance. Je, te disais-tu, je loue cette chambre dans une maison de la rue Blainville à un couple neutre, non seulement parce que de nationalité suisse, non, neutre en quelque sorte ontologiquement : un homme, une femme, un couple. Une famille neutre, travailleuse : le père exerçant en banlieue, dans une entreprise métallurgique, des fonctions d'ingénieur, prétend-il, fonctions que la modestie de son train de vie, le calcul par sa femme, au centime près, des dépenses du ménage, et la location même de la plus belle chambre de leur logement, laissent plutôt supposer moins importantes, ou alors elles ne sont que les attributs mythologiques d'un statut social qu'il, le Suisse, voudrait plus élevé.

Je, te disais-tu, je m'en fous qu'il soit ingénieur ou laveur de carreaux, ce Suisse, qui confond mon nom et celui du village où demeure ma famille, près de Paris, qui m'appelle, lorsque les occasions, rares, de m'appeler se présentent, m'appelle monsieur de Saint-Prix, ce neutre, travailleur infatigable. Travailleuse aussi son épouse, la mère de ses enfants, blonde et bovine, ménagère, retournant sans cesse des matelas, astiquant, silencieuse, saisie soudain d'une hâte fébrile qu'on devine obstinée, implacable, les jours de liesse où l'annonce est faite que certains tickets des cartes de rationnement donnent droit à des distributions de riz, de pois cassés ou de toute autre sorte de légumes secs, jours de liesse où, défaite, échevelée parfois, matrone aux jambes fermes, à la croupe bien placée, monumentale mais proportionnée à la stature de son corps, elle entre dans ma chambre, te souviens-tu, pour me convaincre de lui céder lesdits tickets dont je n'aurais pas moi-même l'usage ou bien de les lui échanger contre un certain nombre de petits déjeuners, te souviens-tu, les enfants aussi, travailleurs, une fille aînée, deux garçons, dans leurs écoles respectives, sages, appliqués, méritants, sans brio ni brillant, sans doute : moyens, neutres, travailleurs.

Je, te dis-tu, j'habite une chambre choisie pour ses deux fenêtres sur le jardin intérieur, pour les arbres de ce jardin, pour les oiseaux de ces arbres, pour le soleil pâle du ciel rectangulaire, pour la statue de femme mutilée, aux seins de pierre intacts, pour la proximité du lycée Henri-IV, et plus précisément pour la proximité du réverbère de la rue Thouin qui nous aidait, autrefois, à faire le mur du lycée Henri-IV qui n'est pas seulement le lieu où j'ai commencé cette année, et abandonné au bout d'un trimestre, une classe d'hypokhâgne, mais aussi un lieu sacrificiel, naguère, celui de ma deuxième coupure ombilicale : lieu sombre, immense et vétuste, labyrinthe de cours, d'escaliers, de couloirs, de latrines, de dortoirs, de vestiaires, de salles de classe, d'études ; antre à l'entrée duquel, à contre-jour, défilaient les ombres du savoir, où ce savoir nous a été imparti par petites tranches azymes, charismatiques, de leçons magistrales, apparemment désarticulées, disloquées au hasard d'un emploi du temps découpant en morceaux le corps mystique, rayonnant, de l'enseignement secondaire napoléonien ; asile initiatique où les internes, internés, étions guéris, par amputation et mutilation sanglantes, des maux troubles de l'adolescence, de sa folie violente et sournoise, où nous étions préparés par dressage culturel à la folie douce et résignée de l'âge d'homme ; H.-IV, hache pour trancher l'ombilic de limbes, les racines du langage maternel, les couleurs du ciel enfantin, les filaments végétaux des verbes et des chiffres, à cette époque trouble d'après la guerre de mon enfance, d'entre-deux-guerres, d'entre toutes les guerres. Je, te disais-tu, j'habite cette chambre habitable, lieu d'exil clos dans les déserts sans fin de l'exil, où les arbres du jardin intérieur viennent poser l'ombre mobile de leurs feuilles, leur rumeur de papier froissé.

Tu, te disais-tu, tu es immobile au milieu de la place de la Contrescarpe, au lieu même du partage des eaux, au sommet des pentes qui pourraient te conduire, par l'inertie molle d'une démarche machinale, rêveuse, vers des activités surprenantes, incapable pourtant, toi, de décider de l'une ou de l'autre, de te laisser aller à un choix quelconque, saisi par *une fatigue renversante et centrale, une espèce de fatigue aspirante,* prononçant alors, à haute voix, au risque d'effaroucher les oiseaux, ou bien, au contraire, d'attirer l'attention de quelque femme au visage lisse, subitement tournée vers toi, défaite et possessive, déjà, ses yeux fébrilement avides à t'entendre prononcer à haute voix ces paroles d'Artaud, qu'Artaud avait écrites, des années auparavant, dans la seule intention, innommée, obscure sans doute pour lui-même, de décrire ton état physique — le tien, nul autre que le tien — les paroles de cette *Description d'un état physique* qui ont été, au cours de ce printemps de 1942, la rengaine incantatoire et non dépourvue de conséquences de ta vie : *Les mouvements à recomposer, une espèce de fatigue de mort,* disais-tu alors à haute voix, pour en finir avec cette *fatigue de commencement du monde, la sensation de son corps à porter, un sentiment de fragilité incroyable, et qui devient une brisante douleur,* disais-tu de plus en plus fort, dans *un vertige mouvant, une espèce d'éblouissement oblique qui accompagne tout effort, une coagulation de chaleur qui enserre toute l'étendue du crâne ou s'y découpe par morceaux,* et tu retrouvais, ayant dit ces mots, les ayant prononcés d'une voix suffisamment claire et forte pour effaroucher les oiseaux de ce lieu théâtral, vide, tu retrouvais la force de bouger, ô miracle ! un doigt d'abord, une main, un bras, l'épaule droite, les muscles tendus le long de la colonne vertébrale, une jambe, et l'autre, tout le corps, dans un mouvement comparable, te disais-tu, à celui d'une naissance, ou d'un éclatement végétal, qui estompait provisoirement, sans doute pour l'avoir nommée, débusquée, soufferte jusqu'au bout de la souffrance, l'angoisse nue de tout à l'heure *des muscles tordus et comme à vif, le sentiment d'être en verre et brisable, une peur, une rétraction devant le mouvement et le bruit,* et tu laissais ce mouvement naissant se propager, t'arracher à l'immobilité maternelle et moite d'il y avait un instant, tu le laissais te porter en avant, dans la certitude éblouissante pourtant, quoique indolore désormais, que cet état physique se reproduirait, que cette espèce de fatigue de mort serait le sel de ta vie.

Mais je suis à Buchenwald, deux ans après.

Aujourd'hui, ce n'est pas le souvenir d'un texte d'Artaud, récité à haute voix, qui m'aide à sortir du gouffre de l'angoisse, précisément parce qu'il la nomme, qu'il la décrit, qu'il la prend au piège des mots ; aujourd'hui, c'est l'odeur des pommes de terre rôties qui m'a tiré d'une somnolence cauchemardesque.

J'avais entendu la porte s'ouvrir et se fermer, des bruits d'ustensiles manipulés. J'avais ouvert un œil, j'avais aperçu la haute silhouette massive de Meiners. Il s'affairait près d'un réchaud.

Je sors de ma somnolence, dans un sursaut.

Meiners me tourne le dos. Il manipule la poêle dans laquelle il fait rôtir les pommes de terre.

En fait, la pièce commune où nous nous trouvons est prévue pour cela. Il y a une longue table, des chaises, des placards, quelques réchauds électriques. Les placards sont prévus pour que nous y gardions nos provisions de réserve. Chacun de nous dispose d'un casier à cet effet. Je dispose aussi d'un casier à cet effet, mais il est toujours vide. Je n'ai pas de provisions de réserve. Comment aurais-je, bon dieu, des provisions de réserve ? Daniel n'en a pas non plus, d'ailleurs. Ni Lebrun, pas davantage, qui ne s'appelle pas Lebrun, en réalité. C'est un camarade autrichien, juif, qui a été arrêté en France sous le nom de Lebrun et qui a réussi à préserver cette fiction devant la Gestapo. En tout cas, puisque Lebrun il y a, Lebrun n'a pas non plus de provisions de réserve. Ni Jean Blume, le copain belge.

Ce sont les Allemands, les Tchèques et les Polonais — les anciens, en somme, les vétérans, ceux qui étaient là quand le camp n'était pas encore un sana — qui ont des provisions de réserve. Des monceaux de provisions. De la margarine, du pain noir (et même du blanc, et même du pain brioché), des pommes de terre, des boîtes de lait condensé, des boîtes de viande, que sais-je encore !

Quand nous allons à la cantine, Daniel et moi, pendant la pause de midi, c'est pour parler en fumant une cigarette, en rêvassant. Nous nous faisons réchauffer un quart de ce jus noirâtre dont il y a toujours un grand bidon disponible. Et nous savons fort bien qu'il s'agit déjà là d'un privilège exorbitant par rapport à la situation des autres déportés. Un quart de jus noirâtre, du silence, pas de SS en vue, la possibilité de piquer un bref sommeil, une cigarette partagée : mais c'est le paradis, voyons ! Nous savons bien que c'est le paradis. S'il nous arrive, de surcroît, de manger un morceau ensemble, dans la cantine de l'*Arbeit,* il s'agit bien sûr d'un morceau épargné sur nos rations quotidiennes. Quand il nous arrive de maîtriser notre faim, de ne pas avaler d'un seul coup la ration de pain noir et de margarine qui est distribuée à quatre heures et demie, au réveil, avec le jus du matin, alors nous mangeons le reste de pain et de margarine pendant la pause de midi, dans la cantine de l'*Arbeit*.

Les Allemands, les Tchèques, les Polonais, eux, bouffent, pendant la pause de midi. Ils bouffent à toute heure, d'ailleurs. Ils se font rôtir des pommes de terre, ils se coupent d'épaisses tranches de pain qu'ils enduisent d'épaisses couches de margarine. Ils bouffent du saucisson, des conserves de viande. Ils se font mijoter des crèmes sucrées qu'ils préparent avec de la poudre d'œuf, du lait écrémé, de la farine. Ils s'installent à la longue table, ils bouffent. Chacun pour soi. Ils bouffent chacun dans son coin, en solitaires. Jamais nous ne les avons vus organiser un repas en commun, se faire une fête. Ils ne partagent même pas entre nantis. La seule fois où j'ai assisté à un repas en commun, c'est Willi Seifert qui nous y avait conviés. Nous avons mangé tous ensemble, même nous : Français, Belge, Espagnol, Juif autrichien. C'était un ragoût de chien. Mais n'anticipons pas, comme on dirait dans un roman populaire. N'anticipons pas : c'est un peu plus tard dans la soirée de ce dimanche de décembre 1944, que nous allons être conviés par Seifert à un festin de ragoût de chien. J'y reviendrai à son heure. Il ne faut pas bousculer l'ordre chronologique.

En tout cas, ils bouffent, les anciens.

Leurs copains sont morts, partis en fumée. Ils auraient pu mourir, eux aussi. Ils ont construit le camp, le crématoire, les casernes *Tokenkopf*, les premières usines. Ils ont travaillé sous le soleil, sous la neige, sous les coups, harcelés par les chiens et les SS. Ils ont vu leurs camarades abattus d'une balle dans la nuque parce qu'ils n'arrivaient plus à suivre le train de la colonne de transport de pierres. Ils ont vu les SS envoyer en riant le béret de l'un de leurs camarades au-delà de la ligne qu'il était interdit de franchir. Si le camarade n'allait pas rechercher le béret, les SS l'abattaient pour infraction aux règlements vestimentaires qui exigent le port du béret ; et si le camarade allait rechercher le béret, les SS l'abattaient pour avoir franchi la ligne interdite. Ils ont fait aux kapos droit-commun, porteurs de triangles d'identification de couleur verte, une guerre sournoise, sans quartier, des années durant, pour survivre dans la jungle des camps. Ils ont vu les kapos verts enfoncer la tête de leurs camarades les meilleurs dans la fosse des latrines du Petit Camp, jusqu'à ce qu'ils étouffent. Ils ont assassiné les kapos verts, dans la nuit sourde et aveugle, à coups de couteau, à coups de barre de fer. Leur chemin vers le pouvoir est jonché de cadavres, ennemis et amis. Ils se sont montrés meilleurs administrateurs que les kapos verts, ils ont prouvé aux SS que le camp, avec ses usines, ses kommandos extérieurs répandus sur toute l'Allemagne centrale, ne pouvait pas fonctionner sans eux, et les SS ont accepté de leur laisser une parcelle de pouvoir, dans l'intérêt de l'ordre, du bon fonctionnement de la machine de guerre nazie. Ils viennent du froid, de la mort, de la fumée, de la folie. Maintenant ils bouffent. Ils ont conquis ce droit, croient-ils, ce privilège d'anciens combattants.

Ils ont leur part de pouvoir, leur part dans les trafics et les combines du camp. Ils bouffent les miettes que leur procurent ces trafics et ce pouvoir.

Parfois, Daniel et moi nous les regardons bouffer. Jamais aucun d'entre eux n'a partagé avec nous le moindre morceau de pain, la moindre gamelle de soupe, la moindre tranche de saucisson. Je me demande même s'ils voient que nous n'avons que la ration quotidienne pour subsister. Parfois, dans la journée, quand la pièce commune est vide, j'ouvre les placards et je regarde les provisions des anciens. Je contemple les boîtes de conserve, les bouteilles de bière, les morceaux de pain. Dans certains casiers, il arrive que le pain pourrisse. Je regarde les taches verdâtres des moisissures sur leur pain blanc. Et il me vient des envies de tuer quelqu'un. Des bouffées de haine.

Meiners s'est retourné. Il vient vers la table à laquelle je suis accoudé, portant la poêle où grésillent ses pommes de terre rôties.

Meiners porte le triangle noir. C'est un «asocial». Il a dû être interné pour quelque histoire de trafic illicite. Mais ce n'était sûrement pas une histoire quelconque. C'était sûrement une grosse affaire de marché noir. Il n'a pas du tout l'air d'un minable, Meiners. Il porte beau, il a l'allure d'un acteur du cinéma allemand des années 30, un acteur de comédie musicale de la UFA. D'après ce que j'ai compris, Meiners a été placé par les SS à l'*Arbeitsstatistik*, il y a quelques années, pour essayer d'y contrebalancer l'influence décisive des communistes allemands. Mais il a vite compris, Meiners, qu'il ne faisait pas le poids, qu'il avait tout intérêt à être neutre dans la bataille sournoise entre les communistes de l'*Arbeitsstatistik* et les SS de l'*Arbeitseinsatz*. Il s'est fait oublier des uns et des autres et il a fini par être vraiment oublié, occupant un poste tout à fait subalterne, uniquement préoccupé des problèmes de sa survie personnelle. Au demeurant, le meilleur homme du monde : courtois, d'humeur égale.

Meiners s'est attablé. Il a disposé son couvert sur une petite nappe à carreaux. Il a aussi une serviette blanche. Il a mis les pommes de terre rôties dans son assiette. Il a ouvert une boîte de pâté, une bouteille de bière. Il s'est coupé plusieurs tranches épaisses de pain blanc. Il commence à mâcher lentement, l'œil dans le vague.

Je suis à l'autre bout de la longue table, je le regarde fixement.

À quoi rêve-t-il, Meiners, tout en mâchant le pain, le pâté, les pommes de terre rôties ? Mais je ne suis pas impartial, sûrement pas. Ma haine de Meiners, à ce moment précis, ma haine pour son pâté, ses pommes de terre rôties, son pain enduit de couches épaisses de margarine, m'empêche sûrement d'être objectif. J'ai sans doute une tendance irrépressible à imaginer les rêveries les plus bêtes, les plus minables, dans le cerveau de Meiners. Alors que, pourquoi pas, il rêve peut-être de choses délicates : une femme qu'il aime et qui l'attend, une musique de Mozart, une page de Goethe.

Je regarde Meiners, fasciné.

Tout à coup, je sens qu'il s'est aperçu de ma présence et que cette présence l'incommode. Ou plutôt que la fixité de mon regard l'incommode. Je vois la gêne s'installer, l'envahir peu à peu, rendre ses gestes plus heurtés. Ses regards vers moi, aussitôt détournés, sont empreints d'une sourde interrogation, légèrement inquiète. On dirait qu'il se dépêche de manger. Il met les bouchées doubles, il ne s'essuie plus les lèvres après chacune ni avant chaque gorgée de bière. Il commence à manger grossièrement, gloutonnement.

— Tu as bientôt fini ?

Il me regarde, interloqué.

— Comment ? dit-il.

— Je te demande si tu as bientôt fini, lui dis-je.

Il regarde son assiette, me regarde.

— Presque, oui. Pourquoi ? me dit-il.

— Parce que ça pue, ce que tu bouffes !

Il me regarde, éberlué. Il se penche sur son assiette, il renifle. J'insiste :

— Il n'est pas pourri, ce pâté de merde ?

Il dresse la tête, mécontent. Il agite sa fourchette.

— Ça vient de la cantine SS! me dit-il, comme si c'était la preuve irréfutable de l'excellence de ce pâté.

— Il sent la merde, ce pâté, lui dis-je. Avec quoi ils font leur chair à pâté, les SS ? Avec la merde des latrines du Petit Camp ? Avec les cadavres des Juifs qui nous arrivent de Pologne, ces derniers temps ?

Il a un hoquet de dégoût, il porte sa serviette blanche à ses lèvres.

— Mais c'est de l'excellent pâté !

Il crie presque.

— Il pue, ton pâté, lui dis-je. Jamais je n'y aurais touché, pas pour un empire ! Tu vas attraper la chiasse, c'est évident.

Ses yeux roulent dans leurs orbites.

Il commence à douter de son pâté, il le renifle de nouveau.

— Tu ne sens rien ? lui dis-je. Moi, ça me soulève le cœur. J'ai dû vraiment faire un effort pour supporter ce spectacle.

Il tient à la main la boite de pâté.

— Allez, va, range ça, lui dis-je. Nous ne sommes quand même pas aux chiottes, ici !

Sa main est agitée d'un tremblement convulsif.

— En plus, je lui dis, tu oublies que c'est dimanche. Tu as sûrement un billet pour le bordel, cet après-midi. Tu auras bonne mine, si l'envie de chier te prend juste quand tu seras en train de ramoner la fille !

Il me regarde, les yeux exorbités. La perspective que je viens d'évoquer semble lui déplaire souverainement.

J'ai l'impression qu'il va crier.

Mais la porte de la cantine s'ouvre et Daniel fait son entrée.

Si ç'avait été un Allemand, je suis certain que Meiners l'aurait pris à témoin de mon agressivité. Il est très à cheval sur les questions de protocole, Meiners. Il pousse à son extrême limite le respect des hiérarchies sociales et nationales de notre univers. Il a dû garder ce trait d'une bonne éducation bourgeoise. Pour lui, il y a d'abord les Allemands. Et encore, il faut préciser. Par Allemands, il faut entendre Allemands du Reich, *Reichsdeutsche*. Les autres Allemands, ceux des minorités nationales allemandes dans les pays voisins du Reich, Allemands des Sudètes, de Silésie, des Pays baltes, par exemple, les *Volksdeutsche*, en un mot, sont tenus par lui en moindre estime. Par l'administration SS aussi, est-il besoin de le préciser ? Il n'y a que les *Reichsdeutsche*, par exemple, qui ont droit aux billets du bordel. C'est une institution réservée aux Allemands du Reich, le bordel. Ni les étrangers, ni même les *Volksdeutsche* n'ont droit aux billets du bordel. On ne tire pas son coup, officiellement, quand on n'est pas allemand du Reich.

Ainsi, si un Allemand, un vrai, était apparu à la porte à ce moment précis, Meiners l'aurait certainement pris à témoin de mon agressivité déplaisante. Mais c'est un Français. Et un Juif, par-dessus le marché. Il n'en peut plus, Meiners. Il se lève, il range ses affaires, il sort précipitamment.

— Qu'est-ce qu'il a, celui-là ? demande Daniel.

— Tu l'as fait fuir, lui dis-je hypocritement. Il ne doit pas aimer les Juifs !

Il rit, Daniel.

— Pourquoi il aimerait les Juifs ? T'en connais, qui aiment les Juifs ? Fritz, il aime les Juifs ? C'est un vieux communiste, pourtant. Et toi, tu es sûr d'aimer les Juifs ?

— Tu me fais chier, lui dis-je doucement.

Mais il ne se laisse pas détourner de son propos.

— Moi-même, dit-il, crois-tu que j'aime les Juifs, tous les jours ?

Je le regarde, je sais à quoi il pense. Il me regarde, il sait que je sais à quoi il pense. Nous pensons à la même chose, en silence.

Ils étaient plusieurs centaines, sur l'esplanade qui s'étend derrière la baraque de l'*Arbeitsstatistik*. Ils se serraient les uns contre les autres. Peut-être par habitude, peut-être pour ne pas tomber. Cela faisait des semaines qu'ils étaient serrés les uns contre les autres, dans les wagons des trains qui les amenaient des camps de Pologne.

Ils se serraient les uns contre les autres sous la pluie de neige, dans la brume glaciale de ce jour-là. Pas un bruit ne s'élevait de leur masse trébuchante. Pas un seul bruit humain, en tout cas. Pas une voix, pas un murmure, même pas un chuchotement angoissé. Ils étaient figés dans le silence, sous la pluie de neige, l'humidité sournoise de ce jour-là. On n'entendait parfois qu'un bruit de troupeau. Le bruit de leurs socques de bois heurtant les cailloux du sol détrempé, boueux. Un bruit de troupeau parqué heurtant de ses sabots les pavés de quelque place de marché, de foire aux bestiaux. Rien d'autre que ce bruit-là.

À les voir ainsi, serrés sous la pluie fine et persistante, on pouvait imaginer leur patience infinie, l'attente résignée des catastrophes que la vie leur avait férocement apprise. Ils n'étaient plus rien d'autre que cette patience infinie, cette résignation que rien ne pourrait plus entamer. Leur force vitale n'était plus que cette faiblesse mortelle de troupeau parqué. Ils n'avaient pas posé de questions, ils n'avaient pas demandé pourquoi on les avait groupés là, ce qu'on allait faire d'eux. On les avait rassemblés tout à l'heure devant leur baraque du camp de quarantaine, tous ceux encore capables de marcher, de mettre encore un pied devant l'autre, on les avait conduits ici. Ils avaient mis un pied devant l'autre, péniblement, comme si chaque fois qu'ils mettaient un pied devant l'autre avait dû être la dernière fois qu'ils en seraient capables. Ils étaient là, désormais, ils ne posaient pas de questions, ils ne murmuraient même pas entre eux, ils attendaient. On les avait rangés, manipulés, comme on range ou manipule des sacs de ciment, des troncs d'arbre, des pierres. Une centaine par rangée, sur six rangs de profondeur. Ils étaient six cents à se serrer les uns contre les autres, à attendre.

Ils pouvaient voir la façade postérieure de la baraque de l'*Arbeit*, dont ils ne savaient pas que c'était la baraque de l'*Arbeit*. Ils voyaient une baraque, simplement. À travers les vitres des fenêtres de cette baraque, ils pouvaient voir des tables, des fichiers, un poêle qui devait être allumé, puisqu'ils voyaient des types en bras de chemise qui circulaient là-dedans, bien au chaud, bien au sec. Nous-mêmes, bien au sec, bien au chaud. Ils ne s'en étonnaient pas, certainement. Il y avait toujours eu des types bien au sec, bien au chaud, pendant qu'ils étaient dehors à remuer la terre, ou la neige, ou la boue, ou les cadavres des copains.

S'ils avaient tourné la tête, ils auraient vu le bâtiment du crématoire, sa cheminée massive dont le vent aigre et glacial rabattait la fumée par moments. Mais ils ne tournaient pas la tête, ils avaient l'habitude. Ils attendaient, tout simplement, avec ce bruit intermittent de troupeau dans un enclos, sur une place de foire, que faisaient leurs socques de bois sur les cailloux coupants de l'esplanade détrempée par la neige et les pluies de l'hiver.

Nous avions regardé, Daniel et moi, sans rien dire.

Ils arrivaient par trains entiers de Pologne, ces dernières semaines. L'offensive de Rokossovski s'était arrêtée net aux portes de Varsovie, en septembre, laissant les Allemands écraser l'insurrection de Bór Komorowski. Le front de Pologne ne bougeait plus, pour l'instant. C'était en Hongrie, autour de Budapest, que se développait la poussée soviétique.

Pourtant, comme la lumière d'une étoile morte vous parvient encore à travers les espaces, les galaxies, les années-lumière, les migrations des camps de Pologne provoquées par l'offensive de Rokossovski, au cours de l'été et de l'automne, propageaient encore leurs effets jusqu'à nous. Comme la lumière des étoiles mortes, des trains entiers de déportés des camps de Pologne avaient erré à travers l'Europe pendant des semaines. Parfois, n'ayant plus de survivants à transporter, les trains avaient été abandonnés sur des voies de garage, ou en rase campagne. Parfois, les trains arrivaient jusqu'à la gare spéciale de Buchenwald, au milieu de la forêt de l'Ettersberg. La colonne des rescapés trébuchait sur l'avenue des aigles impériales, vers l'entrée du camp.

Nous regardions les survivants de ces survivants, Daniel et moi, sans rien dire.

On devait les faire entrer par groupes de quinze dans l'annexe qui avait été construite quelques mois auparavant, sur l'arrière de la baraque de l'*Arbeit*. C'était là le domaine de Fritz, ce vieux communiste gâteux, chauvin et malveillant. C'est là qu'il convoquait tous les soirs, après l'appel, les détenus qui avaient été signalés absents dans les différents kommandos ou exempts de travail pour raison de santé, afin de vérifier s'ils étaient bien en règle, s'ils avaient bien les bulletins de *Schonung* délivrés par les médecins de l'hôpital du camp. Il faisait son métier sérieusement, Fritz, ce vieux salaud. Il traquait les détenus en situation irrégulière, ceux qui essayaient de tirer au flanc. Dans la complexité de la vie et de l'organisation du travail à Buchenwald, il y avait toujours, pour les plus malins, les plus courageux — ou les plus désespérés —, la possibilité de tirer au flanc, de prendre de temps en temps quelque journée de repos irrégulier. Irrégulier par rapport aux normes établies par les SS, bien entendu. Mais ces normes, Fritz les avait faites siennes. Il incarnait, avec la bonne conscience tranquille des bureaucrates, le respect tatillon de l'ordre établi, le respect du travail en tant que tel. Une vraie merde, ce type, qui osait nous faire la leçon, par-dessus le marché, lui, vieux communiste, vieux prolétaire, vieux de la vieille, vieille salope. Daniel était son adjoint, dans ce travail de vérification, et les accrochages entre eux étaient inévitables, presque quotidiens. Car Daniel faisait exactement le contraire de Fritz. Il convoquait les détenus exempts de travail, ou signalés absents de leurs kommandos, et s'il découvrait qu'ils étaient en situation irrégulière, il se débrouillait plutôt, pour les couvrir, en truquant dans la mesure du possible les fiches et les feuilles de rapport. Cela provoquait des accrochages entre eux, parfois violents.

Ce jour-là, Seifert nous avait désignés, Daniel et moi, et Fritz, précisément, et un autre camarade allemand, Georg Glucker, pour faire le tri de ces six cents survivants des camps de Pologne. Il s'agissait simplement d'établir quels étaient parmi eux les ouvriers qualifiés, les *Facharbeiter*. En principe, selon les directives du commandement SS, les survivants des camps de Pologne étaient aussitôt renvoyés vers des kommandos extérieurs, parfois quatre ou cinq jours seulement après leur arrivée à Buchenwald. Ils ne voulaient pas de Juifs dans leur camp, visiblement, les responsables SS de Buchenwald.

Par contre, pour essayer de sauver au moins une partie de ces rescapés juifs en les gardant au camp — où les conditions de vie, ou de survie, ou même de mort, étaient meilleures que dans les camps extérieurs vers lesquels ils étaient habituellement envoyés —, l'organisation clandestine internationale avait décidé d'établir une liste d'ouvriers qualifiés qu'on prétendrait ensuite nécessaires à l'activité productive de Buchenwald. Le commandement SS était sensible à l'argument de la productivité : il avait déjà accepté que certains détenus évacués des camps de Pologne restassent à Buchenwald en tant qu'ouvriers qualifiés.

Nous étions assis derrière la longue table, dans l'annexe qui était le domaine de Fritz. Il y avait là ce vieux con de Fritz, précisément, et puis Daniel et moi. Et Georg Glucker, aussi. Glucker était l'un des plus fous, parmi les vieux communistes allemands devenus fous à Buchenwald. Il était sujet à des accès de colère démente, apparemment imprévisibles. Ces derniers jours, à l'approche de Noël, l'objet de ses colères, c'étaient les copains tchèques qui ramenaient en cachette de la forêt des branches de sapin pour en faire des simulacres d'arbres de Noël, dont ils ornaient leurs chambres. Glucker les insultait, l'écume à la bouche, en les traitant de *Christenbaumsozialisten*, c'est-à-dire de socialistes à l'arbre du Christ, ou à l'arbre de Noël, insulte qui lui semblait définitive, à Glucker, dont il était très fier, comme si ça pouvait impressionner les copains tchèques de se faire traiter de socialistes à l'eau de rose de Noël par ce Glucker dont nous savions tous qu'il était fou.

Nous étions donc assis derrière la longue table et on allait faire entrer le premier groupe de quinze survivants des camps de Pologne.

La porte de l'annexe s'est ouverte, les quinze premiers survivants — cadavres vivants — sont entrés. Avec eux est entré le froid glacial de décembre et ce salaud de Fritz a commencé à hurler qu'ils ferment la porte, merde, vite, ces merdeux !

— *Titre zu, Scheisse, Schnell, Scheisskerle* !

Ils l'ont fermée, la porte, ces merdeux.

Alors, dans le tumulte, dans le bruit des socques de bois sur le plancher de l'annexe, les quinze survivants des camps de Pologne se sont alignés devant nous, s'efforçant de se mettre au garde-à-vous, de claquer les talons, et ils ont fait, tous ensemble, d'un même geste saccadé, le salut hitlérien.

Il y a eu du silence, ensuite.

Je n'osais pas regarder Daniel et Daniel n'osait pas me regarder. Nous regardions les quinze rescapés juifs des camps de Pologne faisant le salut hitlérien.

Je regardais les survivants des camps de Pologne, raidis dans l'effort d'un garde-à-vous machinal, figés dans la raideur dérisoire d'un garde-à-vous qui semblait ne pas devoir prendre fin. Figés, talons joints, debout comme des cadavres dans l'ombre des wagons, des chambres à gaz, tremblant de l'effort surhumain qui leur faisait tendre le bras droit pour le salut nazi.

Il ne fallait pas que je ferme les yeux. Je ne fermai pas les yeux.

Ils étaient là, devant nous, les quinze survivants des camps de Pologne, comme des fantômes, dans la buée que la chaleur du poêle faisait sourdre de leurs vêtements transpercés par la pluie, droits comme des poteaux raidis dans cet ultime et pitoyable effort pour nous faire le salut hitlérien.

Alors, ce salaud de Fritz a brisé le silence :

— *Aber Juden, nur Juden, das sind sie nur* !

«Des Juifs, rien que des Juifs, voilà ce qu'ils sont», disait Fritz. Et puis il avait éclaté de rire, de son rire de cheval hennissant.

Les Juifs des camps de Pologne, immobiles, le bras toujours tendu, n'avaient pas réagi. On les avait traités de Juifs, ce n'était pas bien nouveau. Ils avaient l'habitude. Ils restaient immobiles, attendant qu'on leur donne un ordre, qu'on leur dise ce qu'il fallait faire.

Sur sa lancée, Fritz avait commencé à les insulter. Et c'est alors que Georg Glucker était intervenu.

Il s'était dressé, le visage vidé de son sang, les mains tremblantes. Il avait fait taire Fritz de quelques mots cinglants. Ensuite, détachant les syllabes, s'efforçant au calme, il avait expliqué aux Juifs venus de Pologne qu'ils se trompaient, qu'ils n'avaient pas affaire à des SS ou à des serviteurs des SS, que nous étions des détenus comme eux, que nous avions tout simplement eu plus de chance qu'eux, parce que nous n'étions pas juifs, justement, que nous étions pourtant des communistes et que les communistes étaient les adversaires résolus de l'antisémitisme — et il se tournait vers Fritz en disant cela — et il était debout, Georg Glucker, le visage vidé de son sang, les mains tremblantes, il s'efforçait de parler calmement, détachant les mots, les syllabes, pédagogique, comme il avait dû parler, quinze ans auparavant, sans doute, aux ouvriers d'Essen ou de Wuppertal, car il était rhénan, Glucker, debout, parlant aux Juifs venus de Pologne, et je regardais le visage de Glucker, vidé de son sang, je voyais ses yeux fous, d'un bleu transparent, où luisait implacablement toute la folie de ces années-là contre laquelle ses paroles essayaient de dresser le barrage des certitudes d'autrefois, et Glucker a fini de parler, debout, faisant face aux quinze fantômes de Juifs venus des camps de Pologne qui nous faisaient le salut hitlérien.

Ceux-ci commençaient à baisser les bras, à se détendre. Ils se regardaient entre eux, ils chuchotaient, essayant de comprendre cette situation toute nouvelle. Finalement, ils ont défilé devant nous. Nous avons établi les listes de ceux qu'on allait essayer de garder au camp, en tant que travailleurs qualifiés.

Je n'avais toujours pas regardé Daniel, qui était à côté de moi, à ma droite. Lui non plus ne m'avait pas regardé. J'entendais simplement sa respiration précipitée.

Les deux premiers Juifs des camps de Pologne dont j'ai eu à établir la fiche étaient hongrois. Je ne les ai pas inscrits sur la liste d'ouvriers qualifiés. D'abord, ils étaient fourreurs, tous les deux. Ensuite, ils n'avaient aucune chance de s'en sortir, même s'ils restaient au camp. Ils tenaient debout par miracle, par un dernier effort têtu, désespéré, de leurs corps épuisés, de leurs esprits vacillants. L'ombre gluante de la mort était déjà visible dans leurs yeux exorbités.

Le troisième à se présenter devant moi était polonais. Il était bien plus jeune que les deux précédents. Ou plutôt, si on l'observait bien, avec beaucoup d'imagination, on pouvait en déduire que c'était un homme jeune. Un homme qui devait avoir cinq ou six ans de plus que moi : c'est-à-dire, vingt-cinq ou vingt-six ans. Il n'était pas encore indifférent à tout ce qui l'entourait, il voulait savoir où il en était. Il m'a posé quelques questions rapides, en allemand. Je lui ai redit ce que Glucker leur avait annoncé tout à l'heure. Il hochait la tête, il essayait d'assimiler cette réalité nouvelle. Il essayait de comprendre que c'était possible que nous fussions là, bien au chaud, bien au sec, en bras de chemise, comme des caïds, sans être des serviteurs zélés des SS.

Ensuite, je lui ai posé à mon tour quelques questions.

Je lui ai demandé pourquoi ils avaient fait le salut hitlérien. Mais il ne comprenait pas cette question, elle lui semblait absurde. C'était comme ça, c'est tout. C'était l'habitude, c'était la règle, rien d'autre. Il haussait les épaules, ma question lui semblait absurde. Elle l'était, d'ailleurs.

Alors, changeant de sujet, je lui ai demandé d'où ils venaient. Il m'a dit qu'ils étaient en route depuis des mois, avec de brèves haltes en toute sorte d'endroits. Ils étaient partis de Pologne, me disait-il, depuis longtemps. Ils étaient dans un petit camp, près de Czstochowa, un jour ils ont entendu le grondement des canons, le bruit de la guerre qui se rapprochait. Et puis, un matin, à l'aube, les Allemands étaient partis. Ils étaient seuls, plus d'Allemands pour les surveiller. Plus de sentinelles sur les miradors. C'était louche, un piège, sûrement. Ils se sont réunis, les anciens ont décidé que c'était louche, un piège, sûrement. Alors ils se sont groupés sous la direction des anciens, ils ont quitté ce camp déserté par les Allemands, ils ont marché jusqu'à la ville la plus proche, en rangs serrés, en ordre, personne n'a quitté la colonne. À la ville, il y avait une gare de chemin de fer, des convois allemands qui filaient vers l'ouest. Ils se sont présentés aux Allemands, ils ont dit : nous voilà, on nous a oubliés. Il avait fallu discuter, les Allemands ne voulaient pas d'eux. Mais, finalement, les Allemands les ont embarqués dans un train. Ils sont partis vers l'ouest, eux aussi.

— Mais pourquoi ? je lui demande, interdit.

Il me regarde comme si j'étais idiot. Il m'explique.

— Les Allemands partaient, n'est-ce pas ? me dit-il.

— Et alors ?

Il secoue la tête. Décidément, je ne comprends rien. Il m'explique, calmement :

— Si les Allemands partaient, c'est que les Russes arrivaient, n'est-ce pas ?

Ça me paraît irréfutable. Je hoche la tête en signe d'assentiment.

— Oui, lui dis-je, et alors ?

Il se penche vers moi, irrité, saisi d'une brusque colère. Il crie presque.

— Les Russes, me crie-t-il, vous ne savez donc pas que les Russes détestent les Juifs ?

Je le regarde.

Il s'écarte, il espère que j'ai compris, à présent.

Je crois avoir compris, en effet. D'une voix blanche, je lui demande quelle est sa profession.

— Ouvrier fourreur, me dit-il.

Je le regarde, je regarde son numéro de matricule. Je l'inscris comme *Facharbeiter*, ouvrier qualifié. Je l'inscris comme monteur électricien, c'est la première qualification professionnelle qui me passe par la tête.

Jamais tu n'oublieras les Juifs de Częstochowa.

Tu vieilliras, le voile noir de l'amnésie régressive, de l'imbécillité peut-être, s'étendra sur une partie de ton paysage intérieur. Tu ne sauras plus rien de la douceur violente des mains, des bouches, des paupières des femmes. Tu auras perdu le fil d'Ariane de ton propre labyrinthe, tu y erreras aveuglé par l'éclatante lumière toute proche de la mort. Tu regarderas Th., l'enfant que tu as aimé par-dessus tout au monde, et tu n'auras peut-être plus rien à dire à l'homme qu'il sera devenu, qui te considérera avec un mélange de tendresse apitoyée et d'impatience contenue.

Tu seras bientôt mort, mon vieux.

Tu ne seras pas parti en fumée, léger nuage sur la colline de l'Ettersberg, flottant alentour pour un dernier adieu aux copains avant d'être dispersé par le vent sur la plaine de Thuringe. Tu pourriras bientôt sous terre, quelque part, n'importe où : toutes les terres se valent pour y pourrir.

Mais tu n'auras pas oublié, jamais. Tu te seras souvenu jusqu'à ta dernière minute des Juifs de Częstochowa, debout, figés, faisant un effort surhumain pour tendre le bras dans le salut hitlérien. Devenus vraiment juifs, c'est-à-dire, tout au contraire, devenus la négation véritable du Juif, devenus conformes à l'image qu'une certaine histoire a donnée des Juifs. Une histoire ouvertement antisémite qui ne supporte les Juifs que misérables et soumis, pour pouvoir les mépriser tout en les exterminant. Ou une autre histoire, plus sournoise, qui ne sait parfois pas qu'elle est antisémite, qui feint même de ne pas l'être, mais qui ne supporte les Juifs qu'opprimés, victimes, pour pouvoir les plaindre, et lamenter à l'occasion leur extermination.

Tu t'es de nouveau souvenu des Juifs de Częstochowa aujourd'hui, 1er mai 1979.

Tu étais assis à ta table de travail, dans le malaise d'une écriture inachevée. Depuis plusieurs semaines, tu avais ressorti ce manuscrit pour y mettre la dernière main, te disais-tu. Mais ce n'était pas la première fois que tu prétendais y mettre la dernière main, sans y parvenir. Peut-être était-ce tout simplement que tu ne voulais pas vraiment y mettre la dernière main. Peut-être était-ce tout bêtement que ce manuscrit inachevé, toujours repris, réécrit, oublié, redécouvert, au cours des années, proliférant d'une vie dangereusement autonome, que tu ne semblais plus en état de maîtriser, peut-être ce manuscrit était-il tout bêtement ta vie. Tu n'allais pas mettre un point final à ta vie, bien sûr ! Tu n'allais pas mettre un point final à ta mémoire des camps, c'était impossible, bien sûr. Peut-être n'arrivais-tu pas à terminer ce récit parce qu'il était, par définition, interminable, parce que le mot « fin », même si tu parvenais un jour à l'écrire, ne sanctionnerait dérisoirement que l'interruption provisoire d'une écriture — d'une mémoire — qui reprendrait aussitôt son travail, ouvert ou souterrain, explicite ou sournois.

Quoi qu'il en soit, tu étais assis à ta table de travail, dans le vague malaise esseulé d'une écriture dont tu ne parvenais pas à ressaisir le fil, le sens, le besoin, lorsque tu as eu l'impression que la lumière changeait, au-dehors. Tu as levé les yeux, tu as regardé dehors, tu as vu les arbres du square, en face de ta fenêtre, que le printemps avait couverts de pousses vertes, et la lumière avait changé, en effet. Tout à l'heure, c'était une lumière de printemps, transparente et profonde. Mais elle venait de changer, brusquement, elle était devenue grise, elle s'était épaissie, bien qu'elle fût travaillée à l'arrière-plan par une irisation chatoyante.

Ce 1er mai 1979, une bourrasque subite de neige tourbillonnait devant ton regard, à Paris, sur les arbres du petit square, boulevard Saint-Germain.

Alors tu as compris, avec un battement de cœur, que cette neige n'était pas seulement un rappel, qu'elle était aussi un présage.

Trente-quatre ans plus tôt, le 1er mai 1945, tu venais d'arriver à Paris. Tu gardes le souvenir d'une tourmente de neige sur le défilé du Premier Mai. Les flocons blanchissaient les épaules et les cheveux des manifestants. Ils tombaient sur les drapeaux rouges du Premier Mai. Comme si cette dernière neige éphémère — la dernière neige de cet hiver, de cette guerre, de ce passé — n'était tombée subitement que pour souligner la fin de ce passé, de cette guerre, de cet hiver. Comme si toute la neige qui avait si longtemps recouvert les hêtres de la forêt, autour de Buchenwald, venait de fondre, secouée par une bourrasque de printemps qui faisait trembler les drapeaux rouges, qui les faisait se déployer, recouverts subitement par des crépons qui n'étaient pas de deuil, qui étaient des brillants crépons d'espérance.

Mais cette neige d'aujourd'hui, du 1er mai 1979, n'était pas seulement un rappel. Elle était aussi un présage. Quelques heures plus tard, une voix amie t'apprenait au téléphone qu'Edouard Kouznetsov venait d'être libéré du Goulag de Brejnev. Il était arrivé à New York et il avait, semblait-il, l'intention de gagner Israël le plus tôt possible.

Alors tu t'es souvenu des Juifs de Częstochowa.

Quelques mois auparavant, à la fin janvier 1979, tu avais participé à une réunion organisée par le comité international pour la libération d'Edouard Kouznetsov. À toutes les raisons politiques et publiques d'être là, aux côtés des femmes et des hommes qui se battaient pour la libération de Kouznetsov, raisons tellement évidentes qu'il est inutile de les rappeler ici, s'ajoutaient quelques raisons intimes. La première, sans doute, était que Kouznetsov ne subissait pas sa condition de Juif, qu'il l'avait choisie. Il avait choisi cette filiation, quitte à outrepasser les termes stricts de la loi judaïque qui établit l'exclusivité de l'ascendance maternelle, viscérale, charnelle, et peut-être outrepassait-il les termes de la Loi parce que cette filiation qu'il avait voulue était idéale, voire symbolique, qu'elle était un choix, qu'elle devait par conséquent s'exercer contre toutes les lois.

Mais par sa volonté d'être juif, Edouard Kouznetsov se plaçait aux antipodes des Juifs de Częstochowa. Il ne subissait rien, il n'acceptait rien, il ne se soumettait à rien : il était juif, librement, irrévocablement. Il était juif envers et contre tout : envers et contre lui-même, contre une part importante de lui-même, tout au moins.

Il y avait encore d'autres raisons intimes pour que tu t'intéresses à Edouard Kouznetsov.

Quelque temps auparavant, tu avais eu l'occasion de lire une lettre écrite par Kouznetsov dans le camp spécial où il purgeait sa peine et publiée dans un hebdomadaire parisien. Et tu étais tombé en arrêt devant ces lignes :

«Le vécu recouvre l'imaginé. Le rêve s'introduit dans le rêve. La mémoire déboussolée se gratte l'occiput en bégayant. Et cela ne vient pas tellement du temps écoulé : tout ce qui existe de l'autre côté des miradors est d'une autre planète… Mais je me surprends parfois en flagrant délit de tentatives subtilement schizophréniques pour éclairer un doute affreux qui me paraît une illumination : le camp et tout ce qui en procède seraient l'unique réalité, le reste n'ayant valeur que de mirage, un mirage consécutif à l'action hallucinatoire de la soupe à l'eau. Ou bien je m'avise soudain qu'en cette fameuse veille du Nouvel An de 1971 où je fus emmené au supplice, j'ai été réellement fusillé. Mais, troué de balles comme passoire dans le monde réel, je continuerais de fonctionner mécaniquement dans une dimension illusoire, fruit de mes instantes prières à l'instant de la salve.»

Ainsi, il semblait bien que tu n'avais pas été le seul à faire ce rêve, à rêver de vivre en rêve, à rêver d'être le rêve d'un mort d'autrefois. Ces lignes de Kouznetsov, écrites un quart de siècle après que tu eus quitté le camp de Buchenwald, énonçaient mot pour mot des sentiments qui t'étaient personnels, qui t'appartenaient en propre. Ces lignes dévoilaient, avec le brin d'ironie qu'il faut pour compenser l'étrangeté de cette sensation, les *tentatives subtilement schizophréniques* où il t'était arrivé de te surprendre, et même de te complaire toi-même. Il semblait donc bien que ton cas n'était pas désespéré, puisqu'il n'était pas unique. Une maladie de l'âme qui n'aurait atteint que toi, toi seul, aurait sans doute été inguérissable : il n'y a pas de thérapeutique de l'extrême singularité, du cas unique. La science ne s'y intéresse pas. Ainsi, si ton cas n'était pas unique, si Kouznetsov avait bien ressenti — et le fragment de sa lettre que tu viens de citer le prouve sans équivoque — les mêmes symptômes que toi, au moins pourriez-vous un jour en parler ensemble.

À condition qu'il recouvre la liberté, bien entendu.

Tu étais donc à la tribune d'une salle de réunion, au Centre culturel juif du boulevard de Port-Royal, le 29 janvier 1979. Tu écoutais Jean-Pierre Vernant, qui venait de prendre la parole après Andrei Siniavski. Tu l'écoutais attentivement parce que Vernant, quelles que fussent entre vous les différences biographiques, procédait du même passé que toi, du même horizon culturel du communisme. Et tu l'écoutais d'autant plus attentivement que tu venais de lire ou de relire, quelques semaines auparavant, la plupart de ses travaux sur les mythes et la pensée grecs. Mais c'est que, quelques semaines auparavant, tu t'étais vivement intéressé à Perséphone, au récit mythique et troublant, foisonnant de significations, de son séjour en enfer.

Mais c'est d'un autre voyage en enfer que Jean-Pierre Vernant parlait ce jour-là, ce jour de janvier-là. Tu l'écoutais parler de la condition juive en URSS. Vernant disait à peu près que le statut national du Juif en URSS «consiste à vous dépouiller de tout ce que la notion même de nationalité peut avoir de positif : vous êtes juif, donc vous n'êtes pas russe, donc vous n'êtes pas ukrainien et vous n'avez pas les droits de ceux-là, mais en même temps on vous refuse, parce que vous êtes juif, les droits positifs qui font partie de la nationalité. Vous n'avez pas une culture autonome. Votre langue n'est pas reconnue. Votre religion ne peut pas s'exprimer, et en ce sens, d'une certaine façon, vous n'êtes pas russe et vous n'êtes pas quelque chose d'autre. Vous êtes "rien", ou plus exactement, vous n'avez le moyen de devenir quelque chose qu'en vous créant une patrie, c'est-à-dire en étant sioniste. Et cela est si vrai que pour une grande masse de gens, être juif et être sioniste, c'est pareil».

Tu écoutais ces paroles de Jean-Pierre Vernant, tu pensais qu'il avait raison, mille fois raison, que le sionisme est, en effet, l'une des façons — la principale, sans doute, aux époques de déréliction massive, de persécution planétaire, de génocide — d'affirmer l'identité juive, de la projeter dans l'avenir, de l'enraciner dans le sang du futur, qui n'est pas celui de la Terre promise, bien sûr, qui est simplement celui d'une terre, d'une mère patrie — ou bien, dans le cas de Kouznetsov, qui avait choisi volontairement une autre filiation juive, d'une père matrie — d'un lieu lare, en tout cas. Et cela, ce rôle immense, le sionisme l'a joué et le joue même s'il porte en lui-même sa contradiction, le germe de sa destruction idéale, puisqu'il conduit le peuple juif à devenir un peuple comme les autres, un État comme les autres. État, sans doute, absolument nécessaire sur le plan de l'histoire, à défendre absolument contre toutes les agressions, l'un des rares lieux du monde où aucun compromis n'est acceptable, l'existence d'Israël étant la pierre de touche de l'inhumanité ou de l'humanité de l'espèce, étant aussi la condition, quelle que soit l'obscurité poussiéreuse faite à présent sur cet aspect de la question, la condition, donc, de l'émergence possible d'une Palestine arabe qui soit davantage qu'un enjeu pétrolier, qu'un territoire stratégique, qu'une monnaie d'échange entre grandes puissances, qui soit, donc, une patrie palestinienne, un lieu lare pour les Arabes palestiniens, le renversement du sionisme, son retournement significatif. Mais ceci, qui est vrai sur le plan de l'histoire, ce besoin pour les Juifs d'un État comme les autres, est simultanément un danger mortifère pour eux, sur le plan de la métaphysique. Car le peuple juif, te semble-t-il, est pris dans cette contradiction qui fait son essence et sa grandeur, qui en fait, sinon un peuple élu, ce qui est impensable, tout au moins le peuple qui a lu : le peuple du Livre, contradiction qui s'exprime dans son droit inaliénable à être un peuple comme les autres, avec une terre et un État comme les autres — même si ce droit, tu pèses soigneusement tes mots, même si ce droit, devenu réalité concrète, a porté gravement préjudice aux droits arabes latents, sommeilleux, réveillés par le droit sioniste lui-même, mais indiscutables pourtant, sur la terre de Palestine, qui n'était pas, comme le rêvaient les Pères fondateurs, une *terre sans peuple pour un peuple sans terre*, qui était une terre peuplée —, droit inaliénable dont le revers est l'impossibilité métaphysique de n'être qu'un peuple comme les autres, la nécessité métaphysique d'être le peuple de Pierre Goldman et pas seulement celui de Menahem Begin. Nécessité qui s'exprime dans l'impossibilité, non seulement matérielle, mais aussi spirituelle, où se trouve l'État d'Israël, d'absorber tout le peuple juif, de résorber la Diaspora, car celle-ci porte autant témoignage de l'identité nationalitaire juive que l'État juif lui-même.

Mais tu écoutais Jean-Pierre Vernant et tu pensais, brusquement, aux Juifs de Częstochowa. Tu pensais à ce Juif polonais qui n'était ton aîné que de cinq ou six ans, mais qui avait l'air d'un vieillard, et que tu avais inscrit sur la liste des *Facharbeiter*, des ouvriers qualifiés. Avait-il survécu à Buchenwald ? Tu te mettais tout à coup à espérer follement qu'il y eût survécu. Peut-être l'avais-tu sauvé, en l'inscrivant sur la liste d'ouvriers qualifiés, tu te mettais à l'espérer follement. Peut-être avait-il suivi, après la défaite hitlérienne, l'une des filières sionistes qui conduisaient les volontaires juifs des camps de réfugiés éparpillés à travers l'Europe vers la Palestine sous mandat britannique. Peut-être avait-il combattu dans les rangs de la Haganah. Peut-être avait-il retrouvé son statut de Juif, sa stature de Juif, dans les rangs de la Haganah. Peut-être s'était-il trouvé parmi les centaines de volontaires juifs débarqués quelques jours plus tôt d'un bateau clandestin, que la Haganah avait lancé à l'assaut de la position fortifiée de la Légion arabe de Glubb Pacha, autour de Latroun, du monastère trappiste de Notre-Dame-de-Latroun, ce dernier nom n'étant pas celui d'un lieu-dit, mais la déformation d'un mot latin, car il y avait eu sur la colline où s'élève la Trappe un château fort construit par les templiers, connu à la fin du XIIe siècle sous le nom de Castel du Bon Larron *(Castellum Boni Latronis)*. Et tu avais visité la Trappe de Latroun, en automne 1972, tu avais contemplé du haut de la colline, parmi les ruines du château fort chrétien où la Légion arabe avait installé des pièces d'artillerie, cette plaine biblique où s'étaient concentrés dans la nuit les volontaires juifs de la Haganah. Et peut-être était-il parmi eux, ce Juif polonais venu d'un camp de Częstochowa, qui s'indignait parce que tu ne semblais pas comprendre qu'il eût fui l'arrivée des troupes russes, qui avait dans son regard de vingt-cinq ans vingt siècles de mort et de résignation, mais qui avait peut-être retrouvé un regard combattant et humain pour les vingt, que dis-tu ? pour tous les siècles à venir jusqu'à la fin des siècles. Peut-être le Juif que tu avais sauvé à Buchenwald se répétait-il à mi-voix, comme le faisaient en même temps des centaines de Juifs autour de lui, les quelques mots hébreux qu'il venait d'apprendre, mots de commandement qu'il devait savoir à tout prix pour comprendre les ordres de ses chefs, et il chuchotait ces mots pour ne pas les oublier, sa vie pouvait en dépendre, et la victoire des siens pouvait en dépendre, et il était obscurément remué, sans doute, de dire ces premiers mots hébreux qu'il avait appris ce jour-là, et qui ne parlaient pas d'obéissance ni de résignation, qui étaient des mots pour combattre, des mots pour tuer : Avancez ! Feu ! Déployez-vous ! À l'attaque ! Feu à volonté ! En avant ! Baïonnette au canon ! Marche ! mots sinistres et coupants, mots lacérants et violents, mots ignobles qui exprimaient cette nuit-là, sur la plaine biblique qui fait face au site de Latroun, la dignité reconquise, l'identité possible, la terre patrie, la terre matrie, le pays du lait et du miel du Livre, enfin retrouvé. Et le chuchotement multiplié de tous ces mots hébreux de commande-ment bruissait dans la nuit comme un chœur tragique et mystérieux, parvenant jusqu'aux oreilles des sentinelles de la Légion arabe, qui n'y comprenaient rien, ou qui comprenaient peut-être que quelque chose d'étrange et de grand, quelque chose d'énorme commençait à bouger dans le monde, comme un corps vivant bouge dans les entrailles d'une mère : le corps vivant du Juif persécuté, opprimé, humilié, ayant apparemment abdiqué son essence, mais la retrouvant d'un coup, se mettant lui-même au monde, de nouveau, dans la nuit biblique et terrifiante où les survivants d'Oswiecim et de Birkenau, de Buchenwald et de Dachau, allaient monter à l'assaut du ciel, de cette immensité céleste peuplée d'étoiles sur la terre de Judée, allaient se donner la vie au milieu du sang et des larmes.

Mais tu étais censé être à la tribune d'un Centre culturel juif, boulevard de Port-Royal, à Paris, le 29 janvier 1979. Tu étais censé écouter les discours que prononçaient ces hommes et ces femmes à propos d'Edouard Kouznetsov. Tu écoutais maintenant Marthe Robert et pourtant une part de toi-même était loin. Une part de toi-même errait vaporeusement dans la mémoire des Juifs de Częstochowa, mémoire qui t'était revenue constamment, de façon insistante, pendant que tu voyageais en Israël à l'automne 1972. Mais sans doute cette part de toi qui semblait s'éloigner des paroles de Marthe Robert y revenait-elle au contraire, sans doute le souvenir des Juifs de Częstochowa te ramenait-il à l'essentiel des mots de Marthe Robert.

Tu te souvenais des Juifs de Częstochowa qui étaient entrés dans le bâtiment annexe de la baraque de l'*Arbeitsstatistik*, un jour d'hiver lointain, par groupes de quinze, des premiers quinze Juifs de Częstochowa qui s'étaient immobilisés dans l'effort surhumain d'un garde-à-vous dérisoire, bras droit tendu pour le salut hitlérien. Et Fritz ne s'y était pas trompé. Ce vieux salaud de Fritz, vieux communiste, vieille merde. Il les avait insultés aussitôt, d'une voix criarde, sur le bord de l'excitation hystérique. Trop heureux, ce vieux salaud de Fritz, de tomber sur des Juifs apparemment si ressemblants à l'image que lui-même s'en faisait, lui-même, vieux communiste, vieil antisémite.

Tu t'étais souvenu des Juifs de Częstochowa, en Israël, des années plus tard. Tu t'en étais souvenu sur la colline de Latroun. Tu t'en étais souvenu sur le site des Vasques de Salomon, l'un des paysages humains — humanisé par la présence millénaire du travail de l'homme, du travail juif millénaire, encore enraciné dans le sol et les sources avant d'être dispersé à travers le monde et d'être interdit de terre, avant qu'il lui fût interdit, au travail juif, de se consacrer à la terre, pour la remuer, la labourer, la posséder — paysage humain incroyable de beauté ancestrale, autour des Vasques de Salomon taillées dans la roche vive pour recueillir l'eau vivante.

Mais tu entends tout à coup prononcer ton nom, ou plutôt le nom qu'on utilise habituellement pour te nommer, depuis quelque temps. Tu entends la voix d'Hélène Parmelin annonçant que tu vas prendre la parole, qu'elle te donne la parole.

Tu ne peux t'empêcher de penser, avec un bref sourire invisible, que les femmes de cette famille sont décidément autoritaires. Qu'elles ont décidément de l'autorité. Car tu avais renoncé à toute intention de prendre la parole, ce soir-là, en janvier 1979. Tu venais de faire passer un petit billet à Hélène Parmelin pour lui communiquer ton intention de ne pas prendre la parole, ce soir-là. De fait, tu n'aimes pas particulièrement prendre la parole en public, surtout lorsque les circonstances vous hissent sur une tribune. Ce lieu tribunicien est bien, te semble-t-il, l'un des lieux les plus impossibles qui soient. En outre, tu as plutôt été formé à l'école de la parole clandestine, des réunions brèves et restreintes. Mais l'essentiel n'était pas là. L'essentiel était que tu n'avais envie, ce soir-là, que de parler des Juifs de Częstochowa, ce qui était impossible. Il te semblait impossible de parler en public, à la cantonade, de ce souvenir personnel brusquement resurgi. Tu trouvais ça indécent. Sans doute aurais-tu pu en parler, seul à seul, ou à seule, à la plupart des personnes qui se trouvaient là ce soir. Mais en parler à ces mêmes personnes réunies, livrées à la massivité de leur présence, te semblait impossible. Ou indécent. Tu aurais pu en parler à Edouard Kouznetsov, bien sûr. Mais Kouznetsov n'était pas là, il était dans un camp spécial du Goulag de Brejnev. Ainsi, tu n'avais plus envie de parler.

Mais la voix d'Hélène Parmelin te projette en avant, dans la nécessité de la parole. Ça te rappelle un épisode lointain. Cette fois-là, ce n'était pas la voix d'Hélène qui t'avait arraché au silence, c'était celle de sa sœur, Olga Wormser. Tu étais à la Maison des jeunes et de la culture, à Sarcelles, des années auparavant. Anna Langfus t'avait demandé d'y venir. Elle y avait organisé une sorte de conférence-débat sur l'expérience concentrationnaire et c'est Olga Wormser, historienne de cette expérience, qui devait présider cette soirée. Tu avais publié *Le Grand Voyage* un ou deux ans plus tôt, et tu semblais tout indiqué pour participer à cette petite sauterie. Tu n'as pas osé refuser parce que c'était Anna Langfus qui te le demandait. Ainsi, tu t'es retrouvé assis derrière une table, à la MJC de Sarcelles, en compagnie de quelques femmes et hommes qui avaient été déportés. Ils ont raconté leur expérience, à tour de rôle. C'était parfait, tu étais fasciné. Ça coulait de source, c'était du cousu main. Ils étaient tous parfaitement à l'aise dans leur rôle de témoins. Tu ne dis pas cela avec quelque intention péjorative ou méprisante que ce soit, pas du tout. Tu dis cela avec une sorte d'admiration étonnée. Car tous ces anciens résistants déportés étaient des personnes estimables, hautement estimables. Il y avait même ce qu'on appelle des héros, parmi eux. Mais tu les écoutais, fasciné par la facilité de leur expression, par leur faconde, par l'assurance de leur témoignage, par la certitude d'être en vie dont ils faisaient preuve. Plus ils parlaient avec chaleur et précision, plus tu te sentais t'enfoncer dans un néant confus, moins tu savais ce que tu pourrais bien dire à ces braves habitants de Sarcelles qui étaient venus dans l'intention fort respectable, peut-être même louable, d'entendre ces survivants leur transmettre une expérience, sans savoir qu'elle était intransmissible, qu'on ne peut communiquer l'incommunicable. Incommunicable sur commande, tout au moins, incommunicable à heure dite, prévue d'avance, au coup de gong, au quatrième top c'est à vous ! Et justement c'était à toi, l'heure de parler était venue et Olga Wormser t'avait donné la parole. Tu ne sais plus ce que tu as dit, ce que tu as bien pu raconter. Tu te souviens seulement qu'au bout d'une ou deux minutes tu t'es brusquement arrêté. Apparemment, tu avais perdu le fil de ton discours, comme on dit. Situation banale où le narrateur, après quelque incidente ou digression, se retourne vers son public, et vers soi-même, momentanément désorienté, avec la question : Où en étais-je ? Où en étais-tu, en effet ? Tu n'avais pas seulement perdu le fil de ton discours, apparemment, tu avais perdu en outre le fil de ta vie. Tu ne savais plus seulement où tu en étais de ton récit, tu ne savais plus où tu en étais en général, ni pourquoi, ni comment. Tu n'étais plus nulle part, en vérité. Comment poursuivre ton récit si tu ne savais plus où en était le récitant, ni même qui il était ? De quelle expérience pourrais-tu leur parler puisque tu n'avais d'autre expérience à transmettre que celle de la mort, c'est-à-dire la seule chose que, par définition, tu ne pouvais avoir vécue, que seul quelqu'un d'autre pouvait avoir vécue ? Mais qui, alors ? Pourquoi n'était-il pas ici, à ta place, cet autre qui aurait pu vivre, et donc communiquer, l'expérience de ta mort ? Alors, en désespoir de cause — et rarement une expression toute faite aura été aussi pertinente — à cause de ce désespoir, donc, tu t'es tourné vers Olga Wormser, qui était à ta droite et qui présidait cette sympathique réunion, et tu lui as dit à mi-voix : — Je me demande ce que je fais ici, où j'en suis ! Et elle, te regardant dans les yeux, d'une voix douce mais sans réplique, t'a redit la dernière phrase que tu avais prononcée, avant de sombrer corps et biens dans ce silence angoissé. Alors, tu t'es tourné vers les habitants de Sarcelles qui assistaient à cette soirée et tu as repris machinalement ton discours au point où tu l'avais laissé. Il n'y avait rien d'autre à faire, sans doute. Tu n'avais qu'à reprendre ton rôle de survivant, après ce trou de mémoire qui t'avait fait perdre le fil. Tu n'avais qu'à assumer ton rôle de témoin. Tu n'étais pas là pour quoi que ce fût d'autre. Tu étais là pour jouer ce rôle, pour le représenter. Tu avais eu un trou de mémoire, un trou où tomber éternellement, comme dans les cauchemars, mais on t'avait soufflé les derniers mots de ton texte et la représentation avait pu continuer. Vous étiez là en tant que témoins survivants, tous ces héros et toi-même, et le rôle d'un témoin est de témoigner, rien d'autre. Le rôle d'un témoin n'est pas celui du personnage qui disparaît dans une trappe, comme dans un mélo romantique avec escaliers dérobés, fausses portes, farces et attrapes. Le rôle de témoin a toujours été parlant, tu ne pouvais rester muet. Imagine-t-on Théramène muet, ne pouvant placer le récit attribué à Théramène ? Tu as donc parlé, à Sarcelles, tu as raconté ta vie de survivant. Tu aurais pu raconter ta mort, mais enfin, on ne peut trop en demander aux auditeurs de ce genre de conférence-débat. Ils sont venus entendre le récit de votre vie, ou de votre survie, et il serait indélicat de leur imposer le récit de votre mort.

Mais tu as levé les yeux et tu as regardé la foule qui s'entassait dans cette salle du Centre culturel juif du boulevard de Port-Royal. Tu as parlé, bien sûr. Elle avait raison, Hélène Parmelin. Tu n'étais pas venu là pour sombrer dans un abîme de réflexions personnelles. Tu étais venu pour parler de Kouznetsov, pour l'aider, dans la mesure du possible, par ta parole. Tu as parlé, donc.

Quelques mois plus tard, le 1ᵉʳ mai 1979, tu t'es de nouveau souvenu de tout. Tu t'es souvenu d'Edouard Kouznetsov et de ces mots qu'il avait écrits dans une lettre. Maintenant qu'il était libre, tu pourrais peut-être un jour parler avec lui de cette impression que vous partagiez : celle de vivre la vie de quelqu'un d'autre. Et tu t'es souvenu des Juifs de Częstochowa. Peut-être un jour pourrais-tu parler avec Kouznetsov des Juifs de Częstochowa. Et tu t'es souvenu de la neige, de l'immémorial linceul des camps, s'étendant de l'Allemagne centrale au Grand Nord soviétique. Tu t'es souvenu des tourbillons de neige légère, printanière, sur le défilé du Premier Mai, trente-quatre ans auparavant, l'espace d'une vie, en regardant les tourbillons printaniers de cette subite bourrasque de neige, le 1ᵉʳ mai 1979.

Trente-quatre ans auparavant, tu rentrais de Buchenwald. Tu regardais les drapeaux rouges du Premier Mai, festonnés d'éphémères franges de neige impalpable. Au même moment, les camps du Goulag de Staline commençaient à voir arriver les rescapés russes des camps nazis. La veille du 1ᵉʳ mai, on ôta des fenêtres des cellules de la prison de la Loubianka, à Moscou, les rideaux de camouflage. «La guerre touchait visiblement à sa fin», écrivit plus tard Alexandre Soljenitsyne.

Au moment où tu foulais le sol de la liberté, dans l'éclatante innocence de cette victoire sur le fascisme, Alexandre Soljenitsyne commençait à fouler, lui, les chemins de l'enfer. Le 1ᵉʳ mai 1945, à la Loubianka, le silence fut plus profond que jamais. Et puis, le 2 mai, les prisonniers de la Loubianka entendirent une salve de trente décharges d'artillerie, «ce qui voulait dire que les Allemands venaient d'abandonner une nouvelle capitale européenne. Il n'en restait plus que deux à prendre, Prague et Berlin ; il nous fallait essayer de deviner laquelle des deux c'était», dit Alexandre Soljenitsyne. Mais même s'ils n'avaient pas deviné, ce jour-là, de quelle capitale il s'agissait, Prague ou Berlin, la question fut tranchée le 9 mai, par une nouvelle salve de trente décharges : Prague venait de tomber, ou bien Berlin. La dernière capitale européenne, en tout cas, avait été prise par l'armée Rouge. Mais, ajoute Soljenitsyne, «elle n'était point pour nous, cette victoire-là. Pas pour nous, ce printemps-là».

Et aujourd'hui, 1ᵉʳ mai 1979, pensais-tu, aujourd'hui où cette bourrasque de neige a semblé t'annoncer la libération d'Edouard Kouznetsov, pour qui est-il, ce printemps ? Aujourd'hui où l'on s'apprête à fêter le trente-quatrième anniversaire de la victoire alliée, de la fin du nazisme, de la fin des camps allemands, que pensent de ce printemps les milliers de prisonniers qui restent dans les camps du Goulag de Brejnev, après la libération d'Edouard Kouznetsov ?

Et tu t'es souvenu des Juifs de Częstochowa, une nouvelle fois. Tu as pensé qu'il fallait continuer à se battre pour eux.

— Et Blum, tu l'as rencontré aussi ? demande Daniel.

— Blume ? Mais non, lui dis-je. J'y suis allé avec Spoenay seulement. Jean Blume est resté ici, tu as bien dû le voir.

Il hoche la tête, Daniel.

— Pas Jean. Léon ! Léon Blum, je veux dire.

Je le regarde, interloqué.

Depuis que Meiners a quitté la cantine, depuis cette évocation silencieuse, entre Daniel et moi, des Juifs de Częstochowa, qui n'a pris qu'une seconde, le temps d'un regard aussitôt détourné, nous sommes restés tous les deux dans l'arrière-salle de l'*Arbeit*, à bavarder en attendant l'appel de midi.

La matinée du dimanche tire à sa fin, quand même.

Les matinées du dimanche ne durent pourtant pas plus longtemps que les autres, mais elles paraissent interminables. Les matinées du dimanche durent sept heures, comme toutes les autres matinées. De cinq heures, à peu près, à quelques minutes près, selon la durée de l'appel du matin, jusqu'à midi. Une pause à midi. C'est tous les jours la même chose, la même distribution du temps. Mais les matinées du dimanche paraissent plus longues que les autres. Peut-être parce qu'on a hâte d'arriver à l'après-midi du dimanche, à ces quelques heures de temps libre. Enfin, vous m'entendez.

Pourtant, cette matinée du dimanche tire à sa fin.

— Pas Jean, a dit Daniel. Léon. Léon Blum, je veux dire.

Je le regarde, je ne comprends pas aussitôt.

Je viens de lui raconter ma promenade de ce matin, l'incident avec le SS près du grand hêtre, la conversation avec le *Hauptsturmführer* Schwartz à propos de l'arbre de Goethe. Je lui ai parlé de ma rêverie, avec Goethe et Eckermann se baladant dans ma rêverie. Si j'en sors vivant, ai-je dit à Daniel, j'écrirai un jour un livre qui s'appellera *Conversations sur l'Ettersberg*. On y verra Goethe et Eckermann discourir, un jour de décembre 1944, au cours d'une promenade aux alentours du camp de Buchenwald. Et ils auront toute sorte d'interlocuteurs surprenants, tu verras, lui ai-je dit.

Mais pourquoi me parle-t-il de Blum ?

— Blum ? Qu'est-ce qu'il vient foutre dans cette histoire, Léon Blum ?

— Eh bien ! dit Daniel, placide, si c'est vrai qu'il est prisonnier dans une villa du quartier SS, c'est un bon personnage pour ton bouquin. Ça ne t'amuserait pas, d'imaginer ce que Blum et Goethe ont à se dire ?

Au mois d'août de cette année 1944, après le bombardement des usines de Buchenwald par l'aviation américaine, le bruit avait couru parmi nous que Léon Blum était interné dans une villa isolée, derrière le Falkenhof. Des déportés français ou belges qui avaient travaillé à la réparation des dégâts provoqués par des bombes au phosphore l'avaient reconnu, disait-on. Certains auraient même échangé quelques mots avec lui, à travers les barreaux d'une fenêtre, disait-on. Il n'y avait eu aucune confirmation de cette rumeur, depuis, mais la rumeur avait couru.

— Blum ? Même s'il est au Falkenhof, je n'en veux pas dans mon livre ! ai-je dit.

— T'es obligé de l'y mettre, dit Daniel, têtu.

— Je n'en ai rien à foutre, de ton Blum !

Mais Daniel ne se laisse pas démonter.

— D'abord, ce n'est pas mon Blum, dit-il, toujours placide. Ensuite, si l'histoire de l'Ettersberg t'amuse, Blum en fait partie C'est un personnage de ton histoire, au même titre que Goethe, Eckermann ou Napoléon. Enfin, quand même ! Un type comme lui, qui a écrit les *Nouvelles Conversations de Goethe avec Eckermann*, comment pourrais-tu t'en passer dans ton bouquin ? Tu lui piques son idée de rendre Goethe immortel et en plus tu n'en veux pas ? Il faut que tu l'y mettes, Blum ! C'est la moindre des choses !

Il a raison, j'en reste bouche bée.

J'avais oublié le livre de Blum. Je l'avais lu, pourtant, nous en avions parlé entre nous, boulevard de Port-Royal. Et c'est sans doute, tout compte fait, le souvenir inconscient de cette lecture qui avait fait naître en moi cette rêverie littéraire à propos de Goethe sur l'Ettersberg, se promenant avec son famulus un jour quelconque de décembre 1944.

Boulevard de Port-Royal, au numéro 39, se trouvait le pavillon où avait vécu Lucien Herr, à la fin de sa vie.

On entrait dans l'immeuble, d'apparence banale et cossue, du numéro 39. On franchissait le portail, on traversait une première cour, semblable à n'importe quelle cour d'immeuble locatif. Au-delà, quand on avait dépassé le deuxième bâtiment, on se retrouvait dans un lieu insolite : un espace vert, avec des arbres, des jardinets fleuris — à l'époque où les jardins sont en fleurs, tout au moins — un espace campagnard où s'éparpillaient quelques chalets et pavillons, épargnés sans doute par les travaux qu'avait provoqués, naguère, la percée du boulevard de Port-Royal.

L'un de ces pavillons appartenait à la famille de Lucien Herr.

J'y allais souvent, en 1941 et 1942. Très droite, vêtue de noir, inlassable, les cheveux gris se rebiquant en mèches rebelles, Madame Lucien Herr nous préparait des tisanes étranges, aux herbes incongrues mais aromatiques. Dans la bibliothèque du rez-de-chaussée, aux boiseries sombres, nos discussions s'éternisaient. Madame Lucien Herr entrait et sortait, haute figure à la fois chaleureuse et distraite, perdue, semblait-il, dans quelque rêve intime. Elle demeurait parfois parmi nous, attentive, regardant ces jeunes gens qui entouraient son fils Michel, remettant sans cesse d'un geste brusque de l'ordre dans sa coiffure, nous écoutant refaire le monde, liquider son compte à notre conscience philosophique, voyant comment nous jetions Hegel à la figure de Kant, ou vice versa, ça dépendait des jours. Parfois aussi, elle intervenait dans nos discussions, brièvement, d'une façon à la fois précise et allégorique, déroutante à première vue, mais toujours significative, en évoquant l'expérience de son mari, Lucien Herr, et de tous les hommes qu'elle avait connus autour de son mari, qui avaient été les amis, parfois les disciples de Lucien Herr : les meilleures têtes de la rue d'Ulm et du socialisme français.

Certains après-midi — et si c'était le printemps, les jardins alentour étaient envahis par la rumeur pépiante des oiseaux —, certains après-midi, donc — et si c'était l'automne, les jardins nous éclaboussaient de leur foisonnement de lumière fauve —, certains après-midi, quoi qu'il en soit, au milieu d'une discussion très savante (et très outrecuidante, sans doute : nous avions dix-huit, vingt ans) à propos de Hegel, ou de la *Critique du Programme de Gotha*, ou de Sextus Empiricus, ou de Korsch, ou de Kant, ou de Lukács, on entendait parfois la sonnette de la porte d'entrée.

Madame Lucien Herr allait ouvrir. Elle revenait bientôt, accompagnée d'un homme ou d'une femme, visiteurs impromptus, portant toujours une lourde serviette de cuir avachi, ou une petite valise usée jusqu'à la fibre, tenue par des ficelles. Madame Lucien Herr nous présentait de façon succincte : un ami, ou une amie, des amis. L'homme ou la femme hochait la tête, souriant à la ronde, posant la serviette avachie ou la valise éraflée au pied de leur chaise, à portée de la main, et s'associant tout naturellement à la dégustation des tisanes incongrues mais odoriférantes, à la délectation des idées générales.

Nous ne posions aucune question, nous savions bien à qui nous avions affaire. La maison de Madame Lucien Herr était un lieu d'asile, nous le savions. C'était une tradition familiale, sans doute. Un demi-siècle auparavant, en septembre 1897, Lucien Herr avait enfourché sa bicyclette — et c'était la même, ou une sœur cadette de celle-là, un engin antiquissime en tout cas, au guidon guindé, que Madame Herr utilisait encore pour faire ses courses, à l'époque dont je parle — et il était allé trouver Léon Blum, qui passait ses vacances à la campagne, tout près de Paris. Herr avait dit à Blum, à brûle-pourpoint : «Savez-vous que Dreyfus est innocent ?» Et Lucien Herr était devenu l'âme, l'organisateur indomptable de la campagne pour la vérité dans l'affaire Dreyfus. Aujourd'hui, un demi-siècle plus tard, la maison de Lucien Herr, la maison où il avait vécu les dernières années de sa vie, était encore un lieu d'asile pour les persécutés.

C'étaient des hommes ou des femmes en situation irrégulière, la plupart du temps étrangers, de surcroît, réfugiés d'Europe centrale, plongés dans le travail clandestin, et souvent communistes. Ils entraient, voyageurs utopiques et fraternels, fonctionnaires anonymes de l'universel, ils posaient leur serviette ou leur valise au pied de leur chaise, à portée de leur main, et ils goûtaient les tisanes surprenantes de Madame Lucien Herr. Ils nous écoutaient discuter de l'avenir du monde et de la réforme de la philosophie. D'ailleurs, au bout de quelque temps de silence attentif, ils se mêlaient aussi à nos discussions. Ils avaient souvent des choses pertinentes à dire sur l'avenir du monde et la réforme de la philosophie.

Ainsi, au fil des mois, certains de ces voyageurs anonymes nous étaient devenus familiers. Leurs goûts, leurs passions, leurs obsessions avaient jailli parfois au grand jour, dans le commentaire de quelque livre, de quelque événement. Des bribes de leur passé, aussi : un paysage viennois, une lumière sur Prague, une soirée en Bavière, sous la République des Conseils, éclataient comme des bulles fiévreuses à la surface toute lisse de leur vie clandestine.

Et puis, un jour, Madame Lucien Herr pénétrait dans la bibliothèque — peut-être était-ce le soir, peut-être les lampes étaient-elles allumées sur nos lectures inquiètes — et elle nous annonçait d'une voix blanche, en remettant de l'ordre dans sa coiffure : Untel a été fusillé. Ou bien : Unetelle a été arrêtée par la Gestapo.

Nous n'apprenions les vrais noms de ces voyageurs qu'à ce dernier moment, au moment de ce dernier voyage. Comme s'ils n'avaient retrouvé leur identité, les racines de leur être déraciné, que pour ce dernier voyage. Nous restions immobiles, nous regardions la mère de Michel, nous essayions de nous rappeler exactement ce qu'Untel avait dit, quelque temps auparavant, en nous faisant cadeau d'un exemplaire de *Marxismus und Philosophie* de Korsch. Nous regardions la mère de Michel, sa haute stature fragile et inusable, et nous nous rappelions ce qu'Unetelle nous avait raconté sur l'extermination du Parti communiste polonais par Staline. C'étaient des messages d'outre-tombe, qui nous parlaient d'une histoire confuse et sanglante, parfois sordide, mais où l'utopie de l'universel fonctionnait encore symboliquement. Dérisoirement.

C'était en 1941, 1942, boulevard de Port-Royal, dans la maison de Lucien Herr.

Et c'est là aussi que j'avais lu le livre de Léon Blum, les *Nouvelles Conversations de Goethe avec Eckermann*. C'était un exemplaire dédicacé par l'auteur, bien entendu. Je crois même que c'est le dernier livre de la bibliothèque de Lucien Herr que j'avais lu, boulevard de Port-Royal. Ensuite, Michel et moi, ayant provisoirement réglé nos comptes avec notre conscience philosophique, avions basculé dans le travail clandestin. Ensuite, il y avait eu les trains de nuit, les valises d'armes, les parachutages, les maquis de la forêt d'Othe, les beaux Smith & Wesson au long canon peint au minium, ces superbes 11,43 que nous portions toujours sur nous, glissés dans la ceinture, entre nos jambes, comme un signe supplémentaire de notre virilité.

Mais je regarde Daniel.

— Tu as raison, lui dis-je. Il faut que je l'y mette, Blum, dans mon bouquin.

SIX

Léon Blum s'approche de la fenêtre, il écarte le rideau.

Midi, bientôt. D'un moment à l'autre, Joachim va arriver, avec les journaux allemands et français.

Léon Blum écarte le rideau, il regarde.

La matinée du dimanche est belle. Le ciel, d'un bleu très pâle, presque transparent, ressemble à un pan de vitrail enchâssé dans les nervures noires et blanches de la forêt.

Blum rajuste ses lunettes, d'un geste bref.

Il n'y a guère que le ciel, la cime des arbres que l'on puisse contempler sans déplaisir. Pour le reste, l'horizon est aussitôt bouché par la haute palissade qui entoure la villa, le rideau touffu d'arbres au-delà de cette palissade. Il n'y a guère d'autre solution que de lever les yeux au ciel, quand le ciel est dégagé comme aujourd'hui. Le ciel, d'un bleu très pâle sur toute cette neige où miroitent les nuances infinies du blanc : du blanc bleuté des recoins d'ombre, sous les arbres, au blanc immaculé, aveuglant, qui s'irise sous le soleil ; et puis les ramures noires des plus hautes branches.

Voilà toutes les couleurs de la nature.

Léon Blum se souvient brusquement d'un autre dimanche, très lointain. La douceur à peine roussie de septembre se déployait sur la campagne toulousaine. Il était six heures du matin, ce dimanche 15 septembre 1940, lorsque des inspecteurs de police du gouvernement de Vichy, venus en fort grand nombre, avaient cerné la maison de campagne de L'Armurier. « *Six heures du matin, heure légale, les policiers ont heurté à la porte. Ce respect de l'heure légale est merveilleux*», avait pensé Léon Blum. Le soir même, il se retrouvait enfermé au château de Chazeron, dans les montagnes d'Auvergne, au-dessus de Châtel-Guyon.

Depuis lors, et jusqu'à son arrivée, aux premiers jours d'avril 1943, dans cette villa perdue au milieu de la forêt de l'Ettersberg, il n'aura connu que des prisons : Chazeron, Bourrassol, le fort du Portalet. «*La prison manquait sans doute*

à mon expérience de la vie. Toute expérience doit profiter à l'homme. Essayons.»
Léon Blum a baissé son regard sur la morne palissade qui entoure la villa de
l'Ettersberg. Il se souvient d'avoir écrit cette phrase dans les Mémoires qu'il avait
commencé à rédiger aussitôt après son arrestation à L'Armurier.

Léon Blum regarde la palissade qui lui bouche l'horizon, qui le réduit à cet
enclos constamment surveillé par les rondes des sentinelles. Les voici, d'ailleurs.
Une brusque faiblesse l'envahit, il sent s'embuer ses yeux, il ôte ses lunettes.

Depuis quelque temps, les gardiens qui parcourent régulièrement l'enclos, le
long de la haute palissade, tenant en laisse des chiens-loups, sont des volontaires
russes de l'armée de Vlassov. Des hommes à la démarche paisible, un peu lourde,
paysanne, vêtus de longues capotes noires, et qui tournent inlassablement, tenant
leurs chiens en laisse. Les chiens tirent sur la laisse, haletants. Les soldats russes,
vêtus de noir, traversent l'espace visible de leur pesante démarche de paysans.

Il semble à Léon Blum que les inquiétantes silhouettes noires des Russes de
Vlassov soulignent encore la présence sournoise de la mort. Quand s'annoncera-
t-elle, cette mort inexorable ? Il avait cru, au mois de juillet de cette même année
1944, que le moment en était venu. Les journaux allemands de langue française
avaient annoncé l'exécution de Philippe Henriot par un groupe de résistants. Léon
Blum en avait discuté avec Georges Mandel, emprisonné avec lui dans cette même
villa de l'Ettersberg. Ils avaient convenu qu'il fallait s'attendre à des représailles,
qu'aux mânes d'Henriot des victimes seraient offertes par Darnand et ses miliciens.
Lequel d'entre eux ? Léon Blum ? Georges Mandel ? Ou bien tous les deux ?

*«Le malheureux Georges Mandel est parti seul. Nous l'avons aidé à préparer son
bagage et à entasser frileusement ses couvertures pour le voyage en avion qu'on
lui annonçait. Nous l'avons conduit jusqu'à la porte de la palissade barbelée qui
nous séparait du reste du monde. Il ne se faisait pas la plus légère illusion sur le
destin qui l'attendait et l'observateur le plus attentif n'aurait pas relevé la moindre
altération dans les gestes de ses mains, dans sa démarche, dans son langage, dans
les intonations de sa voix. Jamais nous ne l'avions vu plus calme, plus posé, plus
lucide. Nous avons suivi de notre fenêtre l'auto qui allait le conduire à l'aérodrome,
emplis par le même pressentiment sinistre et pensant qu'un jour ou l'autre, bientôt
peut-être, nous suivrions nous aussi le même chemin.»*

Léon Blum essuie ses lunettes, embuées par cette brusque bouffée d'émotion.

Les Russes de Vlassov aux longues capotes noires viennent de disparaître de
l'espace visible, quand il remet ses lunettes. Léon Blum regarde le ciel d'un bleu
très pâle, presque transparent.

Longuement, il regarde le ciel.

En été — il a déjà connu deux étés en cet endroit — si on choisissait un certain
angle de vision, on pouvait apercevoir, à travers une trouée dans les arbres, un
endroit dégagé, assez proche : sans doute une clairière dans la forêt. Léon Blum
avait découvert cette perspective tout à fait par hasard. Mais depuis qu'il l'avait
découverte, il venait souvent, l'été — en automne, la perspective était brouillée
par le dépouillement des arbres et la rousseur chatoyante du paysage ; en hiver,

par la blancheur uniforme qui altérait les volumes et les contours, les aplatissant ; il fallait bien l'apogée estival des frondaisons pour qu'au milieu de celles-ci, dans leur écrin foisonnant, se détachât cet espace ouvert de la clairière entrevue — il venait souvent, en été, tout en ayant curieusement l'impression d'être indiscret, comme s'il observait quelque scène intime à travers un trou de serrure, contempler le paysage minuscule et lumineux de cette clairière. Il demandait à Janotte de partager la joie de cette vision dont se dégageait un bonheur apaisant, identique à celui que peut procurer la contemplation de certains tableaux de la Renaissance dépeignant quelque épisode biblique ou belliqueux, mais au fond desquels un paysage inscrit la pureté minutieuse d'une nature humanisée.

Ensemble, donc, Janotte et lui avaient souvent contemplé cette clairière si proche et pourtant si lointaine.

Parfois, il leur avait semblé y apercevoir des personnages. Un groupe d'hommes et de femmes, un jour, assis au pied d'un arbre, semblait-il, autour de la tache lumineuse d'une nappe blanche posée sur l'herbe, pour quelque champêtre repas, pouvait-on imaginer. Une cavalière, un autre jour, immobile, très droite en selle, une longue chevelure blonde lui tombant sur les épaules, et qui retenait sa monture, visiblement. Le charme poignant de ces visions — c'était la vie, au-dehors — avait insensiblement poussé Léon Blum à venir s'abandonner certains après-midi d'été à une rêverie provoquée, maîtrisée, devant cette fenêtre qui s'ouvrait, semblait-il, non seulement sur la clairière mystérieuse, mais aussi sur les profondeurs de sa propre intimité. Ainsi, inscrivant sur cet écran lumineux, découpé dans la verdeur touffue de la forêt, les figures de son imagination, Léon Blum s'était plu parfois à rêver à l'apparition de Goethe et d'Eckermann, dans cette lointaine clairière. Il renouait de cette façon avec l'une des fantaisies littéraires de sa jeunesse, il renouait en quelque sorte, nostalgiquement, avec sa jeunesse même.

Sur la route qui conduit aux casernes des *Schutzstaffeln*, Goethe a brusquement fait arrêter le traîneau. Le cocher, surpris, a tiré si fort sur les rênes, tout en serrant le frein, que l'arrière du traîneau a dérapé dans la neige molle du bas-côté, soulevant une écume poudreuse et chatoyante.

— Excusez-moi ! a dit Goethe au cocher tourné vers nous, avec la politesse dont il est coutumier envers les petites gens, excusez-moi, mon brave ! mais nous allons descendre et continuer à pied. Venez, je vous prie, nous attendre dans une heure, sur la grande avenue.

Le cocher a approuvé du chef.

— Entendu, Excellence, dans une heure, sur l'avenue des aigles.

Nous sommes donc descendus.

J'étais intrigué, me demandant quelle inspiration subite avait poussé Goethe à ce changement de programme. Mais je ne tardai pas à en avoir le cœur net.

— Connaissez-vous le Falkenhof, mon cher Eckermann ? me dit-il, à peine eûmes-nous mis le pied sur la neige tassée du chemin.

J'avouai mon ignorance.

— Moi-même, continua Goethe, je ne l'ai jamais visité. Mais un officier bavarois des *Totenkopf*, qui m'a donné à lire, il y a quelque temps, son journal de la campagne de Russie, m'en a fait une description fort détaillée. Nous allons bien voir !

Goethe, tout en parlant, se dirigeait vers une clairière de la forêt où l'on voyait se dresser quelques maisonnettes en bois. Des pavillons de chasse, à en juger par leur architecture.

J'appris ainsi, tout en marchant — et je ne pouvais m'empêcher d'admirer la belle prestance de mon maître et ami, avec sa longue capote grise à col d'officier — que le Falkenhof avait été construit, sur indication express du *Reichsführer* SS Himmler, pour héberger des faucons, des aigles, et autres oiseaux de proie, dressés pour l'exercice bien germanique de la chasse, exercice et plaisir qui rassemblait ici, naguère, autour de cette fauconnerie, l'élite des officiers de l'armée et des SS.

Les pavillons, que nous visitâmes en détail, étaient somptueusement construits avec des troncs de chênes de la meilleure qualité. L'édifice central comportait une grande salle, de style gothique, avec des meubles d'époque de toute beauté et une énorme cheminée. Un peu plus loin, nous parcourûmes aussi les installations d'un petit jardin zoologique, où il y avait des cerfs et des biches, des élans et des sangliers, des mouflons, des renards et des faisans. Il y avait également, dans des cages parfaitement aménagées, quatre ours bruns et cinq singes d'une espèce assez rare.

— Vous aurez remarqué, me dit Goethe, une fois la visite terminée, l'excellent état où se trouvent toutes ces bêtes. On voit d'un simple coup d'œil qu'elles sont bien nourries, bien soignées. C'est précisément cela que je voulais vérifier, car ce fait révèle, me semble-t-il, un trait de caractère spécifiquement allemand. Je me suis laissé dire, en effet, que tous ces animaux reçoivent quotidiennement des quartiers de viande de première qualité. Les ours, en outre, mangent du miel et de la marmelade. Les singes, des gâteries : flocons d'avoine au lait, pain brioché, par exemple. À une époque comme la nôtre, aussi difficile, ce respect pour la vie animale, pour les exigences de la nature, me semble spécifiquement allemand. Des Français auraient mangé ces bêtes, bien entendu, aux premières difficultés de ravitaillement. Des Anglais auraient vraisemblablement fait la même chose, quitte à laisser se déclencher ensuite une campagne de presse : des masses de lettres au courrier du *Times*, protestant contre ce massacre. Peut-être même y aurait-il eu une interpellation aux Communes. C'est typique du système anglais : une démocratie *post festum*. Quant à nous, ce trait de caractère — que certains ne manqueront pas d'attribuer à ce qu'ils nomment la « démesure allemande » — me semble au contraire inhérent à une vision du monde où l'accord harmonieux de l'homme et de la nature joue un rôle déterminant.

Nous avions quitté le Falkenhof.

Je réfléchissais à la profondeur de ces paroles dites avec simplicité, me promettant de les noter fidèlement dès que nous serions rentrés à Weimar, lorsque Goethe me prit vivement par le bras, geste inhabituel chez lui, même aux moments d'effusion. Il me parla soudain à voix basse, pour ainsi dire à l'oreille, mais d'une voix étrangement fébrile :

— Je veux vous faire une confidence, me dit-il, car je tiens par-dessus tout à la sincérité de nos conversations, mon cher Eckermann.

Je restai sur place, cloué au sol par la solennité du ton employé par Goethe.

— Oui, ajouta celui-ci, la vraie raison de ma curiosité pour le Falkenhof est tout autre. Vous pensez bien, quel que soit mon intérêt pour la sauvagine, que je n'allais pas me déplacer par un temps pareil pour voir quelques aigles en cage ! Mais je me suis laissé dire — je suis cependant obligé de taire, même à vous, mon cher confident, la source de cette information, ne m'en tenez pas rigueur : c'est un secret d'État — je me suis laissé dire que l'un des pavillons du Falkenhof a été habilité à recevoir des prisonniers de très haut rang et qu'il s'y trouve à l'heure actuelle un certain nombre d'hommes politiques français, ainsi qu'une princesse italienne du sang. C'est cela que je voulais vérifier, Eckermann !

Je demeurais interdit, toujours immobile.

D'une pression à la fois douce et irrésistible de la main sur mon bras, Goethe me fit reprendre la marche interrompue. Je me souvins alors que l'un des pavillons de la Fauconnerie, en effet, situé un peu à l'écart, était entouré d'une palissade qui le rendait inaccessible. Je me souvins aussi que Goethe y avait jeté un long regard attentif, dont la signification devenait claire, rétrospectivement.

— Et savez-vous, Excellence, lui demandai-je, sans pouvoir maîtriser mon agitation, quels sont les hommes politiques français qui y sont retenus ?

Goethe hocha la tête d'un geste affirmatif :

— Ils sont plusieurs, répondit-il. Mais celui qui m'intéresse par-dessus tout, vous comprendrez aisément pourquoi, c'est l'ancien président du Conseil, Monsieur Léon Blum !

De nouveau, je me figeai sur place.

C'était incroyable, Blum au Falkenhof ! Bien sûr que je comprenais maintenant la fébrilité, l'agitation de Goethe, depuis ce matin. Léon Blum n'avait-il pas écrit les *Nouvelles Conversations de Goethe avec Eckermann* ? Lorsque le livre avait paru, d'abord sans nom d'auteur, en 1901, aux éditions de la *Revue Blanche*, Goethe avait été particulièrement frappé, non seulement par la qualité du style, qui révélait, disait-il, un écrivain de race, mais aussi par le contenu de certaines des réflexions abusivement prêtées à mon maître, mais qui dénotaient une parfaite connaissance de son œuvre et une finesse d'analyse peu commune. Je tiens à préciser que c'est l'opinion de Goethe que je transcris ici, par souci de fidélité. Pour ma part, j'étais beaucoup moins indulgent pour cette entreprise de piraterie littéraire. Ainsi, quelques années plus tard, quand le nom de l'auteur fut connu, j'avais demandé à Goethe l'autorisation d'introduire une action en justice, pour plagiat de titre et appropriation indue d'une matière littéraire originale. Les conversations avec Goethe n'étaient-elles pas mon domaine, ma spécialité, mon apanage ? Ne devais-je pas protéger mes droits ?

L'action juridique, pourtant, ne fut jamais intentée, car Goethe m'en dissuada toujours. Je dirais même qu'il m'en empêcha. À l'époque, il est vrai, la nouvelle de sa mort s'était répandue depuis trop longtemps pour qu'on revînt là-dessus dans l'esprit du public. Goethe n'avait rien fait pour la démentir, ni pour contester la touchante légende qui entourait ses derniers instants, considérant que son travail créateur pourrait se poursuivre bien plus aisément, dans l'ombre éclatante de cette mort apocryphe qui ne faisait qu'accroître d'année en année le prestige, devenu mythique, de la figure goethéenne. Ainsi, malgré mon irritation, Goethe avait-il refusé, au début de ce siècle, de s'engager dans les tracasseries administratives qu'auraient entraînées et le procès pour usurpation de propriété littéraire et le retour à une vie publique. Il goûtait l'ironie de cette situation et je ne pouvais que respecter son attitude, malgré la colère soulevée en moi par tous ces parasites littéraires qui se paraient des plumes du paon et essayaient de se grandir aux dépens de la réelle grandeur de mon maître. Nous laissâmes donc dire Léon Blum dont la bonne foi, selon Goethe, ne pouvait être mise en question. Personnellement, j'en étais moins certain. En fin de compte, Blum n'était-il pas juif ? On connaît l'esprit retors et rusé de cette race !

Ce n'est que bien plus tard, lorsque Paul Valéry eut prononcé, le 30 avril 1932, en Sorbonne, son célèbre *Discours en l'honneur de Goethe*, à l'occasion de la commémoration du centenaire de la mort présumée de mon maître, que celui-ci songea à sortir de sa réserve. Il écrivit son bouleversant *Discours d'outre-tombe*. Mais les temps avaient bien changé, pour lors. Lorsque ce texte fut terminé, rayonnant, je puis l'affirmer, moi qui suis jusqu'à ce jour son seul et unique lecteur, de toute la sagesse que comporte la synthèse goethéenne de l'esprit classique et du démonisme faustien, Monsieur le chancelier Adolf Hitler venait de recevoir du Reichstag son investiture. Goethe avait décidé d'adopter à l'égard du nouveau régime une attitude de neutralité compréhensive, attitude tout à fait cohérente avec la ligne de conduite de toute sa vie, si l'on y réfléchit sereinement. Mais un écrivain aussi proche de la pensée goethéenne que Thomas Mann rompait bientôt avec le nouveau régime révolutionnaire et choisissait l'exil. Cela troubla profondément mon révéré maître et ami, d'autant plus que le philosophe Martin Heidegger, par contre, tellement éloigné de l'humanisme goethéen, et dont l'insistance à parler de Hölderlin et à négliger l'œuvre de mon maître n'avait pas manqué d'irriter celui-ci, Heidegger, donc, adoptait une attitude de sympathique compréhension à l'égard du national-socialisme.

Dans ces circonstances, Goethe se demanda si les intellectuels français, auxquels le *Discours d'outre-tombe* s'adressait tout particulièrement, n'allaient pas mettre en doute l'authenticité de son texte, s'ils n'iraient pas jusqu'à croire que la nouvelle de la résurrection de mon maître n'était qu'une manœuvre de propagande du docteur Goebbels. Cette possibilité préoccupait profondément Goethe, qui décida finalement de ne pas publier son *Discours* et de rester dans l'anonymat d'une mort présumée. Tout en m'y soumettant, je n'approuvai pas sa décision, car je pensais aux effets que cette publication aurait pu avoir en Europe, malgré les malentendus et les aveuglements des passions partisanes.

Mais je fus tiré de ce tourbillon de souvenirs par la pression de la main de Goethe sur mon bras, m'entraînant de nouveau à marcher.

— Excellence ! m'exclamais-je en le regardant, sans savoir comment exprimer tous les sentiments qui se bousculaient dans mon esprit.

Goethe hocha la tête.

— Vous aurez compris à présent, mon cher Eckermann, me dit-il, aussi bien ma curiosité que mon excitation de ce matin. Monsieur Blum au Falkenhof ! Quelle occasion pour éclaircir, d'homme à homme, les problèmes posés par son interprétation de ma pensée, n'est-ce pas ? Et pourtant, je crains que cette occasion ne demeure stérile, qu'elle ne parvienne pas à se réaliser. Toutes les démarches que j'ai entreprises jusqu'à présent, par des voies aussi confidentielles que proches du pouvoir, je puis vous l'assurer, ont été vaines. Il me semble bien que je n'obtiendrai pas l'autorisation de rendre visite à Léon Blum !

Nous marchions lentement dans les chemins de cette forêt enneigée de l'Ettersberg. Goethe me serra le bras affectueusement.

— Je le regrette aussi pour vous, mon cher, me dit-il. Un livre d'Eckermann, *Conversations de Goethe avec Léon Blum,* ne manquerait pas d'avoir une influence certaine sur l'Europe de l'après-guerre, tout en étant un succès de librairie assuré !

Nous marchions lentement et il me semblait vivre l'un de ces moments privilégiés où la pensée de Goethe atteignait aux sommets de sa puissance de pénétration et d'expression.

— En vérité, mon bon, ajouta Goethe, le thème que j'aurais voulu aborder avec Monsieur Blum est celui des rapports de l'intellectuel, comme on dit maintenant, avec la politique et le pouvoir. Vous connaissez mes idées à ce propos. Je pense que l'intellectuel ne peut pas se désintéresser de la politique, des hommes du pouvoir, qu'il doit accorder à ceux-ci ses conseils et ses lumières, à condition pourtant de rester à l'écart de l'exercice direct dudit pouvoir. Car l'intelligence et le pouvoir sont des choses d'essence différente. C'est pour cela que les véritables intellectuels ne connaissent que l'échec, quand ils se laissent pervertir jusqu'à l'acceptation de l'exercice direct du pouvoir. Dans ce cas, ou bien ils essaient d'organiser les contradictions de la réalité sociale en fonction de leur vision intellectuelle, par essence évolutive et compréhensive, et ils échouent : le pouvoir de la réalité et la réalité du pouvoir les usent, les rejettent et les condamnent. Ou bien, au contraire, ils se plient aux contradictions du réel, aux exigences tactiques du présent, ils les glorifient, ils les divinisent sous les espèces charismatiques de la Vertu, de l'Utopie, ou des forces motrices de l'Histoire, comme vous voudrez, et alors les intellectuels deviennent les théoriciens du despotisme, de l'arbitraire absolu, qui finit par les dévorer eux-mêmes. Monsieur Blum appartient à la première catégorie, bien évidemment, et son expérience, sur laquelle il n'a pas dû manquer de réfléchir au Falkenhof, m'aurait sans doute été bien profitable. J'en aurais volontiers discuté avec l'ancien président du Conseil, mais hélas ! je désespère d'obtenir l'autorisation de me rendre auprès de lui.

Tout en marchant, nous avions quitté les sentiers de la forêt et nous nous trouvions maintenant sur l'esplanade qui s'étend devant le portail du camp de rééducation construit sur le versant nord de l'Ettersberg, quelques années auparavant. Goethe regarda la grille d'entrée dont le milieu s'ornait d'une inscription forgée dans le métal et parfaitement lisible de l'endroit où nous nous trouvions : JEDEM DAS SEINE.

Il hocha la tête mélancoliquement.

— Saviez-vous, me dit-il, que l'arbre à l'ombre duquel nous aimions à nous reposer est resté à l'intérieur de l'enceinte du camp ? Voilà encore un geste typiquement allemand et que j'apprécie ! Malgré les terribles exigences de la guerre, cet arbre — que les officiers et soldats de cette garnison continuent d'appeler «l'arbre de Goethe», ce qui, sans doute, ne manquera pas d'élever l'esprit des misérables enfermés ici pour diverses raisons — cet arbre n'a pas été abattu. Il se dressait encore, fier et majestueux, quelque part entre le bâtiment des cuisines et celui du magasin d'habillement, il y a quelques mois. Oui, j'apprécie ce geste de respect envers les souvenirs de notre histoire. Déjà, en 1937, lorsque la construction de ce camp de rééducation avait été commencée, j'avais été profondément touché par la démarche de l'Association culturelle nationale-socialiste de Weimar, demandant que le camp ne porte pas le nom de K. L. Ettersberg, à cause des liens impérissables de ce lieu-dit avec ma vie et mon œuvre. Je peux vous le dire, Eckermann, j'avais été à l'époque profondément touché par cette démarche et par la décision finalement prise — en très haut lieu, je le tiens de source sûre — d'appeler cet endroit K. L. Buchenwald !

J'ai cru voir l'éclat humide d'une larme dans les yeux de Goethe, à ce moment-là, et je me suis détourné, tremblant moi-même d'émotion.

Mais Goethe s'était aussitôt repris.

— Qui sait ? dit-il. Peut-être que tous ces malheurs individuels, ce brassage de nationalités de toute sorte qui s'opère ici, contribueront-ils à forger une âme commune à l'Europe ? Les détours rusés de l'histoire, vous ne l'ignorez pas, mon cher Eckermann, sont nombreux !

Puis Goethe me prit de nouveau par le bras et me fit faire quelques pas en direction de la porte du camp.

— Vous voyez cette inscription ? me demanda-t-il. *Jedem das Seine.* J'ignore qui en est l'auteur, qui en a pris l'initiative. Mais je trouve très significatif et très encourageant qu'une inscription semblable orne la porte d'entrée d'un lieu de privation de liberté, de rééducation par la contrainte du travail. Car enfin, qu'est-ce que cela signifie, «à chacun son dû» ? N'est-ce pas là une excellente définition d'une société organisée pour défendre la liberté de tous, celle de l'ensemble de la société, au détriment s'il le faut d'une liberté individuelle exagérée et néfaste ? Je vous l'ai déjà dit il y a plus d'un siècle, et vous l'avez noté dans vos *Conversations* à la date du lundi 9 juillet 1827. Vous vous en souvenez ? Nous parlions de la situation politique en France, avec le chancelier — pas Monsieur Hitler, bien sûr. Monsieur le chancelier Meyer, car nous en avons connu des chanceliers, n'est-ce pas ? — de la nouvelle loi sur la presse. Je vous disais donc, ce jour-là : *La loi restrictive n'aura qu'un effet bienfaisant, d'autant plus que ces restrictions ne touchent pas l'essentiel, mais visent seulement les personnes. Une opposition sans frein sombrerait dans la platitude. Les entraves l'obligent à être spirituelle et c'est là un très grand avantage. La contrainte excite l'intelligence et pour ce motif, comme je l'ai dit, une loi qui limite la liberté de la presse est plutôt faite pour me plaire* !

Goethe avait dit tout cela d'une seule traite et je ne pouvais m'empêcher d'admirer sa mémoire : j'étais persuadé que tout cela se trouvait, en effet, mot pour mot, dans mes *Conversations*. D'ailleurs, son regard malicieux me prouvait que lui-même en était également convaincu.

— Je suis frappé, Excellence, dis-je à Goethe, par la continuité et la fermeté de vos pensées à ce propos. Mais je crois, si vous me permettez à mon tour de vous prouver l'excellence de ma mémoire — stimulée, sans doute, par la noblesse de vos paroles —, je crois que la formulation la plus précise et pertinente de votre conception de la liberté a été faite le jeudi 18 janvier 1827, ainsi que je l'ai noté dans mes *Conversations : Quelle chose singulière que la liberté* ! m'avez-vous dit ce jour-là. *Chacun en a suffisamment pourvu qu'il sache où la trouver et qu'il s'en contente. À quoi nous sert un surcroît de liberté, si nous ne savons qu'en faire ? La liberté, il suffit qu'on en ait ce qu'il faut pour vivre en bonne santé et pour faire son métier : et il est facile à chacun d'en avoir assez. Ensuite nous ne sommes libres que si nous remplissons certaines conditions. Le bourgeois est aussi libre que le gentilhomme dès qu'il se tient dans les limites marquées par Dieu à l'état social dans lequel il est né. Le noble est aussi libre que le prince, car s'il observe à la cour le peu de cérémonial prescrit, il peut se considérer l'égal du prince. Ce qui rend libre, ce n'est point de reconnaître quoi que ce soit au-dessus de nous, mais bien le fait de vénérer ce qui nous est supérieur. En effet, par ce témoignage de respect nous nous élevons au même niveau ; en reconnaissant une supériorité, nous manifestons que nous avons en nous le sens de la grandeur et que nous sommes dignes de ce que nous honorons.*

Goethe avait écouté ce rappel de sa propre pensée en hochant la tête, avec une visible satisfaction.

— Voyez-vous, mon bon, me dit-il, j'avais oublié ces formules. Mais je m'y tiens toujours, en effet. Et c'est pour cela que je ne puis m'empêcher de penser, quel que soit l'auteur de cette inscription sur la porte du camp de rééducation, *Jedem das Seine*, je ne puis m'empêcher de penser que j'y suis pour quelque chose, que le souffle de mon inspiration s'y retrouve. À chacun son dû, en effet, à chacun la place qui lui est due, par la naissance, le talent, dans la hiérarchie des libertés et des contraintes individuelles qui font la liberté de tous.

Tout en parlant, nous avions tourné le dos à l'entrée du camp, nous marchions de nouveau dans les sentiers de la forêt, vers cette clairière du Falkenhof qui semblait obséder aujourd'hui la pensée de Goethe et attirer irrésistiblement ses pas.

Mais Léon Blum laisse retomber le rideau, il cesse de rêver à cette clairière peuplée d'apparitions imaginaires.

Il revient vers sa table de travail.

Il écarte le livre d'Émile Faguet qu'il était en train de lire ces derniers jours et dont il venait d'annoter un passage, juste avant de s'être levé, d'avoir marché vers la fenêtre. En fait, ce n'est pas un passage d'Émile Faguet, qu'il venait d'annoter, mais un extrait des *Lois* de Platon que Faguet citait dans son essai et qu'il affectait de ne pas bien comprendre, alors que, pour Blum, le texte de Platon était d'une précision lumineuse.

Léon Blum écarte le livre de Faguet, il cherche parmi ses papiers une note déjà ancienne, d'il y a quelques mois, qu'il désire reprendre et développer. Il la retrouve aisément, il y a toujours eu beaucoup d'ordre dans ses papiers.

Le 22 avril 1943, quelques jours après son arrivée dans cette villa de l'Ettersberg, Léon Blum avait noté l'idée qui lui était venue d'un travail sur la liberté. *«Mon point de départ est que l'idée de la liberté, au sens politique, est en réalité aussi complexe que la conception de la Liberté au sens philosophique*, avait-il écrit. *Quand on examine le concept philosophique de Liberté*, ajoutait Blum, *on est amené à le décomposer, ou plutôt à l'étager en assises, car il y a une conception pragmatique et psychologique de la Liberté, que couronne une conception morale, elle-même surmontée par une conception métaphysique, celle de Kant, de Schopenhauer et, plus près de nous, de Bergson. Ce qui me tente c'est de rechercher s'il n'en est pas de même pour la liberté politique.»*

Mais ce n'est pas cette question, sur laquelle sa réflexion a depuis lors beaucoup mûri, qui intéresse aujourd'hui Léon Blum. Il s'est souvenu, en fait, d'une notation concernant la forme à donner à ce travail. Il la retrouve, à la fin de la page qu'il vient de relire : *«Le sujet est si abondant que, pour indiquer seulement les développements, et aussi pour prévenir toutes sortes d'équivoques, il faudrait la souplesse sinueuse et la variété d'un dialogue platonicien.»*

Un dialogue platonicien, voilà.

Immobile au milieu de la pièce, cette page du 22 avril 1943 à la main, Léon Blum se demande si, fidèle à son inspiration première, la forme la meilleure à donner à cet essai sur la liberté, pour lequel il n'a pas cessé de prendre des notes, n'est pas, en effet, celle du dialogue. Tout à l'heure, en contemplant le ciel de décembre, d'un bleu si pâle, sur toute la blancheur de la forêt, en se rappelant les apparitions imaginaires de Goethe et d'Eckermann dans la clairière, Léon Blum s'était dit qu'il suffirait peut-être de donner à ces dialogues la forme d'une suite aux *Nouvelles Conversations...* Mais cela lui semble un peu court, réflexion faite.

Pour aborder ce problème de la liberté, dans toute sa densité, sa complexité, il faut un véritable dialogue, c'est-à-dire un discours pluriel, multivoque, un affrontement dialectique. Or, Eckermann n'est pas l'homme de ce genre de discours. Il est, tout compte fait, trop gris, trop terne, trop préoccupé aussi de ne pas perdre une miette des réflexions de son maître, afin de les transcrire fidèlement, pour provoquer un véritable dépassement de la structure du monologue alterné qui est autant celle des *Conversations* que des *Nouvelles Conversations.*

Non, un véritable dialogue platonicien, voilà ce qui conviendrait. Ainsi, pour commencer, il faudrait augmenter le nombre des participants à ces *Conversations sur l'Ettersberg,* en élargir le cercle. Lui-même, par exemple, devrait y participer, exposant à son compte ses propres idées, sans davantage utiliser le truchement d'un Goethe imaginaire, d'un hypothétique Eckermann. «Moi-même, pense Léon Blum, je pourrais intervenir en tiers. Quatre ans de prison me rendent tout à fait qualifié pour parler de la liberté, aussi bien au sens politique qu'au métaphysique!»

Léon Blum sourit.

Il est toujours debout au milieu de la pièce, tenant en main la page qu'il a écrite plus d'une année auparavant. Il se demande quels autres personnages il pourrait convoquer pour cette nouvelle version des *Conversations.* Bien sûr, ce serait amusant de convoquer par l'imagination des personnages vivants. Paul Valéry, par exemple. Non seulement parce que celui-ci a prononcé, le 30 avril 1932, en Sorbonne, un célèbre discours pour commémorer le centenaire de la mort de Goethe, ni même parce que Valéry s'est tellement efforcé, tout au long de sa vie, de passer pour un penseur qu'il serait peut-être équitable de lui donner l'occasion de le prouver, mais surtout parce que son style aphoristique de réflexion intellectuelle s'accorde parfaitement au genre des dialogues sur le modèle platonicien.

Paul Claudel ne serait pas un mauvais candidat non plus. Il a écrit les *Conversations dans le Loir-et-Cher,* qui participent en quelque manière du même genre, et qui le préparent fort bien à cette sorte d'exercice, mais surtout il représenterait un autre versant de la culture et de la pensée, et son génie conservateur, ou plus exactement contre-révolutionnaire, au sens littéral de ce terme, constituerait un obstacle dialectique fort appréciable.

Mais il n'est pas possible, pense Léon Blum, d'inclure des personnages vivants dans ce livre. Ni Valéry, ni Claudel, ni même le philosophe espagnol Ortega y Gasset, germaniste distingué, auteur de plusieurs articles remarquables sur Goethe, et surtout, à cause de son essai sur *La Révolte des masses,* entre autres travaux historiques stimulants pour l'esprit, tout à fait indiqué pour débattre des questions de la liberté au XXᵉ siècle. Non, pas de vivants. On aurait ensuite, à la publication du livre, trop de désagréments, de polémiques, de rectificatifs, de fâcheries de clans et de coteries. Il faut se résigner à n'inclure dans cette nouvelle version des *Conversations* que des personnages disparus de la scène historique. Dialogue des morts, dialogue aux enfers ou aux Champs élyséens, ou dans la caverne platonicienne, justement : voilà de quoi il s'agit, en fait. «Moi-même, pense Léon Blum, ne suis-je pas déjà un peu mort ? N'ai-je pas déjà un pied dans la tombe ? Ne suis-je pas assez vaporeux pour me mêler aux ombres illustres que j'essaie d'évoquer ?»

Une idée lui vient, subitement.

Il faudrait faire participer Herr, Lucien Herr, à ces *Conversations sur l'Ettersberg.* Mais bien sûr, comment ne pas y avoir pensé plus tôt ! C'est évident ! Herr, auteur d'une admirable préface à la *Correspondance* de Goethe et de Schiller, Lucien Herr, le meilleur connaisseur de la philosophie de Hegel en France, l'irremplaçable maïeuticien de la rue d'Ulm ! Une étrange allégresse intellectuelle envahit Léon Blum, tellement vive qu'elle en devient physiquement perceptible, comme une excitation des sens, une chaleur viscérale, lorsqu'il imagine la participation de Lucien Herr à ces *Conversations* dont il vient de faire le rêve.

Davantage même : le projet.

Léon Blum revient à sa table de travail, il se rassied.

Il avait lu ce matin un passage de Platon, cité par Émile Faguet dans son essai *Pour qu'on lise Platon*. Un passage des *Lois* que Faguet affectait de ne pas comprendre, où il ne voyait que de l'obscurité.

Léon Blum relit les annotations qu'il a écrites ce matin.

« *Il n'est pas obscur, ni contradictoire, quoi que Faguet prétende. Plutôt qu'une obscurité, j'y vois une sorte de miroitement (dont je crois discerner la cause, que je noterai). Platon distingue deux notions très différentes de l'égalité. D'une part l'égalité équivalence, l'égalité qui se traduit par une identité arithmétique et qui consiste dans le poids, le nombre et la mesure. Dans cette première acception, l'égalité méconnaît, dénie ou tend à annuler la diversité, la variété des individus, c'est-à-dire, les inégalités naturelles ; elle les soumet tous, bon gré mal gré, aux mêmes règles de mesure, de nombre, de poids. D'autre part, l'égalité équité, qui accepte le "matériau" humain tel qu'il est, qui reconnaît comme un fait premier la diversité, la variété, et par conséquent l'inégalité intrinsèque des données humaines et qui se traduit, non par l'uniformité numérique, mais par la juste proportion maintenue entre les données humaines inégales. C'est elle qui donne plus à celui qui est grand, moins à celui qui est moindre. La Justice, conclut Platon, n'est pas autre chose que l'égalité établie entre les choses inégales, conformément à leur nature. Et cette définition me semble admirable. La justice, l'égalité consistent à maintenir la proportion entre la nature et la société et, par conséquent, à ne tolérer dans la société d'autres inégalités que celles qui sont l'expression des inégalités naturelles. Rien n'est plus clair, que n'ai-je connu ce texte ? J'ai souvent entrevu cette même idée, déjà dans* Eckermann (nous y revoilà ! pense Blum, en interrompant un instant sa lecture, ce thème des *Conversations*, décidément, m'obsède !), *longtemps après, dans* Pour être socialiste, *lit-il de nouveau. J'ai toujours considéré que l'égalité était le respect exact de la variété et, par conséquent, de l'inégalité naturelle. Les formules de l'égalité sont, non pas* Tous à la toise *ou* Tous dans le même sac, *mais* Chacun à sa place *et* À chacun son dû. »

Léon Blum a fini de relire les réflexions qu'il a écrites ce dimanche matin.

Il reprend sa plume.

« *Ce concept de l'égalité est pleinement révolutionnaire* », recommence-t-il à écrire.

Mais à ce moment même, des bouffées d'une musique lointaine parviennent jusqu'à lui par rafales. Des bribes d'une musique entraînante. Léon Blum interrompt de nouveau son travail, subitement fébrile. Il jette sa plume, il se lève, il marche vers la fenêtre qu'il entrouvre.

Oui, de la musique, par bouffées martiales, lointaine. Une musique militaire, une musique de cirque ou de spectacle forain, polyphonique, avec des cuivres nombreux et des tambours : une musique guillerette, voilà à quoi ça ressemblait.

Léon Blum écoute ces flonflons, saisi d'une anxieuse curiosité.

Jusqu'en août 1944 — c'est-à-dire pendant plus d'un an — Léon Blum n'avait eu aucune idée précise de l'endroit où il se trouvait enfermé. Il savait que cette villa, isolée du monde extérieur, se trouvait quelque part dans la forêt de l'Ettersberg. Mais il ignorait la présence toute proche d'un camp de concentration. Il le dira lui-même, plus tard, après son retour de Buchenwald : «*C'est aussi la rigueur de cette clôture qui explique un fait à première vue incompréhensible, je veux dire notre ignorance si longtemps prolongée des horreurs indicibles qui se perpétraient à quelques centaines de mètres de nous. Le premier indice que nous en avons surpris est l'étrange odeur qui nous parvenait souvent le soir, par les fenêtres ouvertes, et qui nous obsédait la nuit tout entière quand le vent continuait à souffler dans la même direction : c'était l'odeur des fours crématoires.*»

L'odeur vespérale, odeur du printemps et de l'été, surtout, parvenait jusqu'aux prisonniers de la villa du Falkenhof, par les fenêtres ouvertes. Étrange odeur, fade, vaguement écœurante, douceâtrement nauséeuse, non identifiée au moment même par Blum et ses compagnons de détention, inquiétante pourtant, rabattue par le vent sur la forêt de l'Ettersberg. Odeur qui nous était, à nous qui savions ce qu'elle signifiait, devenue familière au cours des mois, des années. Odeur qui ne nous faisait plus tourner la tête, à laquelle nous nous étions habitués, comme on s'habitue à la promiscuité des latrines, à l'entassement sur les châlits — cinq ou six déportés, selon les baraques, sur l'espace déjà chichement prévu pour deux — aux coups de gueule et de *gummi* des petits chefs, au réveil à quatre heures du matin, à la faim et au sommeil permanents, que rien ne pouvait apaiser durablement : il y avait toujours de la faim et du sommeil en retard, du sommeil et de la faim à revendre ; aux appels interminables, les soirs de brimade collective, à l'impossibilité d'un instant de solitude ; comme on s'habitue à la mort des copains qui s'en vont en fumée, justement, provoquant cette odeur étrange et familière qui se mêle, dans le souvenir de ceux qui ont encore l'occasion de se souvenir, à l'odeur âcre du *machorka* et à celle de la merde dans les latrines du Petit Camp, pour composer cet étrange et familier parfum de la mort, à Buchenwald, avivé au printemps et en été, et pénétrant comme un message obscur par les fenêtres ouvertes de la villa de Blum, au Falkenhof, par toutes les fenêtres ouvertes à des kilomètres à la ronde : celles des fermes thuringeoises, celles des résidences campagnardes des bourgeois de Weimar, celle des églises et des chapelles de toutes les confessions chrétiennes, où l'on prierait Dieu, ce dimanche, dans l'odeur obsédante du crématoire.

Mais Léon Blum est auprès de la fenêtre. Il écoute ces flonflons de musique militaire, seul indice, avec ces bouffées d'odeur étrange, de l'inquiétante réalité du monde environnant.

Indices contradictoires, pourtant, cette musique, cette odeur. La musique, entraînante, martiale, faisait éclater dans le lointain ses flonflons d'allégresse.

L'odeur étrange, fade, pénétrante, suggérait tout autre chose, d'autres réalités. Souvent, au début de son emprisonnement au Falkenhof, auprès de la fenêtre ouverte, la nuit, ou à l'heure de midi, certains dimanches, Léon Blum avait essayé, dans l'inquiétude provoquée par ces signes lointains, ces messages obscurs, de percer le mystère de cette odeur fade, de cette musique apparemment entraînante.

Plus tard, après le bombardement des usines et des casernes de Buchenwald par l'aviation américaine, le 24 août 1944, une part de ce mystère avait été éclaircie. Des déportés avaient été affectés à des travaux urgents de réparation dans l'enceinte même des casernements *Totenkopf*. Léon Blum en avait aperçu qui circulaient autour de la palissade barbelée. Certains, même, avaient pénétré dans l'enclos proprement dit de la villa et il avait pu échanger, malgré la surveillance des SS, quelques paroles rapides avec des Belges et des Français. C'est ainsi que les premières nouvelles sur l'existence du camp étaient parvenues jusqu'à lui.

Auprès de la fenêtre entrouverte, aujourd'hui, en ce dimanche de décembre, Léon Blum écoute anxieusement les flonflons lointains des marches militaires. Frissonnant, il referme la fenêtre. Il revient jusqu'à sa table de travail. Il reprend la phrase abandonnée, il reprend sa réflexion sur l'égalité selon Platon, sur la formule de cette égalité : «À chacun son dû».

En allemand on aurait dit : *Jedem das Seine.*

C'est exactement la formule qui est inscrite, en lettres de fer-forgé, dans la grille d'entrée monumentale de Buchenwald. Il est vrai que Léon Blum n'a pas vu cette porte. Il n'a pas, comme Goethe, le privilège de l'immortalité, le don d'ubiquité. Il est vrai aussi qu'il n'aurait peut-être pas compris cette inscription, même s'il l'avait vue, car il ne connaît pas l'allemand. Léon Blum n'a jamais été doué pour les langues étrangères. Il l'a dit lui-même : c'est plutôt curieux, pour un Juif.

Un Juif, prisonnier d'exception au Falkenhof !

Je ne cessais de remuer cette idée dans ma tête tout en marchant aux côtés de Goethe.

Nous avions tourné le dos à l'entrée du camp de travail correctif, nous marchions lentement sur la grande avenue bordée de colonnes surmontées d'aigles germaniques, impériales. Le froid était toujours vif, mais le soleil brillait dans un ciel totalement dégagé, d'un bleu transparent, où se détachait, sur notre gauche, une fumée calme, d'un gris pâle et léger.

— Pensez-vous, Eckermann, me dit tout à coup mon maître et ami, qu'un homme politique comme le président Léon Blum puisse encore jouer un rôle dans l'Europe de l'après-guerre ?

— Je me posais justement cette question, Excellence, lui dis-je, sans y trouver de réponse pertinente.

Goethe m'adressa un sourire affectueux et complice.

— Je crois vous avoir déjà dit, mon cher Eckermann, quelles sont les conditions requises pour faire époque dans le monde !

— Oui, Excellence ! lui répondis-je. Vous m'avez exprimé votre opinion à ce sujet le 2 mai 1824, un dimanche comme aujourd'hui.

— 1824 ? Il y a déjà si longtemps ? Que vous ai-je dit ce jour-là, mon bon ?

— Vous m'avez dit, Excellence : *Pour faire époque dans le monde, deux choses, comme on le sait, sont nécessaires : la première, c'est d'être une bonne tête, et la seconde, de faire un grand héritage. Napoléon hérita de la Révolution française ; Frédéric le Grand, de la guerre de Silésie ; Luther, de l'obscurantisme de la prêtraille...*

— Ça suffit, Eckermann, ça suffit ! me dit Goethe en interrompant d'un geste mon rappel de sa pensée d'autrefois. Nul ne peut douter que Monsieur Blum ne soit une bonne tête, même s'il est tombé dans les égarements de l'exercice du pouvoir. Mais quel est son héritage ? Les réalisations sociales de son gouvernement, en 1936 ? Ce n'est pas là un héritage que lui-même et ses amis puissent revendiquer pour eux seuls. C'est un legs de la société française dans son ensemble et celle-ci incorporera définitivement ces réformes dans son avoir, quel que soit le système politique à venir, le futur rapport de forces au Parlement. Les congés payés, ce n'est pas avec cela que l'on fait époque dans le monde, mon bon ! Cela dit, quel pourrait être par ailleurs l'héritage de Monsieur Blum ? L'humanisme socialiste ? Ce n'est pas là non plus un grand héritage, ou plutôt, si, c'est un grand héritage, mais les héritiers putatifs en sont tellement nombreux et voudront en tirer profit pour des fins tellement discordantes qu'aucun d'entre eux ne pourra réellement le faire fructifier. L'humanisme socialiste, c'est un peu comme le bon sens de Monsieur Descartes : la chose du monde la mieux partagée. Les choses trop bien partagées n'ont pas de dynamisme interne, mon cher Eckermann ! Avez-vous déjà vu un peuple de petits paysans propriétaires de leurs parcelles faire époque dans le monde, bouleverser l'ordre des États et des empires ? Impensable ! Non, Monsieur Blum est une bonne tête, et j'attends beaucoup de ses réflexions sur l'histoire de ces dernières années, à laquelle il n'aura pas manqué de penser, dans sa retraite du Falkenhof. Mais il n'a pas de grand héritage, il ne fera pas époque dans le monde de l'après-guerre !

Goethe garda le silence et je n'essayai pas de relancer sa pensée. Je savais bien qu'il allait reprendre de lui-même le fil de son discours.

— Voyez-vous, Eckermann, poursuivit-il en effet, au bout de quelques minutes de silence méditatif, le grand héritage de cet après-guerre qui s'annonce, c'est le nationalisme. Il est aisé de s'apercevoir que nous ne sommes point encore sortis de l'ère inaugurée par la Révolution française, par la conception jacobine de la Nation et de la Politique. Bien sûr, il m'est assez facile, à moi qui ai vécu cette époque de la Révolution et toutes les époques qui en sont découlées, il m'est facile de comprendre cette donnée essentielle. Ce n'est pas peu de chose, d'avoir vécu près de deux siècles de l'histoire du monde ! Je n'y suis pour rien, bien entendu, c'est un don du ciel, mais libre à moi d'en tirer avantage. C'est là un aspect que Paul Valéry avait su déceler dans son *Discours en l'honneur de Goethe*, dont il faut reconnaître la perspicacité sur bien des points. Monsieur Valéry disait, vous vous en souviendrez : «Ce qui me frappe dans Goethe, avant toute chose, c'est cette vie fort longue» — et encore, il ne soupçonnait pas sa vraie durée ! — et il ajoutait plus loin : «Cette quantité de durée qui forme Goethe abonde en événements de première grandeur, et pendant cette longue présence, le monde lui offre à contempler, à méditer, à subir, et parfois à écarter de son esprit, un grand nombre de faits considérables, une catastrophe générale, la fin d'un Temps et le commencement d'un Temps». Eh bien, ce Temps que j'ai vu commencer et que la Révolution française inaugure, c'est le temps des nationalismes. Je sais bien à quel point cette affirmation tient du paradoxe, tout au moins en apparence. L'époque que nous venons de vivre n'est-elle pas, en effet, apparemment, l'époque des Internationales ? Nous en avons connu quatre. La Première, pourtant, est morte de sa belle mort, sans fleurs ni couronnes. La Deuxième n'a pas résisté à l'affrontement des nations lors de la guerre mondiale de 1914-1918. La Troisième a été dissoute, parce qu'elle n'était plus qu'une fiction, une gêne pour la politique nationale de la Russie, par le maréchal Staline lui-même, il n'y a guère plus d'un an. Et la Quatrième n'a pas été autre chose que l'invention romanesque de ce grand écrivain fourvoyé dans la politique — encore un ! — qu'était Monsieur Trotski. Non, l'époque des Internationales n'est point encore venue ! Il faut reconnaître que l'idée qui se trouve à la source de cette inspiration est simple et forte. Je dirai même qu'elle a l'ampleur des grandes évidences, mais l'histoire l'a prouvé à satiété : les idées fortes, les grandes évidences surgissent toujours prématurément, sous la forme éclatante des utopies. Je ne sais pas ce qu'il adviendra de cette pensée utopique du docteur Marx — encore un Allemand ! on nous retrouve partout, Eckermann, cela nous autorise à envisager l'avenir avec confiance ! — mais il est significatif que la théorie du docteur Marx, dès que ses disciples et sectateurs ont tenté de l'appliquer aux réalités concrètes et épaisses de l'histoire, a toujours achoppé sur la question nationale (sur la question paysanne, aussi, mais celle-ci est un aspect particulier de celle-là). En vérité, qu'est-ce donc que la Révolution des soviets ? Rien d'autre qu'une parenthèse confuse et violente, après laquelle l'histoire des nations a repris son cours. Qu'avons-nous en face de nous, aujourd'hui, sur les plaines de l'Est ? L'armée des soviets ou celle de la Russie ? Mais il n'y a pas à hésiter, mon bon ! L'armée des soviets a été défaite, elle s'est volatilisée au vent de la guerre. D'ailleurs, le maréchal Staline y avait déjà porté de rudes coups, au cours de ses grandes purges d'officiers, avant que le chancelier Hitler ne l'achève. C'est le fantôme de Souvorov qui se dresse devant nous, désormais, qui fait subir à nos armées le sort qu'ont connu celles de Napoléon ! Souvenez-vous, Eckermann, avec quel calme, quel détachement de l'esprit — je travaillais alors à une nouvelle version de ma *Théorie des couleurs* — j'ai assisté à toutes les péripéties des éphémères Républiques des Conseils en Saxe et en Bavière, dans les années 20 de ce siècle. D'autres s'affolaient, pensaient déjà que c'était la fin de notre civilisation. Fadaises que tout cela ! Le grand problème de l'époque, malgré les cris des idéologues, n'était pas celui de l'organisation internationale des Conseils, mais celui de la Nation allemande, humiliée, démantelée, déroutée par la défaite. C'est la Nation allemande qui a imposé ses solutions et c'est sur la Nation allemande que se sont brisées aussi bien les tentatives des vainqueurs de Versailles que celles des révolutionnaires maximalistes. C'est de cette certitude que je tirais mon détachement de l'époque. Avouez que je n'avais pas tort, Eckermann. Aujourd'hui, nous voyons les maximalistes être les premiers à brandir le drapeau national, à essayer de monopoliser l'esprit de patriotisme ! Non seulement le maréchal Staline a-t-il dissous de son propre chef la IIIe Internationale, mais encore — et considérez ceci, mon cher, comme une prédiction — le communisme n'aura-t-il marqué cette époque que dans la mesure où il aura servi à l'affirmation du fait national. Le communisme ne survit que parce qu'ayant tourné le dos à l'idée de la République universelle des soviets, grâce en particulier au réalisme du maréchal Staline, il est devenu un élément cristallisateur autour duquel se sont regroupées les vieilles nations de Russie et se regrouperont immanquablement les nations nouvelles, jusqu'ici sujettes ou colonisées. Paradoxe, n'est-ce pas, que le communisme ne joue un rôle historique que dans la mesure où il abandonne ses aspirations révolutionnaires originelles pour prendre en main la cause de la Nation, la cause d'une Nouvelle Bourgeoisie jacobine ! L'histoire est remplie de semblables paradoxes, il est vrai. Comme il est vrai aussi, ou du moins vraisemblable, que c'est l'idée de Nation qui fera éclater l'empire communiste, par essence multinational !

J'avais écouté les paroles de Goethe, bouleversé par le tourbillon d'idées fortes, de riches pensées qu'elles me transmettaient. Je demeurai silencieux lorsqu'il fit une pause dans son discours, essayant de graver dans ma mémoire tout ce qu'il venait de dire. Une nouvelle fois, je bénis le sort qui m'avait permis d'être le compagnon d'un si grand homme !

— Non, mon bon, ajouta Goethe, voyant que j'attendais impatiemment la suite de ses réflexions, l'idée forte de Monsieur Marx, son inspiration véritable, que ses sectateurs ont dû trahir pour assurer la survie de leur pouvoir, ne se trouve pas du côté de la Nation. De ce côté-là, non seulement les maximalistes restent enchaînés à la tradition jacobine, qui est par définition bourgeoise, mais encore se placent-ils à la remorque et à la merci de leurs adversaires, quels que soient les succès momentanés que puisse leur procurer leur enthousiasme actuel pour l'indépendance et la grandeur nationales. La Nation n'est pas l'affaire des travailleurs, c'est certain. La pensée de Monsieur Marx voulait tirer de cette évidence des conséquences positives, moi je n'y vois qu'une preuve des limitations objectives — et sans doute aussi culturelles — qui empêcheront pour longtemps encore les classes inférieures de jouer un rôle historique déterminant. L'idée forte du docteur Marx, c'était la critique de la société civile et de son anatomie, l'économie politique. Il s'inspira pour cette recherche des travaux entrepris par mon vieil ami, le professeur G W F Hegel. Mais il s'inspira aussi de la Dialectique du professeur, hélas ! Rappelez-moi, mon cher Eckermann, de mener à bien ce projet si longtemps différé d'un bref essai que je médite depuis des années sur les méfaits de la Dialectique...

Mais nous fûmes brusquement interrompus par l'éclatement martial d'une musique en fanfare, qui annonçait, nous le savions, la pause dominicale octroyée à tous les internés bénéficiant des conditions de vie, rigoureuses mais justes, du camp de travail correctif vers l'entrée duquel nous marchions de nouveau, dans le va-et-vient de notre promenade, et dont la devise avait ému Goethe, tout à l'heure : *Jedem das Seine* !

Voici Fernand Barizon.

Au moment précis où Léon Blum s'est remis à son travail, relisant la phrase qu'il venait d'écrire lorsque les flonflons d'une musique lointaine l'avaient interrompu : « Ce concept de l'égalité est pleinement révolutionnaire... » ; au moment où Goethe et Eckermann, surgis dans l'imagination nébuleuse du Narrateur, s'évanouissent à nouveau, laissant place aux cohortes bien réelles des kommandos extérieurs qui reviennent dans l'enceinte de l'enclos barbelé et électrifié du camp proprement dit ; à ce moment de midi où éclate en fanfare la musique de la *Lagerkappelle,* de l'orchestre du camp, qui déploie le faste sonore et tape-à-l'œil de ses cuivres et de ses uniformes chamarrés, à la porte d'entrée ; à ce moment de midi où les colonnes s'avancent au pas cadencé sur l'avenue des aigles, vers cette inscription, *Jedem das Seine,* qui les attend à la porte du camp et que personne ne remarque plus, puisqu'elle n'exprime que la banale égalité devant la mort qui est leur destin le plus probable, dont personne ne s'étonne plus, voici Fernand Barizon.

Il arrive avec la colonne serrée de la Gustloff, au pas cadencé sur la neige, surveillant d'un œil vif sous le sourcil noir ce salaud d'*Untersturmführer* SS qui se tient debout un peu plus loin, à sa place habituelle des dimanches, et que tout le monde connaît bien car il a la matraque facile.

Croyez-vous que Fernand se préoccupe de cette inscription dérisoire et merdique, *À chacun son dû,* qui s'étale sur le portail de Buchenwald ? Il en a vu d'autres, Barizon. Il a grandi dans un pays où sur tous les frontons des édifices publics — exception faite, pourtant, des édicules, on se demande pourquoi — s'étale insolemment l'inscription *Liberté, Égalité, Fraternité,* qui n'est pas mal non plus dans le genre dérisoire, dans le genre pâté de cheval et d'alouette — toute une semaine sous le pied du cheval, un dimanche pour le chant de l'alouette — alors, Barizon, il n'en a rien à foutre, du *Jedem das Seine.*

Sans doute, si Barizon avait eu l'occasion de connaître les réflexions que Léon Blum a notées à propos de l'égalité selon Platon, y trouverait-il à redire. D'abord, il faut toujours trouver à redire dans les réflexions d'un social-démocrate : c'est un vieux principe dont Barizon ne se départira pas aisément. Et puis, quoi qu'il en soit, et même sans discussion préalable avec l'Espagnol, Barizon ne lirait pas sans réagir certaines des phrases de Blum. Celle-ci, par exemple : « La justice, l'égalité consistent à maintenir la proportion entre la nature et la société et, par conséquent, à ne tolérer dans la société d'autres inégalités que celles qui sont l'expression des inégalités naturelles. » Suspecte, qu'il trouverait cette affirmation,

Fernand ! D'abord, les inégalités «naturelles», il ne sait pas très bien ce que cela veut dire, Barizon. Bien sûr, il y a dans la nature les sourds et les muets, voire les sourds-muets, et ceux qui ne le sont pas. Mais il y a tout un tas d'autres inégalités qui passent pour naturelles, qui sont devenues naturelles, et dont l'origine est pourtant sociale. Au même âge, dans une même classe, un fils de prolo a plus de mal à suivre certains cours qu'un fils de médecin ou d'avocat. Inégalité naturelle ou inégalité acquise, produite par la différence de milieu social ? Voyons, Léon, voyons : te fous pas de notre gueule ! Et puis, qui établira la proportion d'inégalités naturelles qu'il faut maintenir dans la société ? Et selon quels critères ? Qui détiendra le pouvoir de contrôle ?

Mais Barizon ne sait rien de ces délicates réflexions platoniciennes et patriciennes de Léon Blum. Il n'en aurait rien à foutre, par ailleurs. Il sait seulement qu'il faut essayer de passer sans prendre des coups, devant ce salaud d'*Untersturmführer* qui se tient tous les dimanches à la même place et qui matraque les détenus dont la tête ne lui revient pas. La meilleure solution pour éviter le SS est de se planquer au milieu de la colonne, qui s'avance sur l'avenue des aigles en rang par cinq. Mais aujourd'hui, distrait qu'il était au moment de la formation, dans la cour de l'usine, il s'est trouvé rejeté sur le bord extérieur de la colonne de marche de la Gustloff. Il va donc passer à quelques centimètres du sous-officier SS.

Il a déjà remarqué, Barizon, que ce type a un sadisme particulier. Il ne s'acharne pas sur les plus faibles, les plus traînards, les plus mal fringués. Au contraire, il s'en prend de préférence aux bien portants, aux planqués, aux resplendissants. Barizon a remarqué aussi que ce SS paraît se désintéresser complètement des Russes. D'habitude, pourtant, c'est sur les jeunes Russes que s'acharnent ses congénères, quand ils éprouvent le besoin de s'acharner sur quelqu'un. Mais pas celui-ci. Celui-ci, posté tous les dimanches à midi à la même place, ayant vraisemblablement quitté l'un des bâtiments administratifs de la garnison SS qui bordent l'avenue, ne s'intéresse pas du tout aux Russes. Il les laisse passer tranquillement. Il vise presque exclusivement les Occidentaux.

Voilà le problème de Fernand Barizon, à ce moment précis où Léon Blum écrit bien légèrement qu'il trouve révolutionnaire le concept platonicien de l'égalité : comment passer, alors qu'il répond à peu près aux critères qui engendrent la brusque et froide et brutale colère du SS, comment passer devant lui sans prendre de coups ? Faut-il se faire le plus petit possible, courber le dos, détourner le regard ? Faut-il avoir l'air le plus naturel du monde, comme si on n'avait fait que ça de toute son existence : travailler à la Gustloff comme un bagnard et croiser des types en uniforme qui ont sur vous le droit de vie ou de mort ? Faut-il passer, l'air de rien, comme si on sifflotait légèrement en rentrant du boulot, comme si le SS n'était rien d'autre qu'une espèce de flic de la circulation, posté là, sur l'avenue des aigles, comme il aurait pu être posté au carrefour des Quatre-Routes à La Courneuve ? Faut-il au contraire se redresser de toute sa taille, passer devant lui droit comme un *i* monté sur roulettes ?

Voilà le problème de Barizon qui s'en veut d'avoir oublié aujourd'hui de se planquer au milieu de la colonne, comme il fait d'habitude avec un art consommé, au moment où le kommando se met en rangs par cinq dans la cour de la Gustloff.

Mais c'est qu'il était distrait, Fernand, aujourd'hui. Il rêvait de Juliette, de sa virée en Bretagne avec Juliette, dix ans auparavant. Pourquoi étaient-ils allés en Bretagne, d'ailleurs ? Ils avaient décidé de partir ensemble, quelques jours, sur un coup de tête. Un coup de cœur, plutôt. D'accord, mais pourquoi en Bretagne ?

À Beaumont-du-Gâtinais, dans la ferme de ses grands-parents maternels, il y avait des collections de journaux illustrés qu'il avait feuilletés longuement, un été. Il avait huit ans. Il ne se souvient pas pour quelle raison il a passé tout l'été chez ses grands-parents maternels, cette année-là. Mais il feuilletait des illustrés, tout seul, dans une pièce sombre et fraîche, à l'arrière de la grande cuisine de la ferme. Un jour, sous une pile du *Petit Écho de la Mode*, publication qu'il épluchait soigneusement dans l'espoir d'y découvrir des silhouettes féminines plus ou moins dénudées, il a trouvé un petit volume vert, sans doute oublié là, ou égaré. C'était un Guide Joanne de la Bretagne, assez ancien déjà, puisqu'il datait de 1894. Mais le petit Fernand s'est plongé dans la lecture de ce guide avec ravissement. Bientôt, il en savait par cœur des pages entières. Il savait tout, non seulement sur la Bretagne de la fin du siècle précédent, mais aussi sur les itinéraires d'accès, les villes d'étape décrites dans le guide. Des années plus tard, il s'en souvenait encore. Ainsi, en Espagne, en 1938, s'était-il trouvé en patrouille avec un type de la XIV⁰ internationale, qui était de Chartres. Barizon lui avait parlé de la cathédrale avec une fougue et une précision qui avaient laissé l'autre pantois. Quand Fernand en était arrivé à l'évocation de la Vierge du Pilier qui se trouve à gauche du chœur, l'autre avait pris la mouche. Vexé, sans doute, qu'on lui fasse la leçon sur les beautés de sa propre ville natale, il avait lancé à Barizon une pointe politique : «Dis donc, Fernand, avait-il dit, pour un copain du parti, tu t'intéresses beaucoup aux églises !»

Mais il tombait mal, le chartreux. Ou chartrain, ou chartrouillard, ou chartricon, comment ça se dit, habitant de Chartres ? Il tombait mal, quoi qu'il en soit, parce que Barizon venait de lire une brochure du PCF contenant le rapport de Thorez au congrès d'Arles, tenu quelques semaines plus tôt. Certains aspects de ce rapport, disons-le entre nous, avaient un peu préoccupé Barizon. Il avait trouvé mince, par exemple, court d'idées et de force, un peu larmoyant de pacifisme, pour tout dire, le bref passage que Maurice avait consacré à l'Espagne dans son rapport. Car, exception faite des salutations émues et des vœux de victoire, qui étaient obligatoires mais insuffisants, l'essentiel de ce que disait Maurice tenait dans une phrase que Barizon n'avait pu lire sans un sursaut : «Il est encore temps d'épargner à la France et aux autres nations le sort malheureux du peuple espagnol.» Ça l'avait fait sursauter, Barizon. Sort malheureux ? Se lever en armes contre un coup d'État fasciste et renverser le cours du destin était un sort malheureux ? Même si l'issue de la guerre n'était pas favorable aux forces populaires — Barizon commençait à avoir de sérieux doutes sur la possibilité d'une victoire — qu'aurait-on pu faire d'autre ? Capituler devant le fascisme pour éviter les malheurs de la guerre ? Non, ce «sort malheureux» lui était resté en travers de la gorge, à Barizon. Mais il ne s'agissait pas de cela, pour l'instant. Il s'agissait de river son clou à ce chartreux de mes deux. «Et toi, répliqua Barizon, pour un membre du parti, tu ne t'intéresses pas assez aux discours de notre secrétaire général !» D'habitude, Barizon n'était pas si solennel. Il disait Maurice, plutôt que secrétaire général. Mais c'était moins impressionnant, Maurice. La preuve : l'autre le fixait, l'œil inquiet. Barizon poursuivit, inflexible : «Tu devrais lire le rapport d'Arles, vieux, à propos de notre respect, de notre fidélité, à nous communistes, des traditions nationales. Et la cathédrale de Chartres, c'est une tradition nationale, t'es pas d'accord ?»

Le chartreux, il n'avait plus rien dit.

Mais cet épisode prend place quelques années après la virée en Bretagne, avec Juliette. Et c'est de la virée en Bretagne qu'il s'est souvenu, ce matin comme tant d'autres matins, Fernand, au moment où le kommando de la Gustloff se mettait en rangs par cinq pour rentrer au camp, au pas cadencé, sur la neige de l'avenue des aigles.

Le petit Fernand, donc, en cet été lointain du Gâtinais, avait plongé dans les délices des voyages imaginaires. Il avait fini par tout savoir sur la Bretagne, du moins sur la Bretagne de la fin du XIXe siècle. Mais ce savoir anachronique n'avait pas manqué de lui poser quelques problèmes, en 1934. Ainsi, au Pouliguen, lorsqu'il était descendu avec Juliette à l'hôtel des Étrangers — choisi parce qu'une phrase du Guide Joanne s'était gravée dans sa mémoire, qui proclamait que ledit établissement avait «une sonnerie électrique dans toutes les chambres» — Barizon avait provoqué un curieux remous parmi le personnel, lorsqu'il avait négligemment demandé des nouvelles de Madame veuve Le Breton, qui tenait l'hôtel en 1894, toujours selon le petit volume vert qui avait fait le bonheur de son imagination enfantine. Il semblait bien, c'est tout au moins la conclusion que Femand et Juliette avaient tirée des conciliabules et messes basses alarmées que l'innocente question avait suscités, que le nom de cette veuve évoquait des événements troublants, quoique lointains et confus. En tout cas, au cours des vingt-quatre heures que Fernand et Juliette passèrent dans cet hôtel, ils furent entourés d'un respect quelque peu méfiant, peut-être même craintif. Après cette expérience, Juliette décida qu'il serait désormais inopportun de citer les noms que le Guide Joanne perpétuait, pour s'en recommander auprès des successeurs à la direction ou à la gérance des établissements hôteliers fréquentés au fil de leur folle virée.

Dans la cour de la Gustloff, donc, ce matin-là, Fernand Barizon s'était souvenu de ce Guide Joanne. Il s'était souvenu des fous rires que l'épisode de Madame veuve Le Breton avait suscités chez Juliette, fous rires dont il avait d'ailleurs largement profité, car Juliette n'était jamais aussi libertine et fougueuse dans les jeux et joutes de l'amour qu'aux moments de gaieté débridée. Il avait pensé qu'il faudrait raconter à l'Espagnol l'histoire du Guide Joanne. L'Espagnol savait à peu près tout sur Juliette, mais il ne savait rien sur le Guide Joanne. C'est une histoire qu'il n'avait pas encore racontée à l'Espagnol et Barizon était convaincu qu'elle l'amuserait.

Quoi qu'il en soit, distrait par tous ces souvenirs, Ferand Barizon s'était laissé aligner tout à l'heure sur la rangée extérieure de la colonne du kommando. Quand il s'en était aperçu, il était trop tard pour changer de place. Voici pourquoi, à présent, sur l'avenue des aigles, Barizon se demande quelle attitude adopter en passant devant le sous-off SS, pour essayer d'éviter les coups de matraque que celui-ci prodigue tous les dimanches, selon des critères qui lui sont personnels.

Il n'empêche que le souvenir du Guide Joanne l'a de nouveau fait rire, aujourd'hui. Il faut absolument qu'il en parle à l'Espagnol, après la soupe.

Mais ce n'est pas ce jour-là, ce dimanche-là, que Barizon a parlé à l'Espagnol du Guide Joanne de la Bretagne. C'est beaucoup plus tard, des années plus tard. Vingt ans après, exactement. Ce n'est même pas en 1960, en effet, au cours de ce voyage dont il sera encore question, avec des haltes à Nantua, Genève, Zurich et plusieurs lieux imaginaires : des lieux de la mémoire. Pourtant, à Nantua, ils avaient parlé de Juliette. Peut-être en avaient-ils reparlé à Genève et à Zurich, ce n'est pas impossible. Sur le lac de Zurich, ils avaient parlé de beaucoup de choses, en vrac, dans le désordre un peu haletant des déballages et des mises au point. Sur le bateau qui faisait le tour du lac de Zurich, ils avaient parlé des Russes, par exemple. Pas seulement ni même principalement des Russes de Buchenwald, non, des Russes d'URSS.

— C'est le dernier peuple chrétien de l'univers, avait dit l'Espagnol à Barizon. Un peuple à la résignation infinie, insondable, entrecoupée de brusques révoltes aveugles. De moins en moins de révoltes, d'ailleurs. Et n'oublie pas, Fernand, que «chrétien» et «paysan» ça a la même racine, en russe. Tu n'as jamais été là-bas ? Eh bien, tout ce que nous avons proclamé à grands cris, pendant des décennies, sur les plans quinquennaux, sur l'industrialisation, c'est faux ! Tout au moins partiel. De la façade, surtout. Le socialisme, avait dit Lénine, c'est les soviets plus l'électrification. Il n'y a plus de soviets et à peine d'électrification, du moins si tu prends ce terme pour le symbole d'une vraie modernité. En URSS, la modernité c'est superficiel, elle n'investit que certains secteurs de pointe, liés fondamentalement à la recherche spatiale et à l'industrie militaire. En profondeur, le stalinisme ç'a été la liquidation des soviets et la capitulation devant les valeurs anciennes, ancestrales, de la paysannerie. Tu me diras que c'est un foutu paradoxe, encore mon goût pour les formules brillantes et briquées. D'accord, le stalinisme c'est d'abord l'extermination des paysans, mais c'est précisément l'extermination de la fraction moderne, capitaliste au sens historique du terme, dynamique, de la paysannerie. À la campagne, c'est le kolkhoze qui représente l'arriération, ce n'est pas l'entreprise agricole capitaliste. Mais c'est un autre problème ! Les Russes, Fernand, c'est les derniers chrétiens. Et puis non, même pas ! Ce n'est même pas un peuple chrétien mais un peuple christianisé, si tu vois ce que je veux dire !

Barizon voyait très bien. Il voyait que l'Espagnol était parti, une fois de plus, dans l'une de ses improvisations. C'est étrange ce que ce mec avait peu changé, malgré les années passées, les cheveux blancs et l'expérience. Il avait donc laissé passer l'orage, Barizon, pour poser ensuite des questions concrètes.

En 1960, en tout cas, l'Espagnol avait parlé à Barizon de plein de choses, sur le bateau qui faisait le tour du lac de Zurich.

Il lui avait parlé de la rencontre fortuite de Viatcheslav Mikhaïlovitch Molotov dans les couloirs de la polyclinique du Kremlin. C'était en 1958, l'été. L'Espagnol était là avec sa femme. Ils devaient passer une visite médicale, obligatoire, avant de partir en vacances à Sotchi. Brusquement, alors qu'ils attendaient le résultat de quelque analyse ou radioscopie, un remue-ménage s'est fait. Des portes ont claqué, des bureaux se sont vidés sur le couloir central de cette polyclinique réservée aux sommités de la bureaucratie politique soviétique et aux nobles hôtes étrangers. Des docteurs et des infirmières, blouses blanches flottant autour d'eux, se lançaient vers l'entrée de ce couloir dans une course éperdue. Or, dans ce couloir où l'Espagnol et sa femme attendaient, sagement assis sur un banc, s'avançait la cause de tout ce brouhaha : un petit homme à moustache grisonnante, lunettes à monture d'acier et teint incroyablement terne et gris, immédiatement reconnaissable. C'était Molotov. Et docteurs et infirmières de se précipiter sur lui pour lui serrer la main, pour toucher ses vêtements, pour l'interpeller par ses prénom et patronyme. Viatcheslav Mikhaïlovitch ! Deux ans à peine s'étaient écoulés depuis le XXe congrès du PCUS. Un an depuis que Khrouchtchev avait écarté Molotov du pouvoir, avec la bande des quatre — Molotov lui-même, plus Malenkov, Kaganovitch et Vorochilov — à laquelle s'était joint Chepilov, selon la formule consacrée. Tout le monde savait que dans cette lutte pour le pouvoir suprême, Molotov représentait les éléments les plus rétrogrades de la bureaucratie soviétique, qu'il était le symbole du maintien du stalinisme sous d'autres formes. Et pourtant, docteurs et infirmières de cette clinique du Kremlin, sur le personnel de laquelle s'était abattue l'une des dernières rafales de la terreur de Staline, celle du «complot des blouses blanches», précisément, se précipitaient sur Viatcheslav Mikhaïlovitch pour le féliciter, pour lui toucher la main, avec une ferveur sincère et monstrueuse, monstrueuse parce que visiblement sincère. Le petit homme au visage gris, à la moustache grise, au regard gris, au complet gris, le petit bureaucrate de la mort était passé devant l'Espagnol et sa femme, qui n'avaient pas bougé, figés dans un même sentiment d'incrédulité horrifiée dont ils parleraient plus tard, entre eux, vérifiant qu'ils avaient une fois de plus réagi à l'unisson. Viatcheslav Mikhaïlovitch Molotov, fonctionnaire terne de la Terreur auprès de qui les criminels de guerre nazis, la plupart d'entre eux tout au moins, ne pouvaient passer que pour des apprentis, et même des apprentis sorciers, puisqu'ils étaient tombés du côté des vaincus, du mauvais côté de l'histoire, était donc passé devant eux, souriant à droite et à gauche, se laissant cajoler par cette ferveur servile et misérable, et il avait jeté sur ce couple assis sur le banc un regard bref et perçant un regard de glace sur ces inconnus qui n'étaient pas là de son temps, qui n'étaient pas de son temps. Et l'Espagnol, alors, dans une sorte de vertige écœuré, dans une sorte d'écœurement vertigineux, j'avais rêvé, moi, que Staline lui-même pourrait un jour réapparaître dans les couloirs du Kremlin, marchant de son pas lourd et lent, la main glissée entre deux boutons de sa vareuse militaire, marchant vers son bureau pour reprendre toutes choses en son pouvoir.

Quoi qu'il en soit, j'avais parlé de bien des choses, sur le lac de Zurich, avec Barizon. De ma rencontre fortuite avec Molotov, deux ans auparavant, et de celle, pas du tout fortuite, avec Souslov, en cette même année 1960. Mais Barizon ne m'avait rien dit, cette fois-là, du Guide Joanne de la Bretagne. Ce n'est que quatre ans plus tard, en 1964, à la sortie de la Mutualité, la dernière fois que nous nous sommes vus, que Fernand Barizon m'a parlé de ce guide dont il pouvait encore réciter des pages entières. Un jour, bien après tout ça, après tous ces voyages, après toute cette mémoire, un jour de juin d'une luminosité vivace et profonde, sur la place de Fouesnant, je me suis rappelé la voix de Barizon lorsqu'il me parlait dans un café près de la Mutualité. Il me racontait cette histoire du Guide Joanne et il en disait une phrase par cœur. Pourquoi celle-là ? Pour rien, au hasard, mais c'était celle-là : «À gauche, chemin de Fouesnant, chef-lieu de canton de 2 776 habitants — église du XIIIe siècle — célèbre dans tout le Finistère pour la beauté et la coquetterie de ses femmes...» J'étais sur la place de Fouesnant, devant l'église du XIIIe, et je me souvenais de Fernand Barizon. Finalement, ils n'étaient pas allés à Fouesnant, Juliette et lui. Non pas que la jeune femme eût fait une crise de jalousie hypothétique et prévoyante, après avoir lu cette phrase sur la beauté et la coquetterie réputées des femmes de Fouesnant, mais tout simplement parce qu'ils n'avaient plus un sou et qu'il fallait rentrer à Paris. J'étais à Fouesnant, donc, et je me répétais cette phrase du Guide Joanne dont je ne puis, bien sûr, garantir l'authenticité, mais la textualité : autrement dit, je peux garantir que Fernand me l'a bien récitée ainsi, en 1964.

Mais nous sommes vingt ans avant, un dimanche, à Buchenwald.

Je suis dans le bureau de l'*Arbeitsstatistik*, l'appel de midi est commencé. Nous en suivons le déroulement par le haut-parleur. L'un de nos privilèges en effet, et ce n'est pas peu de chose, nous permet de rester sur le lieu même de notre travail. Le sous-officier SS est déjà venu ; il nous a comptés, le compte était bon, il est reparti donner au *Rapportführer* le chiffre total des détenus qui peuvent comme nous rester sur les lieux de travail. Nous n'avons plus qu'à attendre que l'appel général soit terminé, avant de nous précipiter au block pour la distribution de la soupe aux nouilles dominicale. Ou plutôt, vont se précipiter ceux qui, comme Daniel et moi, n'ont que la ration quotidienne et ordinaire pour subsister. Les autres, les vrais privilégiés, les *Prominente*, n'ont nul besoin de se précipiter. Ou bien le chef de block fera garder leur ration de soupe, ou bien ils ne se dérangeront même pas pour la toucher et ils la donneront à d'autres privilégiés un peu moins privilégiés qu'eux-mêmes.

Je suis assis à ma place, devant les rangées du fichier central. Je ne fais rien, je suis vide et vague. Je ne lis même pas l'hebdomadaire *Das Reich,* que quelqu'un vient de me passer. J'attends simplement que la voix du *Rapportführer* hurle dans le haut-parleur l'annonce de la fin de l'appel. Je regarde distraitement la cheminée du crématoire, je constate que la fumée grise et légère du début de la matinée est devenue plus épaisse.

À ce moment je vois Jiri Zak. Il est venu parler avec son copain Josef Frank, sans doute. Jiri Zak est un jeune communiste tchèque, il travaille à la *Schreibstube.* Il est calme, pondéré, jamais un mot plus haut que l'autre. Il a un regard vif, derrière ses lunettes cerclées d'acier. Oui, voilà, il s'est assis à côté de Frank, juste devant moi, de l'autre côté du fichier de la main-d'œuvre. Il me voit, il me fait un geste de la main. Frank se retourne, il me fait aussi un petit signe de connivence.

Le soleil de midi effleure les vitres, de l'autre côté de la baraque, du côté de la place d'appel et du crématoire.

Des années plus tard, j'étais à Prague, à la Galerie nationale, devant un tableau de Renoir. C'était en 1960. L'avant-veille, j'avais fait le tour du lac de Zurich avec Fernand Barizon.

Curieusement, cette jeune femme de Renoir, cette longue contemplation méditative sont les seuls souvenirs que je garde de ce voyage à Prague. J'ai oublié pourquoi j'étais à Prague, quelle était la raison de ce voyage urgent. Je ne sais même plus si je suis resté à Prague ou bien si Prague n'a été qu'une étape. En tout cas, je suis certain de ne pas être allé à Moscou, lors de ce voyage-là. Je n'ai été que trois fois à Moscou, de toute ma vie : en 1958, pour des vacances, l'été ; en 1959, encore en été, pour une réunion de travail d'une semaine, dans les environs de Moscou, à Ouspenskoïe ; et une dernière fois, toujours en été, toujours pour des vacances, en cette même année 1960, quelques mois avant mon voyage avec Barizon.

Mais peut-être suis-je allé à Berlin-Est ? Ou à Bucarest ?

Quoi qu'il en soit, cette image se détache, entourée de nuit, d'un néant confus : je suis devant un tableau de Renoir, à la Galerie nationale, dans l'une des salles du palais Sternberk, à l'intérieur de l'enceinte du château de Prague. Je connais bien ce musée, j'y suis déjà venu souvent. C'est même dans l'une des salles de ce musée que j'ai vu pour la première fois des toiles de Daubigny. Si je me souviens bien, c'est un peintre de l'école de Barbizon. À Paris, j'avais habité rue Daubigny, à une certaine époque. Mais c'est seulement à Prague que j'ai vu des toiles de ce peintre. Plus tard, j'avais habité rue Félix-Ziem, qui était également un peintre. Mais il n'y avait pas de toiles de Félix Ziem au musée de Prague. Il y avait ce portrait de jeune femme, par Renoir, et j'étais devant ce portrait, immobile. Tout le reste, il faudrait que je l'imagine.

À Prague, j'ai toujours habité les mêmes endroits. Je pouvais donc imaginer sans difficulté mes itinéraires jusqu'au palais Sternberk.

Si j'avais habité, cette fois-là, l'une des villas du quartier résidentiel moderne, au sud du Hradcany — et peut-être même, comme cela m'était déjà arrivé plusieurs fois, la villa Cepiska, du nom d'un gendre de Gottwald dont c'était la somptueuse résidence personnelle avant qu'il ne fût tombé en disgrâce, villa que l'on mit ensuite, lorsqu'il en eut été chassé (et peut-être pour effacer par ce simulacre d'internationalisme le péché de son utilisation précédente) à la disposition des dirigeants des partis frères — je serais arrivé dans l'enceinte du Hradcany par le pont qui mène directement à la cour où se trouve la salle espagnole.

Mais je suis certain qu'il n'y a pas eu de réunion de la direction du PCE à Prague, à l'automne 1960, qui aurait justifié mon installation à la villa Cepiska, j'en suis tout à fait certain.

J'ai donc dû être logé tout simplement à l'hôtel réservé aux hôtes du parti tchèque, l'ancien hôtel Steiner qui se trouvait au cœur de la ville, non loin de la Tour poudrière. Mais le nom de l'hôtel, Grand Hôtel Steiner, n'était plus apparent. C'était un hôtel sans nom. On l'appelait pourtant entre nous l'Hôtel Praga, pour la commodité de la communication, mais cette appellation aurait pu déconcerter les personnes non prévenues, car il existait bel et bien dans la ville un autre hôtel du même nom. L'établissement qui s'appelait vraiment ainsi, qui portait ouvertement et officiellement ce nom, Hôtel Praga, n'était pourtant qu'un leurre auquel se laissaient sans doute prendre les touristes, les non-initiés. Il suffisait, en effet, de dire à un agent des forces de l'ordre qu'on habitait l'hôtel Praga, il suffisait tout au moins de le dire d'une certaine façon, pour que ce fonctionnaire ou factionnaire comprît aussitôt qu'on voulait parler du véritable hôtel Praga, de celui qui n'avait pas de nom et dont l'existence irréelle, du moins secrète, était protégée par la vraie existence du faux hôtel Praga, celui que tout un chacun aurait pu, le cas échéant, visiter.

En tout cas, j'aurais dû traverser la Vieille Ville et le pont Charles, pour gagner les rues en pente de la Malà Strana qui mènent aux terrasses du Hradcany, si j'avais quitté l'ancien hôtel Steiner — qu'il ne fallait surtout pas appeler ainsi, même si tel était son dernier vrai nom, car on aurait plongé quiconque l'eût entendu nommer de cette façon dans une stupeur soupçonneuse, alors que le fait de l'appeler hôtel Praga, c'est-à-dire, de lui donner manifestement un faux nom, n'aurait provoqué, dans le pire des cas, qu'un quiproquo passager, sans conséquences fâcheuses — si j'avais donc quitté l'hôtel anonyme réservé aux hôtes du parti, j'aurais parcouru l'itinéraire susdit pour parvenir au palais Sternberk.

Mais je ne me souviens de rien.

Je me souviens seulement du tableau de Renoir, du bonheur éclatant de vivre de cette jeune femme rieuse et potelée. Je me souviens de l'odeur d'encaustique de la Galerie nationale, du craquement d'une lame de parquet, vraisemblablement sous les pas d'un visiteur dont je devinais le déplacement feutré derrière moi. Je me souviens d'une branche d'arbre dépouillée qui s'encadrait dans une fenêtre. Je me souviens de mon émotion nostalgique devant cette jeune femme rieuse et mordorée peinte par Renoir. Je me souviens du mouvement de son cou, du pli d'un tissu sur son épaule, de la blancheur de l'épaule devinée, de la ferme rondeur du sein sous ce tissu. Je me souviens, avec un battement de cœur, une moiteur de mes paumes, de l'idée qui m'était subitement venue, devant cette toile de Renoir, que Milena avait sans doute dû la contempler. Je me souviens du souvenir de Milena Jesenska, brusquement réapparu, ce jour-là, en 1960. Je me souviens du tremblement qui me gagnait à l'idée que Milena avait sans doute dû se trouver plus d'une fois à cette même place, immobile, debout, à contempler la toile de Renoir. Je me souviens d'un souvenir scintillant de neige tourbillonnant à la lumière des projecteurs, souvenir poignant que venait de faire éclater comme un feu glacé le souvenir de Milena elle-même : Milena Jesenska morte dans un camp de concentration à Ravensbrück. Je me souviens de ce souvenir de neige tombant sur les cendres de Milena Jesenska, alors que je contemplais une toile de Renoir. Je me souviens de la beauté de Milena Jesenska dispersée par le vent, dans la fumée du crématoire. Je me souviens du regard vivant de cette jeune femme de Renoir qui avait contemplé, trente ans auparavant, le regard de Milena la contemplant. Je me souviens du regard de cette jeune femme éternellement vivante contemplant le visage de cette jeune future morte, Milena Jesenska, jeune et altière, cambrée, regardant la toile de Renoir, il y avait longtemps, et devenant sans le savoir, sous l'œil vivant de la jeune femme peinte, irréelle, aussi légère qu'une fumée de crématoire dans le paysage désolé où se dresseraient les baraques des camps. Je me souviens du souvenir du visage de Milena s'en allant en fumée, s'estompant au gré du vent. Je me souviens du souvenir d'un dimanche de Buchenwald surgi au sein du souvenir de Milena, devant un tableau de Renoir. Je me souviens d'un souvenir évanescent de moi-même dans le souvenir de Milena, comme si c'était elle qui avait rêvé, un dimanche de Ravensbrück, la visite que je ferais vingt ans plus tard au palais Sternberk, pour y contempler cette toile de Renoir qu'elle connaissait sans doute. Je me souviens d'un rêve de Milena rêvant mon existence. Je me souviens que je m'étais souvenu des dimanches de Buchenwald et du visage de Josef Frank tourné vers moi, auréolé brièvement par un scintillement du soleil sur les vitres de la baraque, de l'autre côté, du côté du crématoire.

L'avant-veille, j'avais fait le tour du lac de Zurich avec Fernand Barizon.

— Gérard, le fameux rapport secret, c'est vrai ou ce n'est pas vrai ?

C'est en face du village de Wädenswil que Barizon m'avait brusquement posé cette question.

— Tu veux dire, lui dis-je, le rapport «attribué à Khrouchtchev» ?

Mais il n'a pas envie de plaisanter, Fernand.

— C'est vrai ou ce n'est pas vrai, Gérard ? a-t-il dit d'un ton sec.

J'ai hoché la tête, affirmativement.

J'étais sur la place de la Cybèle, à Madrid, quatre ans auparavant, en juin 1956. Il était cinq heures du matin.

J'avais demandé au chauffeur de taxi de me laisser place de la Cybèle, devant le bâtiment de la Poste centrale. J'ai payé, j'ai laissé partir le taxi. Le soleil de juin se levait sur Madrid. J'ai commencé à marcher. Je regagnais mon domicile, ce n'était pas tout près. Mais j'avais pris cette habitude, depuis trois ans, d'arrêter les taxis assez loin de mes domiciles clandestins. Je rentrais à pied, en faisant des détours, en m'arrêtant parfois au comptoir d'un café, pour m'assurer que je n'étais pas suivi. Je n'y pensais plus, je faisais tout cela machinalement, sans préméditation.

Nul autre que moi dans le paysage urbain, la place était déserte. J'étais seul avec la déesse Cybèle. Elle était sur son char, au milieu de la place, entourée d'un bassin où jaillissait l'eau des fontaines.

Soudain, dans le silence de cette aube de juin, il m'a semblé entendre le bruit de l'eau. Le bruissement de l'eau des fontaines, autour de la statue de la Cybèle. Je me suis arrêté, le cœur battant. Un souvenir m'était revenu, qui concernait cette place, cette fontaine, ma vie. J'avais déjà entendu ce murmure d'eaux vives, autrefois. Il y avait bien longtemps.

C'était un souvenir d'enfance.

Il y avait eu du silence, comme aujourd'hui. Mais ce n'était pas une aube de juin, c'était un après-midi d'octobre, en 1934. Ce n'était pas le silence du petit matin qui m'avait permis, alors, d'entendre le murmure bruissant des fontaines. C'était un silence plus lourd. Un silence de mort, comme on dit. Pour une fois, c'était littéralement vrai. C'était un silence de mort, autrefois, après le vacarme des armes automatiques. Un cadavre était resté sur la place. Un homme vêtu d'un bleu de travail, fauché par les rafales de la garde civile. L'une de ses espadrilles avait roulé au loin, lors de sa chute.

Dans ce silence de mort, d'octobre 1934, j'avais déjà entendu le murmure des fontaines qui entourent le char de la déesse Cybèle, à Madrid.

Mais je ne vais pas raconter par le menu ce souvenir d'enfance.

Vingt-deux ans après, en juin 1956, ce souvenir a glissé comme un nuage léger dans le ciel de juin. Je ne l'ai pas retenu. J'ai laissé s'évanouir ce souvenir évanescent qui ne posait aucun problème. Les bons étaient du bon côté, les méchants du mauvais, dans ce souvenir. D'un côté les bourreaux, de l'autre les victimes. D'un côté les flics, de l'autre le prolétaire. Laissons-le donc s'évanouir à nouveau, puisqu'il ne pose aucun problème, aucune question. C'est un souvenir muet, laissons-le à son mutisme. Il y sera au chaud, pour le cas où, le cas échéant.

Vingt-deux ans après, lorsque j'ai regardé partir le taxi, place de la Cybèle, *Le Monde* avait fini de publier depuis deux jours le texte du rapport secret de Khrouchtchev au XXᵉ congrès du PCUS. Soir après soir, à Madrid, j'avais lu ce rapport, je m'étais plongé dans cette lecture, chez un camarade qui était abonné au quotidien parisien. Pas une seconde je n'avais mis en doute sa véracité. Pas une seconde je n'avais essayé de cacher aux cadres du PCE qui m'entouraient dans le travail clandestin cette vérité barbare qui éclatait.

Il est de bon ton, aujourd'hui, même dans les partis communistes qui ont nié farouchement, à l'époque, l'existence de ce rapport «attribué à Khrouchtchev» par l'impérialisme, par l'ennemi de classe, par Dieu sait qui, il est de bon ton, donc, d'en souligner les criantes insuffisances. D'un point de vue marxiste, nous dit-on aujourd'hui doctement, il est clair que le rapport secret de Khrouchtchev était nettement insuffisant. Ainsi, d'abord non existant, ce foutu rapport a fini par devenir non marxiste, ce qui est l'une des catégories les plus sournoises du non-être, tout au moins du non-être théorique.

Mais pourquoi le rapport secret de Khrouchtchev aurait-il dû être marxiste ? C'est quoi, le marxisme ? Si j'en crois les textes qui se réclament aujourd'hui du marxisme, et quelles que soient les contradictions entre les diverses interprétations de la Doctrine, le marxisme semble être — celui de Brejnev comme celui de Linhart, celui de Deng Ziaoping comme celui d'Althusser, celui de Lecourt comme celui de Marchais — une activité idéologique dont la fonction essentielle consisterait à produire des concepts capables d'occulter la réalité, de mythifier l'histoire, d'escamoter le grossier impact des faits historiques. Le marxisme semble réduit à n'être plus que l'art et la manière de justifier le cours des choses.

Les seuls pays où le marxisme est encore un instrument de recherche et de connaissance théorique sont ceux où il n'y a pas de parti communiste, tout au moins pas de PC important. Comme si la théorie marxiste était désormais incompatible avec les exigences d'une pratique communiste de masse, ce qui est la négation même du projet marxien originaire. En somme, il semble bien que le marxisme n'existe comme théorie que là où il n'inspire aucune pratique réelle, sur le plan social et politique. Il n'y a plus de marxisme possible que dans la négation des présupposés du marxisme.

On peut donc reprendre la question déjà posée : si le marxisme est ce cloaque académique que nous connaissons, cette misérable fumerie d'opium idéologique, ce carnaval de concepts, pourquoi le rapport secret de Khrouchtchev aurait-il dû être marxiste ?

Ne suffisait-il pas qu'il fût vrai ?

Pas une seconde je n'avais douté de la véracité de ce rapport.

C'était le mois de juin, le soleil se levait sur Madrid. Au milieu de la place, dans un bassin où bruissait l'eau des fontaines, la déesse Cybèle se tenait sur un char traîné par deux lions.

Il y a des moments dans la vie où la vérité vous saisit brutalement, dans une bousculade des idées reçues, des sentiments établis. Un éclair illumine votre paysage intime, votre univers mental : tout est changé. La vérité se dévoile, subitement. C'est une sorte de coup de foudre idéologique. Mais il y a aussi des moments de plénitude où la vérité ne tonne pas comme le tonnerre, ne vous foudroie pas comme la foudre. Elle se déploie comme la lumière de l'aube, qui était déjà là, avant, dans la nuit. Elle éclôt comme une fleur, elle mûrit comme un fruit, qui étaient déjà là avant, la fleur dans le bouton — *die Knospe* ! — le fruit dans la fleur.

Cette aube de juin-là, en 1956, place de la Cybèle, à Madrid, fut l'un de ces derniers moments.

Sans doute les sortilèges du lieu n'étaient-ils pas étrangers à ce sentiment de plénitude. J'étais dans un paysage de mon enfance, sans doute.

Vingt-deux ans auparavant, dans le soleil déclinant d'un après-midi d'octobre, un homme avait essayé de traverser cette place en courant. On n'entendait pas le bruit de sa course, car il était chaussé d'espadrilles. L'homme, vêtu d'un bleu de travail, essayait de s'enfuir. Était-ce à cause du soleil d'automne qui dorait les vieilles pierres ? Ou bien à cause de la beauté policée, à peine baroque, du décor de cette place ? Le fait est que la scène n'avait rien de tragique, à première vue. Un homme de petite taille, vêtu d'un bleu de travail, s'enfuyait au travers de la place de la Cybèle, à courtes enjambées précipitées. Harold Lloyd ou Harry Langdon auraient couru de même, dans le défilement saccadé des images du cinématographe. Puis une camionnette de la garde civile est apparue à l'orée de la rue Alcala, au coin du palais Godoy. C'était un véhicule découvert et les gardes se tenaient debout sur la plate-forme, accrochés aux ridelles. Ils ont commencé à tirer sur la silhouette du petit homme en bleu qui s'enfuyait. Aux premiers coups de feu tirés en rafale, tous les pigeons habituellement posés sur les épaules de la déesse Cybèle, sur ses mains, sur les crinières de ses lions, tous les pigeons se sont envolés d'un seul coup. Ensuite, l'homme a trébuché, atteint sans doute par une première balle. Il a parcouru encore quelques mètres, peut-être sur sa lancée, mais d'une démarche boitillante, curieusement déhanchée, car il avait perdu l'une de ses espadrilles que l'on avait vue rouler au loin. Puis l'homme s'est abattu après une seconde rafale. Il n'était plus qu'un petit tas misérable de vêtements bleus dans le décor immense de la place.

Alors le silence est retombé sur la place de la Cybèle, sur la déesse Cybèle, sur le char de Cybèle traîné par deux lions et entouré des jets d'eau des fontaines. Dans un bruissement feutré d'ailes, les pigeons sont revenus à leurs lieux habituels.

Et c'est à cet instant, aussitôt après le froissement de l'air transparent par les dizaines d'ailes battantes des pigeons, que l'on a pu entendre la rumeur de l'eau jaillissante, autour de la déesse Cybèle.

Vingt-deux ans après, au mois de juin 1956, après que le taxi eut disparu, dans la fraîcheur de l'aube, j'ai de nouveau entendu la rumeur immémoriale des fontaines.

J'étais au centre de la ville de mon enfance, au centre de moi-même. J'étais debout au milieu de ma vie, me semblait-il.

Depuis deux jours, *Le Monde* avait fini de publier ce roman-feuilleton sur la vérité du stalinisme qu'était le rapport secret de Khrouchtchev. Pas une seconde je n'avais douté de sa véracité. Enfin, l'histoire redevenait rationnelle. Je ne dis pas raisonnable, car elle ne l'était pas. Pourquoi, d'ailleurs, l'histoire serait-elle raisonnable ? Pourquoi serait-elle une lente mais irrésistible ascension vers les lumières de la raison ? Non, même aux pires moments d'aveuglement, je n'avais cru à cette fantasmagorie. Mais si l'histoire ne redevenait pas raisonnable, si elle continuait d'être déraisonnablement emplie de bruit et de fureur, par contre elle redevenait rationnelle. Je veux dire : perméable à une entreprise de compréhension globale, fût-elle de longue durée, fût-elle par définition fragmentaire, fût-elle évidemment interminable, toujours renouvelée.

Les crimes de Staline rendaient à l'histoire de la Russie, à l'histoire du mouvement communiste, une possibilité de rationalisation cohérente. Car enfin, ce qui était insupportable pour la raison ce n'était pas que Staline fût un tyran, même si sa tyrannie s'était historiquement exercée de façon inédite, en partie du moins. L'histoire était remplie de tyrans et de despotes dont chacun avait quelque peu innové sur le précédent, puisque chacun avait eu de nouvelles tâches historiques à accomplir, de nouvelles classes à mettre en selle dans la sanglante chevauchée de l'histoire. Non, ce qui était insupportable pour la raison ce n'était pas que Staline fût un tyran, mais bien que Trotski eût pu être à la solde de la Gestapo, que Boukharine eût pu être l'organisateur de sabotages et de crimes terroristes : ce qui était insupportable, c'était d'avoir vécu dans la lumière glaciale de cette croyance schizophrène, dans un dédoublement aberrant et castrateur de la conscience morale et théorique.

Le rapport secret nous délivrait, nous donnait tout au moins la possibilité de nous délivrer de cette folie, de ce sommeil de la raison.

Sans doute n'y était-il fait aucune allusion à Trotski ni à Boukharine, que je cite parmi beaucoup d'autres noms possibles à cause du caractère exemplaire de leur destinée. Le rapport secret au XXe congrès se limitait à réhabiliter des cadres supérieurs du PCUS, quelques dirigeants staliniens. Quoi qu'en ait dit et pensé Althusser, le rapport secret prenait bien garde de *se démarquer* des dénonciations d'ensemble du stalinisme prononcées et produites, jadis et naguère, par la bourgeoisie libérale et par l'opposition de gauche : il établissait une *ligne de démarcation* claire et nette entre une bonne et une mauvaise époque de la terreur, entre de bons et de mauvais coupables, entre les victimes innocentes et celles qui n'avaient eu que ce qu'elles méritaient. Et cette frontière s'établissait vers le milieu des années 30, au moment où la Grande Purge commence à décimer le parti stalinien lui-même, les cadres eux-mêmes et les élites de la société stalinienne.

Il est facile de comprendre cette limite inhérente au rapport secret. S'adressant au parti, c'est-à-dire au noyau dirigeant de la bureaucratie politique qui régentait la production de biens, d'idées et de normes de la société poststalinienne, l'objectif de Khrouchtchev était double.

D'abord, il lui fallait briser l'opposition des vieux staliniens groupés autour de Molotov et de Kaganovitch, adversaires acharnés de toute réforme du système. À cette fin, il avait besoin de provoquer un choc, de traumatiser le congrès en évoquant brutalement les événements qui étaient plus ou moins refoulés dans la mémoire de tous les délégués. Il fallait débrider cette plaie purulente. De ce point de vue, le rapport secret était un coup de force, un coup de poing : pratiquement un coup d'État feutré. Étant donné le degré de décomposition morale et théorique, la nudité brutale des rapports d'intrigue, de clientèle et de pouvoir au sommet de l'appareil politique hérité du stalinisme, il n'y avait sans doute pas d'autre solution. Pas de solution, en tout cas, faisant appel à l'initiative des masses populaires, à la discussion démocratique. Pas de solution «de gauche», donc, telle que se plaisaient à l'imaginer à l'époque de très nobles esprits qui finiront pour la plupart par succomber aux charmes mortifères — pas pour eux, sans doute — de la dialectique du regretté président Mao, ce qui est le comble du paradoxe : dépasser le stalinisme «sur la gauche» pour se retrouver à l'extrême droite de la pensée bureaucratique et manipulatrice !

En fait, depuis la mort de Staline, tout avait continué à être réglé à coups de coups de force, de complots et d'assassinats, au sommet du pouvoir. La liquidation de Beria et des chefs suprêmes de la police politique illustre parfaitement cette méthode. Bien entendu, je n'ai aucune intention de pleurer sur le sort de Lavrenti Beria. Je n'en ai rien à faire, qu'il ait été abattu comme un chien, lors d'une réunion du présidium, peu après la mort de Staline, et que son cadavre ait été roulé dans un tapis pour le faire sortir du Kremlin en cachette. Simplement, cet épisode montre bien à quel degré d'abjection, d'arbitraire, de pouvoir nu, sans frein, en était arrivé le sommet dirigeant du PCUS, pour être obligé de régler de cette façon les problèmes de la succession de Staline.

Ainsi, le rapport secret de Khrouchtchev au XXe congrès s'inscrit dans une suite de coups de force et d'actes arbitraires qui visent paradoxalement — mais peut-être est-ce dialectiquement, il faudrait demander aux théologiens de la Sainte Église marxiste — à rétablir un fonctionnement, je ne dirai pas démocratique, oh ! non, quelle dérision ! mais tout simplement régulier, des instances du pouvoir en URSS Il vise à faire fonctionner légalement la légalité restreinte du système autoritaire du parti unique qui avait été jusqu'alors systématiquement violée par le sommet lui-même du parti. Rien de plus.

Mais en dévoilant aux cadres communistes de la bureaucratie dominante, et aux principaux dirigeants des «partis frères», certains des crimes de Staline, Khrouchtchev vient de leur rappeler, partiellement au moins, l'origine sanglante, arbitraire — illégitime, en somme — de leur propre pouvoir. Tous, en effet, sont des héritiers de Staline. Tous ont été ses thuriféraires. Ils ont été les «petites vis» et les «petits rouages» du Grand Mécanisme du Parti-État. C'est grâce à la terreur que vient d'évoquer Khrouchtchev que s'est édifié leur pouvoir. Or, il est très dangereux pour le nouveau maître du PCUS — encore peu assuré, encore en butte au travail d'opposition acharnée du puissant groupe Molotov-Kaganovitch — de rappeler trop clairement à la bureaucratie dirigeante l'illégitimité sanglante de son pouvoir. Il faut donc aussitôt rassurer cette bureaucratie : tel est l'autre aspect du double objectif de Khrouchtchev. D'où la ligne de démarcation nette et franche, comme une coupure au couteau sacrificiel, digne des plus obscurs rêves althussériens, que Khrouchtchev établit entre les différentes périodes de l'activité de Staline. Au moment où pointe Thermidor (car c'est alors et alors seulement que pointe Thermidor, si l'on veut continuer d'utiliser une métaphore historique discutable dont la gauche communiste a usé et abusé), il faut clairement dire aux thermidoriens que la violence déployée contre les «ennemis du peuple», les «contre-révolutionnaires», les opposants, les «koulaks» et les «nationalistes bourgeois», était juste, qu'elle n'est devenue terreur injustifiée qu'au moment où elle s'est retournée massivement contre le parti lui-même, contre la classe bureaucratique consolidée dans son pouvoir au cours des précédentes décennies, qu'au moment où elle s'est retournée, précisément, contre la possibilité — la nécessité, même — d'un Thermidor russe. C'est-à-dire, en gros, à partir de 1934 et de l'assassinat de Kirov, chef de file probable des thermidoriens.

On peut imaginer la scène.

On peut imaginer la grande salle du Kremlin où se tient le XXᵉ congrès. On peut aisément imaginer l'âge moyen des délégués, leur tenue vestimentaire. D'ailleurs, pour l'âge moyen des délégués on n'a pas besoin d'imaginer, on possède des données chiffrées. On sait bien que le système politique russe est un despotisme gérontocratique — mais ce trait du régime ne provient pas du fait que Staline ou Brejnev auraient trop lu Platon, oh ! non, pas du tout ! Il vient d'une exigence sociologique interne — les données chiffrées le confirment. En février 1956, au XXᵉ congrès du PCUS, selon le rapport présenté par Aristov au nom de la commission des mandats, 79,7 % des délégués ont plus de quarante ans, dont 55,7 % ont de quarante à cinquante ans, et 24 % plus de cinquante ans. Cela veut dire que l'immense majorité des communistes présents au XXᵉ congrès avait au moins vingt ans en 1936, au moment où commence à se déployer la terreur contre le parti lui-même, au moment où Staline met Iejov à la tête du NKVD (avez-vous déjà vu un portrait de Iejov ? avez-vous contemplé son visage tourmenté, son regard fou, son air d'être sorti tout droit des *Possédés* de Dostoïevski ?), pour liquider les thermidoriens en puissance et rattraper les quatre ans de retard que les organismes de sécurité ont, selon Staline, dans la lutte contre les ennemis du peuple.

La terreur, donc, n'est pas de la préhistoire, pour ces hommes et ces femmes d'âge mûr, rassemblés dans la nuit, pour une séance spéciale à huis clos, dans la grande salle du Kremlin. Ils s'en souviennent, sans doute. Elle fait partie de leur histoire, de leur expérience adulte. D'autant plus, si l'on en croit toujours les chiffres avancés par Aristov, que près de 70 % d'entre eux ont précisément adhéré au PCUS après 1931. La plupart des délégués, donc, non seulement avaient atteint l'âge adulte, l'âge d'homme, au moment où la terreur de Staline se retourne contre les institutions et les élites elles-mêmes de la nouvelle société d'exploitation, parmi lesquelles commence à poindre l'horizon de Thermidor, mais cette majorité de délégués avait adhéré au PCUS précisément à cette époque.

Ils étaient là, donc, dans la grande salle du Kremlin, silencieux, bientôt accablés, certains perdant connaissance, d'autres pleurant à chaudes larmes en écoutant le rapport «attribué à Khrouchtchev». Ils étaient là, les hommes et les femmes qui avaient adhéré au parti de Staline pour y combler les vides creusés par celui-ci au fer rouge de la répression. Ils étaient là, les hommes et les femmes qui avaient aidé Staline à établir son pouvoir absolu, au sens littéral du terme, c'est-à-dire, absolument détaché de toute détermination, même en dernière instance (ô docteurs intègres de la foi marxiste !), par l'économie, par les structures de classe de la nouvelle société russe. Car le pouvoir personnel de Staline a, sans doute, été l'un des instruments que s'est donné la nouvelle classe dominante pour instaurer sa domination — si l'on veut bien me pardonner cette expression hâtive, coupant au plus court à travers les tissus sociaux, dans la multiplicité hétérogène des facteurs historiques, puisqu'il est clair que « la classe » est un concept plus ou moins opératoire, et que les concepts, même les plus opératoires, ne « se donnent » aucun instrument et n'instaurent aucune domination ailleurs que dans la reconstruction théorique, tout à fait nécessaire, cela va sans dire, par les hommes, de leur propre histoire — mais ceci étant dit, coupons au plus court, tout en sachant les risques de simplification que l'on prend par ces découpages tranchants de l'histoire comme s'il s'agissait d'un gigot bien saignant, coupons au plus court, et répétons que le pouvoir personnel de Staline, instrument de la nouvelle classe dominante, a fini par devenir relativement autonome de celle-ci, à la fin des années 30. Et le signe le plus lisible de cette autonomie a été la capacité de ce pouvoir personnel, devenu absolu au sens littéral du terme, de déchaîner contre la bureaucratie dont il était issu et qu'il a représentée pendant toute une période historique, la répression la plus féroce et la plus aveugle, assurant par le système des vagues successives et ininterrompues de terreur non seulement la soumission béate de la bureaucratie, mais aussi la mobilité sociale à l'intérieur de celle-ci, sous les espèces d'une destruction et d'une reconstitution permanente et dysfonctionnelle des élites. En somme, c'est la terreur qui assurait, à partir d'un certain moment, la circulation des places, des valeurs et des gratifications sociales, à l'intérieur de la bureaucratie. Et c'est la fin de cette période, la fin de la terreur comme moteur exogène et mortifère du développement de la bureaucratie, que Khrouchtchev annonçait à tous ces hommes et toutes ces femmes, ce fameux soir de février 1956, dans une séance à huis clos du XXe congrès. Dorénavant, leur annonçait-il, une nouvelle rationalité, qui ne serait plus celle, aberrante, imprévisible, du pouvoir absolu et particulier de Staline, mais celle des intérêts généraux de leur classe — le mot ne serait pas prononcé, bien sûr : on ne parlerait que des intérêts du Peuple, de la Nation, de l'État russes tout entiers — présiderait à la distribution des privilèges et des prébendes, à l'établissement des rapports de force et de pouvoir. Voilà le message de ce rapport secret, message tout à fait compréhensible pour ces centaines de délégués venus des profondeurs glaciales de l'histoire russe.

On peut imaginer la scène, sans doute.

Nikita Serguéïevitch était à la tribune. Il martelait ses phrases. Il criait, par moments, et sa voix se brisait dans les aigus. Il assenait des vérités monstrueuses les unes après les autres. Mais cette voix terrifiante, qui soulevait la nausée de leur mémoire, n'était pas, pour une fois, la voix pédagogique et monotone d'un Père tout-puissant et lointain, inaccessible : c'était leur propre voix. Nikita Serguéïevitch était l'un d'eux et les centaines d'hommes et de femmes réunies là, à cette occasion sinistre et solennelle, pouvaient s'identifier à lui. Comme lui, ils avaient contribué à briser toutes les oppositions. Comme lui, ils avaient brisé le parti lui-même. Comme lui, ils avaient chanté les louanges de Staline. Ils étaient nombreux, sans doute, à avoir assisté au XVIIIᵉ congrès du PCUS, en mars 1939. Ils se souvenaient peut-être que Khrouchtchev était déjà monté, le 13 mars 1939, à la tribune du congrès, pour parler des succès du communisme en Ukraine. Peut-être se souvenaient-ils des paroles de Nikita Sergueïevitch, en ce jour lointain du 13 mars 1939, au moment même où la guerre d'Espagne se terminait dans le sang, la défaite et la confusion à cause, principalement, de la néfaste politique de Staline, aveuglément mise en pratique par les conseillers du Komintern et le groupe dirigeant du PCE : «Ces succès ne se sont pas produits spontanément, avait déclaré Khrouchtchev au XVIIIᵉ congrès, ils ont été conquis dans un dur combat contre les ennemis de la classe ouvrière et de la paysannerie, contre les ennemis de tout notre peuple ; dans la lutte contre les agents des services d'espionnage fascistes, contre les trotskistes, les boukhariniens et les nationalistes bourgeois.» Ils se souvenaient peut-être, certains d'entre eux tout au moins, de la conclusion du discours de Khrouchtchev, en mars 1939 : «Vive le plus grand génie de l'humanité, le Maître et le Chef qui nous conduit victorieusement vers le Communisme, notre cher Staline !»

Ils se souvenaient du cher Staline, sans doute. Ils en tremblaient encore, rétrospectivement, d'une horreur respectueuse et craintive.

Mais je suis à Prague, à la Galerie nationale, devant un tableau de Renoir.

Pourquoi suis-je à Prague ?

Peut-être tout simplement pour m'immobiliser devant un tableau de Renoir. Peut-être ai-je oublié toutes les autres raisons et circonstances de ce voyage à Prague parce que la seule chose importante était cette contemplation d'un tableau de Renoir. Pas seulement à cause de Renoir, bien sûr. Peut-être qu'un tableau de Vermeer, ou de Vélasquez, ou du Greco aurait tout aussi bien fait l'affaire. Je veux dire que l'important n'était pas seulement le tableau contemplé, mais aussi le fait même de la contemplation. L'acte même de contempler, peut-être.

Mais je suis à Prague, à la Galerie nationale du palais Sternberk. Je ne suis pas à Tolède, dans l'église Santo Tomé, devant *L'Enterrement du comte d'Orgaz*. Ni au Prado, devant *Les Ménines*. Ni au Mauritshuis, devant la *Vue de Delft* : ces tableaux autour desquels reconstruire ma vie deviendrait possible.

Car ma vie n'est pas comme un fleuve, surtout pas comme un fleuve toujours différent, jamais le même, où l'on ne pourrait se baigner deux fois : ma vie c'est tout le temps du déjà-vu, du déjà vécu, de la répétition, du même jusqu'à la satiété, jusqu'à devenir autre, étrange, à force d'être identique. Ma vie n'est pas un flux temporel, une durée fluide mais structurée, ou pire encore : se structurant, un faire se faisant soi-même. Ma vie est constamment défaite, perpétuellement en train de se défaire, de s'estomper, de partir en fumée. Elle est une suite hasardeuse d'immobilités, d'instantanés, une succession discontinue de moments fugaces, d'images qui scintillent passagèrement dans une nuit infinie. Seul un effort surhumain, un espoir parfaitement déraisonnable fait tenir, fait tout au moins semblant de tenir tout cela ensemble, ces brindilles et ces brandons éparpillés. La vie comme un fleuve, comme un flux, est une invention romanesque. Un exorcisme narratif, une ruse de l'ego pour faire croire à son existence éternelle, intemporelle — même si c'est sous la forme perverse ou pervertie du temps qui passe, perdu et retrouvé — et pour s'en convaincre soi-même en devenant son propre biographe, le romancier de Soi-même.

Ma vie n'est rien d'autre que ce tableau de Renoir, mon regard sur ce tableau.

Mais nous ne sommes plus en 1960, à l'automne, le surlendemain du jour où j'avais parlé avec Fernand Barizon du XXᵉ congrès du PCUS. L'air de rien, comme si rien ne s'était passé, comme si le temps n'avait pas passé, ne s'était pas écoulé comme les eaux d'un fleuve, me voici figé dans une autre immobilité contemplative : la même. Un autre moi, le même moi. Un autre tableau, le même tableau. Le même souvenir de Josef Frank, à Buchenwald, un dimanche.

Nous sommes en 1969, au début du mois d'avril.

Hier, j'avais retrouvé Jiri Zak.

Le soleil effleurait latéralement les vitres, dans la pièce où nous nous trouvions, mais il n'annonçait pas le printemps. Jan Palach s'était suicidé par le feu et quelques jours plus tard Alexandre Dubček serait définitivement exclu du peu de pouvoir qui lui restait encore. La normalisation pourrait commencer : le rétablissement de la Pensée Correcte, du travail correctif, de la correction bureaucratique. Sans doute savions-nous qu'il n'y aurait pas de printemps, cette année-là, malgré ce soleil latéral qui semblait annoncer les beaux jours.

Je regardais Jiri Zak, qui avait des cheveux blancs, désormais. Je regardais la femme d'une soixantaine d'années qui l'accompagnait et qui était la veuve de Josef Frank.

J'étais venu à Prague, en ce début de printemps 1969, avec Costa Gavras qui envisageait encore la possibilité de tourner *L'Aveu* sur les lieux mêmes où les événements s'étaient déroulés. Et puis, comme je savais que je ne reviendrais plus jamais à Prague, j'avais longuement visité tous les lieux privilégiés de ma mémoire de Prague. Demain, juste avant de reprendre l'avion, j'irais à la Galerie nationale contempler une dernière fois cette toile de Renoir à laquelle ma vie était liée, intimement.

Mais je regardais Jiri Zak et la veuve de Josef Frank. Alors, dans le silence qui était tombé entre nous, comme tombe la nuit, comme les bras vous en tombent, dans ce silence-là, après que nous eûmes une fois encore évoqué des souvenirs, échangé des photographies, j'ai brusquement retrouvé avec une extrême précision cette image de ma mémoire : Josef Frank se retournait, dans le bureau de l'*Arbeitsstatistik*, sans doute pour voir à qui Jiri venait de faire un geste amical, il me voyait, me faisait à son tour un signe de connivence, un bref sourire aussitôt disparu. Derrière lui, derrière son visage à moitié tourné vers moi, je voyais le soleil de décembre qui faisait scintiller les vitres, de l'autre côté de la baraque.

Je voyais aussi la cheminée carrée du crématoire.

À ce moment, Willi Seifert est venu se planter au milieu de nous.

— Les gars ! a-t-il dit à la cantonade. Ce soir à six heures, soyez tous ici ! J'ai organisé un ragoût de chien, il y en aura pour tout le monde !

Il y a un brouhaha de cris d'approbation et de contentement.

Le regard de Seifert est tombé sur Jiri Zak.

— Toi, t'es pas de chez nous. Mais tu peux venir quand même ! On t'invite !

Jiri secoue la tête.

— J'aime pas le chien, dit-il.

— T'as déjà goûté ? demande Seifert.

Jiri Zak hoche la tête négativement.

— J'aime pas l'idée du chien, dit-il avec concision.

Zamiatine non plus n'aimait pas l'idée du chien. Je ne parle pas d'Eugène Zamiatine, l'écrivain, mort en exil à Paris. Je parle d'un autre Zamiatine, prêtre orthodoxe déporté à la Kolyma. Ou plutôt, c'est Varlam Chalamov qui en parle, dans ses *Récits de la Kolyma*. En tout cas, le pope Zamiatine mange les restes d'un ragoût de chien qu'ont «organisé» les droit-co de la baraque. Et quand il s'est régalé, Semion le truand annonce au pope qu'il n'a pas mangé du mouton, comme il pensait, mais du chien. Et le pope Zamiatine vomit dans la neige. Il n'aimait pas l'idée du chien, tout comme Jiri Zak. La viande de chien, il l'avait bien aimée. Il avait trouvé qu'elle avait bon goût, que ça valait le mouton. C'est l'idée du chien qui le faisait vomir.

Mais il rit, Willi Seifert.

— C'est pas l'idée du chien qu'on mange, c'est sa viande ! dit-il. Et la viande de chien est comme du bœuf bouilli !

Je dois dire que je serais de l'avis de Seifert plutôt que de celui de Semion, le truand de la Kolyma. La viande de chien, en ragoût tout au moins, avec des légumes et une sauce bien épaisse, telle que nous l'avons dégustée ce dimanche-là, à l'*Arbeitsstatistik*, avait plutôt le goût du bœuf bouilli que celui du mouton.

— Tant pis, répond Jiri Zak, doucement obstiné. Je n'aime pas l'idée du chien !

À ce moment, bien sûr, au moment où l'appel de midi tire à sa fin, où les musiciens de l'orchestre du camp vont bientôt emboucher de nouveau les trompettes, les clarinettes et les tubas, je ne sais pas que Léon Blum est en train d'écrire un commentaire à propos de l'idée platonicienne d'égalité. Je ne sais pas ce que Blum dirait de l'idée du chien, je ne sais pas ce qu'il dit, à ce moment même, de l'idée d'égalité. D'ailleurs, même si je le savais, je n'en ferais pas un fromage. Je ne m'intéresse pas beaucoup, en 1944, aux utopies politiques de Platon. Ce n'est que dix ans plus tard que j'ai été forcé de m'intéresser à Platon d'une façon toute particulière. Platon, c'est un peu comme le foutebaule, c'est la pratique politique de la clandestinité qui m'y a conduit, si je laisse de côté mes souvenirs des classes de philo ou d'hypokhâgne. Au milieu des années 50, en effet, à Madrid, il a fallu que je m'y remette, à la lecture de Platon. Je ne m'y étais pas préparé, je dois dire. Je m'étais soigneusement préparé à discuter des thèses de

Wetter ou de Calvez ou de Bochenski, des jésuites et des cathos, en général, sur le matérialisme historique. J'étais prêt à discuter pendant des heures sur la version édulcorée du thomisme que les philosophes traditionalistes propageaient en Espagne. J'étais prêt à réfuter point par point les opinions d'Ortega y Gasset, dont la pensée se situait au carrefour de l'école de Marburg et de l'empirio-criticisme. Mais je n'avais pas pensé que j'aurais à en découdre avec Platon, médiatement tout au moins, dans mes discussions avec les universitaires madrilènes attirés par l'action antifranquiste, mais méfiants — à juste titre, ô combien ! dis-je aujourd'hui — vis-à-vis du Politzer, que ce fût dans sa version élémentaire, ou dans sa version enrichie par Besse *et altri*, manuel qui constituait à l'époque la source principale d'information sur le marxisme qui leur fût accessible. En fait, on l'aura deviné, ce n'est pas directement avec Platon que j'avais à en découdre, mais avec les opinions de Karl Popper sur Platon. *The Open Society*, en effet, le livre que Popper finissait d'écrire à peu près au moment où Blum lisait Faguet, à Buchenwald, et s'enthousiasmait pour la pensée politique de Platon, qu'il qualifiait de révolutionnaire, du moins en ce qui concerne la question de l'égalité. *The Open Society and its Enemies*, donc, était déjà traduit en castillan vers 1954-1955 et l'essai poppérien provoquait des ravages parmi les universitaires progressistes. Il a donc fallu me mettre à l'étude de Popper et de Platon (pour Hegel et Marx, merci, c'était déjà fait ! J'avais même un peu d'avance, ayant découvert les *Grundrisse* de Marx dans leur édition est-berlinoise de 1953).

Ainsi, c'est avec un étonnement assez sarcastique que j'assistai, deux décennies après mes exercices pratiques madrilènes, à l'éclosion de la discussion bien parisienne sur les Maîtres Penseurs, au cours de laquelle tout le monde fit semblant d'ignorer que Popper, devenu entre-temps sir Karl Popper, avait depuis longtemps frayé cette voie et piétiné les plates-bandes de cette nouveauté.

Mais je suis à Buchenwald, en 1944, et je ne sais encore rien de Karl Popper. Si j'avais à discuter les idées de Blum sur l'égalité selon Platon, je pense que je m'en tiendrais au texte de Marx connu comme *Critique du Programme de Gotha*, texte que j'ai lu et travaillé avec Michel Herr et qui me paraît fournir des éléments pour la critique de la notion utopique d'une égalité sociale qui rétablirait la juste proportion des inégalités naturelles.

Pour l'instant, de toute façon, je ne pense pas à l'idée de l'égalité. Je pense à l'idée du chien. J'aime bien l'idée du chien, je dois dire. J'aime bien l'idée de ce ragoût de chien que Seifert a «organisé» pour ce soir. Parodiant une célèbre boutade d'Engels, je me dis que la preuve du chien c'est qu'on le mange, voilà ! J'ai envie de crier cette vérité réconfortante.

Alors, comme s'il fallait souligner cette conclusion optimiste de la philosophie de la praxis, la voix du *Rapportführer* éclate dans le haut-parleur, commandant le garde-à-vous qui marque la fin de l'appel : *Das Ganze, Stand* ! C'est un mot hégélien, *das Ganze*, le Tout, la Totalité. Peut-être est-ce la voix de l'Esprit Absolu qui se fait entendre dans le circuit des haut-parleurs du camp. La voix du Tout qui nous parle à nous tous, qui nous totalise dans la rigidité cadavérique du garde-à-vous, dans la fixité totalitaire du regard perdu dans le ciel pâle de décembre où flotte la fumée du crématoire. Garde-à-vous, la Totalité ! crie l'Esprit Absolu sur la place d'appel.

Mais il ne faut pas trop faire attention à mes élucubrations dominicales. C'est l'idée du chien qui me fait divaguer. Je veux dire : l'idée du ragoût de chien. Quelle journée, les gars ! Quel beau dimanche, comme dirait Barizon ! D'abord l'idée de la soupe aux nouilles qu'on va nous distribuer dans quelques instants et ensuite, à six heures, l'idée du ragoût de chien. Des idées comme ça mènent le monde, il n'y a pas de doute.

— Vous regardez le paysage ? dit Jéhovah.

Ou plutôt son témoin : le Témoin de Jéhovah.

J'avais entendu arriver quelqu'un, des pas sur la neige du boqueteau, à la lisière du Petit Camp, entre les baraques de quarantaine et les bâtiments de l'infirmerie. Le *Revier,* autrement dit. J'avais tourné la tête, une seconde, en entendant ce crissement des pas sur la neige. Je ne craignais pas l'arrivée inopinée d'un quelconque *Blockführer* des SS. Ils n'ont pas l'habitude de s'aventurer dans le camp, le dimanche après-midi. Ceux qui sont de service se tiennent sur les miradors ou bien dans les postes de garde, au chaud. Ceux qui ne sont pas de service boivent de la bière à la cantine SS, en attendant leur tour de garde. Ou bien ils courent les filles, à Weimar. Mais si ce n'était vraisemblablement pas un SS, ce pouvait être un rôdeur. Quelque jeune Russe qui m'aurait suivi, décidé à me piquer les bottes de cuir que je portais. Alors j'avais tourné la tête en entendant le crissement des pas sur la neige, derrière moi. Je ne voulais pas me faire surprendre par quelque rôdeur russe armé d'un couteau ou d'une matraque.

Mais ce n'était pas un rôdeur russe, c'était Jéhovah. Je reconnus aussitôt sa haute silhouette, ses cheveux blancs.

Je crois me souvenir qu'il s'appelait Johann, en vérité. Mais je n'en suis pas tout à fait sûr. Alors j'ai décidé de le nommer Jéhovah, dans ce récit, chaque fois que j'aurai à le nommer. D'abord, c'est aussi bien, Johann ou Jéhovah. Je crois même que Jéhovah c'est plus facile à retenir. Et puis, c'était un homme de Dieu, sans aucun doute.

— Vous regardez le paysage ? dit Jéhovah.

Il est venu se placer à côté de moi dans le boqueteau qui s'étend au-delà du camp de quarantaine, juste avant l'espace vide, l'espace-frontière que surplombent les mitrailleuses des miradors.

Oui, je regarde le paysage.

Tous les dimanches de Buchenwald, j'ai regardé ce paysage. Enfin, presque tous. Peut-être pas mes soixante-douze dimanches de Buchenwald. Peut-être, sans doute, y a-t-il eu certains dimanches où une bourrasque de neige, ou quelque pluie torrentielle m'ont empêché de marcher jusqu'à la lisière du Petit Camp pour contempler le paysage de Thuringe. Peut-être, je ne jurerais pas du contraire. Mais à ces quelques exceptions près, j'ai regardé ce paysage, tous les autres dimanches de Buchenwald.

C'était l'après-midi, bien sûr, pendant les quelques heures de loisir du dimanche après-midi. Et quand il y avait du soleil, je venais à l'heure du couchant, quelle que fût l'heure du couchant, selon la saison. Le soleil se couchait presque en face de moi, légèrement sur la gauche du point d'observation que j'avais choisi. Je regardais le soleil qui se couchait somptueusement sur la plaine de Thuringe, là-bas, au fin fond de l'ouest, derrière la ligne bleue des monts de Thuringe. En hiver, la ligne bleue des monts de Thuringe était blanche, et le soleil était pâle et friable, comme une monnaie de vieil argent patinée par l'usure.

Jéhovah se tient à côté de moi et il regarde aussi ce paysage d'hiver sous le soleil de décembre, bref et glorieux comme celui d'Austerlitz, qui jette ses derniers feux.

— Vous regardez le paysage ? avait-il dit. La question était mal formulée, sans doute. Il voyait bien que je regardais le paysage. Je ne pouvais rien faire d'autre, ici, que de regarder le paysage. Ça se voyait, que je regardais la plaine de Thuringe, le village au loin, les fumées calmes et grises qui n'étaient pas des fumées de crématoire : la vie au-dehors. Il voulait dire, sans doute : «Pourquoi regardez-vous ce paysage ?» Ou bien : «Qu'est-ce que ce paysage représente pour vous ?», «Quel bonheur fugitif et violent, travaillé par l'angoisse la plus innommable, éveille-t-il en vous, ce paysage ?» Enfin, quelque chose de ce genre. Mais il avait dit platement : — Vous regardez ce paysage ? Même Jéhovah peut avoir de la difficulté à formuler clairement les vraies questions. Même Lui peut s'empêtrer dans la banalité du langage quotidien, on le sait bien.

Alors, je ne dis rien, puisqu'il n'a pas posé la vraie question, Jéhovah. J'attends avec une curiosité un peu narquoise qu'il dise autre chose.

D'habitude, en effet, Jéhovah entame toutes ses conversations en citant quelque passage de la Bible. C'est une entrée en matière devenue rituelle depuis que je le connais et qu'il nous arrive de parler ensemble. Et les paroles de la Bible tombent toujours bien, toujours à propos. Ça finit par m'irriter. Mais aujourd'hui, devant ce paysage de neige sur l'Ettersberg et la plaine de Thuringe, je me demande quelle citation de la Bible il va pouvoir faire. Ça ne doit pas être fréquent, dans la Bible, les allusions à la neige.

Alors j'attends avec une curiosité un peu narquoise. Comment va-t-il s'en sortir, Jéhovah ?

Il se tourne vers moi et me regarde de ses yeux d'un bleu délavé :

— Jéhovah fait retentir sa voix comme un tonnerre prodigieux. Il fait de grandes choses que nous ne comprenons point, Il dit à la neige : Descends sur la terre ! et Il dit aux pluies copieuses : Abondez ! Sur tout homme Il met son sceau, pour que tous reconnaissent Son œuvre...

Il a scandé ces phrases d'une voix forte.

Il sourit, maintenant :

— Livre de Job, 37 5 !

Je hoche la tête, admiratif et vexé. Puis je me retourne vers la neige qui recouvre la plaine de Thuringe, neige désormais biblique, immémoriale.

J'avais connu Jéhovah — ou plutôt son témoin : le Témoin de Jéhovah — quelques mois auparavant.

Dans les camps nazis, les Témoins de Jéhovah ou *Bibelforscher*, puisque telle était leur dénomination officielle, portaient un triangle d'identification violet. Ils étaient internés parce qu'ils refusaient d'accomplir leur service militaire et de prêter serment au drapeau allemand. À Buchenwald, les Témoins de Jéhovah avaient été particulièrement persécutés. Au début, ils étaient versés d'office dans les compagnies disciplinaires. À plusieurs reprises, le commandement SS essaya de leur faire abjurer leurs principes. En septembre 1939, par exemple, peu de jours après le commencement de la guerre, ils furent tous rassemblés sur la place d'appel et le commandant SS leur annonça que si l'un d'eux, ne fût-ce que l'un d'entre eux, refusait de s'engager dans l'armée, ils seraient tous fusillés. Deux compagnies de SS sur le pied de guerre entouraient les Témoins de Jéhovah. Mais pas un seul d'entre eux n'accepta de se battre pour l'Allemagne. Finalement, ils furent rossés et dépouillés de leurs derniers biens personnels, mais le commandement SS ne mit pas sa menace à exécution.

En 1944, quand j'étais arrivé à Buchenwald, les *Bibelforscher* survivants travaillaient surtout comme infirmiers à l'hôpital du camp ou comme domestiques dans les villas des officiers SS. Silencieux, dévoués et inusables, ils attendaient patiemment la fin des maux apocalyptiques qu'avait provoqués la chute de Satan sur la terre, en 1914, et le *millenium* qui s'ensuivrait, à une date prochaine, encore qu'indéterminée, ouvrant les portes d'un Monde nouveau où les Élus gouvernaient la terre depuis leur demeure céleste.

Pourtant, même à cette dernière époque des camps, les Témoins de Jéhovah ont encore été victimes de brimades collectives. Ainsi, au printemps 1944, je me souviens qu'ils avaient été convoqués sur la place d'appel pour être soumis à une fouille. Pendant ce temps, les détachements SS perquisitionnaient dans leurs chambrées et leurs lieux de travail, à la recherche, disait-on, de tracts religieux ou hostiles au régime.

J'avais connu Jéhovah en septembre 1944, début septembre, si je me souviens bien.

Quelques jours auparavant, après l'appel du soir, une rumeur avait couru dans le camp, chuchotée d'abord, s'amplifiant peu à peu, jusqu'à devenir une explosion de joie silencieuse, un brouhaha de cris et de chants retenus : Paris était libre,

Paris s'était libéré ! Nous avons couru d'un block à l'autre pour retrouver les copains, partager leur joie. Au 34, qui était juste en face de mon block, l'atmosphère était à la liesse. J'y ai retrouvé Taslitzky et Leroy. Christian Pineau s'était joint à eux et je crois que Roger Arnould était là, lui aussi. Le chef de block entendait ce chahut que faisaient les Français et il ne gueulait pas, pour une fois. Il ne sortait pas de son cagibi pour crier que les Français étaient sales, indisciplinés, paresseux, de la merde, *nur Scheisse*, rien que de la merde ! qu'ils ne méritaient que le crématoire.

Dans les camps nazis, tout le monde vous le dira, les Français n'avaient pas bonne presse. Je ne parle pas des SS, bien sûr : que les Français n'eussent pas bonne réputation auprès d'eux ne voulait rien dire. On n'en a rien à faire, de la bonne ou mauvaise réputation des Français auprès des SS. Mais c'est auprès des autres déportés que les Français, ou plutôt la France n'avait pas bonne presse. Les antifascistes de toutes les nations d'Europe reprochaient à la France, entre autres, la politique de non-intervention en Espagne. Les Polonais, antifascistes ou pas — et la plupart ne l'étaient pas, du moins, dans le sens que le vocabulaire communiste a fini par donner à ce terme — les Polonais de toutes tendances reprochaient à la France de les avoir abandonnés en septembre 1939. Et puis, tous ensemble, Polonais et Allemands, Tchèques et Russes, tous en voulaient à la France de s'être si aisément fait battre par l'armée nazie, en 1940. Au fond, ce mépris hargneux, très répandu, de la France et des Français, n'était qu'amour déçu. De la France, en 1940, on attendait un miracle, qu'elle renversât le sort des armes. On attendait dans toute l'Europe asservie par le nazisme le miracle d'une deuxième bataille de la Marne. Alors, d'un bout à l'autre de l'Europe asservie, mais plus pour longtemps, puisque la France avait gagné cette nouvelle bataille de la Marne, des hommes et des femmes auraient chuchoté dans la nuit, comme Suzanne dans son île du Pacifique, la litanie victorieuse de la Marne !

Quoi qu'il en soit, la nouvelle de la libération de Paris changea radicalement l'attitude que la plupart des déportés, et surtout les kapos et les chefs de block allemands, les cadres de la bureaucratie kazettlérienne, avaient envers les Français.

Le lendemain du jour où cette nouvelle nous parvint, une sorte d'allégresse générale régnait à Buchenwald. Comme si nous avions tous le sentiment que, quoi qu'il arrivât désormais, rien n'avait été inutile, puisque nous aurions vécu assez longtemps pour connaître la liberté de Paris. Dans la lumière confuse de l'aube d'été, entre chien et loup — chiens dressés à saisir férocement, loups habillés de vert et de noir — dans le bruissement matinal de la forêt de hêtres, les déportés français sont montés à l'appel, ce jour-là, épaule contre épaule, au pas cadencé — eux toujours à la traîne, toujours indisciplinés ! — qui n'était pas, ce matin-là, celui de l'ordre SS, mais celui des défilés de la victoire — nous n'avions pas eu la Marne, mais nous avions Paris ! —, ils sont montés vers la place d'appel, soudés, massifs, l'œil fixé sur le soleil qui se levait à l'est, au-delà de la cheminée carrée du crématoire.

Gustaw Herling raconte un épisode comparable. C'est un épisode lié à Paris, également. Mais ce n'est pas un épisode joyeux, puisqu'il n'est pas lié au souvenir de la libération de Paris mais à celui de sa chute, la chute de Paris.

Un jour, donc, un jour de juin 1940, à la prison de Vitebsk, la porte de la cellule de Gustaw Herling s'est ouverte et un nouvel arrivant a pénétré dans cet espace surpeuplé. Et l'homme, immobile au milieu des regards des prisonniers, a murmuré : — Paris est tombé... Il y a eu alors dans la cellule de cette prison soviétique de Vitebsk, en juin 1940, comme un soupir, un chuchotement de détresse. — Paris était tombé. Paris, Paris... C'est incroyable que même les gens les plus simples de cette cellule, des gens qui n'avaient jamais vu la France, ont ressenti la chute de Paris comme la mort de leur dernier espoir, une défaite encore plus irrémédiable que la reddition de Varsovie. La nuit de l'esclavage, qui recouvrait l'Europe comme une nuée noire, obscurcissait aussi l'étroit morceau de ciel quadrillé par les barreaux de notre cellule, dit Gustaw Herling.

Mais peut-être ne savez-vous pas qui est Gustaw Herling. Moi non plus, je n'en sais pas grand-chose, à vrai dire.

C'est Józef Czapski qui m'a fait connaître le livre de Herling, *À World apart*. Et je ne cite pas le titre de ce livre en anglais par snobisme linguistique. C'est simplement parce qu'il n'en existe pas de traduction française. Pourtant, publié en 1951, à Londres, *À World apart* est sans doute l'un des récits les plus hallucinants, dans sa sobriété, dans sa compassion retenue, dans la perfection dépouillée de son articulation narrative, que l'on ait jamais écrits sur un camp stalinien. C'est, de surcroît, un document historique de premier ordre, qui apporte des précisions, aussi bien qu'une vue d'ensemble parfaitement maîtrisée, sur le Goulag stalinien dans les années 1940-1942.

Mais peut-être quelque marxiste distingué va-t-il me reprocher encore d'utiliser ce mot, Goulag, de façon trop peu scientifique. Tenez, voici Alain Lipietz : c'est un marxiste distingué. Et un économiste encore plus idem. Comme tous les intellectuels français de sa génération, il a été formé dans le sérail althussérien. Mais il semble posséder sur certains de ses compagnons l'avantage d'avoir dépassé l'adolescence théorique et de ne plus être fasciné par la pensée du Maître. Ce qui lui permet de lire les *Grundrisse* de Marx sans complexe de culpabilité hégélienne, et d'en faire son miel. On me dira que c'est élémentaire, pour un économiste qui se veut marxiste. Il faut pourtant souligner le fait, qui n'est pas tellement courant. En un mot, Alain Lipietz se laisse lire. On peut même glaner de-ci de-là des notions justes, des points de vue éclairants, tout au moins quand il reste dans le concret théorique d'une analyse, quand il n'est pas saisi par le vertige infantile de la dialectique maoïste.

Or voici que dans son dernier essai, *Crise et inflation, pourquoi ?* au détour d'un paragraphe consacré au despotisme capitaliste dans l'entreprise, il écrit la sottise suivante : «Le mot "despotisme" ne peut choquer que les non-prolétaires n'ayant jamais fait de stage en usine et qui ne voient que les goulags dans l'œil du voisin quand Billancourt et Javel leur crèvent les yeux.» Ai-je dit sottise ? Le mot est sans doute trop faible. On peut relever tout d'abord l'empirisme grossier du coup de griffe contre les «non-prolétaires n'ayant jamais fait de stage en usine». Que l'on sache, Lénine n'a jamais fait de stage de ce genre. Et je ne cite pas Lénine par révérence personnelle, je le cite simplement parce que Lipietz semble encore en faire grand cas. Mais Marx non plus n'a pas fait de stage en usine. Il a surtout fait des stages, fort longs, dans les bibliothèques. Cela ne l'a pas empêché de découvrir le despotisme capitaliste de l'entreprise et d'en donner non seulement la description concrète, mais aussi le concept théorique. Par contre, il y a des millions, que dis-je ? des dizaines de millions d'ouvriers qui ont fait des stages en usine — des stages interminables, des stages à vie, des stages de condamnés à perpétuité au despotisme de l'entreprise — et qui sont incapables de le nommer, de le connaître, donc de lutter efficacement contre lui. Voici donc un petit bout de phrase pour rien : pour faire plaisir à deux ou trois copains archicubes, pour se faire plaisir à soi-même, pour caresser dans le sens du poil une sensibilité populiste encore assez répandue chez les intellectuels parisiens, surtout quand ils apprécient les vertus hallucinogènes de la dialectique du regretté président Mao.

Il y a pire, cependant. Il y a l'autre petit bout de phrase sur ceux qui « ne voient que les goulags dans l'œil du voisin quand Billancourt et Javel leur crèvent les yeux.». Décidément, Billancourt a bon dos : combien de conneries on aura dites en son nom ! Peut-on rappeler à Alain Lipietz que les goulags, c'est-à-dire les camps de concentration, n'ont jamais liquidé le despotisme d'entreprise, le despotisme du Capital social-bureaucratique en URSS ? L'ouvrier russe, triste privilège, connaît les deux oppressions, celle des goulags et celle d'un despotisme d'entreprise auprès duquel celui du système capitaliste est un conte de fées. Peut-on rappeler à Alain Lipietz cette banalité stratégique qu'il n'y a aucune possibilité de liquider le despotisme du Capital à Javel et Billancourt si l'on occulte la classe ouvrière, ou qu'on bagatellise par des phrases comme la susdite, l'existence des goulags en URSS, en Chine, et dans tous les pays où le pouvoir est monopolisé par un parti unique qui réduit le prolétariat au silence pour mieux parler en son nom ?

À Buchenwald, donc, au début de septembre 1944, j'étais dans l'antichambre de la bibliothèque du camp. Celle-ci était installée dans la même baraque que l'*Arbeitsstatistik* et la *Schreibstube*, le secrétariat. J'étais dans l'antichambre de la bibliothèque, espace exigu entre le couloir de la baraque et la bibliothèque proprement dite, dont on voyait les étagères chargées de livres, au-delà du guichet d'accueil. J'attendais qu'Anton, le bibliothécaire, vînt m'apporter le livre que j'avais demandé, lorsque la porte du couloir s'est ouverte et que Jéhovah est entré.

Il se tenait à côté de moi, un livre à la main.

— *Mahlzeit* ! a-t-il dit en guise de salutation.

J'ai tourné la tête, intrigué.

On ne peut pas dire que les salutations, formules d'adieu ou de politesse, fussent fréquemment employées à Buchenwald. Il y avait bien les Autrichiens qui vous adressaient leur *Zervus* ! chantant, pour vous dire bonjour ou bon vent, mais ils constituaient une exception. Le langage de Buchenwald était plutôt restreint, quant aux formules de convivialité.

J'ai donc tourné la tête vers ce type qui avait dit *Mahlzeit* ! d'une voix retenue mais chaleureuse.

Il portait le triangle violet, il avait des cheveux blancs sur un visage encore jeune. Un visage encore vivant, je veux dire. Pas seulement un masque. Il avait un regard bleu, délavé, transparent, presque insoutenable d'acuité.

— *Mahlzeit* ! ai-je dit à mon tour.

À ce moment, le bibliothécaire est revenu vers le guichet d'accueil et il y a déposé le livre que j'avais demandé. C'était un fort volume cartonné. Jéhovah a regardé le titre du livre qu'on posait devant moi. Il a lu ce titre à haute voix et sa voix tremblait légèrement, peut-être de surprise. Ou de joie. Ou de joyeuse surprise, peut-être.

— *Absalon, Absalon !* s'est-il écrié, en tout cas.

C'était le titre du livre, en effet.

Je me suis tourné vers Jéhovah, intrigué.

Jéhovah parle encore d'une voix claire et posée en me regardant.

— Absalon, fils de David, ayant une sœur très belle, nommée Tamar, il arriva ensuite qu'Amnon, fils de David, tombât amoureux d'elle...

Il s'interrompt et lève un doigt.

— Deuxième Livre de Samuel, 13 ! dit-il.

Je hoche la tête, un peu éberlué.

Je ne suis pas un lecteur assez assidu de la Bible pour me rappeler que l'histoire d'Absalon se trouve dans le Deuxième Livre de Samuel. D'ailleurs, qu'on la trouve là ou dans le Livre des Rois, ou même dans les Paralipomènes, ça ne me fait ni chaud ni froid. Dans le souvenir de mes lectures enfantines de l'Histoire sainte, le nom d'Absalon évoque en premier lieu une image très précise : celle d'un guerrier accroché par sa chevelure aux basses branches d'un chêne ou d'un olivier et que des ennemis armés viennent transpercer dans cette position de coups de lance et d'épée. Voilà ma première image d'Absalon : un cavalier démonté, accroché par ses cheveux aux branches d'un arbre. En somme, Absalon c'était pour moi la même chose que Samson : des types, tous les deux, qui avaient eu des problèmes à cause de leur chevelure.

Mais ce n'est pas pour raviver ces souvenirs enfantins de la Bible que j'ai demandé à la bibliothèque du camp *Absalon, Absalon !* C'est à cause d'une jeune femme aux yeux bleus.

C'était à la Sorbonne, au mois de juin 1942.

Elle est entrée dans la salle où nous attendions notre tour d'être appelés devant le professeur Guillaume, pour l'épreuve orale du certificat de psychologie. J'attendais comme les autres candidats, qui m'étaient inconnus pour la plupart. Il faut dire que je n'avais pas beaucoup fréquenté les cours, cette année-là.

J'attendais distraitement, dans le remugle poussiéreux de cette salle de la Sorbonne, lorsqu'elle est entrée.

Plus tard, je me suis parfois demandé à quoi tenait la beauté de cette jeune femme. En septembre 1944, par exemple, à Buchenwald, en entendant Jéhovah me réciter un passage du Deuxième Livre de Samuel, je me suis brusquement souvenu de cette beauté, avec un serrement de cœur. De nouveau j'ai été envahi par le mystère rayonnant de cette beauté.

J'étais auprès du guichet d'accueil de la bibliothèque du camp, j'entendais Jéhovah réciter à haute voix le début de l'histoire biblique d'Absalon, et je me souvenais de l'étrange beauté de cette jeune femme qui m'était apparue, deux ans auparavant, dans le décor décrépit et suffocant d'une salle d'examen de la Sorbonne. Je ne pouvais pas ne pas penser à elle, bien sûr. C'est elle, Jacqueline B., qui m'avait prêté *Sartoris*, le roman de Faulkner que je préférais, quelques semaines après les épreuves orales du certificat de psychologie, au cours desquelles nous nous étions rencontrés. J'étais appuyé au guichet de la bibliothèque de Buchenwald, deux ans plus tard, je tenais à la main le gros volume cartonné de la traduction allemande d'*Absalon, Absalon !* et je ne pouvais pas ne pas me souvenir de la jeune femme avec qui je parlais de Faulkner, l'été 42, tout en m'aveuglant à l'étrange lumière de ses yeux bleus.

La veille au soir, en consultant le catalogue de la bibliothèque du camp, j'avais trouvé le titre de ce roman de Faulkner. Je feuilletais ce catalogue sans idée préconçue. Si, pourtant, j'avais vaguement envie d'emprunter à la bibliothèque cette fois-ci une œuvre de fiction, plutôt qu'un volume de Hegel, de Nietzsche ou de Lange. Brusquement, mon regard est tombé sur le nom de Faulkner et sur le titre de ce roman, *Absalon, Absalon !* Ce n'était pas la première fois que je consultais le catalogue, mais je n'avais jamais remarqué ce roman. Sans doute parce que je ne l'y cherchais pas, que je ne m'attendais pas à l'y trouver. J'ai vu tout à coup le nom de Faulkner et le titre du roman, *Absalon, Absalon !* Mon sang n'a fait qu'un tour. Pas à cause de Faulkner, sans doute, de ce roman que je n'avais pas encore lu. Pas seulement à cause de Faulkner, en tout cas. À cause, surtout, du souvenir de cette jeune femme, Jacqueline B., brusquement réapparu.

Ainsi, ce roman — acheté, comme tous les autres livres de la bibliothèque, non seulement avec l'argent des internés allemands, mais aussi selon des listes établies par eux-mêmes, le commandement SS s'étant borné à détourner une partie des sommes réunies par les *kazettler* allemands pour acheter et faire placer d'office dans la bibliothèque une cinquantaine d'exemplaires du *Mein Kampf* de Hitler et du *Mythos des XX Jahrhunderts* de Rosenberg, respectivement, ainsi qu'un nombre moindre, mais toutefois considérable, d'exemplaires de certaines œuvres d'autres théoriciens du millénaire Reich nazi, et en particulier de Moeller van den Bruck — ce roman de Faulkner se trouvait-il par hasard — s'il faut nommer ainsi un enchaînement obscur, peut-être même inextricable, de causes et d'effets — à la bibliothèque du camp.

Qui l'avait commandé ? Quels souvenirs ce livre rappelait-il au détenu allemand qui l'avait un jour inscrit sur la liste des achats ? Pourquoi ce livre avait-il échappé aux purges successives ordonnées par le commandement SS, qui avaient pour objet d'éliminer des rayons de la bibliothèque tous les auteurs non allemands et toutes les œuvres douteuses et décadentes ?

Jamais je ne le saurais. Mais ce livre était là, quoi qu'il en fût. Il me semble, même, que la seule raison pour laquelle *Absalon, Absalon !* se trouvait à la bibliothèque de Buchenwald — la seule raison grave, je veux dire, que l'on ne puisse écarter d'un revers de la main — était justement la prévision de ce moment — par ailleurs imprévisible, d'un point de vue simplement logique — où mon regard tomberait sur le nom de l'auteur et le titre du roman dans le catalogue de la bibliothèque.

Il m'était destiné, autrement dit.

Alors, le Deuxième Livre de Samuel, je n'en ai rien à faire. Je regarde Jéhovah, je murmure un adieu poli et je me tire en emportant le roman de Faulkner qui me rappelle une jeune femme aux yeux bleus.

La vie d'avant, la vie dehors.

Mais quelques jours plus tard, Anton, le bibliothécaire, est venu me trouver dans la salle de l'*Arbeitsstatistik.* C'était le soir, peu avant qu'on ne sonne le couvre-feu. Je faisais partie de l'équipe de nuit, *Nachtschicht,* et j'avais déjà rejoint mon poste de travail. Ce qui, d'ailleurs, n'est qu'une façon de parler : on ne travaillait guère, à l'*Arbeit,* quand on faisait partie des équipes de nuit. On pouvait lire, rêvasser ou dormir, au goût de chacun. C'est bien pour ça que Seifert avait inventé les équipes de nuit.

Pour ma part, j'avais l'intention de lire. Le roman de Faulkner était sur un coin de ma table, discrètement caché sous une pile de rapports.

À ce moment, Anton, le bibliothécaire, s'est approché de moi. Il m'a tendu un paquet, avec une espèce de sourire assez difficile à définir. Plutôt goguenard, quand même.

— C'est pour toi, me dit Anton.

Je dois avoir l'air étonné, car il insiste. De plus en plus goguenard, je dois dire.

— Mais si, mais si, c'est bien pour toi ! C'est de la part de ton Témoin de Jéhovah !

En fait, il n'a pas dit «Témoin de Jéhovah». Je simplifie, pour la commodité de la lecture. Les Témoins de Jéhovah sont appelés *Bibelforscher,* selon la nomenclature officielle de Buchenwald, je l'ai déjà noté. C'est-à-dire, «chercheurs» ou «investigateurs de la Bible». Mais Anton n'a pas dit *Bibelforscher,* non plus. Il a dit — sans doute intentionnellement, mais son intention m'échappe, pour l'instant — *Bibelliebhaber,* c'est-à-dire, «amateur» ou «amoureux de la Bible». Bibliophile, en somme. Ce qui est parfaitement logique. Comment Jéhovah pourrait-il être autre chose que Bibliophile ?

Je hoche la tête, un peu surpris, je prends le petit paquet que me tend Anton. On dirait que celui-ci veut ajouter quelque commentaire.

Mais non, il ne dit finalement rien. Il hausse les épaules et s'en va.

À ce moment, on entend les coups de sifflet des patrouilles du *Lagerschutz* qui annoncent le couvre-feu à travers les rues du camp.

J'ouvre le paquet et je vois un exemplaire de la Bible. Un signet de soie défraîchie marque la page où se trouve le chapitre 13 du Deuxième Livre de Samuel : « Inceste d'Amnon ».

Alors Amnon dit à Tamar : « Apporte les galettes dans l'alcôve, afin que je les y mange de ta main », et Tamar prit les galettes qu'elle avait préparées, elle les porta à son frère, dans l'alcôve. Quand elle les mit devant lui, afin qu'il les mangeât, il lui dit, la prenant par la main : "Viens, ma sœur, couche avec moi..."»

Je lis machinalement quelques lignes de la page marquée par le signet. Puis je referme la Bible, je la cache auprès du roman de Faulkner, sous les dossiers que je dois mettre à jour. Je suis vaguement irrité. Ou angoissé ? Une vague sensation de malaise m'envahit, en tout cas. Qu'est-ce qu'il me veut, Jéhovah ? Pourquoi me poursuit-il ? Mais peut-être Jéhovah n'y est-il pour rien. Peut-être cette angoisse diffuse tient-elle à la conversation que je viens d'avoir avec Henri Frager. Avant de venir à l'*Arbeit*, en effet, pour y prendre mon poste à l'équipe de nuit, je suis passé au block 42.

Il fallait que je voie Frager, sans faute.

Henri Frager était le patron de mon réseau de résistance. À vrai dire, je ne savais pas qu'il s'appelait Henri Frager. Je le connaissais sous son pseudo de « Paul », c'est tout. C'est Michel Herr qui m'avait introduit dans le réseau « Jean-Marie » et qui m'avait présenté à « Paul », un jour de l'été 1943. C'était sur le trottoir de l'avenue Niel, en face des Magasins Réunis. J'allais être officiellement affecté au groupe d'Irène, dans l'Yonne, chargé de la réception des parachutages, du sabotage des lignes de communication allemandes et de l'instruction des maquis de la région. Je marchais sur le trottoir de l'avenue Niel, à la tombée du soir, avec Henri Frager, qui s'appelait « Paul », et Michel Herr, qui s'appelait « Jacques ». Ou plutôt, à ce moment-là je ne savais pas que Paul s'appelait Henri Frager. Je savais seulement, et pour cause, que Jacques s'appelait Michel Herr. Ce rendez-vous allait rendre officielle, en quelque sorte, mon entrée dans le réseau, aux activités duquel je participais déjà depuis quelque temps avec Michel et Irène.

J'avais revu Paul deux ou trois fois, à Paris. Et puis, j'avais été arrêté par la Gestapo, dans la maison d'Irène, à Joigny. Mais Irène n'est pas revenue de Bergen-Belsen.

Quoi qu'il en soit, un an après mon dernier rendez-vous avec Paul, j'étais à Buchenwald, dans le bureau de l'*Arbeit*. Je travaillais au fichier central de la main-d'œuvre lorsqu'on m'a passé un rapport qu'il fallait enregistrer. C'était une liste d'arrivages de la veille, 17 août 1944. Un transport d'une quarantaine de personnes, pas davantage. On voyait aussitôt qu'il s'agissait d'un transport exceptionnel. D'abord, tous ces déportés étaient affectés au block 17, qui était une baraque de quarantaine spéciale. Un block d'isolement, en réalité. Ensuite, tous ces nouveaux arrivés étaient qualifiés DIKAL *(Darf In Kein Anderes Lager)* par la Gestapo de Buchenwald, sur ordre de Berlin. Ces déportés devaient être maintenus au camp, à la disposition de la Gestapo. Et finalement, en regardant les noms de plus près — Dodkin, Peulevé, Hessel, par exemple — on s'apercevait que c'étaient des Français et des Anglais mélangés.

Toutes ces données permettaient de comprendre qu'il s'agissait d'officiers et de chefs importants des réseaux de renseignement et d'action de Buckmaster et de la France combattante.

J'ai commencé à établir les fiches des nouveaux arrivés.

Brusquement, dans la feuille du rapport de la *Schreibstube*, j'ai vu ce nom : Frager, Henri. La profession indiquée était celle d'architecte. Je savais que «Paul» était architecte. C'est bien la seule chose que je savais de lui. Ainsi, par une brusque intuition, en écrivant au crayon la fiche de Frager, Henri, architecte, j'ai aussitôt supposé que cet homme qui venait d'arriver au block 17 de Buchenwald était Paul, le chef de mon réseau.

Mais je ne pouvais rien faire pour vérifier cette intuition. Je ne pouvais pas prendre contact avec Frager tant qu'il serait au block 17.

Quelques semaines plus tard, dans les premiers jours de septembre, une quinzaine de membres de ce transport spécial ont subitement été convoqués à la porte du camp, au bureau du *Rapportführer* installé dans la tour de contrôle. Le lendemain, une feuille administrative de la Gestapo de Buchenwald, la *Politische Abteilung*, informait tous les services intéressés que ces hommes avaient été libérés. *Entlassen*, disait le rapport de la Gestapo. Mais des nouvelles obtenues par l'organisation allemande clandestine faisaient état d'une tout autre version. Ces hommes auraient été conduits dans la cave du crématoire pour y être pendus.

Henri Frager ne faisait pas partie de ce groupe-là.

Quelque temps après, les survivants du transport spécial du mois d'août étaient transférés dans le camp proprement dit, pour être intégrés à la vie normale de Buchenwald. Henri Frager avait été affecté au block 42.

Ce soir-là, après l'appel, je me suis précipité au block 42. J'ai demandé à l'un des *Stubendienst*, l'un des types du service des chambrées, de faire venir le déporté Frager, dont je lui ai donné le numéro de matricule. C'était un chiffre aux alentours des soixante-dix mille, si je me souviens bien. Le *Stubendienst*, à contrecœur, car il était en train de manger sa soupe bien tranquillement, dans le cagibi qui lui était réservé, à l'écart de la foule et du brouhaha des déportés qui s'entassaient dans le réfectoire, mais sans doute impressionné par l'autorité vaguement redoutable que me conférait le fait d'appartenir à l'*Arbeitsstatistik*, le *Stubendienst* polonais, donc, est allé chercher Henri Frager.

Maintenant, nous étions face à face. C'était lui, sans aucun doute. Je veux dire, c'était «Paul», sans aucun doute.

C'était lui, son air calme, son regard aigu. Aux aguets, même, puisqu'il devait se demander ce que je lui voulais. Frager, visiblement, ne me reconnaissait pas.

— Ne craignez rien, lui dis-je. Je suis un ami.

Il ne craignait sans doute rien, mais il restait sur son quant-à-soi. Impassible. Il attendait la suite.

Je lui souris.

— En fait, lui dis-je, j'ai travaillé pour vous.

Il se raidit. Son œil bleu devient sombre.

— Travaillé ? À quoi ? dit-il, sèchement.

— Il vous est arrivé de vous appeler Paul, n'est-ce pas ?

Il tique, sa paupière gauche frémit.

— Il m'est arrivé de m'appeler de toute sorte de façons, dit-il.

Je hoche la tête, conciliant.

— Le message personnel pour les parachutages commençait toujours ainsi, lui dis-je : «Les meubles de Paul arriveront tel jour»!

Il commence à être intéressé, c'est visible.

— Où vous ai-je rencontré ? demande-t-il. Si tant est que vous m'ayez rencontré ?

— La première fois, c'était avenue Niel, en face des Magasins Réunis.

Il me regarde avec encore plus d'attention. Il pointe son doigt sur ma poitrine.

— Vous étiez avec «Mercier» ? dit-il d'une voix agitée

Je hoche la tête en signe d'assentiment.

— Oui, lui dis-je. «Jacques Mercier.»

Son doigt n'est plus pointé sur ma poitrine, c'est sa main droite qui se pose sur mon épaule.

— «Gérard»! s'écrie-t-il. Ce n'est pas ça ?

Mais oui, c'est ça. C'est Gérard.

— Vous avez été arrêté chez Irène Chiot, à Joigny, dit-il.

Chiot, c'était le nom de jeune fille d'Irène. Son nom de femme, c'était Rossel. Michel et moi, bien sûr, ça nous amusait de travailler avec une femme aussi intrépide, qui portait de surcroît le nom de Rossel.

Voilà, nous nous sommes reconnus.

Mais le regard de Frager redevient méfiant. Peut-être pas méfiant, tout de même. Mais préoccupé, certes.

— Comment avez-vous réussi à me retrouver et à m'identifier ? demande-t-il.

Je lui dis la vérité, tout simplement. Je lui parle de la certitude qui m'a envahi, de façon irraisonnée, lorsque j'ai vu son nom dans la liste de la *Schreibstube.*

Ainsi, pendant ce mois de septembre 1944, j'ai beaucoup parlé avec Henri Frager. Nous avons rétrospectivement tiré au clair un certain nombre de problèmes concernant le fonctionnement du réseau, dans la région Yonne-Côte-d'Or. Le problème d'«Alain», en particulier. Frager m'avait raconté ce qu'avait été la fin d'Alain. Je venais le retrouver au block 42, après l'appel. Ou bien, le dimanche après-midi, il venait me chercher à l'*Arbeit*. S'il ne pleuvait pas, nous allions nous promener dans les rues du camp. Au cours de l'une de ces promenades, il m'a présenté à Julien Cain et à Maurice Hewitt, qui étaient également déportés à Buchenwald et qui avaient travaillé dans un autre secteur que moi pour le réseau Jean-Marie.

Un soir, au 42, Frager m'a parlé de Bloch, le constructeur d'avions. Il me l'a montré, de loin. Il m'a dit qu'il faudrait faire quelque chose pour lui. Maurice Bloch était un vrai résistant, m'a-t-il dit. Mais il n'était pas affecté à un bon kommando et il y avait toujours le risque qu'il fût envoyé en transport, inopinément. Pour moi, la parole de Frager était une garantie suffisante. Alors, j'ai signalé le cas de Bloch — qui est devenu ensuite Bloch Dassault, puis Dassault tout court — aux camarades du comité français. Ils ont fait le nécessaire pour que Maurice Dassault survive à Buchenwald. C'est grâce à Frager, donc, que Maurice Dassault a eu des chances supplémentaires de survivre. Peut-être même des chances tout court. Il était sans doute bon de le dire, maintenant que Frager est mort, qu'il ne peut pas le dire lui-même.

Car Henri Frager est finalement mort à Buchenwald. Il a finalement été exécuté par la Gestapo. Finalement, trois hommes seulement ont survécu aux dernières exécutions du mois d'octobre. Trois seulement de la quarantaine qui composaient le convoi spécial du mois d'août. Trois hommes que l'organisation clandestine a pu sauver, en leur attribuant l'identité de trois déportés morts du typhus, grâce en particulier à l'intervention décisive du détenu autrichien Eugen Kogon. Ces trois étaient le Français Stéphane Hessel et les Anglais Peulevé et Dodkin, dont le vrai nom était Yeo-Thomas.

Vers la mi-avril 1945, quelques jours après la libération de Buchenwald, j'étais responsable d'un détachement qui montait la garde autour des casernes et des bâtiments administratifs de la division SS *Totenkopf.* Nous occupions encore cette zone extérieure du camp de Buchenwald en attendant que les Américains la prissent en charge.

Ce jour-là, justement, en fouinant dans l'un des bâtiments, je suis tombé sur la salle où l'administration SS conservait les dossiers des détenus. J'ai consulté le fichier, qui était rangé par ordre alphabétique, comme tous les fichiers qui se respectent. J'y ai trouvé ma fiche. *Häftlings-Personal-Karte,* y était-il imprimé en caractères gras. En haut, à droite, il y avait un encadrement rectangulaire dans lequel s'inscrivait un triangle isocèle, la pointe tournée vers le bas. Dans cette case, on avait noté mon numéro matricule : 44 904. Le numéro était écrit au crayon noir et on avait coloré au crayon rouge le triangle prévu à cet effet et qui portait, en surcharge, un *S* noir, tapé à la machine. Pour le reste, la fiche contenait les renseignements d'identité habituels.

Je regardais cette fiche où étaient consignées toutes les données me concernant lorsque j'ai remarqué, encadré de rouge, un mot poétique et mystérieux. Je veux dire : dont la signification exacte, malgré l'évidence de son sens littéral, était à première vue mystérieuse. *Meerschaum :* écume de mer. J'ai supposé que c'était un nom de code. Plus tard, j'en ai eu la confirmation. Ce nom de code servait à désigner l'opération qui avait rassemblé à Compiègne, vers la fin de l'année 43 et le début de 44, les détenus des prisons françaises qui devaient être déportés en Allemagne. Plus tard, j'ai appris que l'opération qui suivit la nôtre avait pour nom de code *Frühlingswind :* Vent de printemps.

Je regardais ce nom poétique, *Meerschaum,* lorsque la porte de la pièce s'est ouverte.

J'ai tourné la tête, c'était un officier britannique.

Il me regarde, l'air méfiant.

— Que faites-vous là ? me dit-il sèchement.

— Et vous ? lui dis-je sur le même ton.

Il bat des paupières, pris de court.

— Je suis un officier britannique.

Mais je l'interromps d'un geste.

— Ça se voit, vous savez ? lui dis-je. Vous auriez du mal à faire croire le contraire. Mais je vous le répète : que voulez-vous ?

Cette fois-ci, il a l'air vraiment déconcerté.

— Je dois vous dire que je suis responsable de ce bâtiment, lui dis-je, tant que les autorités alliées ne l'auront pas occupé. Avez-vous un ordre de mission ?

Il n'y a rien de plus drôle que de prendre des militaires au piège de leurs propres règlements. D'ailleurs, ça vaut pour toutes les professions. Prenez les linguistes au piège des mots, les peintres au piège de la lumière, les marxistes au piège de la dialectique : vous verrez, c'est tout aussi drôle.

L'officier britannique, lui, ne sait pas encore s'il doit trouver ça drôle.

Un tant soit peu dérouté, il regarde la fiche que je tiens à la main. Il regarde le fichier SS.

J'agite la fiche que je tiens à la main.

— *Meerschaum*, lui dis-je. Je viens de trouver ma fiche personnelle. Ça ne m'apprend rien, sauf que je suis *Meerschaum*. Vous connaissez l'allemand ? Ça veut dire «écume de mer».

Il hoche la tête, l'air de suggérer qu'il connaît l'allemand.

— Je croyais que nous étions la lie de la terre, pour les SS, lui dis-je. Et puis non ! Nous sommes l'écume de la mer. C'est plutôt réconfortant, non ?

Il s'est approché de moi. Il regarde la fiche que je lui tends. Puis il me regarde.

— Si vous êtes responsable de ce bâtiment, dit-il d'une voix suave, peut-être puis-je vous demander des instructions ? Même sans ordre de mission ?

Il a retrouvé le ton inimitable de l'humour britannique. J'aime bien les militaires qui ont le sens de l'humour. Les marxistes aussi, d'ailleurs. Mais les marxistes qui ont le sens de l'humour sont encore moins nombreux que les militaires, quoi qu'on en pense. L'officier a glissé deux doigts dans la poche extérieure de son blouson de campagne. Il en extrait un petit papier qu'il déplie.

— Je cherche à retrouver un certain nombre de personnes, dit-il.

Je lui prends le papier. C'est une liste de noms. Et le premier nom sur cette liste de noms est celui d'Henri Frager.

C'est con, la vie. C'est con comme la mort. Je n'ai plus du tout envie de plaisanter. Je regarde l'officier britannique.

— Vous arrivez trop tard, lui dis-je. Beaucoup trop tard.

Le dernier dimanche de septembre, quelques mois auparavant, donc, avant le dernier hiver de cette guerre qui se finissait, j'avais vu Henri Frager. Nous nous promenions dans le petit bois, entre l'infirmerie et le camp de quarantaine, là où la pente de l'Ettersberg rejoignait la plaine de Thuringe. J'avais raconté à Frager une histoire qui m'était arrivée au « Tabou », un an auparavant. Encore un an plus tôt. Ou plus loin, ça dépend du point de vue. En septembre 1943, en tout cas. J'étais allé au « Tabou » avec Julien. Nous apportions aux maquisards du « Tabou » une provision de plastic, en vue de je ne sais plus quelle opération de sabotage. Nous étions dans la clairière du Tabou, le soir tombait. Je m'étais assis un peu à l'écart, je relisais un chapitre de *L'Espoir*. C'était un livre que je traînais toujours dans mon sac. Il avait fini par s'imprégner de l'odeur écœurante et tenace du plastic. Ce soir-là, donc, je relisais *L'Espoir* et quelques jeunes maquisards — mais c'est vrai, j'y pense tout à coup : moi aussi j'étais jeune ; j'avais dix-neuf ans, comme la plupart d'entre eux ; mais j'écris ceci à l'orée de la vieillesse, du vieillissement tout au moins, et il se produit un phénomène étrange : alors que tous les autres personnages de ma mémoire ont conservé l'âge qu'ils avaient, le jeune âge qui était le leur, moi-même j'ai pris de l'âge ; moi-même, dans ma mémoire, je promène mes cheveux gris, ma lassitude de vivre, au milieu de leur jeune âge — et quelques jeunes maquisards, donc, étaient venus s'enquérir de ma lecture. Bientôt ils étaient une bonne douzaine autour de moi et nous parlions de *L'Espoir*, de la guerre d'Espagne. À ce moment, l'un des petits chefs du « Tabou » est intervenu. Il criait, il n'était pas content du tout. Il ne voulait pas de politique dans son maquis, criait-il. Malraux, c'était de la politique. Alors, pour l'emmerder, j'ai lu à haute voix une page de *L'Espoir*, la fin de l'épisode de Tolède, lorsque Hernández est fusillé. J'ai lu cette page et il y a eu un grand silence, ensuite. Le petit chef qui ne voulait pas de politique au « Tabou » ne disait plus rien.

Mais c'est quand même moi qui ai perdu au change. Car il a fallu que je laisse mon exemplaire de *L'Espoir* aux maquisards du « Tabou ». Ils voulaient tous lire ce livre, je n'ai pas pu le leur refuser. Ainsi, mon exemplaire de *L'Espoir* a dû brûler au « Tabou », lorsque les SS ont anéanti le maquis et mis le feu aux cahutes du camp maquisard, quelques semaines après mon passage.

Mais je viens de dire à l'officier britannique qu'il arrive trop tard.

— Beaucoup trop tard, lui dis-je.

Il me regarde, anxieux.

Comment était-il mort, Henri Frager ? Avait-il été exécuté d'une balle dans la nuque, dans une cellule du bunker ? Avait-il été pendu dans les caves du crématoire ? L'avant-veille, j'avais visité le crématoire, justement. J'avais vu, justement.

Je savais, désormais, comment c'était, les caves du crématoire où l'on pendait mes camarades.

Mais nous n'en sommes pas encore là.

Nous sommes encore en septembre, ce soir où Anton, le bibliothécaire, m'a apporté une Bible avec un signet de soie d'un bleu passé qui marque une page du Deuxième Livre de Samuel, la page de l'inceste d'Amnon.

— C'est de la part de ton Bibliophile, m'a-t-il dit avec un sourire inexplicablement goguenard.

Et je vais passer ma nuit à faire la lecture croisée d'un roman de Faulkner et du Deuxième Livre de Samuel, à déchiffrer les signes obscurs des vies et des morts croisées d'Absalon et d'Henry Sutpen, de Tamar et de Judith Sutpen, de Charles Bon et d'Amnon, toute une nuit, mais c'était la nuit, également, tant d'années plus tard. Toute une vie, pourrait-on dire, entre ces deux nuits. Celle de septembre 1944, à Buchenwald, le jour où la *Politische Abteilung,* c'est-à-dire la Gestapo du camp, a demandé qu'on lui communique la situation d'un certain nombre de détenus DIKAL. Mais l'ordre bureaucratique doit commencer à se détraquer, à Berlin, car il y a dans cette liste de la *Politische Abteilung* les noms de certains déportés du convoi spécial du mois d'août qui ont déjà été exécutés — *entlassen,* «libérés», selon le libellé cynique du rapport officiel — il y a plusieurs semaines, pendus, semble-t-il, dans les caves du crématoire. Et il y a aussi le nom de certains survivants : celui d'Henri Frager, par exemple .Pourquoi la Gestapo demande-t-elle des nouvelles de Frager ? C'est précisément dans l'inquiétude provoquée par cette question que Gérard a été trouver Paul, au block 42. Mais Paul était déjà au courant. Ne valait-il pas mieux essayer de quitter le camp pour quelque kommando extérieur à partir duquel il serait peut-être possible d'envisager l'évasion ? Mais Paul a laissé entendre qu'il ne pouvait pas prendre de décision individuelle, que son sort était lié à celui d'un groupe. Il fallait attendre encore, disait Paul. Il était serein, Paul. Non pas résigné, mais serein. «De toute façon, disait-il avec un sourire, j'aurais dû être fusillé aussitôt, dès que la Gestapo a mis la main sur moi. Ça fait toujours quelques mois de gagnés ! »

Mais c'était la nuit, également, tant d'années plus tard. Toute une vie avait passé et il ne s'appelait plus Gérard. Il ne s'appelait plus Salagnac, non plus, ni Artigas, ni Sánchez. Il ne s'appelait plus rien. Autant dire qu'il s'appelait seulement par son nom, mais parfois il ne répondait pas tout de suite à l'appel de son nom, comme si ce nom était celui d'un autre dont il aurait emprunté l'identité. Il n'était plus rien que lui-même, soi-même. «Moi-même», pensait-il, avec un sourire désabusé, dans une chambre d'hôtel, à New York, à l'Algonquin, tout seul, en automne, l'an de grâce, ou de disgrâce, 1970. Pourquoi s'est-il souvenu d'Absalon, et du Témoin de Jéhovah, et d'Henri Frager, vingt-six ans plus tard, à New York, dans cette chambre de l'Algonquin, à la tombée de la nuit, à cette heure où les feuilles de journal et les papiers gras commencent à virevolter, dans les rafales de vent de la Quarante-deuxième Rue ? On avait frappé à la porte de sa chambre, une jeune femme était entrée. Une femme de chambre, précisément, dans la tenue conventionnelle des femmes de chambre. Mais celle-ci était noire, d'une beauté souple de gazelle aux longues jambes, d'une beauté rapace de panthère aux reins solides. Bon, ne rêve pas, elle était juste entrée pour faire la couverture. Ensuite, quand elle eut terminé, à la porte, il lui donna un pourboire. Elle souriait, nonchalante, sur son quant-à-soi. *«My name is Clytie,* disait-elle, *if you need something, ring me, please*!» Distante, lisse, parlant d'une voix posée, profonde, détachant les syllabes, avec une diction parfaite. Mais la porte était déjà refermée et il restait seul, avec le son aigu de ce prénom planté dans le cœur comme un poignard : Clytie ! Debout, immobile, frémissant, au milieu de cette chambre d'hôtel inconnue : Clytie ! Tout lui était revenu, peu après, dans un vertige nauséeux. Clytemnestra Sutpen, la fille naturelle de Thomas Sutpen et d'une esclave noire. La sœur naturelle d'Henry Sutpen, Clytie, qui mit le feu à la vieille demeure vermoulue de *Sutpen's Hundred*, pour éviter qu'on vienne se saisir de son demi-frère blanc, afin de le juger pour le meurtre de Charles Bon. Tout lui était revenu, d'un seul coup *Absalon, Absalon !* Tout, à cette heure de la nuit commençante où les papiers gras, les feuilles de journal virevoltaient dans les rafales de vent glacial de la Quarante-deuxième Rue, au milieu de la vapeur blanche des soupiraux et de la rumeur stridente des sonneries des machines à sous et des jeux électroniques. Tout lui était revenu. Il connaissait par cœur le texte ancien, tous les mots, mot à mot, malgré les années passées et il avait dit à haute voix les mots du texte ancien. « Et vous êtes ? Henry Sutpen. Et vous êtes ici ? Depuis quatre ans. Et vous êtes revenu chez vous ? Pour mourir. Pour mourir ? Oui, pour mourir. Et vous êtes ici ? Depuis quatre ans. Et vous êtes ? Henry Sutpen. » Il avait dit les mots de Faulkner, à haute voix, et puis, mû par une impulsion subite, il avait marché jusqu'à la table de chevet, il avait ouvert le tiroir. Il y avait une Bible, bien sûr. Il avait trouvé la page du Deuxième Livre de Samuel : «*And Ta-mär took the cakes which she had made, and brought them into the chamber to Amnon her brother. And when she had brought them unto him to eat, he took hold of her, and said unto her, Come lie with me, my sister…* » Viens, couche avec moi, ma sœur ! Ma sœur, ma gazelle, ma colombe. Qu'importe ton nom, Tamar, Judith ou Clytie !

Tout lui était revenu, toute la mémoire, comme un vertige, à New York, tant d'années plus tard.

La jeune femme venait de partir.

J'avais refermé la porte de la chambre. Ça bougeait quelque part, au loin, dans ma mémoire. Comme si ma mémoire avait été une vaste maison délabrée, abandonnée tout au moins, qu'on visiterait à l'automne, et où les bruits de nos pas réveilleraient des échos éteints, des réminiscences obscures, comme si en parcourant cette maison abandonnée l'impression d'y être déjà venu, peut-être même d'y avoir déjà vécu, allait s'imposant peu à peu jusqu'à acquérir la force d'une obsession.

Ça bougeait, en tout cas, loin, dans ma mémoire.

Clytie ?

Je savais que ce prénom de Clytie devait me rappeler quelque chose. Je savais aussi qu'il n'était pas indifférent que Clytie fût noire. J'étais au milieu de la chambre d'hôtel, seul, immobile. J'allumais une cigarette. Il y avait des chevauchées dans ma mémoire. Pourquoi ? Quel rapport y avait-il entre ce prénom de Clytie et des chevauchées ? Des hommes à cheval, pourquoi ? Un homme à cheval, plus précisément, dans les rues d'une petite ville aux maisons en bois : ça pouvait être une image de film de l'Ouest. Puis, subitement, j'étais détourné vers d'autres souvenirs. *L'Homme à cheval*, c'était le titre d'un roman de Drieu. Un jour, Anton, le bibliothécaire de Buchenwald, était venu me trouver avec quelques romans qu'on avait découverts dans les bagages d'un convoi de déportés français. Il voulait en lire un, il me demandait conseil. Je lui ai suggéré de lire *L'Homme à cheval*, de Drieu, qui faisait partie du lot. Les autres, c'étaient des minables.

Anton !

Tout en me rappelant la fin de cette histoire concernant le livre de Drieu, je savais déjà que ce n'était pas ça qui était important. En fait, ce souvenir anecdotique à propos d'un roman de Drieu faisait écran à l'essentiel. Et l'essentiel, c'était Anton lui-même.

L'essentiel, plutôt, c'est que j'avais retrouvé, à cause du souvenir d'Anton, ce qu'aurait dû me rappeler le prénom de Clytie. L'essentiel, c'était que ce détour apparent par le souvenir d'un incident concernant un livre de Drieu me ramenait à Clytemnestra Sutpen, à *Absalon, Absalon !*

Alors, j'ai marché vers la table de chevet. J'ai pris la Bible qui se trouvait dans le tiroir. Ma main tremblait légèrement.

— Deuxième Livre de Samuel, 13 ! avait dit Jéhovah, vingt-six ans auparavant, à l'entrée de la bibliothèque de Buchenwald.

Vingt-six ans après, à New York, à l'hôtel Algonquin, j'ai pris la Bible qui se trouvait dans le tiroir de la table de chevet. *Holy Bible*, pouvait-on lire en lettres dorées sur la couverture noire. Une autre inscription dorée demandait qu'on fût assez aimable pour laisser le livre — le Livre — bien en vue. *Kindly leave this book in view*, disait cette dernière inscription dorée.

Mais Jéhovah avait cité le Livre de Job, ce dimanche de décembre, à Buchenwald, et non celui de Samuel. Je regardais la neige sur la plaine de Thuringe et je me demandais comment il allait s'en sortir, Jéhovah. Il s'en est très bien sorti, grâce au Livre de Job. Je le regarde, admiratif et vexé.

— En somme, lui dis-je, pour tout événement naturel ou historique il existe une citation appropriée de la Bible !

Il hausse les épaules.

— Ça vous étonne ? dit Jéhovah. Pourtant, vous devez savoir ce que c'est : il vous arrive exactement la même chose.

Je le regarde, interloqué.

— Moi ?

— Vous, les marxistes, dit Jéhovah. Depuis quelque temps, nous avons abordé les questions générales, dans nos conversations.

Il insiste, Jéhovah.

— Des citations, dit-il, vous en avez pour tous les goûts !

Je hausse les épaules.

Il faut dire que c'est aussi ce que me reproche Barizon. Sans doute le point de vue de Fernand n'est-il pas le même que celui de Jéhovah. Certainement pas. Ils doivent même être tout à fait opposés, leurs points de vue. Pourtant, Barizon me reproche aussi mon goût pour les citations percutantes. Il n'a pas l'air de trouver qu'elles sont le sel et le fleuron d'une démonstration dialectique bien menée. Où alors, c'est qu'il se méfie des démonstrations dialectiques trop bien menées. Ou encore qu'il se méfie de mes citations : il a l'impression que je les invente pour les besoins de ma cause. Il n'a pas toujours raison, d'ailleurs.

Mais avec Jéhovah, quoi qu'il en soit, nous en sommes venus à parler d'idées générales. Et pour Jéhovah, bien sûr, l'idée la plus générale est celle de Dieu. Nous en sommes venus à parler de Dieu, avec Jéhovah.

Dimanche dernier, par exemple, nous avons parlé de Dieu.

Je sortais du block 62 et Jéhovah m'attendait sur l'esplanade. Il guettait visiblement mon passage. Depuis quelque temps, connaissant l'habitude dominicale qui me menait à contempler le paysage de Thuringe, vers la fin de l'après-midi, il guettait mon passage sur les voies d'accès au boqueteau qui s'étendait au bas du camp de quarantaine.

Jéhovah devenait assidu, c'était visible.

Quelques jours auparavant, un soir que je venais échanger des livres, Anton m'avait regardé d'un air qui n'était pas goguenard, cette fois-ci, mais inquiet. Comme s'il se faisait du souci pour moi, Anton.

— Et ton Bibliophile, comment va-t-il ?

Il insiste sur le possessif, bien sûr, Anton.

Mais il ne me laisse pas le temps de lui répondre :

— D'ailleurs, dit-il, est-il Bibliophile ou simplement Hispanophile ? *Aber, ist er Bibelliebhaber oder einfach Spanierliebhaber*?

Il a vraiment l'air de se faire du souci pour moi, le bibliothécaire. Comme s'il craignait que l'un de ses meilleurs clients, dont il partageait souvent les goûts littéraires ou philosophiques, ne s'écartât des droits chemins de la vertu. C'est fou ce que la plupart des gens craignent les déviations du droit chemin, de la sexualité correcte.

Je n'ai pas envie de discuter avec lui de tout cela. Je le rassure d'un mot. Qu'il soit tranquille, je ne m'écarterai pas des chemins de la vertu à cause de Jéhovah. Je veux dire : de son Témoin. Je resterai dans la vertu commune et forcée de notre misère sexuelle, à peine troublée par des rêves qui se font de plus en plus vagues et déroutants à mesure que nous nous enfonçons dans les déserts de sel du temps immobile et de la faim perpétuelle. L'épuisement vital facilite l'exercice même solitaire, de la vertu, c'est connu. Et puis, mon imaginaire à moi, c'est plutôt Juliette que Jéhovah.

Je regarde Anton, je le rassure d'un mot.

Je me demande pourtant s'il fait partie des Allemands qui vont au bordel. Je me demande s'il trouve ça normal et vertueux de baiser l'une des filles du bordel, avec l'autorisation et sous le contrôle du sous-off SS qui est le patron et le maquereau des filles du bordel. Je me demande s'il trouve ça normal et vertueux d'apporter des petits cadeaux aussi bien aux filles du bordel qu'au sous-off SS, petits cadeaux indispensables pour que tout se passe bien et qui consistent en boîtes de conserve, de margarine, flacons de parfum, que l'on ne peut obtenir qu'en participant aux trafics du camp, c'est-à-dire en prélevant sur les rations quotidiennes des déportés la quote-part que les privilégiés détournent au bénéfice de leur vertu, de leur normalité.

Je me demande s'il a des habitudes au bordel du camp, ou bien s'il prend n'importe laquelle des filles. Avec qui baise-t-il ? Avec Stahlheber, avec Bykowski, qui est l'une des plus prisées ?

On s'inquiétera sans doute de savoir si j'invente, ou bien si je connais vraiment, sinon les prénoms, que j'ignore en effet, du moins les noms des filles du bordel — *Sonderbau* : bâtiment spécial — de Buchenwald. Mais je n'ai rien inventé, bien sûr. Je donne les vrais noms, certains des vrais noms. Je pourrais donner ainsi tous les autres vrais noms des filles du bordel de Buchenwald. Tout au moins les vrais noms des filles qui y exerçaient leurs activités, somme toute normales et vertueuses — c'est-à-dire ne corrompant pas les vertus masculines — au mois de décembre 1944, mois dont il a souvent été question dans ce récit.

Je n'invente rien, dans ce cas.

Il m'est arrivé d'inventer d'autres choses, dans ce récit. On n'arrive jamais à la vérité sans un peu d'invention, tout le monde sait cela. Si on n'invente pas un peu la vérité, on passe à travers l'histoire, surtout celle qui vous est arrivée à vous-même, comme Fabrice à travers la bataille de Waterloo. L'histoire est une invention, et même une réinvention perpétuelle, toujours renouvelable, de la vérité. D'ailleurs, Fabrice lui-même est une invention de Beyle.

Mais, dans ce cas, je n'ai rien inventé. Je n'ai pas inventé les noms des filles Stahlheber, ou Bykowski — l'une des plus prisées par la clientèle normale et vertueuse du bordel, avec Düsedau et Mierau — qui travaillaient au *Sonderbau* de Buchenwald en décembre 1944. J'ignorais ces noms, bien sûr, à l'époque même. Je les ignorais lorsque je regardais Anton, un soir, lorsque je l'entendais se faire du souci à propos de moi, à propos de mes relations avec le Bibliophile, qui était peut-être tout simplement hispanophile. C'est beaucoup plus tard que j'ai appris ces noms.

Beaucoup plus tard, au printemps 1965, j'ai collaboré à une série d'émissions radiophoniques sur *Le Monde concentrationnaire*. C'était Alain Trutat qui dirigeait l'ensemble de cette série, pour France-Culture. Moi, j'avais à préparer une émission sur le *Système économique SS*, et c'est à cette occasion, en remuant des masses de documents d'archives, en reprenant contact avec d'anciens compagnons de Buchenwald — que je n'avais pas revus depuis vingt ans — que je suis tombé sur un document comptable concernant le bordel de Buchenwald. La feuille, datée du 17 décembre 1944, concernait l'encaissement de la veille : *Einnahme im Sonderbau am 16-12-1944*. La veille, donc, le bordel avait encaissé 45 marks de l'époque. Comme une autre colonne du document comptable indique qu'il y avait eu, ce jour-là, 45 passes, on peut aisément en conclure, sans avoir le génie de l'arithmétique, que le prix de la passe était de un mark. Et c'est sur la première colonne de ce document que s'inscrivent les noms des filles. Elles sont au nombre de treize. Mais quatre d'entre elles n'ont pas travaillé le 16 décembre. Deux, Rathmann et Dryska — le document ne donne pas les prénoms des filles — n'ont pas travaillé parce qu'elles étaient soumises aux conséquences d'un événement périodique et sanglant, dont le sens et la fatalité n'ont pas manqué de troubler, de hanter même, l'imagination de l'espèce, depuis des siècles. Quoi qu'il en soit, Rathmann et Dryska étaient indisponibles, le 1er décembre. Quant aux autres, Giese et Jubelt, la première a fait office de surveillante ou de sous-maîtresse (*Aufsicht*, est-il écrit dans la colonne où, pour les autres, s'inscrit le nombre de passes que chacune a faites, nombre qui permet de déduire que Düsedau, Bykowski et Mierau étaient les plus prisées, puisqu'elles ont effectué six passes chacune, alors que les autres filles n'en ont fait que quatre ou cinq) et la seconde office de caissière : *Kassiererin.*

Il n'y a pas de quoi rêver, comme on voit.

C'est un banal et terne document comptable sur l'encaissement d'une journée de travail au bordel. Il est contresigné par le commandant SS et par l'administrateur de Buchenwald. Ce dernier a apposé sur la feuille de papier pelure, dont l'original a dû être envoyé à Berlin, outre sa signature autographe, le cachet à encre de la *Gefangenengeldverwaltung* : l'administration financière des détenus. Car tout est administré, classé, répertorié, inventorié et contresigné à Buchenwald : l'argent des détenus, les pièces fabriquées dans les usines, les heures de travail et de loisir, les vivants et les morts, les coûts de fonctionnement du crématoire, les homosexuels et les Tziganes, les montres et les cheveux des arrivants, les qualifications professionnelles et le cursus universitaire des déportés, les achats de bière ou de *machorka* à la cantine, et aussi les passes effectuées au bordel. L'ordre bureaucratique règne sur l'empire SS.

«La bureaucratie est un cercle d'où personne ne peut s'échapper. Cette hiérarchie est une hiérarchie du savoir... La bureaucratie tient en sa possession l'être de l'État, l'être spirituel de la société, c'est sa propriété privée. L'esprit général de la bureaucratie, c'est le secret, le mystère...» Mais je ne vais pas rappeler ici ces phrases tirées de l'un des textes de Marx que nous avions longuement disséqués, boulevard de Port-Royal, dans la maison de Lucien Herr. Jéhovah me reprocherait mon goût pour les citations qui tombent à pic et à tout propos.

Le voici justement, Jéhovah.

C'était dimanche dernier, c'est-à-dire le dimanche précédant celui dont je fais ici minutieusement le récit.

Jéhovah se tient sur l'esplanade du Petit Camp, entre les dernières baraques d'habitation, si on ose dire, et le bâtiment des latrines collectives. Le bordel n'est pas loin, juste derrière le *Kino* (mais tu t'es souvenu du *Kino* de Buchenwald ces jours-ci, à New York. C'était l'automne, il faisait un soleil allègre, un temps sec et vif. Tu t'es souvenu, à vrai dire, du cinéma de Buchenwald à travers le souvenir de Gustaw Herling. C'est-à-dire, celui-ci, dans son livre *À World apart*, ne peut pas se souvenir de Buchenwald, il se souvient de la baraque des «activités créatives autogérées» du camp de Yerchevo. C'est dans cette baraque qu'était installée également la bibliothèque du camp stalinien que décrit Herling. On n'y trouvait pas *Mein Kampf*, bien sûr, à la bibliothèque de Yerchevo. On y trouvait, par contre, des dizaines d'exemplaires des *Problèmes du léninisme*, de Staline, des centaines d'exemplaires de brochures de propagande politique. On y trouvait aussi un volume contenant des discours de la «Pasionaria». Et Gustaw Herling raconte qu'il avait souligné au crayon une phrase de l'un des discours prononcés par Dolorès Ibárruri au moment de la défense de Madrid, en 1936, une phrase devenue célèbre : Mieux vaut mourir debout que de vivre à genoux ! Or, cette phrase soulignée avait rendu le livre très populaire parmi les déportés du camp stalinien de Yerchevo, jusqu'au jour où une commission du NKVD, inquiète sans doute de cette subite popularité, retira le livre de la «Pasionaria» de la bibliothèque. Mais tu ne vas pas raconter le livre de Gustaw Herling. Tu ne peux parler à sa place. Tu disais simplement que tu lisais *À World apart*, à New York, en ces jours de l'automne 1970 où tu étais allé aux États-Unis avec Costa Gavras et Yves Montand pour présenter *L'Aveu*. Tu lisais le livre de Herling et tu es arrivé au passage où Herling raconte une séance de cinéma à Yerchevo, la projection d'un film musical américain sur la vie de Strauss, *La Grande Valse*. Et tu t'es souvenu alors du *Kino* de Buchenwald, dont tu ne te souvenais pas souvent, à dire vrai. D'ailleurs, ces derniers temps, tu ne te souviens de Buchenwald qu'à l'occasion des souvenirs, parfois comparables, des anciens *zeks* des camps de Staline. Toi aussi tu avais une fois assisté à la projection d'un film musical à Buchenwald. Ce n'était pas *La Grande valse*, c'était *Vuelan mis canciones*. Bien sûr, tu ne prétends pas que le film musical que tu avais vu à Buchenwald portait un titre espagnol. Il portait certainement un titre allemand, puisque c'était une comédie musicale allemande. Ou peut-être autrichienne, ce qui ne change rien quant au langage employé pour le titre. Mais tu avais déjà vu ce film en Espagne, alors que tu étais enfant, dans les années 30. C'était dans un cinéma de la place de l'Opéra, à Madrid, et c'est Fräulein Grabner qui vous a conduits, tes frères et toi, voir ce film musical dont elle avait fait le choix sans vous consulter. Les vedettes en étaient Jan Kiepura et Martha Eggerth et le film s'appelait, tout au moins en Espagne, dans les années 30, *Vuelan mis canciones*, «Et volent mes chansons !». Et les chansons volaient que c'en était un miracle. Mais le fait est que tu ne te souviens que du titre espagnol de ce film. De surcroît, la seule séquence dont tu gardes un souvenir aussi précis qu'ennuyé, celle où Jan Kiepura et Martha Eggerth font une promenade en barque, sur un lac de montagne, follement engagés dans un duo aux trilles égosillants et sans doute amoureux, est aussi un souvenir enfantin. En somme, le seul souvenir que tu gardes de ce film est le souvenir madrilène des années 30. Il ne t'aura servi à rien de revoir ce film à Buchenwald, cette mémoire-ci, bien que plus récente, aura été oblitérée par le souvenir enfantin. Mais c'est à cause de Herling et de la séance de cinéma de Yerchevo que tu t'es souvenu du *Kino* de Buchenwald) juste derrière lequel il y avait le bordel, étais-je en train de dire.

Jéhovah m'attendait, quoi qu'il en soit.

Il m'avait vu entrer au block 62, sans doute. J'y étais allé pour régler je ne sais plus quel problème avec Léo, le *Stubendiest* hollandais qui avait combattu dans les Brigades, en Espagne. En sortant de là, j'avais l'intention de descendre vers le boqueteau, pour regarder le paysage de Thuringe, de mon poste habituel d'observation dominicale.

Mais Jéhovah m'attend sur l'esplanade.

Ça m'agace, bien sûr, d'être ainsi surveillé, suivi, traqué par Jéhovah. Mais comprenez-moi bien : ce n'est pas l'aspect hypothétiquement sexuel de cette persécution qui m'agace. Même si Jéhovah ne s'était intéressé qu'à l'autre sexe, s'il avait été un amateur de femmes résolu et infatigable, passant ses heures de loisir au *Sonderbau* en train de faire la passe ou l'impasse avec les filles Düsedau, Bykowski ou Mierau, les plus prisées ou les plus actives, selon la statistique officielle — qui attribuait à chacune d'entre elles six passes, d'armes ? pour la soirée du 16 décembre 1944 — ou même avec Stahlheber, Rafalska et Heck, qui avaient fait cinq passes le jour inventorié, ou encore avec Ehlebracht, Sinzig et Plumbaum, qui n'en avaient fait que quatre, ou, pourquoi pas ? avec Giese, la sous-maîtresse, ou Jubelt, la caissière, qui avaient été inactives, tout au moins sur le plan sexuel, le jour dit, même si Jéhovah n'avait été qu'un *Frauenliebhaber*, son assiduité aurait fini par m'agacer, bien sûr.

De toute façon, le seul indice dont déduire l'homosexualité hypothétique de Jéhovah — c'est-à-dire, de son Témoin : le Témoin de Jéhovah — si on laisse de côté la rumeur publique répercutée par les phrases allusives d'Anton, le bibliothécaire, était d'ordre littéraire. D'ordre tout à fait indirect, donc. Car Jéhovah n'a jamais fait un geste, balbutié un mot, esquissé le moindre sourire qui puisse prêter à équivoque ou plutôt, à inéquivoque. Par contre, son interprétation d'*Absalon, Absalon !*, le roman de Faulkner que j'étais allé prendre à la bibliothèque le jour où nous nous étions rencontrés, était assez significative. Pour lui, en effet, le thème de l'inceste, qui compose la trame ancestrale du roman, était redoublé par celui de l'amour homosexuel. Jéhovah prétendait, en effet, que ce n'est pas seulement, ni même surtout, pour empêcher son demi-frère, Charles Bon, de coucher avec sa sœur Judith, qu'Henry Sutpen avait assassiné celui-là. Il l'avait tué parce qu'il en était amoureux, inconsciemment. Il aurait sans doute été prêt à consommer l'inceste, lui, Henry, quitte à se donner la mort ensuite, mais il ne pouvait supporter l'idée que Charles Bon — d'autant plus attirant qu'il avait du sang noir dans les veines — couchât avec leur sœur à tous deux : c'était l'acte charnel avec une femme qui était impur en lui-même, impardonnable, métaphysiquement néfaste.

Mais ce n'est pas d'*Absalon, Absalon !* que nous allons parler aujourd'hui, dans le bâtiment des latrines collectives du Petit Camp où nous avons été obligés de nous réfugier pour fuir une violente bourrasque de neige.

C'est de Dieu que nous allons parler, Jéhovah et moi.

He sealeth up the hand of every man ; that all men may know his work...

J'ai cette Bible à la main, des années plus tard, toute une vie plus tard, dans ma chambre de l'hôtel Algonquin, à New York. Je relis le passage du Livre de Job — 37 5 : avait-il annoncé d'une voix claire — que Jéhovah avait récité devant la plaine enneigée de Thuringe : «Sur tout homme Il met son sceau, pour que tous reconnaissent Son œuvre !»

Je pense plutôt le contraire, bien sûr. Je ne pense pas que Dieu marque tout homme de son sceau, je pense que c'est l'homme qui met son empreinte sur tout, à commencer, ou à finir, par Dieu. Je le pense aujourd'hui, à New York, je le pensais déjà à Buchenwald, en ce dimanche lointain, ce jour que l'homme a réservé au Seigneur et non pas le Seigneur à l'homme.

Nous étions dans le bâtiment des latrines collectives et j'avais expliqué à Jéhovah, plutôt déconcerté, quel était mon rapport avec Dieu. L'athéisme de Marx, lui avais-je dit, s'est arrêté à mi-chemin. Sans doute a-t-il démasqué l'humanité de Dieu, sa nature fantasmatique et idéologique. Mais il n'a pas tiré les conséquences ultimes de cette démarche. Peut-être est-ce impossible, pour un Juif — et surtout pour un Juif qui refuse sa judéité et s'insurge contre elle — d'aller jusqu'au bout de l'athéisme, jusqu'au bout de Dieu. En tout cas, si Dieu est humain, distance de l'homme à soi-même, béance ouverte par toute question fondamentale — donc sans réponse inéquivoque — précisément pour cette raison est-Il éternel. Ou immortel, tout au moins, et tout comme l'homme. Pas plus, mais pas moins que celui-ci. Tant qu'il y aura un homme capable d'imaginer Dieu, ayant un besoin vital de cet imaginaire, et même si cet homme n'est que Paul Claudel, Dieu ne sera pas, sans doute, puisqu'Il n'est pas un Être — puisqu'il n'y a pas d'Être —, mais Il existera.

En allemand, bien sûr, et dans le bâtiment des latrines collectives du Petit Camp de Buchenwald, au milieu des centaines de fantômes qui sortaient des baraques d'invalides, qui venaient là chercher un peu de chaleur, peut-être un mégot de *machorka* — ou, tout au moins, une bouffée, une seule, tout le bonheur de vivre ! d'un mégot de *machorka* — qui venaient échanger quelques mots avec d'autres fantômes (et ils se faisaient bousculer par les nouveaux arrivés des baraques de quarantaine, encore solides et gras pour quelques semaines, mais sans doute encore plus inquiétants parce que le décalage ou le contraste entre leur condition physique et leurs fringues dépareillées de quarantaine était encore plus grotesque ; ils se faisaient bousculer aussi par les jeunes *Stubendienst* russes du Petit Camp pour qui les latrines étaient un lieu de rendez-vous privilégié, une sorte de souk où s'échangeaient des marchandises et des faveurs : de l'alcool, des couteaux, des photos pornographiques, des gitons, du pain, des sourires), au milieu de ces centaines de fantômes de tous âges accroupis sur la poutre de bois qui surplombait la longue fosse — d'aisances, dit-on — commune où s'écoulait la puanteur liquide des excréments, au milieu de ce brouhaha confus, traversé parfois par un cri perçant de détresse, de terreur même, dans cet endroit, donc, et en allemand, c'était sans doute plus facile de parler de Dieu : *Gott ist kein Sein, nur ein Dasein* ! avais-je dit à Jéhovah. Et Il existera tant qu'il y aura des hommes, de l'humain, du social, Il existera dans cette constellation apparemment nébuleuse mais dont se tisse la trame même de l'histoire : celle de l'idéologie. Ainsi, un athéisme conséquent, qui voudrait dépasser les apories judéo-hégéliennes de Marx, devrait commencer par postuler l'existence de Dieu, son être-là, sa présence divine, qui n'est que de l'humain renversé vers son propre abîme d'inquiétude et d'incompréhension.

Mais je suis à New York, toute une vie plus tard, et je remets cette Bible dans le tiroir de la table de chevet.

Cet après-midi, à l'université de Yale, une jeune fille me regardait fixement.

Sans doute, aurait-elle pu tout aussi bien regarder Yves ou Costa. Nous étions venus ensemble, Montand, Gavras et moi, pour présenter *L'Aveu*, à l'université de Yale. Et cette jeune fille aurait très bien pu regarder l'un de mes compagnons. Ou même les deux à la fois, pourquoi faire le détail ? En tant qu'objets du regard féminin, nous ne sommes pas un mauvais échantillon, tous les trois. Un Grec, un Rital, un Espingouin, trois métèques de partout, trois exilés de toujours : il y a une sorte de complicité allègre qui se joue entre nous et qui doit se sentir. Un regard de jeune femme, en tout cas, doit le sentir.

Mais elle ne regardait ni Yves, ni Costa, cette jeune femme-là, à Yale, au cours du débat sur *L'Aveu* avec les étudiants. Je ne dis pas qu'aucune jeune femme n'a regardé Yves ou Costa, à Yale, ce samedi d'automne. Ce serait absurde. La plupart des jeunes femmes ont dû regarder Costa et Yves, à Yale. Je dis simplement que celle-là, c'est moi qu'elle regardait.

Après le débat général, des cercles se sont formés. Les conversations se sont poursuivies dans le désordre des groupes qui se faisaient et se défaisaient.

Elle est auprès de moi, la jeune femme au regard attentif.

Elle est en jean bleu, en chandail à col roulé blanc, mince, blonde, le cheveu court. Je pense qu'elle a un air slave. Vous me direz que ça n'a rien d'extraordinaire. Une Américaine qui n'a pas l'air slave a l'air scandinave, l'air magyar ou l'air napolitain. Un air de famille, en somme. Mais celle-ci n'a pas seulement l'air slave. Elle doit être polonaise, j'en mettrais ma main au feu. Elle a ce port de tête, cette attache du cou, cette courbe langoureuse de l'os iliaque, ces lèvres serrées et gourmandes, ce regard attentif et insaisissable des Polonaises. Je croyais que cette allégresse aristocratique des Polonaises, cette grâce corporelle, était une façon de réagir contre la grisaille informe des pays de l'Est. Je croyais que cette liberté d'allure des Polonaises était la somatisation de leur différence spirituelle, dans l'Europe grise et morne du communisme poststalinien. Mais je dois constater que cette grâce, cet état de grâce corporelle des Polonaises, est universelle. Elle doit leur permettre de préserver leur différence, sans doute, aussi bien dans l'Est productif et bureaucratique que dans l'Extrême-Ouest productif et corporatiste.

Mais est-elle vraiment polonaise ?

Je prends les devants, je lui pose la question avant qu'elle ne m'adresse la parole. Ce n'est pas une mauvaise tactique, de toute façon.

— Vous êtes d'origine polonaise ?

Une ombre ensoleillée passe sur son visage.

Ensoleillée, ai-je dit, car son visage s'éclaire, comme illuminé de l'intérieur. Ombre, ai-je dit, car son regard s'obscurcit aussitôt. Comme si le fait d'être polonaise, en effet, devait forcément vous porter vers la joie et la douleur entremêlées.

— Oui ! dit-elle, avec un bref sourire. Mon père est mort à Buchenwald, ajoute-t-elle avec une ombre éternelle dans son regard.

Voilà, j'aurais dû m'en douter.

L'expérience aurait pourtant déjà dû m'apprendre que c'est rarement toi qu'on regarde. Ça arrive, bien sûr, mais c'est exceptionnel. D'habitude, c'est l'image de quelque chose d'autre, de quelqu'un d'autre, quelqu'un de purement imaginaire, parfois, qu'on regarde en toi. Aujourd'hui, c'est l'image du survivant qu'on regarde en toi. Je contemple la jeune Polonaise. Elle ne doit pas avoir beaucoup plus de vingt-cinq ans. Je calcule rapidement le temps qui sépare cet automne de 1970 de cet ancien printemps de 1945. Oui, bien sûr, ça peut aller. Elle a dû naître après l'arrestation de son père.

— De quel droit suis-je vivant, moi : c'est ça votre question ?

Elle me regarde un instant. Des larmes lui viennent aux yeux, me semble-t-il. Elle baisse la tête, cache son visage.

Elle se redresse aussitôt, fière et droite comme une Polonaise.

— Mon père est mort, il n'a jamais pu me raconter, dit-elle d'une voix étrangement ténue. Il ne me reste que votre livre, «Le Long Voyage», pour imaginer comment c'était.

Elle me regarde dans les yeux.

— Il m'arrive aussi de haïr les survivants, dit-elle d'un ton réfléchi.

Je hoche la tête.

— Je suis née le 11 avril 1945, dit-elle, le jour de la libération de Buchenwald.

Ma main effleure son front, ses hautes pommettes, le lobe de son oreille, son épaule. Elle ne bouge pas, elle n'a aucune réaction de retrait. Elle doit comprendre que mon geste n'a rien de masculin, rien d'osé, comme on dit : nulle allusion possessive ou sexuelle. Elle doit comprendre que ma main, d'un geste irréfléchi, spontané, joyeux et triste, en même temps, n'a voulu qu'effleurer cette chair venue à la vie au dernier jour de notre mort, caresser légèrement ce corps qui mesure la distance qui nous sépare de notre mort : cette victoire de la vie sur notre mort.

— J'aime bien le mois d'avril, lui dis-je.

Mais je reviens à ce qu'elle a dit avant.

— De toute façon, il faut que vous sachiez : on ne peut jamais raconter à ses enfants !

Elle me regarde fixement.

— Vous non plus ? demande-t-elle.

Je hoche la tête négativement.

— Non, dis-je. On ne peut rien raconter à son fils, si on a un fils. C'est aux inconnus qu'on raconte le mieux : parce qu'on est moins concerné, moins solennel. Et puis, de toute façon, votre père n'aurait pas pu vous raconter sa mort. Or, moi, je peux !

Son regard se dilate. Peut-être frémit-elle de tout son corps.

— Est-il mort à Buchenwald ou au cours de l'évacuation ? lui dis-je encore.

Elle est surprise, elle a un haut-le-corps :

— Comment savez-vous qu'il a été évacué ?

Une semaine avant la libération du camp par les troupes de la IIIe Armée américaine, le commandement SS a ramené dans l'enceinte du camp tous les kommandos extérieurs, les plus proches en tout cas. Il n'y a plus eu d'appel, bientôt plus de ravitaillement, ou à peine. Le commandement SS avait reçu de Berlin l'ordre d'évacuer le camp. Il a essayé de l'appliquer. À commencé alors une semaine de luttes sourdes, d'affrontements parfois ouverts, parfois feutrés, entre le commandement SS et la direction clandestine de la Résistance, où les Allemands, bien sûr, jouaient un rôle décisif. L'objectif de la direction clandestine était de garder au camp, dont la libération par les troupes américaines ne pouvait plus être qu'une question de jours, le maximum de déportés résistants. Elle a donc donné l'ordre de saboter, ou de freiner au maximum, tout au moins, les mesures d'évacuation prises par les SS. Ceux-ci, en conséquence, ont été obligés de s'y mettre eux-mêmes. Ils ont envahi le camp avec des détachements armés, plusieurs fois, pour essayer de procéder à des razzias de déportés. D'autres fois, certains blocks ont été encerclés, pour être évacués vers la place d'appel, en vue du départ. Mais le résultat de ces mesures n'a pas été concluant. Seule une minorité de déportés ont été lancés sur les routes mortifères de l'évacuation.

Dans ce contexte général, quelques groupes nationaux ont pourtant décidé de jouer la carte de l'évacuation. Ainsi, les prisonniers de guerre soviétiques, enfermés dans des baraquements spéciaux, qui pouvaient facilement être cernés par des détachements SS, ont-ils décidé de partir tous ensemble, en bloc compact et organisé, pour tenter des évasions en masse sur la route de l'exode. Tactique qui a été relativement payante. Je veux dire, payante à court terme : les PG soviétiques ayant, en effet, réussi à fausser compagnie, massivement, à leurs gardiens SS, mais n'étant pas parvenus néanmoins à éviter un peu plus tard les camps du Goulag stalinien.

Les Polonais ont adopté la même attitude. Ils ont décidé de transformer l'ordre d'évacuation en une issue possible vers la liberté. Dans cette décision a pesé, sans doute, l'opinion assez répandue parmi les déportés que le camp finirait par devenir un piège à rats, que les SS extermineraient pour finir au lance-flammes tous les survivants. Opinion que la direction clandestine ne partageait pas, ayant procédé à une analyse politique plus réaliste et raffinée de la situation contradictoire où se trouvait le commandement SS local, pris entre son devoir d'obéissance vis-à-vis de Berlin et son désir de ménager l'avenir, au moment où il n'y avait plus aucun espoir de renverser le sort des armes.

Quoi qu'il en soit, les Polonais avaient décidé de jouer la carte de l'évacuation. Ils s'étaient présentés sur la place d'appel, à la requête des SS, mais organisés en groupes qui disposaient de structures d'encadrement militaire. De surcroît, les vieillards ne participaient pas à l'expédition : seuls des jeunes gens ou des hommes dans la force de l'âge composaient les colonnes polonaises de l'exode de Buchenwald. Et, pour finir, les Polonais partaient sans aucun bagage, lestes et libres de leurs mouvements, prêts à la fuite, à la bagarre.

J'étais sur la lisière de la place d'appel, avec un groupe de camarades espagnols de l'autodéfense militaire clandestine, le jour où les Polonais sont partis. Nous avons observé leurs cohortes juvéniles, disciplinées. Une étrange impression de joie presque sauvage, irrationnelle, se dégageait de leur masse en mouvement vers la porte du camp. On avait la sensation qu'ils pouvaient à tout moment se mettre à chanter.

— C'est ainsi que j'ai vu partir votre père, quelques jours avant votre naissance, dis-je à la jeune femme de Yale, vingt-cinq ans plus tard. Ses yeux brillent, elle se redresse de toute sa taille, comme si elle regardait au loin, là-bas, tout au bout de l'immense place d'appel, la silhouette de ce jeune homme qui avait été son père et qui partait à la mort comme on part au combat.

— Ainsi, nous aurons tout connu, nous Polonais, dit-elle avec un orgueil triste, peut-être désespéré.

Et puis, sans transition, elle plonge la main dans la musette de toile militaire qu'elle porte en bandoulière et en sort un livre relié de rouge.

— Vous connaissez le livre de Grudzinski ? me dit-elle. Mais le volume qu'elle me tend est *À World apart*, le récit de Gustaw Herling que j'étais justement en train de lire. Il y a un moment de confusion. Après, si je comprends ses explications, il s'avérerait que le vrai nom de Herling soit Grudzinski. Ou l'inverse, je ne sais plus. En tout cas, il aurait publié d'autres textes en polonais sous le double nom de Herling-Grudzinski.

Mais je connais le livre de Grudzinski.

Je le lui dis. Dans ma chambre d'hôtel, à New York, lui dis-je, sur la table de chevet, j'ai le livre de Herling-Grudzinski. Je ne lui parle pas de la Bible, c'est trop tôt pour cela. Ce n'est que tout à l'heure, en effet, à la fin de cette journée de samedi, que je feuilletterai la Bible, lorsque le prénom de la jeune Noire, *My name is Clytie* ! réveillera mes souvenirs, me rappellera subitement Jéhovah et *Absalon, Absalon !*

Tu t'es souvenu d'elle, quelques années plus tard. Tu t'es souvenu de la jeune femme polonaise de Yale University.

Il faut dire que c'était le jour de son anniversaire, le 11 avril. Et même le jour de son trentième anniversaire, puisque c'était le 11 avril 1975. Ça commence à compter, trente ans. Pour elle, la jeune femme d'origine polonaise de Yale University, dont tu ignoreras sans doute toujours le nom, ça commençait à compter. Mais pour toi aussi. Trente ans depuis ton retour à la vie, comme on disait autrefois. Et si ça n'avait pas été le retour à la vie ? Trente ans depuis le dernier jour de ta mort, avais-tu pensé toi-même. Et si ça n'avait pas été le dernier jour de ta mort ? Si ça avait été, au contraire, le premier jour d'une nouvelle mort ? D'un autre rêve, tout au moins ?

Mais tu t'es souvenu d'elle, le 11 avril 1975, le jour du trentième anniversaire de la libération de Buchenwald.

Tu regardais une émission littéraire de la télévision française qui réunissait plusieurs intellectuels parisiens autour d'Alexandre Soljenitsyne, à l'occasion de la parution de son livre *Le Chêne et le Veau*.

Quelque temps auparavant, tu avais suivi une autre émission à propos de Soljenitsyne, absent cette fois-là. Tu avais vu la figure d'un critique littéraire bien connu sur l'écran de l'appareil de télévision. Tu l'avais vu faire la fine bouche :

— Non, voyez-vous, disait-il, *L'Archipel du Goulag* n'est pas un livre réussi ! Littérairement, s'entend !

Il s'agissait toujours, en fait, de la stratégie de la pieuvre qui lâche de l'encre et brouille les cartes. Ainsi, le rapport de Khrouchtchev au XXe congrès n'a pas été jugé assez sérieux, du point de vue marxiste, par des gens qui ont édulcoré, abâtardi et conchié le marxisme pendant des décennies, et qui n'ont jamais osé formuler la moindre critique, même marxiste, contre Staline, tant qu'il a été en vie et au pouvoir. Ainsi, *L'Archipel du Goulag* n'est pas bien écrit, n'est pas réussi littérairement, disent les mêmes, ou leurs semblables, leurs frères. L'essentiel, dans l'un comme dans l'autre cas, c'est d'obscurcir le fond du débat, son contenu de vérité. Car si le rapport de Khrouchtchev n'était pas marxiste — comment pouvait-il l'être, d'ailleurs, puisque le marxisme n'existe pas ! — il était du moins véridique. Et si *L'Archipel du Goulag* n'est pas bien écrit — question dont on pourrait débattre jusqu'à la fin des temps, comme du sexe des anges — il est du moins bien pensé. Et bien parlé. Il l'est magistralement, même. Pensé avec les têtes de milliers de témoins anonymes et décervelés, parlé par la voix de milliers de témoins rendus muets à tout jamais.

Dans un texte éblouissant de mars 1974, l'Italien Franco Fortini a analysé les causes, avouées ou inavouables, pour lesquelles une certaine gauche intellectuelle européenne, n'ayant encore rien appris ni rien compris, prenait ses distances effarouchées vis-à-vis de Soljenitsyne, après la publication de *L'Archipel*. Dans ce texte, *Del disprezzo per Solgenitsin*, Fortini montrait comment «il y a une grave hypocrisie dans le discours de ceux qui mettent les mains en avant, avec des réserves sur la qualité des œuvres de Soljenitsyne», attitude qui sert, en fait, «à mettre entre parenthèses les contenus historico-politiques» de ces œuvres.

Mais il n'y avait pas de critique littéraire à l'antenne, le soir de cette émission de Bernard Pivot, le 11 avril 1975.

Il y avait l'énorme, la truculente vérité d'Alexandre Soljenitsyne. Vérité déran-geante, désagréable, sans doute, pour la plupart des intellectuels de gauche (ceux de droite, même d'une droite libérale, ne t'intéressent pas, dans ce contexte précis : car s'ils ont compris et proclamé bien avant vous — c'est un «vous» générique, bien entendu — la vérité du Goulag, expression concentrée de la réalité du communisme, ils sont par contre incapables d'élaborer une stratégie concrète qui vise à la destruction dudit Goulag, donc du communisme sous sa forme despotique ; ils sont, par conséquent, alliés nécessaires, souvent indispensables, dans la protestation, ils ne servent quasiment à rien pour la transformation : or, la tâche hypothétique d'un marxisme révolutionnaire, aujourd'hui impensable, n'est pas d'interpréter le Goulag et les pays du despotisme bureaucratique, mais de les transformer) vérité donc, celle de Soljenitsyne, pratiquement inadmissible par les intellectuels de gauche qui ont à résoudre, peut-être par vocation, peut-être par masochisme de l'espérance, la quadrature du cercle : maintenir ouverte une perspective d'union et de victoire de la gauche — ce qui impose de neutraliser, de mettre entre parenthèses ou de suspendre et le jugement critique et réaliste sur le PCF et le jugement d'ensemble sur la société issue de la défaite de la révolution d'Octobre, et des subséquentes défaites des révolutions dans les pays du camp dit socialiste, qui est le camp des camps (et tu entends par défaite la victoire technique et tactique des minorités révolutionnaires — qui se proclament bolcheviques par antiphrase, ou alors simplement parce qu'elles en veulent toujours plus — qui occulte la défaite historique de la classe ouvrière qu'elles affirment, à grands cris, représenter) — et d'un autre côté, en même temps, ces intellectuels de gauche ne peuvent pas manquer de dire, pour des raisons aussi bien éthiques que clientélaires, certaines vérités, même partielles, sur le PCF et l'URSS, tout en les disant de façon à ne pas franchir un seuil fatidique de rupture, dont, par ailleurs, ils ne connaissent jamais les paramètres, puisque ceux-ci changent inopinément, arbitrairement, car ils dépendent de l'humeur et de la tactique de l'URSS et du PCF eux-mêmes.

Mais tu regardais Alexandre Soljenitsyne, ce 11 avril 1975, trentième anniversaire de la libération de Buchenwald, trentième aussi d'une jeune femme polonaise rencontrée fugitivement à l'université de Yale, et qui te reprochait d'être vivant tout en se félicitant que tu le fusses, car tu pouvais ainsi lui parler de son père, de ce lointain passé d'avant sa naissance qui avait pourtant conditionné sa vie, de cette mort d'autrefois dont elle n'arrivait pas à prendre la distance dans sa vie. Tu regardais Alexandre Soljenitsyne, balayant toutes les objections délicates, ou subtiles, subtilement marquées, en tout cas, au sceau d'un sentiment de culpabilité, des intellectuels parisiens, d'un geste large et d'un sourire carnassier — c'est la vitalité, la capacité d'humour destructeur de cet ancien *zek* qui t'a surtout frappé, ce soir-là — tu le regardais assener ses désagréables vérités aux uns et aux autres. Tu l'entendais énumérer les vérités inacceptables pour les belles âmes de gauche, pour les consciences vertueuses, qui s'efforcent, de façon tout à fait schizoïde, de condamner le Goulag tout en approuvant ses prémisses — c'est-à-dire les guerres révolutionnaires qui ont à travers ce siècle arraché des peuples à la domination impérialiste pour les projeter dans l'esclavage du Parti Unique — et tu pensais au texte irréfutable de Franco Fortini, *Del disprezzo per Solgenitsin* : « Il ne faut pas s'étonner que l'intolérance soit aussi diffuse et aussi fréquent le mépris pour Soljenitsyne. Car il ne suffit pas d'avoir prononcé un jugement politique sur l'Union soviétique d'aujourd'hui ou sur la politique du PC. Il reste le refus autodéfensif d'accepter l'idée d'une catastrophe historique. Par crainte de se confondre avec les ennemis du communisme, on continue et depuis tant d'années *à ne pas redéfinir le communisme, à en refuser l'histoire*. On préfère ses propres espérances à la vérité. Nous trompons les plus jeunes parce que nous continuons à nous faire des illusions.»

Tu ne crois pas qu'il soit bien nécessaire d'en dire plus.

Mais personne n'a rappelé, au cours de cette émission littéraire du 11 avril 1975, que l'on fêtait un double anniversaire. Bien sûr, celui de la jeune Polonaise de Yale University ne concernait que toi. Tu veux dire : personne ne pouvait être au courant. Pas question d'y faire allusion, donc. L'autre anniversaire, pourtant, celui de la libération de Buchenwald, ne concernait pas que toi. Il concernait aussi Senka Klevchine, par exemple, le compagnon d'Ivan Denissovitch, au camp spécial de travail correctif et forcé dont Soljenitsyne a décrit une journée comme les autres, parmi les autres. Senka Klevchine, l'ancien de Buchenwald, a dû se souvenir de cet anniversaire, s'il était encore en vie le 11 avril 1975. Quel que soit son nom réel, Senka Klevchine a dû s'en souvenir. Plus tard, peut-être, s'il est encore vivant, a-t-il appris que son compagnon de déportation, le *zek* Soljenitsyne, a participé à une émission littéraire de la télévision française, le 11 avril 1975. La coïncidence n'a pas dû manquer de le faire sourire. Tiens ! a-t-il dû se dire, c'est le jour de la libération de Buchenwald. Il a dû penser que c'était une coïncidence significative.

Alors tu te souviens de Senka Klevchine, tu commences à regarder cette émission littéraire bien parisienne avec les yeux de Senka Klevchine. Peut-être l'avais-tu connu, d'ailleurs, le *zek* russe qui se cache sous ce nom dans un livre d'Alexandre Soljenitsyne et qui avait été, quelques années auparavant, un *kazettler* de Buchenwald, ton compagnon. Peut-être l'as-tu connu. Tu as connu beaucoup de Russes, à Buchenwald. En tout cas, tu as dû te trouver à ses côtés sur la route de Weimar, lorsque les groupes armés de la Résistance ont fait mouvement vers cette ville, après la libération du camp. Les Russes s'étaient déployés à droite de la route, dans la forêt. Mais tu ne peux pas savoir si Senka Klevchine était là. La seule chose que tu saches de lui avec certitude, c'est ce que Soljenitsyne en dit dans *Une journée d'Ivan Denissovitch* : «Senka (qu'est-ce qu'il en a vu, celui-là !) ne parle presque jamais. Il n'entend pas et ne se mêle pas aux conversations. Si bien qu'on ne sait pas grand-chose sur lui, sinon qu'il a été à Buchenwald, qu'il a fait partie de l'organisation clandestine, qu'il a introduit des armes dans le camp pour l'insurrection.»

Mais c'est vrai, te dis-tu aujourd'hui — pas le 11 avril 1975, non, aujourd'hui, au moment d'écrire ces lignes — qu'il y a des gens qui nient cette insurrection de Buchenwald, qui dénient à Senka Klevchine, et à Soljenitsyne, par la même occasion, qui aurait été assez naïf pour croire à cette légende, et à toi, finalement, le droit de parler de cette insurrection, puisqu'elle n'a pas eu lieu, décrètent-ils. Mais nous dénient-ils aussi le droit de nous souvenir ? Senka peut-il garder le souvenir des carabines automatiques introduites pièce par pièce, clandestinement, dans le camp, par les camarades de la Gustloff ? Peut-il se rappeler les armes abandonnées par les SS, ce jour d'août 1944 où le camp a été bombardé par les Américains, et «organisées» — pour une fois le mot tombe bien ! — par des camarades des groupes de l'autodéfense clandestine ? Et toi-même, as-tu le droit de te souvenir ? Tout à l'heure, dans quelques minutes, au moment où se terminera ce dimanche de décembre dont tu fais ici le récit — mais peut-être n'est-ce pas toi, peut-être ne peux-tu pas totalement t'identifier au Narrateur — tu seras convoqué par ton chef de groupe : il y a un exercice d'alerte militaire, cette nuit, une sorte de mobilisation de tous les détachements — sans armes, bien sûr — qui auront à se déplacer dans le camp, dans la nuit du camp, en trompant la surveillance des sentinelles SS postées dans les miradors, pour rejoindre leurs hypothétiques postes de combat. Mais auras-tu le droit de dire ce souvenir ? Auras-tu, maintenant que certains — et le tout dernier en date semble être Bruno Bettelheim, psychiatre distingué — nient la réalité de cette insurrection armée de Buchenwald, auras-tu le droit de te souvenir de ce début d'après-midi du 11 avril, lorsque Palazón — son vrai nom était Lacalle —, responsable des groupes de choc espagnols, est apparu devant le block 40, les bras chargés de fusils, et en hurlant : *Grupos, a formar* ! et que de toutes les fenêtres du block ont jailli, comme dans un film de Harold Lloyd, les Espagnols des groupes de choc, concentrés là depuis des heures, pour se saisir des fusils et partir rejoindre les postes qui leur avaient été désignés d'avance ?

Sans doute, tu n'en disconviens pas, l'insurrection armée de Buchenwald n'a-t-elle pas été un exploit militaire, elle n'a pas bouleversé le cours de la guerre. Mais le cours de la guerre aurait-il été bouleversé, la guerre aurait-elle duré un jour de moins, un seul jour de moins, si Paris ne s'était pas insurgé ? Tu le sais bien, et Bruno Bettelheim devrait le savoir presque aussi bien que toi, que des insurrections armées de cet ordre ont surtout une signification politique et morale. Ainsi, si le cours de la guerre n'a pas été changé par l'insurrection de Paris, le cours politique et moral de l'histoire de la France en a été profondément modifié. De même pour Buchenwald, dis-tu. L'important n'était pas tant de faire quelques dizaines de prisonniers, d'occuper le terrain au moment où les SS avaient commencé l'évacuation précipitée des miradors et des casernes — c'est-à-dire, au moment où le risque de verser inutilement, pour la gloriole des petits chefs, le sang des déportés était minime, pratiquement réduit à zéro, moment parfaitement calculé par la direction militaire clandestine — l'important c'était de briser, ne fût-ce que pour quelques heures, la fatalité de l'esclavage et de la soumission. Le pouvoir n'était pas au bout de vos fusils, ce jour-là, à Buchenwald, tu le sais bien : c'était la dignité qui était au bout de vos fusils. C'est pour cette dignité-là, pour cette idée-là de l'espèce humaine que vous aviez survécu.

Et c'est étrange, penses-tu, que Bruno Bettelheim, psychiatre distingué, Juif, et ancien détenu de Dachau, ne semble pas avoir compris cela, dans son *Survivre*, justement. Car Bettelheim (Bruno) ne fait pas partie de ceux qui refusent la réalité de l'insurrection de Buchenwald pour d'obscures raisons politiques. Ou plutôt, pour des raisons très claires : par anticommunisme clair et simple. Il ne fait pas non plus partie des témoins qui n'ont rien vu, parce qu'ils n'étaient pas à la place où on voit, et qui dénient la réalité de ce qui a échappé à leur regard.

Mais Bruno Bettelheim ne fait pas partie de ceux-là. Son problème, te semble-t-il, et les traces en sont visibles tout au long de son essai, *Survivre*, c'est qu'il ne se pardonne justement pas d'avoir survécu. Il ne se pardonne pas d'avoir été, sinon le seul, du moins l'un des très rares Juifs — aurait-on besoin de plus d'une main, des doigts d'une main, pour les compter ? — à être libérés d'un camp de concentration nazi. Et tu comprends ce sentiment. Au printemps 1945, en effet, la *Politische Abteilung*, la Gestapo de Buchenwald, a demandé à l'*Arbeitsstatistik* des renseignements sur le déporté portant le numéro de matricule 44 904. Or, c'est toi qui portais ce numéro de matricule. Peu de temps après, la *Politische Abteilung* t'a fait parvenir une lettre de l'ambassade de Franco à Berlin, te communiquant que M. de Lequerica s'occupait de ton sort et espérait parvenir à une solution positive avec les autorités allemandes. Sans doute quelqu'un de ta famille était-il intervenu auprès de Lequerica. Il y avait plein de personnes importantes et bien vues du régime franquiste, dans ta famille. Mais ce n'est pas cela que tu veux dire. Tu veux dire l'angoisse qui t'a saisi à l'idée que ces démarches puissent effectivement être positives, qu'elles puissent aboutir et amener ta libération. Une angoisse honteuse, terrifiante, t'a saisi, à l'idée que tu pourrais abandonner tes camarades, les trahir, en quelque sorte, que tu pourrais retrouver la vie d'avant, la vie dehors, sans eux, contre eux peut-être. Mais, heureusement, ces démarches des autorités espagnoles n'ont pas eu de suite.

Quoi qu'il en soit, ce souvenir te permet parfaitement de comprendre le sentiment de culpabilité qui doit traverser obsessionnellement l'esprit de Bruno Bettelheim, psychiatre juif et viennois, survivant au génocide des Juifs viennois, lorsqu'il parle des problèmes de la survivance dans les camps de concentration. Tu comprends très bien, mais tu n'en excuses pas pour autant les sottises qu'il colporte à propos de la libération de Buchenwald.

Mais tu ne pensais pas à Bruno Bettelheim, le 11 avril 1975, tu pensais à Senka Klevchine. Tu pensais que tu donnerais des années de ta vie pour pouvoir rencontrer Senka Klevchine. Avec lui, avec ton ancien compagnon de Buchenwald, tu pourrais éclaircir définitivement les questions qu'avait fait naître dans ton esprit le comportement des Russes à Buchenwald. Tu aurais pu lui exposer ton idée, écouter ses observations. Tu avais fini par comprendre, et la lecture de *L'Archipel du Goulag* n'avait fait que te confirmer dans cette idée, que les Russes étaient tout à fait à l'aise dans l'univers de Buchenwald parce que la société dont ils provenaient les y avait parfaitement préparés. Elle les y avait préparés par son arbitraire, par son despotisme, par la hiérarchisation rigide des privilèges, par l'habitude de survivre en marge des lois, par l'habitude de l'injustice. Ils n'étaient pas sur une planète étrangère, les Russes, à Buchenwald : ils étaient comme chez eux. Car — et cette conclusion t'avait coûté, malgré l'absence de préjugés idéologiques que tu pensais avoir atteinte —, car la société concentrationnaire nazie n'était pas, comme tu l'avais longtemps pensé, l'expression concentrée, et par là forcément déformée, des rapports sociaux capitalistes. Cette idée était fausse, sur l'essentiel. Le propre des rapports sociaux capitalistes, en effet, c'est la division, la lutte, l'antagonisme des classes dans un système qui fonde sur lui son dynamisme : or, le camp de concentration supprimait, suspendait tout au moins dans son enceinte intérieure, tout dynamisme de cet ordre. Et sans doute y avait-il des différences de classe, ou tout au moins de rang, de consommation des biens nécessaires à la vie, sans doute y avait-il de tout cela à Buchenwald. Mais cette stratification ne se fondait pas sur la lutte, l'échange et la propriété, comme dans la société capitaliste : elle se fondait sur la fonction, sur le rôle joué par chacun dans une structure bureaucratique, pyramidale, dont résultait une appropriation différente, comme dans la société soviétique.

En fait, les camps nazis n'étaient pas le miroir déformant de la société capitaliste — même s'ils étaient le produit de la lutte de classe, ou plutôt, le résultat de la suspension violente de cette lutte par l'arbitraire fasciste — ils étaient un miroir assez fidèle de la société stalinienne. Et dans un camp comme Buchenwald, où les politiques, et particulièrement les communistes, tenaient le haut du pavé, la fidélité de cette image te semblait terrifiante.

Tu regardais Alexandre Soljenitsyne sur les écrans de la télévision française, ce 11 avril 1975, et des images éclataient en tous sens. L'image imaginaire de Senka Klevchine, l'image de cette jeune femme polonaise qui était née le même jour, trente ans auparavant, l'image de Herling-Grudzinski au camp de Yerchevo, lisant les *Souvenirs de la maison des morts* de Dostoïevski, l'image de Nikolaï, le *Stubendienst* russe du block 56, où vivaient et mouraient Halbwachs et Maspero, de Nikolaï le Caïd, avec ses bottes reluisantes et sa casquette du NKVD — et tu comprenais maintenant pourquoi ils étaient si prisés par les jeunes truands russes, ces couvre-chefs, c'est le cas de le dire, aux liserés bleus : ils symbolisaient le pouvoir réel et obscur de leur société, le pouvoir auquel ils aspiraient eux-mêmes, dans la jungle du Petit Camp de Buchenwald —, l'image de Ladislav Holdos, l'image de Daniel A., son sourire invincible, et l'image de Fernand Barizon dans la nuit de ce dimanche de décembre.

Fernand Barizon m'attendait à la sortie de la Mutualité.

Tout à l'heure, à la fin de la réunion, il avait émergé de la foule.

— Gérard ! avait-il dit.

Ses cheveux grisonnaient, ses sourcils aussi, mais ils étaient toujours aussi touffus, broussailleux.

Il avait hoché la tête en souriant.

— Je ne me ferai jamais à ton vrai nom, dit-il.

— Mais je m'appelle vraiment Gérard, lui dis-je.

Il rit, nous rions.

Des gens vont et viennent autour de nous, au pied de la tribune de la Mutualité. On me demande pour je ne sais quel verre à boire avec les copains de *Clarté* et les écrivains qui ont participé au débat.

— Vas-y, Gérard, t'en fais pas pour moi, dit Barizon.

Je ne m'en fais pas pour lui, je m'en fais pour nous deux. Je veux dire : pour notre amitié. Nous avions commencé un voyage, vingt ans auparavant. Il faut le terminer ensemble.

— T'es pressé ? lui dis-je.

Il hoche la tête négativement.

— Plus rien ne presse, Gérard, me dit-il.

Alors, je lui donne rendez-vous un peu plus tard, dans un bistrot de la rue Saint-Victor. Je m'écarte pour rejoindre Pierre Kahn, Yves Buin, Bernard Kouchner, mes copains de *Clarté*, lorsque Barizon revient vers moi :

— T'es plus au parti, n'est-ce pas ?

Je fais un geste dubitatif.

— En principe, lui dis-je, je suis toujours membre du CC. En fait, je crois que je ne suis plus au parti. J'apprendrai cette nouvelle un jour ou l'autre, sans doute

Je le regarde, il n'a pas bronché.

— Ça t'embête que je ne sois plus une huile ? lui dis-je, me rappelant ce mot qu'il avait eu, quatre ans auparavant, lors de ce voyage de Paris à Zurich, avec une halte décisive à Nantua.

Il éclate de son rire tonitruant :

— Je n'en ai rien à foutre, que tu sois une huile ou pas !

Il pointe son doigt sur moi.

— Je voulais que tu saches, avant qu'on parle, Gérard, dit-il d'un ton grave. Ce printemps dernier, des mecs de chez toi, enfin, du parti espagnol, sont venus me voir. Ils m'ont dit que t'étais un salaud, enfin, un type douteux, qu'il fallait que je te ferme la porte au nez, si tu venais me demander quoi que ce soit. Je les ai envoyés chier ! Voilà, c'est tout. On parlera tout à l'heure.

Il tourne le dos, il retourne dans la foule.

Pourquoi ça m'indigne qu'ils aient fait ça avec Fernand ? Je savais pourtant bien que le PCE, à peine la réunion du château des rois de Bohême terminée, à peine avais-je été écarté du comité exécutif, en avril 1964, avait pris contact avec tous les camarades français que j'avais fréquentés dans le travail clandestin pour les mettre en garde contre moi. C'est ce qu'on appelle la vigilance, sans doute. Mais pourquoi ça me choquait particulièrement qu'ils aient fait ça avec Fernand ? À cause de Buchenwald ? À cause de nos dimanches d'autrefois, avec Juliette et Zarah Leander ?

Mais rien ne pourrait m'empêcher d'avoir vécu ces dimanches-là avec Fernand. C'est moi qui les avais vécus, ce n'est pas Carrillo. Ils ne me déposséderaient jamais de ma mémoire. Ils n'effaceraient pas le souvenir de Buchenwald. Ce n'est pas Carrillo qui entendait la voix de Zarah Leander nous parler de l'infini bonheur désespéré de l'amour, c'est moi qui entendais Zarah Leander. Ce n'est pas

Carrillo qui rêvait de Juliette, à Buchenwald, c'est Fernand et moi qui en rêvions. Je regarde Barizon s'éloigner dans la foule.

— Pourquoi sommes-nous toujours communistes ?

C'est la question que Barizon m'avait posée, à Zurich, en 1960.

Il me l'avait posée à brûle-pourpoint, mais à contretemps. À la dernière minute, au moment où nous allions nous quitter. Au moment où je n'avais plus le temps de lui répondre, quelle que fût ma réponse. Nous n'avions même pas le temps de la poser vraiment, cette question, de laisser se déployer cette interrogation. Mais peut-être est-ce pour cette raison qu'il avait posé la question à ce moment-là, Barizon, tellement inopportun. Peut-être ne souhaitait-il pas vraiment de réponse à cette question inopportune. Peut-être voulait-il seulement qu'elle fût posée, à tout hasard.

Quoi qu'il en soit, nous étions dans la salle des départs de l'aéroport de Zurich. Un haut-parleur venait d'annoncer d'une voix féminine l'embarquement immédiat du vol de la Swissair à destination de Prague. J'ai tendu la main à Fernand Barizon. J'allais marcher vers le guichet le plus proche des contrôles de police. Je ne savais pas encore que j'oublierais toutes les raisons de ce voyage à Prague, qui avait l'air particulièrement urgent. Je ne savais pas encore que mon seul souvenir de ce voyage à Prague serait la contemplation d'un tableau de Renoir.

— Pourquoi sommes-nous toujours communistes, Gérard ?

Barizon m'a posé cette question au moment où j'allais me détourner. Je me suis figé sur place. Je n'ai même pas songé à rabrouer Barizon, pour m'avoir appelé Gérard, à haute et intelligible voix, alors qu'il fallait que je sois Ramon Barreto, que je n'étais visiblement plus personne d'autre que Ramon Barreto, un Uruguayen inconnu que j'allais incarner pour la dernière partie de mon voyage.

— Mais voyons ! ai-je dit sottement, figé sur place.

C'était trop tard, bien sûr. Trop tard pour cette question et pour n'importe quelle autre question.

Ce matin-là, nous avions fait le tour du lac de Zurich en parlant du rapport secret de Khrouchtchev. À Wädenswil, en face de Wädenswil c'est-à-dire, Fernand m'avait posé sa première question, celle qui concernait la vérité de ce rapport. Ou plutôt, la réalité de son existence et la véracité de son contenu. Plus tard, en face de Küsnacht, au moment où le bateau quittait l'embarcadère de Küsnacht, j'avais raconté à Barizon comment Khrouchtchev et les autres avaient liquidé Beria. Je lui avais fait un récit de cet événement, tel du moins que Carrillo me l'avait rapporté. — Merde alors ! avait murmuré Barizon. C'était le seul commentaire qu'il eût formulé de toute la matinée. Le reste du temps, il s'était limité à me poser de brèves questions, pour relancer mon récit, pour me faire dire tout ce que j'avais en mémoire, sur le cœur, dans le ventre, et que je ne me disais pas toujours à moi-même, d'ailleurs.

Et puis, tout à coup, à la fin de notre voyage, au moment où nous allions nous séparer, qui sait pour combien de temps, Barizon avait posé cette question inopportune. Je veux dire : inopportune quant au moment, quant au lieu où elle était posée. La plus opportune qui soit, par ailleurs. La seule question opportune, même.

— Pourquoi sommes-nous encore communistes, Gérard ?

Ce soir, à la Mutualité, au cours de ce débat organisé par *Clarté*, le journal des Étudiants communistes, sur le thème *Que peut la littérature* ? j'avais essayé de répondre à cette question de Fernand Barizon.

«Quelle est, à mon avis, l'attitude marxiste la plus valable envers ce passé du mouvement ouvrier que j'appellerai, en simplifiant un peu les choses, mais pour être bien compris, le stalinisme ?»

J'avais pensé à Barizon en me posant cette question à haute voix, devant la foule de la Mutualité, ce soir de l'automne 1964. J'étais assis à la gauche d'Yves Buin, qui présidait ce débat au nom de *Clarté*. À côté de moi, il y avait Simone de Beauvoir et Jean Ricardou. De l'autre côté d'Yves Buin, à sa droite, il y avait Jean-Pierre Faye, Yves Berger et Jean-Paul Sartre.

«Il me semble, avais-je répondu moi-même à ma propre question, il me semble qu'il y a une composante principale à cette attitude. C'est la conscience de notre responsabilité, ou, si l'on préfère, de notre coresponsabilité. Ici, l'ignorance, réelle ou prétendue, ne sert à rien, ne justifie rien. Il y a toujours le moyen de savoir, ou tout au moins de *mettre en question*. Nous avons trop dénoncé les démarches de la bonne conscience, de la mauvaise foi, à propos de l'extermination des Juifs, par exemple, pour pouvoir revendiquer, à notre profit, les excuses de ces mécanismes mystificateurs.

«Même ignorants, d'ailleurs, réellement ignorants, nous sommes coresponsables, car ce passé est le nôtre et nul ne pourra plus le changer. Nous ne pouvons pas refuser ce passé. Nous pouvons le nier, c'est-à-dire le comprendre jusqu'au bout, pour en détruire les survivances, et pour mettre en œuvre un avenir qui lui soit radicalement différent.

«C'est donc une conscience active, et non pas malheureuse, de notre responsabilité, dont nous avons besoin. Nous sommes responsables de ce passé parce que nous acceptons la responsabilité de l'avenir, de la révolution à l'échelle mondiale.»

À lire ces quelques phrases, il est facile de comprendre à quel point j'étais encore, à l'automne 1964, pris dans une illusion inconsistante. L'illusion de maintenir et de faire progresser les valeurs du communisme, malgré le parti communiste ou même contre lui. L'illusion de liquider les conséquences du stalinisme par la voie de la révolution, et, qui pis est, «à l'échelle mondiale» ! Je savais déjà, sans doute, que ce qui ne pouvait plus durer dans le parti communiste, c'était le parti communiste lui-même, mais je ne savais pas encore, ou pas encore jusqu'au bout, qu'aucune autre force révolutionnaire, aucune autre avant-garde ne pouvait remplacer ce parti-là, ce type de parti-là : que l'histoire était bloquée, de ce point de vue, pour une période indéterminée, peut-être même infinie, c'est-à-dire sans fin prévisible. Je savais déjà — et il n'y avait pas grand mérite à le savoir ! — que le stalinisme était l'une des conséquences de la défaite de la révolution, mais je ne savais pas encore, ou ne voulais pas encore savoir — peut-être par crainte de rompre des liens, de passer pour un «renégat» — que le stalinisme signifiait aussi l'impossibilité historique d'une reprise de la révolution, que le stalinisme, même dépoussiéré, superficiellement déstalinisé, portait en lui l'impossibilité de la révolution à l'échelle mondiale.

En somme, je ne savais pas encore — ça ne tarderait pas à venir — que la révolution mondiale était un mythe historique du même acabit que celui de la classe universelle. Aussi efficaces et aussi faux, d'ailleurs, l'un que l'autre, l'un soutenant l'autre comme l'aveugle et le paralytique.

— Dis donc, vieux, me dit Barizon un peu plus tard, finalement tu ne l'as pas écrit, ce livre dont tu me parlais, à Nantua, il y a quatre ans !

Était-ce vraiment à Nantua ? N'était-ce pas plutôt à Genève, au buffet de la gare de Cornavin ? Je regarde Barizon, dans un bistrot de la rue Saint-Victor où nous nous sommes retrouvés.

Quoi qu'il en soit, c'est vrai que je ne l'ai pas écrit, finalement, ce livre dont je parlais avec lui à Genève ou à Nantua.

— Le jour où j'ai vu ta photo, poursuit Barizon, l'année dernière, avec un article sur ton bouquin, quel choc, vieux ! D'abord, j'apprenais enfin ton vrai nom.

— Mon vrai nom c'est Gérard, lui dis-je en l'interrompant. Mon vrai nom c'est Sánchez, Artigas, Salagnac, Bustamante, Larrea !

Il me regarde, il hoche la tête.

— D'accord, vieux, me dit-il l'air pensif. Ton vrai nom est un faux nom. Le maquis, la clandestinité, la lutte : un faux nom pour ça ! Essaie d'oublier, pourtant, si tu ne veux pas être trop malheureux, désormais.

Il a raison, sans doute.

— En tout cas, tu m'avais dit que tu raconterais un dimanche à Buchenwald et que tu me mettrais dans ton histoire, sous le nom de Barizon. Je me précipite, je lis ton bouquin, que dalle, rien du tout ! Ni dimanche, ni Barizon ! dit Barizon.

Nous rions ensemble.

— De toute façon, lui dis-je, il faut que je le réécrive, ce livre !

Il me regarde, sourcils froncés, il ne comprend pas ce que je veux dire. Pas encore, tout au moins.

Un an avant, un peu plus d'un an auparavant, en avril 1963, la neige tourbillonnait dans la lumière des projecteurs, gare de Lyon. Dans une illumination nauséuse, je m'étais souvenu de *Une journée d'Ivan Denissovitch*.

À première vue, la publication du récit de Soljénitsyne, et tout le battage fait autour de cette publication par les instances soviétiques officielles, venant après les travaux du XXIIᵉ congrès du PCUS au cours duquel la critique de Staline avait été non seulement poursuivie mais aussi rendue publique, tous ces événements tendaient à prouver, à première vue, la victoire définitive des thèses khrouchtchéviennes. Il semblait qu'on pouvait en inférer la possibilité, pour le système politique soviétique, de se réformer progressivement à partir de son sommet. Plus tard, dans *Le Chêne et le Veau,* Alexandre Soljenitsyne parlera de cette époque en termes percutants : «Après le XXIe congrès incolore, qui avait enterré sans un mot les merveilleuses perspectives ouvertes par le XXe, il était impossible de prévoir l'attaque soudaine, tonitruante et furieuse que Khrouchtchev tenait en réserve contre Staline pour le XXIIe congrès !... Mais enfin, elle eut lieu et non point en secret, comme lors du XXe congrès, mais au grand jour ! Je ne me souviens pas d'avoir lu depuis longtemps chose aussi intéressante que les discours prononcés à ce XXIIe congrès.»

Cette apparence était trompeuse, pourtant.

Si on ne se laissait pas obnubiler par les circonstances précises de lutte pour le pouvoir en URSS et dans les instances du mouvement communiste international, qui avaient poussé Khrouchtchev à porter un nouveau coup à ses adversaires, intérieurs et étrangers, en se servant pragmatiquement du récit de Soljenitsyne, la lecture de celui-ci prouvait de façon aveuglante que le système politique post-stalinien n'était pas réformable. Le pays du Goulag ne deviendrait jamais celui du socialisme : telle était la conclusion que je ne pouvais manquer de tirer de la lecture de *Une journée d'Ivan Denissovitch.* En une nuit, ces quelques dizaines de pages avaient réussi à me faire voir ce que des années d'expérience, depuis 1956, des dizaines d'heures de discussion et de lectures n'étaient pas parvenues à éclaircir pour moi de manière définitive. Sans doute était-ce mon regard de *kazettler* sur cette expérience de *zek* qui m'avait aidé à comprendre qu'il n'y avait plus aucune illusion à se faire. La vision des camps dévoilait brusquement un paysage intérieur d'impostures idéologiques, d'à-peu-près, de compromis plus ou moins historiques, d'idées floues dont on ne pouvait qu'être floué, à travers lequel j'avais louvoyé, depuis 1956, à cause de mes responsabilités dans le PCE, à cause de la solidarité avec ceux qui se battaient dans la clandestinité espagnole, tous ceux-là que je connaissais et que j'aimais parfois, que je respectais souvent. Non, je n'étais pas d'accord avec l'opinion que Pierre Daix exprimait dans sa préface au récit de Soljenitsyne, je ne pensais pas que « *Une journée d'Ivan Denissovitch* s'inscrit dans l'effort actuel pour laver la révolution des crimes qui la souillent, mais plus profondément sans doute, c'est un livre qui vise à rendre à la révolution toute sa signification». Je pensais que Soljenitsyne s'inscrivait dans une tout autre perspective et qu'il rendait à la révolution russe sa signification de catastrophe historique.

J'en avais tiré mes propres conclusions dans le débat qui s'était ouvert, plus ou moins confusément, au sein du comité exécutif de PCE, depuis le printemps 1962. J'en avais tiré des conclusions si tranchantes que me voici hors du parti — d'un pied tout au moins, de mon bon pied, bon œil, en attendant d'en sortir bientôt officiellement et les deux pieds devant — à l'automne 1964, au moment où je participe au débat de *Clarté* sur le pouvoir de la littérature.

J'avais parlé de Soljenitsyne, bien sûr, au cours de cette réunion de la Mutualité. «Soljenitsyne, avais-je dit, détruit d'abord l'innocence où nous nous complaisions. Nous rentrions des camps nazis, nous étions bons, les méchants avaient été punis, la Justice et la Raison accompagnaient nos pas. Pourtant, au même moment, certains de nos camarades (et peut-être les avait-on connus, peut-être avait-on partagé avec eux quinze grammes de pain noir ?) partaient rejoindre Ivan Denissovitch, quelque part dans l'Extrême-Nord, pour y construire, dérisoirement, une Cité socialiste étirant sous la neige les fantômes inhabités de ses carcasses de béton. Il n'y a plus d'innocence possible, après ce récit, pour quelqu'un qui essaie de vivre — réellement vivre — à l'intérieur d'une conception marxiste du monde.»

À ceci près que je bifferais aujourd'hui ces derniers mots, car nul ne sait ce qu'est une «conception marxiste du monde», à ceci près, je n'ai rien à redire à cette déclaration de 1964.

Mais un an auparavant, gare de Lyon, dans la bourrasque de neige légère, dont les flocons tourbillonnaient à la lumière des projecteurs, je m'étais souvenu de Fernand Barizon. En fin de compte, c'est à cause de lui que j'avais écrit *Le Grand Voyage*. À cause de lui et de Manolo Azaustre, l'Espagnol de Mauthausen que j'avais connu à Madrid, rue Concepcion Bahamonde, et qui avait été arrêté en 1962 en même temps que Julian Grimau. J'avais raconté à leur place, en quelque sorte. Mais je n'avais pas écrit le livre dont je parlais avec Barizon, à Nantua ou à Genève. Je n'avais pas raconté un dimanche à Buchenwald. Qu'avais-je raconté, d'ailleurs ? Il me semblait ce jour-là, gare de Lyon, que je n'avais encore rien raconté. Que je n'avais pas raconté l'essentiel, tout au moins. Mon livre était sous presse quand j'avais lu *Une journée d'Ivan Denissovitch*. Ainsi, avant même que mon livre ne paraisse, je savais déjà qu'il me faudrait un jour le réécrire. Je savais déjà qu'il faudrait détruire cette innocence de la mémoire. Je savais qu'il me faudrait revivre mon expérience de Buchenwald, heure par heure, avec la certitude désespérée de l'existence simultanée des camps russes, du Goulag de Staline. Je savais aussi que la seule façon de revivre cette expérience était de la réécrire, en connaissance de cause, cette fois-ci. Dans la lumière aveuglante des projecteurs des camps de la Kolyma éclairant ma mémoire de Buchenwald.

Je n'avais encore rien écrit, en somme.

Rien d'essentiel, tout au moins, rien de vrai. J'avais écrit la vérité, sans doute, rien que la vérité. Si je n'avais pas été communiste, cette vérité-là aurait suffi. Si j'avais été chrétien, social-démocrate, nationaliste — ou patriote, simplement, comme disaient les paysans du pays d'Othe — la vérité de mon témoignage aurait suffi. Mais je n'étais pas chrétien, ni social-démocrate, j'étais communiste. Tout mon récit dans *Le Grand Voyage* s'articulait silencieusement, sans en faire état, sans en faire un plat ni des gorges chaudes, à une vision communiste du monde. Toute la vérité de mon témoignage avait pour référence implicite, mais contraignante, l'horizon d'une société désaliénée : une société sans classes où les camps eussent été inconcevables. Toute la vérité de mon témoignage baignait dans les huiles saintes de cette bonne conscience latente. Mais l'horizon du communisme n'était pas celui de la société sans classes, je veux dire : son horizon réel, historique. L'horizon du communisme, incontournable, était celui du Goulag. Du coup, toute la vérité de mon livre devenait mensongère. Je veux dire qu'elle le devenait pour moi. Je pouvais admettre qu'un lecteur non communiste ne s'en posât pas la question, qu'il continuât à vivre intimement, le cas échéant, dans la vérité de mon témoignage. Mais ni moi, ni aucun lecteur communiste — aucun lecteur, tout au moins, qui voudrait vivre le communisme comme un univers moral, qui ne serait pas simplement posé là comme un oiseau sur la branche — nul lecteur communiste, même s'il n'en restait qu'un, ni moi-même, ne pouvions plus admettre, telle quelle, la vérité de mon témoignage sur les camps nazis.

Des années plus tard, à l'université de Yale, c'est sans doute cela qu'elle voulait me faire comprendre, qu'elle voulait comprendre elle-même, cette jeune femme polonaise qui était née le 11 avril 1945, et qui me montrait le livre de Herling-Grudzinski, *À World apart*, après qu'elle m'eut parlé du *Grand Voyage*.

Mais je ne parle pas de cette jeune femme polonaise à Fernand Barizon, en automne 1964, dans un bistrot de la rue Saint-Victor, pour la bonne raison que je ne l'ai pas encore rencontrée. Je lui dis simplement — enfin, j'essaie d'être le plus simple possible — pourquoi il faut que je réécrive ce livre.

Barizon m'a écouté très attentivement.

— Bon, dit-il en hochant la tête, écris-le de nouveau, ce livre. Mais n'oublie pas de m'y mettre, cette fois-ci ! Qu'on reste ensemble, comme ça, quoi qu'il arrive !

Nous buvons une gorgée de bière — ou de vin blanc, ou de cognac, je ne sais vraiment plus — et il y a un long moment de silence entre nous.

— Tu vois, Gérard, dit Barizon après ce long silence, le communisme n'est pas la jeunesse du monde, c'est clair maintenant. Mais il était quand même la nôtre, de jeunesse !

Nous trinquons silencieusement à notre jeunesse.

— Un dimanche, heure par heure, c'est pas une mauvaise idée, dit Barizon dans sa barbe, un peu plus tard, comme s'il parlait tout seul.

Je le regarde et c'est la nuit de ce dimanche de décembre, à Buchenwald, en 1944, vingt ans auparavant. Je le regarde et une idée me vient tout à coup.

— Dis donc, ce matin, quand t'es parti en criant : «Les gars, quel beau dimanche !», tu pensais à quoi ?

Nous sommes assis à la table du réfectoire du block 40. Le couvre-feu va bientôt sonner. J'ai été alerté il y a quelques minutes, par le responsable militaire de l'organisation clandestine du PCE : il va y avoir un exercice d'alerte, on recevra des instructions juste avant le couvre-feu. Fernand Barizon a reçu les mêmes instructions de son côté. Mais je ne le sais pas. Nous parlons de tout autre chose. Nous ne savons pas encore que nous allons nous retrouver tout à l'heure, à la fin de l'exercice d'entraînement des groupes de combat.

Nous sommes assis à la table du réfectoire et nous tirons alternativement des bouffées d'une cigarette de *machorka*.

— Ce matin ? dit Barizon, je ne m'en souviens pas.

— Tu es parti en criant : «Les gars, quel beau dimanche !» Tu pensais à quoi ?

— À ce putain de dimanche, je suppose, dit Barizon, en haussant les épaules. À quoi veux-tu qu'on pense avec cette foutue neige qui tombait ?

— Tu ne pensais pas à la Marne, par hasard ?

Il écarquille les yeux, Barizon.

— Quelle Marne ? dit-il. La bataille de la Marne ?

Tout devient clair, j'éclate de rire, je me tape sur les cuisses, à la grande surprise de Barizon, qui ne trouve pas sa propre plaisanterie tellement drôle.

Mais c'est que je sais d'où vient cette Marne qui m'a hanté, ce matin, que j'ai imaginé dans la mémoire de Barizon. Elle me vient de Giraudoux, bien sûr.

Je m'arrête de rire et je récite le texte de Giraudoux, d'une voix forte. Barizon en reste bouche bée et les rares déportés qui traînent encore au réfectoire tournent la tête vers nous.

— *J'aurais tout compris de la guerre sans une phrase insoluble qui dans chaque article contenait le nom de la même rivière, sans qu'on pût en saisir le rapport avec le sujet. Les Allemands sont chez nous, disait le premier journaliste, mais que disent-ils de la Marne ? Peu de raisin en France cette année, disait le second, la Marne suffit aux Français. À la page littéraire, on se consolait des méfaits des cubistes avec le même contrepoison : Nous avons visité les Indépendants, disait M. Clapier, le critique, heureusement qu'il y a la Marne...*

Mais Barizon m'interrompt.

— T'es tombé sur la tête ou quoi ? crie-t-il, pas content du tout.

Non, je n'étais pas tombé sur la tête, j'étais tombé tête la première dans le monde d'autrefois, la vie au-dehors, où il y avait la Marne, où il y avait le théâtre de l'Athénée où nous allions voir *Ondine*, où il y avait Juliette, la Juliette de Barizon et celle de Giraudoux, où il y avait la vie, en somme.

Mais l'arbre de ce matin, le hêtre suprême, faisait-il partie de la vie au-dehors ?

Tout à l'heure, au bout du Petit Camp, alors que je contemplais le coucher du soleil sur la plaine enneigée de Thuringe, Jéhovah m'avait demandé si j'avais passé un bon dimanche. J'avais pensé à cet arbre d'une beauté presque irréelle. Je m'étais écarté de la route, j'avais contemplé l'arbre. J'avais eu l'impression fugitive de découvrir une vérité essentielle : la vérité de cet arbre, de tous les arbres autour, toute la forêt, toutes les forêts, le monde qui n'avait nul besoin de mon regard. J'avais senti de toute la force de mon sang précipité que ma mort ne priverait pas cet arbre de sa beauté rayonnante, qu'elle ne priverait le monde que de mon regard. Pendant un bref instant d'éternité, j'avais contemplé cet arbre avec le regard d'au-delà de ma mort, avec les yeux de ma propre mort. Et l'arbre était toujours aussi beau. Ma mort ne mutilait pas la beauté de cet arbre. Plus tard, je lirais un aphorisme de Kafka qui exprimait avec une précision parfaite ce que j'avais confusément mais intensément ressenti, ce matin-là, devant le hêtre de Buchenwald : «*Dans le combat entre toi et le monde, seconde le monde.*»

— Oui, dis-je à Jéhovah, un très bon dimanche.

Mais le soleil vient de disparaître, là-bas, derrière la ligne des monts de Thuringe. L'obscurité tombe d'un seul coup, comme une chape de plomb ou de glace. À Lekeitio, dans mon enfance, on regardait le soleil se coucher sur l'Océan. On était au bord de la falaise, au pied du phare marin de Lekeitio. On regardait avec une attention forcenée le disque rougeâtre du soleil qui s'enfonçait dans l'Océan. Ou bien c'était l'Océan qui recouvrait de son flux ascendant le disque du soleil. Quoi qu'il en soit, une fraction de seconde après que le soleil eut disparu à l'horizon océanique, on voyait scintiller un rayon vert. Un bref éclair de lumière verte, presque aveuglante.

Mais sur la plaine de Thuringe, il n'arrive rien de semblable quand le soleil se couche. Il n'arrive que la nuit noire, le froid.

Tout à coup, une idée me traverse l'esprit et je me mets à courir.

— Mais où allez-vous ? demande Jéhovah d'une voix inquiète.

Je ne vais nulle part, je m'en vais, c'est tout. L'idée m'est venue que Jéhovah allait réciter un verset approprié de la Bible. Il doit y avoir plein de beaux versets appropriés dans la Bible, de beaux versets pour nommer la nuit. Mais je n'ai pas envie d'entendre la voix de Jéhovah me réciter la nuit.

Tant qu'à faire, je préfère Giraudoux. Il parle aussi très bien de la tombée de la nuit du côté de Bellac, Jean Giraudoux. C'est avec lui que j'ai envie de finir ce dimanche.

Un monde à part, Gustaw Herling

Préface

Publié en 1985 chez Denoël à l'initiative de Jorge Semprún, le livre de Gustaw Herling compte parmi les grands témoignages sur le système concentrationnaire soviétique, aux côtés de Varlam Chalamov, Julius Margolin, Margarete Buber-Neumann, Soljenitsyne et *L'Archipel du Goulag*, dans la mesure où cet « essai d'investigation littéraire » est nourri de dizaines de témoignages.

La volonté de Jorge Semprún de faire connaître au public de langue française le livre de Herling répondait à ses yeux à une urgence, une nécessité née de sa propre évolution : le temps est enfin venu de prendre en considération, en regard des camps nazis, ce que signifient l'organisation du Goulag dans les années vingt et sa perpétuation. *Quel beau dimanche !* en 1980 est le moment qui cristallise cette ouverture à la dimension totalitaire des deux systèmes qui se sont confortés et parfois même entendus dans une complicité meurtrière, puis se sont affrontés à partir de 1941. Il n'est pas indifférent de noter que les deux mots qui concluent le jugement que porte Jorge Semprún sur la qualité littéraire du livre de Gustaw Herling, évoquent un autre livre sur les camps : *L'Espèce humaine.*

C'était rue Guénégaud, si je me souviens bien, en 1970, dans une galerie d'art. Józef Czapski y exposait des toiles d'un réalisme minutieux, méticuleux, quasiment maniaque : expressionniste, à force de jouer sur les inquiétudes de l'illusion de réalité, démasquée par son travail sur l'apparence de la matière picturale. L'auteur de *Terre inhumaine*[1] est, en effet, un peintre remarquable.

Nous étions trois, assis là à parler, sous le regard ironique des personnages imaginaires de Czapski, qui réduisait en paillettes de néant confus notre innocente certitude d'exister. La mienne, du moins. Il y avait, avec Czapski lui-même, Elisabeth Poretski et moi. Un an auparavant, à peu près, j'avais découvert *Les Nôtres*, le récit de cette dernière, qui m'avait passionné. Nous étions devenus amis.

Sans doute leur posais-je des questions. Durant toutes ces années, au long de nos rencontres, je leur ai toujours posé des questions. J'aimais à entendre leurs récits, l'histoire et les histoires de la longue aventure — si différente, opposée même sur certains points, mais tellement semblable, pour l'essentiel — de leurs vies. La Pologne, l'Europe des années trente, le Guépéou, les camps staliniens, le désastre du pacte germano-soviétique : la longue aventure des vies broyées et forgées dans l'expérience directe du totalitarisme russe.

Ce jour-là, en tout cas, et au-delà des conversations habituelles, est resté dans mon souvenir parce que, à un certain moment, Józef Czapski m'a donné un livre. Il m'en a vivement recommandé la lecture. Il avait raison : c'est une lecture fort recommandable.

C'est ainsi que j'ai eu pour la première fois entre les mains un exemplaire de la version anglaise du livre de Gustaw Herling, *Un monde à part*. Je ne savais rien de l'auteur, je l'avoue. C'est Czapski qui m'a donné les premières informations à son sujet.

---

1. *Les Îles d'or* ; préface de Daniel Halévy, 1949 ; réédition L'Âge d'homme, 1991.

Né en 1919, à Kielce (Pologne), Gustaw Herling a fait des études de littérature à l'université de Varsovie. Très jeune, il a milité dans les rangs de la Jeunesse socialiste et à dix-neuf ans il a publié une critique perspicace du roman de Witold Gombrowicz, *Ferdydurke*, dans une revue littéraire de gauche. Après le partage de la Pologne, en 1939, il fut l'un des fondateurs d'un des premiers organismes de la Résistance. En mars 1940, en essayant de rejoindre l'armée polonaise en France, il est arrêté par le NKVD, lorsqu'il tentait de franchir la frontière de la Lituanie. Il passe deux ans dans les prisons et les camps soviétiques, expérience qui fournit la matière de *Un monde à part*. En 1942, il peut rejoindre l'armée polonaise et participer à la campagne d'Italie. À Monte Cassino il obtient la plus haute distinction militaire polonaise. Après la guerre, il s'installe en Italie. Il est l'un des initiateurs et des collaborateurs de la revue *Kultura*, de l'émigration polonaise.

Muni de ces renseignements, je me plongeai dans la lecture du livre de Herling. Je le lus tout d'une traite, ému et fasciné; je n'ai pas cessé de le relire depuis, partiellement ou dans sa totalité. Et je viens encore de le faire, dans l'excellente version de William Desmond. Entre-temps, je n'ai pas cessé non plus de m'étonner que ce livre n'eût jamais été traduit en français. Voilà qui est fait: il n'est jamais trop tard pour publier un texte de cette valeur littéraire et morale.

Dans la préface à l'édition anglaise de *Un monde à part*, Bertrand Russell insiste sur la qualité du témoignage. «Des nombreux livres que j'ai lus, dit Russell, concernant l'expérience des victimes des prisons et des camps de travail soviétiques, *Un monde à part* de Gustaw Herling est l'un des plus impressionnants, des mieux écrits. Il possède à un degré très rare une force de description simple et vivante et il est tout à fait impossible de mettre en doute sa sincérité sur quelque point que ce soit.»

N'oublions pas que Bertrand Russell écrit ces mots au début des années cinquante. À ce moment-là, l'aveuglement sur l'URSS, le travail tenace de dénégation des vérités du totalitarisme, sont encore largement répandus — pour être plus exacts: ils sont hégémoniques — parmi les intellectuels de gauche européens. C'est pour cette raison que Russell insiste sur la véracité du témoignage et qu'il poursuit en disant: «Les compagnons de route qui refusent de croire à la vérité de livres comme celui de M. Herling sont obligatoirement des êtres privés d'humanité, car, s'ils n'étaient pas dépourvus de ce sentiment, ils ne rejetteraient pas cette évidence, mais prendraient la peine de l'examiner de plus près.»

Et sans doute Russell avait-il raison, à l'époque, de poser ainsi les questions. Sans doute le rejet, le refus systématique de la vérité sur l'URSS est-il l'une des raisons qui expliquent le silence sur ce livre, en France. Albert Camus le déplorait puisqu'il écrivait à Herling, en juin 1956: «J'avais beaucoup aimé votre livre et j'en ai parlé chaleureusement ici[1] . Pourtant la décision a été finalement négative,

---

1. Albert Camus a tenté de faire éditer le livre chez Gallimard. En vain. Une édition est disponible désormais (en Folio) depuis 1995, aux côtés d'autres œuvres d'Herling dans la collection L'Arpenteur.

surtout, je crois, pour des raisons commerciales. J'en ai été personnellement très déçu et veux vous dire au moins que, selon mon opinion, votre livre devrait être publié et lu dans tous les pays, autant pour ce qu'il est que pour ce qu'il dit.»

Depuis lors, bien sûr, les choses ont changé. Depuis lors il y a eu le bref dégel de la déstalinisation de Nikita Khrouchtchev, qui n'a pas changé la nature profonde du totalitarisme soviétique, mais qui a modifié ses formes historiques, et, surtout, a sapé définitivement la foi aveugle, la croyance aliénante aux bienfaits du socialisme réel. Il y a eu aussi le tourbillon Soljenitsyne, l'explosion mondiale d'une vérité sur le Goulag, réservée jusqu'alors à des cercles restreints, en vertu de toute une série de mécanismes idéologiques, mais devenue universelle et irréversible à partir de son œuvre gigantesque.

Pourtant, et c'est la chose la plus importante à dire ici, si *Un monde à part* de Gustaw Herling est publié en français avec un retard évident, trente ans trop tard, il est clair que ce livre n'a rien perdu de sa force, de son étrange et sereine beauté.

Car *Un monde à part* est un témoignage, certes. Une sorte de reportage d'une précision géniale sur les camps soviétiques de la région de Kargopol, dans les forêts du Grand Nord, à une époque déterminée, datée : 1940-1942. Pour les historiens, les sociologues qui s'intéressent à l'expérience du Goulag, le témoignage de Herling, dénué d'emphase, de grandiloquence, apporte des données, des informations d'une rare précision. En outre, comme l'auteur est doué d'une curiosité infatigable, d'un don d'observation inouï, d'une capacité prodigieuse de sympathie, de compréhension du moins, pour les êtres, même les plus dévoyés, pervertis par l'univers concentrationnaire soviétique, ce témoignage est riche en commentaires et conclusions ayant une portée générale.

Mais *Un monde à part* n'est pas seulement un témoignage. Bertrand Russell, avec raison, signalait que c'était l'un des livres «les mieux écrits» sur ce sujet. Et Albert Camus, dans un raccourci saisissant, affirmait que le livre devrait être lu «autant pour ce qu'il est que pour ce qu'il dit». Exactement. Car il est une œuvre littéraire, parfaitement maîtrisée. Il est de la littérature. Il porte la marque, la griffe, l'empreinte qui ne trompe pas d'un écrivain véritable. Il n'est pas seulement sincère et véridique par rapport à la matière historique (le Goulag soviétique du début des années quarante) qu'il traite. Il est vrai également par rapport aux formes de la littérature, aux valeurs morales et culturelles d'une relation transparente et complexe, riche, avec la littérature, cette étrange occupation qui caractérise l'espèce humaine.

Les Nôtres, Elisabeth K. Poretski

Publiés d'abord en 1969 par Maurice Nadeau dans sa collection «Les Lettres nouvelles», les Souvenirs d'Elisabeth Poretski, réédités en 1985 chez Denoël, offrent à Jorge Semprún l'opportunité de revenir sur ce témoignage et de l'associer à d'autres auteurs qui prennent de plus en plus d'importance dans la constellation des écrivains ou philosophes qui comptent à ses yeux : Orwell et Hannah Arendt, citée sans doute pour la première fois ici. De surcroît, comme il l'indique lui-même, il a fréquenté Elisabeth Poretski.

Toute nostalgie de l'exaltante période où la révolution bolchevique semblait offrir un avenir au monde est désormais évanouie. Reste, en revanche, la volonté critique à mettre en œuvre, y compris à propos du parcours d'Ignace Reiss qui, après le premier procès de Moscou, avait décidé de rejoindre la IVe Internationale de Léon Trotski, reniant la variante stalinienne du bolchevisme pour une variante proche...

Parfois, dans les années soixante-dix, au cours des longues soirées passées ici ou là avec Elisabeth Poretski – nous l'appelions Elsa – à évoquer le passé, à reconstruire par bribes l'histoire misérable et riche du mouvement communiste (misérable dans ses résultats ; riche dans la mémoire et l'expérience vécue – quel mot français y aurait-il pour l'allemand *Erlebnis* ou l'espagnol *vivencia* ? – des meilleurs de ses survivants : au sens fort du mot, de ceux qui ont survécu à la mort ancienne, archaïque, même quand elle se déguise en «avenir radieux», qu'est le communisme), parfois, donc, il m'est arrivé de rêver à une rencontre imaginaire, impossible et superbe, entre Elsa Poretski, George Orwell et Hannah Arendt.

Orwell aurait été passionné par la mémoire fertile, inusable, d'Elisabeth Poretski. Tant qu'il y aura des mémoires semblables, aucun ministère de la Vérité totalitaire ne pourra réduire l'homme à la transparence floue, déracinée, pragmatique, d'un présent manipulable. L'effort pour maintenir ces mémoires vivantes, en rééditant, par exemple, *Les Nôtres* ; pour faire en sorte qu'elles demeurent actives, articulées sur la réalité du monde, fait partie d'un ensemble, me semble-t-il, de tâches autant morales que culturelles.

Hannah Arendt se serait passionnée pour la vie de Poretski (alias Ludwig, alias Ignace Reiss) dont Elsa, sa veuve, fait le récit poignant dans ce livre. Hannah Arendt, dans son essai sur Rosa Luxemburg, parle des militants juifs polonais, cette génération à laquelle appartint Poretski, et qui furent, avant d'être exterminés par Staline, l'âme et la flamme – le glaive aussi, terrible ! – de l'Internationale communiste. «Ils n'ont jamais bien compris pourquoi le slogan *La patrie de la classe ouvrière est le mouvement socialiste* pouvait être si désastreusement faux justement pour les classes ouvrières. Il y a en vérité une justice sinistre dans la transformation ultérieure du slogan : *La patrie de la classe ouvrière est la Russie soviétique,* qui met fin à l'internationalisme utopique de cette génération», écrit Hannah Arendt[1].

Entre ces deux slogans, en effet, entre l'internationalisme utopique et l'internationalisme pratique de la police politique de Staline, se joue le destin d'une génération de militants.

Les Nôtres en est un témoignage exemplaire.

---

1. Hannah Arendt, «Rosa Luxembourg, 1871-1919», *Vies politiques,* Gallimard, coll. «Tel», 1997, p. 53.

L'*Esprit révolutionnaire*, Leszek Kołakowski

Préface

En choisissant de préfacer *L'Esprit révolution-naire*, l'essai si pénétrant de Leszek Kołakowski (1927-2009), Jorge Semprún rend hommage en trois points à l'un des grands philosophes du XXᵉ siècle dont l'œuvre, comme il le fait déjà juste-ment remarquer, est trop méconnue en France. Son propre horizon s'est considérablement élargi par la découverte de l'histoire des sociétés enfer-mées dans le « socialisme réel », celle de la Pologne populaire en premier lieu, des travaux critiques sur les fondements de ces régimes de dictature et de l'action des oppositions émergentes dans le « camp socialiste ». Implicitement, Jorge Semprún nous dit que l'amorce de changement dans cette partie de l'Europe d'au-delà du rideau de fer amènera inévitablement la remise en cause des présupposés figés d'une certaine gauche. Si le marxisme est mort dans les pays de l'Est, ses jours pouvaient bien paraître aussi comptés dans les pays de l'Ouest...

1. En 1956, au moment de «l'Octobre polonais[1]», un texte de Leszek Kołakowski, *Qu'est-ce que le socialisme?*, fut affiché par les étudiants sur les panneaux de l'université de Varsovie. Sorte de poème satirique en prose, ce texte était destiné à *Po Prostu*, hebdomadaire contestataire des intellectuels. Mais il fut interdit par la censure, sur intervention directe de W. Gomulka. Celui-ci venait à peine de sortir des oubliettes staliniennes, sous la pression du mouvement populaire qui contraignit les Soviétiques à reculer, pour gérer une déstalinisation bureaucratique qui laisserait quasiment intactes, on s'en apercevrait assez vite, les racines du despotisme totalitaire du Parti-État (dit «ouvrier», «unifié», «polonais»: trois mensonges réunis en un seul faisceau terroriste[2]).

«Nous vous dirons ce qu'est le socialisme», proclamait l'article de Kołakowski. «Mais d'abord nous devons vous dire ce que n'est pas le socialisme. C'est une question sur laquelle, autrefois, nous avions une idée bien différente de celle que nous avons aujourd'hui.

«Bien, donc le socialisme n'est pas:

«Une société dans laquelle quelqu'un qui n'a pas commis de crime reste chez lui, en attendant la police.

«Une société dans laquelle quelqu'un est malheureux parce qu'il dit ce qu'il pense et quelqu'un d'autre heureux parce qu'il ne dit pas ce qu'il pense.

«Une société où quelqu'un est mieux parce qu'il ne pense pas du tout.

«Une société dans laquelle quelqu'un est malheureux parce qu'il est juif, et où un autre est mieux parce qu'il n'est pas juif...»

---

1. Après les émeutes ouvrières à Poznan le 28 juin 1956 et la répression qui suivit, le régime communiste fut contraint de desserrer l'étau de la censure et dut consentir à des concessions face au mouvement qui s'étendait à tout le pays. Cependant l'institution des Conseils ouvriers fut une réforme sans lendemain.
2. Le nom du PC polonais est depuis l'après-guerre Parti ouvrier unifié polonais : POUP.

Pour terminer, après la description détaillée de ce que n'est pas le socialisme — en fait, de ce qu'est réellement le «socialisme réel» — Kołakowski écrivait: «Voilà la première partie. Mais, maintenant, attention, nous allons vous dire ce qu'est le socialisme. Bien: le socialisme est une bonne chose[1]».

À ce texte, W. Gomulka réagit de façon typique, stéréotypée même. Les longues années de prison stalinienne n'avaient pas, visiblement, émoussé ses réflexes de secrétaire général, obnubilé son esprit-de-parti. Le 23 novembre 1956, dans un discours aux secrétaires des comités provinciaux du POUP (voir plus haut pour le décryptage de ce sigle mensonger), Gomulka reprocha à Kołakowski de «se délecter» à rappeler les erreurs du passé; de faire des critiques «unilatérales»; de ne pas avoir de «programme positif». L'ensemble du texte était présenté comme «une profonde diffamation de l'idée du socialisme». À partir de cet incident, Leszek Kołakowski fut systématiquement critiqué par le pouvoir comme l'un des chefs de file du courant «révisionniste».

2. Kołakowski revient sur cette période du «révisionnisme» dans le troisième volume de son œuvre monumentale, *Main Currents of Marxism*[2]. Travail décisif sur l'histoire du marxisme dont on est obligé de citer le titre en anglais (ou en allemand, ou en espagnol) puisqu'il n'est pas encore traduit en français. Lacune considérable et qu'il faut d'autant plus regretter que la bibliographie de Leszek Kołakowski — hélas, trois fois hélas! — est en français assez pauvre. Beaucoup d'équivoques, de flous idéologiques, d'occultations plus ou moins inconscientes de la pensée qui s'autoproclame de gauche en France seraient dissipés, ou du moins battus en brèche, si l'œuvre critique, considérable, de Kołakowski y était mieux connue, davantage discutée.

Quoi qu'il en soit, dans le troisième et dernier volume de son histoire du marxisme, *The Breakdown* (L'Effondrement), Kołakowski élabore une appréciation globale de cette période du «révisionnisme» dans les pays de l'Est européen. Période ouverte en 1956, dans le sillage du xxe congrès et du rapport «secret» de Khrouchtchev, et fermée, clôturée même, pour l'essentiel, en 1968, avec l'invasion de la Tchécoslovaquie par les troupes du Pacte de Varsovie et la répression du mouvement universitaire en Pologne, à l'occasion de laquelle Kołakowski fut chassé de l'université de Varsovie et dut choisir l'exil.

Il est impossible, bien entendu, de reproduire ni même de résumer en quelques lignes toute la richesse des analyses de Kołakowski. Mais on peut rappeler, dans les limites d'une préface, l'un des aspects de la question du «révisionnisme» qui montre bien l'évolution de la situation politique et idéologique dans les pays de l'Est, en général, en Pologne, particulièrement.

---

1. L. Kołakowski, «Qu'est-ce que le socialisme?», *La Vérité*, 15 mars 1957, repris dans K. Papaioannou, *Marx et les Marxistes*, Gallimard, coll. «Tel», 2001, pp. 491-492. Sur Kołakowski, on peut consulter le livre de Jacques Dewitte, *Kołakowski, le clivage de l'humanité*, Éditions Michalon, 2011.
2. Leszek Kołakowski, *Histoire du marxisme*, t.1. *Les Fondateurs*, t. 2. *L'Âge d'or de Kautsky à Lénine*, Fayard, 1987. À ce jour, le troisième volume n'a pas été traduit.

En 1956, en effet, et au cours des années qui suivirent, la critique la plus efficace du système totalitaire du Parti-État fut celle que développèrent les «révisionnistes». Celle, en somme, qui s'exerçait à l'intérieur même du système, en fonction de ses valeurs proclamées, de certains principes du marxisme lui-même, «trahis» ou «dévoyés» par le stalinisme. Dans le treizième chapitre, «Développements du marxisme après la mort de Staline», de l'essai cité plus haut, L. Kołakowski en rappelle les raisons. Il explique pourquoi, à l'époque, la critique «révisionniste» fut plus dévastatrice que celle provenant des milieux se situant en dehors du système, ou des courants de pensée, démocratiques ou religieux, traditionnellement hostiles au «marxisme-léninisme».

Parce qu'ils faisaient partie du système et avaient donc, du moins partiellement, accès aux moyens d'information et de communication; parce qu'ils connaissaient les rouages et les intrigues de l'appareil, qu'ils prenaient en quelque sorte, à revers, en utilisant les stéréotypes du langage marxiste, les «révisionnistes», dit Kołakowski, «à la différence de ceux qui s'opposent au système du point de vue nationaliste ou religieux, non seulement s'adressaient à l'opinion du parti mais ils éveillaient un écho dans certains cercles de l'organisation; ils étaient écoutés par une partie de l'appareil et contribuaient donc au désarroi idéologique de ce dernier, ce qui constituait la raison principale d'un changement politique».

Aujourd'hui, bien évidemment, cette situation a changé de façon radicale. Aujourd'hui, le révisionnisme marxiste est impensable, dans les pays de l'Est, parce que le marxisme y est définitivement mort. Aujourd'hui, dans ces pays, critiquer le marxisme au nom de la réalité, ou la réalité au nom du marxisme, n'est qu'une sinistre plaisanterie, puisque tout rapport vivant, vivifiant (on n'ose pas dire «dialectique», de peur d'être lapidé par d'innombrables victimes ou esclaves de cette implacable divinité, la Dialectique!), entre marxisme et réalité y est impossible. Aujourd'hui, le marxisme n'y est plus qu'un discours idéologique, cynique – *hündisch*, dirait Kafka, qui s'y connaissait en chiens et en procès dialectiques – de légitimation sociale. Le succès du «révisionnisme», en fin de compte, a été tellement éclatant qu'il a creusé sa propre tombe. Dans la Pologne d'aujourd'hui, les questions se posent tout autrement.

3. S'il y a une rupture évidente entre la Pologne de la décennie «révisionniste» et celle d'aujourd'hui – rupture dans les systèmes de référence culturels et idéologiques; rupture quant à la place, le rôle, la nature même des agents sociaux luttant pour reconstituer le tissu de la société civile; rupture à l'intérieur du système dominant, avec le déclin d'un parti incapable de gérer sa propre hégémonie de fait sur le pays et devant recourir à l'armée, ce qui brouille les cartes du jeu totalitaire et le prive de ses atouts traditionnels – il existe aussi, d'autre part, une évidente continuité.

Sur le plan des personnes, d'abord. Les auteurs de la *Lettre ouverte au POUP*[1], Jacek Kuron et Karol Modzelewski, qui dénonçaient, au début des années soixante, l'émergence d'une nouvelle classe dominante en Pologne et proposaient un programme d'action révolutionnaire d'inspiration marxiste − initiative qui leur valut de nombreuses années de prison −, se retrouvent aux origines du mouvement social dont est issue SOLIDARITÉ, au début des années quatre-vingt.

Dans le domaine de la philosophie, si l'on regarde les noms de ceux qui entouraient Leslek Kołakowski dans le courant «révisionniste», on y verra entre autres les noms de B. Baczko et de K. Pomian. Trois noms, trois œuvres en cours, toujours d'actualité. Sans doute trois des noms les plus importants dans la culture européenne d'aujourd'hui.

Sur le plan des idées, la continuité historique est également évidente. Mais c'est qu'il y a, en effet, dans le «révisionnisme» lui-même, selon les propres termes de Kołakowski, «une certaine logique interne, qui, assez rapidement, le mena au-delà des frontières du marxisme». Et Kołakowski d'énumérer les conséquences de cette «logique interne», de la dynamique déclenchée par le mouvement «révisionniste». Ce faisant, notons-le, il ne résume pas seulement un mouvement historique, il résume aussi sa propre évolution, son propre cheminement intellectuel.

«Quiconque prenait au sérieux les règles méthodologiques du rationalisme, écrit Kołakowski, ne pouvait plus s'intéresser au degré de sa propre loyauté, à la tradition marxiste, ni éprouver la moindre inhibition quant à d'autres sources et d'autres motivations théoriques ; le marxisme, sous sa forme léniniste-stalinienne, était une structure culturelle si pauvre, si primitive, qu'elle devait disparaître pratiquement au premier effort d'analyse rigoureuse. La doctrine de Marx lui-même offrait certes plus de nourritures pour l'esprit, mais elle ne pouvait pas, bien entendu, répondre à des questions que la philosophie et les sciences sociales ont soulevées depuis l'époque de Marx, comme elle ne pouvait pas non plus intégrer certaines catégories conceptuelles importantes, élaborées par la culture humaniste du xxᵉ siècle. Les tentatives, d'autre part, de combiner le marxisme avec des courants ayant ailleurs leur origine, le privèrent aussitôt de sa forme doctrinale péremptoire : il devint tout simplement l'une des contributions possibles, parmi d'autres, à l'histoire intellectuelle, au lieu de se maintenir en tant que système universel et omniscient de vérités irréfutables, parmi lesquelles, en cherchant bien, on était censé trouver réponse à tout...»

Il est urgent de comprendre que la voie que Leszek Kołakowski retrace ainsi, et sur laquelle, à certains points de vue, il s'est engagé en pionnier, est celle que la fraction non négligeable de l'intelligentsia européenne encore convaincue que «le marxisme est l'horizon indépassable de notre temps[2]», devra parcourir

---

1. Publiée initialement en polonais dans la revue *Kultura* (Maisons-Laffitte), cette lettre, datant de 1964, a été traduite pour la première fois en supplément à la revue *Quatrième Internationale*, en septembre 1965.
2. Formule couramment attribuée à Jean-Paul Sartre.

jusqu'au bout de son désenchantement, de sa désillusion — jusqu'à la lucidité reconquise, en somme — si elle veut encore jouer un rôle quelconque dans l'histoire des décennies prochaines.

Telle est la leçon intellectuelle de Kołakowski. Leçon impitoyable, mais tonique : il est toujours vivifiant de secouer la poussière des mythologies sociales. Enfin, il n'est pas indifférent qu'elle nous parvienne à travers une réflexion nourrie de l'expérience polonaise. Depuis plus d'un siècle, c'est la Pologne qui nous donne l'exemple de la lutte pour la liberté, de l'imagination pratique antitotalitaire.

L'*Arbre de Goethe. Stalinisme et fascisme*

Une tombe au creux des nuages

Une tombe au creux des nuages
© Climats, un département des Éditions Flammarion, Paris, 2010.

Jorge Semprún se tient pour comptable de toute l'histoire de l'Europe au XXᵉ siècle, c'est-à-dire qu'il accorde autant d'importance au phénomène nazi qu'au phénomène communiste et à leur commune dimension totalitaire pour saisir les conséquences concrètes qu'ont eues ces types de régime sur le vieux continent. L'Allemagne, parce qu'elle a subi les deux, lui semble être, par l'accumulation des douze ans d'hitlérisme et des quarante ans de communisme en RDA, l'un des symboles de cette histoire tragique — et cela le ramène à l'histoire de Buchenwald : en effet, une fois le camp nazi libéré, il est à nouveau en service, cette fois pour le compte des Soviétiques... Jorge Semprún est désormais loin de son approche de 1973, exclusivement centrée sur le fascisme. Sa réflexion est aussi un plaidoyer pour une Europe démocratique, débarrassée des extrémismes totalitaires. Pour lui, l'histoire n'est pas une science morte — mais peut-on vraiment croire que ses leçons seront retenues ?

Ce discours, prononcé en 1986, trois ans avant la chute du Mur, évoque un enjeu crucial : pour la première fois, la réunification allemande est envisagée comme la conséquence du nouveau rapport de force qui sera entraîné par l'effondrement de l'URSS, et non comme une conséquence de la «détente» ou une concession faite au «bloc de l'Est». Contrairement aux communistes allemands, prêts au combat, Gorbatchev décidera, pragmatique, de ne pas réagir militairement à la chute du Mur en 1989. La réunification est le produit d'un acte de résistance et de démocratisation.

Pourquoi donc avoir choisi un étranger — et, concrètement, pourquoi m'avoir choisi, moi — pour ouvrir les débats de ce colloque? Car, à la lecture du programme, on s'aperçoit tout de suite que ce sont surtout des questions spécifiquement allemandes qui vont y être traitées. Essentiellement des questions concernant l'histoire et l'identité allemandes. Des questions concernant le rapport — ambivalent, parfois douloureux, dans tous les cas critique — qu'entretiennent les Allemands avec leur propre expérience historique. Et par conséquent, des questions qui, à première vue — seulement à première vue, on le comprendra par la suite —, semblent concerner tout particulièrement, et même exclusivement, des intervenants allemands. Je me suis donc demandé, dans ces conditions, ce que signifiait ma présence à ce colloque. Quels sens peuvent revêtir les quelques phrases d'ouverture que je m'apprête à prononcer devant vous?

J'ignore quelles sont les raisons qui ont poussé les membres du conseil des colloques du Römerberg à m'entraîner dans semblable aventure. Ou plutôt, je les entrevois, mais je pense qu'il n'est pas de mon ressort de les élucider. En revanche, je connais parfaitement les raisons qui m'ont conduit à accepter cet honneur et cette responsabilité. Je vais donc m'employer à les résumer, même si cela risque d'être de façon quelque peu schématique.

Mon rapport avec l'Allemagne, avec l'histoire et la culture allemandes, est ancien, il est complexe, multiple et sans doute fécond dans ma trajectoire d'écrivain, dans ma formation morale et intellectuelle.

Ceux qui ont lu quelques-uns de mes livres savent déjà que je ne suis pas un dévot de l'ordre chronologique dans les récits. Il n'y a guère que Dieu pour connaître, ou pour prétendre connaître, l'ordre chronologique. Mais, en ce qui me concerne, je ne connais pas Dieu, même si je connais les désirs, les rêves et toutes les réalités humaines que son absence suscite. Et qui le rendent historiquement présent, actif, en tant qu'absence inévitable. Surtout en tant que transcendance humaine de son absence active. Et c'est bien pour cela, parce que je n'aime pas l'ordre chronologique, que je ne débuterai pas par la plus ancienne des raisons qui me rattachent à l'Allemagne.

Je commencerai par une raison plus récente. À savoir un rapport combatif et même polémique, au sens étymologique du mot. Un rapport qui est celui d'un adversaire du national-socialisme. C'est d'abord pendant la Résistance, en France, puis dans le camp de concentration de Buchenwald, que s'est développé ce rapport — on ne peut plus négatif; quelquefois mortel, mortifère sans doute, mais au bout du compte, un rapport devenu privilégié — avec une des grandes figures ou des incarnations historiques allemandes.

Me permettrez-vous de livrer une évocation, un souvenir tout à fait personnel? Nous sommes à la fin du mois d'avril 1945: cet après-midi dont je parle allait être mon dernier après-midi dans l'Ettersberg. Ce devaient être les dernières heures de mon séjour à Buchenwald, avant le retour à Paris. Et même si les camions qui allaient nous transporter tout le long de ce voyage dépendaient administrativement d'une «mission de rapatriement» française, il ne pouvait en aucun cas s'agir pour moi d'un retour dans ma patrie.

Quoi qu'il en soit, j'ai profité des dernières minutes de ma présence à Buchenwald pour prendre congé de l'arbre de Goethe. Ce hêtre — que les nazis avaient préservé lorsqu'ils avaient abattu la forêt pour construire les premières baraques du camp — se trouvait sur une esplanade située entre les cuisines et le magasin général. Un an auparavant, pendant l'été 1944, au cours du bombardement des installations par l'aviation nord-américaine, une bombe au phosphore avait touché le hêtre de Goethe. Cependant, ce jour-là, ce fameux après-midi, avec le retour de ce printemps qui annonçait la fin d'une guerre mondiale, quelques branches de l'arbre incendié avaient commencé à reverdir.

C'est tout naturellement que j'ai alors pensé à Antonio Machado, le poète espagnol de mes lectures adolescentes,

au vieil ormeau fendu par la foudre...

J'ai ainsi pensé à de nombreuses autres choses, que je ne vais pas tenter de restituer ici, pendant cette longue méditation solitaire devant l'arbre de Goethe, qui venait semblait-il de ressusciter des glacials incendies de la guerre. Il faut

dire que j'avais alors vingt ans et que quelque chose de nouveau, de radicalement nouveau, débutait pour moi, après Buchenwald. Était-ce la vie qui allait
commencer, après un si long rêve de la mort ? Ou était-ce plutôt le rêve de la
mort qui allait se prolonger ? Ou encore le rêve de la vie : de la vie considérée
comme le rêve de la mort ?

À cet instant de méditation devant l'arbre de Goethe, je n'ai su que répondre.
Et encore aujourd'hui, il est des moments où je ne le sais toujours pas.

En revanche, ce que j'ai parfaitement su, avec la certitude des évidences naturelles, c'est qu'à partir de cet instant, par bonheur, mon rapport avec l'Allemagne
se modifiait une nouvelle fois de façon substantielle.

Mon rapport avec l'Allemagne ne serait plus un rapport polémique, ni même
belliqueux. Dès lors, à l'instant même de la défaite allemande, et en partie grâce à
toute la haine que j'avais nourrie de façon concrète contre le national-socialisme,
je pouvais revenir à mon ancien, à mon toujours vivant amour pour la culture
allemande et pour les génies germaniques qui m'avaient tant aidé à comprendre
les aberrations du nazisme. C'est à cela que j'ai pensé en contemplant les frêles
bourgeons reverdis de l'arbre de Goethe, en ce mois d'avril d'il y a quarante et un ans.

Dans d'autres circonstances, sans doute aurait-il été convenable d'analyser
plus en détail la décision, intellectuellement scandaleuse, mais historiquement
inévitable, du partage de l'Allemagne. Car il faut bien dire que l'arbre de Goethe
ne se trouve pas en République fédérale d'Allemagne, non, il se trouve dans
l'autre Allemagne[1]. Il n'est donc pas possible pour moi, Espagnol appartenant à
la Communauté européenne, et il n'est pas davantage possible pour chacun d'entre
vous de grimper dans un train, de prendre un avion, puis de se présenter sans
autre forme de procès, sans autorisation et sans visa, sans autre autorisation que
celle de son propre désir, de sa propre liberté, dans l'Ettersberg, sur les lieux où,
sans doute, l'arbre de Goethe continue toujours de se dresser[2].

Mais sur la question de la division de l'Allemagne — si vous permettez à un
étranger de s'exprimer à ce sujet, et vous devez le permettre, même si cela doit vous
irriter ou vous surprendre, car la question n'est pas seulement d'ordre interne :
elle est au cœur du problème de l'Europe, de son avenir démocratique —, je me
contenterai, donc, de ne dire que quelques mots sur ladite question.

La réunification de l'Allemagne est, de toute évidence, nécessaire, mais elle
est, en même temps, impensable, du moins si la perspective historique ne
change pas radicalement, créant un nouveau rapport de force entre démocratie
et totalitarisme.

Car la réunification de l'Allemagne doit être le fruit d'un progrès décisif de la
démocratie en Europe. Dans toutes les Europes, certes, celle de l'Ouest, celle du

---

1. Le 7 octobre 1949, la zone soviétique d'occupation est transformée en République
démocratique allemande : DDR, en français RDA.
2. Après son incendie lors d'un bombardement, le hêtre fut abattu et débité – voir le témoignage
de Marcel Conversy, *Quinze mois à Buchenwald*, Éditions du Milieu du Monde, 1945.

Sud, et aussi celle de l'Est. Mais fondamentalement dans cette *Mitteleuropa* qui en constitue le maillon déterminant, dans le territoire où s'est forgé durant des siècles le destin culturel, et même politique, du monde.

Le territoire idéal depuis l'épicentre duquel — d'abord à Vienne, puis à Prague — nous parlait Edmund Husserl, en 1935, au cours de ces conférences qui ont donné naissance à *La Crise des sciences européennes*[1], qu'il convient de relire de temps à autre, sans perdre bien entendu de vue les changements qui se sont produits depuis, dans le contexte théorique et dans les circonstances historiques.

D'aucuns, sans doute, s'étonneront de me voir évoquer la réunification de l'Allemagne comme le fruit d'une démocratisation de l'Europe — la seule révolution qui mérite encore qu'on se batte pour elle ! — et non comme le résultat des progrès de la paix, conçue comme détente et désarmement. Mais c'est la démocratisation qui est à l'origine de la paix, quoi qu'en pensent certains. La paix — du moins sous sa forme perverse d'apaisement — peut même être à l'origine de la guerre.

Deux moments de l'histoire européenne — qui sont également des moments décisifs de l'histoire allemande — montrent de façon éclatante ce que je veux dire. Est-ce qu'en septembre 1938, au cours de la conférence de Munich, la paix fut fortifiée ? Ou n'ouvrit-on pas plutôt, et dans les pires conditions pour la liberté, les portes de la guerre ? La réponse est évidente. Malgré les vociférations confuses de millions de pacifistes occidentaux, c'est bien à Munich qu'on ouvrit grand les portes de la guerre hitlérienne.

Et un an plus tard, à la fin du mois d'août 1939, lorsque von Ribbentrop et Staline signent le pacte de non-agression germano-soviétique, que se passe-t-il ? Sauve-t-on vraiment la paix, ainsi que le proclament les partis communistes du monde entier, ainsi que le déclarent les propagandistes de Hitler et de Staline, ou ne précipite-t-on pas plutôt le monde dans la guerre, dans les pires conditions de confusion et d'aveuglement stratégique pour les forces de la gauche démocratique et socialiste ? Dans ce cas également, la réponse est évidente.

Mais à propos de l'épisode crucial du pacte Hitler-Staline, il convient d'ajouter quelques mots supplémentaires, qui ne nous éloigneront pas de notre sujet, bien au contraire. À Buchenwald, dans les années 1944 et 1945, j'ai plusieurs fois tenté d'interroger quelques camarades communistes allemands sur cette période, sur leurs sentiments et sur ce qu'ils pensaient de l'époque du pacte Hitler-Staline.

Imaginons la situation. Les camarades communistes se trouvaient à Buchenwald parce qu'ils étaient tous des combattants antifascistes. Ils avaient réussi à survivre aux premières terribles années de la construction du camp. Et soudain, leur ennemi, Hitler, l'homme qui était responsable des souffrances et de la mort de tant et tant de camarades, devient l'allié de Staline. Pire encore, ils découvrent que

---

1. Edmund Husserl, *Die Krisis der europäischen Wissenschaften und die transzendentale Phänomenologie*, traduction : *La Crise des sciences européennes et la phénoménologie transcendantale*, Gallimard, «Bibliothèque de philosophie», 1976.

ce dernier vient d'accepter de remettre à la Gestapo des dizaines de communistes allemands, survivants des grandes purges de 1937.

Concernant ces faits, nous possédons, entre autres, le déchirant témoignage de Margarete Buber-Neumann[1]. Mais les camarades allemands refusaient d'évoquer devant moi cette période. Ou, lorsqu'ils ne refusaient pas purement et simplement, ils tentaient de minimiser son importance : ils la présentaient comme une simple péripétie, la désagréable conséquence d'un virage, non seulement tactique, mais plutôt judicieux. Cependant, il ne s'agissait pas du tout de cela.

Il convient de souligner — et il est d'ailleurs souhaitable que, dans un souci de cohérence et d'honnêteté intellectuelle, cela soit fait d'un point de vue moral par quelqu'un qui fut, comme je l'ai moi-même été, dirigeant d'un parti communiste — que la période de l'alliance germano-soviétique est bien plus qu'une simple péripétie. Qu'il ne s'agit certes pas non plus d'une période isolée, exceptionnelle, qui s'opposerait à une tradition de lutte démocratique, antifasciste, de la part des dirigeants soviétiques. Ce serait plutôt tout à fait le contraire. C'est la période — qui va de septembre 1939 à juin 1941 — où se révèlent, le plus fidèlement du monde, les tendances profondes de la politique soviétique. C'est la période où sa nature historique se manifeste le mieux. C'est tout simplement la période de l'apogée triomphal du stalinisme.

En revanche, la période vraiment isolée, exceptionnelle, et qui contredit — brièvement, pragmatiquement — l'essence historique de la politique et de la *Weltanschauung*[2] bolcheviques (aussi bien dans sa formation léniniste, encore capable d'évoluer sur certains aspects, que dans sa formation stalinienne, pétrifiée), est bien la très courte période des fronts populaires, à partir du VIIe congrès du Komintern. C'est une période extrêmement courte qui, depuis 1936 déjà, c'est-à-dire depuis le début de la guerre d'Espagne, montre à qui veut bien se donner la peine de l'analyser objectivement les contradictions, l'opportunisme et les manipulations de l'opinion publique que porte en elle la tactique des fronts populaires de l'Internationale communiste.

Pour en finir avec la question du pacte Hitler-Staline, considéré comme l'apogée du stalinisme, comme le point final de la brève et hésitante tactique des fronts populaires, demandons-nous quels enseignements il convient de tirer de cette expérience pour notre culture politique actuelle.

Deux enseignements, fondamentaux, me semble-t-il. Le premier, sur le terrain des alliances sociales, c'est que le bolchevisme a toujours considéré les partis socialistes démocratiques comme ses principaux ennemis, bien qu'il ne les qualifie pas systématiquement de social-fascistes. Et comme corollaire à cette thèse historiquement démontrée tout au long des années, on peut affirmer en toute certitude que le bolchevisme — c'est-à-dire la direction politique soviétique

---

1. Margarete Buber-Neumann, *Prisonnière de Staline et Hitler*, I. *Déportée en Sibérie* (1949), II. *Déportée à Ravensbrück*, Le Seuil, 1986 et 1988.
2. Conception du monde.

au fil du temps, de Lénine à Gorbatchev — n'a que très provisoirement cessé de qualifier le socialisme démocratique de social-fascisme, et seulement lorsque cela était nécessaire pour les intérêts de la politique extérieure de l'URSS, seulement lorsque le socialisme démocratique — grâce à sa propre dynamique d'opposition aux alternatives autoritaires, aujourd'hui baptisées néolibérales, aux injustices des lois du marché qui continuent à caractériser nos sociétés — semblait pouvoir jouer un certain rôle dans la modification des corrélations des forces établies.

Le deuxième enseignement concerne précisément la politique extérieure soviétique. Depuis le moment où Lénine, au début des années vingt, a donné des instructions à la délégation soviétique qui devait se rendre à Genève pour négocier avec les gouvernements capitalistes, la ligne générale de la politique extérieure soviétique n'a jamais varié d'un iota, elle est demeurée pour l'essentiel on ne peut plus identique. Une phrase de Lénine résume d'ailleurs bien sa position; il y précise quel doit être l'objectif de la délégation soviétique à Genève: «Isoler l'Europe des États-Unis, afin de mieux diviser les Européens.» Je me permets de répéter que cette phrase date de 1922.

J'ajouterai une dernière observation à ce propos. Au cours de toutes les discussions sur les questions de la paix en Europe, sur le droit à l'autodétermination des peuples d'Europe, on évoque aujourd'hui la conférence de Yalta, ses conséquences sur l'histoire de notre époque. Cependant, il est absolument impossible de se forger une opinion sur Yalta — je veux dire de se forger une opinion sérieuse, et non démagogique — sans prendre en compte le précédent que constitue le pacte germano-soviétique, ainsi que la série des accords secrets concernant le partage de l'Europe entre les deux totalitarismes.

Car c'est bien Hitler qui a installé Staline et ses successeurs au centre des délibérations européennes, entre autres choses lorsqu'il s'est partagé la Pologne avec lui, puis lorsqu'il a favorisé l'annexion des Pays baltes. Yalta et Helsinki ne font que confirmer, bien entendu dans des situations historiques tout à fait différentes, voire contradictoires, en tout cas à première vue, ce que Hitler avait déjà pactisé avec Staline, pour avoir les mains tout à fait libres en Occident.

Vous aurez tous compris, après ces allées et venues dans le temps historique, de toute évidence quelque peu vertigineuses, pourquoi j'ai affirmé tout à l'heure que je n'étais vraiment pas un dévot de l'ordre chronologique.

Cependant, je voudrais retourner à mon point de départ. J'étais en train d'énumérer les raisons pour lesquelles j'ai accepté de participer à ce colloque, malgré ma qualité d'étranger et en sachant que les sujets dont vous allez débattre concernent tout spécialement l'expérience historique allemande. Eh bien si j'ai accepté, c'est parce que je suis espagnol. Parce que je suis un intellectuel espagnol engagé dans les combats politiques et culturels de son époque. Cela m'aide, sans aucun doute, non seulement à observer, mais également à comprendre, peut-être avec plus d'acuité que d'autres intellectuels d'autres pays européens, les problèmes de l'histoire allemande, la façon dont la culture allemande se pose ces problèmes.

Car, parmi les processus historiques de la formation de l'unité nationale de l'appareil étatique, en Espagne comme en Allemagne, il existe, et cela malgré toutes les différences que je vais m'abstenir d'énumérer tout de suite, de profondes similitudes. Si l'Allemagne est une chose problématique pour les intellectuels allemands, l'Espagne ne l'est pas moins pour les intellectuels espagnols.

Sans avoir besoin de remonter très loin dans le passé, il est évident que dans nos deux pays, depuis les guerres napoléoniennes du début du XIXe siècle, la problématique de l'universel et du national, de l'esprit des Lumières et de la tradition, de l'ouverture à l'Europe et de l'autarcie (parfois dans ses manifestations les plus barbares, notamment lorsqu'elle devient expansionniste), tout cet ensemble de problèmes se pose à peu près de la même façon aux intellectuels allemands et espagnols.

De ce point de vue, notre situation est bien différente de celle des intellectuels français, par exemple. Pour ceux-ci, la France n'est en rien problématique. Ils sont intimement convaincus que la France existe et possède une entité ou une identité parfaitement définie dans son histoire la plus lointaine. Ils sont également convaincus que ce qui est français est spontanément apparenté à ce qui est universel. Les uns en sont convaincus pour des raisons de gauche et pensent à la Révolution et aux Droits de l'homme, et les autres le sont pour des raisons conservatrices et pensent à la tradition de la monarchie absolue. Mais il existe entre eux un consensus essentiel, qui leur permet la plupart du temps de niveler ou d'amalgamer des valeurs cependant très différentes, depuis le dirigisme colbertiste ou jacobin de l'État-nation jusqu'à la redécouverte du «facteur national» et du rôle symbolique de la dissuasion nucléaire par des essayistes provenant de l'extrême gauche tels que Régis Debray.

En revanche, en ce qui nous concerne, nous, intellectuels espagnols et allemands, l'expérience historique nous a forcés à demeurer méthodiquement dubitatifs et interrogatifs. Pas seulement l'expérience historique lointaine, mais aussi la plus proche, celle de notre passé immédiat, car nos deux pays, nos deux peuples, ont récemment connu des périodes de dictature, à la suite desquelles ils ont dû entreprendre la reconstruction de nouveaux systèmes démocratiques.

Bien entendu, si j'avais la prétention de comparer, ou si je commençais à confondre la dictature national-socialiste et la dictature franquiste, en les considérant purement et simplement équivalentes, cela constituerait une banalisation de l'expérience historique et des concepts qui, du moins partiellement, nous permettent de nous en emparer. Par leur idéologie, par leur fonction historico-sociale, par leurs caractères de classe et leurs systèmes politiques : en somme, par leur nature historique, les deux dictatures possèdent des éléments bien spécifiques qui les différencient de façon notable et définitive. Le contexte international dans lequel se produisent leur arrivée au pouvoir, leur apogée et leur disparition, est également tout à fait différent. Tout comme est différente, dans ce contexte, leur propre durée, nettement plus importante dans le cas de l'Espagne. Mais je voudrais en revanche aborder quelques problèmes stratégiques de nos démocraties ; par exemple, les problèmes de la culture politique d'aujourd'hui, où se reflètent des attitudes et des solutions qui pourraient bien nous être communes, mais également les différences spécifiques des situations de nos deux pays. Pour cela, je dois absolument me permettre d'effectuer un bref détour par les années trente. Chose qui ne saurait plus vous scandaliser, puisque nous avons plusieurs fois dit et répété ici que l'ordre chronologique n'était vraiment pas mon point fort. Vers le milieu des années trente, donc, dans son texte *Plate-forme pour les intellectuels de gauche*, Bertolt Brecht affirmait la chose suivante :

L'ennemi le plus dangereux, le seul ennemi réel du fascisme est le communisme, comme le sait le fascisme lui-même. [...] Après le fascisme, sur ce point aussi le national-socialisme a raison, ne peut venir que le communisme, et rien d'autre. La culture s'effondrera ou résistera avec lui[1].

C'était l'époque des congrès antifascistes pour la défense de la culture. L'un d'eux eut lieu à Paris, en 1935 ; le deuxième en 1937, également à Paris, mais ses sessions se prolongèrent dans plusieurs autres villes — Valence, Madrid, Barcelone — de l'Espagne républicaine. Bertolt Brecht participa à ces deux congrès. Cependant, au cours du deuxième, celui de 1937, Brecht ne participa qu'aux sessions qui se déroulèrent à Paris. Il ne se rendit pas en Espagne. Il finit son intervention à Paris en déclarant :

La culture, longtemps, trop longtemps défendue seulement avec des armes spiri-tuelles, agressée pourtant avec des armes matérielles, n'est pas elle-même quelque chose de purement spirituel, mais aussi, très précisément, une chose matérielle et, en tant que telle, doit être défendue avec des armes matérielles.

Après cette déclaration, Bertolt Brecht n'était pas allé en Espagne. Il n'avait pas non plus empoigné les «armes matérielles» pour la défense de la culture. Ruth Berlau, qui l'avait accompagné à Paris, était, elle, allée en Espagne. En ce qui le concerne, Brecht était retourné au Danemark, pour achever la pièce qu'il était en train d'écrire.

Qu'on me comprenne bien. Je ne suis pas en train de reprocher à l'auteur Bertolt Brecht d'être retourné au Danemark, pour écrire. De tous les engagements d'un écrivain engagé, le premier, le plus essentiel, est celui qui concerne son propre travail d'écriture. Écrire est le tout premier engagement de tout écrivain digne de ce nom, sa *geistige Waffe*. Écrire le vrai, bien entendu. Ainsi, personne ne peut reprocher à Brecht d'être retourné au Danemark, pour continuer à s'engager à travers son œuvre.

Ce qu'on peut observer, cependant, et en étant quelque peu critique, c'est le maximalisme, l'extrémisme radical, gauchiste — aussi bien au niveau théorique que pratique — des déclarations de Bertolt Brecht dans les années trente. Ce qu'on

---

1. *Écrits sur la politique et la société*, L'Arche, 1970.

peut souligner, également, et cela est plus grave, c'est le manque de cohérence entre ce qu'on dit et ce qu'on fait, entre le discours et la pratique. Car le second devoir de l'écrivain engagé se situe bien là, dans la cohérence qu'il doit s'efforcer d'entretenir entre la théorie et sa pratique.

Personnellement, l'analyse qui m'intéresse est celle de l'extrémisme maximaliste de Brecht. Dans tous ses textes de l'époque, nous pouvons trouver des affirmations conceptuelles semblables à celles que j'ai citées. Ensemble, elles finissent par former un corpus doctrinal qui pourrait se résumer de la façon suivante :

Premièrement. La défense de la culture menacée par la barbarie nazie est impossible — inefficace du moins — si l'on ne modifie pas substantiellement les rapports de propriété et de production. En somme, il n'existe pas de défense de la culture sans liquidation du capitalisme.

Deuxièmement. La possibilité de production culturelle est fondée sur la lutte antifasciste. Mieux encore, cette lutte constitue le fait culturel basique de l'époque. Dans le discours de Brecht, à l'occasion du congrès de juillet 1937, que nous avons déjà mentionné, on formule l'idée suivante avec une clarté tranchante, aussi tranchante que la lame d'une guillotine :

Le peuple allemand et le peuple italien ont perdu toute possibilité de production culturelle au moment où on leur a confisqué leurs positions politiques et écono-miques. [...] Le peuple espagnol conquiert et défend sa production culturelle dans la mesure où il défend son sol et sa démocratie avec les armes : à chaque hectare de sol, on défend un centimètre carré d'une toile du Prado.

Et troisièmement. Il n'est pas d'autre alternative au fascisme que le commu-nisme. Puisque le fascisme n'est que l'exacerbation, la condensation historique, sans doute brutale mais historiquement logique, normale, des conditions sociales de la démocratie capitaliste, il est impensable d'en finir avec le fascisme sans liquider cette dernière. Ainsi, pour le dire avec les mots de Bertolt Brecht :

On ne pourra combattre le national-socialisme qu'en combattant le capitalisme. Il n'y a donc pas d'autre allié dans cette lutte que la classe ouvrière. Il est exclu de combattre le national-socialisme en prétendant conserver le capitalisme.

On pourra me rétorquer que ces formulations de Bertolt Brecht ne reflètent pas du tout la tonalité de la ligne politique du Komintern pendant la période des fronts populaires. En réalité, elles n'en reflètent peut-être pas la tonalité tactique, mais elles expriment de façon fidèle la vérité essentielle, profonde — autrement dit, l'erreur essentielle —, en tout cas la nature historique de la pensée marxiste-léniniste à l'époque de son apogée stalinien. Brecht était un poète, c'est pour cette raison qu'il exprimait la vérité vraie du mouvement communiste. Il l'exprimait à travers ces formulations, qui datent de 1935 et de 1937, de la même façon qu'il l'avait exprimée quelques années auparavant en écrivant sa pièce — capitale pour la compréhension de cette époque — *La Décision*, dans laquelle, devant l'indignation des Kurella[1] et autres bureaucrates de la culture, se trouvent glorifiés, avant l'heure, les futurs procès staliniens.

Hannah Arendt a parfaitement raison, dans son magnifique essai sur Brecht, lorsqu'elle affirme, en parlant précisément de *La Décision* :

> *Brecht avait montré les règles selon lesquelles le jeu infernal allait être joué et, bien entendu, il attendait des applaudissements. Il avait malheureusement négligé un petit détail : il n'était en aucune façon dans les intentions du parti, ou dans les intérêts du parti, que la vérité fût dite et surtout pas par un de ses partisans les plus ouvertement déclarés. Il s'agissait au contraire pour le parti de tromper le monde[2].*

Dans les derniers moments de sa vie, Brecht lui-même a fini par taire les vérités, du moins, il l'a fait en public. Mais nous, aujourd'hui, ne voulons plus, ni même ne pouvons plus, les taire.

Lorsqu'on examine les problèmes de la culture politique, au moment du naufrage du marxisme en tant que pratique historique et en tant que prétention à la vérité scientifique ; lorsqu'on essaie que dans le naufrage d'une vérité, qui se voulait absolue, survivent des valeurs et des vérités ; lorsqu'on tourne le regard vers l'expérience très riche et tragique des années trente, pour en tirer quelque enseignement, il me semble que nous devrions modifier la phrase connue de Max Horkheimer pour dire : « Celui qui ne veut pas parler du stalinisme devrait aussi se taire sur le fascisme » *(Wer aber vom Stalinismus nicht reden will, sollte auch vom Faschismus schweigen).*

Pour conclure, je voudrais rappeler que les deux principaux obstacles pour une juste compréhension de ces problèmes sont, ainsi que le démontre l'expérience historique, l'extrémisme radical d'une certaine pensée de gauche et l'aveuglement plus ou moins volontaire à propos des réalités sociales du socialisme réel, autrement dit de l'irréalité du socialisme de type soviétique.

Ces deux phénomènes ont joué un rôle négatif dans l'Allemagne des années trente, en facilitant l'arrivée au pouvoir du national-socialisme. C'est un aspect de ce qu'on a appelé la *deutsche Schuldfrage*, la question de la culpabilité allemande, qu'il convient de ne pas oublier. Je fonde mes espoirs sur le fait que l'Allemagne des années quatre-vingt, l'intelligence allemande de ces années — décisive pour le maintien et le développement de la démocratie en Europe —, sera capable de nous aider à élaborer une stratégie politique et culturelle permettant de dépasser cet extrémisme, aujourd'hui sénile, et cet aveuglement aussi néfaste aujourd'hui qu'il l'était hier.

---

1. Alfred Kurella (1895-1975), fonctionnaire du Komintern ; en France de 1932 à 1934 comme journaliste à *Monde* et secrétaire du Comité international contre la guerre et le fascisme. Heinrich Kurella (1905-1937), journaliste à *Inprekorr* (Berlin) puis *Rundschau* (Bâle), fusillé en octobre 1937.
2. Bertolt Brecht, *La Décision*, *Théâtre complet*, vol. 2, L'Arche, 1988.

Mal et modernité : Le travail de l'histoire

Conférence Marc-Bloch, 1990
Publié dans *Une tombe au creux des nuages*

Organisées par l'École des Hautes Études en Sciences sociales depuis 1979, les conférences Marc-Bloch ont lieu à la fin du printemps chaque année. Elles honorent la mémoire du grand historien, fondateur avec Lucien Febvre des *Annales d'histoire économique et sociale*, en 1929. Jorge Semprún en fut l'invité le 19 juin 1990, alors que depuis 1989 l'histoire en Europe a pris un cours inattendu : les « démocraties populaires » ont vécu leurs derniers jours et bientôt l'Union des Républiques socialistes soviétiques va disparaître des cartes de géographie...

Pour autant, les Européens ne sont nullement dispensés de faire le bilan du court XXe siècle : les totalitarismes ont ravagé leur vieux continent, même si « le totalitarisme ne peut, par définition, jamais être totalement accompli », comme l'indique avec force Jorge Semprún. Il s'agit donc de réfléchir à cette histoire avec les armes de la philosophie, sans négliger l'histoire, afin d'armer les démocraties dans une période de transition difficile et inédite dans l'histoire, transition susceptible de réactiver des nationalismes, xénophobes et violents, et leurs conséquences néfastes.

Au-delà de ces questions immédiates, Jorge Semprún entend réinscrire la réflexion sur le destin du monde dans des catégories fondamentales — le Bien et le Mal — afin que nul n'oublie que, comme l'affirmait Valéry, nos civilisations sont mortelles.

I

Hermann Broch, on commence sans doute à le savoir, est l'un des plus grands écrivains de ce siècle. Les titres de certains de ses romans, *Les Somnambules, Les Irresponsables, La Mort de Virgile,* sont dans toutes les mémoires. Sa servante Zerline a fait le tour du monde.

On sait moins que Broch est aussi un penseur politique, un philosophe de l'histoire particulièrement attentif aux phénomènes de la massification des sociétés démocratiques.

En 1940, Broch est en exil aux États-Unis. Il a réussi, non sans risque et sans mal, à quitter deux ans plus tôt l'Autriche nazifiée par l'Anschluss. Et c'est aux États-Unis que Broch écrit quelques essais remarquables, profondément originaux, sur la théorie de la démocratie et les conditions du renouvellement de celle-ci.

1940... Singulière époque, fascinante — du moins elle me fascine — riche d'enseignements pour qui voudrait s'y arrêter à l'occasion du cinquantenaire des événements.

La France vient d'être écrasée. Une part essentielle de l'Europe continentale est désormais soumise aux systèmes totalitaires. L'alliance germano-soviétique, d'un côté, la neutralité encore isolationniste de la démocratie américaine, de l'autre, semblent vouer l'Angleterre, ultime espoir et dernier rempart d'un monde libre, à une défaite inévitable.

Ainsi, le verdict des armes semble sceller le destin que d'aucuns avaient prédit, d'autres souhaité, d'autres encore craint, pour le système politique de la démocratie parlementaire.

Jusqu'à l'effondrement de la France en 1940, ce système aura été la cible privilégiée, parfois unique, des théories et des pratiques politiques les plus dynamiques, aussi bien à gauche qu'à droite. Qualifiée de «formelle», ou de «décadente», ou de «bourgeoise», ou de «capitaliste» ou d'«enjuivée», la démocratie aura été pendant la première moitié du siècle — avant de s'abattre comme un château de cartes devant les *Panzers* hitlériens — l'ennemi principal des plus importants théoriciens européens de la politique, à quelques exceptions près.

Malgré l'extrême diversité de ces critiques, un point leur est commun. Celui de considérer la démocratie comme un système inepte et inapte à affronter les problèmes spécifiques du XXe siècle.

La démocratie serait inactuelle parce qu'incapable de répondre positivement à la massification des sociétés industrielles, au déferlement de la technique planétaire, au bouleversement des processus de production et d'échange de valeurs, aussi bien spirituelles que matérielles. La crise économique de 1929 et ses conséquences ont apparemment confirmé ce diagnostic, renforçant les courants planificateurs et antilibéraux de tous genres.

Lucidement, cyniquement même, avant de sombrer dans l'aberrant projet d'un nouvel ordre européen autour de l'Allemagne nazie — victime comme tant d'autres de la fascination de la ruse de la raison, du mythe de la fin de l'histoire, dont il ne sortira que par la mort volontaire —, Pierre Drieu La Rochelle avait repéré la source de ce questionnement radical de la démocratie.

La grande actualité de ce siècle, née en 1904, écrit-il dans la NRF de novembre 1939, s'est déclarée loin de chez nous, en Russie. Alors s'est produit quelque chose qui a renouvelé toute la morale politique de l'Europe. Sur ce fait capital, les Français n'ont jamais vu que du feu — à commencer par ceux d'entre eux qui se sont faits russomanes, étant éblouis mais nullement éclairés par ce feu...

Et de poursuivre :

Quel était le fond de cette actualité? C'est que l'extrême gauche abandonnait la conception libérale et démocratique... Un homme de gauche, Lénine, avait entièrement rompu avec toutes les façons libérales. Il avait créé, en rompant avec le parti social-démocrate russe, en formant le parti bolchevik, le premier parti totalitaire...

C'est dans le léninisme, affirme Drieu, que s'enracine l'actualité du XXe siècle, reprise ensuite et développée par Mussolini et Hitler.

À l'expansion de ce nouvel hégémonisme révolutionnaire, Drieu ne voit qu'une solution pour les démocraties vieillies et sclérosées : la constitution d'un nouvel empire européen qui tiendrait la balance entre l'URSS et les États-Unis, empire articulé sur « l'unification économique de l'Europe, de l'Afrique et du Proche-Orient », dit-il.

En somme, Drieu La Rochelle propose aux démocraties d'accepter les postulats de la stratégie de Hitler, si elles veulent échapper au désastre. On sait ce qu'il en est advenu.

II

Mais au moment où le silence totalitaire s'installe sur l'Europe, quelques voix se sont élevées, même si elles ne se sont pas fait entendre. Même si les circonstances historiques les ont étouffées. Ou du moins rendues inopérantes dans l'immédiat.

Des voix qui, tout en portant un diagnostic lucide et sans concessions sur la crise des systèmes démocratiques, n'en envisagent pas la solution par quelque dépassement totalitaire ni quelque sursaut de l'être, mais par l'approfondissement et l'extension des principes mêmes de la démocratie. Des voix d'inspiration et d'origine fort diverses, mais s'accordant sur l'essentiel.

La voix de Hermann Broch, exilé à New York. Je l'ai nommée. J'y reviendrai, car elle va me conduire dans le vif du sujet.

La voix de George Orwell aussi.

La voix d'Orwell, spécifiquement britannique, est celle d'un intellectuel d'extrême gauche qui n'a pourtant jamais succombé aux vertiges sécurisants de la ruse de la raison, stalinienne dans ce cas-ci.

Orwell s'est battu en Espagne, les armes à la main.

Il publie à Londres, en février 1941 — dans les limites encore de cette époque qui s'étend des jours de la défaite de la France à ceux de l'invasion de l'URSS par Hitler; époque rude mais privilégiée, où le bon sens était la chose du monde la moins bien partagée, mais où la frontière entre le totalitarisme et la démocratie était nettement établie —, Orwell publie, disais-je, un essai remarquable, *The Lion and the Unicorn* (*Le Lion et la Licorne*[1]), dont il n'est pas question d'épuiser ni même d'indiquer ici toutes les richesses. Dont on peut cependant souligner deux thèmes essentiels, qui portent sur la redécouverte par cet intellectuel d'extrême gauche des valeurs démocratiques et nationales.

La voix française de Jacques Maritain, par exemple.

C'est à New York également, où il se trouvait pour une tournée de conférences lors de la défaite de la France, que Maritain publie, en novembre 1940, son essai *À travers le désastre*[2].

Il n'est pas vrai, affirme Maritain, *que l'écrasement de la France soit, ainsi que le prétendent les propagandes totalitaires, le signe d'une impuissance essentielle et d'un mal essentiel de la démocratie comme telle.*

---

1. G. Orwell, *The Lion and the Unicorn: Socialism and English Genius*, Secker & Warburg, février 1941 ; « Le Lion et la licorne : socialisme et génie anglais », in *Essais, articles, lettres*, vol. II *(1940-1943)*, Éditions Ivrea/Éditions de l'Encyclopédie des nuisances, 1996, p.73-140.
2. J. Maritain, *À travers le désastre*, New York, Éditions de la Maison française, s.d., rééd. Éditions de Minuit, 1942.

Cette conviction, Maritain la partage avec l'historien Marc Bloch, dont l'essai posthume, *L'Étrange Défaite*[1], rédigé de juillet à septembre 1940, est une analyse historique impitoyablement lucide des causes de l'effondrement de la France. Mais c'est aussi, à un niveau plus profond, malgré sa concision conceptuelle, une réflexion théorique toujours actuelle sur les possibilités et les exigences d'une modernité démocratique.

III

Le 16 juin 1944 — c'était un vendredi — Marc Bloch a été fusillé par les nazis à Saint-Didier-de-Formans, dans les environs de Lyon.

Trois mois plus tard, un dimanche, Maurice Halbwachs m'a longuement parlé de lui. Cet automne-là, en 1944, je voyais Halbwachs tous les dimanches. Je descendais dans le Petit Camp de Buchenwald, au pied de la colline où se promenaient jadis Goethe et Eckermann, j'allais jusqu'au block 56, la baraque des invalides, des déportés inaptes au travail. Maurice Halbwachs y croupissait sur un châlit, aux côtés d'Henri Maspero.

Le dimanche, à Buchenwald, tous les dimanches de Buchenwald, après l'appel de midi, nous avions quelques heures pour nous. Devant nous, du moins. Quelques heures d'avenir vulnérable, qui n'étaient pas exclusivement déterminées par l'arbitraire du commandement SS.

La vie devant soi, en somme, pour dérisoire et menacé que fût cet espace minime d'apparent loisir. La vie, jusqu'au lundi à quatre heures du matin, jusqu'au réveil en fanfare du lundi.

Dès la fin de l'appel annoncée par les haut-parleurs, dès la soupe aux nouilles des dimanches avalée, le camp tout entier était saisi d'une activité fébrile. Une fourmilière, sur les pentes de l'Ettersberg.

Sans doute, ceux qui étaient parvenus à la limite dernière de leurs forces — la plupart d'entre nous —, ceux qui retenaient leur souffle, leurs pas, le moindre de leurs gestes, dans l'espoir insensé de survivre, ceux-là couraient vers les paillasses des dortoirs, pour un sommeil lourd, dévasté par les rêves, à peine réparateur. Les autres s'affairaient, allaient et venaient dans le camp, tourbillonnant d'une baraque à l'autre. À la recherche d'un bout de conversation, d'un brin de chaleur fraternelle, d'un échange possible. D'une raison de vivre, en somme.

---

1. M. Bloch, *L'Étrange Défaite*, 1946, in *L'Histoire, la Guerre, la Résistance*, Gallimard, coll. « Quarto », p. 519-653, éd. revue et annotée.

Certaines réunions du dimanche après-midi étaient cependant mieux structurées. Elles avaient une fonction différente. Ainsi en était-il des réunions politiques des différentes organisations de résistance clandestine. Ainsi de certains groupes rassemblés par des affinités de toute sorte : j'en ai connu qui se réunissaient pour évoquer minutieusement, douloureusement aussi sans doute, les beautés du corps féminin ou les plaisirs de la table.

Ainsi également autour de Maurice Halbwachs et d'Henri Maspero, pour de passionnées discussions dominicales. Je me souviens d'y avoir rencontré Julien Cain, directeur de la Bibliothèque nationale, Maurice Hewitt, le musicien, Jean Baillou, secrétaire de l'École normale supérieure. D'autres aussi, anonymes et fraternels.

Halbwachs avait été mon professeur de sociologie à la Sorbonne. D'un dimanche à l'autre, je le retrouvais dans la puanteur du block 56. Il faiblissait à vue d'œil, ne parvenant plus que difficilement à descendre du châlit.

Est-ce un dimanche de septembre 1944 qu'il m'a parlé de Marc Bloch, trois mois après l'exécution de celui-ci? Je ne saurais l'affirmer, mais ce n'est pas impossible. Ce fut en tout cas un beau dimanche de grand ciel bleu sur les vertes collines de Thuringe.

Je ne savais pas, ce dimanche de septembre, que Marc Bloch avait été fusillé. Je ne savais même pas qu'il fût aux mains de la Gestapo. Son arrestation avait eu lieu au mois de mars, alors que j'étais déjà déporté à Buchenwald.

Mais je n'ignorais pas que Marc Bloch faisait partie de la cohorte de grands universitaires qui avaient rejoint la Résistance, pour y occuper une place d'honneur, au premier rang.

Parfois, au cours de ces années, il m'était arrivé de croiser Marcel Prenant[1], dans un bistrot de la rue Cujas. Parfois, devant un immeuble de la rue Schoelcher, j'avais aperçu Jean Cavaillès[2].

Quoi qu'il en soit, Halbwachs m'a longuement parlé de la fin de Marc Bloch, ce dimanche-là, en évoquant des souvenirs de l'université de Strasbourg, des années vingt.

Dans sa préface à une réédition des *Rois thaumaturges*, Jacques Le Goff a rappelé naguère quel foyer de recherches et de travaux fut cette université, redevenue française après l'étrange victoire de 1918. Il a rappelé les noms des jeunes maîtres qui y furent nommés : entre autres l'historien Lucien Febvre, avec qui Marc Bloch fonda en 1929 les *Annales d'histoire économique et sociale*; le grand spécialiste de la Révolution française, Georges Lefebvre, le psychologue Charles Blondel et le sociologue Maurice Halbwachs, précisément.

---

1. Marcel Prenant (1893-1983), militant communiste, chef d'état-major des Francs-Tireurs et Partisans, député. Biologiste, il n'adhère pas aux thèses du Soviétique Lyssenko, ce qui provoque sa mise à l'écart du comité central du PCF.
2. Jean Cavaillès (1903-1944), mathématicien et philosophe, résistant (Libération-Sud), fusillé à Arras, compagnon de la Libération à titre posthume.

Ce dernier devait publier, un an après *Les Rois thaumaturges* de Bloch, un livre dont Jacques Le Goff nous dit qu'il aura été capital pour tout le domaine de ce que nous appelons aujourd'hui les sciences humaines et sociales : *Les Cadres sociaux de la mémoire.* Marc Bloch, dès l'année de sa parution, lui consacrait un long article dans la *Revue de synthèse historique...*

Bien des années plus tard, à Buchenwald, ce dimanche-là, ce fut au tour de Maurice Halbwachs de me parler longuement de Marc Bloch, de ses *Rois thaumaturges.*

IV

Parfois, dans une sorte de vertige de la mémoire, de reconstruction hallucinée du passé, de télescopage de la chronologie, il m'arrive d'imaginer Hermann Broch dans le groupe qui entourait le châlit où gisaient Halbwachs et Maspero. Il m'arrive de l'y entendre discourir.

Je connais les raisons de ce vertige déraisonnable.

D'abord le fait que l'un des assistants les plus assidus aux discussions dominicales du block 56 était un Juif viennois à qui je dois des informations prodigieusement détaillées et précises sur le milieu intellectuel de Vienne dans la décennie qui a précédé l'Anschluss. Sur Musil et Broch en particulier.

Mais c'est surtout parce que Hermann Broch lui-même s'insinue et s'installe dans cette mémoire à cause d'une phrase de l'essai sur la démocratie qu'il écrivit aux États-Unis et que j'ai déjà mentionné.

Analysant les perspectives de la situation européenne, dans ce texte inachevé dont le titre, apparemment paradoxal, est le suivant : *À propos de la dictature de l'humanisme dans une démocratie totale,* Hermann Broch écrivait : « Les dictatures sous leur forme actuelle sont tournées vers le mal radical... »

Le mal radical, *das radikal Böse* !

C'est en 1793, dans son livre *La Religion dans les limites de la simple raison,* qu'Emmanuel Kant a élaboré la théorie du mal radical. On sait l'étonnement, voire l'indignation, que l'apparition de l'idée du « mal radical » dans la philosophie kantienne a provoqué chez ses contemporains.

Le 7 juin 1793, dans une lettre à Herder, Goethe s'exprimait ainsi :

Kant, après avoir passé une longue vie d'homme à décrasser son manteau philosophique de toutes sortes de préjugés qui le souillaient, l'a ignominieusement sali de la tache honteuse du mal radical, afin que les chrétiens eux aussi se sentent engagés à en baiser le bord.

Herder, correspondant de Goethe à cette occasion, a également accablé Kant de ses sarcasmes critiques, «en faisant valoir que cette nouvelle philosophie de la religion était allée beaucoup plus loin que l'Écriture elle-même dans l'affirmation d'une nature pécheresse de l'homme», selon la formule de Jean-Louis Bruch dans son livre, *La Philosophie religieuse de Kant*.

Mais il semble bien que Goethe, Herder et Schiller, qui écrivit lui aussi dès la parution de l'ouvrage d'Emmanuel Kant des phrases durement critiques : «Que Kant ait bien fait de soutenir la religion chrétienne à l'aide de fondements philosophiques, j'en doute fort. Tout ce qu'on peut attendre du caractère bien connu des défenseurs de la religion, c'est qu'ils acceptent le soutien mais rejettent les fondements philosophiques, si bien que Kant n'a rien fait d'autre que rapetasser l'édifice pourri de la sottise»; il semble bien que tous les trois — obnubilés sans doute par la polémique spécifiquement allemande sur l'*Aufklärung* et la Révolution française, au moment où se déploie la Terreur — n'ont pas vraiment saisi le sens réel et profond des thèses kantiennes.

Paul Ricœur, lui, ne s'y est pas trompé.

Dans une conférence de 1985, dont le texte a été publié sous le titre *Le Mal : un défi à la philosophie et à la théologie*, il écrit :

> *[...] La problématique du mal radical sur laquelle s'ouvre* La Religion dans les limites de la simple raison, *rompt franchement avec celle du péché originel, en dépit de quelques ressemblances. Outre que nul recours à des schémas juridiques et biologiques ne vient conférer au mal radical une intelligibilité fallacieuse (Kant, en ce sens, serait plus pélagien qu'augustinien), le* PRINCIPE *du mal n'est aucunement une origine, au sens temporel du terme : c'est seulement la maxime suprême qui sert de fondement subjectif ultime à toutes les maximes mauvaises de notre libre arbitre ; cette maxime suprême fonde la propension (Hang) au mal dans l'ensemble du genre humain (en ce sens, Kant est ramené du côté d'Augustin) à l'encontre de la prédisposition (Anlage) au bien, constitutive de la volonté bonne. Mais la raison d'être de ce mal radical est «inscrutable» (unerforschbar) : «Il n'existe pas pour nous de raison compréhensible pour savoir d'où le mal moral aurait pu tout d'abord nous venir.» Comme Karl Jaspers, j'admire cet ultime aveu : comme Augustin, et peut-être comme la pensée mythique, il aperçoit le fond démonique de la liberté humaine, mais avec la sobriété d'une pensée toujours attentive à ne pas transgresser les limites de la connaissance et à préserver l'écart entre penser et connaître par objet.*

Dans cette page de Paul Ricœur — d'une densité lumineuse, et qu'il fallait citer en entier, car tout résumé ou commentaire risquait d'en délayer ou d'en obscurcir le sens —, notons l'apparition parmi nous de Karl Jaspers : nous allons le retrouver.

Mais il n'est pas question ici d'examiner dans son évolution et ses nuances la pensée religieuse et morale d'Emmanuel Kant. Il y faudrait des semestres de séminaire.

Je me permets de renvoyer au travail déjà cité de Jean-Louis Bruch, à l'œuvre considérable d'Alexis Philonenko, qui a sans doute renouvelé la lecture philosophique de Kant, et aux essais de Luc Ferry et d'Alain Renaut, qui apportent dans le débat contemporain sur les philosophies de l'histoire une perspective qui me paraît fertile, incontournable.

Il ne s'agit pas tant, en somme, dans le contexte de cet exposé, de signaler les insuffisances, les contradictions, le paradoxe central même de l'entreprise kantienne, tel que le souligne Herder dans un texte de 1798, paradoxe qui pourrait se formuler ainsi : c'est en élaborant une religion dans les limites de la simple raison que Kant découvre et postule en l'homme un mal irréductible à l'erreur, un mal radical, comme un diable qui réside en nous, condamnant l'impératif moral à n'être qu'une loi purement formelle.

Il s'agit plutôt d'insister sur la portée morale de la théorie du «mal radical». C'est précisément ce point que Goethe, par exemple, flottant dans le nuage patricien d'un humanisme abstrait, cette fois-là, n'a pas été capable de déceler : si le mal est radical parce que, d'un côté, il manifeste l'impuissance humaine à ériger en lois universelles ses maximes, et parce que, de l'autre, il s'enracine dans l'être même de l'homme, dans l'être-homme, indépendamment de toute détermination historique ou sociale : s'il est, par là, indéracinable, consubstantiel à l'être-humain de l'homme, non pas comme péché originel, mais comme source et suite de la liberté constituante de l'être-homme, alors sans doute faut-il rigoureusement et radicalement tenir compte de sa radicalité. Et envisager des stratégies morales et politiques qui en tiennent compte.

V

Une traduction française de *La Religion dans les limites de la simple raison* a paru en 1943. C'est le dernier texte philosophique que j'aie lu avant mon arrestation. Le volume a traîné dans mon sac à dos, dans les maquis de Semur et du Châtillonnais. Il y tenait compagnie au *Mythe de Sisyphe*, de Camus, à un exemplaire des *Noyers de l'Altenburg*, de Malraux, parvenu de Suisse, et à une édition de *Don Quichotte* en allemand, dans la collection de poche de Tauschnitz.

Les circonstances de la vie et de l'exil m'ont amené en effet à lire le roman de Cervantès d'abord en langue allemande. Elles m'ont amené, en quelque sorte, à une situation comparable à celle du Pierre Ménard de Jorge Luis Borges : si je n'ai pas réécrit le Don Quichotte, mot à mot, comme lui, j'en ai du moins retraduit le début dans sa langue originale.

Mais c'est une autre histoire. Pardonnez-moi la digression.

Un dimanche, à Buchenwald, donc, n'importe lequel des dimanches après-midi de Buchenwald, autour du châlit de Maurice Halbwachs et d'Henri Maspero, le « mal radical » selon Emmanuel Kant est apparu dans notre discussion.

Ou plutôt, plus précisément : Dieu est apparu dans notre discussion. Dieu et le problème de la permission du mal : c'était inévitable.

« Comment peut-on affirmer ensemble, sans contradiction, les trois propositions suivantes : Dieu est tout-puissant ; Dieu est absolument bon ; pourtant le mal existe. » C'est en ces termes que Paul Ricœur, dans la conférence que j'ai citée, définit le problème qui se pose à toute théodicée, à toute onto-théologie, quand celles-ci s'efforcent d'oublier, du moins, que la critique kantienne a détruit les certitudes béates de la doctrine de Leibniz.

Telle est, en effet, la question. Et il n'y a pas, il n'y aura jamais de réponse cohérente, qui parvienne à maintenir la compatibilité des trois propositions. C'est pour cette raison, sans doute, que Ricœur se prémunit, dès les premières lignes de son texte, « contre le caractère limité et relatif de la position du problème dans le cadre argumentatif de la théodicée ». Il change de terrain d'emblée, choisissant celui d'une phénoménologie de l'expérience du mal.

La tâche de penser, écrit Paul Ricœur — *oui de penser Dieu et de penser le mal devant Dieu — peut ne pas être épuisée par nos raisonnements conformes à la non-contradiction et à notre penchant pour la totalisation systématique.*

Jacques Maritain, pour sa part, dans son traité de 1963, *Dieu et la permission du mal,* s'efforce de tenir bien ajustées les pièces de la machine argumentative de la tradition thomiste. Il serre les boulons de l'herméneutique, pas un bouton ne manque aux uniformes de son régiment de syllogismes.

En réalité, proclame Maritain, *tout ce que je fais de bien vient de Dieu et tout ce que je fais de mal vient de moi, parce que Dieu a la première initiative dans la ligne de l'être et que j'ai la première initiative dans la ligne du non-être.*

Voilà, c'est tout simple. C'est une question de ligne.

L'argumentation de Maritain, quelle que soit l'ingéniosité dialectique, la richesse savante de ses commentaires, est extrêmement pauvre. Délibérément pauvre, sans doute. Premier point ou prémisse : « La certitude fondamentale, le roc auquel nous devons nous cramponner dans cette question du mal moral, c'est l'innocence absolue de Dieu. »

Démonstration en deux temps ou deux axiomes de Thomas d'Aquin pour ce qui concerne cette innocence absolue :

Premier axiome : Dieu n'est en aucune façon et sous aucun rapport cause du mal moral, ni directement ni indirectement. Ça peut se dire en latin, bien sûr : *Deus nullo modo est causa peccati, neque directe, neque indirecte.*

Deuxième axiome : La cause première du défaut de grâce vient de nous.
(Defectus gratiae prima causa est ex nobis.)
Et Maritain de commenter cet axiome :

C'est en nous, écrit-il, c'est dans la créature qu'est la cause première du mal moral (cause première dans l'ordre du non-être ou du néant), la créature a l'initiative première du mal moral, c'est à elle que remontent l'initiative et l'invention du péché.

On ne peut qu'être admiratif devant les risques métaphysiques que prend Jacques Maritain dans cette affaire. Et tout d'abord, pourquoi identifier le bien à la ligne de l'être et le mal à celle du non-être ? N'est-ce pas là l'un des plus vieux préjugés de la philosophie dogmatique ? Même si l'on écarte, par souci de méthode, les métaphysiques de la négativité dialectique ; même si l'on reste à l'intérieur d'une pensée religieuse, est-il vraiment évident d'identifier le bien à l'être ? Il ne semble pas. Il suffirait pour se convaincre de cette non-évidence de suivre l'argumentation de Catherine Chalier dans *La Persévérance du mal*[1], commentaire rigoureux et développement original de la philosophie d'Emmanuel Levinas.

Quelle que soit la distance que j'aimerais prendre avec une pensée aussi transie de transcendance, ne respirant que par celle-ci et pour celle-ci, je ne peux que souscrire à cette formulation de Catherine Chalier :

À identifier le bien à l'être, à récuser l'idée d'un au-delà de la pure positivité de l'essence qui viendrait en questionner le droit, en retenir l'élan, n'est-ce pas ce spectacle des forces vitales rivalisant de dynamisme et d'insolence pour s'imposer et pour être, pour gagner l'hégémonie, que l'on prend pour modèle et pour norme ? Comme si l'effort de la nature pour persévérer dans son être et l'accroître était le signe de la divinité même de l'être et qu'en conséquence nulle axiologie n'était pensable...

Il est certain qu'il faut souvent savoir réduire l'être à néant, effacer sa persistance, son épaisseur, l'oublier, se délivrer de son enfermement, pour tout simplement le rendre habitable. Provisoirement, du moins. Par intermittences du cœur ou de l'esprit. Dans l'angoisse vivifiante d'un savoir qui investit le monde comme délitement de l'être, justement. Mais n'est-ce pas là le sens de la liberté de l'être au monde de l'homme ?

D'autre part, Jacques Maritain, et non seulement lui, mais les théologiens en général ont-ils réfléchi aux conséquences de leur machinerie dialectique destinée à assurer l'innocence de Dieu, à le préserver de toute contagion du mal : axiomes de Thomas d'Aquin, dans le cas de Maritain ; mystères de la théologie «brisée», dans le cas de Karl Barth, qui admet dangereusement que Dieu règne aussi à main gauche, qu'il est la cause et le maître du néant lui-même ?

---

1. C. Chalier, *La Persévérance du Mal*, Éditions du Cerf, 1987.

Car, si le mal est affaire de l'homme, si c'est à l'homme que reviennent l'initiative et l'invention du péché, si le mal est même le seul espace concret d'historicité où l'homme puisse agir de façon autonome, totalement libre, en tant que pour soi, sans dette d'aucune sorte avec nulle transcendance, sans autres limites que celles de son choix, de ses propres critères et maximes, n'est-ce pas là faire du mal l'affirmation suprême de l'humanisme de l'homme, de son humanité ?

N'est-ce pas là faire de l'innocence absolue de Dieu le signe, ou le symptôme, de sa disparition possible, par évanouissement de ses fonctions cosmologiques ; Dieu ne serait-il innocent que parce qu'il risque d'être inexistant ? Non pas mort, bien entendu : la pensée de la mort de Dieu demeure encore prisonnière de la pensée théologique. Ou bien encore : l'innocence absolue de Dieu ne serait-elle qu'une invention de la créature, au même titre que le péché ? Dieu ne serait-il qu'une initiative de la liberté humaine, au même titre que le mal ? Aussi radicale que le mal, par ailleurs ?

VI

En 1936, Martin Heidegger consacre son séminaire d'été à un cours sur Schelling. Plus précisément, aux célèbres *Recherches philosophiques sur l'essence de la liberté humaine,* parues en 1809.

Les *Recherches* de Schelling sont l'une des œuvres les plus surprenantes, les plus fortes, de l'idéalisme allemand, me semble-t-il. Prenant comme point de départ les thèses de Kant sur le « mal radical » et la problématique traditionnelle des théodicées ou onto-théologies, Schelling élabore une vision de l'essence de la liberté qui prend en compte le mal en tant que surgissant sur le même fond constitutif *(Grund)* de l'être humain.

Ainsi, il s'efforce de scruter ce qui semblait à Kant inscrutable *(unerforschbar) :* la raison compréhensible de l'origine du mal moral en l'homme.

Friedrich Wilhelm Joseph von Schelling a surgi auprès de nous, lui aussi, un dimanche après-midi de Buchenwald. Ses paroles, du moins, s'étaient fait entendre de la bouche d'un *Bibelforscher,* un de ces Témoins de Jéhovah internés par le nazisme dans les camps de concentration pour leur refus de porter les armes, qui participa à certaines de nos réunions.

Jéhovah, donc, ou plutôt son Témoin, nous a parlé ce dimanche-là des *Recherches* de Schelling. Une formulation de ce dernier s'est gravée dans ma mémoire.

Jéhovah la répétait, en chuchotant, dans la pénombre puante du block 56. Formulation qui vient clore un passage où Schelling aborde la question du fondement originel où s'enracinent les choses scindées de Dieu, et Dieu lui-même, et ce qui en Dieu n'est pas Lui-même, c'est-à-dire le désir nostalgique *(Sehnsucht)* d'être Un, d'enfanter Dieu, qui est le fondement de l'humain : de la liberté du mal et du mal de la liberté. Fondement obscur, problématique, mais, dit Schelling — et c'est là la formulation dont je parlais, que Jéhovah répétait d'une voix sourde — « sans cette obscurité préalable, la créature n'aurait aucune réalité : la ténèbre lui revient nécessairement en partage ».

Ces mots énigmatiques nous semblaient nommer l'évidence. Les dimanches de Buchenwald, autour de Halbwachs et de Maspero, gisant dans leur litière, mourants, la ténèbre nous revenait nécessairement en partage.

Quelques semaines plus tard, un autre dimanche, le dernier dimanche, Nicolaï m'accueillait à la porte du block 56. Nicolaï, jeune Russe, jeune barbare, était le chef du *Stubendienst*, le service intérieur de la baraque. Il était d'humeur particulièrement joviale, ce jour-là. — T'as vu ma casquette ?, disait-il. Il se découvrait, me tendait sa casquette. Je ne pouvais pas ne pas la voir. Une casquette d'officier de l'armée soviétique, voilà ce que c'était. Nicolaï effleurait du doigt, d'un geste caressant le liseré bleu de sa belle casquette d'officier. — Une casquette du NKVD ! s'était-il exclamé, triomphant. Une vraie ! Je l'ai obtenue aujourd'hui même. Elle m'a coûté les rations de pain de toute la semaine. J'étais sûr que ce n'étaient pas ses rations à lui qu'il avait données en échange de la belle casquette policière. Nicolaï était, en effet, l'un des caïds des bandes russes, sauvages, qui contrôlaient les trafics et les partages de pouvoir dans le Petit Camp de Buchenwald.

Je ne comprenais pas pourquoi il était si heureux d'avoir obtenu une casquette de policier, mais il a enchaîné sur une autre nouvelle.

« *Dein Herr Professor*, a-t-il murmuré, *kommt heute noch durch's Kamin.* » (Ton monsieur professeur s'en va par la cheminée aujourd'hui même.)

Le dimanche précédent, Maurice Halbwachs était déjà très faible. Il n'avait plus la force de parler. Il ne pouvait plus que m'écouter, et seulement au prix d'un effort surhumain, ce qui est le propre de l'homme. Mais cette fois-là, cette dernière fois, Halbwachs n'avait même plus la force d'écouter. À peine celle d'ouvrir les yeux. J'avais pris la main de Halbwachs, qui n'avait pas encore eu la force d'ouvrir les yeux. J'ai senti seulement une réponse de ses doigts, une pression légère, message presque imperceptible.

Le professeur Halbwachs était parvenu à la limite des résistances humaines. Il se vidait lentement de sa substance, arrivé au stade ultime de la dysenterie qui l'emportait dans la puanteur.

Un peu plus tard, alors que je lui racontais n'importe quoi, pour qu'il entende le son d'une voix amie, il a soudain ouvert les yeux. La détresse, la honte de son corps en déliquescence y étaient lisibles. Mais aussi une flamme de dignité, la lueur immortelle d'un regard d'homme qui constate l'approche de la mort, qui sait à quoi s'en tenir, qui en mesure face à face les enjeux, librement : souverainement.

Alors, dans une panique soudaine, ignorant si je puis invoquer quelque Dieu pour accompagner Maurice Halbwachs, conscient de la nécessité d'une prière, pourtant, je dis à haute voix quelques vers de Baudelaire. C'est la seule chose qui me vienne à l'esprit.

Ô mort, vieux capitaine, il est temps, levons l'ancre...

Le regard de Halbwachs devient moins flou, semble s'étonner. Je continue de réciter. Quand j'en arrive à

... nos cœurs que tu connais sont remplis de rayons,

un mince frémissement s'esquisse sur les lèvres de Maurice Halbwachs. Il sourit, mourant, son regard sur moi, fraternel.

VII

Deux observations seulement sur le texte de Heidegger à propos des *Recherches* de Schelling, qui vont nous ramener à la question centrale de la modernité.

Il s'agit d'un travail où se manifeste toute la *Gründlichkeit* professorale de Heidegger. Au double sens du mot : au sens d'un sérieux un peu académique. Et puis au sens d'une recherche, parfois tatillonne, sémantiquement empêtrée, du fondement métaphysique *(das Grund)* de toute chose, de tout concept.

Ma première observation portera sur l'introduction du cours de Heidegger, consacrée à situer l'œuvre de Schelling dans le contexte historique de 1809.

Ce sont des pages irritantes, significatives par ailleurs. Par leur nationalisme étriqué et grinçant, surtout. Aucun des événements, des noms, des travaux philosophiques qu'énumère Heidegger ne concerne d'autre réalité que celle de l'Allemagne de l'époque. Même quand il parle des trois inséparables compagnons qu'ont été dans leur jeunesse universitaire Hegel, Hölderlin et Schelling — dont les destins se sont à cette époque déjà séparés — Heidegger trouve le moyen de passer sous silence l'événement historique qui cimenta cette amitié, qui provoqua leur enthousiasme et leur réflexion : la Révolution française.

Mais comment peut-on situer l'œuvre de Schelling — ou de Kant, ou de Fichte, ou de Hegel, ou de Heine, ou de Herder, pour n'en citer que certains parmi les plus importants — en occultant les relations de l'Allemagne de l'époque avec la France révolutionnaire ? En fait, les *Recherches philosophiques sur l'essence de la liberté* de Schelling viennent clore d'une certaine façon une période qu'inaugurent, en 1793, Kant et Fichte. Période tout entière marquée par le déroulement et l'influence de la Révolution française.

L'essai d'Alexis Philonenko[1], sur la pensée morale et politique de Kant et de Fichte commence par ces mots :

En 1793, la Révolution française ne semble pas accomplir l'enthousiasmante promesse de 1789... C'est l'année, en effet, où Louis XVI a été guillotiné, où s'installe le Comité de salut public, où commence la Terreur. Les Girondins sont écrasés, la Vendée se soulève.

Dans ce contexte historique, Edmund Burke vient de publier en Angleterre ses *Réflexions sur la Révolution française,* dont la répercussion en Europe est immédiate. Les philosophes allemands de l'*Aufklärung,* en particulier, qui ont salué les premiers pas de la Révolution de 1789, qui l'ont célébrée d'une même voix, sont confrontés à une interrogation déchirante. Et inaugurale, en quelque sorte, puisqu'elle se reproduira, un siècle et demi plus tard, dans des conditions historiquement différentes, mais analogues dans leur essence, à propos de la révolution soviétique. L'interrogation des intellectuels éclairés devant les conséquences pratiques — imprévues, terrifiantes — d'une théorie rationnelle, à prétention scientifique même, du progrès social, du bonheur collectif : idée neuve en Europe, certes, mais néfaste[2].

Et cette interrogation recoupe, en fin de compte, le questionnement du mal que provoque, dans l'épaisseur concrète et tragique de l'histoire, la recherche éperdue, autoritaire, du bien.

Georg Forster, homme de science allemand, compagnon à 18 ans de Cook pendant son voyage autour du monde, et d'Alexander von Humboldt dans ses explorations des contrées rhénanes, observateur sympathisant mais lucide des événements révolutionnaires parisiens de 1793, écrit le 16 avril de cette année :

[...] La domination, ou mieux encore, la tyrannie de la raison, peut-être la plus brutale de toutes, est encore à venir dans notre monde. Lorsque les hommes connaîtront toute l'efficacité de cet instrument, quel enfer ne vont-ils pas créer autour d'eux !

C'est à ce genre de questions que Kant et Fichte essaient de trouver réponse, en cette année 1793 qu'étudie Philonenko. Fichte s'y essaie dans ses *Contributions destinées à rectifier le jugement du public sur la Révolution française,* et Kant dans son opuscule sur le lieu commun : *Cela est bon en théorie mais ne vaut rien pour la pratique.*

---

1. A. Philonenko, *Théorie et pratique dans la pensée morale et politique de Kant et de Fichte en 1793,* J. Vrin, 1968, 1988 (3e édition).
2. Allusion à Saint-Just : «Le bonheur est une idée neuve en Europe», Rapport à la Convention du 3 mars 1794.

L'ouvrage de Kant sur la religion, où il aborde le problème du «mal radical» et qui fut traduit pour la première fois en français en 1943, juste à temps pour alimenter nos discussions dominicales de Buchenwald, s'inscrit d'emblée dans cette même réflexion sur la morale et la politique de l'*Aufklärung*.

Un livre de Denis Rosenfield (*Du mal: essai pour introduire en philosophie le concept de mal*[1]), reprend systématiquement toute cette problématique de l'idéalisme allemand, de Kant à Hegel.

De son côté, Luc Ferry, dans un travail plus ancien, *Le Système des philosophies de l'histoire*, deuxième volume de sa *Philosophie politique*[2], élargit ce champ d'investigation et, partant des acquis et des impasses de l'idéalisme allemand, examine l'antinomie de rationalisme et d'irrationalisme qui se déploie depuis lors, dans une sorte de va-et-vient historique: de Hegel à Heidegger et de Heidegger à Kant, en somme.

En 1809, lorsque Schelling publie ses *Recherches sur l'essence de la liberté humaine*, Hegel a déjà fait paraître sa *Phénoménologie de l'esprit*. Les positions des divers courants de l'idéalisme allemand ont déjà cristallisé. Pour le dire avec un certain schématisme, nous avons en premier lieu, dans une position dominante, l'ontologie théorique appliquée à l'histoire, de Hegel. Elle se caractérise par l'extension absolue au réel du principe de raison et par la théorie de la *ruse de la raison*, qui conduit la progression de l'histoire par ses mauvais côtés et qui légitime les maux et massacres qui permettent à l'esprit du monde de triompher.

À l'autre extrême, nous avons l'ontologie pratique de Fichte, qui prétend à la transformation révolutionnaire du réel au nom d'une fin universelle.

D'une certaine façon, le marxisme-léninisme du xxᵉ siècle, qui s'est abusivement attribué le statut d'une science révolutionnaire, qui a prétendu rendre l'histoire intelligible et maîtrisable, avec l'effroyable succès que l'on sait, est une fusion ou violente synthèse de ces deux positions ontologiques.

Et la position de Heidegger en est l'abolition, Luc Ferry l'argumente de façon limpide dans son essai. Martin Heidegger, tout au long de son œuvre, a poursuivi la déconstruction de l'ontologie. L'histoire est par essence non explicable, non maîtrisable: elle est un «miracle» de l'être.

La position d'Emmanuel Kant, pour en revenir à l'époque foisonnante de l'idéalisme allemand, est sans doute la plus raffinée, la plus complexe. Raffinement et complexité qui se manifestent au prix de quelque incohérence apparente. Par certains de ses points de vue, en effet, Kant semble tout proche de l'ontologie de la ruse de la raison hégélienne.

Par d'autres, il recoupe le volontarisme moral de Fichte. Mais cette contradiction au prime abord est la conséquence d'une orientation fondamentale, qui donne à

1. D. Rosenfield, *Du mal: essai pour introduire en philosophie le concept de mal*, Aubier, 1989.
2. Luc Ferry, *Philosophie politique; 1. Le Droit: La nouvelle querelle des Anciens et des Modernes. 2. Le Système des philosophies de l'histoire*, PUF, 1984.

la démarche de Kant, depuis ses *Idées d'une histoire universelle au point de vue cosmopolitique* de 1784, jusqu'à la théorie du « mal radical », une forte cohérence interne. Orientation qui consiste à essayer de penser ensemble la « mauvaise nature » de l'homme — son insociable sociabilité, dit Kant, qui fait de l'homme un animal qui, lorsqu'il vit parmi d'autres individus de son espèce, a *besoin d'un maître* — et la possibilité d'un progrès social, d'un État de droit.

Mais rien de tout cela n'intéresse Martin Heidegger quand il situe dans son époque — celle qui vient clore et clôturer l'expérience de la Révolution française dans l'Europe napoléonienne — l'œuvre de Schelling qu'il commente. La philosophie ne semble être pour lui qu'une querelle d'Allemands, professeurs d'université.

Ma deuxième observation sur le cours de l'été 1936 est d'ordre apparemment philologique, de critique textuelle. Je pense cependant qu'elle porte sur le fond, sur le *Grund*, qui dans ce cas est un *Abgrund*.

Il se trouve, en effet, que nous disposons de deux versions du séminaire de Martin Heidegger à propos de Schelling. L'une a été publiée en volume autonome chez Max Niemeyer, en 1971. L'autre est contenue dans le tome XLII des *Œuvres complètes* en cours de publication.

À les examiner superficiellement, il semble qu'il n'y ait entre les deux textes que des divergences minimes de mise en page, de nomenclature des différentes parties et paragraphes. À y regarder de plus près, il apparaît cependant que plusieurs lignes ont été censurées dans l'édition Niemeyer (qu'on peut considérer comme étant celle destinée au grand public).

Heidegger est en train d'examiner les ravages du nihilisme à l'époque moderne, ravages que Nietzsche a déjà dénoncés.

Ce qui appartient au médiocre, dit Heidegger, *se présente comme supérieur ; ce qui n'est qu'invention astucieuse se fait passer pour œuvre créatrice ; l'absence de réflexion est prise pour de l'énergie et la science prend l'apparence d'une connaissance essentielle.*

Nietzsche, affirme Heidegger, est le seul philosophe à avoir amorcé un contre-mouvement, qui n'a d'ailleurs pas abouti. Il faut donc continuer à se tenir sur ses gardes, à réfléchir encore et toujours, à accumuler un savoir impitoyablement rigoureux.

Après cet avertissement, le texte de l'édition Niemeyer enchaîne sur la problématique de la liberté dans tout système philosophique. Mais le texte du tome XLII des *Œuvres complètes* prolonge les considérations sur Nietzsche par quelques lignes qui ont disparu dans la version grand public. Les voici :

Il est en outre notoire que les deux hommes qui, en Europe, ont déclenché des contre-mouvements, à partir de la structuration politique de la nation, et du peuple, par conséquent — de façon diverse, sans doute — c'est-à-dire Mussolini et Hitler, ont été tous les deux, à divers égards, influencés par Nietzsche de façon essentielle sans que pour autant le domaine métaphysique particulier de la pensée nietzschéenne soit pris en compte directement.

Il est bien évident, dirais-je moi-même, que le domaine métaphysique particulier de Nietzsche ne pouvait être directement pris en compte que par Heidegger lui-même.

Quoi qu'il en soit, ce paragraphe censuré dans l'édition Niemeyer constitue la seule référence historique de Heidegger, la seule allusion à la réalité historique de cet été 1936 pendant lequel il tient son séminaire sur Schelling.

Il semble pourtant qu'il y aurait autre chose à dire, qu'on pouvait attendre davantage d'un philosophe attentif aux mouvements et contre-mouvements historiques.

Été 1936 : la guerre civile espagnole vient de commencer ; Staline vient de tenir le premier des grands procès-spectacles de Moscou, tout en développant une stratégie antifasciste qui n'aboutira à rien, sauf au désastre espagnol et au retournement brutal des alliances en 1939 lors du pacte germano-soviétique, où s'exprime la vraie nature convergente des systèmes totalitaires. Stratégie antifasciste qui se soldera par un échec, donc, mais qui aura obnubilé, aveuglé pour des décennies une bonne part, la meilleure sans doute, à quelques exceptions près, de l'*intelligentsia européenne.*

Comme si, à l'approche de la crise, de la guerre, du silence totalitaire, s'exprimaient avec d'autant plus de force les voix de la raison critique, cette période aura été l'une des plus riches de la culture européenne. Husserl prononce les conférences de Prague et de Vienne, qui sont à l'origine d'un de ses derniers grands textes, *La Crise des sciences européennes.* Walter Benjamin écrit en exil son essai sur l'œuvre d'art à l'époque de sa reproductibilité technique, sans lequel on ne peut rien entendre aux problèmes actuels du marché de l'art ni de l'art de marché. Freud vient d'analyser le malaise dans la civilisation...

Toutes ces voix, notons-le — et George Steiner l'a souligné à l'occasion d'un colloque sur Vienne et la modernité — sont des voix d'intellectuels juifs européens. Ce n'est certainement pas un hasard.

Je voudrais mettre en relief l'une d'entre elles, sans doute la plus aiguë, la plus prophétique.

Nous sommes à Vienne, en novembre 1936, peu de temps après le séminaire heideggérien sur Schelling. On célèbre le cinquantième anniversaire de Hermann Broch, précisément. Elias Canetti prend la parole. De façon éblouissante, il fait l'éloge de son ami, établissant en passant les critères esthétiques et moraux de toute activité créatrice. À la fin de son discours, soudain, se fait entendre le ton prophétique dont j'ai parlé.

Il n'y a rien à quoi l'être humain soit aussi ouvert qu'à l'air. Là-dedans, il se meut encore comme Adam au paradis... L'air est la dernière aumône... Et si quelqu'un mourait de faim, il aura du moins, ce qui est certes peu, respiré jusqu'au bout.

Et cette ultime chose, qui nous était commune à tous, va tous nous emprisonner en commun. Nous le savons ; mais nous ne le sentons pas encore ; car notre art n'est pas de respirer.

L'œuvre de Hermann Broch se dresse entre une guerre et une autre guerre ; guerre des gaz et guerre des gaz. Il se pourrait qu'il sente encore maintenant, quelque part, la particule toxique de la dernière guerre. Ce qui est certain toutefois, c'est que lui, qui s'entend mieux que nous à respirer, il suffoque aujourd'hui déjà du gaz qui, un jour indéterminé encore, nous coupera le souffle.

VIII

Dès qu'il est question de Heidegger, en France du moins, et particulièrement dans une enceinte universitaire, ressurgit le débat sur son appartenance au nazisme. Faux débat, presque indécent d'ailleurs, au vu de la documentation existante. Oui, Martin Heidegger a ouvertement soutenu le nazisme : jamais il n'est revenu de façon crédible sur les raisons de ce soutien. Jamais il ne l'a mis en doute, en cause ni en question, lui qui aura tenté de faire du questionnement le fondement même de toute activité proprement philosophique.

Oui, il existe un lien théorique, une raison non pas de conjoncture historique, mais déterminante sur le plan de l'ouverture métaphysique aux problèmes de l'être, entre la pensée de Martin Heidegger et le nazisme.

Le plus scandaleux, donc, n'est pas que Heidegger ait appartenu au parti nazi. Le plus scandaleux est qu'une pensée originale et profonde, dont l'influence d'une manière ou d'une autre s'est étendue au monde entier, ait pu considérer le nazisme comme un contre-mouvement spirituel historiquement capable de s'opposer au déclin présumé d'une société mercantile et massifiée.

Il faut, en somme, affronter et assumer le scandale dans sa radicalité : ce n'est pas parce qu'il est l'un des plus considérables philosophes de ce siècle qu'il faut occulter, nier ou minimiser l'appartenance de Heidegger au nazisme. Ce n'est pas parce qu'il fut nazi qu'on peut refuser de questionner jusqu'au bout le fond et la raison de son questionnement.

Il faut prendre en compte les textes de la période du rectorat, sans doute. Mais il faut aller bien au-delà... Il faut prendre en compte, avant de revenir sur *Sein und Zeit*, les textes, désormais accessibles pour l'essentiel, des cours et séminaires tenus par Heidegger durant les années trente et quarante, période pendant laquelle il a très peu publié mais beaucoup écrit.

À commencer par l'*Introduction à la métaphysique* de 1935, à suivre par les cours sur Schelling, déjà mentionnés, sur Nietzsche — indispensables —, sur Hegel et Hölderlin.

Il faudra aussi prendre en compte le livre auquel Heidegger a travaillé pendant toutes ces années-là, où s'inscrivent — parfois de façon quasiment aphoristique — les traces de l'évolution de sa pensée. Il s'agit sans doute du pendant de *Sein und Zeit*, pour l'époque d'après la *Kehre*, le fameux tournant, malgré son aspect formellement moins structuré (mais peut-être n'est-ce là que l'un des effets de la déconstruction à laquelle Heidegger s'est consacré).

On peut prévoir, prédire même, que ces *Beiträge zur Philosophie (Vom Ereignis)*, ouvrage posthume publié l'année dernière en tant que tome 65 des *Œuvres complètes*, deviendront le prochain enjeu des discussions sur la pensée de Heidegger. Je veux parler des discussions sérieuses.

Signalons d'ores et déjà la parution récente d'une analyse critique de Nicolas Tertulian, pertinente et pénétrante, et dont on peut reprendre les phrases qui en constituent pratiquement la conclusion :

> *On pourrait dire, en forçant un peu la note, que la défaite de l'Allemagne dans la Deuxième Guerre mondiale a été aussi une défaite pour la pensée de Heidegger : la victoire est revenue aux formes de vie et de civilisation auxquelles il oppose, conformément à l'histoire de l'être* (seinsgeschichtlich), *sa fin de non-recevoir à la démocratie et au libéralisme, à l'américanisme et au socialisme, au christianisme et aux messages des Églises. S'il n'a jamais renié ses vues politiques, c'est parce qu'elles étaient trop liées aux fondements de sa pensée...*

Nous voici, je crois, au plus près de l'essentiel.

De la formulation bien connue du cours de 1935, l'*Introduction à la métaphysique*, sur la vérité interne et la grandeur du mouvement national-socialiste, qui s'exprimeraient dans «la rencontre, la correspondance, entre la technique déterminée planétairement et l'homme moderne», en passant par le premier cours public donné après la guerre, en 1951-1952, «Qu'appelle-t-on penser?», et jusqu'à l'entretien posthume de *Die Zeit*, un même fil conducteur traverse toute la pensée de Martin Heidegger : le refus du monde sous les espèces de la modernité technicienne, de la société démocratique de masse et de marché ; du monde où semble s'effacer, dans le domaine de l'art, l'aura de l'authentique, le même monde qu'a exploré, pour en arriver à de tout autres conclusions, Walter Benjamin.

Le verdict de Heidegger est établi dès 1935. Il peut se résumer ainsi : l'Europe est en danger mortel, prise comme elle l'est en étau entre l'Amérique et l'URSS. Ces deux puissances sont, du point de vue métaphysique, la même chose : «La même frénésie sinistre de la technique déchaînée, et de l'organisation sans racines de l'homme normalisé.» Cette situation est qualifiée par Heidegger comme une «invasion du démoniaque (au sens de la malveillance dévastatrice)».

C'est la montée de cette *démonie* de la frénésie technique et de l'organisation sans racines que Heidegger considère comme le «mal radical» de l'époque. C'est pour faire face à cette démonie qu'il en appelle au peuple allemand, peuple métaphysique par excellence, et qu'il adhère à la révolution nazie, qui lui semble incarner, malgré ses inconséquences et une certaine superficialité, les possibilités d'un sursaut de l'être contre le déclin de l'Occident.

«L'Europe veut encore se cramponner à la démocratie et ne veut pas apprendre à voir que cette dernière équivaudrait à sa mort historique», dit encore Heidegger dans son cours sur Nietzsche de l'hiver 1936-1937 (je cite d'après le tome 43 des *Œuvres complètes*, l'édition de 1961 des différents séminaires sur Nietzsche en deux volumes autonomes ayant également subi quelques arrangements circonstanciels).

Et Heidegger de poursuivre: «Car la démocratie n'est, comme Nietzsche l'a clairement vu, qu'une variété vulgaire du nihilisme.»

IX

La démocratie... Il n'est question de rien d'autre dans *L'Étrange Défaite*, le livre posthume que Bloch a écrit dans la hâte et la colère, mais avec une extrême lucidité, de juillet à septembre 1940, il y aura bientôt cinquante ans.

Je l'ai déjà dit, le texte de Marc Bloch me semble poser avec une acuité très actuelle les questions de la modernité démocratique, de ses exigences et de ses possibilités.

Pourtant, à première et dans ce cas-ci courte vue, la réflexion de Marc Bloch s'articule tout d'abord sur une critique rigoureuse des archaïsmes de la démocratie française. Sur un constat de la «modernité» nazie.

Au vrai, écrit Marc Bloch, *ce furent deux adversaires appartenant chacun à un âge différent de l'humanité qui se heurtèrent sur les champs de bataille. Nous avons en somme renouvelé les combats, familiers à notre histoire coloniale, de la sagaie contre le fusil. Mais c'est nous, cette fois, qui jouions les primitifs...*

On peut trouver pratiquement la même idée dans l'essai de George Orwell, *The Lion and the Unicorn*, que j'ai déjà mentionné. Souvent exprimée dans les mêmes termes. Ainsi, lorsque Orwell parle de l'«archaïsme» des dirigeants anglais par rapport à la «modernité» des nazis, il dit des premiers «qu'ils ont traité le fascisme comme les généraux de cavalerie de 1914 ont traité les mitrailleuses: par l'ignorance».

Adaptation, donc, du nazisme à l'âge de la technique planétaire («Depuis le début du XXᵉ siècle, dit Marc Bloch, la notion de distance a radicalement changé de valeur»). Capacité d'improvisation des chefs militaires nazis, fondée sur ladite adaptation aux techniques révolutionnaires («Ils croyaient à l'action et à l'imprévu, constate l'historien. Nous avions donné notre foi à l'immobilité et au déjà fait»).

Tout cela a conduit au renouvellement des cadres de la nation allemande, à la primauté de la jeunesse, d'esprit autant que d'âge («Les révolutions nous paraissent tantôt souhaitables, tantôt odieuses, selon que leurs principes sont ou non les nôtres, dit Marc Bloch. Elles ont cependant toutes une vertu, inhérente à leur élan: elles poussent en avant les vrais jeunes. J'abhorre le nazisme. Mais comme la Révolution française, à laquelle on rougit de la comparer, la révolution nazie a mis aux commandes, que ce soit à la tête des troupes ou à la tête de l'État, des hommes qui, parce qu'ils avaient un cerveau frais et n'avaient pas été formés aux routines scolaires, étaient capables de comprendre le surprenant et le nouveau. Nous ne leur opposions guère que des messieurs chenus ou de jeunes vieillards»).

Il est rare de trouver une pensée qui, comme celle de Marc Bloch dans ces lignes, assume avec autant de courage les risques de sa propre lucidité. Nous en arrivons ici à un point de l'analyse où les lumières de la raison peuvent devenir aveuglantes. Où l'on risque de basculer du côté du «mal radical» historiquement objectivé. Souvenons-nous de Drieu La Rochelle; du Montherlant de *Solstice de juin*[1], de sa jubilation solaire devant les «divisions panthères» nazies.

Nous voici devant la rencontre, la correspondance, entre la technique planétairement déterminée et l'homme moderne. Ou plutôt l'homme allemand, appartenant au peuple métaphysique, selon les dires de Martin Heidegger. Nous voici devant le sursaut de l'être allemand contre le déclin, sursaut spirituellement matérialisé par la force militaire nazie, pétrie de jeunesse d'esprit et d'invention technique.

Quelles sont les raisons fondamentales qui font que la pensée démocratique — celle qui s'exprime, à cette époque-là, par les voix de Marc Bloch, de George Orwell, de Jacques Maritain, par exemple — ne succombe pas devant l'éclatante modernité de la machine militaire et politique nazie?

Deux ordres de raisons, me semble-t-il.

Tout d'abord, la pensée démocratique, pour critique qu'elle doive être des effets pervers, aliénants, de la technique moderne, principalement dans l'espace de la communication, ne pourra jamais considérer de prime abord et métaphysiquement néfastes les processus à l'œuvre dans nos sociétés de masse et de marché.

Dans *L'Étrange Défaite*, après s'être gaussé des discours moralisateurs sur le retour à la terre que l'on commençait à entendre en France dès les premiers jours du régime de Vichy, Marc Bloch écrit:

---

1. H. de Montherlant, *Le Solstice de juin*, Grasset, 1941.

Ces bucoliques avis, pourtant, ne sont pas exclusivement choses d'aujourd'hui. Toute une littérature de renoncement, bien avant la guerre, nous les avait déjà rendus familiers. Elle stigmatisait l'«américanisme». Elle dénonçait les dangers de la machine et du progrès...

Il semble bien que Marc Bloch touche ici à un point essentiel. La critique de l'«américanisme», de la machine et du progrès — ce que Heidegger appelle la *Machenschaft*, dans son livre posthume —, qu'elle se présente dans un contexte idéologique ou sémantique de droite ou de gauche, est toujours le symptôme d'une pensée faible. Ou vulgaire. Ou les deux à la fois. D'une pensée précritique, en tout cas. C'est-à-dire postmoderne.

Car l'«américanisme» est le miroir, parfois grossissant, déformant aussi, de nos propres réalités : des problèmes, des espoirs, des fantasmes européens aussi. D'où il résulte que la critique de l'«américanisme», quand elle n'est pas au service d'une simple défense, légitime par ailleurs, d'une part de marché menacée, n'est que le signe d'une incapacité à saisir critiquement nos propres réalités européennes.

Dans la belle préface qu'il a écrite pour la récente réédition de *L'Étrange Défaite*, Stanley Hoffmann met en parallèle les analyses de Marc Bloch et celles de Léon Blum dans *À l'échelle humaine*[1]. Blum a écrit son livre en prison, avant d'être déporté en Allemagne, dans une villa du quartier des casernes SS de Buchenwald, à quelques centaines de mètres du block 56 où je retrouvais, tous les dimanches, jusqu'à sa mort, Maurice Halbwachs.

Léon Blum a vécu deux ans dans cette villa isolée, entourée d'une palissade barbelée, sans savoir exactement où il se trouvait, ignorant tout de l'existence du camp de concentration, si proche pourtant.

Le premier indice que nous en avons surpris, a écrit Blum à son retour d'Allemagne, est l'étrange odeur qui nous parvenait souvent le soir, par les fenêtres ouvertes, et qui nous obsédait la nuit tout entière quand le vent continuait de souffler dans la même direction : c'était l'odeur des fours crématoires[2].

Dans son enfermement, Léon Blum a lu, réfléchi. Quelques extraits de ses notes d'Allemagne ont été publiés. Elles concernent presque toujours les problèmes de la liberté et de l'égalité. Dans l'une de ces notes, Blum s'occupe du problème de la «technique planétaire».

La machine cyclopéenne qui est la face matérielle du monde, écrit Blum, débite au hasard, sur un rythme sans cesse accéléré, une profusion de richesses que les

---

1. S. Hoffmann, préface à *L'Étrange Défaite*, Gallimard, Folio-histoire, 1990. L. Blum, *À l'échelle humaine*, Gallimard, 1945.
2. L. Blum, *Le Dernier Mois*, Arléa, 2000, p. 17.

hommes ne savent plus comment se distribuer entre eux. La production se croit libre, mais le partage n'est ni fraternel ni égal. La gestion de l'univers matériel aurait exigé l'égalité, non pas de tous les hommes, mais de toutes les conditions humaines. Des crises, qui sont devenues la forme la plus apparente du progrès, manifestent la rupture de cet équilibre fondamental.

Plus loin, Blum conclut cette note ainsi :

La révolution politique, l'héroïque, l'éloquente, en créant l'État moderne, en dressant face à face l'État et l'individu, avait rompu les rapports de solidarité qui l'unissaient à l'homme. La révolution industrielle, la fatale, la muette, en créant la technique moderne, en dressant face à face la machine et l'individu rompait les rapports de dépendance qui l'unissaient à la matière. L'individu croyait s'être affranchi par une double effraction, et sa liberté n'était plus qu'un mirage de sa solitude. Cette solitude-là crée l'angoisse, et l'angoisse dramatise l'anarchie du monde mécanique.

La lucidité de Blum, que je trouve superbe, prouve bien qu'il n'est nul besoin de déconstruire la métaphysique pour comprendre la modernité ; nul besoin d'un « sursaut de l'être » pour essayer de porter remède aux maux de la modernité. Il suffit de l'exercice rigoureux et inlassable de la raison pratique et démocratique.

Le deuxième ordre de raisons qui pousse la démocratie à ne pas capituler devant la ruse de la raison totalitaire, devant la flamboyante modernité du nazisme, est de nature morale.

Hermann Broch écrivait à New York, en 1940 : « Les dictatures sous leur forme actuelle sont tournées vers le mal radical. »

C'était façon de parler, certes, de se faire comprendre à l'emporte-pièce. Car les dictatures, toutes celles qui ont une visée totalitaire, du moins, sont tournées vers le bien absolu : bonheur du peuple, avenir radieux, communauté nationale ou mystique. Les dictatures produisent le « mal radical » d'aujourd'hui sous le couvert ou la justification du « bien absolu » de demain.

De même qu'une société démocratique admet le conflit interne, social, culturel ou politique, comme principe de fonctionnement ; qu'elle instaure le respect du pluralisme qui en découle comme loi fondamentale de la gestion de ses propres conflits, de même doit-elle comprendre et assumer le « mal radical » au sens de Kant, comme l'une des possibilités de la liberté constitutive de l'homme.

Les sociétés totalitaires, par contre, ne peuvent pas admettre la liberté de l'homme, y compris dans ses possibilités transcendantes de bien et de mal.

(Remarquons que le totalitarisme ne peut, par définition, jamais être totalement accompli, réalisé : cela signifierait la fin du processus social, sa rigidité cadavérique. Il est donc absurde, sur le plan théorique, de tirer argument de l'actuel effondrement du système totalitaire à l'Est pour prétendre sa non-existence dans le passé.)

Les sociétés à visée totalitaire, donc, veulent un homme nouveau, refondé à leur image et ressemblance; un homme absolument bon, puisqu'il refléterait dans sa conduite les principes de bonté absolue établis par le pouvoir selon ses besoins relatifs, et par là empreints de malignité morale. Toute déviance ou dissidence sera ainsi traitée comme une maladie de l'âme, dans les asiles psychiatriques et les camps de rééducation.

Et c'est dans les périodes où le totalitarisme parvient à obtenir le plus haut degré d'intériorisation individuelle du fantasme collectif de l'homme nouveau, qu'il obtient aussi le plus haut degré de stabilité. La fin historique du système totalitaire est liée, dans des circonstances stratégiques et socio-économiques déterminées, à la reprise, individuelle d'abord, massive bientôt par contagion communicative, des possibilités transcendantes de la liberté: pour le meilleur et pour le pire.

L'allusion de Hermann Broch au «mal radical» vers lequel se tournent les dictatures n'est qu'une façon frappante de souligner la nécessité d'introduire une dimension morale dans la pratique sociale. Si le mal a son fondement dans le fond constitutif de la liberté humaine, le bien l'a tout autant. Le mal n'est ni le résultat ni le résidu de l'animalité de l'homme: il est un phénomène spirituel, consubstantiel de l'humanité de l'homme. Mais le bien l'est tout autant. Et s'il n'est pas question d'extirper de l'être de l'homme sa libre disposition spirituelle au mal; s'il est impossible, heureusement dirais-je, de façonner l'homme nouveau autrement que sous la forme de cadavre, il est tout aussi impossible d'interdire à l'homme, dans son irréductible liberté, l'expression concrète de sa volonté de bien, qui se nomme selon les circonstances: courage civique, solidarité, compassion religieuse, dissidence, sacrifice de soi. Rien, jamais, n'empêchera l'homme de décider de résister au mal, quelles que soient les couleurs dont il se pare, même s'il se déguise avec les oripeaux du bien et du bonheur pour tous.

C'est cette certitude qu'exprime admirablement Marc Bloch, dans une page de *L'Étrange Défaite.*

Écoutons-la, cette voix française de 1940:

Je ne sais quand l'heure sonnera où, grâce à nos Alliés, nous pourrons reprendre en main nos propres destinées. Verrons-nous alors des fractions du territoire se libérer les unes après les autres? Se former, vague après vague, des armées de volontaires, empressées à suivre le nouvel appel de la Patrie en danger? Un gouvernement autonome poindre quelque part, puis faire tache d'huile? Ou bien un élan total nous soulèvera-t-il soudain? Un vieil historien roule ces images dans sa tête. Entre elles, sa pauvre science ne lui permet pas de choisir. Je le dis franchement: je souhaite, en tout cas, que nous ayons encore du sang à verser... Car il n'est pas de salut sans une part de sacrifice; ni de liberté nationale qui puisse être pleine, si on n'a travaillé à la conquérir soi-même.

CONCLUSION

Je pense qu'il n'y a pas de meilleure époque que la nôtre pour comprendre dans leur profondeur véritable les paroles de Marc Bloch. Paroles signées de son propre sang. Notre époque où s'effondrent les systèmes totalitaires, en Europe du moins, mais l'Europe, y compris sous sa forme d'«américanisme», est le sel de la terre.

Que signifie cet effondrement, du point de vue du travail obscur et têtu de l'histoire? Il signifie l'échec de la ruse de la raison, le ressourcement de la liberté morale, la reconquête (sans doute difficile, dont on peut aisément prévoir et prédire les crises et les impasses) d'une société civile fondée sur le marché et réorientée par les mécanismes égalitaires de l'État de droit.

On connaît le mot terrible du général de Gaulle: «Tous les morts comptés, Staline aura sans doute établi la grandeur de la Russie...» Mais, étrangement d'ailleurs, tous les grands hommes, ceux qui modifient l'histoire par leur engagement visionnaire et moral, sont hégéliens de ce point de vue. Peut-être parce qu'ils se prennent pour des incarnations du *Weltgeist*. Ce qu'ils sont parfois...

Et non, pourtant! Tous les morts comptés, Staline aura détruit la grandeur de la Russie, même s'il n'est point parvenu à détruire son âme.

En 1952, en reprenant pour la première fois depuis la fin de la guerre ses cours publics, Martin Heidegger a traité le sujet «Qu'appelle-t-on penser?». Il y dit à un moment donné — toujours dans le contexte d'une considération sur Nietzsche: «Qu'est-ce que la Deuxième Guerre mondiale a décidé en fin de compte, pour ne parler ni des atroces conséquences qu'elle a eues dans notre patrie, ni surtout de la déchirure qui traverse son cœur?»

Ainsi, fidèle à lui-même, Heidegger ne considère atroces que les conséquences de la guerre en Allemagne. Pas un mot sur les conséquences atroces de la guerre de l'Allemagne.

Rappelons que, quelque temps auparavant, Karl Jaspers avait publié son essai *La Culpabilité allemande*[1]. Rappelons-le pour dire que si nous n'étions pas dans un amphithéâtre de la Sorbonne, si nous étions, par exemple, dans un roman, Karl Jaspers aurait été l'un de nos personnages principaux. Il accompagne l'histoire intellectuelle de l'Allemagne tout au long de ce siècle. Il est la preuve que l'on peut penser la modernité lucidement, tout en comprenant qu'il n'est nul besoin de la grandeur du mouvement nazi pour affronter ces problèmes. Mais nous ne

---

1. K. Jaspers, *La Culpabilité allemande*; traduction de *Die Schuldfrage: Ein Beträge zur deutschen Frage* (1946); Éditions de Minuit, 1948, rééd. 1990.

sommes pas dans un roman et Karl Jaspers n'a pas encore en France la place que sa pensée mérite.

Martin Heidegger, donc, pense que la guerre mondiale n'a rien décidé. Toujours les mêmes dangers, toujours la même démocratie inepte, la même Europe déstructurée. «Un plaisir pour les puissances de l'Est et pour la force énorme de leurs peuples», conclut-il.

Au moment où l'Allemagne efface «la déchirure qui traverse son cœur», où elle le fait dans l'expansion de la raison démocratique, où les puissances de l'Est s'effondrent en tant que telles, où les prévisions apocalyptiques de Heidegger sont démenties par le travail de l'histoire, il est réconfortant de rappeler la pensée allemande qui, de Herbert Marcuse en 1935 à Jürgen Habermas aujourd'hui, en passant par l'œuvre immense de Karl Jaspers, a maintenu la déchirante lucidité de la raison.

Une tombe au creux des nuages

Discours prononcé lors de la remise du prix
de la Guilde des libraires allemands,
le 9 octobre 1994

Contemporain de *L'Écriture ou la vie*, dans cet essai publié en 1994 qui emprunte son titre à un vers de la *Fugue de mort* de Paul Celan, Jorge Semprún revient sur plusieurs moments essentiels de son itinéraire. Dans l'immédiat après-guerre, après le retour dans une France qu'il ne considère nullement comme sa patrie — l'Espagne demeure et demeurera la sienne —, il met à distance l'expérience du régime concentrationnaire en se jetant dans l'activité politique. L'engagement se substitue à l'écriture impossible. L'action du militant communiste comme remède semble alors, grâce à une certaine conception de l'histoire, offrir la possibilité de se projeter dans l'avenir. Après avoir été permanent du parti, révolutionnaire professionnel, puis après avoir mangé le pain amer de l'idéologie communiste, l'avenir radieux qu'il envisageait apparaît pour ce qu'il est : une illusion, une mystification.

Les retrouvailles avec l'écriture, ses deux langues, ses deux cultures sont redevenues possibles. Jorge Semprún, avec lucidité et persévérance, entame le long processus de réévaluation des fondements philosophiques et culturels qui ont jusqu'ici structuré sa manière d'aborder le monde. Les attitudes opposées de Thomas Mann et Karl Jaspers, qu'il décrit, illustrent cette nécessité de tout réévaluer. Se profile ensuite la nécessaire remise en cause de l'instrumentalisation de l'antifascisme par le stalinisme, que François Furet explicite dans son livre *Le Passé d'une illusion* (1995).

Arrivé à ce point de sa réflexion, Jorge Semprún se doit d'aborder bientôt la question de la transmission de son expérience du camp et du rôle de la mémoire.

J'ai prononcé ce discours à la réception du Prix de la guilde des libraires allemands [1994], aussi appelé «prix de la Paix», décerné en l'église Saint-Paul de Francfort. Le précédent récipiendaire du prix était Amos Oz. Mon successeur fut Mario Vargas Llosa. Deux écrivains et deux hommes qui me sont chers.

Ce fut un dimanche, un beau dimanche de mars. Des nuages gris, floconneux, naviguaient dans un ciel où s'annonçait déjà le printemps. Et le vent, comme toujours, sur l'Ettersberg: le vent d'autrefois, le souffle de l'éternité sur la colline de Goethe. Mais c'était en mars 1992 et dans ce ciel pâle, dans ce paysage de forêts de hêtres et de chênes, la fumée du crématoire de Buchenwald n'était plus visible.

Les oiseaux étaient revenus. Ce fut la première chose que je remarquai en m'avançant sur l'espace, vide et dramatique, de l'*Appellplatz*. Les merles moqueurs, tous les oiseaux chanteurs, dans la rumeur assourdie de leurs trilles, étaient revenus dans les arbres centenaires de la forêt de Goethe, d'où ils avaient été chassés, des décennies auparavant, par la fumée nauséabonde du crématoire.

Un arc-en-ciel bruissant d'oiseaux chanteurs m'accueillait, ce dimanche-là de mars 1992, le jour de mon premier retour à Buchenwald.

Quelques semaines plus tôt, Peter Merseburger m'avait appelé au téléphone de Berlin. Il préparait une émission de télévision sur Weimar, ville de culture et de camp de concentration, et il me proposait d'être l'un des témoins interrogés. J'ai refusé cette proposition immédiatement, sans même y réfléchir. Jamais je n'étais revenu à Buchenwald. Je n'avais jamais voulu y revenir, depuis le jour d'avril 1945 où le camp avait été libéré par les soldats américains de la IIIe Armée de Patton.

Les raisons de ce refus sont claires et tranchantes, faciles à déterminer.

En premier lieu, durant une longue période, elles découlaient de ma décision d'oublier cette expérience mortifère, pour parvenir à survivre. À l'automne 1945, à vingt-deux ans, j'ai commencé à élaborer littérairement cette expérience: cette mémoire de la mort. Mais cela devint impossible. Entendez-moi: il n'était pas impossible d'écrire, il aurait été impossible de survivre à l'écriture. La seule issue possible de l'aventure du témoignage serait celle de ma propre mort. Je ne pouvais contourner cette certitude.

Il est vrai que cette expérience m'est personnelle. D'autres — Primo Levi, par exemple (grand exemple : son œuvre est réellement prodigieuse par sa véracité, sa compassion lucide) — ne parvinrent à revenir à la vie qu'au moyen de l'écriture, grâce à celle-ci. Dans mon cas, en revanche, chaque page écrite, arrachée à la souffrance, m'enfonçait dans une mémoire irrémédiable et mortifère, m'asphyxiait dans l'angoisse du passé.

Il me fallait choisir entre l'écriture et la vie et j'ai choisi la vie. Mais en la choisissant j'ai dû abandonner le projet qui donnait à mes yeux un sens à ma vie, celui d'être écrivain. Un projet qui avait, dès l'enfance quasiment, structuré mon identité la plus authentique. J'ai dû décider d'être un autre, de ne pas être moi-même, pour continuer à être quelque chose : quelqu'un. Car c'était impensable d'écrire n'importe quoi d'autre, lorsque j'abandonnai la tentative de rendre compte, littérairement, de l'expérience de Buchenwald.

Cela explique en partie mon intérêt pour la politique. Si l'écriture me maintenait dans la mémoire atroce du passé, l'activité politique me projetait dans l'avenir. C'est ce que j'ai cru, du moins, jusqu'à ce que l'avenir que la politique communiste prétendait préfigurer révélât son caractère d'illusion néfaste : elle n'aura été que l'illusion d'un avenir.

La seconde raison qui m'avait rendu impossible un retour à Weimar était d'un genre tout différent. Depuis que j'avais publié mes livres sur l'expérience de Buchenwald — surtout depuis *Quel beau dimanche !* —, j'avais reçu des informations sur la perduration en ce lieu du camp de concentration, sous le régime de l'occupation soviétique.

Ainsi, j'ai reçu un roman de Peter Pöttgen, *Am Ettersberg*[1], dans lequel l'histoire d'une famille Stein permettait de faire un récit de la double mémoire de Buchenwald, camp nazi et puis camp stalinien. Dans la lettre qui accompagnait l'envoi de son livre, Pöttgen m'écrivait : « Au cours de l'hiver 1944, la neige recouvrait les hêtres et les baraques, et moi, piètre élève de quatorze ans, j'étudiais dans un lycée de Weimar. J'écoutais à peine les paroles d'un professeur qui nous commentait quelque vers de Goethe... »

À cause de tout cela, jamais je n'avais eu le désir de revenir à Weimar-Buchenwald. Sans y réfléchir, donc, je répondis à Peter Merseburger qu'il ne devait pas compter sur moi dans son émission. Je refusai aussitôt, sans même prendre le temps d'y penser.

Mais cette nuit-là, pour la première fois depuis fort longtemps, je rêvai de nouveau de Buchenwald. Ce ne fut pas le rêve habituel, le cauchemar plutôt, qui m'avait réveillé si souvent, au fil des longues années du souvenir. Je n'entendis pas, comme d'habitude en pareil cas, dans le circuit interne des haut-parleurs,

---

1. P. Pöttgen, *Am Ettersberg*, Düsseldorf, Erb Verlag, 1983.

la voix nocturne, âpre, irritée, du sous-officier SS de garde à la tour de contrôle. La voix qui, les nuits d'alerte, lorsque les escadrilles de bombardiers alliés progressaient vers le cœur glacial de l'Allemagne, donnait l'ordre qu'on éteignît le crématoire, afin que les hautes flammes cuivrées ne fussent pas utilisées comme signes d'orientation par les pilotes anglo-américains. — *Krematorium, ausmachen!*, criait cette voix. Mais, la nuit dont je parle, après ma conversation avec Merseburger, je ne fis pas le rêve habituel. Ce ne fut pas un rêve angoissant, tout compte fait. Je n'entendis pas la voix du sous-officier de garde commandant l'extinction des feux du crématoire. J'entendis une très belle voix de femme, que je reconnus aussitôt: c'était la voix cuivrée de Zarah Leander[1] :

Schön war die Zeit da wir uns so geliebt...

C'était une chanson d'amour, car Zarah Leander chantait toujours des chansons d'amour dans le circuit des haut-parleurs de Buchenwald, surtout le dimanche après-midi. Les officiers des SS aimaient sans doute les chansons d'amour, la voix grave, harmonieuse, de Zarah Leander.

Je me suis réveillé de ce rêve avec la sereine certitude que je devais accepter la proposition de Peter Merseburger. La réunification démocratique de l'Allemagne, d'un côté, modifiait radicalement la perspective historique. Mes réticences d'autrefois n'avaient plus de fondement. D'un autre côté, surtout, il m'apparut que je ne pourrais terminer le livre en cours, *L'Écriture ou la vie*, avant d'avoir fait ce voyage de retour à Buchenwald.

J'avais choisi quelques livres pour m'accompagner lors de ce retour. Je savais que je n'aurais pas le temps de les relire, mais j'en avais besoin à mes côtés. J'avais besoin de pouvoir les feuilleter, de les avoir sous la main: qu'ils fussent mes compagnons de voyage.

Le premier était une traduction française d'un roman de Thomas Mann: *Charlotte à Weimar*[2]. Les raisons de ce choix étaient multiples. Ce fut, tout d'abord, le premier livre que j'achetai à Paris, à mon retour du camp de concentration: il venait de paraître. Depuis lors, je l'ai toujours placé parmi mes lectures familières. Par ailleurs, je savais que j'allais loger à l'hôtel de l'Éléphant, lieu historique qui a été le décor de plusieurs romans, à commencer par celui de Mann. Et un écrivain est toujours intéressé ou amusé par les décors romanesques.

Mais il y avait d'autres raisons, plus profondes.

Ici même, en effet, dans cette nef de la Paulskirche reconstruite après les désastres de la guerre, en 1949, au mois de juillet de cette année cruciale dans l'histoire de l'Allemagne, Thomas Mann prononça un discours mémorable. Ce fut

---

1. Zarah Leander (1907-1981), interprète et actrice suédoise installée en Allemagne et qui travailla à la firme cinématographique UFA jusqu'à son retour en Suède en 1943.
2. T. Mann, *Lotte in Weimar: roman*, Stockholm, Bermann-Fischer, 1940; trad.: *Charlotte à Weimar*, Gallimard, 1945.

dans le contexte des cérémonies de l'année Goethe, lors de la commémoration de son bicentenaire. Ce fut surtout la première fois que Thomas Mann s'adressait à ses compatriotes en Allemagne même, après seize ans d'exil.

De ce discours de 1949, je voudrais détacher, pour la souligner, une affirmation qui me permettra de développer mes propres idées.

Ici, du haut de cette tribune historique — et je dois avouer que cela m'impressionne de m'y exposer, après tant de personnalités illustres — Thomas Mann, citoyen américain pour lors, affirma que sa patrie véritable était la langue allemande. Il n'aurait jamais pensé, dit-il, à s'exiler aussi en tant qu'écrivain, à émigrer dans une autre langue, en adoptant par exemple l'anglais comme langue d'expression littéraire. Avec le trésor de la langue allemande, dit-il, il s'était exilé, c'est en elle que son identité véritable a perduré : jamais il n'avait voulu l'abandonner, trahir cette tradition, oublier cette patrie intime.

Patrie ! Voilà un mot considérable, sans doute, dont nous savons fort bien quels mauvais usages ont été faits, quels désastres il a inspirés. Je l'utiliserai donc avec précaution, parce que je sais que les patries ne sont des voies d'accès à l'universalisme de la raison démocratique — tel devrait être leur rôle historique — qu'en évitant tout chauvinisme, toute attitude d'exclusion arrogante. J'utiliserai donc le mot « patrie » en réaffirmant qu'elle ne peut, ne doit jamais être *über alles*[1].

Cela dit, la langue est-elle vraiment la patrie d'un écrivain, comme le disait Thomas Mann ?

Je ne peux prendre cette affirmation à mon compte. Dans mon cas, sans doute pour des raisons biographiques, d'âge et de circonstance, la langue espagnole n'a pas été ma patrie en exil. Elle n'a pas été la seule, en tout cas. Au contraire de Mann, je ne me suis jamais exilé de ma citoyenneté espagnole, mais de ma langue maternelle, si. À une certaine époque, j'ai cru que j'avais découvert une nouvelle patrie, en m'appropriant la langue française dans laquelle j'ai écrit la plupart de mes livres. Mais cela n'est pas non plus vrai. Du point de vue de la langue littéraire, ou bien je suis apatride — à cause de mon bilinguisme invétéré, de ma schizophrénie linguistique définitive —, ou bien j'ai deux patries. Ce qui, en vérité, est impossible, si l'on prend au sérieux l'idée de patrie, c'est-à-dire comme une idée pour laquelle il vaudrait la peine de mourir. Car on ne peut mourir pour deux patries différentes, ce serait absurde.

De toute façon, l'idée de la patrie ne m'a jamais hanté, dans les différentes occasions de risquer la vie qui m'ont été offertes. Liberté, justice, solidarité avec les humiliés et les opprimés : ce sont des idées de cette sorte que j'ai eues à l'esprit à l'heure de risquer ma vie. Jamais celle de la patrie, je dois l'avouer.

En fin de compte, ma patrie n'est pas la langue, ni la française ni l'espagnole, ma patrie c'est le langage. C'est-à-dire un espace de communication sociale,

---

1. Allusion au *Deutschland über alles*, paroles de August Heinrich Hoffmann von Fallersleben (1841) sur une musique de Joseph Haydn, devenu en 1922 l'hymne officiel de l'Allemagne.

d'invention linguistique : une possibilité de représentation de l'univers. De le modifier aussi, par les œuvres du langage, fût-ce de façon modeste, à la marge.

Quoi qu'il en soit, dans cette mienne patrie qu'est le langage, il y a des idées, des images emblématiques, des pulsions émotionnelles, des résonances intellectuelles dont l'origine est spécifiquement allemande. J'oserai dire que, d'une certaine façon, la source allemande — poétique, romanesque ou philosophique — est une composante essentielle de mon paysage spirituel. De ma vraie patrie, en somme.

Cela est dû, sans doute, au fait que j'ai toujours été, que je suis et serai un insatiable et émerveillé lecteur d'allemand. J'ai même lu le *Quichotte* pour la première fois en allemand ! Je ne vous dirai pas maintenant, pour ne pas perdre le fil de notre discours, pourquoi ni comment. Je ne vous dirai pas comment j'ai essayé — émule sans le savoir du Pierre Ménard de Borges — de réécrire le Quichotte, en le traduisant en castillan de sa version germanique, mû par mon arrogance adolescente !

C'est une relation forte, donc, passionnée, essentielle pour ma formation intellectuelle, que j'ai eue, que j'ai toujours, avec la culture allemande. C'est elle qui m'a fourni les arguments décisifs de la lutte contre le nazisme. C'est la lecture de certains auteurs allemands qui m'aura permis de trouver — comme aurait dit l'un d'entre eux, Karl Marx, que j'aurai beaucoup pratiqué — les « armes de la critique » qui m'ont servi à l'affronter ensuite par la « critique des armes ».

En 1949, Thomas Mann, quelques jours après qu'il eut prononcé ici, à la Paulskirche, son discours sur Goethe, se déplaça à Weimar pour le répéter au Théâtre national.

À ce moment-là, on peut s'en souvenir, à l'issue de la crise provoquée par le blocus de Berlin par l'URSS, la division de l'Allemagne en deux États différents devenait une réalité. La guerre froide traçait objectivement, tragiquement, sa frontière principale au cœur de l'Europe, dans une Allemagne divisée.

Dans ce contexte, la décision de Mann d'accepter l'invitation des autorités d'occupation soviétiques et du pouvoir communiste de l'Allemagne de l'Est fut largement critiquée. Dans la presse de Francfort, on rappela à Thomas Mann que le camp de concentration de Buchenwald, aux environs de Weimar, continuait à fonctionner. Pourquoi ne pas s'y rendre en visite, après son discours goethéen au théâtre de la ville ? lui fut-il suggéré.

Thomas Mann n'esquiva pas cette question, ne l'occulta pas non plus. Dans son discours de la Paulskirche, le 25 juillet 1949, il affirma que sa visite s'adressait à l'Allemagne elle-même, au pays dans son ensemble, et non à telle ou telle zone d'occupation. Qui pouvait garantir et représenter l'unité de l'Allemagne, s'est-il ici demandé à haute voix, mieux qu'un écrivain indépendant dont la langue allemande était l'authentique patrie, inviolable par les troupes d'occupation ?

Il n'a pas non plus évité la référence à Buchenwald. Dans le *Reisebericht* qu'il écrivit sur son séjour en Allemagne (publié d'abord en anglais, dans le *New York Times Magazine*, et plus tard en allemand, dans la *Neue Schweizer Rundschau*), Mann essaya de répondre à ceux qui avaient critiqué sa décision de se rendre à

Weimar. Certes, reconnut-il, il n'avait pas demandé à visiter le camp de concentration, mais il avait réussi à se renseigner, par des voies non officielles, sur les conditions de vie à Buchenwald. Le résultat de son investigation, tel qu'il le rapporte, est surprenant, il ne peut manquer de provoquer quelque inquiétude. Thomas Mann affirme, en effet, que la population de prisonniers se compose, selon ses sources dignes de foi, d'un tiers d'éléments asociaux, de vagabonds dégénérés ; d'un deuxième tiers de malfaiteurs de l'époque nazie ; et d'un dernier tiers seulement de personnes coupables d'opposition manifeste envers le nouvel État, dont l'isolement s'était avéré nécessaire.

Si la langue maternelle est réellement la patrie d'un écrivain, il suffirait d'une analyse sémantique des mots de Thomas Mann pour vérifier leur terrible et dangereuse ambiguïté. Car toutes les dictatures, tous les systèmes totalitaires qualifient les non-conformistes d'«éléments asociaux», de «vagabonds dégénérés» (tziganes, peut-être ?) ; tous considèrent nécessaire d'isoler les opposants, les dissidents, afin que leurs idées et leurs actes ne contaminent pas le corps social, supposé sain lorsqu'il se nourrit seulement aux sources de la pensée officielle : politiquement correcte, bien entendu.

Les raisons qui poussaient Thomas Mann en 1949 sont compréhensibles. Elles sont même respectables. Il les a exposées de nouveau en octobre 1954, dans le *Message* où il s'opposait à l'extension du militarisme, au réarmement, aux pactes militaires, en prônant la démilitarisation des deux États allemands en vue de leur réunification. Tous ces arguments ont été au cœur d'une discussion de longue portée entre Allemands. Entre Européens tout aussi bien, car le destin de l'Europe a été déterminé en grande partie et il continue de l'être — par l'évolution de la politique allemande. Selon le développement de la démocratie en Allemagne, selon son ancrage européen, sa participation au renforcement et à l'expansion de l'Union européenne, dans des conditions d'égalité pour les pays qui la composent ou la composeront : selon l'influence que l'Allemagne exercera dans un sens ou dans l'autre, le destin de l'Europe changera pour le meilleur ou pour le pire.

Cela dit, et même s'ils étaient compréhensibles, étaient-ils historiquement justes, étaient-ils opérationnels, les principes sous-jacents au message de Thomas Mann, à tant d'autres messages de ces dernières décennies ? Était-il pensable de parvenir à la paix en Europe, à la réunification de l'Allemagne, par les moyens d'une stratégie de conciliation, d'une rhétorique humaniste, de la tolérance politique ? Pour ne pas être un simple rideau de fumée idéologique, ces moyens présupposaient l'existence d'États de droit, avec des sociétés civiles fortement autonomes et articulées, avec des systèmes de représentation et d'expression réellement démocratiques. Ils présupposaient, donc, tout ce qui manquait dans les pays du bloc soviétique en Europe.

J'ai déjà donné mon opinion à ce sujet, il y a des années. Et je l'ai fait dans cette ville de Francfort, en 1986, trois ans avant la chute du Mur de Berlin, dans le cadre des Colloques du Römerberg.

Je vais me permettre de citer un bref extrait de mon intervention au colloque de cette année-là :

Mais sur la question de la division de l'Allemagne — si vous permettez à un étranger de s'exprimer à ce sujet, et vous devez le permettre, car la question n'est pas seulement d'ordre interne : elle est au cœur du problème de l'Europe, de son avenir démocratique —, sur ladite question je ne dirai que quelques mots.

La réunification de l'Allemagne est, de toute évidence, nécessaire, mais elle est en même temps impensable, si la perspective historique, du moins, ne change pas radicalement, créant un nouveau rapport de force entre démocratie et totalitarisme.

Car la réunification de l'Allemagne doit être le fruit d'un progrès décisif de la démocratie en Europe. Dans toutes les Europes, certes, mais fondamentalement dans cette Mitteleuropa *qui en constitue le maillon déterminant, dans ce territoire où s'est forgé durant des siècles le destin culturel, et même politique, du monde. [...]*

D'aucuns, sans doute, s'étonneront de me voir évoquer la réunification de l'Allemagne comme le fruit d'une démocratisation de l'Europe — la seule révolution qui mérite encore qu'on se batte pour elle ! — et non comme résultat des progrès de la paix, conçue comme détente et désarmement.

Mais c'est la démocratisation qui est à l'origine de la paix, quoi qu'en pensent certains. La paix — du moins sous sa forme perverse d'apaisement — peut même être à l'origine de la guerre.

Il est clair que je ne rappelle pas ces considérations d'il y a huit ans pour le simple plaisir égotiste d'avoir eu raison. Il était facile, d'ailleurs, d'avoir raison. Il suffisait pour cela de s'en tenir aux leçons de la tradition antifasciste bien comprise. Thomas Mann lui-même, tellement incapable dans les années cinquante d'élaborer une stratégie intellectuelle cohérente et opérationnelle face aux questions de la guerre et de la paix, avait fait preuve de lucidité dans les années trente, face à la montée expansionniste de Hitler. Il avait proclamé que la paix ne pouvait être le résultat d'une politique conciliatrice ni capitularde. On peut encore lire avec profit ses chroniques et journaux de cette époque : « Allemagne, ma souffrance » et « Europe, prends garde ! », par exemple. Et très particulièrement son article « Cette paix », terrible et brillant réquisitoire contre la politique de capitulation des démocraties publié dans *Die Zukunft*, journal de l'émigration allemande à Paris, après les désastreux accords de Munich qui livraient à Hitler le cœur de la vieille Europe.

Mais l'antifascisme européen — et tout particulièrement l'antifascisme allemand, dans son aimable version pacifiste, antinucléaire, écologiste : réfutation, d'une certaine façon, et c'est son aspect positif, des errements du passé national —, ledit antifascisme est devenu hémiplégique à partir des années cinquante. Malgré les leçons de la guerre d'Espagne, du pacte germano-soviétique de 1939 ; malgré le cynisme de la politique de grande puissance de l'URSS dans l'Europe de l'après-guerre, la pensée antifasciste occidentale, dans sa grande majorité, pour ne pas dire dans son ensemble, a été hémiplégique : elle n'a réussi à prendre en considération qu'un seul aspect de la réalité, celui qui se réfère aux maux et aux injustices évidents de nos démocraties de masse et de marché. Sur ce point, elle a assumé son rôle critique, indispensable. Mais ladite pensée n'a pas su élaborer une théorie, ni une pratique, en conséquence, globales, pour affronter le totalitarisme, lui faire face dans ses deux manifestations historiques spécifiques : le fascisme et le stalinisme. Elle n'a pas su prendre en compte, jusqu'aux ultimes conséquences, le problème que posait la perduration du système soviétique.

À ce sujet, permettez-moi — abusant peut-être du privilège que m'octroie l'honneur de cette tribune — que je rappelle un autre passage de mon intervention aux Colloques du Römerberg de 1986.

Le voici :

Lorsqu'on examine les problèmes de la culture politique, au moment du naufrage du marxisme en tant que pratique historique et en tant que prétention à la vérité scientifique ; lorsqu'on essaie que dans le naufrage d'une vérité qui se voulait absolue survivent des valeurs et des vérités ; lorsqu'on tourne le regard vers l'expérience très riche et tragique des années trente, pour en tirer quelque enseignement, il me semble que nous devrions modifier la phrase connue de Max Horkheimer pour dire : Celui qui ne veut pas parler du stalinisme, devrait aussi se taire sur le fascisme.

Il y a certes des exceptions à cette maladie sénile de la pensée de gauche européenne. Elles sont importantes, nous les avons tous à l'esprit. Pour ma part, je crois que la vie et l'œuvre de Karl Jaspers constituent l'une de ces exceptions. Quelles que soient les critiques ou les réserves que l'on peut formuler à propos de certains aspects de sa métaphysique existentielle, la projection concrète de sa pensée dans le monde social et politique aura été éclairante, positive, souvent exemplaire, depuis les années trente.

C'est sans doute à cause de cela que deux petits volumes de Karl Jaspers m'accompagnaient aussi, lors de mon voyage de retour à Weimar-Buchenwald : retour à la mémoire de ma jeunesse, à la tragique patrie universelle du langage et de la lutte qui se situe pour moi sur la colline goethéenne de l'Ettersberg. C'est pour cela que m'accompagnaient dans ce voyage *Die Schuldfrage (La Culpabilité allemande)* et *Freiheit und Wiedervereinigung (Liberté et réunification[1])*, que j'ai feuilletés pendant ces nuits à l'hôtel de l'Éléphant, avec toujours la même émotion intellectuelle, avec l'impression que leur efficace actualité perdurait dans une circonstance historique radicalement nouvelle.

Un dimanche, en effet, ce fut un beau dimanche de mars. Toute une vie plus tard, plusieurs vies et plusieurs morts plus tard, je me trouvais à nouveau sur

---

1. K. Jaspers, *Freiheit und Wiedervereinigung : Aufgaben deutscher Politik,* Pier Verlag, 1960 ; trad. : *Liberté et réunification : devoirs de la politique allemande,* Gallimard, 1962.

le dramatique espace vide de l'*Appellplatz* de Buchenwald. Les oiseaux étaient revenus et le vent de toujours soufflait sur l'Ettersberg.

En contemplant ce paysage, j'eus l'impression que toute ma vie, depuis ces lointains vingt ans, se déployait dans ma mémoire, devenant transparente, avec ses risques et ses erreurs, ses aveuglements d'illusion idéologique et son aspiration têtue à la lucidité.

Alors, m'avançant sur l'*Appellplatz*, face à la cheminée massive du crématoire, je me suis souvenu d'un poème de Paul Celan. Car une anthologie de poèmes de celui-ci m'accompagnait également pendant ce voyage de retour.

> *alors vous montez en fumée dans les airs*
> *alors vous avez une tombe au creux des nuages*
> *on n'y est pas couché à l'étroit...*

Dans ce poème, «La fugue de mort[1]», on s'en souvient sans doute, il y a un vers terrible, qui se répète comme un leitmotiv : «La mort est un maître venu d'Allemagne.»

À Buchenwald, ce beau dimanche de mars 1992, face à la cheminée du crématoire, me rappelant la voix âpre, irritée, du sous-officier SS qui demandait qu'on éteignît le four, les nuits d'alerte aérienne : — *Krematorium, ausmachen*; là, à Buchenwald, je me suis demandé si ce vers terrible était vrai, je veux dire, s'il reflétait une vérité absolue, au-delà des circonstances historiques. Il était clair que non. Cette mort-là, certainement, cette mort qui a dévasté l'Europe et qui fut la conséquence de la victoire de Hitler, elle fut bien un «maître venu d'Allemagne». Mais nous avons tous connu la mort qui se tapit dans les entrailles de la bête du totalitarisme avec d'autres masques, vêtue d'autres hardes nationales. Moi-même j'ai connu et parfois bravé la mort sous les espèces et l'aspect d'un «maître venu d'Espagne». Et les Juifs français poursuivis et déportés par le gouvernement de Vichy, tellement français, ont connu la mort comme «maître venu de France». Et Varlam Chalamov, dans ses hallucinants *Récits de la Kolyma*[2], nous a parlé de la mort comme «maître venu de la Russie soviétique».

La vérité du vers de Paul Celan est, donc, nécessaire, inoubliable, mais relative, historiquement circonstanciée. «La mort est un maître venu de l'humanité», telle serait la formulation philosophique la plus appropriée, car elle soulignerait la possibilité permanente de l'homme, fondée sur la liberté constituante de son être, d'opter pour la mort de l'oppression et de la servitude, contre la vie de la liberté : la liberté de la vie.

---

1. P. Celan, «Todesfügue», in *Choix de Poèmes*, édition bilingue, Gallimard, coll. «Poésie/Gallimard », 1998.
2. V. Chalamov, *Récits de la Kolyma*, Fayard-La Découverte, 3 vol., 1986, nouvelle édition : Lagrasse, Éditions Verdier, 2003.

Ce qui est décisif, cependant, c'est que Paul Celan ait écrit ses poèmes en allemand. Juif roumain, Celan a choisi la patrie de la langue allemande pour instaurer l'universalité de son langage; on ne peut cesser de réfléchir à la profonde signification de ce fait.

> *nous creusons une tombe dans les airs*
> *on n'y est pas couché à l'étroit...*

Je me suis rappelé le poème de Celan, ce beau dimanche de mars sur la place d'appel de Buchenwald. J'ai pensé que l'emplacement de l'ancien camp de concentration, tel qu'il s'offre au regard aujourd'hui, est un lieu privilégié de la mémoire historique européenne. Un espace tragique, sans doute, mais éclairant: non seulement comme trace archéologique d'un passé dont les effets sont encore actifs, du moins en partie. Aussi comme laboratoire intellectuel de notre avenir commun.

Je dirai pourquoi dans ma conclusion.

Lorsque le camp de concentration que Thomas Mann n'avait pas voulu, ou pu, visiter fut fermé par les autorités de la RDA récemment constituée, on édifia sur le versant de l'Ettersberg tourné vers Weimar un gigantesque mémorial, produit d'une conception architecturale et monumentale qui me paraît grandiloquente, peu respectueuse des humbles et complexes vérités du passé. Comme si les autorités communistes avaient souhaité affirmer ici les origines antifascistes de leur légitimité historique, elles gaspillèrent de grandes quantités de nobles matériaux pour dresser un monument d'un goût atroce: sorte de mélange de la statuaire d'Arno Breker[1] et de réalisme socialiste stalinien.

Sur l'autre versant, ouvert à la perspective lointaine des monts de Thuringe, au piémont de l'Ettersberg, une jeune forêt a poussé. Elle recouvre les espaces où se trouvaient auparavant les baraques de l'infirmerie, du Petit Camp de quarantaine. Elle recouvre, surtout, les milliers de cadavres anonymes — non identifiés, du moins — enfouis ici dans la sauvage froideur des fosses communes de l'époque stalinienne de Buchenwald. Ici reposent, dans le silence écrasant d'une mort anonyme, les «éléments asociaux», les «vagabonds dégénérés», les «coupables d'obstruction manifeste au nouvel État», dont Thomas Mann crut ou voulut croire qu'ils constituaient les deux tiers de la population de Buchenwald, en 1949, lorsqu'il lut à ses compatriotes, d'abord à la Paulskirche, au Théâtre national de Weimar ensuite, un beau discours sur Goethe et les vertus de l'humanisme.

Des morts du camp nazi de Buchenwald il ne nous reste que le souvenir: ils sont montés tels des flocons de fumée dans le ciel, leur tombe est dans les nuages. On n'y est pas couché à l'étroit, en effet: ils sont là, dans l'immensité de la mémoire historique, constamment menacée d'un oubli inadmissible, capable pourtant du pardon de la réconciliation. Des morts du camp stalinien, il nous

---

1. Arno Breker (1900-1991), sculpteur officiel du IIIe Reich, collaborateur d'Albert Speer.

reste les fosses communes que recouvre la jeune forêt dans laquelle jamais ni Goethe ni Eckermann ne se sont promenés, dans laquelle les jeunes Allemands d'aujourd'hui et de demain devront se promener.

L'Allemagne n'est pas l'unique pays européen à avoir un problème non résolu avec sa mémoire collective. La France l'a également, cela se perçoit de nouveau ces temps-ci. Ni sa classe politique, ni ses intellectuels, ni le peuple en général, dans sa diversité sociale, n'ont encore réussi à élaborer et maîtriser une vision critique, dépassant les passions extrémistes, de la période de Vichy et de la Résistance. L'Espagne a aussi un problème de ce genre : elle a choisi, à une écrasante majorité — et à juste titre — la voie d'une amnésie collective délibérée pour réussir le miracle d'une transition pacifique vers la démocratie, mais elle devra un jour payer le juste prix de ce processus historique.

Le problème du peuple allemand avec sa mémoire historique, cependant, concerne tous les Européens de façon plus brûlante. Car le peuple allemand est le seul en Europe, depuis la réunification — et cela fait partie de l'évolution sociale et politique, complexe et parfois douloureuse, mais riche en possibilités de développement pour la raison démocratique, que ladite réunification a entraînée — à pouvoir et devoir prendre en compte les deux expériences totalitaires du xxe siècle : le nazisme et le stalinisme[1]. Le peuple allemand a vécu ces expériences dans sa chair et dans son âme et il ne peut les dépasser — pour une fois, et sans créer de précédent, on pourrait utiliser le concept hégélien de *Aufhebung* — qu'en les assumant critiquement de façon conséquente et approfondie. Ainsi, non seulement l'avenir démocratique de l'Allemagne sera assuré, mais également celui d'une Europe unie et en expansion.

Buchenwald est toutefois le lieu de mémoire historique qui symbolise au mieux cette double tâche : celle du travail de deuil qui permettra de maîtriser critiquement le passé, celle de l'élaboration des principes d'un avenir européen qui nous permette d'éviter les erreurs du passé.

J'ignore les projets que la communauté politique et scientifique allemande a conçus à propos de l'espace historique de Weimar-Buchenwald. Mais j'ai pensé, ce beau dimanche de mars 1992, qu'il serait passionnant que la colline de l'Ettersberg fût le siège d'une institution européenne consacrée à ce travail de mémoire et de prospective démocratique.

Merci pour l'honneur qui m'a été fait, pour le souvenir partagé, pour l'avenir que nous aurons à construire ensemble.

---

1. Plus encore que l'histoire de l'Allemagne, celle de la Pologne illustre la convergence des deux totalitarismes, d'abord avec le pacte germano-soviétique du 23 août 1939 et le partage qui s'ensuivit, puis avec l'occupation totale du territoire polonais par les nazis et son découpage spécifique, enfin avec la nouvelle occupation soviétique à partir de l'été 1944 et l'abandon de l'insurrection de Varsovie à la répression nazie, véritable réactivation *ipso facto* du pacte de 1939.

L'ÉCRITURE OU LA VIE

1994

À Cécilia,
pour la merveille de son regard
émerveillé.

«*Qui veut se souvenir doit se confier à l'oubli,
à ce risque qu'est l'oubli absolu
et à ce beau hasard que devient alors le souvenir.*»
Maurice Blanchot

«*...je cherche la région cruciale de l'âme
où le Mal absolu s'oppose à la fraternité.*»
André Malraux

PREMIÈRE PARTIE

1

LE REGARD

Ils sont en face de moi, l'œil rond, et je me vois soudain dans ce regard d'effroi : leur épouvante.

Depuis deux ans, je vivais sans visage. Nul miroir, à Buchenwald. Je voyais mon corps, sa maigreur croissante, une fois par semaine, aux douches. Pas de visage, sur ce corps dérisoire. De la main, parfois, je frôlais une arcade sourcilière, des pommettes saillantes, le creux d'une joue. J'aurais pu me procurer un miroir, sans doute. On trouvait n'importe quoi au marché noir du camp, en échange de pain, de tabac, de margarine. Même de la tendresse, à l'occasion.

Mais je ne m'intéressais pas à ces détails.

Je voyais mon corps, de plus en plus flou, sous la douche hebdomadaire. Amaigri mais vivant : le sang circulait encore, rien à craindre. Ça suffirait, ce corps amenuisé mais disponible, apte à une survie rêvée, bien que peu probable.

La preuve, d'ailleurs : je suis là.

Ils me regardent, l'œil affolé, rempli d'horreur.

Mes cheveux ras ne peuvent pas être en cause, en être la cause. Jeunes recrues, petits paysans, d'autres encore, portent innocemment le cheveu ras. Banal, ce genre. Ça ne trouble personne, une coupe à zéro. Ça n'a rien d'effrayant. Ma tenue, alors ? Sans doute a-t-elle de quoi intriguer : une défroque disparate. Mais je chausse des bottes russes, en cuir souple. J'ai une mitraillette allemande en travers de la poitrine, signe évident d'autorité par les temps qui courent. Ça n'effraie pas, l'autorité, ça rassure plutôt. Ma maigreur ? Ils ont dû voir pire, déjà. S'ils suivent les armées alliées qui s'enfoncent en Allemagne, ce printemps, ils ont déjà vu pire. D'autres camps, des cadavres vivants.

Ça peut surprendre, intriguer, ces détails : mes cheveux ras, mes hardes disparates. Mais ils ne sont pas surpris, ni intrigués. C'est de l'épouvante que je lis dans leurs yeux.

Il ne reste que mon regard, j'en conclus, qui puisse autant les intriguer. C'est l'horreur de mon regard que révèle le leur, horrifié. Si leurs yeux sont un miroir, enfin, je dois avoir un regard fou, dévasté.

735

Ils sont sortis de la voiture à l'instant, il y a un instant. Ont fait quelques pas au soleil, dégourdissant les jambes. M'ont aperçu alors, se sont avancés.

Trois officiers, en uniforme britannique.

Un quatrième militaire, le chauffeur, est resté près de l'automobile, une grosse Mercedes grise qui porte encore des plaques d'immatriculation allemandes.

Ils se sont avancés vers moi.

Deux d'une trentaine d'années, blonds, plutôt roses. Le troisième, plus jeune, brun, arbore un écusson à croix de Lorraine où est inscrit le mot «France».

Je me souviens des derniers soldats français que j'ai vus, en juin 1940. De l'armée régulière, s'entend. Car des irréguliers, des francs-tireurs, j'en avais vu depuis : de nombreux. Enfin, relativement nombreux, assez pour en garder quelque souvenir.

Au «Tabou», par exemple, dans le maquis bourguignon, entre Laignes et Larrey.

Mais les derniers soldats réguliers de l'armée française, ce fut en juin 1940, dans les rues de Redon. Ils étaient misérables, se repliant en désordre, dans le malheur, la honte, gris de poussière et de défaite, défaits. Celui-ci, cinq ans après, sous un soleil d'avril, n'a pas la mine défaite. Il arbore une France sur son cœur, sur la poche gauche de son blouson militaire. Triomphalement, joyeusement du moins.

Il doit avoir mon âge, quelques années de plus. Je pourrais sympathiser.

Il me regarde, effaré d'effroi.

— Qu'y a-t-il ? dis-je, irrité, sans doute cassant. Le silence de la forêt qui vous étonne autant ?

Il tourne la tête vers les arbres, alentour. Les autres aussi. Dressent l'oreille. Non, ce n'est pas le silence. Ils n'avaient rien remarqué, pas entendu le silence. C'est moi qui les épouvante, rien d'autre, visiblement.

— Plus d'oiseaux, dis-je, poursuivant mon idée. La fumée du crématoire les a chassés, dit-on. Jamais d'oiseaux dans cette forêt...

Ils écoutent, appliqués, essayant de comprendre.

— L'odeur de chair brûlée, c'est ça !

Ils sursautent, se regardent entre eux. Dans un malaise quasiment palpable. Une sorte de hoquet, de haut-le-cœur.

«Étrange odeur», a écrit Léon Blum.

Déporté en avril 1943, avec Georges Mandel, Blum a vécu deux ans à Buchenwald. Mais il était enfermé en dehors de l'enceinte proprement dite du camp : au-delà de la barrière de barbelés électrifiés, dans une villa du quartier des officiers SS. Il n'en sortait jamais, personne n'y pénétrait que les soldats de garde. Deux ou trois fois, il avait été conduit chez le dentiste. Mais c'était en voiture, la nuit, sur des routes désertes dans la forêt de hêtres. Les SS, a-t-il consigné dans ses souvenirs, circulaient sans cesse mitraillette en bandoulière et chiens en laisse, dans l'étroit chemin de ronde ménagé entre la palissade barbelée et la maison. «Comme des ombres impassibles et muettes», a écrit Léon Blum.

C'est la rigueur de cette clôture qui explique son ignorance. Léon Blum ne savait même pas où il se trouvait, dans quelle région de l'Allemagne il avait été déporté. Il a vécu deux ans dans une villa du quartier des casernes SS de Buchenwald en ignorant tout de l'existence du camp de concentration, si proche pourtant.

«Le premier indice que nous en avons surpris, a-t-il écrit au retour, est l'étrange odeur qui nous parvenait souvent le soir, par les fenêtres ouvertes, et qui nous obsédait la nuit tout entière quand le vent continuait à souffler dans la même direction : c'était l'odeur des fours crématoires.»

On peut imaginer Léon Blum, ces soirs-là. De printemps, probablement : fenêtres ouvertes sur la douceur du printemps revenu, les effluves de la nature. Moments de nostalgie, de vague à l'âme, dans la déchirante incertitude du renouveau. Et soudain, portée par le vent, l'étrange odeur. Douceâtre, insinuante, avec des relents âcres, proprement écœurants. L'odeur insolite, qui s'avérerait être celle du four crématoire.

Étrange odeur, en vérité, obsédante.

Il suffirait de fermer les yeux, encore aujourd'hui. Il suffirait non pas d'un effort, bien au contraire, d'une distraction de la mémoire remplie à ras bord de balivernes, de bonheurs insignifiants, pour qu'elle réapparaisse. Il suffirait de se distraire de l'opacité chatoyante des choses de la vie. Un bref instant suffirait, à tout instant. Se distraire de soi-même, de l'existence qui vous habite, vous investit obstinément, obtusement aussi : obscur désir de continuer à exister, de persévérer dans cette obstination, quelle qu'en soit la raison, la déraison. Il suffirait d'un instant de vraie distraction de soi, d'autrui, du monde : instant de non-désir, de quiétude d'en deçà de la vie, où pourrait affleurer la vérité de cet événement ancien, originaire, où flotterait l'odeur étrange sur la colline de l'Ettersberg, patrie étrangère où je reviens toujours.

Il suffirait d'un instant, n'importe lequel, au hasard, au dépourvu, par surprise, à brûle-pourpoint. Ou bien d'une décision mûrement réfléchie, tout au contraire. L'étrange odeur surgirait aussitôt, dans la réalité de la mémoire. J'y renaîtrais, je mourrais d'y revivre. Je m'ouvrirais, perméable, à l'odeur de vase de cet estuaire de mort, entêtante.

J'avais plutôt envie de rire, pourtant, avant l'apparition de ces trois officiers. De gambader au soleil, poussant des cris d'animal — orfraie ? c'est comment l'orfraie ? — courant d'un arbre à l'autre dans la forêt de hêtres.

Ça me faisait plutôt du bien, en somme, d'être vivant.

La veille, vers midi, une sirène d'alerte avait retenti. *Feindalarm, Feindalarm* ! criait une voix rauque, pleine de panique, dans le circuit des haut-parleurs. On attendait ce signal depuis quelques jours, depuis que la vie du camp s'était paralysée, à l'approche des avant-gardes blindées du général Patton.

Plus de départ, à l'aube, vers les kommandos extérieurs. Dernier appel général des déportés le 3 avril. Plus de travail, sauf dans les services intérieurs de maintenance. Une attente sourde régnait à Buchenwald. Le commandement SS avait renforcé la surveillance, doublé les gardes des miradors. Les patrouilles étaient de plus en plus fréquentes sur le chemin de ronde, au-delà de l'enceinte de barbelés électrifiés.

Une semaine, ainsi, dans l'attente. Le bruit de la bataille se rapprochait.

À Berlin, la décision fut prise d'évacuer le camp, mais l'ordre ne fut exécuté qu'en partie. Le comité international clandestin organisa aussitôt une résistance passive. Les déportés ne se présentèrent pas aux appels destinés à les regrouper pour le départ. Des détachements SS furent alors lâchés dans les profondeurs du camp, armés jusqu'aux dents mais apeurés par l'immensité de Buchenwald. Par la masse décidée et insaisissable de dizaines de milliers d'hommes encore valides. Les SS tiraient parfois en rafales aveugles, essayant de contraindre les déportés à se rassembler sur la place d'appel.

Mais comment terroriser une foule déterminée par le désespoir, se trouvant au-delà du seuil de la mort ?

Sur les cinquante mille détenus de Buchenwald, les SS ne parvinrent à évacuer qu'à peine la moitié : les plus faibles, les plus âgés, les moins organisés. Ou alors ceux qui, comme les Polonais, avaient collectivement préféré l'aventure sur les routes de l'évacuation à l'attente d'une bataille indécise. D'un massacre probable de dernière heure. On savait que des équipes SS armées de lance-flammes étaient arrivées à Buchenwald.

Je ne vais pas raconter nos vies, je n'en ai pas le temps. Pas celui, du moins, d'entrer dans le détail, qui est le sel du récit. Car les trois officiers en uniforme britannique sont là, plantés devant moi, l'œil exorbité.

Ils attendent je ne sais quoi, mais le font de pied ferme.

Le 11 avril, la veille, donc, pour en finir en deux mots, peu avant midi, la sirène d'alerte avait retenti, mugissant par coups brefs, répétés de façon lancinante.

Feindalarm, Feindalarm !

L'ennemi était aux portes : la liberté.

Les groupes de combat se sont alors rassemblés aux points fixés d'avance. À quinze heures, le comité militaire clandestin a donné l'ordre de passer à l'action. Des copains ont surgi soudain, les bras chargés d'armes. Des fusils automatiques, des mitraillettes, quelques grenades à manche, des parabellums, des bazookas, puisqu'il n'y a pas de mot français pour cette arme antichar. Panzerfaust, en allemand. Des armes volées dans les casernes SS, lors du désordre provoqué par le bombardement aérien d'août 1944, en particulier. Ou abandonnées par des sentinelles dans les trains qui ramenèrent les survivants juifs d'Auschwitz, en plein hiver. Ou bien sorties en pièces détachées des usines Gustloff, montées ensuite dans des ateliers clandestins du camp.

Des armes patiemment réunies au long des longues années pour ce jour improbable : aujourd'hui.

Le groupe de choc des Espagnols était massé dans une aile du rez-de-chaussée du block 40, le mien. Dans l'allée, entre ce block et le 34 des Français, Palazón est apparu, suivi par ceux qui portaient les armes, au pas de course.

— *Grupos, a formar* ! hurlait Palazón, le responsable militaire des Espagnols.

Nous avions sauté par les fenêtres ouvertes, en hurlant aussi.

Chacun savait quelle arme lui était destinée, quel chemin prendre, quel objectif atteindre. Désarmés, mêlés à la foule hagarde, affamée, désorientée, des dimanches après-midi, nous avions déjà répété ces gestes, parcouru cet itinéraire : l'élan était devenu réflexe.

À quinze heures trente, la tour de contrôle et les miradors avaient été occupés. Le communiste allemand Hans Eiden, l'un des doyens de Buchenwald, pouvait s'adresser aux détenus à travers les haut-parleurs du camp.

Plus tard, nous marchions sur Weimar, en armes. Nuit tombée, les blindés de Patton nous rattrapaient sur la route. Leurs équipages découvraient, ébahis tout d'abord, exultant après nos explications, ces bandes armées, ces étranges soldats en haillons. On échangeait des mots de reconnaissance dans toutes les langues de la vieille Europe, sur la colline de l'Ettersberg.

Aucun d'entre nous, jamais, n'aurait osé faire ce rêve. Aucun d'assez vivant encore pour rêver, pour se hasarder à imaginer un avenir. Sous la neige des appels, alignés au cordeau par milliers pour assister à la pendaison d'un camarade, nul d'entre nous n'aurait osé faire ce rêve jusqu'au bout : une nuit, en armes, marchant sur Weimar.

Survivre, simplement, même démuni, diminué, défait, aurait été déjà un rêve un peu fou.

Nul n'aurait osé faire ce rêve, c'est vrai. Pourtant, c'était comme un rêve, soudain : c'était vrai.

Je riais, ça me faisait rire d'être vivant.

Le printemps, le soleil, les copains, le paquet de Camel que m'avait donné cette nuit un jeune soldat américain du Nouveau-Mexique, au castillan chantonnant, ça me faisait plutôt rire.

Peut-être n'aurais-je pas dû. Peut-être est-ce indécent de rire, avec la tête que je semble avoir. À observer le regard des officiers en uniforme britannique, je dois avoir une tête à ne pas rire.

À ne pas faire rire non plus, apparemment.

Ils sont à quelques pas de moi, silencieux. Ils évitent de me regarder. Il y en a un qui a la bouche sèche, ça se voit. Le deuxième a un tic de la paupière, nerveux. Quant au Français, il cherche quelque chose dans une poche de son blouson militaire, ça lui permet de détourner la tête.

Je ris encore, tant pis si c'est déplacé.

— Le crématoire s'est arrêté hier, leur dis-je. Plus jamais de fumée sur le paysage. Les oiseaux vont peut-être revenir !

Ils font la grimace, vaguement écœurés.

Mais ils ne peuvent pas vraiment comprendre. Ils ont saisi le sens des mots, probablement. Fumée : on sait ce que c'est, on croit savoir. Dans toutes les mémoires d'homme, il y a des cheminées qui fument. Rurales à l'occasion, domestiques : fumées des lieux-lares.

Cette fumée-ci, pourtant, ils ne savent pas. Et ils ne sauront jamais vraiment. Ni ceux-ci, ce jour-là. Ni tous les autres, depuis. Ils ne sauront jamais, ils ne peuvent pas imaginer, quelles que soient leurs bonnes intentions.

Fumée toujours présente, en panaches ou volutes, sur la cheminée trapue du crématoire de Buchenwald, aux abords de la baraque administrative du service du travail, l'*Arbeitsstatistik*, où j'avais travaillé cette dernière année.

Il me suffisait d'un peu pencher la tête, sans quitter mon poste de travail au fichier central, de regarder par l'une des fenêtres donnant sur la forêt. Le crématoire était là, massif, entouré d'une haute palissade, couronné de fumée.

Ou bien de flammes, la nuit.

Lorsque les escadrilles alliées s'avançaient vers le cœur de l'Allemagne, pour des bombardements nocturnes, le commandement SS demandait qu'on éteignît le four crématoire. Les flammes, en effet, dépassant de la cheminée, étaient un point de repère idéal pour les pilotes anglo-américains.

— *Krematorium, ausmachen* ! criait alors une voix brève, impatientée, dans le circuit des haut-parleurs.

— Crématoire, éteignez !

Nous dormions, la voix sourde de l'officier SS de service à la tour de contrôle nous réveillait. Ou plutôt : elle faisait d'abord partie de notre sommeil, elle résonnait dans nos rêves, avant de nous réveiller. À Buchenwald, lors des courtes nuits où nos corps et nos âmes s'acharnaient à reprendre vie — obscurément, avec une espérance tenace et charnelle que démentait la raison, sitôt le jour revenu —, ces deux mots, *Krematorium, ausmachen* ! qui éclataient longuement dans nos rêves, les remplissant d'échos, nous ramenaient aussitôt à la réalité de la mort. Nous arrachaient au rêve de la vie.

Plus tard, quand nous sommes revenus de cette absence, lorsqu'ils se faisaient entendre — pas forcément dans un rêve nocturne : une rêverie en plein jour, un moment de désarroi, même au milieu d'une conversation aimable, feraient tout aussi bien l'affaire —, plus tard, ces deux mots allemands — ce sont toujours ces deux mots, eux seulement, *Krematorium, ausmachen* ! qui se sont fait entendre —, plus tard, ils nous renverraient également à la réalité.

Ainsi, dans le sursaut du réveil, ou du retour à soi, il nous arrivait de soupçonner que la vie n'avait été qu'un rêve, parfois plaisant, depuis le retour de Buchenwald. Un rêve dont ces deux mots nous réveillaient soudain, nous plongeant dans une angoisse étrange par sa sérénité. Car ce n'était pas la réalité de la mort, soudain rappelée, qui était angoissante. C'était le rêve de la vie, même paisible, même rempli de petits bonheurs. C'était le fait d'être vivant, même en rêve, qui était angoissant.

«S'en aller par la cheminée, partir en fumée» étaient des locutions habituelles dans le sabir de Buchenwald. Dans le sabir de tous les camps, les témoignages n'en manquent pas. On les employait sur tous les modes, tous les tons, y compris celui du sarcasme. Surtout, même entre nous, du moins. Les SS et les contre-maîtres civils, les *Meister,* les employaient toujours sur le ton de la menace ou de la prédiction funeste.

Ils ne peuvent pas comprendre, pas vraiment, ces trois officiers. Il faudrait leur raconter la fumée : dense parfois, d'un noir de suie dans le ciel variable. Ou bien légère et grise, presque vaporeuse, voguant au gré des vents sur les vivants rassemblées, comme un présage, un au revoir.

Fumée pour un linceul aussi vaste que le ciel, dernière trace du passage, corps et âmes, des copains.

Il y faudrait des heures, des saisons entières, l'éternité du récit, pour à peu près en rendre compte.

Il y aura des survivants, certes. Moi, par exemple. Me voici survivant de service, opportunément apparu devant ces trois officiers d'une mission alliée pour leur raconter la fumée du crématoire, l'odeur de chair brûlée sur l'Ettersberg, les appels sous la neige, les corvées meurtrières, l'épuisement de la vie, l'espoir inépuisable, la sauvagerie de l'animal humain, la grandeur de l'homme, la nudité fraternelle et dévastée du regard des copains.

Mais peut-on raconter ? Le pourra-t-on ?

Le doute me vient dès ce premier instant.

Nous sommes le 12 avril 1945, le lendemain de la libération de Buchenwald. L'histoire est fraîche, en somme. Nul besoin d'un effort de mémoire particulier. Nul besoin non plus d'une documentation digne de foi, vérifiée. C'est encore au présent, la mort. Ça se passe sous nos yeux, il suffit de regarder. Ils continuent de mourir par centaines, les affamés du Petit Camp, les Juifs rescapés d'Auschwitz.

Il n'y a qu'à se laisser aller. La réalité est là, disponible. La parole aussi.

Pourtant, un doute me vient sur la possibilité de raconter. Non pas que l'expérience vécue soit indicible. Elle a été invivable, ce qui est tout autre chose, on le comprendra aisément. Autre chose qui ne concerne pas la forme d'un récit possible, mais sa substance. Non pas son articulation, mais sa densité. Ne parviendront à cette substance, à cette densité transparente que ceux qui sauront faire de leur témoignage un objet artistique, un espace de création. Ou de recréation. Seul l'artifice d'un récit maîtrisé parviendra à transmettre partiellement la vérité du témoignage. Mais ceci n'a rien d'exceptionnel : il en arrive ainsi de toutes les grandes expériences historiques.

On peut toujours tout dire, en somme. L'ineffable dont on nous rebattra les oreilles n'est qu'alibi. Ou signe de paresse. On peut toujours tout dire, le langage contient tout. On peut dire l'amour le plus fou, la plus terrible cruauté. On peut nommer le mal, son goût de pavot, ses bonheurs délétères. On peut dire Dieu et ce n'est pas peu dire. On peut dire la rose et la rosée, l'espace d'un matin. On peut dire la tendresse, l'océan tutélaire de la bonté. On peut dire l'avenir, les poètes s'y aventurent les yeux fermés, la bouche fertile.

On peut tout dire de cette expérience. Il suffit d'y penser. Et de s'y mettre. D'avoir le temps, sans doute, et le courage, d'un récit illimité, probablement interminable, illuminé — clôturé aussi, bien entendu — par cette possibilité de se poursuivre à l'infini. Quitte à tomber dans la répétition et le ressassement. Quitte à ne pas s'en sortir, à prolonger la mort, le cas échéant, à la faire revivre sans cesse dans les plis et les replis du récit, à n'être plus que le langage de cette mort, à vivre à ses dépens, mortellement.

Mais peut-on tout entendre, tout imaginer ? Le pourra-t-on ? En auront-ils la patience, la passion, la compassion, la rigueur nécessaires ? Le doute me vient, dès ce premier instant, cette première rencontre avec des hommes d'avant, du dehors — venus de la vie —, à voir le regard épouvanté, presque hostile, méfiant du moins, des trois officiers.

Ils sont silencieux, ils évitent de me regarder.

Je me suis vu dans leur œil horrifié pour la première fois depuis deux ans. Ils m'ont gâché cette première matinée, ces trois zigues. Je croyais m'en être sorti, vivant. Revenu dans la vie, du moins. Ce n'est pas évident. À deviner mon regard dans le miroir du leur, il ne semble pas que je sois au-delà de tant de mort.

Une idée m'est venue, soudain — si l'on peut appeler idée cette bouffée de chaleur, tonique, cet afflux de sang, cet orgueil d'un savoir du corps, pertinent —, la sensation, en tout cas, soudaine, très forte, de ne pas avoir échappé à la mort, mais de l'avoir traversée. D'avoir été, plutôt, traversé par elle. De l'avoir vécue, en quelque sorte. D'en être revenu comme on revient d'un voyage qui vous a transformé : transfiguré, peut-être.

J'ai compris soudain qu'ils avaient raison de s'effrayer, ces militaires, d'éviter mon regard. Car je n'avais pas vraiment survécu à la mort, je ne l'avais pas évitée. Je n'y avais pas échappé. Je l'avais parcourue, plutôt, d'un bout à l'autre. J'en avais parcouru les chemins, m'y étais perdu et retrouvé, contrée immense où ruisselle l'absence. J'étais un revenant, en somme.

Cela fait toujours peur, les revenants.

Soudain, ça m'avait intrigué, excité même, que la mort ne fût plus à l'horizon, droit devant, comme le butoir imprévisible du destin, m'aspirant vers son indescriptible certitude. Qu'elle fût déjà dans mon passé, usée jusqu'à la corde, vécue jusqu'à la lie, son souffle chaque jour plus faible, plus éloigné de moi, sur ma nuque.

C'était excitant d'imaginer que le fait de vieillir, dorénavant, à compter de ce jour d'avril fabuleux, n'allait pas me rapprocher de la mort, mais bien au contraire m'en éloigner.

Peut-être n'avais-je pas tout bêtement survécu à la mort mais en étais-je ressuscité : peut-être étais-je immortel, désormais. En sursis illimité, du moins, comme si j'avais nagé dans le fleuve Styx jusqu'à l'autre rivage.

Ce sentiment ne s'est pas évanoui dans les rites et les routines du retour à la vie, lors de l'été de ce retour. Je n'étais pas seulement sûr d'être vivant, j'étais convaincu d'être immortel. Hors d'atteinte, en tout cas. Tout m'était arrivé, rien ne pouvait plus me survenir. Rien d'autre que la vie, pour y mordre à pleines dents. C'est avec cette assurance que j'ai traversé, plus tard, dix ans de clandestinité en Espagne.

Tous les matins, à cette époque-là, avant de plonger dans l'aventure quotidienne des réunions, des rendez-vous établis parfois des semaines à l'avance, dont la police franquiste pouvait avoir eu connaissance par quelque imprudence ou mouchardage, je me préparais à une arrestation possible. À une torture certaine. Tous les matins, cependant, je haussais les épaules, après cet exercice spirituel : il ne pouvait rien m'arriver. J'avais déjà payé le prix, dépensé la part mortelle que je portais en moi. J'étais invulnérable, provisoirement immortel.

Je dirai à son heure, lorsque le désordre concerté de ce récit le permettra — l'exigera, plutôt —, quand, pourquoi et comment la mort a cessé d'être au passé, dans mon passé de plus en plus lointain. Quand et pourquoi, à l'occasion de quel événement, elle a de nouveau surgi dans mon avenir, inévitable et sournoise.

Mais la certitude d'avoir traversé la mort s'évanouissait parfois, montrait son revers néfaste. Cette traversée devenait alors la seule réalité pensable, la seule expérience vraie. Tout le reste n'avait été qu'un rêve, depuis. Une péripétie futile, dans le meilleur des cas, même quand elle était plaisante. Malgré les gestes quotidiens, leur efficacité instrumentale, malgré le témoignage de mes sens, qui me permettaient de m'orienter dans le labyrinthe des perspectives, la multitude des ustensiles et des figures d'autrui, j'avais alors l'impression accablante et précise de ne vivre qu'en rêve. D'être un rêve moi-même. Avant de mourir à Buchenwald, avant de partir en fumée sur la colline de l'Ettersberg, j'aurais fait ce rêve d'une vie future où je m'incarnerais trompeusement.

Mais je n'en suis pas encore là.

Je suis encore dans la lumière du regard sur moi, horrifié, des trois officiers en uniforme britannique.

Depuis bientôt deux ans, je vivais entouré de regards fraternels. Quand regard il y avait : la plupart des déportés en étaient démunis. Éteint, leur regard, obnubilé, aveuglé par la lumière crue de la mort. La plupart d'entre eux ne vivaient plus que sur la lancée : lumière affaiblie d'une étoile morte, leur œil.

Ils passaient, marchant d'une allure d'automates, retenue, mesurant leur élan, comptant leurs pas, sauf aux moments de la journée où il fallait justement le marquer, le pas, martial, lors de la parade devant les SS, matin et soir, sur la place d'appel, au départ et au retour des kommandos de travail. Ils marchaient les yeux mi-clos, se protégeant ainsi des fulgurances brutales du monde, abritant des courants d'air glacial la petite flamme vacillante de leur vitalité.

Mais il était fraternel, le regard qui aurait survécu. D'être nourri de tant de mort, probablement. Nourri d'un si riche partage.

J'arrivais au block 56, le dimanche, dans le Petit Camp. Doublement close, cette partie de l'enceinte intérieure, réservée à la période de quarantaine des nouveaux arrivés. Réservée aux invalides — le block 56 en particulier — et à tous les déportés qui n'avaient pas encore été intégrés dans le système productif de Buchenwald.

J'y arrivais le dimanche après-midi, tous les après-midi de dimanche de ce printemps-là, en 1944, après l'appel de midi, après la soupe aux nouilles des dimanches. Je disais bonjour à Nicolaï, mon copain russe, le jeune barbare. Je bavardais un peu avec lui. Il valait mieux l'avoir à la bonne. Qu'il m'eût à la bonne, plutôt. Il était chef du *Stubendienst*, le service d'intendance du block 56. Il était aussi l'un des caïds des bandes d'adolescents russes, sauvages, qui contrôlaient les trafics et les partages de pouvoir dans le Petit Camp.

Il m'avait à la bonne, Nicolaï. Il m'accompagnait jusqu'au châlit où croupissaient Halbwachs et Maspero.

De semaine en semaine, j'avais vu se lever, s'épanouir dans leurs yeux l'aurore noire de la mort. Nous partagions cela, cette certitude, comme un morceau de pain. Nous partagions cette mort qui s'avançait, obscurcissant leurs yeux, comme un morceau de pain : signe de fraternité. Comme on partage la vie qui vous reste. La mort, un morceau de pain, une sorte de fraternité. Elle nous concernait tous, était la substance de nos rapports. Nous n'étions rien d'autre, rien de plus — rien de moins, non plus — que cette mort qui s'avançait. Seule différence entre nous, le temps qui nous en séparait, la distance à parcourir encore.

Je posais une main que je voulais légère sur l'épaule pointue de Maurice Halbwachs. Os quasiment friable, à la limite de la brisure. Je lui parlais de ses cours en Sorbonne, autrefois. Ailleurs, dehors, dans une autre vie : la vie. Je lui parlais de son cours sur le *potlatch*. Il souriait, mourant, son regard sur moi, fraternel. Je lui parlais de ses livres, longuement.

Les premiers dimanches, Maurice Halbwachs s'exprimait encore. Il s'inquiétait de la marche des événements, des nouvelles de la guerre. Il me demandait — ultime souci pédagogique du professeur dont j'avais été l'étudiant à la Sorbonne — si j'avais déjà choisi une voie, trouvé ma vocation. Je lui répondais que l'histoire m'intéressait. Il hochait la tête, pourquoi pas ? Peut-être est-ce pour cette raison que Halbwachs m'a alors parlé de Marc Bloch, de leur rencontre à l'université de Strasbourg, après la Première Guerre mondiale.

Mais il n'a bientôt plus eu la force de prononcer le moindre mot. Il ne pouvait plus que m'écouter, et seulement au prix d'un effort surhumain. Ce qui est par ailleurs le propre de l'homme.

Il m'écoutait lui parler du printemps finissant, lui donner de bonnes nouvelles des opérations militaires, lui rappeler des pages de ses livres, des leçons de son enseignement.

Il souriait, mourant, son regard sur moi, fraternel.

Le dernier dimanche, Maurice Halbwachs n'avait même plus la force d'écouter. À peine celle d'ouvrir les yeux.

Nicolaï m'avait accompagné jusqu'au châlit où Halbwachs croupissait, aux côtés d'Henri Maspero.

— Ton monsieur professeur s'en va par la cheminée aujourd'hui même, a-t-il murmuré.

Ce jour-là, Nicolaï était d'humeur particulièrement joviale. Il m'avait intercepté, hilare, dès que j'avais franchi le seuil du block 56 pour plonger dans la puanteur irrespirable de la baraque.

J'avais compris que ça marchait pour lui. Il avait dû réussir un gros coup.

— T'as vu ma casquette ? m'avait dit Nicolaï.

Il se découvrait, me tendait sa casquette. Je ne pouvais pas ne pas la voir. Une casquette d'officier de l'armée soviétique, voilà ce que c'était.

Nicolaï effleurait du doigt, d'un geste caressant, le liseré bleu de sa belle casquette d'officier.

— T'as vu ? insistait-il.

J'avais vu, et après ?

— Une casquette du NKVD ! s'exclamait-il, triomphant. Une vraie ! Je l'ai organisée aujourd'hui même !

J'avais hoché la tête, je ne saisissais pas bien.

Je savais ce que voulait dire «organiser», dans le sabir des camps. C'était l'équivalent de voler, ou d'obtenir quelque chose par une combine quelconque, troc ou extorsion, au marché parallèle. Je savais aussi ce qu'était le NKVD, bien sûr. D'abord, ça s'était appelé la Tchéka, ensuite le Guépéou, maintenant le NKVD, le commissariat du peuple aux Affaires intérieures. À peu près à cette époque, d'ailleurs, les commissariats du peuple avaient disparu, ils étaient devenus des ministères, tout bêtement.

Je savais que le NKVD c'était la police, en somme, mais je ne saisissais pas l'importance que Nicolaï accordait, visiblement, au port d'une casquette de policier.

Mais il allait immédiatement me fournir une explication.

— Comme ça, s'écria-t-il, on voit aussitôt que je suis un maître !

Je l'avais regardé, il avait remis sa casquette. Il avait fière allure, martiale, sans doute. On voyait que c'était un maître.

Nicolaï avait dit *Meister*. Le jeune Russe parlait couramment, avec volubilité même, un allemand assez primaire, mais expressif. Si un mot venait à lui manquer, il l'improvisait, le fabriquait à partir des préfixes et des formes verbales germaniques qu'il connaissait. Depuis que je le fréquentais, à l'occasion de mes visites dominicales à Maurice Halbwachs, nous nous étions entendus en allemand.

Mais le mot *Meister* me faisait froid dans le dos. On appelait ainsi les petits chefs, contremaîtres civils allemands, parfois plus durs que les SS eux-mêmes, plus durs que les types de la Wehrmacht en tout cas, qui régnaient à coups de gueule et de trique dans les usines de Buchenwald sur le travail harassé des déportés. *Meister :* maîtres d'œuvre, maîtres de main-d'œuvre esclave.

J'avais dit à Nicolaï que le mot *Meister* ne me ravissait pas.

Il avait ri d'un rire sauvage, en proférant un juron russe où il était question d'aller baiser ma mère. Suggestion fréquente dans les jurons russes, il faut dire. Ensuite, il m'avait tapé sur l'épaule, condescendant.

— Tu préfères que je dise *Führer* au lieu de *Meister*, par exemple ? Tous les mots allemands pour dire «chef» sont sinistres !

Cette fois, il avait dit kapo pour dire «chef». Tous les mots allemands pour dire kapo, avait-il dit.

Il riait encore.

— Et en russe ? Tu crois que les mots russes pour dire kapo sont drôles ?

Je hochais la tête, je ne savais pas le russe.

Mais il s'arrêtait de rire, brusquement. Un voile d'étrange inquiétude obscurcissait ses yeux, aussitôt disparu.

Il me posait de nouveau une main sur l'épaule.

La première fois que j'avais vu Nicolaï, il avait été moins familier. Il ne portait pas encore la casquette à liseré bleu du NKVD, mais il avait déjà l'air d'un petit chef.

Il avait bondi vers moi.

— Tu cherches quoi, ici ?

Il était campé au milieu du couloir du block 56, entre les hautes rangées de châlits, interdisant l'entrée de son territoire. Je voyais briller dans la pénombre le cuir bien astiqué de ses bottes de cheval. Car il ne portait pas encore la casquette des troupes spéciales du commissariat du peuple aux Affaires intérieures, mais déjà des bottes et un pantalon de cheval, avec une vareuse militaire d'une coupe soignée.

Le parfait petit chef, en somme.

Il fallait le moucher aussitôt, sinon je ne m'en tirerais pas. Deux mois de camp m'avaient appris cela.

— Et toi ? lui ai-je dit. Tu cherches la bagarre ? Tu sais au moins d'où je viens ?

Il avait eu un instant d'hésitation. Avait regardé ma tenue attentivement. Je portais un caban bleu, quasiment neuf. Des pantalons de lainage gris et des bottes de cuir en parfait état. De quoi le faire hésiter, bien sûr. Réfléchir, du moins.

Mais son regard revenait sans cesse au matricule cousu sur ma poitrine et à la lettre *S* qui le surmontait, dans un triangle d'étoffe rouge.

Cette indication de ma nationalité — *S* pour *Spanier*, Espagnol — ne semblait pas l'impressionner, bien au contraire. Avait-on déjà vu un Espagnol faire partie des privilégiés de Buchenwald ? Des cercles du pouvoir au camp ? Non, ça le faisait sourire, finalement, ce *S* sur ma poitrine.

— La bagarre, avec toi ? a-t-il dit d'un air suffisant.

Alors, en aboyant les mots, je l'ai traité d'*Arschloch*, de trou du cul, et je lui ai ordonné d'aller me chercher son chef de block. Je travaillais à l'*Arbeitsstatistik*, lui ai-je dit. Voulait-il se retrouver sur une liste de transport ?

Je me voyais lui parler ainsi, je m'entendais lui crier tout cela et je me trouvais assez ridicule. Assez infect, même, de le menacer d'un départ en transport. Mais c'était la règle du jeu et ce n'est pas moi qui avais instauré cette règle de Buchenwald.

En tout cas, l'allusion à l'*Arbeitsstatistik* a fait miracle. C'était le bureau du camp où l'on distribuait la main-d'œuvre aux différents kommandos de travail. Où l'on organisait aussi les transports pour les camps extérieurs, généralement plus durs que Buchenwald même. Nicolaï a deviné que je ne bluffais pas, que j'y travaillais vraiment. Il s'est aussitôt radouci.

Depuis ce premier jour, il m'avait à la bonne.

Il m'a posé une main sur l'épaule, donc.

— Crois-moi, disait-il d'une voix brève et brutale. Il vaut mieux porter la casquette du NKVD si l'on veut avoir l'air d'un kapo russe !

Je ne saisissais pas entièrement ce qu'il voulait dire. Ce que j'en saisissais était plutôt déconcertant. Mais je ne lui ai pas posé de questions. Il n'en dirait pas plus, d'ailleurs, c'était clair. Il avait tourné les talons et m'accompagnait jusqu'au châlit de Maurice Halbwachs.

— *Dein Herr Professor,* avait-il chuchoté, *kommt heute noch durch's Kamin !*

J'avais pris la main de Halbwachs qui n'avait pas eu la force d'ouvrir les yeux. J'avais senti seulement une réponse de ses doigts, une pression légère : message presque imperceptible.

Le professeur Maurice Halbwachs était parvenu à la limite des résistances humaines. Il se vidait lentement de sa substance, arrivé au stade ultime de la dysenterie qui l'emportait dans la puanteur.

Un peu plus tard, alors que je lui racontais n'importe quoi, simplement pour qu'il entende le son d'une voix amie, il a soudain ouvert les yeux. La détresse immonde, la honte de son corps en déliquescence y étaient lisibles. Mais aussi une flamme de dignité, d'humanité vaincue mais inentamée. La lueur immortelle d'un regard qui constate l'approche de la mort, qui sait à quoi s'en tenir, qui en a fait le tour, qui en mesure face à face les risques et les enjeux, librement : souverainement.

Alors, dans une panique soudaine, ignorant si je puis invoquer quelque Dieu pour accompagner Maurice Halbwachs, conscient de la nécessité d'une prière, pourtant, la gorge serrée, je dis à haute voix, essayant de maîtriser celle-ci, de la timbrer comme il faut, quelques vers de Baudelaire. C'est la seule chose qui me vienne à l'esprit.

Ô mort, vieux capitaine, il est temps, levons l'ancre...

Le regard de Halbwachs devient moins flou, semble s'étonner.

Je continue de réciter. Quand j'en arrive à

... nos cœurs que tu connais sont remplis de rayons,

un mince frémissement s'esquisse sur les lèvres de Maurice Halbwachs.

Il sourit, mourant, son regard sur moi, fraternel.

Il y avait aussi les SS, sans doute.

Mais on ne pouvait pas aisément capter leur regard. Ils étaient loin : massifs, au-dessus, au-delà. Nos regards ne pouvaient pas se croiser. Ils passaient, affairés, arrogants, se détachant sur le ciel pâle de Buchenwald où flottait la fumée du crématoire.

Parfois, cependant, j'étais parvenu à regarder dans les yeux l'*Obersturmführer* Schwartz.

Il fallait se mettre au garde-à-vous, se découvrir, claquer des talons soigneuse-ment, de façon claire et distincte, annoncer d'une voix forte — hurler, plutôt — son matricule. L'œil dans le vague, ça valait mieux. L'œil fixé sur le ciel où flotterait la fumée du crématoire, ça valait mieux. Ensuite, avec un peu d'audace et de ruse, on pouvait tenter de le regarder en face. L'œil de Schwartz, alors, pour bref que fût l'instant où je parvenais à capter son regard, n'exprimait que la haine.

Obtuse, il est vrai, travaillée par un désarroi perceptible. Comme celui de Nicolaï dans d'autres circonstances, mais pour des motifs comparables, l'œil de Schwartz restait fixé sur le *S* de mon identification nationale. Lui aussi devait se demander comment un rouge espagnol était parvenu aux sommets de la hiérarchie de l'administration interne de Buchenwald.

Mais elle était rassurante, elle faisait chaud au cœur, la haine de l'*Obersturm-führer* Schwartz, pour désorienté que se montrât le regard qui en était chargé. C'était une raison de vivre, d'essayer de survivre, même.

Ainsi, paradoxalement, du moins à première et courte vue, le regard des miens, quand il leur en restait, pour fraternel qu'il fût — parce qu'il l'était, plutôt —, me renvoyait à la mort. Celle-ci était substance de notre fraternité, clé de notre destin, signe d'appartenance à la communauté des vivants. Nous vivions ensemble cette expérience de la mort, cette compassion. Notre être était défini par cela : être avec l'autre dans la mort qui s'avançait. Plutôt, qui mûrissait en nous, qui nous gagnait comme un mal lumineux, comme une lumière aiguë qui nous dévorerait. Nous tous qui allions mourir avions choisi la fraternité de cette mort par goût de la liberté.

Voilà ce que m'apprenait le regard de Maurice Halbwachs, agonisant.

Le regard du SS, en revanche, chargé de haine inquiète, mortifère, me renvoyait à la vie. Au fou désir de durer, de survivre : de lui survivre. À la volonté farouche d'y parvenir.

Mais aujourd'hui, en cette journée d'avril, après l'hiver sur l'Europe, après la pluie de fer et de feu, à quoi me renvoie-t-il, le regard horrifié, affolé, des trois officiers en uniforme britannique ?

À quelle horreur, à quelle folie ?

2

LE KADDISH

Une voix, soudain, derrière nous.

Une voix ? Plainte inhumaine, plutôt. Gémissement inarticulé de bête blessée. Mélopée funèbre, glaçant le sang.

Nous nous étions figés sur le seuil de la baraque, au moment de ressortir à l'air libre. Immobiles, Albert et moi, pétrifiés, à la frontière de la pénombre puante de l'intérieur et du soleil d'avril, dehors. Un ciel bleu, à peine pommelé, face à nous. La masse à prédominance verte de la forêt, alentour, au-delà des baraques et des tentes du Petit Camp. Les monts de Thuringe, au loin. Le paysage, en somme, éternel, qu'avaient dû contempler Goethe et Eckermann lors de leurs promenades sur l'Ettersberg.

C'était une voix humaine, cependant. Un chantonnement guttural, irréel.

Nous restions immobiles, Albert et moi, saisis.

Albert était un Juif hongrois, inusable et trapu, toujours d'humeur joviale. Positive, du moins. Je l'accompagnais, ce jour-là, pour une dernière tournée d'inspection. Depuis deux jours, nous regroupions les survivants juifs rescapés d'Auschwitz, des camps de Pologne. Enfants et adolescents, en particulier, étaient rassemblés dans un bâtiment du quartier SS.

Albert était le responsable de cette opération de sauvetage.

Nous nous étions retournés vers la pénombre innommable, le sang glacé. D'où surgissait cette voix inhumaine ? Car il n'y avait pas de survivants, nous venions de le constater. Nous venions de parcourir dans toute sa longueur le couloir central de la baraque. Les visages étaient tournés vers nous, qui marchions dans ce couloir. Les corps décharnés, couverts de haillons, s'allongeaient sur les trois niveaux superposés du châlit. Ils s'imbriquaient les uns dans les autres, parfois figés dans une immobilité terrifiante. Les regards étaient tournés vers nous, vers le couloir central, souvent au prix d'une violente torsion du cou. Des dizaines d'yeux exorbités nous avaient regardés passer.

Regardés sans nous voir.

Il n'y avait plus de survivants, dans cette baraque du Petit Camp. Les yeux grands ouverts, écarquillés sur l'horreur du monde, les regards dilatés, impénétrables, accusateurs, étaient des yeux éteints, des regards morts.

Nous étions passés, Albert et moi, gorge serrée, marchant le plus légèrement possible dans le silence gluant. La mort faisait la roue, déployant le feu d'artifice glacial de tous ces yeux ouverts sur l'envers du monde, sur le paysage infernal.

Parfois, Albert s'était penché — je n'en avais pas eu moi-même le courage — vers les corps amoncelés, entremêlés sur les planches des châlits. Les corps bougeaient tout d'une pièce, comme des souches. Albert écartait ce bois mort d'une main ferme. Il inspectait les interstices, les cavités formées entre les cadavres, dans l'espoir de retrouver encore quelqu'un de vivant.

Mais il ne semblait pas y avoir de survivant, en ce jour dont il est question, le 14 avril 1945. Tous les déportés encore valides avaient dû fuir la baraque dès l'annonce de la libération du camp.

Je peux être sûr de cette date du 14 avril, la dire avec assurance. Pourtant, la période de ma vie qui s'étend entre la libération de Buchenwald et mon retour à Paris est confuse, envahie par des brumes d'oubli. D'imprécision, en tout cas.

J'ai souvent fait le compte des jours, le compte des nuits. J'arrive toujours à un résultat déconcertant. Entre la libération de Buchenwald et mon retour à Paris, il s'est passé dix-huit jours, assurément. Il ne m'en reste dans le souvenir, cependant, que de très rares images. Brillantes, sans doute, éclairées d'une lumière crue, mais entourées d'un halo épais d'ombre brumeuse. De quoi remplir quelques courtes heures d'une vie, pas davantage.

La date du début de cette période est facile à établir. Elle est dans les livres d'histoire : 11 avril 1945, jour de la libération de Buchenwald. Celle de mon arrivée à Paris est possible à calculer, mais je vous ferai grâce des repères employés. C'est l'avant-veille du Premier Mai : le 29 avril, donc. Dans l'après-midi, pour être tout à fait précis. C'est dans l'après-midi du 29 avril que je suis arrivé à Paris, rue de Vaugirard, avec un convoi de la mission de rapatriement de l'abbé Rodhain.

Je donne tous ces détails, probablement superflus, saugrenus même, pour bien montrer que ma mémoire est bonne, que ce n'est pas par défaillance de mémoire que j'ai quasiment oublié les deux longues semaines d'existence d'avant mon retour à la vie, à ce qu'on appelle la vie.

Le fait est là, néanmoins : je ne conserve de cette période que des souvenirs épars, décousus, de quoi remplir à peine quelques heures de ces deux longues semaines. Souvenirs qui brillent d'une lueur crue, certes, mais qui sont cernés par la grisaille du non-être. De là à peine repérable, du moins.

Nous étions le 14 avril 1945.

Le matin, j'avais pensé que c'était une date marquante de mon enfance : la République a été proclamée en Espagne, ce jour-là, en 1931. La foule des faubourgs déferlait vers le centre de Madrid, surmontée d'une forêt ondoyante de drapeaux. «Nous avons changé de régime sans briser une seule vitre !» s'exclamaient, radieux, quelque peu surpris aussi, les chefs des partis républicains. L'Histoire s'est rattrapée, cinq ans plus tard, par une longue et sanglante guerre civile.

Mais il n'y avait pas de survivants, le 14 avril 1945, dans cette baraque du Petit Camp de Buchenwald.

Il n'y avait que des regards morts, grands ouverts sur l'horreur du monde. Les cadavres, contorsionnés comme les figures du Greco, semblaient avoir ramassé leurs dernières forces pour ramper sur les planches du châlit jusqu'au plus près du couloir central de la baraque, par où aurait pu surgir un ultime secours. Les regards morts, glacés par l'angoisse de l'attente, avaient sans doute guetté jusqu'à la fin quelque arrivée subite et salvatrice. Le désespoir qui y était lisible était à la mesure de cette attente, de cette ultime violence de l'espérance.

Je comprenais soudain l'étonnement méfiant, horrifié, des trois officiers alliés, l'avant-veille. Si mon regard, en effet, reflétait ne fût-ce qu'un centième de l'horreur perceptible dans les yeux morts qui nous avaient contemplés, Albert et moi, il était compréhensible que les trois officiers en uniforme britannique en aient été horrifiés.

— Tu entends ? a dit Albert dans un murmure.

Ce n'était pas une question, à vrai dire. Je ne pouvais pas ne pas entendre. J'entendais cette voix inhumaine, ce sanglot chantonné, ce râle étrangement rythmé, cette rhapsodie de l'au-delà.

Je me suis tourné vers l'extérieur : l'air tiède d'avril, le ciel bleu. J'ai aspiré une goulée de printemps.

— C'est quoi ? a demandé Albert, d'une voix blanche et basse.

— La mort, lui ai-je dit. Qui d'autre ?

Albert a eu un geste d'agacement.

C'était la mort qui chantonnait, sans doute, quelque part au milieu de l'amoncellement de cadavres. La vie de la mort, en somme, qui se faisait entendre. L'agonie de la mort, sa présence rayonnante et funèbrement loquace. Mais à quoi bon insister sur cette évidence ? Le geste d'Albert semblait dire cela. À quoi bon, en effet ?

Je me suis tu.

Le four crématoire ne fonctionnait plus depuis trois jours. Lorsque le comité international du camp et l'administration militaire américaine ont remis en marche les services essentiels de Buchenwald, afin de nourrir, soigner, habiller, regrouper les quelques dizaines de milliers de rescapés, personne n'avait pensé à faire fonctionner de nouveau le crématoire. C'était impensable, en effet. La fumée du crématoire devait disparaître à jamais : pas question qu'on la voie encore flotter sur le paysage. Mais si l'on ne partait plus en fumée, la mort n'avait pas cessé pour autant d'être à l'œuvre. La fin du crématoire n'était pas la fin de la mort. Celle-ci, simplement, avait cessé de nous survoler, épaisse ou légère, selon les cas. Elle n'était plus de la fumée, parfois presque immatérielle, cendre grise quasiment impalpable sur le paysage. La mort redevenait charnelle, elle s'incarnait de nouveau dans les dizaines de corps décharnés, tourmentés, qui constituaient encore sa moisson quotidienne.

Pour éviter les risques d'épidémie, les autorités militaires américaines avaient décidé de procéder au rassemblement des cadavres, à leur identification et à leur sépulture dans des fosses communes. C'est précisément en vue de cette opération que nous faisions Albert et moi, ce jour-là, une dernière tournée d'inspection dans le Petit Camp, avec l'espoir de trouver encore quelque survivant, trop faible pour s'être, de lui-même, joint à la vie collective reprise depuis la libération de Buchenwald.

Albert est devenu livide. Il a tendu l'oreille, m'a serré le bras à me faire mal, frénétique soudain.

— Yiddish ! s'est-il exclamé. Elle parle yiddish !

Ainsi, la mort parlait yiddish.

Albert était mieux placé que moi pour l'entendre, le déduire, plutôt, des sonorités gutturales, pour moi dépourvues de sens, de cette mélopée fantôme.

Somme toute, ça n'avait rien de surprenant que la mort parlât yiddish. Voilà une langue qu'elle avait bien été forcée d'apprendre, ces dernières années. Si tant est qu'elle ne l'eût pas toujours sue.

Mais Albert m'a pris par le bras, qu'il serre très fort. Il m'entraîne de nouveau dans la baraque.

Nous faisons quelques pas dans le couloir central, nous nous arrêtons. Nous tendons l'oreille, essayant de repérer l'endroit d'où provient la voix.

La respiration d'Albert est haletante.

— C'est la prière des morts, murmure-t-il.

Je hausse les épaules. Bien sûr que c'est un chant funèbre. Personne ne s'attend à ce que la mort nous serine des chansons drôles. Ni non plus des paroles d'amour.

Nous nous laissons guider par cette prière des morts. Parfois, nous sommes obligés d'attendre, immobiles, retenant notre souffle. La mort s'est tue, plus moyen de s'orienter vers la source de cette mélopée. Mais ça reprend toujours : inusable, la voix de la mort, immortelle.

Soudain, en tournant à tâtons dans une courte allée latérale, il me semble que nous touchons au but. La voix, déchirée, rauque, murmurée, est toute proche désormais.

Albert fonce vers le châlit d'où s'élève le râle chantonné.

Deux minutes plus tard, nous avons extrait d'un amoncellement de cadavres l'agonisant, par la bouche de qui la mort nous récite sa chanson. Sa prière, plutôt. Nous le transportons jusqu'au porche de la baraque, au soleil d'avril. Nous l'étendons sur un tas de haillons qu'Albert a rassemblés. L'homme garde les yeux fermés, mais il n'a pas cessé de chanter, d'une voix rauque, à peine perceptible.

Je n'ai jamais vu de figure humaine qui ressemble autant à celle du Crucifié. Non pas à celle d'un christ roman, sévère mais sereine, mais à la figure tourmentée des christs gothiques espagnols. Certes, le Christ en croix ne chantonne habituellement pas la prière des morts juive. C'est un détail : rien ne s'opposerait, je présume, d'un point de vue théologique, à ce que le Christ chante le kaddish.

— Attends-moi là, dit Albert, péremptoire. Je fonce au *Revier* prendre un brancard !

Il fait quelques pas, revient vers moi.

— Tu t'en occupes, hein ?

Je trouve cela tellement idiot, tellement déplacé même, que je réagis avec violence.

— Je lui fais quoi, à ton avis ? La causette ? Je lui chante une chanson, moi aussi ? *La Paloma,* peut-être ?

Mais Albert ne se laisse pas démonter.

— Tu restes près de lui, c'est tout !

Et il court vers l'infirmerie du camp.

Je me retourne vers le gisant. Les yeux fermés, il continue de chantonner. Mais sa voix s'épuise, me semble-t-il.

Cette histoire de *Paloma* m'est venue comme ça, à brûle-pourpoint. Mais elle me rappelle quelque chose dont je ne me souviens pas. Me rappelle que je devrais me souvenir de quelque chose, du moins. Que je pourrais m'en souvenir, en cherchant un peu. *La Paloma* ? Le début de la chanson me revient en mémoire. Pour étrange que cela paraisse, c'est en allemand que ce début me revient.

Kommt eine weisse Taube zu Dir geflogen...

Je dis entre mes dents le début de *La Paloma* en allemand. Je sais désormais de quelle histoire je pourrais me souvenir.

Je m'en souviens vraiment, tant qu'à faire, délibérément.

L'Allemand était jeune, il était grand, il était blond. Il était tout à fait conforme à l'idée de l'Allemand : un Allemand idéal, en somme. C'était un an et demi auparavant, en 1943. C'était en automne, du côté de Semur-en-Auxois. À un coude de la rivière, il y avait une sorte de barrage naturel qui retenait l'eau. La surface en était à cet endroit quasiment immobile : miroir liquide sous le soleil de l'automne. L'ombre des arbres bougeait sur ce miroir d'étain translucide.

L'Allemand était apparu sur la crête du rivage, à motocyclette. Le moteur de son engin ronronnait doucement. Il s'était engagé sur le sentier qui descendait vers le plan d'eau.

Nous l'attendions, Julien et moi.

C'est-à-dire, nous n'attendions pas cet Allemand-là précisément. Ce gamin blond aux yeux bleus. (Attention : je fabule. Je n'ai pas pu voir la couleur de ses yeux à ce moment-là. Plus tard seulement, lorsqu'il fut mort. Mais il m'avait tout l'air d'avoir des yeux bleus.) Nous attendions un Allemand, des Allemands. N'importe lesquels. Nous savions que les soldats de la Wehrmacht avaient pris l'habitude de venir en groupe, vers la fin de l'après-midi, se rafraîchir à cet endroit. Nous étions venus, Julien et moi, étudier le terrain, voir s'il serait possible de monter une embuscade avec l'aide des maquis des environs.

Mais cet Allemand semblait être seul. Aucune autre motocyclette, aucun autre véhicule n'était apparu à sa suite sur le chemin de crête. Il faut dire que ce n'était pas non plus l'heure habituelle. C'était vers le milieu de la matinée.

Il a roulé jusqu'au bord de l'eau, est descendu de son engin, qu'il a calé sur son trépied. Debout, respirant la douceur de la France profonde, il a défait le col de sa vareuse. Il était détendu, visiblement. Mais il était resté sur ses gardes : sa mitraillette lui barrait la poitrine, suspendue à la bretelle qu'il avait passée autour du cou.

Julien et moi nous nous sommes regardés. La même idée nous était venue.

L'Allemand était seul, nous avions nos Smith & Wesson. La distance qui nous séparait de l'Allemand était bonne, il était tout à fait à portée de nos armes. Il y avait une moto à récupérer, une mitraillette.

Nous étions à l'abri, à l'affût : c'était une cible parfaite. La même idée nous était donc venue, à Julien et à moi.

Mais soudain, le jeune soldat allemand a levé les yeux au ciel et il a commencé à chanter.

Kommt eine weisse Taube zu Dir geflogen...

Ça m'a fait sursauter, j'ai failli faire du bruit, en cognant le canon du Smith & Wesson contre le rocher qui nous abritait. Julien m'a foudroyé du regard.

Peut-être cette chanson ne lui rappelait rien. Peut-être ne savait-il même pas que c'était *La Paloma*. Même s'il le savait, peut-être que *La Paloma* ne lui rappelait rien. L'enfance, les bonnes qui chantent à l'office, les musiques des kiosques à musique, dans les squares ombragés des villégiatures, *La Paloma* ! Comment n'aurais-je pas sursauté en entendant cette chanson ?

L'Allemand continuait de chanter, d'une belle voix blonde.

Ma main s'était mise à trembler. Il m'était devenu impossible de tirer sur ce jeune soldat qui chantait *La Paloma*. Comme si le fait de chanter cette mélodie de mon enfance, cette rengaine pleine de nostalgie, le rendait subitement innocent. Non pas personnellement innocent, il l'était peut-être, de toute façon, même s'il n'avait jamais chanté *La Paloma*. Peut-être n'avait-il rien à se reprocher, ce jeune soldat, rien d'autre que d'être né allemand à l'époque d'Adolf Hitler. Comme s'il était soudain devenu innocent d'une tout autre façon. Innocent non seulement d'être né allemand, sous Hitler, de faire partie d'une armée d'occupation, d'incarner involontairement la force brutale du fascisme. Devenu essentiellement innocent, donc, dans la plénitude de son existence, parce qu'il chantait *La Paloma*. C'était absurde, je le savais bien. Mais j'étais incapable de tirer sur ce jeune Allemand qui chantait *La Paloma* à visage découvert, dans la candeur d'une matinée d'automne, au tréfonds de la douceur profonde d'un paysage de France.

J'ai baissé le long canon du Smith & Wesson, peint en rouge vif au minium antirouille.

Julien m'a vu faire, il a replié le bras, lui aussi.

Il m'observe d'un air inquiet, se demandant sans doute ce qui m'arrive.

Il m'arrive *La Paloma*, c'est tout : l'enfance espagnole en plein visage.

Mais le jeune soldat a tourné le dos, il revient à petits pas vers sa moto, immobilisée sur sa béquille.

Alors, j'empoigne mon arme à deux mains. Je vise le dos de l'Allemand, j'appuie sur la gâchette du Smith & Wesson. J'entends à mon côté les détonations du revolver de Julien, qui a tiré plusieurs fois, lui aussi.

Le soldat allemand fait un saut en avant, comme s'il avait été brutalement poussé dans le dos. Mais c'est qu'il a effectivement été poussé dans le dos, par l'impact brutal des projectiles.

Il tombe de tout son long.

Je m'effondre, le visage dans l'herbe fraîche, je tape du poing rageusement sur le rocher plat qui nous protégeait.

— Merde, merde, merde !

Je crie de plus en plus fort, Julien s'affole.

Il me secoue, hurle que ce n'est pas le moment de piquer une crise de nerfs : il faut filer. Prendre la moto, la mitraillette de l'Allemand, et filer.

Il a raison, il n'y a rien d'autre à faire.

On se lève, on traverse en courant la rivière, sur des rochers qui forment une sorte de barrage naturel. Julien prend la mitraillette du mort, après avoir retourné son corps. Et c'est vrai qu'il a des yeux bleus, écarquillés par l'étonnement.

Nous filons sur la motocyclette, qui démarre au quart de tour.

Mais c'est une histoire que j'ai déjà racontée.

Pas celle du survivant juif que nous avons retrouvé, Albert et moi, parce qu'il chantonnait en yiddish la prière des morts.

Cette histoire-là, c'est la première fois que je la raconte. Elle fait partie des histoires que je n'ai pas encore racontées. Il me faudrait plusieurs vies pour raconter toute cette mort. Raconter cette mort jusqu'au bout, tâche infinie.

C'est l'histoire de l'Allemand que j'ai déjà racontée. Du jeune soldat allemand, beau et blond, que nous avons abattu, Julien et moi, dans les environs de Semur-en-Auxois. Je ne me rappelle pas le nom de la rivière, peut-être ne l'ai-je jamais su. Je me rappelle que c'était le mois de septembre, qu'il faisait septembre d'un bout à l'autre du paysage. Je me rappelle la douceur de septembre, la douceur d'un paysage tellement accordé aux bonheurs paisibles, à l'horizon du travail de l'homme. Je me rappelle que le paysage m'avait fait penser à Jean Giraudoux, à ses émotions devant les beautés de la France.

J'ai raconté cette histoire du soldat allemand dans un bref roman qui se nomme *L'Évanouissement*. C'est un livre qui n'a presque pas eu de lecteurs. C'est sans doute pour cette raison que je me suis permis de raconter une nouvelle fois l'histoire du jeune Allemand qui chantait *La Paloma*. Mais pas seulement pour cela. Aussi pour rectifier la première version de cette histoire, qui n'était pas tout à fait véridique. C'est-à-dire, tout est vrai dans cette histoire, y compris dans sa première version, celle de *L'Évanouissement*. La rivière est vraie, Semur-en-Auxois n'est pas une ville que j'aie inventée, l'Allemand a bien chanté *La Paloma*, nous l'avons bien abattu.

Mais j'étais avec Julien, lors de cet épisode du soldat allemand, et non pas avec Hans. Dans *L'Évanouissement*, j'ai parlé de Hans, j'ai mis ce personnage de fiction à la place d'un personnage réel. Julien était un personnage réel : un jeune Bourguignon qui disait toujours « les patriotes » pour parler des résistants. Cette survivance du langage jacobin me ravissait. Julien était mon copain de randonnée dans les maquis de la région, où nous distribuions les armes parachutées pour le compte de « Jean-Marie Action », le réseau d'Henri Frager pour lequel je travaillais. Julien conduisait les tractions avant et les motocyclettes à tombeau ouvert sur les routes de l'Yonne et de la Côte-d'Or, et c'était une joie que de partager avec lui l'émotion des courses nocturnes. Avec Julien, on faisait tourner en bourrique les patrouilles de la *Feld*. Mais Julien a été pris dans un guet-apens, il s'est défendu comme un beau diable. Sa dernière balle de Smith & Wesson a été pour lui : il s'est tiré sa dernière balle dans la tête.

Hans Freiberg, en revanche, est un personnage de fiction. J'avais inventé Hans Freiberg — que nous appelions Hans von Freiberg zu Freiberg, dans *Le Grand Voyage*, Michel et moi, en souvenir d'*Ondine* — pour avoir un copain juif. J'en avais eu dans ma vie de cette époque-là, je voulais en avoir un aussi dans ce roman. D'ailleurs, les raisons de cette invention de Hans, mon copain juif de fiction qui incarnait mes copains juifs réels, sont suggérées dans *L'Évanouissement*.

« Nous aurions inventé Hans, y est-il écrit, comme l'image de nous-mêmes, la plus pure, la plus proche de nos rêves. Il aurait été allemand parce que nous étions internationalistes : dans chaque soldat allemand abattu en embuscade nous ne visions pas l'étranger, mais l'essence la plus meurtrière et la plus éclatante de nos propres bourgeoisies, c'est-à-dire, des rapports sociaux que nous voulions changer chez nous-mêmes. Il aurait été juif parce que nous voulions liquider toute oppression et que le Juif était, même passif, résigné même, la figure intolérable de l'opprimé... »

Voilà pourquoi j'ai inventé Hans, pourquoi je l'ai placé à côté de moi, le jour de ce soldat allemand qui chantait *La Paloma*. Mais c'est Julien qui y était, en réalité. Julien était bourguignon et il disait « les patriotes » pour parler des résistants. Il s'est tiré une balle dans la tête pour ne pas être pris par la *Feldgendarmerie*.

Voilà la vérité rétablie : la vérité totale de ce récit qui était déjà véridique.

Le survivant juif qui chantonnait la prière des morts est bien réel, lui. Tellement réel qu'il est en train de mourir, là, sous mes yeux.

Je n'entends plus le kaddish. Je n'entends plus la mort chanter en yiddish. Je m'étais perdu dans mes souvenirs, je n'avais pas fait attention. Depuis combien de temps ne chantait-il plus la prière des morts ? Était-il vraiment mort lui-même, à l'instant, profitant d'une minute d'inattention de ma part ?

Je me penche vers lui, je l'ausculte. Il me semble que quelque chose bat encore, dans le creux de sa poitrine. Quelque chose de très sourd et de très lointain : une rumeur qui s'essouffle et s'efface, un cœur qui s'arrête, me semble-t-il.

C'est assez pathétique.

Je regarde autour de moi, en quête de quelque secours. Vainement. Il n'y a personne. Le Petit Camp a été vidé, le lendemain de la libération de Buchenwald. On a installé les survivants dans des bâtiments plus confortables du camp principal, ou bien dans les anciennes casernes de la division SS *Totenkopf.*

Je regarde autour de moi, il n'y a personne. Il n'y a que la rumeur du vent qui souffle, comme toujours, sur ce versant de l'Ettersberg. Au printemps, en hiver, tiède ou glacial, toujours le vent sur l'Ettersberg. Vent des quatre saisons sur la colline de Goethe, sur les fumées du crématoire.

Nous sommes derrière la baraque des latrines collectives du Petit Camp. Ce dernier se déploie au piémont de l'Ettersberg, à la suture avec la plaine verte et grasse de Thuringe. Et il se déploie autour de ce bâtiment des latrines collectives. Car les baraquements du Petit Camp ne disposaient pas de latrines, ni de salles d'eau. Dans la journée, les baraques étaient habituellement vides, tous les déportés en quarantaine étant affectés, en attendant un départ en transport ou un poste de travail permanent dans le système productif de Buchenwald, à des corvées diverses et variées, généralement épuisantes, puisqu'elles avaient un caractère pédagogique, c'est-à-dire punitif : «Vous allez voir ce que vous allez voir !»

La corvée de la carrière, par exemple : *Steinbruch.* Et celle de *Gürtnerei,* la corvée de jardinage, par euphémisme car c'était sans doute la pire de toutes. Elle consistait à porter, deux par deux (et les accouplements des porteurs, si l'on n'était pas rapide et débrouillard, étaient faits par les kapos, généralement de vieux détenus, désabusés, donc sadiques, qui s'arrangeaient pour faire travailler ensemble les gabarits les moins accordés : un petit gros et un grand maigre, par exemple, un balèze et un avorton, afin de provoquer, outre la difficulté objective du portage lui-même dans de semblables conditions, une animosité quasiment inévitable entre des êtres aux capacités physiques de résistance bien différentes), à porter deux par deux, donc, au pas de course, sous les coups de matraque, de lourds bacs de bois suspendus à des sortes de perches et remplis à ras bord d'engrais naturels — d'où l'appellation courante de «corvée de merde» — destinés aux cultures maraîchères des SS.

Il fallait donc, avant le couvre-feu ou à l'aube, quel que fût le temps, quitter les baraques du camp de quarantaine, ou Petit Camp, pour gagner le bâtiment des latrines collectives, une sorte de halle nue, au sol de ciment grossier, boueux dès les premières pluies de l'automne, contre les murs de laquelle, dans le sens de la longueur, s'alignaient des éviers de zinc et des robinets d'eau froide, pour la toilette matinale obligatoire — le commandement SS était obsédé par le danger des épidémies : une grande affiche d'un réalisme repoussant, où figurait la reproduction immensément agrandie d'un pou menaçant, proclamait dans les baraquements le slogan de l'hygiène SS : *Eine Laus, dein Tod !* slogan traduit dans plusieurs langues, mais avec une faute d'orthographe en français : *Un poux, ta mort !* —, alors que le centre de la nef, d'un bout à l'autre, était traversé par la fosse d'aisances collective, surmontée sur toute sa longueur par une double poutre de bois à peine dégrossie, poutre qui servait de point d'assise pour les défécations multitudinaires, qui se faisaient ainsi dos à dos, sur d'interminables rangées.

Pourtant, malgré la buée méphitique et l'odeur pestilentielle qui embrumaient constamment le bâtiment, les latrines du Petit Camp étaient un endroit convivial, une sorte de refuge où retrouver des compatriotes, des copains de quartier ou de maquis : un lieu où échanger des nouvelles, quelques brins de tabac, des souvenirs, des rires, un peu d'espoir : de la vie, en somme. Les latrines immondes du Petit Camp étaient un espace de liberté : par sa nature même, par les odeurs nauséabondes qui s'y dégageaient, les SS et les kapos répugnaient à fréquenter le bâtiment, qui devenait ainsi l'endroit de Buchenwald où le despotisme inhérent au fonctionnement même de l'ensemble concentrationnaire se faisait le moins sentir.

Dans la journée, aux heures de travail, les latrines n'étaient fréquentées que par les invalides ou les malades des blocks de quarantaine exempts de corvée. Mais, dès le soir, dès l'appel du soir terminé et jusqu'au couvre-feu, les latrines devenaient, outre lieux d'aisances, ce qui était leur destination primitive, marché d'illusions et d'espérances, souk où échanger les objets les plus hétéroclites contre une tranche de pain noir, quelques mégots de *machorka*, agora enfin où échanger des paroles, menue monnaie d'un discours de fraternité, de résistance.

Ainsi, c'est dans le bâtiment des latrines que j'avais fait la connaissance de certains de mes meilleurs copains de quarantaine : Serge Miller, Yves Darriet, Claude Francis-Bœuf, par exemple. Nous étions tous dans le même block, le 62, arrivés ensemble par les transports massifs de janvier 1944 qui ont vidé les prisons françaises et le camp de Compiègne, à la suite de deux opérations de déportation successives aux noms de code poétiques, selon une tradition militaire assez révélatrice : *Meerschaum* et *Frühlingswind*, «Écume de mer» et «Vent de printemps».

Dans la foule hagarde du block 62, corvéable à merci, désorientée par le choc avec la réalité surprenante de la vie à Buchenwald, aux codes inexplicables mais absolument contraignants, nous n'avions pu nous reconnaître, découvrir les points communs qui nous rattachaient au même univers culturel et moral. C'est dans les latrines collectives, dans l'ambiance délétère où se mélangeaient les puanteurs des urines, des défécations, des sueurs malsaines et de l'âcre tabac de *machorka*, que nous nous sommes retrouvés, à cause et autour d'un même mégot partagé, d'une même impression de dérision, d'une identique curiosité combative et fraternelle pour l'avenir d'une survie improbable.

Plutôt, d'une mort à partager.

C'est là, un soir mémorable, que Darriet et moi, tirant à tour de rôle des bouffées délicieuses d'un même mégot, avons découvert un goût commun pour la musique de jazz et la poésie. Un peu plus tard, alors qu'on commençait à entendre au loin les premiers coups de sifflet annonçant le couvre-feu, Miller est venu se joindre à nous. Nous échangions des poèmes, à ce moment-là : Darriet venait de me réciter du Baudelaire, je lui disais *La Fileuse* de Paul Valéry. Miller nous a traités de chauvins en riant. Il a commencé, lui, à nous réciter des vers de Heine, en allemand. Ensemble, alors, à la grande joie de Darriet qui rythmait notre récitation par des mouvements des mains, comme un chef d'orchestre, nous avons déclamé, Serge Miller et moi, le lied de la Lorelei.

> *Ich weiss nicht, was soll es bedeuten*
> *Dass ich so traurig bin...*

La fin du poème, nous l'avons hurlée, dans le bruit assourdissant des dizaines de paires de galoches de bois s'éloignant au galop pour regagner les baraquements, juste à la dernière minute avant le couvre-feu effectif.

> *Und das hat mit ihrem Singen*
> *Die Lorelei getan...*

Nous aussi, ensuite, nous nous étions mis à courir pour regagner le block 62, dans une sorte d'excitation, d'indicible allégresse.

Je me suis agenouillé à côté du survivant juif. Je ne sais que faire pour le garder en vie, mon Christ du kaddish. Je lui parle doucement. Je finis par le prendre dans mes bras, le plus légèrement possible, de peur qu'il ne se brise entre mes doigts. Je l'implore de ne pas me faire ce coup-là, Albert ne me le pardonnerait pas.

Maurice Halbwachs aussi, je l'avais pris dans mes bras, le dernier dimanche. Il était allongé dans la litière du milieu du châlit à trois niveaux, juste à hauteur de ma poitrine. J'ai glissé mes bras sous ses épaules, je me suis penché sur son visage, pour lui parler au plus près, le plus doucement possible. Je venais de lui réciter le poème de Baudelaire, comme on récite la prière des agonisants. Il n'avait plus la force de parler, Halbwachs. Il s'était avancé dans la mort encore plus loin que ce Juif inconnu sur lequel je me penchais maintenant. Celui-ci avait encore la force, inimaginable par ailleurs, de se réciter la prière des agonisants, d'accompagner sa propre mort avec des mots pour célébrer la mort. Pour la rendre immortelle, du moins. Halbwachs n'en avait plus la force. Ou la faiblesse, qui sait ? Il n'en avait plus la possibilité, en tout cas. Ou le désir. Sans doute la mort est-elle l'épuisement de tout désir, y compris celui de mourir. Ce n'est qu'à partir de la vie, du savoir de la vie, que l'on peut avoir le désir de mourir. C'est encore un réflexe de vie que ce désir mortifère.

Mais Maurice Halbwachs n'avait visiblement plus aucun désir, même pas celui de mourir. Il était au-delà, sans doute, dans l'éternité pestilentielle de son corps en décomposition.

Je l'ai pris dans mes bras, j'ai approché mon visage du sien, j'ai été submergé par l'odeur fétide, fécale, de la mort qui poussait en lui comme une plante carnivore, fleur vénéneuse, éblouissante pourriture. Je me suis dit, dans un moment de dérision délibérée, pour m'aider à traverser cet instant invivable, à le vivre sans complaisance du moins, dans la rigueur d'une compassion non pathétique, je me suis dit que j'aurais au moins appris cela, à Buchenwald, à identifier les odeurs multiples de la mort. L'odeur de la fumée du crématoire, les odeurs du block des invalides et des baraques du *Revier*. L'odeur de cuir et d'eau de Cologne des *Sturmführer* SS. Je me suis dit que c'était un savoir pertinent, mais était-ce un savoir pratique ? Comment jurer du contraire ?

Maurice Halbwachs n'était pas mort dans mes bras. Ce dimanche-là, le dernier dimanche, j'avais été contraint de le quitter, de l'abandonner à la solitude de sa mort, les coups de sifflet du couvre-feu m'ayant obligé à regagner mon block dans le Grand Camp. Ce n'est que le surlendemain que j'ai vu son nom, dans le rapport dénombrant les mouvements des déportés : arrivées, départs en transport, décès. Son nom figurait dans la liste des décès quotidiens. Il avait donc tenu deux jours encore, quarante-huit heures d'éternité de plus.

L'avant-veille, en quittant le Petit Camp, lorsque l'heure du couvre-feu m'avait obligé à abandonner Halbwachs, je m'étais lavé à grande eau glacée, torse nu, dans la salle d'eau attenante au dortoir de l'aile C, à l'étage du block 40, qui était le mien. Mais j'avais beau frotter, l'odeur fétide de la mort semblait m'avoir imprégné les poumons, je continuais de la respirer. Je me suis arrêté de frotter à grande eau mes bras et mes épaules, ma poitrine. Je suis allé dormir dans la promiscuité haletante du dortoir, avec l'odeur de mort qui imprégnait mon âme vouée pourtant à l'espérance.

Le surlendemain, donc, j'ai vu apparaître le nom de Halbwachs dans la liste des décès quotidiens. J'ai pris dans le fichier central de l'*Arbeitsstatistik* le casier correspondant à son matricule. J'ai sorti la fiche de Maurice Halbwachs, j'ai effacé son nom : un vivant pourrait désormais prendre la place de ce mort. Un vivant, je veux dire : un futur cadavre. J'ai fait tous les gestes nécessaires, j'ai gommé soigneusement son nom, Halbwachs, son prénom, Maurice : tous ses signes d'identité. J'avais la fiche rectangulaire dans le creux de ma main, elle était redevenue blanche et vierge : une autre vie pourrait s'y inscrire, une nouvelle mort. J'ai regardé la fiche vierge et blanche, longtemps, probablement sans la voir. Probablement ne voyais-je à cet instant que le visage absent de Halbwachs, ma dernière vision de ce visage : le masque cireux, les yeux fermés, le sourire d'au-delà.

Une sorte de tristesse physique m'a envahi. J'ai sombré dans cette tristesse de mon corps. Ce désarroi charnel, qui me rendait inhabitable à moi-même. Le temps a passé, Halbwachs était mort. J'avais vécu la mort de Halbwachs.

Mais je ne voulais pas vivre la mort de ce Juif hongrois que je tenais dans mes bras, quelques mois plus tard, un jour d'avril 1945. Je supposais qu'il était hongrois, du moins. Son matricule, en tout cas, à peine lisible sur sa veste rayée, en loques, laissait supposer qu'il faisait partie des convois de Juifs en provenance de Hongrie. Mon travail au fichier central du camp, à l'*Arbeitsstatistik*, me permettait de savoir à peu près à quoi correspondaient les tranches numériques attribuées aux convois d'arrivée : à quelle origine, à quelle époque de Buchenwald.

Même s'il n'avait pas été hongrois, je n'aurais pas voulu vivre la mort de ce Juif. Même s'il n'avait pas été juif, d'ailleurs. Pourtant, le fait qu'il fût juif, en prime, ce survivant anonyme que nous avions découvert, Albert et moi, dans un monceau de vrais cadavres, ne faisait qu'aggraver son cas. Je veux dire : ne faisait qu'aggraver mon désir de le sauver. Ne faisait que rendre plus grave ce désir, plus chargé d'angoisse. Il serait vraiment absurde — intolérable, plutôt — qu'il eût survécu à toute cette mort, qu'il l'eût vécue jusqu'au bout, jusqu'à un tel horizon de solitude, avec autant de force têtue, viscérale, pour y succomber maintenant.

Je pouvais aisément imaginer son itinéraire, ces dernières années. Sa déportation, son arrivée à Auschwitz, le hasard de la sélection qui l'avait fait tomber du côté des rescapés, la survie tout aussi hasardeuse, l'évacuation du camp devant la poussée de l'armée Rouge, l'interminable voyage à travers l'Allemagne hivernale, les gerçures du froid brûlant, les morsures de la faim. Il était arrivé à Buchenwald au moment le plus dramatique de sa longue histoire : la surpopulation faisait que les détenus s'entassaient dans les blocks et les baraques. Les rations quotidiennes venaient encore d'être réduites. Et dans le Petit Camp, où l'on parquait les Juifs survivants d'Auschwitz, c'était pire que tout. Vivre dans le Petit Camp de Buchenwald, le dernier hiver de la guerre, était un cauchemar. Y survivre tenait du miracle.

J'imaginais aisément la longue agonie du Juif hongrois que je serrais dans mes bras, le printemps revenu, la liberté retrouvée, en essayant de le maintenir en vie. Les forces qui vous abandonnent, les déplacements de plus en plus difficiles, chaque pas devenant une souffrance, un effort surhumain. Je les avais vus, lui, ses semblables, ses frères, dans les baraques du Petit Camp, dans les tentes et les hangars qu'on avait installé pour suppléer tant bien que mal au manque de place, cet hiver-là. Je les avais vus dans les bâtiments des latrines, dans les salles de l'infirmerie, hagards, se déplaçant avec une infinie lenteur, sortes de cadavres vivants, à demi nus, aux interminables jambes squelettiques, s'accrochant aux montants des litières pour progresser pas à pas, dans un mouvement imperceptible de somnambules.

Jamais, plus tard, toute une vie plus tard, même sous le soleil de Saint-Paul-de-Vence, dans un paysage aimable et policé portant l'empreinte vivifiante du travail humain, jamais, sur la terrasse de la Fondation Maeght, dans l'échancrure de ciel et de cyprès entre les murs de brique rose de Sert, jamais je ne pourrais contempler les figures de Giacometti sans me souvenir des étranges promeneurs de Buchenwald : cadavres ambulants dans la pénombre bleutée de la baraque des contagieux ; cohortes immémoriales autour du bâtiment des latrines du Petit Camp, trébuchant sur le sol caillouteux, boueux dès la première pluie, inondé à la fonte des neiges, se déplaçant à pas comptés — ô combien l'expression banale, toute faite, se glissant impromptu dans le texte, prend ici un sens, se chargeant d'inquiétude : compter les pas, en effet, les compter un par un pour ménager ses forces, pour ne pas faire un pas de trop, dont le prix serait lourd à payer ; mettre un pas dans l'autre en arrachant les galoches à la boue, à la pesanteur du monde qui vous tire par les jambes, qui vous englue dans le néant ! — se déplaçant à pas comptés vers le bâtiment des latrines du Petit Camp, lieu de rencontres possibles, de paroles échangées, lieu étrangement chaleureux malgré la buée répugnante des urines et des défécations, havre ultime de l'humain.

Jamais, plus tard, toute une vie plus tard, je ne pourrais éviter la bouffée d'émotion — je ne parle point de celle que provoque la beauté de ces figures, celle-ci n'a pas besoin d'explication : elle est évidente, au premier degré —, d'émotion rétrospective, morale, pas seulement esthétique, que susciterait en tous lieux la contemplation des promeneurs de Giacometti, noueux, l'œil indifférent dressé vers des cieux indécis, infinis, déambulant de leur pas inlassable, vertigineusement immobile, vers un avenir incertain, sans autre perspective ou profondeur que celle que créerait leur propre démarche aveugle mais obstinée. Ils me rappelleraient insidieusement, quelle que soit la circonstance, même la plus joyeuse, le souvenir des silhouettes d'antan, à Buchenwald.

Mais je ne veux pas vivre la mort de ce Juif anonyme, peut-être hongrois. Je le tiens dans mes bras, je lui parle doucement à l'oreille. Je lui raconte l'histoire du jeune soldat allemand qui chantait *La Paloma* et que nous avons abattu, Julien et moi. Mais je ne lui parle pas de Julien, je lui parle de Hans. Je commence à inventer à l'instant même Hans Freiberg, mon copain juif imaginaire, mon Juif combattant, pour tenir compagnie à cet agonisant, à ce Juif anonyme que je voudrais voir survivre à sa propre mort. Je lui raconte l'histoire de Hans, que je viens d'inventer, pour l'aider à vivre, en somme.

Voici Albert, justement. Au pas de course, avec deux brancardiers du *Revier.*

Une heure plus tard, nous sommes assis au soleil, dans le petit bois qui se trouve au-delà du *Revier.* Nous regardons la plaine de Thuringe sous le soleil d'avril. Grâce à son matricule, Albert a identifié le récitant du kaddish que nous avons laissé entre les mains d'un médecin français, à l'infirmerie. C'est un Juif de Budapest et il n'est pas impossible qu'il parvienne à s'en sortir, a dit le médecin français.

Albert est tout heureux d'avoir peut-être sauvé l'un de ses compatriotes.

— Tu sais qui est André Malraux, Albert ? je lui demande. Un écrivain...

Il se tourne vers moi, l'œil farouche, avec un geste d'indignation. Il m'interrompt, coléreux.

— Tu te fous de moi ? crie-t-il. Tu oublies que j'ai été en Espagne, dans les Brigades ?

Je ne l'oublie pas, je ne l'ai jamais su. Je le lui dis :

— Première nouvelle.

— Mais bien sûr, s'exclame-t-il. J'ai travaillé à l'état-major de Kléber.

«Kléber» était un pseudonyme, bien entendu.

— C'est pour ça que Kaminski m'a invité à sa réunion, l'hiver dernier...

— Justement, lui dis-je, tout excité, c'est à cause de cette réunion que j'ai pensé à Malraux !

Albert me regarde, il attend la suite.

Quelques mois plus tôt, en plein hiver, Kaminski était venu me trouver à mon lieu de travail, au bureau de l'*Arbeitsstatistik*. C'était avant l'appel du soir. Kaminski était un ancien combattant des Brigades internationales en Espagne. Il parlait très convenablement le castillan. Il m'avait donné rendez-vous pour le surlendemain. Une réunion importante, m'avait-il dit, mystérieux.

Le surlendemain était un dimanche.

Ce n'est que le dimanche après-midi, une fois l'appel terminé, que nous pouvions nous retrouver, mettant à profit les quelques heures de loisir dominical. J'ai traversé le camp sous les tourbillons de neige. Je suis entré dans l'enceinte du *Revier*, l'infirmerie. Dans une baraque à l'écart, il y avait une salle en demi sous-sol pour les maladies contagieuses : lazaret dans le lazaret. Les SS, médecins ou gardiens, fuyaient comme la peste, c'est le cas de le dire, cette salle des contagieux. Ils avaient l'obsession de l'hygiène, de la propreté, des corps nets et drus de la race supérieure. La phobie de la contagion faisait de cette baraque du *Revier* un lieu fort préservé, pratiquement invulnérable.

C'est Ludwig G. qui était responsable du pavillon des contagieux. Il portait cousu sur sa veste le triangle vert des droits-communs, mais c'était un communiste allemand. Quelque sombre histoire du passé, méfait ou haut fait accompli pour le bien de la cause, dans les années trente, avait été jugée par un tribunal ordinaire. Droit-commun, donc, triangle vert. Impossible de savoir quelle profession il avait exercée, avant, dehors. Il ne parlait jamais de son passé. Libérale, sans doute, à en juger par l'étendue de son savoir. Physiquement, c'était un personnage menu, fragile en apparence, vif de gestes, doté d'un regard étonnamment serein et réfléchi. Triste aussi, comme tout ce qui est serein et réfléchi. Son profil était aquilin. Plus tard, dans la banalité de la vie d'après, je n'ai jamais rencontré Roger Vailland sans me souvenir de Ludwig G.

J'ai traversé le camp, ce dimanche-là, sous les tourbillons de neige, je suis entré dans l'enceinte du *Revier*. À la porte de la baraque des isolés, j'ai tapé la semelle de mes bottes contre le support de fer prévu à cet usage, sur le côté droit du perron. L'ordre SS exigeait que l'on se déplaçât à l'intérieur des baraques avec des chaussures propres. Les jours de pluie et de boue, ce n'était pas facile d'y parvenir. Les jours de neige profonde, il suffisait de taper la semelle des bottes ou des galoches contre ce support métallique pour en décoller les flocons agglomérés.

Kaminski avait réuni ce jour-là une poignée de militants de diverses nationalités. Nous nous connaissions tous : nous faisions tous partie de l'appareil communiste clandestin de Buchenwald.

Jürgen Kaminski nous avait réunis pour entendre un survivant d'Auschwitz : un Juif polonais survivant d'Auschwitz, arrivé par l'un des convois d'évacuation de cet hiver-là. Nous nous sommes installés dans le cagibi qui était le domaine personnel de Ludwig G., à l'extrémité du sous-sol réservé aux contagieux. Kaminski nous a expliqué qui était cet homme, d'où il venait. À Auschwitz, nous a dit Kaminski, cet homme avait travaillé dans le *Sonderkommando*. Nous ne savions pas ce qu'était le *Sonderkommando* d'Auschwitz. Moi, du moins, je ne le savais pas. À Buchenwald, il n'y avait pas de *Sonderkommando*, il n'y avait qu'un *Sonderbau. Sonder,* on le sait sans doute, est un adjectif allemand qui signifie «particulier», «séparé» «étrange», «spécial»... Des choses de ce genre. Le *Sonderbau* de Buchenwald était un édifice spécial, en effet, peut-être même étrange : c'était le bordel. Mais le *Sonderkommando* ou kommando spécial d'Auschwitz, je ne savais pas ce que c'était. Je n'ai néanmoins pas posé de questions. J'ai supposé que la suite me permettrait de comprendre de quoi il s'agissait. À juste titre, d'ailleurs. J'ai tout à fait bien compris de quoi il s'agissait, par la suite. Il s'agissait des chambres à gaz d'Auschwitz, du kommando spécial qui s'occupait d'évacuer les victimes des chambres à gaz et de les transporter vers les fours crématoires annexes où leurs cadavres étaient brûlés.

Avant que j'eusse compris cela, de quoi il s'agissait, Kaminski nous avait expliqué que les SS avaient fusillé périodiquement, systématiquement, les membres des équipes successives du *Sonderkommando*. Celui-ci faisait partie d'un petit groupe de rescapés qui devaient la vie au désordre des dernières semaines du camp, à l'approche des troupes soviétiques.

Ensuite, il a demandé au survivant du *Sonderkommando* d'Auschwitz de nous parler.

Je ne me souviens pas du nom de ce Juif polonais. Je ne me souviens même pas s'il avait un nom. Je veux dire : je ne me souviens plus si Jürgen Kaminski nous a mentionné son nom. Je me souviens de son regard, en tout cas. Il avait l'œil d'un bleu glacial, comme le fil tranchant d'une vitre brisée. Je me souviens de la tenue de son corps, en tout cas. Il était assis sur une chaise, tout droit, tout raide, les mains posées sur ses genoux, immobiles. Il n'a pas bougé les mains pendant tout le récit de son expérience au *Sonderkommando*. Je me souviens de sa voix, en tout cas. Il parlait en allemand, couramment, d'une voix âpre, méticuleuse, insistante. Parfois, sans raison apparente, sa voie s'épaississait, s'enrouait, comme si elle était soudain traversée par des émotions incontrôlables.

Pourtant, même à ces moments-là de visible agitation, il n'a pas bougé les mains posées sur ses genoux. Il n'a pas modifié la position de son corps sur la chaise dure et droite. C'était dans sa voix seulement que se déployaient les émotions trop fortes, comme des lames de fond qui viendraient remuer la surface d'une eau apparemment calme. La crainte de ne pas être cru, sans doute. De ne pas être entendu, même. Mais il était tout à fait crédible. Nous l'entendions fort bien, ce survivant du *Sonderkommando* d'Auschwitz.

Je comprenais son angoisse, cependant.

Je le regardais, dans la salle en demi sous-sol des contagieux, et je comprenais son angoisse. Il me semblait la comprendre, du moins.

C'est que tous les massacres de l'histoire ont eu des survivants. Lorsque les armées mettaient à feu et à sang les villes conquises, il y avait des survivants. Des Juifs survivaient aux pogroms, même les plus sauvages, les plus meurtriers. Des Kurdes et des Arméniens ont survécu aux massacres successifs. Il y a eu des survivants à Oradour-sur-Glane. Partout, tout au long des siècles, des femmes aux yeux souillés et brouillés à jamais par des visions d'horreur survécurent au massacre. Elles raconteraient. La mort comme si vous y étiez : elles y avaient été.

Mais il n'y avait pas, il n'y aura jamais de survivant des chambres à gaz nazies. Personne ne pourra jamais dire : j'y étais. On était autour, ou avant, ou à côté, comme les types du *Sonderkommando*.

D'où l'angoisse de ne pas être crédible, parce qu'on n'y est pas resté, précisément, parce qu'on a survécu. D'où le sentiment de culpabilité chez certains. De malaise, du moins. D'interrogation angoissée. Pourquoi moi, vivante, vivant, à la place d'un frère, d'une sœur, d'une famille tout entière, peut-être ?

J'écoutais le survivant du *Sonderkommando* et il me semblait que je pouvais comprendre l'angoisse qui troublait sa voix par moments. Il a parlé longtemps, nous l'avons écouté en silence, figés dans l'horreur blafarde de son récit. Soudain, lorsque Ludwig G. a allumé une lampe, nous avons pris conscience de l'obscurité qui nous enveloppait depuis quelque temps déjà, la nuit hivernale étant tombée. Nous avions sombré corps et âme dans la nuit de ce récit, suffoqués, ayant perdu toute notion de temps.

— Voilà, a dit Kaminski.

Nous avons compris que le récit était terminé, que la lumière revenue signifiait la fin de ce témoignage. Fin provisoire, sans doute, aléatoire même, tellement il était évident que le récit aurait pu se prolonger indéfiniment, jusqu'à l'épuisement de notre capacité d'écoute.

— N'oubliez jamais, a ajouté Kaminski, d'une voix sombre et sévère. L'Allemagne ! C'est mon pays qui est coupable, ne l'oublions pas !

Il y a eu du silence.

Le survivant du *Sonderkommando* d'Auschwitz, ce Juif polonais qui n'avait pas de nom parce qu'il pouvait être n'importe quel Juif polonais, n'importe quel Juif même de n'importe où, à vrai dire, le survivant d'Auschwitz est resté immobile, les mains à plat sur les genoux : statue de sel et de désespérance de la mémoire.

Nous aussi nous restions immobiles.

Depuis de longues minutes, je pensais au dernier roman d'André Malraux. J'écoutais le récit des chambres à gaz d'Auschwitz et je me souvenais du dernier roman de Malraux, *La Lutte avec l'ange*. En 1943, quelques semaines avant mon arrestation, des exemplaires de l'édition suisse étaient parvenus à Paris.

Michel H. avait réussi à s'en procurer un, que j'avais pu lire. Nous en avions discuté avec passion.

L'essentiel de l'œuvre de Malraux est une méditation sur la mort, une suite de réflexions et de dialogues sur le sens de la vie, par conséquent. Dans *La Lutte avec l'ange* — roman inachevé, dont seule a paru la première partie, *Les Noyers de l'Altenburg* — cette réflexion atteint à l'un de ses points extrêmes, les plus lourds de sens, avec la description de l'attaque par les gaz déclenchée en 1916 par les Allemands, sur le front russe de la Vistule.

À la fin de sa vie, dans *Le Miroir des limbes,* Malraux a repris certains fragments du roman inachevé pour les intégrer dans ses écritures autobiographiques. Il m'a toujours semblé que c'était une entreprise fascinante et fastueuse, celle de Malraux retravaillant la matière de son œuvre et de sa vie, éclairant la réalité par la fiction et celle-ci par la densité de destin de celle-là, pour en souligner les constantes, les contradictions, le sens fondamental, souvent caché, énigmatique ou fugitif.

Sans doute faut-il pour y réussir avoir une œuvre et avoir une biographie. Les professionnels de l'écriture, dont la vie se résume et se consume dans l'écriture même, qui n'a d'autre biographie que celle de leurs textes, en seraient bien incapables. L'entreprise même doit leur sembler incongrue. Peut-être indécente. Mais je ne prononce pas ici de jugement de valeur. Je ne prétends pas savoir ce qui est mieux ou moins bien. Je me borne à une constatation, à la proclamation d'une évidence.

Dans *Le Miroir des limbes,* Malraux a dit pourquoi, à l'occasion d'un séjour à l'hôpital où il a côtoyé la mort, il lui avait semblé nécessaire de reprendre ce fragment d'un ancien roman.

«Puisque je travaille peut-être à ma dernière œuvre, a-t-il dit, j'ai repris dans *Les Noyers de l'Altenburg* écrits il y a trente ans, l'un des événements imprévisibles et bouleversants qui semblent les crises de folie de l'Histoire : la première attaque allemande par les gaz à Bolgako, sur la Vistule, en 1916. J'ignore pourquoi l'attaque de la Vistule fait partie du *Miroir des limbes,* je sais qu'elle s'y trouvera. Peu de "sujets" résistent à la menace de mort. Celui-là met en jeu l'affrontement de la fraternité, de la mort — et de la part de l'homme qui cherche aujourd'hui son nom, qui n'est certes pas l'individu. Le sacrifice poursuit avec le Mal le plus profond et le plus vieux dialogue chrétien : depuis cette attaque du front russe, se sont succédé Verdun, l'ypérite des Flandres, Hitler, les camps d'extermination...»

Et Malraux de conclure : «Si je retrouve ceci, c'est parce que je cherche la région cruciale de l'âme où le Mal absolu s'oppose à la fraternité.»

Mais cet après-midi d'hiver, un dimanche, en 1945, dans la salle des contagieux de l'infirmerie de Buchenwald, je ne connais pas encore, bien entendu, cette réflexion d'André Malraux sur le sens profond de son propre livre. J'ai simplement lu *La Lutte avec l'ange* quelques semaines avant d'être arrêté par la Gestapo à Épizy, faubourg de Joigny. J'en ai discuté longuement avec Michel H. Il nous avait semblé que le roman, en apparente rupture de forme et de fond avec toute l'œuvre précédente, prolongeait cependant pour l'essentiel la méditation qui constitue la substance du questionnement existentiel de Malraux, et en particulier celle de certains grands dialogues de *L'Espoir*. De celui, par exemple, de Scali avec le vieil Alvear, au moment de la bataille de Madrid.

Je me suis donc souvenu de Michel H.

Ludwig venait d'allumer une lampe, dans le cagibi vitré qu'il occupait dans la salle des contagieux. Je voyais dans la pénombre bleutée les rangées de châlits où s'allongeaient les malades, à demi nus. Je les voyais parfois se déplacer, avec des mouvements d'une infinie lenteur, donnant l'impression d'être constamment sur le point de s'effondrer.

Je me suis souvenu de Michel H., de *La Lutte avec l'ange*, de l'automne 1943 dans la forêt d'Othe, du «Tabou», un maquis au nord de Semur-en-Auxois.

Un mois après mon arrestation, quand la Gestapo eut abandonné mes interrogatoires, de guerre lasse, je fus convoqué par la *Feldgendarmerie* de Joigny. Je retrouvai le salon de la maison de la vieille ville où j'avais été interrogé le premier jour. Il y avait toujours la harpe oubliée dans un coin. J'ai déjà décrit cet endroit, me semble-t-il, cette première expérience de la torture. Dans le jardin en pente gazonnée, les arbres étaient encore en feuilles, jaunes et roux doré.

On m'a conduit vers une table où divers objets avaient été disposés. Mon cœur s'est arrêté de battre. Ou mon sang n'a fait qu'un tour. Ou les bras m'en sont tombés. Ou j'en ai perdu le souffle : n'importe laquelle de ces expressions banales ferait tout aussi bien l'affaire.

Car j'ai vu sur la table le vieux portefeuille de cuir de Michel H., que je connaissais bien. Un trousseau de clefs, que j'ai également reconnu. Et puis quelques livres, empilés. J'ai fermé les yeux, je me suis rappelé les titres de ces livres que Michel et moi trimbalions dans nos sacs à dos, les derniers temps. Nous y trimbalions aussi des pains de plastic, l'explosif dont l'odeur tenace, entêtante, avait fini par imprégner les pages de nos bouquins.

J'ai rouvert les yeux pour entendre le sous-officier de la *Feld* me demander si je connais Michel. Il me dit son prénom, Michel, et son vrai nom ensuite. Il a ouvert le portefeuille et a posé les papiers d'identité de Michel sur la table. Je tends la main, je prends la carte d'identité de Michel, je regarde sa photographie. Le *Feldgendarme* a l'air surpris, mais ne réagit pas. Je regarde la photo de Michel.

— Non, dis-je. Je ne connais pas.

Je pense que Michel est mort. S'il était vivant, c'est avec lui qu'on m'aurait confronté, pas seulement avec ses papiers d'identité et ses objets personnels. Michel est mort dans quelque embuscade et les types de la *Feld* essaient d'avoir des renseignements sur ce mort.

— Non, ça ne me dit rien.

Je laisse tomber les papiers sur la table, en haussant les épaules.

Mais le sous-officier continue à poser des questions qui ne collent pas avec l'hypothèse de la mort de Michel. Des questions absurdes si Michel a été tué et que son corps est en leur possession, comme l'indiquerait le fait qu'ils détiennent ses papiers d'identité.

Il y a quelque chose qui ne colle pas avec l'idée de la mort, dans toutes ces questions. Peut-être ont-ils arrêté Michel et a-t-il réussi à s'évader ?

Je reprends espoir.

À Buchenwald, un an et demi plus tard, dans la baraque des contagieux, je me suis souvenu de cette journée d'automne. Parmi les livres empilés sur la table de la *Feldgendarmerie* à Joigny, il y avait sûrement *La Lutte avec l'ange*. Peut-être aussi *L'Espoir*. Et la toute fraîche traduction française d'un essai de Kant, *La Religion dans les limites de la simple raison*. Je n'ai pas eu la possibilité de vérifier, mais c'étaient les livres que nous trimbalions les derniers temps, Michel et moi, dans nos sacs à dos imprégnés de l'odeur entêtante du plastic.

Il m'a semblé alors, dans le silence qui a suivi le récit du survivant d'Auschwitz, dont l'horreur gluante nous empêchait encore de respirer aisément, qu'une étrange continuité, une cohérence mystérieuse mais rayonnante gouvernait le cours des choses. De nos discussions sur les romans de Malraux et l'essai de Kant, où s'élabore la théorie du Mal radical, *das radikal Böse*, jusqu'au récit du Juif polonais du *Sonderkommando* d'Auschwitz — en passant par les conversations dominicales du block 56 du Petit Camp, autour de mon maître Maurice Halbwachs — c'était une même méditation qui s'articulait impérieusement. Une méditation, pour le dire avec les mots qu'André Malraux écrirait seulement trente ans plus tard, sur «la région cruciale de l'âme où le Mal absolu s'oppose à la fraternité».

Nous sommes assis au soleil, Albert et moi, dans le petit bois qui entoure les baraques du *Revier*, après y avoir mis en sûreté le Juif de Budapest. Il chantait le kaddish d'une voix sombre et rauque, d'outre-tombe : il y est ressuscité.

Nous regardons la plaine de Thuringe sous le soleil d'avril.

Il y a du silence entre nous, pour l'instant. Nous mâchonnons des herbes. Je n'ai pas pu parler avec Albert de cette phrase de Malraux, bien évidemment : il ne l'a pas encore écrite. Je lui ai parlé de *La Lutte avec l'ange*. Je lui ai raconté l'épisode de l'attaque allemande par les gaz, en 1916, sur le front de la Vistule, qui constitue le cœur ténébreux du roman. Albert a été frappé par la coïncidence, surprenante mais pleine de sens, l'étrange prémonition romanesque qui a conduit Malraux à décrire l'apocalypse des gaz de combat au moment même où l'extermination du peuple juif dans les chambres à gaz de Pologne commençait à se mettre en place.

— Tu sais ce qu'il devient, Malraux ? me demande Albert, après ce long silence.

Il y a un village, à quelques centaines de mètres, dans la plaine de Thuringe. Ils ont certainement une vue imprenable sur le camp, les habitants de ce village de Thuringe. Du moins sur les bâtiments du sommet de l'Ettersberg : le crématoire, la tour de contrôle, la cuisine.

Oui, je sais ce que devient Malraux.

Je sais en tout cas ce que m'en a dit Henri Frager, le patron de «Jean-Marie Action», le chef de mon réseau. Frager m'a dit, lors de l'une de nos premières conversations dominicales, après son arrivée à Buchenwald, l'été 1944, que Malraux venait de prendre le commandement d'une région de maquis, dans le centre de la France. «Il agit sous le nom de colonel Berger», m'a dit Frager.

J'ai éclaté de rire, il m'en a demandé la raison. «Berger» était le nom du héros de son dernier roman, lui ai-je expliqué. Mais Frager ne connaissait pas *La Lutte avec l'ange*. On ne pouvait guère lui en tenir grief. Il avait mis sur pied et dirigeait l'un des réseaux Buckmaster les plus actifs en France, ses lacunes littéraires pouvaient lui être pardonnées.

C'est d'ailleurs par ses liens organiques avec les réseaux britanniques Buckmaster que Frager avait des nouvelles de Malraux. Les deux frères de celui-ci, issus d'un deuxième lit — je reproduis ici, fidèlement, l'expression de Frager, qui ne me serait pas facilement attribuable —, Claude et Roland Malraux, donc, issus d'un deuxième lit du père, Fernand Malraux, avaient travaillé dans la Résistance avec l'organisation Buckmaster. Ils avaient été arrêtés tous les deux quelques mois auparavant, au printemps 1944.

Je parle d'une conversation avec Henri Frager qui a eu lieu à la fin de cet été-là, après la libération de Paris. Selon Frager, c'est l'arrestation de son demi-frère, Roland, qui avait décidé Malraux à prendre une place dans la Résistance active.

Mais je ne raconte pas tous ces détails à Albert, ce serait trop long. Trop confus pour lui, aussi. Je lui dis simplement que Malraux est devenu le colonel Berger. Ça ne l'étonne pas outre mesure : il avait déjà été colonel, en Espagne.

Ensuite, nous gardons le silence.

Nous le gardons précieusement, même. Après le bruit et la fureur des dernières semaines de Buchenwald, après le chant rauque du kaddish, tout à l'heure, nous gardons entre nous, sous le soleil d'avril, parmi les arbres qui reverdissent dans le petit bois longeant l'infirmerie, le bien précieux de ce silence fraternel. Nous contemplons la plaine de Thuringe, les villages paisibles dans la plaine de Thuringe. Des fumées calmes s'y élèvent, domestiques.

Ce ne sont pas des fumées de crématoire.

LA LIGNE BLANCHE

Je me suis arrêté, j'ai regardé les grands arbres, au-delà des barbelés. Il y avait du soleil sur la forêt, du vent dans les arbres. Un air de musique a jailli soudain, de l'autre côté de la place d'appel. Un air d'accordéon, quelque part là-bas. Ce n'était pas une musique de guinguette, de valse musette. C'était tout autre chose : un air d'accordéon joué par un Russe, assurément. Seul un Russe pouvait tirer de cet instrument une telle musique, fragile et violente, cette sorte de valse tempête : frémissement des bouleaux dans le vent, des blés dans la steppe sans fin.

J'ai fait quelques pas encore. La place d'appel était déserte, vaste sous le soleil. J'ai regardé Staline, qui semblait m'y attendre.

Son portrait, du moins.

Dès le lendemain de la libération, le 12 avril, de retour au camp après la nuit en armes dans la forêt avoisinante, nous avions trouvé Staline. Son portrait avait fleuri dans la nuit, fidèle et gigantesque. Il s'étalait au frontispice de l'un des baraquements de prisonniers soviétiques, à un angle de la place d'appel, du côté de la cantine.

Staline avait contemplé notre retour, impassible. Pas un poil ne manquait à sa moustache. Pas un bouton à sa vareuse stricte de généralissime. Dans la nuit, une première nuit de liberté encore précaire, des artistes anonymes et fervents avaient dessiné ce portrait démesuré : trois mètres sur cinq au minimum. D'une ressemblance à crier, inquiétante.

Ainsi, de jeunes Russes — tous les Russes étaient jeunes, d'ailleurs, à Buchenwald — avaient éprouvé le besoin impérieux de consacrer leurs premières heures de liberté à faire le portrait de Staline, immense et réaliste : surréaliste, même, à force de réalisme. Comme on dresse un totem à l'entrée d'un village primitif, les Russes avaient dressé au-dessus de l'une de leurs baraques l'image tutélaire du généralissime.

Ce matin-là — pas celui du 12 avril, entendons-nous, qui est le jour où j'ai rencontré Staline : un autre matin quelconque entre le 14 et le 19 avril, jours pour lesquels j'ai des repères précis —, ce matin dont il est question, j'avais été tiré du sommeil par l'appel de mon nom, insistant.

Une voix dans le haut-parleur, rêche, impérative m'avait-il semblé, criait mon nom. Dans le sursaut du réveil, j'avais eu quelques secondes de confusion mentale. J'avais cru que nous étions encore soumis aux ordres des SS, à l'ordre SS. J'avais pensé, dans un éclair de conscience, malgré les brumes du réveil en sursaut, que les SS me convoquaient à la porte du camp. Ce n'était pas bon signe, habituellement, d'être appelé à se présenter à la porte de Buchenwald. Henri Frager avait été appelé ainsi, quelques semaines auparavant, il n'était jamais revenu.

Mais cette fois-ci, l'appel de mon nom n'était pas suivi de l'injonction habituelle : *Sofort zum Tor !* On ne me convoquait pas à la porte d'entrée du camp, sous la tour de contrôle, on me convoquait à la bibliothèque. Et puis, la voix ne disait pas mon matricule, elle disait mon vrai nom. Elle n'appelait pas le détenu 44904 — *Häftling vierundvierzigtausendneun-hundertvier*, elle appelait le camarade Semprún. Je n'étais plus *Häftling* mais *Genosse*, dans la voix du haut-parleur.

Alors, je me suis réveillé tout à fait.

Mon corps s'est détendu. Je me suis souvenu que nous étions libres. Une sorte de violent bonheur m'a envahi, un frisson de toute l'âme. Je me suis souvenu que j'avais des projets, pour ce jour qui commençait. Pas seulement le projet global, un peu absurde, excessif du moins, de survivre encore ce jour-là. Non, des projets précis, plus limités sans doute, mais pleins de sens, alors que l'autre était insensé.

J'avais le projet de sortir du camp, de marcher jusqu'au village allemand le plus proche, à quelques centaines de mètres dans la plaine grasse et verte de Thuringe. J'en avais parlé la veille, avec quelques copains. Nous pensions qu'il devait y avoir une fontaine, dans ce village allemand. Nous avions envie de boire une eau fraîche et pure, celle du camp était repoussante.

J'avais encore d'autres projets pour cette journée qui commençait, dont je guettais paresseusement les rumeurs, allongé sur ma paillasse, dans un dortoir du block 40.

Jiri Zak m'avait annoncé qu'ils allaient faire une séance de jazz, comme ça, sans raison, pour le plaisir, entre eux, les musiciens de jazz que Zak avait rassemblés, ces deux dernières années. Lui-même tenait la batterie. Au saxo, il y avait Markovitch, un Serbe vraiment doué. Le trompettiste était un Norvégien, carrément génial. Quand il jouait *Stardust*, il nous donnait la chair de poule. Les SS, bien entendu, ne connaissaient pas l'existence de l'ensemble de jazz, dont les instruments avaient été récupérés illégalement au magasin central, l'*Effektenkammer*. Il faut dire que les vieux communistes allemands n'aimaient pas non plus cette musique barbare. Mais on ne leur avait pas demandé la permission de créer ce groupe de jazz. Ils subissaient, bougons.

J'ai prêté l'oreille à l'appel qui m'était adressé par le circuit de haut-parleurs. D'une voix fâchée, le responsable de la bibliothèque du camp me demandait de rapporter les trois livres que j'avais encore en ma possession. Il m'attendait ce matin-là, sans faute. Il fallait que les livres reviennent ce jour même à la bibliothèque, disait-il.

À vrai dire, j'avais eu l'intention de garder ces livres. Je ne tenais pas particulièrement aux souvenirs, mais c'étaient des livres qui pouvaient faire de l'usage. Dont j'avais l'intention de me servir encore. Je n'avais pas du tout pensé à les rendre, en vérité. D'abord, parce qu'ils pouvaient encore m'être utiles. Et aussi parce que l'avenir de la bibliothèque du camp ne m'intéressait pas, absolument pas. Pourquoi ces livres auraient-ils dû revenir à une bibliothèque qui était destinée à disparaître ?

Il semble que je me trompais lourdement. Il semble que je vivais dans les nuages. Avec une certaine irritation, Anton — tel est le prénom que j'ai décidé de donner au bibliothécaire — m'expliquait que je divaguais complètement. Pourquoi la bibliothèque de Buchenwald disparaîtrait-elle ?

Mais parce que le camp allait disparaître, voyons !

C'était une réponse marquée au coin du bon sens. Elle ne semblait pourtant pas convaincre Anton, qui me regardait, hochant la tête.

Nous étions dans l'antichambre de la bibliothèque. Une pièce minuscule, nue. Une porte donnait d'un côté sur le couloir du block 5. Aux extrémités de ce couloir se trouvaient les bureaux du secrétariat, la *Schreibstube*, et de l'*Arbeitsstatistik*, où j'avais travaillé. Au fond du réduit, une porte à guichet permettait au bibliothécaire de communiquer avec les déportés venus emprunter des livres. Nous étions là, tous les deux, Anton et moi, de chaque côté du guichet.

J'avais déposé sur le comptoir en bois les trois livres de la bibliothèque dont il m'avait demandé la restitution de façon pressante.

— Pourquoi ? me demande-t-il.

Je lui trouve un regard sournois, soudain.

— Pourquoi, quoi ?

— Pourquoi le camp devrait-il disparaître ? précise-t-il.

— Dans quelques jours, quelques semaines au pire, Hitler aura été battu, lui dis-je. Le nazisme une fois disparu, les camps disparaîtront avec.

Une sorte de fou rire silencieux agite son torse, ses épaules. Il rit follement, mais sans joie.

Il s'arrête d'un coup, me fait la leçon.

— La fin du nazisme ne sera pas la fin de la lutte des classes ! s'exclame-t-il, péremptoire et pédagogique.

Je le remercie poliment.

— Merci, Anton ! lui dis-je. Merci de me rappeler des vérités premières !

Il se rengorge, n'a pas compris que je me moque.

— Devons-nous en conclure qu'il n'y a pas de société de classes sans camp de concentration ? lui dis-je.

Il me jette un regard circonspect, méfiant même. Il réfléchit, son visage s'est figé. Il craint visiblement quelque piège dialectique.

— Pas de société de classes sans répression, du moins ! avance-t-il prudemment.

Je hoche la tête.

— Sans violence, plutôt. C'est un concept plus précis et plus universel.

Il se demande probablement où je veux en venir.

Mais je ne veux en venir nulle part. J'essaie tout simplement de repousser l'idée que ses paroles suggèrent. L'idée que la fin du nazisme ne sera pas la fin de l'univers des camps de concentration.

— Tu n'aimes pas le mot répression, dit Anton. C'est pourtant le mot juste. Tu ne crois pas qu'il faudra réprimer, d'une façon ou d'une autre, tous les anciens nazis ? Réprimer et rééduquer...

Je ne peux m'empêcher de rire.

Dans le système SS, Buchenwald était aussi un camp de rééducation : *Umschulungslager.*

— Nous aurons besoin de camps comme celui-ci pour cette tâche, dit-il, d'un air positif. (Il me regarde, un peu grimaçant.) Tu n'aimes pas cette idée, c'est visible ! Que voudrais-tu qu'on fasse de Buchenwald ? Un lieu de pèlerinage, de recueillement ? Une colonie de vacances ?

— Surtout pas ! Je voudrais qu'on abandonne le camp à l'érosion du temps, de la nature... Qu'il se fasse ensevelir par la forêt...

Il me regarde, bouche bée.

— Merde, non ! Quel gaspillage !

Je reprends l'un des livres que j'avais posés sur le comptoir. La *Logique* de Hegel, dans sa version courte, celle de l'*Encyclopédie des sciences.*

— Aura-t-on besoin de livres comme celui-ci, Anton, pour la rééducation des anciens nazis ?

Il regarde le titre du volume, fait un geste désabusé.

— Tu as des lectures curieuses, avoue ! Hier, quand je suis tombé sur les fiches des livres que tu n'avais pas rendus, j'ai constaté ça... Hegel, Nietzsche, Schelling... Rien que des philosophes idéalistes !

Je me souviens des discussions dominicales, autour du châlit de Maurice Halbwachs.

— La lecture de Schelling m'a beaucoup appris, lui dis-je.

Il s'étonne de ma voix sourde, hausse les épaules, bougonnant.

— C'est quand même un drôle de choix !

Il a l'air consterné : je lui fais vraiment de la peine.

— Je ne vais pas laisser ces livres dans le catalogue... *La Volonté de puissance* ne me semble pas une lecture indispensable, affirme-t-il.

Il me semble comprendre qu'il songe à rester ici, à cette même place de bibliothécaire, dans cette même bibliothèque, ce même camp.

— Comment ? lui dis-je. Tu restes là ? Tu ne rentres pas chez toi ?

Il fait un geste vague.

— Plus de chez-moi, plus de famille... Tous morts pour le Führer ! Les uns volontaires, les autres malgré eux... Morts quand même... C'est ici que je serai le plus utile à une Allemagne nouvelle...

Je regrette vraiment d'avoir rapporté les livres. J'aurais dû les garder, ne pas céder devant la manie de l'ordre et de la continuité de ce vieux communiste.

— Bon, dit Anton.

Il prend les trois volumes sur le comptoir, une seconde avant que je n'esquisse le geste de m'en emparer de nouveau.

— En attendant, poursuit-il, je vais les remettre à leur place.

En le voyant partir vers le fond de la bibliothèque, bientôt caché par les rayonnages, je me demande si Nietzsche et Hegel y sont bien à leur place. Et Schelling ? Le volume dépareillé de ses œuvres qui se trouvait à la bibliothèque de Buchenwald contenait l'essai sur la liberté, où Schelling explore le fondement de l'humain. Fondement obscur, problématique, mais, écrit-il, « sans cette obscurité préalable, la créature n'aurait aucune réalité : la ténèbre lui revient nécessairement en partage ».

Certains dimanches, debout contre le châlit où agonisait Maurice Halbwachs, il m'avait semblé, en effet, que la ténèbre nous revenait nécessairement en partage. La ténèbre du mystère de l'humanité de l'homme, vouée à la liberté du Bien comme à celle du Mal : pétrie de cette liberté.

Je regardais s'éloigner Anton et je me demandais si cette idée de Schelling serait de quelque utilité pour rééduquer les anciens nazis du futur camp de Buchenwald.

La place d'appel est déserte quand j'y arrive après avoir parlé avec Anton, le bibliothécaire. Je suis encore dans le malaise de cette conversation. Mais il y a du soleil sur le vaste espace somptueusement désert et silencieux, après tant de mois de bruit, de hâte et d'impossible solitude, dans le grouillement massif de la vie concentrationnaire.

Il y a la rumeur du vent d'avril dans les arbres, au-delà des barbelés. Et un air d'accordéon : une musique russe, sans aucun doute.

Je me retourne, je regarde l'alignement des baraques. Je suis de nouveau face au portrait géant de Staline.

Quelques années plus tard, en 1953, lors de sa mort, je me suis souvenu de son portrait de Buchenwald.

Pablo Picasso venait de se faire vertement rappeler à l'ordre par les dirigeants du PCF. Il avait dessiné un Staline jeune et géorgien, l'œil pétillant de malignité, l'allure avantageuse et aventurière, en hommage au disparu. Un portrait pas du tout respectueux, sans doute, mais plein de vivacité, d'ironie perspicace aussi : Staline avait l'air d'un chef de bande plutôt que d'un généralissime gouvernant d'une main de fer la seconde puissance mondiale.

En fait, vu par Picasso, Staline ressemblait à Nicolaï, mon jeune barbare du block 56, plutôt qu'à lui-même en généralissime.

Le 12 avril, le premier jour de liberté, après avoir vu l'icône de Staline dressée sur le baraquement des prisonniers de guerre soviétiques, j'étais descendu dans le Petit Camp. Il n'y avait plus de SS, mais la vie y continuait comme avant. On continuait d'y mourir comme avant. Tous ceux qui avaient réussi à échapper à l'évacuation forcée du camp continuaient de mourir comme avant. Des processions silencieuses — parler fatigue — et trébuchantes de détenus se déplaçaient autour du bâtiment des latrines. Des fantômes en haillons, appuyés les uns sur les autres pour ne pas tomber, grelottant sous le soleil du printemps, se partageaient avec des gestes méticuleux et fraternels un mégot de *machorka*. L'odeur fécale et fétide de la mort continuait à flotter sur le Petit Camp, ce lendemain de la libération.

J'ai trouvé Nicolaï à l'extérieur du block 56. Ses bottes de cheval étaient luisantes, sa vareuse avait l'air fraîchement repassée.

— T'as vu le portrait du Chef ? me demande-t-il.

Je hoche la tête.

— Nous l'avons fait dans la nuit, poursuit-il. En deux parties. Une équipe différente pour chaque moitié du portrait. À l'aube, nous avons collé ensemble les deux morceaux...

Il fait un geste de la main droite.

— *Prima* ! s'exclame-t-il.

Il me regarde avec un sourire carnassier.

— Maintenant, tu sais à quoi ressemble un kapo russe, me dit-il.

— Mais pourquoi, je lui demande, toute une nuit de travail, au lieu de fêter la liberté ?

— Le portrait du Grand Kapo, tu veux dire ?

— C'est ça, lui dis-je. Pourquoi ?

Il m'observe avec un brin de commisération.

— Et pourquoi ma mère sortait les icônes, au village, pour prier certains soirs ? Quand ça allait vraiment mal. Elle sortait les icônes cachées et allumait des bougies...

J'éclate de rire.

— Je croyais que le communisme c'étaient les soviets plus l'électricité... Pas les icônes plus les bougies...

— Qui te parle de communisme ? demande Nicolaï, sincèrement étonné.

— Si tu ne veux pas parler de communisme, pourquoi le portrait de Staline ?

Il éclate d'un rire dévastateur. Il me regarde et fait un geste désobligeant, de l'index droit sur sa tempe droite.

— *Dourak* ! s'écrie-t-il. Tu ne comprendras jamais rien, mon vieux !

C'est vrai que j'ai mis longtemps à comprendre. Mais enfin, ce n'est pas une raison pour me laisser insulter. Surtout que ce jour d'avril là, en 1945, ce n'était pas moi qui avais dessiné le portrait de Staline, qui l'avais accroché sur le frontispice d'une baraque, triomphalement. Ce n'était pas moi qui aurais passé ma nuit à faire ce portrait, sûrement pas. Je n'en avais rien à faire, de Staline, en avril 1945. Je n'avais pas encore lu une ligne de lui, je savais à peine qui il était. Mes rapports avec le marxisme ne passaient pas du tout par Staline, alors. Jamais celui-ci n'apparaissait dans nos discussions. Le dimanche, certains dimanches, au block 56, par exemple, quand Maurice Halbwachs était encore lucide et gai, plein de force intellectuelle, quand il faisait le point avec nous de sa relation critique avec le marxisme, aucun de nous n'aurait songé à mentionner Staline. Celui-ci était en marge de nos préoccupations. Il n'est entré que plus tard dans ma vie, Staline. C'est pour plus tard, les années de glaciation partielle et partisane de ma pensée.

Mais je n'ai pas le temps de dire à Nicolaï qu'il exagère. Il a changé d'expression subitement et me parle à voix presque basse.

— Tu veux combien pour ton arme ?

Il fixe d'un œil concupiscent la mitraillette allemande que je porte accrochée en travers de la poitrine. Car nous avons gardé nos armes. Les officiers américains nous ont fait regagner le camp, après notre nuit folle en pleine nature, après la marche sur Weimar. Mais ils nous ont laissé nos armes. Ce n'est que le lendemain qu'ils nous demanderont de les rendre.

— Je ne veux rien, lui dis-je. Je la garde !

Il essaie de me convaincre. Il me propose des dollars, des vêtements, de l'alcool de qualité, des filles. Des filles ? Je le mets au défi. Il rit, me dit que je perdrai, si je parie. Ses gars ont pris contact avec des femmes ukrainiennes qui travaillaient en usine, autour de Weimar. Il peut en faire venir tout un wagon, en douce, pour une partie de jambes en l'air sans limites ni contrainte, dans quelque endroit discret du camp.

Je le crois sur parole, mais je lui dis que ça ne m'intéresse pas. Plutôt, que ça m'intéresse, mais pas à ce prix-là. Pas au prix de ma mitraillette toute neuve.

Il jure entre ses dents, en russe. J'en sais assez pour comprendre de quoi il s'agit. Surtout que les jurons russes, du moins ceux de Nicolaï et de ses copains de Buchenwald, sont assez monotones : il s'agit toujours d'aller baiser une mère, la sienne ou celle d'un copain. Mais ce sont toujours les mères qui trinquent, dans les jurons russes. Du moins ceux de Buchenwald.

Je le laisse jurer assez longtemps pour que ça le soulage.

— Qu'est-ce que tu pensais faire de ma mitraillette ?

Il me regarde, hésitant. Soudain, il se décide. Il me parle à voix basse.

— Les kapos russes, mon vieux, je connais ! Je sais à quoi m'attendre avec eux…

Il parle encore plus doucement. C'est un chuchotement, à présent.

— Je ne rentre pas chez moi. Je reste de ce côté. Je me tire dans deux ou trois jours. Tout est prêt. Nous sommes une petite bande de camarades. Des femmes nous attendent, qui ne veulent pas non plus se retrouver en taule là-bas. On a du fric, quelques armes. Il nous en faudrait plus…

Il lorgne ma mitraillette avec un regard amoureux. Je m'écarte de lui.

— N'essaie pas de me la prendre par la force, Nicolaï… Je te tirerai dessus, s'il le faut.

Il hoche la tête.

— T'es assez con pour le faire !

Il se lève, me tend la main.

— Allez, salut, on reste copains !

Mais je ne prends pas la main qu'il me tend. Je suis sûr qu'il ne la lâchera pas, qu'il va essayer de m'attirer à lui, de me faire une prise pour me déséquilibrer. Je serais obligé de me servir de mon arme. D'essayer, du moins.

Je m'écarte de lui, je braque la mitraillette dans sa direction.

— Salut, Nicolaï ! On reste copains, tu as raison !

Il a un rire un peu fou, qui n'est pas du tout un fou rire.

— Comment, disais-tu, déjà ? Les soviets plus l'électricité ? Eh bien, tu m'en diras des nouvelles !

Il me tourne le dos et s'en va vers le block 56.

Je suis sur la place d'appel de Buchenwald, je regarde le portrait géant de Staline. Je ne comprends pas comment Nicolaï peut à la fois avoir dressé le portrait du Grand Kapo et préparer sa fuite loin de la présence tutélaire de celui-ci.

Il faut dire que le comportement des Russes à Buchenwald était une énigme pour nous. Qu'il était problématique, du moins. Nous ne pouvions pas comprendre que ces jeunes voyous, pleins de vitalité individualiste et cruelle — pour la plupart d'entre eux, en tout cas —, fussent les représentants authentiques d'une société nouvelle. Il nous avait fallu construire un système d'explication tarabiscoté, compte tenu du fait qu'il n'était pas question de changer la prémisse ; la société soviétique devait forcément être une société nouvelle, tel était le point de départ : figure de rhétorique imposée.

Mais ce n'était pas, disions-nous, l'homme nouveau de cette société nouvelle qu'incarnaient les jeunes barbares russes de Buchenwald. Ils n'étaient que les scories de cette nouvelle société : les déchets d'un archaïsme rural non encore saisi ni transformé par le mouvement modernisateur de la révolution. Il nous arrivait pourtant de penser que ça faisait quand même beaucoup de déchets, la révolution. Qu'elle produisait beaucoup de scories.

Si j'avais compris sur-le-champ l'attitude de Nicolaï, le Stubendienst du block 56, ce mystère de l'âme russe, je me serais sans doute épargné un long détour, non dépourvu d'oasis de courage et de fraternité, par les déserts du communisme. Mais probablement n'était-ce pas, en 1945, une question de compréhension : une question de désir, plutôt. Probablement l'illusion d'un avenir m'empêchait-elle de comprendre. Ou plutôt, d'en avoir la volonté, même si j'en avais les moyens. Probablement ne me donnait-elle pas le désir de comprendre, mais bien celui de désirer. Et il n'y avait rien de plus désirable que l'avenir, après tant d'agonie.

Mais je tourne le dos à Staline, du moins à son portrait. Je fais quelques pas vers le centre de la place d'appel.

Sur la plate-forme de la tour de contrôle, un soldat américain est accoudé à la balustrade. Peut-être écoute-t-il la musique de l'accordéon russe, comme moi. Au sommet de la tour, un drapeau noir flotte en berne, depuis le jour de la libération.

Depuis la mort de Franklin D. Roosevelt.

Elle est venue par cette ligne blanche...

Je murmure le début d'un poème qui se nomme *La Liberté*.

Elle est venue par cette ligne blanche pouvant tout aussi bien
signifier l'issue de l'aube que le bougeoir du crépuscule...

Sans l'avoir prémédité, ma voix s'élève, se renforce, s'enfle, pendant que je poursuis ma récitation.

Elle passa les grèves machinales ; elle passa les cimes éventrées.
Prenaient fin la renonciation à visage de lâche, la sainteté du mensonge,
l'alcool du bourreau...

Je crie désormais à pleins poumons, seul sur la place d'appel, la fin du poème de René Char.

Le soldat américain a pris des jumelles et me regarde.

C'est le 12 avril que j'avais lu pour la première fois le poème *La Liberté*. Ça tombait bien, c'était le lendemain de la libération de Buchenwald.

Ce jour-là, j'avais fini par parler avec le jeune Français qui accompagnait les deux officiers de Sa Gracieuse Majesté.

Nous étions restés seuls, assis au soleil sur les marches d'un perron. Les deux Britanniques étaient dans la grande salle des archives SS, au premier étage du bâtiment dont j'assurais la garde. Je leur avais permis de fouiller dans les dossiers. Ils avaient pour mission, en effet, de retrouver la trace des agents des réseaux alliés de renseignements et d'action déportés par les nazis.

Le Français, lui, était chargé de retrouver celle d'Henri Frager, le chef du réseau «Jean-Marie Action». Or il se trouvait que j'avais fait partie de ce réseau, que Frager avait été mon patron. Il avait été arrêté quelques mois après moi, trahi lui aussi. Je l'avais retrouvé à Buchenwald. Je pouvais donc épargner au jeune officier français de longues recherches inutiles. Je pouvais lui annoncer que Frager était mort. Il avait été fusillé par les Allemands. Un jour, à l'heure de l'appel général du matin, il avait été convoqué par la *Politische Abteilung,* la section de la Gestapo du camp. Le soir, il avait été porté manquant. Le lendemain, la *Politische Abteilung* nous envoyait une communication officielle. «Libéré» : telle était la formule choisie pour annoncer le sort réservé à Henri Frager, sa disparition. *Entlassen* : formule habituelle de l'administration nazie lorsqu'elle annonçait des exécutions individuelles.

Ce jour-là, c'est moi qui avais effacé le nom d'Henri Frager du fichier central du camp. C'était mon travail, d'effacer les noms. Ou de les inscrire, tout aussi bien. De maintenir, quoi qu'il en soit, l'ordre strict des entrées et des sorties, des morts et des nouveaux venus, dans le fichier central du camp. Du moins dans les tranches numériques comprises entre trente et soixante mille. Et ça bougeait beaucoup, dans ces tranches-là, qui correspondaient surtout aux déportés en provenance de l'Europe de l'Ouest, à partir de la fin de l'année 1943.

J'avais effacé le nom d'Henri Frager, ce jour-là. Son matricule redevenait disponible.

J'ai raconté tout cela au jeune Français, afin de lui éviter des recherches inutiles dans les archives. Je lui ai ensuite parlé de mes conversations avec Henri Frager, certains dimanches.

Je lui ai parlé des dimanches à Buchenwald.

Instinctivement, pour amadouer les dieux d'une narration crédible, pour contourner les stridences d'un récit véridique, j'avais essayé d'introduire le jeune officier dans l'univers de la mort par un chemin dominical : chemin buissonnier, en quelque sorte. Plus paisible, au premier abord. Je l'avais conduit dans l'enfer du Mal radical, *das radikal Böse,* par son accès le plus banal. Le moins éloigné, en tout cas, de l'expérience habituelle de la vie.

J'avais évoqué la beauté pâle et vénéneuse de Pola Negri dans *Mazurka,* pour introduire le jeune officier aux mystères des dimanches à Buchenwald.

Mazurka ? Le film ?

Il avait sursauté, ouvrant de grands yeux. J'ai senti qu'il était choqué. Il ne mettait pas forcément en cause la vérité de mon témoignage, mais il était choqué. Comme si j'avais dit une inconvenance. Comme si j'avais commencé ce témoignage par le mauvais bout, à l'envers. Il s'attendait sans doute à un tout autre récit. L'apparition de Pola Negri à Buchenwald le déconcertait. J'ai compris aussitôt qu'il prenait ses distances. Sans doute n'étais-je pas un bon témoin, un témoin comme il faut. Pourtant, j'étais assez satisfait de ma trouvaille. Car n'importe qui aurait pu lui raconter le crématoire, les morts d'épuisement, les pendaisons publiques, l'agonie des Juifs dans le Petit Camp, le goût d'Ils Koch pour les tatouages sur la peau des déportés. Alors que Pola Negri dans *Mazurka,* j'étais persuadé que personne n'aurait pensé à commencer son récit par là.

Mais oui, lui disais-je, *Mazurka,* le film autrichien.

Parfois, lui expliquais-je, le commandement SS organisait des séances de cinéma, le dimanche après-midi. Des comédies musicales ou sentimentales y étaient projetées. Ou les deux en même temps : ça se marie volontiers, musique et sentiments. Je me souvenais, par exemple, d'un film de Martha Eggerth et de Jan Kiepura. Ça se passait dans un paysage de lacs de montagne et ça chantait en duo dans des barques à rames, avec les alpages au fond. Je me souvenais aussi de *Mazurka,* avec Pola Negri.

Je n'avais pas de mérite particulier à me souvenir de ces films. D'abord, par le côté exceptionnel de leur projection dans la grande salle du Petit Camp, aux abords de l'enceinte de l'infirmerie. Mais surtout parce que c'étaient des films que j'avais déjà vus dans mon enfance.

À Madrid, dans les années trente, nous avions des institutrices germaniques.

Elles nous conduisaient, mes frères et moi, au cinéma, les jours où le cinéma nous était autorisé, pour voir des films dans leur langue maternelle : allemands ou autrichiens. Le film où Jan Kiepura et Martha Eggerth chantaient dans les bras l'un de l'autre, sur fond d'alpe et de paysage lacustre, s'appelait en espagnol *Vuelan mis canciones*. Par contre, son titre original, allemand comme il se doit, m'échappe tout à fait. Ma mémoire privilégie le souvenir d'enfance, au détriment de celui de mes vingt ans à Buchenwald.

À première vue, il semblerait que le souvenir de Buchenwald, de la projection dans l'immense baraque de bois qui servait de *Kino* — de lieu de rassemblement pour le départ des transports, aussi — aurait dû être plus marquant que celui de l'enfance dans un cinéma de la place madrilène de l'Opéra. Eh bien, pas du tout : mystères de la mémoire et de la vie.

En tout cas, le titre du film de Pola Negri ne posait aucun problème de langue au souvenir : il s'appelle *Mazurka* dans toutes les langues.

J'avais donc parlé des dimanches de Buchenwald avec le jeune officier qui portait sur son cœur l'écusson à la croix de Lorraine. Je lui avais raconté les dimanches à ma façon. Pas seulement Pola Negri, bien entendu. Pola Negri n'était qu'une entrée en matière. Je lui avais parlé des réunions du dimanche. Du bordel, qui était réservé aux Allemands. De l'entraînement clandestin des groupes de combat. De l'orchestre de jazz de Jiri Zak, le Tchèque de la *Schreibstube*. Et ainsi de suite.

Il m'avait écouté attentivement mais dans un désarroi de plus en plus perceptible. Mon témoignage ne correspondait sans doute pas au stéréotype du récit d'horreur auquel il s'attendait. Il ne m'a posé aucune question, n'a demandé aucune précision. À la fin, il est resté plongé dans un silence embarrassé. Embarrassant, aussi. Mon premier récit sur les dimanches à Buchenwald était un bide complet.

Alors, pour nous sortir de cette situation gênante, c'est moi qui lui ai posé des questions. Un tas de questions. Il faut dire que j'avais presque un an à rattraper, depuis la libération de Paris. Des événements considérables s'y étaient sans doute déroulés, dont j'ignorais tout. Des livres avaient été publiés, des pièces jouées, des journaux fondés.

Mais à écouter le jeune officier français — qui tenait probablement à se racheter et qui était prolixe et précis dans ses réponses, désormais —, il ne semblait pas qu'il y ait eu à Paris, pendant mon absence, de nouveautés bouleversantes.

Albert Camus était l'homme du jour, mais ça n'avait rien de surprenant. *L'Étranger* était l'un des romans qui m'avaient le plus intrigué, ces années passées. Et *Le Mythe de Sisyphe* avait provoqué des discussions passionnées dans le cercle de mes amitiés, sous l'Occupation. Camus, donc : normal.

André Malraux n'écrivait plus, semblait-il. Il aurait tourné au politique. Quelques mois plus tôt, son discours au congrès du MLN aurait empêché les communistes de prendre le contrôle de la Résistance unifiée. En tout cas, *La Lutte avec l'ange* n'avait pas été terminée. Il ne paraissait pas qu'elle dût l'être.

Il y avait Sartre, bien sûr. Mais Sartre occupait déjà le terrain, avant. Nous avions dévoré en 1943 *L'Être et le Néant*, nous savions par cœur des pages de *La*

Nausée. Nous avions été en bande voir *Les Mouches* au Sarah-Bernhardt. Nous avions discuté en hypokhâgne des rapports de Sartre avec Husserl et Heidegger. Parfait, vieille connaissance, Jean-Paul Sartre !

Aux côtés de ce dernier, m'informait le jeune Français, méticuleux, il y avait Maurice Merleau-Ponty. D'accord, mais ça ne m'épatait pas : j'avais déjà lu *La Structure du comportement.*

Il y avait Aragon, flanqué de son Elsa. Mais je ne m'intéressais pas du tout à l'Aragon de l'époque. Sa poésie civique et patriotarde de l'Occupation m'avait laissé assez indifférent. (Il y avait *Brocéliande,* quand même.) À Buchenwald, cela avait été l'unique sujet de désaccord avec mon copain Boris Taslitzky, qui était un aragonien inconditionnel. Il me faudrait attendre un poème de son *Nouveau Crève-Cœur,* la *Chanson pour oublier Dachau,* pour qu'Aragon m'intéressât de nouveau, en tant que poète.

Sans doute irrité de voir qu'aucune des nouvelles de Paris qu'il m'annonçait n'était une vraie nouveauté, le jeune Français m'a parlé de Raymond Aron. Voilà de l'inédit, avait-il l'air d'insinuer, voilà un talent original de chroniqueur politique dont vous ne pouvez rien savoir ! Mais je l'avais interrompu en éclatant de rire. Raymond Aron ? Je ne connaissais que lui. Non seulement je l'avais lu mais je le connaissais personnellement. En septembre 1939, le jour de l'invasion de la Pologne par les armées hitlériennes, je l'avais rencontré boulevard Saint-Michel. J'avais quinze ans, j'étais avec mon père. Paul-Louis Landsberg nous accompagnait. Au coin du boulevard et de la rue Soufflot, près du kiosque à journaux qui se trouvait alors devant Chez Capoulade, nous avions rencontré Raymond Aron. Les trois hommes avaient parlé de la guerre qui commençait, des chances de survie de la démocratie. Plus tard, Claude-Edmonde Magny m'avait fait lire son *Introduction à la philosophie de l'Histoire.*

Ça ne pouvait pas m'épater, en somme, que Raymond Aron jouât un rôle de premier plan dans le Paris intellectuel de la Libération.

Il y avait aussi les absents, les chers disparus.

Jean Giraudoux était mort, je l'ignorais. Il était mort deux jours après mon arrivée à Buchenwald. Je me souvenais qu'à Épizy, aux portes de Joigny, lorsque le grand connard de la Gestapo m'avait ouvert le crâne d'un coup de crosse de son pistolet automatique, j'avais pensé que je ne pourrais pas assister à la première représentation publique de *Sodome et Gomorrhe,* prévue quelques semaines plus tard.

Donc, Giraudoux était mort.

Je me demandais, en écoutant le jeune officier français, pourquoi aucun signe ne me l'avait annoncé, à Buchenwald. Il était improbable que la mort de Jean Giraudoux n'eût pas provoqué quelque événement naturel en guise de signe annonciateur. Mais sans doute y en avait-il eu un que je n'avais pas su interpréter, voilà tout. Sans doute, un jour de cet hiver-là, la fumée du crématoire avait-elle soudain été plus légère, plus vaporeuse : flocons à peine gris sur l'Ettersberg pour m'annoncer la mort de Giraudoux.

Je n'avais pas su déchiffrer le signe, voilà tout.

Il y avait d'autres absents : Brasillach avait été fusillé, Drieu la Rochelle s'était suicidé. J'avais toujours préféré Drieu à Brasillach : j'ai préféré son suicide à la mort de celui-ci.

En somme, hormis quelques disparitions naturelles ou provoquées par les événements, il ne semblait pas que le jardin de la littérature française eût été saccagé ou bouleversé. Aucune révélation, nulle vraie surprise : la routine d'une croissance prévisible, quasiment organique. C'était surprenant, à première vue, après un tel cataclysme historique, mais c'était ainsi. Ça prouvait une fois encore que le rythme des maturations et des ruptures n'est pas le même dans l'histoire politique et dans celle des arts et des lettres.

Tout à la fin, pourtant, en désespoir de cause, le jeune officier français m'avait parlé du dernier recueil du poète René Char.

Il avait extrait de sa sacoche de cuir un exemplaire de *Seuls demeurent*, paru quelques semaines plus tôt. Il était enthousiaste, et plus encore à constater qu'il me surprenait enfin, que je ne savais rien de René Char.

J'étais vexé, mais il me fallait bien en convenir.

Au matin du 12 avril 1945, je n'avais pas entendu parler de lui. Je croyais tout savoir, ou quasiment, du domaine poétique français, mais j'ignorais René Char. Je savais par cœur des centaines de vers, de Villon à Breton. Je pouvais même réciter des poèmes de Patrice de La Tour du Pin, ce qui est un comble, franchement ! Mais je ne savais rien de René Char.

Le jeune Français qui portait la France sur son cœur — sur la poche gauche, du moins, de son blouson d'uniforme — se délectait à me vanter les beautés des poèmes de Char, à m'en lire des extraits. À la fin, bon prince condescendant, il a cédé à mes instances répétées : il m'a laissé l'exemplaire de *Seuls demeurent* qu'il avait trimbalé pendant toute la campagne d'Allemagne. À une condition, cependant. Que je lui rende le volume dès que j'aurais été rapatrié.

Il y tenait, une jeune femme le lui avait offert.

J'ai promis, ai noté l'adresse qu'il me donnait. Je n'ai pas ergoté sur le mot « rapatrié ». J'aurais pu, pourtant. Comment pourrait-on rapatrier un apatride, en effet ? Mais je n'ai rien dit, je n'ai pas voulu l'inquiéter, le faire revenir sur sa décision. Peut-être aurait-il moins volontiers prêté son livre à un apatride.

Voilà pourquoi, quelques jours plus tard, sur la place d'appel déserte de Buchenwald, je peux crier à pleins poumons la fin du poème de René Char, *La Liberté*.

> D'un pas à ne se mal guider que derrière l'absence,
> elle est venue, cygne sur la blessure, par cette ligne blanche...

C'est fini, je fais un grand geste amical au soldat américain perché sur la plate-forme de surveillance, ses jumelles braquées sur moi.

4

LE LIEUTENANT ROSENFELD

Le lieutenant Rosenfeld a arrêté la jeep sur le bord de l'Ilm, au-delà du pont de bois qui franchit la rivière. Au bout de l'allée, parmi les bosquets qui commencent à verdir, se dresse la maisonnette de Goethe.

— *Das Gartenhaus,* dit-il.

Le lieutenant Rosenfeld descend de la jeep et m'invite à le suivre.

Nous marchons vers la petite maison de campagne de Goethe, dans la vallée de l'Ilm, aux portes de Weimar. Il y a du soleil. La fraîcheur du matin d'avril est tonique : elle laisse éclater les bulles d'une tiédeur de printemps tout proche.

Un malaise m'envahit, soudain. Ce n'est pas de l'inquiétude, de l'angoisse encore moins. Bien au contraire, c'est la joie qui est troublante : un trop-plein de joie.

Je m'arrête, le souffle court.

Le lieutenant américain se retourne, intrigué de me voir dans cet état.

— Les oiseaux ! lui dis-je.

Nous parlons en allemand, Rosenfeld est un officier de la IIIe Armée de Patton, mais nous parlons en allemand. Depuis le jour de notre rencontre, nous nous sommes parlé en allemand. Je traduirai nos propos pour la commodité du lecteur. Par courtoisie, en somme.

— *Die Vögel* ? répète-t-il, sur le mode de l'interrogation.

Des habitants de Weimar étaient massés dans la cour du crématoire, quelques jours auparavant : des femmes, des adolescents, des vieillards. Pas d'hommes en âge de porter les armes, bien évidemment : ceux-là les portaient encore, la guerre continuait. Les civils, eux, étaient arrivés à Buchenwald en autocars, convoyés par un détachement de Noirs américains. Il y avait beaucoup de soldats noirs, dans les régiments de choc de la IIIe Armée de Patton.

Ce jour-là, certains d'entre eux se tenaient à l'entrée de la cour du crématoire, contre la haute palissade qui en interdisait l'accès habituellement. Je voyais leurs visages figés, masques de bronze impassibles, leur regard attentif et sévère sur la petite foule de civils allemands.

Je me suis demandé ce qu'ils pouvaient penser de cette guerre, ces Noirs américains si nombreux dans les formations d'assaut de la IIIe Armée, ce qu'ils auraient eu à dire de cette guerre contre le fascisme. D'une certaine façon, c'était la guerre qui en faisait des citoyens à part entière. En droit, du moins, sinon toujours dans les faits quotidiens de leur vie militaire. Pourtant, quelle que fût leur situation sociale originaire, l'humilité de leur condition, l'humiliation ouverte ou sournoise à laquelle les exposait la couleur de leur peau, la conscription en avait fait potentiellement des citoyens égaux en droits. Comme si celui de donner la mort leur donnait le droit d'être enfin libres.

La seule discrimination dont ils pourraient désormais être l'objet s'appliquerait de même à tous les autres soldats de l'armée américaine, qu'ils fussent blancs, noirs, jaunes ou métisses : la discrimination technique en fonction de leur savoir-faire dans le métier des armes. Ou bien celle, par ailleurs informulable, mais lourde de conséquences morales, en fonction de leur couardise ou de leur courage au combat.

Dans la cour du crématoire, en tout cas, un lieutenant américain s'adressait ce jour-là à quelques dizaines de femmes, d'adolescents des deux sexes, de vieillards allemands de la ville de Weimar. Les femmes portaient des robes de printemps aux couleurs vives. L'officier parlait d'une voix neutre, implacable. Il expliquait le fonctionnement du four crématoire, donnait les chiffres de la mortalité à Buchenwald. Il rappelait aux civils de Weimar qu'ils avaient vécu, indifférents ou complices, pendant plus de sept ans, sous les fumées du crématoire.

— Votre jolie ville, leur disait-il, si propre, si pimpante, pleine de souvenirs culturels, cœur de l'Allemagne classique et éclairée, aura vécu dans la fumée des crématoires nazis, en toute bonne conscience !

Les femmes — bon nombre d'entre elles, du moins — ne pouvaient retenir leurs larmes, imploraient le pardon avec des gestes théâtraux. Certaines poussaient la complaisance jusqu'à manquer de se trouver mal. Les adolescents se muraient dans un silence désespéré. Les vieillards regardaient ailleurs, ne voulant visiblement rien entendre.

C'est là que j'avais vu pour la première fois ce lieutenant américain. Je l'avais suivi et observé pendant plus de deux heures, tout au long de la visite de Buchenwald imposée par l'armée américaine aux habitants de Weimar.

Très peu de temps après — le surlendemain, peut-être le lendemain même —, j'étais assis en face de lui, dans l'un des anciens bureaux du commandement SS du camp, sur l'avenue des aigles qui menait de la gare à l'entrée monumentale de Buchenwald.

Je pouvais voir sur le rabat de la poche de sa chemise kaki la plaque métallique où s'inscrivaient son nom et son grade : Lt. Rosenfeld.

Il regardait, lui, le matricule, 44904, et le *S* inscrit dans un triangle d'étoffe rouge, que j'arborais sur ma veste de grosse toile bleue.

— Espagnol, a-t-il dit.

Je rappelle que nous parlions en allemand et que le *S* était l'initiale de *Spanier.*

— *Rotspanier,* ai-je précisé. Rouge espagnol.

Sans doute avec outrecuidance. Une certaine arrogance, en tout cas.

Le lieutenant Rosenfeld avait haussé les épaules. Cette précision lui semblait superflue, visiblement.

— Je ne m'attendais vraiment pas à trouver des phalangistes ici ! s'exclama-t-il.

Je n'ai rien dit, il n'y avait rien à dire.

— 44904, a-t-il poursuivi. Ça correspond aux arrivées massives de janvier 44, n'est-ce pas ?

J'ai hoché la tête : ça correspondait, il n'y avait toujours rien à dire.

— Arrêté dans la Résistance française, c'est bien ça ?

C'était bien ça.

— Réseau «Jean-Marie Action», ai-je pourtant précisé. Un réseau Buckmaster.

Son œil a laissé filtrer un éclair d'attention redoublée. «Buckmaster», ça lui disait quelque chose, apparemment.

Je savais que l'administration militaire américaine préparait un rapport d'ensemble sur la vie et la mort à Buchenwald. À cette fin, les détenus qui avaient exercé quelque responsabilité dans la gestion interne du camp étaient convoqués par des officiers des services de renseignements. Le lieutenant Rosenfeld était l'un d'eux. Et j'avais été invité à me présenter ce jour-là pour avoir fait partie de l'*Arbeitsstatistik*, le service où se gérait la distribution de la main-d'œuvre déportée.

— Vous êtes étudiant, je suppose. Mais en quoi ? demanda le lieutenant Rosenfeld.

Ça m'a rappelé quelque chose, un lointain épisode.

— En philosophie, lui ai-je dit, pendant que je me rappelais cet épisode lointain.

— Ça vous fait sourire, la philosophie ? demanda Rosenfeld.

J'avais souri, apparemment.

Mais ce n'était pas la philosophie qui m'avait fait sourire. En tout cas, pas celle de mes études à la Sorbonne. Les cours de Le Senne ne pouvaient pas susciter le moindre sourire, même rétrospectivement. Plutôt un bâillement discret. C'était le souvenir surgi au moment où je lui répondais qui m'avait fait sourire.

J'avais couru dans le long souterrain. Pieds nus, sur le sol de ciment rugueux. Entièrement nu, d'ailleurs : nu de pied en cap. Nu comme un ver. Comme tous les autres déportés de mon convoi, qui couraient avec moi.

Avant, il y avait eu le vacarme, les chiens, les coups de crosse, le pas de course dans la boue, sous la lumière crue des projecteurs, tout au long de l'avenue des aigles. Soudain, nous avions marché lentement, dans un silence glacial. C'était la nuit, finis les grands éclairages wagnériens. On ne distinguait pas bien où nous étions, une fois franchi le portail monumental. Les SS et les chiens étaient restés de l'autre côté. On nous avait conduits jusqu'à un bâtiment à deux étages. Ensuite, au rez-de-chaussée de cet édifice, nous fûmes tassés dans une immense salle de douches, épuisés par les jours et les nuits du voyage dans l'inconnu. Les heures ont passé. L'eau qui coulait aux robinets de la grande salle était infecte, tiède et fétide. Nous ne pouvions étancher notre soif. Certains se sont effondrés dans un sommeil agité. D'autres ont immédiatement essayé de se regrouper, de retrouver des copains, échangeant des débris de nourriture, des souvenirs plus ou moins communs, des mots d'espoir. Plus tard, très longtemps après, ça a bougé de nouveau. Des portes se sont ouvertes, on a hurlé des ordres. Par paquets de quinze à vingt hommes, nous avons été poussés dans une salle attenante. Il fallait nous déshabiller, laisser tous nos vêtements, nos objets personnels — ceux qui avaient pu échapper aux multiples fouilles pratiquées pendant le voyage — sur une sorte de comptoir. Les types qui nous donnaient ces ordres, dans un allemand guttural et primitif, quasi monosyllabique, étaient jeunes. Ils chaussaient des galoches en bois, portaient des espèces de treillis en toile grisâtre, délavée. Ils avaient le crâne rasé, étaient plutôt malabars. Entre eux, ils parlaient en russe. Je n'avais eu aucune difficulté à identifier leur langue. Deux ans auparavant, lorsqu'il m'arrivait de jouer en équipe première du Stade français, dans le championnat de basket, j'avais eu affaire aux garçons du BBCR. Je me souvenais très bien des frères Fabrikant et de leurs coéquipiers. Fort bons joueurs de basket, par ailleurs, ces fils d'émigrés russes blancs. Je les avais entendus parler entre eux, dans les vestiaires ou sur le terrain et je ne pouvais avoir aucun doute : ces jeunes mecs qui nous harcelaient, afin que nous fassions vite (le seul mot de leur langue qui se mêlait aux *Los, Schnell, Scheisse* allemands, était *Bistro*, bien sûr), parlaient russe entre eux. Cela n'avait pas manqué de me surprendre, de trouver ces jeunes costauds russes, visiblement bien nourris, dès mon initiation à la vie du camp. Mais enfin, il n'y avait pas eu beaucoup de possibilités de réflexion ou de curiosité. Ça allait très vite, sous les coups de gueule et les poussées des jeunes Russes. On se retrouvait aussitôt, nus désormais, dans une autre salle de la longue suite de celles qui occupaient le rez-de-chaussée du bâtiment des douches. Là, des coiffeurs, armés de tondeuses électriques dont les fils pendaient du plafond, nous rasaient rudement le crâne, tout le corps. Nus comme des vers, en effet, désormais : l'expression habituelle et banale devenait pertinente. Mais ça continuait d'aller très vite. On n'avait même pas le temps de pouffer de rire ou de dégoût, à contempler le spectacle qu'offraient tous ces corps nus comme des vers. Ou de frémir de crainte, à imaginer ce que cette entrée en matière laissait présager de la suite. Car on avait déjà été poussé *(Los, Schnell, Bistro !)* dans une nouvelle salle presque entièrement occupée par une baignoire-piscine remplie d'un liquide verdâtre, prétendument désinfectant. Il valait mieux s'y plonger, tête la première, de son plein gré. Dans le cas contraire, c'étaient les jeunes Russes qui prenaient un franc et malin plaisir à vous y enfoncer. J'ai donc plongé immédiatement, en fermant les yeux : je gardais un assez mauvais souvenir des baignoires où les hommes de la Gestapo vous enfonçaient la tête sous l'eau.

C'est après toutes ces cérémonies rituelles et purificatrices qu'on s'est retrouvés à courir dans le souterrain qui reliait, je l'ai appris par la suite, le bâtiment des douches et de la désinfection à celui du magasin d'habillement, l'*Effektenkammer.*

Mais ce n'était pas ce souvenir-là qui m'avait fait sourire, on le comprendra aisément. C'était le mot «philosophie», l'idée que j'étais un étudiant en philosophie, ainsi que je venais de le déclarer au lieutenant Rosenfeld. Car on m'avait posé la même question et j'avais fait la même réponse, à la fin de cette longue course dans le couloir souterrain de Buchenwald, le jour de mon arrivée au camp.

Il y avait eu des escaliers à monter et on s'était retrouvés pour finir dans une salle bien éclairée. Sur la droite, derrière un comptoir qui occupait toute la longueur de la salle, des types qui n'étaient plus jeunes, qui n'avaient plus le crâne rasé et qui n'étaient pas russes, nous lançaient au passage des pièces de vêtement. Des caleçons et des chemises sans col d'une toile grossière, des pantalons et des vestes. Un couvre-chef aussi. Et une paire de galoches à semelle de bois, pour finir.

Nous avions enfilé ces vêtements au fur et à mesure qu'ils nous étaient jetés, au hasard. Au jugé, dans le meilleur des cas. Après un coup d'œil sur notre stature ou notre corpulence, ces types nous lançaient des vêtements qu'ils choisissaient dans différents tas alignés devant eux sur le comptoir. Mais ça tombait rarement juste : c'était trop large ou trop étroit, trop long ou trop court. Disparate, surtout. Ainsi, au bout du comptoir, je me suis trouvé affublé d'un vieux pantalon d'étiquette, rayé noir et gris, trop long, et d'une veste de sport brunâtre, étriquée. Et j'avais hérité en prime d'un chapeau mou pisseux à me mettre sur la tête. Seules les galoches étaient neuves, mais c'étaient des pièces extrêmement rudimentaires : une semelle de bois avec une simple lanière de toile pour y glisser le pied. Courir sur la neige avec de telles chaussures était un vrai supplice, je l'apprendrais bientôt.

Vêtu de ces hardes disparates, hagard, hilare, honteux, triturant dans ma main l'horrible chapeau mou, je me suis ensuite trouvé devant une table où des détenus établissaient la fiche d'identité des nouveaux arrivés.

J'ai supposé que c'étaient des détenus, du moins. Ce n'étaient pas des SS, en tout cas. Pas des militaires de la Wehrmacht non plus. C'étaient des civils allemands, mais ils portaient un matricule et un triangle rouge cousus sur le devant de leurs vestes. Des détenus, donc, vraisemblablement, mais quelle sorte de détenus ?

L'homme devant lequel le hasard m'avait placé avait une quarantaine d'années. Des cheveux gris. Un regard prodigieusement bleu, prodigieusement triste aussi. Ou bien dénué de toute curiosité, désormais. Tourné sans doute vers l'intériorité d'un absolu manque d'espérance, me semblait-il. Quoi qu'il en soit, l'homme devant lequel le hasard m'avait placé m'a demandé mon nom, mon prénom, le lieu et la date de ma naissance, ma nationalité. Mes signes d'identité, en fin de compte. A la fin, il m'a demandé ma profession.

— *Philosophiestudent,* lui ai-je répondu. Étudiant en philosophie.

Une sorte d'éclair a jailli dans son regard morne, prodigieusement bleu, prodigieusement désabusé.

— Non, a-t-il dit, péremptoire, ce n'est pas vraiment une profession. *Das ist doch kein Beruf !*

Je n'ai pas pu m'empêcher de lui faire une astuce de khâgneux germaniste.

— *Kein Beruf aber eine Berufung !*

J'étais très content de mon jeu de mots.

Un sourire a brièvement éclairé le visage sévère de l'homme qui établissait ma fiche d'identité. Il appréciait mon jeu de mots, vraisemblablement. C'est-à-dire, il appréciait ma maîtrise de la langue allemande. En français, ma formule aurait été plate, banalement informative. Ce n'était pas une profession mais une vocation, avais-je dit, que d'étudier la philosophie. En allemand, le contrepoint phonétique et sémantique entre *Beruf* et *Berufung* était piquant et significatif. J'étais satisfait de mon impromptu linguistique.

Le détenu au regard bleu était redevenu grave.

— Ici, a-t-il dit, les études de philosophie ne sont pas une profession convenable ! Ici, il vaut mieux être électricien, ajusteur, maçon... Ouvrier spécialisé, en somme !

Il a insisté sur ce dernier terme.

— *Facharbeiter*, a-t-il répété plusieurs fois.

Il me regardait dans les yeux.

— Ici, pour survivre, a-t-il ajouté, martelant les mots, il vaut mieux avoir une profession de cette sorte !

J'avais vingt ans, j'étais un khâgneux sans expérience de la vie. Je n'ai rien compris au message que cet homme essayait de me transmettre.

— Je suis un étudiant en philosophie, rien d'autre, me suis-je entêté.

Alors, le type au regard bleu a fait un geste d'impuissance ou d'impatience. Il m'a renvoyé et a appelé le suivant dans la file d'attente, tout en finissant de remplir ma fiche d'identité.

— Voilà pourquoi j'ai souri, dis-je au lieutenant Rosenfeld. À cause de ce souvenir.

Je viens de lui raconter ce lointain épisode.

Il m'a écouté avec une attention visible.

— C'est un bon début, murmure-t-il ensuite.

— Début de quoi ? lui dis-je, surpris par sa voix assourdie.

Il m'offre une cigarette. Son regard s'est troublé, sa main tremble un peu, me semble-t-il.

— Début de l'expérience, dit-il. Et du récit que vous pourriez faire de cette expérience !

J'avais eu moins de succès avec l'officier à la croix de Lorraine, quelques jours auparavant. Il m'avait donné le volume de René Char («prêté», devrais-je dire : il avait beaucoup insisté pour que je le lui rende, une fois revenu à Paris), mais il n'avait pas apprécié le début de mon récit. Il est vrai que je n'avais pas commencé par ce commencement-là. J'avais choisi le dimanche, pour commencer mon récit : la profondeur des dimanches à Buchenwald. J'avais choisi de l'introduire dans l'enfer des dimanches par un chemin paradisiaque : par les images de *Mazurka*, un film de Pola Negri. Mais l'officier français avait été scandalisé par le début de mon récit. Stupéfait, du moins, et décontenancé. Pola Negri ? Il ne s'attendait pas du tout à cela. Il n'avait pu se remettre de cette première mauvaise impression. Il n'avait pas réussi ensuite, à se laisser entraîner par moi dans la grouillante profondeur des dimanches, à cause de Pola Negri.

Qu'aurait pensé de cet autre début le lieutenant Rosenfeld ?

— Il y a toutes sortes de bons débuts, lui dis-je. Celui-ci est anecdotique. Il faudrait commencer par l'essentiel de cette expérience...

— Vous savez déjà ce qu'est l'essentiel ?

Je hoche la tête. J'aspire une longue bouffée de ma cigarette. Je me remplis la bouche, la gorge, les poumons, de cette fumée de miel délicieuse et violente. C'est infiniment meilleur que l'âcre saveur de la *machorka*, l'herbe russe. Ce n'est même pas comparable. Mais je sais déjà que j'aurai toute ma vie un souvenir nostalgique des mégots de *machorka* fumés avec des copains.

L'essentiel ? Je crois savoir, oui. Je crois que je commence à savoir. L'essentiel, c'est de parvenir à dépasser l'évidence de l'horreur pour essayer d'atteindre à la racine du Mal radical, *das radikal Böse*.

Car l'horreur n'était pas le Mal, n'était pas son essence, du moins. Elle n'en était que l'habillement, la parure, l'apparat. L'apparence, en somme. On aurait pu passer des heures à témoigner sur l'horreur quotidienne sans toucher à l'essentiel de l'expérience du camp.

Même si l'on avait témoigné avec une précision absolue, avec une objectivité omniprésente — par définition interdite au témoin individuel — même dans ce cas on pouvait manquer l'essentiel. Car l'essentiel n'était pas l'horreur accumulée, dont on pourrait égrener le détail, interminablement. On pourrait raconter n'importe quelle journée, à commencer par le réveil à quatre heures et demie du matin, jusqu'à l'heure du couvre-feu : le travail harassant, la faim perpétuelle, le permanent manque de sommeil, les brimades des kapos, les corvées de latrines, la «schlague» des SS, le travail à la chaîne dans les usines d'armement, la fumée du crématoire, les exécutions publiques, les appels interminables sous la neige des hivers, l'épuisement, la mort des copains, sans pour autant toucher à l'essentiel, ni dévoiler le mystère glacial de cette expérience, sa sombre vérité rayonnante : *la ténèbre qui nous était échue en partage*. Qui est échue à l'homme en partage, de toute éternité. Ou plutôt, de toute historicité.

— L'essentiel, dis-je au lieutenant Rosenfeld, c'est l'expérience du Mal. Certes, on peut la faire partout, cette expérience... Nul besoin des camps de concentration pour connaître le Mal. Mais ici, elle aura été cruciale, et massive, elle aura tout envahi, tout dévoré... C'est l'expérience du Mal radical...

Il a sursauté, son regard s'est aiguisé.

Das radikal Böse ! Il a saisi visiblement la référence à Kant. Le lieutenant Rosenfeld était-il aussi un étudiant en philosophie ?

C'est dans la puanteur du block 56, celui des invalides, que j'aurais dû commencer ce récit, dis-je au lieutenant américain. Dans la puanteur étouffante et fraternelle des dimanches, autour de Halbwachs et de Maspero.

— Le Mal n'est pas l'inhumain, bien sûr... Ou alors c'est l'inhumain chez l'homme... L'inhumanité de l'homme, en tant que possibilité vitale, projet personnel... En tant que liberté... Il est donc dérisoire de s'opposer au Mal, d'en prendre ses distances, par une simple référence à l'humain, à l'espèce humaine... Le Mal est l'un des projets possibles de la liberté constitutive de l'humanité de l'homme... De la liberté où s'enracinent à la fois l'humanité et l'inhumanité de l'être humain...

J'ai évoqué pour le lieutenant Rosenfeld nos conversations du dimanche, autour des châlits où s'allongeaient, déjà épuisés, encore vivaces intellectuelle-ment, Halbwachs et Maspero. J'ai évoqué les figures de tous ceux d'entre nous qui se réunissaient le dimanche autour de Halbwachs et de Maspero.

— Et puis, de cette expérience du Mal, l'essentiel est qu'elle aura été vécue comme expérience de la mort... Je dis bien «expérience» ... Car la mort n'est pas une chose que nous aurions frôlée, côtoyée, dont nous aurions réchappé, comme d'un accident dont on serait sorti indemne. Nous l'avons vécue... Nous ne sommes pas des rescapés, mais des revenants... Ceci, bien sûr, n'est dicible qu'abstraitement. Ou en passant, sans avoir l'air d'y toucher... Ou en riant avec d'autres revenants... Car ce n'est pas crédible, ce n'est pas partageable, à peine compréhensible, puisque la mort est, pour la pensée rationnelle, le seul événement dont nous ne pourrons jamais faire l'expérience individuelle... Qui ne peut être saisi que sous la forme de l'angoisse, du pressentiment ou du désir funeste...

Sur le mode du futur antérieur, donc... Et pourtant, nous aurons vécu l'expé-rience de la mort comme une expérience collective, fraternelle de surcroît, fondant notre être ensemble Comme un *Mit-sein-zum-Tode*...

Le lieutenant Rosenfeld m'interrompt.

— Heidegger ? s'exclame-t-il. Vous avez lu Martin Heidegger !

Le livre était exposé à la devanture d'une librairie allemande, boulevard Saint-Michel.

Pendant l'hiver 40-41 — j'étais en classe de philosophie — les autorités d'occu-pation avaient ouvert une librairie au coin du boulevard et de la place de la Sorbonne. Il y avait eu auparavant un café à cet endroit, le D'Harcourt. Je passais tous les jours dans les parages, avant et après les cours à Henri-IV. Je passais devant cette librairie allemande, je regardais parfois quels livres s'y trouvaient, mais l'idée d'y entrer ne m'effleurait même pas. Jusqu'au jour où j'ai remarqué dans une vitrine un exemplaire de *Sein und Zeit* de Heidegger. Ce jour-là, après avoir longuement hésité, j'ai fini par franchir le seuil pour acheter le livre.

C'était à cause d'Emmanuel Levinas. C'était lui qui m'incitait à entrer dans cette librairie allemande. La lecture de ses essais, du moins. J'avais découvert, en effet, pendant cette année de Hilo, les travaux que Levins avait publiés naguère, dans diverses revues philosophiques, sur Husserl et Heidegger. Je les avais lus, relus, annotés. D'où une curiosité et un intérêt tout neufs pour la phénoménologie et la philosophie de l'existence.

Il y avait à Henri-IV deux classes de philosophie. Le professeur de l'une était Maublanc, un marxiste. L'autre était Bertrand, un rationaliste critique, dont le modèle — la référence méthodologique, du moins — était l'enseignement de Léon Brunschvicg. J'étais dans la classe de Bertrand. Mes rapports avec lui étaient ambigus : j'étais son meilleur élève et il me chouchoutait, s'intéressant à mes lectures et à mes préoccupations, en dehors de l'enseignement proprement dit. J'appréciais chez lui ses qualités de pédagogue, la passion qu'il mettait à faire découvrir à ses élèves l'univers historique de la philosophie. Sur le plan des idées, cependant, je m'éloignais chaque jour davantage de lui, de la sécheresse intemporelle, quelque peu confite en dévotion rationaliste, de sa vision du monde. D'un monde idéel et immobile, flottant au-dessus de la sanglante mêlée de l'histoire.

Bertrand regrettait notre divergence intellectuelle. Il aurait souhaité me voir briller dans mes études de philosophie, mais de la lumière douce et nuancée de la sagesse raisonnable et raisonnante qu'il enseignait. Ainsi, lorsque j'obtins à la fin de l'année scolaire le deuxième prix de philosophie du Concours général, Bertrand fut partagé entre la joie de m'avoir eu comme élève, de m'avoir si bien préparé à cette joute intellectuelle, ce triomphe éphémère, et le chagrin de savoir que j'avais traité le sujet — «L'intuition selon Husserl», tel en était l'intitulé — de façon objective, sans faire la critique radicale des visions eidétiques. En vérité, dirai-je en passant, c'est à la lecture d'Emmanuel Levinas, plutôt qu'au cours de Bertrand, que j'étais redevable de cette récompense universitaire.

Paradoxalement, à première vue du moins, bien que ce fût mon intérêt pour le monde réel qui me rendait sensible aux idées de Husserl et de Heidegger découvertes chez Levinas, cette première approche était dégagée de tout souci du contexte historique de leur œuvre. Ainsi, j'ignorais que Husserl avait été chassé de l'Université allemande parce que juif. J'ignorais aussi que *Sein und Zeit*, dans les éditions antérieures à la montée du nazisme au pouvoir, avait été dédié à Husserl et que cette dédicace avait disparu dès que le vieux maître de Heidegger était tombé en disgrâce, victime de la purification ethnique de l'Université allemande. L'exemplaire que j'avais acheté dans la librairie du boulevard Saint-Michel ne comportait pas de dédicace. Je ne pouvais ni m'en étonner ni m'en indigner, puisque je ne savais pas que le nom de Husserl aurait dû y figurer. Je ne savais pas que Heidegger l'avait délibérément effacé, comme on efface quelque chose de sa mémoire : un mauvais souvenir. Comme on efface un nom sur une tombe, peut-être.

C'est le lieutenant Rosenfeld qui m'a, le premier, parlé des rapports de Heidegger avec le nazisme. À peine lui avais-je dit cette formule, *Mit-Sein-zum-Tode*, empruntée à Heidegger, mais transformée, dans sa substance, qu'il m'avait parlé de l'engagement nazi du philosophe.

Quoi qu'il en soit, la lecture de Levinas m'avait amené à surmonter mes doutes, un lointain jour d'hiver : j'étais finalement entré dans cette librairie allemande.

Après de nouvelles hésitations, j'avais fini par acheter le livre. Une folie : le prix en était ruineux pour mes modestes finances. Combien de repas aurai-je dû sacrifier pour posséder le volume de Martin Heidegger ?

J'avais donc passé de longues soirées austères, cet hiver-là, l'hiver de l'année scolaire 40-41, à étudier *Sein und Zeit*. Heidegger aura été (avec saint Augustin, à vrai dire) le philosophe dont j'ai le plus systématiquement exploré la pensée, ces mois-là. Je dirai, pour être tout à fait explicite, que ce n'était pas Emmanuel Levinas qui m'avait conduit à la lecture des *Confessions* et de *La Cité de Dieu* de saint Augustin, c'était Paul-Louis Landsberg. Et mon propre désir, surtout, de mettre au clair, une fois pour toutes, mes rapports de voisinage avec Dieu.

Le livre de Heidegger ne m'avait pas impressionné outre mesure. Sans doute y avait-il eu une certaine fascination, parfois mêlée d'irritation, pour le langage du philosophe. Pour cette obscurité foisonnante dans laquelle il fallait s'ouvrir un chemin, aménager des éclaircies, sans jamais parvenir à une définitive clarté. Travail de déchiffrement intellectuel toujours inachevé, qui devenait passionnant par son inachèvement même. Les résultats partiels en valaient-ils la peine ? Ce n'était pas sûr. Parfois, certes, j'avais eu l'impression de fulgurantes découvertes. Impression bientôt évanouie, ou obscurcie, démentie même, par mes progrès dans la maîtrise de l'ensemble, sa somptueuse vacuité. Parfois, j'avais été irrité jusqu'à l'indignation ou le fou rire, par l'opacité improductive du mouvement conceptuel, du jargon ésotérique, par des tours de passe-passe purement langagiers.

D'ailleurs, la philosophie de Heidegger est-elle concevable dans une langue autre que l'allemand ? Je veux dire, le travail retors de torsion et de distorsion que Martin Heidegger a pratiqué sur le langage est-il pensable dans une autre langue que l'allemand ? Quelle autre langue supporterait, sans se défaire en bribes poussiéreuses, une telle instillation d'obscurités, de pseudo-étymologies torturées et torturantes, de résonances et d'assonances purement rhétoriques ? Mais la langue allemande l'a-t-elle vraiment supporté ? Heidegger ne lui a-t-il pas porté un coup dont elle mettra longtemps à se remettre, dans le domaine du moins de la recherche philosophique ?

On me dira que Heidegger a devancé cette question, qu'il l'a en quelque sorte désamorcée en proclamant d'emblée que l'allemand était — avec le grec ancien, ce qui nous la baille belle ! — la seule langue philosophique concevable. Mais ce n'est qu'une ruse assez primitive, assez arrogante aussi, qui oblige simplement à formuler autrement l'interrogation : une pensée philosophique peut-elle être vraiment profonde, vraiment universelle — même lorsque son champ d'application vise à une extrême singularité — si elle ne peut s'articuler qu'en une seule langue, si son essence échappe à toute traduction, la déjouant radicalement dans son expression originaire ?

L'essentiel n'est pas là, cependant. L'essentiel est que le questionnement fondamental qui sous-tend l'entreprise de Heidegger me semble tout bonnement insignifiant. Pourquoi y a-t-il de l'Être plutôt que rien : cette question m'a toujours paru positivement insensée. C'est-à-dire non seulement dépourvue de sens, mais dépourvue aussi de toute possibilité d'en produire. L'oubli de la question de l'Être est, en effet, la condition même de l'émergence d'une pensée du monde, de l'historicité de l'être-au-monde de l'homme.

Si l'on tient absolument à commencer la méditation philosophique par un questionnement de ce genre, aussi obtusément radical, la seule interrogation productive de sens serait à peu près celle-ci : pourquoi l'homme est-il un être qui éprouve — pour exister, pour se savoir au monde — le besoin vital, compulsif, de se poser la question du Non-Être, celle de sa propre finitude ? La question de la transcendance, donc ?

— Les oiseaux ? a demandé le lieutenant Rosenfeld, en se tournant vers moi, visiblement étonné.

Nous sommes quelques jours plus tard, sur les bords de l'Ilm, aux portes de Weimar. Nous marchons vers la maisonnette où Goethe se retirait, à la belle saison, pour y goûter les charmes mêlés de la fraîcheur et de la solitude.

Oui, les oiseaux. Leur présence bruissante et multiple, dans les ramures de la vallée. Leurs chants, leurs trilles, leur rumeur, qui soudain m'enivre, fait faiblir mon cœur. Leur sourde présence, leur éclatante invisibilité, comme un remous de la vie, un dégel soudain, après toutes ces années de silence glacial.

Les oiseaux, sans doute. La joie soudaine, trop forte, de les entendre de nouveau m'a fait perdre le souffle.

Le lieutenant Rosenfeld hoche la tête, après avoir écouté mes explications.

— Qu'est-ce qui a fait fuir les oiseaux de l'Ettersberg ? demande-t-il.

— L'odeur du crématoire, lui dis-je. L'odeur de chair brûlée.

Il regarde autour de lui le paysage charmant des bords de l'Ilm. On aperçoit la tour du château, son clocheton baroque, qui surplombe la faille du terrain où coule la rivière.

— Reviendront-ils désormais ? murmure-t-il.

Nous reprenons notre marche.

— Goethe ne serait pas non plus un mauvais début, lui dis-je, en recommençant la conversation que nous n'avons cessé de poursuivre depuis le premier jour.

Il me regarde, ironique et intéressé.

— Là, je vous attends au tournant ! s'exclame-t-il. Si Pola Negri a décontenancé votre officier français, Goethe l'aurait fait tomber à la renverse !

— Pas du tout ! Car je n'aurais pas parlé de Goethe à brûle-pourpoint, juste pour l'épater ! Goethe et Eckermann sur l'Ettersberg, leurs délicates et savantes conversations à l'endroit même où le camp a été construit... Non, trop simple ! J'aurais commencé par Léon Blum...

Il s'arrête et me fait face, visiblement surpris.

— Blum a été évacué de Buchenwald le 3 avril, s'exclame-t-il. C'est moi qui ai interrogé l'*Obersturmführer* SS qui s'est occupé de son départ ! Il était perclus de rhumatismes, ça n'a pas été facile de le caser dans la voiture, m'a dit le SS !

Les villas où avaient été enfermés les prisonniers spéciaux étaient vides, le 11 avril, lorsque le camp a été libéré. Mais nous ne savions pas ce qu'il était advenu des personnalités de diverses origines détenues en otages dans le quartier SS.

— Où ont-ils emmené Blum ?

— Vers le sud, me dit-il. Ratisbonne était la première étape prévue, semble-t-il. Il n'a pas encore été retrouvé par les troupes alliées...

— Nous avons appris que Blum était là en 1944, lui dis-je. Au mois d'août... Des déportés belges et français qui faisaient des réparations dans les villas SS, après le bombardement américain des usines d'armement de Buchenwald, l'ont reconnu un jour...

Nous reprenons notre marche vers la maisonnette de Goethe.

— Mais je ne comprends pas, dit le lieutenant Rosenfeld, le sourcil froncé. Pourquoi commencer par Blum si vous voulez parler de Goethe ?

Je ne suis pas mécontent de le prendre en flagrant délit d'ignorance. Depuis que j'ai rencontré le lieutenant Rosenfeld, le 19 avril — j'ai des raisons et des repères indiscutables pour l'affirmer avec assurance, de même que je peux être certain de la date de ma promenade avec lui dans la vallée de l'Ilm, aux portes de Weimar : le 23 avril, le jour de la Saint-Georges : «Pour votre fête, je vais vous faire un cadeau, m'avait dit Rosenfeld ce matin-là, je vous emmène à Weimar !» —, depuis lors, donc, il m'a toujours surpris et parfois agacé par sa culture et l'ampleur de ses connaissances. Je ne suis pas mécontent de le prendre pour une fois en flagrant délit d'ignorance, puisqu'il n'a pas l'air de saisir le lien évident qui existe entre Blum et Goethe.

— Léon Blum, lui dis-je, du ton de l'évidence, a écrit il y a fort longtemps un livre intitulé *Nouvelles Conversations de Goethe avec Eckermann* !

Il l'ignorait, ça l'excite prodigieusement de l'apprendre. Je lui en dis un peu plus.

Peut-être le moment est-il venu de parler du lieutenant Rosenfeld. Il est devant moi, à quelques dizaines de mètres de la maison d'été de Goethe. Tout heureux d'apprendre ce détail sur l'œuvre de Blum. Peut-être vais-je profiter de ce moment pour parler de Walter Rosenfeld, que je n'ai jamais revu, dont je n'ai plus jamais eu de nouvelles, mais dont la brève apparition dans ma vie n'aura pas été vaine. N'aura pas été insignifiante, loin de là. Pendant que je lui explique de quoi il était question dans l'essai de Blum, quel était le propos des *Nouvelles Conversations de Goethe avec Eckermann*, j'aurai le temps de vous parler de Rosenfeld. Car je ne vais pas aller au plus court, me borner à une information bibliographique succincte sur l'essai de Blum. Je me connais assez pour savoir que je vais parler à Rosenfeld de Lucien Herr, et de l'affaire Dreyfus, du pavillon où il avait vécu à la fin de sa vie, boulevard de Port-Royal, où sa famille vivait toujours quand je l'ai connue, en 1942. Je vais lui parler de Mme Lucien Herr, haute silhouette fragile et infatigable, de la bibliothèque du rez-de-chaussée ouverte sur le jardin intérieur où j'avais lu les *Nouvelles Conversations* dans l'exemplaire dédicacé à Herr par Léon Blum. En arriver à l'Ettersberg, au hasard qui a conduit Blum, prisonnier de la Gestapo, sur les lieux mêmes où se déroulèrent les conversations de Goethe et d'Eckermann, parmi les chênes et les hêtres de la forêt de l'Ettersberg, ça va me prendre quelque temps, juste celui qu'il me faudra pour vous présenter le lieutenant Rosenfeld.

Il était de cinq ans mon aîné, avait donc vingt-six ans. Malgré son uniforme et sa nationalité américaine, il était allemand. Je veux dire qu'il était né en Allemagne, dans une famille juive de Berlin, émigrée aux États-Unis en 1933, lorsque Walter avait quatorze ans.

Il avait opté pour la nationalité américaine afin de porter les armes, de faire la guerre au nazisme. De faire la guerre à son propre pays, en somme. En devenant américain, il avait choisi l'universalité de la cause démocratique : la défaite de son pays était la condition nécessaire pour que cette universalité possible devienne concrète.

Je l'avais écouté me raconter cette enfance, cet exil, ce retour belliqueux au pays natal et je m'étais souvenu de son visage sévère, de sa voix implacable, lorsqu'il s'adressait à ses compatriotes de Weimar, dans la cour du crématoire. Je me suis aussi souvenu de Kaminski, dans la baraque des contagieux, quelques semaines plus tôt, un dimanche de bourrasque de neige sur le camp : il avait allumé la lampe après le récit du survivant du *Sonderkommando* d'Auschwitz. «N'oubliez pas, avait-il dit, avec cette même voix, sévère et sombre, qu'avait Rosenfeld, n'oubliez jamais ! L'Allemagne ! C'est mon pays qui est coupable...»

Dès le premier jour de notre rencontre, le 19 avril, le lieutenant américain Walter Rosenfeld, Juif berlinois, m'avait parlé de son enfance, de son exil, de son retour au pays natal. Des années plus tard, toute une vie plus tard, j'ai évoqué le souvenir du lieutenant Rosenfeld pour Axel Corti. Il n'était pas berlinois, lui, mais viennois. Il avait écrit et filmé une trilogie cinématographique, *Welcome to Vienna*, pour narrer un retour de cette sorte. J'ai évoqué pour Axel Corti la mémoire du lieutenant Rosenfeld, sa mince silhouette dégingandée, son regard aigu et triste, son vaste savoir. Quand j'ai parlé de lui avec Corti, dans le courant d'une discussion sur un projet commun de film, c'est le paysage de la vallée de l'Ilm qui m'est revenu à la mémoire. Je revoyais alors la maisonnette à colombages de Goethe, au pied de la colline, au-delà de la rivière, sous le soleil d'avril. Axel Corti est l'une des rares personnes avec lesquelles j'aie parlé du lieutenant Rosenfeld. À cause de l'exil, bien sûr, à cause de l'amer retour au pays natal : une expérience qui les rapprochait dans mon esprit.

En tout cas, c'est à cause de Heidegger, de l'intrusion de Martin Heidegger dans notre conversation, que le lieutenant Rosenfeld m'avait parlé de son enfance berlinoise, dès le premier jour. Il avait beaucoup à me dire sur l'engagement politique du philosophe de Todtnauberg. Par sa famille d'abord, par ses études universitaires ensuite, Walter Rosenfeld avait été en rapport avec les milieux intellectuels allemands et autrichiens exilés aux États-Unis. C'est par ces milieux, par les multiples réseaux de communication qu'ils avaient maintenus avec l'Allemagne, malgré la guerre et la censure, qu'il possédait des informations précises sur l'attitude pronazie de Heidegger, de 1933 jusqu'au moment où nous parlions, en avril 1945.

Au cours d'entretiens postérieurs, Rosenfeld me parla de ces exilés. Il me parla de l'Institut für Sozialforschung, d'Adorno, Horkheimer et Marcuse. Il me parla de Hannah Arendt — une ancienne élève de Heidegger, par ailleurs — dont il disait merveille. Il me parla de l'écrivain Bertolt Brecht. D'autres encore, qui avaient vécu et travaillé aux États-Unis.

Parmi tous ces noms, qui éveillaient en moi des horizons inconnus, des curiosités et des appétits de savoir, les seuls que je connusse déjà étaient ceux de Brecht et de Broch. Avec *L'Homme sans qualités* de Musil, j'avais trouvé, en effet, *Les Somnambules* de Hermann Broch dans la bibliothèque d'Édouard-Auguste Frick, rue Blaise-Desgoffe, à Paris. Frick était un Genevois érudit, fortuné et généreux, ami du groupe Esprit, qui nous avait hébergés pendant plusieurs mois, mon frère Alvaro et moi. Il disposait d'une bibliothèque épatante, dont une bonne partie en langue allemande. J'en avais dévoré les volumes par dizaines.

Bertolt Brecht, quant à lui, ce n'est pas rue Blaise-Desgoffe que je l'avais découvert, mais rue Visconti. Chez une jeune femme, une Viennoise, qui m'avait «cadré» — ou qui avait été mon contact, si vous préférez un langage moins ésotérique — à une certaine époque de l'Occupation, pour le compte de la MOI, l'organisation communiste clandestine qui encadrait les militants étrangers.

> *O Deuschland, bleiche Mutter !*
> *Wie sitzest Du besudelt*
> *Unter den Völkern...*

La nuit était tombée, rue Visconti, au printemps 1943. Le couvre-feu nous avait surpris, plus question de quitter l'appartement, de risquer de tomber sur un contrôle de police, qu'il fût allemand ou français. Julia s'en voulait de ce manquement aux règles élémentaires de la sécurité. Mais il était trop tard pour me faire partir. Ce n'était pas l'avenir du monde, ni les subtilités du livre légendaire de Lukács, *Geschichte und Klassenbewusstsein,* qui nous avaient distraits du temps qui passait. C'était la littérature.

Nous avions tous deux la passion que peuvent avoir des étrangers pour la langue française, quand celle-ci devient une conquête spirituelle. Pour sa possible concision chatoyante, pour sa sécheresse illuminée. De fil en aiguille, de Jean Giraudoux en Heinrich Heine, nous en étions venus à nous réciter des poèmes. D'où l'oubli de l'heure qui tournait, le piège refermé du couvre-feu.

Julia m'avait récité des vers de Brecht, rue Visconti, en 1943. Elle m'avait longuement parlé de l'écrivain. Sur le pas de sa porte, le jour revenu, le couvre-feu levé, elle avait tendu la main vers mon visage, avec une inquiète tendresse. «Ne meurs pas !» m'avait-elle murmuré.

J'avais ri, vexé qu'elle puisse me croire mortel, vulnérable, même. Je ne pouvais deviner quelle ténèbre allait bientôt m'échoir en partage.

Ainsi, lorsque le lieutenant Rosenfeld, en avril 1945, m'avait parlé des écrivains allemands exilés aux États-Unis, je connaissais déjà Hermann Broch et Bertolt

Brecht. Grâce à la bibliothèque d'un Genevois disert et fortuné qui s'appelait Édouard-Auguste Frick et à la passion littéraire d'une Viennoise qui portait le pseudonyme de Julia et qui avait travaillé, dès son plus jeune âge, dans l'appareil du Komintern.

O Deutschland, bleiche Mutter !

C'est le lieutenant Rosenfeld qui murmure à présent la fin du poème, où cette invocation est reprise. Nous sommes assis sur l'herbe tendre de la prairie qui descend en pente douce vers l'eau de l'Ilm, devant la maisonnette rustique de Goethe. Et je viens de lui raconter l'épisode d'il y a deux ans : ma découverte de la poésie de Brecht.

> Ô Allemagne, mère blafarde !
> Comment tes fils t'ont-ils traitée
> Pour que tu deviennes la risée
> ou l'épouvantail des autres peuples !

Le lieutenant murmure la fin du poème, les yeux mi-clos. Un rayon de soleil s'accroche, incandescent, au canon du pistolet-mitrailleur qu'il a posé à ses côtés.

Nous n'avions pas pu entrer dans la maison campagnarde de Goethe. La porte en était fermée à double tour, cadenassée. Personne n'avait l'air de savoir qui avait la charge des clefs, de la surveillance. Nous avions dû nous contenter d'en faire le tour, mais Rosenfeld m'avait tout dit à son sujet. Assez, du moins, pour que je n'en puisse retenir qu'une partie. Il faut dire qu'il était un guide omniscient, méticuleux et plein de verve. J'avais retenu que la maisonnette était un cadeau du duc Charles-Auguste, en 1776, et que Goethe y avait séjourné régulièrement, les années suivantes. La dernière trace de son passage au Gartenhaus datait du 20 février 1832, m'avait dit Rosenfeld, avec une assurance qui me paraissait quelque peu irréelle. Irritante, même.

Ce matin-là, lorsque j'avais franchi la grille de la porte monumentale de Buchenwald, pour aller à mon rendez-vous quotidien avec lui, le soldat américain qui y montait une garde nonchalante m'avait interpellé.

— Vous, mon vieux, je vous connais !

Il ne regardait même pas le laissez-passer que Rosenfeld m'avait fait établir. Il mimait le geste de porter à ses yeux une paire de jumelles.

— Je vous ai observé l'autre jour... Vous criiez à tue-tête sur la place d'appel, tout seul... C'était quoi ?

— Des vers, lui avais-je répondu.

Il en demeura bouche bée.

— De la poésie ? Merde alors !

Mais il n'avait pas dit «merde», bien sûr. Il n'avait pas non plus dit le mot auquel on pouvait s'attendre : *shit*. Il avait juré en espagnol pour exprimer sa surprise. Il avait dit *coño*.

— *Poetry ? ¡Coño !* s'était-il écrié.

Nous avions alors échangé quelques mots en espagnol et je m'étais dit que j'aimais bien cette armée américaine. La tenue, aussi bien vestimentaire que protocolaire, y avait l'air plus souple, plus désinvolte que dans les autres armées dont j'avais quelque expérience. Moins militaire, pour le dire clairement. Et cette impression se voyait confirmée par la diversité des origines et des cultures de ces soldats citoyens. Le lieutenant avec lequel je parlais depuis quatre jours de la vie et de la mort à Buchenwald était un Juif allemand. Les sous-officiers et les soldats qui étaient venus jouer du jazz avec nous — je veux dire : avec l'orchestre clandestin qu'avait organisé Jiri Zak, mon copain communiste tchèque — étaient noirs. Et il y avait aussi de nombreux soldats originaires du Nouveau-Mexique, dont l'espagnol mélodieux me ravissait. Ou me troublait : que la langue de mon enfance fût celle de la liberté, pas seulement celle de l'exil et du souvenir angoissé, était troublant.

Quelques jours plus tôt, alors que le lieutenant Rosenfeld s'adressait aux civils allemands de Weimar, dans la cour du crématoire, j'avais remarqué un tout jeune soldat américain. Son regard, dilaté d'horreur, était fixé sur l'amoncellement de cadavres qui s'entassaient à l'entrée du bâtiment des fours. Un amoncellement de corps décharnés, jaunis, tordus, d'os pointus sous la peau rêche et tendue, d'yeux exorbités. J'avais observé le regard épouvanté, révolté, du jeune soldat américain, dont les lèvres s'étaient mises à trembler. Soudain, à quelques pas de distance, je l'avais entendu murmurer. D'une voix basse mais distincte, en espagnol, il s'était mis à prier. *Padre nuestro que estás en los cielos...* J'avais été bouleversé de l'entendre. Non pas d'entendre une prière : il y avait longtemps que je me refusais cette consolation désolante, que je m'interdisais ce recours. J'avais été bouleversé de constater que la langue de mon enfance, soudain sonore à mes côtés, fût celle qui exprimât la vérité funeste de cet instant.

— *Poetry ? ¡Coño !* s'était donc écrié cet autre soldat américain originaire du Nouveau-Mexique, ce matin-là.

Nous avions échangé quelques mots en espagnol. Lui aussi pouvait réciter des poèmes, m'avait-il dit. Il en avait aussitôt apporté la preuve, d'ailleurs, en déclamant avec une emphase proprement castillane, malgré son accent mexicain, une poésie de Rubén Darío, dont il avait conclu la récitation par un grand geste des bras vers l'horizon imaginaire d'une plage océanique où auraient défilé des troupeaux d'éléphants de combat harnachés pour la parade.

> *... y el Rey mandó desfilar*
> *cuatrocientos elefantes por las orillas del mar...*

Le lieutenant Rosenfeld, donc, ce jour-là, m'avait accueilli en rappelant que nous étions le 23 avril, jour de la Saint-Georges. Il m'offrait en cadeau une visite de Weimar.

Les rues de la petite ville étaient désertes, quasiment, quand nous y arrivâmes. J'avais été frappé par sa proximité : quelques kilomètres seulement séparaient

Buchenwald des premières maisons de Weimar. Sans doute le camp avait-il été construit sur le versant opposé de l'Ettersberg. La ville en devenait invisible pour nous qui étions tournés vers une plaine verdoyante où s'étalaient quelques villages paisibles. Mais elle était toute proche, quasiment déserte sous le soleil d'avril quand nous y entrâmes. Le lieutenant Rosenfeld fit lentement tourner la jeep dans les rues et les places. Celle du marché, au centre de la ville, avait souffert des bombardements alliés : tout le côté nord en portait les traces. Ensuite, Rosenfeld avait arrêté son véhicule sur le Frauenplan, devant la maison citadine de Goethe.

Le vieil homme qui avait fini par nous ouvrir la porte n'était guère aimable. Il prétendit d'abord nous interdire l'accès. Il fallait, nous dit-il, une permission spéciale des autorités, vu les circonstances. Le lieutenant Rosenfeld lui rétorqua que, précisément, vu les circonstances, c'était lui qui incarnait les autorités. L'Autorité, même, majuscule, dans son extrême singularité : toute autorité imaginable. Cette évidence chagrinait visiblement le vieil Allemand, gardien zélé de la maison-musée de Goethe. Mais il ne pouvait empêcher le lieutenant Rosenfeld de pénétrer dans ce haut lieu de la culture germanique. Celui-ci y pénétra donc, et moi à sa suite. Alors que le vieil homme refermait la porte d'entrée — j'avais eu le temps de déchiffrer l'inscription latine qui la surmontait, rappelant que la maison avait été construite, pour la gloire de Dieu et l'ornement de la cité, en 1709, par un certain Georg Caspar Helmershausen —, son regard chargé de haine s'était posé sur le lieutenant Rosenfeld, qui s'éloignait déjà vers l'intérieur et sur le pistolet-mitrailleur que ce dernier avait suspendu à son épaule. Ensuite, cet œil noir, méfiant, exprimant une colère désespérée, m'avait toisé. Avait toisé ma tenue, plutôt. Il faut dire qu'elle n'était pas très convenable, quelque peu insolite. Il avait sans doute compris d'où je venais, ce n'était pas fait pour le réconforter.

Nous n'avions, en réalité, nul besoin de guide pour visiter la maison du Frauenplan. Rosenfeld m'en parlait en connaisseur, pertinent et volubile. Le vieux gardien nous avait pourtant suivis. Parfois, nous l'entendions marmonner derrière nous. Il brûlait de nous faire comprendre à quel point nous étions des intrus, indignes de profaner un tel lieu. Il évoquait les écrivains et les artistes de toute l'Europe qu'il avait guidés lui-même à travers les pièces de cette noble maison, ces dernières années. Mais le lieutenant Rosenfeld ne réagissait pas, il continuait de me dire tout ce qu'il savait, et c'était profus, de la longue vie de Goethe à Weimar. À la fin, vexé sans doute de ne pas parvenir à provoquer une réaction, le vieux nazi a monté le ton. Dans notre dos, sa voix a commencé à nous raconter la dernière visite de Hitler, alors que ce dernier séjournait à Weimar, à l'hôtel de l'Éléphant. Sa voix s'enflait dans l'éloge de cet être admirable qu'était le Führer. N'y tenant soudain plus, le lieutenant Rosenfeld s'est retourné, a saisi le vieil homme au collet et l'a traîné jusqu'à un placard où il l'a enfermé à double tour. Nous avons pu terminer notre visite tranquillement, hors de portée de sa voix haineuse et désespérée.

O Deutschland, bleiche Mutter !
Wie haben deine Söhne dich zugerichtet
Dass du unter den Völkern sitzest
Ein Gespött oder eine Furcht !

Le lieutenant Rosenfeld vient de murmurer la fin du poème de Brecht. Nous sommes assis sur la pelouse qui descend en pente douce vers la rive de l'Ilm. Le soleil brille sur l'acier de son pistolet-mitrailleur, ce jour de la Saint-Georges.

Deux ans se sont passés depuis que Julia m'a fait découvrir la poésie de Bertolt Brecht. Deux ans seulement. J'ai l'impression pourtant qu'une éternité nous sépare de ce printemps-là, de cette nuit-là de printemps rue Visconti. Une certitude me vient, je souris. Une certitude incongrue mais sereine. Une éternité, bien sûr : celle de la mort. Deux ans d'éternité mortelle me séparent de celui que j'étais rue Visconti. Celui, cet autre, qui écoutait Julia réciter des poèmes de Bertolt Brecht. À l'aube, elle avait d'une main légère et caressante effleuré mon visage. «Ne meurs pas», avait-elle murmuré en me quittant. J'avais sursauté, avec un rire d'orgueil étonné. N'étais-je pas immortel, invulnérable du moins ?

Deux ans d'éternité glaciale, d'intolérable mort me séparaient de moi-même. Reviendrais-je à moi-même, un jour ? À l'innocence, quel que fût le souci de vivre, de la présence transparente à soi-même ? Serais-je à tout jamais cet autre qui avait traversé la mort ? qui s'en était nourri ? qui s'y était défait, évaporé, perdu ?

— Il est l'heure de rentrer, vient de dire le lieutenant Rosenfeld.

Il a regardé sa montre, il est l'heure de rentrer, en effet. Je regarde le soleil d'avril sur la pelouse qui descend vers l'Ilm. Je regarde la maisonnette champêtre de Goethe. J'entends le murmure foisonnant des oiseaux, autour de moi : la vie recommencée, en somme. Pourtant, un sentiment inexplicable m'envahit : je suis content de «rentrer», comme vient de le dire Rosenfeld. J'ai envie de revenir à Buchenwald, parmi les miens, parmi mes camarades, les revenants d'une longue absence mortelle.

— Allons-y, lui dis-je, debout sur la verte pelouse des bords de l'Ilm.

5

LA TROMPETTE DE LOUIS ARMSTRONG

On the sunny side of the street : quel bonheur !
C'était la trompette de Louis Armstrong, je la reconnaissais malgré ma griserie.
Je riais, ravi.
C'était à Eisenach, vers la fin du mois d'avril. Dans un hôtel d'Eisenach utilisé par les états-majors alliés comme centre de rapatriement des prisonniers et des déportés de la région.
J'ai serré encore plus fort la jeune femme que je tenais dans mes bras. Nous dansions depuis quelques minutes, quasiment immobiles, à la fin de cette nuit blanche. Je l'ai regardée, elle avait les yeux grands ouverts. J'avais trouvé de bon augure qu'elle eût ces yeux bleus qui m'émouvaient lors des surprises-parties de mon adolescence, deux ans auparavant.
Un siècle, plutôt : ça me faisait rire. Sottement, j'imagine.
Mais elle s'est agitée soudain, elle devenait fébrile.
— Ne me regarde pas comme ça, a-t-elle dit dans un souffle.
Je ne la regardais pas comme ça. Je la regardais, sans plus. Comme on regarde une femme, après tant de mois. Avec surprise, sans doute. Avec curiosité, aussi. Je la regardais, donc, tout simplement. Mais peut-être était-ce la simplicité de ce regard, sa franchise, qui était indécente. Qui la troublait, précisément.
Elle parlait, en tout cas, d'une voix saccadée, enrouée d'émotion.
— Je voudrais être la première femme de ta vie ! murmurait-elle.
C'était excessif, je le lui ai fait remarquer.
— De ma vie, c'est trop tard ! La première d'après ma mort, tu ne peux pas faire mieux !
La voix de cuivre de Louis Armstrong ouvrait des avenues de désir infini, de nostalgie acide et violente. La jeune femme tremblait de tout son corps, elle ne dansait plus. Comme si elle avait soudain un désir panique de l'étrange passé dont j'arrivais, du désert qui s'annonçait malgré moi dans mes yeux.
Comme si elle était attirée par cette panique même.

Les semaines suivantes, les mois, au cours de ce printemps, cet été-là, du retour — drôle de mot, hypocrite, équivoque pour le moins —, j'ai eu l'occasion de vérifier la persistance efficace de ce regard.

Du mien, je veux dire.

Il n'était plus déchiffrable d'emblée, comme il l'avait été pour les trois officiers en uniforme britannique, quinze jours plus tôt. Pour cette jeune femme d'Eisenach aussi, qui répondait au prénom de Martine et qui faisait partie d'une mission auxiliaire de l'armée française. Mes cheveux repoussaient, en effet. J'étais habillé comme n'importe qui, n'importe quel type de vingt ans, à Paris, par beau temps estival. Mal habillé, sans doute, à la diable, comme tant d'autres types de mon âge à cette époque de pénurie de l'après-guerre.

Rien n'indiquait de prime abord où j'avais passé les dernières années. Moi-même, je me tus aussitôt, à ce sujet, pour longtemps. Non pas d'un silence affecté, ni coupable, ni craintif non plus. Silence de survie, plutôt. Silence bruissant de l'appétit de vivre. Je ne devins pas muet comme une tombe, donc. Muet parce que ébloui par la beauté du monde, ses richesses, désireux d'y vivre en effaçant les traces d'une agonie indélébile.

Mais je ne parvenais pas à faire taire mon regard, il faut croire.

Dans les transports en commun, les soirées, les bistrots, des femmes y étaient sensibles. Je tournais la tête, curieux d'un visage entrevu, de la courbe d'une épaule ou d'une hanche, d'un rire intelligent. Je fixais des yeux inconnus qui se troublaient, s'obscurcissaient. Une violence soudaine, inquiète, peut-être même angoissée, mais impérieuse, y devenait lisible : diamant de l'attirance à l'état brut.

En tout cas, le plus difficile était fait, souvent par mégarde, ou par inadvertance. L'alouette était prise au piège d'un miroir où elle croyait contempler sa propre image embellie par l'intérêt de l'autre. Où il n'y avait rien à voir, pourtant, à deviner — mais comment, par quelle procédure perspicace ? — que la surface sans tain d'un passé abominable.

Ainsi, le regard fou, dévasté, qui avait provoqué le malaise chez trois officiers d'une mission alliée, le 12 avril 1945, à Buchenwald, à l'entrée d'un bâtiment administratif de la division SS *Totenkopf,* où se trouvaient des dossiers qu'ils voulaient consulter, ce regard me donnerait accès à la beauté des femmes, à leur tendresse, leur fougue et leur langueur, qui ont rendu mon âme de nouveau habitable. Du moins pour quelque temps et par intermittence. De quoi emmagasiner le souvenir de quelques minuscules bonheurs déchirants.

J'en jouai sans scrupules, ayant découvert ce pouvoir.

Sans scrupules, certes, mais non sans quelque inquiétude. Car chacune de ces rencontres, chacune de ces aventures, pour plaisante qu'elle fût, ravivait en moi les douleurs de la mémoire. Chacune d'entre elles réveillait en moi la mort que je voulais oublier, mais dont le sombre rayonnement était à l'origine de ces plaisirs.

Tout au long de l'été du retour, de l'automne, jusqu'au jour d'hiver ensoleillé, à

Ascona, dans le Tessin, où j'ai décidé d'abandonner le livre que j'essayais d'écrire, les deux choses dont j'avais pensé qu'elles me rattacheraient à la vie — l'écriture, le plaisir — m'en ont au contraire éloigné, m'ont sans cesse, jour après jour, renvoyé dans la mémoire de la mort, refoulé dans l'asphyxie de cette mémoire.

Louis Armstrong, le cuivre de sa voix, de sa trompette, ce corps de femme au sortir de l'absence : tout semblait facile, à la fin d'une nuit blanche, à Eisenach, dans le palace réquisitionné dont le charme désuet me rappelait les stations balnéaires fréquentées jadis par A. O. Barnabooth.

Je me laissais aller, flottant dans le rêve cotonneux de la danse au plus près. Le désir s'y inscrivait, somptueux. J'avais eu raison de ne pas trop m'en faire pour mon corps amaigri, quelque peu fantomatique. Le sang y circulait toujours, nul souci à avoir. L'avenir était probablement rempli de femmes aux yeux fermés — Martine D. venait de fermer les siens —, aux longues jambes entrelacées aux miennes.

Rien à craindre, vraiment.

Ça me faisait du bien à l'âme, cette joie charnelle. Mon corps m'épatait, je dois l'avouer. À l'âge de dix-huit ans, j'ignorais pour ainsi dire mon corps. Plutôt : j'ignorais le fait d'en avoir un, ses servitudes. Je le négligeais, du moins, ou le mésestimais, peut-être. Mon corps m'avait ignoré, lui aussi. Il n'était rien d'objectif, rien de vivant pour soi. Nul en-soi, mon corps, avec ses exigences propres, heureuses ou misérables, dont j'eusse à prendre conscience. Ou mon parti, en tout cas.

Mon corps n'était que le prolongement immédiat de mes désirs, mes volontés. De mes caprices, même. Il n'était rien d'autre que moi-même. Il m'obéissait au doigt et à l'œil, sans rien d'instrumental pourtant. La traditionnelle dissertation des classes de philosophie sur les rapports du physique et du moral, je l'aurais conclue sans hésitation : c'était tout un, c'était tout comme. Mon corps m'était aussi consubstantiel que mes souvenirs d'enfance. J'étais dans mon corps comme un poisson dans l'eau. J'y étais de toute mon âme, si l'on me permet d'être aussi catégorique.

J'avais redécouvert mon corps, sa réalité pour-soi, son opacité, son autonomie dans la révolte aussi, à dix-neuf ans, à Auxerre, dans une villa de la Gestapo, au cours des interrogatoires.

Soudain mon corps devenait problématique, se détachait de moi, vivait de cette séparation, pour soi, contre moi, dans l'agonie de la douleur. Les types de Haas, le chef de la Gestapo locale, me suspendaient haut et court par les bras tirés en arrière, mains serrées dans le dos par des menottes. Ils me plongeaient la tête dans l'eau de la baignoire, délibérément souillée de détritus et d'excréments.

Mon corps étouffait, devenait fou, demandait grâce, ignoblement. Mon corps s'affirmait dans une insurrection viscérale qui prétendait me nier en tant qu'être moral. Il me demandait de capituler devant la torture, il l'exigeait. Pour sortir vainqueur de cet affrontement avec mon corps, il me fallait l'asservir, le maîtriser, l'abandonnant aux affres de la douleur et de l'humiliation.

Mais c'était une victoire à chaque minute remise en question et qui me mutilait, de surcroît, en me faisant haïr une part de moi essentielle, que j'avais jusqu'alors vécue dans l'insouciance et le bonheur physique. Pourtant, chaque journée de silence gagnée à la Gestapo, si elle éloignait mon corps de moi, carcasse pantelante, me rapprochait de moi-même. De la surprenante fermeté de moi-même : orgueil inquiétant, presque indécent, d'être homme de cette inhumaine façon.

Ensuite, à Buchenwald, mon corps a continué d'exister pour son compte — ou ses mécomptes — dans les hantises de l'épuisement : la faim et le manque de sommeil. J'avais été obligé de le mener rudement, de le traiter par le mépris, le cas échéant.

Un jour, quelques semaines après mon arrivée au camp, j'avais été pris d'une forte fièvre, liée à un accès de furonculose. D'instinct, j'avais évité le *Revier,* l'infirmerie, les soins auxquels j'aurais pu prétendre. On sortait habituellement de l'infirmerie par la cheminée du crématoire : je connaissais déjà ce dicton des anciens de Buchenwald. Je m'étais donc fait inciser les furoncles qui envahissaient mes aisselles par un copain français, médecin du *Revier,* et j'avais continué ma vie de travail réglementaire. Tout était rentré dans l'ordre.

Mais il m'était arrivé de soupçonner que mon corps serait marqué à jamais par les supplices de la faim, le sommeil en retard, l'épuisement perpétuel.

Pas du tout, pas le moins du monde.

Ce soir-là, à Eisenach, mon corps m'épatait. Quelques jours de liberté, de nourriture plus consistante, de sommeil à volonté, et le voici ravigoté, arrogant, royalement oublieux des paniques toutes récentes. Un vrai dîner servi à une vraie table, quelques verres de vin de la Moselle et le voici grisé, sans doute, mais agile, affûté : de quoi rire de bonheur.

Alors je me suis penché vers la jeune femme en uniforme bleu, seyant, et j'ai murmuré au creux de son oreille.

> J'ai pesé de tout mon désir
> sur ta beauté matinale...

Une sorte de feu de Bengale a brillé dans ses yeux.

— Tu es poétique, dis donc !

Ce n'était pas moi qui étais poétique, bien sûr. Je ne l'étais que de façon vicariale, en tout cas. Mais Martine ne savait rien de René Char. Je ne pouvais lui en tenir grief, je n'en avais rien su moi non plus jusqu'aux tout derniers jours. Jusqu'au 12 avril, pour être vraiment précis.

Martine D., pourtant, n'a pas été la première femme de ma vie. Même pas la première d'après la mort. Celle-ci, la première d'après la neige et la mort, la faim et la fumée, se prénommait Odile. Et je n'ai pas dansé avec elle à Eisenach, dans le palace réquisitionné par les Américains. C'est au Petit Schubert, boulevard du Montparnasse, que je danserais avec Odile pour la première fois, quelques jours après mon retour. Après la nuit blanche d'Eisenach.

Il y avait de nouveau la trompette d'Armstrong, toutes les trompettes du paradis. Il y avait la nuit blanche, l'alcool, le fol espoir d'une vie recommencée. Il y avait Odile M., qui était la cousine de l'un de mes amis d'adolescence. Après un dîner, des conversations, des rires, une discussion confuse chez des inconnus, avenue de Saxe, autour d'Albert Camus, nous nous étions retrouvés en bande au Petit Schubert, après minuit.

Odile M. ne dansait qu'avec moi. Je la tenais dans mes bras, le temps passait, l'amour de l'aube s'annonçait tendrement.

Alors, j'ai murmuré à l'oreille de la jeune fille les mots de René Char. Ce n'est pas parce que ça n'avait pas marché à Eisenach que j'allais me priver de ce recours rhétorique, de cette ouverture poétique au langage indécent et délicieux de l'intimité.

> J'ai pesé de tout mon désir
> sur ta beauté matinale...

Odile s'était arrêtée de danser, m'avait regardé, nous avions quitté le Petit Schubert.

Quelques jours plus tard, le 8 mai 1945, sous un soleil radieux, j'avais traversé la cour de l'hospice du Kremlin-Bicêtre.

C'était le jour de la victoire sur les armées nazies, on s'en souvient probablement. Et même si l'on ne s'en souvient pas, on peut avoir retenu cette date. Se souvenir et retenir les dates, ce n'est pas pareil. On ne se souvient pas non plus de la bataille de Marignan et c'est pourtant une date qu'on a retenue.

Quant à moi, je me souviens vraiment du 8 mai 1945. Ce n'est pas une simple date pour manuels scolaires. Je me souviens du ciel radieux, de la blondeur des filles, de la ferveur des multitudes. Je me souviens de l'angoisse des familles en grappes affligées à l'entrée de l'hôtel Lutetia, attendant des proches non encore revenus des camps. Je me souviens d'une femme aux cheveux grisonnants, au visage encore lisse et juvénile, qui était montée dans le métro à la station Raspail. Je me souviens qu'un remous des voyageurs l'avait poussée près de moi. Je me souviens qu'elle a soudain remarqué ma tenue, mes cheveux ras, qu'elle a cherché mon regard. Je me souviens que sa bouche s'est mise à trembler, que ses yeux se sont remplis de larmes. Je me souviens que nous sommes restés longtemps face à face, sans dire un mot, proches l'un de l'autre d'une inimaginable proximité. Je me souviens que je me souviendrai toute ma vie de ce visage de femme. Je me souviendrai de sa beauté, de sa compassion, de sa douleur, de la proximité de son âme.

Et je me souviens aussi d'avoir traversé la cour de l'hospice du Kremlin-Bicêtre sous un soleil radieux, dans la rumeur des cloches carillonnant la victoire.

Je devais y retrouver Odile M., ce jour-là, dans une chambre austère d'interne de garde. Elle m'avait demandé de venir au moment du déjeuner, elle aurait une sorte d'heure tranquille. «Une ou deux heures ; ça dépendra des urgences. Je préfère te recevoir que d'aller manger à la cantine, où c'est dégueulasse, m'avait-elle dit. D'ailleurs, qui dort dîne, si tu vois ce que dormir veut dire !» avait-elle ajouté dans un fou rire.

Lorsque Odile a commencé à se déshabiller, dans un brouhaha de cloches, de foules en liesse, de klaxons de toute sorte, qui parvenait assourdi jusqu'à nous, dans la petite pièce austère de l'hospice du Kremlin-Bicêtre — elle ne savait pas l'étymologie de la deuxième partie de ce nom composé, mais elle ne m'a même pas été reconnaissante de la lui avoir apprise : s'en fichait éperdument —, elle a renversé par mégarde la sacoche de de cuir d'officier allemand que j'avais rapportée de Buchenwald. J'y trimballais à l'époque toutes mes possessions.

Odile s'est agenouillée pour rassembler mes affaires éparpillées. J'ai vu alors dans ses mains le volume de René Char, *Seuls demeurent.*

Je me suis rappelé que j'avais promis à l'officier français de lui rapporter ce livre dès mon retour. Il m'avait donné une adresse, rue de Varenne. D'ailleurs, pour être tout à fait précis, il n'avait pas parlé de retour mais de rapatriement.

J'ai pensé à tout ce qu'il y aurait à dire sur ces deux mots : retour, rapatriement. Le second, bien entendu, était pour moi dépourvu de sens. Tout d'abord, je n'étais pas revenu dans ma patrie, en revenant en France. Et puis, si l'on allait au fond des choses, il était clair que je ne pourrais plus jamais revenir dans aucune patrie. Il n'y avait plus de patrie pour moi. Il n'y en aurait jamais plus. Ou alors plusieurs, ce qui reviendrait au même. Peut-on mourir, pensez-y, pour plusieurs patries à la fois ? C'est impensable. Pourtant, mourir pour la patrie est la meilleure preuve ontologique de l'existence de celle-ci. La seule, peut-être. Ça s'annulerait, toutes ces morts possibles. Le cas échéant, on ne meurt qu'une fois et pour une seule patrie. Il ne faut pas plaisanter avec ça : pas de pluralisme quant à la patrie, qui est une et indivisible, unique.

Pour ma part, je n'avais jamais songé à mourir pour la patrie. Jamais l'idée de patrie ne m'avait effleuré (mais sans doute est-ce un verbe trop léger, trop éthéré, «effleurer», pour parler de l'idée de patrie ; si elle existe, je ne pense pas qu'elle vous effleure, cette idée-là, elle doit plutôt vous abattre, vous écraser, vous renverser, je suppose), jamais, donc, cette idée ne m'était venue quand j'avais envisagé à l'occasion — plutôt fréquente, ces dernières années — la possibilité de mourir. De risquer ma vie, c'est-à-dire. L'enjeu n'en avait jamais été la patrie.

Pas de rapatriement, donc.

Mais le mot «retour» n'aurait pas tout à fait convenu non plus, malgré son apparente neutralité. Certes, d'une façon purement descriptive, on pouvait dire que j'étais retourné à mon point de départ. Mais celui-ci était occasionnel : je n'étais pas retourné chez moi. J'aurais pu être arrêté n'importe où, revenir n'importe où. Du coup, on retombait sur la figure précédente du discours, concernant le rapatriement, son improbabilité. Plus encore : étais-je vraiment retourné quelque part, ici ou ailleurs, chez moi ou n'importe où ? La certitude qu'il n'y avait pas vraiment eu de retour, que je n'en étais pas vraiment revenu, qu'une part de moi, essentielle, ne reviendrait jamais, cette certitude m'habitait parfois, renversant mon rapport au monde, à ma propre vie.

Quelques heures plus tard, rue de Varenne, lorsque la porte s'est finalement ouverte, j'étais sur le point de repartir, tant on avait tardé à répondre à mon coup de sonnette.

Une jeune fille est apparue sur le seuil au moment où j'allais tourner le dos, découragé.

J'avais à la main le livre que je rapportais à son propriétaire. L'officier français m'avait dit qu'il y tenait beaucoup, une femme le lui ayant offert. Était-ce elle ? En tout cas, je me suis souvenu d'un poème de Char :

> Beauté, je me porte à ta rencontre dans la solitude du froid.
> Ta lampe est rose, le vent brille. Le seuil du soir se creuse...

Je me suis dit ces mots en silence, quand j'ai vu apparaître Laurence sur le palier de la rue de Varenne. Une jeune inconnue, plutôt, dont le prénom s'avérerait être celui-là. Qui était encore sans nom mais non innommable. Plein de prénoms me venaient à l'esprit, en plusieurs langues, pour m'adresser à elle, pour cerner son apparence. C'est finalement le plus universel, qui les contenait tous, que j'ai murmuré pour moi-même : *Beauté*...

Mais elle a sursauté en me voyant, a porté sa main droite devant son visage, pour se cacher les yeux. Pour me cacher à ses yeux, plutôt.

— C'est donc vous...

Elle a dit ces mots d'une voix basse et plaintive. Je n'ai pas bien saisi si c'était sur le mode de l'interrogation ou sur celui de la constatation désolée.

— Marc est mort avant-hier, a-t-elle ajouté.

Et elle m'a arraché des mains le volume de René Char, qu'elle a serré sur son cœur.

Plus tard, la nuit était tombée, des lampes allumées : tout avait été dit. Marc était le prénom de l'officier de Buchenwald, je l'avais ignoré. Il avait été mortellement blessé lors de l'un des derniers affrontements de la guerre, trois jours avant la capitulation allemande. Mais le lendemain de notre rencontre à l'entrée de la caserne Totenkopf, il avait écrit une longue lettre à Laurence. Il y parlait de notre rencontre, de nos conversations. La jeune fille me l'avait lue, dans un instant d'abandon. Car elle avait été distante, presque hostile, coléreuse, à certains moments : la plupart du temps. Et puis, soudain, tendre, se réfugiant dans mes bras, désemparée.

Offerte, en effet, s'abandonnant, mais pour se reprendre aussitôt.

Maintenant, d'un mouvement souple de tout le corps, harmonieux malgré la hâte fébrile, après un long silence, des larmes amères, Laurence s'était dressée. Elle avait marché vers le fond de la pièce.

J'avais fermé les yeux : l'éclat de sa beauté avait quelque chose d'éblouissant. Ce n'était pas le désir qui me faisait trembler, pourtant. Je n'avais pas la bouche sèche, nulle chaleur ne montait de l'aine vers un cœur à la chamade. Le désir n'était pas improbable, certes, mais dans l'avenir. Quelque chose d'aigu et de tendre, plus tard. C'était l'étonnement qui me faisait trembler, pour l'heure : que ce fût possible, tant de grâce épanouie.

Beauté, je me porte à ta rencontre...

À cet instant, j'avais entendu les premières mesures du disque que Laurence avait mis sur l'électrophone. La voix de Louis Armstrong, ensuite : *In the shade of the old apple tree...* Pendant une fraction de seconde, un fragment d'éternité, j'ai eu l'impression d'être vraiment revenu. D'être de retour, vraiment. Rentré chez moi.

Mais je n'en suis pas encore là.

J'en suis encore à Martine D., à Eisenach, sous les lustres d'un palace au charme désuet. Je viens de dire à Martine deux vers de *Seuls demeurent,* elle vient de proclamer qu'elle me trouve poétique, mais nous allons en rester là. Un grand type a subitement surgi près de nous. Un officier français en tenue de combat, avec un béret noir sur le crâne.

— Bonsoir, vieux ! a dit l'officier en prenant Martine par le bras et l'attirant vers lui.

Il avait un air de propriétaire.

J'ai compris que je n'avais plus qu'à aller retrouver mes copains de Buchenwald, qui partaient avec moi pour Paris dans le convoi d'une mission de rapatriement.

— Bonsoir, jeune homme, lui ai-je répondu, très digne.

Complètement gris, je m'en rendais compte. Très digne, néanmoins.

Le sourcil gauche de l'officier se fronçait, c'était sa seule réaction.

— Tu viens du camp ? a-t-il demandé.

— Comme vous le voyez...

Ça devait se voir, effectivement. Je portais des bottes russes, un pantalon de grosse toile, avec mon matricule — 44904 — cousu sur la jambe gauche. Je portais une sorte de chandail gris, avec l'inscription «KL Bu» peinte en vert sur le dos. Difficile de ne pas voir que j'arrivais de Buchenwald, en effet.

— C'était dur, hein ? a dit l'officier au béret de commando, d'un air concentré.

— Mais non, ai-je répondu, c'était un sana, ce camp !

C'était la phrase que nous jetaient à la figure les anciens de Buchenwald, lorsqu'ils comparaient leurs années terribles — de 1937 à 1942, à peu près — à celles que nous avions connues.

Mais l'officier coiffé de son béret noir à rubans ne savait rien de ce langage crypté. Il a sursauté, m'a regardé, a dû penser que j'étais saoul, ou tombé sur la tête. En tout cas, il a haussé les épaules et il est parti.

Il emmenait Martine, bien entendu.

Était-ce le dépit provoqué par le départ de la jeune femme ? Ou bien le désarroi habituellement lucide de la fin des nuits blanches ? J'étais soudain malheureux, immobile au milieu des militaires américains et français qui dansaient avec des filles de toute sorte, sous le regard fébrile et fou des rescapés, sous l'œil compassé des maîtres d'hôtel allemands. Malheureux de la réponse que j'avais faite, qui ne pouvait faire rire que moi. Malheureux qu'il fût parti avant que j'eusse vraiment répondu à sa question. Il faut dire que celle-ci était imbécile. Absurde dans sa forme, du moins. « C'était dur, hein ? » était une question qui n'ouvrait sur rien, qui clôturait même tout espace de questionnement, par une réponse inévitable, affirmative, mais ne menant à rien. Oui, c'était dur : et après ?

J'aurais dû m'y attendre, j'aurais dû être prêt à répondre à une question aussi mal posée. Depuis quinze jours, chaque fois que j'avais eu affaire à des gens du dehors, je n'avais entendu que des questions mal posées. Mais pour poser les bonnes questions, peut-être fallait-il déjà connaître les réponses.

— Pourquoi l'as-tu laissé tomber, cette fille, ça avait l'air de marcher, me dit Yves Darriet un peu plus tard.

Je viens de regagner le coin du salon où sont les copains. Nous allons continuer à nous saouler gentiment jusqu'au départ du convoi, prévu tôt dans la matinée.

— Je ne sais pas, ai-je dit. Il y a un grand con d'officier avec un béret à rubans qui est venu la reprendre. Elle avait l'air d'être à lui.

Elle ne serait pas à moi, en tout cas.

Quelques jours auparavant, j'avais entendu des voix de femmes, proches. J'étais sur la place d'appel, déserte à ce moment. Je venais de rapporter mes livres à Anton, le bibliothécaire. Je contemplais le portrait de Staline. L'accordéon russe jouait à présent un *gopak* au rythme endiablé.

Il y a eu ces voix de femmes, des rires : une vraie volière. Je me suis retourné. Les jeunes femmes de la Mission France avaient des uniformes bleus qui moulaient leur corps. Elles voulaient visiter le camp, on leur avait dit que c'était passionnant. Elles me demandaient de les accompagner.

J'ai remarqué les yeux bleus de l'une d'entre elles. Je l'ai regardée dans les yeux. Martine D. a fait un geste de la main, comme pour se protéger. Puis sa main est retombée. Son regard est resté sur le mien. Nous avons été seuls au monde, un instant, yeux dans les yeux. Seuls sur la place d'appel de Buchenwald, parmi les hêtres centenaires. Il y avait du soleil, du vent dans les arbres et nous avons été seuls. Durant quelques longues secondes, en tout cas.

Ensuite, une autre jeune femme s'est exclamée :

— Mais ça n'a pas l'air mal du tout !

Elle regardait les baraques d'un vert pimpant sur le pourtour de la place d'appel. Elle regardait le parterre de fleurs devant le bâtiment de la cantine. Elle a vu ensuite la cheminée trapue du crématoire, au bout de la place d'appel.

— C'est la cuisine, ça ? a-t-elle demandé.

J'ai souhaité d'être mort, pendant une fraction de seconde. Si j'avais été mort, je n'aurais pas pu entendre cette question. J'avais horreur de moi-même, soudain, d'être capable d'entendre cette question. D'être vivant, en somme. C'était une réaction compréhensible, même si elle était absurde. Excessive, en tout cas. Car c'est précisément parce que je n'étais pas vraiment vivant que cette question à propos de la cuisine me mettait hors de moi. Si je n'avais pas été une parcelle de la mémoire collective de notre mort, cette question ne m'aurait pas mis hors de moi. Je n'étais rien d'autre, pour l'essentiel, qu'un résidu conscient de toute cette mort. Un brin individuel du tissu impalpable de ce linceul. Une poussière dans le nuage de cendre de cette agonie. Une lumière encore clignotante de l'astre éteint de nos années mortes.

Et sans doute savais-je, du fond le plus archaïque d'un savoir viscéral, que j'allais revivre, reprendre le cours d'une vie possible. J'en avais même le désir, un goût violent, de cet avenir : les musiques, les soleils, les livres, les nuits blanches, les femmes, la solitude. Je savais qu'il était nécessaire et juste de revivre, de revenir à la vie, que rien ne m'en empêcherait. Mais ce savoir impatient, avide, cette sagesse du corps, ne m'occultait pas la certitude fondamentale de mon expérience. De mes liens avec la mémoire de la mort, à jamais.

— Venez, ai-je dit aux jeunes femmes de la Mission France, je vais vous montrer.

Je les ai conduites vers le bâtiment du crématoire, que l'une d'entre elles avait pris pour une cuisine.

Montrer ? Peut-être la seule possibilité de faire comprendre aura été, effectivement, de faire voir. Les jeunes femmes en uniforme bleu, en tout cas, auront vu. J'ignore si elles ont compris, mais pour ce qui est de voir, elles auront vu.

Je les avais fait entrer par la petite porte du crématoire, qui menait à la cave. Elles venaient de comprendre que ce n'était pas une cuisine et se taisaient, subitement. Je leur ai montré les crochets où l'on pendait les déportés, car la cave du crématoire servait aussi de salle de torture. Je leur ai montré les nerfs de bœuf et les matraques. Je leur ai montré les monte-charge qui menaient les cadavres jusqu'au rez-de-chaussée, directement devant la rangée de fours. Nous sommes montés au rez-de-chaussée et je leur ai montré les fours. Elles n'avaient plus rien à dire. Plus de rires, plus de conversations, plus de bruits de volière : du silence. Assez lourd, assez épais pour trahir leur présence, derrière moi. Elles me suivaient, comme une masse de silence angoissé, soudain. Je sentais le poids de leur silence dans mon dos.

Je leur ai montré la rangée de fours, les cadavres à moitié calcinés qui étaient restés dans les fours. Je leur parlais à peine. Je leur nommais simplement les choses, sans commentaire. Il fallait qu'elles voient, qu'elles essaient d'imaginer. Ensuite, je les avais fait sortir du crématoire, sur la cour intérieure entourée d'une haute palissade. Là, je n'avais plus rien dit, plus rien du tout. Je les avais laissées voir. Il y avait, au milieu de la cour, un entassement de cadavres qui atteignait bien trois mètres de hauteur. Un entassement de squelettes jaunis, tordus, aux regards d'épouvante. Dehors, au-delà de la palissade, l'accordéon russe continuait de jouer à un rythme endiablé. L'allégresse du *gopak* parvenait jusqu'à nous, virevoltant sur cet entassement de cadavres : danse des morts de la dernière journée, qui étaient restés sur place, les SS en fuite ayant laissé s'éteindre le crématoire.

J'ai pensé que dans les baraques du Petit Camp, les vieux, les invalides, les Juifs continuaient de mourir. La fin des camps, pour eux, n'était pas la fin de la mort. Elle n'était pas non plus la fin de la société de classes, venait de me rappeler Anton, le bibliothécaire. J'ai pensé, en regardant les corps décharnés, aux os saillants, aux poitrines creuses, qui s'entassaient au milieu de la cour du crématoire, sur trois mètres de hauteur, que c'étaient là mes camarades. J'ai pensé qu'il fallait avoir vécu leur mort, comme nous l'avions fait, nous qui avions survécu à leur mort — mais qui ne savions pas encore si nous avions survécu à la nôtre — pour poser sur eux un regard pur et fraternel.

J'entendais dans le lointain le rythme allègre du gopak et je me suis dit que ces jeunes femmes n'avaient rien à faire ici. C'était idiot que d'essayer de leur expliquer. Plus tard, dans un mois, dans quinze ans, dans une autre vie, je pourrais sans doute expliquer tout ceci à n'importe qui. Mais aujourd'hui, sous le soleil d'avril, parmi les hêtres bruissants, ces morts horribles et fraternels n'avaient pas besoin d'explication. Ils avaient besoin que nous vivions, tout simplement, que nous vivions de toutes nos forces dans la mémoire de leur mort : toute autre forme de vie nous arracherait à l'enracinement dans cet exil de cendres.

Il fallait faire partir ces jeunes femmes de la Mission France.

Je me suis retourné, elles étaient parties. Elles avaient fui ce spectacle. Je les comprenais d'ailleurs. Ça ne devait pas être drôle d'arriver à Buchenwald, en visite touristique, et d'être brutalement mises en présence d'un monceau de cadavres aussi peu présentables.

J'étais ressorti sur la place d'appel, j'avais allumé une cigarette. L'une des jeunes femmes m'attendait, celle qui avait les yeux bleus : Martine Dupuy. J'appris son nom quelques jours plus tard, à Eisenach.

Mais elle vient de partir avec son capitaine des commandos et Yves Darriet me demande pourquoi je l'ai laissée.

Je connais Yves depuis les premiers jours de quarantaine au block 62 du Petit Camp. Il était arrivé de Compiègne dans les convois massifs de janvier 44, comme moi. André Verdet, Serge Miller, Maurice Hewitt, Claude Bourdet, Maurice Halbwachs, parmi beaucoup d'autres, sont aussi arrivés ces jours-là. Après la quarantaine, j'avais partagé avec Yves les jours et les nuits de la même aile du block 40 : Flügel C. Il était musicien dans la vie d'ailleurs, c'est lui qui avait fait les arrangements pour l'ensemble de jazz de Jiri Zak. C'est lui qui a découvert le saxophoniste de l'orchestre. Parfois, avant le couvre-feu du soir, ou le dimanche après-midi, nous échangions des poèmes. Il me récitait Victor Hugo, Lamartine, Toulet, Francis Jammes. Je lui récitais Rimbaud, Mallarmé, Apollinaire, André Breton. Quant à Ronsard et Louise Labé, nous les récitions ensemble. À l'unisson, c'est-à-dire.

C'est Darriet qui m'avait inscrit dans le convoi de demain, de tout à l'heure, plutôt. Quelques camions de la mission de rapatriement de l'abbé Rodhain partent pour Paris, à la première heure. Yves fait partie du groupe des rapatriés, il est venu me chercher à Buchenwald. Comme c'est un vrai copain, qu'il a le sens de l'humour, je lui ai fait les commentaires que vous connaissez déjà sur le rapatriement supposé. Il ne les a pas du tout mal pris. Il ne les a pas non plus pris à la légère, cela ne m'a pas étonné de sa part.

— Tu tombes bien, de toute façon, me dit Yves, maintenant que j'ai rejoint le groupe des futurs rapatriés. Nous étions en train de nous demander comment il faudra raconter, pour qu'on nous comprenne.

Je hoche la tête, c'est une bonne question : une des bonnes questions.

— Ce n'est pas le problème, s'écrie un autre, aussitôt. Le vrai problème n'est pas de raconter, quelles qu'en soient les difficultés. C'est d'écouter... Voudra-t-on écouter nos histoires, même si elles sont bien racontées ?

Je ne suis donc pas le seul à me poser cette question. Il faut dire qu'elle s'impose d'elle-même.

Mais ça devient confus. Tout le monde a son mot à dire. Je ne pourrai pas transcrire la conversation comme il faut, en identifiant les participants.

— Ça veut dire quoi, « bien racontées » ? s'indigne quelqu'un. Il faut dire les choses comme elles sont, sans artifices !

C'est une affirmation péremptoire qui semble approuvée par la majorité des futurs rapatriés présents. Des futurs narrateurs possibles. Alors, je me pointe, pour dire ce qui me paraît une évidence.

— Raconter bien, ça veut dire : de façon à être entendus. On n'y parviendra pas sans un peu d'artifice. Suffisamment d'artifice pour que ça devienne de l'art !

Mais cette évidence ne semble pas convaincante, à entendre les protestations qu'elle suscite. Sans doute ai-je poussé trop loin le jeu de mots. Il n'y a guère que Darriet qui m'approuve d'un sourire. Il me connaît mieux que les autres.

J'essaie de préciser ma pensée.

— Écoutez, les gars ! La vérité que nous avons à dire — si tant est que nous en ayons envie, nombreux sont ceux qui ne l'auront jamais ! — n'est pas aisément crédible... Elle est même inimaginable...

Une voix m'interrompt, pour renchérir.

— Ça, c'est juste ! dit un type qui boit d'un air sombre, résolument. Tellement peu crédible que moi-même je vais cesser d'y croire, dès que possible !

Il y a des rires nerveux, j'essaie de poursuivre.

— Comment raconter une vérité peu crédible, comment susciter l'imagination de l'inimaginable, si ce n'est en élaborant, en travaillant la réalité, en la mettant en perspective ? Avec un peu d'artifice, donc !

Ils parlent tous à la fois. Mais une voix finit par se distinguer, s'imposant dans le brouhaha. Il y a toujours des voix qui s'imposent dans les brouhahas semblables : je le dis par expérience.

— Vous parlez de comprendre... Mais de quel genre de compréhension s'agit-il ?

Je regarde celui qui vient de prendre la parole. J'ignore son nom, mais je le connais de vue. Je l'ai déjà remarqué, certains après-midi de dimanche, se promenant devant le block des Français, le 34, avec Julien Cain, directeur de la Bibliothèque nationale, ou avec Jean Baillou, secrétaire de Normale Sup. Ça doit être un universitaire.

— J'imagine qu'il y aura quantité de témoignages... Ils vaudront ce que vaudra le regard du témoin, son acuité, sa perspicacité... Et puis il y aura des documents... Plus tard, les historiens recueilleront, rassembleront, analyseront les uns et les autres : ils en feront des ouvrages savants... Tout y sera dit, consigné... Tout y sera vrai... sauf qu'il manquera l'essentielle vérité, à laquelle aucune reconstruction historique ne pourra jamais atteindre, pour parfaite et omnicompréhensive qu'elle soit...

Les autres le regardent, hochant la tête, apparemment rassurés de voir que l'un d'entre nous arrive à formuler aussi clairement les problèmes.

— L'autre genre de compréhension, la vérité essentielle de l'expérience, n'est pas transmissible... Où plutôt, elle ne l'est que par l'écriture littéraire...

Il se tourne vers moi, sourit.

— Par l'artifice de l'œuvre d'art, bien sûr !

Il me semble le reconnaître, maintenant. C'est un professeur de l'université de Strasbourg.

L'été dernier, peu après la libération de Paris, j'avais fait une causerie sur Rimbaud, dans une salle du *Revier*, un dimanche après-midi. C'était le comité clandestin des intérêts français, regroupant toutes les organisations de résistance, qui avait pris l'initiative de ces réunions culturelles. Qui étaient parfois musicales, autour de Maurice Hewitt, parfois littéraires, autour de quelque conférencier improvisé. Il apparaissait que ces réunions dominicales étaient bonnes pour le moral des troupes.

Quoi qu'il en soit, Boris Taslitzky et Lucien Chapelain étaient venus me proposer de parler un jour de Rimbaud aux habitués de ces distractions organisées par l'appareil clandestin de solidarité. J'en avais donc parlé, dans une salle du *Revier*, comble pour la circonstance. C'était l'été, je portais la veste de toile bleue que l'Effektenkammer, le magasin d'habillement, m'avait attribuée pour la saison. À l'entrée de la salle, avant que la causerie rimbaldienne ne commence, Chapelain, très mal à l'aise, m'avait prié de tomber la veste pour l'occasion. Il souhaitait qu'on ne vît pas le *S* sur fond de tissu rouge que j'arborais sur la poitrine et qui m'identifiait en tant qu'Espagnol. Certains chauvins du comité français — il faut de tout pour faire une résistance nationale — trouvaient, en effet, que les loisirs proposés étaient habituellement trop internationalistes, trop cosmopolites. Ils désiraient qu'on y apportât un caractère plus typiquement français. Chapelain, qui était communiste, et qui me parlait au nom du comité clandestin du P.C.F., désireux d'éviter des conflits mineurs avec les groupes de résistants nationalistes, me priait donc d'enlever ma veste. — Tu comprends, me disait-il, à t'entendre parler, personne ne peut soupçonner que tu es espagnol. Ces vieux cons n'y trouveront rien à redire ! J'en étais un peu abasourdi, en vérité. La requête de Chapelain me semblait proprement ubuesque. Mais enfin, je l'aimais bien, ainsi que les autres camarades du PCF à qui j'avais affaire. J'ai donc tombé ma veste, afin que la vue du *S* cousu sur ma poitrine ne vienne pas troubler les Français de souche et de sang benoîtement installés dans leurs certitudes de pureté nationale.

À la fin de la causerie, quatre ou cinq déportés se sont approchés de moi. C'étaient des hommes d'âge mûr, autour de la quarantaine. Ils étaient tous professeurs à l'université de Strasbourg. Certains des propos que j'avais tenus sur Rimbaud les avaient intéressés, ils voulaient savoir quelles études je faisais, si je me destinais à l'enseignement.

À Eisenach, au bout de la nuit blanche, l'homme qui nous parlait était l'un de ces professeurs de l'université de Strasbourg.

— Par l'artifice de l'œuvre d'art, bien sûr ! vient-il de dire.

Il réfléchit un instant, personne ne dit rien, en attendant la suite. Car il y aura une suite, c'est évident.

— Le cinéma paraît l'art le plus approprié, ajoute-t-il. Mais les documents cinématographiques ne seront sûrement pas très nombreux. Et puis les événements les plus significatifs de la vie des camps n'ont sans doute jamais été filmés... De toute façon, le documentaire a ses limites, infranchissables... Il faudrait une fiction, mais qui osera ? Le mieux serait de réaliser un film de fiction aujourd'hui même, dans la vérité de Buchenwald encore visible... La mort encore visible, encore présente. Non pas un documentaire, je dis bien : une fiction... C'est impensable...

Il y a du silence, nous pensons à ce projet impensable. Nous buvons à lentes gorgées l'alcool du retour à la vie.

— Si je te comprends bien, dit Yves, ils ne sauront jamais, ceux qui n'y ont pas été !

— Jamais vraiment... Il restera les livres. Les romans, de préférence. Les récits littéraires, du moins, qui dépasseront le simple témoignage, qui donneront à imaginer, même s'ils ne donnent pas à voir... Il y aura peut-être une littérature des camps... Je dis bien : une littérature, pas seulement du reportage...

Je dis un mot à mon tour.

— Peut-être. Mais l'enjeu ne sera pas la description de l'horreur. Pas seulement, en tout cas, ni même principalement. L'enjeu en sera l'exploration de l'âme humaine dans l'horreur du Mal... Il nous faudra un Dostoïevski !

Ça plonge les survivants qui ne savent pas encore à quoi ils ont survécu dans un abîme de réflexion.

Soudain, une trompette s'est mise à jouer.

Des Noirs américains d'un bataillon de choc de l'armée Patton se sont rassemblés au fond de la salle. Ils commencent à improviser entre eux, pour le plaisir. La blancheur des nappes et le cristal des carafes vides réfléchissent la lumière hésitante du soleil levant.

J'ai reconnu la phrase initiale de *Big Butter and Egg Man*, ça m'a fait trembler de joie. J'ai levé mon verre à leur adresse. Ils ne pouvaient pas me voir, certes. Mais j'ai bu en leur honneur, à la gloire de cette musique qui m'avait si souvent rendu la vie supportable.

Deux ans plus tôt, à peu près, en septembre 1943 — quinze jours avant d'être arrêté par la Gestapo, à Joigny —, j'étais à une surprise-partie, rue Washington. Chez une amie charmante, étudiante en médecine. Sa mère avait un nom à rallonge, issu d'une lignée de hobereaux vendéens, et ses opinions reflétaient bien cette origine sociale. Mais elle adorait sa fille et supportait avec une bienveillance distraite les amis de celle-ci. Hyacinthe organisait des surprises-parties somptueuses dans le grand appartement de la rue Washington. Il y avait tous les disques imaginables, un électrophone à changement automatique et un buffet campagnard abondant et varié.

Ce jour-là, le jour de cette surprise-partie, j'avais rendez-vous le matin avec Henri Frager, le patron de «Jean-Marie Action». Avenue Niel, sur le trottoir des numéros impairs, entre le 1 et le 7. Il y avait une raison grave à cette entrevue, une raison urgente. Depuis quelque temps, certains indices nous faisaient penser à la présence d'un agent de la Gestapo infiltré dans le réseau. Peut-être quelqu'un d'infiltré, peut-être un homme du réseau qui aurait été arrêté par la Gestapo sans que nous en eussions eu connaissance, et retourné. En tout cas, quelque chose était en cours, ça se détraquait quelque part. Des dépôts d'armes tombaient, une opération de parachutage avait été interrompue par une intervention des forces de police allemandes, heureusement trop précipitée : l'avion anglais avait pu repartir sans larguer sa cargaison. D'autres signes encore, troublants, indiquaient cette présence d'un agent ennemi dans le réseau. À un niveau élevé, de surcroît, vu le genre d'opérations dont il semblait être au courant.

Michel H. et moi-même avions une présomption. Nous pensions avoir identifié le traître. J'apportais donc à Frager, ce jour-là, tous les arguments, tous les indices — il y a rarement des preuves irréfutables, dans des affaires de ce genre — qui nous autorisaient à soupçonner «Alain», tel était son pseudo.

Frager fut effectivement impressionné par le faisceau de faits, de détails incongrus, de coïncidences fâcheuses, qui nous laissaient croire à la trahison d'Alain. Il m'autorisa à couper provisoirement tout lien organique avec lui, à ne pas répondre aux demandes de contact qu'il pourrait formuler. Un an plus tard, à Buchenwald, lorsque j'y avais retrouvé Henri Frager, la première nouvelle qu'il m'annonça fut la confirmation de nos soupçons. Alain avait dû être exécuté, me dit Frager.

Mais c'est une autre histoire.

Je ne voulais pas raconter maintenant les péripéties de «Jean-Marie Action». Je voulais raconter une surprise-partie rue Washington, chez mon amie Hyacinthe. Je m'en suis souvenu à cause d'un thème musical d'Armstrong, interprété par des soldats noirs, à Eisenach, au bout d'une nuit blanche.

L'appartement de la mère de Hyacinthe avait une particularité. On pouvait y accéder aussi bien par le portail de la rue Washington que par une autre entrée, sur l'avenue des Champs-Élysées. C'est à cette possibilité de double accès que j'avais pensé lors de mon rendez-vous avec Koba.

Il y avait du soleil, sur le gazon du parc Montsouris.

Je voyais arriver Koba, à l'heure dite. Mais Koba arrivait toujours à l'heure dite, quels que fussent l'heure, le lieu, le temps qu'il faisait. Il n'arrivait pas, d'ailleurs, à proprement parler. Il était là, soudain, sans qu'on l'eût vu arriver. Il prenait corps, comme les personnages de certains récits bibliques. Peut-être était-ce parce qu'il était juif qu'il possédait cette vertu biblique de la soudaine incarnation.

Il y avait du soleil sur le parc Montsouris, et Koba apparaissait au bout d'une allée, à l'heure dite. Je l'appelais «Koba» parce que tel était son nom de guerre, mais je le faisais en toute innocence. Je ne savais pas, en 1943, que «Koba» avait été un pseudonyme de Staline, à l'époque où celui-ci, porteur d'une barbe et d'un foulard de révolutionnaire romantique, était l'un des chefs des groupes armés d'expropriation — de pilleurs de banques, autrement dit — de l'appareil bolchevique en Géorgie. Je ne savais rien de Staline, en 1943, quasiment rien. Je savais simplement que ce jeune homme qui venait d'apparaître au bout d'une allée du parc Montsouris était communiste. Je savais qu'il était juif. Je savais qu'on l'appelait «Koba», sans connaître l'origine légendaire de ce surnom. Je savais qu'il était mon contact avec la MOI — c'était Julia qui me l'avait présenté — l'organisation communiste pour les étrangers. Je savais aussi qu'il faisait partie des groupes de choc.

Ce jour-là, Koba n'avait qu'une idée en tête. Il fallait que je lui dégotte un appartement dans le quartier des Champs-Élysées, près du Claridge. Un appartement où il pourrait trouver refuge pendant quelques heures.

— Une nuit, en fait, a-t-il précisé, une seule nuit. J'y arriverai juste avant le couvre-feu !

J'avais l'appartement qui lui convenait, lui ai-je dit aussitôt. Il en est resté bouche bée, l'opinion qu'il se faisait de moi s'est subitement améliorée.

— À condition, ai-je ajouté, que tu puisses exécuter ton action à une date précise, qui est déjà fixée !

Il ne comprenait pas bien, je lui ai expliqué. Quelques jours plus tard, il y aurait une surprise-partie dans un appartement idéal pour lui. Je lui signalai la possibilité du double accès.

— Tu entres par les Champs-Élysées, je te donnerai le nom d'un locataire. Tu crieras ce nom à la concierge, tu monteras l'escalier en faisant du bruit, tu redescendras dès que la minuterie se sera éteinte, en silence et dans le noir. En traversant la cour, tu atteindras l'escalier de service de l'immeuble qui donne rue Washington. C'est au deuxième, je t'ouvrirai la porte. Tu seras un copain à moi, personne ne te demandera rien. Tu passeras la nuit avec nous. Il y aura de quoi bouffer, de jolies filles. (Il m'écoutait, l'œil quelque peu écarquillé.) Tu sais danser, au moins ? Je ne parle pas de la polka, bien sûr. Danser vraiment ? Tu aimes les jolies filles ?

Il a sursauté.

— Tu te fous de moi ? a-t-il marmonné.

— Mais non, je ne me fous pas de toi ! Il faudra donner le change. Pour commencer, il faudra t'habiller autrement.

Koba a regardé sa tenue, son œil était orageux.

— Je ne suis pas bien fringué, peut-être ?

— Trop bien, lui ai-je dit. Bon chic, bon genre. T'es déguisé en fils de famille d'épiciers, ça se voit. Déguise-toi en étudiant, beaucoup plus détendu ! (Koba a regardé son complet de confection, m'a regardé ensuite, hésitant entre le rire et la colère.) Tu auras ton flingue sur toi, en arrivant rue Washington ? Si oui, il faut prévoir où le planquer !

Il a sifflé entre ses dents.

— Dis donc, vieux, tu penses à tout ! Où as-tu appris ça, chez les gaullistes ?

Je lui ai répondu sèchement que «Jean-Marie Action», ce n'était pas le BCRA, mais les Britanniques, les réseaux Buckmaster.

— D'ailleurs, ai-je ajouté, je pense à tout parce que je suis romancier, dans le civil !

Il m'a toisé, l'air de dire qu'il valait mieux entendre ça que d'être sourd. Mais j'ai poursuivi.

— L'Allemand que tu vas liquider au Claridge, c'est une huile ?

Il a été furieux, ça ne me regardait pas, a-t-il crié.

— Si, ça me regarde, ai-je argumenté. Si c'est une huile, les chleuhs risquent de faire des rafles. Il faut tout prévoir, y compris une descente de police rue Washington !

En fin de compte, après avoir étudié les lieux, vérifié certains détails, Koba a fait son coup le soir de la surprise-partie chez Hyacinthe. Après, il est arrivé dans l'appartement, à l'heure dite, calme, comme si de rien n'était. En apparence, du moins. Il avait largué son arme sur le chemin, dans le sac d'une jeune militante de la MOI.

Il a donné le change, Koba. Il a dansé, il a même embarqué l'une des plus jolies filles de la soirée. Il a failli trop boire, pourtant. Il a un peu trop parlé, aussi. Heureusement, c'est à moi qu'il a trop parlé. Moi de même, d'ailleurs, j'ai trop parlé. Il m'a raconté son histoire du Claridge, je lui ai raconté celle du jeune soldat qui chantait *La Paloma*. Son Allemand à lui était un type important de l'Abwehr, pas de problème. Tout avait bien marché, mais en entrant dans la chambre, le type n'était pas seul. Une femme ravissante lui tenait compagnie, une prostituée certainement. Koba n'a pas dit «prostituée», il a dit «femme galante». Cette expression dans sa bouche, ça m'a sidéré. Je me suis demandé quelle lecture en était à l'origine. Quoi qu'il en soit, l'officier supérieur de l'Abwehr était dans son appartement du Claridge avec une femme galante.

— J'avais le flingue que tu m'avais donné, a dit Koba.

Je lui avais en effet procuré un Smith & Wesson 11,43, choisi dans un parachutage. Il n'y avait rien de mieux, pour des opérations de ce genre.

— Mais, a-t-il poursuivi, je lui avais bricolé un silencieux, vu l'endroit. J'aime pas les silencieux, d'habitude, ça fait capote anglaise... Ça te prive du vacarme et de la flamme. Enfin, il me fallait un silencieux...

Il était songeur, Koba, il racontait lentement. La femme galante s'était tournée vers lui dès qu'il était apparu, arme pointée. Elle avait un regard étrange, expliquait Koba. De la panique, oui. Mais en même temps, une sorte de compréhension, comme si elle approuvait ce qu'il allait faire. Comme si elle acceptait sa mort.

— Car j'étais obligé de les descendre tous les deux. Je ne pouvais pas prendre le risque de la laisser derrière moi..., disait Koba, rageur. Jamais plus, jamais plus, a-t-il murmuré ensuite, après un long silence et plusieurs verres de cognac.

Nous avons beaucoup parlé, beaucoup bu aussi.

Le regard de la femme galante l'obsédait. Moi, je lui parlais du jeune soldat allemand qui chantait *La Paloma*. De son œil bleu bouleversé par l'étonnement. Mais ça restera entre nous, cette conversation.

Koba a disparu, je n'ai jamais retrouvé sa trace. Quant à moi, il y a des jours où je ne vaux guère mieux.

À Buchenwald, un vieux kominternien tchèque m'apprit que «Koba» avait été le nom de guerre de Staline. Lors de la libération du camp, il m'est arrivé de penser que Koba devait ressembler davantage à Nicolaï, mon jeune barbare du block 56, qu'au généralissime dont les Russes avaient dressé le portrait comme un totem sur leur baraquement.

Je me suis souvenu de Koba, à la fin d'une nuit d'avril 1945, à Eisenach, parce que les soldats noirs américains venaient d'attaquer un morceau célèbre d'Armstrong, *Big Butter and Egg Man*. Précisément le morceau qu'on entendait chez Hyacinthe, rue Washington, lorsque Koba a surgi de la nuit comme un archange mortifère.

Dans la cuisine où je lui donnais à boire un grand verre d'eau fraîche, une jeune fille est entrée. L'une des plus jolies filles de la soirée.

— Dis donc, m'a-t-elle dit en riant, d'où sors-tu ton copain ? Tu me le prêtes ? J'avais poussé Koba vers elle.

— Je le sors du néant, je viens de l'inventer. Mais je ne te le prête pas, je te le donne !

Elle a ri encore plus fort, provocante. Elle a entraîné mon copain des groupes de combat de la MOI vers le salon où l'on dansait.

Mais ce n'est pas Koba que j'ai inventé. J'ai inventé un autre copain juif, Hans Freiberg. Je l'ai placé à côté de moi, le jour où nous avons abattu le jeune soldat allemand qui chantait *La Paloma*.

Kommt eine weisse Taube zu Dir geflogen...

Il avait pris la place de Julien Bon, mon copain bourguignon. Je l'ai inventé pour qu'il prenne dans mes romans la place que Koba et d'autres copains juifs ont tenue dans ma vie.

Une bourrasque de neige, soudain, sur les drapeaux du Premier Mai.

J'étais arrivé à Paris l'avant-veille. La nuit de mon retour, j'avais dormi rue du Dragon, chez Pierre-Aimé Touchard, dit «Pat». Jusqu'à l'aube, nous avons parlé. Pour commencer, c'est moi qui lui posais des questions. J'avais une année de retard et je voulais tout savoir, c'est compréhensible. De sa voix lente et grave, d'une extrême douceur, Touchard répondait à mes questions. Les réponses qu'il me faisait confirmaient, avec quelques précisions complémentaires, ce que m'avait déjà dit l'officier de René Char. Je veux dire : l'officier qui m'avait fait connaître René Char.

Pat a eu la délicatesse de répondre à mes questions avec patience, sans m'en poser aucune. Sans doute a-t-il senti que je n'étais pas encore en état de répondre.

Pour mon malheur, ou du moins ma malchance, je ne trouvais que deux sortes d'attitudes chez les gens du dehors. Les uns évitaient de vous questionner, vous traitaient comme si vous reveniez d'un banal voyage à l'étranger. Vous voilà donc de retour ! Mais c'est qu'ils craignaient les réponses, avaient horreur de l'inconfort moral qu'elles auraient pu leur apporter. Les autres posaient des tas de questions superficielles, stupides — dans le genre : c'était dur, hein ? —, mais si on leur répondait, même succinctement, au plus vrai, au plus profond, opaque, indicible, de l'expérience vécue, ils devenaient muets, s'inquiétaient, agitaient les mains, invoquaient n'importe quelle divinité tutélaire pour en rester là. Et ils tombaient dans le silence, comme on tombe dans le vide, un trou noir, un rêve.

Ni les uns ni les autres ne posaient les questions pour savoir, en fait. Ils les posaient par savoir-vivre, par politesse, par routine sociale. Parce qu'il fallait faire avec ou faire semblant. Dès que la mort apparaissait dans les réponses, ils ne voulaient plus rien entendre. Ils devenaient incapables de continuer à entendre.

Le silence de Pierre-Aimé Touchard était différent. Il était amical, ouvert à toute parole possible de ma part, spontanée. Ce n'était pas pour éviter mes réponses qu'il ne me questionnait pas, c'était pour me laisser le choix de parler ou de me taire.

Nous en étions là, lorsqu'une jeune fille est entrée dans la pièce où je parlais avec Pat. Je la reconnaissais, c'était sa belle-fille, Jeanine.

Elle m'a vu, elle s'est figée sur place. Comme si elle avait vu un revenant, aurait-on dit dans un roman de gare. Mais c'est qu'elle voyait vraiment un revenant. Et que la vie est comme un roman de gare, souvent.

— Tu vois, Jeanine, a dit Pierre-Aimé Touchard, tu vois qu'on en revient ?

J'en revenais, en effet. J'étais un revenant, ça me convenait.

La jeune fille, alors, s'est mise à pleurer silencieusement, les deux mains croisées sur son visage.

— J'ai rencontré Yann, ai-je dit. Cet hiver, au début de l'hiver. Nous avons passé quelque temps ensemble à Buchenwald !

Yann Dessau était le fiancé de Jeanine. Il n'était pas encore revenu. Ce n'était pas encore un revenant.

Un jour, fin 44, devant l'un des blocks français du camp, je l'avais croisé. Nous étions restés face à face, sûrs de nous connaître, sans nous reconnaître. Nous identifier, du moins. Un an, pourtant, un peu plus d'une année seulement nous séparait de notre dernière rencontre, lors d'une fête chez Claude-Edmonde Magny, dans son atelier de la rue Schœlcher. Une fête d'adieux multiples : adieu aux chères études, adieu à Paris, adieu aux jeunes filles en fleurs.

J'y étais allé avec Catherine D., qui m'accompagnait alors plus ou moins dans la vie.

> Jeune fille aride et sans sourire
> ô solitude et tes yeux gris...

J'avais l'habitude de soumettre au jugement de Claude-Edmonde Magny les poèmes que j'écrivais à l'époque. Elle avait trouvé que le portrait de Catherine D. était ressemblant : juste, plutôt.

C'est ce soir-là que Claude-Edmonde m'annonça qu'elle venait de m'écrire une longue lettre, à propos de mes poèmes, précisément. « Si je la publie un jour, me dit-elle, je lui donnerai pour titre *Lettre sur le pouvoir d'écrire.* » Ce qu'elle fit, en effet, bien plus tard.

Ce fut une belle fête d'adieu. Il y avait Yann Dessau avec tous ses copains. Tous brillants normaliens, étudiants de Sciences-Po : les premiers de la classe. Il s'agissait, tout compte fait, d'un adieu à l'adolescence. Nous abandonnions nos études, partions dans les maquis, l'action clandestine.

Il y avait les jeunes filles aussi, les compagnes éphémères ou durables de nos vingt ans : Jeanine et Sonia, Annette et Catherine. D'autres encore, dont le souvenir s'est évanoui.

Un an plus tard, à peine plus d'un an, j'ai croisé Yann Dessau devant le block 34 de Buchenwald. J'ai eu du mal à le reconnaître. Lui aussi, d'ailleurs. Ombres de nous-mêmes, sans doute, tous les deux, difficiles à identifier d'après le souvenir que nous gardions l'un de l'autre. Le voyage initiatique touchait à sa fin : nous avions été transformés par ce voyage. Bientôt, nous serions tout à fait autres.

Mais Dessau n'était plus à Buchenwald quand les Américains ont libéré le camp. Quelques semaines auparavant, il avait été pris dans un transport pour Neuengamme, en Allemagne du Nord. Et l'on était sans nouvelles des survivants de Neuengamme. Il semblait que la fin de ce camp avait été chaotique.

Yann Dessau n'était pas encore un revenant, Jeanine pleurait en silence.

Alors, sans l'avoir prémédité, sans l'avoir pour ainsi dire décidé — si décision il y avait, de ma part, c'était plutôt celle de me taire —, j'ai commencé à parler. Peut-être parce que personne ne me demandait rien, ne me posait de questions, n'exigeait de comptes. Peut-être parce que Yann Dessau ne reviendrait pas et qu'il fallait parler en son nom, au nom de son silence, de tous les silences : milliers de cris étouffés. Peut-être parce que les revenants doivent parler à la place des disparus, parfois, les rescapés à la place des naufragés.

Longuement, cette nuit-là, interminablement, rue du Dragon, chez Pierre-Aimé Touchard, qui avait fait partie du groupe Esprit et qui avait été mon correspondant, en 1939, lorsque j'avais été interne au lycée Henri-IV, pour ma première année d'exil ; longuement, dans une spirale de récit sans fin prévisible, j'ai parlé à la fiancée de Yann Dessau, qui n'était pas encore revenu, qui était peut-être parmi les naufragés de Neuengamme.

Jeanine s'était laissée tomber à genoux sur le tapis. Pierre-Aimé Touchard se recroquevillait dans son fauteuil.

J'ai parlé pour la première et dernière fois, du moins pour ce qui est des seize années suivantes. Du moins avec une telle précision dans le détail. J'ai parlé jusqu'à l'aube, jusqu'à ce que ma voix devienne rauque et se brise, jusqu'à en perdre la voix. J'ai raconté le désespoir dans ses grandes lignes, la mort dans son moindre détour.

Ça n'a pas été inutile, apparemment.

Yann Dessau est finalement revenu de Neuengamme. Sans doute faut-il parfois parler au nom des naufragés. Parler en leur nom, dans leur silence, pour leur rendre la parole.

Et le surlendemain, une brève bourrasque de neige s'est abattue sur les drapeaux du Premier Mai.

J'étais au coin de l'avenue Bel-Air et de la place de la Nation. J'étais seul, je voyais déferler la marée des manifestants, surmontée de pancartes, de drapeaux rouges. J'entendais la rumeur des chants anciens.

J'étais revenu, j'étais vivant.

Une tristesse pourtant m'étreignait le cœur, un malaise sourd et poignant. Ce n'était pas un sentiment de culpabilité, pas du tout. Je n'ai jamais compris pourquoi il faudrait se sentir coupable d'avoir survécu. D'ailleurs, je n'avais pas vraiment survécu. Je n'étais pas sûr d'être un vrai survivant. J'avais traversé la mort, elle avait été une expérience de ma vie. Il y a des langues qui ont un mot pour cette sorte d'expérience. En allemand on dit *Erlebnis*. En espagnol : *vivencia*. Mais il n'y a pas de mot français pour saisir d'un seul trait la vie comme expérience d'elle-même. Il faut employer des périphrases. Ou alors utiliser le mot « vécu », qui est approximatif. Et contestable. C'est un mot fade et mou. D'abord et surtout, c'est passif, le vécu. Et puis c'est au passé. Mais l'expérience de la vie, que la vie fait d'elle-même, de soi-même en train de la vivre, c'est actif. Et c'est au présent, forcément. C'est-à-dire qu'elle se nourrit du passé pour se projeter dans l'avenir.

Quoi qu'il en soit, ce n'était pas un sentiment de culpabilité qui m'empoignait. Ce sentiment-là n'est que dérivé, vicariant. L'angoisse nue de vivre lui est antérieure : l'angoisse d'être né, issu du néant confus par un hasard irrémédiable. On n'a aucun besoin d'avoir connu les camps d'extermination pour connaître l'angoisse de vivre.

J'étais vivant, donc, debout, immobile, au coin de l'avenue Bel-Air et de la place de la Nation.

Le malheur qui m'étreignait ne provenait d'aucun sentiment de culpabilité. Certes, il n'y avait pas de mérite à avoir survécu. A être indemne, en apparence du moins. Les vivants n'étaient pas différents des morts par un mérite quelconque. Aucun d'entre nous ne méritait de vivre. De mourir non plus. Il n'y avait pas de mérite à être vivant. Il n'y en aurait pas eu non plus à être mort. J'aurais pu me sentir coupable si j'avais pensé que d'autres avaient davantage que moi mérité de survivre. Mais survivre n'était pas une question de mérite, c'était une question de chance. Ou de malchance, au gré des opinions. Vivre dépendait de la manière dont tombaient les dés, de rien d'autre. C'est cela que dit le mot «chance», d'ailleurs. Les dés étaient bien tombés pour moi, c'était tout.

Soudain, au moment où un cortège de déportés en tenue rayée débouchait de la rue du Faubourg-Saint-Antoine dans la place de la Nation, au milieu d'un silence respectueux qui s'épaississait le long de leur passage, soudain, le ciel s'est obscurci. Une bourrasque de neige s'est abattue, brève mais violente, sur les drapeaux du Premier Mai.

Le monde s'est effacé autour de moi dans une sorte de vertige. Les maisons, la foule, Paris, le printemps, les drapeaux, les chants, les cris scandés : tout s'est effacé. J'ai compris d'où venait la tristesse physique qui m'accablait, malgré l'impression trompeuse d'être là, vivant, sur la place de la Nation, ce Premier Mai. C'est précisément que je n'étais pas vraiment sûr d'être là, d'être vraiment revenu.

Une sorte de vertige m'a emporté dans le souvenir de la neige sur l'Ettersberg. La neige et la fumée sur l'Ettersberg. Un vertige parfaitement serein, lucide jusqu'au déchirement. Je me sentais flotter dans l'avenir de cette mémoire. Il y aurait toujours cette mémoire, cette solitude : cette neige dans tous les soleils, cette fumée dans tous les printemps.

DEUXIÈME PARTIE

LE POUVOIR D'ÉCRIRE

— Vous vous êtes demandé ce qui manquait à ces extraordinaires petits pastiches de Mallarmé (un Mallarmé qui aurait lu Proust et adopté la prosodie d'Aragon) que l'an dernier vous fabriquiez en trois heures et qui chaque fois m'éblouissaient. Il leur manquait simplement d'avoir été écrits par vous...

Elle s'est arrêtée de lire, m'a regardé.

J'ai vaguement eu envie de lui dire que Mallarmé n'aurait sans doute jamais lu Proust : ça ne pouvait pas l'intéresser. Moi non plus, d'ailleurs. L'été 1939, entre les deux guerres de mon adolescence, j'avais lu *Du côté de chez Swann*. Ça ne m'avait pas vraiment intéressé. Je n'ai pas poursuivi plus avant ma lecture de la *Recherche*. C'était trop familier, trop familial presque. Je veux dire : c'était comme la chronique d'une famille qui aurait pu être la mienne. De surcroît, la phrase de Proust, méandreuse, perdant à l'occasion en cours de route sujet ou prédicat, m'était trop habituelle. J'y retrouvais trop aisément le rythme sinueux, la prolixité de ma langue maternelle : ça n'avait rien de dépaysant.

Cet été-là de mes quinze ans, en 1939, ce qui m'épatait vraiment, m'ouvrant des horizons nouveaux, c'était la prose de Gide. *Paludes*, plus précisément. Voilà une écriture qui n'avait rien à voir avec la complexité rauque et baroque du castillan.

Mais je n'ai rien dit à Claude-Edmonde Magny.

Elle me regardait et je regardais le ciel sur le cimetière Montparnasse. Le bleu d'un ciel d'août sur la tombe de César Vallejo.

En somme, je ne possède rien d'autre que ma mort, pour exprimer ma vie...

Mais je ne me souvenais pas, en regardant le bleu du ciel, de ce poème de Vallejo en français. Je m'en souvenais en espagnol, bien entendu. Car le Péruvien Vallejo avait été peu traduit. Et il n'était pas bilingue, comme l'étaient le Chilien Vicente Huidobro et l'Espagnol Juan Larrea. Malgré quelques mots français ironiquement glissés dans ses *Poemas humanos,* César Vallejo n'était pas vraiment bilingue comme les deux autres.

En suma, no poseo para expresar mi vida, sino mi muerte...

Je me souvenais donc en espagnol du début de ce poème de Vallejo, tout en regardant le bleu du ciel sur sa tombe, dans le cimetière Montparnasse.

J'avais sonné à la porte de Claude-Edmonde Magny, rue Schœlcher, à six heures du matin. Je savais qu'elle s'installait à sa table de travail dès l'aube. Elle corrigeait les épreuves d'un livre d'essais critiques qui allait paraître quelques semaines plus tard : elle y mettait la dernière main. *Les Sandales d'Empédocle* : nous en avions parlé souvent, depuis que j'étais revenu de Buchenwald, trois mois plus tôt. Nous n'en parlions pas forcément à six heures du matin, bien sûr. Ni forcément chez elle, rue Schœlcher. Car nous avions repris nos déambulations dans le quartier de Montparnasse. Mais nous n'y rencontrions plus le sosie de Sartre qui hantait les bistrots, en 1942, du Patrick's au Dôme, du Select à la Coupole. Au bout de la troisième méprise, cet homme dont nous avons toujours ignoré la véritable identité, la profession réelle, nous faisait de grands gestes lorsque nous tombions sur lui, dans l'un de ces endroits. Il nous criait : «Je ne suis pas Jean-Paul Sartre !» de la table à laquelle il était installé. Pour semer le trouble dans l'esprit de Claude-Edmonde, je prétendais que Sartre était un simulateur plutôt pervers, assez génial, de surcroît : il se déguisait en sosie de Sartre pour qu'on lui fichât la paix.

J'avais sonné à six heures du matin à la porte de Claude-Edmonde Magny. J'étais sûr de ne pas la réveiller. Elle ne m'avait rien demandé, en me voyant apparaître, défait par une nuit blanche. Elle m'avait offert du vrai café.

Ce n'était pas la première fois que je sonnais à sa porte à une heure aussi intempestive, depuis mon retour. Jamais elle ne m'en avait demandé les raisons. Probablement les devinait-elle, mes déraisons. Ou bien considérait-elle que c'était à moi de les lui dire, le cas échéant. En tout cas, je ne lui avais encore jamais parlé de Buchenwald. Pas vraiment, du moins. Il faut dire que je n'en parlais avec personne.

Quoi qu'il en soit, Claude-Edmonde Magny m'ouvrait sa porte, m'offrait du vrai café, nous parlions. Nous reprenions un échange interrompu pendant mon absence.

Je l'avais connue en 1939, à l'occasion d'un congrès d'*Esprit*. Avant l'été, mais après la défaite de la République espagnole. C'était à Jouy-en-Josas, si je me souviens bien. Mon père avait été correspondant général du mouvement personnaliste de Mounier en Espagne. Il assistait à ce congrès, je l'avais accompagné. J'avais quinze ans, j'étais interne à Henri-IV depuis la chute de Madrid aux mains des troupes de Franco. La réunion se déroulait sans doute pendant des vacances scolaires. Peut-être celles de Pâques, on pourrait vérifier. Ou alors pendant un week-end. Mais la date exacte n'a guère d'importance. La guerre d'Espagne était perdue, nous étions en exil, la guerre mondiale allait bientôt commencer : voilà l'essentiel. Je me souviens que l'ombre de sa proximité pesait sur tous les débats du congrès d'*Esprit*. Je me souviens fort bien de l'impression que me firent les interventions de Luccioni, de Landsberg, de Soutou. Je me souviens que la femme de Paul-Louis Landsberg était blonde et belle, qu'elle conduisait un cabriolet décapotable.

C'est là, si je me souviens bien, que j'avais rencontré pour la première fois Claude-Edmonde Magny. Autour de cet événement et de cette date-là. C'est alors qu'elle a commencé à utiliser ce nom, qui était un pseudonyme, pour signer ses essais de critique littéraire. De dix ans mon aînée, elle était agrégée de philosophie, enseignait dans les lycées de province. À Rennes, pendant la drôle de guerre. Elle n'était revenue à Paris que vers 1941, date à partir de laquelle nous nous sommes rencontrés régulièrement.

Mais ce jour-là, début août, trois mois après mon retour de Buchenwald, Claude-Edmonde Magny avait décidé de me lire une longue lettre qu'elle avait écrite deux ans plus tôt, en 1943, à mon intention. J'en connaissais l'existence mais ignorais son contenu dans le détail. En 1947, elle publierait ce texte chez Pierre Seghers, dans une édition à tirage limité qui m'était dédiée, sous le titre *Lettre sur le pouvoir d'écrire*.

Elle m'a regardé, ayant interrompu sa lecture après ce passage sur les pastiches de Mallarmé.

J'ai donc eu vaguement envie de faire une mise au point à propos de Marcel Proust. Je n'avais pas vraiment lu Proust, malgré les apparences de ma conversation. Car j'étais capable de parler de Proust avec pertinence, péremptoirement même, aussi longtemps que l'on voudrait. Je n'avais pas lu la *Recherche* mais quasiment tout à son sujet. En vérité, j'avais commencé cette lecture en 1939, pendant les vacances — *adieu, vive clarté de nos étés trop courts...* — mais je ne l'avais pas poursuivie. Je ne finirais de lire la *Recherche* que quarante ans plus tard : lecture de toute une vie. C'est à Washington, en 1982, que je lirais *Le Temps retrouvé*. Yves Montand chantait au Lincoln Center. Il y avait des brouillards matinaux sur le Potomac et à la National Gallery une exposition de peinture hollandaise. La *Vue de Delft* de Vermeer n'en faisait pas partie, j'en avais été attristé. À défaut, je m'étais longuement arrêté devant le portrait de la jeune fille au turban. Toute une vie entre le premier et le dernier volume de Proust. Toute une vie entre mes escapades au Mauritshuis, à La Haye, où mon père était chargé d'affaires de la République espagnole — visites interrompues par la fin de la guerre civile, notre départ pour la France, mon arrivée au lycée Henri-IV — et l'exposition de la National Gallery de Washington.

Mais ce n'est pas à Claude-Edmonde Magny que j'aurais pu dire tout cela, bien entendu. Au mois d'août de l'année 1945, date de cette conversation avec elle, je ne savais pas encore ni où ni quand se terminerait ma lecture de Marcel

Proust. En revanche, j'aurais pu lui dire que je ne m'étais jamais demandé ce qui manquait à mes petits poèmes : je le savais parfaitement.

J'ai gardé le silence, cependant.

La fatigue de vivre était lourde, ce matin-là. L'angoisse du réveil en pleine nuit, de la fuite éperdue qui s'était ensuivie, me serrait toujours le cœur.

Pourquoi Odile et moi avions-nous dormi dans un appartement déserté par ses occupants, proche de Duroc ? Était-il vide à cause des vacances ? Ou bien n'était-il pas encore réoccupé par une famille partie se mettre à l'abri en province, dans quelque demeure campagnarde, pour la durée des hostilités qui se prolongeaient encore, loin, en Extrême-Orient ? L'appartement désert appartenait à quelque tante ou cousine d'Odile M. Celle-ci avait une famille nombreuse et généreuse. On lui prêtait volontiers des clefs, ça nous arrangeait bien.

Le soir de notre rencontre au Petit Schubert, quelques jours après mon retour de Buchenwald, nous avions quitté la boîte, les copains, l'univers clos, cuivré, de la musique de jazz. Dans la fraîcheur de l'aube de mai, nous avions constaté qu'il ne nous restait plus assez d'argent pour nous payer une chambre d'hôtel. Elle n'avait aucune possibilité de m'héberger cette nuit-là. En fin de compte, après avoir évoqué toutes sortes de possibilités farfelues, qui nous faisaient rire follement, immobiles, debout, enlacés sur le trottoir de la Closerie, j'ai emmené Odile dans le pavillon de la famille Herr, à une distance raisonnable, boulevard de Port-Royal.

Depuis mon retour, en effet, quelques jours plus tôt, Mme Lucien Herr avait mis à ma disposition la chambre mansardée où j'avais parfois trouvé refuge sous l'Occupation.

Un rossignol a chanté soudain, pour saluer le jour naissant qui s'annonçait par une lumière latérale, dorée, lorsque nous avons traversé le vaste jardin qui se cachait (s'y cache-t-il encore ? Une inquiétude m'étreint, brusque, brutale, aujourd'hui, pendant que j'écris ces lignes, à l'idée que ce jardin ait pu disparaître) derrière la façade bourgeoise — haussmannienne, pour tout dire — du numéro 39 du boulevard de Port-Royal.

Un chant de rossignol pour saluer notre arrivée.

Nous nous sommes glissés subrepticement dans le pavillon de la famille Herr. Tout le monde dormait. Odile avait enlevé ses chaussures pour monter l'escalier. En passant, j'ai jeté un coup d'œil dans la bibliothèque du rez-de-chaussée, en évoquant les mânes de tous ceux qui s'y étaient retrouvés autour de Lucien Herr.

Dans le cas de Léon Blum, pourtant, familier des lieux, ce ne sont pas ses mânes que j'ai évoqués. Il était vivant, il venait même d'être libéré par des partisans italiens et des soldats américains, dans un village des Dolomites où il était parvenu après le long périple qui avait commencé à Buchenwald. C'était ce jour-là précisément, le 4 mai si mes comptes sont bons, que la presse avait annoncé la nouvelle.

Mais je n'ai rien dit à Odile ni de Léon Blum ni des autres familiers de ce lieu historique. Il ne fallait pas faire de bruit en gagnant l'escalier de cette vénérable maison. Un fou rire réprimé de collégiens nous secouait encore, lorsque nous nous sommes jetés sur le lit offert, dans la lumière du petit matin.

Trois mois plus tard, début août, nous étions allés dormir dans une rue en impasse qui commençait boulevard des Invalides, non loin du métro Duroc.

C'était un appartement vaste, cossu. Par-dessus le mur qui fermait la rue, l'on voyait bouger des ramures au loin : un bruissement multiple dans l'air transparent du soir. Nous avions choisi un lit matrimonial. Les draps trouvés dans l'armoire impeccablement rangée avaient la fraîcheur de lavande empesée des trousseaux de l'ancien temps.

Tout s'annonçait bien, cette soirée était une fête de plus.

Mais probablement aurais-je dû être attentif à quelques signes à peine percep-tibles. Ainsi, une trouble inquiétude m'avait fugacement saisi en parcourant l'appartement vide avec Odile, à la recherche d'un lit pour la nuit prochaine. Rien de précis, certes, pas de coup au cœur, de battement soudain du sang. Plutôt un malaise fugitif, tiède, un peu gluant, qui effleurait mon âme. J'aurais dû être d'autant plus attentif que je savais fort bien, après trois mois d'expérience, à quel point le bonheur de vivre m'était fragile. À quel point il me fallait m'efforcer de tout mon cœur pour m'y tenir. Je savais déjà que mon appétit de vivre, l'avidité qui me poussait à brûler les journées par les deux bouts, à faire de cet été du retour une saison de nuits blanches, je savais que cette vitalité-là ne m'évitait pas d'être vulnérable.

Dans cet appartement proche de Duroc, un malaise sourd m'avait gagné en voyant les canapés et les fauteuils recouverts de housses blanches. Sournoisement, cela m'avait rappelé mon enfance, l'appartement de la rue Alfonso XI, à Madrid, au retour des longues vacances d'été sur des plages océaniques.

À la fin du dernier été, celui de la guerre civile, nous n'étions pas revenus à Madrid, les événements nous ayant jetés dans l'exil, l'arrachement. Je n'avais pas revu, je ne reverrais plus les grandes pièces aux meubles fantomatiques, recouverts de draps blancs comme des linceuls. Mais les années précédentes, l'appartement retrouvé après les longues vacances estivales résonnait de nos cris, de nos courses éperdues. Il y avait quelque angoisse dans cette excitation. Car le retour à la maison provoquait étrangement une sensation de désarroi. C'était précisément le retour dans les lieux-lares qui provoquait l'incertitude.

En 1953, quand je suis revenu à Madrid la première fois, pour y travailler dans la clandestinité de l'organisation communiste, j'avais couru jusqu'à la rue Alfonso XI. À peine déposée la valise à l'hôtel où j'étais descendu avec mon faux passeport, j'avais couru à travers Madrid jusqu'à la rue Alfonso XI.

La ville de mon enfance n'était pas encore devenue la métropole industrielle, tentaculaire, sauvagement somptueuse et délabrée qu'elle est aujourd'hui. Le ciel y était encore d'un bleu profond, l'air des sommets voisins s'y respirait encore, sec et pur, l'eau y était toujours délicieusement fraîche et transparente, comme les neiges et les sources d'où elle provenait. Mais surtout, le quartier du Retiro, celui de mes souvenirs enfantins, n'avait subi aucun changement. Je pouvais superposer les images de ma perception attentive et émue à celles de ma mémoire : elles se fondaient les unes dans les autres, leur couleur s'ajustait à la nuance près.

Pourtant, ce soir de juin 1953, malgré la parfaite identification des souvenirs et des images du présent, une angoisse indistincte, innommable plutôt, a saccagé mon cœur, dès que je suis arrivé rue Alfonso XI, dès que j'ai contemplé les balcons du dernier étage de la maison, ceux de l'appartement où j'avais passé mon enfance.

Jamais, pendant toutes ces années vécues à l'étranger, je n'avais eu une sensation aussi poignante d'exil, d'étrangeté, qu'à ce moment privilégié du retour au paysage originaire.

Mais je n'en suis pas encore là.

J'en suis à parcourir avec Odile un appartement cossu du 7e arrondissement de Paris, et les housses blanches qui protègent fauteuils et canapés me rappellent soudain le sentiment d'incertitude, de vague angoisse que j'éprouvais jadis au retour des vacances. C'étaient les signes du déracinement. Soudain, non seulement il devenait évident, clairement lisible, que je n'étais pas chez moi, mais encore que je n'étais nulle part. Ou n'importe où, ce qui revient au même. Mes racines, désormais, seraient toujours nulle part, ou n'importe où : dans le déracinement en tous les cas.

Mais ce sentiment trouble n'avait duré qu'un instant. D'autant plus bref qu'Odile avait aussitôt commencé à faire voltiger les housses blanches qui protégeaient les sièges dans le salon où nous nous tenions. Elle bougeait dans l'espace camphré de la pièce, gracieuse, drue, vivante. La blancheur du drap des housses lui faisait une auréole tournoyante.

Elle claironnait un air de *Carmen*, tout en parcourant la pièce au pas de danse.

Encore aujourd'hui, toute une vie plus tard, il suffit d'un instant de rêverie éveillée, n'importe où, n'importe quand, ou d'un instant de distraction délibérée afin de m'évader d'une conversation oiseuse, d'un récit mal fagoté, d'un spectacle médiocre, pour que brusquement, sans rapport apparent avec les préoccupations ou les désirs circonstanciels, se déploie dans ma mémoire un envol d'éclatante blancheur d'images au ralenti. Ailes de mouette, à l'aube, derrière les baies vitrées d'une chambre d'hôtel, en Bretagne ? Focs des voiliers sous la lumière d'étain de la baie de Formentor ? Brouillards laiteux, effilochés par les vents tournoyant dans le détroit d'Eggemogging ?

Il m'arrive de ne pas identifier ces images. Je reste alors au seuil de leur lisibilité, remué par une émotion indéfinissable : quelque chose de fort et de vrai demeure caché, m'échappe et se dérobe. Quelque chose se défait, sitôt surgi, comme un désir inassouvi. Mais il arrive aussi qu'elles se précisent, qu'elles cessent d'être floues, de me flouer.

Je reconnais le long couloir de l'appartement de la rue Alfonso XI, à Madrid, résonnant du bruit de nos courses, des portes ouvertes à la volée. Je reconnais dans la pénombre d'un soir de la fin de l'été les meubles précieux recouverts de housses blanches. Et c'est alors que réapparaissent, liés au souvenir enfantin, étrangement gouvernés par lui, tous les autres : un envol de pigeons, place de la Cybèle ; les mouettes de Bretagne ; les voiles de Formentor ; les brouillards de Little Deer Isle. Et le souvenir d'Odile, voltigeant à travers un salon parisien, arrachant joyeusement les linceuls éclatants des fauteuils et des canapés, les transformant en oriflammes du plaisir annoncé, tout en chantant à tue-tête l'air du toréador de Bizet.

Au Petit Schubert, boulevard du Montparnasse, quelques jours après mon arrivée à Paris, j'avais eu Odile M. dans mes bras. Je me suis demandé si quelqu'un n'allait pas subitement surgir pour me l'enlever. À Eisenach, dans le vieil hôtel où les Américains avaient installé un centre de rapatriement, l'officier français des commandos m'avait enlevé Martine. Mais au Petit Schubert le temps a passé, il ne se passait rien. Rien d'autre que la lumière allumée dans les yeux d'Odile, la présence accrue de son corps. Elle était toujours dans mes bras. Elle ne semblait appartenir à personne. Personne ne semblait avoir sur cette jeune femme droit de préemption ou de cuissage. Elle allait être à moi.

Les jours ont passé, les semaines : elle était à moi.

Mais sans doute faut-il renverser ce rapport d'appartenance. C'est moi qui lui appartenais, plutôt, puisqu'elle était la vie et que je voulais appartenir à la vie, pleinement. Elle a réinventé pour moi, avec moi, les gestes de la vie. Elle a réinventé mon corps, un usage de mon corps, du moins, qui n'était plus strictement celui d'une économie de survivance, qui était celui du don, du gaspillage amoureux.

Pourtant, malgré elle, malgré moi, malgré l'exubérance de cet été du retour, la mémoire de la mort, son ombre sournoise, me rattrapait parfois.

Au milieu de la nuit, de préférence.

Je m'étais réveillé en sursaut, à deux heures du matin.

« Réveillé » n'est d'ailleurs pas le terme le plus approprié, même s'il est exact. Car j'avais effectivement quitté, dans un soubresaut, la réalité du rêve, mais ce n'était que pour plonger dans le rêve de la réalité : le cauchemar, plutôt.

Juste avant, j'étais égaré dans un univers agité, opaque, tourbillonnant. Une voix, soudainement, avait retenti dans ces parages confus, y mettant bon ordre. Une voix allemande, chargée de la vérité toute proche encore de Buchenwald.

— *Krematorium, ausmachen* ! disait la voix allemande. « Crématoire, éteignez ! » Une voix sourde, irritée, impérative, qui résonnait dans mon rêve et qui, étrangement, au lieu de me faire comprendre que je rêvais, comme il arrive habituellement dans des cas semblables, me faisait croire que j'étais enfin réveillé, de nouveau — ou encore, ou pour toujours — dans la réalité de Buchenwald : que je n'en étais jamais sorti, malgré les apparences, que je n'en sortirais jamais, malgré les simulacres et les simagrées de l'existence.

Pendant quelques secondes — un temps infini, l'éternité du souvenir — je m'étais retrouvé dans la réalité du camp, une nuit d'alerte aérienne. J'entendais la voix allemande donnant l'ordre d'éteindre le crématoire, mais je n'éprouvais aucune angoisse. Bien au contraire, une sorte de sérénité m'envahissait d'abord, une sorte de paix : comme si je retrouvais une identité, une transparence à moi-même dans un lieu habitable. Comme si — et je conçois que cette affirmation puisse paraître indécente, outrancière du moins, mais elle est véridique — comme si la nuit sur l'Ettersberg, les flammes du crématoire, le sommeil agité des copains entassés dans les châlits, le râle affaibli des mourants, étaient une sorte de patrie, le lieu-dit d'une plénitude, d'une cohérence vitale, malgré la voix autoritaire qui répétait d'un ton irrité : — *Krematorium, ausmachen ! Krematorium, ausmachen !*

Cette voix enflait, devenait bientôt assourdissante. Je me réveillais alors en sursaut. Mon cœur battait follement, j'avais l'impression d'avoir crié.

Mais non, Odile dormait à mes côtés, paisiblement.

Je me redressais dans le lit, moite de sueur. J'entendais le souffle régulier de mon amie. J'allumais une lampe de chevet. J'écartais le drap, je regardais son corps nu. Une peur abominable m'étreignait, malgré la certitude déchirante de sa beauté. Toute cette vie n'était qu'un rêve, n'était qu'illusion. J'avais beau effleurer le corps d'Odile, la courbe de sa hanche, la grâce de sa nuque, ce n'était qu'un rêve. La vie, les arbres dans la nuit, les musiques du Petit Schubert n'étaient qu'un rêve. Tout était un rêve depuis que j'avais quitté Buchenwald, la forêt de hêtres sur l'Ettersberg, ultime réalité.

Je mordais mes poings serrés, pour m'empêcher de hurler. Je me recroquevillais dans le lit, essayant de reprendre mon souffle.

J'aurais dû me méfier, cette nuit. Je n'aurais pas dû négliger les signes annonciateurs du malheur de vivre.

Il y avait eu d'abord, fugitivement, le malaise provoqué par les meubles sournoisement ensevelis sous le linceul des housses blanches, dans les salons de l'appartement où Odile m'avait entraîné pour la nuit. Plus tard, nous étions ressortis. Nous étions allés en nous promenant jusqu'à Saint-Germain-des-Prés. Nous avions dîné avec des amis, rue Saint-Benoît. Après le dîner et un verre au Montana, nous avions encore marché jusqu'à Montparnasse.

Nous subsistions au jour le jour, cet été-là. Aucun d'entre nous n'avait jamais trois sous devant lui. Moi, en tout cas, je vivais d'expédients mais très gaiement, sans domicile fixe : un rasoir, une brosse à dents, quelques livres et quelques hardes dans un sac de voyage étaient mon viatique.

Au Petit Schubert, dans l'escalier qui descendait vers la salle en sous-sol, j'avais reçu un second avertissement. C'est *Stardust* que jouait le petit ensemble de jazz de la boîte. J'ai trébuché, j'ai dû m'appuyer sur Odile pour ne pas perdre pied. Elle a cru que j'avais eu envie de sentir à nouveau son corps contre le mien, sa tiédeur offerte. Elle a pris pour un geste de tendresse physique ce qui n'était qu'un signe de détresse. Je ne l'ai pas détrompée, à quoi bon ? Je ne lui ai pas parlé de l'orchestre de jazz de Jiri Zak, à Buchenwald, du trompettiste norvégien qui jouait à merveille les solos de *Stardust,* les après-midi de dimanche à Buchenwald.

Elle s'est appuyée sur moi, sa hanche a pesé contre la mienne. Nous avons descendu ensemble, serrés l'un contre l'autre, les dernières marches de l'escalier, dans la sonorité bouleversante du solo de trompette. Mais des flocons de neige flottaient dans ma mémoire. À moins que ce ne fussent des flocons de fumée grise.

Je m'étais réveillé en sursaut.

Mais le réveil ne tranquillisait pas, n'effaçait pas l'angoisse, bien au contraire. Il l'approfondissait, tout en la transformant. Car le retour à l'état de veille, au sommeil de la vie, était terrifiant en lui-même. C'était que la vie fût un songe, après la réalité rayonnante du camp, qui était terrifiant.

J'avais allumé une lampe, écarté le drap.

Le corps d'Odile s'offrait à mon regard dans la plénitude alanguie du repos. Mais la certitude apaisante de sa beauté ne m'avait pas distrait de ma douleur. Rien ne me distrairait de ma douleur. Rien d'autre que la mort, bien entendu. Non pas le souvenir de la mort, de l'expérience vécue que j'en avais : l'expérience de m'avancer vers elle avec les autres, les miens, de la partager avec eux, fraternellement. D'être pour la mort avec les autres : les copains, les inconnus, mes semblables, mes frères : l'Autre, le prochain. D'y fonder notre commune liberté. Non pas ce souvenir de la mort, donc, mais la mort personnelle, le trépas : celle qu'on ne peut pas vivre, certes, mais qu'on peut décider.

Seule la mort volontaire, délibérée, pourrait me distraire de ma douleur, m'en affranchir.

Je me suis écarté d'Odile, transi par cette évidence.

Elle incarnait pour moi la vie, ses insouciances, son innocence : son irresponsabilité imprévisible et charmante. Elle était le présent toujours renouvelé, sans autre projet que de persévérer dans cette façon d'être au monde : une présence légère et foisonnante, une sorte d'état de grâce, de liberté complice et tendre.

Mais rien n'effaçait le savoir mortifère où s'enracinait notre compagnonnage libertin. Si elle m'avait choisi, dès le premier soir de notre rencontre, parmi tous les jeunes gens qui tournaient autour de sa fraîcheur, de sa désinvolture gouailleuse, de son beau corps et de son regard clair, livrant candidement les trésors d'une tendresse disponible, c'est bien, m'avait-elle confié, parce qu'elle savait d'où j'arrivais, parce que mon regard, m'a-t-elle avoué plus tard, lui avait paru comblé d'une nuit inhabituelle, d'une exigence glaciale, quasiment forcenée.

Odile me soignait avec les gestes inventifs de l'amour physique, avec ses rires sans rime ni raison, son insatiable vivacité. Mais elle ne savait que faire quand l'orage éclatait dans ma vie. Elle ne savait pas gérer le désastre. Dès que l'ombre me rattrapait, troublant mon regard, me jetant dans un silence noué ; dès que la voix du *Sturmführer* SS, commandant l'extinction des feux du crématoire, me réveillait en pleine nuit du songe de ma vie, Odile perdait pied. Elle me caressait le visage, comme on caresse un enfant apeuré, elle me parlait, pour combler ce silence, cette absence, cette béance, par un babillage rassurant.

C'était insupportable.

Odile était d'évidence venue au monde pour y apporter de la joie, de la vivacité : le lait de la tendresse humaine. Elle n'y était pas venue pour écouter les voix de la mort, ses murmures insistants. Encore moins pour les prendre à son compte, les assumer, au risque de sa propre tranquillité d'esprit, de son propre équilibre.

Mais qui aura été disponible, autour de nous, en ces temps-là du retour, à une écoute inlassable et mortelle des voix de la mort ?

J'avais éteint ma lampe de chevet, je m'étais glissé hors du lit, me rhabillant à tâtons. J'avais fui dans la nuit, j'étais retourné au Petit Schubert. L'ensemble de jazz jouait encore pour une demi-douzaine de noctambules. Je m'étais installé au bar, on m'avait offert un verre. Je n'avais plus de quoi me le payer, mais on me connaissait. On m'avait vu avec Odile, quelques heures plus tôt. On me voyait souvent avec elle, avec des copains, depuis quelques semaines. Depuis mon retour. Il est vrai qu'on ne savait pas que j'étais revenu, ni de Buchenwald ni d'où que ce soit. Mes cheveux repoussaient très vite. Et puis c'était plein d'anciens militaires de toute sorte, à cheveux plus ou moins ras, en cet été 1945. Personne ne posait de questions à personne au sujet de son passé. C'était un été où seul le présent comptait.

On m'a offert un verre, donc. Et le serveur ne s'est pas étonné de me voir revenir sans Odile. Le batteur m'a fait un signe de connivence.

J'ai écouté la musique, c'était la seule chose à faire. Presque tous les clients étaient partis, ceux qui étaient venus pour danser, du moins. Il restait une demi-douzaine de personnes pour écouter la musique de jazz. Le petit orchestre de la boîte était plutôt bon. Les musiciens se laissaient aller, maintenant qu'ils jouaient pour eux-mêmes.

J'ai quitté le bar, je suis allé m'asseoir dans la salle. Nous étions groupés autour des musiciens qui improvisaient sur des thèmes classiques, de Louis Armstrong en particulier. Ça me convenait, je connaissais bien le répertoire d'Armstrong. Nous étions là, le temps passait. Rien ne nous rapprochait, rien d'autre que cette musique. C'était suffisant, en apparence. Peut-être n'avions-nous en commun que le même amour de cette musique. Le même respect pour cette musique de liberté, violente et tendre, d'une rigoureuse fantaisie. Ça suffisait, apparemment.

À l'aube, la boîte a fermé. Il était encore trop tôt pour sonner à la porte de Claude-Edmonde Magny, rue Schœlcher. J'ai marché un peu au hasard, dans la fraîcheur hagarde du petit matin.

Pour finir, j'ai sauté par-dessus la grille d'un square, au bout de la rue Froidevaux, je me suis allongé sur un banc.

Une intuition m'avait travaillé, depuis la séance de jazz à Eisenach, lors d'une autre aube, quelques mois plus tôt. Cette musique, ces solos désolés ou chatoyants de trompette et de saxo, ces batteries sourdes ou toniques comme les battements d'un sang vivace, étaient paradoxalement au centre de l'univers que je voulais décrire : du livre que je voulais écrire.

La musique en serait la matière nourricière : sa matrice, sa structure formelle imaginaire. Je construirais le texte comme un morceau de musique, pourquoi pas ? Il baignerait dans l'ambiance de toutes les musiques de cette expérience, pas seulement celle de jazz. La musique des chansons de Zarah Leander que les SS diffusaient sur le circuit des haut-parleurs du camp, à toute occasion. La musique entraînante et martiale que l'orchestre de Buchenwald jouait matin et soir, sur la place d'appel, au départ et au retour des kommandos de travail. Et puis la musique clandestine par laquelle notre univers se rattachait à celui de la liberté : musique classique jouée certains soirs dans un sous-sol du magasin central, l'*Effektenkammer,* par un quatuor à cordes réuni autour de Maurice Hewitt ; musique de jazz de l'ensemble créé par Jiri Zak.

La musique, les différentes musiques rythmeraient le déroulement du récit. Un dimanche, pourquoi pas ? Le récit d'une journée de dimanche, heure par heure.

Ainsi, depuis le petit matin d'avril, à Eisenach, après la discussion avec les rapatriés sur la meilleure façon de raconter, j'avais travaillé sur cette idée, je lui avais laissé faire son travail dans mon imaginaire. Il ne me semblait pas insensé de concevoir une forme narrative structurée autour de quelques morceaux de Mozart et de Louis Armstrong, afin de débusquer la vérité de notre expérience.

Mais mon projet s'avérait irréalisable, du moins dans l'immédiat et dans sa totalité systématique. La mémoire de Buchenwald était trop dense, trop impitoyable, pour que je parvienne à atteindre d'emblée à une forme littéraire aussi épurée, aussi abstraite. Quand je me réveillais à deux heures du matin, avec la voix de l'officier SS dans mon oreille, avec la flamme orangée du crématoire m'aveuglant le regard, l'harmonie subtile et sophistiquée de mon projet éclatait en dissonances brutales. Seul un cri venant du fond des entrailles, seul un silence de mort aurait pu exprimer la souffrance.

« ... Il leur manquait simplement d'avoir été écrits par vous. De vous exprimer, si superficiellement que ce soit... »

Claude-Edmonde Magny avait repris la lecture de la lettre qu'elle m'avait écrite, deux ans auparavant. Nous voici revenus à mes petits poèmes. À ces extraordinaires petits pastiches de Mallarmé qui chaque fois l'éblouissaient. Ce sont ses propres paroles, je ne fais que les reproduire. Je ne les reprends pas à mon compte. Je me garderai bien de qualifier ces poèmes de jeunesse, je n'en aurai pas l'outrecuidance. Je n'en conserve aucune trace, d'ailleurs. Ces textes ont disparu, dans la tourmente de ces années, le souvenir s'en est pratiquement effacé de ma mémoire. Il faudra croire Claude-Edmonde Magny sur parole.

Du temps a passé, depuis qu'elle a interrompu la lecture qu'elle vient de reprendre. Deux heures pendant lesquelles elle a fait du café à plusieurs reprises.

Je lui ai raconté mon réveil en pleine nuit : ses raisons, sa déraison.

Maintenant, elle a repris sa lecture :

«... Il leur manquait simplement d'avoir été écrits par vous. De vous exprimer, si superficiellement que ce soit. De se rattacher en quelque sorte à ce qu'il y a d'essentiel en vous, à cette chose que vous voulez plus que tout, mais dont vous ne savez pas encore quelle elle est...»

Claude-Edmonde s'interrompt de nouveau. Elle me regarde.

— Le savez-vous, désormais ?

La chose que je voudrais plus que tout, c'est le repos. Pas seulement le repos physique, après une nuit blanche. Je suis un revenant inusable, me semble-t-il, un survivant à toute épreuve. Je sais déjà avec quelle facilité je reprends des forces. Le repos physique est secondaire, tout compte fait. La chose que je voudrais plus que tout, c'est le repos spirituel.

L'oubli, autrement dit.

— Je crois savoir...

Elle attend une suite, qui ne vient pas.

Je ne voudrais que l'oubli, rien d'autre. Je trouve injuste, presque indécent, d'avoir traversé dix-huit mois de Buchenwald sans une seule minute d'angoisse, sans un seul cauchemar, porté par une curiosité toujours renouvelée, soutenu par un appétit de vivre insatiable — quels que fussent, par ailleurs, la certitude de la mort, son expérience quotidienne, son vécu innommable et précieux —, pour me retrouver désormais, revenu de tout cela, mais en proie parfois à l'angoisse la plus nue, la plus insensée, puisque nourrie par la vie même, par la sérénité et les joies de la vie, autant que par le souvenir de la mort.

Ainsi, cette nuit, ce qui m'a jeté hors du lit, ce qui m'a arraché aux bras d'Odile, ce n'est pas seulement le rêve où retentissait la voix d'un *Sturmführer* SS ordonnant qu'on éteignît le crématoire, c'est aussi, davantage même, de me retrouver vivant, forcé d'assumer cet état absurde, improbable du moins, d'avoir à me projeter dans un avenir intolérable à imaginer, même dans le bonheur.

J'avais regardé le corps d'Odile, sa beauté alanguie dans le sommeil, ses promesses toutes proches : un bonheur, une sorte de bonheur, je le savais. Mais c'était un savoir inutile, qui ne me donnait aucune assurance, qui ne m'ouvrait aucune issue.

Tout recommencerait, après ce bonheur-là, ces mille bonheurs minimes et déchirants. Tout recommencerait tant que je serais vivant : revenant dans la vie, plutôt. Tant que je serais tenté d'écrire. Le bonheur de l'écriture, je commençais à le savoir, n'effaçait jamais ce malheur de la mémoire. Bien au contraire : il l'aiguisait, le creusait, le ravivait. Il le rendait insupportable.

Seul l'oubli pourrait me sauver.

Claude-Edmonde m'observait, espérant sans doute que je fusse plus explicite. D'attente lasse, elle a repris la lecture de sa lettre :

«J'ai cru un moment que cet anonymat de vos poèmes était dû au fait que vous pastichiez (volontairement mais il n'importe) ou bien, plus profondément, à l'étrangeté que gardaient pour vous les mots de la langue française, quelle que fût leur familiarité grammaticale — ces mots qui ne savaient rien de votre enfance, de vos ancêtres, où votre âme ne s'enracinait pas... Vous n'êtes pas encore sorti des limbes de la création littéraire : rien de ce que vous pouvez faire n'a de *gravité*, au sens quasi physique du terme...»

Elle s'interrompt brusquement, me regarde.

— J'ai écrit cela il y a deux ans ! Aujourd'hui, ce serait plutôt le contraire... Tout ce que vous pourriez écrire risque d'avoir *trop* de gravité !

Elle a parfaitement raison, j'acquiesce d'un geste.

Elle cherche un autre passage de sa lettre, en feuilletant les pages dactylographiées.

— Écoutez, dit-elle. On dirait parfois que je vous ai écrit pour préparer cette conversation d'aujourd'hui, pourtant imprévisible !

Elle lit :

«Je n'ai pas voulu dire autre chose que ceci : c'est que la littérature est possible seulement au terme d'une première ascèse et comme résultat de cet exercice par quoi l'individu transforme et assimile ses souvenirs douloureux, en même temps qu'il se construit sa personnalité...»

Je m'enfonce dans le silence, dans l'épuisement du désir de vivre.

— Vous êtes revenu il y a trois mois, poursuit-elle. Jamais vous ne m'avez dit un mot de Buchenwald. Du moins directement. C'est étrange, exceptionnel même... Je connais d'autres résistants revenus de déportation... Ils sont tous saisis par un véritable vertige de communication... De tentative de communication, en tout cas... Un délire verbal du témoignage... Vous, c'est le silence le plus lisse... On a repris nos conversations d'avant au point exact où elles en étaient restées... Mais vous êtes apparu trois fois chez moi, aux aurores... sans explication... Remarquez, vous pouvez vous le permettre, c'est un des privilèges de l'amitié : obtenir quelque chose sans rien donner en échange... La première fois que vous avez fait irruption à six heures du matin, vous vous souvenez de quoi vous m'avez parlé ?

J'ai hoché la tête, je me souvenais fort bien.

— De Schelling ! s'est-elle exclamée. De ses recherches sur la liberté... J'ai été étonnée que ce livre se trouve à la bibliothèque du camp, heureuse que Schelling vous ait intéressé... Car enfin, les derniers temps avant votre arrestation, vous me sembliez obnubilé par Marx, par votre lecture de *Geschichte und Klassenbewusstsein* de Lukács... Vous me sembliez succomber après tant d'autres à l'illusion la plus néfaste qui soit, celle que Marx exprime dans l'une de ses thèses sur Feuerbach : les philosophes n'ont fait qu'interpréter le monde, il s'agit de le transformer... Ce qui est une grande sottise, ronflante et lourde de conséquences... En quelques mots, Marx liquide la philosophie comme activité spécifique, autonome... Il la met au service du pouvoir, de préférence absolu, car il faut du pouvoir absolu, quelle qu'en soit la source, divine ou populaire, pour transformer le monde, y prétendre du moins, avec quelque légitimité historique...

Mais enfin, vous m'avez parlé de Schelling, de son essai sur l'essence de la liberté... Et à ce propos vous avez évoqué fugitivement les dimanches autour de Maurice Halbwachs...

Elle s'est interrompue, a essayé d'obtenir encore quelques gouttes de liquide d'une cafetière résolument vide.

— Les beaux dimanches ! ai-je dit alors. L'après-midi, une fois l'appel terminé, la soupe aux nouilles dominicale dévorée, je descendais dans le Petit Camp... La baraque 56 était celle des invalides inaptes au travail... Nous nous réunissions autour du châlit de Halbwachs et de Maspero... Les haut-parleurs diffusaient des chansons de Zarah Leander... C'est là que Schelling m'est apparu, un *Bibelforscher* m'en a parlé...

Elle m'écoute avec une attention tellement aiguë que les traits de son visage se creusent. Mais je suis épuisé, je marque un temps d'arrêt.

— Raconter un dimanche, heure par heure, voilà une possibilité...

Je regarde le ciel bleu au-dessus de la tombe de César Vallejo, dans le cimetière Montparnasse. Il avait raison, Vallejo. Je ne possède rien d'autre que ma mort, mon expérience de la mort, pour dire ma vie, l'exprimer, la porter en avant. Il faut que je fabrique de la vie avec toute cette mort. Et la meilleure façon d'y parvenir, c'est l'écriture. Or celle-ci me ramène à la mort, m'y enferme, m'y asphyxie. Voilà où j'en suis : je ne puis vivre qu'en assumant cette mort par l'écriture, mais l'écriture m'interdit littéralement de vivre.

Je fais un effort, je m'arrache les mots, un par un.

— C'est riche, un dimanche, heure par heure... C'est épais, surprenant, abominable... Il y a de l'abjection, de la cruauté, de la grandeur... Tout est humain, rien de ce qui est qualifié d'inhumain, dans notre langage moral superficiel, banalisant, ne dépasse l'homme... Vous savez quel est le dernier livre que j'ai lu, avant d'être arrêté à Joigny ? C'est Michel qui l'avait apporté... La traduction de *La Religion dans les limites de la simple raison*, de Kant... 1793, vous vous souvenez ? La théorie du Mal radical, *das radikal Böse*... D'où Schelling, mon intérêt pour ses recherches, sans doute empêtrées dans l'hystérie conceptuelle de l'idéalisme romantique, mais où s'élabore, à partir de Kant et de la critique des théodicées, la conception très forte, prégnante, d'une assise originaire où s'enracinent la liberté humaine, capable de produire le Bien et le Mal, ontologiquement équivalents... D'où l'impossibilité de décréter l'inhumanité du Mal... À Buchenwald, les SS, les kapos, les mouchards, les tortionnaires sadiques, faisaient tout autant partie de l'espèce humaine que les meilleurs, les plus purs d'entre nous, d'entre les victimes... La frontière du Mal n'est pas celle de l'inhumain, c'est tout autre chose. D'où la nécessité d'une éthique qui transcende ce fonds originaire où s'enracine autant la liberté du Bien que celle du Mal... Une éthique, donc, qui se dégage à jamais des théodicées et des théologies, puisque Dieu, par définition, les thomistes l'ont assez proclamé, est innocent du Mal. Une éthique de la Loi et de sa transcendance, des conditions de sa domination, donc de la violence qui lui est justement nécessaire...

Mais je m'égare, ce n'est pas du tout cela que je voulais lui dire.

— La profondeur des dimanches ! Il y a le bordel pour ceux qui y ont droit, peu nombreux. Il y a les trafics de toute sorte. Il y a l'amour homosexuel, souvent lié à l'intérêt ou à l'abus d'une position de pouvoir, mais pas toujours... Produit aussi de la simple passion, la pure passion. Il y a les chansons de Zarah Leander, les orchestres clandestins, les représentations théâtrales improvisées... Il y a les réunions politiques, l'entraînement des groupes de combat de la Résistance internationale. Il y a les arrivées, les départs des convois. Il y a la mort par épuisement, dans l'atroce solitude du *Revier*...

Je m'interromps de nouveau, elle attend la suite.

— Il y a des obstacles de toute sorte à l'écriture. Purement littéraires, certains. Car je ne veux pas d'un simple témoignage. D'emblée, je veux éviter, m'éviter, l'énumération des souffrances et des horreurs. D'autres s'y essaieront, de toute façon... D'un autre côté, je suis incapable, aujourd'hui, d'imaginer une structure romanesque, à la troisième personne. Je ne souhaite même pas m'engager dans cette voie. Il me faut donc un « je » de la narration, nourri de mon expérience mais la dépassant, capable d'y insérer de l'imaginaire, de la fiction... Une fiction qui serait aussi éclairante que la vérité, certes. Qui aiderait la réalité à paraître réelle, la vérité à être vraisemblable. Cet obstacle-là, je parviendrai à le surmonter, un jour ou l'autre. Soudain, dans l'un de mes brouillons, le ton juste va éclater, la distance ajustée s'établira, j'en suis certain. Mais il y a un obstacle fondamental, qui est spirituel... Vous vous souvenez de quoi je vous avais parlé, lors de ma deuxième arrivée intempestive chez vous ?

Elle hoche la tête, elle se souvient.

— Vous m'avez parlé de Faulkner, d'*Absalon, Absalon !* Le roman se trouvait aussi dans la bibliothèque de Buchenwald... Vous l'avez lu en allemand.

— Voilà, lui dis-je. Faulkner, vous savez le goût que j'en ai. *Sartoris* est l'un des romans qui m'a le plus marqué. Mais *Absalon, Absalon !* porte à l'extrême, de façon obsessionnelle, la complexité du récit faulknérien, toujours construit en arrière, vers le passé, dans une spirale vertigineuse. C'est la mémoire qui compte, qui gouverne l'obscurité foisonnante du récit, qui le fait avancer... Vous vous souvenez sans doute de nos conversations d'il y a deux ans... Hemingway construit l'éternité de l'instant présent par les moyens d'un récit quasiment cinématographique... Faulkner, quant à lui, traque interminablement la reconstruction aléatoire du passé : de sa densité, son opacité, son ambiguïté fondamentales... Mon problème à moi, mais il n'est pas technique, il est moral, c'est que je ne parviens pas, par l'écriture, à pénétrer dans le présent du camp, à le raconter au présent.. Comme s'il y avait un interdit de la figuration du présent... Ainsi, dans tous mes brouillons, ça commence avant, ou après, ou autour, ça ne commence jamais dans le camp... Et quand je parviens enfin à l'intérieur, quand j'y suis, l'écriture se bloque... Je suis pris d'angoisse, je retombe dans le néant, j'abandonne... Pour recommencer autrement, ailleurs, de façon différente... Et le même processus se reproduit...

— Ça se comprend, dit-elle d'une voix douce.

— Ça se comprend, mais ça me tue !

Elle tourne vainement une cuiller dans sa tasse de café vide.

— C'est sans doute votre chemin d'écrivain, murmure-t-elle. Votre ascèse : écrire jusqu'au bout de toute cette mort...

Elle a raison, probablement.

— À moins qu'elle ne vienne à bout de moi !

Ce n'est pas une phrase, elle l'a compris.

— Vous vous souvenez de Wittgenstein ? a-t-elle demandé, après un long silence.

Je regardais le ciel bleu du mois d'août sur le cimetière Montparnasse. Oui, j'aurais pu, en m'y efforçant quelque peu, me souvenir de Wittgenstein, de nos conversations à son propos. Mais j'étais épuisé, je n'avais pas envie de me souvenir de Wittgenstein, de faire cet effort-là.

Je pensais à César Vallejo.

J'ai toujours eu de la chance avec les poètes. Je veux dire : mes rencontres avec leur œuvre ont toujours été opportunes. Je suis toujours tombé, au moment opportun, sur l'œuvre poétique qui pouvait m'aider à vivre, à me faire avancer dans l'acuité de ma conscience du monde. Ainsi de César Vallejo. Ainsi, plus tard, de René Char et de Paul Celan.

En 1942, c'était la poésie de César Vallejo que j'avais découverte. Elle n'avait pas été plaisante, cette année-là. J'avais été contraint d'abandonner la khâgne d'Henri-IV, pour gagner ma vie. Ma survie, plutôt : de quoi chichement subsister. J'y parvenais à peine en donnant des leçons d'espagnol à des élèves de tous âges, de latin à de jeunes cancres de bonne famille, parfois odieux. Je ne faisais de vrai repas que tous les deux jours, plus ou moins. Souvent, je me nourrissais de boulettes de sarrasin achetées sans tickets dans une boulangerie qui existait alors boulevard Saint-Michel, à l'endroit où convergent les rues Racine et de l'École-de-Médecine.

Mais j'avais découvert la poésie de César Vallejo.

> Me gusta la vida enormemente
> pero, desde luego,
> con mi muerte querida y mi café
> y viendo los castaños frondosos de París...

Claude-Edmonde Magny venait d'évoquer Wittgenstein, j'ai gardé pour moi le poème de César Vallejo qui m'était revenu en mémoire. Je ne l'ai pas traduit pour elle, je ne vais pas non plus le traduire ici. Ça restera comme un secret, un signe de connivence avec un possible lecteur hispanisant.

Elle voulait savoir si je me rappelais nos conversations à propos du *Tractatus*, trois ans auparavant.

J'étais tombé sur ce livre en fouinant dans la bibliothèque d'Édouard-Auguste Frick, rue Blaise-Desgoffe. C'est également là que j'avais découvert Musil et Broch. Le titre de Wittgenstein m'a attiré aussitôt, par son insolence. Par son côté mégalomane, aussi. *Tractatus logico-philosophicus* : il fallait oser ! C'était une édition bilingue, allemand-anglais, d'une université britannique. Cet hiver-là, l'hiver 40-41, j'étais en classe de philosophie. Outre les classiques du programme, je lisais Heidegger et saint Augustin, je l'ai déjà mentionné.

Martin Heidegger, c'est Levinas qui m'y avait conduit. Quant à saint Augustin, c'est Paul-Louis Landsberg. Ce dernier était apparu dans ma vie adolescente en 1938. Apparition en chair et en os, d'ailleurs : il a été une présence physique avant d'être un sujet de lecture et de réflexion, surtout par son essai sur *L'Expérience de la mort.*

C'était à La Haye, Pays-Bas. Mon père y était chargé d'affaires de la République espagnole. Landsberg et lui partageaient le même univers de valeurs chrétiennes, dans la lignée du mouvement personnaliste, autour de la revue *Esprit.* Cette année-là, alors que la guerre civile commençait à tourner mal en Espagne — c'est-à-dire, pour être plus précis : alors qu'elle commençait à tourner dans le sens de l'Histoire, qui n'est pas forcément celui du Bien, l'Histoire, tout au long des années trente, ayant plutôt tourné dans le mauvais sens, faisant mûrir les ripostes totalitaires à la crise de la modernité démocratique et capitaliste — à tourner, en tout cas, à la défaite des républicains espagnols, Landsberg était venu aux Pays-Bas pour quelque conférence ou colloque. Sur la pensée de saint Augustin, précisément.

Un soir, il avait dîné à la légation avec sa femme. Juste avant le repas, j'avais eu l'autorisation de rester au salon avec eux. J'allais avoir quinze ans, j'étais entré dans le groupe des grands. Car nous étions assez nombreux, frères et sœurs, pour être regroupés en classes d'âge bien distinctes, aux normes de vie différenciées.

J'avais eu le droit d'assister à la conversation des adultes, ce soir-là, juste avant le dîner avec les Landsberg. Conversation qui porta principalement sur la situation européenne. Sur la guerre civile en Espagne et la faiblesse congénitale des démocraties face au fascisme. Soudain, dans ce contexte, saint Augustin avait surgi, par une référence à la portée politique de sa pensée. Et à quelque incident survenu au colloque pour lequel Paul-Louis Landsberg était venu aux Pays-Bas. Je ne me souviens plus, bien évidemment, du contenu exact de cet incident, ni de sa portée : tout cela est enfoui dans ma mémoire, irrécupérable. Je me souviens seulement de la femme de Landsberg, soudain dressée dans le salon dont les baies vitrées donnaient sur un jardin planté de magnolias et, au-delà, sur le Plein 1813. Mais ce n'était sûrement pas la saison où les magnolias sont en fleur, car je garde le souvenir d'un feu de bois dans la grande cheminée. La femme de Paul-Louis Landsberg s'était dressée dans le salon, subitement (le setter irlandais, Rex, jeune chien, chien fou, allongé près de moi, avait bondi sur ses pattes, inquiet), pour commenter cet incident surgi au cours du colloque augustinien.

— Scolastique, vous vous rendez compte ! s'écriait-elle, avec une emphase délibérée, traiter Paul-Louis Landsberg de scolastique !

Je n'avais pas bien saisi l'enjeu de cette exclamation. Je trouvais également étrange qu'elle parlât de son mari à la troisième personne du singulier. Mais je pensais qu'elle avait de l'allure ; blonde et belle, dressée de toute sa taille, elle était une image de femme touchante et passionnée : image inoubliable pour mon adolescence rêveuse des mystères de la féminité.

— Vous vous souvenez de Wittgenstein ? avait demandé Claude-Edmonde Magny.

Elle aurait tout aussi bien pu me demander si je me souvenais de Heidegger. Car la conversation, trois ans auparavant, qu'elle voulait évoquer, avait porté à la fois sur un chapitre verbeux, empêtré dans ses tics langagiers, rempli de creuses évidences et d'obscurités tapageuses, du livre de Heidegger, où il était question du *Sein-zum-Tode*, et sur une phrase percutante, limpide, bien que douteuse quant à son sens ultime, du *Tractatus* de Ludwig Wittgenstein.

Son regard brillait derrière des lunettes austères.

— Le cahier de moleskine, vous vous souvenez ? *«Der Tod ist kein Ereignis des Lebens. Den Tod erlebt man nicht...»*

Elle citait la proposition du traité de Wittgenstein que j'avais longuement commentée, trois ans auparavant, dans un gros cahier de moleskine où je tenais une sorte de journal intime. C'est la seule époque de ma vie, celle de mes dix-huit ans, où j'ai tenu un journal. Plus tard, l'abandon de l'intention d'écrire et de longues années de clandestinité m'en ont fait perdre l'habitude. Ensuite, à partir de la quarantaine, lorsque j'ai commencé à publier des livres — l'une des raisons de celui-ci est d'expliquer, de m'expliquer aussi à moi-même, pourquoi si tard dans la vie —, j'ai systématiquement détruit les journaux de bord, cahiers de notes de toute sorte qui accompagnent un travail d'écriture. Ainsi que les brouillons inachevés, dès que le projet conçu s'avérait irréalisable, ou se voyait abandonné par le désir de le réaliser. Il me déplairait de laisser derrière moi les traces informes d'une recherche, d'un tâtonnement, ce serait quasiment indécent. Seul compte le travail abouti, quelle qu'en soit la valeur réelle, dont l'auteur est sans doute le plus intime connaisseur, sans en être le meilleur juge.

Ainsi, si l'on voulait généraliser cette attitude — abusivement, sans doute : chacun, dans ce domaine, a le droit de réagir individuellement —, il faudrait dire que les testaments ne sont pas trahis par les légataires mais par les testateurs eux-mêmes. C'est Franz Kafka qui est responsable de la publication de ses œuvres inachevées, et non pas Max Brod. Il n'avait qu'à les détruire lui-même, s'il en était vraiment insatisfait !

Mais enfin, à dix-huit ans, je tenais une sorte de journal, plutôt philosophique et littéraire, d'ailleurs, que réellement intime : j'ai toujours été prudent avec mon intimité. Dans le gros cahier de moleskine noire j'avais commenté la sentence du *Tractatus* de Wittgenstein et les pages de Martin Heidegger, sur l'être-pour-la-mort, de *Sein und Zeit*.

«La mort n'est pas un événement de la vie. La mort ne peut être vécue» : telle est la traduction habituelle, due à Pierre Klossowski, de la proposition de Wittgenstein. J'en avais donné une légèrement différente, pour la dernière partie de la sentence (la première ne pose aucun problème : tout le monde la traduit de la même façon) dans ma longue élucubration juvénile. «On ne peut vivre la mort», avais-je écrit. Plus tard, des années plus tard, dans un bref roman qui s'appelle *L'Évanouissement* et qu'il m'arrive de citer dans ce récit parce qu'il concerne précisément l'époque dont il est ici question, l'époque du retour, du rapatriement dans l'exil — j'ai traduit cette deuxième partie de la proposition de Wittgenstein de manière encore différente : «La mort n'est pas une expérience vécue.» Mais cette diversité tient à la difficulté de traduire en français le verbe *erleben* et son substantif *Erlebnis*, difficulté qui ne se serait pas posée si j'avais eu à traduire ces mots en espagnol.

Sans doute, avais-je écrit dans le cahier de moleskine noire, trois ans auparavant, sans doute la mort ne peut-elle être une expérience vécue — *Vivencia*, en espagnol —, on le sait au moins depuis Épicure. Ni non plus une expérience de la conscience pure, du *cogito*. Elle sera toujours expérience médiatisée, conceptuelle ; expérience d'un fait social, pratique. Mais c'est là une évidence d'une extrême pauvreté spirituelle. En fait, pour être rigoureux, l'énoncé de Wittgenstein devrait s'écrire ainsi : *«Mein Tod ist kein Ereignis meines Lebens. Meinen Tod erlebe ich nicht.»* C'est-à-dire : *ma* mort n'est pas un événement de *ma* vie. Je ne vivrai pas *ma* mort.

C'est tout, ça ne va pas bien loin.

— À propos, ai-je dit, où est le cahier de moleskine ? Vous ne me l'avez jamais rendu...

Claude-Edmonde rougit légèrement, faisant un geste de regret. Ou d'impuissance.

— Perdu ! s'exclame-t-elle. Votre texte m'avait paru intéressant, j'ai prêté le cahier à Jean, pour qu'il le lise...

Des années plus tard, quand j'ai écrit *Le Grand Voyage*, à Madrid, dans un appartement clandestin de la rue Concepción Bahamonde, je me suis souvenu de ce détail. Je me suis souvenu de cette conversation avec Claude-Edmonde Magny. D'une certaine façon mon livre était une réponse à sa *Lettre*. Il était impossible que je ne me souvienne pas de cette conversation d'août 1945, de la lecture qu'elle m'avait faite. Au moment où le pouvoir d'écrire m'était rendu, il était impensable que je ne me rappelle pas la *Lettre* qu'elle m'avait écrite, autrefois. Au moment où je menais à bien — ou à mal, mais en tout cas à son terme — l'entreprise qui avait échoué auparavant, je me suis souvenu du cahier de moleskine, de la réponse qu'elle m'avait donnée à son sujet.

À Madrid, rue Concepción Bahamonde, je me suis demandé qui était Jean. Ou plutôt : auquel des deux faisait-elle allusion, à Jean Gosset ou à Jean Cavaillès ? Je savais qu'elle les voyait tous les deux, à l'occasion. Sans doute rencontrait-elle Gosset plus souvent que Cavaillès. Elle m'avait fait lire quelques textes de ce dernier. Ardus, du moins pour moi : la philosophie des mathématiques et la logique n'étaient pas mes domaines préférés. Mais impressionnants par leur exigence de méthode et de cohérence. Une fois, je les avais aperçus tous les deux, Cavaillès et Gosset, sortant d'un restaurant. Je savais qu'ils étaient plongés dans l'univers clandestin de la Résistance. La vraie, je veux dire, la seule, à mon avis : la résistance armée.

Jean Gosset est mort en déportation, Jean Cavaillès a été fusillé.

Je connaissais leur destin, bien entendu, lorsque Claude-Edmonde Magny a fait allusion à la disparition de mon cahier de moleskine. Je comprenais que mon texte s'était perdu avec eux, l'un d'entre eux. C'était une perte qui ne me préoccupait pas outre mesure : celle de mon cahier, s'entend. Je n'ai pas demandé duquel des deux il s'agissait, ce matin-là. Mais à Madrid, quinze ans plus tard, en écrivant *Le Grand Voyage*, j'ai regretté mon manque de curiosité, dû sans doute à la fatigue de la nuit blanche. J'ai soudain souhaité que Jean Cavaillès fût celui à qui Claude-Edmonde avait prêté mon cahier intime. Cavaillès, certes, n'aurait pu que sourire, au mieux avec bienveillance, à la lecture d'un texte aussi emporté, aussi juvénile que celui dont je garde un vague souvenir. Il n'empêche, j'eusse aimé que ce texte fiévreux et maladroit sur l'expérience de la mort eût eu pour dernier lecteur, avant de disparaître justement dans l'oubli, Jean Cavaillès.

Le dernier jour, je m'étais aussi souvenu de Wittgenstein.

Il n'avait pas ressemblé à un dernier jour, d'ailleurs, mon dernier jour à Buchenwald. Rien ne pouvait me permettre de deviner qu'il le serait. Il avait commencé comme tous les jours depuis le 12 avril, lendemain de la libération du camp. Il aurait pu se terminer comme tous les autres. Au matin de ce jour-là — dont il s'avérerait qu'il était le dernier — rien n'avait la solennité, ni l'émotion mêlée d'inquiétude, qu'ont habituellement les heures ultimes d'une période cruciale de votre vie. Rien, en effet, ne me permettait de deviner qu'Yves Darriet aurait l'idée de m'inclure dans un convoi de la mission Rodhain qui quittait Eisenach pour Paris le lendemain.

Le problème que posaient les Espagnols de Buchenwald n'était pas encore définitivement réglé. On savait bien que nous serions un jour ou l'autre, parce que nous avions été arrêtés dans la Résistance, ramenés en France. Je n'ose pas dire «rapatriés», je m'en suis déjà expliqué avec une certaine prolixité. De façon toute personnelle, d'ailleurs. La plupart des Espagnols de Buchenwald — survivants des maquis, des groupes de choc de la MOI ou des brigades de guérilleros du sud-est de la France — auraient sans doute accepté ce terme de «rapatriés». Je veux dire : leur patrie était le combat, la guerre antifasciste, et ce depuis 1936. La France étant le deuxième territoire de cette patrie-là, ils n'auraient pas regimbé au mot de «rapatriement». Ils auraient été, en tout cas, moins enclins que moi à en analyser la signification concrète, à en mesurer le pour et le contre, le positif et le négatif, le «oui mais» et le «non pourtant» : la plupart des déportés espagnols n'auraient pas autant que moi coupé les cheveux en quatre à ce propos.

Nous savions donc que les autorités militaires alliées avaient décidé de nous ramener en France, mais nous ignorions à quelle date. Un jour ou l'autre, en somme. Nous vivions dans cette incertitude.

Mon dernier jour à Buchenwald — celui où je me suis de nouveau souvenu de Wittgenstein — avait commencé comme un jour incertain. Un jour de plus dans la période confuse entre la mort et la vie, le réel et le rêve, que la libération du camp avait inaugurée. Je ne me souviens même pas de la date de ce dernier jour, il faut que je la calcule. Et pour ce faire, je ne puis commencer au jour de la libération, le 11 avril, car je m'égarerais bientôt dans les méandres de la mémoire. Méandres brumeux, de plus. De toutes ces longues journées, seuls quelques instants se maintiennent spontanément dans la lumière du souvenir, je pense l'avoir déjà dit. Instants qu'il m'est souvent impossible de dater, de situer même dans une perspective chronologique. D'autres, par contre, s'y insèrent, s'inscrivent aisément dans une séquence temporelle.

Pourtant, malgré ce flou de la mémoire, je sais que les traces de ces journées ne se sont pas effacées irrémédiablement. Le souvenir ne m'en vient pas naturellement, de façon irréfléchie, certes. Il me faut aller le rechercher, le débusquer, par un effort systématique. Mais le souvenir existe, quelque part, au-delà de l'oubli apparent. Il me suffit de m'y appliquer, de faire en moi le vide des contingences du présent, de m'abstraire volontairement de l'entourage ou de l'environnement, de braquer sur ces lointaines journées le rayon d'une vision intérieure, patiente et concentrée. Des visages émergent alors, des épisodes et des rencontres reviennent à la surface de la vie. Des mots effacés par le tourbillon du temps passé se font entendre à nouveau. Comme si, en quelque sorte, la pellicule impressionnée autrefois par une caméra attentive n'avait jamais été développée : personne n'aura vu ces images, mais elles existent. Ainsi, je garde en réserve un trésor de souvenirs inédits, dont je pourrais faire usage le jour venu, s'il venait, si sa nécessité s'imposait.

Quoi qu'il en soit, si je veux établir la date de mon dernier jour à Buchenwald — celui où je me suis à nouveau rappelé Wittgenstein et la sentence abrupte et creuse du *Tractatus* —, il vaut mieux que je parte de la fin de l'histoire, pour remonter le cours du temps, à l'aide de quelques repères indiscutables. Et la fin se situe le Premier Mai.

J'étais à Paris, ce jour-là, place de la Nation, au coin de l'avenue Bel-Air, lorsqu'une soudaine bourrasque de neige a tourbillonné sur les drapeaux rouges du défilé traditionnel.

La veille, le 30 avril, donc, j'avais passé la journée à Saint-Prix, dans la maison où ma famille avait vécu sous l'Occupation, sur la colline qui joint Montlignon à Saint-Leu et qu'évoque Victor Hugo dans un poème célèbre. L'avant-veille, 29 avril, immanquablement, j'étais arrivé à Paris. J'avais passé la nuit rue du Dragon, chez Pierre-Aimé Touchard. Et le jour précédent, le 28, le convoi de camions de la mission Rodhain était parvenu au camp de rapatriement de Longuyon. C'est là que j'ai pu constater à quel point j'avais raison, à quel point je n'avais pas été rapatrié : c'est à Longuyon que j'ai retrouvé mon identité d'apatride, que je n'ai plus jamais récusée, dès lors, malgré les apparences administratives et les charges officielles. Ainsi, de fil en aiguille, j'arrive à la conclusion que le 27 avril, veille de mon retour en France à travers Longuyon, à travers la confirmation de mon incapacité foncière à être considéré comme un rapatrié, est le jour consacré à parcourir la distance entre Eisenach, point de départ du convoi, et Francfort, où nous avons fait étape pour la nuit dans un baraquement d'un camp de personnes déplacées. Donc, telle est la conclusion de ce bref itinéraire, c'est le 26 avril qu'Yves Darriet est venu me chercher pour me conduire à Eisenach : mon dernier jour à Buchenwald.

Ce jour-là, vers le milieu de la matinée, je suis allé au block 34, pour y retrouver Boris Taslitzky.

Depuis le 12 avril, *Seuls demeurent,* le volume de René Char, m'accompagnait partout. Une fois de plus, un poète arrivait dans ma vie au moment opportun. J'en lisais des fragments aux copains. Bientôt, j'ai pu réciter les poèmes par cœur : de tout mon cœur.

Yves Darriet aimait autant que moi, André Verdet aussi. Je voyais souvent ce dernier, qui préparait une anthologie des poètes de Buchenwald. Je lui avais donné un texte de ma lointaine adolescence, qui flottait encore dans ma mémoire. Mais Verdet connaissait Char, ça m'a un peu vexé. Il se souvenait de *Ralentir travaux,* un recueil écrit en collaboration avec Breton et Éluard. Je ne lui en ai pas trop voulu de son avance sur moi : l'essentiel était qu'il aimât sans réserves.

Boris Taslitzky, pour sa part, était plus réticent, mais il n'était pas de bonne foi. C'est-à-dire, c'est moi qui l'avais sans doute poussé à ne pas l'être. Car je lui avais déclaré à brûle-pourpoint, en agitant devant lui le volume de Char : — Voici un vrai poète, mieux que ton Aragon ! Ce qui était un peu provocant. Un peu court, aussi, il me faut le reconnaître. Mais j'avais l'habitude de le taquiner par un mépris délibérément exagéré de la poésie d'Aragon : c'était un jeu entre nous.

Ce jour-là, nous nous sommes assis dans le réfectoire de l'aile B, au rez-de-chaussée du block 34 — qui était une baraque en bois, sans étage — et nous avons comparé sur pièces Char et Aragon.

Je lui lisais des poèmes de *Seuls demeurent,* Boris me récitait des vers d'Aragon. Ceux de *Crève-Cœur,* je m'en souvenais fort bien. Je n'en discutais pas la virtuosité, mais la profondeur réelle. Alors, décidé à me convaincre ou à me séduire, Boris m'a dit des poèmes de circonstance et de résistance, mais aussi des vers plus anciens, tirés principalement de *Hourra l'Oural !* J'ai été impressionné par la violence sémantique et morale de ces derniers, par leur goût d'apocalypse sociale.

Ces dernières années, l'idée m'est parfois venue d'analyser les poèmes de cette époque aragonienne en les comparant avec ceux, contemporains, de l'Allemand Bertolt Brecht et de l'Espagnol Rafael Alberti. D'étudier leur commune violence textuelle et politique, quels que soient par ailleurs, et ils sont évidents, les traits spécifiques qui les distinguent, du point de vue culturel.

Ce ne sont certainement pas les seuls textes littéraires empreints de violence, durant cette période de crise de la fin des années vingt, du début des années trente. Violence contre l'ordre moral, hypocrite ou cynique, de la société bourgeoise, qui aura déferlé comme un raz de marée dans la littérature, les arts et la pensée, à la suite de la catastrophe de 14-18. Nulle étude d'ensemble n'a encore dressé, me semble-t-il, l'inventaire des désastres spirituels provoqués par cette guerre-là. Pour ne rien dire des désastres politiques.

Mais à la violence expressionniste, surréaliste, dada, libertaire, en fin de compte, le communisme aura ajouté — surtout après la crise de 1929, qui a suscité des bouleversements aussi bien en URSS que dans le monde capitaliste : bouleversements divers, souvent contradictoires, du moins formellement, mais convergents sur un point essentiel, celui de l'accroissement du rôle de l'État, providence ou garde-chiourme — le communisme, donc, aura ajouté la violence froide, éclairée, raisonneuse : totalitaire, en un mot, d'un Esprit-de-Parti persuadé d'agir dans le sens de l'Histoire, comme le *Weltgeist* hégélien. Et ces trois poètes auront été les porte-parole les plus doués de cette violence communiste.

Je connaissais la poésie de Rafael Alberti : ses poèmes politiques des années trente, ceux de la guerre civile. Mais leur violence ne me choquait pas, alors, pas davantage que celle d'Aragon. Je vivais encore dans le même univers de vérités et de valeurs tranchantes comme l'épée des anges exterminateurs. Par ailleurs, à cette époque-là, en pleine maturité de son talent, Rafael Alberti parvenait à préserver la rigueur formelle, la richesse prosodique d'une œuvre qui s'est depuis lors trop souvent délitée en obéissant aux impératifs changeants de la stratégie politique du communisme.

Quant à Bertolt Brecht — que j'avais découvert grâce à une jeune Viennoise qui portait le nom de guerre de Julia — il est incontestablement le plus grand des trois : celui qui a maîtrisé le registre le plus ample, de l'élégiaque à l'épique. Il a été aussi — paradoxalement, puisqu'il aura été le seul des trois à ne pas être militant du PC — celui qui incarne de façon paradigmatique l'illusion positive, les ruses et la bassesse de tout intellectuel marxiste à l'époque révolue de la perverse Vertu révolutionnaire.

En avril 1945, dans le réfectoire d'un baraquement français de Buchenwald, le 34, nous avons déclamé Char et Aragon, mon copain Taslitzky et moi.

Soudain, au moment où Boris me récitait à pleine voix un poème d'Aragon à la gloire du Guépéou, un hurlement s'est fait entendre, l'interrompant.

Nous avons tourné la tête.

Un vieux déporté français était assis au bout de la table. Nous n'y avions pas prêté attention, dans le feu de nos récitations. Il mangeait. Il avait soigneusement disposé ses provisions devant lui. Il mangeait sérieusement : méticuleusement.

Depuis quelques jours, le ravitaillement du camp était assuré par l'armée américaine. Le travail aux cuisines avait été réorganisé. L'alimentation des déportés était devenue tout à fait suffisante. Trop riche même, trop copieuse souvent pour des organismes déshabitués, débilités. Les derniers jours, l'abondance provoquait autant de victimes que les séquelles de la famine antérieure.

Mais le vieux Français ne devait pas y croire, il devait se méfier. C'était trop beau pour durer, devait-il penser. Alors, il avait soigneusement disposé sur la table ses provisions de réserve et il mangeait méticuleusement. On ne sait jamais : il prenait des forces pour le cas où ça tournerait de nouveau mal. Il se nourrissait, à tout hasard, même s'il n'avait plus réellement faim. Il étalait des couches épaisses de margarine sur les tranches de pain noir, il les découpait en tout petits carrés qu'il mâchait lentement, avec du saucisson. Probablement mangeait-il ainsi depuis longtemps. Probablement n'avait-il pas l'intention de s'arrêter avant d'avoir tout avalé, tout dégluti. Il mâchait lentement, faisant durer le plaisir. Mais ce mot ne convient certainement pas : il y a de la gratuité dans le mot plaisir. Il y a de la légèreté, de l'imprévisible. C'est un mot trop désinvolte pour parler du sérieux avec lequel le vieux Français accomplissait, quelque peu hystériquement, le rite de se nourrir.

Il avait donc hurlé pour attirer notre attention. Et il l'avait obtenue.

— Abscons, vos poètes ! criait-il à tue-tête. Esbroufeurs, tortionnaires de la langue !

Mais il ne voulait pas se laisser distraire par une sainte indignation de son occupation principale. Il a remis dans sa bouche un morceau de pain noir, l'a mâché lentement.

Nous attendions la suite, apitoyés par son grand âge et la détresse coléreuse de ses yeux transparents. La suite est venue soudain. D'une voix qu'il a enflée, qui a retenti dans l'espace vide du réfectoire, il nous a déclamé *La Légende des siècles*. Plus précisément le passage sur Waterloo, morne plaine. Il s'est dressé, pour finir, a mimé l'arrivée de Blücher sur le champ de bataille, à la place de Grouchy. Il a commandé d'un geste ample du bras l'ébranlement de la Garde impériale, «tous ceux de Friedland et ceux de Rivoli portant le noir colback ou le casque poli», entrant dans la fournaise de Waterloo.

Nous l'écoutions, faisant un effort pour garder notre sérieux. Ce n'était pas déplaisant, d'ailleurs : j'aime bien *La Légende des siècles*.

Ce n'est pas ce jour-là, le 26 avril, dans le réfectoire du block 34, que Louis Aragon est parvenu à me séduire, malgré la diction persuasive de Boris Taslitzky. C'est quelques semaines plus tard que j'ai été séduit par Aragon. Par lui-même, en personne, par le charme indiscutable de sa conversation, quelle qu'en fût parfois la préciosité un peu retorse.

L'été du retour — j'emploie ce mot, malgré toutes les réserves qu'on pourrait y apporter, pour la commodité de la lecture — j'allais assez souvent visiter Boris, dans son atelier de la rue Campagne-Première (ou était-ce rue Boissonnade ? Un doute me vient). Alors que je fuyais tous mes anciens camarades de

Buchenwald, que j'avais déjà commencé la cure de silence et d'amnésie concertée qui deviendrait radicale quelques mois plus tard, à Ascona, dans le Tessin, le jour où j'ai abandonné le livre que je tentais d'écrire — abandonnant, du coup, tout projet d'écriture, pour un temps indéfini —, je continuais de fréquenter Boris Taslitzky.

Je ne m'interrogeais pas, alors, sur cette exception à la règle. C'était instinctif : j'avais envie soudain de marcher jusqu'à Montparnasse, de frapper à l'improviste à la porte de l'atelier de Boris, de le regarder peindre ou dessiner. D'échanger nos impressions : les émerveillements, les sarcasmes, les désarrois de notre retour à la vie.

Aujourd'hui, à y réfléchir, à essayer de comprendre ce comportement instinctif qui me faisait écarter tous les autres compagnons de Buchenwald — sauf à les rencontrer par hasard ou inadvertance — au bénéfice exclusif de Taslitzky, je crois savoir pourquoi. C'est qu'il possédait deux qualités qui me le rendaient extraordinairement fraternel. Un appétit de vivre, tout d'abord, inlassable et tonique, disponible à tous les étonnements de l'existence. Et puis, comme le contrepoint ténébreux de cette rayonnante vitalité, un sens aigu de l'expérience vécue : mort parcourue jusqu'à l'extrême limite aveuglante.

J'arrivais rue Boissonnade ou rue Campagne-Première, n'importe : Boris travaillait à l'une des toiles d'un atroce réalisme où il essayait sans doute d'exorciser les images qui le hantaient. Mais la réalité du camp qui avait produit ces images était trop proche, trop incroyable aussi, brutalement dépourvue d'une tradition référentielle de mythes ou d'allégories historiques qui en auraient facilité la représentation. De surcroît, la couleur — et la palette de Boris en était excessivement riche — la couleur ne sied pas à la reproduction de cette réalité. Le réalisme, en somme, trahit cette réalité, celle-ci lui est essentiellement rétive.

Dans l'atelier de Boris je rencontrais parfois Louis Aragon. Je me souviens de sa faconde, de son besoin de séduire et de briller, des gestes de ses mains, volubiles, de son insupportable habitude d'aller et venir sans cesse dans l'atelier, tout en pérorant, en observant son propre reflet dans toutes les surfaces réfléchissantes, se mirant dans tous les miroirs. Mais je me souviens aussi de son silence attentif, de sa capacité d'écoute et de questionnement, lorsque Taslitzky, rarement, parlait de l'expérience de Buchenwald, essayant d'en dégager l'essentiel.

L'un de ces jours, Aragon s'est soudain tourné vers moi.

— Notre héros est bien silencieux ! s'est-il exclamé à mon adresse.

J'ai sursauté.

Boris s'est agité, implorant du regard et du geste qu'il n'en dise pas plus. Mais Aragon a poursuivi, imperturbable.

— Mais si, mais si ! Boris prétend que vous avez été héroïque... Il m'est arrivé d'être jaloux de l'amitié qu'il a pour vous ! Mais quoi, vous ne dites jamais rien, quand il est question du camp !

Taslitzky a disparu, gêné d'avoir ainsi été mis en cause et en avant. On l'a entendu fourgonner dans la cuisine.

J'ai essayé de dire à Aragon pourquoi je gardais le silence dès qu'il était question de Buchenwald. Je lui ai dit que j'essayais d'écrire, que je préférais ne pas trop en parler, pour garder sa fraîcheur à l'écriture, en évitant les routines et les ruses des récits trop souvent répétés.

Ce n'était pas tout à fait vrai, certes. Ce n'était qu'une partie de la vérité, du moins. Une toute petite partie, même. Mais cela a permis une vraie conversation entre nous, pour la première fois. Une discussion sur la sincérité littéraire, ou, ce qui revient au même, sur le romanesque, le mentir vrai de la littérature, dont je garderai à jamais le souvenir.

Vingt ans plus tard, alors que j'avais publié *Le Grand Voyage* et que je venais de me faire exclure du Parti communiste espagnol, on a sonné à ma porte. Louis Aragon était sur le palier. Il m'apportait un exemplaire de son roman *La Mise à mort*. Il y avait une dédicace : «Contre vents et marées.»

Mais ce n'est pas à cause de cette dédicace, pas seulement du moins, que j'aurai beaucoup pardonné à Louis Aragon. Pas seulement non plus à cause de son image pathétique des derniers mois : fantôme blanchi, pantin du grand cirque des simulacres, dans le regard duquel éclatait pourtant une vérité profonde, longtemps refoulée. C'est surtout à cause d'un poème où je perçois la trace des conversations dans l'atelier de Boris, rue Campagne Première — ou Boissonnade : quelle importance ! — et qui fut publié dans le *Nouveau Crève-Cœur*, en 1948.

C'est un recueil de vers de circonstance, de «vers d'almanach», comme dit le titre de l'un des poèmes — un autre portant celui-ci, qui se passe de commentaire : «Un revirement de la politique est possible en France» —, de pièces poétiques d'assez piètre tenue. Mais soudain, au détour d'une page, on tombe sur la *Chanson pour oublier Dachau*.

Ne réveillez pas cette nuit les dormeurs...

J'ai murmuré la fin du poème d'Aragon, des années plus tard. C'était dans une boîte de la rue Saint-Benoît. Une jeune Allemande était assise à la même table que moi et je la trouvais belle : blonde, lisse, innocente. Mais justement, cette nuit-là, j'avais eu l'impression de m'éveiller d'un rêve. Ça m'arrivait encore, parfois, malgré une décision d'oubli délibéré qui m'avait assez bien réussi. Mais cette nuit-là, soudain — ou bien était-ce la présence de cette jeune beauté allemande ? —, il m'avait semblé de nouveau que la vie n'avait été qu'un rêve, depuis le retour de Buchenwald, quelques années plus tôt. Peut-être avais-je trop bu, cette nuit-là, m'étant éveillé de ce rêve qu'était la vie. Peut-être n'avais-je pas encore assez bu, lorsque j'ai remarqué la jeune Allemande assise à la même table, mais sans doute allais-je trop boire. Mais la boisson n'avait peut-être rien à faire dans cette histoire, et il ne fallait chercher aucune raison extérieure, accidentelle, à l'angoisse que je croyais avoir désormais oubliée, maîtrisée, et qui resurgissait soudain.

La jeune Allemande était blonde, lisse, innocente. Je ne supportais pas l'innocence, ce soir-là.

> Nul ne réveillera cette nuit les dormeurs
> Il n'y aura pas à courir les pieds nus dans la neige...

Je me récitais en silence le poème d'Aragon, en regardant la jeune Allemande que je trouvais belle. Désirable aussi, sans doute. Je ne me souviens pas du désir, mais il n'est pas improbable. L'essentiel était que je ne supportais pas son innocence présumée. Surtout que je me suis senti coupable moi-même, cette nuit-là : une fois n'est pas coutume. En m'éveillant de ce rêve qu'était la vie, je me sentais pour une fois coupable d'avoir délibérément oublié la mort. D'avoir voulu l'oublier, d'y être parvenu. Avais-je le droit de vivre dans l'oubli ? De vivre grâce à cet oubli, à ses dépens ? Les yeux bleus, le regard innocent de la jeune Allemande me rendaient insupportable cet oubli. Pas seulement le mien : l'oubli général, massif, historique, de toute cette ancienne mort.

> Ton corps n'est plus cette dérive aux eaux d'Europe
> Ton corps n'est plus cette stagnation cette rancœur
> Ton corps n'est plus la promiscuité des autres
> N'est plus sa propre puanteur...

Sans doute y a-t-il dans le texte d'Aragon des scories rhétoriques, des virtuosités prosodiques qu'il n'a pas su s'interdire. Sans doute son poème aurait-il encore besoin d'un travail de polissage, de frottement maniaque jusqu'à la mise à nu de l'ossature même du langage, toute adiposité verbale éliminée. Travail qui caractérise la poésie de Paul Celan, toujours. De René Char, souvent.

On peut néanmoins extraire de la *Chanson pour oublier Dachau* quelques diamants d'une eau très pure, quelques incursions surprenantes de justesse dans l'expérience de la déportation, pourtant insaisissable de l'extérieur.

> Quand tes yeux sont fermés revois-tu revoit-on
> Mourir aurait été si doux à l'instant même
> Dans l'épouvante où l'équilibre est stratagème
> Le cadavre debout dans l'ombre du wagon...

Je me récitais le poème d'Aragon, en choisissant les vers qui faisaient davantage remuer ma mémoire. Je le récitais sans voix, bouche fermée, cette nuit-là, dans une boîte de la rue Saint-Benoît. Je regardais la jeune Allemande innocente, oublieuse forcément, et je me récitais ce poème de la mémoire. Mais je me suis aussi récité ce poème à voix haute. Dans les rues des grandes villes, à l'occasion, quitte à susciter un regard apitoyé des passants. Je me le suis récité à pleine voix face à la rumeur de la houle océanique sur la plage espagnole d'Oyambre. Face aux brumes changeantes de la côte de Little Deer Isle, dans le Maine.

Toute ma vie je me serai récité ce poème d'Aragon, toute ma vie il m'aura accompagné. Naguère encore, le 8 mars 1992, sur la place d'appel de Buchenwald, je me suis dit la fin de ce poème.

J'y revenais pour la première fois, quarante-sept ans après l'époque dont il est question dans ce récit. Jusqu'alors, je m'étais toujours refusé à y revenir. Je n'en avais éprouvé ni le besoin ni le désir, pour toutes sortes de raisons. Mais ce récit était pratiquement terminé — du moins était-ce mon impression trompeuse — et l'idée d'en vérifier la cohérence, la vérité interne, m'avait soudain assailli. Par ailleurs, les circonstances historiques avaient changé, depuis la réunification démocratique de l'Allemagne. J'ai décidé de saisir une occasion d'y revenir : une chaîne de télévision allemande me proposait de participer à une émission sur Weimar, ville de culture et de camp de concentration.

Sur la place d'appel de Buchenwald, un jour du mois de mars 1992, je me suis récité à voix basse le poème d'Aragon. Je venais de découvrir qu'il me faudrait réécrire une bonne partie de mon récit. Qu'il fallait replonger de nouveau dans ce long travail de deuil de la mémoire. Interminable, une fois encore. Mais je n'en étais pas attristé, curieusement.

J'étais accompagné par Thomas et Mathieu Landman, mes petits-fils par les liens du cœur : une filiation qui en vaut toute autre. Je les avais choisis pour m'accompagner en Allemagne et ils m'ont vraiment tenu compagnie. J'ai ressenti tout au long de ce voyage la présence émue, rieuse, chaleureuse, de leur jeune regard sur mes vieux souvenirs : les cendres de mon passé. Et ils étaient auprès de moi, sur la place d'appel de Buchenwald. Mathieu prenait des photos, Thomas regardait l'horizon de mes vingt ans, au pied de l'Ettersberg. Il y avait à notre droite la cheminée trapue du crématoire. Il y avait le bruit du vent qui souffle de toute éternité sur l'Ettersberg. Il y avait la rumeur bruissante des oiseaux revenus : je me suis rappelé le lieutenant Rosenfeld. Forêt sans oiseaux, autrefois, forêt de hêtres dont les oiseaux avaient été chassés par les odeurs nauséabondes du four crématoire.

Alors je me suis dit la fin de ce poème :

> Il y a dans ce monde nouveau tant de gens
> Pour qui plus jamais ne sera naturelle la douceur
> Il y a dans ce monde ancien tant et tant de gens
> Pour qui toute douceur est désormais étrange
> Il y a dans ce monde ancien et nouveau tant de gens
> Que leurs propres enfants ne pourront pas comprendre
>
> Oh vous qui passez
> Ne réveillez pas cette nuit les dormeurs...

— *No hay derecho...*, murmure Morales, tourné vers moi.

Le drap blanc recouvre son corps comme un suaire, dans le châlit du *Revier* où il est allongé. Son visage s'est creusé, d'une pâleur soulignée par une barbe de plusieurs jours, drue, d'une noirceur bleutée.

J'avais quitté Boris Taslitzky, quelque temps auparavant. Après les récitations de René Char, de Louis Aragon et de *La Légende des siècles,* j'étais revenu dans mon block, le 40, pour y attendre l'heure du repas de midi. Car nous avions droit à deux repas, désormais, midi et soir. Je ne savais toujours pas que ce 26 avril allait être mon dernier jour à Buchenwald. Je ne m'étais pas encore souvenu de Ludwig Wittgenstein.

Des années plus tard, quand j'avais publié *L'Évanouissement,* où il était question de Wittgenstein et de son *Tractatus,* un estimable critique avait cru que j'avais inventé ce personnage de philosophe. Il avait trouvé que c'était une belle invention romanesque. Il faut dire qu'à l'époque, vers le milieu des années soixante, Wittgenstein n'était guère connu en France. En lisant l'article j'avais été partagé entre un étonnement quelque peu navré devant l'ignorance du critique, et la satisfaction littéraire. Me croire capable d'avoir inventé un personnage aussi fascinant et insupportable que Wittgenstein n'était pas un mince compliment, en effet.

Mais à Buchenwald, le 26 avril 1945, à cette heure de la journée, je n'avais pas encore inventé Wittgenstein. Je n'y avais même pas pensé. Je ne m'étais même pas souvenu de la sentence péremptoire de son *Tractatus* que j'avais longuement commentée, trois ans plus tôt, dans le cahier de moleskine noire que Claude-Edmonde Magny avait prêté à l'un de ses deux Jean, Gosset ou Cavaillès. J'étais au soleil, devant la porte du block 40, désœuvré, rêveur, attendant la distribution du repas de midi. Je me demandais ce que j'allais faire cet après-midi-là.

J'ai vu arriver Bolados, au pas de course.

Il était le principal responsable de l'organisation clandestine du PC espagnol, à Buchenwald. Le numéro un, en somme, de la troïka dirigeante. À ses côtés, il y avait Palazón, le responsable de l'appareil militaire, et Falcó, le secrétaire à l'organisation. Tous ces noms étaient des pseudonymes, d'ailleurs. Ils avaient été arrêtés en France, dans la Résistance, sous ces faux noms et ils les avaient conservés. Ce n'est qu'après le 12 avril, après la libération du camp, que j'ai appris leurs vrais noms. Palazón s'appelait Lacalle, Falcó s'appelait Lucas. Et Bolados s'appelait Nieto, Jaime Nieto.

Une semaine plus tôt, le 19 avril, les délégués de tous les partis communistes de Buchenwald s'étaient réunis pour rédiger une déclaration politique. Onze partis étaient représentés à cette réunion : ceux de France, d'URSS, d'Italie, de Pologne, de Belgique, de Yougoslavie, des Pays-Bas, de Tchécoslovaquie, d'Espagne, d'Autriche et d'Allemagne. Le délégué espagnol avait signé de ses deux noms : il avait rajouté entre parenthèses le pseudonyme de Bolados, sous lequel il était connu à Buchenwald, à son vrai nom, Jaime Nieto.

Il arrivait au pas de course.

— Tu es là, ça tombe bien, me disait-il, à bout de souffle. Morales se meurt, il veut te voir !

Nous repartons à fond de train vers l'infirmerie qui se trouve à l'autre extrémité de l'enceinte barbelée.

— *No hay derecho...*, vient de murmurer Morales, tourné vers moi.

Il a raison : ce n'est pas juste.

Diego Morales est arrivé au camp vers la fin de l'été 1944, après un bref passage à Auschwitz. Assez long, cependant, pour qu'il pût saisir l'essentiel des mécanismes de sélection qui étaient spécifiques au complexe d'extermination massive d'Auschwitz-Birkenau. Avant même le témoignage décisif du survivant du *Sonderkommando,* c'est par Morales que j'avais eu une première idée de l'horreur absolue qu'était la vie à Auschwitz.

Chez nous, Morales avait aussitôt trouvé un poste de travail qualifié à l'usine Gustloff : c'était un ajusteur — ou un fraiseur : je ne suis pas une autorité en matière de nomenclature métallurgique — réellement hors pair. Tellement habile et précis qu'il a fini par se voir confier par l'organisation clandestine un poste clef dans la chaîne de montage des fusils automatiques : celui, au bout de la chaîne, où il fallait intelligemment saboter une pièce décisive du mécanisme afin de rendre l'arme inutilisable.

Installé au block 40, dans le même dortoir que moi, après la période de quarantaine, Morales m'avait ébloui par sa faconde de conteur. Je ne me lassais pas de l'écouter. Il faut dire que son histoire était au plus haut point romanesque.

Il avait l'habitude de dire qu'un livre était responsable du caractère aventureux de son existence. — Un foutu petit livre, disait-il en riant. *Un jodido librito...* Un livre dont la lecture avait bouleversé sa vie, en le projetant tête la première — c'est le cas de le dire — dans le tourbillon des batailles politiques. À seize ans, en effet, il avait lu le *Manifeste communiste,* et sa vie en avait été changée. Il en parlait encore, à Buchenwald, avec une émotion existentielle. Comme d'autres vous parlent des *Chants de Maldoror* ou de *Une saison en enfer.*

À dix-neuf ans, Morales avait fait la guerre d'Espagne dans une unité de guérilla qui opérait au-delà des lignes de front, en territoire ennemi. C'est après la défaite de la République espagnole, à Prades, qu'il avait eu son deuxième choc littéraire. Il y avait été recueilli et caché dans une famille française, après son évasion du camp de réfugiés d'Argelès. C'est là qu'il avait lu *Le Rouge et le Noir.* Certes, le fait que ce livre lui eût été conseillé par une jeune femme dont il gardait encore le souvenir, à la fois charnel et sublimé, ne semblait pas étranger à la fascination suscitée. Quelle que fût la part du feu, cependant, de l'amoureuse flamme d'antan, le roman de Stendhal, dans son récit, se voyait attribuer des effets comparables à ceux du pamphlet de Marx, dans un domaine différent. Si le *Manifeste* lui avait ouvert la compréhension des grands mouvements massifs et inéluctables de l'Histoire, *Le Rouge et le Noir* l'avait initié aux mystères de l'âme humaine : il en parlait avec une précision émue et nuancée, intarissable dès qu'on l'orientait sur ce sujet et je ne me privais pas du plaisir de le faire.

— Ce n'est pas juste, vient de me murmurer Morales, à peine me suis-je assis au chevet de sa litière, à peine ai-je pris sa main dans la mienne.

Il a raison, ce n'est pas juste de mourir à présent.

Morales a survécu à la guerre d'Espagne, aux combats du plateau des Glières — c'est son plus terrible souvenir, m'a-t-il dit : le long cheminement dans la neige profonde, sous le feu croisé des mitrailleuses, pour se sortir de l'encerclement des troupes allemandes et des détachements de la gendarmerie et de la Milice françaises. Il a survécu à Auschwitz. Et à Buchenwald, au risque quotidien d'être surpris par un Meister civil ou un *Sturmführer* SS, en flagrant délit de sabotage sur la chaîne de la Gustloff, ce qui l'aurait directement mené à la potence. Il a survécu à mille autres dangers, pour finir ainsi, stupidement.

— *Morirse así, de cagalera, no hay derecho...*, murmure-t-il à mon oreille.

Je me suis agenouillé auprès de sa litière, pour qu'il n'ait pas d'effort à faire en s'adressant à moi.

Il a raison : ce n'est pas juste de mourir bêtement de chiasse après tant d'occasions de mourir les armes à la main. Après la libération du camp, de surcroît, alors que l'essentiel semblait acquis, la liberté retrouvée. Alors que les occasions de mourir les armes à la main, dans la guérilla antifranquiste, en Espagne, s'offraient de nouveau à lui, en gage de liberté, précisément, c'était stupide de mourir d'une dysenterie foudroyante provoquée par une nourriture redevenue soudain trop riche pour son organisme affaibli.

Je ne lui dis pas que la mort est stupide, par définition. Aussi stupide que la naissance, du moins. Aussi stupéfiante, également. Ce ne serait pas une consolation. Il n'a aucune raison, de plus, d'apprécier en ce moment les considérations métaphysiques et désabusées.

Je lui serre la main en silence. Je pense que j'ai déjà tenu dans mes bras le corps à l'agonie de Maurice Halbwachs. C'était la même décomposition, la même puanteur, le même naufrage viscéral, laissant à l'abandon une âme éplorée mais lucide jusqu'à la dernière seconde : petite flamme vacillante que le corps ne nourrissait plus de son oxygène vital.

Ô mort, vieux capitaine, il est temps ! levons l'ancre !

J'avais murmuré à Halbwachs, en guise de prière des agonisants, quelques vers de Baudelaire. Il m'avait entendu, il m'avait compris : son regard avait brillé d'une terrible fierté.

Mais que pouvais-je dire à Diego Morales ? Quels mots lui murmurer qui fussent une consolation ? Pouvais-je le consoler, d'ailleurs ? Ne vaudrait-il pas mieux parler de compassion ?

Je n'allais quand même pas lui réciter le *Manifeste* de Marx ! Non, je ne voyais qu'un seul texte à lui réciter. Un poème de César Vallejo. L'un des plus beaux de la langue espagnole. L'un des poèmes de son livre sur la guerre civile, *España, aparta de mí este cáliz.*

> *Al fin de la batalla,*
> *y muerto el combatiente, vino hacia él un hombre*
> *y le dijo : «¡ No mueras, te amo tanto !»*
> *Pero el cadáver ¡ ay ! siguió muriendo...*

Je n'ai pas le temps de murmurer le début de ce poème déchirant. Un soubresaut convulsif agite Morales, une sorte d'explosion pestilentielle. Il se vide, littéralement, souillant le drap qui l'enveloppe. Il s'agrippe à ma main, de toutes ses forces ramassées dans un ultime effort. Son regard exprime la détresse la plus abominable. Des larmes coulent sur son masque de guerrier.

— *Qué vergüenza,* dit-il dans un dernier souffle.

Est-ce que j'entends ce murmure ? Est-ce que je devine sur ses lèvres les mots qui disent sa honte ?

Ses yeux se révulsent : il est mort.

No mueras, te amo tanto, ai-je envie de crier, comme dans le poème de Vallejo. «Ne meurs pas, je t'aime tant ! Mais le cadavre, hélas ! continua de mourir.»

Il continue de mourir, il continue de pénétrer dans l'éternité de la mort. C'est alors que je me souviens de Ludwig Wittgenstein. «La mort n'est pas un événement de la vie. La mort ne peut être vécue», avait écrit ce con de Wittgenstein. J'avais vécu la mort de Morales, pourtant, j'étais en train de la vivre. Comme j'avais, un an auparavant, vécu la mort de Halbwachs. Et n'avais-je pas vécu de même la mort du jeune soldat allemand qui chantait *La Paloma* ? La mort que je lui avais donnée ? N'avais-je pas vécu l'horreur, la compassion, de toutes ces morts ? De toute la mort ? La fraternité aussi qu'elle mettait en jeu ?

Je ferme les yeux de Morales.

C'est un geste que je n'ai jamais vu faire, que personne ne m'a appris. Un geste naturel, comme le sont les gestes de l'amour. Des gestes, dans l'un et l'autre cas, qui vous viennent naturellement, du fond de la plus ancienne sagesse. Du plus lointain savoir.

Je me lève, je me retourne. Les copains sont là : Nieto, Lucas, Lacalle, Palomares... Eux aussi ont vécu la mort de Morales.

«On n'a pas marqué assez souvent, il me semble, toute la *terreur* qu'il y a dans Keats, dans le début d'*Hypérion* par exemple :

> *There was a listening fear in her regard*
> *As if calamity had but begun...*»

Claude-Edmonde Magny avait repris la lecture de sa *Lettre sur le pouvoir d'écrire.*

«Keats a vu le ver au cœur de chaque fruit, la faille au cœur de toute existence, il sait qu'il n'y a pas pour l'homme de salut dans le monde et il est terrifié. Mais cette terreur est maintenant cosmique, et non plus psychologique. Elle réussit à être la transposition sereine d'une expérience qui fut atroce, certes, mais qui est maintenant dépassée...»

Elle s'interrompt, elle me regarde.

Mais je n'ai pas envie de parler. Je suis épuisé, vidé de toute parole possible.

Deux ans après cette matinée d'août rue Schœlcher, j'avais reçu un exemplaire de la *Lettre sur le pouvoir d'écrire*. L'édition originale, chez Seghers, en comptait trois cents, sur vélin Lafuma : le mien portait le numéro 130.

En 1947, à la date de cette publication, je ne rencontrais plus Claude-Edmonde Magny avec la régularité d'autrefois. Je crois même que je ne la rencontrais plus que par hasard, à l'occasion, très rare, d'un vernissage, d'une soirée théâtrale. N'importe quoi de ce genre. N'importe quoi d'aussi aléatoire, d'aussi futile.

Je suis certain, en tout cas, de ne plus jamais être revenu chez elle, dans l'atelier de la rue Schœlcher. Ni à six heures du matin ni à n'importe quelle heure plus convenable. Je veux dire : plus habituelle. La dernière fois que j'aurai sonné à sa porte fut cette fois-là, à l'aube d'une journée d'août 1945, la veille d'Hiroshima.

Il est vrai qu'en 1947 j'avais abandonné le projet d'écrire. J'étais devenu un autre, pour rester en vie.

À Ascona, dans le Tessin, un jour d'hiver ensoleillé, en décembre 1945, j'avais été mis en demeure de choisir entre l'écriture ou la vie. C'est moi qui m'étais mis en demeure de faire ce choix, certes. C'est moi qui avais à choisir, moi seul.

Tel un cancer lumineux, le récit que je m'arrachais de la mémoire, bribe par bribe, phrase après phrase, dévorait ma vie. Mon goût de vivre, du moins, mon envie de persévérer dans cette joie misérable. J'avais la certitude d'en arriver à un point ultime, où il me faudrait prendre acte de mon échec. Non pas parce que je ne parvenais pas à écrire : parce que je ne parvenais pas à survivre à l'écriture, plutôt. Seul un suicide pourrait signer, mettre fin volontairement à ce travail de deuil inachevé : interminable. Où alors l'inachèvement même y mettrait fin, arbitrairement, par l'abandon du livre en cours.

Une jeune femme, sans le savoir, sans l'avoir prémédité, m'a retenu dans la vie. Elle se prénommait Lorène, elle se fera connaître le moment venu, bientôt : son heure arrive. Elle m'a sauvé — ou perdu : ce n'est pas à moi d'en juger ; je récuse d'avance tout jugement à ce propos —, elle m'a gardé dans la vie, quoi qu'il en soit.

Je vivais à Solduno, cet hiver-là, aux environs de Locarno. Ma sœur Maribel avait loué une maison dans la vallée de la Maggia, au soleil du Tessin, pour que je m'y repose. Pour que j'écrive aussi. J'y avais passé l'automne de mon retour, puis l'hiver, avec elle et un neveu de trois ans. Jean-Marie Soutou, mon beau-frère, inaugurait à Belgrade l'ambassade de France, avec Jean Payart. Parfois, un autre frère venait nous retrouver, Gonzalo, qui vivait à Genève. C'était paisible, plein de rires, de récits, de souvenirs : une joie tissée de complicités. On était aux petits soins pour le revenant que j'étais. Je me laissais aimer et j'essayais d'écrire. Plutôt : j'essayais de survivre à l'écriture qui me rongeait l'âme.

Je retrouvais Lorène à Ascona, un village voisin, sur la rive du lac. Lorène ne savait rien de moi, rien d'essentiel : d'où j'arrivais, qui j'étais vraiment. À peine ce que je faisais là. Elle n'avait nulle autre raison de s'intéresser à moi que moi-même : c'est ça qui était bouleversant. Moi-même dans le présent, dans l'apparente insouciance d'un hiver à Ascona, où nous nous reposions tous les deux. Elle, d'une aventure conjugale sinistrement ratée. Moi, je ne sais plus de quoi. J'avais inventé une raison de me trouver là, en famille, j'ai oublié laquelle.

Grâce à Lorène, qui n'en savait rien, qui n'en a jamais rien su, j'étais revenu dans la vie. C'est-à-dire dans l'oubli : la vie était à ce prix. Oubli délibéré, systématique, de l'expérience du camp. Oubli de l'écriture, également. Il n'était pas question, en effet, d'écrire quoi que ce fût d'autre. Il aurait été dérisoire, peut-être même ignoble, d'écrire n'importe quoi en contournant cette expérience.

Il me fallait choisir entre l'écriture et la vie, j'avais choisi celle-ci. J'avais choisi une longue cure d'aphasie, d'amnésie délibérée, pour survivre. Et c'était dans ce travail de retour à la vie, de deuil de l'écriture, que je m'étais éloigné de Claude — Edmonde Magny, c'est facile à comprendre. Sa *Lettre sur le pouvoir d'écrire* qui m'accompagnait partout, depuis 1947, même dans mes voyages clandestins, était le seul lien, énigmatique, fragile, avec celui que j'aurais voulu être, un écrivain. Avec moi-même, en somme, la part de moi la plus authentique bien que frustrée.

Mais je n'en savais encore rien, ce matin-là, avec le ciel du mois d'août sur le cimetière Montparnasse, sur la tombe de César Vallejo.

— Quels poètes avons-nous lus ensemble ? a demandé Claude-Edmonde Magny. Keats, bien sûr... Et Coleridge, Rainer Maria Rilke, je me souviens...

Elle vient de refaire du café, nous en sert une nouvelle tasse.

— César Vallejo, lui dis-je. Je vous en avais traduit certains poèmes...

— Vallejo, mais oui ! dit-elle d'une voix assourdie. J'ai fleuri sa tombe régulièrement pendant que vous étiez parti !

Suis-je vraiment revenu ?

7

LE PARAPLUIE DE BAKOUNINE

Le temps avait passé, c'était le mois de décembre, Lorène m'attendait devant un cinéma de Locarno.

J'y avais été en matinée pour voir un film américain tiré d'une pièce d'Eugene O'Neil. Une histoire de marins au long cours, plutôt rude.

— Vous voulez que je vous montre le parapluie de Mikhaïl Alexandrovitch Bakounine ? s'écria-t-elle.

Lorène était au volant d'un cabriolet Mercedes décapotable, d'un modèle assez ancien mais somptueux. Elle était garée devant le cinéma, au soleil. Malgré la traditionnelle discrétion helvétique — peut-être moins répandue au Tessin, au voisinage de l'Italie —, des regards jaloux se posèrent sur moi.

Mon sang avait aussitôt battu plus vite.

Ce n'était pas Bakounine qui provoquait ce trouble, pas vraiment. Ni lui ni son parapluie. Elle aurait pu me dire n'importe quoi d'autre, ça aurait eu le même effet sur moi. C'est sa présence qui était troublante, le fait qu'elle fût là, à m'attendre.

Je m'étais rapproché, j'étais debout à côté d'elle, les deux mains appuyées sur le rebord de la portière. Elle levait son regard vers moi, je le voyais briller d'une lumière allègre et mordorée.

— Oui, lui avais-je dit, montrez-moi ce fameux parapluie !

Tous les prétextes étaient bons pour rester avec elle, pour me réfugier dans la tendresse probable de ses bras.

J'avais vu le film d'O'Neil — je veux dire : adapté d'une pièce d'O'Neil — dans un état d'hébétude, quasiment. Les images se succédaient, hachées, sans grande cohésion entre elles, malgré leur force indiscutable. Sans que je fusse toujours capable de les insérer dans la continuité d'un récit, le flux d'un déroulement temporel. Parfois, elles m'échappaient, leur signification s'estompait : n'en restait qu'une agressive beauté formelle.

J'étais comme frappé de stupeur, dans un état second. Dépourvu d'inquiétude, pourtant : plongé dans la sérénité du désespoir le plus suave, cotonneux.

Ce n'était pas le film lui-même — est-ce John Ford qui l'avait mis en scène ? — qui avait provoqué cette hébétude, bien sûr. C'était avant, la bande d'actualités qui avait précédé sa projection.

Soudain, après le compte rendu d'une compétition sportive et de quelque réunion internationale à New York, j'avais dû fermer les yeux, aveuglé pendant une seconde. Je les avais rouverts, je n'avais pas rêvé, les images étaient toujours là, sur l'écran, inévitables.

J'ai oublié quel en était le prétexte ou l'occasion, mais les actualités projetées ce jour-là dans le cinéma de Locarno revenaient sur la découverte des camps de concentration nazis par les armées alliées, quelques mois auparavant.

L'œil de la caméra explorait l'intérieur d'un baraquement : des déportés à bout de forces, affalés dans les châlits, amaigris à en mourir, fixaient d'un regard exorbité les intrus qui leur apportaient — trop tard pour beaucoup d'entre eux — la liberté. L'œil de la caméra captait le mouvement des bulldozers de l'armée américaine poussant des centaines de cadavres décharnés dans les fosses communes. L'œil de la caméra saisissait le geste de trois jeunes déportés aux cheveux ras, en tenue rayée, qui faisaient circuler entre eux un mégot partagé, à l'entrée d'une baraque... L'œil de la caméra suivait le lent cheminement d'un groupe de déportés clopinant sur l'esplanade d'une place d'appel, au soleil, vers une distribution de nourriture...

Les images avaient été filmées dans différents camps libérés par l'avance alliée, quelques mois plus tôt. À Bergen-Belsen, à Mauthausen, à Dachau. Il y en avait aussi de Buchenwald, que je reconnaissais.

Ou plutôt : dont je savais de façon certaine qu'elles provenaient de Buchenwald, sans être certain de les reconnaître. Ou plutôt : sans avoir la certitude de les avoir vues moi-même. Je les avais vues, pourtant. Ou plutôt : je les avais vécues. C'était la différence entre le vu et le vécu qui était troublante.

Car c'était la première fois que je voyais des images de cette sorte. Jusqu'à ce jour d'hiver, un peu par hasard, beaucoup par stratégie spontanée d'autodéfense, j'étais parvenu à éviter les images cinématographiques des camps nazis. J'avais celles de ma mémoire, qui surgissaient parfois, brutalement. Que je pouvais aussi convoquer délibérément, leur donnant même une forme plus ou moins structurée, les organisant dans un parcours d'anamnèse, dans une sorte de récit ou d'exorcisme intime. C'étaient des images intimes, précisément. Des souvenirs qui m'étaient aussi consubstantiels, aussi naturels — malgré leur part d'intolérable — que ceux de l'enfance. Ou que ceux du bonheur adolescent des initiations de toute sorte : à la fraternité, à la lecture, à la beauté des femmes.

Soudain, cependant, dans le silence de cette salle de cinéma de Locarno — où s'éteignaient les chuchotements et les murmures, où se figeait un silence d'horreur et de compassion : silence scandalisé, aussi, probablement — ces images de mon intimité me devenaient étrangères, en s'objectivant sur l'écran. Elles échappaient ainsi aux procédures de mémorisation et de censure qui m'étaient personnelles. Elles cessaient d'être mon bien et mon tourment : richesses mortifères de ma vie. Elles n'étaient plus, ou n'étaient enfin, que la réalité radicale, extériorisée, du Mal : son reflet glacial et néanmoins brûlant.

Les images grises, parfois floues, filmées dans le sautillement d'une caméra tenue à la main, acquéraient une dimension de réalité démesurée, bouleversante, à laquelle mes souvenirs eux-mêmes n'atteignaient pas.

En voyant apparaître sur l'écran du cinéma, sous un soleil d'avril si proche et si lointain, la place d'appel de Buchenwald où erraient des cohortes de déportés dans le désarroi de la liberté retrouvée, je me voyais ramené à la réalité, réinstallé dans la véracité d'une expérience indiscutable. Tout avait été vrai, donc, tout continuait de l'être : rien n'avait été un rêve.

En devenant, grâce aux opérateurs des services cinématographiques des armées alliées, spectateur de ma propre vie, voyeur de mon propre vécu, il me semblait échapper aux incertitudes déchirantes de la mémoire. Comme si, paradoxalement à première vue, la dimension d'irréel, le contenu de fiction inhérents à toute image cinématographique, même la plus documentaire, lestaient d'un poids de réalité incontestable mes souvenirs les plus intimes. D'un côté, certes, je m'en voyais dépossédé ; de l'autre, je voyais confirmée leur réalité : je n'avais pas rêvé Buchenwald.

Ma vie, donc, n'était pas qu'un rêve.

Cependant, si les images des actualités confirmaient la vérité de l'expérience vécue — qui m'était parfois difficile à saisir et à fixer dans mes souvenirs — elles accentuaient en même temps, jusqu'à l'exaspération, la difficulté éprouvée à la transmettre, à la rendre sinon transparente du moins communicable.

Les images, en effet, tout en montrant l'horreur nue, la déchéance physique, le travail de la mort, étaient muettes. Pas seulement parce que tournées, selon les moyens de l'époque, sans prise de son directe. Muettes surtout parce qu'elles ne disaient rien de précis sur la réalité montrée, parce qu'elles n'en laissaient entendre que des bribes, des messages confus. Il aurait fallu travailler le film au corps, dans sa matière filmique même, en arrêter parfois le défilement : fixer l'image pour en agrandir certains détails ; reprendre la projection au ralenti, dans certains cas, en accélérer le rythme, à d'autres moments. Il aurait surtout fallu commenter les images, pour les déchiffrer, les inscrire non seulement dans un contexte historique mais dans une continuité de sentiments et d'émotions. Et ce commentaire, pour s'approcher le plus près possible de la vérité vécue, aurait dû être prononcé par les survivants eux-mêmes : les revenants de cette longue absence, les Lazares de cette longue mort.

Il aurait fallu, en somme, traiter la réalité documentaire comme une matière de fiction.

La séquence d'actualités avait duré trois ou quatre minutes, tout au plus. Cela avait suffi pour me plonger dans un tourbillon de pensées et d'émotions. J'en avais été troublé au point de n'avoir pu prêter au film qui leur succéda qu'une attention sporadique, entrecoupée de rêveries angoissées.

Mais il y avait Lorène, à la sortie du cinéma. Elle m'avait vu y entrer, par hasard semblait-il, s'était renseignée sur la durée de la séance, était revenue m'attendre. Une sorte de reconnaissance éperdue me porta vers elle.

— Locarno ! m'étais-je écrié, deux jours plus tôt. Vous devez connaître Bakounine, alors !

Je voulais la déconcerter, bien sûr. Provoquer sa curiosité, son attention. Son étonnement charmé, pour finir, quand elle m'aurait vu briller d'un savoir désinvolte et narquois à propos de Bakounine à Locarno.

C'était raté. Lorène avait hoché la tête, imperturbable.

— En effet, répondit-elle, comme si ça allait de soi. Nous avons même son parapluie à la maison !

J'en étais resté tout bête.

Nous en étions à la fin d'un repas qui avait été plaisant, malgré mes craintes initiales. Le wagon-restaurant était aux trois quarts vide, mais elle s'était assise en face de moi, délibérément. Elle avait besoin de compagnie, envie de bavarder, m'avait-elle dit ensuite.

J'aurais préféré rester seul à ma table.

J'avais décidé de faire un déjeuner copieux, substantiel, de le déguster calmement. J'avais l'intention de boire et de manger à satiété, avec le respect et la délectation que méritaient les nourritures helvétiques.

Avant, il y avait toujours eu une fin à la nourriture. On avait beau mâcher le plus lentement possible la tranche de pain noir, découpée en tout petits morceaux, il arrivait toujours un moment où c'était fini. C'était presque comme si rien n'avait eu lieu : plus de pain noir, la bouche vide, l'estomac creux. Rien d'autre que la faim aussitôt revenue. Dans le wagon-restaurant des Chemins de fer helvétiques, ce serait différent : il n'y avait pas de limite imaginable à la nourriture offerte. Il n'y avait de limite qu'à la faim. Le mot était incongru, d'ailleurs, peu convenable : la faim était devenue banal appétit.

Ce jour-là, pourtant, la hantise ancienne avait réapparu. Sur le mode moral plutôt que physique, d'ailleurs. C'était l'idée de la faim, son souvenir épuisant, qui me travaillait soudain. Dans un contexte tout différent : je savais que je pouvais la rassasier. La faim redevenait appétissante.

J'avais donc commandé un gin-fizz en guise d'apéritif, avec la ferme intention de boire ensuite une bouteille de pontet-canet 1929, d'organiser mon repas autour de ce vin admirable.

J'avais découvert l'existence du pontet-canet lors de mon premier voyage entre Locarno et Berne — aller-retour dans la journée — dans le wagon-restaurant des Chemins de fer helvétiques. Une fois par mois, en effet — c'était la troisième, en décembre, le jour où Lorène est apparue —, j'étais obligé de faire viser mon permis de séjour à Berne, dans un service de police fédéral. Il avait été impossible d'obtenir de ladite police que mon permis de séjour en Suisse fût contrôlé à Locarno, la ville la plus proche de ma résidence hivernale. Je ne sais quelle obscure et obtuse raison bureaucratique m'obligeait à me déplacer jusqu'à Berne. Ainsi, au lieu de prendre tout simplement le tramway qui menait de Solduno à Locarno, je prenais dans cette ville un train rapide — «léger», dans la terminologie romande des C.F.H. — et je faisais l'aller-retour dans la journée.

Cette fois-là, donc, pour mon troisième et dernier voyage — mon permis de séjour expirait en janvier 1946 —, je me faisais une fête du repas solitaire : la bouteille de pontet-canet, un menu composé autour des arômes de ce vin somptueux.

Dans ces circonstances, on peut comprendre que la proximité inopinée de cette jeune femme me dérangeait plutôt. Il y faudrait un minimum de conversation. Et puis, surtout, on ne mange pas de la même façon devant un regard étranger. Avec le même laisser-aller, la même liberté. On se retient, devant un regard étranger, féminin de surcroît. On se maîtrise, on se mesure et on se maintient. Mais j'avais justement envie de me laisser aller, d'être s'il le fallait avide et glouton, de déguster goulûment les plats choisis.

Elle me dérangeait, certes, mais elle était éblouissante. À l'aise dans une peau lustrée, bronzée, suave au regard. À l'aise dans ses vêtements d'une qualité discrète mais ancestrale. C'est ceci qui était le plus frappant : la tradition qui se manifestait derrière tant d'aisance, de léger paraître. Le poids des patrimoines, la longue lignée des ascendances derrière tant d'évidente désinvolture. Elle était visiblement le produit quasiment parfait de plusieurs générations de Palmolive, de cachemires et de leçons de piano.

Cette apparence ne fut pas trompeuse. Il s'avéra que Lorène était l'héritière d'une famille patricienne, au nom aussi célèbre dans l'industrie chimique suisse que dans le mécénat artistique.

— Vous fêtez quoi ? avait-elle dit en s'asseyant à ma table et en voyant la bouteille de vin que le sommelier venait de déboucher et de me faire goûter avec des gestes pleins d'onction.

— Rien ! avais-je répondu. La vie !

Elle commandait un repas léger, de l'eau minérale.

— Et vous faites quoi dans la vie ? ajoutait-elle.

— Rien encore... Vivre !

Mon laconisme ne l'avait pas désarçonnée, encore moins découragée. Elle poursuivit son enquête, sans grand succès. La plupart des renseignements qu'elle réussit à m'extorquer étaient faux, à commencer par mon prénom : Manuel, lui avais-je dit. De question lasse, elle me parla d'elle-même. C'était pathétique, mais banal. D'ailleurs, chaque fois que des inconnus racontent leur vie dans les trains, c'est pathétiquement banal. Lorène sortait à peine d'une expérience matrimoniale désastreuse. Six mois de cauchemar, selon elle. Un divorce coûteux venait de mettre fin à l'enfer conjugal.

Je l'écoutais distraitement, mais la regardais avec délices. Ses gestes étaient gracieux, sa voix harmonieuse, sa tenue à table parfaite, sans mièvrerie. Un régal pour les yeux pendant que je me délectais de nourritures subtiles ou consistantes.

À un moment donné, je ne sais plus pourquoi, elle parla de la maison familiale à Locarno.

— Vous devez connaître Bakounine, alors ! lui avais-je dit.

Sa réponse me sidéra.

— En effet, nous avons même son parapluie à la maison !

Il s'avérait qu'une cousine de Teresa Pedrazzini, la logeuse du révolutionnaire russe, avait travaillé chez les arrière-grands-parents de Lorène, dans la résidence que sa famille possédait à Locarno, de toute éternité patricienne, celle des patrimoines, des majorats et des contrats de mariage préservateurs des biens-fonds. Un jour de pluie, dans les années soixante-dix du siècle dernier, cette domestique — qui se prénommait également Teresa, comme sa cousine Pedrazzini, ce qui compliquait singulièrement les récits des descendants, ancillaires mais prolixes, disait Lorène —, la Teresa de ses arrière-grands-parents, donc, revenant d'une course chez sa cousine, avait emprunté pour se protéger de l'averse un grand parapluie noir, notable par la poignée ouvragée de son manche, dont elle ignorait qu'il appartînt à Mikhaïl Alexandrovitch, ce Russe barbu et polyglotte réfugié en Suisse italienne et qui louait chez la Pedrazzini un appartement meublé. Oublié dans le vestibule des ancêtres de Lorène, le parapluie conserva son anonymat pendant un certain temps. C'était un parapluie oublié, sans plus. Il se trouvait là sans provoquer ni l'intérêt ni la discorde. Jusqu'au jour où Bakounine en personne se présenta pour le réclamer. La légende familiale prêtait à cet événement un relief particulier : tous les détails, sans doute agrémentés d'ornements, rajouts, fioritures et exagérations au long des décennies de transmission orale d'une génération à l'autre, en avaient été conservés, codifiés. Quelles qu'en fussent les variantes, la chute du récit était toujours identique : l'arrière-grand-père de Lorène aurait refusé de rendre le parapluie à Mikhaïl Alexandrovitch, sous le prétexte, moralement futile bien que juridiquement impeccable, que ce dernier ne pouvait démontrer en être le propriétaire. De surcroît, comment un adversaire aussi résolu de la propriété privée, anarchiste et hors-la-loi bien connu, osait-il invoquer ce droit sacré dans une affaire personnelle aussi douteuse que médiocre ? Il semblait que ce dernier argument avait suscité chez Bakounine un éclat de rire tonitruant. À la suite de quoi il quitta la résidence des arrière-grands-parents de Lorène, abandonnant son parapluie à l'ennemi, comme un drapeau sur le champ de bataille.

L'histoire du parapluie de Bakounine, les rires qu'elle suscita, nous avaient rapprochés. Une sorte d'intimité complice semblait prendre forme. La possibilité d'une nouvelle rencontre avait flotté dans nos paroles, sans autre précision. Mais nous avions fini par être courtoisement chassés du wagon-restaurant, où notre conversation s'éternisait. Il fallait qu'on dressât les tables pour le dîner d'un rapide de nuit Lugano-Genève, nous avait-on expliqué.

Lorène levait son regard sur moi, devant le cinéma de Locarno.

— D'accord, lui avais-je dit. Allons voir le parapluie de Bakounine !

Mais je ne pensais pas à Mikhaïl Alexandrovitch, je n'en avais que faire.

Je pensais à Paul-Louis Landsberg. À la femme de P.-L. Landsberg, plutôt. Je venais de découvrir à qui Lorène ressemblait. L'avant-veille déjà, dans le wagon-restaurant, en la contemplant avec un intérêt admiratif, Lorène m'avait rappelé quelqu'un : une femme d'ailleurs, d'avant. Je ne savais pas qui elle me rappelait, mais j'étais certain de cette ressemblance. J'étais certain aussi que c'était une femme d'avant : de mon adolescence. Mais j'avais eu beau essayer d'évoquer, de convoquer dans ma mémoire les images des femmes de mon adolescence, je ne trouvais pas. Le rappel, la ressemblance, l'évocation étaient restés énigmatiques, à la fois évidents et indéchiffrables.

D'un seul coup, ça venait de s'éclaircir. C'était le cabriolet décapotable qui avait permis le déchiffrage de cette obscure ressemblance, qui en avait fait une évidence lumineuse.

C'est à la jeune femme de P.-L. Landsberg que Lorène ressemblait.

Au printemps 1939, au moment du congrès d'*Esprit* dont je crois avoir déjà parlé, la femme de Landsberg nous avait parfois véhiculés Jean-Marie Soutou et moi. Elle possédait un cabriolet décapotable et je voyageais dans le spider, le vent me fouettait le visage. Une fois, du côté de Ville-d'Avray, j'avais tenu la portière ouverte pour qu'elle descendît de voiture. Il y avait des rais de soleil mouvant dans l'ombre des feuillages d'une avenue. Elle avait déplacé son corps d'un mouvement brusque qui avait découvert ses jambes au moment où elle posait les pieds par terre. Ses jambes découvertes jusqu'à la jarretière et la peau laiteuse de la cuisse. Le trouble ressenti se voyait redoublé par le souvenir d'une lecture récente : c'était comme dans *La Conspiration* de Nizan. Le genou de Catherine Rosenthal, découvert dans une circonstance analogue : la force de l'image romanesque approfondissait mon émoi.

Le parapluie de Bakounine, quant à lui, était exposé dans une vitrine sur mesure, dans la vaste antichambre de la maison familiale de Lorène, à Locarno.

Je l'avais contemplé avec une sorte de béatitude. C'est à ce moment, en contemplant avec un amusement attendri le grand parapluie noir de Bakounine, que j'avais pris la décision qui allait changer ma vie.

Ma mort aussi, d'ailleurs.

Ou plutôt, c'est là que j'avais commencé à la prendre. Mieux encore : qu'elle avait commencé à être prise, à se prendre, sans que j'eusse à intervenir pour infléchir le cours des choses. À prendre, donc, comme on dit de la glace qu'elle prend ; à cristalliser, comme on dit d'un sentiment qu'il cristallise.

Lorène était appuyée sur mon épaule, mais je ne lui en avais rien dit. Je ne pouvais rien lui dire, de toute façon, sauf à réveiller les douleurs que ma décision se proposait précisément de m'éviter.

C'est au moment de quitter la maison familiale où une vieille servante — j'avais oublié de demander si c'était la descendante de Teresa, la cousine de l'autre, la Pedrazzini, qui fut la logeuse de Bakounine ! — nous avait apporté du thé aromatique, avant d'opportunément disparaître, que Lorène m'avait montré la vitrine spécialement conçue pour conserver la dépouille triomphale qu'était le parapluie noir et rural de Bakounine.

Nous venions de traverser la bibliothèque, pour regagner l'antichambre. C'était une pièce immense, remplie de livres, haute de plafond — une galerie courait le long des murs, qui permettait d'accéder aux rayons supérieurs. Je ne garde pas le souvenir de beaucoup de bibliothèques privées aussi belles que celle-là. Peut-être était-ce même la plus belle de toutes celles que j'ai connues. La seule, sans doute plus modeste, qui pourrait lui être cependant comparée serait celle des Banfi, à Milan, via Bigli, que j'ai découverte bien plus tard. Peut-être, en effet, serait-ce la seule à dégager la même paix lumineuse, la même aura de recueillement vivace. C'est là, via Bigli, toute une vie plus tard, que Rossana Rossanda m'a donné à lire les premiers livres de Primo Levi.

Probablement n'aurais-je pas été capable de m'arracher à la contemplation et à l'exploration de la bibliothèque de la maison de Locarno, de ses trésors prévisibles, si l'on avait commencé par là la visite de la maison. Dans ce cas, il aurait été impossible d'obtenir de moi quoi que ce fût. Mais Lorène, guidée par un pressentiment, ou tout simplement par son impatience, m'avait conduit directement dans sa chambre à coucher.

Je regardais le parapluie de Bakounine, après, dans un état de béatitude. Je sentais le poids de Lorène sur mon épaule. Soudain, dans la proximité à la fois aiguisée et engourdie de nos deux corps, de nos sentiments et de nos sens, une violente illusion commençait à poindre.

La vie était encore vivable. Il suffisait d'oublier, de le décider avec détermination, brutalement. Le choix était simple : l'écriture ou la vie. Aurais-je le courage — la cruauté envers moi-même — de payer ce prix ?

— Attention, c'est ma mauvaise oreille ! disais-je à Lorène quinze jours plus tard. Elle s'écartait de moi.

— T'as une oreille bonne et une mauvaise ?

Elle avait l'air de penser que je la faisais marcher. Je hochais la tête, affirmatif.

— Fais voir, disait-elle.

Elle se penchait vers moi, écartant les cheveux que j'avais trop longs, désormais, découvrait la cicatrice bleuâtre qui contournait la partie supérieure de mon oreille droite, le long de l'attache avec le crâne.

— Mais c'est vrai, s'écriait-elle.

— Pour les petites choses, je ne mens jamais !

Nous allumions des cigarettes.

— C'est quoi ? demandait Lorène.

— J'avais décidé de me couper l'oreille droite pour l'offrir à une dame, mais je n'ai pas eu le courage d'aller jusqu'au bout...

Elle riait, me caressait de nouveau l'intérieur de l'oreille, les cheveux, la nuque. Je n'appréciais pas, je regardais le paysage du lac Majeur.

J'étais tombé d'un train, en réalité.

D'un train de banlieue, même, assez poussif : ça n'avait rien de bien aventureux, rien d'exaltant. Mais étais-je tombé de ce train banlieusard, bondé, banal, ou bien m'étais-je volontairement jeté sur la voie ? Les avis divergeaient, moi-même je n'en avais pas de définitif. Une jeune femme, après l'accident, avait prétendu, que je m'étais jeté par la portière ouverte. Le train était bondé, j'étais sur le bord de la plate-forme, entre les deux compartiments d'un wagon. Il faisait très chaud à la fin de cette journée du mois d'août, la veille d'Hiroshima. La portière était restée ouverte, il y avait même quelques voyageurs sur le marchepied. C'était fréquent, sinon habituel, à cette époque de transports insuffisants. La jeune femme, quoi qu'il en soit, était respectueuse, peut-être à l'excès, de la liberté d'autrui. De la mienne, dans ce cas. Elle avait pensé que je voulais me suicider, a-t-elle déclaré ensuite, elle s'est écartée pour me faciliter la tâche. Elle m'a vu me précipiter dans le vide.

Je n'avais pas d'avis définitif sur la question.

Je me souvenais de ma fatigue, après la nuit blanche. Je me souvenais de ma fébrilité, après la conversation avec Claude-Edmonde Magny, toutes ces tasses de café bues ensemble. La journée avec Laurence, ensuite. Je me souvenais du vertige, sur le bord de la plate-forme, serré parmi des voyageurs acariâtres.

Mais peut-être la mort volontaire est-elle une sorte de vertige, rien d'autre. Je ne saurais dire avec précision ce qui m'était arrivé. Plus tard, au sortir de quelques minutes délicieuses de néant, j'avais choisi l'hypothèse de l'évanouissement. Il n'y a rien de plus bête qu'un suicide raté. Un évanouissement n'est pas bien glorieux, certes, mais c'est moins encombrant à gérer.

J'étais donc tombé sur la voie, d'une façon ou d'une autre, et le câble de transmission, en acier coupant, qui court le long du ballast m'avait proprement tranché l'oreille droite. À moitié, du moins. Il avait fallu recoudre. Mais il n'y a apparemment rien de plus facile que de recoudre une oreille à moitié arrachée.

C'était au mois d'août, nous sommes en décembre, sous le soleil de l'hiver, à Ascona, à une terrasse de café, face au paysage du lac Majeur.

— Manu, dit Lorène.

— Non, dis-je.

— Quoi non ?

— J'ai horreur des diminutifs attendris, trop familiers, ai-je précisé le plus sèchement possible.

Elle relève ses lunettes de soleil, me regarde.

— Aujourd'hui tu me détestes, dit-elle.

Ce n'était pas vrai, c'était plutôt tout le contraire. De toute façon, il ne s'agissait pas de cela. J'avais envie d'être seul, c'est tout. J'en avais besoin.

— Manuel n'est pas mon vrai prénom... «Manu», donc, ça ne rime à rien ! Elle hausse les épaules.

— Je sais... J'ai fait ma petite enquête à Solduno, figure-toi ! Quelle importance ? Aucune, en effet.

— Pourquoi tu me détestes, aujourd'hui ?

Je ne réponds pas, je regarde le paysage. Je ne pense pas au paysage, bien sûr, je pense à tout autre chose. Il n'y a rien à penser de ce paysage, d'ailleurs. C'est un très beau paysage, il suffit de le regarder, de se réjouir de sa beauté en le contemplant. Une beauté évidente ne suscite pas la pensée mais le bonheur : une sorte de béatitude, c'est tout. Je suis béat devant ce paysage d'Ascona au soleil de décembre et je pense à tout autre chose.

Sur la route de Brissago, le pare-brise d'une voiture en pleine course accroche un rayon de soleil et le renvoie, éblouissant. Je ferme les yeux : des paillettes blanches, brillantes, tournoient derrière mes paupières closes. Comme souvent, à n'importe quelle occasion.

— La neige, ai-je murmuré en rouvrant les yeux.

La neige nocturne dans le faisceau lumineux des projecteurs.

Je ris, je ne peux m'empêcher de rire. Car c'est un signe d'adieu, je le devine. Adieu aux neiges d'antan !

Elle s'est complètement tournée vers moi, accoudée à la table. Pas encore inquiète, mais intriguée.

— Quelle neige ?

La voiture a dépassé, là-bas, le point précis de la route de Brissago, au sortir d'un tournant, où le soleil l'a prise sous ses rayons, réverbérés dans le pare-brise. Tout est rentré dans l'ordre transparent de l'après-midi : le lac, le ciel, les arbres, les montagnes alentour.

Elle ne s'avoue pas vaincue par mon silence.

— Pourquoi la neige ? Quelle neige ?

Mais elle est la seule personne à qui je ne peux pas, ne dois pas expliquer. C'est son ignorance qui peut me sauver, son innocence qui me remet dans les chemins de la vie. Pas un mot sur la neige d'antan, donc, à aucun prix. Alors, je me retourne vers elle, je l'éloigne de moi d'un geste déterminé, d'un regard vidé de toute tendresse, de toute curiosité, même. Ça prend du temps, elle finit par capituler. Elle porte la main à son visage, abattue.

— Je te laisse ? demande Lorène.

D'un doigt, je caresse l'arcade sourcilière, la haute pommette, la commissure des lèvres.

— C'est ça, lui dis-je.

Elle se lève.

De ma main droite étendue, je frôle le mouvement de son corps qui se déploie. Le sein charmant, la minceur plate du ventre, la douce courbure de la hanche. Ma main reste serrée autour d'un genou rond.

Elle est debout, tout contre moi. Je regarde le paysage.

Ma main remonte légèrement le long de sa cuisse, avec un grésillement ténu de l'ongle sur la soie, jusqu'à la fraîcheur de la peau nue, au-dessus de la jarretière.

— Tu triches, dit-elle.

Elle s'écarte, ramasse ses affaires sur la table : les lunettes de soleil, les cigarettes, un briquet en or, son foulard, une lettre qu'elle n'avait pas ouverte, dont elle avait seulement regardé le nom de l'expéditeur. Elle met tout ça dans son sac.

Elle semble hésiter, hoche la tête, s'en va.

Je la vois s'éloigner.

— Lorène !

Elle se retourne à demi.

— Je te rejoins, lui dis-je.

Elle trébuche, sourit, reprend sa marche.

Le 5 août 1945, la veille du jour où Hiroshima avait disparu sous le feu atomique, j'étais tombé d'un train de banlieue. Au sortir de mon évanouissement il y avait des objets sur des étagères : c'est tout ce que j'aurais pu en dire. Mais je n'aurais même pas pu le dire, je ne savais pas que la parole existait. Je savais seulement qu'il y avait des objets et que je voyais ces objets. Bien que, à y mieux réfléchir, il m'eût été difficile de dire «je», car il n'y avait aucune conscience de soi dans cette situation. Aucune conscience de moi-même comme identité séparée. Il y avait des objets, c'est tout, un monde d'objets visibles dont la vision faisait partie, et je ne savais pas encore qu'on pouvait nommer ces objets, pour les distinguer. C'étaient des choses qui étaient là et c'est ainsi que tout a commencé.

Je n'avais pas la sensation qu'on éprouve au sortir du sommeil, les choses se remettant en place, dans le temps et l'espace. Très vite, si c'est dans une chambre habituelle que l'on s'est réveillé. Après un instant d'accommodement à la réalité, si c'est dans un lieu inconnu.

Dans l'un ou l'autre cas, cependant, le premier regard du réveil s'ouvre sur un monde où les objets ont une utilité, une signification déchiffrable. Un monde où s'inscrivent aussitôt des traces d'un passé qui renvoient à l'existence d'avant le sommeil ; où se dessine en filigrane une certaine figure de l'avenir, par la conscience spontanément revenue de tout ce qu'on aura à faire, ou bien, tout au contraire, par la disponibilité pressentie qui, à ce moment-là, peut sembler totale, pleine de joies possibles, si c'est dimanche par exemple, ou si ce sont les vacances et qu'il y a la mer : on peut même se rendormir avec une certitude de sable et de soleil, plus tard.

Mais je ne sortais pas du sommeil, je sortais du néant.

Ainsi, soudain, il y a eu des objets. Il n'y avait jamais rien eu avant. Il n'y aurait peut-être rien après : la question ne se posait pas, de toute façon. Il y avait simplement des objets non identifiés, non encore nommés, peut-être innommables. Dont le sens, la fonction n'étaient même pas obscurs, même pas opaques, tout simplement inexistants. Dont toute la réalité tenait dans leur forme et leur couleur, aisément différenciables.

Il n'y avait aucune possibilité de dire «je», à ce moment-là, originaire en quelque sorte. Je n'existais pas : il, ce «je», ce sujet qui aurait regardé, n'existait pas encore. Il y avait le monde, un fragment infime de monde qui se faisait visible, c'était tout. Mon regard n'a surgi qu'ensuite. C'est la visibilité du monde qui m'a rendu voyant. Voyeur aussi, certes.

— Ça va mieux ? m'avait-on demandé.

Un bonheur physique m'a envahi, un bonheur inouï, à entendre ce bruit de voix, à découvrir que cette voix avait un sens, que je comprenais parfaitement de quoi il s'agissait. Les raisons réelles de cette question étaient obscures, c'était une question qui flottait sur un brouillard d'ignorance. Mais elle avait un sens précis, qu'on pouvait saisir avec précision.

— Vous vous sentez tout à fait bien ? insistait-on.

Une seconde, j'avais craint que les premières paroles n'eussent été, en quelque sorte, qu'un éclair brusque dans une nuit de silence. Quelques mots et puis plus rien : un sombre océan d'objets muets. Mais non, d'autres paroles avaient suivi, qui avaient également un sens. De nouvelles paroles, tout aussi aisément compréhensibles. Ce n'était donc pas par hasard que j'avais compris les premières. Il n'y avait pas de raison qu'il y eût des bornes au langage. Peut-être pouvait-on tout dire.

— Ça va, ai-je dit.

C'était venu tout seul, sans effort. Je n'avais pas cherché les mots.

J'avais essayé de me redresser mais la tête me faisait mal. Une douleur vive, lancinante, sur le côté droit de mon crâne.

— Ne bougez pas, avait-on dit. Vous êtes blessé !

Je me redressais pourtant, douloureusement. Je voyais un homme, vêtu d'une blouse blanche, qui m'observait attentivement.

C'est à cet instant précis que j'avais commencé à exister. Que j'avais recommencé à savoir que c'était mon regard qui contemplait le monde, alentour : ce minuscule fragment d'univers où il y avait des objets colorés et un personnage à blouse blanche. Je suis redevenu «moi» à cet instant précis, sous le regard attentif de cet homme. Avant, il y avait des objets visibles : ils l'étaient pour ma vision, désormais, pour moi. L'univers m'était visible, dans les minimes fragments qui m'environnaient. Le monde et mon regard se faisaient face, ils coexistaient. Mieux encore, ils n'étaient rien l'un sans l'autre. C'était le monde qui prêtait à mon regard sa consistance, c'était mon regard qui lui donnait son éclat.

Malgré la joie de cette découverte, une sourde irritation me gagnait. Un sentiment de malaise, d'inconfort, à entendre que j'étais blessé. Je venais de comprendre que j'existais, d'apprendre à m'identifier — du moins comme un autre que le monde, si ce n'était comme moi-même : je savais que j'étais, sans savoir qui — et il me fallait en plus assumer cette affirmation péremptoire selon laquelle je serais blessé. C'était irritant, ça envahissait tout mon corps, l'inconfort, comme un symptôme de la blessure dont je ne savais encore rien de précis.

Mais un remous se produisait, un courant d'air, des bouffées de bruits nouveaux me parvenaient aux oreilles. Une musique, d'abord, par-dessus toutes les autres rumeurs. Une musique grêle, acide, celle d'un orgue de Barbarie, sans doute. Ou bien celle qui accompagne le tournoiement des petits manèges de chevaux de bois, primitifs, qu'on fait tourner à la main, parfois, sur les places des villages. Et à l'intérieur de l'édifice aérien de cette musique, toute une gamme de bruits divers : des voix, certaines enfantines et rieuses ; des coups de marteau ; un timbre de bicyclette ; et, vrillant cette masse sonore, dense et poreuse à la fois, un sifflet de locomotive, tout proche, et le hoquet d'un train à vapeur qui démarre.

J'essayais d'oublier l'irritation qu'avait produite l'annonce d'une blessure, pour me laisser couler dans la bouffée rafraîchissante de rumeurs, musiques, sifflets de train : bruits du monde au-delà d'une porte qui avait dû s'ouvrir. J'essayais de me concentrer sur ce pressentiment d'un univers animé, vivant, avec des enfants sur des bicyclettes et des hommes travaillant des matières solides, du bois, du métal, à coups de marteau, et des trains qui partaient, qui s'éloignaient dans un espace qui devait s'étendre quelque part, derrière une porte qui s'était ouverte : un monde aussi inconnu que l'être que j'étais pour moi-même, surgi de nulle part, mais existant.

Les rumeurs s'estompaient subitement — on avait dû fermer la porte sur l'extérieur — et une nouvelle voix se faisait entendre.

— L'ambulance est là !

L'inquiétude se ravivait. Il fallait vraiment en savoir davantage.

— Dites-moi...

Mais l'énormité de ce que je devais demander m'a fait hésiter. « Qui suis-je ? » aurais-je dû demander. J'ai poursuivi, pourtant, contournant cette énormité :

— Ne vous étonnez pas de ma question... Quel jour sommes-nous ?

L'homme à la blouse blanche m'observait, intéressé mais visiblement inquiet.

— Comment ? s'écriait-il. Quel jour, dites-vous ?

J'ai eu envie de rire, soudain. J'aurais souri si je n'avais pas eu tellement mal, dans tout le corps, devenu présent dans la douleur, m'encombrant de cette présence. J'aurais souri car je venais de trouver le mot pour nommer cet homme vêtu d'une blouse blanche. Du même coup, le mot aussi pour nommer l'endroit où je me trouvais : ces étagères, ces boîtes, ces flacons multicolores.

Le pharmacien, donc, me regardait.

— Nous sommes lundi, disait-il.

Je trouvais merveilleux que ce fût lundi, mais ce n'était pas du tout ce que je voulais savoir.

— Non, quel jour du mois, je veux dire... Et quelle année...

Les yeux du pharmacien ont eu une lueur amicale, mais apitoyée. Il comprenait que je ne savais plus où j'étais, qui j'étais, qu'est-ce que c'était.

Il parlait lentement, détachant chaque syllabe.

— Nous sommes lundi, cinq août, mille neuf cent quarante-cinq...

Ce n'était pas cette précision qui m'avait frappé, d'abord. Elle n'avait rien suscité dans mon esprit. Rien d'éclairant, du moins, sur moi-même. Ce qui m'avait frappé, touché au cœur, c'était ce mot mince, aigu, le mot « août », qui avait éclaté en moi et qui, aussitôt, s'était dédoublé, était devenu le mot *agosto*.

J'ai répété ce mot dans mon silence intime : *agosto*. L'eau me venait à la bouche, de tourner ce mot sous ma langue. Il y avait peut-être deux mots pour chacune des réalités de ce monde. J'ai essayé, dans une sorte de fièvre. Il y avait en effet « août » et *agosto*, « blessure » et *herida*, « lundi » et *lunes*. Je m'étais enhardi, j'avais cherché des mots plus éloignés de l'expérience immédiate : ça marchait toujours. Il y avait toujours deux mots pour chaque objet, chaque couleur, chaque sentiment. Un autre mot pour « ciel », pour « nuage », pour « tristesse » : *cielo, nube, tristeza*.

Les mots surgissaient accouplés, à l'infini.

— Et nous sommes dans la pharmacie de Gros-Noyer-Saint-Prix, à côté de la gare, disait le pharmacien.

C'était une information qui aurait dû être rassurante, par sa précision. Par son aspect anodin, aussi, sa banalité. Une pharmacie, une gare, un nom de village aussi traditionnel, tout cela aurait dû être rassurant.

Mais une inquiétude nouvelle m'envahissait.

Les mots continuaient de surgir dans mon esprit, en double rafale éclairante. La même joie continuait de m'habiter : le bonheur de vivre. Le plus pur, le plus accablant bonheur de vivre. Car il n'était pas fondé sur le souvenir d'anciens bonheurs, ni sur la prémonition, encore moins la certitude, des bonheurs à venir. Il n'était fondé sur rien. Sur rien d'autre que le fait même d'exister, de me savoir vivant, même sans mémoire, sans projet, sans avenir prévisible. À cause de cette absence de mémoire et d'avenir, peut-être. Un bonheur fou, en quelque sorte, non fondé en raison : gratuit, sauvage, inépuisable dans sa vacuité.

Mais dans cette extrême, radicale joie de vivre, toute nue, irraisonnée, avait commencé à poindre, pourtant, à sourdre sourdement, une inquiétude nouvelle. Qui était charriée par le flot de mots arrivant en rafales dédoublées.

Soudain, en effet, le mot *nieve* était apparu. Non pas d'abord, cette fois-ci, le mot « neige », qui se serait ensuite dédoublé, pour prendre la forme *nieve*. Non, cette dernière forme d'abord, dont je savais le sens : neige, précisément. Dont je soupçonnais aussi qu'il était originaire, qu'il n'était pas seulement la traduction du mot « neige », mais son sens le plus ancien. Le plus primitif, peut-être. Était-ce pour cette raison que le mot *nieve* était inquiétant ? Parce qu'il était originaire ?

Je l'ignorais, mais l'inquiétude que ce mot a provoquée a commencé à brouiller confusément la clarté irraisonnée de mon bonheur de vivre sans autre attache ou fondement que la vie même.

— Vous avez eu un accident, poursuivait le pharmacien. Vous êtes tombé du train de Paris juste au moment où il entrait en gare... Vous êtes blessé !

La mémoire m'est revenue d'un seul coup.

J'ai su brutalement qui j'étais, où j'étais, et pourquoi.

J'étais dans un train qui venait de s'arrêter. Il y avait eu une secousse, dans le bruit grinçant des freins bloqués. Il y avait eu des cris, certains d'épouvante, d'autres de colère. J'étais pris dans une gangue de corps entassés, qui basculaient, serrés les uns contre les autres. Je voyais un visage tourné vers moi, bouche ouverte, cherchant à respirer. Le jeune homme au visage souffrant, tourné vers moi, m'implorait : — Ne me laisse pas, Gérard, ne me laisse pas ! La porte coulissante du wagon s'ouvrait, on entendait distinctement des aboiements rageurs de chiens. On était dans la lumière crue des projecteurs qui éclairaient un quai de gare. On était face à un paysage nocturne, enneigé. Il y avait des cris, des ordres brefs, gutturaux. Et les chiens, toujours : un horizon nocturne de chiens hurlants devant un rideau d'arbres sous la neige. On sautait sur le quai, entremêlés, malhabiles. On courait pieds nus sur la neige. Des casques, des uniformes, des coups de crosse de fusil. Et les chiens, toujours, rauques, bavant de rage meurtrière. On sortait de la gare, en rang par cinq, au pas de course. On était sur une large avenue éclairée par de hauts lampadaires. Des colonnes étaient surmontées à intervalles réguliers d'aigles hitlériennes.

C'était ainsi, dans l'éclat de ce souvenir brutalement resurgi, que j'avais su qui j'étais, d'où je venais, où j'allais réellement. C'était à ce souvenir que se ressourçait ma vie retrouvée, au sortir du néant. Au sortir de l'amnésie provisoire mais absolue qu'avait provoquée ma chute sur le ballast de la voie ferrée. C'était ainsi, par le retour de ce souvenir, du malheur de vivre, que j'avais été chassé du bonheur fou de l'oubli. Que j'étais passé du délicieux néant à l'angoisse de la vie.

— Quelqu'un dans le train vous a reconnu, concluait le pharmacien. Vous avez de la famille, dans le haut de Saint-Prix. On va vous y conduire en ambulance.

— Oui, quarante-sept rue Auguste-Rey ! disais-je, pour montrer que j'étais vraiment revenu à moi.

Je faisais semblant, en tout cas, pour ne pas le préoccuper davantage, ce brave homme de pharmacien. Car je n'étais pas seulement tombé sur la tête, en gare de Gros-Noyer-Saint-Prix, dans la banlieue nord de Paris. Ce n'était pas l'essentiel, du moins. L'essentiel, c'était que j'avais sauté dans un vacarme de chiens et de hurlements des SS, sur le quai de la gare de Buchenwald.

C'est là que tout avait commencé. Que tout recommençait toujours.

— Tu me quittes, n'est-ce pas ? disait Lorène.

Elle venait de découvrir le lit, d'un geste brusque, dans la chambre qu'elle louait à Ascona, pour faciliter nos rencontres. La blancheur des draps se détachait à présent dans la pénombre, rideaux tirés sur un soleil déclinant.

— Je quitte la Suisse, ai-je répondu, c'est pas pareil... Mais tu savais !

Lorène hochait la tête, elle savait, sans doute. Elle avait toujours su.

Elle me tendait la main, m'attirait vers elle.

— De quelle neige parlais-tu ? a-t-elle murmuré à mon oreille, plus tard.

C'était une jeune Suissesse obstinée. Tendre, abandonnée à sa fougue, inventive, mais obstinée. Impossible d'éviter les questions précises, la quête du détail. J'avais évoqué la neige — quelle neige ? — tout à l'heure. Elle voulait savoir.

Il n'était pas question que je lui dise la vérité, pourtant.

— Les Glières, lui ai-je répondu.

Elle n'a pas compris, moi non plus. C'est-à-dire : elle n'a pas compris de quoi je lui parlais. Et je n'ai pas compris pourquoi je lui en parlais. Tant pis, j'ai continué. Je lui ai raconté la bataille du plateau des Glières, comme si j'y avais été. Ce n'est pas moi, on le sait, c'est Morales. Je lui ai raconté la bataille des Glières telle qu'elle s'était inscrite dans la mémoire de Morales. La neige, la fuite à travers la neige profonde, dans le froid glacial de l'hiver, sous le feu croisé des mitrailleuses.

Le soir est tombé sur mon récit, à Ascona. Sur le récit de Morales, à vrai dire. Lorène m'écoutait, fascinée. Elle écoutait le récit d'un mort inconnu, avec l'impression qu'elle apprenait, enfin, quelque chose de moi. Quelque chose qui m'appartînt vraiment, qui me fût essentiel.

La neige, donc, à Ascona, la neige de l'épopée des Glières dans la mémoire transie de Morales. La neige d'antan, en cadeau d'adieu à Lorène, inoubliable maîtresse de l'oubli.

TROISIÈME PARTIE

8

LE JOUR DE LA MORT DE PRIMO LEVI

Des années plus tard — toute une vie, plusieurs vies plus tard — un samedi d'avril 1987, vers le milieu de l'après-midi (à dix-sept heures quinze, très précisément), il m'apparut que je ne garderais pas les pages écrites ce jour-là. Que je ne les garderais pas dans le roman en cours, du moins.

Elles avaient pourtant été écrites avec un bonheur déconcertant — je veux dire : j'avais éprouvé un déconcertant bonheur à les écrire, quel que fût celui de l'écriture —, ainsi qu'il advenait chaque fois qu'il était question de ce passé. Comme si la mémoire, paradoxalement, redevenait vivace, vivifiante, l'écriture fluide (quitte à en payer le prix ensuite, très lourd, exorbitant peut-être), les mots davantage aisés et ajustés, dès que cette mort ancienne reprenait ses droits imprescriptibles, envahissant le plus banal des présents, à n'importe quelle occasion.

Dans le brouillon du livre en cours — dont le titre provisoire était *Un homme perdu*, et qui a fini par porter celui de *Netchaïev est de retour* —, dans l'articulation narrative déjà élaborée, il ne devait pas être longuement question de Buchenwald. Trois ou quatre pages devaient suffire, m'avait-il semblé, pour évoquer le voyage de Roger Marroux à travers l'Allemagne défaite, en avril 1945, à la recherche de Michel Laurençon, son camarade de Résistance déporté.

Ça s'écrivait ainsi, pour commencer :

«Le matin du 12 avril 1945, Marroux descendait de voiture devant les bureaux de la *Politische Abteilung*, la section de la Gestapo du camp de Buchenwald. La porte d'entrée monumentale, avec sa grille de fer forgé, se trouvait à quelques dizaines de mètres, au bout de la longue avenue bordée de colonnes surmontées d'aigles hitlériennes qui reliait la gare de Buchenwald au camp proprement dit.»

Je relus la phrase, elle ne me disait rien.

Elle ne contenait que des informations, sans doute nécessaires. Mais les informations, même les plus nécessaires à la transparence d'un récit, ne m'ont jamais passionné.

Ça ne me passionnait pas, la façon dont je faisais parvenir Roger Marroux, personnage romanesque, à ce territoire de la réalité.

Un bref malaise indistinct et sourd, habituel par ailleurs, me plongea dans une méditation désabusée. On ne peut pas écrire vraiment sans connaître de semblables moments de désarroi. La distance, parfois teintée de dégoût, d'insatisfaction du moins, que l'on prend alors avec sa propre écriture, reproduit en quelque sorte celle, infranchissable, qui sépare l'imaginaire de sa réalisation narrative.

Le temps passa : une minute, une heure, une éternité, dans une solitude vulnérable mais orgueilleuse. Ça commençait à bouger dans la mémoire. La mienne, s'entend, pas seulement celle de Roger Marroux.

J'écrivais à Paris, un samedi, tôt le matin, au premier étage d'une maison du début du siècle, dans le 7e arrondissement, en face d'un vaste jardin privé. Ou ministériel, peut-être. Fermé au public, en tous les cas.

Soudain, relisant la phrase en question pour essayer d'en détourner ou contourner la platitude informative, je remarquai la date que j'avais inscrite : 12 avril 1945. Je ne l'avais pas choisie, bien évidemment. Je l'avais écrite sans y penser, imposée qu'elle était par la vérité historique. L'arrivée de Roger Marroux, personnage de roman, à l'entrée réelle du camp de concentration de Buchenwald, ne pouvait avoir eu lieu qu'à cette date, ou à partir de cette date, après la libération par les troupes américaines de la IIIe Armée de Patton.

Une stratégie de l'inconscient, pourtant, suave et sournoise dans ses formes, brutale dans son exigence, m'avait conduit à décrire cette arrivée pour l'anniversaire même de l'événement, quarante-deux ans plus tard, jour pour jour.

Nous étions le samedi 11 avril 1987, en effet.

Une sombre allégresse me souleva.

Une nouvelle fois, sans l'avoir prémédité, du moins apparemment, j'étais fidèle au rendez-vous du mois d'avril. Ou plutôt, une part de moi, âpre et profonde, était fidèle, contre moi-même, au rendez-vous de la mémoire et de la mort.

À Ascona, sous le soleil de l'hiver tessinois, à la fin de ces mois du retour dont j'ai fait ici un récit plutôt elliptique, j'avais pris la décision d'abandonner le livre que j'essayais en vain d'écrire. *En vain* ne veut pas dire que je n'y parvenais pas : ça veut dire que je n'y parvenais qu'à un prix exagéré. Au prix de ma propre survie, en quelque sorte, l'écriture me ramenant sans cesse dans l'aridité d'une expérience mortifère.

J'avais présumé de mes forces. J'avais pensé que je pourrais revenir dans la vie, oublier dans le quotidien de la vie les années de Buchenwald, n'en plus tenir compte dans mes conversations, mes amitiés, et mener à bien, cependant, le projet d'écriture qui me tenait à cœur. J'avais été assez orgueilleux pour penser que je pourrais gérer cette schizophrénie concertée. Mais il s'avérait qu'écrire, d'une certaine façon, c'était refuser de vivre.

À Ascona, donc, sous le soleil de l'hiver, j'ai décidé de choisir le silence bruissant de la vie contre le langage meurtrier de l'écriture. J'en ai fait le choix radical, c'était la seule façon de procéder. J'ai choisi l'oubli, j'ai mis en place, sans trop de complaisance pour ma propre identité, fondée essentiellement sur l'horreur — et sans doute le courage — de l'expérience du camp, tous les stratagèmes, la stratégie de l'amnésie volontaire, cruellement systématique.

Je suis devenu un autre, pour pouvoir rester moi-même.

Dès lors, dès le printemps 1946, revenu volontairement dans l'anonymat collectif d'un après-guerre chatoyant, ouvert à toutes sortes de possibilités d'avenir, j'ai vécu plus de quinze ans, l'espace historique d'une génération, dans la béatitude obnubilée de l'oubli. Rares auront été les fois où le soudain souvenir de Buchenwald aura perturbé ma tranquillité d'esprit, rudement conquise : maîtrise provisoire, sans cesse renouvelée, de la part de ténèbre qui m'était échue en partage.

Mais à partir de la publication de mon premier livre, *Le Grand Voyage,* tout est devenu différent. L'angoisse d'autrefois est revenue m'habiter, particulièrement au mois d'avril. Y concourent une série de circonstances qui le rendent difficile à parcourir indemne : le renouveau troublant de la nature, l'anniversaire de la libération de Buchenwald, la commémoration de la Journée de la déportation.

Ainsi, si j'avais réussi, en 1961, à écrire le livre abandonné seize ans plus tôt — à écrire, du moins, l'un des récits possibles de l'expérience d'autrefois, inépuisable par essence —, je payais cette réussite, qui allait changer ma vie, par le retour en force des anciennes angoisses.

Rien, en tout cas, dans le roman en cours en avril 1987 ne laissait prévoir une dérive vers l'ombre mortelle où s'enracine, quoi que j'y fasse, quelque ruse ou raison que j'y consacre pour m'en détourner, mon désir de vivre. Et mon incapacité permanente à y réussir pleinement.

Le sujet de *Netchaïev est de retour,* en effet, concernait un tout autre domaine : le passage d'une action militante à sa perversion militariste, terroriste. Ces thèmes étaient déjà en germe dans une scène de *La guerre est finie,* un film écrit en 1965. Alors, dans un studio du boulevard Edgar-Quinet, avec vue imprenable sur le cimetière Montparnasse, un groupe de jeunes léninistes, sur le point de virer vers la lutte armée, s'en prenait à Diego, militant communiste espagnol dont Yves Montand jouait le rôle, et qui défendait une stratégie de lutte de masse, pacifique.

Sur le même boulevard Edgar-Quinet, devant le lieu de la fiction cinématographique, plus tard, les tueurs d'Action directe devaient assassiner Georges Besse, patron de la Régie Renault, et s'en glorifier publiquement, ignoblement, comme d'un acte révolutionnaire, dans le délire verbal d'une arrogance théorique autiste et sanguinaire.

En écrivant *Netchaïev est de retour,* j'étais pleinement conscient de ses origines lointaines. Je savais comment la scène du film, après avoir longuement dérivé à travers la nébuleuse de mes projets, avait fini par attirer à elle d'autres thèmes, d'autres bribes et brins de rêve ou de réalité, pour cristalliser finalement le noyau d'un nouveau livre.

J'en étais tellement conscient que j'avais repris dans ce roman les paysages urbains du scénario de *La guerre est finie* dans le quartier de Montparnasse. Paysages qui avaient été, par ailleurs, des lieux privilégiés de mon adolescence.

J'ai levé la tête, j'ai contemplé le jardin qui me faisait face, désert à cette heure matinale, sous un ciel d'avril pommelé.

Désormais, j'avais percé à jour les manigances de l'inconscient littéraire. J'avais deviné qui Roger Marroux allait rencontrer à l'entrée de Buchenwald : moi-même. Le souvenir réel des trois officiers d'une mission alliée qui se dévoilait derrière la fiction a commencé à prendre forme et contour, comme les images qui émergent dans le flou originaire d'une photographie Polaroïd.

Je me remis à écrire avec une certaine excitation :

« Un type jeune — mais il était difficile d'évaluer son âge exact : une vingtaine d'années, calcula-t-il — montait la garde à la porte de la baraque de la Gestapo. Il portait des bottes russes, en cuir souple, une défroque disparate. Il avait des cheveux ras. Mais une mitraillette allemande pendait sur sa poitrine, signe évident d'autorité. Les officiers de liaison américains leur avaient dit, à l'aube, que la résistance antifasciste de Buchenwald avait réussi à armer quelques dizaines d'hommes qui avaient participé à la phase finale de la libération du camp, après la percée des avant-gardes motorisées de Patton. Il en faisait sans doute partie, ce jeune type. Qui les regardait sortir de la jeep, s'étirer au soleil du printemps, dans le silence épais, étrange, de la forêt de hêtres qui bordait l'enceinte barbelée du camp. Marroux se sentit pris dans la froideur dévastée de ce regard, brillant dans un visage osseux, émacié. Il eut l'impression d'être observé, jaugé, par des yeux d'au-delà ou d'en deçà de la vie. Comme si le rayon neutre, plat, de ce regard lui parvenait d'une étoile morte, d'une existence disparue. Comme si ce regard avait voyagé jusqu'à lui à travers les steppes d'un paysage morne, minéral, pour lui parvenir imprégné de froideur barbare. De solitude irrémédiable... »

Ainsi, le 11 avril 1987, jour anniversaire de la libération de Buchenwald, j'avais fini par me rencontrer à nouveau. Par retrouver une part essentielle de moi, de ma mémoire, que j'avais été, que j'étais toujours obligé de refouler, de tenir en lisière, pour pouvoir continuer à vivre. Pour tout simplement pouvoir respirer. Subrepticement, au détour d'une page de fiction qui n'avait pas semblé tout d'abord exiger ma présence, j'apparaissais dans le récit romanesque, avec l'ombre dévastée de cette mémoire pour tout bagage.

J'envahissais le récit, même.

À partir de ce moment, en effet, l'écriture avait tourné vers la première personne du singulier. Vers l'extrême singularité d'une expérience difficile à partager. J'écrivis longtemps, avec impatience. Dans l'aisance des mots justes qui affluaient, me semblait-il. Dans la douleur tonique d'une mémoire inépuisable, dont chaque nouvelle ligne écrite me dévoilait des richesses enfouies, oblitérées.

Au milieu de l'après-midi, cependant, à dix-sept heures quinze très précisément, je compris que je ne garderais pas les pages écrites ce jour-là à partir de mon apparition soudaine, insidieusement concertée, dans un récit qui n'en avait cure, qui aurait pu se passer de cette présence, qui devait s'en passer.

Je mis ces pages de côté. Je m'expulsai du récit. Je repris l'ordre qui était prévu, l'articulation narrative dont j'avais précédemment établi la progression. Je revins à la troisième personne de l'universel : au «il» du dieu des romans et des mythologies.

Ainsi :

«Le jeune type avait remarqué l'écusson tricolore, surmonté du mot *France*, sur le blouson militaire de Marroux. Il lui parla en français.

« — Vous avez l'air sidéré... C'est quoi ? Le silence du lieu ? Il n'y a jamais d'oiseaux dans cette forêt... La fumée du crématoire les en a chassés, semble-t-il...

«Il avait eu un rire bref.

« — Mais le crématoire s'est arrêté hier... Il n'y aura plus jamais de fumée... Plus jamais l'odeur de chair brûlée sur le paysage...

«Il avait ri de nouveau.»

Je riais aussi, tant d'années plus tard.

Malgré les détours, les ruses de l'inconscient, les censures délibérées ou involontaires, la stratégie de l'oubli ; malgré les fuites en avant et le brouillage du souvenir ; malgré tant de pages déjà écrites pour exorciser cette expérience, la rendre au moins partiellement habitable ; malgré tout cela, le passé conservait son éclat de neige et de fumée, comme au premier jour.

Je riais sans joie, mais de bon cœur, avec une sorte d'orgueil insensé.

Personne ne peut se mettre à ta place, pensais-je, ni même imaginer ta place, ton enracinement dans le néant, ton linceul dans le ciel, ta singularité mortifère. Personne ne peut imaginer à quel point cette singularité gouverne sourdement ta vie : ta fatigue de la vie, ton avidité de vivre ; ta surprise infiniment renouvelée devant la gratuité de l'existence ; ta joie violente d'être revenu de la mort pour respirer l'air iodé de certains matins océaniques, pour feuilleter des livres, pour effleurer la hanche des femmes, leurs paupières endormies, pour découvrir l'immensité de l'avenir.

Il y avait de quoi rire, vraiment. Je riais donc, replongé dans l'orgueil ténébreux de ma solitude.

J'avais mis de côté les pages écrites ce jour-là. J'en relus les premières lignes :

«Ils sont en face de moi, l'œil rond, et je me vois soudain dans ce regard d'effroi : leur épouvante.

Depuis deux ans, je vivais sans visage. Nul miroir, à Buchenwald. Je voyais mon corps, sa maigreur croissante, une fois par semaine, aux douches. Pas de visage, sur ce corps dérisoire. De la main, parfois, je frôlais une arcade sourcilière, des pommettes saillantes, le creux d'une joue...»

Un autre livre venait de naître, je le savais. De commencer à naître, du moins. Peut-être prendrait-il encore des années pour mûrir, ça s'était déjà vu. J'avais déjà vu, je veux dire, des livres mettre des années à mûrir. Jamais jusqu'à leur terme, d'ailleurs. Leur publication, déterminée par des circonstances extérieures, objectives, m'avait toujours paru prématurée. Je parle des livres qui concernent immédiatement l'expérience des camps, bien entendu. Les autres, même s'il y est fait allusion, parce que cette expérience fait partie de la biographie d'un personnage romanesque, ne mûrissent pas avec tant de lenteur : de douloureuse lenteur. Depuis *Le Grand Voyage*, écrit d'une traite, en quelques semaines, dans les circonstances que je dirai le moment venu, les autres livres concernant l'expérience des camps vaguent et divaguent longuement dans mon imaginaire. Dans mon travail concret d'écriture. Je m'obstine à les abandonner, à les réécrire. Ils s'obstinent à revenir à moi, pour être écrits jusqu'au bout de la souffrance qu'ils imposent.

Tel avait été le cas pour *Quel beau dimanche !* Tel serait le cas de nouveau, je le pressentais.

Quoi qu'il en advînt, je mis ces pages de côté, dans une chemise cartonnée d'un bleu pâle, délavé. J'y écrivis aussitôt le titre du nouveau livre. Pourtant, ce n'était pas mon habitude. Habituellement, mes livres tardent à trouver un titre satisfaisant. Celui-ci l'eut d'emblée. Je l'écrivis au feutre gras : L'ÉCRITURE OU LA MORT... À la quinzaine de feuillets écrits ce samedi 11 avril 1987, agrafés ensemble, qui allaient attendre dans ce dossier un temps indéterminé que je les reprenne, j'ajoutai une note. Un prénom, plutôt. Un seul prénom en lettres capitales, souligné plusieurs fois : LAURENCE, écrit sur une fiche blanche.

Laurence ?

Je l'avais oubliée, pourtant. Ce matin-là, lorsque j'avais commencé à décrire l'arrivée de Roger Marroux à l'entrée de Buchenwald, dans un roman qui a fini par s'appeler *Netchaïev est de retour*, je n'avais pas pensé à Laurence. Je savais — plutôt obscurément : je ne faisais en écrivant aucun effort pour élucider ce souvenir, le mettre en pleine clarté, je n'en éprouvais nullement le besoin — que l'arrivée de Marroux à l'entrée de Buchenwald, au bout de l'avenue des aigles, avait son origine dans ma propre mémoire.

J'avais déjà fait allusion, dans *Quel beau dimanche !* à ma rencontre avec les officiers en uniforme britannique, quelques heures après la libération du camp. Allusion fugace, d'où j'avais exclu l'essentiel, parce que cela ne faisait pas partie de mon propos d'alors. J'en avais exclu l'officier français et le livre de poèmes de René Char, *Seuls demeurent*.

Pourtant, le matin du 11 avril 1987, en décrivant l'arrivée de Roger Marroux à l'entrée de Buchenwald, sa rencontre avec un jeune déporté espagnol, j'avais inconsciemment retrouvé les mots de l'officier français — son prénom était Marc — pour me décrire. Les mots qu'il avait employés dans la longue lettre envoyée à Laurence le lendemain de cette rencontre. Les mêmes mots, un par un, mot pour mot.

J'avais écrit :

«Marroux se sentit pris dans la froideur dévastée de ce regard, brillant dans un visage osseux, émacié. Il eut l'impression d'être observé, jaugé, par des yeux d'au-delà ou d'en deçà de la vie. Comme si le rayon neutre, plat, de ce regard lui parvenait d'une étoile morte, d'une existence disparue…»

C'étaient les mots que l'officier français avait employés dans sa longue lettre à Laurence. Il y décrivait notre rencontre, parlait de la conversation à propos de Char, lui racontait la visite du camp.

Laurence m'avait lu cette lettre le 8 mai 1945, lorsque je m'étais présenté rue de Varenne pour rendre à l'officier français l'exemplaire de *Seuls demeurent*.

Beauté, je me porte à ta rencontre, m'étais-je dit en la voyant apparaître à la porte. Elle m'avait arraché le volume de René Char que je tenais à la main.

Laurence avait été d'humeur changeante, au cours de cette première entrevue. Parfois distante, presque hostile, comme si elle me reprochait d'être vivant, alors que Marc était mort.

— Vous n'avez pas le regard que disait Marc, pas du tout, il s'est trompé, me disait-elle, cinglante. Un regard plein d'appétit de vivre, plutôt !

Je lui faisais observer que ce n'était pas contradictoire. Mais elle insistait.

— Un regard concupiscent, disait-elle.

J'éclatais de rire, je me moquais d'elle.

— Ne soyez pas prétentieuse !

Elle se fâchait, rougissait de colère.

— De toute façon, ajoutais-je, vous avez raison, c'est très laid, la concupiscence, si j'en crois saint Augustin.

Elle ouvrait de grands yeux.

— Vous avez lu saint Augustin ?

— J'ai presque tout lu, lui disais-je, prenant un air condescendant. D'ailleurs, je ne saurais trop vous conseiller de lire son traité *De bono conjugali*. C'est idéal, pour une jeune fille de votre condition. On y apprend que la procréation est le fondement du mariage, sa seule raison. Mais on y apprend aussi toutes les façons d'assouvir sa concupiscence sans risquer la procréation. Bien sûr, c'est en latin… Mais à voir l'appartement que vous habitez, votre famille a sans doute eu les moyens de vous offrir de bonnes études classiques !

Elle en restait bouche bée, hésitant entre la rage froide et le rire fou.

Et puis, à d'autres moments, elle avait été abandonnée, tendre, elle s'était réfugiée dans mes bras. Mais ce premier jour, elle m'avait renvoyé, en larmes, avec colère.

Il avait fallu d'autres rencontres, des rires, des livres lus ensemble, des poèmes murmurés dans la chaleur du Luxembourg, dans la fraîcheur des nuits sur les quais de la Seine, des musiques partagées — Mozart et Armstrong, je lui avais imposé mes goûts, cet été-là — pour qu'un après-midi ensoleillé elle fermât les volets de sa chambre. Elle s'était donnée comme on se jette à l'eau, les yeux fermés, avec des gestes d'une précision décidée, qui n'était pas due au savoir-faire, ni à la rouerie, mais à une hâte désespérée de constater une nouvelle fois son inaptitude au plaisir, parfois frôlé, jamais vraiment épanoui.

Malgré cela, malgré l'aspect frustrant de nos relations, épisodiques, suite discontinue d'élans chaleureux et de ruptures, d'entente spirituelle et de contrastes aigus, c'est avec Laurence et avec elle seulement que j'aurai réussi cet été du retour à parler de mes années à Buchenwald. À cause de Marc, sans doute, l'officier français. À cause de la longue lettre qu'il lui avait écrite au sujet de notre rencontre. Les mots d'un mort nous avaient réunis dans la vie, Laurence et moi, fugitivement.

La soirée du samedi 11 avril 1987 fut comme sont les soirées lorsque ces souvenirs s'imposent, prolifèrent, dévorant le réel par une procédure de métastases fulgurantes. Comme elles le sont, du moins, depuis que l'écriture m'a rendu de nouveau vulnérable aux affres de la mémoire. Elle fut partagée entre un bonheur de surface — je dînais ce soir-là avec des amis chers — et l'angoisse profonde qui m'emmurait. Ce fut un espace partagé en deux territoires, brutalement. Deux univers, deux vies. Et je n'aurais su dire, sur le moment, laquelle était la vraie, laquelle un rêve.

Sans doute ai-je bu ce soir-là plus que d'habitude. Peut-être même plus que de raison. Sans résultat appréciable : l'alcool ne guérit pas les douleurs de la mort.

De telles angoisses n'ont rien de singulier. Sous l'une ou l'autre forme, nous les avons tous exprimées. Tous les récits d'anciens déportés les décrivent, qu'ils aient été composés dans l'urgence du témoignage immédiat, qui s'essouffle et parfois s'épuise dans la reconstruction minutieuse d'un passé peu crédible, positivement inimaginable, ou bien plus tard, dans le recul des temps, dans la tentative interminable de rendre compte d'une expérience qui s'éloigne dans le passé, dont certains contours deviennent cependant de plus en plus nets, certains territoires s'éclairant d'une lumière nouvelle entre les brumes de l'oubli.

« *È un sogno entro un altro sogno, vario nei particolari, unico nella sostanza…* »
Sans doute : un rêve, toujours le même.

Un rêve à l'intérieur d'un autre rêve, qui varie dans ses détails mais dont la substance est identique. Un rêve qui peut vous réveiller n'importe où : dans le calme d'une verte campagne, à table avec des amis. Pourquoi pas avec une femme aimée ? ajouterai-je. Parfois avec une femme aimée, au moment même de l'amour. N'importe où, en somme, avec n'importe qui, soudain, une angoisse diffuse et profonde, la certitude angoissée de la fin du monde, de son irréalité en tout cas.

Primo Levi en parle à la dernière page de *La Trêve*. Il en parle sans élever la voix, avec concision, avec la sécheresse des énoncés de vérité.

Rien ne peut arrêter, dit Levi, le cours de ce rêve, rien ne peut distraire de l'angoisse qu'il fait sourdre, sourdement. Même si on se tourne vers toi, même si on te tend une main amie. Ou aimante. « Que t'arrive-t-il ? À quoi penses-tu ? » Même si on a deviné ce qui t'arrive, te submerge, t'anéantit. Rien, jamais, ne détournera le cours de ce rêve, le flot de ce fleuve Styx.

« *Tutto è ora volto in caos : sono solo al centro di un nulla grigio e torbido, ed ecco, io so che cosa questo significa, ed anche di averlo sempre saputo : sono di nuovo in Lager, e nulla era vero all'infuori del Lager. Il resto era breve vacanza, o inganno dei sensi, sogno : la famiglia, la natura in fiore, la casa...»*

On ne saurait mieux le dire que Primo Levi.

C'est vrai que tout devient chaotique, quand cette angoisse réapparaît. On se retrouve au centre d'un tourbillon de néant, d'une nébuleuse de vide, grisâtre et trouble. On sait désormais ce que cela signifie. On sait qu'on l'a toujours su. Toujours, sous la surface chatoyante de la vie quotidienne, ce savoir terrible. À portée de la main, cette certitude : rien n'est vrai que le camp, tout le reste n'aura été qu'un rêve, depuis lors. Rien n'est vrai que la fumée du crématoire de Buchenwald, l'odeur de chair brûlée, la faim, les appels sous la neige, les bastonnades, la mort de Maurice Halbwachs et de Diego Morales, la puanteur fraternelle des latrines du Petit Camp.

C'est en 1963 que j'ai lu *La Trêve* de Primo Levi.

Je ne savais rien de lui jusqu'alors. Je n'avais pas lu son premier livre, *Si c'est un homme*. Il est vrai que j'avais délibérément évité la lecture des témoignages sur les camps nazis. Cela faisait partie d'une stratégie de la survie.

J'ai lu *La tregua* de Primo Levi à Milan, via Bigli, dans la bibliothèque des Banfi. Les fenêtres s'ouvraient sur un jardin intérieur où les oiseaux chantaient, où le feuillage d'un arbre centenaire commençait à revêtir les couleurs de l'automne.

C'est Rossana Rossanda qui m'a donné à lire le livre de Primo Levi, paru quelque temps auparavant. Je l'ai lu d'une traite, comme on boit de l'eau fraîche, l'été. Mais c'est qu'en 1963, à l'automne, le temps du silence et de l'oubli était passé. Le temps de la surdité à moi-même aussi : à la plus sombre mais la plus vraie part de moi-même.

Quelques mois plus tôt, j'avais publié *Le Grand Voyage*.

Il avait neigé cette nuit-là sur mon sommeil.

Je vivais rue Concepción Bahamonde, à Madrid, non loin des arènes de Ventas : la périphérie de la ville, en ce temps-là. Le soir, à l'heure de regagner ce domicile clandestin, je descendais au métro Goya. Ce n'était pas la station la plus proche, certes, mais je prenais mon temps, surveillais mes arrières. Je flânais, m'arrêtant devant des vitrines, changeant soudain de trottoir, traversant quelque supermarché, m'accoudant à des comptoirs de bistrot, pour un café serré ou une bière pression fraîche, selon les saisons. En tout cas, en arrivant à l'entrée de ma rue, j'étais sûr de ne pas avoir été suivi.

Mais il y avait eu de la neige, cette nuit-là, dans mon sommeil.

Une bourrasque de neige, brusque. C'était sur une place, des avenues y convergeaient. Un lieu non immédiatement identifié, mais familier. La certitude en tout cas prédominait, brumeuse, que le rêveur pourrait identifier ce paysage du rêve. Il aurait suffi peut-être de le vouloir. Une place, des avenues, la foule, un défilé. La neige tourbillonnait dans les rayons d'un soleil déclinant, bientôt obscurci.

Ensuite, ailleurs, sans transition apparente, dans un autre rêve pourtant, il y eut une neige profonde, feutrant le bruit des pas parmi les hêtres de la forêt.

De la neige sur mon sommeil, après tant d'années.

Ces jours-là, je n'avais pas quitté mon domicile de la rue Concepción Bahamonde. Il y avait eu des arrestations, assez nombreuses. Des pans entiers de l'organisation clandestine semblaient s'écrouler. J'étais le responsable de l'organisation communiste de Madrid, j'avais donné des instructions aux cadres illégaux : couper tous les contacts avec les secteurs atteints par la vague d'arrestations, bouger le moins possible, changer les boîtes aux lettres, les mots de passe, les lieux de rendez-vous. Faire le mort pendant quelque temps, en somme. Ensuite, renouer les fils un par un, avec une extrême prudence. Ne pas s'aventurer sur un terrain qui n'aurait pas été déminé des possibles pièges à retardement de la police franquiste.

Je ne quittais pratiquement pas la rue Concepción Bahamonde, ces jours-là, en attendant d'y voir plus clair.

C'est ainsi que je me suis retrouvé à partager les repas de Manuel et Maria A. C'était un couple de militants, ils avaient acheté l'appartement pour le compte du parti. Ils étaient inconnus de la police franquiste, leur seul travail était de tenir cet appartement. Manuel était chauffeur de maître, Maria s'occupait de son intérieur. Deux des pièces de l'appartement m'étaient réservées. Plutôt, elles étaient réservées aux dirigeants de l'appareil clandestin, quels qu'ils fussent. Pour couvrir les apparences vis-à-vis des voisins, Manuel et Maria faisaient semblant d'avoir un locataire : ils mettaient une annonce dans le journal, le tour était joué. Pendant plusieurs années, j'ai utilisé cet appartement de la rue Concepción Bahamonde, lors de mes séjours clandestins à Madrid. À partir de 1962, lorsque j'ai été écarté du travail en Espagne, avant d'être exclu, c'est Julián Grimau qui a occupé cet appartement. Il vivait encore avec Manuel et Maria A., l'année suivante, quand il a été arrêté et fusillé.

Je partageais donc leurs repas, tous les jours, à cette période-là. À midi, c'était vite expédié, Manuel n'avait pas beaucoup de temps pour déjeuner. Le soir, ça pouvait traîner davantage : une conversation s'engageait. C'est beaucoup dire, sans doute. C'était surtout un monologue de Manuel A., pendant que Maria desservait la table et faisait la vaisselle. Nous fumions, buvions ensemble un verre d'alcool. Manuel racontait sa vie, je l'écoutais. Je gardais le silence, je l'écoutais. D'abord, j'ai toujours bien aimé écouter les militants qui racontent leur vie. Et puis, je ne pouvais pas raconter la mienne, en échange de bons procédés. Moins ils en sauraient, Maria et lui, mieux ça vaudrait. Ils ne savaient pratiquement rien, en vérité. Ils connaissaient le nom que je portais sur ma fausse carte d'identité : c'était nécessaire, puisque j'étais en principe leur locataire. Ils savaient que j'étais un dirigeant, bien sûr. Mais ils ne savaient pas mon rôle exact dans l'organisation clandestine, ils ne connaissaient même pas mon pseudonyme, Federico Sánchez.

Après le dîner, donc, à l'heure du petit cigare des Canaries et du verre de gnôle, j'écoutais Manuel A. me raconter sa vie. Or il se trouvait qu'il avait été déporté à Mauthausen, un camp nazi d'Autriche, extrêmement dur. L'un des plus durs du système concentrationnaire, exception faite des camps du complexe d'Auschwitz-Birkenau, spécialisés dans l'extermination massive du peuple juif.

Jeune soldat de l'armée républicaine, Manuel A. avait connu après la défaite les camps de réfugiés du Roussillon. En 1940, comme des milliers d'autres Espagnols, il avait été incorporé dans une compagnie de travail, sous la férule de l'armée française. Après l'armistice de Pétain, Manuel s'était retrouvé dans un stalag allemand, mêlé — avec tous ses compatriotes se trouvant dans le même cas — aux prisonniers de guerre français. Plus tard, lorsque l'état-major allemand procéda à un classement plus approfondi de la masse de prisonniers en son pouvoir, les quelques milliers d'Espagnols des compagnies de travail furent renvoyés des stalags et transférés à Mauthausen, en tant que déportés politiques.

Manuel A. était un survivant de ce camp. Un revenant, comme moi. Il me racontait sa vie à Mauthausen, le soir, après le dîner, à l'heure du petit verre d'alcool et du cigare des Canaries.

Mais je ne reconnaissais rien, je ne m'y retrouvais pas.

Certes, entre Buchenwald et Mauthausen il y avait eu des différences : dans chacun des camps nazis l'existence des déportés a été soumise à des circonstances spécifiques. L'essentiel du système, pourtant, était identique. L'organisation des journées, le rythme de travail, la faim, le manque de sommeil, les brimades perpétuelles, le sadisme des SS, la folie des vieux détenus, les batailles au couteau pour contrôler des parcelles du pouvoir interne : l'essentiel était identique. Je ne m'y retrouvais pourtant pas, dans les récits de Manuel A.

C'était désordonné, confus, trop prolixe, ça s'embourbait dans les détails, il n'y avait aucune vision d'ensemble, tout était placé sous le même éclairage. C'était un témoignage à l'état brut, en somme : des images en vrac. Un déballage de faits, d'impressions, de commentaires oiseux.

Je rongeais mon frein, ne pouvant intervenir pour lui poser des questions, l'obliger à mettre de l'ordre et du sens dans le non-sens désordonné de son flot de paroles. Sa sincérité indiscutable n'était plus que de la rhétorique, sa véracité n'était même plus vraisemblable. Mais je ne pouvais rien lui dire, je ne pouvais pas l'aider à mettre en forme ses souvenirs, puisqu'il n'était pas censé savoir que j'avais moi aussi été déporté. Puisqu'il n'était pas question que je lui fasse partager ce secret.

Une nuit, soudain, après une longue semaine de récits de cette sorte, la neige était tombée sur mon sommeil.

La neige d'antan : neige profonde sur la forêt de hêtres autour du camp, étincelante dans la lumière des projecteurs. Bourrasque de neige sur les drapeaux du Premier Mai, au retour, troublant rappel de l'horreur et du courage. La neige de la mémoire, pour la première fois depuis quinze ans. À Ascona, sur la rive du lac Majeur, un jour d'hiver limpide, en décembre 1945, j'avais fermé les yeux, ébloui par la réverbération d'un rayon de soleil sur le pare-brise d'une voiture arrivant par la route de Brissago. J'avais fermé les yeux, des flocons de neige ténue, tenace, avaient scintillé dans ma mémoire. J'avais rouvert les yeux, une jeune femme était là, Lorène. Les neiges d'antan, à Ascona, pour la dernière fois. J'avais abandonné le projet d'écrire, Lorène m'avait aidé, sans le savoir, à rester dans la vie.

Depuis quinze ans, jamais la neige n'était plus tombée sur mon sommeil. Je l'avais oubliée, refoulée, censurée. Je maîtrisais mes rêves, j'en avais chassé la neige et la fumée sur l'Ettersberg. Parfois, certes, une douleur aiguë, brève, m'avait traversé le cœur. Un instant de souffrance mêlée de nostalgie. D'étrange bonheur, qui sait ? Comment dire cette absurdité, le bonheur insolite de ce souvenir ? Parfois, une douleur aiguë comme une pointe de stylet m'avait frappé au cœur. En entendant un solo d'Armstrong, peut-être. En mordant à pleines dents dans un morceau de pain noir, à l'occasion. En fumant jusqu'à me brûler les lèvres un mégot de Gitane. Quelqu'un s'étonnait de me voir fumer ainsi, jusqu'au bout, ma cigarette. Je n'avais pas d'explication à cette habitude : c'était comme ça, disais-je. Mais parfois, brutalement, délicieusement, le souvenir surgissait : le mégot de *machorka* partagé avec des copains, circulant de main en main, de bouche en bouche, drogue douce de la fraternité.

Mais la neige avait disparu de mon sommeil.

Je me suis réveillé en sursaut, après une semaine de récits sur Mauthausen de Manuel A. C'était à Madrid, rue Concepción Bahamonde, en 1961. Mais le mot « sursaut » ne convient pas, réflexion faite. Car je m'étais réveillé d'un seul coup, certes, j'avais aussitôt été en éveil, lucide, dispos. Mais ce n'était pas l'angoisse qui me réveillait, l'inquiétude. J'étais étrangement calme, serein. Tout me semblait clair, désormais. Je savais comment écrire le livre que j'avais dû abandonner quinze ans auparavant. Plutôt : je savais que je pouvais l'écrire, désormais. Car j'avais toujours su comment l'écrire : c'est le courage qui m'avait manqué. Le courage d'affronter la mort à travers l'écriture. Mais je n'avais plus besoin de ce courage.

Le jour se levait, un soleil oblique effleurait les vitres de la petite chambre aux murs chaulés de la rue Concepción Bahamonde. J'allais commencer tout de suite, profitant des circonstances qui m'obligeaient à rester chez moi, à éviter les dangers de la rue.

J'allais écrire pour moi-même, bien sûr, pour moi seul. Il n'était pas question de publier quoi que ce fût, en effet. Il était impensable de publier un livre tant que je serais un dirigeant clandestin du PCE.

À l'aube d'une journée de printemps, rue Concepción Bahamonde, je me suis assis à ma table, devant ma machine à écrire. C'était une Olivetti portative, au clavier espagnol : tant pis, je me passerais des accents graves et circonflexes.

« Il y a cet entassement des corps dans le wagon, cette lancinante douleur dans le genou droit. Les jours, les nuits. Je fais un effort et j'essaie de compter les jours, de compter les nuits... »

À la dernière page du récit de Primo Levi, *La Trêve*, tellement familier — mais son expérience avait été bien plus terrible que la mienne —, tellement fraternel — comme le regard de Maurice Halbwachs, agonisant sur le châlit du bloc 56 de Buchenwald —, j'ai fermé les yeux.

«È un sogno entro un altro sogno, vario nei particolari, unico nella sostanza...» Un rêve à l'intérieur d'un autre rêve, sans doute. Le rêve de la mort à l'intérieur du rêve de la vie. Ou plutôt : le rêve de la mort, seule réalité d'une vie qui n'est elle-même qu'un rêve. Primo Levi formulait cette angoisse qui nous était commune avec une concision inégalable. Rien n'était vrai que le camp, voilà. Le reste, la famille, la nature en fleurs, le foyer, n'était que brève vacance, illusion des sens.

Ce soir-là, le 11 avril 1987, je me suis souvenu de Primo Levi. Et de Rossana Rossanda, qui m'avait fait connaître ses livres. Je me suis également souvenu de Juan Larrea, qui les avait lus, lui aussi. À l'aube, Larrea avait marché vers la Seine, du côté de Freneuse. L'eau du fleuve était sombre. Il était resté immobile, rassemblant pour en finir les dernières forces de sa vie.

Sur la pente de la pelouse qui descendait en doux vallonnements jusqu'à la rive, Juan Larrea venait de s'arrêter un instant. Le marronnier rose allait fleurir, un jour prochain. Il avait contemplé l'arbre isolé, dans la lumière encore incertaine, à peine tiédie par un premier rayon de soleil. Il avait souri tristement : il ne verrait pas cette année les fleurs minimes et roses du marronnier de Franca Castellani. Sa mort, l'absence de son regard n'empêcheraient pas Franca de contempler les fleurs du marronnier. L'arbre fleurirait malgré son absence mortelle. Le monde continuerait d'exister, sous le regard de Franca Castellani.

Ensuite, il avait poursuivi sa route vers l'eau du fleuve, sombre : la fin.

La veille, 24 avril 1982 — il n'est pas impossible de dater précisément les événements dont il est question dans le roman —, la veille, il s'était rappelé l'odeur du four crématoire sur l'Ettersberg.

En février 1986, à l'occasion de la parution de *La Montagne blanche*, on m'avait parfois posé des questions stupides. Ou bien oiseuses. En quoi Juan Larrea me ressemblait-il ? M'étais-je identifié à ce personnage ?

Il est déjà assez difficile de s'identifier à soi-même, avais-je dit en guise de réponse, d'esquive plutôt, pour qu'une identification à ses propres personnages romanesques soit plausible. Convenable, même. Non, pas d'identification à Juan Larrea, malgré des signes d'identité comparables : Espagnol, écrivain, ancien déporté. Un peu de jalousie de ma part, en revanche. Ainsi, j'aurais bien aimé connaître Franca Castellani. Ou écrire les pièces que Larrea avait fait jouer, si l'on en croyait le roman. J'aurais bien aimé écrire *Le Tribunal de l'Askanischer Hof*, en particulier.

Dans la première scène, Franz Kafka se tiendrait très droit sur son siège, en effet. Il ne dirait rien, respirant de façon saccadée, la bouche entrouverte. C'est Grete Bloch qui aurait parlé, avec la véhémence du désespoir. Il ferait chaud, c'était en juillet. Une grande guerre allait bientôt éclater. Ensuite, un serveur en veste blanche arriverait de la gauche avec des rafraîchissements.

Il serait absurde que je me propose de réécrire *Le Tribunal de l'Askanischer Hof.* Il m'arriverait la même mésaventure qu'à Pierre Ménard réécrivant *Don Quichotte* : je parviendrais au même texte que Larrea, mot pour mot.

Mais celui-ci avait laissé une pièce inachevée, à laquelle il travaillait la veille encore de son suicide et dont on avait retrouvé des notes, des brouillons, toute une documentation, dans la chambre qu'il avait occupée à Freneuse. C'était une pièce de théâtre qui n'avait pas encore de titre, du moins dans les papiers retrouvés, mais qui portait sur la vie de Lord Curzon, personnage britannique et fascinant de l'histoire de ce siècle. Du début de ce siècle et de la fin de l'ancien monde.

En tout cas, j'avais eu le loisir — c'était bien la moindre des choses ! — de lire les brouillons de Larrea, et la monumentale biographie de George Nathaniel Curzon, premier marquis Curzon de Kedleston, écrite par Ronaldshay, sur laquelle il avait travaillé. J'avais pu rêver à la machine dramatique qu'on aurait pu mettre en marche à partir de tous ces éléments.

Ainsi, les goûts littéraires de Juan Larrea, les projets que je lui avais attribués — déduits de sa propre constitution psychologique, des circonstances concrètes de sa vie imaginaire — ces goûts et ces projets me revenaient comme quelque chose de personnel : un avenir où j'aurais pu investir pour mon compte, le nourrissant de mes désirs et de mes incertitudes.

La veille de son suicide, le samedi 24 avril 1982, Juan Larrea s'était souvenu, soudainement. Il avait cru, pourtant, qu'il parviendrait à prendre sur soi, cette fois encore. Il avait décidé de ne rien dire, du moins. Garder pour soi l'angoisse nauséeuse, lorsque la fumée de la centrale de Porcheville, dans la vallée de la Seine, lui avait rappelé celle du crématoire de l'Ettersberg, jadis. Garder, enfouir, refouler, oublier. Laisser cette fumée s'évanouir en fumée, ne rien dire à personne, n'en pas parler. Continuer à faire semblant d'exister, comme il l'avait fait tout au long de toutes ces longues années : bouger, faire des gestes, boire de l'alcool, tenir des propos tranchants ou nuancés, aimer les jeunes femmes, écrire aussi, comme s'il était vivant.

Ou bien tout le contraire : comme s'il était mort trente-sept ans plus tôt, parti en fumée. Comme si sa vie, dès lors, n'avait été qu'un rêve où il aurait rêvé tout le réel : les arbres, les livres, les femmes, ses personnages. À moins que ceux-ci ne l'eussent rêvé lui-même.

Précisément : à moins que Juan Larrea ne m'eût rêvé moi-même. À moins que Juan Larrea ne fût un survivant de Buchenwald racontant une partie de ma vie dans un livre signé d'un pseudonyme : mon propre nom. Ne lui avais-je pas, pour ma part, donné le nom de Larrea parce que tel avait été, autrefois, l'un de mes pseudonymes de clandestinité en Espagne ?

«Comment veux-tu t'appeler cette fois-ci ?» m'avait demandé le copain qui fabriquait nos faux papiers d'identité. Gentil copain, par ailleurs, génial faussaire. Ça se passait dans un atelier de peintre, du côté de Montparnasse, où il avait installé l'une de ses officines. Je m'étais souvenu ce jour-là de Juan Larrea, écrivain secret et raffiné, l'un des hommes de la génération flamboyante des années trente qui aura fait du XXe un nouveau siècle d'or de la littérature espagnole. Bilingue, de surcroît, ce Juan Larrea, comme l'a été son ami, le Chilien Vicente Huidobro. «Larrea, avais-je dit au copain faussaire, fais-moi des papiers au nom de Larrea !»

Quelques mois plus tard, à la suite d'une rafle policière dans les milieux universitaires de Madrid, quelqu'un n'avait pas su tenir sa langue. Il avait livré à la police franquiste ce pseudo que j'avais utilisé pour certains contacts. Le ministère de l'Intérieur fit alors paraître dans les journaux un avis de recherches. Un certain Larrea, dont on donnait une description physique tout à fait ressemblante, et qui aurait déclaré être originaire de la province de Santander, y était enjoint de se présenter aux autorités compétentes.

Trop compétentes, sans doute.

Mais Juan Larrea avait échappé à la police franquiste. Il s'était suicidé, mort à ma place, quelques années plus tard, dans les pages de *La Montagne blanche*. La boucle des vies et des morts, vraies ou supposées, semblait donc se boucler ainsi.

C'est à Milan, via Bigli, dans la bibliothèque des Banfi, que j'avais lu *La Trêve* de Primo Levi. Dans le jardin intérieur, la couleur du ciel, de la lumière, des feuilles d'arbre était celle de l'automne.

J'avais fermé les yeux, à la dernière page du livre. Je m'étais souvenu de Lorène, à Locarno, de ma décision d'abandonner le manuscrit en cours, en 1945.

C'est Rossana Rossanda qui m'avait donné à lire le récit de Levi, ainsi que son premier livre, *Se questo è un uomo*. Elle me proposa de faire sa connaissance, elle pouvait organiser cette rencontre.

Mais je n'éprouvais pas le besoin de rencontrer Primo Levi. Je veux dire : de le rencontrer *dehors*, dans la réalité extérieure de ce rêve qu'était la vie, depuis notre retour. Il me semblait qu'entre nous tout était déjà dit. Ou impossible à dire, désormais. Je ne trouvais pas nécessaire, peut-être même pas convenable, que nous eussions une conversation de rescapés, un dialogue de survivants.

D'ailleurs, avions-nous vraiment survécu ?

Le 11 avril 1987, en tout cas, ce samedi où, au détour d'une phrase, à l'improviste, le fantôme du jeune déporté que j'avais été surgissait dans un roman où il n'était pas prévu, pas attendu, pour y porter le trouble, y jeter un regard comblé d'incertitude, Primo Levi choisissait de mourir en se jetant dans la cage d'escalier de sa maison de Turin.

C'est la première nouvelle que j'entendis à la radio, le lendemain dimanche.

Il était sept heures, une voix anonyme égrenait les nouvelles de la matinée. Il a été question de Primo Levi, soudain. La voix a annoncé son suicide, la veille, à Turin. Je me suis souvenu d'une longue promenade sous les arcades du centre de cette ville, un jour ensoleillé, avec Italo Calvino, peu après la publication du *Grand Voyage*. Nous avions parlé de Primo Levi. La voix anonyme de la radio a rappelé les titres de ses livres, qui avaient été récemment célébrés en France, avec le retard habituel à toute découverte hexagonale.

La voix a dit l'âge de Primo Levi.

Alors, avec un tremblement de toute mon âme, je me suis dit qu'il me restait encore cinq ans à vivre. Primo Levi était, en effet, de cinq ans mon aîné. Je savais que c'était absurde, bien sûr. Je savais que cette certitude qui me foudroyait était déraisonnable : il n'y avait aucune fatalité qui m'obligeât à mourir au même âge que Primo Levi. Je pouvais tout aussi bien mourir plus jeune que lui. Ou plus vieux. Ou à n'importe quel moment. Mais j'ai aussitôt déchiffré le sens de cette prémonition insensée, la signification de cette absurde certitude.

J'ai compris que la mort était de nouveau dans mon avenir, à l'horizon du futur.

Depuis que j'étais revenu de Buchenwald — et plus précisément encore : depuis que j'avais abandonné le projet d'écrire, à Ascona —, j'avais vécu en m'éloignant de la mort. Celle-ci était dans mon passé, plus lointaine chaque jour qui passait : comme l'enfance, les premières amours, les premières lectures. La mort était une expérience vécue dont le souvenir s'estompait.

Je vivais dans l'immortalité désinvolte du revenant.

Ce sentiment s'est modifié plus tard, lorsque j'ai publié *Le Grand Voyage*. La mort était dès lors toujours dans le passé, mais celui-ci avait cessé de s'éloigner, de s'évanouir. Il redevenait présent, tout au contraire. Je commençais à remonter le cours de ma vie vers cette source, ce néant originaire.

Soudain, l'annonce de la mort de Primo Levi, la nouvelle de son suicide, renversait radicalement la perspective. Je redevenais mortel. Je n'avais peut-être pas seulement cinq ans à vivre, ceux qui me manquaient pour atteindre l'âge de Primo Levi, mais la mort était de nouveau inscrite dans mon avenir. Je me suis demandé si j'allais encore avoir des souvenirs de la mort. Ou bien que des pressentiments, désormais.

Quoi qu'il en soit, le 11 avril 1987 la mort avait rattrapé Primo Levi.

Dès octobre 1945, pourtant, après la longue odyssée de son retour d'Auschwitz qu'il raconte dans *La Trêve*, il avait commencé à écrire son premier livre, *Se questo è un uomo*. Il l'avait fait dans la hâte, la fièvre, une sorte d'allégresse. «Les choses que j'avais vécues, souffertes, me brûlaient de l'intérieur, a-t-il écrit plus tard. Je me sentais plus proche des morts que des vivants, je me sentais coupable d'être un homme, parce que les hommes avaient construit Auschwitz et qu'Auschwitz avait englouti des millions d'êtres humains, nombre d'amis personnels et une femme qui était près de mon cœur. Il me semblait que je me purifierais en racontant, je me sentais semblable au vieux marin de Coleridge...»

C'est, en effet, une citation du poème de Coleridge qui se trouve en exergue du dernier livre de Levi, *I sommersi e i salvati*, dont le titre (*Les Naufragés et les Rescapés*) reprend celui d'un chapitre de *Si c'est un homme* :

> Since then, at an uncertain hour,
> That agony returns :
> And till my ghastly tale is told
> This heart within me burns.

« J'écrivais, poursuivait Levi, des poèmes concis et sanguinolents, je racontais avec une sorte de vertige, de vive voix ou par écrit, tant et si bien que peu à peu un livre en est né : en écrivant je retrouvais des bribes de paix et je redevenais un homme, un parmi les autres, ni martyr ni infâme ni saint, l'un de ces hommes qui fondent une famille et qui regardent vers l'avenir autant que vers le passé. »

Primo Levi a parlé à plusieurs reprises de ses sentiments de cette époque, des joies sévères de l'écriture. Il s'est alors senti revenir à la vie, littéralement, grâce à elle.

Le livre terminé — chef-d'œuvre de retenue, de nudité fabuleuse dans le témoignage, de lucidité et de compassion —, le livre incomparable ne trouva cependant pas preneur. Toutes les bonnes maisons le refusèrent. Il fut finalement publié par un petit éditeur et passa totalement inaperçu. Primo Levi abandonna dès lors toute velléité d'écriture et se consacra à son métier d'ingénieur chimiste.

Ainsi semblait s'accomplir un rêve qu'il rapporte, un cauchemar de déporté : on est rentré à la maison, on raconte avec passion et force détails dans le cercle familial l'expérience vécue, les souffrances passées. Mais personne ne vous croit. Vos récits finissent par créer une sorte de gêne, provoquant un silence qui s'épaissit. Votre entourage — la femme aimée, même, dans les variantes les plus angoissées du cauchemar — finit par se lever, vous tournant le dos, quittant la pièce.

L'histoire, donc, semblait lui donner raison : son rêve était devenu réalité. Ce n'est que de longues années plus tard que son livre, *Si c'est un homme*, obtint soudain une audience, conquit un vaste public, commença à être traduit partout dans le monde.

C'est ce succès tardif qui le poussa à écrire un nouveau récit, *La Trêve*.

Mon expérience avait été différente.

Si l'écriture arrachait Primo Levi au passé, si elle apaisait sa mémoire (« Paradoxalement, a-t-il écrit, mon bagage de souvenirs atroces devenait une richesse, une semence : il me semblait, en écrivant, croître comme une plante »), elle me replongeait moi-même dans la mort, m'y submergeait. J'étouffais dans l'air irrespirable de mes brouillons, chaque ligne écrite m'enfonçait la tête sous l'eau, comme si j'étais à nouveau dans la baignoire de la villa de la Gestapo, à Auxerre. Je me débattais pour survivre. J'échouais dans ma tentative de dire la mort pour la réduire au silence : si j'avais poursuivi, c'est la mort, vraisemblablement, qui m'aurait rendu muet.

Malgré la radicale différence du parcours biographique, des expériences vécues, une coïncidence n'en demeure pas moins, troublante. L'espace de temps historique, en effet, entre le premier livre de Levi — magistrale réussite sur le plan de l'écriture ; échec complet sur le plan de la lecture, de l'écoute du public — et son deuxième récit, *La Trêve*, est le même qui sépare mon incapacité d'écrire en 1945 et *Le Grand Voyage*. Ces deux derniers livres ont été écrits à la même époque, publiés presque simultanément : en avril 1963 celui de Levi, en mai le mien.

Comme si, au-delà de toute circonstance biographique, une capacité d'écoute avait mûri objectivement, dans l'opacité quasiment indéchiffrable des cheminements historiques. Mûrissement d'autant plus remarquable et passionnant qu'il coïncide avec les premiers témoignages sur le Goulag soviétique qui sont parvenus à surmonter la traditionnelle barrière de méfiance et de méconnaissance occidentale : le récit d'Alexandre Soljenitsyne, *Une journée d'Ivan Denissovitch*, est paru au cours du même printemps de 1963.

Quoi qu'il en soit, le 11 avril 1987 la mort avait rattrapé Primo Levi.

Pourquoi, quarante ans après, ses souvenirs avaient-ils cessé d'être une richesse ? Pourquoi avait-il perdu la paix que l'écriture semblait lui avoir rendue ? Qu'était-il advenu dans sa mémoire, quel cataclysme, ce samedi-là ? Pourquoi lui était-il soudain devenu impossible d'assumer l'atrocité de ses souvenirs ?

Une ultime fois, sans recours ni remède, l'angoisse s'était imposée, tout simplement. Sans esquive ni espoir possibles. L'angoisse dont il décrivait les symptômes dans les dernières lignes de *La Trêve*.

« *Nulla era vero all'infuori del Lager. Il resto era breve vacanza o inganno dei sensi, sogno...* »

Rien n'était vrai en dehors du camp, tout simplement. Le reste n'aura été que brève vacance, illusion des sens, songe incertain : voilà.

9

Ô SAISONS, Ô CHÂTEAUX...

Pourquoi cette jeune femme m'avait-elle fait penser à Milena ?

Aujourd'hui, lorsqu'il m'arrive de regarder l'une des photos prises à Salzbourg cette année-là, lointaine — 1964 —, la ressemblance ne me paraît pas frappante, c'est le moins qu'on puisse dire.

La jeune femme est de profil, à une table du dîner de gala. Vêtue de noir, une mèche sur le front, la main droite posée sur la nappe, repliée, frêle, son poignet orné de dentelle. La main gauche dressée, tenant une cigarette.

Un sourire aux lèvres, mince, à peine esquissé.

Nous sommes plusieurs autour de la table, sur cette image photographique. C'est la fin du repas, visiblement. Nous en sommes au café, au cigare des messieurs. Il y a cette jeune femme, d'autres jeunes femmes, deux messieurs, plus moi-même. L'un des messieurs me demeure inconnu, son visage ne me rappelle rien. Le deuxième, c'est George Weidenfeld.

Mais peut-être était-il déjà Lord Weidenfeld, en 1964. Je ne saurais le préciser.

La jeune femme qui m'avait fait penser à Milena faisait partie, me semble-t-il, de la suite de Weidenfeld, qu'il fût lord ou pas. Sur cette ancienne photographie, l'éditeur londonien la contemple avec un sourire d'indulgente béatitude. Ou de complicité, peut-être.

Nous sourions tous, par ailleurs.

Le photographe a capté un instant de légèreté, de connivence détendue, conviviale. Faisons-nous seulement semblant, pour les besoins de la photographie ? Comment savoir ? Le semblant serait la vérité de cette image, dans ce cas. Le faux semblant ou la vraie semblance. C'est la fin du dîner officiel, juste avant la remise du prix Formentor. Ça se passe bien. Les éditeurs qui constituent le jury du prix ne vont pas tarder à se lever, l'un après l'autre, pour me remettre chacun un exemplaire de la traduction dans leur langue du *Grand Voyage*.

Mais ce n'est pas à ce moment que la jeune femme anonyme m'a fait penser à Milena Jesenskà. Elle était assise, apparemment impassible, alors. Ni son visage ni son immobilité souriante, placide, ne pouvaient la faire, même fallacieusement, ressembler à Milena.

Avant le dîner, cependant, alors que je ne savais pas que je la retrouverais à ma table, elle avait traversé l'un des salons du château de Salzbourg où se déroulait la cérémonie de remise du prix Formentor. Sa démarche, quelque chose dans sa silhouette, son port de tête, m'avait fait penser à Milena Jesenskà.

Ou plutôt, pour être tout à fait précis : à une phrase de Kafka concernant cette dernière. En fin de compte, je n'avais pas vraiment pensé à Milena : celle-ci n'avait surgi qu'au détour d'une phrase de Kafka.

«Es fällt mir ein, dass ich mich an Ihr Gesicht eigentlich in keiner bestimmten Einzelheit erinnern kann...»

«Je m'aperçois soudain que je ne puis me rappeler en réalité aucun détail particulier de votre visage. Seulement votre silhouette, vos vêtements, au moment où vous êtes partie entre les tables du café : cela, oui, je le vois encore.»

Par ces mots se termine la deuxième lettre que Franz Kafka a écrite à Milena, en avril 1920, alors qu'il fait une cure à Merano.

Il nous est à tous arrivé de remarquer d'abord la grâce d'une démarche, la fierté d'une allure, la souplesse ondoyante des vêtements d'une femme dont on ne distingue pas le visage et qui se déplace entre les tables d'un café. Ou dans un foyer de théâtre. Même dans un wagon de métro.

En 1942, au Café de Flore, c'est la silhouette et la démarche de Simone Kaminker que j'avais remarquées. Elle se déplaçait entre les tables, elle aussi, et je ne pouvais pas distinguer son visage, ce jour-là. Je n'ai vraiment vu son visage que trois années plus tard, en 1945, l'été de mon retour, à la terrasse de ce même café. La petite Kaminker avait changé de nom, mais son regard correspondait bien à la démarche altière, dansante, qui créait autour de sa silhouette des espaces mobiles de lumière et de silence, et que j'avais remarquée la première fois.

La notation de Kafka est donc raisonnable. Banale, à la limite. Il se souvient du mouvement de Milena, de sa démarche, parmi les tables d'un café de Prague. Il lui rappelle ce souvenir, dans l'une des premières lettres qu'il lui a écrites. Ce qui est insensé, c'est la suite. Ce qui est insensé c'est que, sans attendre de voir le visage, de regarder le regard de Milena, sans même en éprouver le désir ni le besoin, Kafka soit parvenu, délibérément, avec une ténacité désespérée, avec l'obstination d'une fabuleuse agressivité morale, sous son apparent désarroi, son jeu de déréliction complaisante, à faire naître et cristalliser un amour exigeant, exclusif — misérable, cependant, par son incapacité de tenir ses enjeux, encore moins ses promesses, d'y faire face, de payer le prix charnel qu'elles impliquaient — sur ce seul indice, ce signe nébuleux d'une silhouette se déplaçant parmi les tables d'un café.

«Nur wie Sie dann zwischen den Kaffeehaustischen weggingen, Ihre Gestalt, Ihr Kleid, das sehe ich noch...»

Un amour à mort se déploie, nourri de sa seule substance désincarnée, de sa violence autiste, où le visage de l'Aimée (son expression, son regard, ses battements de cils, le pli soudain de sa bouche, l'ombre légère d'un chagrin, la lumière d'un plaisir qui affleure) ne joue aucun rôle, ne compte pour rien. Un amour dont la violence stérile se fonde sur le seul souvenir d'un corps en mouvement, image sans doute obscurément travaillée par l'interdit de représentation de la loi hébraïque, transcendée par l'arrogance d'une volonté abstraite de séduction, de possession spirituelle.

Si je n'étais pas assis à la table d'un dîner de gala, à Salzbourg, en 1964, juste avant la remise du prix Formentor, si mon propos n'était pas d'élucider les rapports entre la mémoire de la mort et l'écriture (et la parution du *Grand Voyage* est l'occasion idéale pour continuer de le faire), j'emprunterais bien volontiers le chemin buissonnier d'une digression sur Kafka et les femmes : son amour des femmes ou, plutôt, son amour de soi, qui proclamait pourtant ne pas s'aimer, à travers son amour de l'amour des femmes. Une digression sur Kafka et la séduction, en somme. Qui séduit, qui est séduit ? Ou bien, qui soudoie ? Qui salit ?

Mais je suis à Salzbourg, le dîner officiel se termine.

Ledig Rowohlt, avec sa faconde physique de personnage d'une pièce juvénile de Brecht — d'avant la glaciation pédagogique du communisme —, vient de se lever. Il est le premier des douze éditeurs qui vont me remettre un exemplaire du *Grand Voyage*, sa traduction allemande, dans ce cas.

La jeune femme dont j'ignorerai le nom, dont je sais seulement qu'elle est tchèque d'origine, qu'elle fait partie de la suite de Weidenfeld ; dont la démarche, un peu plus tôt, m'a fait penser à une phrase de Kafka ; la jeune femme que je surnommerai Milena, pour faire court et lisible, regarde Ledig Rowohlt s'avancer vers moi après avoir dit quelques mots aimables à propos de mon livre.

Je me souviens des *Lettres à Milena*.

Le volume s'exposait, au milieu de la vitrine d'une librairie de la Bahnhofstrasse, à Zurich, quelques années plus tôt.

Pour passer le temps, le faire passer plutôt, je parcourais cette rue centrale, commerçante, dans les deux sens : de la gare vers le lac et vice versa. J'en étais à ma promenade de retour, marchant vers la gare, sur le trottoir de gauche de la Bahnhofstrasse, quand on tourne le dos au lac.

En été, au printemps, j'aurais sans doute fait passer le temps en me promenant autour du lac de Zurich sur l'un des blancs bateaux d'excursion. À l'embarcadère de Wädenswil, je me serais souvenu de Parvus, fabuleux personnage romanesque. Compagnon de Trotski au soviet de Saint-Pétersbourg en 1905, organisateur en 1917 du voyage de Lénine dans le wagon plombé allemand qui le ramena en Russie, Parvus était venu mourir ici, dans ce village suisse aussi paisible que peut l'être un village suisse, lacustre.

Mais ce n'était pas le printemps. Pas l'été non plus. C'était le mois de janvier de l'année 1956. Un froid sec, un air limpide et coupant où semblaient tourbillonner les cristaux impalpables du gel régnaient sur la ville.

En provenance de Paris le matin même, j'avais changé d'identité dans les toilettes d'un café de la Paradeplatz, que bornent les façades sévères mais cossues des banques suisses. J'avais placé mon passeport uruguayen dans le double fond d'une trousse de voyage après en avoir extrait des papiers français. De quoi brouiller les pistes, effacer les traces aux différents contrôles de police des aéroports.

J'étais arrivé de Paris, je prenais l'avion pour Prague quelques heures après. Je faisais passer le temps et surveillais mes arrières, entre l'atterrissage de l'avion de Paris et l'envol de l'avion pour Prague. Entre mon identité de fils de famille uruguayen et celle de cadre commercial français.

Une sorte de malaise un peu dégoûté me saisit aujourd'hui à évoquer ce passé. Les voyages clandestins, l'illusion d'un avenir, l'engagement politique, la vraie fraternité des militants communistes, la fausse monnaie de notre discours idéologique : tout cela, qui fut ma vie, qui aura été aussi l'horizon tragique de ce siècle, tout cela semble aujourd'hui poussiéreux : vétuste et dérisoire.

Pourtant, il me faut évoquer ce passé, fût-ce brièvement, pour la lisibilité de ce récit, pour sa clarté morale. Pas de meilleur moment pour l'évoquer, d'ailleurs.

Car je me trouve à voyager dans ma mémoire entre le mois de mai 1964, à Salzbourg, et le mois de janvier 1956, à Zurich : le lien étant l'image de Milena Jesenskà, son évocation dans les lettres que Kafka lui adressa. Aussitôt après ce mois de janvier 1956, à l'occasion du XXᵉ congrès du parti communiste russe, l'histoire va basculer. Elle va, du moins, commencer à lentement basculer. En Espagne, aussi. C'est en février, au retour de mon voyage à Prague et à Bucarest dont je dirai deux mots, que les organisations illégales d'étudiants communistes que j'avais contribué — sans doute décisivement — à faire exister depuis deux ans, vont réussir à faire bouger l'université de Madrid, la rue ensuite, provoquant la première crise grave du régime franquiste.

Excellent moment, on en conviendra, pour évoquer cette préhistoire politique, cette dernière période d'apparente immobilité de la guerre froide : banquise de glace figée sur l'impétuosité d'un courant déjà gonflé par le dégel.

D'un autre côté, le moment même de l'écriture, le présent immédiat où s'inscrivent les mots, les phrases, les ratures, les redites et les ratés du texte, ne tombe pas mal non plus. Ce livre, né impromptu dans un vertige de la mémoire, le 11 avril 1987 — quelques heures avant d'entendre à la radio la nouvelle du suicide de Primo Levi —, je suis en train d'en corriger une ultime version sept ans plus tard, presque jour pour jour : dans l'inquiétude que réveille de nouveau en moi le passage du mois d'avril.

Le ciel est orageux sur les plaines et les forêts du Gâtinais. Par ma fenêtre, je vois la surface miroitante d'une mare. Des branches d'arbre bougent dans le vent qui se lève. Un vent de nord-ouest, aujourd'hui. Le vent qui s'est levé enfin sur l'empire disloqué du communisme. La durée d'une seule vie humaine aura permis d'assister à la montée, à l'apogée et au déclin de l'empire du communisme.

Même Goethe, dont la longévité lui aura permis de vivre la fin de l'Ancien Régime, le foisonnement contradictoire de l'Europe post-révolutionnaire, la montée et la débâcle de l'Empire napoléonien ne pourrait se vanter d'avoir connu une expérience semblable. Quel que soit le charme de sa conversation, en effet, on ne va pas le laisser nous en conter : l'Empire de Napoléon n'est pas comparable à l'Empire soviétique.

L'histoire de ce siècle aura donc été marquée à feu et à sang par l'illusion meurtrière de l'aventure communiste, qui aura suscité les sentiments les plus purs, les engagements les plus désintéressés, les élans les plus fraternels, pour aboutir au plus sanglant échec, à l'injustice sociale la plus abjecte et opaque de l'Histoire.

Mais j'étais à Zurich, à la fin du mois de janvier 1956, porteur d'un message urgent.

Dans le noyau dirigeant du parti communiste d'Espagne, dont je faisais à l'époque partie, une assez âpre discussion venait d'éclater, sur une question de stratégie politique. Je n'en dirai pas les termes dans le détail. Vus d'ici, aujourd'hui, ils sembleraient de toute façon futiles, ou indéchiffrables : palimpsestes d'une écriture oubliée. Pour futiles qu'ils fussent, l'enjeu en était grave : il s'agissait du pouvoir au sein des instances dirigeantes.

Mais il s'agit toujours du pouvoir, on aura fini par s'en rendre compte.

En un mot comme en cent : le groupe de dirigeants travaillant à Paris autour de Santiago Carrillo — qui contrôlait les organisations clandestines en Espagne même, où se trouvait mon domaine principal d'activité — s'opposait sur un problème d'analyse stratégique à la vieille garde du parti, groupée à Prague et à Bucarest autour de Dolorès Ibarruri, «la Pasionaria». Carrillo m'envoyait à l'Est pour exposer aux vétérans nos désaccords, pour essayer d'obtenir d'eux la convocation d'une réunion élargie afin d'en discuter de façon plus approfondie.

À Zurich, pour l'instant, sur le trottoir de la Bahnhofstrasse, je ne pense pas à cette délicate mission. Je sais que Carrillo m'a peut-être envoyé au casse-pipe, qu'il sacrifie peut-être dans cette mission un chevau-léger, nouveau venu dans l'appareil dirigeant, quelqu'un qui ne fait point partie du sérail. Je sais aussi que cette singularité me fournit et fourbit des atouts : je suis désintéressé, désinvesti, dans le jeu obscur du pouvoir entre les diverses générations communistes. Je ne m'intéresse qu'aux idées et serai donc plus convaincant, parce que plus convaincu, qu'un vieil apparatchik. Carrillo n'a pas bêtement choisi son émissaire.

Mais je n'y pense pas du tout pour l'instant.

Je suis devant la vitrine d'une librairie de la Bahnhofstrasse et je contemple, éberlué, ravi, la couverture blanche d'un livre de Franz Kafka, *Briefe an Milena*.

J'en ai le cœur qui bat, les mains qui tremblent.

Je pousse la porte de la librairie. La dame qui s'occupe de moi a un sourire charmant, un visage lisse auréolé de cheveux gris. Elle est visiblement étonnée par la ferveur de mes remerciements, quand je m'empare du livre qu'elle me tend. — Non, pas de paquet, merci, je le prends comme ça, merci encore ! Elle me sourit quand je m'écarte de la caisse, après avoir payé.

Sur le trottoir de la Bahnhofstrasse, je me demande fugitivement quelle tête va faire le responsable aux comptes quand il verra sur ma note de frais de voyage le prix de ce volume de Franz Kafka. Quand il verra le nom de l'auteur plutôt que le prix, d'ailleurs, qui est négligeable. Probablement ne vais-je pas mentionner le nom de Kafka, sans doute vais-je prétendre que ces quelques francs suisses ont été consacrés à l'achat d'un volume de Marx.

Sans doute est-ce plus simple.

Quoi qu'il en soit, c'est à Zurich que j'ai rencontré Milena Jesenskà, en janvier 1956. Elle m'a tenu compagnie pendant tout le voyage.

Mais Ledig Rowohlt vient de se lever.

Le silence s'est fait dans la salle où se déroule le dîner de gala du prix Formentor. Rowohlt prononce quelques mots aimables à mon égard, puis il vient vers moi pour me remettre un exemplaire de la traduction allemande du *Grand Voyage*.

Je devrais être ému, c'est un instant historique. Je veux dire : pour moi, dans mon histoire à moi, c'est un instant privilégié. Mais je suis distrait, je pense à des tas d'autres choses, de multiples visages surgissent dans ma mémoire, ça se bouscule un peu, je n'arrive pas à me concentrer sur ce moment historique. Pourtant, après Ledig Rowohlt, ce sera au tour de Claude Gallimard. Et puis de Giulio Einaudi. Et de Barney Rossett. Et de George Weidenfeld. Douze parmi les plus grands éditeurs du monde vont tour à tour s'approcher de moi et me remettre un exemplaire du *Grand Voyage* dans leur langue respective.

Je n'arrive quand même pas à me concentrer sur cet instant historique. Je sens que je vais le rater, qu'il va passer, s'évanouir, avant que je n'en aie pris conscience. Que je n'en aie dégusté les sucs substantifiques et succulents. Je ne dois pas être doué pour les instants historiques.

À tout hasard, pour que la tête ne me tourne pas, pour ne pas me laisser griser par les paroles flatteuses, les applaudissements, les sourires radieux des amis qui se trouvent dans la salle, je me récite à voix basse le texte de la note de lecture que Jean Paulhan a rédigée pour le manuscrit de mon roman.

Ça ne me prend pas beaucoup de temps, d'ailleurs. C'est une très brève note de lecture. Tellement brève que je m'en souviens parfaitement, que je la connais par cœur. Tellement succincte que Paulhan n'a pas eu besoin d'un feuillet tout entier pour la rédiger. Économe de son temps, de ses mots et de son papier, Paulhan a découpé en quatre morceaux un feuillet de format habituel et a écrit sa note de lecture du *Grand Voyage* sur l'un de ces quarts. Il est facile de constater qu'il a été découpé aux ciseaux, avec soin, certes, mais avec les inévitables irrégularités de ce genre de découpage.

Sur la partie supérieure de ce quart de feuillet, Jean Paulhan a écrit mon nom, le titre du manuscrit : *Le Grand Voyage*. Il a souligné ces informations, puis, de son écriture soignée, tout en rondes, parfaitement lisible, il a formulé son opinion sur le livre :

« C'est le voyage qui conduit en Allemagne les déportés, empilés, écrasés les uns contre les autres. Les conversations de l'auteur avec son voisin, le "gars de Semur" sont excellentes. Malheureusement, le gars de Semur meurt avant l'arrivée, et la fin du récit est plus terne. Rien de très remarquable. Rien de détestable non plus, dans cet honnête récit.»

Cette note se voit ponctuée à la fin par un chiffre, un 2 assez gros, qui correspond sans doute à un code d'édition dont la signification m'est inconnue. Ce 2 veut-il dire qu'il conviendrait de publier ce manuscrit ? Ou ni oui ni non ? Veut-il signifier qu'on peut parfaitement s'en passer ?

Je l'ignore. Mais je me répète dans le silence de mon for intérieur, au milieu du brouhaha de la cérémonie, les mots de Jean Paulhan. Juste pour que la tête ne me tourne pas, pour garder les pieds sur terre. Cet exercice de modestie ne m'empêchera pourtant pas de faire remarquer que les conversations de l'auteur avec le gars de Semur sont excellentes, Paulhan *dixit*. De souligner que le gars de Semur ne meurt qu'à la fin du livre, et qu'ainsi le regret de Paulhan («malheureusement le gars de Semur meurt avant l'arrivée et la fin du récit est plus terne») porte seulement sur quelques pages.

Les compliments paulhaniens sont d'autant plus réconfortants que le gars de Semur est un personnage romanesque. J'ai inventé le gars de Semur pour me tenir compagnie, quand j'ai refait ce voyage dans la réalité rêvée de l'écriture. Sans doute pour m'éviter la solitude qui avait été la mienne, pendant le voyage réel de Compiègne à Buchenwald. J'ai inventé le gars de Semur, j'ai inventé nos conversations : la réalité a souvent besoin d'invention, pour devenir vraie. C'est-à-dire vraisemblable. Pour emporter la conviction, l'émotion du lecteur.

L'acteur qui avait joué le rôle du gars de Semur dans le film de télévision que Jean Prat avait tiré du *Grand Voyage* aurait préféré que son personnage fût réel. Il était déconcerté, triste quasiment, qu'il ne le fût pas. «J'aurais aimé vous avoir vraiment tenu compagnie, pendant le voyage», me disait Jean Le Mouël, mélangeant la fiction et le réel. Mais la fraternité n'est pas seulement une donnée du réel. Elle est aussi, surtout peut-être, un besoin de l'âme : un continent à découvrir, à inventer. Une fiction pertinente et chaleureuse.

Ce n'est quand même pas Jean Paulhan qui me distrait de cet instant historique où l'on va me remettre les douze éditions du *Grand Voyage* : il ne manquerait plus que ça !

Ce qui m'en distrait, et la faute en incombe indirectement à une jeune femme d'origine tchèque qui accompagne George Weidenfeld, c'est le souvenir d'un voyage avec Milena, en janvier 1956. Ou plutôt, avec les *Lettres à Milena* de Franz Kafka.

À Prague, cette année-là, j'avais exposé à Vicente Uribe et Enrique Lister, deux chefs historiques, deux dinosaures du communisme espagnol, nos différends avec la vieille garde. Éberlués de voir que le groupe de Paris désapprouvait un texte politique qu'ils avaient, eux, élaboré avec «la Pasionaria», décontenancés par mon insistance, qu'ils devaient trouver bien arrogante, ils avaient décidé de s'en remettre à l'autorité incontestable de celle-là : c'est elle qui déciderait en dernière instance de la suite à donner à cette divergence.

Or il se trouvait que Dolorès Ibarruri, revenant de je ne sais quel congrès à Berlin-Est dans le train spécial de la délégation roumaine — cette année-là, Dolorès avait pris ses quartiers d'hiver à Bucarest —, allait passer en gare de Prague le lendemain même. Il fut donc décidé que je prendrais aussi ce train officiel, si les Roumains en étaient d'accord, pour accompagner «la Pasionaria» à Bucarest, lui exposer en cours de route les critiques du groupe de Carrillo, et attendre sa décision ou son verdict, que je communiquerais au retour au noyau parisien du bureau politique du PCE.

Ce qui fut fait.

Si je n'étais pas à Salzbourg, le 1er mai 1964, à la fin du dîner de gala du prix Formentor ; si je ne voyais pas en ce moment, après Ledig Rowohlt et Claude Gallimard, Giulio Einaudi venir vers moi pour me remettre un exemplaire de l'édition italienne du *Grand Voyage*, sans doute profiterais-je de l'occasion qui m'est offerte d'une digression à propos du voyage de Prague à Bucarest. Mais je ne ferai pas cette digression, pour brillante qu'elle eût pu être, pas plus que je n'ai fait un *excursus* à propos de Kafka, il n'y a guère.

Il faut savoir se retenir, parfois, laisser le lecteur sur sa faim.

Je dirai simplement que le voyage fut interminable, la moyenne horaire du train spécial ne dépassant pas les soixante kilomètres. Je dirai simplement que le voyage fut passionnant. C'est-à-dire, il fut d'un certain point de vue d'un ennui mortel, mais j'y appris des choses passionnantes quant au fonctionnement de la nomenklatura communiste.

Dans la luxueuse cabine individuelle du train spécial roumain qui m'avait été attribuée, j'eus le temps de lire à loisir les lettres de Franz Kafka à Milena Jesenskà.

Plus tard, quand il m'est arrivé d'analyser les raisons qui m'ont empêché de succomber à l'imbécillité communiste — d'y succomber totalement, du moins —, il m'est toujours apparu que la lecture de Kafka en était une, et non des moindres. Pas seulement la lecture de Kafka, certes. La lecture en général. Certaines mauvaises lectures en particulier. Dont celle de Franz Kafka.

Ce n'est pas par hasard ni par caprice despotique que la lecture de Kafka a été interdite, du moins rendue suspecte, ou pratiquement impossible par manque d'éditions de ses œuvres, pendant toute la période stalinienne en Tchécoslovaquie. Ce n'est pas un hasard non plus si les premiers signes avant-coureurs, encore timides, de l'éphémère printemps de Prague se sont rendus visibles lors du colloque international sur Kafka organisé dans cette ville en 1963, après tant d'années d'ostracisme.

Car l'écriture de Kafka, par les chemins de l'imaginaire le moins emphatique qui soit, le plus impénétrable à force de transparence accumulée, ramène sans cesse dans le territoire de la réalité historique ou sociale, la décapant, la dévoilant avec une sérénité implacable.

Né en 1883, l'année de la mort de Karl Marx, mort en 1924, année de la disparition de Lénine, Kafka n'aura jamais explicitement tenu compte des réalités historiques de l'époque. Son *Journal* est à cet égard d'une vacuité vertigineuse : nul écho du bruit ni de la fureur du monde ne semble s'y répercuter. Toutes ses œuvres, cependant, écrites le dos tourné aux problèmes et aux urgences de l'environnement historique, arrachées douloureusement par bribes et par fragments à un bloc glacial de cohérence irréelle, du moins dans son essence et quelle que soit la forme trompeusement naturaliste de son apparence ; tous ses textes, de fait, ramènent à l'épaisseur, à l'opacité, à l'incertitude, à la cruauté du siècle, qu'ils éclairent de façon décisive. Et non pas, ou pas seulement parce que Kafka atteint, dans la modestie déroutante de son entreprise narrative, au noyau même, métaphysique, de la condition humaine, à sa vérité intemporelle.

L'œuvre de Kafka n'est pas intemporelle dans le sens où elle flotterait au-dessus de la mêlée des temps ; elle a valeur et visée d'éternité, ce qui est tout autre chose. Mais elle est bien de ce temps, impensable hors de ce temps, qu'elle transcende cependant sans cesse et de tous côtés.

Dans le registre qui lui est propre, qui est celui de la littérature et non point de l'analyse sociologique, l'œuvre de Kafka est de toute évidence contemporaine de celle de Max Weber ou de Roberto Michels, pour ne parler que de deux auteurs qui se sont attachés à élucider les mystères de la vie sociale bureaucratisée.

Ainsi, pendant toute cette période, les fictions de Franz Kafka me ramenaient à la réalité du monde, alors que le réel constamment invoqué dans le discours théorique ou politique du communisme n'était qu'une fiction, contraignante sans doute, asphyxiante parfois, mais de plus en plus délestée de tout ancrage concret, de toute vérité quotidienne.

Quoi qu'il en soit, durant l'interminable voyage du train spécial de Prague à Bucarest, j'ai passé une bonne partie de mon temps avec Kafka et Milena, en ce mois de janvier 1956, quelques semaines avant que le XXe congrès du parti communiste russe ne commençât à dévoiler, partiellement encore, avec une extrême prudence dialectique, la réalité kafkaïenne de l'univers stalinien.

Je quittais ma cabine plusieurs fois par jour. Aux heures des repas, c'était pour aller retrouver dans le luxueux wagon-restaurant «la Pasionaria» et ses amphitryons roumains, dont le plus élevé en rang et pouvoir était un certain Chivu Stoica, quasiment chauve et d'allure bonhomme — rustique, plutôt —, entouré pourtant d'un cercle de visqueuse flagornerie. Tous les Roumains qui l'accompagnaient à table riaient bruyamment à chacune des anecdotes tristement banales qu'il racontait, s'extasiaient au récit de ses souvenirs de militant ouvrier.

Je dois dire que «la Pasionaria» observait tout cela d'un air désabusé, avec une impatience que des gestes répétés pour arranger sa coiffure rendaient perceptible. Mais ce n'était probablement pas le rituel courtisan de ces repas qui n'en finissaient pas, dans la succession des plats raffinés et des boissons fortes, qui la chagrinait tellement. C'était sans doute qu'elle ne considérait pas que Chivu Stoica méritât tant de tapage et de louange. Dès que l'attention, en effet, se portait sur elle, et c'était souvent le cas, dès qu'elle pouvait à son tour évoquer des souvenirs de la guerre civile espagnole — son époque de célébrité universelle — «la Pasionaria» retrouvait sourire, entrain et faconde, pour nous abreuver d'anecdotes tantôt pittoresques, tantôt héroïques, où elle avait le beau rôle, bien entendu.

Mais je ne puis continuer à raconter cette traversée de l'Europe centrale dans le train spécial d'une délégation communiste roumaine, en janvier 1956.

Dans la salle à manger du château de Salzbourg, Carlos Barral vient de se lever pour m'apporter un exemplaire de l'édition espagnole du *Grand Voyage*. Je profite du fait que Barral est assis à une table éloignée de la mienne, qu'il va donc mettre quelques secondes à traverser la vaste salle à manger, pour en conclure provisoirement.

Pour dire que la chose la plus importante de ce voyage, la seule vraiment importante, tout compte fait, aura été la découverte de Milena. Ou plutôt, plus précisément, la découverte de Milena à travers la folie de Kafka à son sujet.

«Es fällt mir ein, dass ich mich an Ihr Gesicht eigentlich in keiner bestimmten Einzelheit erinnern kann...»

«Je m'aperçois soudain que je ne puis me rappeler en réalité aucun détail particulier de votre visage. Seulement votre silhouette, vos vêtements, au moment où vous êtes partie entre les tables du café : cela, oui, je le vois encore...»

Sur cette apparition fugitive, indistincte, d'une silhouette en mouvement dans le brouhaha d'un café de Prague, Franz Kafka a construit l'édifice littéraire, aérien, superbe et poignant, d'un amour stérile, destructeur, se nourrissant exclusivement de l'absence, de la distance, du manque ; se défaisant tristement, misérablement, à chaque rencontre réelle, à chaque instant de présence physique. Édifice littéraire tellement superbe et poignant que des générations de lecteurs — de lectrices surtout, les femmes de qualité ayant trop souvent la funeste habitude de dévaloriser le plaisir charnel, de le considérer comme subalterne, sinon grossier, pour exalter en revanche le plaisir spirituel d'une relation intense mais douloureuse, transcendée par la trouble béatitude de l'échec et de l'incomplétude — et une longue cohorte de scoliastes transis ont accepté de prendre pour amour comptant cet exercice ou exorcisme littéraire, donnant en exemple sublime cette passion désincarnée, follement narcissique, brutalement indifférente à l'autre : au regard, au visage, au plaisir, à la vie même de l'autre...

Mais Carlos Barral est parvenu jusqu'à ma table. Il me tend un exemplaire de l'édition espagnole de mon livre, *El largo viaje*.

Je reviens dans la réalité plaisante du dîner de gala, à Salzbourg, le 1er mai 1964, lors de la remise du prix Formentor. J'oublie pour un instant Milena Jesenskà. Je me lève pour accueillir Carlos Barral, le prendre dans mes bras et prendre ensuite de ses mains un exemplaire de mon livre.

Je ne suis pas joyeux, cependant.

C'est-à-dire, sous la joie évidente de cet instant, une profonde tristesse m'envahit. «Tristesse» n'est peut-être pas le mot, d'ailleurs. Je sais qu'à cet instant ma vie change : que je change de vie. Ce n'est pas une proposition théorique, la conclusion d'une introspection psychologique. C'est une impression physique, une certitude charnelle. Comme si au cours d'une longue promenade je sortais soudain de l'ombre d'une forêt dans le soleil d'un jour d'été. Ou le contraire. En somme, je change de vie comme on passe de l'ombre au soleil, ou du soleil à l'ombre, en un instant précis, qui instaure une différence physique, à fleur de peau, une différence ténue mais radicale entre l'avant et l'après, entre le passé et l'avenir.

Au moment où Barral m'aura remis l'exemplaire espagnol du *Grand Voyage*, au moment où je tiendrai le volume dans ma main, ma vie aura changé. Et on ne change pas de vie impunément, surtout si le changement se fait dans la clarté, dans la conscience aiguë de l'événement, de l'avènement d'un avenir autre, en rupture radicale avec le passé, quelle que soit la suite qu'il vous réserve.

Quelques semaines avant cette cérémonie du prix Formentor, en effet, dans un autre château, qui n'avait pas appartenu aux Hohenlohe, comme celui de Salzbourg, mais aux anciens rois de Bohême, s'était tenue une longue réunion de la direction du Parti communiste espagnol, à la fin de laquelle j'avais été exclu du comité exécutif. Une procédure, dont l'issue ne faisait aucun doute, avait été engagée pour mon exclusion définitive du parti.

Mais je ne vais pas évoquer cet épisode.

Ce n'est pas par manque de temps que je ne vais pas l'évoquer, même si Carlos Barral est déjà parvenu à ma table et qu'il me tend un exemplaire de mon roman. Car c'est moi qui écris, je suis le Dieu tout-puissant de la narration. Si tel était mon bon plaisir, je pourrais figer Carlos Barral dans son attitude présente, je pourrais l'immobiliser dans un présent aussi prolongé qu'il me plairait. Barral resterait là, sans bouger, avec un sourire sur le visage que cette immobilité finirait par rendre niais, à attendre mon bon vouloir de narrateur. À attendre que j'aie fini de raconter cette réunion du comité exécutif du Parti communiste espagnol dans un ancien château des rois de Bohême.

Mais je n'en ferai rien. Je ne raconterai pas cet épisode de ma vie qui a changé ma vie. Qui m'a, d'une certaine façon, rendu à la vie. Tout d'abord, je l'ai déjà fait : il suffit de se rapporter au livre qui s'y consacre, *Autobiographie de Federico Sánchez*. Et puis, surtout, ça n'intéresse plus personne. Moi le premier, je me désintéresse de cet épisode. Le fait d'avoir eu raison en 1964, comme l'Histoire l'a largement prouvé, n'a plus aucun intérêt : c'est une raison historiquement improductive. Même si ma raison avait alors triomphé dans nos discussions, si elle avait eu gain de cause, même si la majorité du comité exécutif — hypothèse tout à fait absurde — nous avait donné raison à Fernando Claudín et à moi, cela n'aurait servi à rien. À rien d'autre que d'avoir eu raison, de pouvoir nous consoler ou nous satisfaire de ce fait. Mais l'Histoire n'aurait pas, pour autant, changé d'un iota. Par ailleurs, d'avoir été battu dans la discussion, en 1964, d'avoir été exclu, jeté dans les ténèbres extérieures m'a épargné des années d'illusion improductive, des années de combats stériles pour la rénovation et la réforme du communisme, qui est, par essence, par nature historique, incapable de se rénover, impossible à réformer.

Carlos Barral est devant moi. Il me tend un exemplaire de mon livre en espagnol, *El largo viaje*. Il me dit quelque chose que je ne comprends pas aussitôt. Que je ne saisis pas vraiment. Je suis encore immergé dans mes souvenirs de Prague, dans les images intimes de ma dernière promenade dans Prague, quelques semaines plus tôt.

À la fin de la discussion du comité exécutif du PCE, Dolorès Ibarruri, « la Pasionaria », avait prononcé le verdict. En quelques phrases elle nous avait proprement exécutés, Claudín et moi. Son dernier mot — et par là, prétendait-elle sans doute expliquer tous nos errements — avait été pour nous traiter d'« intellectuels à tête de linotte » *(intelectuales con cabeza de chorlito)*.

Ensuite, Carrillo suggéra que nous restions en Tchécoslovaquie ou dans un autre pays de l'Est, tous les deux. Ainsi, en attendant que le comité central examine les questions débattues et ratifie les sanctions prises à notre égard, nous pourrions consacrer notre temps à une réflexion autocritique, dans un environnement adéquat.

Nous refusâmes, bien entendu. D'abord, il était peu probable que nous fussions disposés à une réflexion autocritique, vu les termes de la divergence. Ensuite, nous ne considérions pas que l'environnement du socialisme réel fût le plus adéquat, d'aucune façon. J'ajoutai pour ma part qu'on m'attendait à Salzbourg, quelques semaines plus tard, pour me remettre le prix Formentor et que mon absence provoquerait quelques remous.

Notre refus fut enregistré dans un silence chagrin. Mais les temps avaient changé, il était impossible qu'on nous imposât une obéissance disciplinaire, *perinde ac cadaver*. Malgré l'involution du mouvement de réformes issu du XXᵉ congrès soviétique, certaines choses n'étaient plus possibles.

Ne pouvant empêcher mon départ, la vengeance des hommes de l'appareil fut mesquine : on me donna un billet d'avion pour Rome seulement et pas un centime de viatique. À moi de me débrouiller pour parvenir ensuite à Paris. Je me débrouillai très bien : j'avais assez d'amis dans les cercles dirigeants du Parti communiste italien pour que la suite du voyage ne posât aucun problème.

À Prague, le dernier jour, j'avais parcouru, avec la crainte angoissée de ne jamais plus les revoir, les lieux privilégiés de ma mémoire de la ville.

Ainsi, j'étais allé sur la tombe de Franz Kafka, dans le nouveau cimetière juif de Strašnice. J'étais allé devant un tableau de Renoir, exposé à la Galerie nationale, dans l'enceinte du château. J'avais souvent contemplé ce portrait de jeune femme rieuse et mordorée. J'avais été charmé par le mouvement de son cou, le pli d'un tissu sur son épaule, la blancheur de cette épaule devinée, la ferme rondeur du sein sous ce tissu.

Une fois, en 1960, au cours d'un de mes séjours à Prague, l'idée m'était soudain venue, devant cette toile de Renoir, que Milena Jesenskà avait sans doute dû la contempler. Ce souvenir de Milena était réapparu, quatre ans plus tard, lors de ma dernière promenade dans Prague. Je m'étais souvenu du tremblement qui m'avait gagné à l'idée que Milena avait sans doute dû se trouver plus d'une fois à cette même place, immobile, contemplant la toile de Renoir. Je m'étais souvenu d'un souvenir de neige scintillant à la lumière des projecteurs, souvenir poignant que venait de faire éclater comme un feu glacé le souvenir de Milena elle-même : Milena Jesenskà, morte dans le camp de concentration de Ravensbrück. Je m'étais souvenu de ce souvenir de neige tombant sur les cendres de Milena Jesenskà. Je m'étais souvenu de la beauté de Milena dispersée par le vent, avec la fumée du crématoire.

Et puis, pour finir le périple dans mes souvenirs de Prague, où je ne savais pas quand je reviendrais — si tant est qu'un retour fût possible de mon vivant —, j'étais allé revisiter le vieux cimetière juif de Pinkas et la synagogue attenante.

Là, parmi les pierres tombales enchevêtrées, dans le silence de ce lieu d'éternité, j'avais pensé à l'aube lointaine du mois d'août 1945, rue Schœlcher, chez Claude-Edmonde Magny. Près de vingt ans après, je m'étais rappelé notre conversation, la longue lettre qu'elle m'avait lue à propos du pouvoir d'écrire. J'avais pensé, parmi les pierres tombales de Pinkas, que j'allais recevoir à Salzbourg, quelques semaines plus tard, le prix Formentor donné au livre dont nous avions parlé, en ce jour lointain, et que j'avais tardé près de vingt ans à écrire.

Mais je ne vais pas faire attendre plus longtemps Carlos Barral.

Il est debout près de ma table, depuis un temps indéfini, l'exemplaire espagnol de mon roman à la main. Un sourire sur les lèvres, figé. Je vais redonner vie, couleurs, mouvement à Carlos Barral. Je vais même écouter les propos qu'il essaie, en vain jusqu'ici, de me faire entendre. C'est bien magnanime de ma part : un Dieu de la narration ne donne pas souvent la parole aux personnages secondaires de son récit, de crainte qu'ils n'en abusent, n'en fassent qu'à leur tête, se prenant pour des protagonistes, et perturbant ainsi le cours de la narration.

Carlos Barral m'explique la singularité du livre qu'il a à la main, qu'il va me remettre.

Il se trouve, en effet, que la censure franquiste a interdit la publication du *Grand Voyage* en Espagne. Depuis que le prix Formentor m'a été attribué, il y a un an, les services de M. Fraga Iribarne, ministre de l'Information du général Franco, ont mené campagne contre moi ; ont attaqué les éditeurs qui composent le jury international — et tout particulièrement l'Italien Giulio Einaudi — pour avoir distingué un adversaire du régime, un membre de la «diaspora communiste». Dès lors, Barral a été obligé de faire imprimer le livre au Mexique, par le biais d'une coédition avec Joaquin Mortiz. Cette édition n'étant pas encore prête, il n'y aura pas d'exemplaires disponibles avant plusieurs semaines.

Afin de pouvoir, malgré tout, accomplir le rite de remise d'un volume à l'auteur primé, Barral a fait fabriquer un exemplaire unique de mon roman. Le format, le cartonnage, le nombre de pages, la jaquette illustrée : tout est conforme au modèle de la future édition mexicaine. À un détail près : les pages de mon exemplaire d'aujourd'hui sont blanches, vierges de tout signe d'imprimerie.

Carlos Barral feuillette le livre devant moi, pour me faire voir sa blancheur immaculée.

L'émotion me gagne, enfin.

L'instant unique que je croyais avoir raté, dont je me croyais incapable de saisir le sens, qui avait glissé entre mes doigts comme de l'eau, du sable, de la fumée, retrouve son épaisseur, sa densité chatoyante.

Il redevient un instant unique, en vérité.

Le 1er mai 1945, une bourrasque de neige s'était abattue sur les drapeaux rouges du défilé traditionnel, au moment précis où une cohorte de déportés en tenue rayée parvenait place de la Nation. À cet instant, ce premier jour de la vie revenue, la neige tourbillonnante semblait me rappeler quelle serait, pour toujours, la présence de la mort.

Dix-neuf ans plus tard, le temps d'une génération, le 1er mai 1964, à Salzbourg, la neige d'antan était de nouveau tombée sur ma vie. Elle avait effacé les traces imprimées du livre écrit d'une traite, sans reprendre mon souffle, à Madrid, dans un appartement clandestin de la rue Concepción Bahamonde. La neige d'antan recouvrait les pages de mon livre, les ensevelissait dans un linceul cotonneux. La neige effaçait mon livre, du moins dans sa version espagnole.

Le signe était aisé à interpréter, la leçon facile à tirer : rien ne m'était encore acquis. Ce livre que j'avais mis près de vingt ans à pouvoir écrire, s'évanouissait de nouveau, à peine terminé. Il me faudrait le recommencer : tâche interminable, sans doute, que la transcription de l'expérience de la mort.

De tous les exemplaires du *Grand Voyage* que j'avais déjà reçus ce soir-là, que je recevrais encore, l'espagnol était le plus beau. Le plus significatif, à mes yeux, par sa vacuité vertigineuse, par la blancheur innocente et perverse de ses pages à réécrire.

Carlos Barral vient de s'écarter de ma table. C'est au tour de Barney Rossett, de Grove Press, de m'apporter un exemplaire de l'édition américaine du roman.

Je feuillette avec délices les pages blanches du volume espagnol, pendant que s'approche Barney Rossett.

La neige d'antan n'a pas recouvert n'importe quel texte, me dis-je. Elle n'a pas enseveli n'importe quelle langue, parmi toutes celles qui sont représentées ici. Ni l'anglais, ni l'allemand, ni le suédois, ni le finlandais, ni le portugais, que sais-je encore, jusqu'à la douzaine. Elle a effacé la langue originaire, enseveli la langue maternelle.

Certes, en annulant le texte de mon roman dans sa langue maternelle, la censure franquiste s'est bornée à redoubler un effet du réel. Car je n'avais pas écrit *Le Grand Voyage* dans ma langue maternelle.

Je ne l'avais pas écrit en espagnol, mais en français.

Je vivais à Madrid, pourtant, à cette époque, la plupart du temps. J'avais retrouvé avec la langue de mon enfance toute la complicité, la passion, la méfiance et le goût du défi qui fondent l'intimité d'une écriture. De surcroît, je savais déjà (alors que les petits poèmes qui charmaient tant Claude-Edmonde Magny n'étaient plus qu'un souvenir, à peine un souvenir : ils ne survivaient allusivement que dans le texte de sa *Lettre sur le pouvoir d'écrire* qui m'accompagnait dans mes voyages, que je relisais parfois ; alors que la pièce de théâtre que j'avais écrite à la fin des années quarante, *Soledad,* n'avait été qu'un exercice intime, pour me prouver à moi-même que ce n'était pas par impuissance ou par paresse que je n'écrivais pas, mais de propos délibéré), je savais déjà que le jour où le pouvoir d'écrire me serait rendu — où j'en reprendrais possession — je pourrais choisir ma langue maternelle.

Autant que l'espagnol, en effet, le français était ma langue maternelle. Elle l'était devenue, du moins. Je n'avais pas choisi le lieu de ma naissance, le terreau matriciel de ma langue originaire. Cette chose — idée, réalité — pour laquelle on s'est tellement battu, pour laquelle tant de sang aura été versé, les origines, est celle qui vous appartient le moins, où la part de vous-même est la plus aléatoire, la plus hasardeuse : la plus bête, aussi. Bête de bêtise et de bestialité. Je n'avais donc pas choisi mes origines, ni ma langue maternelle. Ou plutôt, j'en avais choisi une, le français.

On me dira que j'y avais été contraint par les circonstances de l'exil, du déracinement. Ce n'est vrai qu'en partie, en toute petite partie. Combien d'Espagnols ont refusé la langue de l'exil ? Ont-ils conservé leur accent, leur étrangeté linguistique, dans l'espoir pathétique, irraisonné, de rester eux-mêmes ? C'est-à-dire autres ? Ont-ils délibérément limité leur usage correct du français à des fins instrumentales ? Pour ma part, j'avais choisi le français, langue de l'exil, comme une autre langue maternelle, originaire. Je m'étais choisi de nouvelles origines. J'avais fait de l'exil une patrie.

En somme, je n'avais plus vraiment de langue maternelle. Ou alors en avais-je deux, ce qui est une situation délicate du point de vue des filiations, on en conviendra. Avoir deux mères, comme avoir deux patries, ça ne simplifie pas vraiment la vie. Mais sans doute n'ai-je pas d'inclination pour les choses trop simples.

Ce n'était en tout cas pas par facilité que j'avais choisi d'écrire en français *Le Grand Voyage.* Il m'aurait été tout aussi facile — si tant est qu'on puisse qualifier de cet adjectif frivole ce travail-là — ou tout aussi difficile, de l'écrire en espagnol. Je l'avais écrit en français parce que j'en avais fait ma langue maternelle.

Un jour, me suis-je dit dès cette soirée à Salzbourg, un jour je réécrirais ce livre sur les pages blanches de l'exemplaire unique. Je le réécrirais en espagnol, sans tenir compte de la traduction existante.

— Ce n'est pas une mauvaise idée, m'avait dit Carlos Fuentes, peu de temps après.

C'était à Paris, dans un café de Saint-Germain-des-Prés.

— D'ailleurs, ajoutait-il, tu aurais dû faire toi-même la version espagnole. Tu n'aurais pas simplement traduit, tu aurais pu te permettre de te trahir. De trahir ton texte originaire pour essayer d'aller plus loin. Du coup, un livre différent aurait surgi, dont tu aurais pu faire une nouvelle version française, un nouveau livre ! Tu le dis toi-même, cette expérience est inépuisable…

Sa conclusion nous avait fait rire, un jour d'averses parisiennes de printemps, comme dans un poème de César Vallejo.

— Ainsi, concluait en effet Carlos Fuentes, tu aurais réalisé le rêve de tout écrivain : passer sa vie à écrire un seul livre, sans cesse renouvelé !

Nous avions ri. La pluie d'averse battait les vitres du café où nous avions trouvé refuge.

Mais je n'ai pas réalisé ce projet. Les pages de l'exemplaire unique que Carlos Barral m'avait offert à Salzbourg, le 1er mai 1964, sont restées blanches, vierges de toute écriture. Encore disponibles, donc. J'en aime l'augure et le symbole : que ce livre soit encore à écrire, que cette tâche soit infinie, cette parole inépuisable.

Depuis peu de temps, pourtant, je sais ce que je vais en faire, avec quoi remplir ces pages. Je vais écrire sur ces pages blanches, pour Cécilia Landman, l'histoire de Jerzy Zweig, un petit enfant juif de Buchenwald.

Cécilia avait trois ans, je l'avais dans mes bras, je lui récitais des poèmes. C'était la meilleure façon de la calmer, le soir, d'apaiser ses inquiétudes nocturnes, son refus du sommeil néantisant.

Je lui récitais Ronsard, Apollinaire, Aragon. Je lui récitais aussi *Le voyage*, de Baudelaire, c'était son poème favori. Le temps passait, elle le savait par cœur, le récitait en même temps que moi. Mais je m'étais toujours arrêté avant la strophe qui commence par «Ô mort, vieux capitaine…». Pas seulement pour éviter les questions que sa curiosité susciterait. Surtout parce que c'était cette strophe-là que j'avais murmurée à l'oreille de Maurice Halbwachs, agonisant dans le châlit du block 56 de Buchenwald.

J'avais la petite fille dans mes bras et elle me regardait d'un œil attentif, plein de confiance. Les vers de Baudelaire avaient été pour Halbwachs une sorte de prière des agonisants. Un sourire s'était ébauché sur ses lèvres quand il les avait entendus. Mais j'avais Cécilia dans les bras, je lui récitais Baudelaire et le souvenir s'estompait. Il se transformait, plutôt. La puanteur, l'injustice, l'horreur de la mort ancienne s'effaçaient, il restait la compassion, un sentiment aigu, bouleversant, de fraternité.

Je récitais à la petite fille les vers qui étaient une incitation au voyage de la vie et il me semblait que le visage de Halbwachs se détendait. Dans mon souvenir, une grande paix semblait illuminer son regard, ce dimanche d'autrefois. Je tenais dans mes bras Cécilia Landman, ma radieuse petite quarteronne juive, dans le cœur de laquelle battait du sang de Czernowitz, ville natale de Paul Celan, et les souvenirs atroces semblaient s'apaiser.

J'écrirai pour elle, dans les pages blanches du *Grand Voyage*, l'histoire de Jerzy Zweig, l'enfant juif que nous avions sauvé, que j'ai retrouvé à Vienne, des années plus tard, dans une autre vie : la vie.

10

RETOUR À WEIMAR

— Non, il n'a pas écrit ça !

L'homme a parlé d'une voix ferme, catégorique même, mais sans stridence : voix presque basse. Comme si la vérité qu'il énonçait sous cette forme négative n'avait pas besoin d'une voix haussée, d'un ton tranchant, pour s'affirmer sans contestation possible.

Nous nous tournons tous vers lui.

L'homme a une quarantaine d'années, une barbe rousse, un regard attentif mais discret. Timide, quasiment. Il a été plutôt laconique jusqu'à présent.

Sous le feu croisé de nos regards surpris, il précise son information.

— Il n'a pas écrit «étudiant», mais tout autre chose !

L'homme a dit *Student*, il n'a pas dit «étudiant». Car il parle en allemand, ça se passe en allemand, cette conversation. C'est normal, en fin de compte, puisque nous sommes en Allemagne.

L'homme esquisse un geste vers une poche intérieure de sa veste. Peut-être va-t-il en extraire la preuve de son information, ça en a tout l'air.

Nous le regardons, médusés.

C'était sur la place d'appel de Buchenwald, un dimanche du mois de mars. En 1992 : quarante-sept ans après mon dernier jour au camp.

Quelques semaines auparavant, un journaliste allemand, Peter Merseburger, m'avait appelé au téléphone. Il allait réaliser une émission de télévision à propos de Weimar, ville de culture et de camp de concentration. Il souhaitait que je fusse l'un des témoins principaux de cette exploration du passé. Du côté camp de concentration, bien sûr. Il me proposait d'enregistrer un entretien avec moi sur le site même de Buchenwald.

J'avais aussitôt refusé, sans prendre le temps de réfléchir.

Je n'étais jamais retourné à Weimar, jamais je n'en avais eu envie. J'avais toujours refusé, quand l'occasion s'en était présentée.

Mais la nuit suivante, j'avais de nouveau rêvé de Buchenwald. Une voix me réveillait dans la nuit. Plutôt, une voix éclatait dans mon sommeil. Je ne m'étais pas encore réveillé, je savais que je dormais, que je faisais le rêve habituel. Une voix sombre, masculine, irritée, allait dire comme d'habitude : — *Krematorium, ausmachen* ! Mais pas du tout. La voix que j'attendais, déjà tremblant, déjà transi, au moment de sortir d'un sommeil profond pour entrer dans ce rêve tourmenté, ne se faisait pas entendre. C'était une voix de femme, bien au contraire. Une belle voix de femme, un peu rauque, mordorée : la voix de Zarah Leander. Elle chantait une chanson d'amour. De toute façon, elle n'a jamais chanté que des chansons d'amour, la belle voix cuivrée de Zarah Leander. Du moins à Buchenwald, dans le circuit des haut-parleurs de Buchenwald, le dimanche.

> *So stelle ich mir die Liebe vor,*
> *ich bin nicht mehr allein...*

J'entendais dans mon rêve la voix de Zarah Leander au lieu de celle, attendue pourtant, habituelle, répétitive et lancinante, du *Sturmführer* SS demandant qu'on éteignît le four crématoire. Je l'entendais poursuivre sa chanson d'amour, comme tant de dimanches d'autrefois à Buchenwald.

> *Schön war die Zeit da wir uns so geliebt...*

Je me suis alors réveillé. J'avais compris le message que je m'envoyais à moi-même, dans ce rêve transparent. Dès la première heure, j'allais téléphoner à Peter Merseburger, à Berlin, lui dire que j'étais d'accord. Que je voulais bien retourner à Weimar, faire avec lui l'entretien qu'il souhaitait.

En somme, par ces voies détournées — un projet de télévision allemand qui n'était pas de mon fait ni de mon initiative ; un rêve presque trop facile à déchiffrer —, je m'enjoignais de terminer le livre si longtemps, si souvent repoussé : *L'Écriture ou la mort...*

Il était né d'une hallucination de ma mémoire, le 11 avril 1987, le jour anniversaire de la libération de Buchenwald. Le jour de la mort de Primo Levi : celui où la mort l'avait rattrapé. Un an plus tard, je l'avais abandonné joyeusement, lorsque Felipe González m'avait demandé de faire partie de son gouvernement. Au retour de cette étape ministérielle, je l'avais abandonné une nouvelle fois, après un certain temps, pour écrire un livre sur mon expérience au ministère espagnol de la Culture, *Federico Sánchez vous salue bien*. Ce dernier n'était pas un livre prévu. Il n'était même pas prévisible : j'avais décidé en principe de n'écrire sur ce sujet que quelques années plus tard.

Mais la voix de Zarah Leander me rappelait à l'ordre, elle m'attirait à Buchenwald. C'était une voix intelligente, bien que d'outre-tombe. Car le seul moyen de me forcer à terminer le récit si longtemps refoulé était de m'attirer à Buchenwald, en effet.

À Roissy, le jour de mon départ pour Berlin, j'ai croisé Dany Cohn-Bendit. Rencontre de bon augure, ai-je pensé. Dany est né en avril 1945, au moment même où je revenais de la mort. Sa vie a commencé lorsque la mienne a recommencé : les jours qui m'éloignaient de la mort, semaine après semaine, année après année, étaient des jours qui s'ajoutaient à sa vie. De surcroît, Dany Cohn-Bendit est né à Montauban, une ville où des étrangers ont trouvé refuge, pendant les années noires de Pétain, grâce à un maire de gauche. Une ville, Montauban, où Manuel Azaña est mort, le dernier président de la République, l'un des plus grands écrivains espagnols du xxe siècle. Il est évident que ça créait des liens entre nous, toute cette mort, toute cette vie.

De bon augure, donc, la rencontre.

Je faisais le voyage de Weimar avec Thomas et Mathieu Landman, mes petits-fils par les liens du cœur. Une filiation qui en vaut toute autre, qui peut même prendre le pas sur n'importe quelle autre. Mais je crois l'avoir déjà dit. Ai-je dit aussi pourquoi je les avais choisis pour m'accompagner ?

Avec eux, il était devenu possible d'évoquer l'expérience d'autrefois, le vécu de cette ancienne mort, sans avoir une impression d'indécence ou d'échec. Formule sans doute choquante en français : le «vécu» de la mort, ça sonne étrangement. En allemand, ce serait lumineux, quoi qu'en eût pensé Ludwig Wittgenstein : *das Erlebnis dieses Todes*. En espagnol aussi, d'ailleurs : *la vivencia de aquella antigua muerte*. Il n'y a que la langue française qui n'ait pas de substantif actif pour désigner les expériences de la vie. Il faudra en chercher les raisons, un jour.

Était-ce parce que Thomas et Mathieu avaient été bien élevés ? Je ne pense pas, j'espère qu'on l'aura compris, à la bonne éducation des bonnes manières : je pense à l'élévation de l'esprit, son ouverture, qu'enseignent l'exemple, la tendresse, et la longue impatience parentale. Bien élevés, donc, à l'écoute et l'inquiétude, à ne pas prendre la vie comme elle vient mais à bras-le-corps. Était-ce parce qu'ils avaient un quart — providentiel — de sang juif de Czernowitz dans leurs veines ? Suffisamment de sang juif pour être curieux du monde, de ses misères et de ses grandeurs dans le décours du siècle ? Ou était-ce, plus banalement, parce que leur âge et leur rapport avec moi — chargé de besoins et d'exigences mais délié de toute obligation — leur permettaient un questionnement qu'un fils n'aurait jamais eu l'idée de s'autoriser (ni même, bien naturellement, le désir) ? Le fait est que Thomas et Mathieu Landman, le temps adolescent des questions venu, chacun à son tour, puisqu'une dizaine d'années les séparent, ont eu besoin de savoir à quoi s'en tenir à mon égard. À l'égard de mon expérience ancienne des camps.

Ils m'accompagnaient, donc, ce mois de mars de 1992. Ce samedi de mars de 1992.

À l'aéroport de Berlin, une voiture nous attendait pour nous conduire à Weimar, où nous avions rendez-vous avec Peter Merseburger, sa femme Sabine et leur équipe de télévision.

Bientôt, le mauvais état de la chaussée et la multiplication des chantiers de réfection en cours nous firent comprendre que nous nous enfoncions dans le territoire de l'ancienne RDA.

Je regardais le paysage, les noms des villages et des villes indiqués sur les pancartes routières, à l'embranchement des bretelles de sortie de l'autoroute. À un certain moment, un sentiment de malaise ou d'inquiétude commença à sourdre. Je ne savais pourquoi, mais depuis quelque temps chaque nouveau nom de ville aperçu sur l'une de ces pancartes augmentait le malaise. Je compris soudain : dans chacune de ces villes il y avait eu, autrefois, un kommando extérieur ou camp secondaire dépendant de l'administration centrale de Buchenwald. Je travaillais à l'*Arbeitsstatistik*, au fichier central, et j'enregistrais les informations parvenant de tous ces camps extérieurs. Quarante-sept ans après, les noms me revenaient à la mémoire. Ces villes perdues dans la plaine ou enfouies dans la verdure avaient des noms d'anciens camps extérieurs de Buchenwald.

Nous approchions de Weimar, donc. Nous entrions dans le territoire de l'ancienne mort.

— *Das hat er nicht eingeschrieben, Student... Etwas ganz anderes hat er geschrieben...*

L'homme a une quarantaine d'années, à première vue. Il a une barbe plutôt rousse, un regard attentif mais mélancolique. Il a rompu le silence auquel il nous avait habitués, depuis le commencement de la visite de Buchenwald, pour nous dire cela, d'une voix basse mais catégorique : — Il n'a pas écrit « étudiant », mais tout autre chose !

Un dimanche de mars. Un beau dimanche de mars, frais et ensoleillé. Un dimanche à Buchenwald, de nouveau. Le vent souffle sur la colline de l'Ettersberg, comme les dimanches d'autrefois. Le vent de l'éternité sur la colline éternelle de l'Ettersberg.

La veille, la voiture nous avait déposés, Thomas, Mathieu et moi, sur la place du marché de Weimar, devant l'hôtel de l'Éléphant où nous attendait Peter Merseburger.

J'étais descendu sur le trottoir, j'avais fait quelques pas pour me dégourdir les jambes, j'avais regardé autour de moi. La place était d'un calme provincial, ses façades étaient pimpantes. C'était beau et étrangement familier : ça ressemblait à toutes sortes de places de marché de vieilles villes d'Europe centrale que j'aurais déjà vues.

Je continuais de contempler le paysage urbain, attentif aux détails, avec une impression de familiarité, de déjà-vu, troublée pourtant par un sourd mal-être, un brin de désarroi, lorsque mon sang s'est mis à battre follement.

Du déjà-vu, bien sûr !

J'étais venu ici, dans une vie antérieure, un jour d'avril de 1945, avec le lieutenant Rosenfeld. J'avais oublié l'escapade à Weimar avec Rosenfeld. À tel point l'avais-je oubliée que dans la première version de ce récit je n'en avais pas dit un mot. Il me faudrait réintroduire le lieutenant Rosenfeld dans mon récit de ces journées d'autrefois. Il me fallait réinventer Rosenfeld, en quelque sorte : le faire renaître du néant confus de ma mémoire obnubilée, abolie.

J'ai observé la Marktplatz de Weimar d'un regard neuf. Je comprenais d'où me venait l'impression de familiarité et aussi le sentiment d'étrangeté, de désarroi. Près d'un demi-siècle après, la place était plus fraîche, plus neuve que sous le regard de mes vingt ans. En 1945, la place était en partie recouverte de poussière et de gravats, tout le côté nord détruit par les bombardements alliés.

Alors, j'ai convoqué le fantôme du lieutenant Rosenfeld à mes côtés. J'allais essayer de vivre ces journées avec lui. Avec le souvenir de mes vingt ans, en somme. Car je savais désormais à quoi ce retour à Weimar était obscurément destiné. Il devait me permettre de retrouver fugitivement la force de mes vingt ans, leur énergie, leur volonté de vivre. Ainsi, sans doute, peut-être, en me retrouvant, trouverais-je la force, l'énergie, la volonté d'aller jusqu'à la fin de cette écriture qui se dérobait sans cesse, qui me fuyait. Ou plutôt : à laquelle je me dérobais sans cesse, que je fuyais à la moindre occasion.

Accompagné par Thomas et Mathieu Landman, et par le fantôme d'un jeune Juif allemand qui avait été le lieutenant Rosenfeld de l'armée américaine, j'ai franchi le seuil de l'hôtel de l'Éléphant.

Une fois installé dans ma chambre, et avant de rejoindre mes petits-fils pour déjeuner avec eux, j'ai placé sur la table les trois livres que j'avais emportés dans ce voyage.

Le premier était un roman de Thoman Mann, *Charlotte à Weimar*. C'était un volume de la collection blanche de la NRF, traduit de l'allemand par Louise Servicen. Publié à Paris au début de l'année 1945, ce roman de Thomas Mann est le premier livre que j'ai acheté à mon retour de Buchenwald. J'étais entré dans une librairie du boulevard Saint-Michel, un jour quelconque du mois de mai. Je voulais vérifier si le paysage littéraire était bien celui que m'avait décrit Marc, l'officier français. S'il n'avait pas oublié ou négligé quelque auteur nouveau. C'était Laurence qui m'accompagnait, d'ailleurs. Ce qui situe ce jour quelconque du mois de mai où je suis entré dans une librairie du boulevard Saint-Michel après le 8, date à laquelle j'ai connu Laurence.

Il me faut avouer qu'à cette époque, c'était plutôt Laurence qui m'accompagnait dans les librairies, et Odile dans les chambres à coucher. Ce n'était pas un choix, ça se trouvait ainsi. Je ne suis pas certain que j'eusse préféré le contraire, je regrette simplement de ne pas avoir eu l'occasion d'aller parfois d'une librairie à la chambre à coucher, ou vice versa : mais la vie n'est pas parfaite, on le sait. Elle peut être un chemin de perfection, mais elle est loin d'être parfaite.

J'étais entré un jour quelconque du mois de mai — après le 8 — dans une librairie, avec Laurence, et j'avais acheté *Charlotte à Weimar*, de Thomas Mann. À cause de Thomas Mann, un peu. À cause de Weimar, surtout. Je savais que la Charlotte en question était celle de Goethe, du *Werther* de Johann Wolfgang von

Goethe, et celui-ci avait été un personnage de ma vie à Buchenwald. À cause de ses promenades sur l'Ettersberg avec Eckermann et à cause de Léon Blum.

Mais je ne savais pas, en achetant le roman, que l'hôtel de Weimar où allait descendre Charlotte Kestner, née Buff, de Hanovre, la Lotte de *Werther*, était celui de l'Éléphant. Je ne le savais pas, mais le détail s'était gravé dans ma mémoire.

De sorte qu'en recevant de Merseburger le plan de travail de notre entretien filmé à Buchenwald et en apprenant que nous allions loger à l'Éléphant, j'avais aussitôt recherché dans ma bibliothèque le volume de Thomas Mann. Que j'ai trouvé, peut-être pas exactement où il aurait dû être, si ma bibliothèque avait été classée de façon rationnelle, mais trouvé quand même. En compagnie de certains autres livres qui n'avaient aucun rapport avec Thomas Mann, ni même avec Goethe, mais qui avaient un rapport avec Buchenwald, comme si une obscure prémonition m'avait porté à l'inclure dans ce contexte, qui s'avérait lisible, tant d'années plus tard.

J'avais donc fini par trouver *Charlotte à Weimar* à côté d'un récit de Serge Miller, mon camarade du block 62 du Petit Camp de quarantaine, *Le Laminoir* (préfacé par François Mitterrand, soit dit en passant, car Serge avait fait partie du MNPGD). À côté aussi de *L'Enfer organisé*, d'Eugen Kogon, sans doute le rapport le plus objectif et le plus exhaustif — bien qu'il ait été écrit immédiatement après la libération du camp — sur les conditions de vie, de travail et de mort à Buchenwald.

L'exemplaire de Thomas Mann que j'avais retrouvé en si étrange mais significative compagnie n'était pas celui que j'avais acheté en 1945, au mois de mai (après le 8 de ce mois). C'était un exemplaire de la quatorzième édition, publiée en octobre 1948. Ce qui prouve que j'avais toujours tenu à avoir ce livre près de moi et que, après en avoir perdu l'exemplaire originaire, vraisemblablement au cours de l'un de mes nombreux changements de domicile — si tant est qu'on puisse appeler domiciles les lieux de passage où je me posais à l'époque —, j'en avais racheté un autre. Celui que j'avais emporté à Weimar, précisément, au mois de mars 1992.

Il va sans dire que l'Éléphant avait beaucoup changé, depuis l'automne 1816 où eut lieu la visite à Weimar de Charlotte Kestner, née Buff, si l'on se réfère à la description qu'en fait dans ses pages Thomas Mann. En 1938, en particulier, il avait été réaménagé intérieurement dans le goût de l'époque, qui n'était pas innocent, loin s'en faut. Plutôt hitlérien, c'est-à-dire d'une netteté germanique dévoyée par la grandiloquence, car s'affichant avec excès.

Le lieutenant Rosenfeld ne m'avait pas fait visiter l'hôtel de l'Éléphant lors de notre escapade à Weimar, pour la fête de la Saint-Georges, en 1945. Je pouvais imaginer, cependant, le discours qu'il m'aurait tenu, si tel avait été le cas. Il m'en aurait raconté l'histoire, depuis 1696, l'année de sa construction. Il m'aurait raconté la vie et l'œuvre de tous ceux qui s'y étaient une fois ou l'autre rencontrés, de Goethe et Schiller, Bach et Wagner, à Tolstoï et Gropius. Sans oublier Adolf Hitler, bien sûr, ni les écrivains français des années noires, venus aux congrès de la *Propagandastaffel* pour discuter de la nouvelle Europe à quelques kilomètres du four crématoire de Buchenwald.

Si le lieutenant Rosenfeld n'avait pas eu la possibilité de me raconter, avec son érudition chatoyante et ironique, l'histoire de l'Éléphant, je suis cependant certain qu'il aurait approuvé le choix de mes livres-compagnons de voyage. Pour *Charlotte à Weimar*, cela va sans dire. Mais il aurait également été satisfait par les deux autres.

Le deuxième contenait, en effet, la correspondance échangée entre Martin Heidegger et Karl Jaspers, de 1920 à 1963, publiée par Klostermann et Piper.

Dès 1941 j'avais commencé à discuter de *Sein und Zeit* avec Claude-Edmonde Magny. À la même époque, il est arrivé que Heidegger fût aussi le sujet, du moins occasionnellement, de mes conversations avec Henri-Irénée Marrou, également connu sous le nom de plume de Davenson, particulièrement pour ses chroniques musicales. Marrou était un géant débonnaire, au savoir universel, pédagogique quand il le fallait, mais jamais pédant, parce que tempéré par de l'ironie et de la tolérance, vertus cardinales des grands esprits. Il me donnait rendez-vous à la Dauphine, une pâtisserie-salon de thé du boulevard Saint-Germain qui ne proposait que des succédanés, à cette époque de restrictions de l'Occupation, mais avec élégance et savoir-faire. De là, nous partions vers de longues randonnées pédestres jusqu'aux confins de Paris — ma connaissance approfondie des portes, poternes, fortifs et proches banlieues moins verdoyantes, date de ce moment — et il grignotait l'espace, infatigable, de son pas typique de montagnard, tout en me parlant d'Aristote et de saint Augustin. Et de Heidegger, à l'occasion.

Mais c'est avec le lieutenant Rosenfeld que j'avais entamé l'analyse des rapports du philosophe de Todtnauberg avec le nazisme. Analyse interminable, celle-ci également.

J'avais apporté à Weimar le volume de la correspondance entre Heidegger et Jaspers — à l'arrière-plan de laquelle se déroulent quatre décennies tragiques et décisives de l'histoire allemande — parce qu'il m'avait semblé opportun de relire ces lettres dans l'émotion lucide du retour à Buchenwald. Retour au seul lieu au monde que les deux totalitarismes du XXe siècle, le nazisme et le bolchevisme (l'intégrisme islamique accomplira les ravages les plus massifs si nous n'y opposons pas une politique de réforme et de justice planétaires, au XXIe), auront marqué ensemble de leur empreinte.

Le troisième livre que j'avais choisi pour ce voyage aurait aussi mérité l'approbation du lieutenant Rosenfeld, j'en aurais juré. Si Rosenfeld avait continué à persévérer dans son être, à ressembler au jeune homme que j'avais connu, nul doute qu'il aurait un jour découvert et aimé la poésie de Paul Celan.

C'était un volume de poèmes de Celan que j'avais emporté en troisième lieu. Volume quelque peu particulier : un choix de poèmes en édition bilingue — allemand et anglais — dont la traduction était de Michael Hamburger. Après de longues années de déchiffrage patient des poèmes de Paul Celan dans leur langue originale — qu'il a voulue, du moins, lui, poète roumain, originaire, inaugurale même — et de lecture comparée des traductions existantes dans des langues qui me sont accessibles, il me paraît que l'anglais est celle qui se prête le plus à une approximation convaincante.

Avant de quitter ma chambre pour retrouver Thomas et Mathieu, j'avais ouvert au hasard le volume de Celan, à l'une des pages cornées parce que contenant les poèmes que je relisais le plus souvent. Une fois encore, le hasard fut bien inspiré : c'était la page de *Todtnauberg*.

Ce poème est la seule trace qui nous reste, à ma connaissance, de la conversation entre Celan et Heidegger, dans la cabane-refuge de ce dernier en Forêt-Noire. Trace hermétique — la poésie atteint ici à sa plus dense et forte obscurité rayonnante — et pourtant transie de transparence. Paul Celan, on s'en souvient, voulait obtenir de Martin Heidegger une formulation claire sur son attitude face au nazisme. Et plus précisément sur l'extermination du peuple juif dans les camps hitlériens. Il ne l'obtint pas, on s'en souvient sans doute aussi. Il n'obtint que ce silence que d'aucuns essaient de faire oublier, ou de combler par des bavardages superficiels : le silence définitif de Heidegger sur la culpabilité allemande. Silence que certaines des lettres de Karl Jaspers évoquent avec une rigueur philosophique dévastatrice, malgré la courtoisie de son propos.

Il nous reste cette trace pourtant, bouleversante. Quelques vers de Paul Celan.

> die in das Buch
> — wessen Namen nahms auf
> vor dem meinen ? —
> die in dies Buch
> geschriebene Zeile von
> einer Hoffnung, heute,
> auf eines Denkenden
> kommendes
> Wort
> im Herzen...

Ainsi, sur le livre des visiteurs de Martin Heidegger — quel nom s'y est inscrit avant le sien ? se demande ou feint de se demander Celan —, celui-ci a écrit une ligne pour dire son espérance actuelle, son espoir du jour en question :

> einer Hoffnung, heute...

L'espoir d'un mot du penseur qui vienne du cœur. À propos de quoi, ce mot espéré venant du cœur ? À propos du sujet de leur conversation, qui vient de se terminer, probablement. D'aboutir au silence du cœur. De l'esprit aussi, certes, mais c'est au cœur du philosophe que Paul Celan s'est adressé. Un mot du cœur à propos du non-dit de cette conversation, en somme. Du non-dit heideggérien par excellence : le non-dit de la culpabilité allemande. Celui que Martin Heidegger a opposé, sournoisement, mais avec une remarquable ténacité, une constance évidente, au long des années de correspondance, aux tentatives courtoises de Jaspers d'obtenir de lui une opinion sur son essai à propos de la culpabilité allemande, *Die Schuldfrage*. Opinion que le penseur de Todtnauberg refuse de donner, autant à Jaspers qu'à Paul Celan. Dont nous avons le reflet négatif, la trace en creux, dans les lettres du premier et le poème de ce dernier, *Todtnauberg*.

Dans ma chambre de l'Éléphant, je me récite à voix haute les vers de Paul Celan :

> *einer Hoffnung, heute*
> *auf eines Denkenden*
> *kommendes*
> *Wort*
> *im Herzen...*

les mots d'un poète juif de Czernowitz. Je me récite à haute voix le poème de Celan et je pense au destin de la langue allemande : langue de commandement et d'aboiement SS — «*der Tod ist ein Meister aus Deutschland*», a pu écrire Celan : «la mort est un maître d'Allemagne» — et langue de Kafka, de Husserl, de Freud, de Benjamin, de Canetti, de Paul Celan lui-même — de tant d'autres intellectuels juifs qui ont fait la grandeur et la richesse de la culture allemande des années trente de ce siècle : langue de subversion, donc, d'affirmation universelle de la raison critique.

> *Einer Hoffnung, heute...*

L'espoir inscrit ce jour-là sur le livre des visiteurs de Martin Heidegger n'a pas été comblé. Nul mot du cœur du penseur n'est venu combler ce silence. Paul Celan s'est jeté dans la Seine, quelque temps après : nul mot du cœur ne l'avait retenu.

C'était le lendemain, dimanche, sur la place d'appel de Buchenwald.

Nous nous étions tous tournés, médusés, vers le barbu méditatif et laconique qui nous avait accompagnés, pendant toute la visite du camp.

Le vent d'autrefois, de toujours, soufflait sur l'éternité de l'Ettersberg.

Nous étions arrivés en voiture, avec Sabine et Peter Merseburger. L'équipe de télévision nous attendait sur place. Nous sommes arrivés sur l'avenue des aigles qui mène à l'entrée de Buchenwald. Mais il n'y avait plus d'aigles hitlériennes, plus de hautes colonnes pour les dresser vers le ciel où montaient autrefois les fumées du crématoire. Il y avait la route, quelques baraquements du quartier SS avaient subsisté. La porte monumentale était toujours là, surmontée de la tour de contrôle. Nous avons franchi la grille, avec le guide barbu qui nous attendait à l'entrée. J'ai effleuré de ma main les lettres de l'inscription découpée dans le fer forgé de la grille d'entrée, JEDEM DAS SEINE : «À chacun son dû.»

Je ne peux pas dire que j'étais ému, le mot est trop faible. J'ai su que je revenais chez moi. Ce n'était pas l'espoir qu'il fallait que j'abandonne, à la porte de cet enfer, bien au contraire. J'abandonnais ma vieillesse, mes déceptions, les ratages et les ratures de la vie. Je revenais chez moi, je veux dire dans l'univers de mes vingt ans : ses colères, ses passions, sa curiosité, ses rires. Son espoir, surtout. J'abandonnais toutes les désespérances mortelles qui s'accumulent dans l'âme, au long d'une vie, pour retrouver l'espérance de mes vingt ans qu'avait cernée la mort.

Nous avions franchi la grille, le vent de l'Ettersberg m'a frappé au visage. Je ne pouvais rien dire, j'avais envie de courir comme un fou, de traverser à la course la place d'appel, de descendre en courant vers le Petit Camp, vers l'emplacement du block 56 où Maurice Halbwachs était mort, vers la baraque de l'infirmerie où j'avais fermé les yeux de Diego Morales.

Je ne pouvais rien dire, je suis resté immobile, saisi par la beauté dramatique de l'espace qui s'offrait à ma vue. J'ai posé une main sur l'épaule de Thomas Landman, qui se trouvait près de moi. Je lui avais dédicacé *Quel beau dimanche !* pour qu'il pût, plus tard, après ma mort, se souvenir de mon souvenir de Buchenwald. Ce serait plus facile pour lui, désormais. Plus difficile aussi, sans doute, parce que moins abstrait.

J'ai posé une main sur l'épaule de Thomas, comme un passage de témoin. Un jour viendrait, relativement proche, où il ne resterait plus aucun survivant de Buchenwald. Il n'y aurait plus de mémoire immédiate de Buchenwald : plus personne ne saurait dire avec des mots venus de la mémoire charnelle, et non pas d'une reconstitution théorique, ce qu'auront été la faim, le sommeil, l'angoisse, la présence aveuglante du Mal absolu — dans la juste mesure où il est niché en chacun de nous, comme liberté possible. Plus personne n'aurait dans son âme et son cerveau, indélébile, l'odeur de chair brûlée des fours crématoires.

Un jour j'avais fait dire à Juan Larrea, un personnage de roman qui était mort à ma place, dans *La Montagne blanche,* les mots suivants : «J'ai pensé que mon souvenir le plus personnel, le moins partagé... celui qui me fait être ce que je suis... qui me distingue des autres, du moins, tous les autres... qui me retranche même, tout en m'identifiant, de l'espèce humaine... à quelques centaines d'exceptions près... qui brûle dans ma mémoire d'une flamme d'horreur et d'abjection... d'orgueil aussi... c'est le souvenir vivace, entêtant, de l'odeur du four crématoire : fade, écœurante... l'odeur de chair brûlée sur la colline de l'Ettersberg...»

Un jour prochain, pourtant, personne n'aura plus le souvenir réel de cette odeur : ce ne sera plus qu'une phrase, une référence littéraire, une idée d'odeur. Inodore, donc.

J'avais pensé à tout cela, en m'avançant vers le centre de la place d'appel de Buchenwald, un dimanche de mars, en 1992. Je m'étais souvenu de Juan Larrea, qui avait pris la place que la mort m'avait gardée à ses côtés, depuis toujours. Et j'avais posé ma main sur l'épaule de Thomas Landman.

Une main légère comme la tendresse que je lui portais, lourde comme la mémoire que je lui transmettais.

Un matin d'août, près d'un demi-siècle auparavant, la veille de la destruction d'Hiroshima, j'avais quitté la rue Schœlcher, l'atelier de Claude-Edmonde Magny. J'avais marché vers la rue Froidevaux, vers l'une des entrées secondaires du cimetière Montparnasse. Il fallait que je me recueille un instant sur la tombe de César Vallejo.

> *… no mueras, te amo tanto !*
> *Pero el cadáver ay ! siguió muriendo…*

J'avais à peine eu le temps de penser aux mots de Vallejo :

> *… ne meurs pas, je t'aime tant !*
> *Mais le cadavre, hélas ! continua de mourir…*

trois mois auparavant, dans une salle de l'infirmerie de Buchenwald, lorsque Diego Morales était mort dans mes bras.

Le poète péruvien reposait, comme on dit, dans sa tombe de Montparnasse. Qu'on pouvait fleurir, à l'occasion : C.-E. Magny l'avait fait pendant mon absence. Qu'on pouvait visiter, pour s'y recueillir. À tous les sens du terme, y compris le plus fort. Y compris dans le sens d'une méditation qui transcendât et rassemblât tous les morceaux épars et distraits de soi-même.

Mais Diego Morales, le rouge espagnol, frère de ceux qui hantent les derniers poèmes de Vallejo, ne reposait nulle part, lui. Il n'était pas parti en fumée sur la forêt de l'Ettersberg, pourtant, comme tant de milliers d'autres combattants : le ciel n'avait pas été son linceul, car le four crématoire ne fonctionnait plus. Morales avait été enterré dans l'une des fosses communes que les Américains avaient creusées pour ensevelir les centaines de cadavres qui empuantissaient l'atmosphère du Petit Camp. Il ne reposerait nulle part, en somme, dans le no man's land, puisqu'il n'y a pas de mot français pour la «terre de personne». *Niemandsland*, en allemand. *Tierra de nadie*, en espagnol.

J'avais besoin de me recueillir un instant sur la tombe de César Vallejo.

Juste avant de m'accompagner à la porte, Claude-Edmonde Magny avait feuilleté une dernière fois les pages dactylographiées de sa *Lettre sur le pouvoir d'écrire*. Elle avait trouvé la phrase qu'elle cherchait :

«Je dirais volontiers : Nul ne peut écrire s'il n'a le cœur pur, c'est-à-dire s'il n'est pas assez dépris de soi…»

Elle m'avait regardé en silence.

Certes, il y aurait eu beaucoup à dire. N'est-ce pas seulement dans l'écriture qu'un écrivain peut parvenir à cette pureté de cœur qu'elle invoquait ? La seule ascèse possible de l'écrivain n'est-elle pas à chercher précisément dans l'écriture, malgré l'indécence, le bonheur diabolique et le malheur rayonnant qui lui sont consubstantiels ?

Il y aurait eu beaucoup à dire, mais je n'en avais plus la force, ce jour-là. De toute façon, il ne fallait pas détacher cette phrase du contexte global de la *Lettre*. Le sens en était clair, dans ce contexte : l'écriture, si elle prétend être davantage qu'un jeu, ou un enjeu, n'est qu'un long, interminable travail d'ascèse, une façon de se déprendre de soi en prenant sur soi : en devenant soi-même parce qu'on aura reconnu, mis au monde l'autre qu'on est toujours.

Je me suis souvenu de ces mots de Claude-Edmonde Magny, sur la place d'appel de Buchenwald, un dimanche de mars, tant d'années plus tard.

Je m'étais arrêté, saisi par la beauté dramatique de l'espace qui s'étendait devant moi.

Je savais que les autorités de la République démocratique allemande avaient édifié un ensemble commémoratif, monumental, sur le versant de l'Ettersberg qui est tourné vers la ville de Weimar, à ses pieds. J'avais vu des photographies, c'était affreux. Une tour, des groupes de sculptures, une allée bordée de murs couverts de bas-reliefs, des escaliers monumentaux. «Dégueulasse» serait le qualificatif le plus approprié : le genre Arno Breker revu et amélioré par le réalisme socialiste. Ou l'inverse. À moins que l'un et l'autre genres ne fussent superposables, parce que identiques dans leur essence, ce n'était pas impensable.

Mais je ne savais pas ce qu'on avait fait du camp lui-même, du monotone alignement de baraques et de blocks en ciment. La surprise a donc été totale.

On avait conservé l'enceinte barbelée, les miradors de surveillance qui la jalonnaient à intervalles réguliers. La tour de contrôle qui surmontait le portail était en place, identique au souvenir que j'en gardais. Ainsi que les bâtiments du crématoire, des douches et du magasin général d'habillement. Tout le reste avait été rasé, mais, comme dans un site archéologique, l'emplacement et les fondations de chacune des baraques, de chaque block en ciment étaient signalés par des rectangles de gravillon gris entourés d'une bordure de pierre, à un angle desquels une borne rappelait le numéro que le bâtiment disparu avait porté autrefois.

Le résultat était d'une force dramatique incroyable. L'espace vide ainsi créé, cerné par l'enceinte barbelée, dominé par la cheminée du crématoire, balayé par le vent de l'Ettersberg, était un lieu de mémoire bouleversant.

J'étais là, immobile. Mathieu faisait des photos, Thomas s'était légèrement écarté, comprenant mon besoin de solitude.

Avais-je le cœur pur, désormais ? M'étais-je assez dépris de moi-même ? J'en ai eu l'impression, à cet instant. Toute ma vie m'était devenue transparente, dans une sorte de vertige bienheureux. J'avais eu vingt ans ici, c'est ici que ma vie s'accomplissait, par ce retour à l'époque où elle n'avait été que de l'avenir.

C'est alors que j'ai entendu le murmure multiple des chants d'oiseaux. Ils étaient revenus sur l'Ettersberg, en fin de compte. Le bruissement de leur chant m'entourait comme une rumeur océanique. La vie était revenue sur la colline de l'Ettersberg. J'ai dédié cette nouvelle au lieutenant Rosenfeld, où qu'il se trouvât dans le vaste monde.

Nous nous étions tous tournés, médusés, vers le quadragénaire laconique et barbu qui nous avait accompagnés pendant toute la visite de Buchenwald.

Parfois, j'avais saisi son regard, j'y avais décelé un étonnement quelque peu admiratif. Il s'étonnait sans doute de la précision de mes souvenirs. Il hochait la tête, pour approuver en silence mes explications.

L'homme travaillait déjà à Buchenwald sous le régime antérieur, qui avait fait du camp un lieu de tourisme politique. Un musée y avait été installé, au rez-de-chaussée de l'ancienne *Effektenkammer*, le magasin général d'habillement.

Le quadragénaire, donc, barbu, mélancolique et probablement ancien communiste, m'avait laissé parler, pendant que nous parcourions le camp. J'avais essayé d'être le plus objectif possible, d'éviter les adjectifs et les adverbes, en restant extérieur à mes émotions.

À la fin, après le parcours, revenus sur la place d'appel, j'avais raconté aux Merseburger, à Thomas et à Mathieu la nuit de mon arrivée au camp, en janvier 1944.

Le quadragénaire barbu, au regard triste, m'écoutait attentivement.

Un demi-siècle plus tôt, à peu de chose près, j'avais déjà raconté cet épisode au lieutenant Rosenfeld. L'épuisement, la soif, la douche, la désinfection, la course dans le souterrain entre le bâtiment des douches et celui de l'*Effektenkammer*, tout nus, le long comptoir d'où on nous lançait des pièces de vêtement disparates. Et pour finir, le détenu allemand qui ne voulait pas m'inscrire comme étudiant, qui voulait à tout prix me donner une autre profession.

Le lieutenant Rosenfeld avait trouvé que c'était un bon début. Début de quoi ? avais-je demandé. Début de l'expérience et du récit que je pourrais en faire, m'avait-il répondu.

Près d'un demi-siècle plus tard, j'achevais de raconter cette même histoire, sous le regard attentif du quadragénaire barbu.

— Alors, sans doute excédé par mon obstination, il m'a fait signe de partir, de laisser ma place au suivant... Et il a écrit « étudiant » sur ma fiche, d'un geste qui m'a paru rageur...

C'est alors que le quadragénaire a parlé, d'une voix égale, calme, mais catégorique.

— Non, a-t-il dit, il n'a pas écrit ça !

Nous nous étions tournés vers lui, médusés.

— Il n'a pas écrit « étudiant », mais tout autre chose !

Il avait fait un geste vers une poche intérieure de sa veste et en avait extrait un bout de papier.

— J'ai lu vos livres, me dit-il. Vous avez déjà fait allusion à cet épisode dans *Quel beau dimanche !* Alors, sachant que vous veniez aujourd'hui, je suis allé chercher votre fiche d'arrivée dans les dossiers de Buchenwald.

Il a eu un sourire bref.

— Vous le savez, les Allemands aiment l'ordre ! J'ai donc retrouvé votre fiche, telle qu'elle a été établie la nuit de votre arrivée...

Il m'a tendu la feuille de papier.

— En voici une photocopie ! Vous pourrez constater que le camarade allemand n'a pas écrit « étudiant » !

J'ai pris la feuille de papier, mes mains tremblaient.

Non, il n'avait pas écrit *Student,* le camarade allemand inconnu. Poussé sans doute par une association phonétique, il avait écrit *Stukkateur.*

Je regardais la fiche, mes mains tremblaient.

> 44904
> S em p r u n, George   Polit.
> 10. 12. 23 Madrid Span.
> Stukkateur
> 29. Jan. 1944

C'est ainsi que se présentait ma fiche personnelle établie la nuit de mon arrivée à Buchenwald.

Imprimé à l'avance, 44904 était le matricule qui m'était destiné. Je veux dire : qui était destiné au déporté, quel qu'il fût, qui serait arrivé à ce moment précis devant l'homme chargé de remplir cette fiche.

Par hasard, c'était moi. Par chance, plutôt.

Le simple fait d'avoir été inscrit comme « stucateur » m'a probablement sauvé des transports vers Dora, massifs à l'époque. Or Dora était le chantier d'une usine souterraine où allaient être fabriquées les fusées V-1 et V-2. Un chantier infernal, où le travail épuisant, dans la poussière des tunnels, était mené à la trique par les *Sturmführer* SS eux-mêmes, sans autres intermédiaires avec les déportés que des détenus de droit commun qui en rajoutaient dans la bêtise et la brutalité, pour consolider leur pouvoir. Éviter Dora, en somme, c'était éviter la mort. Éviter, du moins, la multiplication des chances de mourir.

Je n'ai su cela que plus tard, certes. Je n'ai su que plus tard comment fonctionnait en janvier et février 1944 le système des transports massifs vers Dora. Dès qu'un nouveau contingent de déportés parvenait à Buchenwald, ces mois-là, un premier tri était opéré parmi les hommes parqués dans les baraques du Petit Camp de quarantaine. De cette première sélection aveugle n'étaient exclus que les déportés possédant une qualification, une expérience professionnelle utilisable dans l'ensemble productif de Buchenwald.

Il avait raison, le communiste anonyme qui s'efforçait de me faire comprendre cette réalité : pour survivre, à Buchenwald, il valait mieux être ouvrier qualifié, *Facharbeiter.*

Or le travail de stucateur était un travail qualifié. Les stucateurs étaient venus d'Italie, des siècles plus tôt, à la Renaissance. Ils apportaient avec eux leur savoir-faire et le nom pour les qualifier. Ils ont décoré à Fontainebleau et sur les bords de la Loire les châteaux des rois de France.

Ainsi, il était probable que l'un de ces jours de février 1944 — le froid était terrible ; la neige recouvrait le camp, comme elle recouvrirait plus tard ma mémoire ; les corvées étaient atroces — en établissant la liste d'un transport vers Dora, quelqu'un était tombé sur mon nom et m'avait écarté parce que j'étais stucateur. Je pourrais décorer, sinon les châteaux des rois de France, du moins les villas luxueuses des chefs de la division SS *Totenkopf.*

Je tenais ma fiche à la main, un demi-siècle plus tard, je tremblais. Ils s'étaient tous rapprochés de moi, les Merseburger, Thomas et Mathieu Landman. Ils regardaient, sidérés par la chute imprévue de mon histoire, ce mot absurde et magique, *Stukkateur*, qui m'avait peut-être sauvé la vie. Je me souvenais du regard d'au-delà de la mort du communiste allemand essayant d'expliquer pourquoi il valait mieux être travailleur qualifié à Buchenwald. Ma fiche est passée de main en main, tout le monde s'exclamait.

J'ai cherché le regard du quadragénaire barbu et mélancolique. Une lueur y brillait, nouvelle. Une sorte de fierté virile illuminait son regard.

«En ce qui concerne la survie, a dit Primo Levi, dans un entretien avec Philip Roth, je m'interroge souvent sur ce problème, et c'est une question que beaucoup m'ont posée. J'insiste sur le fait qu'il n'y avait pas de règle générale, si ce n'était arriver au camp en bonne santé et connaître l'allemand. En dehors de cela, la chance faisait le reste. J'ai vu survivre des gens astucieux et des gens idiots, des courageux et des poltrons, des "penseurs" et des fous.»

J'étais en bonne santé, en arrivant à Buchenwald. Et je connaissais l'allemand. J'étais même le seul déporté espagnol à connaître la langue des maîtres, le seul, donc, à pouvoir être affecté à un kommando de travail administratif.

Comme Primo Levi le fait aussi, dans son remarquable entretien avec Roth, j'ajouterais à ces éléments objectifs un facteur subjectif : la curiosité. Elle vous aide à tenir de façon non évaluable, certes, mais sans doute décisive.

«Je me souviens d'avoir vécu cette année à Auschwitz, poursuit Primo Levi, dans un état exceptionnel d'ardeur. Je ne sais pas si cela venait du fait de ma formation professionnelle, d'une résistance insoupçonnée ou bien d'un instinct profond. Je n'arrêtais jamais d'observer le monde et les gens autour de moi, à tel point que j'en ai encore une vision très précise. J'éprouvais le désir intense de comprendre, j'étais constamment envahi par une curiosité que, plus tard, quelqu'un qualifia, en fait, rien moins que de cynique.»

Être en bonne santé, curieux du monde et connaître l'allemand : la chance ferait le reste, en effet.

Toute ma vie — ma survie — j'avais pensé cela. Même quand je ne parlais pas de cette expérience. D'où mon incapacité à ressentir un sentiment de culpabilité. Coupable d'être vivant ? Je n'ai jamais éprouvé ce sentiment — ou ressentiment ? — tout en étant parfaitement capable de le concevoir, d'en admettre l'existence. D'en débattre, donc.

Mais ce dimanche de mars, en 1992, sur la place d'appel de Buchenwald, l'apparition de la fiche établie le jour de mon arrivée, et ce mot incongru, *Stukkateur*, m'obligeaient à une nouvelle réflexion.

Certes, c'était le hasard qui m'avait placé devant le communiste allemand au regard glacial, survivant des années terribles de Buchenwald. Un autre communiste allemand — j'en ai connu de nombreux, trop nombreux, qui auraient agi ainsi — aurait pu, excédé par mon arrogance intellectuelle, m'inscrire comme *Student*. Sans doute même sans essayer de me donner la moindre explication sur l'univers du camp. Excédé, et, à la limite, pas préoccupé du tout d'envoyer à Dora un jeune bourgeois. « Qu'il se démerde, ce merdeux ! Qu'il apprenne à vivre, ce blanc-bec ! De toute façon, ils ne sauront jamais comment c'était vraiment : les camps ne sont plus que des sanas, désormais ! »

Combien de fois n'ai-je pas entendu, plus tard, dans des situations sinon identiques du moins comparables, des expressions comme celles-là dans la bouche de vieux détenus allemands !

Il n'empêche : mon communiste allemand inconnu avait réagi en tant que communiste. Je veux dire : de façon conforme à l'idée du communisme, quelles qu'en aient été les péripéties historiques, plutôt sanglantes, asphyxiantes, moralement destructrices. Il avait réagi en fonction d'une idée de la solidarité, de l'internationalisme. En fonction d'une idée généreuse de l'homme. Il ne savait rien de moi, il m'a vu passer quelques secondes dans sa vie, comme tant de milliers d'autres inconnus, au long de ces années terribles. Peut-être a-t-il même oublié ensuite ce geste qu'il avait fait, ce mot qu'il avait retrouvé par association phonétique. Peut-être m'a-t-il complètement oublié, ensuite.

Il n'empêche : c'est parce que cet Allemand anonyme était communiste qu'il m'a sauvé la vie.

Je sais — je devine ou je suppose, plutôt, à partir de mon expérience : les documents et les témoignages véridiques ne sont pas encore totalement accessibles —, je devine assez facilement à quel point l'histoire de l'organisation du KPD, du Parti communiste allemand, a été complexe à Buchenwald. À quel point elle a été sordide et héroïque, sanglante et généreuse, mortifère et morale.

Imaginons, ne fût-ce qu'un instant.

Ces hommes ont été arrêtés après la prise du pouvoir par les nazis, en 1933. Après une défaite politique honteuse, où leur part de responsabilité était immense. Où, plutôt, était immense la responsabilité de Staline et du Komintern, dont la politique aventuriste, sectaire et remplie de virages absurdes avait conduit au désastre et à la démoralisation des militants. Plus tard, la plus grande partie d'entre eux — l'une des spécificités de Buchenwald aura été la concentration dans ce camp des cadres communistes et sociaux-démocrates, qui a permis la prédominance ultérieure des politiques sur les droits-communs dans l'administration interne —, en 1937, donc, ils se retrouvent à déboiser un versant de l'Ettersberg pour y construire le camp. À peine terminée cette édification, à peine mise en place leur structure de résistance et de survie, les communistes voient fondre sur eux la nouvelle du pacte germano-soviétique. Peut-on faire l'effort d'imaginer ce que cela représente d'être un fidèle communiste, à Buchenwald, en 1939, au moment du pacte entre Hitler et Staline ? Quelles discussions, quels déchirements, quels affrontements cet événement a-t-il dû produire dans les organisations illégales de Buchenwald !

Il n'est pas impossible de supposer quelle histoire terrible se cachait et se montrait à la fois dans les regards, les silences, les demi-mots des communsites allemands que j'ai connus à Buchenwald. Que j'ai parfois trouvés haïssables, parfois admirables. Mais dont j'ai toujours respecté la part d'ombre, d'horreur existentielle abominable, même si le respect — j'espère qu'on l'aura compris — ne vaut pas pardon. Et encore moins oubli.

Cette nuit lointaine de janvier, c'est le hasard qui m'a conduit devant ce communiste anonyme, au regard d'au-delà toute souffrance, toute mort, toute compassion. C'est peut-être le hasard aussi qui en avait fait un communiste. Ma chance aura été qu'il le fût, pourtant. Qu'il fût capable, à ce moment, d'être attentif à l'Autre : moi-même. Attentif à je ne sais quoi dans mon visage, mes paroles. Attentif à l'idée de l'homme qui en avait fait un militant, autrefois, dans la vie au-dehors : une idée qui brillait encore comme une petite flamme vacillante dans son esprit, que rien n'avait pu étouffer. Ni l'horreur, ni le mensonge, ni la mort.

Une idée de la fraternité s'opposant encore au déploiement funeste du Mal absolu.

Stukkateur, donc : c'était le mot de passe qui m'avait rouvert les portes de la vie.

Dans ma chambre de l'Éléphant, cette nuit de dimanche là, la neige était de nouveau tombée sur mes rêves.

L'entretien proprement dit ne devant être filmé que le lendemain lundi, aux endroits de Buchenwald que nous avions repérés le matin, j'ai passé l'après-midi à traîner dans Weimar avec Thomas et Mathieu Landman.

Le fantôme du lieutenant Rosenfeld nous accompagnait. À un certain moment de la promenade, je me suis demandé si Rosenfeld avait connu l'œuvre de Jean Giraudoux. Avions-nous parlé de Giraudoux tous les deux, en ces lointains jours d'avril 1945 ? Je ne m'en souvenais pas. Ce n'était pas impossible, pourtant. Rosenfeld connaissait bien la littérature française et nous avions parlé de l'attitude des écrivains français sous l'Occupation. Jean Giraudoux, en tout cas, n'était pas venu à Weimar, aux colloques de la *Propagandastaffel*. Je me suis souvenu de Giraudoux parce que celui-ci aurait pu écrire un très beau monologue pour le spectre du lieutenant Rosenfeld, qui nous accompagnait cet après-midi-là.

Quoi qu'il en soit, Thomas, Mathieu et moi avions visité le Gartenhaus de Goethe, au-delà de l'Ilm, ainsi que sa maison en ville, sur le Frauenplan. Nous avions fait le tour de la petite ville, en nous arrêtant pour contempler les principaux monuments, les demeures historiques, ou bien pour boire des bières et des cafés, ou pour palabrer dans les quelques rares boutiques où des objets présentables pouvaient être marchandés en souvenir.

Le soir, Peter et Sabine Merseburger nous avaient invités à dîner dans un restaurant typique. Ce fut amical, détendu, chaleureux. Le *Stukkateur*, cependant, ne manqua pas de faire une fugitive apparition : l'histoire avait visiblement impressionné mes amis allemands.

Et la neige était de nouveau tombée sur mon sommeil.

Ce n'était pas la neige d'autrefois. Ou plutôt c'était la neige d'antan, mais elle était tombée aujourd'hui, sur ma dernière vision de Buchenwald. La neige était tombée, dans mon sommeil, sur le camp de Buchenwald tel qu'il m'était apparu ce matin-là.

Une chose m'avait frappé, aussitôt après avoir entendu le bruissement multi-colore des oiseaux revenus sur l'Ettersberg. C'est qu'on ne voyait plus, au pied du versant, l'emplacement du Petit Camp de quarantaine. Que les baraquements en eussent été rasés, comme sur le reste de l'enceinte, cela ne me surprenait pas. Mais l'espace vide n'avait pas été maintenu : la forêt avait repoussé sur l'emplacement du Petit Camp.

La forêt recouvrait désormais le block 56 où j'avais vu mourir Halbwachs et Maspero. Elle recouvrait l'emplacement du bloc 62, où j'étais arrivé le 29 janvier 1944, où j'avais commencé à apprendre à déchiffrer les mystères de Buchenwald. À découvrir les secrets de la fraternité. À contempler, face à face, l'horreur rayonnante du Mal absolu. La forêt recouvrait l'endroit où s'était dressé le bâtiment des latrines collectives, lieu de libertés multiples dans le plus lointain cercle de l'enfer.

Je n'avais eu que plus tard l'explication de ce phénomène.

En 1945, quelques mois seulement après la liquidation du camp nazi — les derniers déportés, des Yougoslaves, avaient quitté les lieux en juin, semble-t-il — Buchenwald avait été rouvert par les autorités d'occupation soviétiques. Sous le contrôle du KGB, Buchenwald était redevenu un camp de concentration.

Je le savais déjà, je connaissais ce fait.

En 1980, à Hanovre, au cours d'une discussion avec des lecteurs de la traduction allemande de *Quel beau dimanche !* une jeune femme réfugiée de l'Est m'en avait déjà parlé. Plus tard, en 1983, j'ai reçu un bref roman de Peter Pöttgen, *Am Ettersberg,* où l'histoire des deux camps de Buchenwald, le camp nazi et le camp stalinien, est narrée à travers l'histoire d'une famille allemande, les Stein.

Ce que j'ignorais, en revanche, c'est que pendant les quelque cinq années où le camp stalinien a fonctionné — il a été dissous en 1950, lors de la création de la République démocratique allemande, qui fit construire l'ignoble mémorial que j'ai mentionné — des milliers de morts ont été ensevelis dans des fosses communes, au pied de l'Ettersberg. La forêt revenue ne recouvrait pas seulement l'ancien camp de quarantaine : elle recouvrait et cachait les cadavres de ces milliers de morts, ces milliers de victimes du stalinisme.

D'un côté, donc, sur l'un des versants de la colline, un mémorial de marbre grandiloquent et monstrueux devait rappeler au bon peuple l'attachement falla-cieux, car purement symbolique, du régime communiste au passé des luttes antifascistes européennes. De l'autre, une forêt nouvelle s'était avancée sur les charniers du communisme, pour en effacer la trace dans la mémoire humble et tenace du paysage, sinon dans celle des hommes.

Nous avions quitté l'enceinte proprement dite du camp, ce matin-là, par le chemin de ronde qui longeait les anciens bâtiments de l'usine DAW (*Deutsche Ausrüstungswerke*), désormais disparus. Nous avions pénétré dans cette forêt de jeunes arbres qui cachaient l'ancienne mort stalinienne. Un peu plus loin, dans une sorte de clairière, quelques familles de disparus avaient planté des croix avec les noms de leurs proches. Quelques dizaines de croix pour des milliers de morts disparus dans les fosses communes.

Mathieu Landman avait pris des photos de cette clairière, de ce bouleversant assemblage de croix disparates. Je les contemple parfois. Je me dis que l'Allemagne réunifiée, démocratique — l'un des sujets sur lesquels Heidegger et Jaspers ne pouvaient se mettre d'accord, dans leur correspondance, dans la mesure où Heidegger refusait obstinément d'envisager la question de la culpabilité allemande —, je me dis que l'Allemagne nouvelle, issue de la double tragédie du xxe siècle, ancrée en Europe et ancrage possible de celle-ci dans l'avenir, se devait de faire du site de Weimar-Buchenwald un lieu de mémoire et de culture internationale de la Raison démocratique.

La singularité de l'Allemagne dans l'histoire de ce siècle est évidente : elle est le seul pays européen qui ait eu à vivre, à souffrir, à assumer critiquement aussi, les effets dévastateurs des deux entreprises totalitaires du xxe siècle : le nazisme et le bolchevisme. Je laisse aux savants docteurs ès sciences politiques le soin de signaler ou souligner les indiscutables différences spécifiques entre ces deux entreprises. Ce n'est pas mon propos, pour l'heure, à cet instant où je me souviens, dans ma chambre de l'Éléphant, de la neige qui est tombée sur mon sommeil. Mon propos est d'affirmer que les mêmes expériences politiques qui font de l'histoire de l'Allemagne une histoire tragique peuvent lui permettre aussi de se placer à l'avant-garde d'une expansion démocratique et universaliste de l'idée de l'Europe.

Et le site de Weimar-Buchenwald pourrait en devenir le lieu symbolique de mémoire et d'avenir.

Mais la neige était tombée sur mon sommeil.

Elle recouvrait la forêt nouvelle qui avait poussé sur l'emplacement du Petit Camp. Sur les milliers de cadavres anonymes, qui n'étaient pas partis en fumée, comme leurs frères d'autrefois, qui se décomposaient dans la terre de Thuringe.

Je marchais dans la neige profonde, parmi les arbres, avec Thomas et Mathieu Landman. Je leur disais où s'était trouvé le block 56. Je leur parlais de Maurice Halbwachs. Je leur disais où avait été le bâtiment des latrines, je leur racontais nos séances de récitation de poèmes, avec Serge Miller et Yves Darriet.

Soudain, ils n'arrivaient plus à me suivre. Ils restaient en arrière, pataugeant dans la neige profonde. Soudain, j'avais vingt ans et je marchais très vite dans les tourbillons de neige, ici même, mais des années auparavant. Ce lointain dimanche où Kaminski m'avait convoqué à la réunion où nous avions écouté le survivant du *Sonderkommando* d'Auschwitz.

Je me suis réveillé, dans la chambre de l'Éléphant.

Je ne rêvais plus, j'étais revenu dans ce rêve qui avait été ma vie, qui sera ma vie. J'étais dans le cagibi vitré de Ludwig G., le kapo de la baraque des contagieux, à l'infirmerie de Buchenwald. J'y étais seul, tous les autres copains étaient repartis.

La lumière d'une lampe éclairait faiblement les mains de Ludwig posées à plat sur la table. Nous ne disions rien et dans ce silence retentissait encore l'écho du récit du survivant d'Auschwitz.

Sa voix monocorde, au débit irrégulier, tantôt lent, minutieux, répétitif, tantôt précipité, comme sous le coup d'une émotion soudain trop forte (curieusement, c'était au moment où il s'arrêtait sur un détail : regard éperdu d'une femme, par exemple, vers quelqu'un de proche, de familier, que la sélection effectuée sur le quai d'arrivée venait de séparer d'elle ; sursaut de révolte de quelqu'un, homme ou femme, au voisinage du bâtiment de la désinfection vers lequel la longue cohorte des sélectionnés était menée, comme si une obscure prémonition l'avertissait des dangers imminents, révolte maîtrisée avec une horrible douceur raisonneuse par les compagnons eux-mêmes du révolté, qui finissait par se laisser entraîner, porter quasiment, soutenu par des bras secourables qui le conduisaient à la mort inconcevable des chambres à gaz ; c'était au moment où il se fixait sur l'un de ces détails que sa voix se précipitait, alors qu'elle restait égale, précise et neutre quand il relatait l'horreur dans une vision d'ensemble, globalement : horreur collective, abstraite, où les individus se fondaient, s'évanouissant en quelque sorte dans la coulée de lave glaciale qui les entraînait vers une disparition programmée), la voix du survivant du *Sonderkommando* retentissait encore sourdement dans le silence qui se prolongeait.

Peu auparavant, d'un ton sévère, Kaminski nous avait demandé de ne jamais oublier le récit du survivant d'Auschwitz, de ne jamais oublier la culpabilité allemande.

J'avais murmuré quelques vers de Bertolt Brecht :

O Deutschland, bleiche Mutter...

C'était Julia, la jeune Juive autrichienne de l'appareil militaire de la MOI, qui m'avait appris ce poème de Brecht.

— Comment, comment ? a dit Ludwig.

Il ne connaissait pas, apparemment.

Il m'avait souvent parlé de Brecht, pourtant, Ludwig G. Il m'avait récité certains de ses vers. Ainsi, j'avais fini par connaître par cœur ses *Éloges*. Celui du parti, celui du travail clandestin, celui des classiques du marxisme. Mais je ne savais pas que ces poèmes étaient extraits de *Die Massnahme*, l'une des pièces didactiques de Brecht : l'œuvre la plus violente, la plus lucide — ou la plus cynique ? — que l'on ait jamais écrite sur l'essence totalitaire de l'Esprit-de-Parti.

> *O Deutschland, bleiche Mutter !*
> *Wie sitzest Du besudelt*
> *Unter den Völkern...*

Mais il ne connaissait pas, Ludwig G. Il se souvenait d'un autre poème de Brecht, des années vingt :

> *Deutschland, du Blondes, Bleiches*
> *Wildwolkiges mit sanfter Stirn !*
> *Was ging vor in deinen lautlosen Himmeln ?*
> *Nun bist du das Aasloch Europas.*

Nous avons parlé de l'Allemagne, donc, mère blafarde dont les fils, selon Brecht, avaient fait la risée ou l'épouvantail des peuples. Ou bien, comme dans le poème plus ancien qu'il venait de me réciter, blonde et pâle Allemagne, au front suave couvert de nuées, devenue le dépotoir de l'Europe.

Des coups de sifflet stridents avaient soudainement interrompu notre conversation, poursuivie dans la pénombre de la baraque des contagieux. L'heure avait tourné, ces sifflets annonçaient le couvre-feu.

Il fallait que je regagne mon block en vitesse.

Dehors, la nuit était claire, la bourrasque de neige avait cessé. Des étoiles scintillaient dans le ciel de Thuringe. J'ai marché d'un pas vif sur la neige crissante, parmi les arbres du petit bois qui entourait les bâtiments de l'infirmerie. Malgré le son strident des sifflets, au loin, la nuit était belle, calme, pleine de sérénité. Le monde s'offrait à moi dans le mystère rayonnant d'une obscure clarté lunaire. J'ai dû m'arrêter, pour reprendre mon souffle. Mon cœur battait très fort. Je me souviendrai toute ma vie de ce bonheur insensé, m'étais-je dit. De cette beauté nocturne.

J'ai levé les yeux.

Sur la crête de l'Ettersberg, des flammes orangées dépassaient le sommet de la cheminée trapue du crématoire.

Ni héros ni victimes. Weimar-Buchenwald

Discours prononcé au Théâtre national
de Weimar, le 9 avril 1995

Une tombe au creux des nuages
© Climats, un département des Éditions Flammarion, Paris, 2010.

Comment transmettre quand il en est encore temps le «... vécu encore vivant de la mort» dont sont dépositaires les rescapés des camps? Le matricule 44904 est bien conscient des difficultés que soulève la question de la mémoire. La première est d'éviter de faire de sa propre mémoire, fruit d'une expérience personnelle, l'archétype de toutes les mémoires. Au-delà de ces mémoires plurielles, se pose la question de la possibilité ou de l'impossibilité de rendre compte de ce qu'ont vécu ceux qui ont disparu, qui gisent au creux des nuages...

Avec l'ouverture des archives, la mémoire des survivants doit être confrontée aux travaux des historiens. Mémoire et histoire peuvent se rejoindre à condition de ne rien laisser dans l'ombre. En ce qui concerne l'histoire de Buchenwald, cela signifie en assumer tous les aspects, n'en rien omettre, ni la construction du camp par les détenus allemands, ni le contrôle clandestin du camp par la résistance qui s'y est organisée, ni le réemploi du camp par le NKVD après la guerre, ni les procès staliniens faits aux militants communistes qui occupèrent des postes de responsabilité dans le camp, sous le contrôle de l'organisation de résistance. Dire ce qui fut, le mieux possible, est un impératif moral...

En 1995, nous célébrons le cinquantième anniversaire de la libération du camp de Buchenwald. C'est la deuxième fois que j'y reviens, après ma première visite de 1992.

Il n'est pas facile de parler depuis cette tribune. En tout cas, pour moi. Je pense que cela serait probablement difficile pour tout survivant de Buchenwald, en ce jour et en cette occasion. C'est assurément un honneur que le ministre-président du Land de Thuringe, le docteur Bernhard Vogel, a voulu nous faire en nous invitant à participer à cette commémoration solennelle. Mais, dans mon cas, une autre chose est venue s'ajouter à cet honneur, ou plutôt s'y opposer : il s'agit d'un sentiment presque angoissant de responsabilité.

Pas seulement, ni même essentiellement, parce que le Théâtre national de Weimar, dans lequel nous sommes, est un lieu privilégié, un lieu singulier, dans un certain sens, de la mémoire politique et culturelle de l'Allemagne. En effet, le souvenir des illustres voix qu'on y a entendues, qui s'y sont exprimées, avec les conséquences juridiques et historiques que l'on sait, pourrait intimider tout un chacun, ou même lui transmettre un certain sentiment d'insécurité. Tout cela est très émouvant, mais ce ne sont pas ces souvenirs, non ce ne sont pas tant ces traces historiques qui me font si vivement percevoir un tel sentiment de responsabilité.

Ce qui est décisif dans ce contexte — en tout cas pour moi : autrement dit, pour l'ancien prisonnier numéro 44904 —, ce qui est décisif va au-delà des émotions que ce lieu historique inévitablement réveille. Ce qui est décisif est inclus dans la question que je dois me poser à moi-même lorsque je commence à parler, une question que d'ailleurs je dois me poser en tout lieu, pas seulement à Weimar.

Est-il possible, est-il réellement convenable et défendable de prendre la parole et de s'exprimer au nom des disparus et de tous ces individus dont on n'a jamais plus rien su ? Est-il licite de parler au sein de l'irrévocable silence de tant de milliers de morts, dont la tombe se trouve au creux des nuages qui couronnent la cime de l'Ettersberg? Le meilleur hommage ne serait-il pas plutôt un silence réfléchi, le seul honneur vraiment acceptable envers tant de mort silencieuse?

Nous tous, nous les survivants, les individus qui sommes réapparus à la lumière, nous tous avons connu la tentation du silence; nous avons cherché à tranquilliser, ou tout au moins à atténuer le tumulte issu d'une mémoire remplie d'horreur, qui nous épouvante, en essayant de nous soumettre à une cure de silence et à une thérapie résignée de l'oubli. Mais, malgré tout, voilà que nous sommes parfois forcés d'agir contre notre aspiration à l'oubli, contre notre désir de retrouver une nouvelle identité grâce à cette amnésie volontaire; autrement dit, parfois, et dans certaines circonstances, privées ou même publiques, nous sommes tout à coup assaillis par la nécessité impérieuse de témoigner. C'est alors que se produit ce soudain, cet intense et très intime besoin de parler, de comparaître une nouvelle fois en tant que témoin, de fouiller dans les recoins les plus reculés de notre mémoire, de la vider, de mettre en lumière, de raconter à haute voix tout ce que nous savons de cette expérience des camps de concentration nazis, ce que nous savons de ce vécu encore vivant de la mort.

C'est ainsi qu'entre la tentative de se taire et la tentative, qui par son essence même ne s'achève jamais, de tout raconter aussi fidèlement que possible s'écoule notre existence depuis cet instant, cela fait aujourd'hui cinquante ans, où l'arrivée des chars de la IIIᵉ Armée de Patton, près du camp de concentration, a soudain rendu possible de lancer les opérations décisives des groupes de combat de la Résistance secrète, qui ont tout à coup fait leur apparition armée, de façon inespérée, à l'intérieur et dans divers endroits du camp de Buchenwald.

«On ne peut pas le raconter, mais on ne doit pas le taire», a dit Elie Wiesel, survivant d'Auschwitz et du Petit Camp de concentration de Buchenwald.

C'est pourquoi, moi aussi, je vais parler.

Et, par conséquent, j'assume la responsabilité de parler au nom de tout ce silence accumulé, de toutes ces morts silencieuses et anonymes. Mais ce silence mortel exige de celui qui parle — et dans ce cas-ci, il exige de moi — une rigueur extrême, une véracité qui résiste à tout examen quel qu'il soit. Il exige de nous de ne pas se satisfaire de la rhétorique de quelque mémoire compatissante ou de quelque autocomplaisance. Si nous ne dépassons pas ces frontières, si nous ne nous plaçons pas au-delà du contexte protocolaire d'une célébration commémorative et solennelle, nous ne pourrons jamais atteindre l'objectif que nous nous sommes fixé aujourd'hui.

Et aujourd'hui, un demi-siècle après la libération de Buchenwald, il s'agit, à mon avis, d'un double objectif.

D'une part, nous devons mener une réflexion critique sur le passé. Nous ne pouvons pas, et nous ne devons surtout pas, nous estimer satisfaits de jouer le rôle de victime ou de héros. Nous ne pouvons pas nous satisfaire de ces rôles. Nous ne savons que trop que ces deux attitudes empêchent un regard critique, rejettent un véritable examen de conscience autocritique. Les héros et les victimes sont tous deux des personnages d'un seul tenant, inflexibles, monolithiques, dépourvus de la moindre contradiction.

La nécessité d'une réflexion critique à propos du passé se fait de plus en plus évidente, de plus en plus pressante, si nous réfléchissons à notre deuxième objectif — qui par son importance est en réalité notre premier objectif —, à savoir la transmission d'une mémoire historique aux générations qui vont suivre. Bien entendu, pas seulement aujourd'hui : tout au long de cette année, de cette commémoration des cinquante ans de la défaite du nazisme et de la libération des camps de travail et d'extermination de l'archipel hitlérien, notre objectif premier réside toujours dans la tentative de transmettre et de raconter ce qui s'est réellement passé.

Il ne servirait pas à grand-chose de nous réunir ici, à Weimar-Buchenwald — puis demain à Bergen-Belsen, Ravensbrück, Neuengamme ou Dachau — pour commémorer entre nous, vieux héros et vieilles victimes, nos douleurs ou nos prouesses, en nous retranchant derrière l'arrogante solitude de notre destin unique, enchaînés les uns aux autres par l'intransférabilité de nos expériences. Cette commémoration, tout autant que les suivantes, seraient de peu d'effet, aussi solennelles et émouvantes fussent-elles, si nous n'étions pas en mesure d'établir un lien avec la jeunesse européenne, si nous n'étions pas capables de transmettre l'essentiel de l'expérience de cette lutte contre le mal absolu historiquement incarné par le nazisme. Transmettre l'essentiel pour aider la jeunesse actuelle à comprendre les luttes d'aujourd'hui, qu'il faut impérativement livrer contre le «nettoyage ethnique» et les «fondamentalistes» de tout poil[1]. Pour aider la jeunesse actuelle à repousser toutes ces orthodoxies des exclusions, des xénophobies, de la «pensée correcte» — ce «politiquement correct» qui prend de plus en plus de place aujourd'hui.

Un grand historien français, Marc Bloch, spécialiste du Moyen Âge et aussi membre éminent de la Résistance — qui a été fusillé par les nazis en juin 1944 — a écrit à une occasion que «le présent pose et formule les questions du passé et le passé éclaire la caractéristique particulière du présent».

Voilà le point de référence qui doit guider nos réflexions, notre travail du deuil et de la mémoire entre le passé et le présent : éclairer les incertitudes de notre instant historique européen, à travers les leçons du passé, et questionner à la fois, de façon critique, les expériences d'alors en vue des exigences du temps présent.

Cela signifie un travail qui, d'une part, actualise la mémoire historique et, d'autre part, se remémore le présent de façon critique. Tout cela doit s'exprimer avec la conviction — facilement et concrètement justifiable — disons-le, que la «pensée correcte» du totalitarisme est le plus grand ennemi du souvenir : souvenez-vous de la métaphore romanesque de George Orwell, dans laquelle le «ministère de la

---

1. L'écriture de ce texte date de l'époque où l'Europe connaît pour la première fois depuis 1945 une guerre entre nationalités dans l'ex-fédération de Yougoslavie, et où l'Algérie est en proie à la guerre entre le régime du FLN et les radicaux islamistes, les populations étant prises entre deux feux.

Vérité» avait pour tâche essentielle d'écrire et de sans cesse réécrire l'histoire, le regard constamment posé sur les pragmatiques et les intérêts cyniques de l'actualité.

À cette responsabilité existentielle et universelle, qui est le résultat de l'action même de survivre et qui m'oblige — et, de fait, il s'agit ici d'un impératif moral — à tenter de parler devant vous, en nom et place de tant de milliers de morts anonymes et célèbres, à cette responsabilité, existentielle donc, il faut en ajouter une autre, bien plus exigeante encore.

Eh bien le prisonnier que j'étais moi-même, le numéro 44904, était un jeune communiste de vingt ans qui a vécu ses expériences de militant de l'organisation secrète, à l'intérieur du camp de Buchenwald, pendant seize mois. Qui, une fois passé la période de quarantaine dans le block 62 du Petit Camp, a travaillé au Bureau des statistiques du travail, c'est-à-dire dans un des pôles névralgiques du pouvoir de l'organisation de résistance interne. Bien évidemment, je n'appartenais pas à la troïka dirigeante du Parti communiste espagnol à Buchenwald, mais comme j'étais le seul, parmi tous mes camarades, à maîtriser la langue allemande, on m'avait chargé d'accomplir des tâches d'une grande responsabilité.

C'est ainsi que j'ai pu connaître un certain nombre de problèmes, d'activités et aussi bien des secrets concernant la résistance antifasciste, au sein même du camp de Buchenwald. C'est également de cette façon que j'ai pu faire la connaissance et fréquenter quelques-uns des membres les plus importants de la nomenklatura communiste du camp, plusieurs de ces kapos rouges qui ont joué un rôle décisif dans la vie du camp.

Je ne vais pas revenir, en premier lieu, sur le fait que les communistes allemands — dans certaines circonstances historiques et pendant que se déroulaient par ailleurs des choses effroyables qu'il m'est impossible de décrire ici — avaient pris le pouvoir intérieur de Buchenwald et avaient acquis une prédominance pratiquement hégémonique, et, en second lieu, sur les problèmes politiques et moraux que signifiait la pratique dudit pouvoir, étant donné que les activités de la résistance antifasciste ne pouvaient se dérouler que dans le cadre et sous couvert d'une gestion efficace et rationnelle de la main-d'œuvre déportée qui alimentait les entreprises de l'industrie de guerre nazie (les usines de Gustloff, les usines d'armement allemandes, Mibau, Dora, etc.), car tout cela a déjà donné lieu à de nombreux commentaires, recherches et polémiques de toutes sortes.

Il y a des années, dans *Quel beau dimanche !*, j'ai développé une partie de ce matériel historique sous forme de récit, comme une tentative de connaissance rétrospective critique et historique. Mais en 1980, lorsque j'ai écrit le livre, naturellement je ne connaissais pas les documents qui ont été mis au jour une fois que s'est produite, de façon démocratique, la réunification allemande après laquelle il a été enfin possible d'avoir accès aux archives du Parti socialiste unifié d'Allemagne[1].

---

1. C'est-à-dire le Parti communiste : *Sozialistische Einheitspartei Deutschlands*, fondé en 1946.

À ce propos, et sans vouloir préjuger des résultats que donneront à l'avenir les recherches qui sont en train d'être menées en ce moment même, à partir des archives allemandes et russes, ni les recherches du musée historique du Mémorial de Buchenwald, les travaux du groupe d'historiens, coordonné par Lutz Niethammer, et qui ont été publiés sous le titre «L'Antifascisme épuré : le Parti socialiste unifié d'Allemagne et les kapos rouges de Buchenwald[1]», me semblent d'une importance capitale.

Quels que soient les résultats des investigations futures, nous pouvons dès à présent extraire quelques conclusions de ces grandes questions, chose que je vais m'employer à faire brièvement, en assumant ainsi le risque de tomber dans une éventuelle schématisation.

En premier lieu, nous devons avaliser la nécessité de la résistance antifasciste. Non seulement la résistance en termes généraux, d'un point de vue abstrait, comme un impératif moral que l'évidence imposerait. Nous devons surtout avaliser la nécessité de la Résistance y compris dans les conditions concrètes présentes à l'intérieur du camp de Buchenwald, à l'intérieur du réel et étroit espace de possibilités existantes, et cela malgré les dangers on ne peut plus évidents de commettre les erreurs morales qu'implique une telle résistance intérieure.

Jacques Maritain, le grand penseur catholique de l'école thomiste, a écrit dans *L'Homme et l'État*[2], dans les années cinquante, que dans les sociétés où dominait totalement la barbarie, par exemple dans les camps de concentration, ou aussi dans les sociétés assujetties à des conditions bien concrètes et bien déterminées, comme les sociétés de la résistance secrète en pays occupé, il a écrit que dans de telles circonstances, donc, bien des choses qui, par leur nature morale, dans une vie normale et civilisée seraient objectivement source de tromperie, de mort ou d'infamie, pouvaient se libérer de cette définition et même devenir, concernant leur nature morale, des choses objectivement autorisées et bonnes d'un point de vue éthique.

Voilà pourquoi nous pouvons considérer la résistance antifasciste organisée par les communistes allemands à Buchenwald moralement légitime et politiquement positive. À l'intérieur des limites qu'imposait la situation objective, la résistance avait rendu possible la formation d'une solidarité internationale, et le développement des principes et de la pratique d'une morale de la résistance. Observée sous cet angle, l'expérience de l'organisation communiste allemande de Buchenwald peut et doit être acceptée par la mémoire historique de l'Allemagne réunifiée : elle appartient à sa tradition de la résistance et à son héritage des luttes contre le nazisme.

Malgré toutes les tentatives de récupération ou de manipulation a posteriori de la part des autorités de la RDA, l'expérience antifasciste de Buchenwald est une

---

1. L. Niethammer (éd.), *Der «gesäuberte» Antifascismus: die SED und die roten* Kapos *von Buchenwald: Dokumente*, Berlin, Akademie Verlag, 1994.
2. J. Maritain, *L'Homme et l'État*, PUF, 1953.

expérience historiquement autonome. Elle puise ses racines dans les luttes et les défaites du mouvement ouvrier allemand des années trente, elle porte le sceau de la grandeur et de la misère de cette époque, elle est également caractérisée par les contradictions de cette époque. C'est précisément pour cette raison, parce qu'elle était autonome, qu'elle a fini par devenir suspecte pour Ulbricht et son groupe issu de l'exil moscovite, car ceux-ci avaient pas mal d'expérience en matière d'«épuration».

Et voici à présent la deuxième conclusion sur laquelle je désirais mettre particulièrement l'accent. Tout en restant moralement légitime et efficace du point de vue politique, l'activité antifasciste des kapos rouges de Buchenwald et de leurs alliés des différents pays européens dans les comités secrets — vue dans l'optique, déterminée par l'histoire et nécessairement partiale et préconçue, d'une stratégie de la résistance — doit cependant être analysée de façon critique, pour juger de façon objective les résultats obtenus et le prix en vies humaines que cela a supposé. L'heure est venue d'en finir avec la rhétorique et les mythologies d'un esprit de parti pseudo universel, qui tenterait de se déguiser en esprit du monde.

Mais cette question ne doit pas seulement être abordée au niveau collectif: nous devons nous la poser également au niveau individuel.

Le philosophe chrétien Jacques Maritain, que nous avons déjà mentionné, a poursuivi plus avant ses réflexions en expliquant que, dans des situations exceptionnelles — par exemple les camps de concentration — on a également pris des mesures justes et injustes au nom de la lutte permettant d'atteindre les objectifs de l'humanisme et de la fraternité. Il a même ajouté que la ligne de démarcation entre les deux s'était déplacée, car la conscience qui applique les principes se transforme en véritable arbitre, tandis que les concepts abstraits qui habitent le ciel platonicien et le dictionnaire des cas juridiques perdent toute validité.

Au sein de l'appareil secret de la résistance antifasciste collective, la conscience individuelle de n'importe quel militant occupant un poste de responsabilité ou exerçant le pouvoir — aussi limité soit-il — se transforme en arbitre de la source des décisions justes et injustes. Nous savons tous, et nous connaissons même leur nom et leur prénom, qu'il y a eu des militants dont la conscience s'est soudain troublée lorsqu'ils ont été confrontés aux difficultés de la lutte ou aux privilèges du pouvoir, et qu'ils ont perdu leur âme et leur dignité dans le tumulte d'une lutte cruelle à la vie à la mort.

Lorsque je parle de cette nouvelle évaluation critique du passé — j'espère que cela a été bien clair — je parle d'un point de vue historique: je me réfère à la meilleure façon de mener à terme l'analyse de ce passé, de manière effective, sous un éclairage moral et politique, pour qu'elle parvienne à produire des concepts et des valeurs concrètement destinés à la jeunesse démocratique d'aujourd'hui. Je ne parle pas ici depuis le point de vue d'une accusation judiciaire ou d'une analyse juridique. Aussi critique et objectif que puisse se montrer ce travail, il ne peut parvenir à se réaliser que s'il est conduit par un esprit ouvert à la compréhension et au respect. Y compris conduit, je pense, par la compassion.

Pour nous résumer, nous devons procéder d'une façon totalement antinomique à celle dont ont procédé les autorités politiques et policières de la RDA, lorsque dans les années cinquante et en profitant des simulacres de procès qui avaient été organisés à Prague, à Varsovie et dans différentes capitales du bloc soviétique, elles ont à nouveau lancé une enquête contre les kapos rouges de Buchenwald, et tout spécialement contre Ernst Busse, Erich Reschke et Walter Bartel. À l'occasion d'une conférence donnée pour le Cinquième Forum de Bautzen, de la Fondation Friedrich Ebert, dont le titre était *Des difficultés d'écrire la vérité à partir des rapports communistes* (et en citant ce titre je ne peux éviter d'avoir un souvenir ému pour mon ami Walter Janka), à l'occasion de cette conférence donc, le professeur Lutz Niethammer (éditeur d'une magnifique étude déjà citée) résume les débats et les problèmes de l'épuration interne contre les «communistes de l'intérieur», organisée par le groupe de l'exil moscovite d'Ulbricht, dès que ce dernier en eut l'occasion.

J'aimerais évoquer brièvement ici le souvenir de Reschke, de Busse et de Bartel. Je les ai connus dans le Bureau des statistiques du travail du camp de Buchenwald, où ils se présentaient fréquemment pour discuter avec le kapo Willi Seifert et aussi avec Josef Frank, un de ses collaborateurs. Frank a été condamné à mort à Prague, à l'issue du procès contre Rudolf Slánský. On l'a pendu et ses cendres ont été dispersées sur une route abandonnée et couverte de neige. Au cours du procès, Josef Frank, «Pepikou», comme l'avaient surnommé ses compatriotes tchèques, avait avoué avoir travaillé pour les SS et pour la Gestapo dans le camp de Buchenwald. C'était une fausse déclaration, bien entendu, une déclaration mensongère, arrachée sous la torture. Si Frank avait été un agent de l'ennemi nazi, je ne serais pas ici aujourd'hui, sur cette tribune honorable et engagée. À une occasion, j'ai moi-même demandé à Frank, au cours de l'année 1945, de m'aider à organiser une évasion planifiée par la direction secrète des communistes français. Il est vrai que ce plan avait été très rapidement annulé, mais il aurait dû cependant me conduire tout droit à la potence, si Frank n'avait pas été un militant aussi altruiste qu'honnête. Dans la foulée du procès Slánský, Ernst Busse et Erich Reschke ont été déclarés coupables et on les a déportés dans un goulag d'où Reschke est revenu complètement détruit, attendant par la suite une réhabilitation publique de la part de la RDA qui n'est cependant jamais venue. Ernst Busse, de son côté, a disparu en 1952 dans le camp de concentration stalinien de Vorkouta[1].

Quant à Walter Bartel, il a mis toute l'énergie et tout le courage qui l'avaient déjà distingué à Buchenwald pour s'opposer aux interrogatoires et à la pression de la police politique de la RDA. Il a refusé de façon catégorique de capituler et d'avouer, et cela lui a non seulement permis de sauver sa peau, mais aussi de conserver sa dignité en tant que combattant antifasciste.

---

1. Ville, construite par les *zeks* pour l'exploitation des mines, qui donna son nom à un des grands complexes du Goulag et qui fut appelé la «guillotine glacée»; elle est situé à 150 km au nord du cercle polaire dans la République des Komis.

De son côté, Willi Seifert, le kapo du Bureau des statistiques du travail, malgré la fausse déclaration de Frank qui le compromettait directement, a fait carrière dans la police populaire de la RDA — mais à quel prix? Combien cela lui a-t-il coûté? — et il est finalement devenu lieutenant général et vice-ministre de l'Intérieur. Et probablement ce destin a-t-il été le plus tragique de tous ceux que je viens de rappeler ici. Existe-t-il en réalité chose plus absurde au monde, chose plus humiliante, pour quelqu'un qui a été prisonnier, pour quelqu'un qui a été victime, que de finir sa vie vêtu de l'uniforme du bourreau?

Bien entendu, nous commémorons aujourd'hui le cinquantième anniversaire de la défaite du nazisme, de la libération du camp de concentration de Weimar-Buchenwald. Et c'est bien pour cela que nos réflexions sont principalement orientées vers la compréhension des circonstances historiques qui, dans un pays tel que l'Allemagne, ont rendu possible que le parti de Hitler réussisse à prendre le pouvoir.

Mais le destin des hommes dont je viens de parler, qui ont lutté ici contre le nazisme pendant huit effroyables et tragiques années, nous montre clairement qu'il demeure impossible de tracer une frontière hermétique entre cette expérience glorieuse et malheureuse, mais toujours extraordinaire, et les années qui ont suivi au sein d'un monde divisé et d'une Allemagne coupée en deux blocs antagonistes.

De plus, quelques mois après que les derniers prisonniers antifascistes avaient pu sortir de Buchenwald, on a construit au même endroit le Camp spécial n° 2 de la force d'occupation soviétique.

Le 1er août 1949, Thomas Mann a tenu dans ce Théâtre national son discours commémoratif à l'occasion du deux centième anniversaire de la naissance de Goethe. Et, dans le Camp spécial n° 2 de Buchenwald, une jeune actrice berlinoise a récité la pièce *Egmont*[1]. «Lorsque Thomas Mann a tenu son discours au Théâtre national de Weimar, à l'occasion du deux centième anniversaire de la naissance de Goethe, moi j'ai donné une représentation d'*Egmont*, là-haut, dans ma baraque, j'ai récité la pièce de mémoire — la scène de la prison nous a émus», m'a écrit Sigrid W. dans une lettre, quelques jours après que j'ai fait mon discours à l'église Saint-Paul de Francfort, lorsqu'on m'a remis le prix de la Paix.

J'ai dit à cette occasion que l'Allemagne est, depuis la réunification, «le seul peuple en Europe à pouvoir et devoir prendre en compte les deux expériences totalitaires du XXe siècle: le nazisme et le stalinisme. Le peuple allemand a vécu ces expériences dans sa chair et dans son âme et il ne peut les dépasser [...] qu'en les assumant de façon critique, conséquente et approfondie. Ainsi, non seulement l'avenir démocratique de l'Allemagne sera assuré, mais également celui d'une Europe unie et en expansion».

---

1. Tragédie en cinq actes de Goethe, représentée la première fois à Weimar en 1791. Elle met en scène l'affrontement entre Philippe II d'une part, le prince d'Orange et le comte d'Egmont d'autre part. Défenseur des libertés des habitants de Bruxelles, Egmont est emprisonné et abandonné par le peuple bruxellois. Seule lui reste fidèle une jeune fille qu'il aime. Egmont meurt en prison.

Et la conclusion que j'en ai tirée alors, et que j'aimerais répéter ici, était la suivante :

Buchenwald, ou plutôt le binôme Weimar-Buchenwald, est le lieu de mémoire historique qui symbolise au mieux cette double tâche : celle du travail de deuil, qui permettra de maîtriser de façon critique le passé, celle de l'élaboration des principes d'un avenir européen qui nous permette d'éviter les erreurs du passé.

Les interventions de ces jours-ci me semblent représenter un pas décisif sur ce chemin. Un début encourageant pour accomplir cette tâche nécessaire, dont on ne doit surtout pas mésestimer l'importance.

Que le ministre-président, monsieur Bernhard Vogel, et les autorités du Land de Thuringe aient invité un étranger comme moi à cette cérémonie commémorative, un rouge espagnol, le prisonnier numéro 44904 du camp de concentration de Buchenwald, est une preuve supplémentaire de l'esprit européen ouvert et démocratique qui plane sur ce cinquantième anniversaire. Cet esprit est la garantie pour que continue à se produire, également à l'avenir, la nécessaire transmission de la mémoire historique aux jeunes générations.

L'Expérience du totalitarisme, 1996

Une tombe au creux des nuages
© Climats, un département des Éditions Flammarion, Paris, 2010.

Invité à ouvrir la conférence sur *Die Erfahrung des Totalitarismus* («L'Expérience du totalitarisme») organisée par la commission historique du Parti social-démocrate (SPD) à Berlin, en 1996, Jorge Semprún traite des rapports conflictuels entre social-démocratie et communisme. Il s'inspire en partie des articles réunis dans un numéro de la revue *Esprit* paru au début de l'année et dont le thème était : «Le totalitarisme : un cadavre encombrant.»

Déporté à Buchenwald, révolutionnaire professionnel, voilà ce qui constitue un premier niveau d'expérience chez Jorge Semprún. Le second, vient de sa propre formation intellectuelle : la réflexion philosophique et historique. À partir de cette somme, Jorge Semprún est en mesure de livrer la leçon ultime de son expérience : la convergence des extrémismes contre la démocratie. Entre démocratie et totalitarisme, si le choix est clair, encore faut-il en avoir pleinement conscience et affirmer sans détour la nocivité des idéologies qui font miroiter des sociétés parfaites, en vérité seulement parfaites dans leur dimension liberticide. Dans nos sociétés, l'alternative démocratie ou totalitarisme se pose toujours...

Le XXe siècle – extrêmement court d'un point de vue historique puisque, comme le démontre Eric Hobsbawm dans son livre, *L'Âge des extrêmes*[1], notre siècle a commencé en 1914 et s'est terminé en 1991 – a été structuré (ou plutôt, déstructuré) par l'expérience totalitaire.

Le XXe siècle peut se caractériser de différentes façons, selon le point de vue adopté par rapport à l'histoire de l'humanité. Les hommes de science pourraient le qualifier de siècle de la révolution technologique, et ils auraient parfaitement raison. La cybernétique, l'information et l'interconnexion à l'échelle mondiale des réseaux de communication concernant les savoirs les plus divers, sans parler des autres champs scientifiques, de la médecine à la gestion commerciale, par exemple, de l'utilisation de l'énergie atomique à la conquête de l'espace, ont révolutionné les modes de vie et de pensée des hommes. Beaucoup plus rapidement, en quelques décennies, que dans les siècles passés.

Cela dit, si nous considérons l'histoire du point de vue des êtres humains qui la font – et que l'histoire, souvent, défait à son tour – il semble indiscutable que le XXe siècle se caractérise avant tout, comme le dit Hobsbawm, par le fait qu'il est l'époque des extrémismes. Plus concrètement : l'époque de la tentative systématique et continue de subversion révolutionnaire de l'ordre démocratique.

La démocratie politique – qualifiée de libérale ou de formelle, de bourgeoise ou de capitaliste, ou de n'importe quelle autre façon – a été la cible principale, l'ennemi fondamental des mouvements révolutionnaires les plus opposés entre eux, tout au long du XXe siècle. Elle a fait l'objet de la critique impitoyable des principales écoles idéologiques de ce siècle, de gauche comme de droite, aussi bien de souche marxiste que de souche fasciste.

---

1. E. J. Hobsbawm, *L'Âge des extrêmes : le court XXe siècle (1914-1991)*, Le Monde diplomatique/Éditions Complexe, 1999.

Quelles que soient les singularités, les traits spécifiques, et ils sont nombreux, qui différencient les mouvements totalitaires de cette époque, quelque chose les relie, quelque chose constitue leur identité, au sein de leur singularité d'origines et d'objectifs historiques : et cette chose est précisément leur volonté commune de détruire le système démocratique[1].

Dans la réalité de l'histoire, cette identification essentielle des deux mouvements — fascisme et bolchevisme — se concrétise et acquiert un caractère profondément symbolique entre 1939 et 1941, tout au long de ces années où le pacte entre Hitler et Staline semble annoncer la disparition définitive de la démocratie politique, du moins sur le continent européen.

Ce n'est pas un hasard, sans doute, si le destin de l'Europe, de sa raison démocratique, a dépendu, au cours de ces années-là, de la résistance et du courage de l'Angleterre, la plus vieille démocratie politique européenne. Ce n'est pas un hasard, non plus, si c'est l'œuvre de George Orwell — dont les essais sont au moins aussi importants que son œuvre romanesque — qui reprend et reflète le mieux et le plus profondément les thèmes d'une réflexion antitotalitaire permettant de redécouvrir les vertus démocratiques.

Aujourd'hui, au moment où les idées, les règles et les pratiques politiques démocratiques semblent enfin s'être imposées — je reviendrai à nouveau sur ce sujet, sur cette illusion —, il convient de se rappeler qu'une volonté totalitaire, précisément opposée à la démocratie, a parcouru tout le XXe siècle. Et qu'elle a été sur le point de triompher...

Voilà pourquoi on ne peut pas faire abstraction du concept de *totalitarisme*. Une discussion continue à se développer entre les historiens et les politologues, avec des objectifs variables selon la conjoncture historique, à propos de l'opérationnalité et des limites dudit concept.

Je vais éviter de m'y engouffrer. Je me contenterai seulement de dire que, malgré la richesse des nuances, des détails et des points de vue que cette discussion parviendra à faire affleurer, il est nécessaire de ne pas écarter, de maintenir le concept de *totalitarisme*. Car celui-ci n'est pas simplement de nature descriptive comme voudraient le laisser croire certains, il est également de nature explicative. Et même normative.

Je dirai également qu'il était nécessaire d'étudier de façon conjointe — j'oserai même dire dialectique, bien que la possibilité d'une pensée dialectique soit, malheureusement, et précisément à cause des malheurs engendrés par le marxisme, à ce point disqualifiée et passée de mode — et sous l'angle de l'universalité concrète du concept de *totalitarisme*, des expériences aussi singulières,

---

1. Jorge Semprún retrouve une idée née concomitamment au développement des phénomènes totalitaires : «Le fascisme et son aîné, le bolchevisme, sont avant tout des mouvements de troupes qui n'ont pas voulu rentrer, qui ne se sont pas bien démobilisées. Ce sont des mouvements militaires contre les masses civiles ; ce ne sont pas des mouvements de ces masses», écrivait Marcel Mauss dans *La Vie socialiste*, en février 1923.

aussi spécifiques que le sont le nazisme et le bolchevisme, dans leurs différentes manifestations historiques, dans l'évolution diverse de leurs origines, de leur développement et de leur disparition.

Par ailleurs, lorsqu'on examine la pensée politique de ces dernières décennies, il est évident que le rejet, au sein de secteurs importants de la gauche intellectuelle européenne et de la soviétologie américaine, du concept de totalitarisme, que ce rejet est dû, bien plus qu'à des raisons méthodologiques ou scientifiques respectables, au désir d'éviter d'étudier de façon critique l'expérience mortifère du bolchevisme ; au désir, délibéré ou dissimulé, de privilégier l'aspect historique de cette expérience, de la considérer radicalement différente, du point de vue moral ou de la philosophie de l'histoire, de l'expérience du mouvement fasciste et national-socialiste (vous observerez au passage que j'utilise le vocable «bolchevisme», parfaitement compréhensible et opérationnel, pour m'éviter de m'engager ici dans des digressions quelque peu académiques sur les éventuelles différences entre léninisme et stalinisme).

Le concept de totalitarisme tel que l'ont utilisé dans des contextes différents George Orwell et Hannah Arendt, Hermann Broch et Karl Jaspers, Raymond Aron, Claude Lefort et François Furet, pour ne citer que quelques noms, ne permet pas seulement d'étudier l'essence historique commune des formes extrêmes de la dictature moderne — dans le sens très précis que ce sont des réponses modernes à la crise ouverte par le développement même de la *modernité capitaliste* dans nos sociétés, autrement dit dans les démocraties de masse et de marché soumises à la dynamique perverse, en tout cas contradictoire, d'une révolution technologique permanente — mais ledit concept permet également, et cela est fondamental, je l'ai déjà indiqué, de délimiter les formes de la démocratie politique face à tous les autres mouvements antidémocratiques.

Le concept de totalitarisme permet, cependant, dans un mouvement théorique-pratique, d'*explorer* l'identité historique du nazisme et du communisme, et de délimiter la différence radicale des deux mouvements en rapport avec la démocratie parlementaire.

Cela signifie qu'il n'est pas seulement utile pour approfondir la compréhension du passé, mais aussi pour prévoir l'avenir ; ou du moins pour chercher les conditions et les configurations concrètes d'un avenir probable.

Pour quelle raison ?

Pour la simple raison que le combat pour la démocratie et pour le développement permanent de ses contenus politiques et sociaux n'a pas été seulement un problème du XXᵉ siècle, mais qu'il continuera à l'être pour le siècle à venir, quelles que soient les formes concrètes qu'il adopte.

Car la crise de la démocratie ne se finit pas avec l'effondrement *(Zusammenbruch)* du système étatique communiste et avec la chute du Mur de Berlin. Ces événements ne représentent ni la fin de l'histoire ni la fin des crises successives des systèmes démocratiques.

L'expérience du xxᵉ siècle nous a démontré, en effet — contrairement à ce que pensaient les courants révolutionnaires du mouvement ouvrier, ou, plutôt, contrairement à ce que pensaient les intellectuels qui prétendaient parler au nom desdites classes, et qui pour conserver le monopole de ce discours réduisaient celles-ci au silence — que contrairement à ce que pensait la gauche radicale, quoi qu'il en soit, la perspective d'une crise finale du système capitaliste, la perspective de son effondrement, dans un saut qualitatif de l'histoire, n'est pas réelle.

L'expérience a démontré que dans toutes les discussions à propos de cette question de l'effondrement, sur les possibilités de maintien et de développement de l'économie capitaliste, ce sont les réformistes qui ont toujours eu raison. Kautsky a eu raison contre Rosa Luxemburg ; Bernstein a eu raison contre Kautsky ; Kautsky et Blum ont eu raison contre Lénine et Trotski.

En un mot : l'expérience du xxᵉ siècle démontre que la social-démocratie a eu raison contre le marxisme-léninisme. Que le menchévisme a eu raison contre le bolchevisme.

Mais cette évidence historique doit être réaffirmée une et plusieurs fois, car malgré l'expérience, la social-démocratie a mis trop longtemps — et sur certains aspects, elle semble ne pas y être encore parvenue — à se libérer d'un certain complexe d'infériorité, de culpabilité historique, pour s'être opposée dans les années vingt à la voie révolutionnaire du bolchevisme. Le syndrome d'Octobre rouge de 1917 a mis très longtemps à s'effacer de la mémoire collective de la social-démocratie.

Par ailleurs, il est également vrai, et de façon contradictoire — ne vous proposais-je pas tout à l'heure la réhabilitation de la pensée dialectique ? —, que la chute du Mur de Berlin et l'effondrement du système soviétique ont provoqué au sein de quelques appareils sociaux-démocrates un certain complexe de supériorité. À propos de l'idée correcte que cet événement vient confirmer la justesse stratégique et morale de la ligne réformiste, certains ont rêvé ou fantasmé que le triomphe était total, définitif et irréversible. Ils n'ont pas compris que la défaite du communisme aurait également des effets négatifs. Ou du moins, pervers. Qu'elle allait exiger de se reposer de nombreux problèmes aussi bien théoriques que pratiques parmi les rangs de la social-démocratie européenne. Et cela, en premier lieu, parce que le naufrage du communisme — unique cas d'effondrement semblant donner raison aux prévisions catastrophistes des radicaux des années vingt et trente à propos de l'économie capitaliste — traînait avec lui l'obsolescence de plusieurs thèses traditionnelles, et traditionnellement cruciales, du mouvement socialiste en général : surtout en ce qui concerne les problèmes de l'économie de marché, de la collectivisation des moyens de production et du rôle du secteur public ou étatique au sein des économies modernes.

Cela dit, si la perspective d'une crise finale, d'un effondrement du système mercantile et capitaliste, n'est pas réaliste ni réalisable ; s'il faut l'écarter de la stratégie de réforme permanente de nos sociétés injustes et non égalitaires, la perspective d'une disparition des crises n'est, non plus, ni réaliste ni réalisable.

Il n'y aura sans doute pas de crise finale, mais il continuera à y avoir des crises cycliques, d'origine et de développement divers. Car le système économique mercantile et capitaliste se développe, se corrige, se soigne, se transforme et progresse seulement tout le long du sentier brutal et destructeur des crises, celles-ci font partie de son essence historique, quels que soient les instruments rationnels dont disposera une économie mondialisée dans l'avenir pour affaiblir ou réorienter leurs effets.

Le système démocratique capitaliste ne connaît que la méthode de la crise pour sortir des contradictions dans lesquelles il s'enferme périodiquement. Il ne se renouvelle que grâce à ses négativités intrinsèques.

Dans ce contexte général, il est évident que la crise actuelle du système démocratique de masse et de marché présente des aspects spécifiques, originaux. Car les difficultés actuelles de l'«État de bien-être» — réussite indiscutable des politiques sociaux-démocrates tout au long de plusieurs décennies, qui s'est étendue ces dernières années à l'Europe du sud (l'Espagne et le Portugal) — surgissent et se développent, dans un moment particulièrement critique, où différents facteurs déstabilisateurs se superposent.

Se superposent en effet des facteurs démographiques (vieillissement de la population européenne ; augmentation significative de l'espérance de vie ; inversion de la pyramide des âges, avec diminution de la proportion de la population active dans les sociétés, etc.), des facteurs économiques et sociaux (révolution technologique qui détruit de façon continuelle des postes de travail, même en augmentant la productivité sociale : ce qui, dans le cadre de nos systèmes, rigides et archaïques dans certains aspects, crée du chômage plutôt que des loisirs et des possibilités de formation continue et de libération de la force de travail, etc.), et enfin des facteurs politiques (parmi eux, il convient de souligner la transformation du concept de travail, de la pratique du travail, la transformation subséquente du rôle et de la place de la classe ouvrière, etc.), qui, en combinant et en multipliant leurs effets sociaux, créent une instabilité et une désorientation massives.

Par ailleurs, tous ces facteurs d'instabilité, inhérents au système, fonctionnent à présent d'une façon inédite, qui n'est pas encore analysée avec une rigueur suffisante, après la disparition de l'alternative économique et sociale que représentait jadis l'Union soviétique, même si cette alternative était fausse et exerçait son influence plutôt sur le terrain de l'idéologie. Et même de la mythologie.

Je ne donnerai qu'un seul exemple. Dans les années trente, lorsque les effets destructeurs de la grande crise de 1929 ébranlaient tout le système capitaliste, les réussites du premier plan quinquennal soviétique ont contribué à modifier le panorama politique et les stratégies économiques des pays occidentaux. Le discutable mais réel prestige de l'économie soviétique, durant ces années, a contribué à aggraver la critique de la démocratie libérale dans nos pays, autant par la gauche que par la droite. Ce prestige a contribué à augmenter le rôle de l'État et de la planification centrale dans les programmes politiques et dans les idéologies, y compris les plus réticents devant le collectivisme de type soviétique. Ni le New Deal de Roosevelt, ni la réussite des théories keynésiennes ne peuvent s'expliquer en dehors de ce contexte particulier.

En revanche, aujourd'hui, l'absence d'alternative, ne serait-ce que sur le terrain de l'idéologie, et même de l'illusion, n'exerce qu'une influence négative. De plus, les difficultés de la transition vers la démocratie et l'économie de marché — surtout au sein de l'ex-Union soviétique, où le totalitarisme a atomisé la société civile, qui ne peut se reconstruire qu'à travers un processus brutal d'accumulation primitive — maintiennent des foyers d'infection totalitaire, dont le développement dépend de facteurs qui échappent souvent aux facultés d'intervention de la communauté internationale démocratique.

Pour toutes ces raisons, il est impossible de parler de l'expérience du totalitarisme comme d'un cycle historique qui se refermerait sur lui-même. Lorsqu'on parle de cette expérience, on parle également de l'avenir. Des dangers de l'avenir. Et donc de la nécessité de tirer les leçons de ladite expérience pour affronter les problèmes de l'avenir.

À une heure incertaine, Primo Levi

Préface

Survivant d'Auschwitz III où il travailla à l'usine de la Buna, Primo Levi est surtout connu pour son livre *Si c'est un homme* qui ne rencontra un large public que bien des années après sa parution. L'ingénieur chimiste qu'il resta toute sa vie est aussi un écrivain, ses autres livres et ses poèmes comme ceux que préface ici Jorge Semprún l'attestent. « Je suis un homme », proclame Primo Levi qui, au cœur de la déshumanisation subie, trouve la force d'écrire. Ce recueil de poèmes, écrits de 1943 à 1987, année de sa disparition, offre à Jorge Semprún l'occasion de s'interroger sur la manière de transmettre et surmonter l'épreuve de la déportation, et de confronter la manière de Paul Celan dans sa poésie à celle de Primo Levi.

«À mon sens on ne devrait pas écrire de façon obscure», a proclamé Primo Levi dans un article appelé à un certain retentissement.[1]

Dans son travail d'écrivain, il aura été fidèle à ce précepte négatif : farouchement fidèle.

Dit le vrai, selon lui, qui dit la clarté, l'éclaircie, l'éclaircissement, la mise au jour ou en lumière, le dévoilement. D'où l'exigence obstinée, obsessive, de lisibilité, de transparence.

Certes, Primo Levi n'ignore pas que la clarté de l'expression n'est pas évidente, d'emblée, qu'elle n'est pas une donnée immédiate de l'écriture. La clarté est une conquête.

«Une écriture parfaitement claire, a-t-il dit dans l'article de 1976 auquel je me réfère, présuppose un émetteur totalement conscient, ce qui ne correspond pas à la réalité. Nous sommes faits de Moi et de Ça, de chair et d'esprit, et aussi d'acides nucléiques, de traditions, d'hormones, d'expériences, de traumatismes passés et récents : aussi sommes-nous condamnés à traîner derrière nous, du berceau à la tombe, un Doppelgänger *qui partage pourtant avec nous la responsabilité de nos actes, et par conséquent de nos pages...»*

Doppelgänger : double fantomatique, en quelque sorte ; double d'ombre de soi-même. Il est significatif que Primo Levi ait recouru à la langue allemande pour exprimer cette nuance ou *Schattierung*, qui vient de *Schatten*, ombre.

Wahr spricht, wer Schatten spricht : «Dit le vrai qui dit l'ombre.»[2]

---

1. P. Levi, «De l'écriture obscure», *Le Métier des autres. Notes pour une redéfinition de la culture*, Gallimard, Folio-essais, 1992.
2. Vers tiré du poème «Spricht aus du» du recueil *Von schwelle zu schwelle (De seuil en seuil)*, 1955.

Ce vers de Paul Celan dit le vrai, en tout cas, sur son art poétique. Sur la vérité de son ombre et l'ombre de sa vérité.

Ce vers en forme de sentence provient d'un poème où Celan s'adresse à nous, nous interpelle. En s'adressant au «tu» hypothétique qu'est tout lecteur possible : n'importe qui. Mais qui deviendra autre — c'est-à-dire, Moi, Je : ce n'est pas impensable — à la réception de l'injonction poétique l'incitant à une réflexion. D'où pourraient surgir des paroles. Des actes, qui sait?

Celan s'adresse à son lecteur, le prend à partie. Parle, toi aussi, lui dit-il dans ce poème. Mais ne sépare pas dans ton dire le «non» du «oui». Donne à ton dire toutes les nuances du sens : l'ombre du sens, le sens de l'ombre.

Autant d'ombre que tu sais partagée entre minuit et midi et minuit.

Sans doute est-il impossible de décrypter la poésie de Paul Celan sans explorer la langue allemande, qui est pour le poète, au même titre que la mort, *ein Meister aus Deutschland* : un maître d'Allemagne. C'est dans la langue mortifère des maîtres que Celan a choisi d'établir sa maîtrise poétique.

Parle, toi aussi : tel est le titre du poème de Celan. Qui tourne et s'épanouit, s'épaissit, s'assombrit, autour de ce vers paradoxal : *Wahr spricht, wer Schatten spricht* : Dit le vrai qui dit l'ombre.

C'est sur cette évidence de la part d'ombre, d'irrationnel, qui est en chacun de nous — indéniablement, inévitablement — que Primo Levi élabore une sorte de code éthique et esthétique — médiatique, même — de l'écriture.

«*Un texte a d'autant plus de valeur*, écrit-il, *et d'autant plus d'espérance de diffusion et de vie, qu'il est mieux compris et prête moins aux interprétations équivoques.*»

La vérité est plus complexe, bien entendu.

Primo Levi le reconnaît lui-même lorsqu'il écrit :

«*Bien entendu, pour que le message soit digne de valeur, être clair est la condition nécessaire mais non suffisante : on peut être clair et ennuyeux, clair et inutile, clair et menteur, clair et vulgaire...*»

Et la conclusion de son texte apporte encore davantage de nuance, d'ombrage — *Schattierung* — à la clarté tranchante de son premier propos.

«*Quand on écrit*, dit en effet Primo Levi, *on est libre de choisir le langage ou le non-langage le mieux approprié, et tout est possible : qu'un écrit obscur à son auteur soit lumineux et ouvert pour qui le lit, et qu'un écrit qui n'a pas été compris par les contemporains devienne clair et illustre des dizaines d'années, des siècles plus tard.*»

Quoi qu'il en soit, je voulais seulement, pour l'heure, souligner la différence entre Paul Celan et Primo Levi. Entre leurs conceptions de la poésie et de la vérité. *Dichtung und Wahrheit*, disait Goethe, qui se situerait plutôt du côté des Lumières. Du côté de Levi, donc.

Souligner cette différence pour mieux saisir le sens et l'essence de la poésie de Primo Levi.

Nous avons affaire à deux traditions bien distinctes de l'écriture, en général. De l'écriture moderne, en particulier.

Primo Levi s'inscrit, quant à lui, délibérément, avec constance, dans la tradition des Lumières. Quelle que soit la part d'irrationnel qu'il constate, sans parvenir à la maîtriser, dans la pulsion d'écriture qui l'a poussé parfois à s'exprimer dans une forme poétique, Levi s'efforce toujours d'y introduire la clarté, l'ordre de la raison.

« Il n'est pas vrai que le désordre soit nécessaire à la peinture du désordre ; il n'est pas vrai que le chaos de la page écrite soit le meilleur symbole du chaos final auquel nous sommes voués : croire cela est le vice caractéristique de notre siècle si peu sûr de lui. »

Ainsi, dans ses poèmes, qui naissent d'un besoin spécifique de communication, qui signifient la saisie d'un instant de vie ou de mémoire — alléluias modestes du réel, du vécu, de l'imaginaire —, on peut voir à l'œuvre la tenace et têtue volonté de mise en lumière et en ordre. De rappel à l'ordre, aussi.

Paul Celan, de son côté, s'inscrit dans une tout autre tradition de la modernité. Il s'y inscrit délibérément, lui aussi. Dans la mesure, en tout premier lieu, où, poète roumain, il choisit la langue allemande pour exprimer sa maturité d'écrivain.

Sans doute pourrait-on gloser longuement. Ce n'est pas le moment. Il suffira peut-être de rappeler que le mot allemand pour poésie, *Dichtung*, est le substantif de *dichten*, qui ne veut pas seulement dire *écrire des vers, poétiser*, mais aussi *épaissir, condenser*. En somme, s'il fallait établir en allemand la comparaison entre l'art poétique de Celan et celui de Levi, cela se jouerait entre *Dichtung* et *Lichtung*, qui veut dire éclaircie, clairière, et qui vient de *Licht*, lumière, bien entendu.

On pourrait, donc, explorer cette tradition de la poésie allemande, remonter de Celan à Trakl et à Hölderlin. Je préférerais ici suivre une autre piste dans la même forêt de symboles.

Dans ses *Recherches philosophiques sur l'essence de la liberté humaine*[1], le philosophe F. W. J. Schelling parle du monde, tel que nous l'apercevons. « Tout y est règle, ordre et configuration », dit-il. Mais il ajoute : « Cependant l'irrégularité demeure toujours sous-jacente, comme si elle pouvait encore faire une nouvelle percée ; il apparaît ainsi que nulle part l'ordre et la forme ne représentent quelque chose d'originaire, mais que c'est une irrégularité initiale qui a été ordonnée et réglée. »

---

1. F. W. J. Schelling, *Recherches philosophiques sur l'essence de la liberté humaine* (1809) ; édition de M. Richir, Payot, coll. « Critiique de la politique », 1977.

D'où il conclut par une phrase terrifiante, éclairante aussi : « Sans cette obscurité préalable la créature n'aurait aucune réalité ; la ténèbre lui revient nécessairement en partage. »

Mais, pour intéressante qu'elle puisse être, sur le plan de l'analyse littéraire et d'une critique comparatiste, cette mise en perspective des traditions poétiques opposées — en référence, l'une d'elles, à l'ombre de l'«irrégularité initiale», originaire, de l'être, et l'autre à la lumière que la raison y projette pour y établir un « ordre » et une « forme » — n'aurait qu'une portée académique si, à l'arrière-plan, ne se profilait la réalité des camps de concentration : l'expérience néantisante du Mal radical.

Paul Celan et Primo Levi sont, en effet, des poètes qui ont écrit après Auschwitz. Dont l'écriture ne s'explique, en instance existentielle, que par l'expérience de l'anéantissement du peuple juif en Europe.

C'est dans ce contexte qu'il faut reprendre les affirmations de Primo Levi dans l'article de 1976 que j'ai déjà cité maintes fois, dont le titre est, précisément, « De l'écriture obscure ».

Dans cet article, après avoir développé — non sans quelque rudesse idéologique, quelque raideur morale — ses arguments contre l'obscurité en littérature, Primo Levi s'en prend directement à Paul Celan.

« Le dicible est préférable à l'indicible, la parole humaine au grognement animal. Ce n'est pas un hasard si les deux poètes allemands les moins intelligibles, Trakl et Celan, se sont tous deux suicidés, à deux générations de distance. Leur destin commun fait penser à l'obscurité de leur poétique comme à un prêt-à-mourir, à un non-vouloir-être, à un fuir-le-monde dont la mort voulue a été le couronnement. »

Certes, ajoute Levi, Paul Celan est respectable, parce que son «grognement animal était terriblement motivé». (On ne peut s'empêcher de sursauter, à voir qualifié de «grognement animal» un langage qui est, dans son hermétisme même, le produit d'une élaboration extrêmement raffinée : trop, à l'occasion !)

Motivé, quoi qu'il en soit, «pour Celan, juif allemand réchappé par miracle du carnage allemand, par l'arrachement à ses racines, et par l'angoisse sans remède que provoque le triomphe de la mort».

En fin de compte, et quel que soit le respect que mérite la poésie de Celan, la conclusion de Primo Levi est sans appel :

« Je pense, quant à moi, écrit-il, que le poète Celan doit bien plutôt être médité et pris en compassion qu'imité. Si son message est un message, celui-ci se perd dans le "bruit" : il n'est pas une communication, il n'est pas un langage, tout au plus est-il un langage encombré et manchot, tel celui de qui va mourir, seul comme nous le serons tous à l'agonie. Mais justement parce que nous les vivants nous ne sommes pas seuls, nous nous devons de ne pas écrire comme si nous étions seuls... »

Telle était la clarté que Primo Levi exigeait de l'écriture poétique, qu'il exigeait de lui-même, en 1976. Lui, le vivant, onze ans avant de se suicider à son tour.

Le lendemain de ce jour-là, le 12 avril 1987, la première chose que j'entendis à la radio, tôt le matin, fut la nouvelle de ce suicide. Un tourbillon d'images, de souvenirs, m'envahit alors.

Et tout d'abord le souvenir de quelques pages admirables de *Si c'est un homme*. Celles du chapitre qui s'intitule «Le chant d'Ulysse». Sans doute s'en souvient-on. Primo Levi y raconte une corvée de soupe avec un jeune déporté alsacien, Jean, le *Pikolo* du kommando. Dans la splendeur du jour, sous le ciel limpide de juin, Levi se rappelle soudain une plage d'été de son enfance. «On voyait les Carpates couvertes de neige. Je respirais l'air frais, je me sentais étonnamment léger», écrit-il.

(C'est vrai : il arrivait qu'on se sente soudain étonnamment léger, à contempler la splendeur vivide de la forêt de hêtres, autour de Buchenwald. Ces arbres me survivront, se disait-on, ma prévisible mort n'effacera pas la beauté du monde !)

Pourquoi, au cours de cette marche avec Jean, le *Pikolo*, Primo Levi s'est-il souvenu des vers de Dante? Il n'en sait rien. Il sait seulement qu'il veut partager avec le jeune Alsacien les beautés de *La Divine Comédie*. Il commence à réciter des passages, il lutte contre l'oubli qui a oblitéré certains vers, il traduit et explique à son copain.

Question urgente, de vie ou de mort, lui semble-t-il. Quelques vers de Dante d'une importance aussi vitale que le pain. À partager comme le pain, l'espoir, la fraternité d'être ensemble pour la mort. Ensemble contre la mort, proche sans doute, rayonnante.

Cinq ans après le suicide de Primo Levi, en 1992, dans un livre remarquable — pas encore traduit en français hélas ! à l'heure où j'écris cette préface — *Weiter leben, eine Jugend* (Survivre, une jeunesse), Ruth Klüger[1] revient sur l'importance de la poésie dans les circonstances de la déportation.

«Beaucoup de déportés, écrit-elle, ont trouvé consolation dans les vers qu'ils savaient par cœur.» Et elle ajoute une notation subtile à cette constatation.

Ruth Klüger affirme, en effet, que ce n'est pas seulement, ni même principalement, le contenu — religieux ou patriotique ou éthique — des vers évoqués qui est en cause. Ni non plus le fait que les vers récités par cœur puissent se rapporter aux souvenirs prégnants de l'enfance. «En premier lieu, écrit-elle, c'est la forme elle-même, le langage maîtrisé de la poésie, qui nous donnait appui et courage.»

L'ordre et la clarté, en somme, que la récitation poétique introduisait dans le chaos obscur et absurde du *Lager*.

---

1. R. Klüger, *Weiter leben, eine Jugend,* Munich, Deutscher Taschenbuch Verlag, 1994 ; trad. *Refus de témoigner : une jeunesse*, Viviane Hamy, 1997.

J'ajouterai, pour ma part, un autre élément à l'explication du réconfort évident que la récitation intime pouvait apporter au déporté. Et c'est que ladite récitation recréait précisément un espace de solitude, de retour sur soi, d'autonomie. Car de toutes les horreurs de la vie quotidienne dans un camp, l'une des plus humiliantes, des plus dépersonnalisantes, était l'inévitable promiscuité : le fait de vivre sans cesse tous les moments de sa vie sous le regard des autres, dans la rumeur immonde des viscères, le bruissement angoissé des cauchemars.

Mais je ne cite pas seulement Ruth Klüger pour cette opinion à propos de la récitation poétique. Il se trouve qu'elle aussi a écrit des vers et que pour elle, comme pour Primo Levi, l'exigence de clarté a été au cœur de son entreprise.

Née à Vienne, dans une famille juive modeste, Ruth Klüger est arrivée à l'âge que l'on dit de raison au moment de l'Anschluss de son pays par Hitler. Dès lors, le récit de sa jeunesse qu'elle fait dans *Weiter leben* — remarquable par la transparente sérénité de son langage et la densité idéologique de la réflexion — est la description du périple à travers l'archipel des camps nazis, de Theresienstadt à Gross Rosen, en passant par Auschwitz-Birkenau.

Dans le court chapitre de son livre où elle évoque les vers récités par cœur dans les camps, le soutien moral qu'ils lui auront fourni, Ruth Klüger, après avoir contesté l'opinion d'Adorno sur l'impossibilité de toute poésie après Auschwitz, s'en prend aussi, sur un mode plutôt ironique, à l'obscurité de Paul Celan.

« On peut brocarder Dieu et Goethe, dit-elle, mais l'auteur de la Todesfuge *est intouchable. Et pas précisément parce qu'il est si grand poète, car Goethe l'était aussi. »*

Il me semble que le débat reste ouvert, qu'il le restera toujours. *Dichtung* et *Lichtung* : poésie et vérité de l'ombre ; poésie et vérité de la lumière.

J'ai envie de redonner la parole à Schelling, pour en terminer provisoirement. Non seulement pour le sens de ses formulations philosophiques, mais aussi parce que c'est à Buchenwald, un dimanche après-midi de l'automne 1944, autour du châlit où allait mourir Maurice Halbwachs, qu'un déporté allemand au triangle violet de la secte angélique des *Bibelforscher*[1], objecteur de conscience, venu se joindre à notre groupe je ne sais plus pourquoi, nous parla des *Recherches* de Schelling, nous dit la phrase qui nous marqua : « Sans cette obscurité préalable, la créature n'aurait aucune réalité : la ténèbre lui revient nécessairement en partage. »

Je reviens donc au philosophe Schelling, pour conclure provisoirement.

« Nous ne connaissons pourtant rien qui puisse inciter davantage l'homme à tendre de toutes ses forces vers la lumière que la conscience de la nuit profonde dont il a surgi pour s'élever à l'être-là... Toute naissance est naissance des ténèbres à la lumière ; la graine doit nécessairement s'abîmer dans la terre et mourir dans les ténèbres afin que se lève une figure lumineuse... »

---

1. Les Témoins de Jéhovah.

Quelles que fussent les réserves que Primo Levi, rationaliste positif, aurait pu faire au frémissement idéaliste et romantique du langage de Schelling, il me semble bien que ce désir de lumière dans la nuit profonde de l'expérience concentrationnaire a inspiré son écriture.

Il est d'autant plus pathétique de relire aujourd'hui ce qu'il écrivait de la poésie de Paul Celan, en 1976. Ce n'était pas un hasard, pour lui, qu'un poète aussi peu intelligible se soit suicidé. L'obscurité de sa poétique était, ajoutait Levi, comme un prêt-à-mourir, un non-vouloir-être.

Pourtant, la clarté de l'entreprise poétique de Primo Levi n'a pas empêché que la mort et l'ombre ne le rattrapent, un jour d'avril. Un jour de ce terrible mois d'avril où le souvenir des camps se lève, chaque année, comme une ombre de cendres et de fumée, sur l'Europe occidentale.

Par-delà cette mort, par-delà toutes les morts, la Mort, le vers de Paul Celan retentit de nouveau sourdement dans notre mémoire.

Wahr spricht, wer Schatten spricht: <u>Dit le vrai qui dit l'ombre.</u>

L'Équipée fraternelle, Paul Nothomb

Préface

Espagne, España. Le pays natal, Jorge Semprún l'a toujours considéré comme sien. La guerre civile appartient à l'histoire de sa famille, elle a modelé son destin. Si l'exil demeure une profonde blessure, le désir de retourner en Espagne quelles que soient les conditions (clandestines, normales ou officielles) n'a cessé de le tarauder. Jamais, au grand jamais, il n'a oublié l'élan de solidarité envers la République espagnole menacée : ils sont venus du monde entier, ces volontaires, pour se battre à ses côtés, et ce sacrifice reste, malgré la défaite ou en raison d'elle peut-être, la marque d'une fraternité dont l'éclat n'a cessé de se manifester depuis lors. España, Espagne : en préfaçant le livre de Paul Nothomb sur l'escadrille « España », Jorge Semprún rappelle cette dimension d'une aventure dont André Malraux fut l'organisateur. Et le fait que l'écrivain se soit lancé dans ce combat difficile parce qu'inégal, inégal parce qu'improbable, lui donne la couleur de la fraternité.

« *Je sais bien aujourd'hui que les communistes que nous étions, sincères assurément, étaient les complices de grands crimes (nous sommes à la fin de 1936, c'est-à-dire à l'heure où Staline se lance dans ses purges les plus sanglantes — dont les échos parviennent jusqu'à nos oreilles, donnant lieu entre nous à d'âpres discussions). Je me refuse pourtant, après toutes ces années, à considérer mes camarades du parti autrement que je le faisais alors...* »

C'est Paul Nothomb qui écrit ces lignes, dans son *Malraux en Espagne*.

En 1936, jeune communiste belge de vingt-deux ans, aspiré et inspiré par l'idéal bolchevique — idéalisme révolutionnaire d'un bolchevisme irréel, qui s'incarnera dans les horreurs du socialisme réel —, Nothomb, fort de son expérience dans l'aviation, s'engage dans l'escadrille *España*, qu'André Malraux a inventée, organisée et commandée, dès les premiers jours de l'insurrection fasciste, pour venir en aide à la République espagnole.

Remémorant cet engagement de sa jeunesse d'exigeante révolte contre l'ordre bourgeois, Nothomb précise, dans la page que je viens de citer : « L'adhésion à la doctrine de Lénine nous unissait comme la foi unit un ordre de moines-soldats. »

Ce qui n'est pas une mauvaise définition : d'un état d'esprit, d'un aveuglement mobilisateur.

Mais cette page se termine par quelques phrases d'une capitale importance.

C'est dans le commentaire d'une très belle photographie de la guerre d'Espagne qu'on trouve des mots qui non seulement me paraissent justes — parce qu'ajustés à la réalité, et lui faisant justice — mais chargés d'une émotion historique encore agissante.

Malraux en Espagne, en effet, le très beau livre de Paul Nothomb, se compose de deux parties bien distinctes, mais reliées entre elles, fortement, profondément, parce qu'elles traitent du même sujet — l'expérience collective de l'escadrille internationale créée par André Malraux, en 1936 et 1937 — et parce que, du point de vue narratif et intellectuel, les deux parties témoignent d'un même esprit de rigueur, d'objectivité, d'une identique vision du monde, lucide et chaleureuse, dépourvue de concessions mais pleine de tendresse humaine.

Voici les mots qui me bouleversent, encore aujourd'hui, si longtemps après les événements historiques auxquels ils se rapportent.

«*Régnait entre nous,* écrit Nothomb, pour évoquer les combats d'antan, *un esprit de camaraderie inouï, une bonne humeur de tous les instants : au point que je ne puis m'empêcher, me remémorant ces heures passées, de penser que nous avons touché là un de ces très rares instants où la fraternité humaine, cette denrée si souvent frelatée, est autre chose qu'un mot, qu'un cache-misère.* »

D'un côté, donc, implacable rigueur pour juger des résultats réels du bolchevisme idéal qui avait ébloui sa jeunesse. De l'autre, affirmation de fraternité — sympathie, compassion ou partage — avec les compagnons des longues années glorieuses ou misérables, des batailles souvent héroïques, presque toujours perdues.

Cette attitude, qui semble aller de soi aujourd'hui, *post festum* — on pourrait quasiment dire *post mortem,* vu l'effondrement du socialisme réel —, a été pourtant extrêmement rare.

Souvent, trop souvent, les anciens communistes — quelle que soit la raison qui les ait poussés à rompre avec le parti, ou à en être exclus, quel que soit le moment historique — peuvent se ranger en deux grandes catégories.

Il y a d'abord ceux qui, imitant un personnage de *Huis clos* de Sartre, pour qui l'enfer, c'est les autres, proclament en toute mauvaise-bonne foi que le stalinisme, c'est les autres. Intellectuels ou cadres politiques du parti — parfois de premier plan —, ils font semblant de n'avoir découvert le stalinisme que le jour où ils en sont devenus les victimes propitiatoires. Tout ce qu'ils ont pu écrire ou faire avant cette date, et qui aura servi à propager et consolider le stalinisme, avant le jour funeste où ils ont été saisis par le moulin à broyer les âmes, cette mécanique de la suspicion et de la répression — au nom, bien entendu, de la «vigilance révolutionnaire»! — tout cela, ils l'ont oublié.

D'autres, tout aussi nombreux, et en fonction d'une même absence d'autoana-lyse, d'esprit autocritique, mais qui aura fonctionné en sens inverse, reconduisent et reconstruisent, dans leur antistalinisme, dans le procès qu'ils instruisent à l'encontre de leur ancienne foi, les mêmes procédés, les mêmes procédures d'intolérance et de dogmatisme qu'ils avaient mises en œuvre, autrefois, contre la liberté de l'esprit.

L'attitude de Paul Nothomb en tout cas — synthèse rare d'esprit critique implacable et de mémoire compassive ou fraternelle — se révèle non seulement exceptionnelle mais aussi exceptionnellement adaptée à son sujet dans ce récit.

Exceptionnellement apte à cerner et à décrire le comportement et la philosophie politique d'André Malraux pendant la guerre antifasciste d'Espagne. Celui-ci, en effet (et *L'Espoir* en témoigne, superbe roman, aussi original dans sa structure formelle, éclatée, polyphonique : éclatante, qu'il est profond et riche dans la discussion, la réflexion politique, idéologique, qui en constitue la substance), porté par l'objectivité du moment historique à se placer auprès des communistes dans le combat antifasciste, loyal compagnon de route de ces derniers, n'en préserve pas moins son autonomie de création et de pensée.

Il s'ensuit que *Malraux en Espagne* est un livre beau et grave : document historique de premier ordre, d'un côté ; parfaite réussite artistique, de l'autre.

Du point de vue de l'histoire, Paul Nothomb remet les choses au point. De façon, me semble-t-il, irréfutable. Certes, il y a déjà eu des travaux objectifs, pondérés, sur le rôle exact que joua dans les premiers mois de la guerre d'Espagne l'escadrille internationale organisée et commandée par André Malraux.

Sur cette escadrille, il a été écrit aussi pas mal de sottises calomnieuses. Les plus sottes et malveillantes, les moins justifiées également, ne provenaient pas, au fil des années, du camp franquiste. Elles provenaient, il est pénible d'avoir à le constater, du camp républicain.

Mais ce sont des critiques faites a posteriori, bien après la fin de la guerre civile, dans le contexte des règlements de comptes entre les diverses composantes du Front populaire espagnol, divisées par les rancœurs de la défaite.

Ainsi, les communistes espagnols — qui ont fini par avoir une influence considérable, souvent déterminante, parfois hégémonique, dans l'armée républicaine, et cela parce que le seul pays à vendre massivement des armes à la république assaillie, à envoyer des conseillers militaires et des spécialistes, principalement des aviateurs et des tankistes, fut l'Union soviétique —, les communistes espagnols, donc, dans les livres d'histoire ou les mémoires écrits en exil, tout à la rumination de la défaite, ont cru bon de s'en prendre à Malraux, qui avait rompu avec eux après le pacte germano-soviétique de 1939.

En sorte que les opinions d'Ignacio Hidalgo de Cisneros, par exemple, chef de l'aviation républicaine, communiste de fraîche date à l'ardeur de néophyte — opinions qui tendent à minimiser, et même à tourner en dérision le rôle joué par André Malraux et son escadrille — ne peuvent pas sérieusement être prises en considération.

Sur cette question, Paul Nothomb fait le point de façon claire et convaincante, me semble-t-il. Par rapport à d'autres travaux — fort estimables, par ailleurs, qui allaient déjà dans le même sens, avec la même appréciation positive —, son texte a pour lui d'être l'œuvre d'un témoin actif, partie prenante dans les problèmes et les combats, puisqu'il aura vécu en première ligne, à partir de septembre 1936 et jusqu'à la dernière mission de l'escadrille — intégrée dans l'armée de l'air républicaine, et rebaptisée du nom de son fondateur —, l'équipée héroïque de Malraux et de ses compagnons.

Mais si ce livre est historiquement percutant, il l'est aussi esthétiquement.

Les photographies qui illustrent et rythment le récit de Paul Nothomb, qui servent de support — dans la deuxième partie du livre — au commentaire pertinent de l'auteur, dégagent un charme, une aura fraternelle et grave qui multiplie considérablement leur intérêt documentaire.

On y retrouvera, vues instantanées, prises sur le vif du quotidien, des images que Malraux aura élaborées et recomposées, plus tard, lorsqu'il tourna son film inoubliable, *Sierra de Teruel (Espoir)*.

Ainsi, parmi tant d'autres, les images de la descente des blessés et des morts d'un avion de l'escadrille abattu en mission. Des images évoquant la solidarité, la fraternité des paysans de la région avec ces étrangers, inconnus mais proches, qu'ils aident à évacuer les leurs vers un hôpital militaire.

La plupart des photographies reproduites dans ce livre ont été prises par Raymond Maréchal, l'un des membres de l'escadrille. Grièvement blessé à la face, une photo (p. 135) le montre lors de sa convalescence, assis dans un restaurant à côté de Malraux. Cette photo, commente Paul Nothomb, «résume pour moi toute l'atmosphère, déjà mélancolique, de cette fin de partie : Maréchal qui fixe — non sans courage — l'objectif et que je retrouve ici tout entier malgré le masque du pansement... Malraux avec son demi-sourire où se lit toujours un brin de tristesse et cet air de se ficher du monde qui était la marque de sa liberté...». Et d'ajouter un peu plus loin : «Malraux — et ceci le résume bien — ne laissera jamais tomber son copain amoché : il fera de lui l'un de ses assistants, en 1938, sur le tournage de *Sierra de Teruel*.

«Et les deux hommes se battront encore, côte à côte, en 1944, dans le maquis de Corrèze : pour Raymond, cette bataille sera la dernière.»

Les deux photos que je préfère, pourtant, dans cet ensemble d'une rare beauté, d'un intérêt documentaire considérable, sont moins dramatiques. Elles ont été prises à Torrente, près de Valence, à un moment de repos en décembre 1936 (p. 89 et double page suivante). André Malraux y figure, l'éternelle cigarette aux lèvres, au milieu d'un groupe de combattants républicains. Deux jeunes Espagnols l'encadrent, le tenant familièrement par le bras. Tout le monde sourit, a l'air joyeux. «Malraux savait rire, blaguer, commente Paul Nothomb, et n'avait jamais l'air aussi épanoui qu'en ces instants de liesse bon enfant où il n'était plus question de hiérarchie.»

Ces images, ces mots de Nothomb évoquent irrésistiblement un souvenir personnel.

À Buchenwald, l'un de mes camarades au block 40 était un métallo parisien qui s'était battu en Espagne, dans la XIVᵉ Brigade internationale. Un jour où l'on parlait ensemble de cette expérience espagnole, il m'avait dit avoir rencontré Malraux. Je lui ai aussitôt demandé quelle impression celui-ci lui avait fait. La réponse, immédiate, m'avait plutôt éberlué. «Malraux ? s'était exclamé Fernand B., c'était un marrant !»

Je n'ai compris ce qu'il voulait dire par là qu'en regardant ces photos de Malraux en Espagne, le beau livre utile et grave, simple et tragique, de Paul Nothomb.

Celui-ci a bien raison lorsqu'il dit que nous avons touché là «un de ces très rares instants où la fraternité humaine, cette denrée si souvent frelatée, est autre chose qu'un mot, qu'un cache-misère».

Le souvenir de cette fraternité d'Espagne aura marqué, hanté, la vie de ces deux hommes : André Malraux, Paul Nothomb.

LE MORT QU'IL FAUT

2001

À Fanny B., Léonore D., Cécilia L.,
Jeunes lectrices exigeantes et gaies.

Je suis sûr que ma mort me rappellera quelque chose.
Roland Dubillard

PREMIÈRE PARTIE

— On a le mort qu'il faut ! crie Kaminsky.

Il arrive à grandes enjambées, n'attend pas de m'avoir rejoint pour claironner la bonne nouvelle.

Un dimanche de décembre : soleil d'hiver.

Les arbres, alentour, étaient couverts de givre. De la neige partout, apparemment depuis toujours. Elle avait, en tout cas, le reflet bleuté de l'éternel. Mais le vent était tombé. Ses habituelles rafales sur la colline de l'Ettersberg, rudes, rêches, glaciales, ne parvenaient plus jusqu'au repli du terrain où se dressait le bâtiment des latrines du Petit Camp.

Fugitivement, au soleil, dans l'absence du vent mortifère, on aurait pu oublier, penser à autre chose. C'est ce que je m'étais dit, en arrivant au lieu du rendez-vous, devant la baraque des latrines collectives. On aurait pu se dire que l'appel venait de se terminer, qu'on avait devant soi, comme chaque dimanche, quelques heures de vie : une fraction appréciable de temps qui n'appartiendrait pas aux SS.

On aurait pu fermer les yeux, au soleil, imaginer de quoi on allait remplir ce temps disponible, miracle hebdomadaire.

Le choix n'était pas vaste, il y avait des limites précises — on s'en doute. Mais il y en a toujours, partout, probablement ; pour le commun des mortels, en tout cas. Même restreint, un choix était possible, néanmoins : exceptionnel, exclusif des après-midi du dimanche, mais réel.

On pouvait choisir d'aller dormir, par exemple.

D'ailleurs, la plupart des déportés couraient vers les dortoirs, sitôt l'appel du dimanche terminé. S'oublier, se perdre, rêver peut-être. Ils s'abattaient d'un seul tenant sur la paillasse des châlits, sombraient aussitôt. Après l'appel, après la soupe du dimanche — aux nouilles, toujours ; la plus épaisse de la semaine ; bienvenue, toujours —, le besoin de néant réparateur semblait prévaloir.

On pouvait aussi prendre sur soi, sur le retard de sommeil, sur la fatigue de vivre, pour aller retrouver des copains. Recréer une communauté, parfois une communion, quand celle-là n'était pas seulement de village natal, ou de maquis, de mouvement de résistance ; quand elle était, de surcroît, politique, ou religieuse, aspirant à un dépassement, donc à une transcendance, vous y aspirant.

Prendre sur soi pour sortir de soi, somme toute.

Échanger des signes, quelques mots, des nouvelles du monde, des gestes fraternels, un sourire, un mégot de *machorka,* des morceaux de poèmes. Bribes, désormais, brindilles, brins épars, car la mémoire s'effritait, s'amenuisait. Les plus longs poèmes connus par cœur, du fond du cœur, *Le Bateau ivre, Le Cimetière marin, Le Voyage,* se réduisaient à quelques quatrains décousus, disparates. D'autant plus bouleversants, certes, à émerger encore dans la brume du passé anéanti.

Ce dimanche-là, précisément, les nouvelles à échanger étaient plutôt rassurantes : les Américains tenaient, à Bastogne, ne cédaient pas un pouce de terrain.

Mais le soleil de décembre était trompeur.

Il ne réchauffait rien. Ni les mains, ni le visage, ni le cœur. Le froid glacial empoignait les tripes, raccourcissait le souffle. L'âme en était affectée, endolorie.

Sur ce, Kaminsky arrivait à grands pas, l'air enjoué. Il criait la bonne nouvelle, alors qu'il se trouvait encore à quelque distance.

Voilà : ils avaient le mort qu'il faut.

Immobile, maintenant, devant moi, droit dans ses bottes, massif, les mains enfoncées dans les poches latérales de son caban bleu de *Lagerschutz.* Mais son visage mobile, ses yeux vifs, reflètent l'excitation.

— *Unerhört* ! s'exclame-t-il, inouï ! Il a ton âge, à quelques semaines près ! Un étudiant, par-dessus le marché !

Un mort qui me ressemble, autrement dit. Ou bien, c'est moi qui lui ressemble déjà.

La conversation avec Kaminsky, comme d'habitude, se déroule en deux langues entremêlées. Il a combattu en Espagne, dans les Brigades, et parle un espagnol encore fluide. Il aime bien insérer des mots espagnols, des locutions entières, parfois, dans nos conversations en allemand.

— *Unerhört* ! s'est donc exclamé Kaminsky, *inaudito* !

Et il ajoute, sans doute pour souligner le caractère véritablement inouï de ce mort convenable :

— Parisien, comme toi.

Suis-je vraiment parisien ?

Ce n'est pas le moment d'aborder cette question : Kaminsky m'enverrait me faire foutre. Peut-être même en russe. Dans le mélange bigarré des idiomes de Buchenwald — d'où l'anglais était exclu, tant pis, Shakespeare et William Blake auraient pourtant fait l'affaire — le russe est celui qui me semble disposer de la plus riche variété d'expressions destinées à envoyer quelqu'un se faire foutre.

Il rit, Kaminsky, avec une sorte de joie brutale.

— On peut dire que t'en as de la chance, toi !

C'est une phrase que l'on m'a souvent dite, au long de ces années. Une constatation que l'on a souvent faite. Sur tous les tons, y compris celui de l'animosité. Ou de la méfiance, du soupçon. Je devrais me sentir coupable d'avoir eu de la chance, celle de survivre, en particulier. Mais je ne suis pas doué pour ce sentiment-là, si rentable pourtant, littérairement.

Il semble, en effet, et cela n'a pas cessé de me surprendre, qu'il faut afficher quelque honte, une conscience coupable, du moins, si l'on aspire à être un témoin présentable, digne de foi. Un survivant digne de ce nom, méritant, qu'on puisse inviter aux colloques sur la question.

Certes, le meilleur témoin, le seul vrai témoin, en réalité, d'après les spécialistes, c'est celui qui n'a pas survécu, celui qui est allé jusqu'au bout de l'expérience, et qui en est mort. Mais ni les historiens ni les sociologues ne sont encore parvenus à résoudre cette contradiction : comment inviter les vrais témoins, c'est-à-dire les morts, à leurs colloques ? Comment les faire parler ?

Voilà une question, en tout cas, que le temps qui passe réglera de lui-même : il n'y aura bientôt plus de témoins gênants, à l'encombrante mémoire.

J'avais de la chance, en tout cas, inutile de le nier.

Mais je n'en apporterai pas les preuves tout de suite, ça nous détournerait du propos principal, qui est de raconter comment ils avaient trouvé le mort qu'il faut. Et à quoi ça sert, le mort qu'il faut, pourquoi ça tombe si bien, aujourd'hui.

— Tout à l'heure, ajoutait Kaminsky, quand tu viendras au *Revier*, tu feras connaissance !

Je rejette cette idée.

— Les morts, tu sais, je connais ! J'en vois tout le temps, partout... Celui-là, le mien, je peux l'imaginer !

Vingt ans, comme moi, étudiant parisien : oui, je peux imaginer.

Kaminsky hausse les épaules. Il semble que je n'aie rien compris. Ce mort-là, le mien (moi, bientôt, puisque je vais probablement prendre son nom), il est vivant. Encore vivant, du moins. Encore pour quelques heures, sans doute. Je ferai sa connaissance, c'est sûr.

Il m'explique comment ça va se passer.

C'est la veille que ça a commencé.

Le samedi matin, donc, à une heure difficile à préciser. Soudain, il y eut des coups sourds, insistants, au fond de mon sommeil. Un rêve s'était coagulé autour de ce bruit-là : on clouait un cercueil quelque part au fond de mon sommeil, quelque part sur la gauche, au loin, dans le territoire ombreux du sommeil.

Je savais que c'était un rêve, je savais quel cercueil on clouait dans ce rêve. Je savais surtout que j'allais me réveiller, que les coups redoublés (un marteau, sur le bois du cercueil ?) allaient me réveiller d'un instant à l'autre.

Voilà : Kaminsky était à côté de moi, dans l'étroit couloir qui sépare les châlits du dortoir. Il tapait de son poing fermé sur le montant de la litière le plus proche de mon oreille. Derrière lui, je voyais le regard préoccupé de Nieto.

Même au débotté du brusque réveil, du sommeil brutalement interrompu, il était facile de comprendre qu'il se passait quelque chose d'insolite.

Kaminsky n'était pas seulement un copain, c'était aussi l'un des responsables de l'organisation militaire clandestine. Quant à Nieto, il était l'un des trois principaux dirigeants, le numéro un de la troïka, en fait, de l'organisation communiste espagnole.

Kaminsky et Nieto ensemble auprès de moi, ce n'était pas banal.

Je me suis redressé, aussitôt aux aguets.

— Habille-toi, m'a dit Kaminsky. Faut qu'on te parle !

Ils me parlaient, un peu plus tard.

Nous étions dans la salle d'eau du premier étage du block 40. Je venais de m'asperger le visage avec l'eau glacée de la vasque centrale. Les brumes cotonneuses du sommeil se dissipaient.

La salle d'eau était déserte, tous les déportés étant à leurs postes de travail à cette heure de la matinée. La veille, j'avais fait partie de l'équipe de nuit à l'*Arbeitsstatistik*. Il n'y avait pas eu beaucoup de travail au fichier central dont je m'occupais. C'est bien pour cela que Willi Seifert, notre kapo, avait instauré l'équipe de nuit, la *Nachtschicht*, pour qu'on puisse se reposer à tour de rôle.

J'avais expédié assez vite l'inscription des mouvements de la main-d'œuvre déportée signalés par les divers services. Ensuite, j'avais pu bavarder tranquillement avec ceux des vétérans allemands qui acceptaient cet échange — ils n'étaient pas nombreux. À portée de la main, en fait, je n'avais que Walter.

Le reste de la nuit, j'avais lu. J'avais fini le roman de Faulkner que j'avais emprunté à la bibliothèque pour cette semaine de travail nocturne.

Vers six heures du matin, après l'appel et le départ des kommandos de travail, j'étais rentré au block 40. Sebastián Manglano, mon copain madrilène, mon voisin de paillasse, était à la chaîne de montage des usines Gustloff.

J'aurais toute la largeur du châlit pour moi tout seul.

L'eau glacée de la vasque centrale avait dissipé le goût âpre et râpeux du mauvais sommeil interrompu : on pouvait me parler.

C'est Kaminsky qui a résumé la situation.

Une note était arrivée de Berlin le matin même. Elle provenait de la Direction centrale des camps de concentration, était destinée à la *Politische Abteilung*, l'antenne de la Gestapo à Buchenwald. Et cette note me concernait, elle demandait des renseignements à mon sujet. Étais-je encore en vie ? Si oui, étais-je à Buchenwald ou bien dans un camp annexe, un kommando extérieur ?

— Nous avons deux jours devant nous, ajoutait Kaminsky. Pister était pressé, il partait en voyage. La note ne sera remise à la *Politische Abteilung* que lundi !

Hermann Pister était l'officier supérieur SS qui commandait le camp de Buchenwald. Il s'avérait qu'il n'avait pas transmis immédiatement la note de Berlin à la Gestapo du camp.

Nous avions jusqu'à lundi, répétait Kaminsky.

Nieto n'était pas plus étonné que moi par l'assurance de Kaminsky, par la précision de ses informations. Même s'il n'en disait rien, se limitant à énumérer des faits comme s'il en avait été le témoin direct — il affirmait, par exemple, que

Pister avait enfermé sous clef la note de Berlin dans une armoire métallique de son bureau —, nous connaissions ses sources.

Nous connaissions, du moins dans ses grandes lignes, le fonctionnement de l'appareil de renseignement des communistes allemands de Buchenwald.

C'était sans doute un «triangle violet», un objecteur de conscience, membre de la secte des *Bibelforscher,* qui avait signalé l'arrivée de la note de Berlin.

Les *Bibelforscher,* les «chercheurs de la Bible», les Témoins de Jéhovah, autrement dit, n'étaient plus bien nombreux à Buchenwald, l'hiver 1944. Internés parce qu'ils refusaient de porter les armes en vertu de leurs convictions religieuses, ils avaient souvent été soumis, dans le passé, à des brimades collectives, des représailles meurtrières. Depuis plusieurs années, pourtant, depuis que Buchenwald, en particulier, était entré dans l'orbite de l'industrie de guerre nazie, les *Bibelforscher* survivants étaient généralement affectés à des postes privilégiés de domestiques, ordonnances ou secrétaires auprès des chefs SS.

Certains d'entre eux en profitaient pour rendre des services considérables à la résistance organisée par les communistes allemands, leurs compatriotes, qui tenaient les leviers essentiels du pouvoir interne à Buchenwald.

Ainsi, quasiment toute décision importante de Berlin concernant le camp était connue de l'organisation clandestine, qui pouvait se préparer à sa mise en œuvre, en éviter ou en atténuer les effets les plus négatifs.

— Notre informateur, dit Kaminsky, n'a pu lire que le début de la note de Berlin ! Il a retenu ton nom, la demande de renseignements te concernant. Lundi, quand le document sera remis à la *Politische Abteilung,* il pourra prendre connaissance du reste. Nous saurons alors qui demande de tes nouvelles et pourquoi !

Pourquoi s'intéresse-t-on encore à moi à Berlin, en effet ? Je n'en ai pas la moindre idée, ça me paraît absurde.

— Attendons lundi, leur dis-je.

Ils ne sont pas d'accord, il n'en est pas question.

Ni Kaminsky, ni Nieto ne partagent mon point de vue.

Ils me rappellent qu'il y a eu ces dernières semaines plusieurs cas de résistants français, ou de Britanniques arrêtés en France, qui ont été ainsi recherchés par la *Politische Abteilung,* convoqués à la tour de contrôle et exécutés. Ils me parlent d'Henri Frager, mon patron de «Jean-Marie Action», qui faisait partie de ces disparus-là : repris par la Gestapo dans le camp et assassiné.

Sans doute, disais-je, mais il s'agissait chaque fois d'agents importants des services alliés de renseignement et d'action, chefs de réseau, responsables militaires de premier plan.

Moi, je ne suis qu'un sous-fifre, un sous-off, leur dis-je.

Frager, précisément, m'avait affirmé que je serais inscrit avec le grade de sous-officier dans les registres militaires des FFI. Aucune commune mesure, donc ! Aucune raison imaginable pour que la Gestapo s'intéressât encore à moi, plus d'un an après mon arrestation. Ces types m'avaient certainement oublié.

— La preuve que non ! rétorquait Kaminsky, catégorique. Ils ne t'ont pas oublié, ils s'inquiètent encore de toi !

Je ne pouvais pas le nier, mais ça n'avait pas de sens : il devait y avoir une autre explication.

Obstinés, ne voulant rien laisser au hasard, ils m'interrogeaient encore sur mes activités dans la Résistance, cherchant à comprendre l'intérêt de Berlin. Je leur parlais de nouveau de la MOI, de «Jean-Marie Action», un réseau Buckmaster, des circonstances précises de mon arrestation à Joigny.

Mais ils savaient tout cela. Nieto, du moins, savait tout cela. Il m'avait déjà interrogé à ce sujet lorsqu'il m'avait recadré pour l'organisation communiste espagnole, après mon arrivée au block 62 du Petit Camp.

C'est lui qui a tranché, au bout d'un moment de discussion et d'interrogations :

— Écoute, aujourd'hui, rien à craindre. Mais lundi, il faudra qu'on soit prêts à tout, prêts à réagir immédiatement.

Son regard est toujours grave, mais devient étrangement proche, fraternel.

— Le Parti ne veut pas risquer de te perdre, ajoute-t-il.

La formule était passablement solennelle, mais le sourire de Nieto corrigeait cette emphase.

Kaminsky est intervenu.

— Aujourd'hui, rien, en effet ! Tu peux continuer à dormir. Ce soir, tu te présentes à l'*Arbeitsstatistik*, comme prévu, pour l'équipe de nuit. Mais demain, dimanche, après l'appel de midi, on te prend en charge. On te fait admettre à l'infirmerie, atteint d'une maladie grave et soudaine... On verra bien laquelle. Ainsi, pour l'appel de lundi matin, tu seras régulièrement compté dans l'effectif des malades du *Revier*. Ensuite, selon les nouvelles, ou bien tu reviens dans la vie du camp, au bout de quarante-huit heures ou de quelques jours d'absence justifiée, ou bien tu disparais. Si la note de Berlin est vraiment inquiétante, il faut essayer de te faire mourir administrativement. C'est là que ça devient compliqué ! Ce n'est pas forcément facile de trouver dans les délais nécessaires un mort convenable, dont tu pourras prendre l'identité. Et les contrôles des médecins SS sont toujours possibles ! Probablement, si tout marche bien, il te faudra partir dans un kommando extérieur, pour couper les liens avec Buchenwald, où trop de gens te connaissent sous ton vrai nom.

Cette histoire m'ennuie prodigieusement.

L'idée d'avoir à quitter Buchenwald m'ennuie prodigieusement. Il faut croire qu'on s'habitue à tout. Le proverbe espagnol *Más vale malo conocido que bueno por conocer* énonce une grande vérité, résignée et pessimiste, comme toutes les vérités de la sagesse populaire... Plutôt le mal connu que le bien à connaître !

— Une vie nouvelle sous un faux nom, ailleurs, je ne vois pas l'intérêt ! lui dis-je, tristement furieux.

D'autant plus furieux que je n'arrive pas à croire à un danger réel.

— Un nom qui ne sera pas le tien, en effet, commente Kaminsky, placide. La vie, elle, sera bien à toi. Une vraie vie malgré le faux nom !

Il a raison, mais ça m'ennuie prodigieusement.

Je crois que je vais retourner au dortoir, pour me prélasser dans l'espace entier du châlit. Retourner dans mon rêve, qui sait ?

Le lendemain, dimanche, au soleil de l'hiver, trompeur, Kaminsky m'annonce qu'ils ont trouvé le mort qu'il faut.

Qui est un mourant, d'ailleurs.

Je ne sais pourquoi cette idée me trouble, me met mal à l'aise. J'aurais préféré que le jeune Parisien, étudiant de surcroît, fût déjà mort. Mais je n'en dis rien à Kaminsky. Il m'aurait rabroué, avec son esprit brutalement positif.

Un mort, un mourant : quelle différence ? Qu'est-ce que ça change ?

— Amène-toi au *Revier* à six heures, me dit-il. Je t'attendrai...

Il rit, ça l'excite visiblement de jouer ce tour-là aux SS.

Il m'offre une cigarette, sans doute pour fêter l'événement : une marque allemande de tabac oriental. C'est ce qu'ils fument habituellement, les privilégiés, les *Prominenten*, les kapos, les chefs de block, les hommes du *Lagerschutz*, la police intérieure, assurée par les déportés allemands eux-mêmes.

Willi Seifert m'offre le même genre de cigarette, quand il me convoque dans son bureau de l'*Arbeitsstatistik* pour m'entretenir en tête à tête.

L'herbe de *machorka* russe, à rouler dans du papier journal, ce n'est pas pour eux, c'est pour la plèbe de Buchenwald.

Il fait soleil, tout a été dit, je tire une bouffée de cette cigarette de privilégié.

Pour ce qui est du tabac, de la nourriture, je fais partie de la plèbe, certainement. Je fume plutôt l'herbe âcre de *machorka*. Rarement, d'ailleurs. Par-ci par-là, un mégot partagé, délicieux. Et je me nourris des rations du camp, exclusivement.

Au réveil, à quatre heures et demie du matin, avant l'appel et le rassemblement des kommandos de travail, le *Stubendienst*, le service des chambrées, premier échelon de l'administration intérieure assurée par les détenus eux-mêmes, nous distribue un gobelet d'une boisson chaude et noirâtre que l'on dénomme «café» pour aller vite et se faire comprendre de tout le monde.

On touche en même temps la ration de pain et de margarine de la journée, à laquelle s'ajoute, de façon irrégulière, une tranche de succédané de saucisson, d'une consistance étrangement spongieuse, certes, mais prodigieusement appétissante : l'eau en vient à la bouche, ces matins-là.

Après la journée de travail, l'appel du soir et le retour dans les baraquements, le *Stubendienst* distribue la ration de soupe, un brouet léger où flottent des débris de légumes, choux, rutabagas, principalement, et de rares filaments de viande maigre. La seule soupe relativement épaisse de la semaine est la soupe aux nouilles du dimanche. Un régal, on en pleurerait — mais je l'ai déjà dit.

Chacun dispose à sa guise de la ration quotidienne.

Certains la dévorent aussitôt. Même debout, parfois, s'il n'y a plus de place assise aux tables des réfectoires. Ils n'auront plus rien à manger jusqu'à la soupe du soir. Douze heures de travail forcé, plus deux heures, en moyenne, d'appel et de transport.

Quatorze heures à endurer, le ventre vide.

D'autres, dont j'essaie d'être, gardent pour la pause de midi une partie de la ration quotidienne. Ce n'est pas facile. Il y a des jours, nombreux, où je n'y parviens pas. Il faut se prendre en main, se faire violence, pour ne pas tout dévorer aussitôt. Car on vit dans une angoisse nauséeuse de faim permanente. Il faut oublier un instant la faim de l'instant même, obsédante, pour imaginer concrètement celle que l'on aura à midi si on n'a rien gardé pour cette heure-là. Il faut essayer de réduire, de maîtriser la faim réelle, immédiate, avec l'idée de la faim à venir, virtuelle mais lancinante.

Quoi qu'il résulte de ce combat intime de chaque jour, je n'ai pour me nourrir que la ration du camp, la même, en principe, pour tous les détenus.

Certains, pourtant, en nombre difficile à préciser (plusieurs centaines de déportés, en tout cas), échappent à la règle commune.

Je ne parle pas des privilégiés, kapos, chefs de block, *Vorarbeiter* (contremaîtres), hommes du *Lagerschutz*, ainsi de suite. Ceux-là ne touchent même pas à la soupe quotidienne, la méprisent, l'ignorent, vivant sur un circuit alimentaire parallèle, connu des SS, bien entendu, du moins dans ses grandes lignes d'appropriation et de distribution. Et toléré par eux. Il n'y aurait conflit, aussitôt tranché dans le vif par les autorités nazies, qu'au cas où l'activité de ce circuit parallèle porterait atteinte aux intérêts et aux trafics des SS eux-mêmes.

Mais je ne parle pas des *Prominenten.*

Je parle de la plèbe de Buchenwald, qui n'est d'ailleurs pas une masse informe, indifférenciée, mais un ensemble social relativement structuré, hiérarchisé, selon des critères d'appartenance politique ou nationale, de place dans le système de production, de qualification professionnelle, de connaissance ou d'ignorance de la langue allemande — langue des maîtres et des codes de travail, de communication et de commandement. Langue de survie possible, donc.

En fonction aussi, bien sûr — j'en parle en dernier, mais c'est primordial —, de l'état de santé, de la fraîcheur physique.

Toutes ces conditions objectives s'agencent d'une façon qui n'a plus rien à voir avec les clivages de classe des sociétés du dehors. Ainsi, à Buchenwald, il vaut mieux être ajusteur qualifié que professeur d'université ou ancien préfet. Et si on est étudiant, il vaut mieux se débrouiller en allemand, afin de compenser l'absence de qualification qui vous interdit de travailler à l'usine, sur la chaîne de montage de la Gustloff, formidable planque.

Même dans la plèbe du camp, donc, il y a des centaines de déportés qui échappent à la règle commune de la portion congrue. Dans certains kommandos de travail, en effet, généralement ceux de la maintenance intérieure, de l'intendance de Buchenwald, il y a parfois du rab à distribuer, soupe ou rations de pain et de margarine. Ainsi, aux cuisines, au magasin général, aux bains et à la désinfection, à l'infirmerie, au service des chambrées, il est assez habituel que les déportés disposent de quelque supplément appréciable de nourriture.

Mais je ne suis pas affecté à l'un de ces kommandos de maintenance. Je suis à l'*Arbeitsstatistik*, le bureau qui gère la main-d'œuvre déportée, qui la distribue dans les différentes usines ou lieux de travail, qui organise les transports vers les kommandos extérieurs.

C'est un lieu de prestige et de pouvoir, sans doute.

Je peux m'adresser d'égal à égal aux chefs de block, aux kapos. Ils savent que je suis à l'*Arbeit*, ils m'auront déjà vu avec Seifert, ou avec Weidlich, l'adjoint de ce dernier. Ils écouteront ma demande, quelle qu'elle soit. Ils ne tiendront pas compte de mon numéro de matricule, qui prouve que je suis nouveau venu, que j'ai seulement une année de camp à mon actif. Ils ne s'étonneront pas de voir le S, pour *Spanier*, Espagnol, imprimé en noir sur mon triangle rouge, à la place du cœur. Pourtant, ceux qui commandent ici sont surtout des Allemands ou des Tchèques du protectorat de Bohême-Moravie.

Mais ça ne fait rien : malgré mes vingt ans, malgré mon numéro récent, malgré le S noir sur le triangle rouge, ils m'écouteront. Ils seront attentifs, serviables, polis même, dans les limites de leur rudesse habituelle, bien sûr.

Parce que je leur parle en allemand, d'abord. Et puis parce qu'ils savent que je fais partie de l'*Arbeitsstatistik*. Une sorte de fonctionnaire d'autorité, en somme.

Aucun privilège alimentaire, cependant, n'est attribué à ceux qui travaillent à l'*Arbeit*. Je veux dire, à ceux qui, comme Daniel Anker et moi, y travaillent sans appartenir vraiment à la caste dirigeante, à l'aristocratie rouge, au cercle des vétérans des années terribles.

— Qu'est-ce que tu fais ? me demande Kaminsky, apparemment sidéré.

Ce jour-là, c'était l'automne, encore. Une lumière rousse éclaboussait la forêt de l'Ettersberg. C'était pendant la pause de midi. J'étais dans l'arrière-salle de l'*Arbeitsstatistik*.

C'était une question absurde. Ça se voyait, ce que je faisais : je mangeais.

Le matin, je n'avais pas résisté à l'envie de dévorer toute ma portion de margarine. Je n'avais réussi à garder que la moitié, à peu près, de la ration quotidienne de pain noir. J'étais attablé et je mangeais cette moitié de ration, lentement, en savourant chaque bouchée.

Kaminsky me regardait, visiblement stupéfait.

— Mais… je mange… Ça se voit, non, que je mange ? répliqué-je d'un ton brusque.

J'avais découpé la mince tranche de pain noir qu'il me restait encore en tout petits morceaux carrés. Je mettais les morceaux de pain dans ma bouche, l'un après l'autre. Je les mâchais très lentement, dégustant la consistance grumeleuse, l'acidité tonique du pain noir. Je n'avalais qu'après avoir réduit chaque minuscule morceau en une sorte de bouillie délicieuse.

Mais il arrivait toujours un moment où la bouchée de pain était avalée, où la dernière miette lentement mastiquée avait disparu. Il n'y avait plus de pain. Il n'y en avait jamais eu, en vérité. Malgré tous les subterfuges, les ruses et les détours, il y avait toujours trop peu de pain pour que j'en garde en mémoire. C'était fini, pas moyen de me souvenir. Il n'y avait jamais assez de pain pour que j'en «fasse de la mémoire», aurait-on dit en espagnol, *hacer memoria*. La faim revenait aussitôt, insidieuse, envahissante, comme une sourde pulsion nauséeuse.

On ne pouvait faire de la mémoire qu'avec des souvenirs. Avec de l'irréel, en somme, de l'imaginaire.

Ainsi, le dimanche, des déportés se réunissaient en petites communautés de voisinage ou de copinage pour se raconter des bouffes. On ne pouvait pas se souvenir de la soupe de la veille, ni de celle du jour même, elles avaient disparu sans laisser de traces dans les oubliettes du corps, mais on pouvait se rassembler pour écouter quelqu'un raconter en détail le repas de noces de la cousine Dupont, qui avait eu lieu cinq ans auparavant. On ne pouvait se rassasier qu'au souvenir.

En tout cas, j'étais attablé dans l'arrière-salle de l'*Arbeit* et je déglutissais lentement les petits carrés de pain noir.

J'avais fait réchauffer un gobelet de cette boisson que je vais continuer de nommer «café», pour ne pas dérouter le lecteur, ni le distraire de l'essentiel. Il y avait toujours un bidon de rab de café dans l'arrière-salle de l'*Arbeit*.

Les réchauds électriques étaient totalement interdits, à vrai dire. Et leur fabrication, dans l'un des ateliers du camp, illégale. En principe, leur utilisation était considérée par les SS comme un acte de sabotage. Autrefois, elle aurait été sévèrement punie.

Mais les temps avaient changé, la discipline s'était relâchée et dans tous les cagibis de chefs de block, les réfectoires de tous les kommandos de maintenance, à l'intérieur du camp proprement dit, on trouvait des réchauds électriques, plutôt rudimentaires mais bien utiles. Dans l'arrière-salle de l'*Arbeit*, nous en avions deux ou trois : propriété collective.

— Le camp n'est plus qu'un sana, désormais ! proclamaient à la moindre occasion les vétérans communistes allemands.

Au début, je trouvais qu'ils y allaient un peu fort, que leur humour de rescapés était un peu insultant pour nous, les novices, les nouveaux venus. Mais à mesure que les récits des uns et des autres — il n'y avait rien de plus passionnant que d'arriver à faire parler les anciens — recomposaient pour moi le passé de Buchenwald, j'avais fini par deviner ce qu'ils voulaient dire.

Bon, d'accord, on avait compris : le camp n'était plus qu'un sana !

— Tu manges, je vois bien que tu manges ! s'exclame Kaminsky. Mais pourquoi du pain sec ?

Il a l'air stupéfait. L'air de penser que c'est absurde de manger du pain sec.

De son point de vue, ça doit être incompréhensible, en effet.

Il me vient une envie de l'insulter, de lui dire ses quatre vérités, du moins pour le ramener à la réalité.

Mais je vois ses yeux s'arrondir soudain, son regard se fixer dans une sorte d'illumination.

Il se souvient, sans doute. Se souvient de l'époque où le camp n'était pas un sana ; se souvient de la maigre ration de pain noir, oubliée ; se souvient de la soupe claire, autrefois.

— Tu n'as rien à manger avec ton pain sec, c'est ça ! s'exclame-t-il.

C'est ça, en effet, c'est tout bêtement ça.

Il tombe des nues, il m'entraîne, me demande de le suivre.

Nous quittons la baraque où se trouvent l'*Arbeitsstatistik*, la *Schreibstube*, le «secrétariat», et la bibliothèque. En face, à l'orée de l'esplanade de la place d'appel, se trouve la baraque du *Lagerschutz*.

Il y règne une odeur de propreté et de plats mijotés.

Kaminsky me conduit jusqu'à son placard personnel. Les étagères sont remplies de victuailles de réserve. Kaminsky attrape un bloc de margarine, qu'il me donne. Au petit matin, dans un bloc de margarine semblable, de forme cubique, le *Stubendienst* qui distribue nos rations quotidiennes découpe au fil d'acier les parts de plusieurs déportés : huit rations quand je suis arrivé à Buchenwald, en janvier 1944 ; dix à la fin de l'été. Douze à présent, au cœur de l'hiver.

Les survivants, s'il y en a, vont avoir bonne mine.

Je contemple le placard de Kaminsky, pendant qu'il me tend un bloc cubique de margarine identique à ceux que l'on découpe à l'aube en douze rations quotidiennes pour le commun des mortels, dont je suis.

Je connaissais déjà les placards personnels des vétérans. Dans l'arrière-salle de l'*Arbeit*, nous avions tous nos placards personnels. Ceux des vétérans regorgeaient de victuailles. J'y avais parfois vu moisir du pain blanc.

Il n'y avait que deux placards pratiquement vides : celui de Daniel Anker et le mien.

Dans mon placard et dans celui de Daniel Anker, outre nos gobelets et nos gamelles, il n'y avait habituellement que la part des rations quotidiennes que nous avions réussi à préserver pour la pause de midi, ou bien pour les longues heures de l'équipe de nuit, le cas échéant. Les jours où la soupe était remplacée par une ration de pommes de terre bouillies, nous y conservions les épluchures. Car nous mangions d'abord les pommes de terre épluchées et gardions les épluchures pour les faire griller sur l'un des réchauds électriques. C'était un mets délicat.

Il arrivait aussi qu'il n'y eût rien dans nos placards, à part nos gobelets et nos gamelles, les jours où nous n'avions pas réussi, Anker et moi, à surmonter la faim à l'instant même de la distribution matinale.

La dernière fois que j'ai vu Daniel Anker, c'était dans une librairie de Saint-Germain-des-Prés. J'y signais des exemplaires d'un de mes livres. Il a dû remarquer la surprise dans mon regard, l'étonnement.

— Mais oui, Gérard, m'a-t-il dit, je suis vivant !

Il a deviné que j'essayais de calculer l'âge qu'il pouvait bien avoir.

— Te fatigue pas, vieux ! Je viens de fêter mon quatre-vingt-onzième anniversaire !

Je le regarde, sidéré : le poil ras, tout blanc, certes, mais encore gaillard, l'œil vif. Ça me laisse de la marge !

— Merde, t'en vante pas trop ! On va nous dire, sinon, que Buchenwald n'était qu'un sana !

Il rit, me tombe dans les bras. Nous ne savons pas comment mettre fin à notre étreinte, secoués par le fou rire et l'émotion.

Il s'écarte.

— *Das Lager ist nur ein Sanatorium, heute !*

Anker parle parfaitement l'allemand, c'est pourquoi il était l'homme de liaison du PCF à l'*Arbeit*.

Il a quasiment hurlé la phrase d'autrefois, des vétérans acariâtres d'autrefois. On se retourne vers nous, dans la librairie.

Mais je ne peux pas saisir cette excellente occasion de parler de mon copain Daniel Anker. Il me faut revenir à Kaminsky, au dimanche de décembre ensoleillé.

— Les voilà ! s'écrie-t-il soudain.

Sa voix est inhabituellement aiguë, irritée, semble-t-il. Je tourne la tête, suis son regard.

Les voilà, en effet. Ils commencent à arriver.

Marchant à petits pas, s'appuyant parfois les uns aux autres, ou sur des cannes et des béquilles de fortune, bricolées, arrachant leurs galoches à la neige boueuse, dans un piétinement décomposé, ralenti, mais obstiné, les voilà qui arrivent.

Sans doute veulent-ils profiter du soleil hivernal, ce dimanche. Mais ils seraient venus de toute façon, n'importe quel dimanche, sous les bourrasques de neige et de pluie, tout aussi bien.

Ils venaient le dimanche, après l'appel, quel que fût le temps.

Les latrines collectives du Petit Camp étaient leur lieu de rendez-vous, d'échanges, de palabres, de liberté. Souk de souvenirs, marché de troc aussi, dans la vapeur puante de la fosse d'aisances. Pour rien au monde, quel que fût l'effort à faire — tant qu'un effort demeurerait pensable, du moins —, ils n'auraient manqué ces après-midi du dimanche.

— Ces foutus Musulmans, bougonne Kaminsky.

C'était lui qui avait employé pour la première fois ce terme devant moi, «Musulmans». Je connaissais la réalité que ce mot désignait : la frange infime de la plèbe du camp qui végétait en marge du système de travail forcé, entre la vie et la mort. Mais je ne savais pas encore, jusqu'au jour où Kaminsky l'utilisa, que ce mot, dont l'origine est obscure et controversée, existait, en tant que terme générique, dans le sabir de tous les camps nazis.

Avant de connaître le mot «Musulmans», je donnais aux déportés qui exhibaient les signes caractéristiques de la décrépitude physique et de l'ataraxie morale des noms provenant de la vie d'avant, des sociétés du dehors : «*Lumpen*» ou «clochards».

Je savais bien que c'était un à-peu-près, que la société concentrationnaire et celle du dehors n'étaient en aucun cas comparables, mais ces mots approximatifs suffisaient à me faire comprendre ce que je voyais.

Dès le jour où il avait employé pour la première fois le terme, j'avais compris que Kaminsky n'aimait pas les Musulmans.

Mais ce n'est pas le mot qu'il faut, le mot convenable.

Il ne s'agit pas d'aimer ou de ne pas aimer, en effet. Les Musulmans le dérangent, voilà. Ils troublent, par leur simple existence, la vision qu'il s'est forgée de l'univers concentrationnaire. Ils contredisent, dénient même, le comportement qui lui semble indispensable pour survivre. Les Musulmans introduisent dans son horizon idéologique un élément d'incertitude insaisissable, parce qu'ils échappent, par leur nature même, leur marginalité improductive, leur ataraxie, à la logique manichéenne de la résistance, de la lutte pour la vie, la survie.

Les Musulmans sont au-delà de ces notions : au-delà de la vie, de la survie. Tous nos efforts pour nous tenir ensemble, pour bien nous tenir, doivent leur paraître incongrus. Dérisoires, même. À quoi bon ? Ils sont déjà ailleurs, flottant dans une sorte de nirvana cachectique, de néant cotonneux, où toute valeur est abolie, où seule l'inertie vitale de l'instinct — lumière vacillante d'une étoile morte : âme et corps épuisés — les fait encore bouger.

— Ces foutus Musulmans, bougonne Kaminsky.

Je regarde le premier groupe qui s'approche, essayant d'y distinguer « le mien », mon jeune Musulman français.

Il n'y est pas. Je ne le vois plus depuis deux semaines, ça m'inquiète.

— *Me largo*, dit Kaminsky (en espagnol : « je me tire »). À six heures, au *Revier* !

Il fait trois pas pour s'éloigner, se retourne.

— D'ici là, fais comme d'habitude... Amuse-toi avec ton professeur et tes Musulmans !

Dans sa voix se mêlent l'ironie et l'irritation.

Mon professeur, c'est Maurice Halbwachs, bien sûr. Depuis que j'avais appris son arrivée à Buchenwald, quelques mois auparavant, je profitais du loisir dominical pour lui rendre visite, au block 56, l'un de ceux où s'entassaient les vieillards et les invalides, inaptes au travail.

Halbwachs était le voisin de châlit de Maspero. Tous deux se mouraient lentement.

À la rigueur, Kaminsky pouvait admettre, sinon comprendre, l'intérêt que je portais à mon professeur de la Sorbonne. Il ne trouvait pas très toniques ni très positives les conversations philosophiques — forcément filandreuses, de son point de vue — dont je lui avais parfois touché un mot. Mais, enfin, il pouvait admettre.

— Tu ferais aussi bien d'aller au bordel, le dimanche ! s'exclamait-il pourtant quand il était question de mes visites à Halbwachs.

Je lui faisais remarquer que le bordel était réservé aux Allemands. Pas même aux Allemands en général, seulement aux Allemands du Reich, aux *Reichsdeutsche*. Les Allemands des minorités d'au-delà les frontières du Reich, les *Volksdeutsche*, n'y avaient pas droit.

— C'est pour toi et les tiens, le bordel, lui disais-je. Y vas-tu, à propos ?

Il hochait la tête. Non, il n'y allait pas, avais-je cru comprendre. Cela ne m'étonnait pas. Le Parti allemand déconseillait fortement à ses militants de postuler à un billet de bordel, pour des raisons de sécurité. Et Kaminsky était un militant discipliné.

Mais j'avais mal interprété son hochement de tête.

Il n'était pas un Allemand du Reich, c'est ça qu'il avait voulu me signifier.

Certes, il portait comme tous ses compatriotes le triangle rouge sans aucune lettre d'identification nationale. Pour les besoins de la vie administrative du camp, il était donc considéré comme un Allemand. Mais, sur une liste spéciale de la Gestapo, il était classé comme rouge espagnol, *Rotspanier*, à cause de son appartenance aux Brigades internationales.

— C'est la Gestapo qui contrôle l'octroi des billets de bordel, avait-il dit, alors, il est probable que je n'en aurais jamais obtenu !

— En somme, quand on est rouge espagnol, ici, on n'a pas le droit de tirer un coup ! avais-je conclu.

En espagnol, d'ailleurs, car je ne connaissais pas le mot d'argot allemand convenable. Ou convenu, si l'on préfère.

Kaminsky s'était esclaffé. L'expression espagnole adéquate, *echar un polvo*, l'avait ravi, parce qu'elle lui rappelait des souvenirs.

Il aimait bien ses souvenirs d'Espagne. Pas seulement ceux où il avait eu l'occasion de tirer un coup, tous ses souvenirs d'Espagne. Même ceux qui étaient chastes.

Quoi qu'il en soit, Kaminsky avait fini par s'habituer à mes rencontres avec Maurice Halbwachs. «Pas très tonique de passer ton dimanche après-midi à l'orée de la mort», maugréait-il, mais enfin, il admettait que l'on puisse avoir du respect, une affection admirative, pour un vieux professeur.

En revanche, il ne comprenait pas du tout que je m'intéresse aux Musulmans, mais alors pas du tout !

« *Bethsaïda, la piscine des cinq galeries, était un point d'ennui. Il semblait que ce fût un sinistre lavoir, toujours accablé de la pluie et noir...* »

Un an auparavant, en franchissant pour la première fois le seuil des latrines collectives du Petit Camp, j'avais pensé au texte de Rimbaud.

Je l'avais récité pour moi-même. À voix haute, d'ailleurs, indistincte et brouillée dans le brouhaha de cette cour des miracles.

Ni piscine ni galeries, certes. Mais l'évocation poétique était pertinente, néanmoins : c'était bien un « sinistre lavoir ». D'autres mots du texte de Rimbaud me semblaient décrire ce que je voyais... « *Les mendiants s'agitant sur les marches intérieures [...] les linges blancs ou bleus dont s'entouraient leurs moignons. Ô buanderie militaire, ô bain populaire...* »

C'était une baraque en bois, de dimensions analogues à toutes celles de Buchenwald. Mais l'espace disponible n'était pas cloisonné, divisé en deux ailes symétriques — dortoir, réfectoire, salle d'eau, de chaque côté de l'entrée — comme dans les baraques du Grand Camp. Ici, une fosse d'aisances cimentée, où coulait sans cesse un filet d'eau, traversait le bâtiment sur quasiment toute sa longueur. Une poutre épaisse, à peine équarrie, surplombait la fosse et servait d'assise. Deux autres poutres, plus légères, parallèles, fixées à une hauteur supérieure, permettaient l'appui dorsal des accroupis, deux rangées de déportés se tournant le cul.

Habituellement, des dizaines de déportés déféquaient en même temps, dans la buée pestilentielle caractéristique des lieux.

Sur tout le pourtour, le long des murs de l'espace rectangulaire, il y avait des rangées de lavabos en zinc, avec de l'eau froide courante.

C'est là que les déportés du Petit Camp étaient obligés de venir, leurs baraques ne possédant pas, comme celles du Grand Camp, d'installations sanitaires. Seuls les chefs de block et les membres du *Stubendienst* en disposaient, mais elles étaient interdites à la plèbe.

Les déportés venaient donc dans la baraque collective pour faire leurs besoins, leur toilette, pour laver leur linge aussi, sans cesse souillé.

La chiasse était, en effet, le lot habituel des deux catégories de détenus qui peuplaient le Petit Camp. Ceux qui venaient d'y arriver, qui y étaient encore en période de quarantaine (avant l'envoi en transport dans un kommando extérieur, ou l'affectation à un poste de travail stable au Grand Camp) étaient victimes des troubles que provoquaient inévitablement le changement brusque de régime alimentaire et la consommation d'une eau fétide, à peine potable.

La seconde catégorie, couche inférieure de la plèbe du camp, était constituée des quelques centaines de déportés inaptes au travail, invalides, ou brisés par le système de production et sa rigueur despotique. Ces derniers se décomposaient dans la puanteur d'une agonie plus ou moins lente, qui rongeait et liquéfiait leurs entrailles.

Mais la baraque des latrines était encore presque vide lorsque j'y suis entré, ce dimanche-là, après le départ de Kaminsky.

Mon jeune Musulman français ne s'y trouvait pas.

Je l'avais remarqué un dimanche déjà lointain, à l'orée de l'automne. À peu près au moment où j'avais appris l'arrivée de Maurice Halbwachs, sa présence au block 56 des invalides. Sans doute est-ce un dimanche où j'allais visiter mon ancien professeur que je l'avais remarqué.

Au soleil, à l'extérieur de la baraque des latrines, du côté du petit bois qui s'étend jusqu'à l'infirmerie, le *Revier.*

J'avais remarqué son numéro de matricule, plutôt.

Lui — si tant est qu'il fût licite, ou approprié, d'employer un pronom personnel ; peut-être aurait-il été plus juste, plus ajusté, de dire «ça» — lui, en tout cas, ce n'était que ça, un amoncellement de hardes innommables. Un tas informe, avachi contre la paroi extérieure du bâtiment des latrines.

Mais le numéro de matricule était nettement visible.

J'ai sursauté : ce numéro suivait le mien de très près. On pouvait imaginer : la nuit de mon arrivée à Buchenwald, huit mois plus tôt, cet être — c'était une présomption, un pari, en tout cas ; on pouvait présumer que cet amas numéroté, tassé, affalé, immobile au soleil encore tiède de l'automne, au visage invisible, la tête enfoncée dans les épaules, fût doué d'existence —, huit mois plus tôt, dans la nuit interminable de l'arrivée à Buchenwald, cet être avait dû courir tout près de moi dans le couloir souterrain qui reliait le bâtiment des douches et de la désinfection à celui du magasin d'habillement. Il avait dû courir tout nu, comme moi. Il avait dû, tout comme moi, ramasser à la volée les vêtements incongrus, disparates — scène grotesque, on avait eu le temps d'en prendre conscience, peut-être en aurions-nous ri ensemble, s'il avait été à mon côté —, qu'on lui jetait pendant qu'il défilait au pas de course devant le comptoir de l'*Effektenkammer.*

Pour finir, nu, rasé de partout, douché, désinfecté, ahuri, il avait dû se trouver devant les détenus allemands qui remplissaient nos fiches personnelles.

Juste derrière moi, à quelques numéros, à quelques mètres derrière moi.

Soudain, il avait levé la tête. Sans doute était-il encore assez vivant pour sentir mon regard sur lui. Mon regard angoissé, dévasté, appesanti sur lui.

Il s'avérait que cet être n'avait pas seulement un numéro de matricule, il avait aussi un visage.

Sous le crâne rasé couvert de croûtes purulentes, ce visage était réduit à une sorte de masque sans grand relief, presque plat : structure osseuse apparente, fragile, montée sur un long cou décharné. Mais ce masque quasiment transparent, translucide, était habité par un regard étrangement juvénile. Insoutenable, ce regard vivant sur un masque mortuaire.

Cet être d'au-delà de la mort devait avoir mon âge : vingt ans, plus ou moins — pourquoi la mort n'aurait-elle pas eu vingt ans ?

Jamais je n'aurai aussi fortement senti la proximité, la prochaineté, de quelqu'un.

Ce n'était pas seulement le hasard de ce numéro de matricule, si proche, qui me permettait d'imaginer notre arrivée à Buchenwald, anonymes l'un pour l'autre, inconnus l'un de l'autre, mais ensemble, liés par une fraternité de destin quasiment ontologique, même si nous ne nous étions encore jamais rencontrés dans cette vie.

Ce n'était pas seulement ce hasard-là, pour riche qu'il fût en possibilités de communication, de communion.

Notre proximité était plus profonde, ne tenait pas seulement à la circonstance de nos numéros. À dire vrai, j'avais la certitude — déroutante, irraisonnée peut-être, mais assurée d'elle-même, sans faille —, la certitude, ainsi, qu'il m'aurait contemplé, le cas échéant, le hasard renversé, avec le même intérêt, le même désintéressement, la même gratitude, la même compassion, la même exigeante fraternité que je sentais affleurer, se condenser dans mon âme à moi, dans mon regard.

Ce mort vivant était un jeune frère, mon double peut-être, mon *Doppelgänger* : un autre moi-même ou moi-même en tant qu'autre. C'était l'altérité reconnue, l'identité existentielle perçue comme possibilité d'être autre, précisément, qui nous rendait si proches.

Une suite de hasards, de malchances minimes, de chances inespérées, nous avait séparés dans le parcours initiatique de Buchenwald. Mais je pouvais m'imaginer aisément à sa place, comme il aurait pu, sans doute, se mettre à la mienne.

Je me suis assis à côté de cet inconnu de mon âge.

Je lui ai parlé, il semblait écouter. Je lui racontais la nuit lointaine de l'arrivée à Buchenwald, la nuit de notre arrivée, ensemble. Je voulais, même si sa capacité d'écoute, d'attention, de compréhension, était amoindrie, émoussée par la déréliction physique et spirituelle, je voulais raviver en lui l'étincelle du souci de soi, de la mémoire personnelle. Il ne pourrait s'intéresser de nouveau au monde que s'il parvenait à s'intéresser à lui-même, à sa propre histoire.

J'ai parlé longtemps, il écoutait mon récit. L'entendait-il ?

Parfois, j'avais l'impression qu'il réagissait : battement de paupières, semblant de sourire, mouvement soudain des yeux essayant de fixer mon regard, au lieu de se perdre dans l'ailleurs, l'enfoui, l'indéfini.

Mais il n'a rien dit, ce jour-là, ce premier jour, pas un mot.

Il s'est borné à faire un geste, un geste qui n'était pas suppliant, d'ailleurs, ni hésitant, mais curieusement impérieux. Il a mimé la cigarette qu'on roule, qu'on porte à ses lèvres, la bouffée qu'on tire.

Il se trouvait que Nikolaï, le *Stubendienst* russe du block 56, celui où se mourait Halbwachs, qui tenait beaucoup à me prouver son allégeance — il n'était pas inutile, devait-il penser, de se concilier les bonnes grâces d'un type comme moi, qui travaillait à l'*Arbeitsstatistik* —, venait de m'offrir une poignée de cigarettes, de *machorka*.

J'en ai donné une au jeune Musulman, que j'ai allumée pour lui. Il en a eu, de bonheur, les yeux humides.

Le dimanche suivant, il pleuvait.

J'ai fini par le trouver à l'intérieur de la baraque des latrines, dans la cohue chaleureuse et pestilentielle. Cette fois-là, il m'a écouté de nouveau, sans dire un mot. Et je lui ai donné deux rouleaux de *machorka*, avant qu'il ne les exige d'un geste impératif, presque arrogant.

En somme, je le payais en tabac pour qu'il m'écoute lui raconter ma vie. Je ne faisais rien d'autre, désormais : ma vie d'avant et celle de Buchenwald, mêlées, entrecroisées. Mes rêves aussi. Ceux d'avant, hantés *(L'«assaut au soleil des blancheurs des corps de femmes»)*, et les rêves de Buchenwald, englués dans l'insaisissable et visqueuse présence de la mort. Nul ne saura mesurer objectivement si cette cure m'aura été bienfaisante. J'ai plutôt tendance à n'en pas douter.

C'est le troisième dimanche qu'il prononça soudain quelques mots. Deux mots, à vrai dire, deux mots seulement, mais péremptoires.

Comme j'insistais auprès de lui pour avoir une réponse à je ne sais plus quelle question qui me semblait importante, il m'observa d'un air d'immense commisération, comme on observe un débile, un enfant attardé.

— Parler fatigue, dit-il.

Sa voix était éraillée, mal posée, elle trébuchait entre les aigus et les graves, plutôt peu attirante. Une voix qui n'avait pas dû beaucoup servir ces derniers temps, qui était redevenue sauvage.

Ensuite, l'hiver s'écroula sur Buchenwald : bourrasques de pluie glaciale et de neige. La baraque des latrines du Petit Camp devint une halte nécessaire sur le chemin du block 56, où dépérissait Maurice Halbwachs.

À peu près à mi-chemin entre le block 40, le mien, bâtiment en ciment, à deux niveaux, à la lisière du Petit Camp, dont il était séparé par du fil de fer barbelé, non électrifié, franchissable par divers accès permanents, et le block 56, où croupissaient les invalides, Musulmans ou non, la baraque des latrines devenait en hiver un havre de chaleur et de repos, malgré la puanteur, le vacarme, le spectacle de la déchéance qui s'y jouait.

Un dimanche de cet hiver 1944, l'un des plus froids, sous la bourrasque de neige, j'y avais retrouvé mon jeune Musulman. Assis à ses côtés, je me réchauffais avant d'aborder la dernière partie du trajet. Nous étions tous deux silencieux.

Devant nous, devant notre regard devenu indifférent, s'alignait la longue rangée de déportés accroupis, déféquant. Recroquevillés dans la douleur lancinante de la défécation. Non loin, sur notre gauche, un groupe de vieillards se chamaillaient à propos d'un mégot de cigarette qui ne circulait sans doute pas équitablement. Certains devaient s'estimer lésés, protestaient. Mais leur épuisement faisait de cette protestation, qu'ils auraient probablement voulue véhémente, un simulacre de gestes et de murmures dérisoirement pitoyables.

Je n'ai pu m'empêcher de déclamer à voix haute le poème en prose de Rimbaud, auquel j'avais parfois pensé depuis que je connaissais les latrines collectives du Petit Camp.

«Bethsaïda, la piscine des cinq galeries, était un point d'ennui. Il semblait que ce fût un sinistre lavoir, toujours accablé de la pluie et noir...»

Il avait poussé une sorte de cri rauque, réveillé soudain de sa léthargie cachectique.

J'avais poursuivi sur ma lancée.

«Les mendiants s'agitant sur les marches intérieures, blêmies par ces lueurs d'orages précurseurs des éclairs d'enfer...»

Un trou de mémoire : la suite du poème s'était évanouie.

C'est lui qui avait poursuivi la récitation. Sa voix avait perdu le croassement métallique, la résonance ventriloque qu'elle avait eue le jour où je l'avais entendu prononcer deux mots.

D'une traite, d'un trait, d'un seul souffle, comme s'il avait retrouvé à la fois sa voix et sa mémoire, son être soi-même, il avait récité la suite.

«... tu plaisantais sur leurs yeux bleus aveugles, sur les linges blancs ou bleus dont s'entouraient leurs moignons. Ô buanderie militaire, ô bain populaire...»

Il riait aux larmes : la conversation devenait possible.

J'avais découvert les Musulmans — que je n'appelais pas encore ainsi — dans la baraque des latrines collectives, dès la période de ma quarantaine au block 62.

C'est en me cachant là, parmi eux, que j'étais parvenu parfois à éviter les corvées auxquelles était soumise la masse des nouveaux venus, en quarantaine jusqu'au départ en transport ou jusqu'à l'insertion dans le système de travail du Grand Camp, en fonction de la qualification professionnelle ou de l'intérêt de l'organisation clandestine.

Les corvées de la quarantaine étaient pour la plupart épouvantables, parfois meurtrières.

On s'y trouvait, en effet, directement sous la férule des *Scharführer*, les sous-offs SS. Ils descendaient eux-mêmes au Petit Camp, en bandes hurlantes armées de gourdins et de longues matraques en caoutchouc (les fameuses *Gummi*, dans le sabir concentrationnaire), pour rafler les quelques dizaines de déportés dont ils avaient besoin dans le cadre d'une corvée déterminée.

Ils pénétraient dans la baraque, la vidaient en quelques minutes à coups de botte et de *Gummi*, arrachant des litières ceux d'entre nous qui prétendaient y sommeiller malgré le grouillement infect de la vermine.

Une fois les détenus dont ils avaient besoin rassemblés devant la baraque, les colonnes formées par rangs de cinq (*Zu fünf, zu fünf !* rengaine obsessionnelle du commandement SS), la marche commençait, sous les coups et les cris.

À ces moments-là, il me fallait aussitôt opposer au langage guttural et primaire des SS, réduit à quelques mots grossiers d'insulte ou de menace (*Los, los ! Schnell ! Schwein ! Scheisskerl !)* y opposer, dans mon for intérieur, dans ma mémoire, la musique de la langue allemande, sa précision complexe et chatoyante.

J'avais moins de mal à m'abstraire du chaos ambiant si j'avais réussi à éviter l'une des extrémités de la rangée de cinq, la place idéale étant celle du milieu, qui vous mettait hors d'atteinte des matraques. Alors, dans le grondement guttural des SS, je pouvais plus facilement évoquer ou invoquer silencieusement la langue allemande.

«*Wer reitet so spät durch Nacht und Wind...*» Ou bien : «*Ich weiss nicht was soll es bedeuten, dass ich so traurig bin...*» Ou encore : «*Ein Gespenst geht um in Europa : das Gespenst des Kommunismus...*»

Même quand ce n'étaient pas les SS eux-mêmes qui venaient rassembler les déportés, même quand ils ordonnaient aux chefs de block du Petit Camp de conduire à tel endroit et à telle heure tel nombre de détenus de la quarantaine, le travail proprement dit s'effectuait toujours sous leur contrôle direct.

Dans l'horreur de la brutalité la plus arbitraire, autrement dit.

Les corvées étaient diverses, toujours pénibles, parfois insupportables. Inutiles, de surcroît. À la carrière, par exemple, la *Steinbruch*, on transportait des pierres d'un endroit à l'autre, sans rime ni raison apparente, pour les rapporter la plupart du temps au point de départ. Les pierres étaient lourdes, elles mortifiaient l'ossature de l'épaule sur laquelle on les plaçait pour les transporter au pas de course. Les SS et les chiens couraient à côté de nous, nous harcelant d'aboiements, de brèves morsures des mollets, de coups de *Gummi* sur les reins.

La pire des corvées, la moins absurde pourtant, la seule à laquelle on aurait pu attribuer un semblant d'utilité, était celle de la *Gärtnerei*. La corvée de jardinage, autrement dit. Qui était en fait, et c'est ainsi que nous la dénommions, la «corvée de merde». Car il s'agissait de transporter l'engrais naturel ramassé dans le collecteur des égouts de Buchenwald jusqu'au jardin potager de la garnison SS. Nos excréments nourrissaient la terre où poussaient les salades vertes, les légumes frais de la cantine SS.

Il fallait transporter la matière fécale dans des bacs en bois, que l'on suspendait à une longue perche ; on la portait à deux, l'un devant l'autre, d'une épaule à l'autre.

La joie suprême des sous-offs SS consistait ces jours-là à apparier les déportés les plus disparates : un chétif et un gros ; un petit et un grand ; un malingre et un costaud ; un Russe et un Polonais. Le déséquilibre créait inévitablement des problèmes, provoquait parfois des conflits entre les deux porteurs, d'où naissait de l'animosité.

Rien ne faisait autant rire les SS que les rixes entre déportés, où ils intervenaient aussitôt à coups de matraque.

De toute façon, même si on parvenait à accorder son pas, à régler l'un sur l'autre le rythme de la marche, le dilemme était insoluble.

Si l'on respectait la cadence exigée par les SS, on ne pouvait éviter que l'ordure contenue dans les bacs ne vous éclaboussât. On était alors puni pour avoir sali ses vêtements, ce qui était contraire aux stricts règlements d'hygiène.

Mais si l'on parvenait à éviter salissures et éclaboussures puantes, on était tout de même puni : on n'avait pas respecté les délais impartis pour faire la course entre le dépôt collecteur des latrines et le jardin potager de ces messieurs.

Une vraie corvée de merde !

Au pied de la falaise rocheuse d'où on extrayait la pierre — c'était une corvée de carrière, *Steinbruch*, ce jour-là —, un sous-off SS nous attendait.

C'est lui qui désignait à chacun d'entre nous le morceau de roche granitique qu'il faudrait transporter.

Mon plus proche voisin dans la file de la corvée était un jeune Russe aux yeux clairs, aux épaules larges, un costaud. Il faut dire que les jeunes Russes de Buchenwald étaient tous des costauds. Celui-là, je me demandais d'où il sortait. En tout cas, il n'était pas du block 62, le mien, où il n'y avait pour l'heure que des Français. Des résistants arrêtés en France, du moins, parmi lesquels quelques Espagnols.

Raflé par hasard et malchance au Petit Camp, probablement, ce jeune Russe inattendu.

Un peu plus tard, après qu'il m'eut sauvé la vie — la mise, en tout cas — j'ai supposé que le jeune Russe était une incarnation de l'Homme nouveau soviétique, tel que je l'imaginais, se dégageant de la gangue attristée du passé, non seulement dans certains discours politiques que l'on pouvait trouver grandiloquents, mais aussi dans la réalité des romans de Platonov ou de Pilniak, les poèmes de Maïakovski.

C'était idiot, certes ; naïf, pour le moins ; d'une innocence aveugle, idéologique.

Il s'est avéré, depuis, que l'Homme nouveau soviétique — l'utopie la plus sanguinaire du siècle —, il faut le chercher plutôt du côté du procureur Vichinsky, ou de celui de Pavel Morozov, ce gamin qui dénonça des parents peu enthousiastes à la police de Staline, haut fait qui en fit un héros de l'Union soviétique.

Mais ce jour-là, à la carrière de Buchenwald, après que le jeune Russe providentiel m'eut sauvé sinon la vie du moins la mise, je l'ai investi des vertus supposées de l'Homme nouveau : générosité, fraternité, don de soi, humanisme réel... «L'homme, le capital le plus précieux», n'était-ce pas le titre d'un discours fameux de Staline ?

Cette hypothèse s'étant historiquement effondrée, je ne sais plus quoi penser de ce jeune Russe. S'il ne pouvait incarner le fantasme de l'Homme nouveau issu de la Révolution, qui était-il ? N'aura-t-il pas été une figure, jeune, mais très ancienne, archaïque, de l'ange gardien ? Le bon ange, *el ángel bueno*, de ma lecture adolescente de Rafael Alberti ?

En tout cas, le jeune Russe avait pris sur son épaule la pierre que le SS m'avait attribuée, bien trop lourde pour moi. Il m'avait laissé la sienne, beaucoup plus légère, profitant d'un instant d'inattention inespérée du sous-off sadique. Par ce geste, il m'avait permis d'aller jusqu'au bout d'une corvée qui aurait pu m'être néfaste.

Geste inouï, totalement gratuit. Il ne me connaissait pas, ne me verrait plus jamais, ne pouvait rien attendre de moi. Membres anonymes, impuissants, de la plèbe du camp, nous étions sur un même plan d'égalité démunie de pouvoir. Geste de pure bonté, donc, quasiment surnaturel. C'est-à-dire, exemplaire de la radicale liberté de faire le bien, inhérente à la nature humaine.

Mais revenons au point de départ, au pied de la falaise rocheuse.

Le sous-officier SS de la carrière nous observait, le jeune Russe et moi, mesurant nos forces respectives, probablement.

Je venais d'avoir vingt ans, j'étais un jeune homme maigre, dégingandé. Rien d'impressionnant, à coup sûr, pas vraiment balèze. Le SS ne savait rien de moi, il me jugeait sur mon apparence, ma maigreur, accentuée sans doute par quelques mois de prison et de camp. En tout cas, comparé au jeune Russe, je ne faisais sûrement pas le poids.

Le sous-off nous regarde, nous compare.

Un sourire s'épanouit sur son visage. Sourire ravi et cruel : humain, trop humain. L'inimitable sourire de l'humaine joie du mal.

D'un geste, il m'attribue un gros morceau de roc, qui doit peser des tonnes. Ensuite, il en désigne un bien plus léger, dentelle de granit gris, à mon coéquipier athlétique.

Le SS sourit toujours, frotte ses mains gantées de cuir noir. Une longue matraque en caoutchouc pend à son poignet gauche.

Il ne sait rien de moi, ce salaud : je vais lui montrer.

Il n'était pas là, cette nuit de septembre 1943, dans la forêt d'Othe. Nous étions tombés sur un barrage de la *Feldgendarmerie*, alors que nous transportions un chargement d'armes et d'explosifs parachuté à «Jean-Marie Action». Sous le feu croisé de l'embuscade, nous avions été obligés d'abandonner les tractions avant dont les pneus venaient d'être crevés par des rafales d'armes automatiques. Le chef de maquis, un officier de réserve, à qui nous livrions ce parachutage avait réussi une opération délicate, pendant la nuit, dans l'assourdissante confusion d'un combat aveugle. Il avait réussi à mettre en place un groupe de couverture qui avait continué à ferrailler avec les *Feldgendarmes*. Lesquels, par chance, étaient restés groupés sur leur position, craignant sans doute de se disperser dans la futaie. Pendant ce temps, nous autres, chargés comme des baudets, nous avions déménagé armes et explosifs, les transportant jusqu'à la cache prévue, à quelque quinze kilomètres de marche dans la forêt nocturne, sous le poids du précieux fardeau.

Pas une seule mitraillette Sten, pas un gramme de plastic n'avaient été perdus.

À l'aube, finalement, quand tout avait été planqué dans la cave de pommes de terre qui allait servir de dépôt provisoire, je m'étais souvenu d'une page de Saint-Exupéry : aucune bête n'en aurait été capable, en effet !

J'empoigne le lourd morceau de roc, je le hisse sur mon épaule droite. Une sombre colère me pousse en avant, une bouffée de haine me réchauffe le cœur.

Un kilomètre plus loin, je me demande si je n'ai pas présumé de mes forces. Nous sommes sur le chemin de portage qui contourne la carrière. Vue imprenable sur le paysage : forêt de hêtres encore enneigée, colline de l'Ettersberg sous la fumée tutélaire du crématoire, plaine de Thuringe, riche et grasse, au loin, au piémont.

Le plus dur semblait fait, pourtant : la pente est descendante, désormais. Mais j'ai présumé de mes forces. Le morceau de roche me déchire l'épaule, m'opprime la cage thoracique. Je n'ai plus de souffle. Chaque nouveau pas en avant me demande un effort qui me trouble la vue. Il me faudrait m'arrêter un instant et reprendre ma respiration.

Le jeune Russe est sur mes talons. Il marche d'un pas léger, apparemment sans difficulté. Mais il ne me dépasse pas, il veille sur moi.

Le sous-off SS nous a suivis tranquillement, en fumant une cigarette. Il attend le moment où je vais m'effondrer. Il continue de sourire béatement.

Un vacarme éclate à la queue de la colonne, soudain. Il y a du remue-ménage, on entend des cris. Déportés et SS courent dans tous les sens.

Notre sous-off a tiré son pistolet automatique de l'étui. Il fait monter une balle dans le canon. Il dévale vers le lieu de l'incident.

Le jeune Russe vient à ma hauteur. Il me dit quelques mots, que je ne comprends pas. En russe, je ne comprends à peu près que les jurons, d'ailleurs fort monotones. Car il s'agit toujours d'aller baiser une femme de la famille, de préférence la mère de celui qu'on insulte.

Il ne jure pas, pour l'instant. Je n'entends ni le mot « mère », ni le mot « baiser ».

Il doit me donner des conseils. Des instructions, plutôt. Je ne comprends pas les mots, mais je comprends les gestes. Je comprends qu'il veut prendre le gros morceau de roche que je transporte pour me donner le sien. Il passe à l'acte, aussitôt. Il m'enlève la charge qui m'accablait, me coupait la respiration. Je prends en échange la pierre qu'il portait. J'ai envie de crier de joie : c'est léger comme tout, plume, papillon, sourire de femme, nuage cotonneux dans le ciel bleu !

— *Bistro, bistro* ! crie le jeune Russe.

Ça, je comprends très bien.

Il veut qu'on fasse vite, avant que le sous-off SS ne revienne. Nous dévalons la pente du chemin de portage. Pour moi, c'est devenu facile, je me laisse glisser au petit trot dans la descente. Le jeune Russe va aussi vite que moi, malgré le roc qu'il transporte : une force de la nature.

Nous avons déposé notre charge sur le tas de pierres qu'une autre corvée, demain peut-être, quelque jour prochain, déplacera de nouveau, pour la beauté des tâches inutiles. Absurdes mais éducatives. Rééducatives, même. Buchenwald, dans l'organigramme nazi, ne l'oublions pas, est un camp de rééducation par le travail, *Umschulungslager.*

Le jeune Russe me regarde, frais comme un gardon, visiblement content du tour qu'il a joué au sous-off SS. Il me parle et je retrouve dans son discours le verbe bien connu, « baiser ». Vu l'absence du mot « mère », généralement accolé audit verbe, j'en conclus qu'il exprime, cette fois-ci, la joie d'avoir « baisé » le SS.

Comme si ce n'était pas suffisant, il partage avec moi une moitié de rouleau de *machorka.* Nous fumons, le printemps s'annonce, il n'y a qu'à se laisser vivre, semble-t-il.

En me donnant ma part de tabac, il m'a appelé « *Tovaritch* ». Sur le moment, cela me conforte dans l'idée qu'il s'agit d'une incarnation de l'Homme nouveau soviétique. Aujourd'hui, il faut d'autres hypothèses.

Tovaritch, en tout cas, « camarade ».

Après cette expérience, j'ai essayé d'éviter les corvées de quarantaine : on peut comprendre.

Je ne pourrais pas compter chaque fois sur la chance qui semblait me poursuivre. Qui n'a cessé de me poursuivre, d'ailleurs. En Espagne, dix ans plus tard, dans la clandestinité antifranquiste, la chance me courrait toujours après. On me disait aussi, en Espagne, que j'avais de la chance, comme Kaminsky me l'avait fait observer, ce dimanche-là, lointain, à Buchenwald. Mais dans ma langue maternelle, la métaphore qui exprime cela est plus directe qu'en français, plus charnelle : ¡*Tu sí que has nacido con una flor en el culo* ! s'exclamait-on. Né coiffé ou avec une cuiller d'argent dans la bouche, à la française ; avec une fleur dans le cul, à l'espagnole, c'était pourtant pareil. Sans doute pourrait-on épiloguer sémiologiquement sur la différence entre l'une et l'autre expression, en tirer des conclusions sur l'oralité et l'analité de l'une ou l'autre langue. Ce n'est certainement pas le moment.

La décision de créer un groupe d'autodéfense a été prise un soir, dans la baraque des latrines, après l'appel et la soupe, avant le couvre-feu. Nous étions trois, si je me souviens bien : Yves Darriet, Serge Miller et moi. Claude Francis-Bœuf, c'est Yves qui l'a amené au groupe. Et Hamelin, c'est Miller. Moi, je n'ai amené personne, je ne connaissais personne.

Le principe de fonctionnement du système d'autodéfense était simple : il fallait éviter d'être surpris par la formation soudaine d'une colonne de corvée, s'assurer les quelques minutes suffisantes pour se planquer dans les latrines.

Pour y parvenir, l'un d'entre nous, à tour de rôle, montait la garde à l'extérieur du block 62. L'arrivée d'une troupe de SS ne pouvait pas passer inaperçue. On les voyait de loin se regrouper sur la place d'appel, au sommet du versant de l'Ettersberg sur lequel le camp était construit. Certes, ce n'était pas toujours pour rafler des déportés en vue d'une corvée que les détachements de SS pénétraient dans le camp. Ils entraient aussi pour se livrer à des razzias punitives — de moins en moins fréquentes —, fouiller un baraquement, vérifier qu'il n'y avait pas dans les blocks des tire-au-flanc ou des planqués.

À tout hasard, cependant, le guetteur nous signalait l'apparition des SS et nous courions nous réfugier dans les latrines.

Une fois là, nous étions en sûreté.

La baraque sanitaire était un lieu d'asile, en effet, et jouissait d'un étrange statut d'extraterritorialité. Jamais les SS n'en franchissaient le seuil. Les kapos non plus, si j'en crois mon expérience personnelle.

La seule fois, en tout cas, où j'ai vu un kapo — un politique, d'ailleurs, un «triangle rouge» — se promener dans les allées qui longeaient la fosse d'aisances centrale, les raisons de sa présence dans la baraque étaient particulières.

Ce détenu allemand, qui avait un poste important dans la hiérarchie administrative interne, avait été écarté de toute responsabilité politique clandestine parce que c'était un pédéraste «passionné».

C'est Seifert lui-même, le kapo de l'*Arbeitsstatistik*, qui avait utilisé cet adjectif, *leidenschaftlich*, un jour où cet homme était venu dans nos bureaux pour une raison de service.

C'est avec une sorte d'étonnement quasi respectueux que Seifert avait qualifié la singularité de cet homme.

J'avais compris que le kapo aimait les garçons d'un amour absolu, radical, qu'il était prêt à tout sacrifier à cette passion. Il lui avait déjà sacrifié son appartenance au parti communiste, assumant toutes les conséquences qu'un tel sacrifice pouvait entraîner pour lui à Buchenwald.

Le respect de Seifert, cette sorte d'étonnement admiratif que l'on percevait dans sa façon de rapporter cette histoire, avait une cause précise. Ce n'étaient pas les mœurs du kapo que Seifert respectait, bien sûr. Il était difficile de s'attendre à une attitude compréhensive ou tolérante, respectueuse encore moins, à ce sujet, de la part d'un vétéran communiste.

Mais il semblait que kapo — si j'ai su son nom, je l'ai totalement oublié : kapo, donc, comme nom propre — avait eu un comportement extrêmement courageux, quelques années auparavant.

Vers 1942, après l'agression nazie contre l'URSS, en tout cas, un certain Wolff, ancien officier de la Wehrmacht, était devenu doyen du camp, *Lagerältester* : le plus haut poste auquel un détenu allemand pouvait avoir accès dans l'administration interne. À ce moment-là, la suprématie des rouges était une nouvelle fois compromise par un retour en grâce des verts, les criminels de droit commun, auprès du commandement SS.

Homosexuel notoire, Wolff était soumis à son jeune amant, un Polonais qui faisait partie d'un clan d'extrême droite, xénophobe et antisémite. Or, dans la bataille que Wolff, ses séides et ses mignons, déclenchèrent contre les rouges pour les chasser de tous les postes d'influence, il semble que K. — pour kapo : le souvenir de son nom ne me revient décidément pas ! — avait eu un comportement d'un courage insensé, défendant ses amis politiques contre le clan de Wolff, perdant ainsi, par fidélité à ses idées plutôt qu'à ses passions, toute possibilité d'accéder à un poste de pouvoir interne, ou de s'y maintenir.

En tout cas, quel que soit le degré d'exactitude historique de ce récit légendaire de Buchenwald, K. était le seul kapo rouge que j'aie vu se promener un jour dans la baraque des latrines collectives du Petit Camp.

Il marchait le long de la fosse d'aisances, observant tous ces corps à moitié dénudés, ces cuisses, ces culs, ces sexes offerts au regard.

Les latrines n'étaient pas seulement fréquentées par les invalides et les vieillards, Musulmans ou non, inaptes au travail ou rejetés par le système du travail forcé, entassés dans quelques baraquements-mouroirs, dont le block 56 était sans doute le plus emblématique.

On y trouvait aussi les nouveaux arrivants du camp de quarantaine proprement dit, c'est-à-dire les déportés qui venaient d'être arrachés au monde du dehors, à la vie d'avant. Ceux, en somme, dont la fraîcheur physique était encore appréciable.

Appétissante, donc, pour quelqu'un qui avait l'appétit des corps masculins.

C'est parmi les plus jeunes, sans doute, que K. cherchait une proie, ou une victime consentante, ou un partenaire. Ce n'était pas impensable : un regard de désir, un échange suggéré, une tendresse offerte ou proposée, un désespoir à partager.

Soudain, nous nous sommes trouvés face à face.

C'était un homme d'une quarantaine d'années, plutôt du bon côté de la quarantaine. Très brun, la peau mate. Ses yeux cernés, son regard dévasté, laissaient deviner le désastre intime d'une quête inassouvie.

Il m'a vu, m'a reconnu. A du moins reconnu en moi quelqu'un qui travaillait à l'*Arbeit*, qu'il avait déjà aperçu aux côtés de Seifert, grand seigneur de la guerre dans la jungle de Buchenwald.

Il y a eu un éclair dans son regard. De surprise, d'abord. De complicité, ensuite : étais-je là pour les mêmes raisons que lui ? Complicité aussitôt entamée, nuancée du moins, par une noire inquiétude : n'allais-je pas lui faire concurrence sur le marché aux gitons ?

Je l'ai rassuré d'un geste. Non, je n'étais pas en chasse, il n'avait rien à craindre de moi.

Les kapos rouges de Buchenwald évitaient le bâtiment des latrines du Petit Camp : cour des miracles, piscine de Bethsaïda, souk d'échanges de toute sorte. Ils détestaient la vapeur pestilentielle de «bain populaire», de «buanderie militaire», l'amas des corps décharnés, couverts d'ulcères, de hardes informes, les yeux exorbités dans les visages gris, ravinés par une souffrance abominable.

— Un jour, me disait Kaminsky, effaré d'apprendre que j'y descendais parfois, le dimanche, en allant voir Halbwachs au block 56, ou en revenant d'un entretien avec lui, un jour, ils se jetteront sur toi, en s'y mettant nombreux, pour te voler tes chaussures et ton caban de *Prominent* ! Qu'y cherches-tu, bon sang ?

Il n'y avait pas moyen de le lui faire entendre.

J'y cherchais justement ce qui l'effrayait, lui, ce qu'il craignait : le désordre vital, ubuesque, bouleversant et chaleureux, de la mort qui nous était échue en partage, dont le cheminement visible rendait ces épaves fraternelles. C'est nous-mêmes qui mourions d'épuisement et de chiasse dans cette pestilence. C'est là que l'on pouvait faire l'expérience de la mort d'autrui comme horizon personnel : être-avec-pour-la-mort, *Mitsein zum Tode.*

On peut comprendre, cependant, pourquoi les kapos rouges évitaient cette baraque.

C'était le seul endroit de Buchenwald qui échappât à leur pouvoir, que leur stratégie de résistance ne parviendrait jamais à investir. Le spectacle qui s'y donnait, en somme, était celui de leur échec toujours possible. Le spectacle de leur défaite toujours menaçante. Ils savaient bien que leur pouvoir restait fragile, par essence, exposé qu'il était aux caprices et aux volte-face imprévisibles de la politique globale de répression de Berlin.

Et les Musulmans étaient l'incarnation, pitoyable et pathétique, sans doute, mais insupportable, de cette défaite toujours à craindre. Ils montraient de façon éclatante que la victoire des SS n'était pas impossible. Les SS ne prétendaient-ils pas que nous n'étions que de la merde, des moins-que-rien, des sous-hommes ? La vue des Musulmans ne pouvait que les conforter dans cette idée.

Précisément pour cette raison, il était, en revanche, difficile de comprendre pourquoi les SS, eux aussi, évitaient les latrines du Petit Camp, au point d'en avoir fait, involontairement sans doute, un lieu d'asile et de liberté. Pourquoi les SS fuyaient-ils le spectacle qui aurait dû les réjouir et les réconforter, le spectacle de la déchéance de leurs ennemis ?

Aux latrines du Petit Camp de Buchenwald, ils auraient pu jouir du spectacle des sous-hommes dont ils avaient postulé l'existence pour justifier leur arrogance raciale et idéologique. Mais non, ils s'abstenaient d'y venir : paradoxalement, ce lieu de leur victoire possible était un lieu maudit. Comme si les SS — dans ce cas, ç'aurait été un ultime signal, une ultime lueur de leur humanité (indiscutable : une année à Buchenwald m'avait appris concrètement ce que Kant enseigne, que le Mal n'est pas l'inhumain, mais, bien au contraire, une expression radicale de l'humaine liberté) — comme si les SS avaient fermé les yeux devant le spectacle de leur propre victoire, devant l'image insoutenable du monde qu'ils prétendaient établir grâce au Reich millénaire.

— Tu crois que les Américains vont tenir, à Bastogne ? demande Walter soudain.

La nuit précédente, celle de samedi à dimanche, au moment du couvre-feu, j'avais rejoint mon poste à l'*Arbeitsstatistik*, comme prévu. J'avais d'abord transcrit dans le fichier central les mouvements de main-d'œuvre signalés par les différents services. J'avais annoté les fiches des déportés bénéficiant d'une *Schonung*, une exemption de travail pour cause de maladie. Ensuite, j'avais gommé les noms des morts : c'est au crayon qu'étaient tenues à jour les fiches personnelles. C'était plus pratique, ça bougeait beaucoup, en effet. Il fallait sans cesse effacer et réécrire. Pour finir, j'avais également inscrit les noms des arrivants, sur de nouvelles fiches, ou sur celles qui étaient redevenues vierges après l'effacement d'une vie précédente.

Plus tard, j'avais rejoint Walter dans l'arrière-salle de l'*Arbeitsstatistik*. Le vieux Walter, me disais-je. Il ne l'était pas tellement, en réalité. Vieilli avant l'âge, plutôt. Il avait connu les premières années de Buchenwald, inimaginables. Quand le camp n'était pas encore un sana. En 1934, lors de son arrestation, il avait eu la mâchoire fracassée par la Gestapo au cours d'un interrogatoire.

Il en souffrait encore, ne pouvait pratiquement rien mâcher. Tous les jours, il allait chercher au *Revier* une gamelle de soupe spéciale, une sorte de bouillie sucrée.

Walter était l'un des rares vétérans communistes allemands avec qui l'on pouvait parler. L'un des rares à ne pas être devenu fou. Agressivement fou, du moins. J'en profitais, je lui posais des tas de questions sur le passé du camp. Il me répondait. Ma connaissance de ce passé provient, en grande partie, des récits qu'il m'a faits, au long des longues nuits.

Il y avait un seul épisode de leur histoire dont je n'étais pas parvenu à lui faire dire un mot, malgré mon insistance. Il se refusait à parler, en effet, des années 1939 à 1941, la période du pacte germano-soviétique. Il aurait pourtant été passionnant de savoir ce qu'ils avaient pu penser, éprouver, à l'époque, ces communistes allemands enfermés dans un camp par Hitler, l'allié de Staline ! Comment avaient-ils vécu ce déchirement ? En quoi ce pacte, objectivement — pour une fois cet adverbe plutôt sinistre tombait vraiment bien ! —, en quoi, objectivement, le pacte germano-soviétique avait-il eu des conséquences concrètes à Buchenwald ?

Rien, pas un mot : silence obstiné, regard délibérément obtus, comme s'il ne comprenait pas mes questions, comme s'il n'y avait vraiment rien à dire. Comme s'il n'y avait pas eu de pacte d'amitié entre Hitler et Staline, en somme.

Walter travaillait comme moi au fichier central, ça facilitait les conversations. Et nous faisions souvent partie en même temps de l'équipe de nuit.

Il avait réchauffé deux gobelets de la boisson noirâtre que je vais continuer de dénommer «café».

Dehors, la nuit était calme. La neige luisait, bleutée, sous les faisceaux tournants des projecteurs qui balayaient à intervalles réguliers les rues du camp. Une lueur rouge signalait l'activité du crématoire. Mais la voix rauque, excédée, du *Rapportführer* SS ordonnant qu'on éteignît les fours, — *Krematorium ausmachen* ! n'allait sûrement pas se faire entendre. Il n'y avait pas à espérer d'alertes aériennes, cette nuit.

L'aviation alliée aurait fort à faire ailleurs, sur le front des Ardennes.

— Tu crois que les Américains vont tenir, à Bastogne ? demande Walter.

On dirait qu'il a lu dans mes pensées.

Mais ce n'est pas tellement étonnant qu'il lise dans mes pensées : depuis quelques jours, nous ne pensons qu'à ça.

Sous les ordres de von Rundstedt, qui renouvelait ainsi la manœuvre stratégique de l'état-major nazi qui avait été décisive en 1940, les troupes allemandes avaient lancé une contre-offensive sur le front des Ardennes. Elles avaient enfoncé les lignes alliées : l'issue de la bataille dépendait de la résistance des Américains à Bastogne.

Buchenwald bruissait d'inquiètes rumeurs.

Aucun de nous ne pensait que les nazis eussent encore la possibilité de gagner la guerre. Mais le simple fait de réussir à la prolonger, repoussant la perspective d'une victoire alliée, était en soi terrifiant. Si Bastogne ne tenait pas, notre espoir de survie s'amenuisait. Notre capacité à survivre s'étiolait. Qui résisterait, dans ces camps, à quelques mois supplémentaires de famine et d'épuisement ?

Mais Walter ne pose pas vraiment de question. C'est plutôt un vœu, une invocation. J'espère que les Américains vont tenir à Bastogne, voilà le sens de sa question.

Je ne peux que formuler le même vœu que lui.

— Je l'espère, dis-je.

Il s'avérait que la préoccupation de Walter était plus complexe.

— Est-ce que les Américains sont de bons soldats ? poursuit-il, en effet. Ils se sont drôlement fait taper par les Japonais, au début !

— Au début, lui dis-je, les Soviétiques aussi se sont drôlement fait taper !

Il hoche la tête, il en convient.

Mais il n'a visiblement pas apprécié que je le rassure avec un argument pareil.

— Est-ce qu'il ne faut pas être un peu fanatique pour être un bon soldat ? se demande Walter, peu après.

Il me prend au dépourvu, je dois dire. Surtout qu'il n'en reste pas là.

— Sommes-nous de si bons soldats, nous, communistes, parce que nous sommes assez fanatiques ?

Walter a parlé d'une voix à peine perceptible, comme s'il avait peur qu'on l'entende. Mais il n'y a personne d'autre que nous deux dans l'arrière-salle de l'*Arbeit*. Sans doute a-t-il peur d'entendre ce qu'il vient de dire, de s'entendre dire une chose pareille.

Je le regarde, le vieux Walter grisonnant, à la mâchoire fracassée par la Gestapo.

Je me souviens de *L'Espoir* d'André Malraux. Quand il est question des communistes, il est banal de penser à ce roman. Surtout si on vient de le relire, comme cela m'était arrivé quelques semaines avant mon arrestation à Joigny.

Je me souviens de Manuel, jeune intellectuel communiste devenu chef de guerre, expliquant qu'il est en train de perdre son âme, de devenir moins humain, à mesure précisément qu'il devient un bon communiste, un bon chef militaire.

Dans *L'Espoir*, Manuel vient d'ordonner l'exécution de quelques déserteurs, de jeunes antifascistes, volontaires de la première heure, qui ont fui le combat lors d'une attaque des blindés italiens de l'armée franquiste. Il découvre qu'il lui faudra désormais étouffer parfois des sentiments nobles, la pitié, la compassion, le pardon magnanime des faiblesses d'autrui, pour devenir un vrai chef militaire. Or il faut de vrais chefs militaires, une armée véritable, pour gagner la guerre du peuple contre le fascisme.

Mais ce n'est pas avec Walter que je peux parler de Malraux, de *L'Espoir*. Je pourrai en parler avec Kaminsky, qui a combattu dans les Brigades internationales et y a connu certains des modèles du roman de Malraux.

La mémoire de Walter a des références d'une autre époque, d'une autre culture politique, moins ouverte au monde, limitée par les orientations sectaires imposées par le Komintern en Allemagne dans les années trente : classe contre classe.

De toute façon, la question de Walter restera en suspens. Elle était pourtant pertinente, aurait pu nous mener loin : sommes-nous de si bons soldats parce que nous sommes des fanatiques, nous, les communistes ?

Mais la porte de l'arrière-salle s'est ouverte, Meiners fait son entrée. Ce n'est sûrement pas devant lui qu'on va continuer à parler.

«*Et vous êtes… ? Henry Sutpen. Et vous êtes ici… ? Depuis quatre ans. Et vous êtes revenu chez vous… ? Pour mourir. Pour mourir… ? Oui. Pour mourir. Et vous êtes ici… ? Depuis quatre ans. Et vous êtes… ? Henry Sutpen.*»

J'avais laissé Walter dans l'arrière-salle de l'*Arbeit*. Silencieux, tournant délibérément le dos à Meiners. J'étais revenu à ma table de travail, auprès du fichier central. J'avais l'intention de finir ma lecture du roman de Faulkner *Absalon ! Absalon !*

Je l'avais choisi dans la bibliothèque pour cette semaine de travail de nuit.

Je sais bien que ça va en irriter certains. Ou les surprendre, les inquiéter même : je ne le sais que trop.

Il y a plusieurs années, quand j'avais mentionné que j'avais trouvé à la bibliothèque de Buchenwald la *Logique* de Hegel et que je l'avais lue — dans les mêmes conditions : pendant une semaine d'équipe de nuit, *Nachtschicht*, seule circonstance où la lecture était possible, et exclusivement si l'on travaillait dans un bureau ou un kommando de maintenance ; sur la chaîne de montage de l'usine Gustloff, par exemple, qui pratiquait les trois huit, c'était impensable ! —, j'avais reçu quelques lettres indignées. Ou attristées. Comment osais-je prétendre qu'il y avait une bibliothèque à Buchenwald ? Pourquoi inventer une fable pareille ? Voulais-je faire croire que le camp était une sorte de maison de repos ?

D'autres lecteurs, plus retors, abordaient la question sous un angle différent. Ah bon, il y avait donc une bibliothèque à Buchenwald ? Et vous aviez le temps de lire ? Mais alors, ce n'était pas si terrible que ça ! N'aurait-on pas beaucoup exagéré en décrivant les conditions de vie dans les camps nazis ? Étaient-ce vraiment des camps de la mort ?

Ces lettres ne furent pas très nombreuses, certes. Je ne répondis à aucune d'entre elles, bien entendu. Si ces lecteurs étonnés ou dubitatifs étaient de mauvaise foi, aucun de mes arguments n'aurait pu les convaincre. S'ils étaient de bonne foi, ils arriveraient d'eux-mêmes, par eux-mêmes, à constater l'absolue véracité de mon récit.

Il y avait bien une bibliothèque à Buchenwald. L'évidence documentaire est d'un accès facile. Ainsi, si on a le temps et le goût des voyages, on peut visiter la ville de Weimar. La ville de Goethe, n'est-ce pas ? charmante. Les traces de sa présence s'y inscrivent partout. Comme s'y inscrivent les souvenirs de Schiller, de Liszt, de Nietzsche, de Gropius, bref, ceux de la plus haute culture européenne. Si le temps est ensoleillé — pourquoi ne pas choisir, pour ce voyage, en effet, la belle saison ? —, on peut aller se promener sur la rive de l'Ilm, aux abords de la ville. Au bout d'un vallon vert, bocager, se dresse la petite maison d'été de Goethe, le Gartenhaus. Un banc se trouve là, après le petit pont sur l'Ilm : lieu insensé où s'asseoir. La pensée qui vous y assaillera, sans doute, touchera au plus vif de votre mémoire et de votre âme.

Car la veille — ou le matin même, si vous avez choisi l'après-midi pour la promenade jusqu'au Gartenhaus vous aurez parcouru les quelques kilomètres qui séparent Weimar du camp de concentration de Buchenwald, sur la colline de l'Ettersberg, où Goethe, précisément, aimait tant à se promener avec l'ineffable Eckermann.

Vous aurez visité ce lieu de mémoire, ce site archéologique de l'histoire européenne de l'infamie. Sans doute vous serez-vous longuement arrêté au musée de Buchenwald. Toutes les explications sur la bibliothèque du camp s'y trouvent. Vous pourrez même contempler l'exemplaire même de la *Logique* de Hegel que j'ai eu entre les mains, le mien.

En revanche, et je le regrette, on n'y trouvera pas le roman de Faulkner que je lisais en décembre 1944, quand cette histoire a commencé : l'exemplaire de la bibliothèque de Buchenwald n'a pas encore été retrouvé.

De toute façon, si vous n'avez ni le temps, ni l'envie, ni les moyens de faire le voyage de Weimar, il vous suffira d'entrer dans une librairie, d'y demander le livre d'Eugen Kogon, *L'État SS*, publié dans une collection de poche bien connue. L'existence et l'historique de la bibliothèque de Buchenwald s'y trouvent attestés, documentés.

Sous un titre différent *(L'Enfer organisé)*, le livre de Kogon a été publié en français dès 1947. Il s'agit d'un témoignage capital à plusieurs titres. Tout d'abord parce que Kogon a occupé un poste clé dans l'administration interne de Buchenwald, qui lui permit d'avoir une vue d'ensemble sur le système concentrationnaire. Il fut, en effet, l'adjoint du médecin-chef SS Dingschuler, responsable du block des expériences médicales. À ce poste, avec habileté, courage et persévérance, Kogon a rendu des services considérables à la résistance antifasciste de Buchenwald.

Eugen Kogon, par ailleurs — et cela rend son témoignage, son enquête, encore plus importants —, n'était pas un militant communiste. Chrétien-démocrate, adversaire résolu de l'idéologie marxiste, il a participé à la résistance antinazie à Buchenwald, au risque de sa vie, aux côtés de ses camarades communistes allemands, mais sans jamais abdiquer son autonomie morale.

Voici comment Eugen Kogon explique, dans son livre, l'origine de la bibliothèque de Buchenwald : «La bibliothèque des détenus fut fondée à Buchenwald dès le début de 1938. Pour fournir les 3 000 premiers volumes, on autorisa les détenus à se faire envoyer des livres de chez eux ; ou bien ils durent verser une somme, avec laquelle la Kommandantur acheta des ouvrages nationaux-socialistes... Sur ses propres fonds, elle offrit 246 livres, dont 60 exemplaires du *Mein Kampf* d'Adolf Hitler et 60 exemplaires du *Mythe du XXᵉ siècle* d'Alfred Rosenberg. Ces derniers ouvrages restèrent toujours en bon état, flambant neufs, inutilisés, sur les rayons de la bibliothèque. Avec les années, le stock de la bibliothèque s'éleva jusqu'à 13 811 livres reliés et 2 000 brochés... Au cours de l'hiver 1942-1943, je me suis constamment proposé comme volontaire, lorsqu'on plaça des gardes de nuit dans le block 42 de Buchenwald, où l'on volait régulièrement du pain dans les armoires ; je restais seul de trois heures à six heures du matin dans la salle de jour, et j'avais ainsi le temps, au milieu de ce calme magnifique, d'examiner les trésors de la bibliothèque du camp. Quelle impression étrange de se trouver assis sous une lampe voilée, seul avec *Le Banquet* de Platon, ou *Le Chant du cygne* de Galsworthy, avec Heine, Klabund ou Mehring...»

Pour ma part, deux ans après, dans le calme de la salle de l'*Arbeitsstatistik*, au pied de la cheminée rougeoyante du crématoire, c'est avec un roman de Faulkner, *Absalon, Absalon !*, que j'ai passé quelques nuits de décembre, bien heureuses !

J'ai quitté le vieux Walter pour reprendre ma lecture.

Au moment où Meiners a fait irruption, j'étais en train de me demander si je n'allais pas parler à Walter de la note de Berlin me concernant. Son opinion m'intéressait. De surcroît, j'étais sûr de sa discrétion : il n'en parlerait à personne. Mais Meiners est entré, aucune conversation n'était plus possible.

De haute taille, portant beau, pétant de santé, Meiners avait l'allure de certains acteurs du cinéma allemand des années trente, des personnages des comédies de la UFA. Le genre d'un Hans Albers, par exemple.

Ressemblance accentuée par sa tenue vestimentaire, qui n'avait aucun rapport avec celle des déportés ordinaires, fussent-ils kapos ou *Prominenten*. Il fallait un regard attentif pour distinguer sur sa veste de sport bien coupée, ou sur la jambe droite de son pantalon de flanelle grise, le rectangle bien peu réglementaire de son numéro de matricule. De même pour le triangle d'identification nationale, d'autant moins perceptible sur le tweed gris qu'il n'était pas rouge, couleur tranchante, mais noir.

Meiners était, en effet, ce qu'on appelait un « asocial » dans le jargon administratif nazi.

Interné après plusieurs condamnations pour vol, escroquerie ou abus de confiance, Meiners avait joué un rôle important dans la vie du camp, à l'époque où l'officier SS Karl Koch était le commandant de Buchenwald. Chargé de l'administration de la cantine SS, il voyageait, bien que détenu, à travers toute l'Allemagne pour faire ses achats, organisant du même coup toute sorte de trafics et s'enrichissant — il faisait bénéficier Koch et d'autres officiers SS de ses revenus illicites — grâce à un système de fausses factures et de pots-de-vin.

Mais Karl Koch — dont la femme, Ilse, on peut s'en souvenir, aimait les beaux détenus ; elle les déshabillait d'abord dans son lit, pour jouir d'eux et contempler, le cas échéant, leurs tatouages, qu'elle récupérait, une fois le prisonnier exécuté et la peau convenablement traitée, pour en faire des abat jour —, Koch, donc, fut victime des luttes intestines qui gangrenaient l'univers des SS *Totenkopf*, spécialement chargés de la surveillance des camps de concentration.

Limogé alors qu'il commandait un camp en Pologne, ramené à Weimar-Buchenwald, jugé à huis clos pour corruption, Koch finit par être fusillé, quelques jours avant la libération du camp par l'armée américaine.

Privé du soutien complice de Koch, Meiners, le « triangle noir », ne fut pas pour autant trop sévèrement sanctionné : un voyou peut toujours servir. Il fut renvoyé de l'administration de la cantine SS, certes, mais nommé à l'*Arbeitsstatistik*, auprès de Seifert, pour le moucharder, le surveiller, essayer de le contrer.

Il ne faisait pas le poids, Meiners. En face de Seifert, seigneur de la guerre à Buchenwald, il ne faisait vraiment pas le poids. En quelques mois, malgré l'appui extérieur de Schwarz, responsable SS de l'*Arbeitseinsatz*, du Service du travail, autrement dit, Meiners fut réduit par Seifert à un rôle de pâle figuration. Il aurait fallu des hommes plus déterminés, plus courageux, moins fainéants aussi, pour entamer le pouvoir du noyau rouge de l'*Arbeitsstatistik*.

À l'époque où j'y travaillais, délégué par l'organisation communiste espagnole, Meiners n'y avait plus aucune autorité, il était seulement chargé de petits boulots minables. Bien content, sans doute, au fond de lui-même, qu'on lui permît de mener une vie obscure mais douillette de privilégié irresponsable.

Meiners et moi nous nous haïssions.

C'était feutré, il est vrai : aucun éclat de voix dans nos conversations occasionnelles, aucun affrontement public. Mais si l'un de nous avait trouvé le moyen de faire disparaître l'autre, je pense que ni lui ni moi n'aurions hésité une seconde.

Les raisons de mon mépris — de ma haine, car c'était véritablement de la haine : chaleur, fureur, raison de vivre — sont faciles à deviner : Meiners incarnait, sous une apparence de bonhomie banale, tout ce que je détestais. Tout ce que je voulais détruire, les défauts que nous nommions «bourgeois», contre quoi, contre qui, je me battais. D'une certaine façon, c'était presque une chance — un heureux confort, en tout cas — d'avoir sous la main, sous les yeux, une si parfaite incarnation de l'ennemi. Bien sûr, je n'oubliais pas que les SS étaient, vu les circonstances, notre ennemi principal. Mais, d'un autre côté, pensais-je, ils n'étaient que la garde prétorienne d'une société d'exploitation en crise. Battre les SS sans changer cette société me semblait un peu court. J'étais d'accord, en somme, avec le mot d'ordre de certains mouvements clandestins de la France occupée, «De la Résistance à la Révolution».

Meiners vient d'entrer dans l'arrière-salle de l'*Arbeit*. Nous cessons immédiatement de parler, Walter et moi.

Il n'en a cure. Il est habitué aux bulles de silence qui se forment autour de lui, à l'*Arbeit*. Il sait bien qu'il ne peut pas espérer beaucoup de chaleur attentive de notre petite communauté militante et cosmopolite.

Il sifflote l'air d'une chanson d'amour de Zarah Leander, l'une de celles que le *Rapportführer* SS de service le dimanche fait passer régulièrement, ce jour-là, sur le circuit des haut-parleurs du camp.

Je préfère la voix mordorée de Zarah Leander à l'aigre sifflotis de Meiners, bien évidemment.

Celui-ci vient d'ouvrir son placard personnel, il va sans doute se préparer un petit casse-croûte.

Au bout de la table à laquelle nous sommes assis, Walter et moi, il installe son couvert : petite nappe, assiette en faïence, couteau et fourchette en argent. Il dispose tout autour des morceaux de pain blanc, de la charcuterie, une boîte de pâté...

Il se sert une grande chope de bière.

Soudain, au moment où il commence à étaler une couche épaisse de son pâté sur une tranche de pain blanc préalablement tartinée de margarine, Meiners lève la tête et me fixe, l'œil noir, exorbité.

Il doit se souvenir, ça le met mal à l'aise.

Quelques semaines auparavant, la nuit également, nous étions déjà face à face, dans l'arrière-salle de l'*Arbeit*. Seuls, cette fois-là, en tête à tête. La même cérémonie se déroulait : petite nappe brodée disposée sur la table rugueuse, couvert raffiné, étalage de victuailles appétissantes.

Je buvais, pour ma part, un gobelet de café. J'avais fini de déguster des épluchures de pommes de terre grillées. Je l'observais, une envie de lui gâcher son repas m'a saisi. — Tu auras bientôt fini de bouffer de la merde devant moi ? me suis-je exclamé. Il pue, ton pâté ! Déconcerté, il a mis le nez dans sa boîte de pâté, pour en humer les senteurs. — De la merde ! ai-je insisté. Avec quoi il est fait, ton pâté ? Avec de la viande de crématoire ? Ainsi de suite. Bref, Meiners a fini par en avoir un haut-le-cœur, il n'a pas pu terminer son repas, il a fui l'arrière-salle de l'*Arbeit.*

De cette nuit-là date la haine qu'il me voue.

Il haïssait en moi l'étranger, le communiste, le futur vainqueur. Il me haïssait d'autant plus qu'il n'avait pas la possibilité de me mépriser parce que j'aurais ignoré la langue allemande. Je la parlais mieux que lui. Mon vocabulaire était plus riche que le sien, en tout cas. D'ailleurs, pour l'emmerder, il m'arrivait de réciter à haute voix des poèmes dont il n'avait pas la moindre connaissance. Ces fois-là, sa haine tournait au rouge vif.

Meiners me regarde, se souvient sans doute. Il éclate.

Pourquoi je le dévisage comme ça, avec cet air dégoûté ? Son pâté est excellent, crie-t-il, son pâté vient de la cantine SS, c'est du pâté de porc, pur porc. Pour un peu il crierait que son pâté est *judenrein,* non contaminé par la juiverie. Pour un peu il nous dirait que son pâté est cent pour cent aryen, qu'il exprime l'ancestrale beauté de la race germanique. Qui suis-je pour oser critiquer son pâté aryen ?

Il hurle, pendant qu'il remballe tous les ingrédients de son casse-croûte.

— Je reviendrai, proclame-t-il, quand il n'y aura ici que des *Reichsdeutsche* !

Je lui fais remarquer qu'il est difficile, pour ne pas dire impossible, à Buchenwald, de ne pas être mêlé à des étrangers. On y est toujours l'étranger de quelqu'un. Il n'y a qu'un endroit où être uniquement entouré de *Reichsdeutsche,* d'Allemands du Reich, c'est le bordel. Il faut aller au bordel, lui dis-je, pour rester entre vous.

Walter éclate de rire, Meiners claque violemment la porte métallique de son placard personnel.

J'étais tombé par hasard sur *Absalon, Absalon !* dans le catalogue ronéoté de la bibliothèque du camp. Par hasard, en feuilletant les pages de la brochure.

Je passais plusieurs fois par jour devant la porte de la bibliothèque. Celle-ci était installée, en effet, dans la même baraque que le *Schreibstube*, le secrétariat, et l'*Arbeitsstatistik*. Entre les deux bureaux, au milieu de la baraque. Qui était située sur la première rangée de bâtiments à l'orée de la place d'appel, tout à côté du crématoire entouré d'une haute palissade.

En prévision d'une prochaine semaine de travail de nuit, j'avais consulté le catalogue. Et j'étais tombé sur Faulkner par hasard, en feuilletant les pages de la brochure. Je ne sais plus ce que j'y cherchais, rien de précis, sans doute. Je feuilletais, c'est tout. À la lettre H, étaient répertoriés des quantités d'exemplaires de *Mein Kampf*, d'Adolf Hitler.

Rien d'étonnant à cela : quand le camp de Weimar-Buchenwald avait été créé, en 1937, les chefs nazis avaient prétendu en faire un modèle de camp de rééducation. À cette fin, aux fins de l'*Umschulung* des militants et des cadres antifascistes, internés sur la colline de l'Ettersberg, une collection de livres nazis fut installée dans la bibliothèque du camp.

Mais l'objectif de rééducation des adversaires politiques du régime nazi fut bientôt abandonné. Le camp devint ce qu'il ne cessa d'être : un camp punitif, d'extermination par le travail forcé. Extermination indirecte, si l'on veut, dans la mesure où il n'y avait pas de chambre à gaz à Buchenwald. Pas de sélection systématique, donc, des plus jeunes, des plus faibles, des plus démunis, pour une mort immédiate. La main-d'œuvre déportée, corvéable à merci, affamée, bastonnée, se trouvait pourtant, dans sa majorité, intégrée dans un système de production d'armement dont le résultat ne pouvait pas être égal à zéro. Une main-d'œuvre, donc, qui ne pouvait pas être tout simplement exterminée, surtout à partir du moment où, l'espace de l'empire nazi en Europe rétrécissant comme une peau de chagrin, elle n'était plus renouvelable à volonté.

Ainsi donc, *Absalon, Absalon !* de William Faulkner.

En allemand, bien sûr. Avec un *m* à la fin du prénom biblique, comme en anglais d'ailleurs. La traduction, de Hermann Stresau, avait paru chez Rowohlt en 1938. Au mois de mars de cette année-là, pour être tout à fait précis, dans un tirage de quatre mille exemplaires.

Ce n'est pas à Buchenwald que j'avais appris, encore moins retenu, tous ces détails. J'avais lu le roman, pendant une semaine de travail de nuit, en décembre 1944. Au loin se déroulait la bataille des Ardennes, dont l'issue ne pouvait nous être indifférente. Mais je n'avais retenu ni le nom du traducteur, ni le nombre d'exemplaires du tirage de 1938, l'année de la capitulation de Munich et de la Nuit de Cristal, qui en fut l'une des conséquences.

J'avais retenu des passages entiers du roman, des phrases que je me répétais comme des incantations. En allemand, bien sûr. C'est en allemand que j'ai lu pour la première fois *Absalon, Absalon !*

«*Und Sie sind — ? Henry Sutpen. Und Sie sind hier — ? Vier Jahre. Und Sie kehrten zurück — ? Um zu sterben. Ja. Zu sterben — ? Ja. Zu sterben. Und Sie sind hier — ? Vier Jahre. Und Sie sind — ? Henry Sutpen.*»

Oui, ce jour de décembre, ce dimanche, pendant que Kaminsky cherchait un mort convenable, dont j'aurais pu prendre la place, c'est-à-dire, un mort qui aurait continué à vivre sous son propre nom, mais en habitant mon corps, mon âme aussi, peut-être, pendant que Kaminsky semblait avoir trouvé le mort qu'il me fallait pour continuer à vivre, au cas où la note de Berlin fût vraiment inquiétante — et j'avais de la chance, une fois de plus, c'était inouï, un garçon de mon âge, à quelques semaines près, étudiant, de surcroît, et parisien ! une chance inouïe, non ? —, pendant que Kaminsky exultait d'avoir trouvé le mort qu'il fallait, croyait-il, qui n'était qu'un mourant, d'ailleurs, cela me tracassait, pendant ce temps je me récitais les phrases incantatoires de la fin du roman de Faulkner, lorsque Rosa Coldfield et Quentin Compson découvrent Henry Sutpen, caché dans la maison familiale où il est revenu pour mourir.

Deux ans auparavant — toute une vie : plusieurs morts auparavant — une jeune fille m'avait donné à lire un roman de William Faulkner, *Sartoris.*

Ma vie en avait été changée. Je veux dire, ma vie rêvée, encore bien improbable, d'écrivain.

Une très jeune femme m'avait fait découvrir William Faulkner.

C'était dans le Paris austère et fraternel de l'Occupation, dans un café de Saint-Germain-des-Prés. Il m'est déjà arrivé d'évoquer le fantôme de cette jeune femme aux yeux bleus... (Soudain, je regrette de ne pouvoir ici changer de langue, pour parler d'elle en espagnol : ce serait tellement mieux de pouvoir l'évoquer en espagnol, ou de mêler au moins les deux langues, sans pour autant dérouter le lecteur !

Car on a le droit de faire sursauter un lecteur, de le prendre à rebrousse-poil, de le provoquer à réfléchir ou à réagir au plus profond de lui-même ; on peut aussi le laisser de glace, bien sûr, lui passer à côté, le manquer ou lui manquer.

Mais il ne faut jamais le dérouter, on n'en a pas le droit ; il ne faut jamais, en effet, qu'il ne sache plus où il en est, sur quelle route, même s'il ignore où cette route le conduit.

Il me faudrait des lecteurs bilingues, quoi qu'il en soit, qui pourraient passer d'une langue à l'autre, du français à l'espagnol, vice versa, non seulement sans effort, mais encore avec joie, dans la jouissance des lieux et des jeux de la langue !

Bref, si je pouvais évoquer en espagnol le souvenir de cette jeune femme, je dirais qu'elle «avait du fantôme», que *tenía duende*, qu'elle «avait de l'ange», *tenía ángel*. Quelle autre langue connaissez-vous où, pour parler du charme d'une femme, on dise qu'elle a de l'ange ou du fantôme ?) Ailleurs, dans d'autres récits, j'ai parfois donné à cette jeune femme son vrai prénom, parfois je l'ai masquée sous des prénoms romanesques : tout était valable, tout était bon, sincérité, ruse narrative, prétexte ou caprice d'écriture, pourvu qu'elle apparût entre les lignes de la mémoire, dans le battement du sang bouleversé.

Mais ce n'est pas à Buchenwald, bien sûr, que j'ai retenu le nom du traducteur d'*Absalon, Absalon !*, Hermann Stresau, ni remarqué que le premier tirage de la traduction allemande de mars 1938 avait été de quatre mille exemplaires.

C'est à Munich, chez Hans Magnus Enzensberger, que j'avais appris ces détails. Plus de cinquante ans après, en 1999, à la fin d'un siècle rempli de bruit et de fureur, mais aussi de roses et de vin.

J'étais à Munich pour un colloque, une conférence ou quelque chose d'analogue. En tout cas, il faisait beau : mai ou juin, probablement. J'avais déjeuné avec Hans Magnus, ce jour-là. À l'heure du café, nous étions chez lui. Dans son lieu de travail, plutôt : un appartement lumineux, aux espaces nets, rempli de livres, orné de quelques rares objets précieux. Assez rares, très précieux. Dont deux ou trois petits tableaux flamands de haute époque, mystérieusement rayonnants de bleu Patinir.

Le soir, j'avais une *Lesung*, une lecture, habitude allemande étrange et gratifiante. Des gens paient leur place, remplissent un théâtre, pour écouter un écrivain lire des extraits de son œuvre. Je lisais en allemand, bien sûr, nul besoin de traducteur.

Pour ce soir-là, j'avais préparé une sorte de collage ou de montage, avec des morceaux de mes trois récits sur l'expérience de Buchenwald reliés entre eux par le travail, interminable, tonique, désolant, de l'anamnèse.

En furetant dans les rayonnages, j'ai découvert soudain les volumes cartonnés, de couleur jaune, des œuvres de Faulkner, publiées chez Rowohlt.

Je jette toujours un coup d'œil sur les bibliothèques des gens chez qui je suis invité. Il semble que je suis parfois trop cavalier, trop insistant ou inquisiteur, on m'en a fait le reproche. Mais les bibliothèques sont passionnantes, parce que révélatrices. L'absence de bibliothèque aussi, l'absence de livres dans un lieu de vie, qui en devient mortel.

Je regardais, en tout cas, la bibliothèque d'Enzensberger, fort bien rangée, d'ailleurs. Par domaines thématiques, par ordre alphabétique à l'intérieur de chaque domaine.

Les romans de William Faulkner, soudain. J'ai pris le volume d'*Absalon, Absalon !*, le cœur battant.

Tout en feuilletant le livre à la recherche des phrases de la fin, incantatoires, qui m'étaient restées en mémoire, un demi-siècle auparavant, une nuit de décembre à Buchenwald (*« Und Sie sind ? Henry Sutpen. Und Sie sind hier ? Vier Jahre. Und Sie kehrten zurück ? Um zu sterben. Ja »*), tout en recherchant ces phrases, je racontais à Hans Magnus l'histoire de ce roman de Faulkner que j'avais lu à Buchenwald un si lointain hiver.

Alors, après avoir vérifié que c'est bien cette traduction-là que j'avais eue entre les mains, celle de 1938, de Hermann Stresau — il n'y en avait pas d'autre —, après avoir remarqué qu'une deuxième édition de quatre mille exemplaires avait paru en 1948, et une troisième d'un tirage identique en 1958, douze mille en tout, donc, alors, Hans Magnus Enzensberger m'a offert en cadeau son exemplaire d'*Absalon, Absalon !*

Je le garde à portée de la main, à tout hasard.

En souvenir d'Enzensberger et de nos souvenirs communs. Plus de trois décennies de souvenirs communs, depuis Cuba, en 1968, lorsque nous avons assisté ensemble à l'instauration par Fidel Castro du parti communiste de type léniniste dont il avait besoin pour transformer une révolution démocratique — qui s'était fort bien passée de ce type de parti pour triompher du dictateur Batista — en système de socialisme réel.

En souvenir de la lecture de Faulkner, jadis, à Buchenwald, ces nuits de décembre 1944 où les soldats américains n'avaient pas cédé un pouce de terrain, à Bastogne, bien qu'ils ne fussent pas des fanatiques.

— À six heures au *Revier*! avait dit Kaminsky.

Nous y étions presque : cinq heures et quart. La nuit tombait, les lampadaires étaient allumés. La neige miroitait sous le faisceau intermittent des projecteurs qui commençaient à explorer le territoire du camp.

Je vais bientôt savoir quel mort va m'habiter, le cas échéant, pour me sauver la vie.

Kaminsky avait ajouté, sarcastique : «D'ici là, fais comme d'habitude le dimanche, amuse-toi avec ton professeur et tes Musulmans !»

Conseil superflu. J'allais en effet rendre visite à Maurice Halbwachs et essayer, une nouvelle fois, de retrouver mon jeune Musulman français dans la baraque des latrines collectives.

Avant, j'étais revenu au block 40, j'y avais rendez-vous avec des compatriotes.

Voilà un mot qui était, ces dernières années, dans mon parler habituel, tombé en désuétude. Compatriotes ? De quelle patrie, seigneur ? Depuis plus de quatre ans, depuis qu'en 1939, sur le boulevard Saint-Michel, à Paris, j'avais décidé que plus jamais personne ne m'identifierait comme étranger en raison de mon accent, depuis que j'y étais parvenu, ma langue maternelle, mes références aux lieux d'origine — à l'enfance, en somme, radicalement originaire — s'étaient estompées, prises dans le maelström du refoulement et du non-dit.

Parfois, mais sans doute était-ce pour me rassurer, ou rassurer ceux à qui je m'adressais et, du même coup, m'épargner de trop longues explications oiseuses, je disais que la langue française était la seule chose qui ressemblât à une patrie, pour moi. Ce n'était donc pas la loi du sol, ni la loi du sang, mais la loi du désir qui s'avérait dans mon cas décisive. Je désirais vraiment posséder cette langue, succomber à ses charmes mais aussi lui faire subir les derniers outrages, la violenter. La langue de Gide et de Giraudoux, de Baudelaire et de Rimbaud, mais aussi, surtout, peut-être, au tréfonds, celle de Racine : perfection absolue de l'équilibre entre maîtrise transparente et violence masquée.

Certes, je n'avais pas pour autant oublié l'espagnol. Il était là, présent-absent, dans une sorte de coma, d'existence virtuelle, privé de valeur d'usage et d'échange. Pourtant, en cas de besoin vital, je pourrais y recourir, me semblait-il.

Un seul fil, intime et mystérieux, reliait encore la langue de mon enfance à ma vie réelle, le fil de la poésie. Si j'avais été croyant, le fil de la prière se serait également maintenu, sans doute. Il aurait été inconcevable que je dise le *Notre Père* en français, par exemple. Mais je n'étais pas croyant. Affaire classée, donc.

Le fil de la poésie, et, j'y pense, celui des chiffres et des comptes. Affaire d'enfance aussi, comme les comptines. Il m'était toujours nécessaire de redire, fût-ce à voix basse, les chiffres en espagnol pour pouvoir les retenir, les mémoriser. Numéros de rue ou de téléphone, dates de rendez-vous ou d'anniversaire : c'est en espagnol que je devais me les redire pour les graver dans ma mémoire.

L'espagnol aura ainsi toujours été la langue de ma vie clandestine.

Mais c'est surtout la poésie qui a maintenu vivant en moi, à l'arrière-plan, à un niveau profond de grâce et de gratuité absolues, mon rapport avec ma langue maternelle. Pendant les premières années d'exil et d'occupation, j'avais même enrichi ma connaissance, mon usage intime de la poésie espagnole. Avec Luis Cernuda, César Vallejo, par exemple, des poètes que j'ignorais jusqu'alors, ou que je connaissais mal, plutôt par ouï-dire que par ouï-vivre.

À Buchenwald, soudain, la situation s'est radicalement modifiée.

Je vivais de nouveau dans une communauté de langue espagnole, dans la diversité des accents, des musiques, des lexiques des différentes régions de l'Espagne et de l'espagnol. Je retrouvais les mots anciens pour dire le froid, la faim, la finitude. Pour dire la fraternité, l'espoir, la gratitude.

Ainsi, à Buchenwald, dans le lieu du plus lointain exil, aux frontières mêmes du néant — *östlich des Vergessens*, dirais-je en allemand, «à l'est de l'oubli», démarquant ainsi le thème d'un poème célèbre de Paul Celan —, au fin fond du déracinement, en quelque sorte, je retrouvais mes repères et mes racines, d'autant plus vivaces que tout était tourné vers l'avenir : les mots de l'enfance n'étaient pas seulement retrouvailles d'une identité perdue, oblitérée, du moins, par la vie de l'exil, qui, d'un autre côté, l'enrichissait, ils étaient aussi ouverture à un projet, engagement dans l'aventure de l'avenir.

C'est à Buchenwald, en tout cas, parmi les communistes espagnols de Buchenwald, que s'est forgée cette idée de moi-même qui m'a conduit, plus tard, à la clandestinité antifranquiste.

Compatriotes, donc, les Espagnols avec qui j'avais rendez-vous. Lié à eux, de nouveau par un sentiment très fort d'appartenance.

> ¡ *Ay que la muerte me espera*
> *antes de llegar a Córdoba !*
> *Córdoba*
> *lejana y sola.*

Je reconnais la voix de Sebastián Manglano, mon copain de châlit.

Il est important, peut-être même vital, de pouvoir partager avec un vrai copain l'espace de la litière, prévu à l'origine, chichement de surcroît, pour un seul déporté.

Aunque sepa los caminos
yo nunca llegaré a Córdoba...

Dans le réfectoire de l'aile gauche, la Flügel C, à l'étage du bâtiment en ciment du block 40, se déroulait quand j'y suis arrivé une répétition du spectacle que nous préparions. Spectacle andalou, je n'ose pas dire flamenco, car il n'y avait pas de véritable pratiquant du chant profond parmi nous. Les comédiens improvisés essayaient de mémoriser leurs textes.

La voix de Sebastián est bien timbrée, grave et claire. Certes, sa récitation n'est pas parfaite. Ainsi, il ne parvient pas à tirer tout le parti possible de la musicalité assourdie, lancinante, de la voyelle *a* réitérée dans le texte poétique. Mais il ne faut pas trop lui en demander : il est métallo, pas comédien professionnel. Il a fait partie, cependant, tout jeune combattant du 5e corps de l'armée républicaine, sur le front de l'Èbre, d'une troupe de théâtre d'agit-prop.

En tout cas, en récitant les vers de Lorca, Manglano réussit à éviter la grandiloquence castillane, si naturelle à cette langue impérieuse, impériale, d'une rotondité sonore triomphale, qu'il faut savoir moduler, maîtriser. Il m'arrive de penser que, abandonné à lui-même, aux tropismes de sa rhétorique consubstantielle, le castillan se prend pour l'idiome du Dieu de toutes les croisades !

Mais Sebastián Manglano récite Lorca avec naturel, sans emphase. «*¡ Ay que la muerte me espera, antes de llegar a Córdoba !*» On pourrait faire un sort à cette plainte désolée, en faire tout un plat. Mais mon copain de châlit parle d'un ton simple et direct. «Hélas, avant d'arriver à Cordoue, la mort m'aura attendu au tournant», quelque chose comme ça !

Je peux être satisfait, en tout cas. Nos comédiens improvisés ont appris par cœur leurs textes et leurs couplets.

Parmi les tâches que m'avait confiées l'organisation clandestine du PC espagnol à Buchenwald, il y avait celle qu'on pourrait qualifier d'un terme d'aujourd'hui, assez bête, peut-être même ridicule, animateur culturel.

Une tâche qui n'était pas vraiment facile à réaliser. Il était pratiquement impossible d'organiser des conférences, des causeries, certains soirs, entre la fin de l'appel et le couvre-feu. Ou le dimanche après-midi. Nous n'avions ni causeurs ni conférenciers possibles.

La communauté espagnole de Buchenwald, en effet, peu nombreuse par ailleurs, était un reflet ajusté de la composition sociale de l'exil rouge en France : très peu d'intellectuels et de professions libérales, une immense majorité de prolos.

Je ne m'en plaignais pas du tout, qu'on m'entende bien. Dans les diverses clandestinités de ma longue vie clandestine, j'ai toujours apprécié la fréquentation des prolos, des militants ouvriers. Je crois pouvoir dire, sans illusion rétrospective ni forfanterie, que les militants ouvriers, eux aussi, m'ont apprécié.

De cette catégorie de militants, que j'aurai fréquentés avec intérêt, avec profit — en y apprenant, dans cette fréquentation, les richesses et les mystères de la fraternité —, j'exclus les dirigeants du PCE. L'écrasante majorité d'entre eux, du moins, à quelques rares exceptions près. Non pas qu'ils ne fussent pas d'origine ouvrière. Ils l'étaient, et comment ! Ils en tiraient vanité vaine, droit de cuissage idéologique et prétention à l'infaillibilité. L'appartenance originaire à la classe avait chez eux dégénéré en ouvriérisme, en sentiment de supériorité ontologique sur les intellectuels militants. Pour ne rien dire des simples mortels.

Quoi qu'il en soit, il n'y avait pas d'intellectuels dans l'organisation communiste espagnole de Buchenwald. Impossible, donc, d'organiser conférences ou causeries.

Il ne me restait que la poésie.

Alors, je passais de longues heures nocturnes — ou diurnes, à l'*Arbeitsstatistik*, quand il n'y avait pas trop de travail — à transcrire les poèmes espagnols dont je me souvenais. J'avais à l'époque une excellente mémoire, je pouvais réciter des centaines de vers de toute sorte, des poètes les plus divers, des sonnets de Garcilaso ou de Quevedo, mais surtout des vers de Lorca, d'Alberti, de Machado, de Miguel Hernández. Et j'en passe.

C'est autour de ces textes poétiques reconstitués, reproduits, lus en commun, appris par cœur par les plus doués, que nous avions monté deux ou trois spectacles.

Le prochain serait andalou. Je n'ose pas dire flamenco, je le répète, les puristes m'en tiendraient rigueur.

Cependant, même s'il était impossible d'y insérer du *cante hondo*, nous parvenions, grâce aux textes de Lorca, à certaines chansons populaires retrouvées dans la mémoire de l'un ou de l'autre, à faire sentir la désespérance andalouse, la crainte inspirée par la Garde civile dans les communautés de Gitans et de paysans sans terre.

> *¡ Oh pena de los gitanos !*
> *Pena limpia y siempre sola.*
> *¡ Oh pena de cauce oculto*
> *y madrugada remota !*

Voilà : j'étais revenu dans le pays, le paysage, la parole de mon enfance.

— Fais comme d'habitude le dimanche, avait dit Kaminsky, sarcastique, amuse-toi avec ton professeur et tes Musulmans !

Je venais de quitter le block 56 où croupissait Maurice Halbwachs.

Ce jour-là, pour ma visite hebdomadaire, j'avais prévu de l'intéresser, de le distraire, du moins, de la lente progression putride de sa propre mort, en lui rappelant son essai *Les Cadres sociaux de la mémoire*, que j'avais lu deux ans auparavant, lorsque je suivais ses cours à la Sorbonne.

Cette idée m'était venue le matin, au moment où Kaminsky et Nieto avaient interrompu mon rêve — n'était-ce pas le contraire, plutôt ? n'étaient-ce pas les coups de poing redoublés de Kaminsky sur le montant de la litière qui avaient fait cristalliser des images-souvenirs éparses, disparates, en un rêve cohérent, autour des bruits de marteau sur un cercueil (et je savais que c'était le cercueil de ma mère que l'on clouait, même si, simultanément, ma propre voix intérieure me disait dans le rêve que c'était impossible, que le cercueil de ma mère n'avait pas été fermé devant moi, cloué sous mes yeux ; impossible, de surcroît, qu'il l'eût été dans le paysage océanique qui m'entourait au cours de ce rêve déclenché par les coups de poing de Kaminsky, mais, bien sûr, cloué hors de ma vue dans l'appartement familial de la rue Alfonso XI, à Madrid), n'étaient-ce pas plutôt les coups de poing de Kaminsky sur le montant de la litière qui avaient, à la fois, fait naître et interrompu un rêve auquel ils donnaient une forme dont je pourrais me souvenir ?

En tout cas, avant même que Kaminsky ne me demande de m'habiller (ils avaient à me parler), j'avais eu le temps de penser que j'interrogerais Halbwachs, plus tard. Tout le début de son livre porte sur ce genre de questions : le rêve, les images-souvenirs, le langage et la mémoire.

Mais ce jour-là Maurice Halbwachs n'était pas capable de réagir à mes questions, de participer à une conversation. Nous étions à la fin du mois de décembre 1944, il ne mourrait que des semaines plus tard, à la mi-mars 1945, mais il avait déjà sombré dans une immobilité somnolente, ataraxique.

Il ne s'en éveilla que deux fois, fugacement.

La première, quand il prit conscience de ma présence auprès de lui, debout contre le châlit où il sommeillait à côté d'Henri Maspero. Il battit des paupières, alors, un semblant de sourire glissa sur son visage cireux. « Potlatch ! » s'écria-t-il faiblement. C'était un mot de passe, un cri de ralliement, un défi à la mort, à l'oubli, à l'évanescence du monde. La première fois que je l'avais vu à Buchenwald, à l'automne, je lui avais rappelé son cours sur le potlatch. Et ça l'avait beaucoup amusé d'évoquer la Sorbonne, l'année 1942, ses leçons sur l'économie du potlatch.

Aujourd'hui, moribond, en m'accueillant avec le mot « potlatch », quasiment inaudible mais crié sans doute de toutes ses forces, il voulait non seulement montrer qu'il m'avait reconnu, mais rappeler aussi, d'un seul mot, toute sa vie d'avant, le monde du dehors, la réalité de son métier de sociologue.

Un peu plus tard, alors que nous parlions autour de lui, qui, les yeux fermés, semblait sur le point de s'évader de son corps misérable, Halbwachs avait soudain fixé nos visages, cherchant probablement ceux qui lui étaient connus, pour poser une question décisive.

— Bastogne ? avait-il demandé.

Prenant la parole en même temps, dans une sorte de chœur désaccordé mais fraternel, nous lui avions dit que les Américains tenaient, à Bastogne, sans céder un pouce de terrain.

«Potlatch» et «Bastogne» : deux mots avaient suffi, lancés à la cantonade, pour que Halbwachs affirmât, contre la mort qui le dévorait, contre le néant qui l'investissait déjà, son appartenance à la vie et au monde.

— À six heures au *Revier* ! avait dit Kaminsky.

Plus qu'une demi-heure à attendre.

Je venais de quitter le block 56 avec Lenoir et Otto, qui faisaient partie depuis quelques semaines du cercle dominical, autour de Maurice Halbwachs. Le bruit avait couru, en effet, je ne sais comment, parmi les intellectuels de Buchenwald : le dimanche, au block 56, il y a un cercle, autour d'un professeur de la Sorbonne, ça discute. On voyait arriver sans cesse des visages nouveaux.

Ce dimanche-là, en tout cas, mon dernier dimanche, peut-être, sous mon vrai nom, j'y avais retrouvé Lenoir. Ou Lebrun ? Ce n'était pas son vrai nom, de toute façon. C'était un Juif autrichien qui ne s'appelait ni Lenoir ni Lebrun. Qui s'appelait Kirschner, Félix Kirschner, si je me souviens bien. Félix, en tout cas, j'en suis certain. Le reste est moins sûr. Arrêté en France avec de faux papiers au nom de Lenoir ou Lebrun — l'un ou l'autre, assurément : ce n'était pas Leblanc, ni Leroux, ni Legris ; sa couleur onomastique était bien le noir ou le brun —, c'est sous ce nom que la Gestapo l'avait déporté, ne soupçonnant pas que ce patronyme français banal cachait un Juif viennois.

Quoi qu'il en soit, Lenoir ou Lebrun — je suis incapable de trancher — apparut à l'*Arbeitsstatistik* à l'automne 1944.

Je n'ai jamais su s'il avait été recruté par la voie politique. Si tel était le cas, j'ai ignoré quel parti communiste il représentait : le parti français ou l'autrichien ? Mais peut-être avait-il tout simplement été recruté selon des critères de qualification professionnelle, car il parlait à peu près toutes les langues européennes. Toutes celles, du moins, des pays ayant fourni leur contingent de déportés à l'empire SS.

En tout cas, Lenoir — pile ou face : j'ai opté pour Lenoir ! — était un homme disert et cultivé. Il semblait prendre un plaisir extrême à la conversation, quel que fût le sujet abordé et il pouvait en aborder de toute sorte.

Pour ma part, j'avais beaucoup de questions à lui poser, quand nous nous retrouvions à la pause de midi, ou le soir, pendant l'appel.

Quelques années auparavant, en effet, rue Blaise-Desgoffe, chez Édouard-Auguste F. (n'ai-je pas déjà parlé quelque part de ce personnage, de sa magnifique bibliothèque ?), j'avais lu *Der Mann ohne Eigenschaften*, de Robert Musil. De surcroît, depuis 1934, année où les milices ouvrières avaient été écrasées dans les deux pays par des gouvernements réactionnaires de la droite catholique, qui faisaient ainsi le lit du fascisme, un destin historique comparable, plutôt sombre, semblait s'acharner sur l'Autriche et l'Espagne.

J'étais donc curieux d'entendre cet universitaire viennois, citoyen d'une république fragilisée par l'héritage pervers de l'ancienne Kakanie de Musil, puis rayée de la carte par Hitler, non seulement sans coup férir mais encore dans l'enthousiasme masochiste d'une grande partie des Autrichiens, en 1938, l'année de toutes les défaites.

Il apparut, dès notre première conversation, que je ne perdrais pas mon temps en l'entendant me parler de son pays.

Il fut question, en effet, d'une conférence d'Edmund Husserl — rien de moins ! — à laquelle il avait assisté (lui, Lenoir, c'est-à-dire Kirschner, mais un doute me vient, n'était-ce pas plutôt Kreischler ?) et dont il me résuma le contenu.

En 1935 — la conférence eut lieu en mai — Edmund Husserl avait déjà été chassé de l'Université allemande, soulignait Lenoir, parce que juif, et Martin Heidegger avait déjà retiré la dédicace de la première édition de *Sein und Zeit*. Dédicace de 1926 qui ne devait plus paraître opportune, ni convenable, à Heidegger, après 1933, surtout qu'elle exprimait des sentiments aussi suspects que la «vénération» *(Verehrung)* et l'«amitié» *(Freundschaft)* qu'un Juif comme Husserl ne pouvait en aucun cas mériter publiquement !

On peut encore lire avec profit, soixante-cinq ans plus tard, à notre époque de construction européenne, le texte de la conférence de Husserl, que ce dernier — Lenoir croyait s'en souvenir — avait également prononcée à Prague, quelques mois après Vienne.

Ce que Lenoir ne pouvait pas me dire, parce qu'il l'ignorait, ou ne l'avait pas retenu, s'il l'avait su au moment même, c'est que le jeune philosophe qui avait organisé la venue d'Edmund Husserl à Prague s'appelait Jan Patočka.

Beaucoup plus tard, plusieurs décennies plus tard, devenu le porte-parole de la Charte 77, Jan Patočka mourrait à Prague d'un arrêt cardiaque, après un interrogatoire de la police du régime communiste. Interrogatoire sans doute trop musclé, trop poussé, trop brutal. Le jour de l'enterrement de ce grand philosophe, scandaleusement méconnu en France, la police politique tchèque ordonnerait la fermeture de toutes les boutiques de fleuristes de Prague, pour éviter l'afflux de bouquets portés sur la tombe de Patočka par les mains fidèles des femmes et des hommes libres.

Mais Lenoir ne pouvait pas me parler de Jan Patočka, à Buchenwald, en 1944.

En revanche, moi, je pouvais lui dire que c'était grâce à Husserl — partiellement, du moins, je ne peux pas me dénier quelque mérite personnel — que j'avais obtenu un deuxième prix de philosophie au Concours général de 1941.

Grâce à Husserl et à Emmanuel Levinas, qui me l'avait fait découvrir.

Pendant l'année 1941, alors que j'étais en classe de philo, j'étais tombé, à la bibliothèque Sainte-Geneviève, sur un article de Levinas dans la *Revue philosophique*, sorte d'introduction à la lecture de Husserl et Heidegger, à la théorie phénoménologique dont il n'était jamais question dans les cours de notre professeur d'Henri-IV, un certain Bertrand, excellent pédagogue mais piètre théoricien, confit en dévotion idéaliste d'une tradition bien française, victor-cousinienne — vous voyez sans doute ce que je veux dire !

En tout cas, Bertrand sut me transmettre le goût passionné de la philosophie ; des philosophies, en général, sauf de la sienne, inconsistante.

C'était l'époque, rappelerai-je, où Le Senne et Lavelle étaient les figures de proue philosophiques de l'Université. Jean-Paul Sartre n'était encore pour nous que le romancier de *La Nausée*, et l'essai fondamental de Merleau-Ponty, *La Structure du comportement*, n'avait pas encore été publié.

Emmanuel Levinas me fit donc découvrir Husserl et Heidegger, au cours de l'hiver 1940-1941. Je lus tout ce qui était accessible de ces auteurs et tout ce qu'on avait écrit sur eux : peu de chose ! Il y avait quand même *Sein und Zeit*, que je lus cet hiver-là, l'ayant acquis après de longues hésitations parce qu'il me fallut pour ce faire pénétrer dans la librairie allemande du boulevard Saint-Michel, que je m'étais juré de ne jamais fréquenter.

Ainsi, lorsque je m'assis le 13 mai 1941 dans une salle du Centre d'examens de la rue de l'Abbé-de-l'Épée, pour la composition en philosophie du Concours général des lycées et collèges, et que je pris connaissance du sujet, dont l'énoncé littéral s'est évanoui de ma mémoire, mais qui portait sur les problèmes de la connaissance intuitive, j'eus recours à tout ce que j'avais appris chez Husserl à ce propos.

Bertrand, mon professeur, en fut déchiré : heureux de voir l'un de ses élèves distingué par un prix du Concours général ; marri de constater que j'avais appuyé ma réflexion sur les théories d'un philosophe qui troublait son confort idéaliste.

— Ne meurs pas ! avait-elle dit sur le pas de la porte, à voix presque basse. D'un geste furtif, mais tendre, elle avait effleuré ma joue.

Nous avions passé la nuit ensemble, rue Visconti, surpris par le couvre-feu. C'était la première fois, pourtant, que nos corps se touchaient : sa main, ma joue, chastement.

J'avais sursauté. Mourir ? Il n'en était pas question. En ce printemps 1943, j'étais certain d'être immortel. Invulnérable, du moins. Pourquoi me disait-elle ça ? Quelle faiblesse, soudain ?

Julia, c'était son nom de guerre, assurait mon dernier rendez-vous avec la MOI, l'organisation communiste pour les étrangers en France. J'y avais eu affaire à Bruno, à Koba. À Julia, ces derniers temps. Mais la décision était prise : j'allais travailler avec «Jean-Marie Action», un réseau Buckmaster. C'est là qu'il y aurait des armes et j'avais besoin d'échanger les armes du discours contre le discours des armes.

Si je fais appel à cette formule marxienne, c'est pour que l'on devine où j'en étais, à dix-neuf ans : quelle exigence, quelle illusion, quelle fièvre, quelle volonté de vivre.

(Mourir ? Mais de quoi parlait-elle, Julia ? J'étais invulnérable !)

Les armes, donc : les parachutages, les maquis de Bourgogne, «Jean-Marie Action». Je rejoignais le réseau avec l'accord des gens de la MOI. Mais il fallait trancher les liens, pour des raisons de sécurité ; chacun chez soi, pas de prolifération, funeste en cas d'arrestations !

Je ne sais plus pourquoi, sans doute parce que tout était dit, que c'était le dernier rendez-vous, que nos chemins allaient se séparer, sans doute à cause de tout ça à la fois, Julia s'était laissée aller à des confidences.

Rien de précis, certes, rien de vraiment intime. Des allusions à des événements, des commentaires sur des livres, qui permettaient de deviner, de reconstruire des bribes d'une biographie : autrichienne, je savais déjà qu'elle l'était ; viennoise ; probablement juive. Ayant vraisemblablement travaillé, très jeune — Julia devait avoir quand je l'ai connue une trentaine d'années — dans l'appareil du Komintern.

J'avais pu vérifier à quel point sa formation théorique était solide, mais j'ignorais son goût de la littérature. De la poésie, en particulier. Elle me parla de Bertolt Brecht, ce soir-là, dont je ne savais rien, quasiment.

Elle me récita des poèmes de Brecht. Certains vers me sont restés en mémoire, à tout jamais.

Je lui récitai des poèmes de Rafael Alberti, en les lui traduisant. Elle aima surtout les entendre en espagnol, pour la sonorité, la musique de la langue.

De poème en poème, de découverte en découverte, il fut soudain trop tard : l'heure du couvre-feu était passée. J'essayai pourtant de quitter la rue Visconti, de regagner mon logement de l'époque en rasant les murs. Peine perdue : rue Bonaparte, les sifflets des îlotiers se mirent aussitôt à vriller le silence de la nuit.

Je battis en retraite à toute allure.

Avant ce départ précipité, raté, nous avions eu le temps de régler un contentieux personnel. Julia voulait, en effet, que je lui rende un livre qu'elle m'avait prêté. Qu'elle m'avait fait prêter, plutôt. Les derniers temps, j'avais eu la possibilité, une fois par semaine, un certain jour, à une heure donnée, de me présenter dans un appartement bourgeois du septième arrondissement. Une dame ouvrait, d'un certain âge, il fallait un mot de passe. Elle me conduisait jusqu'à une porte cachée derrière une lourde tapisserie, une porte qui donnait sur une pièce bourrée de livres.

C'était la bibliothèque d'Ali Baba, elle contenait tous les ouvrages marxistes publiés à l'époque. En allemand, exclusivement. C'est ainsi que je pus avancer dans la connaissance des œuvres philosophiques de Marx lui-même, lire également un certain nombre de textes polémiques ou théoriques d'auteurs devenus, depuis, mythiques ou pestiférés. Les deux à la fois, souvent.

De tous ces livres, celui qui m'a le plus impressionné est celui de Lukács, *Geschichte und Klassenbewusstsein, Histoire et conscience de classe* : un vrai coup de foudre. Il y avait deux exemplaires de l'édition Malik dans la bibliothèque clandestine de la rue Las Cases.

Celui que j'avais emprunté était précisément l'objet du litige entre Julia et moi. Elle voulait que je le rende, au moment de couper tout contact entre nous. Je prétendais en avoir encore besoin pour ma formation marxiste. Elle me disait que l'essai de Lukács avait été durement critiqué par les instances théoriques du Komintern, qu'il valait mieux ne pas utiliser un livre aussi sulfureux pour ma formation théorique. Je lui répliquai que si Lukács était sulfureux, il était urgent de retirer son livre de la bibliothèque de prêt clandestine, pour ne pas contaminer d'autres lecteurs. Chez moi, *Geschichte und Klassenbewusstsein* serait inaccessible aux âmes faibles !

Elle me traita de sophiste mais ne put s'empêcher de sourire.

À un moment de cette discussion — de guerre lasse, Julia accepterait finalement de me laisser l'exemplaire de l'essai de Lukács ; il a disparu dans la tourmente de ces années, avec toute ma bibliothèque de jeunesse de la rue Blainville ! —, je ne sais plus pourquoi, je lui avais parlé de mon prix de philo au Concours général. Peut-être pour la convaincre de mon droit moral à conserver le livre.

Elle voulut tout savoir de ce prix.

J'ai sous les yeux une photocopie de ma composition de mai 1941.

Il y a quelques années, en effet, le ministère de l'Éducation nationale, qui envisageait une solennelle cérémonie à l'occasion d'un anniversaire de la création dudit Concours général — centenaire ? cent cinquantenaire ? je ne sais plus —, me fit parvenir le texte de ma dissertation.

La commémoration ayant été annulée pour une raison qui m'échappe, peut-être tout simplement parce que le titulaire du portefeuille de l'Éducation nationale avait entre-temps changé, j'ai oublié pourquoi j'avais reçu cette photocopie, ce qu'on attendait de moi à cette occasion frustrée.

Quoi qu'il en soit, j'avais alors relu ma composition.

Tout, dans ce texte, me déroutait, me déconcertait. Je ne reconnaissais pas le garçon de dix-sept ans que j'avais été et qui l'avait écrit. Je ne m'identifiais pas à lui. Je ne reconnaissais pas mon écriture, ni le style de ma pensée, ni la méthode d'approche philosophique.

Ce qui m'avait surtout frappé, si l'on m'autorise un bref instant d'autosatisfaction, c'est qu'il n'y avait pas une seule citation dans mon texte : toutes les références philosophiques, assez faciles à décrypter d'ailleurs, étaient intériorisées, intégrées à mon propre discours. À dix-sept ans — les professeurs qui corrigent des copies de philosophie à longueur d'année le savent bien — on a plutôt tendance à farcir de citations, de références nominatives, les dissertations qu'on écrit. Les citations sont les béquilles d'une pensée encore incertaine.

Pas du tout dans mon cas, ça m'a épaté !

Malgré toutes ces qualités, je ne me reconnaissais pas dans ces pages. C'est un autre que moi qui s'exprimait : un autre moi ; moi-même en tant qu'autre ; ça provoquait ma curiosité.

D'ailleurs, j'étais convaincu que j'aurais eu une sensation d'étrangeté analogue si j'avais pu relire ma copie en 1943, au moment où j'en parlais avec Julia.

Il s'était en effet passé dans ma vie, entre ces deux dates, 1941, 1943, un événement considérable : j'avais découvert les œuvres philosophiques de Karl Marx. J'avais senti passer sur toutes mes idées, sur ma façon d'être dans le monde, le souffle renversant du *Manifeste du Parti communiste*, véritable ouragan.

Je ne sais pas comment faire comprendre à un jeune homme d'aujourd'hui — ni même si c'est possible, encore moins si c'est utile, à un garçon de dix-sept ans qui serait en classe terminale de philosophie —, maintenant que le communisme n'est plus qu'un mauvais souvenir, un objet de recherche archéologique tout au plus, comment lui faire sentir, de toute son âme, de tout son corps, ce qu'aura été pour une génération qui atteignait à ses vingt ans à l'époque de la bataille de Stalingrad la découverte de Marx.

Quelle tornade, quelle chance donnée à l'esprit d'invention et de responsabilité, quel renversement de toutes les valeurs quand on tombait sur Marx après avoir (un peu) lu Nietzsche, *Zarathoustra*, *La Naissance de la tragédie*, *Généalogie de la morale*... Merde, quel coup de vieux ! Quelle joie de vivre, de risquer, de brûler ses vaisseaux, de chanter dans la nuit des phrases du *Manifeste* !

Non, sans doute, c'est impossible ! Oublions, terminons le travail de deuil, écartons-nous de Marx enseveli par les marxistes dans un linceul sanglant ou une trahison permanente. Impossible de communiquer le sens et le savoir, la saveur et le feu de cette découverte de Marx, à dix-sept ans, dans le Paris de l'Occupation, époque insensée où l'on allait en bande voir *Les Mouches* de Sartre, écouter cet appel à la liberté du héros tragique, où, ayant lu tous les livres, fleurissait soudain dans nos âmes le besoin d'une prise d'armes.

À l'aube, rue Visconti, dès la fin du couvre-feu, après cette nuit de conversation, nous étions sur le pas de la porte.

— Ne meurs pas, avait dit Julia.

Sa main droite effleurait tendrement ma joue.

J'avais eu un haut-le-corps : de quoi parlait-elle ? C'était absurde. Comment pouvait-elle imaginer que je fusse mortel ?

— Ne meurs pas, s'il te plaît, insistait-elle.

À Buchenwald, je m'étais souvenu de Julia, en parlant avec Lenoir. Nous parlions de Lukács et je me souvenais de Julia. C'était toujours à cause de Lukács que le souvenir de Julia réapparaissait. Quand j'eus publié mon premier livre, *Le Grand Voyage*, le vieux Lukács le lut en allemand, il en parla. Il publia des commentaires. À partir de ce moment, vers le milieu des années soixante, il m'envoya régulièrement des étudiants de Budapest, garçons et filles.

On sonnait à ma porte, un jeune inconnu était sur le palier. Ou une inconnue. Je reconnaissais aussitôt le regard de ces jeunes inconnus, garçons ou filles. Ce regard lucide, désespéré, fraternel. Le regard de l'Est, de l'autre Europe, abandonnée à la barbarie. *Östlich der Hoffnung*, à l'est de l'espérance.

Ils étaient tous porteurs d'un message de Lukács, une conversation pouvait s'engager, une aventure de l'amitié.

Mais je me souvenais de Julia, de sa main sur ma joue, du souffle de sa voix, autrefois.

— Peut-être est-ce tout simplement que Dieu est épuisé, vient de dire Lenoir, qu'il n'a plus de forces. Il s'est retiré de l'Histoire, ou l'Histoire s'est retirée de Lui. Son silence ne serait pas la preuve de son inexistence, mais celle de sa faiblesse, de son impuissance...

Tous les trois, Lenoir, Otto et moi, nous nous étions réfugiés dans la baraque des latrines collectives. Une bourrasque de neige nous avait fouettés soudain, nous coupant la respiration, quand nous remontions du block 56 de Maurice Halbwachs vers le Grand Camp.

Otto, troisième larron de nos conversations, était un «triangle violet», un *Bibelforscher*, un Témoin de Jéhovah. Il était apparu dans notre cercle dominical deux semaines auparavant. Qui lui avait parlé de nos conciliabules ? Nous n'en sûmes jamais rien. Mais il nous captiva d'emblée par sa rigueur, une sorte de radicalité de la pensée.

Dès sa première apparition, il interrompit l'un d'entre nous, qui parlait d'un sujet insignifiant.

— Écoutez, nous dit-il en substance. Nous n'arrachons pas quelques instants du dimanche à notre besoin de sommeil, à notre faim permanente, à l'angoisse du lendemain, pour dire des banalités ! Si c'est ça, autant retourner dans nos blocks après l'appel de midi et la soupe aux nouilles pour essayer de dormir quelques heures supplémentaires. D'ailleurs, qui dort dîne...

Il avait dit les trois derniers mots en français, tourné vers Lenoir, dont il ne pouvait deviner qu'il était viennois, juif de surcroît, puisqu'il portait un F imprimé sur son triangle rouge.

Lenoir eut une réaction curieuse, difficile à comprendre. Il débita à toute vitesse une série de proverbes français.

— En effet, qui dort dîne, s'écria-t-il. Tant va la cruche à l'eau qu'à la fin elle se casse. Un verre de vin retire un écu de la poche du médecin. Ciel pommelé et femme fardée sont de courte durée...

Nous le regardâmes avec consternation.

Mais Otto, le Témoin de Jéhovah, n'avait pas l'intention de se laisser pour si peu détourner de son propos.

— Il y a un sujet, et un sujet seulement, qui mérite qu'on fasse le sacrifice de quelques heures de sommeil !

Il avait réussi à capter, peut-être même à captiver, notre attention.

— C'est celui de l'expérience du Mal ! Elle domine toutes nos autres expériences à Buchenwald... Même celle de la mort, qui est pourtant cruciale...

Il se trouvait que l'essai de Kant *La Religion dans les limites de la simple Raison*, qui venait d'être traduit, en 1943, avait été l'une de mes dernières lectures. La Gestapo a dû en trouver un exemplaire dans la chambre que j'occupais parfois chez Irène Rossel, à Épizy, faubourg de Joigny. Le livre de Kant et *L'Espoir* de Malraux.

— *Das radikal Böse*, l'expérience du Mal radical, pourquoi pas ? ai-je dit à Otto.

Il me regarde, il jubile.

— C'est ça, c'est ça ! Tu étais étudiant de philosophie ?

Philosophiestudent, ça me rappelle quelque chose.

Bien sûr : la phrase de Seifert, quand il m'a reçu pour la première fois à l'*Arbeitsstatistik*, dans son cagibi personnel. — C'est la première fois que je vois ici un étudiant de philosophie, m'avait-il dit. D'habitude, les copains qu'on m'envoie sont des prolos ! (*Die Kumpel, die zu mir geschickt werden, sind Proleten*).

Mais Otto ne pensait pas qu'il fallût s'en tenir à Kant. Dans l'investigation du Mal radical, il pensait qu'il fallait aussi prendre en compte Schelling, ses *Recherches sur l'essence de la liberté humaine.*

— J'en ai trouvé un exemplaire dans notre foutue bibliothèque, avait-il ajouté.

Mon exemplaire à moi a disparu dans le désastre de la rue Blainville, avec tous mes autres livres.

C'était un volume des éditions Rieder, publié vers le milieu des années vingt. La traduction du texte de Schelling était de Georges Politzer et l'introduction d'Henri Lefebvre.

C'est à cause du traducteur et de l'introducteur, d'ailleurs, que l'essai de Schelling était arrivé entre mes mains. Un copain d'Henri-IV — nous avions été ensemble à la manifestation du 11 novembre 1940, sur les Champs-Élysées ; ensemble nous avions réussi à échapper aux rafles de la police parisienne et du bataillon de la Wehrmacht que l'état-major nazi avait envoyé pour dégager le quartier — un copain de philo, en effet, qui n'était pas de Philo 2, comme moi, avec Bertrand, mais de Philo 1, avec René Maublanc, professeur marxiste, on peut s'en souvenir et s'en féliciter, m'avait conseillé la lecture de Schelling, à cause de Politzer et de Lefebvre, précisément.

Bref, j'avais lu l'essai de Schelling, je gardais le souvenir d'une évidente fulgurance théorique, d'un noyau dur d'idées novatrices, sous l'oripeau d'un langage obscur, quasi mystique.

Quelques jours après cette conversation dominicale, autour du châlit de Maurice Halbwachs, Otto était venu me trouver à l'*Arbeitsstatistik*, pendant la pause de midi.

J'étais dans l'arrière-salle, je lisais les journaux. J'étais chargé de faire un résumé de la presse nazie pour la troïka de direction du parti espagnol : un exemplaire unique et manuscrit, que Nieto faisait lire à Falcó et à Hernández, faux noms réels de Lucas et de Celada.

Je choisissais ainsi les articles les plus significatifs du quotidien *Völkischer Beobachter* et de l'hebdomadaire *Das Reich*, que je résumais, ou dont je citais des extraits, traduits bien sûr.

Ce jour-là, je n'avais plus rien à manger, je ne mangeais pas. En revanche, j'avais une cigarette. Je fumais donc une moitié de cigarette de tabac oriental — c'est Seifert, sans doute, qui m'en avait fait cadeau — en buvant un gobelet de la boisson chaude obligatoire de Buchenwald.

La porte s'est ouverte, Walter est entré. Il précédait Otto.

— Une visite pour toi, dit Walter, qui repartit aussitôt.

Otto avait un livre à la main, le fameux essai de Schelling. Il commença à m'en parler, à me montrer les passages qu'il avait choisis pour moi.

Meiners, le «triangle noir», nous observait.

Nous nous tournions le dos, bien entendu, jusqu'alors, comme d'habitude. Mais il a changé de place pour nous observer, l'œil exorbité d'étonnement indigné.

Otto, en effet, tout en soulignant du doigt le passage choisi, dans le volume ouvert devant nous, me lisait à haute voix des morceaux de Schelling. Il tenait à me prouver que la conception du Mal de ce dernier était bien plus riche, plus substantielle, que celle de Kant.

«*Quel est le rapport de Dieu comme être moral au Mal, dont la possibilité et l'effectivité dépendent de l'autorévélation ? S'il a voulu celle-ci, a-t-il aussi voulu le Mal, et comment concilier ce vouloir avec la sainteté et la suprême perfection qui sont en lui, ou encore, pour user de l'expression courante, comment justifier Dieu du Mal ?*»

C'était une question pertinente, en effet, que toutes les théologies, la thomiste en particulier, ont prétendu esquiver, ou occulter, en préservant Dieu, en l'écartant à jamais de la ligne du Mal.

J'écoutais Otto me commenter le sens profond de ce passage et je voyais l'œil de Meiners, son rictus haineux.

Otto poursuivait sa lecture.

«*Dieu ne fait pas obstacle à cette volonté du fond et ne la supprime pas. Ce serait en effet exactement comme si Dieu supprimait la condition de son existence, c'est-à-dire sa personnalité propre. Donc pour que le Mal ne soit pas, il faudrait que Dieu lui-même ne fût pas...*»

À ce moment précis, Meiners réagit. Il gronda des mots incompréhensibles, mais assurément désagréables.

Je m'adressai à lui.

— *Was murmelst du ? Otto ist doch ein Reichsdeutscher !*«Que marmonnes-tu, lui avais-je dit, Otto est pourtant un Allemand du Reich !»

Une fois encore, ça faisait mouche.

Meiners pliait bagage, partait en criant des grossièretés à la cantonade.

Otto ne s'en étonna pas, ne posa aucune question.

— Trou du cul, dit-il. Je le connais. J'espère qu'il passera en justice. Il ne vaut même pas le prix du plomb de six balles dans le bide !

La lecture assidue de la Bible n'interdisait visiblement pas les jugements tranchés !

Un peu plus tard, Otto me lut une autre phrase de Schelling, qui me resta en mémoire, littéralement. De celles que je viens de reproduire, en revanche, je n'avais retenu que le sens général. Il aura fallu que j'en reconstitue la littéralité en cherchant dans un volume des œuvres métaphysiques de Schelling publié naguère dans une collection de philosophie prestigieuse et dans une traduction plus récente que celle de Politzer.

Quoi qu'il en soit, Otto, jadis, dans l'arrière-salle de l'*Arbeit*, venait de m'exposer une notion cruciale de Schelling, selon laquelle nulle part l'ordre et la forme ne représentent quelque chose d'originaire : c'est une irrégularité initiale qui constitue le fond cosmologique et existentiel.

Et de conclure par la formule qui me frappa au plus intime, au point que je la retiendrais pour toujours : «*Sans cette obscurité préalable la créature n'aurait aucune réalité : la ténèbre lui revient nécessairement en partage...*»

Non seulement la ténèbre de la souffrance, pure passivité, pensais-je ; la ténèbre aussi du Mal, pulsion active de la liberté originaire de l'homme.

C'est ainsi que Dieu fit son irruption dans nos conversations autour du châlit de Maurice Halbwachs. C'était la moindre des choses : dimanche, jour de la soupe aux nouilles et du bref loisir miraculeux, jour du Seigneur.

— Peut-être Dieu est-il épuisé, exsangue, peut-être n'a-t-il plus de forces. Son silence serait le signe de sa faiblesse, non de son absence, de son manque à exister, vient de lancer Lenoir, Juif viennois, en réponse à une question d'Otto.

Nous étions entrés tous les trois, Lenoir, Otto, et moi, dans la baraque des latrines collectives, en sortant du block 56. Il était cinq heures et demie, la nuit tombait. Bientôt je saurais quel mort allait, le cas échéant, prendre mon nom pour que je prenne sa vie.

Nous nous étions avancés tous les trois, pour nous réchauffer, jusqu'au milieu de la baraque, dans la vapeur pestilentielle et chaleureuse. Je pense qu'aucun de nous ne faisait vraiment attention à l'habituel spectacle des déportés déculottés, assis sur la poutre d'appui, en train de déféquer, par dizaines. Nous parlions du silence de Dieu, de sa faiblesse feinte ou réelle, et le bruit, pourtant proche et répugnant, des viscères taraudées par la chiasse ne nous atteignait pas, ou si peu.

Sur le silence de Dieu, je n'avais pas d'inquiétude métaphysique. Qu'y avait-il d'étonnant, en effet, dans le silence de Dieu ? Quand avait-Il parlé ? À l'occasion de quel massacre du passé avait-Il laissé entendre sa voix ? Quel conquérant, quel chef de guerre cruel avait-Il jamais condamné ?

Si l'on ne voulait pas traiter les écrits bibliques comme des fables, si l'on voulait leur attribuer quelque réalité historique, il apparaissait que Dieu n'avait plus parlé, dans l'histoire de l'humanité, depuis le mont Sinaï. Quoi de surprenant, donc, à ce qu'il continue de garder le silence ? À quoi bon s'étonner, s'indigner ou s'angoisser d'un silence aussi habituel, tellement enraciné dans l'Histoire, constitutif peut-être même de notre histoire, à partir du moment où elle — l'His-toire — a cessé d'être sainte ?

Ce qui était en question, disais-je aux deux autres, ce n'était pas le silence de Dieu, mais celui des hommes. Sur le nazisme, par exemple, Mal absolu. Trop long, trop craintif silence des hommes.

Mais notre conversation s'interrompit abruptement.

Un déporté traversait soudain la baraque, trébuchant sur ses galoches à semelles de bois, courant vers la fosse d'aisances. L'urgence de son besoin était telle qu'il se déculottait tout en avançant en une course sautillante.

Il n'eut pas le temps d'atteindre la fosse. Avant qu'il n'eût réussi à se retourner pour s'affaler du cul sur la poutre porteuse, un jet de liquide nauséabond et visqueux jaillissait de ses entrailles, souillant les vêtements d'un groupe assis tout près, en rond, trois ou quatre déportés en train de se partager un mégot.

Hurlements d'indignation et de dégoût ; insultes sanguinaires ; tabassage immédiat du coupable involontaire, qui finit par être jeté dans la fosse d'aisances, à se rouler dans la merde.

Aussitôt, la bagarre fut générale.

Le pauvre chiasseux étant français et le groupe de tranquilles fumeurs de *machorka* polonais, l'affrontement devint ethnique.

Tous les Français de la baraque se précipitèrent, clopinant, claudiquant, haletant, à la rescousse de leur compatriote, pour le hisser hors de la fosse d'aisances et punir les Polonais. Qui se regroupèrent également, profitant de l'occasion pour se venger des Français, assez généralement méprisés à Buchenwald par les déportés de l'Europe centrale et de l'Est, à cause de leur cinglante défaite de 1940 face à l'armée allemande. Nous serions libres déjà, si ces Français minables ne s'étaient pas fait écraser : tel était le sentiment général en Mitteleuropa.

L'arrivée d'un groupe de jeunes Russes solides du *Stubendienst* des blocks du Petit Camp mit fin au désordre, chacun revenant aussitôt à son occupation dominicale habituelle, dans la buée malodorante de «bain populaire», de «buanderie militaire».

— Dis à ce vieux-croyant de s'écarter un instant... J'ai besoin de te parler seul à seul !

Nikolaï, le *Stubendienst* du block 56 est devant nous.

Otto et moi sommes à l'entrée de la baraque des latrines. Dans la confusion et le brouhaha, Lenoir s'est tiré : il n'avait aucune envie d'être pris à partie dans la bagarre entre Polonais et Français. Le F noir sur son triangle rouge pouvait l'y entraîner : un comble, ç'aurait été, pour un Juif viennois !

Nikolaï pointait un doigt sur Otto, le Témoin de Jéhovah.

Il avait parlé en allemand, comme d'habitude. Mais il avait dit *raskolnik* pour vieux-croyant. J'ai traduit du russe pour la commodité du lecteur.

Nous étions à l'entrée des latrines : dans quelques minutes, j'allais me diriger vers le *Revier,* pour retrouver Kaminsky. Pour connaître enfin le mort dont j'allais peut-être prendre la place. Et qui, dans ce cas, prendrait la mienne à son tour.

Nikolaï était apparu, toujours impeccable : bottes luisantes malgré la boue neigeuse ; pantalons de cheval ; casquette d'officier soviétique sur le crâne. J'avais tout à l'heure remarqué sa présence dans l'équipe de jeunes Russes venus mettre de l'ordre avec une brutale efficacité.

Otto fait un geste.

— Je vous laisse, dit-il.

Puis, s'adressant à Nikolaï :

— *Raskolnik* n'est sans doute pas la meilleure traduction pour *Bibelforscher* !

— Pas si mauvaise, puisque tu m'as compris !

Otto s'éloigne dans la nuit.

— Alors ? dis-je à Nikolaï. Sois bref, je suis pressé !

— Rendez-vous galant ?

Il me fait rire.

— Peut-être, je lui réponds, d'un certain point de vue !

Des vers espagnols me reviennent en mémoire. Des vers d'Antonio Machado à propos de l'assassinat de Lorca. La mort, jeune femme courtisée. Ou bien qui vous courtise. Mort courtisane, pourquoi pas ?

— À propos, poursuit Nikolaï, si t'as envie d'enculer un garçon, tu me le dis !

— Alcool, bottes de cuir, gitons : la maison fournit tout !

Il hoche la tête, positif.

— Bière, margarine, estampes obscènes, trous de cul, c'est ça ! renchérit-il.

Son regard se fige, se durcit.

— Argent aussi. Des devises, bien sûr !

Il a dit *valuta*, le mot russe approprié. Qui est un germanisme, d'ailleurs.

— Même des dollars ? Il vous faut des dollars, ce sont les Américains qui vont gagner la guerre !

Il jure, il envoie quelqu'un baiser sa mère. Je crains que ce ne soit moi. Je décide de ne pas m'en formaliser.

Il ricane : des dents très blanches, carnassières.

— Des dollars, justement !

Sa main droite a saisi le revers de mon caban bleu. On peut interpréter ce geste comme une menace ; ou un avertissement.

— Nous voudrions que tu fasses passer un message à l'Accordéoniste...

Le passage du « je » au « nous » est significatif. Deuxième message. Il n'est pas seul ; ils sont un groupe, une bande, un gang. Un pouvoir, en somme.

— Dis toujours.

L'Accordéoniste, c'est l'accordéoniste : il n'y en a qu'un, à Buchenwald. Un seul qui, du moins, pratique son art, un Français. Il court d'un block à l'autre, avant le couvre-feu. Le dimanche après-midi, surtout. Il joue : petits récitals contre un rab de pain, de soupe, de margarine. Beaucoup de chefs de block l'acceptent : ça détend les déportés, adoucit leur détresse. L'accordéon est un succédané gratuit de l'opium du peuple.

Quand nous étions encore en quarantaine, au 62, Yves Darriet m'avait présenté l'Accordéoniste.

— Des dollars, il en a, justement, planqués, me dit Nikolaï. C'est nous qui avons récupéré son instrument à l'*Effektenkammer*. S'il veut continuer à jouer, à faire son beurre avec l'accordéon, qu'il nous paie la somme convenue. Qu'il n'essaie pas de nous mener en bateau. Dernier avis avant qu'on lui écrase les doigts, un par un, un par jour !

— Pourquoi moi ?

— Pourquoi toi quoi ?

Je précise :

— Pourquoi tu m'as choisi...

Il m'interrompt.

— Nous t'avons choisi ! Parce que tu le connais depuis la quarantaine, parce qu'il sait — nous aussi — que tu n'as aucun intérêt dans cette affaire, t'es impartial. Et puis t'es un *Prominent*, Seifert t'a à la bonne, nous le savons, ça inspire confiance !

Je pourrais être flatté, je ne le suis pas. Ça m'emmerde.

Mais peut-être Kaminsky va-t-il me tirer de là, s'il est obligé de me faire disparaître.

— Je ne veux pas me faire chier dans une affaire pourrie, je lui dis. Donne-moi deux jours pour te répondre.

— Deux jours, ça fait quoi ?

— Ça fait quarante-huit heures. Nous sommes dimanche, mardi t'as ma réponse. Foutez-lui la paix d'ici là !

Il hoche la tête, il accepte.

— D'ici là, nous l'aurons à l'œil. Qu'il n'essaie pas de planquer ses dollars ailleurs : nous n'allons pas le perdre de vue !

J'imagine que les dollars, si dollars il y a — mais il y en a sûrement ! —, sont cachés dans l'instrument lui-même, l'accordéon, qui ne l'a pas quitté à travers prisons et voyages.

Mais ce n'est pas mon problème.

Nikolaï s'en va, revient aussitôt vers moi.

— Ton monsieur professeur n'ouvre plus les yeux !

— Non, je lui réponds, mais il voit. Il voit clair sans ouvrir les yeux.

Il ne comprend pas, ça ne fait rien.

— Rappelle ton *raskolnik*, me dit-il, mais pas un mot !

Il s'enfonce dans la nuit.

— Tu as remarqué sa casquette ? me demande Otto, quelques instants plus tard.

Il m'a rejoint. Il est temps pour moi d'aller au *Revier*.

— Une casquette du NKVD, oui ! Nikolaï en est très fier. Une casquette d'officier des unités spéciales de la police...

— Ainsi, m'interrompt Otto, sans changer de casquette, il pourrait changer de statut : au lieu d'être déporté dans un camp nazi, il pourrait être gardien dans un camp soviétique !

Je sens un froid glacial m'entourer les épaules.

— Que veux-tu dire, Otto ?

— Ce que je dis : qu'il y a des camps en URSS...

Je lui fais face.

— Je sais... Des écrivains en ont parlé... Gorki en a parlé, à propos de la construction du canal de la mer Blanche. Des criminels de droit commun vont dans des camps, y travailler utilement, au lieu de moisir connement en prison. Des camps de rééducation par le travail...

Je prends conscience du fait que je viens de prononcer un mot fatidique du vocabulaire nazi, *Umschulungslager*, camp de rééducation.

Otto sourit.

— C'est ça... *Umschulung*... C'est la marotte des dictatures, la rééducation ! Mais je ne veux pas discuter avec toi : tu es décidé à refuser de m'entendre. Je peux te faire connaître un déporté russe, un type remarquable. Un *raskolnik*, lui, vraiment, un vieux-croyant. Un témoin, pas seulement du Christ... Il te racontera la Sibérie !

— La Sibérie, je connais, lui dis-je rageusement. J'ai lu Tolstoï, Dostoïevski...

— C'était le bagne tsariste... Mon *raskolnik* te dira les bagnes soviétiques !

Je n'ai plus une minute à perdre : Kaminsky va être furieux si j'arrive en retard.

— Écoute, lui dis-je, j'ai un rendez-vous important, là, tout de suite, au *Revier*... Dimanche prochain, tu me racontes tout ça !

Otto s'en va, relevant le col de son caban, engonçant la tête dans ses épaules, pour se protéger du vent glacial.

Le dimanche suivant, il m'attend près du châlit de Maurice Halbwachs.

— Alors ? lui demandé-je. Quand je le vois, ton *raskolnik* ?

Il n'a pas l'air très à son aise. Il évite mon regard.

— Il ne veut pas, me dit-il après une longue hésitation.

J'attends la suite, qui tarde à venir.

— Il ne parlera pas avec un communiste, dit-il d'une voix hâtive.

Il s'efforce de sourire.

— Même avec un jeune communiste espagnol, il ne parlera pas !

— C'est quoi, cette connerie ?

— Tu ne voudras jamais entendre la vérité. Et puis tu risques d'en parler à tes copains allemands, qui ont ici droit de mort. Quand il a su que tu travaillais à l'*Arbeitsstatistik*, il a refusé catégoriquement !

Je suis quelque peu désemparé, en colère.

— Tu ne l'as pas détrompé, rassuré ? Tu lui as dit quoi ?

Il hoche la tête, il pose une main sur mon épaule.

— Que tu ne le croirais pas, probablement. Mais que tu garderais ça pour toi, n'en parlerais à personne !

J'essaie de me venger.

— Drôle de témoin, ton *raskolnik* ! Pas très courageux...

— Il avait prévu ta réaction, me dit Otto. Ce n'est pas une question de courage, m'a-t-il prié de te dire. Mais qu'il est inutile de parler à qui ne veut pas écouter, ne peut pas entendre. Un jour viendra pour toi, il en est sûr.

Nous sommes debout, silencieux désormais, contre le châlit de Maurice Halbwachs.

C'est vrai que je n'aurais pas voulu entendre le *raskolnik*, pas pu l'écouter. Pour être vraiment sincère, je crois que j'ai été soulagé, en quelque sorte, du refus du vieux-croyant. Son silence me permettait de rester dans le confort de ma surdité volontaire.

DEUXIÈME PARTIE

Schön war die Zeit
da wir uns so geliebt...

Je trébuche sur la neige du chemin. Peut-être de surprise, ou de saisissement. Il y aurait de quoi, en tout cas.

La voix de Zarah Leander m'atteint à l'improviste pendant que je cours vers le petit bois où se nichent les baraquements du *Revier*. Elle tombe sur moi, chaude, prenante, mordorée ; elle m'enveloppe comme la tendresse d'un bras sur l'épaule, la tiédeur d'une écharpe de soie douce.

Elle semble ne s'adresser qu'à moi, chuchotant à mon oreille des mots d'amour, « *heureux le temps où nous nous aimions tant* », d'une poignante banalité, d'une universelle vacuité nostalgique.

En réalité, c'est le circuit des haut-parleurs destinés à transmettre haut et fort les ordres des SS qui diffuse dans le camp tout entier la voix cuivrée de Zarah Leander. On l'entend dans les dortoirs, les réfectoires, les cagibis des chefs de block et des kapos, les bureaux des kommandos intérieurs de maintenance, sur la place d'appel également. Partout, jusqu'au moindre recoin de Buchenwald.

Sauf dans la baraque des latrines du Petit Camp, seul bâtiment qui ne soit pas branché sur le système des haut-parleurs, qui échappe au pouvoir SS.

Là-haut, dans la tour de contrôle qui surmonte l'entrée monumentale du camp, le *Rapportführer* a déclenché à la cantonade cette voix tonitruante, qui ne s'adresse pourtant qu'à notre intimité, à notre solitude.

Je reprends mon équilibre, mes esprits du même coup.

Lorsque la voix m'a surpris, cette voix qui me parle à l'oreille, alors qu'elle se répand sur toute la colline de l'Ettersberg, j'arrivais à l'orée du petit bois qui entoure les baraquements de l'infirmerie, le *Revier*, ainsi qu'une grande halle à usages multiples : aussi bien salle de cinéma, *Kino*, le cas échéant, que lieu de rassemblement des déportés désignés pour un transport ou une quelconque opération massive, corvée générale ou vaccination, par exemple.

Ce soir, je marche à grands pas vers l'infirmerie. J'ai rendez-vous avec Kaminsky ; avec le mort qu'il me faut, également.

— J'espère que ce fils de pute de sous-off SS va nous mettre Zarah Leander, comme tous les dimanches ! s'était exclamé Sebastián Manglano, tout à l'heure.

Dans le réfectoire du block 40, la répétition continuait. Mais nous nous en étions écartés, tous les deux. Nous fumions un mégot de *machorka*. Une bouffée chacun, avec une exigence pointilleuse d'égalité. Pas question de tricher, l'enjeu était trop important. On avait beau être copains, à la vie à la mort, chacun de nous surveillait la progression du cercle de braise rougeoyante sur le mince cylindre de la cigarette. Pas question de permettre à l'autre une aspiration trop prolongée !

> *¡Ay que trabajo me cuesta*
> *quererte como te quiero !*

Ce sont encore des paroles de Lorca que l'on entend dans le réfectoire, mais ce n'est plus Manglano qui récite.

Personne ne récite, d'ailleurs : on chante, ça se chante. Le poème de Lorca est tellement proche de la *copla* populaire andalouse par son rythme interne, son phrasé musical latent, qu'il est facile d'en donner une version chantée.

Mais ce n'est pas Manglano qui chante. C'est Paquito, un très jeune déporté espagnol.

Paquito avait été arrêté dans le sud de la France, au cours d'une opération de ratissage de l'armée allemande. Pour je ne sais plus quelles raisons, si tant est que je les aie jamais sues, il avait été confié par ses parents à une sorte d'oncle, ou de cousin plus âgé, qui travaillait dans un camp de bûcherons espagnols de l'Ariège. Ledit camp servant de base et de couverture à un détachement de guérilleros, l'armée et la *Feldgendarmerie* nazies montèrent une opération de ratissage dans la région.

Bref, Paquito se retrouva à seize ans à Buchenwald.

C'était un garçon fragile et gracieux. On l'avait planqué à la *Schneiderei*, le kommando des tailleurs où l'on rafistolait nos fringues. Où l'on pouvait aussi, si on était *Prominent* et disposait de moyens de paiement (tabac, margarine, alcool), se faire couper des vêtements sur mesure.

Sauvé de la famine et des risques mortifères de certaines corvées, Paquito devint célèbre dans le camp dès que nous, les Espagnols, commençâmes à organiser des spectacles. Car il y jouait les rôles féminins. Le rôle féminin, plutôt, le rôle unique de la femme éternelle, *das Ewigweibliche*.

Mince, la taille bien prise, grimé et perruqué, vêtu d'une robe andalouse à volants et à pois qu'il s'était confectionnée lui-même avec des bouts de chiffon, pourvu d'une jolie voix encore proche des ambiguïtés enfantines, Paquito pouvait faire illusion.

Il était l'illusion incarnée, l'illusion même, bouleversante, de la féminité.

En principe, nos spectacles n'étaient destinés qu'à la petite communauté espagnole, à laquelle ils pouvaient apporter le réconfort nostalgique de l'appartenance, de la mémoire partagée. Des déportés français y assistaient souvent, pour des raisons évidentes de proximité culturelle et politique. Surtout des Français originaires des régions frontalières, l'Occitanie et l'Euskal Herria.

La performance de Paquito fut aussitôt connue et colportée dans des cercles plus larges. Sa célébrité se propagea à Buchenwald en traînée de poudre. Certains dimanches après-midi, il fallut, littéralement, refuser du monde.

Ce succès était équivoque, on peut l'imaginer. Ce n'était pas seulement le goût de la poésie et de la chanson populaire qui le provoquait. Dans les réfectoires des blocks où il se produisait — ou dans les salles plus vastes du *Revier* et du *Kino* que nous obtenions parfois de l'administration interne —, Paquito allumait dans les yeux des mecs des arcs-en-ciel de désir fou.

Ceux qui aimaient les femmes projetaient sur cette figure garçonne mais androgyne leur douleur lancinante, leur désir inassouvi, leur rêve irréalisable. L'accès au bordel étant limité à quelques centaines de détenus allemands, des milliers d'autres étaient condamnés au souvenir et à l'onanisme, que la promiscuité, l'épuisement et la désespérance rendaient presque impossible pour la plèbe de Buchenwald — difficile, du moins, à mener jusqu'au terme et au foudroiement.

Pour pratiquer plaisamment le plaisir solitaire, il fallait de la solitude, bien évidemment. Il fallait disposer d'un cagibi privé — comme pour le plaisir homosexuel, d'ailleurs —, paradis accessible seulement aux chefs de block et à certains kapos.

Ainsi, comme dans tous les autres domaines de la vie quotidienne, la sexualité se déterminait à Buchenwald par des différences de classe.

De caste, plutôt.

Ceux qui n'avaient jamais aimé les femmes, ou qui en avaient perdu le goût, ceux que la bourrasque de ce désir-là ne fouettait plus, après de trop longues années dans l'univers contraignant, épais, impitoyable, de la masculinité, de la promiscuité virile, regardaient Paquito avec des yeux vagues, exorbités, dolents, en se frottant la braguette, essayant de deviner derrière les oripeaux féminins un corps jeune et souple de garçon s'exposant à leur fantaisie.

Parfois, l'ambiance devenait tendue, presque dramatique ; la respiration collective sifflante, l'air suffocant.

Paquito avait fini par en prendre peur. Il décida d'arrêter ce jeu-là.

Pour son dernier spectacle, celui que nous préparions, il se tiendrait immobile sur la scène improvisée, sans mouvements de hanches ni jupes virevoltantes, pour simplement chanter *a cappella* quelques poèmes de Lorca.

Dont celui qu'il était en train d'apprendre par cœur, ce dimanche de décembre, au bout du réfectoire.

¡ Ay que trabajo me cuesta
quererte como te quiero !
Por tu amor me duele el aire,
el corazón
y el sombrero.

Ce poème-là nous enchantait déjà à Madrid, dans l'éphémère paradis des découvertes enfantines. Outre la drôlerie quelque peu surréelle du texte (*«Ah, quel travail ça me coûte,/de t'aimer comme je t'aime !/Par ton amour j'ai du mal, à l'air,/au cœur,/au chapeau !»*), le fait d'avoir vu Lorca à la maison, où il était venu dîner avec d'autres invités dans la grande salle à manger d'acajou et de palissandre, ajoutait au charme de ces vers.

Chez les Smith Semprún, nous les récitions à Moraima, jolie cousine, histoire de la faire rire en lui déclarant une flamme dont elle ne pourrait se sentir importunée.

C'était surtout la fin du poème qui nous ravissait.

... y esta tristeza de hilo
blanco, para hacer pañuelos...

Ces deux derniers vers (*«... et cette tristesse de fil/ blanc, pour en faire des mouchoirs...»*) nous laissaient jadis songeurs, à l'orée même du mystère poétique.

Des années plus tard, c'était toujours vrai.

Dans le réfectoire de l'aile C du block 40 de Buchenwald, j'entendais la voix mélodieuse de Paquito chanter le poème de Lorca et le frémissement vivace d'autrefois venait se glisser dans l'opaque fatigue de vivre, la nausée suscitée par la faim permanente, rendant habitable pour un instant une âme dont le corps n'aspirait, lâchement, qu'à l'infini repos de la finitude.

— J'espère que ce fils de pute du dimanche va nous mettre les disques de Zarah Leander ! s'était exclamé Sebastián.

Je m'étonnais. Pourquoi ? N'en avait-il pas assez de la sempiternelle rengaine dominicale ?

Il haussait les épaules, me parlait d'un ton péremptoire.

— Les paroles, je m'en tape ! J'y comprends rien... Mais la voix est bandante... elle m'aide à me branler !

Sebastián Manglano me rappelait les garnements de Vallecas, fils de prolos ou de sans-travail, qui venaient jadis de ce faubourg ouvrier de Madrid jusqu'aux jardins du Retiro pour interrompre nos parties de ballon entre fils de la bourgeoisie du quartier de Salamanca, sous le ciel bleu d'anil de l'hiver ensoleillé. Comme eux, il parlait des affaires du sexe avec une brutale simplicité.

— Le dimanche après-midi, m'explique-t-il, c'est génial pour moi. Toi, tu disparais jusqu'au couvre-feu, t'as des réunions, des discussions, le parti, tes copains, ton vieux prof : parfait. Moi, le parti, ça m'emmerde, la parlote, en tout cas. Qu'on me dise ce qu'il faut faire, ça suffit. Pas besoin de beaucoup de palabres, non ? Tu te souviens de la chanson du Komintern ? *Du pain, et pas de discours !* C'est simple, la perspective. Tu vois, je connais les mots, certains, de votre langage ! La perspective, facile : il faut se battre. Et l'ennemi, merde, aucun doute n'est possible : les fachos...

Il faut que j'interrompe Manglano une seconde : «fachos» n'est pas un anachronisme, quoi qu'on en pense. Si cette abréviation familière de «fascistes» est bien postérieure, en effet, à la date de ma conversation avec Manglano, ce n'est pourtant pas un anachronisme, c'est une traduction. En espagnol, on dit *fachas* pour fascistes depuis la guerre civile de 1936. Manglano m'avait dit dans notre langue : *«¡ Y el enemigo, coño, ya se sabe : los fachas !»* «Fachos», donc, pour *fachas* : une traduction plausible et personnelle.

— L'ennemi, merde, me dit Manglano, on sait qui c'est, les fachos ! Alors, sur la chaîne de montage de la Gustloff, lorsque le copain allemand responsable vient me demander dans le dos des *Meister* civils et des sous-offs SS de fausser une pièce du fusil automatique que nous produisons, pas besoin de longs discours ! Je sais qu'il est allé trouver les ajusteurs, les fraiseurs, tout le long de la chaîne, je sais que nous sommes les meilleurs spécialistes, que nous sommes communistes, tous, et chacun de nous va commettre sur la pièce qu'il façonne une erreur millimétrique, et en fin de compte, au bout de la chaîne, le fusil deviendra très vite inutilisable... Ça, je veux bien, je suis là pour ça, planqué au chaud à la Gustloff pour ça ! Mais je reviens à mon truc : le dimanche après-midi, c'est génial ! Tu es parti, j'ai le châlit pour moi tout seul... Après la soupe aux nouilles, une sieste : le bonheur, mec ! Et, pour commencer, une bonne paille !

Mais je vais trop vite : «paille» pour *paja*, très bien. Traduction littérale. Mauvaise traduction, cependant. Car *paja, hacerse una paja*, «se faire une paille», veut dire se branler. C'est coton, en tout cas, de rendre la richesse du langage populaire de Manglano, qui disait : — *Después de la sopa de pasta, una siesta : la dicha, macho. A tocarse la picha, ¡ la gran paja !*

C'est là qu'intervient Zarah Leander, sa voix plutôt. Manglano la trouve excitante : ça facilite la grande paille !

Nous finissons notre mégot de *machorka*, tirant les dernières bouffées, à nous brûler les lèvres. Je lui souhaite bonne chance : que le sous-off SS de service à la tour de contrôle soit celui qui aime les chansons de Zarah Leander ; que son Alexandre soit en forme. Manglano a donné à son organe viril ce nom, Alejandro. Quand je lui ai demandé pourquoi, il m'a regardé avec une certaine commisération : — *Pero vamos : Alejandro Magno !* «Mais voyons, Alexandre le Grand !» Manglano était enfantinement fier de la taille de son engin. Encore fallait-il que ce dernier fût en forme. Les périodes récurrentes de faiblesse d'Alexandre lui procuraient ces derniers temps une angoisse attentive, une attente angoissée. Mais Alexandre revenait toujours, ressuscitant du néant de l'impuissance, du moins jusqu'à ce dimanche de décembre.

Soudain, le haut-parleur du réfectoire crachote un bruit rauque. Aussitôt après, pure, grave, prenante, la voix de Zarah Leander se fait entendre.

So stelle ich mir die Liebe vor,
ch bin nicht mehr allein...

— Fonce, je lui dis, fonce, Sebastián ! C'est le moment ou jamais de la grande paille !

Il fonce vers le dortoir, en effet, vers la solitude dominicale et délicieuse du châlit, avec un grand éclat de rire sauvage.

— À six heures au *Revier*, avait dit Kaminsky.

M'y voici.

Les déportés se pressaient à l'entrée de la baraque d'accueil et de consultation, en groupes tourbillonnants, essayant de se glisser à l'intérieur. On poussait dans tous les sens, ça gueulait dans toutes les langues. Si l'allemand, réduit, certes, à des mots impératifs et des formules passe-partout, était le sabir de communication, donc de commandement, de Buchenwald, chacun revenait à sa langue maternelle pour exprimer la colère ou l'angoisse, pour proférer l'imprécation.

Un service d'ordre de jeunes infirmiers russes, employant plutôt le hurlement et la manière forte, canalisait le flot des arrivants et filtrait les entrées.

Étaient refoulés, tout d'abord, ceux qui n'avaient pas pensé ou pas réussi à nettoyer leurs godasses de la neige boueuse qui s'y collait forcément dès qu'on circulait en plein air. Le règlement SS était strict à ce propos : nul n'entrait dans les baraques sans avoir des chaussures propres.

Au *Revier*, il était particulièrement important de le faire respecter. C'était la seule installation intérieure du camp où les officiers SS exerçaient encore, systématiquement, quotidiennement, leur droit de contrôle et d'inspection. Leur pouvoir de répression, donc. Trop de bottes ou de godasses boueuses à l'intérieur des baraquements de l'infirmerie pouvaient provoquer des représailles générales aux conséquences imprévisibles, mais forcément néfastes.

Ceux qui n'avaient pas de chaussures propres étaient donc renvoyés à l'extérieur, à racler leurs godasses sur les barres de fer prévues à cet effet, afin de les débarrasser des plaques de neige et de boue qui y adhéraient.

En deuxième lieu, les jeunes Russes du service d'ordre, rapides et précis comme les videurs physionomistes des boîtes de nuit, casinos et autres lieux de plaisir privilégiés, refoulaient ceux qui se présentaient trop souvent à la consultation du *Revier*, dans l'espoir d'obtenir un billet de *Schonung*, d'exemption du travail.

D'un geste, d'un cri, d'un juron — toujours le même : il y était question de les envoyer baiser leur mère ailleurs —, ceux-là, à peine reconnus, étaient chassés de la petite foule des postulants, comme des resquilleurs récidivistes et dangereux.

C'est ensuite seulement que commençait le tri proprement dit.

Redevenus infirmiers, les jeunes Russes examinaient les déportés qui prétendaient parvenir jusqu'à la consultation médicale proprement dite.

Certains, même s'ils venaient au *Revier* pour la première fois et avaient des godasses propres, double condition pour franchir le premier barrage, étaient renvoyés immédiatement dans leurs blocks. Ils ne semblaient pas assez mal en point pour avoir besoin d'un arrêt de travail. Ils montraient les traces cutanées d'un furoncle mal guéri, les contusions provoquées par le matraquage d'un sous-off SS ou d'un kapo dévoyé ; ils montraient les doigts meurtris par maladresse avec le marteau ou les tenailles, sur le lieu de travail, parce que ce n'étaient pas des manuels, mais, qui sait ? des professeurs d'Université.

Ce n'était pas suffisant : leur inaptitude provisoire au travail n'était pas évidente.

Les jeunes infirmiers russes jugeaient sur pièces, sur preuves : sur apparence, donc. Ils n'étaient pas là pour écouter la doléance profonde de ces hommes désespérés. Pouvait-on imaginer l'un de ces jeunes Russes s'arrêter un instant de taper aveuglément à droite ou à gauche pour maintenir un semblant d'ordre et prêter attention à leur demande, informulable par ailleurs dans ces conditions de cohue brutale ?

Ce qu'ils avaient à dire, dans la hâte, dans le sabir primitif qui était l'idiome commun, était à la fois trop vague et trop vaste. Littéralement inécoutable, donc. Ils montraient leurs doigts meurtris, ou leur aisselle encore purulente d'une furonculose persistante, mais c'est au corps tout entier qu'ils avaient mal : c'est tout leur corps qui refusait l'obstacle de la vie, sa difficulté, qui en avait assez, qui criait grâce. Un jour ou deux de *Schonung*, d'arrêt de travail, c'était pour eux comme sortir la tête hors de l'eau, lors d'une noyade. Un grand bol d'air, le paysage ensoleillé, une force retrouvée pour continuer à se battre contre le courant qui vous emporte. Un jour de *Schonung* — même s'ils ne savaient pas l'allemand, s'ils ne pouvaient se régaler des connotations lexicales du mot —, c'était quelques heures de sommeil supplémentaires, une chance de vie augmentée. Car la plupart des morts des camps de concentration — je ne parle pas, bien entendu, des camps de Pologne, avec la sélection et les chambres à gaz, programmés surtout pour l'extermination du peuple juif —, la plupart de ces morts-là, donc, les dizaines de milliers de morts politiques, résistants de tous les pays d'Europe, maquisards de toutes les forêts, toutes les montagnes, n'ont pas été victimes des bastonnades, des exécutions sommaires, de la torture : la plupart sont morts d'épuisement, d'une impossibilité soudaine à surmonter une croissante fatigue de vivre, abattus par l'abattement, la lente destruction de toutes leurs réserves d'énergie et d'espérance.

Je m'étais approché de la porte du *Revier,* dans l'espoir d'apercevoir la silhouette de Kaminsky derrière le barrage que formaient les infirmiers russes. Je n'avais pas envie d'argumenter avec eux pour réussir à entrer.

Kaminsky était là, bien sûr.

Il m'a vu, m'a montré d'un geste à l'un des jeunes Russes, en lui parlant.

Le Russe écarte l'attroupement qui me sépare de lui et gueule qu'on me laisse passer. Les déportés s'écartent, en effet, je passe. Soudain, je vois son regard fixé sur mon numéro de matricule et sur le S qui le surmonte. À voix basse, lorsque je passe près de lui, le jeune infirmier me dit en allemand :

— *Der Akhordeonspieler ist da drinnen !*

D'un mouvement de la tête, il m'indique l'intérieur de la baraque. L'Accordéoniste est là-dedans.

L'Accordéoniste ? S'il connaît cette histoire, ça prouve qu'il fait partie du gang de Nikolaï.

Quoi qu'il en soit, je suis à côté de Kaminsky lorsque j'entends qu'on m'appelle.

— Gérard, Gérard ! dit la voix.

Je me retourne.

Au premier rang des déportés qui se pressent pour entrer dans la baraque de la consultation, il y a un Français. S'il m'appelle Gérard, ça peut être un copain du parti. Mais ce n'est pas un copain du parti, je connais leurs visages. Les visages de tous ceux, du moins, qui peuvent s'adresser à moi en m'appelant Gérard, qui connaissent ce pseudo de la Résistance. Mais ça peut être aussi quelqu'un qui me connaît de la Résistance, précisément, même s'il n'est pas du parti. De Joigny ? Du maquis du «Tabou» ? De la prison d'Auxerre ? Je ne le reconnais pas d'emblée, mais je cerne à peu près son image : c'est plutôt à la prison d'Auxerre que je l'ai connu. C'est ça, Olivier, l'Olivier grand et maigre de la prison d'Auxerre, tombé dans l'affaire des frères Hortieux.

Je m'approche, Kaminsky s'inquiète, mais ne dit rien, me laisse faire.

— Olivier ! je lui dis.

Il frémit de joie, son visage s'illumine. Son visage meurtri, vieilli, ruiné, raviné par la vie. Puisque c'est la vie, cette vie-ci, notre vie, qui fait le travail de la mort.

— Tu m'as reconnu ? s'exclame-t-il.

Non, je ne l'ai pas reconnu. Il n'est pas reconnaissable, d'ailleurs. Je lui ai tourné autour, je l'ai supputé, je l'ai reconstitué. Olivier Cretté, mécanicien dans un garage de Villeneuve-sur-Yonne, du groupe des frères Hortieux. J'étais à Auxerre, à la prison d'Auxerre, quand ils ont fusillé l'un des frères Hortieux. Toute la section allemande de la prison d'Auxerre gueulait des mots d'ordre antifascistes et patriotiques, chantait *La Marseillaise,* pour dire adieu au plus jeune des frères Hortieux : un vacarme indescriptible, cris, chants, coups de gamelle sur les barreaux des grilles.

Non, je ne l'ai pas reconnu. Mais je ne peux pas lui dire qu'il est méconnaissable.

— Bien sûr, lui dis-je. Olivier Cretté, garagiste.

Il en pleurerait, le gars. De joie, bien sûr. La joie de n'être plus seul.

Je m'adresse à Kaminsky. Ici, mon copain, *Reichsdeutscher*, Allemand du Reich, avec son brassard de *Lagerschutz*, c'est l'autorité, le pouvoir incarné. Je m'adresse à lui en espagnol.

— *Aquel francés*, je lui dis, *que entre. Le conozco : resistente*. «Le Français là-bas, lui dis-je, qu'il entre, je le connais : résistant.»

— *Aquel viejito ?* «Ce petit vieux ?» me demande-t-il.

Mais oui, ce petit vieux, Olivier Cretté, garagiste, trente ans tout au plus.

Kaminsky donne quelques ordres brefs. En russe, pour faire vite. D'ailleurs, il a dit plusieurs fois le mot *bistro* ! Le jeune Russe qui fait certainement partie du gang de Nikolaï fait franchir à Olivier le dernier barrage qui le sépare de la consultation médicale.

— Merci, vieux ! me dit celui-ci.

Il regarde attentivement mon numéro, la lettre d'identification nationale.

— T'es espagnol ? J'savais pas... En tout cas, t'es une huile.

Il hoche la tête.

— Je peux te dire : ça m'étonne pas !

C'est énigmatique. Mais je n'ai pas le temps d'élucider. Ni l'envie, d'ailleurs. Kaminsky s'impatiente.

— T'as quoi ? je lui demande.

— La chiasse. Je m'en vais à vau-la merde... J'en peux plus !

— Tu travailles où ?

— Par-ci par-là, des petits boulots ! Au hasard de l'embauche, des besoins des kapos, le matin, sur la place d'appel...

— T'es pas mécanicien ?

— Si, me dit-il. Qui ça intéresse ?

— Moi, je lui dis.

Il ouvre de grands yeux.

— Fais-toi soigner. Et puis viens me voir à l'*Arbeit*, j'y travaille. N'importe quel jour, juste avant ou après l'appel du soir !

— Et je demande Gérard ?

— Si tu tombes sur un Français, tu demandes Gérard ; sinon, tu demandes l'Espagnol. C'est tout simple, de toute façon, je suis là, tu me verras !

Mais Kaminsky en a assez. Il attrape le bras d'Olivier et le conduit vers la consultation. Pour être réglo jusqu'au bout, il place quand même Olivier dans la file d'attente du médecin déporté français qui est de garde aujourd'hui. Ainsi, il pourra vraiment s'expliquer.

Kaminsky m'a d'abord conduit chez le kapo de l'infirmerie, Ernst Busse, un communiste allemand. L'un des plus vétérans communistes de Buchenwald, avais-je cru comprendre.

Massif, le cheveu ras, la mâchoire carrée, Busse n'était sûrement pas une mauviette. Je l'avais déjà vu à l'*Arbeit*, en visite chez Seifert. Son regard était inoubliable : tant de froideur déterminée, désespérée ; une telle acuité glaciale.

Il n'a pas de temps à perdre avec des salamalecs.

— On va t'installer dans la salle des sans-espoir, me dit-il. À côté de ton futur cadavre.

Il esquisse un geste, comme pour s'excuser de sa formule. Mais j'ai compris, il voit que j'ai compris, il poursuit.

— Tu es né coiffé, à propos. *Mit der Glückshaube bist du geboren !*

Je constate que l'expression allemande est identique à la française. Je persiste à trouver que la «fleur dans le cul» espagnole est plus amusante pour nommer la chance. Je ne sais pas encore qu'il y a aussi des formules françaises qui parlent de cul. Qui tournent autour du cul. À Buchenwald même, c'est Fernand Barizon, un copain communiste, métallo, ancien des Brigades, qui me fera connaître ces expressions. Plus tard, beaucoup plus tard, c'est une femme, une très belle femme — la seule que je connaisse à parler encore naturellement, sans affectation ni afféterie, le parigot populaire, idiome inventif, plein d'humour et de trouvailles langagières —, qui emploiera devant moi ces expressions désignant la chance : «T'as le cul bordé de médailles !», ou, encore plus étrange, plus ordurier aussi, «T'as le cul bordé de nouilles !»

Quoi qu'il en soit, dans le bureau de Busse, au *Revier* de Buchenwald, je n'ai ni le temps ni la possibilité de me laisser aller à des divagations de linguistique comparée.

Busse continue.

— Le jeune Français ne survivra pas à cette nuit ! Demain matin, nous aurons le temps, selon les nouvelles de Berlin, d'enregistrer la mort sous son nom ou le tien...

Je sais tout ça, Kaminsky me l'a déjà expliqué. Sans doute Ernst Busse veut-il souligner le rôle qu'il joue dans cette affaire.

— Le seul pépin possible, cette nuit, ajoute-t-il, c'est qu'il y ait une virée SS au *Revier*. Ils fêtent l'anniversaire de l'un de leurs médecins. Ils vont boire à mourir. Dans ces cas-là, ils improvisent parfois des visites d'inspection, quelle que soit l'heure... Ça les amuse de foutre la merde. Si ça arrive, on te fera une piqûre. Ne t'en fais pas, t'auras une fièvre de cheval, c'est tout. Demain, tu ne seras pas frais, mais tu seras vivant.

Il me regarde.

— Tu n'es pas gros, c'est vrai, mais tu n'as pas l'air d'un mourant, pas du tout... Vaut mieux que tu délires un peu, le cas échéant... S'ils viennent, on leur dira qu'on craint dans ton cas une maladie infectieuse. Ils ont horreur des maladies infectieuses...

C'est tout, il fait un geste d'adieu. Kaminsky me fait sortir du bureau, m'accompagne dans les couloirs du *Revier*.

— Ton vieux Français de tout à l'heure, me dit-il soudain, c'était inutile... Il n'en a plus pour longtemps !

C'est sans doute vrai, mais ça m'emmerde qu'il me le dise.

— D'abord, il n'est pas vieux ! Et puis on ne sait jamais.

Kaminsky hausse les épaules.

— Mais si, on sait, on ne sait que trop... T'as vu son regard ? Il est sur le point d'abandonner.

Le regard, en effet.

C'est au regard qu'on s'aperçoit du changement soudain, de la fêlure, lorsque la détresse atteint à un point de non-retour. Au regard subitement éteint, atone, indifférent. Lorsque le regard n'est plus la preuve, même douloureuse, angoissée, d'une présence ; lorsqu'il n'est plus qu'un signe d'absence à soi-même et au monde. Alors, on comprend, en effet, que l'homme est en train de lâcher prise, de lâcher pied, comme si ça n'avait plus de sens de s'obstiner à vivre ; alors, on saisit dans l'absence à quoi se résume le regard qu'on avait peut-être connu vif, curieux, indigné, rieur, on comprend que l'homme, inconnu, anonyme, ou un camarade dont on sait l'histoire personnelle, est en train de succomber au vertige du néant, à la fascination médusante de la Gorgone.

— Inutile, répète Kaminsky.

Il m'emmerde, de me dire ça. Il a sans doute raison, mais il m'emmerde.

— Pas pour moi, je lui dis, de mauvaise humeur.

Il s'arrête et me fixe, sourcils froncés.

— Tu veux dire quoi ?

— Je veux dire ce que je dis, lui dis-je. Que ce n'était pas inutile, pour moi, de lui venir en aide, même d'une manière aussi minime, anodine.

— Tu te sens mieux, c'est ça ? Tu te sens meilleur, même ?

— Ce n'est pas ça. Mais même si c'était ça, c'est interdit ?

— Ce n'est pas interdit, c'est inutile ! Un luxe petit-bourgeois !

Il n'a pas dit *kleinbürgerlich*, il a dit pire. Il a dit *spiessbürgerlich*, ça aggrave les connotations de mesquinerie, d'étroitesse d'esprit, d'égoïsme attribuées généralement à cet adjectif, «petit-bourgeois».

Je sais ce qu'il veut dire, nous en avons déjà discuté. Pour lui, se faire plaisir en faisant un geste, même si c'est du côté du bien, c'est dérisoire, ça ne compte pas. S'il y a une morale, ici, ce n'est pas celle de la pitié, de la compassion, moins que jamais une morale individuelle. C'est celle de la solidarité. Une solidarité de résistance, bien sûr : une morale de résistance collective. Provisoire, certes, mais contraignante. Non applicable dans d'autres circonstances historiques, mais nécessaire à Buchenwald.

— Depuis que tu es ici, je lui demande, tu n'as jamais partagé ton morceau de pain avec un camarade pour qui c'était déjà trop tard ? Tu n'as jamais fait un geste inutile, du point de vue de la survie de l'autre ?

Il hausse les épaules : bien sûr que ça lui est arrivé !

— C'était une autre époque... C'étaient les «triangles verts», les criminels, qui commandaient, nous n'avions pas les structures de résistance d'aujourd'hui. L'action individuelle, l'exemple individuel étaient décisifs...

Je l'interromps.

— Les structures dont tu parles sont clandestines... Leur effet, pour important qu'il soit, n'est pas toujours visible ; la plupart des déportés l'ignorent ou l'interprètent mal. Ce qui est visible, en revanche, c'est votre statut particulier, vos privilèges de *Prominenten*... Un beau geste inutile, de temps en temps, ça ne ferait pas de mal...

Mais il semble que nous sommes arrivés au bout des couloirs du *Revier*. Il me montre une porte.

— C'est là, on t'attend.

Il me serre le bras.

— La nuit va être longue parmi tous ces moribonds et ces cadavres... Et puis ça schlingue, ça pue la merde et la mort... À quoi tu vas penser, pour te distraire ?

Ce n'est pas vraiment une question. C'est une façon de dire au revoir. J'entre dans la salle du *Revier* où l'on m'attend.

On m'a fait laisser mes vêtements dans une sorte de vestiaire, en échange d'une liquette sans col, étriquée, en toile rugueuse, trop courte pour cacher mes vergognes, dirais-je en traduisant littéralement de l'espagnol (mes organes génitaux, autrement dit).

On m'a allongé à côté du mourant dont je prendrais la place, le cas échéant.

Je vivrai sous son nom, il mourra sous le mien. Il me donnera sa mort, en somme, pour que je puisse continuer à vivre. Nous échangerons nos noms, ce n'est pas rien. C'est sous mon nom qu'il partira en fumée ; c'est sous le sien que je survivrai, si ça se trouve.

Et ça me fait froid dans le dos — ça pourrait me faire rire aussi, d'un rire grinçant et fou — de savoir quel nom je porterai, au cas où la demande de Berlin serait vraiment préoccupante.

À peine allongé sur le châlit, en effet, aux côtés du mort qu'il faut, comme disait Kaminsky, ce matin, un mort qui s'avérait d'ailleurs n'être qu'un mourant, j'ai voulu voir son visage. Curiosité légitime, on peut l'admettre.

Mais il me tournait le dos, maigre gisant nu — probablement enlevait-on les liquettes de toile rêche à ceux qui étaient déjà au-delà de la vie —, squelette recouvert d'une peau grise et ridée, aux cuisses et aux fesses bistrées par une couche de liquide fécal séché, mais toujours puant.

Lentement, je lui ai à moitié retourné le torse.

J'aurais dû m'y attendre.

— Ton âge, à quelques semaines près, avait dit Kaminsky, ce matin, me parlant du mort qu'ils avaient trouvé, qui me convenait tout à fait. — Une chance inouïe, un étudiant comme toi, parisien de surcroît !

J'aurais dû y penser. C'était trop beau pour être vraisemblable, mais c'était vrai.

J'étais allongé à côté du jeune Musulman français disparu depuis deux dimanches de la baraque des latrines collectives où je l'avais rencontré. J'étais allongé à côté de François L.

J'avais fini par savoir son nom, il me l'avait dit. Et c'est ça qui me faisait grincer des dents, dans un rire épouvanté.

Car François, arrivé à Buchenwald dans le même transport de Compiègne que moi, immatriculé au camp à quelques numéros de distance du mien, était le fils, en révolte et répudié, certes, le fils pourtant, de l'un des chefs les plus actifs et sinistres de la Milice française.

Le cas échéant, c'est le nom d'un milicien pronazi que j'aurais à porter, pour survivre.

J'ai retourné son corps, pour lui faire face, pour qu'il me montre son visage.

Pas seulement pour ne plus voir ses reins souillés de merde liquide, maintenant desséchée. Aussi pour guetter les soubresauts possibles de la vie, si on pouvait encore nommer ainsi ce souffle court, presque imperceptible, ce battement de sang aléatoire, ces mouvements spasmodiques.

Pour entendre ses derniers mots, s'il y avait derniers mots.

Allongé à côté de lui, j'ai guetté sur ce visage les derniers signes de vie.

Dans *L'Espoir*, que j'emportais avec moi pour en relire des pages, les dernières semaines d'avant mon arrestation, un épisode m'avait frappé.

Touché par la chasse franquiste, un avion de l'escadrille internationale qu'André Malraux avait créée et commandait revient en feu à la base. Il réussit à atterrir, dévoré par les flammes. Des débris de l'appareil, on retire des blessés et des morts. Parmi ceux-ci, le cadavre de Marcelino. Comme il «avait été tué d'une balle dans la nuque, il était peu ensanglanté, écrit Malraux. Malgré la tragique fixité des yeux que personne n'avait fermés, malgré la lumière sinistre, le masque était beau».

Le cadavre de Marcelino est allongé sur une table du bar de l'aéroport. En le contemplant, l'une des serveuses espagnoles dit ceci : «Il faut au moins une heure pour qu'on commence à voir l'âme.» Et Malraux de conclure, un peu plus loin : «C'est seulement une heure après la mort que, du masque des hommes, commence à sourdre leur vrai visage.»

Je regardais François L. et je pensais à cette page de *L'Espoir*.

Son âme l'avait déjà quitté, j'en étais certain. Son vrai visage avait déjà été défait, détruit, il ne sourdrait plus jamais de ce masque terrifiant. Non pas tragique, mais obscène. Nulle sérénité ne pourrait jamais plus adoucir les traits tirés, ravagés, du visage de François. Nul repos n'était plus concevable dans ce regard abasourdi, indigné, plein d'inutile colère. François n'était pas encore mort mais il était déjà abandonné.

Par qui, seigneur ? Était-ce son âme qui avait abandonné ce corps martyrisé, souillé, frêle ossature cassante comme du bois mort, à brûler dans un four du crématoire, bientôt ? Mais qui avait abandonné cette âme fière et noble, éprise de justice ?

Quand la Gestapo l'avait arrêté, m'avait dit François, et qu'elle l'avait identifié, les policiers allemands avaient demandé à son père, allié fidèle, collaborateur efficace dans le travail de répression, ce qu'il voulait qu'on fît de lui. Devait-on l'épargner ? Ils étaient prêts à faire une exception. — Qu'on le traite comme les autres, comme n'importe quel autre ennemi, sans pitié particulière, avait répondu le père, un agrégé de lettres, féru de culture classique et de belle prose française. — C'est fou ce que la perfection de la prose attire les hommes de droite ! s'était esclaffé François lors de notre conversation dans la baraque des latrines collectives. Notre seule et interminable conversation. Il m'avait parlé ce jour-là de Jacques Chardonne, de la présence de celui-ci, deux ans auparavant, à un congrès d'écrivains à Weimar, précisément, sous la présidence de Joseph Goebbels. — Tu n'as pas lu les textes de Chardonne dans *La NRF* ? m'avait demandé François.

Non, je n'avais pas lu, pas retenu, en tout cas.

Maurrassien, antisémite éclairé — je veux dire, qu'on ne s'y trompe pas, citant Voltaire plutôt que Céline quand il dénonçait la «malfaisance des Juifs, déracinés par essence», «incapables d'émotion patriotique et voués au culte du Veau d'or» : telles étaient les formules stéréotypées —, le père de François avait été projeté par la défaite de 1940 dans un activisme pronazi nourri de désarroi désespéré, de nihilisme antibourgeois.

Homme de culture, il était devenu homme de guerre avec passion. Puisqu'il fallait se battre, autant le faire en première ligne, les armes à la main, dans la Milice de Darnand.

— Qu'on le traite comme les autres, comme n'importe quel autre ennemi, avait dit son père aux types de la Gestapo.

Probablement croyait-il s'inscrire par là dans la tradition morale des stoïciens.

Les policiers nazis avaient donc interrogé François comme les autres, tous les autres : sans pitié, en effet.

Je regardais François L., je pensais que je ne verrais pas apparaître son âme, son vrai visage. C'était déjà trop tard. Je commençais à comprendre que la mort des camps, la mort des déportés, est singulière. Elle n'est pas, comme toute autre mort, comme toutes les morts, violentes ou naturelles, le signe désolant ou consolant d'une finitude inéluctable ; elle ne vient pas, dans le cours de la vie, dans le mouvement de celle-ci, clore une vie. D'une certaine manière, dans toutes les autres morts, cette fin pouvait faire surgir l'apparence du repos, de la sérénité sur le visage du trépassé.

La mort des déportés n'ouvre pas la possibilité de voir affleurer l'âme, sourdre le vrai visage sous le masque social de la vie qu'on s'est faite et qui vous a défait. Elle n'est plus la réponse de l'espèce humaine au problème du destin individuel : réponse angoissante, ou révoltante, pour chacun d'entre les hommes, mais compréhensible pour la communauté des hommes dans leur ensemble, dans leur appartenance à l'espèce, précisément. Parce que la conscience de sa finitude est inhérente à l'espèce, dans la mesure où elle est humaine, où elle se distingue par là de toute espèce animale. Parce que la conscience de cette finitude la constitue en tant qu'espèce humaine. Imagine-t-on, en effet, l'horreur d'une humanité privée de son essentielle finitude, vouée à l'angoisse prétentieuse de l'immortalité ?

La mort des déportés — celle de François, à l'instant, sous mes yeux, à portée de ma main — vient au contraire ouvrir un questionnement infini. Même quand elle prend quasiment la forme d'une mort naturelle, par épuisement des énergies vitales, elle est scandaleusement singulière : elle met radicalement en question tout savoir et toute sagesse à son sujet.

Il suffit de regarder, aujourd'hui encore, tant d'années plus tard, un demi-siècle plus tard, les photographies qui en témoignent, pour constater à quel point l'interrogation absolue, frénétique, de cette mort, est restée sans réponse.

Je regardais le visage de François L., sur lequel on ne verrait pas apparaître l'âme, une heure après sa mort. Ni une heure, ni jamais. L'âme, c'est-à-dire la curiosité, le goût des risques de la vie, la générosité de l'être-avec, de l'être-pour, la capacité d'être autre, en somme, d'être en avant de soi par le désir et le projet, mais aussi de perdurer dans la mémoire, dans l'enracinement, l'appartenance ; l'âme, en un mot sans doute facile, par trop commode, mais clair cependant, l'âme avait depuis longtemps quitté le corps de François, déserté son visage, vidé son regard en s'absentant.

Der Wind hat mir ein Lied erzählt...

La voix de Zarah Leander, de nouveau. Sa voix rauque, mordorée, sensuelle.

Au début de l'après-midi, après l'appel dominical, tout à l'heure, elle a soudain envahi, comme une eau de ruisseau murmurante, le réfectoire de l'aile C du block 40.

«Envahir» n'est peut-être pas le verbe qu'il faut : trop rude. La voix a investi, plutôt, imbibé, saturé l'espace. Tout le monde s'est tu, le temps de laisser cette voix s'installer dans nos vies, s'approprier nos mémoires.

La voici, de nouveau.

Der Wind hat mir ein Lied erzählt
von einem Glück unsagbar schön...

Ce n'étaient pas les mêmes paroles que tout à l'heure. Mais c'était la même chanson, le même amour, la même tristesse : la vie. La vraie vie du dehors, d'avant, cette légèreté, cette futilité désolantes et précieuses qui avaient été la vie.

Tout à l'heure, Sebastián Manglano avait couru vers le dortoir, vers la solitude dominicale et délicieuse de la grande masturbation, *la gran paja*.

Il riait aux éclats, d'avance.

Pour l'instant, je l'avoue, la voix de Zarah Leander ne me fait pas bander. Sans doute ai-je des circonstances atténuantes.

Je me demande, me laissant submerger par cette voix somptueuse, suave et soyeuse, quelle serait la réaction de Sebastián Manglano, dans la même situation.

Au réveil, il me tenait régulièrement au courant des avatars de son *Alejandro Magno*.

C'était dans la salle d'eau, lors de la toilette matinale.

Nous avions pour habitude, pour discipline de survie, de nous lever dès le premier coup de sifflet, de foncer vers la salle d'eau, torse nu, pieds nus, avant la cohue du réveil massif des déportés. L'eau était glaciale, le succédané de savon ne garantissait pas un décrassage efficace, mais c'était un rite à respecter absolument. Il fallait se frotter à l'eau froide, au savon sablonneux, le visage et le torse, le creux des aisselles, les couilles et les pieds. Longuement, vigoureusement, jusqu'à ce que la peau soit lavée des odeurs crasseuses de la nuit, de la promiscuité, jusqu'à ce qu'elle rougisse.

Cesser de faire ces gestes que nous accomplissions chaque matin, sans même réfléchir, bêtement, aurait été le commencement de la fin, le début de l'abandon, le premier signe d'une défaite annoncée.

Si on remarquait qu'un copain négligeait de faire sa toilette matinale et que, de surcroît, son regard s'éteignait, il fallait aussitôt intervenir. Lui parler, le faire parler, l'intéresser de nouveau au monde, à lui-même. Le désintérêt, le désamour de soi, d'une certaine idée de soi-même, était le premier pas sur le chemin de l'abandon.

Quand j'étais seul, quand Manglano, mon copain de châlit, faisait partie de l'équipe de nuit sur la chaîne de la Gustloff, je fonçais dans la salle d'eau dès le premier coup de sifflet et le premier beuglement du *Stubendienst* dans le dortoir.

Ces jours-là, je me récitais des poèmes en français. Celui de Rimbaud, « *À quatre heures du matin l'été/ le sommeil d'amour dure encore...* », particulièrement bienvenu, satisfaisait mon goût invétéré de la dérision.

Lorsque Manglano était seul, moi en équipe de nuit à l'*Arbeit*, je ne sais pas comment il procédait, bien évidemment. Mais lorsque nous nous réveillions ensemble, parce que nos horaires de travail coïncidaient, nous courions de concert vers la salle d'eau. Ces jours-là, nous récitions à tue-tête des poèmes espagnols de la guerre civile, de Rafael Alberti, César Vallejo, Miguel Hernández. C'était efficace, en guise de mise en train pour une nouvelle journée de faim et d'agonie. De colère aussi : la colère tient chaud.

Régulièrement, donc, Manglano me tenait au courant de l'état de son Alexandre. Les jours où il me confiait avoir fait des rêves érotiques extrêmement précis, qui l'avaient durci, je le mettais en boîte en lui disant que je n'avais rien senti, malgré l'étroite promiscuité du châlit. Il s'indignait, ne tolérant pas qu'on mette en doute sa masculinité triomphante. — La prochaine fois que je bande, s'exclamait-il, je te réveille et tu me la suces ! « *Te despierto y me la chupas* » ! — Ne rêve pas, je lui rétorquais, ce bonheur-là ne va pas te tomber dessus ! « *Ni soñarlo : no te caerá esa breva !* »

En somme, on essayait tous les deux de commencer nos journées dans le meilleur esprit possible.

> *Der Wind hat mir ein Lied erzählt*
> *von einem Herzen, das mir fehlt...*

J'écoutais la voix de Zarah Leander, je me laissais engourdir par elle.

Allongé à côté de François L., je me préparais à survivre à cette nuit, qui pouvait être celle de ma mort. Je veux dire, de ma mort officielle, administrative, qui entraînerait la disparition de mon nom. Disparition provisoire, bien sûr. C'était assez troublant de penser à la résurrection, au retour à ma propre identité, après que j'aurais usurpé celle de François.

D'habitude, quand on n'était que deux sur une litière (au Petit Camp, dans les baraquements mouroirs pour invalides et Musulmans, ils étaient parfois à trois ou quatre sur un unique espace de châlit), on s'allongeait tête-bêche. Les corps s'adaptaient mieux l'un à l'autre dans cette position, on gagnait de la place.

Mais au *Revier* je me suis allongé dans le même sens que François, afin de pouvoir regarder son visage. Afin de pouvoir guetter sur son visage les signes de la vie et ceux de la mort.

Il était arrivé à Buchenwald avec le même convoi de Compiègne que moi. Peut-être dans le même wagon, ce n'était pas impossible. En tout cas, l'histoire de ce voyage, qu'il m'avait racontée, ressemblait à la mienne. Rien d'étonnant, à vrai dire, toutes nos histoires se ressemblaient. Nous avions tous fait le même voyage.

Il était le seul de son groupe dans le train, m'avait-il dit.

Les camarades de son réseau avaient été pour la plupart fusillés. L'un d'entre eux, son plus proche ami, était mort sous la torture. À Compiègne, il était seul. Seul aussi dans le train de Weimar. Les rumeurs du dernier jour, au camp de Royallieu, lui avaient susurré qu'on avait de la chance : notre lieu de destination était un camp forestier, très sain. D'ailleurs, son nom l'indiquait bien : Buchenwald, le « bois de hêtres ».

— Si je tiens le coup, m'avait-il dit dans les latrines, si j'arrive à m'en sortir, j'écrirai sûrement quelque chose à ce propos. Depuis quelque temps, c'est une idée, ce projet d'écriture, qui semble me donner des forces. Mais si j'écris un jour, je ne serai pas seul dans mon récit, je m'inventerai un compagnon de voyage. Quelqu'un avec qui parler, après tant de semaines de silence et de solitude. Au secret ou dans la salle des interrogatoires : voilà ma vie ces derniers mois !

— Si j'en reviens et que j'écris, je te mettrai dans mon récit, me disait-il. Tu veux bien ? — Mais tu ne sais rien de moi ! lui disais-je. À quoi je vais servir, dans ton histoire ? Il en savait assez, affirmait-il, pour faire de moi un personnage de fiction. — Car tu deviendras un personnage de fiction, mon vieux, même si je n'invente rien !

Quinze ans plus tard, à Madrid, dans un appartement clandestin, je suivrais son conseil en commençant à écrire *Le Grand Voyage*. J'inventerais le gars de Semur pour me tenir compagnie dans le wagon. Nous avons fait ce voyage ensemble, dans la fiction, j'ai ainsi effacé ma solitude dans la réalité. À quoi bon écrire des livres si on n'invente pas la vérité ? Ou, encore mieux, la vraisemblance ?

En tout cas, nous étions arrivés ensemble à Buchenwald, François et moi.

Ensemble, parmi la même foule que le hasard avait rassemblée dans la salle des douches, nous avions subi les épreuves initiatiques de la désinfection, du rasage, de l'habillement.

Vêtus à la va-vite des hardes qu'on venait de nous jeter à la figure, le long du comptoir de l'*Effektenkammer*, nous nous étions trouvés très près l'un de l'autre, nos numéros d'immatriculation l'attestaient, devant les détenus allemands qui établissaient nos fiches personnelles.

François, dans la baraque des latrines du Petit Camp, ce dimanche de décembre où les Américains s'accrochaient aux ruines de Bastogne, avait beaucoup apprécié ma discussion avec le vétéran communiste allemand, demeuré anonyme, inconnu, qui ne voulait pas m'inscrire comme étudiant de philosophie, *Philosophiestudent.*

— Ici, ce n'est pas une profession, me disait-il, *Kein Beruf* ! Et moi, du haut de l'arrogance imbécile de mes vingt ans, du haut de ma connaissance de la langue allemande, je lui avais lancé : — *Kein Beruf aber eine Berufung !*, «pas une profession, mais une vocation !». De guerre lasse, avais-je dit à François, voyant que je ne voulais rien comprendre le détenu allemand m'avait renvoyé d'un geste irrité. Et il avait sans doute tapé sur sa vieille machine à écrire : *Philosophiestudent.*

François appréciait l'anecdote.

Lui, en tout cas, avait répondu *Student* à la question rituelle sur sa profession ou son métier. Étudiant, sans plus, sans préciser la spécificité de ses études.

— Latiniste ! s'exclamait François. Tu te rends compte, la tête qu'il aurait faite, le mien, si j'avais répondu «latiniste» !

Le détenu allemand qui établissait la fiche de François l'avait regardé, avait haussé les épaules, mais n'avait fait aucun commentaire, ni essayé de le dissuader.

> *Er weiss was meinem Herzen fehlt.*
> *Für wen es schlägt und glüht...*

François est immobile, les yeux fermés, est-il encore vivant ? J'approche ma bouche de la sienne, à l'effleurer. Il est encore vivant, oui, un souffle tiède, presque imperceptible, s'exhale de ses lèvres.

Pendant la quarantaine, nous étions voisins : il avait été affecté au block 61, moi-même au 62.

Mais son histoire a très vite mal tourné, la malchance s'est acharnée sur lui.

D'abord, un groupe de résistants gaullistes qui l'avaient découvert et adopté, dès les premiers jours de quarantaine (— Je n'étais plus seul, pour la première fois depuis mon arrestation ! me disait-il, encore exalté), ce groupe avait été envoyé en transport, peu de temps après. François était allé trouver le chef de block du 61, pour lui demander de l'inscrire sur la liste du convoi avec ses camarades.

— T'es fou ! s'était écrié l'autre, tu ne sais pas ce que tu dis ! Ce transport-là, c'est pour Dora ! T'as de la chance de ne pas en être !

Dora ? Ce prénom féminin ne disait rien à François, bien sûr. L'Allemand lui avait expliqué, en quelques mots : Dora, c'était une usine souterraine en construction, où les nazis commençaient à produire des armes secrètes. Il avait baissé la voix pour lui dire ce qu'étaient ces armes. *Raketen* ! François n'avait pas compris tout de suite. *Raketen* ? Il avait dû faire un effort de mémoire, une recherche mentale, pour retrouver le sens du mot. Des fusées, c'est ça ! En tout cas, c'était le camp extérieur le plus terrible, le plus mortifère de Buchenwald ! C'étaient les «triangles verts», les criminels de droit commun, à qui les SS avaient confié l'administration du camp, le pouvoir interne. Les cadences étaient terrifiantes, les bastonnades perpétuelles. On travaillait au creusement d'un tunnel, dans la poussière qui attaquait les poumons. Buchenwald, c'était un sana, en comparaison !

François insista pourtant pour figurer sur la liste du transport. Quelle que fût l'horreur de Dora, il n'y serait pas seul : il avait retrouvé un groupe de vrais résistants, une appartenance, une possibilité d'échange, de paroles communes, de rêves à partager.

Le chef de block du 61 avait regardé François, son apparence fragile d'adolescent bourgeois. Il avait hoché la tête, négativement. — Écoute, lui avait-il dit en lui offrant une moitié de cigarette, tu parles l'allemand, fort bien d'ailleurs, tu trouveras du travail ici, dans l'un des bureaux. Maintenant qu'il y a de plus en plus de déportés non allemands, nous avons besoin d'étrangers qui parlent la langue officielle. François avait pensé que la langue officielle se réduisait à quelques mots de commandement haineux, *Los, los ! Schnell ! Scheisse, Scheisskerl ! Du Schwein ! Zu fünf !* Mais peut-être parlait-on une autre langue, dans les bureaux, peut-être y parlait-on l'allemand véritable.

Bref, François n'avait pas réussi à convaincre son chef de block, il resta à Buchenwald. Et il se retrouva de nouveau seul, à peine soulagé par le fait que l'autre en avait fait son interprète, *Dolmetscher.*

Quelques jours plus tard, François avait été pris dans une corvée de carrière, *Steinbruch.* Mais il n'avait pas eu la chance de tomber, comme moi, sur un ange gardien russe. Personne ne l'avait aidé à porter la lourde pierre que le sous-off SS lui avait attribuée. Personne ne l'avait appelé *Tovaritch.* Il avait été tellement tabassé par le *Scharführer* qu'il avait dû être admis à l'infirmerie, avec des lésions et des fractures multiples.

De là datait son infortune.

Sa sortie du *Revier* coïncida avec la fin de la période de quarantaine, avec son arrivée au Grand Camp. Mais son état physique déplorable, sa semi-invalidité, le marginalisèrent, l'excluant du système de production. À l'aube, sur la place d'appel, il restait parmi les quelques centaines de déportés n'ayant pas d'affectation stable, permanente, à un kommando de travail. Les kapos venaient recruter dans cette masse anonyme la main-d'œuvre dont ils avaient besoin épisodiquement, pour remplacer des déportés absents, morts ou exemptés de travail par un billet de *Schonung,* ou bien pour des tâches non qualifiées et précaires dans quelque kommando de voirie ou de terrassement.

En somme, les seuls postes de travail qui étaient accessibles à François étaient ceux pour lesquels il fallait justement être costaud et en bonne santé : chaque journée dans l'un des kommandos où il était envoyé l'enfonçait davantage dans la misère physique et morale.

Deux mois de souffrance et de déréliction plus tard, François fut renvoyé au Petit Camp, dans l'un des baraquements où croupissaient les invalides et les exclus, marginalisés par le despotisme productiviste du système de travail forcé, les Musulmans.

Der Wind hat mir ein Lied erzählt
von einem Glück unsagbar schön.
Er weiss was meinem Herzen fehlt...

Je reconnais soudain les paroles.

La mélodie m'échappe, en revanche, je ne la reconnais pas. Il faut dire que je ne suis pas doué pour retenir ou reconnaître les mélodies. Pour les reproduire non plus : je chante faux, je suis désaccordé comme un vieux piano !

Quand on était jeune, il y a des siècles, il y a tant de nuits, tant de morts et de vies, et qu'on chantait en chœur *La Jeune Garde,* ou *Le Temps des cerises,* ou *El ejército del Ebro,* il y avait toujours un copain, une copine, qui portait ses mains aux oreilles, dans un geste de rejet, d'étonnement : je fichais en l'air l'entente du chant choral, son harmonie.

Je ne reconnais pas la mélodie, donc, mais les paroles, soudain, me sont familières. *Der Wind,* mais bien sûr, *der Wind hat mir ein Lied erzählt* !

Ce n'est pas Zarah Leander, c'est Ingrid Caven, le 28 novembre 2000, sur la scène de l'Odéon.

D'une démarche à la fois souple et saccadée, fluide et anguleuse, elle a pris possession de l'espace scénique. Elle a rendu habitable le grand vide de la scène, marqué son territoire de son pas dansant, félin, autoritaire pourtant. Je veux dire, dégageant une aura charnelle de présence indiscutable.

Au tout début, j'ai à peine prêté attention à la voix, à sa façon de casser les mélodies, les rythmes établis, les routines du chant, de rebondir dans le contralto.

J'étais quasiment fasciné par sa maîtrise à habiter cet espace, à l'occuper, à le rendre visible et vivant dans la fluidité de ses mouvements.

C'est une bête de scène, un beau fauve automnal et roux, qui semble rajeunir à vue d'œil, à mesure que le temps passe, que la scène se domestique, que la salle est conquise, la nostalgie ravivée, devenue envie d'avenir.

Ensuite, la voix s'est imposée.

Une voix capable de roucouler, de s'iriser dans le glissando, de s'exaspérer dans les aigus et les graves, de se casser ou de s'éteindre voluptueusement, pour renaître dans l'insolence.

Les paroles, soudain, les paroles des dimanches d'autrefois, à Buchenwald.

Aucun endroit ne se prête pourtant, à première vue, aussi mal, aussi peu, à la splendeur, à la douleur de la mémoire, que cette salle de l'Odéon, le 28 novembre 2000.

À ceci près qu'il y a l'Allemagne à l'arrière-plan.

Deutschland, bleiche Mutter, me suis-je dit en entendant les premières chansons allemandes du récital d'Ingrid Caven, Allemagne, mère blafarde !

Je me suis souvenu de Julia, aussitôt, de la rue Visconti. Julia m'avait parlé de Brecht, cette nuit lointaine. À l'Odéon, j'ai pensé qu'Ingrid Caven aurait pu — mais de quoi je me mêlais ! — composer un récital tout entier avec des poèmes de Brecht. Avec la violence et la tendresse et l'ironie des textes poétiques de Bertolt Brecht, qui semblent écrits pour elle : tendre, violente, ironique.

Je me suis souvenu des vers de Brecht que Julia m'avait récités, jadis : *Deutschland, du blondes, bleiches,/ Wildwolkiges mit sanfter Stirn...*

C'est à l'Allemagne blonde, au visage blême comme dans les films du nouvel expressionnisme, à cette jeune Allemagne au front serein mais couronné de nuées sauvages, que j'ai pensé ce soir-là, en écoutant Ingrid Caven chanter les paroles d'autrefois, les mots de Zarah Leander dans les haut-parleurs de Buchenwald, le dimanche.

Quelques années auparavant, Klaus Michael Grüber m'avait demandé un texte dramatique sur la mémoire allemande : mémoire du deuil et deuil de la mémoire. Je l'avais nommé *Bleiche Mutter, zarte Schwester,* «mère blafarde, tendre sœur», et je l'avais construit autour du personnage de Carola Neher, que j'avais découverte dans un poème de Brecht. Blonde, pâle et belle, Carola Neher, comédienne fétiche des années vingt en Allemagne, exilée après la prise du pouvoir par Hitler, emprisonnée à Moscou lors d'une épuration stalinienne du milieu des années trente *(Säuberung,* «épuration» ou «purification», mot clé du XXe siècle, qu'elle ait été politique ou ethnique) disparue dans un camp du Goulag, Carola Neher me semblait incarner — comme Margarete Buber-Neumann, autre exemple — le destin de l'Allemagne.

Hanna Schygulla jouait le rôle de Carola Neher dans cette pièce que Grüber mit en scène pour une quinzaine de représentations, en plein air, au crépuscule, parmi les tombes d'un ancien cimetière militaire soviétique, à Weimar, au pied du château du Belvédère.

Ainsi, au milieu des dorures du théâtre de l'Odéon, les paroles d'une chanson allemande, dans la version d'Ingrid Caven, moins mélodieuse, moins doucereuse, plus âpre, plus inquiétante, travaillant les tripes de la mémoire, me ramènent à un dimanche lointain dans le *Revier* de Buchenwald.

Me ramènent à l'orgueilleuse et mortifère solitude de ma singularité de revenant.

Probablement suis-je le seul, ce soir-là, dans ce lieu, à posséder une mémoire semblable, à être nourri et dévoré par ces images surgissant en tourbillon. Et je tiens à cette singularité, à ce privilège, même s'il me détruit. Car cette chanson n'évoque pas seulement l'ardeur de la jeunesse, elle annonce aussi, sans agressivité, de façon souriante et tendre, la proximité de la mort.

> *Allein bin ich in der Nacht,*
> *meine Seele wacht.*

C'est vrai : je suis seul dans la nuit, mon âme veille.

Quelque temps après mon installation dans le châlit, François a ouvert les yeux soudain, dans un soubresaut.

Nos visages étaient à quelques centimètres l'un de l'autre. Il m'a aussitôt reconnu.

— Non, pas toi, a-t-il dit d'une voix presque inaudible.

Non, pas moi, François, je ne vais pas mourir. Pas cette nuit, en tout cas, je te le promets. Je vais survivre à cette nuit, je vais essayer de survivre à beaucoup d'autres nuits, pour me souvenir.

Sans doute, et je te demande pardon d'avance, il m'arrivera d'oublier. Je ne pourrai pas vivre tout le temps dans cette mémoire, François : tu sais bien que c'est une mémoire mortifère. Mais je reviendrai à ce souvenir, comme on revient à la vie. Paradoxalement, du moins à première vue, à courte vue, je reviendrai à ce souvenir, délibérément, aux moments où il me faudra reprendre pied, remettre en question le monde, et moi-même dans le monde, repartir, relancer l'envie de vivre épuisée par l'opaque insignifiance de la vie. Je reviendrai à ce souvenir de la maison des morts, du mouroir de Buchenwald, pour retrouver le goût de la vie.

Je vais essayer de survivre pour me souvenir de toi. Pour me souvenir des livres que tu as lus, dont tu m'as parlé, dans la baraque des latrines du Petit Camp.

Ce ne sera pas difficile, d'ailleurs. Nous avions lu les mêmes, aimé les mêmes. Dans un dernier sursaut de coquetterie intellectuelle, tu as voulu m'épater avec Blanchot. Mais *Aminadab* et *Thomas l'obscur* faisaient partie de mes découvertes de l'époque. Quant à Camus, pas l'ombre d'une discussion : *L'Étranger* fut bien un coup de tonnerre dans nos deux vies. Et comme il n'était pas possible d'aborder le territoire de Camus sans faire quelque excursion métaphysique, nous nous mîmes aussitôt d'accord sur un point capital : de tous les philosophes français vivants c'était Merleau-Ponty le plus original. *La Structure du comportement* était un livre novateur, par la place donnée au corps, à sa matérialité organique, à sa complexité réflexive, dans le champ de la recherche phénoménologique.

Il n'y avait que deux écrivains sur lesquels nous ne parvînmes pas, en une seule soirée, à accorder nos points de vue : Jean Giraudoux et William Faulkner.

François trouvait le premier trop précieux, trop maniéré. J'en connaissais par cœur de nombreux passages, je les lui récitai. Mes tirades ne faisaient que le conforter dans son opinion négative ; me confirmaient dans la mienne, ravie, éblouie. Voyant qu'il n'obtiendrait pas de moi un changement d'opinion sur les romans de Giraudoux, il s'en prit à son théâtre. Il proclama avec emphase qu'il donnerait tout l'œuvre dramatique de Giraudoux pour la seule *Antigone* d'Anouilh. Avec la même grandiloquence, je lui déclarai que la seule chose qui m'avait vraiment fait râler, lors de mon arrestation par la Gestapo, en septembre 1943 à Joigny, c'est qu'elle me faisait rater la première de *Sodome et Gomorrhe* !

Pour finir, constatant que rien n'y faisait, il dénonça l'antisémitisme, sans doute superficiel et de convention, indiscutable néanmoins, de certains textes de Giraudoux.

De mauvaise foi, je lui rétorquai que s'il n'aimait pas Giraudoux, ce n'était pas à cause de son antisémitisme supposé, c'était sans doute parce qu'il appréciait davantage, comme tous les gens de droite, la belle prose polie et pelousée, policée, de Jacques Chardonne, à l'opposé de l'exubérance giralducienne, en effet.

Bref, nous fîmes l'impasse sur Giraudoux.

Sur William Faulkner également.

Mais dans le cas de Faulkner, un enjeu personnel se mêla bientôt à notre désaccord littéraire. Ni l'un ni l'autre ne le formula clairement, il demeura à l'orée de la parole, à la frontière incertaine du non-dit.

Il n'était pas impossible, en effet, que François eût connu Jacqueline B., la jeune fille qui m'avait fait lire les romans de Faulkner. Elle apparut dans son récit à un moment donné. Apparut, du moins, une jeune fille qui lui ressemblait étrangement : ces yeux bleus, les longs cheveux noirs sur les épaules, la minceur, l'allure libre.

Dans le récit de François, elle était pieds nus, un jour d'été, place Furstenberg, sous une averse. Certes, ce n'est pas elle, ce fantôme, qui lui avait fait lire Faulkner ; François connaissait déjà l'écrivain américain. C'est Jacques Prévert que Jacqueline B. — ce ne pouvait être qu'elle : pieds nus, elle en avait l'habitude, l'été, en effet, visage dressé sous la pluie : elle sans doute —, c'est Prévert que la jeune fille lui avait fait connaître. J'étais dans le même cas : Jacqueline m'apportait à moi aussi des poèmes de Prévert tapés à la machine, feuilles volantes, insolentes, de poésie du quotidien.

Jamais je n'ai demandé à François le nom de la jeune fille qui vaguait dans ses récits. J'avais trop peur qu'il me confirme que c'était bien Jacqueline, Jacqueline B. Une fois, au détour d'un commentaire, il laissa supposer qu'il avait eu, comme on dit, une aventure avec elle, avec cette inconnue, innommée du moins, innommable pour moi. C'est ce que j'avais cru comprendre. Et l'idée que François avait pu tenir dans ses bras Jacqueline B., cette idée m'était insupportable.

Je préférais l'incertitude.

Ce non-dit, en tout cas, hanta la discussion proprement littéraire sur les romans de Faulkner, que François trouvait trop compliqués, tarabiscotés, trop arbitrairement construits : bref, ils le faisaient chier. Moi, je me souvenais de l'ardeur de Jacqueline quand elle me parlait de *Sartoris*. Voilà une chose que François n'avait pas partagée avec elle. On se console comme on peut.

Quelques mois plus tard, dans les premiers jours du joli mai, en 1945, une lettre de Jacqueline B. arriva à mon nom à l'adresse de ma famille : 47, rue Auguste-Rey, Gros-Noyer-Saint-Prix, Seine-et-Oise.

Je revenais de Buchenwald. J'avais juste eu le temps de voir tomber la neige, en bourrasque soudaine, sur les drapeaux du défilé ouvrier du Premier Mai. Juste le temps de constater à quel point la vraie vie était étrange, à quel point il serait difficile de m'y réhabituer. Ou de la réinventer.

Pourquoi s'est-on perdus de vue ? se demandait, me demandait Jacqueline B. C'est vrai, on s'était perdus de vue. On avait même failli se perdre de vie. C'était simple à expliquer, cependant. À partir d'un certain moment, le travail de «Jean-Marie Action» m'avait obligé à perdre de vue mes amis d'alors.

Jacqueline me donnait une adresse où la joindre, au cas où j'aurais envie de la revoir. J'avais envie, certainement. Elle habitait rue Claude-Bernard, un numéro impair. J'en suis sûr parce que je descendais la rue Gay-Lussac et que c'était sur le trottoir de droite, ensuite. Sans doute est-ce un détail insignifiant, une certitude qui n'a aucune importance. On peut parfaitement imaginer un récit qui occulterait cet insignifiant détail. Qui l'omettrait, pour aller à l'essentiel, au plus vif du sujet. Mais c'était un moment de flottement dans ma vie, ce mois de mai 1945, je ne savais pas très bien qui j'étais, ni pourquoi, ni à quoi bon, désormais. Alors, le rappel de ces détails insignifiants, de ces certitudes minimes, me conforte dans l'idée, pourtant discutable, volatile, de mon existence.

C'était bien moi, j'existais vraiment, le monde était présent, habitable, transitable du moins, puisque je me souviens que j'arrivais de la rue Gay-Lussac, que le trottoir des numéros impairs commençait à être à l'ombre — il y avait du soleil sur Paris, ce mois de mai-là — puisque je me souviens que je tremblais d'émotion à l'idée de la revoir.

Elle habitait un rez-de-chaussée, entre cour et jardin, toujours dans la famille qui l'hébergeait déjà trois ans auparavant, lorsque je l'avais connue, à la Sorbonne. Je n'ai d'ailleurs jamais su exactement quels étaient ses liens avec ladite — non dite, plutôt — famille, qui descendait en ligne patronymique directe d'un célèbre chirurgien royal du XVIIIe siècle, qui fut également l'un des fondateurs de l'école économique des physiocrates.

Jacqueline était-elle la dame de compagnie de la mère de famille ? (Nul père ne fut jamais perceptible à l'horizon.) Ou la préceptrice de la plus jeune sœur ? Ou la compagne de l'un des frères ?

Quoi qu'il en fût, nous renouâmes nos longues conversations interminables autour d'un verre d'eau, d'un café crème, nous recommençâmes nos promenades dans Paris. Elle ne me posait aucune question sur mes deux années à Buchenwald : sans doute avait-elle deviné que je n'y répondrais pas.

Un jour de plein été, nous sortions d'un cinéma, place Saint-Sulpice. Il avait plu, l'averse avait rafraîchi l'atmosphère lourde, les dalles du trottoir étaient encore ruisselantes. Elle avait ri, avait enlevé ses chaussures plates, pour marcher pieds nus.

Je la regardais, immobile, foudroyé par le souvenir d'un récit de François L. L'avait-il, autrefois, vraiment tenue dans ses bras ?

Place Saint-Sulpice, pieds nus, vêtue d'une chemise d'homme de couleur et de facture militaires, aux manches retroussées, et d'une jupe de toile écrue, évasée, virevoltante, la taille serrée par une large ceinture de cuir, Jacqueline dressait son visage vers le ciel, quêtant l'eau vive d'une nouvelle averse.

Six mois auparavant, en décembre, le jour où les Américains ne cédaient pas un pouce de terrain aux soldats de von Rundstedt, à Bastogne, je guettais sur le visage émacié presque translucide, de François L. le dernier mouvement, le dernier souffle. Le dernier mot, peut-être. Même le souvenir de Jacqueline B. n'aurait pu le réconforter, lui arracher le moindre sourire, le régaler du moindre espoir. Je guettais son visage, à quelques centimètres du mien. Je savais que son âme l'avait déjà quitté, qu'elle ne déposerait plus sur ses traits, en l'abandonnant une heure après sa mort, le voile impalpable de la sérénité, de la noblesse intérieure, du retour à soi.

Dans cette salle des pas perdus de la mort, les râles, les gémissements, les frêles cris d'effroi, s'étaient tus, s'étaient éteints, les uns après les autres. Il n'y avait plus que des cadavres autour de moi : de la viande pour crématoire.

Dans un soubresaut de tout son corps, François avait ouvert les yeux, il avait parlé.

C'était une langue étrangère, quelques mots brefs. C'est après seulement que j'ai compris qu'il avait parlé en latin : il avait dit deux fois le mot *nihil*, j'en étais certain.

Il avait parlé très vite, d'une voix très faible : à part ce «rien» ou ce «néant» répété, je n'avais pu saisir le sens de ses dernières paroles.

Aussitôt après, en effet, son corps s'était raidi définitivement.

Le mystère des derniers mots de François L. s'était perpétué. Ni dans Horace ni dans Virgile, dont je savais qu'il se récitait des poèmes, comme je me récitais moi-même Baudelaire ou Rimbaud, je n'avais jamais retrouvé un vers où le mot *nihil*, rien, néant, se répétât.

Des décennies plus tard, plus d'un demi-siècle après la nuit de décembre où François L. était mort à côté de moi, dans un dernier soubresaut, en proférant quelques mots que je n'avais pas compris, mais dont j'avais la certitude qu'ils étaient latins à cause de la répétition du mot *nihil*, je travaillais à une adaptation des *Troyennes* de Sénèque.

C'était une nouvelle version en espagnol que j'étais chargé d'écrire, pour le Centre andalou du Théâtre. Le metteur en scène qui m'avait proposé de participer à cette aventure était un Français, Daniel Benoin, directeur de la Comédie de Saint-Étienne.

Je travaillais simultanément sur le texte latin établi par Léon Herrmann pour la collection des Universités de France, plus connue sous le nom de collection Budé, et sur une traduction espagnole, assez littérale, assez dépourvue de souffle tragique également.

Un jour, après avoir mis au point ma version de la scène cruciale entre Pyrrhus, fils d'Achille, et Agamemnon, je m'attaquai à un long passage du chœur des Troyennes. Traduisant le texte latin que j'avais sous les yeux, je venais d'écrire en espagnol : *« Tras la muerte no hay nada y la muerte no es nada... »*

Soudain, sans doute parce que la répétition du mot *nada* avait confusément réveillé un souvenir enfoui, non identifié, mais chargé d'angoisse, je revins au texte latin : *«Post mortem nihil est ipsaque mors nihil... »*

Ainsi, plus d'un demi-siècle après la mort de François L., à Buchenwald, le hasard d'un travail littéraire me faisait retrouver ses derniers mots : «Il n'y a rien après la mort, la mort elle-même n'est rien.» Je n'eus aucun doute : c'étaient bien les derniers mots de François !

Mais en juillet 1945, l'été de mon retour, place Saint-Sulpice, je n'avais pas encore retrouvé l'origine de ses derniers mots.

Je regardais Jacqueline B., pieds nus sur l'asphalte mouillé, ses sandales à la main. Elle semblait attendre, visage dressé, l'eau du ciel, et la pluie se mettait à tomber de nouveau, à verse.

Elle vint se réfugier dans mes bras, sa chemise trempée souligna bientôt la forme de ses seins.

J'aurais dû lui murmurer à l'oreille le secret de mon désir. Lui dire combien j'avais pensé à elle, et comment, avec quelle violence. Son corps inconnu, deviné, entrevu parfois dans le laisser-aller fringant des fringues de l'été, le fantasme de son corps avait nourri mes rêves de Buchenwald.

Sous l'eau chaude de la douche — douche de privilégié, de *Prominent* : à l'*Arbeit,* on avait un choix de jours et d'heures beaucoup plus large que le commun des mortels, qui n'avaient aucun choix d'ailleurs ; douche obligatoire à heure fixe, hebdomadaire ; de surcroît, nous n'étions pas entassés dans la salle des douches comme le commun des mortels, ô combien !, nous n'étions souvent que quatre ou cinq dans la grande salle carrelée —, sous l'eau chaude de la douche, l'évocation de son corps pouvait encore, les bons jours, provoquer l'afflux généreux du sang, concrétisant le rêve.

Je n'ai rien dit, bien sûr, rien murmuré à son oreille. De mes bras qui l'enlaçaient, j'ai protégé son corps de l'averse. La pluie a cessé, mes bras se sont ouverts, elle s'est éloignée, ses seins étaient arrogants sous la chemise trempée.

Un an après, j'épousais une jeune femme qui lui ressemblait d'étrange façon. Ce fut un désastre, bien entendu.

Soudain, il y eut des coups sourds, insistants, au fond de mon sommeil. Un rêve s'était coagulé autour de ce bruit-là : on clouait un cercueil quelque part au fond de mon rêve. Quelque part sur la gauche, au loin, dans le territoire ombreux du sommeil.

Je savais que c'était un rêve, je savais quel cercueil on clouait dans ce rêve : celui de ma mère. Je savais qu'il y avait erreur, malentendu, confusion. Je savais que jamais ma mère n'avait été mise en bière dans un paysage semblable : un cimetière à l'orée de l'océan, sous le vol compassé des goélands. Je savais que c'était faux, même si j'étais certain, par ailleurs, que c'était bien ma mère qu'on portait en terre.

Je savais surtout que j'allais me réveiller, que les coups redoublés — un marteau, sur le bois du cercueil ? — allaient me réveiller d'un instant à l'autre.

L'angoisse de ce rêve était insupportable. Non pas parce qu'on clouait le cercueil de ma mère. Ce savoir-là, pour précis qu'il fût, n'évoquait pas, curieusement, des images de deuil. Bien au contraire. J'entendais le bruit du marteau sur le bois du cercueil de ma mère, mais les images qui se déployaient n'étaient pas funèbres. Non, l'angoisse ne pouvait provenir des images triomphales, ou tendres ou touchantes qui s'évoquaient. L'angoisse provenait d'un autre savoir.

J'avais la certitude d'avoir déjà fait ce rêve, de m'être déjà réveillé de ce rêve, voilà. J'avais une mémoire très précise, fulgurante, dans l'instantanéité du réveil, de ce qui s'était passé, après ce premier rêve, ce premier réveil : Kaminsky et Nieto, le mort qu'il faut, François L. dans la salle des sans-espoir.

C'était cette certitude qui était angoissante, l'idée que j'allais revivre ce que j'avais déjà vécu, ces quarante-huit dernières heures.

J'ai ouvert les yeux, à mon âme défendant.

Ce n'était pas Kaminsky qui était à côté de moi, c'était Ernst Busse, qui tapait de son poing fermé sur le montant de la litière.

L'angoisse a disparu, tout s'est remis en place : j'étais prêt.

— Tu t'en fais pas, toi ! T'arrives à dormir ?

Le ton de Busse était moitié bougon, moitié admiratif.

Je n'ai pas eu le temps de lui dire qu'en effet j'arrivais à dormir, en toute circonstance, même entre deux interrogatoires de la Gestapo.

— Tu dormais tellement, il y a cinq minutes, poursuivait Busse, sarcastique, que les *Leichenträger*, les porteurs de cadavres, ont failli t'embarquer au crématoire !

Il jette sur le châlit mes vêtements. Je me débarrasse de ma liquette, je m'habille en vitesse.

La salle du *Revier* où j'ai passé la nuit est vide désormais. On va pouvoir la remplir d'une nouvelle fournée de moribonds.

J'aurai vu mourir François, mais je n'aurai pas assisté à son départ pour le crématoire.

— Marrant, dit Busse, si tu t'étais réveillé à la dernière minute, sur le tas des cadavres à mettre au four !

Marrant, en effet.

Dans la nuit, juste après que François eut prononcé les quelques mots qui m'avaient semblé latins à cause du *nihil* répété deux fois, un infirmier s'était approché de mon châlit. Il tenait une seringue à la main. Il me parlait en russe à voix basse. J'ai compris qu'il voulait me faire une piqûre. Je me suis rappelé l'avertissement de Busse : une injection pour faire monter la fièvre, au cas où les SS auraient décidé de terminer leur fête par une virée au *Revier*.

Au moment où le jeune infirmier se penchait vers moi, cherchant ma veine pour y piquer l'aiguille, il m'a semblé le reconnaître. Il m'a semblé que c'était le Russe qui m'avait sauvé, lors de la corvée de carrière, neuf mois auparavant.

Mais je n'ai pas eu l'occasion de le vérifier : Ernst Busse arrivait, à la hâte. Il interrompait le geste du Russe.

— À la dernière minute, me chuchotait-il, ils ont changé d'idée. Ils vont finir leur nuit au bordel !

Il entraînait l'infirmier, me laissant de nouveau seul, allongé à côté de François L.

En tout cas, je ne m'étais pas réveillé sur le tas de cadavres, dans la cour du crématoire. C'est Busse qui m'avait tiré de ce rêve répété où l'on clouait le cercueil de ma mère.

Un autre bruit s'était superposé dans mon rêve à celui du marteau sur le bois du cercueil. Tout en suivant Busse, quittant derrière lui la salle des sans-espoir, j'avais identifié cet autre bruit.

Dans ma mémoire enfantine, le 14 avril 1931, jour où la république était proclamée en Espagne, où son frère cadet, Miguel Maura, quittait la prison de Madrid, la *Cárcel Modelo*, pour devenir le ministre de l'Intérieur du nouveau régime, ma mère installa sur les balcons de notre appartement, rue Alfonso XI — où elle devait mourir, quelques mois plus tard — des oriflammes tricolores aux couleurs républicaines, rouge, or, violet.

À peine ces drapeaux avaient-ils commencé à ondoyer dans le vent du printemps, dans l'une des rues les plus calmes et cossues de ce quartier bourgeois, que tous les voisins claquèrent leurs volets pour ne pas avoir sous les yeux ce spectacle insoutenable.

Le bruit de ces volets de bois fermés à la volée se superpose à celui du marteau sur le cercueil, les bruits de la vie aux bruits de la mort.

Dans ma scène primitive — car c'en est une, lourdement — il n'y a donc pas de sexe. Il n'y a donc pas de père non plus. Il y a une mère, jeune et triomphante, belle, dressée dans un éclat de rire provocant. Il y a les oriflammes de la république.

Je suivais Busse, dans le dédale des couloirs du *Revier*.

Le circuit des haut-parleurs diffusait les rumeurs provenant de la place d'appel, ordres des sous-offs SS, brouhaha de la foule des déportés se regroupant dans les kommandos de travail, une fois disloquée la formation par blocks.

Sur cette rumeur profonde, vaste, houleuse, éclataient les flonflons de l'orchestre du camp jouant les marches entraînantes qui accompagnaient rituellement le départ matinal des kommandos.

C'était la musique officielle, celle de la *Lagerkapelle,* dont les musiciens étaient vêtus d'un uniforme de cirque, pantalons de cheval bouffants de couleur rouge, et vestes à brandebourgs vertes (ou vice versa : je ne ferai aucun effort pour vérifier ce détail) et se postaient sur la place d'appel, matin et soir, afin d'animer le départ au travail et le retour des kommandos.

La vraie musique, pourtant, de Buchenwald, n'était pas celle-là.

La vraie musique, pour moi du moins c'était celle que diffusaient les sous-offs SS, parfois, sentimentale et nostalgique, sur le circuit des haut-parleurs. Musique et voix du dimanche, dont les chansons de Zarah Leander étaient le paradigme.

Et puis, surtout, la musique de jazz de l'orchestre clandestin de Jiri Zak.

Le dimanche précédent, sous l'habituelle bourrasque de neige de décembre, je marchais vers le *Kino.*

Jiri Zak, un copain tchèque de la *Schreibstube,* le Secrétariat, m'y avait donné rendez-vous. — Viens, m'avait-il dit pendant l'appel de midi. Viens au *Kino* tout à l'heure. J'ai découvert un nouveau trompettiste. Un étudiant norvégien, fameux, tu verras ! Je vais lui demander de jouer des morceaux d'Armstrong... Et puis, on sera tranquilles pour parler : j'ai un message pour toi de la part de Pepikou !

Pepikou est le diminutif affectueux de Josef. Et Josef, c'est Frank, Josef Frank. Il travaille comme moi à l'*Arbeitsstatistik.* Il pourrait donc me parler directement, à n'importe quel moment de la journée. Mais il préfère sans doute qu'on ne nous voie pas trop souvent ensemble, à conciliabuler.

Je lui ai demandé, en effet, de m'aider à monter une opération particulière, tellement confidentielle qu'il vaut mieux tenir à l'écart l'appareil clandestin lui-même.

Il s'agit de préparer une évasion pour le compte du PCF.

C'est Pierre D. qui a pris contact avec moi, de la part de Marcel Paul. Je n'en ai pas parlé à Seifert, trop lié par la bureaucratie pointilleuse de l'organisation communiste allemande. Seifert ne m'aurait pas cru sur parole. Non pas qu'il n'eût pas confiance en moi. Mais il était tenu, vu sa place dans la hiérarchie clandestine, d'en référer aux instances supérieures, lesquelles auraient fait une enquête auprès du PCF, de Marcel Paul.

Était-il vrai que ce dernier envisageait d'organiser son évasion ? M'a-t-il vraiment contacté à ce sujet ? Était-ce une décision correcte, de toute façon ? Pouvait-il la prendre sans consulter le comité international, vu les conséquences qu'un échec, toujours possible, entraînerait ?

Bref, une discussion se serait engagée, d'où parlotes et palabres. Trop de monde aurait fini par être au parfum d'un projet qui devait rester ultraconfidentiel, même pour les instances régulières de l'organisation communiste internationale de Buchenwald.

C'était une affaire où il valait mieux procéder selon des méthodes de travail FTP, aurait dit Daniel Anker. *A la guerrillera*, aurais-je dit en espagnol. Une affaire entre communistes, où le parti, en tant qu'institution, ne pouvait que foutre la merde.

J'ai donc décidé de m'adresser à Josef Frank. Je savais qu'il me répondrait oui ou non sans consultation préalable, de son propre chef. Parce que c'était lui le chef ! Cela me convenait.

Frank avait des responsabilités importantes à l'*Arbeit*, aux côtés de Seifert. Il était chargé du recrutement des spécialistes, techniciens et ouvriers qualifiés, destinés aux diverses usines d'armement de Buchenwald, la Gustloff, la DAW, ainsi de suite.

C'était l'aspect, disons, officiel, de son travail dont il aurait eu à rendre compte, le cas échéant, au commandement SS. Derrière cette façade — l'utilisation révolutionnaire de toutes les possibilités légales d'activité est sans conteste l'une des pratiques politiques les plus universelles et percutantes du bolchevisme —, Frank était chargé par l'appareil clandestin de sélectionner, dans la mesure du possible, des militants chevronnés pour les postes de travail disponibles dans ce secteur.

La stratégie globale de l'organisation communiste clandestine visait, en effet, à investir le système productif de Buchenwald avec un double objectif : préserver un maximum de cadres ouvriers, de combattants antifascistes, en général, en les planquant aux meilleures places du dispositif de production ; et, deuxièmement, s'appuyer sur ceux-là mêmes pour organiser le ralentissement systématique, et, ponctuellement, le sabotage de la production d'armement.

Josef Frank, comme la plupart de ses compatriotes originaires du Protectorat de Bohême-Moravie, faisait partie des *Prominenten*, de l'aristocratie rouge de Buchenwald. Mais c'était, à la différence de tant d'autres kapos communistes, un homme calme, attentif, courtois à l'occasion. Jamais de coup d'éclat arrogant ou coléreux ; jamais d'insultes ou de grossièretés dans son parler allemand soigné.

Certes, il ne se livrait pas facilement, ne se liait pas, gardant ses distances, préservant son quant-à-soi.

Je pouvais le comprendre.

La promiscuité, inévitable et permanente, était l'un des fléaux les plus funestes de la vie quotidienne à Buchenwald. Si l'on interrogeait aujourd'hui les survivants — rares, par bonheur ! bientôt on aura atteint le point idéal auquel aspirent les spécialistes : il n'y aura plus de témoins, ou plutôt, il n'y aura plus que de «vrais témoins», c'est-à-dire des morts ; bientôt plus personne ne viendra emmerder les experts avec le dérangeant vécu, *Erlebnis, vivencia,* d'une mort dont on serait, plutôt que les survivants, les revenants—, si on interrogeait les survivants ou les revenants, ceux du moins qui seraient capables d'un regard lucide, non complaisant, dégagé des stéréotypes du témoignage larmoyant, pour véridique qu'il fût, il est probable que la faim, le froid, le manque de sommeil apparaîtraient en premier lieu dans un classement péremptoire et viscéral des souffrances.

Il me semble cependant que ces mêmes survivants, si on attirait leur attention et ravivait leur mémoire à ce sujet, reconnaîtraient bien vite les ravages que provoquait l'inévitable promiscuité.

Celle-ci constituait une atteinte plus insidieuse, moins brutale, sans doute, moins spectaculaire que les bastonnades perpétuelles, plus déconcertante aussi, à cause de ses aspects souvent grotesques, parfois même hilarants, à l'intégrité de la personne, de l'intime identité de chacun.

Je ne sais si on peut mesurer objectivement une semblable donnée. Mesurer les conséquences du fait que pas un seul acte de la vie privée ne pouvait être accompli autrement que sous le regard des autres. Il n'importait que ce regard fût, à l'occasion, fraternel ou apitoyé, c'est le regard en lui-même qui était insupportable. Il n'y a rien de pire que la transparence absolue de la vie privée, où chacun devient le *big brother* de l'autre

S'endormir dans le halètement collectif, les miasmes communs du mauvais sommeil, les ronflements et les gémissements, la rumeur immonde des viscères ; déféquer sous l'œil de dizaines de types accroupis comme vous dans les latrines collectives, dans la déliquescence puante, bruyante, des entrailles douloureuses : pas un seul instant d'intimité arraché à l'exhibition, à l'infernale présence du regard d'autrui.

À Buchenwald, si l'on faisait partie de la plèbe pour ce qui est de la vie quotidienne — tel était mon cas —, il n'y avait que deux façons de détourner ou d'atténuer provisoirement l'agressivité, involontaire, sans doute, mais inévitable, dudit regard.

La première consistait à s'évader dans la béatitude fugace d'une promenade solitaire.

C'était possible à certaines époques de l'année (après l'hiver et les bourrasques glaciales de neige et de pluie) et à certaines heures de la journée. Lors de la pause de midi, par exemple. Ou après l'appel du soir, entre cet appel et le couvre-feu. Et le dimanche après-midi, bien sûr.

Il y avait des itinéraires à préférer. Ainsi, le petit bois autour des baraquements du *Revier.* Ou la vaste esplanade entre les cuisines et l'*Effektenkammer,* qui offrait en prime la possibilité de contempler l'arbre de Goethe, le chêne sous lequel la légende concentrationnaire prétendait qu'il avait aimé à se prélasser avec cet idiot d'Eckermann et que les SS avaient préservé pour afficher leur respect de la culture allemande !

Pour ces promenades, il fallait surtout éviter les endroits, pour vastes et agréables qu'ils fussent, trop directement exposés au regard des sentinelles SS postées dans les miradors qui jalonnaient le pourtour de l'enceinte électrifiée. Il fallait aussi fuir l'allée, pourtant bien abritée du regard nazi, qui longeait le crématoire : en ce lieu, il était quasiment inévitable d'être distrait du bonheur éphémère de la solitude, du retour sur soi-même, par l'arrivée d'une charrette transportant vers les fours un lot de cadavres du jour.

Non pas qu'une telle rencontre eût de quoi surprendre : nous étions habitués à la présence des cadavres, à l'odeur du crématoire. La mort n'avait pour nous plus de secret, plus de mystère. Pas d'autre secret, du moins, pas d'autre mystère que celui, banal, de tout temps reconnu, insondable pourtant, du trépas lui-même : passage invivable, à tous les sens du terme.

Mais il était vraiment inutile de se faire rappeler cette omniprésence de la mort. Il valait mieux se promener ailleurs.

Outre la promenade, il n'y avait qu'un autre moyen de tromper l'angoisse gluante de la promiscuité perpétuelle : c'était la récitation poétique, à voix basse ou à haute voix.

Ce moyen-là avait sur la promenade hygiénique un avantage considérable, même s'il était, bien évidemment, moins salutaire pour le corps en déréliction : c'était de pouvoir se pratiquer à tout moment, quel que fût le temps, l'endroit, l'heure de la journée.

Il y suffisait d'un peu de mémoire.

Ainsi, même assis sur la poutre des latrines du Petit Camp ; ou éveillé dans le brouhaha gémissant du dortoir ; ou aligné au cordeau sur la rangée de détenus devant un sous-off SS faisant l'appel ; ou attendant que le service des chambrées découpât au fil d'acier le dérisoire morceau de margarine quotidien ; dans n'importe quelle circonstance on pouvait s'abstraire de l'immédiateté hostile du monde pour s'isoler dans la musique d'un poème.

Aux chiottes, quelle que fût la pestilence et le bruyant soulagement des viscères autour de vous, rien ne vous interdisait de murmurer la consolante mélodie de quelques vers de Paul Valéry.

« Calme, calme, reste calme/ connais le poids d'une palme/ portant sa profusion... » Ou bien : *« Présence pure, ombre divine,/ qu'ils sont doux tes pas retenus./ Tous les dons que je devine/ viennent à moi sur ces pieds nus... »*

Je ne sais quelle était la méthode de Josef Frank pour combattre les effets nocifs de la promiscuité, avec son cortège d'indécence, de vulgarité, de complaisance dans l'avilissement. Il avait su garder ses distances, préserver son quant-à-soi, sans pour autant tomber dans la violence arrogante de tant d'autres kapos et *Prominenten*.

C'est à lui, en tout cas, que j'avais demandé de nous aider à organiser l'évasion de Marcel Paul. Il avait accepté. — Mais c'est une histoire entre nous, m'avait-il dit.

Entre nous, d'accord, ça m'arrangeait. J'aimais bien le travail guérillero.

— J'ai quelque chose pour toi de la part de Pepikou !

Jiri Zak était venu me trouver pendant l'appel, le dimanche précédent.

Il n'y avait que le couloir à parcourir, dans le même baraquement, pour venir de la *Schreibstube*, où il travaillait, à l'*Arbeitsstatistik*. Au Secrétariat, Zak était l'adjoint du kapo, un communiste allemand. Mais celui-ci étant souvent absent pour cause de maladie, c'est Zak qui assumait pratiquement la direction du service.

C'était un jeune Tchèque de haute taille qui se tenait légèrement voûté. Derrière des lunettes d'acier, un regard exceptionnellement attentif et intelligent. De ce point de vue-là, ils se ressemblaient beaucoup, les Tchèques de Buchenwald. Du moins ceux que j'ai fréquentés à des postes de responsabilité. Calmes, attentifs, toujours d'humeur égale. Cultivés, de surcroît, s'intéressant au monde, aux événements à déchiffrer. S'intéressant aux autres, ce qui était encore plus rare.

La passion privée de Jiri Zak, c'était la musique de jazz.

Il avait réussi à rassembler un petit groupe de musiciens de diverses nationalités. Les instruments de l'orchestre avaient été récupérés dans les trésors de l'*Effektenkammer*, le magasin général où s'accumulait depuis des années le contenu des bagages des déportés en provenance de l'Europe tout entière.

De toute l'Europe, certes, sauf de la Grande-Bretagne, protégée par son insularité et son courage des malheurs de l'occupation. Sauf de la Russie soviétique, pour des raisons bien différentes : il était inconcevable qu'un déporté russe eût un bagage quelconque à transporter ! Le seul bagage des jeunes Russes déportés était une vitalité inouïe, une sauvagerie parfois positive : rébellion à l'état pur contre l'absurde ignominie du cours des choses ; parfois maléfique, mafieuse.

L'ensemble de jazz créé par Jiri Zak, ses séances de musique publiques, ou bien, le plus souvent, entre nous, dans des espèces de jam-sessions, le dimanche après-midi principalement, étaient l'une des plus belles choses, les plus étonnantes et riches, qu'il m'aura été donné de connaître.

Musique doublement clandestine, d'ailleurs.

Autant les sous-officiers SS qui étaient en contact direct avec la population déportée fermaient les yeux ou toléraient les activités culturelles que les diverses nationalités parvenaient à organiser le dimanche après-midi, autant ils seraient brutalement intervenus contre les séances de jazz, cette musique de Nègres !

De leur côté, les vétérans communistes allemands n'avaient aucun goût pour cette musique, décadente, affirmaient-ils, typique de cette époque de décomposition du capitalisme. Ils auraient probablement décidé de l'interdire, s'ils avaient vraiment été au courant. Mais Jiri Zak, soucieux d'éviter des heurts et des discussions compliquées, s'arrangeait pour que les séances de jazz eussent lieu en marge du circuit légal — si l'on peut dire ! — des activités culturelles.

Ce n'était pas la trompette de Louis Armstrong, certes, mais ce n'était pas mal. Pas mal du tout, franchement.

Lorsque je suis entré dans la salle du *Kino*, le dimanche après-midi, huit jours avant celui dont il est question dans ce récit, l'étudiant norvégien venait d'attaquer le premier solo de *In the Shade of the Old Apple Tree*. Autour de lui, ça jubilait. Markovitch s'empara de son saxo, le batteur se déchaîna. Ils y allaient tous à leur tour, pris dans le rythme et la contrainte de la structure thématique, s'en libérant aussitôt dans une improvisation accordée, rompant sans cesse ces accords provisoires.

Jiri Zak était aux anges, ses yeux brillaient derrière les verres de ses lunettes d'acier.

J'entrai dans cette jubilation, ce sentiment d'extrême liberté que m'a toujours donné, me donne encore, la musique de jazz.

Mais Zak m'a vu, il s'écarta des musiciens, vint vers moi.

Quand je pense à lui, essayant d'évoquer son image, de cerner les traits de son visage, de faire surgir sa silhouette, son regard, sa démarche, des oubliettes du temps, c'est toujours ce moment-là qui réapparaît : la grande halle du *Kino*, vide et sonore ; le petit groupe de déportés dans un coin, en demi-cercle autour du jeune trompettiste norvégien — il y avait à Buchenwald un block d'étudiants qui avaient été raflés en Norvège, je ne sais plus pourquoi, et qui n'étaient pas soumis au régime général : ils étaient isolés des autres déportés et ne travaillaient pas —, reprenant en chœur les thèmes musicaux ; et Jiri Zak, très grand, les épaules voûtées, marchant vers moi.

Je l'ai pourtant vu souvent, à Buchenwald, après ce dimanche.

Je l'ai revu beaucoup plus tard, au printemps 1969. J'étais allé à Prague avec Costa Gavras, qui essayait encore de tourner *L'Aveu* en Tchécoslovaquie. On avait des réunions, ça se discutait : il devenait clair que ce tournage allait être impossible là-bas. La normalisation était en cours, le rétablissement de l'ordre, après l'invasion du pays par les troupes soviétiques.

J'avais demandé à des cinéastes amis, qui ne s'étaient pas encore résignés à l'exil, de rechercher pour moi la trace de Jiri Zak. Ils l'avaient retrouvé. Un jour, en rentrant à l'hôtel, je trouvai un message : Zak m'attendrait à telle heure, à tel endroit. Ce fut dans un appartement dont les fenêtres s'ouvraient sur la place Wenceslas. Zak avait les cheveux gris mais son regard n'avait pas changé, sa démarche non plus. Une femme âgée, petite, visage de pomme ridée, l'accompagnait. C'était la veuve de Josef Frank, notre copain de Buchenwald, Pepikou. Celui-ci était devenu secrétaire général adjoint du PC de Tchécoslovaquie, à son retour de déportation. Il avait été pris dans le moulin des procès staliniens des années cinquante. Accusé de s'être mis au service de la Gestapo à Buchenwald, il avait «avoué» après quelles tortures ? Il avait été pendu, avec Slánský, Geminder, une dizaine d'autres accusés. Leurs cendres avaient été éparpillées sur une route enneigée, déserte : nulle trace ne devait demeurer de leur existence, nulle dépouille à honorer, nul lieu de souvenir, nulle possibilité de travail de deuil.

Ce jour-là, à Prague, au printemps de 1969, je lui avais rappelé la répétition de son ensemble de jazz, au *Kino* de Buchenwald, un dimanche de décembre 1944. Il se souvenait du jeune trompettiste norvégien. Mais il avait oublié sur quel thème d'Armstrong il lui avait demandé de montrer ses talents. *In the Shade of the Old*

Apple Tree ? Non, il ne se souvenait pas. Sans doute ce thème musical n'était-il pas au centre de sa mémoire, au cœur même de sa vie.

C'était mon cas, en revanche.

À Prague, ce jour-là, en 1969, j'aurais pu raconter ma vie à Jiri Zak autour et à propos de ce morceau de Louis Armstrong.

L'été de mes dix-neuf ans, en 1943, j'avais commencé à participer à des missions clandestines pour le réseau de Frager, «Jean-Marie Action». Je n'étais pas encore installé à Joigny, en tant que permanent du réseau. Je revenais à Paris, après avoir passé quelques jours dans l'Yonne ou la Côte-d'Or à organiser la réception et la distribution des armes parachutées par les services britanniques ; à mettre en œuvre le plan de sabotage des voies de communication, chemins de fer, écluses du canal de Bourgogne.

Il m'arrivait de revenir à Paris un jour de surprise-partie chez des amis. Je planquais mes faux papiers au nom de Gérard Sorel, jardinier, né à Villeneuve-sur-Yonne (dans mes sacoches de cycliste, sur les routes régionales des environs de Joigny, je transportais les outils de mon métier), je reprenais mes vrais papiers de résident espagnol, étudiant à la Sorbonne, et je me présentais à la fête. S'ils me voyaient entrer, mes amis les plus proches, garçons ou filles, arrêtaient la musique en cours, surprenant ainsi les couples enlacés, et mettaient sur le tourne-disque le morceau d'Armstrong *In the Shade of the Old Apple Tree*. C'était comme un salut, un geste d'amitié codé, un clin d'œil complice.

À Madrid, plus tard, dans la clandestinité antifranquiste, ce morceau de Louis Armstrong a également été mêlé à des épisodes significatifs.

Mais je n'ai pas raconté ma vie à Jiri Zak, à Prague, en 1969, alors que se déployait la nouvelle glaciation de la société tchèque, après l'invasion par les troupes soviétiques. Aucune raison, donc, pour que je la raconte ici, que je dise tout ce que remue dans ma mémoire, dans mon âme — si tant est que l'on puisse différencier l'une de l'autre —, l'évocation de Louis Armstrong.

En tout cas, au *Kino*, Jiri Zak était venu vers moi, après les variations, les improvisations de ses musiciens sur le thème de l'*Old Apple Tree*. Il avait un message pour moi, de la part de Frank.

Quelques semaines plus tard, me faisait-il dire, le commandement SS allait créer un nouveau kommando. Il s'agirait d'une équipe de travail mobile, se déplaçant en train et destinée à la réparation des voies ferrées bombardées par les Alliés.

Par sa mobilité, par les circonstances mêmes d'un travail qui se déroulerait en plein air, dans un espace ouvert, plus difficile à surveiller, impossible à clôturer vraiment, il semblait que ce kommando se prêterait mieux que tout autre à un projet sérieux d'évasion.

Si le PCF agréait cette proposition, il fallait prendre des mesures immédiates, afin que Marcel Paul et les camarades de son groupe puissent être inclus dans la liste des déportés que Frank était chargé de sélectionner.

Bien, je transmettrais le message, et la réponse qui y serait donnée.

L'étudiant norvégien attaquait un autre solo de trompette. Il était doué, vraiment.

De toutes les images possibles de Jiri Zak, jeune communiste tchèque à Buchenwald, mort en exil à Hambourg, le rétablissement de l'ordre stalinien l'ayant obligé à quitter Prague peu après notre dernière entrevue, de toutes les images possibles ma mémoire évoque toujours spontanément celle de ce dimanche de décembre dans le *Kino* du camp, le jour où nous écoutions le nouveau trompettiste norvégien se risquant aux solos d'Armstrong.

Mais on n'entend pas *In the Shade of the Old Apple Tree,* pendant que je déambule dans les couloirs du *Revier,* derrière Ernst Busse, le kapo. Même pas *On the Sunny Side of the Street.* Ce n'est pas non plus la voix de Zarah Leander, dans *Der Wind hat mir ein Lied erzählt...* Ce qu'on entend, c'est la rumeur sourde de la place d'appel, les flonflons de l'orchestre du camp, les commandements criards des sous-offs SS.

— Tu connais l'ambassadeur de Franco à Paris ? me demande Walter Bartel, sèchement.

La question me prend au dépourvu, me laisse bouche bée, bien entendu. Mais une sorte de déclic se produit en même temps dans mon cerveau : je crois deviner à quoi elle rime, cette question absurde.

Ernst Busse m'a fait entrer dans son bureau du *Revier*. Bartel était déjà là, assis derrière une table. Busse l'a rejoint. Une troisième chaise était prévue, pour compléter la troïka traditionnelle, sans doute, la sainte trinité kominternienne. Mais elle est restée vide.

Un tribunal. Cette idée m'est venue tout naturellement à l'esprit, surtout quand Bartel m'a fait signe de m'asseoir en face d'eux, sur un tabouret.

C'est alors seulement que j'ai remarqué la présence dans la pièce de Kaminsky et de Nieto.

Kaminsky affichait un air désinvolte, comme s'il se trouvait là par hasard. Il aurait aussi bien lu le journal, si un exemplaire du *Völkischer Beobachter* avait traîné quelque part, pour bien montrer son désintérêt. Jaime Nieto, quant à lui, principal responsable de l'organisation clandestine du parti espagnol à Buchenwald, n'avait pas l'air content. Je ne pouvais pas deviner s'il n'était pas content d'être ostensiblement relégué au second plan, assis à l'écart de Bartel et de Busse, ou pas content d'être là, tout simplement. Quoi qu'il en fût, il était maussade : visage fermé, lueur de mécontentement, peut-être même de colère, dans son regard.

C'est donc Walter Bartel qui a commencé l'interrogatoire. C'était logique, c'était lui le chef.

Bartel : il me faut en dire deux mots.

Il m'arrive d'inventer des personnages. Ou quand ils sont réels, de leur donner dans mes récits des noms fictifs. Les raisons en sont diverses, mais tiennent toujours à des nécessités d'ordre narratif, au rapport à établir entre le vrai et le vraisemblable.

Ainsi, Kaminsky est un nom fictif. Le personnage est en partie réel, pourtant. Pour l'essentiel, probablement. Allemand originaire de Silésie, portant un nom slave (j'ai changé le sien pour Kaminsky à cause du *Sang noir* de Guilloux), ancien des Brigades internationales, interné au camp de Gurs en 1940 et livré à l'Allemagne nazie par les autorités de Vichy : tout cela est vrai. Mais à cette vérité j'ai ajouté des éléments biographiques ou psychologiques venus d'ailleurs, pris chez d'autres déportés allemands que j'ai connus.

Il ne m'a pas semblé décent de lui garder son vrai nom, alors que je lui prêtais des paroles qu'il ne m'avait jamais dites, que je lui faisais assumer des opinions qu'il ne m'avait jamais exprimées. C'est la moindre des choses que de préserver sa liberté, sa possibilité de distanciation, de rejet même, s'il est encore vivant.

Dans ce cas, le nom fictif de Kaminsky, en quelque sorte, le protégera, s'il ne se reconnaît pas dans ce portrait, s'il refuse de s'y reconnaître.

Le cas de Walter Bartel et celui d'Ernst Busse sont tout différents.

Il faut impérativement que je leur garde leur vrai nom, leur prénom réel. Quel que soit leur statut narratif, c'est leur vérité historique qui m'intéresse. Car Bartel et Busse sont des personnages historiques. Les chercheurs, les spécialistes de l'histoire des camps nazis, en général, du camp de Buchenwald, en particulier, sont déjà tombés ou vont un jour ou l'autre tomber sur leurs noms. Des documents d'archives qui les mentionnent ont déjà été publiés, d'autres le seront plus tard, sans doute. Les chercheurs auront à évaluer le rôle qu'ils ont joué dans l'histoire de Buchenwald et dans celle du régime communiste de l'Allemagne de l'Est.

Même si la scène que j'évoque était rapportée avec l'exactitude que je m'efforce de reproduire, sa vérité profonde serait détruite, ou corrompue, si je donnais à Bartel et à Busse un nom fictif par inadvertance ou par légèreté. Ou par crainte d'assumer la responsabilité de les inclure sous leur vrai nom dans un épisode dont je ne pourrais fournir la preuve, tous les témoins en étant morts.

Sauf moi, bien sûr. À la minute où j'écris, du moins, je suis encore vivant, cinquante-six ans après l'événement, quasiment jour pour jour.

En tout cas, c'était la première fois que Bartel parlait avec moi.

Je le connaissais de vue, certes. Il venait parfois s'entretenir avec Seifert, en tête à tête, dans le cagibi privé de ce dernier à l'*Arbeit*. C'était un homme de petite taille, d'une quarantaine d'années, blond, au visage poupin, mobile, d'une évidente vitalité. Il ne portait aucun de ces brassards qui distinguaient les fonctionnaires d'autorité de l'administration interne du camp. Ni kapo, ni *Vorarbeiter,* ni *Lagerschutz,* rien de semblable. Sans doute était-il formellement affecté à quelque kommando de maintenance générale, ce qui lui permettait de circuler sans encombre dans l'enceinte de Buchenwald.

Même sans signe extérieur d'autorité, la sienne était perceptible.

C'est lui qui a commencé l'interrogatoire, puisqu'il va s'agir d'un interrogatoire, apparemment.

— Tu connais l'ambassadeur de Franco à Paris ? me demande-t-il à brûle-pourpoint.

— Je ne le connais pas, lui dis-je, après avoir encaissé le choc de la surprise. Mais je sais qui c'est !

— Quelle différence ? aboie-t-il en haussant les épaules.

— Énorme, je précise. Aucun de vous ne connaît von Ribbentrop, sûrement pas... Mais vous savez tous qui c'est !

Le regard de Walter Bartel s'obscurcit. Il n'aime pas ce genre.

Du coin de l'œil, j'observe les autres. Nieto hoche la tête, approbateur. Kaminsky s'efforce de paraître indifférent. Mais son regard, quand il croise le mien, est amical. Quant à Ernst Busse, il est massivement installé dans un ailleurs obtus.

— Von Ribbentrop, justement, von Ribbentrop ! s'écrie Bartel.

Mais cette exclamation n'a pas de suite. Il revient à son propos.

— Ainsi, tu connais l'ambassadeur de Franco à Paris !

— Je sais qui c'est, c'est tout ! José Félix de Lequerica. Basque, catholique, franquiste. Mon père est catholique aussi, mais antifranquiste, libéral de gauche, diplomate de la République. José Maria de Semprún Gurrea ! Avant la guerre civile, les deux familles se connaissaient probablement. Savaient du moins, l'une et l'autre, à qui elles avaient à faire. À l'occasion, elles auraient pu se fréquenter, ce n'est pas impossible...

Bartel ne voit dans ma réponse que la confirmation de son idée.

— Donc, tu connaissais la famille de l'ambassadeur de Franco ?

J'ai le vague souvenir d'avoir haussé les épaules, excédé.

— Pas moi, mon père ! Ce n'est qu'une possibilité... Et c'était avant la guerre civile !

— Pas ton père, toi ! s'exclame Bartel. C'est de toi qu'il demande des nouvelles, l'ambassadeur de Franco à Paris !

C'est donc bien ce que je pensais, ce que j'avais commencé à deviner. La note de Berlin me concernant, qu'ils ont pu lire en entier ce matin, avant qu'elle ne soit remise à la Gestapo de Buchenwald, est une demande d'information à mon sujet qui provient de Paris, de l'ambassadeur de Franco à Paris, José Félix de Lequerica.

J'imagine très bien comment ça s'est passé.

Inquiet de ne plus avoir de lettres de moi (toute correspondance avec les familles, autorisée une fois par mois, exclusivement en allemand et dans un format déterminé, avait été interrompue par la libération de la France, après le mois d'août 1944), mon père avait dû chercher à joindre, de façon directe ou détournée, une ancienne connaissance, cet ambassadeur, José Félix de Lequerica. Et celui-ci, le cours de la guerre tournant définitivement à l'avantage des Alliés, n'avait pas trouvé inutile ni inconvenant d'accéder à cette requête, demandant de mes nouvelles par la voie diplomatique.

— Donc, dit Bartel d'une voix douce, ça ne t'étonne pas que l'ambassadeur de Franco à Paris demande de tes nouvelles ?

Il n'en démordra pas, je me dis.

— Ça ne m'étonne pas que ma famille ait essayé d'avoir de mes nouvelles !

Mais Walter Bartel ne dévie pas de son propos.

— Qu'un ambassadeur fasciste s'inquiète de la santé d'un militant communiste, ça ne t'étonne pas ?

— Si c'est mon père qui lui a demandé d'intercéder, il n'a sûrement pas dit à l'ambassadeur que j'étais communiste... Il a dû parler de la Résistance en général. Et puis, mon réseau n'est même pas gaulliste, il dépend des services britanniques...

J'ai eu tort de lui dire ça, je m'en mords aussitôt les lèvres. Involontairement, j'ai ouvert un nouveau front d'inquiétude, de suspicion.

Je le vois à son excitation subite.

— Britannique ? Tu étais l'agent d'un service britannique ?

Mais Jaime Nieto intervient aussitôt, vigoureusement, avec précision. Kaminsky corrobore ses dires. Ils demandent qu'on ne perde pas de temps avec ça. Toutes ces questions ont été abordées avec moi, quand j'ai été recadré à Buchenwald. Tout a été passé au crible, vérifié : mes rapports avec le PCE clandestin, à Paris ; le contrôle de la MOI sur mon activité, ainsi de suite.

Walter Bartel reste sur sa faim. Il aurait visiblement bien aimé aller plus au fond sur ce sujet.

— Il reste établi que ton père est en relation avec un diplomate fasciste à Paris !

Je hoche la tête : en effet, ce point semble établi. Mon père, ou quelqu'un en son nom, a pris contact avec José Félix de Lequerica, pour lui demander d'intercéder, d'essayer d'obtenir de mes nouvelles. Je n'ai plus envie de discuter avec Bartel. Je me rappelle le logement plus que modeste, à peine vivable, quasiment insalubre, que mon père occupe à Saint-Prix, «sur la colline qui joint Montlignon à Saint-Leu». Je me rappelle que ce grand bourgeois survit chichement en donnant des leçons dans un collège religieux des environs. Je me rappelle le petit fanion tricolore de la République espagnole accroché au mur de sa chambre.

Finalement, après une nouvelle intervention de Jaime Nieto, Bartel admet que je ne suis pas responsable de l'intervention probable de mon père auprès de José Félix de Lequerica.

L'interrogatoire est abandonné. On me renvoie à la vie du camp.

Walter Bartel a un dernier commentaire acide.

— Dire qu'on a pris des risques pour te protéger ! On avait même trouvé le mort qu'il fallait... Et tout ça pour rien ! À cause d'une demande de l'ambassadeur de Franco à Paris adressée à von Ribbentrop !

Là, bien sûr, j'ai beau jeu.

Je lui rappelle que c'est le Parti allemand qui a insisté pour me mettre au frigo, dès dimanche, au *Revier*. Si on m'avait écouté, si on avait attendu de connaître aujourd'hui, lundi, le contenu complet de la note de Berlin, il n'y aurait pas eu de problème. J'avais bien dit que ça ne pouvait pas être grave !

Il n'y a rien à rétorquer, la séance est levée.

ÉPILOGUE

Finalement, nous avions passé la soirée ensemble, Jiri Zak et moi. La veuve de Josef Frank nous avait quittés. Nous avions attendu qu'elle s'éloigne vers un arrêt de tram, place Wenceslas, petite, menue, grisonnante, ombre parmi les ombres.

C'était le printemps, Prague était belle.

Prague est toujours belle, tout le temps, c'est entendu. Mais sa beauté de printemps est particulière. Malgré l'invasion, la mise au pas graduelle, systématique, un air de liberté circulait encore dans les rues, les jardins fleuris.

Sur les visages, encore. Sur les visages des femmes, surtout.

Un air de liberté, de défi : le dernier souffle, peut-être.

J'étais passé à notre hôtel pour laisser un message à Costa Gavras et Bertrand Javal, le producteur de *L'Aveu* : je les retrouverais le lendemain matin. On devait avoir une réunion, décisive, avec le directeur des studios de Barandov.

Ensuite, nous avions marché dans les rues, longuement, Zak et moi.

Nous nous étions arrêtés, plus tard, pour boire une bière et manger des saucisses grillées, en plein air, sur le bord du fleuve.

Non, Zak ne se souvenait pas de Louis Armstrong. Je veux dire, il ne se rappelait plus que c'était un morceau d'Armstrong qu'avait joué l'étudiant norvégien, ce dimanche-là, lointain.

In the Shade of the Old Apple Tree.

Ce rappel du *Kino* de Buchenwald, de la trompette d'Armstrong, ça lui avait donné des idées. Il m'avait invité dans une boîte de la vieille ville où l'on jouait du bon jazz. Le soir était tombé, nous avions bu des Pilsen, des alcools de prune. Zak se refusait à boire de la vodka.

Plus tard, les musiciens étaient arrivés, ils étaient venus saluer Jiri Zak. Je m'étais demandé s'ils connaissaient l'existence de l'orchestre de Buchenwald. Sans doute pas, Zak était plutôt du genre réservé. En tout cas, ils avaient commencé à jouer. Chacun pour soi, d'abord : ça chauffait lentement.

Aux premiers accords un peu concertés, Zak m'avait rappelé l'histoire de ma nuit au *Revier*, en décembre 1944.

Le lundi soir, en effet, quand je reprends ma place à l'*Arbeitsstatistik*, devant le fichier central, Zak arrive de la *Schreibstube*, au bout du couloir de la baraque.

Il a une feuille de papier à la main.

— J'ai rendez-vous demain avec le lieutenant SS de la *Politische Abteilung*, me dit-il. À propos de toi !

— Je sais pourquoi !

Il est surpris, je lui raconte ma petite histoire : la note de Berlin, la décision du parti, contre mon avis, la nuit avec François L. Je lui parle assez longuement de François. Que ça finisse avec les soupçons de Bartel, ça le fait sourire.

— Pourtant, ce n'est pas un idiot, loin de là ! s'écrie Zak. Remarque : on peut s'étonner de voir un ambassadeur espagnol s'inquiéter de toi !

— Il ne s'inquiète pas, je lui rétorque. Il rend un service personnel à quelqu'un du bord opposé ! Mais le bord opposé est en train de gagner la guerre...

En somme, je lui explique les circonstances concrètes.

Zak m'interrompt :

— Laisse tomber. Je n'ai pas de problème, moi ! Je comprends fort bien les circonstances concrètes !

Vingt-cinq ans plus tard, à Prague, un quart de siècle plus tard, ce n'est pas ça qui nous intéressera encore.

— Tu sais ce qu'ils sont devenus, Ernst Busse, Walter Bartel ?

Il m'avait regardé, était devenu sombre, avait soudain perdu la voix.

Le temps avait passé, le silence s'était épaissi. Le silence entre nous deux, je veux dire, car la *kavarna* était désormais pleine de monde, de fumée, de musique.

— Tu ne sais pas ? m'avait-il demandé finalement.

Longtemps après.

Non, je ne savais pas : pourquoi aurais-je su ?

Au début des années cinquante, Ernst Busse et Walter Bartel ont été pris dans la spirale mortifère des derniers procès staliniens. À la suite de la condamnation à mort de Josef Frank à Prague, des enquêtes ont été rouvertes sur l'attitude politique des responsables communistes à Buchenwald. Pour les conseillers soviétiques, en effet, qui instruisaient ces procès dans les «pays frères», les survivants des camps étaient présumés coupables. Le chef d'accusation officiel était : collaboration avec l'ennemi. Ainsi, Josef Frank a été forcé d'avouer qu'il avait collaboré avec la Gestapo à Buchenwald. Le vrai crime, cependant, de tous ces hommes, c'était d'avoir vécu, lutté, pris des risques et des initiatives de façon autonome, loin de l'ombre tutélaire de Moscou, dans les résistances européennes, depuis la guerre d'Espagne.

Ernst Busse n'a pas eu de chance. Ce sont les autorités d'occupation soviétiques qui ont instruit son procès. Il a avoué des crimes de guerre contre les déportés russes, qu'il aurait commis en utilisant son poste de kapo du *Revier*. Il a été condamné, déporté dans un camp du Goulag. Il est mort à Vorkouta en 1952.

Walter Bartel s'en est mieux sorti. D'abord parce que ce ne sont pas les Soviétiques qui ont instruit son procès, mais les instances de sécurité de la République allemande. Mais surtout parce que Bartel s'est farouchement refusé à collaborer avec les procureurs, les inquisiteurs de son parti. Il a défendu pied à pied ses positions politiques, admettant avoir commis des erreurs, le cas échéant, mais n'avouant aucun des crimes qu'on lui imputait.

— Maintenant, m'avait dit Jiri Zak pour conclure, cette nuit-là, à Prague, au printemps 1969, maintenant, il est professeur d'histoire contemporaine à l'Université Humboldt !

Alors, dans le brouhaha de la boîte de jazz, dans la fumée des cigarettes, nous avions levé nos verres et trinqué à la santé de Walter Bartel.

— *Rotfront* ! s'était écrié Jiri Zak.

Et je lui avais répondu :

— *Rotfront* !

Front rouge ! C'était le salut des communistes allemands, autrefois, à l'époque sectaire et exaltante, misérable et glorieuse, de la lutte finale et du mot d'ordre apocalyptique : classe contre classe !

À une table voisine, une très jeune femme, très blonde et très belle, nous avait jeté des regards indignés. Elle avait interpellé Jiri Zak. Celui-ci lui avait répondu, de sa voix calme et lente, posée, pédagogique, sa voix de militant, de survivant de Buchenwald. Il avait dû lui expliquer les raisons, ironiques et émues, de notre «front rouge».

Alors, elle avait levé son verre et trinqué avec nous. Très belle, vraiment.

Beaucoup plus tard, alors que nous commencions à devenir pâteux — mais la musique était à chaque instant meilleure, plus maîtrisée et plus sauvage à la fois —, Jiri Zak s'était penché vers moi, compagnon de mémoire et de beuverie.

— Toi qui écris, tu devrais donner une suite au *Grand Voyage*...

Il avait dit *Grosse Reise*, bien sûr : nous parlions en allemand. Il avait lu mon livre en allemand.

— Tu devrais raconter la nuit au *Revier*, à côté de ton Musulman. Tout ce qui va avec... Y compris Busse et Bartel !

Peut-être avais-je trop bu, mais il m'avait semblé que c'était une idée.

Goulag, Tomasz Kizny

Préface

Depuis *Quel beau dimanche!* et ses mises au point concernant le communisme, Jorge Semprún a considérablement modifié sa vision de l'histoire du xxᵉ siècle. Dans ce texte d'ouverture à un recueil de photographies du Goulag, miraculeusement exhumées des archives et indépendamment du fait que ces photographies n'en montrent pas les aspects les plus terribles ou les plus sordides, il procède à un complet renversement de perspective. Auparavant, il parlait du camp de Buchenwald au temps des nazis, qui en furent les créateurs, puis de son utilisation dans l'après-guerre par les services soviétiques. Désormais, il s'agit de parler d'abord des camps du Goulag chronologiquement antérieurs aux camps nazis, tout en soulignant que la construction du camp de Buchenwald a lieu au même moment que la Grande Terreur en URSS, qui fit des millions de morts. On sait que la mise en œuvre de cette terreur n'échappait pas au modèle de la planification : les responsables du NKVD, organe succédant au Guépéou, lui-même succédant à la Tchéka fondée sous Lénine, recevaient des instructions avec quotas d'exécution à remplir — et rien n'interdisait de les dépasser...

Rudolf Höss, le commandant du camp d'Auschwitz, a rapporté qu'avant d'entreprendre la construction du camp, il reçut de la part de la Direction de la Sécurité du Reich toute une documentation sur les camps soviétiques (R. Höss, *Le Commandant du camp d'Auschwitz parle*, La Découverte, 1995, p. 224).

Alors qu'un siècle nouveau commence, une évidence irréfragable obsède Jorge Semprún : il faut penser Auschwitz et Treblinka, la Kolyma et Magadan, ensemble, pour comprendre ce que fut le siècle des camps.

« Je conviens, sans nulle difficulté, que la politique de l'État soviétique est conduite par un homme extraordinaire. Quand nos camarades communistes, avant la guerre, parlaient couramment du "génial Staline", je me souviens que j'étais porté à sourire et je confesse aujourd'hui que j'avais tort. Staline est un homme de génie. L'œuvre qu'il a accomplie depuis vingt ans pour fonder son pouvoir, pour organiser, défendre et faire triompher son pays, implique des dons aussi exceptionnels que ceux qui ont placé un Richelieu, un Cromwell, un Cavour au premier plan de l'Histoire. Il est génial par ses dimensions, par sa puissance intérieure d'efficacité comme par la profondeur patiente de ses desseins... »

Pour surprenant que cela puisse paraître aujourd'hui, l'auteur de ce dithyrambe est Léon Blum. Le 21 juillet 1945, en effet, revenu depuis quelques semaines de sa déportation en Allemagne et alors qu'il a repris son rôle dirigeant dans le parti socialiste, Léon Blum publie dans *Le Populaire* l'article dont sont extraites ces lignes et qui porte sur la politique de Staline. Depuis quelque temps, dans le contexte de la préparation du XXXVIIᵉ congrès de la SFIO, Léon Blum consacre son article quotidien aux questions de l'unité de la cause ouvrière. Et c'est dans ce cadre qu'il s'exprime sur Staline et la politique soviétique.

Pourtant, Blum n'aura jamais fait preuve de faiblesse, ni de fascination, envers les idées du communisme ni de la puissance de l'URSS. Au congrès de Tours, c'est lui qui s'était opposé à l'acceptation par les socialistes des conditions draconiennes imposées par Lénine pour l'adhésion à la IIIᵉ Internationale. Ce sont les discours de Blum qui ont été déterminants — prémonitoires, par ailleurs, sinon prophétiques, quant à l'avenir, sur le long terme, d'un parti privé de démocratie interne — pour maintenir une minorité substantielle de militants dans la « vieille maison » socialiste. C'est Blum le dirigeant dont l'activité théorique et pratique aura été décisive, au long des années vingt et trente, pour reconstruire la SFIO et en faire de nouveau le premier parti de la gauche. C'est lui l'artisan du Front populaire, le premier chef de gouvernement de la gauche unie (tous courants confondus plutôt qu'unifiés en profondeur, sans doute, mais c'est une autre question!).

C'est Blum qu'interpelle le sinistre Xavier Vallat — futur commissaire aux Affaires juives de Vichy — le 6 juin 1936, lors de la séance d'investiture à la Chambre des députés: «Votre arrivée au pouvoir, monsieur le président du Conseil, marque incontestablement une date historique. Pour la première fois ce vieux pays gallo-romain va être gouverné par un Juif!»

Léon Blum, donc, l'homme qui, emprisonné par Pétain après le procès de Riom, a écrit un essai, *À l'échelle humaine,* qu'on peut considérer comme une charte du socialisme, proclame le 21 juillet 1945 que Staline est un homme de génie qu'il faut placer au même niveau que Richelieu, Cromwell ou Cavour.

Pourquoi rappeler ce jugement de Blum, cette erreur, cet aveuglement, ce dithyrambe difficiles à comprendre aujourd'hui, d'autant plus difficiles à comprendre qu'ils viennent de l'un des esprits politiques les plus lucides, les mieux armés intellectuellement, du xxᵉ siècle?

Parce que cet aveuglement de Léon Blum est significatif, en quelque sorte emblématique, d'une attitude de la gauche française, y compris dans ses courants et mouvances non léninistes, qui a perduré pendant des décennies.

En réalité, il faudra attendre le fameux rapport secret de Krouchtchev au xxᵉ congrès du Parti communiste russe, et surtout, quelques années plus tard, la bouleversante explosion du témoignage d'Alexandre Soljenitsyne, pour que le mur du silence sur le Goulag — ou plutôt, le mur de la surdité occidentale à ce sujet — commence à se lézarder.

Ce ne fut qu'un début, pourtant.

Le rapport de Khrouchtchev, partiel sans doute, insuffisant du point de vue de l'analyse d'ensemble, mais accablant de vérité, nombreux furent les spécialistes qui le trouvèrent peu convaincant parce que peu marxiste. Car il ne suffisait pas qu'il fût vrai, il fallait en outre qu'il fût orthodoxe, qu'il répondît aux normes d'une analyse dialectique, d'une pensée correcte. Quant à Soljenitsyne, il ne fallait pas s'y fier, n'est-ce pas? Il n'était qu'une sorte de vieux-croyant réactionnaire!

Le chemin a été long, en tout cas, les obstacles idéologiques à surmonter nombreux, pour que la vérité soviétique, son essence historique répressive, finisse par s'imposer.

En juillet 1945, quoi qu'il en soit, lorsque Léon Blum proclame son opinion louangeuse sur la politique soviétique en général, et sur la figure de Staline en particulier, la répression massive, qui avait atteint son apogée en 1937, et que les exigences de la guerre contre l'Allemagne nazie avaient quelque peu relâchée, repart de plus belle, retrouve de nouvelles forces.

Ainsi, et pour n'en donner qu'un seul exemple, les citoyens soviétiques déportés dans les camps nazis ne furent pas libérés lors de l'effondrement du régime hitlérien. Dans leur immense majorité, ces survivants furent directement envoyés dans les camps soviétiques de l'archipel du Goulag: directement de Buchenwald ou de Dachau dans les camps de la Kolyma. On peut trouver les traces émouvantes de ce destin atroce dans les *Récits de la Kolyma* de Varlam Chalamov, sans doute le plus grand écrivain de l'expérience concentrationnaire du xxᵉ siècle, que ce soit celle des camps nazis ou celle du Goulag soviétique.

En 1945, c'est l'héroïsme du peuple russe dans la guerre antinazie ; ce sont les images de Stalingrad et des soldats soviétiques hissant le drapeau rouge de la victoire sur les ruines du Reichstag qui permirent le maintien et la propagation du grand mensonge sur les réalités ténébreuses de la société stalinienne.

Ces héros ne pouvaient pas être coupables. Un système social qui avait produit tant de héros ne pouvait pas produire des bourreaux : tel était le postulat trompeur, le non-dit aliénant. Le prestige populaire, de portée mondiale, que la victoire sur le nazisme — à laquelle il avait pris une part décisive — projeta sur le système soviétique explique largement, même s'il ne justifie rien, l'oblitération massive des crimes du stalinisme dans la conscience et la mémoire collective des sociétés occidentales, de la société française en particulier.

Cela explique et le jugement de Léon Blum cité plus haut, et l'attitude conciliante des Alliés à la conférence de Yalta, à commencer par celle des conseillers de Roosevelt et du président américain lui-même.

Dans les années quarante, c'est donc l'héroïsme du peuple russe pendant la «Grande Guerre» antifasciste qui permit à l'appareil de propagande soviétique — avec ses métastases dans tous les partis communistes de l'Occident — de distraire l'attention des opinions publiques, ou de les soumettre à une sorte de chantage moral, qu'accentuent dans certains pays — l'Italie et la France, particulièrement — l'influence considérable, le poids spécifique, générateur d'un terrorisme intellectuel plus ou moins diffus, des partis communistes de cette époque d'après-guerre et de guerre froide. Dix ans plus tôt, au cours des années trente, des mécanismes idéologiques et politiques différents, mais d'ordre comparable, ont joué le même rôle.

Sans doute faut-il ici, même brièvement et au risque d'un schématisme inévitable, rappeler quelques points d'histoire. C'est en 1929 que commence la première période de stalinisation de la société soviétique. Après l'interrègne de désarroi, de luttes d'opinions et de factions qui ont suivi la mort de Lénine, ayant déployé avec une habileté brutale «sa puissance intérieure d'efficacité» et «la profondeur patiente de ses desseins», selon l'euphémisme inouï de Léon Blum, Staline a écarté politiquement ses principaux adversaires au sein du Politburo russe. Quelques années plus tard, son pouvoir absolu définitivement confirmé, il les éliminera physiquement.

Au plan économique et social — au plan politique, par la mise au pas ou la disparition forcée des soviets et des syndicats, par l'interdiction des courants dans le parti, le travail préstalinien a déjà été largement engagé par Lénine lui-même —, le nouveau projet de Staline se caractérise par deux mesures concomitantes et lourdes de conséquences.

D'un côté, Staline liquide la NEP[1], cette «nouvelle économie politique» lancée par Lénine, qui réinjectait dans le collectivisme effréné de l'époque de la guerre civile les mécanismes essentiels de l'économie de marché, limités, certes, sous le contrôle étatique dans le domaine du commerce extérieur, par exemple, mais d'un impact positif immédiat sur l'économie du pays, aussitôt ranimée, vivifiée, retrouvant un cycle d'expansion.

Le stalinisme, donc, est impensable sans la liquidation du marché. Il serait intéressant de le rappeler aux ignares ou aux amnésiques qui prétendent aujourd'hui fonder une stratégie anti- ou altermondialiste sur la lutte contre la «tyrannie du marché»; leur rappeler que la destruction du marché par les bolcheviks — et personne, jamais, nulle part, ne pourra rivaliser avec ceux-ci quant à la cohérence, la détermination, la radicalité d'une stratégie semblable — a abouti à la plus grande catastrophe économique, sociale et humaine du xxe siècle. Ainsi, en 1929, Staline supprime la NEP et lance la collectivisation des campagnes, qui aboutit à la destruction de la classe paysanne russe par les famines programmées et la déportation massive. Simultanément, par le moyen des plans quinquennaux, Staline organise l'industrialisation forcée, forcenée, de la vieille Russie.

Cette entreprise surhumaine-inhumaine, dont la vérité mortifère se dévoilera bien plus tard, dans la concurrence internationale, à la fois militaire et civile, de la guerre froide et de la coexistence pacifique, sera d'abord perçue, dans le monde entier, comme une sorte d'épopée.

Il suffirait de relire les poèmes contemporains français de Louis Aragon, espagnols de Rafael Alberti, allemands de Bertolt Brecht, russes de Vladimir Maïakovski, pour en prendre la mesure, en saisir la démesure.

Mais il n'y a pas que les poètes.

Même les sociologues, les politologues, les économistes distingués de tous les pays et de tous les horizons idéologiques, sont frappés de stupeur, parfois admirative, parfois dubitative, mais toujours pleine de curiosité, devant les gigantesques réalisations, du moins sur le plan quantitatif, des plans quinquennaux successifs.

Cela s'explique parfaitement. En 1929, en effet, au moment où l'URSS commence à devenir, sous l'impulsion de Staline, et à un prix humain et social dont les conséquences négatives ne seront perceptibles que bien plus tard, une société industrielle moderne, le monde capitaliste, quant à lui, commence à être secoué par une crise générale, prolongée après la catastrophe du Jeudi noir de Wall Street.

Quelle est la vision du monde que peuvent avoir, en ces circonstances, non seulement les peuples et les militants politiques, mais aussi les intellectuels et les cercles du pouvoir démocratique? D'un côté, du côté de l'URSS en expansion,

---

1. En 1921, la guerre civile gagnée, Lénine décide d'une libéralisation limitée de l'économie compte tenu de l'état castrophique de l'économie. Simultanément, il renforce la discipline au sein du parti en interdisant les fractions et réprime sauvagement les grèves ouvrières ou les soulèvements paysans. La *Novaya ékonomitcheskaya politika* prendra fin en 1929 quand Staline décide de la collectivisation des terres en lançant la «seconde révolution» qui aboutit à une catastrophe agricole généralisée.

la disparition du chômage, des taux de croissance annuelle considérables, la transformation réelle, quoique lente et inégale, de la société rurale russe, souvent archaïque, la diffusion massive de l'enseignement secondaire et universitaire : une révolution culturelle.

De l'autre côté, du côté du monde capitaliste, un chômage croissant qui détruit ou affaiblit singulièrement le tissu social ; une paupérisation accélérée des travailleurs et des couches inférieures des classes moyennes ; une conséquente radicalisation de toutes ces couches sociales, qui se détournent de la démocratie parlementaire, incapable de s'opposer à la crise et à la corruption qui en découle, qui font le lit du fascisme, sous des formes diverses. D'un côté, en somme, la société soviétique vivant sous un slogan dont la vérité n'est que propagande : « Aujourd'hui mieux qu'hier et moins bien que demain », et dont le tonus optimiste est reflété dans le cinéma, dans *La Ligne générale* d'Eisenstein, par exemple. De l'autre côté, le désarroi et l'angoisse du lendemain : noirceur existentielle que reflètent *M. le Maudit* de Fritz Lang, ou *Les Raisins de la colère* de John Ford.

Mais tous ces progrès de la société soviétique, réels certes, demeurent fragiles, superficiels. Dans ses profondeurs, le pays reste encore prisonnier des contraintes, des impuissances de l'arriération. Vers le milieu des années trente, après les efforts surhumains du premier plan quinquennal, le pays a besoin de souffler. Un nombre croissant de cadres de l'industrie et du parti, rassemblés autour de Kirov, prône de façon plus ou moins ouverte une certaine pause, une sorte de nouvelle NEP, qui permette de consolider les acquis de la première période, tout en desserrant l'étreinte idéologique et policière sur l'ensemble de la société.

Mais Staline, conscient du danger que cette ligne représente pour son pouvoir personnel absolu — car elle entraînerait, objectivement, une certaine « démocratisation » de la vie politique — passe à l'offensive. À sa manière brutale habituelle. Il fait organiser par ses services de sécurité l'assassinat de Kirov, que l'on attribue ensuite aux milieux de l'opposition de gauche trotskiste, ce qui lui permet d'organiser une purge massive.

C'est sans doute à cette occasion que la politique de Staline devient quasiment irrationnelle, qu'elle perd presque tout contact avec les réalités sociales et historiques, qu'elle semble dominée, dans une perpétuelle et tragique fuite en avant, par l'obsession maladive du complot, de l'ennemi caché, de la traîtrise imaginaire des plus proches compagnons.

De 1935 à 1939 — en passant par le sommet atteint en 1937, année tragique entre toutes, qui voit disparaître dans l'enfer du Goulag des millions de citoyens soviétiques — les services de sécurité de Staline, dont les responsables sont d'ailleurs périodiquement exterminés, auront décapité l'armée Rouge, les institutions scientifiques et intellectuelles, l'encadrement industriel et technique, la société civile dans son ensemble.

Né dans les années vingt, aux îles Solovki, développé à l'occasion de la construction du canal de la mer Blanche, le système des camps de concentration soviétiques connaît ainsi dans la seconde moitié des années trente une extension subite impressionnante.

En 1937, année où la vague de terreur massive déferle sur la société soviétique, le camp de Buchenwald, aux environs de Weimar, sur la colline goethéenne de l'Ettersberg, est ouvert par les autorités nazies. Huit ans plus tard, en 1945, après sa libération par les troupes américaines de la IIIe Armée du général Patton, le camp est vidé de ses déportés de la Résistance européenne antifasciste. Les derniers à être rapatriés, en juin 1945, sont des Yougoslaves. Mais le camp de Buchenwald ne cesse pas d'exister pour autant. Trois mois plus tard, à l'automne, il est remis en service par la police politique de la zone d'occupation soviétique en Allemagne. C'est le *Speziallager* n° 2, qui ne sera fermé qu'en 1950, après la création de la RDA.

Il est donc tout à fait logique, une fois parachevée la réunification démocratique de l'Allemagne, que dans l'enceinte du lieu de mémoire qu'est devenu l'ancien camp de Buchenwald on trouve désormais deux musées : celui du camp nazi, celui du camp stalinien. Il est tout à fait logique également qu'une fondation, Stiftung Ettersberg, se consacre dorénavant à l'étude comparative des deux totalitarismes qui ont ravagé l'Europe au cours du siècle dernier.

Car il faut comparer, pour établir de façon historique, indiscutable, et l'identité et les différences entre les deux systèmes sociaux totalitaires, le nazisme et le communisme. Il y a identité et il y a altérité, en effet, en ce qui concerne les archipels des *Lager* nazis et du Goulag stalinien. Les images de ce livre permettent de s'en rendre compte.

Il me semble que la comparaison objective, documentairement fondée, entre les deux systèmes totalitaires, est la dernière étape qui nous reste à franchir pour en finir définitivement avec l'aveuglement occidental relatif au Goulag soviétique.

Références, Auteurs, Œuvres, Événements

Avertissement

Le lecteur trouvera dans ce glossaire – qui ne se veut pas exhaustif – la référence développée à un certain nombre d'auteurs, d'œuvres, de citations auxquels Jorge Semprún fait allusion dans le corps de ses romans. Des notices biographiques permettent de situer des personnages qui ont eu un rôle politique, et des notices à caractère historique rappellent certains événements moins connus.

Le classement est alphabétique. Pour les citations, c'est le premier mot après l'article qui a été retenu.

Il existe un site internet qui repère nombre de références de l'œuvre de Jorge Semprún. Il est dû à Françoise Kroichvili et s'intitule : *Chemins dans l'œuvre de Jorge Semprún* (http://francoisekroichvili.perso.neuf.fr). Nous y avons eu recours à plusieurs reprises.

« À quatre heures du matin l'été… »

« À quatre heures du matin l'été/ le sommeil d'amour dure encore/ sous les bosquets l'aube évapore/ l'odeur du soir fêté… » Vers empruntés au poème *Bonne Pensée du matin*, d'Arthur Rimbaud (mai 1872, que le poète inséra finalement dans *Une saison en enfer*). *Œuvres complètes*, La Pléiade, 2009, p. 202-203.

Le Mort qu'il faut

Âge d'homme (L')

Allusion au livre de Michel Leiris (1901-1990) paru chez Gallimard en 1939.

L'Évanouissement

Alberti, Rafael

Poète espagnol, Rafael Alberti (1902-1999) s'exila en 1939 en France, puis gagna l'Argentine où il demeura jusqu'en 1973. Installé à Rome, il revint en Espagne en 1977. Sa période d'exil est jalonnée par une importante production de poèmes à portée politique.

Le Mort qu'il faut

Althusser, Louis

Philosophe, militant communiste, « caïman » à l'École normale supérieure, où il influence une génération de jeunes philosophes communistes qui fonderont l'Union des jeunesses communistes marxistes-léninistes (prochinoises), Louis Althusser (1918-1990) publie avec ses condisciples *Lire le capital* (Éditions François Maspero, 1965, 2 vol).

Quel beau dimanche !

Anker, Daniel Samuel

Ouvrier de l'habillement, militant de la CGTU (communiste) et membre des Jeunesses communistes puis du PC, Daniel Anker s'engage comme volontaire en 1939. En 1940, il combat en Alsace et dans les Ardennes. Démobilisé en septembre dans le Tarn, il reprend ses activités syndicales clandestines et renoue avec le mouvement communiste. Il est arrêté le 27 avril 1942. Transféré de prison en prison en France, il est ensuite déporté à Buchenwald où il arrive le 24 janvier 1944 (matricule 43364). L'organisation clandestine de résistance dans le camp prend contact avec lui et il devient le responsable français de l'*Arbeitsstatistik*. Il rentre à Paris le 28 avril 1945. Après la guerre, il reprend ses activités syndicales et exerce un mandat électoral à la municipalité de Châtenay-Malabry. Il sera aussi secrétaire général de l'Association Buchenwald-Dora pendant plusieurs années.

Le Mort qu'il faut

Antelme, Robert

Voir dans ce volume l'article que consacre Jorge Semprún au livre de Robert Antelme, *L'Espèce humaine* (*Action*, 1947).

Quel beau dimanche!

Antigone

Pièce en un acte de Jean Anouilh, représentée pour la première fois au théâtre de l'Atelier le 4 février 1944.

Le Mort qu'il faut

Arendt, Hannah

Lors de ses études de philosophie, Hannah Arendt (1906-1975) avait suivi le séminaire de Heidegger à l'université de Marbourg à partir du printemps 1924. Leur relation intime s'interrompt au printemps suivant. Arendt suit ensuite les cours d'Edmund Husserl à Fribourg pendant un semestre, puis ceux de Karl Jaspers à Heidelberg.

L'Écriture ou la vie

Arles (congrès)

Le IXe congrès du PCF a lieu à Arles les 25-29 décembre 1937.

Quel beau dimanche!

Armée secrète

L'Armée secrète fut créée par Henri Frenay au printemps 1942, afin de réorganiser les formations militaires des mouvements Combat et Liberté. Jean Moulin reçut entre autres missions celle de fédérer en une Armée secrète unique les formations militaires de la zone Sud. En février 1944, l'AS intègre les Forces françaises de l'Intérieur.

L'Évanouissement

Arnould, Roger

Il s'agit vraisemblablement de Roger Arnoult, auteur d'un témoignage sur le sabotage dans les usines où travaillaient les déportés de Buchenwald, publié dans le journal *Le Serment* (n° 15, 1er juillet 1952).

Quel beau dimanche!

Ascona

Ville suisse située dans le Tessin, au bord du lac Majeur et à proximité de Locarno.

Le Grand Voyage

Askanischer Hof (tribunal de l')

Nom de l'hôtel à Berlin où Kafka séjourne en juin 1914 et où se déroule un épisode décisif dans sa relation avec Felice Bauer.

L'Écriture ou la vie

« *Assaut au soleil des blancheurs des corps de femmes* »

« *L'eau claire; comme le sel des larmes d'enfance,/ l'assaut au soleil des blancheurs des corps de femmes;* », vers tirés de *Mémoire* d'Arthur Rimbaud, *Œuvres complètes*, La Pléiade, 2009, p. 234-235.

Le Mort qu'il faut

« *Aucune bête n'en aurait été capable…* »

Lors de la traversée de la cordillère des Andes, Henri Guillaumet, pionnier de l'Aéropostale, s'écrase avec son Potez 25. Au bout d'une semaine de marche dans des conditions extrêmes, il parvient à un village. À Saint-Exupéry, son compagnon de l'Aéropostale venu le chercher, il déclare: «Ce que j'ai fait, je te le jure, jamais aucune bête ne l'aurait fait.» Saint-Exupéry rapporte le mot dans *Terre des hommes* (1939).

Le Mort qu'il faut

Aufhaltsame Aufstieg des Arturo Ui (Der)

La Résistible Ascension d'Arturo Ui, de Bertolt Brecht (1898-1956), fut publiée en 1941. Cette pièce, écrite en Finlande, transpose dans le « milieu » de Chicago l'ascension de Hitler jusqu'à l'occupation de l'Autriche.

Quel beau dimanche!

Autriche, *« un autre camp en Autriche »*

Probablement le camp de Mauthausen installé à environ 22 km de Linz, en Haute-Autriche, qui comportait des sous-camps. L'un des complexes concentrationnaires les plus durs : sur 320 000 prisonniers, il y eut seulement 80 000 survivants. De nombreux républicains espagnols y furent transférés.

Le Grand Voyage

« Ay que la muerte me espera... »

Vers tiré du poème *Canción de jinete (Chanson de cavalier)* de Federico García Lorca (1898-1936) : «*Ah, que la mort m'attend/ Avant d'atteindre Cordoue!/ Cordoue/ Lointaine et seule*»; «*Bien que je sache la route/ Je n'atteindrai pas Cordoue*».

Le Mort qu'il faut

« Ay que trabajo me cuesta... »

Vers tiré de *Es Verdad*, «C'est bien vrai», poème de Federico García Lorca «*Ah, qu'il m'en coûte/ de t'aimer comme je t'aime!*», traduction d'André Belamich.

Le Mort qu'il faut

Azaña Díaz, Manuel

Président du Conseil en octobre 1931, une fois la République espagnole proclamée, Manuel Azaña (1880-1940) quitte le pouvoir en 1933 à la suite des élections. Redevenu chef du gouvernement en 1936, il est élu président de la République, mais doit gagner la France en 1939 à la fin de la guerre civile. Il meurt le 3 novembre 1940 à Montauban, ville où sa mémoire est toujours célébrée par le biais de colloques (voir le site de la revue *Arkheia* pour plus d'informations).

L'Écriture ou la vie

Baillou, Jean

Jean Baillou, secrétaire général de l'ENS, est arrêté le 4 août 1944. Emprisonné à Fresnes, puis déporté le 16 août 1944 à Buchenwald, il participe aux conférences organisées par les professeurs déportés, où il présente les œuvres de Pétrarque.

L'Écriture ou la vie

Barral, Carlos

Poète, auteur de Mémoires, directeur des Éditions Seix Barral et éditeur de Jorge Semprún, Carlos Barral y Agesta (1928-1989) fut également sénateur.

L'Écriture ou la vie

Bartel, Walter

Communiste allemand détenu à Buchenwald à partir de 1939, Walter Bartel (1904-1992) présida le Comité international clandestin jusqu'à la libération du camp. Après la guerre, il enseigne à l'université Karl-Marx de Leipzig en RDA.

Le Mort qu'il faut

Bastogne

Le 16 décembre 1944, la Wehrmacht, sous le commandement du maréchal Gerd von Rundstedt (1875-1953), lance une contre-offensive dans les Ardennes belges, espérant rééditer la manœuvre de 1940. Surpris dans un premier temps et dépourvus de leur aviation neutralisée par le mauvais temps, les Alliés connurent, pendant dix jours, une situation très difficile. La ville de Bastogne, qui verrouillait leur dispositif, tint malgré tout. Le 26, ils furent en mesure de lancer une contre-offensive qui arrêta la progression allemande.

Le Mort qu'il faut

BCRA

Le Bureau central de renseignement et d'action est né du 2ᵉ Bureau de l'état-major du général de Gaulle, qui prit le nom de Service de renseignement en avril 1941, tous deux placés sous l'autorité du colonel Passy (Dewavrin). Ce service de la France libre devient BCRAM (M pour militaire) en janvier 1942, puis BCRA à l'été, sa fonction étant toujours d'organiser les liaisons avec la résistance intérieure et d'aider les réseaux de renseignement ou d'action.

L'Évanouissement

« Beauté, je me porte à ta rencontre... »

Vers du poème *Afin qu'il n'y soit rien changé* de René Char, appartenant au recueil *Seuls demeurent*, publié en 1945 (Quarto/Gallimard, p. 387-388).

L'Écriture ou la vie

Begin, Menahem

Sioniste « révisionniste », Menahem Begin (1913-1992) gagne Vilno en 1940, est arrêté par le NKVD puis condamné à huit ans de camp comme espion. Libéré dans le cadre des accords Sikorski-Maïski en 1941, il rejoint l'Armée Anders puis déserte lorsque celle-ci transite par la Palestine. Entré à l'Irgoun, il en prend le commandement en 1947 ; responsable de l'attentat meurtrier contre l'hôtel King David à Jérusalem (91 morts britanniques). Fonde en 1948 son propre parti, le Herout; Premier ministre d'Israël de 1977 à 1983.

Quel beau dimanche!

Berger, Yves

Écrivain, Yves Berger (1931-2004) fut directeur littéraire des éditions Grasset de 1960 à 2000.

Quel beau dimanche!

Besse, Georges

Le 17 novembre 1986, Georges Besse (1927-1986), ancien président de la Cogema, ancien PDG de Pechiney-Ugine-Kuhlmann, président de la Régie Renault, est assassiné par le groupe terroriste Action directe, au pied de son domicile, boulevard Edgar-Quinet à Paris. Le groupe des tueurs est appréhendé le 21 février 1987 dans une ferme isolée du Loiret.

L'Écriture ou la vie

Besse, Guy

Philosophe, communiste, Guy Besse (1919-2004) fut directeur des Éditions sociales puis directeur du Centre d'études et de recherches marxistes. Il fut membre du comité central du PCF.

Quel beau dimanche!

« Bethsaïda, la piscine des cinq galeries… »

Figure dans «Fragments d'une paraphrase de l'Évangile selon saint Jean», d'Arthur Rimbaud, *Œuvres complètes*, La Pléiade, 2009, p. 239-241.

Le Mort qu'il faut

Bettelheim, Bruno

Arrêté lors d'une rafle en 1938, Bruno Bettelheim (1903-1990), Juif autrichien, est interné à Dachau, puis Buchenwald d'où il réussit à se faire libérer. Parvenu aux États-Unis, il devient psychanalyste. Son expérience (particulière) du camp inspire deux de ses ouvrages: *Le Cœur conscient* (*The Informed Heart: Autonomy in a Mass Age*, New York, FreePress, 1960; trad. Robert Laffont, 1977) et *Survivre* (*Surviving and Other Essays*, New York, Alfred A. Knopf, 1979; trad. Robert Laffont, 1979).

Quel beau dimanche!

Bioy Casares, Adolfo

Écrivain argentin, Adolfo Bioy Casares (1914-1999) met en scène, dans son roman *La invención de Morel* (1940), une machine qui abolit le temps et fixe l'image d'amis réunis sur une île pour l'éternité. Un intrus parvenu sur l'île par hasard vient livrer le sens de l'expérience: il ne peut communiquer avec la femme dont il est amoureux, celle-ci vivant dans une autre séquence temporelle que la sienne. Robbe-Grillet s'est inspiré de ce roman pour son livre *L'Année dernière à Marienbad.*

Quel beau dimanche !

Blanche (canal de la mer)

Les travaux de percement du canal de la mer Blanche ou *Belomorkanal*, appelé à l'origine *Belomorsko-Baltiski Kanal imeni Stalina*, reliant la Baltique à la mer Blanche, commencèrent en septembre 1931 et se poursuivirent jusqu'en juillet 1933. Percé par les zeks, 60 000 d'entre eux y laissèrent la vie. C'est l'un des premiers grands chantiers réalisés par les détenus du Goulag. Le canal se révéla impraticable pour les navires de gros tonnage. Objet de propagande, le canal fut célébré par Maxime Gorki et d'autres écrivains (Chklovski, Zochtchenko, Tolstoï, Jasienski…). Voir la préface de Jorge Semprún au livre de Tomasz Kizny dans ce volume.

Le Mort qu'il faut

Bloch, Grete

Amie de Felice Bauer qui, après avoir rencontré Franz Kafka (1892-1944) en novembre 1913, entretint une correspondance avec lui. Cette correspondance, une fois connue de Felice Bauer, déclencha l'épisode du «tribunal» dont Kafka parle dans son *Journal.*

L'Écriture ou la vie

Bloch, Marc

Après sa démobilisation le 13 mars 1919, le capitaine Marc Bloch (1886-1944) est nommé en octobre maître de conférences à l'université de Strasbourg. Il a pour collègues le géographe Henri Baulig (1877-1962), le philologue Ernst Hoepffer (1979-1956), le spécialiste de droit romain médiéval Gabriel Le Bras (1891-1970), le sociologue Maurice Halbwachs (1877-1945), le psychologue et médecin Charles Blondel (1876-1939), l'historien Georges Lefebvre (1874-1959), le germaniste Edmond Vermeil (1878-1964), etc. De ce milieu et de ses échanges avec Lucien Febvre (1878-1956) devait naître en 1929 la revue *Annales d'histoire économique et sociale*, revue qui révolutionna la recherche en histoire. Engagé en 1939, résistant, Marc Bloch est arrêté le 8 mars 1944 à Lyon ; torturé, il est fusillé le 16 juin 1944 à Saint-Didier-de-Formans.

L'Écriture ou la vie

Blum, Léon

Léon Blum (1872-1950) accède à la présidence du Conseil le 4 juin 1936 après la victoire électorale du Front populaire au mois de mai précédent. Arrêté le 15 septembre 1940, il est interné dans diverses forteresses dans l'attente d'un procès qui aura lieu à Riom en février-avril 1942. Il met en échec les accusations que le régime de Vichy porte contre lui, provoquant l'ajournement du procès qui ne reprendra pas. Arrêté ensuite par la Gestapo, il est envoyé en avril 1943 à Buchenwald, dans une villa en bordure du camp où il reste jusqu'en mai 1945, dans l'ignorance de l'endroit où il se trouve. (Voir aussi *infra*: Exercice du pouvoir).

Quel beau dimanche!

Bocheński, Józef Maria

Józef Maria Bocheński (1902-1995), dominicain polonais, philosophe, logicien, professeur à l'université de Fribourg, fonde et dirige l'Institut d'Europe de l'Est.

Quel beau dimanche!

Brasillach, Robert

Journaliste *(L'Action française, Je suis partout)*, écrivain et critique de cinéma engagé à l'extrême droite, il appelle de ses vœux un fascisme à la française. Partisan de la collaboration avec l'Allemagne nazie, Robert Brasillach est arrêté en septembre 1944. Jugé en janvier 1945, il est condamné à mort et fusillé le 6 février 1945, malgré les démarches effectuées par François Mauriac qui rassembla, pour une pétition en faveur de Brasillach, 55 personnalités, dont Valéry, Camus, Paulhan. Le général de Gaulle refusa la grâce, vraisemblablement parce que Brasillach avait régulièrement appelé à exécuter Georges Mandel que le Général estimait.

L'Écriture ou la vie

Bratislava (procès de)

Le procès Slánský de 1952 fut suivi d'une vague d'autres procès qui culmina en 1954. Celui de Bratislava, contre les anciens dirigeants du Parti communiste slovaque dénoncés comme «nationalistes bourgeois», eut lieu les 21-24 avril. Gustáv Husák, qui deviendra plus tard l'artisan de la répression du Printemps de Prague, y fut condamné à la prison à perpétuité.

Quel beau dimanche!

Braun, Madeleine

Secrétaire du Comité international de coordination et d'information pour l'Espagne républicaine (1936-1939), Madeleine Braun (1907-1980) fut responsable du Front national zone Sud de 1941 à 1944. Déléguée à l'Assemblée consultative provisoire de Paris; élue députée de la Seine à la première Assemblée constituante en 1945 sur la liste du parti communiste, réélue en 1946 à la seconde Assemblée constituante. Elle est encore réélue le 10 novembre 1946 à l'Assemblée nationale. Première femme vice-présidente de l'Assemblée nationale le 14 juin 1946.

Quel beau dimanche!

Briefe an Diotima

Lettres de Friedrich Hölderlin (1770-1843) adressées à Susette Gontard, qu'il appelle «Diotima». Le mari de la jeune femme découvre leur liaison, mais Hölderlin et Susette continueront à correspondre et à se rencontrer secrètement.

L'Évanouissement

Brocéliande

Recueil de Louis Aragon (1897-1982), paru en 1942, aux Éditions de La Baconnière à Neuchâtel, *Œuvres poétiques complètes I*, La Pléiade, p. 835-850.

L'Écriture ou la vie

Broch, Hermann

Die Schlafwandler, roman d'Hermann Broch (1886-1951), fut publié en 1932 ; la traduction française des *Somnambules* parut en 1956-1957 aux Éditions Gallimard. Avant son arrestation, c'est l'édition allemande que Jorge Semprún a entre les mains.

L'Écriture ou la vie

Brunschvicg, Léon

Philosophe, professeur à la Sorbonne à partir de 1909, président de l'Académie des sciences morales et politiques à partir de 1932, Léon Brunschvicg (1869-1944) fut contraint de quitter son poste à la Sorbonne en 1940. Il se réfugia en zone Sud, accompagné de sa femme Cécile, qui avait été sous-secrétaire d'État à l'Éducation dans le gouvernement Léon Blum de 1936. Caché en zone Sud, il meurt en janvier 1944.

L'Écriture ou la vie

Buber-Neumann, Margarete

Épouse du dirigeant communiste Heinz Neumann, Margarete Buber-Neumann (1901-1989) fut arrêtée à Moscou en avril 1937 et déportée à Karaganda (Kazakhstan). En 1940, en vertu du pacte germano-soviétique, elle fut livrée par le NKVD à la Gestapo, avec d'autres militants communistes dont certains étaient juifs. Internée à Ravensbrück, elle y fit la connaissance de Milena Jesenská. En 1945, elle réussit à passer du côté occidental, échappant à l'armée Rouge et à un probable retour en camp soviétique. En 1949, elle témoigna au procès Kravchenko.

Le Mort qu'il faut

Buchenwald (mémorial)

Le monument en l'honneur des déportés et des antifascistes à Buchenwald a été inauguré en 1958. Au pied d'une tour-clocher en pierre, qui recueille les cendres de déportés de plusieurs camps, se dresse la sculpture de Fritz Cremer représentant un groupe d'hommes combattant lors de la libération du camp. Après 1990 et la disparition de la RDA, le camp soviétique qui prit la suite du camp nazi fait désormais aussi l'objet de commémorations.

Quel beau dimanche !

Buckmaster (réseau)

Dépendant du Special Operations Executive (SOE), le réseau Buckmaster, du nom de son organisateur le colonel Maurice Buckmaster (1902-1992), a été chargé en septembre 1941 de couvrir la France où lui-même accomplit une mission pour mettre sur pied la réception de matériel destiné à la résistance.

Le Grand Voyage

Buin, Yves

Yves Buin devient pédopsychiatre, écrivain et biographe.

Quel beau dimanche!

Bureaucratie

« *La bureaucratie est un cercle d'où personne...* » Citation de Karl Marx tirée de *Critique de la philosophie du droit de Hegel*, 1843. Voir K. Marx, *Œuvres III*, *Philosophie*, Gallimard, La Pléiade, 1982, p. 921.

Quel beau dimanche!

Busse, Ernst

Militant syndicaliste allemand, Ernst Busse (1897-1952) est transféré à Buchenwald dès 1937, après avoir été interné dans différents camps. Au fil du temps, il parvient à occuper la fonction de *Lagerälteste*, qui consistait à servir d'intermédiaire entre les détenus et l'administration SS. Il appartint à la direction clandestine de la résistance du camp. Après la guerre, victime des épurations qui eurent lieu en RDA, il sera déporté à Vorkouta où il périra.

Le Mort qu'il faut

Cain, Julien

Julien Cain (1887-1974) est nommé administrateur général de la Bibliothèque nationale en 1930. Arrêté en février 1941, il est interné à la prison de la Santé puis déporté, le 24 janvier 1944, de Compiègne à Buchenwald, matricule 42170. Protégé par la résistance au sein du camp, il échappe à la mort.

L'Évanouissement

« Calme, calme, reste calme... »

Vers tirés de *Palme*, du recueil de Paul Valéry intitulé *Charmes* (1922), La Pléiade, *Œuvres I*, p. 153-156.

Le Mort qu'il faut

Calvez, Jean-Yves

Jean-Yves Calvez (1927-2010), prêtre, jésuite, philosophe, auteur de *La Pensée de Karl Marx*, Le Seuil, 1956.

Quel beau dimanche!

Camp (Petit Camp de Buchenwald)

À l'intérieur du camp de Buchenwald, existait une partie isolée composée de quelques baraquements où les déportés étaient mis en quarantaine (à partir de 1943) pendant quatre à six semaines. De mai à septembre 1944, cinq tentes y furent dressées pour placer 200 à 300 enfants, vieillards et malades, dans des conditions très précaires. En décembre, les SS firent construire dix-sept baraquements où s'entassèrent des milliers de prisonniers, souvent malades, abandonnés à leur sort. Les prisonniers juifs venaient de Gross-Rosen et Auschwitz. Jusqu'à 17 000 début janvier 1945. Près de 5 200 détenus y meurent en moins de cent jours. Au total, entre janvier et avril 1945, 13 000 détenus meurent à Buchenwald.

L'Évanouissement; L'Écriture ou la vie

Camps français

Les camps d'internement divisés en camp de rassemblement des étrangers et camps de séjour surveillé ont été mis en place en 1939 : le premier ouvert fut celui de Rieucros (Lozère), en janvier. Puis il y eut les camps où furent rassemblés les soldats républicains espagnols (Agde, Argelès-sur-Mer, Gurs, Rivesaltes, Saint-Cyprien-Plage, Septfonds), enfin les camps d'internement pour les réfugiés allemands après la déclaration de guerre, comme celui du Vernet (Ariège). Dans ce système, au fil de l'évolution de la situation, un camp peut voir sa destination modifiée. Ainsi, Hannah Arendt et sa mère furent internées à Gurs. Après la débâcle, les camps prévus pour les prisonniers allemands seront utilisés pour interner les Juifs étrangers raflés, comme celui de Beaune-la-Rolande (Loiret), et de nouveaux camps seront ouverts, comme celui de Noé (Haute-Garonne).

Le Grand Voyage

Cavaillès, Jean

Mathématicien et philosophe, Jean Cavaillès (1903-1944) est fait prisonnier en juin 1940 en Belgique. Après son évasion, il rejoint Clermont-Ferrand où s'est repliée l'université de Strasbourg. Il participe à la fondation du mouvement de résistance Libération-Sud. En 1941, nommé professeur à la Sorbonne, il intègre Libération-Nord. Créateur du réseau Cohors-Asturies, il est arrêté une première fois en août 1942, interné à Saint-Paul-d'Eyjaux d'où il s'évade. Après avoir gagné Londres, il revient en France. Arrêté à Paris le 28 août 1943, il est fusillé le 17 février 1944 à la citadelle d'Arras. Compagnon de la Libération à titre posthume.

L'Écriture ou la vie

Celan, Paul

Né à Czernowitz (Cernăuti pour les Roumains) dans une famille juive, Paul Anstchel (1920-1970) fut envoyé en 1943 en camp de travail forcé en Moldavie, d'où il est libéré par l'armée Rouge en 1944. Son père est mort du typhus pendant la guerre, sa mère a vraisemblablement été exécutée. Éditeur et traducteur, il s'installe en France en 1947. Il devient lecteur d'allemand à l'ENS. En 1952, il publie « Fugue de mort » *[Todesfugue]* dans le recueil *Pavot et Mémoire*, in *Choix de Poèmes réunis par l'auteur*, Poésie/Gallimard, 1998, édition bilingue, p. 52-57.

L'Écriture ou la vie

Chalamov, Varlam

Arrêté une première fois en 1929 pour avoir diffusé le « testament » de Lénine, Varlam Chalamov (1907-1982) fut envoyé trois ans dans un camp de travail. Revenu à Moscou en 1932, il travaille comme journaliste. En 1937, il est à nouveau arrêté pour « activités contre-révolutionnaires » et condamné à cinq ans de camp. Il est envoyé à la Kolyma, à l'extrême est de la Sibérie. En 1946, il échappe à la mort et obtient un poste d'aide médecin. Libéré en 1951, il doit rester à Magadan — principale ville de la Kolyma — jusqu'en 1956, date de sa réhabilitation. Par la suite, Chalamov publie des poèmes et des essais tout en commençant l'écriture de son œuvre majeure : *Récits de la Kolyma* (nouvelle édition intégrale, traduction de Catherine Fournier, Sophie Benech et Luba Jurgenson ; préface de Luba Jurgenson, postface de Michel Heller, Éditions Verdier, 2003). Envoyé clandestinement à l'Ouest, *Récits de la Kolyma* est d'abord édité en russe à l'étranger ; le KGB contraindra alors Chalamov à renier son livre, qui ne paraîtra en URSS qu'en 1987. Chalamov mourra dans la misère, dans un hôpital psychiatrique.

Quel beau dimanche !

« Chanson pour oublier Dachau »

Deuxième partie du poème *Le butor* de Louis Aragon, appartenant au recueil *Le Nouveau Crève-Cœur*, *Œuvres poétiques complètes I*, La Pléiade, p. 1093-1100.

L'Écriture ou la vie

Chapelain, Lucien

Militant du Parti socialiste ouvrier et paysan de Marceau Pivert, Lucien Chapelain (1920-2008) est condamné à cinq ans de prison en mars 1940 pour distribution de tracts. Il adhère au PCF en 1942. Déporté à Buchenwald le 4 septembre 1943 (convoi des 20 000), il y devient l'adjoint de Marcel Paul dans l'organisation de résistance interne au camp. Après la guerre, en plus de ses mandats électoraux, Lucien Chapelain assurera des responsabilités dans l'Association des anciens déportés de Buchenwald.

L'Écriture ou la vie

Chêne et le Veau (Le)

Le 11 avril 1975, Bernard Pivot reçoit l'écrivain dissident Alexandre Soljenitsyne, en présence de Jean Daniel, Gilles Lapouge, Jean d'Ormesson, Georges Nivat, Pierre Daix. En 2008, les émissions d'«Apostrophes» auxquelles a participé Alexandre Soljenitsyne ont été réunies dans un coffret DVD coédité par Gallimard et l'Ina.

Quel beau dimanche!

Cimetière marin

Paul Valéry, *Le Cimetière marin*, Gallimard, 1920.

Le Grand Voyage

Cinquième Corps de l'armée républicaine

Le Ve Corps fut notamment engagé à la fin de la bataille de Teruel (15 décembre 1937-22 février 1938), bataille clé de la guerre civile qui tourna à l'avantage des nationalistes.

Quel beau dimanche!

Clarté

Mensuel de l'Union des étudiants communistes de 1956 à 1965, jusqu'à la reprise en main de l'Union par la direction du PCF. Le journal devient ensuite *Le Nouveau Clarté*.

Quel beau dimanche!

«Classe contre classe»

Lors du VIe congrès de l'Internationale communiste (Moscou, 1928), les congressistes ratifient le nouveau programme de l'IC, fondé sur la croyance en une crise immédiate et définitive du capitalisme, qui permettrait le passage de la dictature mondiale du capitalisme à la dictature mondiale du prolétariat. Pendant cette période de transition révolutionnaire, les partis communistes doivent mener une lutte intransigeante, sans passer d'alliance avec les partis socialistes dénoncés comme «social-fascistes» (alliés «objectifs» du fascisme). Le mot d'ordre, qui synthétise cette orientation stratégique, est celui de «classe contre classe». La brochure de 262 pages portant le titre *Classe contre classe. La question française au IXe exécutif et au VIe congrès de l'IC*, à laquelle fait allusion Jorge Semprún, a été publiée par le Bureau d'éditions en 1929.

Quel beau dimanche!

Coleridge: *«Since then, at an uncertain hour,»*

Citation de la 16e strophe du poème de Samuel T. Coleridge (1772-1834): *The Rime of the Ancient Mariner* (1798), *La Complainte du vieux marin*: *«Depuis lors, à une heure incertaine,/ Cette souffrance lui revient,/ Et si, pour l'écouter, il ne trouve personne,/ Dans la poitrine, le cœur lui brûle.»*

L'Écriture ou la vie

Come back, Africa

Film documentaire de Lionel Rogosin (1959), avec l'actrice et interprète Miriam Makeba. L'action se déroule en Afrique du Sud : un paysan zoulou fuyant la famine s'engage dans les mines d'or. Le film raconte ses pérégrinations et le racisme auquel il se heurte.

Le Grand Voyage

Commune de Paris (otages de la)

Le 5 avril 1871, La Commune de Paris prend un décret dit « des otages », qui prévoit l'arrestation de tous les suspects de complicité avec le gouvernement de Versailles et la formation d'un jury d'accusation. Le décret précise que « toute exécution d'un prisonnier de guerre ou d'un partisan du gouvernement régulier de la Commune de Paris sera, sur-le-champ, suivie de l'exécution d'un nombre triple d'otages, qui seront désignés par le sort ». Le 23 mai, quatre otages sont fusillés à Sainte-Pélagie ; le 24, six, dont Mgr Darboy, sont fusillés ; le 25, rue Haxo, ce sont cinq dominicains et huit de leurs employés qui sont passés par les armes ; le 27, Mgr Surat et trois autres otages sont exécutés.

Quel beau dimanche !

Compiègne (camp de)

Le camp de Compiègne a été organisé en 1941 à partir de l'ancienne caserne de Royallieu, sous la responsabilité de l'armée allemande. Près de 45 000 personnes ont transité par ce camp, avant d'être envoyées en Allemagne en train de marchandises : des internés politiques, des résistants mais aussi des Juifs. La plupart des résistants ont été convoyés vers Buchenwald. Un mémorial a été inauguré en février 2008.

Le Grand Voyage

Conseils de Saxe et de Bavière

Proclamée le 7 avril 1919 à Munich, la République des Conseils fut réprimée par les corps francs début mai. Elle avait connu une phase plutôt anarchiste puis une phase où les communistes avaient pris le pouvoir.

Quel beau dimanche !

Conspiration (La)

Paul Nizan publie son roman en juillet 1938 aux Éditions Gallimard. Il reçoit le prix Interallié. L'action se déroule en partie dans le milieu des étudiants de l'ENS.

L'Écriture ou la vie

Conversations avec Eckermann

Conversations de Goethe avec Eckermann, traduction de Jean Chuzeville, 1941.

Quel beau dimanche !

Conversations dans le Loir-et-Cher

De Paul Claudel, Gallimard, 1937.

Le Grand Voyage

Coriolan

Die Tragödie des Coriolan, tragédie de Shakespeare, 1607.

Quel beau dimanche!

Corti, Axel

Cinéaste autrichien, Axel Corti (1933-1993) a réalisé en 1986 sa trilogie *Welcome in Vienna* (1. *Dieu ne croit plus en nous*; 2. *Santa Fe*; 3. *Welcome in Vienna*) sur un scénario de Georg Stefan Troller. Cette trilogie raconte l'odyssée de jeunes Juifs fuyant l'Allemagne nazie en 1938 après la Nuit de Cristal, qui parviennent à gagner les États-Unis, puis reviennent en Europe, dans les rangs de l'armée américaine, en 1944-1945.

L'Écriture ou la vie

Courtade, Pierre

Jeune journaliste, Pierre Courtade (1915-1963) adhère au PCF pendant la guerre. À la Libération, il fait partie de l'équipe d'*Action*. En 1946, il prend en charge la rubrique internationale de *L'Humanité* à la demande de Maurice Thorez. Il deviendra correspondant du journal à Moscou.

Quel beau dimanche!

Cretté, Olivier

Il s'agit vraisemblablement d'Olivier Cretté né à Branches (Yonne), décédé le 17 avril 1944 à Buchenwald. Déclaré «mort en déportation» par le secrétariat d'État aux Anciens Combattants (*Journal officiel*, 2 février 1988).

Le Mort qu'il faut

Critique de la philosophie du droit de Hegel

L'*Introduction à la Critique de la philosophie du droit de Hegel* (1843) est publié sous le titre «Pour une critique de la philosophie du droit de Hegel. Introduction» dans le volume III : *Philosophie* des *Œuvres* de Karl Marx dans La Pléiade, édition dirigée par Maximilien Rubel (Gallimard, 1982, p. 382-397).

Quel beau dimanche!

Critique du Programme de Gotha

Commentaire critique de Karl Marx, adressé à Wilhelm Bracke, du programme élaboré en 1875 par les deux fractions du socialisme allemand (lassalliens et eisenachiens) en vue de leur unification. La *Critique* sera publiée intégralement par Boris Nicolaïevski, dans la revue *Die Gesellschaft*, en août 1921. Voir Karl Marx, *Œuvres. Économie I*, La Pléiade, 1963, p. 1407-1434.

Quel beau dimanche!

Curzon, George Nathaniel Lord

Vice-roi des Indes de 1899 à 1905, Lord Curzon (1859-1925) appartint au cabinet de Lloyd George en 1916. Ministre des Affaires étrangères de 1919 à 1924, il prit part aux négociations de paix. Il est l'initiateur d'une ligne délimitant les frontières orientales de la Pologne, non reconnue par les Soviétiques, projet qui fut abandonné à la signature du traité de Riga entre Polonais et Soviétiques en 1921 — la nouvelle frontière se situant de 150 à 200 km plus à l'est. À l'issue de la Seconde Guerre mondiale, la frontière soviétique revint au tracé proposé par Lord Curzon.

L'Écriture ou la vie

Częstochowa (camp de)

Vers la fin juin 1944, environ 5 000 Juifs, regroupés à Częstochowa et Łódź, travaillent à la fabrique de munitions Hasag-Pelcery. Vers la fin 1944, le camp de la Hasag est le plus grand camp de travail du *Generalgouvernement*, avec environ 10 000 prisonniers juifs qui vivent dans des baraques surpeuplées. Beaucoup meurent de faim, de mauvais traitements et du typhus. En décembre 1944, l'usine passe sous le contrôle de la SS et les conditions empirent notablement. Les 15 et 16 janvier 1945, en raison de l'offensive soviétique, les SS évacuent le camp. Environ 5 000 prisonniers sont envoyés dans les camps de Buchenwald, Gross-Rosen et Ravensbrück où la plupart d'entre eux vont périr.

Quel beau dimanche!

Daix, Pierre

Militant communiste, déporté à Mauthausen, Pierre Daix fut l'un des chefs de file de la campagne menée par le PCF contre David Rousset et la dénonciation des camps soviétiques. Collaborateur de Louis Aragon, responsable des *Lettres françaises*, il soutient en 1968 le Printemps de Prague, prend la défense de Soljenitsyne (*Ce que je sais d'Alexandre Soljenitsyne*, 1974). Il rompt avec le PCF en 1974. En 2006, il signe avec Jorge Semprún, Maria Teresa Ocaña et Jean-Paul Barbier-Mueller, *Picasso: L'homme au mille masques*, aux éditions Somogy.

Quel beau dimanche!

Darío, Rubén

Poète nicaraguayen, Félix Rubén García Sarmiento (1867-1916) joua un rôle considérable dans l'histoire de la poésie de langue espagnole en mêlant la tradition espagnole, l'imitation du Parnasse et du symbolisme français, initiant le mouvement «moderniste» en Amérique latine.

L'Écriture ou la vie

Darriet, Yves et Francis-Bœuf, Claude

Auteurs de *Intermède: Écrits à Buchenwald*, avec une préface de René Lalou (J. Susse-imp. Alpha, 1946).

L'Écriture ou la vie

Das Reich

Hebdomadaire nazi édité par le NSDAP de mai 1940 à avril 1945, avec l'éditorial de Joseph Goebbels, ministre de la Propagande. Il atteignit le tirage de 1,4 million d'exemplaires.

Quel beau dimanche!; Le Mort qu'il faut

DAW

Deutsche Ausrüstungs Werke Gmbh (DAW), usine d'armements (armes légères) installée dès 1940 et appartenant au système industriel de la SS. Des ateliers se trouvaient dans l'enceinte du camp de Buchenwald. Les détenus réussirent à s'y procurer des armes.

Le Grand Voyage; Quel beau dimanche!

Dean Street

Karl Marx (1818-1883) s'exile à Londres en août 1849 où il reste jusqu'à la fin de ses jours. La maison où il a vécu jusqu'en 1856 se trouve à Soho, au 28 Dean Street. Il est enterré au cimetière de Highgate avec son épouse. Le socle de son buste porte deux citations gravées: «Prolétaires de tous les pays, unissez-vous!» (*Manifeste communiste*, 1848); et «Les philosophes n'ont fait qu'interpréter le monde, il s'agit de le changer» (*Thèses sur Feuerbach*, 1845).

Quel beau dimanche!

De bono conjugali

Le Bien du mariage de saint Augustin (354-430), était disponible, à l'époque, dans l'édition Desclée de Brouwer de 1937 (*Œuvres de saint Augustin.* 1re série, Opuscules. II. Problèmes moraux).

L'Écriture ou la vie

« De la Résistance à la Révolution »

Devise que portait en sous-titre le journal *Combat*. Elle s'inspirait d'une réflexion d'Albert Camus au moment des combats pour la libération de Paris (21 août 1944) : « Il a fallu cinq années de lutte obstinée et silencieuse pour qu'un journal, né de l'esprit de résistance, publié sans interruption à travers tous les dangers de la clandestinité, puisse paraître enfin au grand jour dans un Paris libéré de sa honte. [...] Les Français qui y sont entrés par le simple réflexe d'un honneur humilié en sortent avec une science supérieure qui leur fait mettre désormais au-dessus de tout l'intelligence, le courage et la vérité du cœur humain. Et ils savent que ces exigences d'apparence si générale leur créent des obligations quotidiennes sur le plan moral et politique. Pour tout dire, n'ayant qu'une foi en 1940, ils ont une politique, au sens noble du terme, en 1944. Ayant commencé par la résistance, ils veulent en finir par la révolution. » (*Œuvres complètes II*, 1944-1948, La Pléiade, 2006, p. 516-517.)

Le Mort qu'il faut

Deng Ziaoping

Membre du Parti communiste chinois depuis 1923, membre du Politburo en 1955, Deng Ziaoping (1904-1997) dirige la purge de 1957. Écarté en 1968 lors de la Révolution culturelle, réintégré en 1973, secrétaire permanent du Politburo en 1975, à nouveau écarté du pouvoir en 1976 après la mort de Zhou Enlai, il parvient au pouvoir suprême en 1978 après la mort de Mao Zedong (1976).

Quel beau dimanche !

« *depuis juillet 1936...* »

Allusion au *pronunciamiento* des généraux espagnols contre la République, les 17-18 juillet 1936, qui marque le début de la guerre civile espagnole.

Le Grand Voyage

« *Deutschland, du Blondes, Bleiches...* »

Deutschland, poème de Bertolt Brecht que Jorge Semprún traduit ainsi : *Blonde et pâle Allemagne,/ au front suave couvert de nuées/ devenue le dépotoir de l'Europe.*

L'Écriture ou la vie

« *Die Knospe verschwindet mit dem Hervorbrechen der Blüte...* »

« Le bouton disparaît dans l'éclatement de la floraison, et l'on pourrait dire que le bouton est réfuté par la fleur », G.W.F. Hegel, *Phénoménologie de l'Esprit*, 1807.

Quel beau dimanche !

« *Die schlaflose Nacht des Exils…* »

« La longue nuit sans sommeil de l'exil », citation tirée d'un poème de Heinrich Heine (1797-1856) qui commence par le vers : « *Ich ging nach Haus und schlief, als ob…* », septième poème du recueil *Deutschland. Ein Wintermärchen, Allemagne. Un conte d'hiver* (1844), reprise par Marx dans *La Sainte Famille*.

Quel beau dimanche !

Dix-Huit Brumaire

La phrase d'ouverture du *Dix-Huit Brumaire de Louis Bonaparte* (1852) de Karl Marx est la suivante : « Hegel fait quelque part cette remarque que tous les grands événements et personnages historiques se répètent pour ainsi dire deux fois. Il a oublié d'ajouter : la première fois comme tragédie, la seconde fois comme farce. Caussidière pour Danton, Louis Blanc pour Robespierre, la Montagne de 1848 à 1851 pour la Montagne de 1793 à 1795, le neveu pour l'oncle. »

Quel beau dimanche !

Dodkin

Pseudonyme de Forest Yeo-Thomas (1901-1964), agent du Special Operations Executive (SOE) britannique en France. Arrêté le 21 mars 1943 à Paris, torturé deux mois durant, puis déporté à Buchenwald le 8 août. Survit grâce à une substitution d'identité.

Quel beau dimanche !

Dora, S-III

Le camp de Dora, ouvert en août 1943, appelé également Mittelbau-Dora ou Nordhausen-Dora, était l'un des nombreux sites où les kommandos de Buchenwald travaillaient. Dans les tunnels creusés par les prisonniers, les Allemands installèrent une usine souterraine destinée à la fabrication des V-1 (bombes volantes). 20 000 des 60 000 détenus de Dora y moururent en raison des conditions qui y régnaient.

Quel beau dimanche !

Drache (Der)

Le Dragon, pièce de 1943, d'Evgueni Schwarz, mise en scène par Benno Besson en 1965.

Quel beau dimanche !

Drieu la Rochelle, Pierre

L'écrivain, qui dirigea *La Nouvelle Revue française* de 1940 à 1943, se suicide le 15 mars 1945. Dans son *Journal, 1939-1945* publié en 1992 (Gallimard, collection « Témoins »), il exprime toute son admiration pour le communisme stalinien, ultime avatar de ses errances politiques (*infra*, voir aussi *L'Homme à cheval*).

L'Écriture ou la vie

« *Du pain, et pas de discours !* »

« *L'homme veut manger du pain, oui,/ Il veut pouvoir manger tous les jours./ Du pain et pas de mots ronflants./ Du pain, et pas de discours !* » Vers extraits du chant *Das Einheits Frontlieder*, « Le Front des travailleurs », paroles de Bertolt Brecht, musique de Hans Eisler.

Le Mort qu'il faut

Dzerjinsky, Feliks

Militant de la social-démocratie polonaise, Feliks Dzerjinsky (1877-1926) fut emprisonné à plusieurs reprises sous le régime tsariste. Il se rallie aux Bolcheviks au cours de l'année 1917. Lénine lui confie l'organisation de la répression des ennemis du régime bolchevique en le plaçant à la tête de la Vétchéka ou Commission panrusse extraordinaire pour combattre la contre-révolution et le sabotage, plus connue sous le nom de Tchéka, créée le 20 décembre 1917 par le Soviet des commissaires du peuple. À partir de 1921, il s'allie à plusieurs reprises avec Staline. Il est l'un des plus importants artisans du totalitarisme soviétique.

Quel beau dimanche !

« *È un sogno entro un altro...* »

« C'est un rêve à l'intérieur d'un autre rêve, et si ses détails varient, son fond est toujours le même. » Citation de Primo Levi tirée de *La Trêve*. Cf. Primo Levi, *Œuvres*, R. Laffont, coll. « Bouquins », 2005, p. 308.

L'Écriture ou la vie

Écrivains français à Weimar durant les années noires...

En octobre 1941, des peintres et sculpteurs (Derain, Friesz, Van Dongen, Vlaminck, Bouchard, Despiau), des écrivains (Jouhandeau, Drieu la Rochelle, Fernandez, Brasillach, Chardonne, Bonnard, Fraigneau) font le voyage à Weimar, en octobre 1941, à l'invitation de Goebbels (voir le livre de François Dufay, *Le Voyage d'automne. Octobre 1941, des écrivains français en Allemagne*, Plon, 2000). Un deuxième voyage du même type fut organisé l'année suivante.

L'Écriture ou la vie

Effektenkammer

Le magasin d'habillement se trouvait près des cuisines dans le Grand Camp (voir le plan dans le « Vie et Œuvre »).

Le Grand Voyage

Eicke, Theodor

Ancien chef du service de sécurité de l'IG-Farben, Theodor Eicke s'inscrit au parti nazi et aux SA en 1928, puis rejoint la SS en 1930. Nommé en juin 1933 commandant du camp de Dachau par Himmler, son efficacité lui vaut d'être promu, en 1934, inspecteur des camps de concentration et commandant des unités de la SS *Totenkopf.* En juin 1934, il participe à l'assassinat de Röhm. Il se consacre ensuite à la réorganisation des camps de concentration, rédigeant lui-même leur règlement intérieur. Les divisions SS *Totenkopf* participent aux campagnes militaires et font preuve en Pologne, en France comme en Russie, d'une extrême brutalité, massacrant des civils ou des prisonniers. Eicke est tué en février 1943 sur le front russe, lors d'une reconnaissance aérienne.

Quel beau dimanche!

« Ein Gespenst geht um in Europa: das Gespenst des Kommunismus… »

« Un spectre hante l'Europe: c'est le spectre du communisme… »: phrase d'ouverture du *Manifeste du Parti communiste* (1847) de Karl Marx et Friedrich Engels.

Le Mort qu'il faut

Eisenach

Eisenach, ville de l'ouest de la Thuringe, au centre de l'Allemagne, est la ville natale de Jean-Sébastien Bach.

Le Grand Voyage

El Ejército del Ebro

« El Ejército del Ebro/ Rumba la rumba la rumba bam bam!/ Una noche el río pasó,/ Ay Carmela, ay Carmela.» Premiers versets de *L'armée de l'Èbre*, chant des anarchistes durant la guerre civile espagnole, reprenant une chanson de la guerre d'indépendance de 1808.

Le Mort qu'il faut

ELAS

Ellinikós Ethnikós Laikós Apeleftherotikós Stratós: Armée populaire de libération nationale grecque, organisation du Parti communiste grec constituée en décembre 1942. Au printemps 1944, l'ELAS contrôlait des zones entières. Le PC grec, à l'été 1944, constitua un gouvernement provisoire, s'opposant au gouvernement grec réfugié au Caire et à la monarchie. Avec le départ des troupes allemandes, Churchill prit la précaution de faire débarquer une brigade anglaise au Pirée, ce qui ne suffit pas à empêcher la prise de contrôle de la quasi-totalité du territoire par l'ELAS, qui n'hésita pas à affronter les Britanniques. Après la conférence de Yalta et les accords tacites sur les zones d'influence respectives des Soviétiques et des Occidentaux en Europe, l'ELAS se vit contrainte, sous la pression de Staline, d'accepter la trêve de Varkiza et la régence assumée par le métropolite d'Athènes. Dès 1946, la guerre civile reprend.

Quel beau dimanche!

Enfants terribles (Les)

Jean Cocteau, *Les Enfants terribles*, Grasset, 1929.

Quel beau dimanche!

Ercoli

L'un des pseudonymes de Palmiro Togliatti (1893-1964), secrétaire général du Parti communiste italien de 1927 à 1934, puis de 1938 à sa mort. Il utilisa le pseudonyme d'Ercole Ercoli dès les premières années du PCI. En 1937, il est envoyé en Espagne pour diriger les activités des communistes espagnols, couvrant de son autorité les liquidations de militants libertaires ou de membres du POUM.

Quel beau dimanche!

« *España, aparta de mi este caliz...* »

« Espagne, écarte de moi ce calice.» Ce poème du poète péruvien, César Vallejo, écrit dans les derniers jours de sa vie, ne fut publié qu'après sa mort. Il appartient au cycle des *Poemas humanos*.

L'Écriture ou la vie

Étoile jaune *(«étoilé de jaune»)*

En France, le port de l'étoile jaune a été rendu obligatoire le 29 mai 1942 pour les Juifs résidant en zone occupée. La mesure suscita des réactions de protestation publique, par le port d'imitations de l'étoile avec des inscriptions telles que «Papou», « Zoulou», « Swing», « Bouddhiste». Une trentaine de personnes furent arrêtées et internées à Drancy jusqu'au 1er septembre 1942.

Le Grand Voyage

Étranger (L')

Ce roman d'Albert Camus parut en 1942, le dépôt légal date du 8 juillet 1942.

L'Écriture ou la vie

Évacuation

Voir Marches de la mort

Exercice du pouvoir

L'expression est reprise de l'article de Léon Blum paru dans *Le Populaire* des 4-5 mai 1936, dans lequel le leader socialiste annonçait son intention d'exercer le pouvoir, compte tenu des résultats des élections législatives, qui donnaient une courte majorité au Front populaire. Blum se limitant au seul exercice du pouvoir, s'ensuivit, au sein de la gauche, un débat sur «exercice» du pouvoir et «prise» du pouvoir. En juin 1937, les éditions Gallimard publient un recueil de discours prononcés par Léon Blum de mai 1936 à janvier 1937, sous le titre *L'Exercice du pouvoir*.

Quel beau dimanche!

Facel Vega

Voiture produite par les Forges et ateliers de construction d'Eure-et-Loir (Facel), implantées à Dreux. Le 4 janvier 1960, c'est à bord d'une Facel-Vega FV3B qu'Albert Camus trouve la mort.

L'Évanouissement

« *Fadeïev s'est suicidé…* »

Alexandre Fadeïev (1901-1956), président de l'Union des écrivains de Russie de 1938 à 1944, puis de 1946 à 1954, thuriféraire de Staline, écrivain «réaliste socialiste», féroce pour les non-conformistes. Il se suicide le 13 mai, quelques semaines après le rapport Khrouchtchev. Devant son corps exposé à la maison des écrivains, Boris Pasternak a cette réflexion : «Alexandre Alexandrovitch s'est réhabilité.»

Quel beau dimanche!

Faguet, Émile

Critique littéraire et écrivain, Émile Faguet (1847-1916) est l'auteur de plusieurs dizaines d'ouvrages dont *Pour qu'on lise Platon* (Société française d'imprimerie et de librairie, 1905).

Quel beau dimanche!

Faye, Jean-Pierre

Philosophe, Jean-Pierre Faye est aussi poète et écrivain (prix Renaudot 1964 pour *L'Écluse*). Membre du comité de rédaction de *Tel Quel* de 1963 à 1967, il fonde ensuite la revue *Change*. En 1983, il participe à la création du Collège de philosophie. Il est notamment l'auteur des *Langages totalitaires* (Hermann, 1972, rééd. 2004).

Quel beau dimanche!

Fils du peuple

Maurice Thorez, *Fils du peuple*, Éditions sociales internationales, 1937. L'historien Philippe Robrieux a établi que le livre avait été écrit par Jean Fréville (1895-1971), critique littéraire à *L'Humanité*, et André Vierzboloviez. Au chapitre I, «l'Éveil», p. 36-37 de la première édition de 1937, on peut lire cet acrostiche : «ferrailles rongées et verdies, informes lacis, larges entonnoirs aux escarpements crayeux, ravinés, immenses, tranchées creusées en labyrinthes, infranchissables vallonnements ravagés, embroussaillés», qui se lit : «Fréville a écrit ce livre».

Quel beau dimanche!

Fortini, Franco

Franco Fortini (1917-1994) écrivain et poète. La citation donnée par Semprún est extraite de *Disobbedienze* (in *Tempo e democrazia*, I. *Gli anni dei movimenti: scritti sul Manifesto, 1972-1985*, Rome, Manifestolibri, 1997).

Quel beau dimanche!

Fougeron, André

Peintre, membre du parti communiste à partir de 1939, André Fougeron (1913-1998) s'engage après la guerre dans une peinture répondant aux exigences idéologiques du «réalisme socialiste».

L'Évanouissement

Freiberg zu Freiberg (Hans von)

Allusion à *Ondine* (1939) de Giraudoux (1882-31 janvier 1944) et au personnage de Hans von Wittenstein zu Wittenstein.

Le Grand Voyage

Frossard, Louis-Oscar

Ancien secrétaire du parti communiste, section française de l'Internationale communiste, Frossard (1889-1946), prénommé Louis-Oscar et non Ludovic-Oscar, est ministre du Travail dans le cabinet Laval constitué les 6-7 juin 1935, puis dans le cabinet Albert Sarraut formé le 24 janvier 1936.

Quel beau dimanche!

FTP

Organisation des Francs-Tireurs et Partisans français fondée fin 1941, après l'invasion allemande en Russie, par la direction clandestine du Parti communiste français, à partir du noyau de l'«Organisation spéciale» du PC chargée des opérations «militaires». Le responsable en était Charles Tillon (1897-1993) qui coordonnait les groupes issus de la Jeunesse communiste ou bien de la Main-d'œuvre immigrée (MOI).

Le Grand Voyage

Garcilaso

Garcilaso de la Vega (1500-1536) est l'un des grands poètes espagnols. C'est lui qui a introduit, avec son ami Boscan, de nouvelles formes métriques, notamment l'endécasyllabe. Ses sonnets, élégies et églogues traitent de l'amour et de l'opposition entre mots et armes — thèmes clés de son temps.

Le Mort qu'il faut

Geminder, Bedřich

L'un des accusés du procès Slánský à Prague en 1952, Bedřich Geminder fut condamné à mort et exécuté.

Le Mort qu'il faut

Geschichte und Klassenbewusstsein: Studien über marxistische Dialektik

Essai de György Lukács (Berlin, Malik Verlag, 1923), traduit en 1960 aux Éditions de Minuit sous le titre : *Histoire et conscience de classe : essais de dialectique marxiste.*

Le Grand Voyage

Glières (les)

Maquis de 460 hommes de l'Armée secrète dans le massif des Bornes (Haute-Savoie), commandé par le lieutenant Tom Morel. Encerclé en mars 1944 et attaqué par une division de montagne allemande, le maquis est détruit : 247 maquisard sont faits prisonniers, la Milice en fusille 149.

L'Écriture ou la vie

Globalement positif...

L'expression est de Georges Marchais, secrétaire général du PCF à propos du bilan de l'URSS. Il la prononce dans son rapport présenté au XXIIIe congrès du PCF en mai 1979, à la veille d'une crise politique profonde du système soviétique, avec en toile de fond une stagnation économique inquiétante.

Quel beau dimanche !

Goldman, Pierre

Fils de résistants FTP, tous deux d'origine juive polonaise, militant communiste passé à l'extrême gauche, Pierre Goldman (1944-1979) s'engage aux côtés des guérilleros au Venezuela en 1968. Revenu en France, il se marginalise et glisse vers le banditisme. Mis en cause dans l'assassinat de deux pharmaciennes, boulevard Richard-Lenoir à Paris, il est défendu par Sartre, Beauvoir, Simone Signoret... Auteur de *Souvenirs obscurs d'un Juif polonais né en France* (Seuil, 1975). Assassiné le 20 septembre 1979.

Quel beau dimanche !

Gollan, John

Secrétaire général du Parti communiste britannique de mars 1956 à 1976, John Gollan (1911-1977) approuve l'intervention soviétique à Budapest en 1956.

Quel beau dimanche !

Gorki, Maxime

Maxime Gorki (1868-1936) se rend au bagne des îles Solovki (camp à destination spéciale, en abrégé SLON), sur la mer Blanche, les 20-22 juin 1929. Il écrit ensuite des articles élogieux sur ce camp expérimental de « rééducation », qui servit de modèle aux autres camps du Goulag en pleine expansion. On raconte que, lors de sa visite organisée à la Potemkine, des détenus lisaient un journal à l'envers pour l'avertir de la supercherie et qu'il ne fut pas dupe.

Quel beau dimanche !

Gosset, Jean

Philosophe, Jean Gosset (1912-1944) rejoint les réseaux des groupes Esprit en 1933 et collabore régulièrement à la revue. Mobilisé en 1939, il participe à la bataille de Dunkerque, passe en Angleterre, puis revient combattre en France. Professeur à Vendôme, il prépare sa thèse en philosophie des sciences tout en participant à la Résistance dans le réseau Libération-Nord. Il participe aussi à la création du réseau de renseignement Cohors-Asturies aux côtés de Jean Cavaillès, auquel il succédera en août 1943. Arrêté en avril 1944, déporté à Neuengamme, il y meurt le 21 décembre 1944. Il a été fait Compagnon de la Libération.

L'Écriture ou la vie

Grande Illusion (La)

Film de Jean Renoir tourné en Alsace, *La Grande Illusion* sort le 4 juin 1937 sur les écrans. Dans *Bagatelles pour un massacre*, Louis-Ferdinand Céline dénonce le film comme « entreprise de propagande juive », en raison du personnage de Rosenthal joué par Marcel Dalio.

Le Grand Voyage

Grandes purges d'officiers

Suite à une intoxication montée par les services de Heydrich, relayée par le président tchécoslovaque Edvard Beneš, Staline décide de se débarrasser du haut état-major de l'armée Rouge. Le maréchal Toukhatchevski et ses subordonnés sont jugés le 11 juin 1937 à huis clos et immédiatement exécutés. Ce sont des milliers d'officiers qui sont arrêtés, exécutés ou envoyés au Goulag. Toukhatchevski s'était illustré durant la campagne contre la Pologne en 1920, mais aussi dans les années vingt en réprimant par les gaz les soulèvements paysans.

Quel beau dimanche !

Guérilla en Espagne

Les républicains espagnols réfugiés en France, particulièrement nombreux dans la région de Toulouse, espéraient que les Alliés mèneraient la guerre contre le régime franquiste. Des tentatives pour relancer la guérilla eurent lieu sans succès. Les communistes regroupés dans la Unión Nacional Española (UNE) lancèrent, en octobre 1944, dans le val d'Aran, une opération regroupant plusieurs milliers d'hommes. Ce fut un échec, qui coûta la vie à près de 600 guérilleros. Le 27 octobre, Santiago Carrillo décida la retraite.

L'Évanouissement

Guerre civile en France (La)

Publiée la première fois en 1871, cette adresse de Marx au Conseil général de l'Association internationale des travailleurs fut rééditée en 1891, à l'occasion du 20ᵉ anniversaire de la Commune de Paris.

Quel beau dimanche !

Gustloff (usine)

L'usine d'armement Gustloff portait le nom de Wilhelm Gustloff, nazi assassiné à Davos le 4 février 1936 par un jeune Juif, David Frankfurter. En hommage à Gustloff, Hitler décida de donner son nom à un paquebot — il fut coulé en 1945 par un sous-marin soviétique avec, à son bord, des milliers de civils allemands de Prusse-Orientale (voir le roman de Günter Grass, *Le Crabe*, Le Seuil, 2002). L'usine employait environ 3 600 déportés. Y étaient fabriqués les fusils Gewehr K-43. Après le bombardement du 24 août 1944, les déportés réussirent à s'en procurer plusieurs, pièce par pièce, en vue d'une insurrection.

Quel beau dimanche!

Häftling vier und vierzig...

Détenu n° 44904, le matricule de Jorge Semprún.

Quel beau dimanche!

Halbwachs, Maurice

Maurice Halbwachs (1877-1945), sociologue, auteur, entre autres, de *La Classe ouvrière et les niveaux de vie* (Alcan, 1913) et *Les Cadres sociaux de la mémoire* (Alcan, 1925). Élu président de l'Institut français de sociologie en 1938, puis à la chaire de psychologie collective au Collège de France le 15 mai 1944, Maurice Halbwachs est arrêté le 23 juillet, quelques jours après son fils Pierre. Il meurt à Buchenwald le 16 mars 1945.

L'Évanouissement; L'Écriture ou la vie; Le Mort qu'il faut

Hamburger, Michael

Traducteur, poète et critique britannique, Michael Hamburger (1924-2007) publie les poèmes de Paul Celan en édition bilingue en 1980 (Manchester, Carcanet ed.).

L'Écriture ou la vie

Hamelin, Lucien

Il s'agit de Lucien Hamelin, résistant FTPF arrêté en août 1943 à Paris, déporté à Buchenwald, matricule 44797.

L'Évanouissement

Heidi

Personnage principal du roman de Johanna Spyri (1880), écrivain suisse. Heidi est une orpheline recueillie par son grand-père.

L'Évanouissement

Heller, Michel

Michel Heller (1922-1997), historien, professeur à la Sorbonne, auteur entre autres de : *Le Monde concentrationnaire et la littérature soviétique*, Lausanne, L'Âge d'homme, 1974.

Quel beau dimanche !

Hemingway, Ernest

Ernest Hemingway (1899-1961) écrit *Un été dangereux* entre octobre 1959 et mai 1960 pour le magazine *Life*. Il y décrit la rivalité entre les deux toreros Miguel Dominguín et Antonio Ordóñez, son beau-frère. Il s'agit de son dernier livre, publié seulement en 1985. Les éditions Gallimard en donnent la traduction en 1988 sous le titre *L'Été dangereux* (traduction J.-P. Carasso).

L'Évanouissement

Herling-Grudzinski, Gustaw

« [...] sans doute l'un des récits les plus hallucinants, dans sa sobriété, dans sa compassion retenue, dans la perfection dépouillée de son articulation narrative, que l'on ait jamais écrits sur un camp stalinien. » Voir également dans ce volume la préface de Jorge Semprún à *Un monde à part* (1985).

Quel beau dimanche !

Hernández, Miguel

Poète espagnol (1900-1942), Miguel Hernández est un combattant républicain, mort de tuberculose dans une prison franquiste. Il est l'auteur de plusieurs poèmes sur la dignité humaine face au malheur, thème de son *Cancionero y romancero de ausencias*, « Recueil d'absences ».

Le Mort qu'il faut

Herr, Lucien

Normalien et agrégé de philosophie, bibliothécaire de l'École normale supérieure en 1888, Lucien Herr (1864-1926), parfait connaisseur de la philosophie allemande (il travailla à un ouvrage sur Hegel tout au long de sa vie), des théoriciens socialistes (Proudhon, Marx, etc.), exerça une influence décisive sur toute une génération de normaliens qui rallièrent le socialisme : Léon Blum, qui reconnut sa dette, et surtout Jean Jaurès. Herr avait adhéré vers 1889 au courant animé par Jean Allemane. Durant l'affaire Dreyfus, il joua un rôle non négligeable en organisant la rencontre des personnalités dreyfusardes : Zola, Clemenceau, Scheurer-Kestner, Péguy... En 1904, il avait été l'un des cofondateurs de *L'Humanité*.

Quel beau dimanche !

Herr, Michel

Élève de l'ENS (1938), élève-officier à Saint-Maixent en 1940, entré aux Chantiers de jeunesse puis déserteur des Chantiers, Michel Herr (1919-?) rejoint la résistance dans la MOI. Il intègre le réseau Buckmaster, via le réseau «Jean Marie Action» dans l'Yonne. Il échappe à la Gestapo en 1943. À la libération, il intègre la Ire Armée française. En poste en Autriche après la fin de la guerre, Michel Herr restera dans l'armée jusqu'en 1965. Il sera ensuite instituteur jusqu'à sa retraite en 1984.

Quel beau dimanche!

Hessel, Stéphane

Stéphane Hessel, agent du BCRA gaulliste, arrêté à Paris le 10 juillet 1944, déporté à Buchenwald le 8 août 1944. Survit grâce à une substitution d'identité (voir *Le Mort qu'il faut*). Diplomate après la guerre.

Quel beau dimanche!

Heydrich (directive du 2 janvier 1941)

Chef du RSHA (*Reichssicherheitshauptamt*: Office central de sécurité du Reich), Reinhard Heydrich (1904-1942) classe, dans sa directive du 2 janvier 1941, les camps en trois catégories: Buchenwald entre dans la seconde, réservée aux détenus susceptibles de s'amender; Mauthausen dans la catégorie trois pour les irrécupérables. Ces «catégories» ne reflètent en rien la réalité des camps. Certains historiens pensent que ce classement était destiné à camoufler cette réalité.

Quel beau dimanche!

H-IV

Le lycée Henri-IV à Paris, à proximité du Panthéon.

Le Grand Voyage

Holdos, Ladislav

Slovaque engagé dans les Brigades internationales en Espagne, puis responsable national des cadres FTP-MOI pendant l'occupation, Ladislav Holdos (1911-1988) utilisa de multiples pseudonymes: Pedro dit Peter ou Pierre Kaliarik.

Quel beau dimanche!

L'Homme à cheval

Le roman de Pierre Drieu la Rochelle, *L'Homme à cheval*, paraît en 1943 dans la collection «Blanche» de Gallimard.

Quel beau dimanche!

Hugo, Victor

Allusion aux *Contemplations* (livre IV, 9) dans *L'Écriture ou la vie*: «*Connaissez-vous, sur la colline/ Qui joint Montlignon à Saint-Leu...*»

L'Écriture ou la vie

Husserl, Edmund

Après l'arrivée de Hitler au pouvoir, Edmund Husserl (1859-1938) se voit interdire l'accès à la bibliothèque de l'université de Fribourg. Exclu du corps professoral en avril 1933, en raison de la législation antisémite, il donne ses conférences à Vienne et à Prague. À Prague, il reçoit l'aide d'un de ses étudiants, Jan Patočka, qui joue un rôle important dans l'organisation de ces conférences. Husserl meurt le 26 avril 1938. Jorge Semprún fait allusion à la conférence de Husserl de mai 1935: «La crise de l'humanité européenne et la philosophie».

Le Mort qu'il faut

Hypérion

Poème épique de John Keats (1795-1821), écrit en 1818-1819, resté inachevé.

L'Écriture ou la vie

«*Ich weiss nicht was soll es bedeuten, dass ich so traurig bin...*»

Premiers vers du poème *Die Loreleï* (1824) de Heinrich Heine (1797-1856).
«*Je suis en proie à la tristesse./ D'où cela vient-il? Je ne sais./ De ce conte du temps passé/ Qui hante mon âme sans cesse?*»

Le Mort qu'il faut

Iejov; Iagoda; Beria

Nicolaï Iejov (1895-1940), commissaire du peuple à l'Intérieur, organisateur de la Grande Purge des années 1937-1938. Fait fusiller son prédécesseur Genrikh Iagoda en 1938, avant d'être démis de ses fonctions en décembre 1938. Fusillé sur l'ordre de Lavrenti Beria (1899-1953) en février 1940, lequel sera liquidé à son tour en décembre 1953. Staline l'avait présenté à Franklin Roosevelt comme étant «notre Himmler», lors de la conférence de Yalta (février 1945).

Quel beau dimanche!

«*Il y a dans ce monde nouveau tant de gens...*»

Chanson pour oublier Dachau, de Louis Aragon, *Œuvres poétiques complètes I*, La Pléiade, p. 1095-1096.
«*Nul ne réveillera cette nuit les dormeurs/ Il n'y aura pas à courir les pieds nus dans la neige/...*»

L'Écriture ou la vie

In the Shade of the Old Apple Tree

Chanson écrite en 1905 par Harry Williams, mise en musique par Egbert Van Alstyne. Elle sera reprise par Louis Armstrong.

Le Grand Voyage

Institut für Sozialforschung

Institut créé en 1923 à l'université Goethe de Francfort-sur-le-Main et dont le directeur fut le philosophe et sociologue Max Horkheimer (1895-1973). Ses recherches s'inspiraient du marxisme. Après la prise du pouvoir par Hitler, l'Institut se replia à Genève puis à Paris et enfin à New York. L'Institut est à l'origine de ce qu'on appellera, à partir des années soixante, l'École de Francfort, qui comptait notamment dans ses rangs Theodor W. Adorno (1903-1969) et Herbert Marcuse (1898-1979).

L'Écriture ou la vie

Internationale communiste (dissolution)

Le 15 mai 1943, Staline annonce la dissolution de l'Internationale communiste, concession formelle à ses alliés occidentaux. En réalité, tout ce qui relève des réseaux de liaison entre Moscou et les différents partis communistes est maintenu, sans parler des services (NKVD, armée Rouge) qui, recoupant jusqu'alors les structures de l'IC, continuent d'exister.

Quel beau dimanche!

Introduction à la philosophie de l'histoire

L'ouvrage de Raymond Aron (1905-1983) tiré de sa thèse, soutenue en 1938, a été publié la même année aux Éditions Gallimard dans la collection «Bibliothèque des idées». Le titre complet de la thèse comme celui du livre est *Introduction à la philosophie de l'histoire: essai sur les limites de l'objectivité historique*.

L'Écriture ou la vie

« *J'ai pesé de tout mon désir…* »

Vers du poème *L'Emmuré* de René Char, tiré du recueil *Seuls demeurent* (1945).

L'Écriture ou la vie

Jarama (bataille du)

Livrée en février 1937, la bataille du Jarama, sur les bords du fleuve du même nom, permit aux forces républicaines de contenir la pression des troupes nationalistes sur Madrid. Les XIe et XIVe Brigades internationales participèrent aux combats, qui furent particulièrement durs.

Quel beau dimanche!

« *Je me souviens vaguement du port de Bayonne...* »

Semprún fait allusion à son départ en exil avec sa famille en septembre 1936 (voir « Vie & Œuvre »).

Le Grand Voyage

Jesenská, Milena

Journaliste, écrivain et traductrice tchèque, Milena Jesenská (1896-1944) entre, en 1919, en relation avec Franz Kafka qui entretint avec elle une correspondance devenue célèbre. Résistante, Milena Jesenská est arrêtée et déportée à Ravensbrück où elle fait la connaissance de Margarete Buber-Neumann, qui publiera un livre sur son amie (*Milena*, Le Seuil, 1986).

L'Évanouissement

« *Jeune fille aride et sans sourire...* »

Citation par Semprún d'un poème dont il est l'auteur, publié dans l'*Anthologie des poèmes de Buchenwald*, rassemblés par André Verdet (Robert Laffont, 1945, réédition Tirésias, 1995).

Le Grand Voyage ; L'Écriture ou la vie

Jeune Garde (La)

Chant révolutionnaire, paroles de Montéhus, musique de Saint-Gilles, composé vers 1920 avant le congrès de Tours et repris par les Jeunesses communistes.

Le Mort qu'il faut

Juifs évacués des camps de Pologne...

Devant l'avance de l'armée Rouge sur le front de l'Est, les autorités nazies décidèrent d'évacuer les camps de concentration de Silésie vers l'Allemagne, afin que les déportés ne soient pas libérés par l'armée Rouge. Ainsi, des milliers de détenus furent soit transportés en wagons découverts par un froid intense avec pour conséquence un taux de mortalité très élevé, soit forcés de marcher sur des centaines de kilomètres, tout détenu en retard ou tombé d'épuisement étant immédiatement abattu par les SS. Ce furent ce qu'on appela par la suite « les marches de la mort ». Les déportés, répartis dans les camps encore hors de portée de l'armée Rouge, plus à l'ouest, furent finalement libérés par les armées britanniques ou américaines. À Auschwitz, ne restaient que quelques milliers de prisonniers dont des enfants, lorsque les unités soviétiques investirent par hasard le camp (voir le témoignage du général Petrenko, *Avant et après Auschwitz*, Flammarion, 2002).

Le Grand Voyage

Juin 1940

Si elle fut brève, la campagne de France fut néanmoins d'une violence inouïe : en six semaines plus de 90 000 soldats sont tués (en six mois, à Verdun, les pertes avaient été de

163 000 tués). S'il y eut des défaillances de la troupe, souvent du fait d'unités mal équipées et formées de soldats âgés confrontés à la puissance de feu des Panzers, en général, les soldats français se sont battus avec courage. Les Allemands eurent plus de 60 000 tués et plus de 18 000 disparus.

Quel beau dimanche!

Kaganovitch, Lazare

Membre du bureau politique du PCUS (1930-1957), Lazare Kaganovitch (1893-1991) fut l'un des fidèles de Staline.

Quel beau dimanche!

Kahn, Pierre

Élu secrétaire national de l'UEC en 1964, Pierre Kahn (1939-2006) appartenait au courant dit «italien», avec Bernard Kouchner, et fut exclu quelque temps plus tard. Il devint psychanalyste dans les années soixante-dix.

Quel beau dimanche!

Kaminker, Simone

Patronyme de Simone Signoret (1921-1985).

L'Écriture ou la vie

Kirov

« L'assassinat provocateur» de Sergueï M. Kirov (1886-1934), dirigeant bolchevique de Leningrad, particulièrement populaire au sein du PCUS, le 1er décembre 1934 par Leonid Nikolaïev permet à Staline de mettre en cause les opposants à sa politique, censés comploter, et de préparer les grands procès (1936) puis la Grande Terreur.

Quel beau dimanche!

KL BU

Pour Konzentrationslager Buchenwald.

Le Grand Voyage

Kléber (état-major)

Commandant de l'une des deux premières unités d'internationaux qui montèrent au front pour la défense de Madrid en 1936, Kléber (de son vrai nom Manfred Stern, 1896-1954) était membre des services de renseignements de l'armée Rouge. Il fut présenté comme le «sauveur de Madrid». Il commanda ensuite la XIe Brigade internationale. Rentré à Moscou en 1939, il fut condamné à quinze ans de travail forcé et mourut au camp de Sosnovka.

L'Écriture ou la vie

Koch, Ilse

Gardienne du camp de Buchenwald, Ilse Koch (1906-1967), adhérente au parti nazi depuis 1932, épouse de Karl Koch, fut responsable notamment du camp de Sachsenhausen puis de Buchenwald. Surnommée la «Chienne de Buchenwald» en raison de sa cruauté perverse, elle faisait exécuter des prisonniers pour récupérer leurs tatouages qu'elle collectionnait. En avril 1947, elle fut jugée par un tribunal militaire américain à Dachau, en même temps que d'autres responsables du camp, et condamnée une première fois à la prison à vie. Sa peine ayant été réduite, elle est libérée, puis arrêtée de nouveau et condamnée une seconde fois à la perpétuité. Elle se suicide en prison.

Le Grand Voyage

Koch, Karl

Adhérent depuis 1931 au parti nazi, Karl Koch entre à la SS en août 1932. En juin 1934, il est chargé du camp de Hohnstein, à proximité de Dresde puis, après avoir occupé diverses fonctions, est nommé commandant du camp de Sachsenhausen en septembre 1936. L'année suivante, en juillet 1937, il est affecté au camp de Buchenwald. Il y reste jusqu'en janvier 1942. Nommé alors à Lublin (Pologne), en charge du camp de Majdanek, il est mis en cause pour les prévarications qu'il a commises aux dépens de l'administration SS. Ramené à Buchenwald comme prisonnier, il est exécuté le 5 avril 1945. C'est lui qui avait fait placer la devise «À chacun son dû» sur le portail de Buchenwald où il fit preuve d'une violence et d'un sadisme incommensurables.

Quel beau dimanche!

Kogon, Eugen

Journaliste et sociologue allemand, catholique hostile au national-socialisme, Eugen Kogon (1903-1987) est détenu à Buchenwald à partir de septembre 1939. Après la guerre, il se consacre à l'histoire des origines du national-socialisme et publie *L'État SS* (1946), *L'Enfer organisé* (1947), puis, avec H. Langbein et A. Rückerl, *Les Chambres à gaz, secret d'État* (1984).

Quel beau dimanche!

Kouznetzov, Édouard

Dissident russe, Édouard Kouznetsov est l'auteur de *Journal d'un condamné à mort* (Gallimard, coll. «Témoins», 1974) et de *Lettres de Mordovie* (Gallimard, coll. «Témoins», 1981). En 1983, avec Vladimir Boukovski, il participe à la création de l'Internationale de la Résistance.

Quel beau dimanche!

Landsberg, Paul-Louis

Né à Bonn dans une famille juive, Paul-Louis Landsberg (1901-1944) fut élevé dans le protestantisme, mais lui-même choisit le catholicisme. Élève de Husserl et Heidegger, disciple de Max Scheler, il émigre en France en mars 1933 et se lie au groupe rassemblé autour de la revue *Esprit*. Interné en 1939 comme ressortissant allemand, il réussit à échapper aux Allemands et à gagner la zone libre, à Lyon. Il devient membre du mouvement Combat, plus spécialement chargé du service régional de renseignement. Arrêté en mars 1943, il est déporté à Oranienburg où il meurt le 2 avril 1944.

L'Écriture ou la vie

Langfus, Anna

Résistante polonaise, survivante de la Shoah, réfugiée en France, Anna Langfus (1920-1966) devient écrivain de langue française, prix Goncourt 1962 pour *Les Bagages de sable* publié chez Gallimard.

Quel beau dimanche!

Lavelle, Louis

Philosophe, Louis Lavelle (1883-1951) enseigna à Henri-IV et Louis-le-Grand de 1924 à 1940. En 1941, il est élu à la chaire de philosophie du Collège de France. Il avait soutenu sa thèse, *La Dialectique du monde sensible*, en 1921 sous le patronage de Léon Brunschvicg.

Le Mort qu'il faut

Le Senne, René

Métaphysicien et psychologue, professeur à la Sorbonne en 1942, René Le Senne (1882-1954) est l'auteur d'un *Traité de morale générale* (1943), il fut membre de l'Académie sciences morales.

L'Évanouissement

« le témoignage de Liebknecht... »

Wilhelm Liebknecht (1826-1900), militant social-démocrate allemand, membre de la Ire Internationale puis dirigeant de la IIe Internationale créée en 1889. Auteur de souvenirs sur Marx publiés en France (Société nouvelle de librairie et d'édition, 1901; réédition, éditions du Sandre, 2008).

Quel beau dimanche!

Leander, Zarah

Interprète et actrice suédoise installée en Allemagne, Zarah Leander travailla pour la firme cinématographique UFA jusqu'à son retour en Suède en 1943.

L'Écriture ou la vie

Lecourt, Dominique

Philosophie, élève de Louis Althusser et Georges Canguilhem, éditeur, Dominique Lecourt, est l'un des fondateurs du Collège de philosophie (1984). En 1976, il publie *Lyssenko, histoire réelle d'une science prolétarienne* (PUF), puis, en 1978, *Dissidence ou révolution* (éditions F. Maspero).

Quel beau dimanche!

Lénine

Dans une de ses lettres (17 mai 1922), Lénine incite D. Kourski, commissaire du peuple à la Justice, à mener une «répression plus sévère à l'encontre des ennemis politiques du pouvoir des Soviets et des agents de la bourgeoisie», et déclare qu'il faut apprendre aux tribunaux du peuple «à châtier impitoyablement, y compris par la peine de mort et rapidement ceux qui abusent de la nouvelle politique économique...»

Quel beau dimanche!

« Les armes du discours contre le discours des armes »

Transposition de la formule de Karl Marx que l'on trouve dans la *Critique de la philosophie du droit de Hegel* (janvier 1844) : «L'arme de la critique ne saurait remplacer la critique par les armes» (trad. Kostas Papaioannou, *Marx et les marxistes*, Gallimard, collection «Tel», 2001).

Le Mort qu'il faut

« Les philosophes n'ont fait qu'interpréter le monde... »

Il s'agit de la XIᵉ des «Thèses sur Feuerbach», thèses publiées par Friedrich Engels en annexe à son *Ludwig Feuerbach* (1888). La traduction qu'en donne Maximilien Rubel diffère : «Les philosophes n'ont fait qu'*interpréter* le monde de diverses manières; ce qui importe, c'est de le *tranformer*», voir *Œuvres III, Philosophie*, «Thèses sur Feuerbach», Gallimard, La Pléiade, 1982, p. 1033.

L'Écriture ou la vie

Liberté (La)

Poème de René Char (1907-1988) appartenant au recueil *Seuls demeurent*, paru le 24 février 1945.

L'Écriture ou la vie

Librairie allemande

Dans *Mon Journal pendant l'Occupation*, Jean Galtier-Boissière rapporte que la librairie allemande a fait l'objet d'un bris de glace le 1ᵉʳ juillet 1941, puis d'un attentat à l'explosif le 21 novembre 1941. Cette librairie était dirigée, toujours selon Galtier-Boissière, par le beau-frère de Robert Brasillach, Maurice Bardèche, qui passait commande chez les éditeurs au moyen de bons de réquisition allemands.

L'Écriture ou la vie

Linhart, Robert

Robert Linhart, sociologue français, militant communiste, puis membre de la Gauche prolétarienne, il est l'auteur de *Lénine, les paysans, Taylor : essai d'analyse matérialiste historique de la naissance du système productif soviétique*, Le Seuil, 1976.

Quel beau dimanche !

Lipietz, Alain

Polytechnicien, ingénieur des Ponts-et-Chaussées, membre du Parti socialiste unifié, Alain Lipietz en fut exclu en 1971 avec la tendance d'inspiration maoïste qu'il animait (Gauche révolutionnaire). Rallié à l'écologie politique dans les années quatre-vingt, élu député européen en 1999 puis en 2004, il est l'un des dirigeant d'Europe-Écologie. Son livre *Crise et inflation, pourquoi ?* est paru aux Éditions François Maspero en 1979.

Quel beau dimanche !

Líster, Enrique

Formé dans les années trente à Moscou, le militant communiste espagnol Enrique Líster (1907-1994), considéré comme un spécialiste des questions militaires, est chargé d'organiser le Vᵉ Régiment destiné à la formation des miliciens. Après avoir exercé divers commandements dans l'armée républicaine, il se réfugie à Moscou où il complète sa formation militaire. À Prague, après la Seconde Guerre mondiale, il est l'un des soutiens les plus constants de Santiago Carrillo jusqu'en 1970, année où il quitte le PCE pour former le Parti communiste ouvrier espagnol. Il réintégrera le PCE dans les années quatre-vingt.

L'Écriture ou la vie

Livi (le père)

Allusion à la famille d'Yves Montand, les Livi, d'origine italienne.

Quel beau dimanche !

Locarno (pacte de)

À l'issue de la conférence de Locarno (6-16 octobre 1925), est signé entre la France, l'Allemagne et la Belgique, un pacte de sécurité collective qui prévoit l'entrée de l'Allemagne dans la Société des Nations et qui garantit les frontières des trois pays, telles qu'elles ont été déterminées par le traité de Versailles. Par contre, l'Allemagne refuse de reconnaître les frontières orientales qui lui sont fixées. Simultanément, la France signe des pactes d'assistance avec la Pologne et la Tchécoslovaquie.

L'Évanouissement

Loi sur le vol de bois

Référence à l'article de Karl Marx, paru dans *La Gazette rhénane* en plusieurs livraisons d'octobre à novembre 1842, sur la loi sur les vols de bois et celle sur la taxation des vignerons de Moselle, débattue à la Diète de Rhénanie. On considère qu'il s'agit du premier travail du jeune Marx touchant à l'économie politique. Il a été traduit dans le livre de P. Lascoumes et H. Zander, *Marx, du vol de bois à la critique du droit*, PUF, 1984.

Le Grand Voyage

London, Artur et Lise

Actif en Espagne durant la guerre civile, résistant dans les FTP-MOI, déporté à Mauthausen en 1942, Artur London (1915-1986) est vice-ministre des Affaires étrangères du gouvernement communiste tchécoslovaque en 1949. Il est l'un des accusés du procès Slánský en 1952. S'installe en France en 1963. Son livre de souvenirs, *L'Aveu*, publié en 1968 (Gallimard, coll. «Témoins») est adapté à l'écran par le cinéaste Costa Gavras. Son épouse, Lise London (née Ricol, 1916-2012), était aussi en Espagne durant la guerre civile. Résistante, arrêtée en août 1942, elle a été déportée à Ravensbrück.

Quel beau dimanche!

Luccioni, Gennie

Membre des groupes Esprit dès l'avant-guerre, écrivain et traductrice, notamment du *Petit Monde de Don Camillo* de Giovanni Guareschi (1951).

L'Écriture ou la vie

Lukács, György

Philosophe marxiste hongrois dont le livre *Histoire et conscience de classe* (1923) lui valut d'être condamné par Moscou, György Lukács (1885-1971) est ministre de la Culture en 1956 dans le gouvernement Imre Nagy et doit se réfugier en Roumanie d'où il revient en 1957. Il se consacre ensuite aux questions d'esthétique et de théorie littéraire. Dans des entretiens parus en allemand en 1967 (W. Abendroth, H. H. Holz, Leo Kofler, T. Pinkus, *Gespräche mit Georg Lukács*, Reinbek bei Hambourg, Rowholt, 1967), le philosophe hongrois commente et analyse

Le Grand Voyage, publié quatre ans auparavant. Ces entretiens ont paru en 1969 aux Éditions François Maspero sous le titre *Entretiens avec Georg Lukács* (traduction Marcel Ollivier).

L'Évanouissement ; Le Mort qu'il faut

Lyssenko, Trofim

Ingénieur agronome, Trofim Lyssenko (1898-1976) avança sa propre théorie de la génétique, contredisant les travaux de Gregor Mandel (1822-1884). En 1938, Lyssenko est nommé à la tête de l'Académie des sciences agronomiques de l'URSS ; il se débarrasse de ses contradicteurs qui sont envoyés au Goulag. Après la guerre, devenu tout-puissant, il impose ses théories délirantes qui provoquent de nombreux débats parmi les scientifiques communistes, dont une partie rejette ses conceptions. Lyssenko ne sera relevé de ses fonctions officielles qu'en 1965.

Quel beau dimanche !

« Macanudo ! »

Littéralement : « Formidable ! épatant ! »

Quel beau dimanche !

Machado, Antonio

Allusion à son poème *El crimen fue en Granada : a Federico García Lorca*, publié la première fois dans l'hebdomadaire *Ayuda*, le 17 octobre 1936. Voir Antonio Machado, *Champs de Castille* précédé de *Solitudes, Galeries et autres poèmes*, et suivi de *Poésies de la guerre*, Poésie/Gallimard, traduit de l'espagnol par Sylvie Léger et Bernard Sesé.

Le Mort qu'il faut

Magny, Claude-Edmonde

Edmonde Vinel (1913-1966) fut reçue à l'ENS en 1932, seule femme de sa promotion. Agrégée de philosophie, elle enseigne au lycée à Rennes. Elle a participé au congrès d'Esprit organisé à Jouy-en-Josas. À partir de 1940, elle collabore à *Esprit* sous le pseudonyme de Claude-Edmonde Magny. Elle reprendra sa collaboration après la guerre, quand la revue paraîtra de nouveau. Elle donnera également des critiques à la revue *Preuves*. Son livre *Lettres sur le pouvoir d'écrire* est publié en 1947 chez Pierre Seghers.

L'Écriture ou la vie

Maïakovski, Vladimir

Poète russe, chantre de la révolution bolchevique, Maïakovski (1893-1930) se suicide le 14 avril 1930.

Le Mort qu'il faut

« ... maison d'Irène, à Épizy... »

Il s'agit de la maison d'Irène Chiot, où Jorge Semprún fut arrêté. Épizy est un faubourg de Semur-en-Auxois.

L'Évanouissement

Maison des Étudiants protestants

Il s'agit de la maison de l'Association des Étudiants protestants de Paris, au 46 de la rue de Vaugirard, dans le VIe arrondissement. Cette maison d'accueil existe toujours.

L'Évanouissement

Maîtres penseurs (Les)

En 1977, paraissait chez Grasset *Les Maîtres penseurs* d'André Glucksmann, l'un des représentants du courant baptisé «les nouveaux philosophes», dont la plupart, très engagés à l'extrême gauche, devaient rompre avec le marxisme.

Quel beau dimanche!

Mandel, Georges

Journaliste, collaborateur de Georges Clemenceau, Georges Mandel (1885-1944) fut son chef de cabinet en 1917. Plusieurs fois ministre dans l'entre-deux-guerres, opposé à l'armistice signé par le maréchal Pétain, Georges Mandel encourage le général de Gaulle à gagner Londres; lui-même s'embarque sur le *Massilia* pour rejoindre le Maroc puis l'Angleterre. Arrêté le 8 août 1940 au Maroc, il est déféré devant la cour de Riom et condamné à la prison à vie. En 1942, la Gestapo met à profit l'invasion de la zone Sud pour s'emparer de lui et le transférer en Allemagne. D'abord prisonnier à Oranienburg, il est ensuite conduit à Buchenwald où il retrouve Léon Blum. Ramené à Paris par la Gestapo, il est livré à la Milice le 4 juillet 1944 et assassiné le 7 juillet en forêt de Fontainebleau, en représailles à l'exécution de Philippe Henriot, ministre de la Propagande de Vichy.

Quel beau dimanche!

Manglano, Sebastián

Né en 1921 à Madrid, interné à Dachau le 20 juin 1944 (matricule 74207), transféré à Auschwitz puis à Buchenwald.

Le Mort qu'il faut

Manifestation du 11 novembre 1940 à l'Étoile

Environ un millier d'étudiants et de lycéens manifestèrent à l'Étoile le 11 novembre 1940 pour commémorer la victoire de 1918. Environ 150 furent arrêtés et plusieurs blessés. Une gerbe a été déposée au pied de la statue de Clemenceau près du Rond-Point des Champs-Élysées. Jorge Semprún participa à cette manifestation (voir le Vie & Œuvre).

Le Mort qu'il faut

Marbourg (École de)

Les principaux représentants de l'École de Marbourg sont Hermann Cohen (1842-1918), Paul Natorp (1854-1924), Ernst Cassirer (1874-1945). Ils entendaient promouvoir un retour à Kant.

Quel beau dimanche!

Marchais, Georges

Georges Marchais (1920-1997) fut secrétaire du Parti communiste français de 1972 à 1994.

Quel beau dimanche!

Marches de la mort

En novembre 1944, on dénombre 9 837 détenus juifs à Buchenwald; fin décembre, 15 477 détenus juifs constituent le quart des prisonniers. Buchenwald fut le camp d'Allemagne qui accueillit le plus d'évacués d'Auschwitz, près de 14 000. Début avril 1945, Buchenwald comprenait 60 camps d'hommes et 25 camps de femmes, soit environ 80 000 détenus, dont 50 000 dans le camp principal, pour une capacité de 21 000 détenus. « En tout, le nombre des victimes de l'évacuation des annexes de Buchenwald et de celle, partielle, du camp principal s'élève à un chiffre de 13 000 à 15 000 détenus sur 48 000. » (Daniel Blatman, *Les Marches de la mort. La dernière étape du génocide nazi, été 1944-printemps 1945*, Fayard, 2009, p. 167.)

L'Écriture ou la vie

Marrou, Henri-Irénée

Historien, Henri-Irénée Marrou (1904-1977) se lie avec Emmanuel Mounier au début des années trente. Il collabore à la revue *Esprit* sous le pseudonyme de Georges Davenson. Résistant, il occupe la chaire d'histoire du christianisme à la Sorbonne de 1945 à 1975.

L'Écriture ou la vie

Masaryk; Adler; Korsch; Labriola

Tomáš Garrigue Masaryk (1850-1937), philosophe et sociologue, président de la République tchécoslovaque, dont certains livres furent édités en français dans l'entre-deux-guerres tels *Les Problèmes de la démocratie* (Rivière, 1924) et *Résurrection d'un État, souvenirs et réflexions* (Plon, 1930).

Max Adler (1873-1937), socialiste autrichien, philosophe et professeur, auteur de *Demokratie und Rätesystem* (1919), *Démocratie et conseils ouvriers* (François Maspero, 1997).

Karl Korsch (1886-1961), juriste et philosophe, député au Reichstag (1924-1928), auteur de *Marxisme et philosophie* (1923), qui lui vaut une condamnation par les instances de l'Internationale communiste, devient communiste oppositionnel, quitte l'Allemagne en 1933 et se réfugie aux États-Unis.

Professeur de philosophie, Antonio Labriola (1843-1904), ami de F. Engels, introduit le marxisme en Italie, et polémique avec Georges Sorel.

Le Grand Voyage

Maspero, Henri

Henri Maspero (1883-1945), sinologue, spécialiste du taoïsme, auteur du *Taoïsme et les religions chinoises* (1950). Soupçonné d'activité terroriste (son fils aîné est un résistant intrépide qui trouva la mort, comme engagé, en septembre 1944, lors de l'attaque américaine sur Metz par le IIe régiment d'infanterie de la 5e Division d'infanterie), arrêté en juillet 1944, déporté à Buchenwald où il meurt le 17 mars 1945. Dans son livre *Les Abeilles & la guêpe* (Le Seuil, 2002), son second fils, François, est revenu sur les circonstances de l'arrestation de son père et de son agonie à Buchenwald.

L'Évanouissement

Massnahme (Die)

La Décision, drame de Bertolt Brecht (1898-1956) écrit en 1929-1930, mis en musique par Hans Eissler. Cette cantate fut créée en décembre 1930.

L'Écriture ou la vie

Matignon (accords)

Signés par le patronat et les syndicats le 8 juin 1936 au matin, les accords Matignon constituent une révolution dans les relations entre salariés et employeurs. Désormais, le droit syndical est reconnu, des délégués du personnel peuvent être élus dans l'entreprise, des contrats collectifs et des conventions sont négociables, les salaires sont relevés. Les accords sont signés alors que le mouvement de grève est à son sommet.

Quel beau dimanche!

Maublanc, René

Philosophe, professeur à Henri-IV à partir de 1936, René Maublanc (1891-1960) appartient au Cercle de la Russie neuve créé en 1927, adhère à l'Association des artistes et écrivains révolutionnaires en 1934, et au Comité de Vigilance des intellectuels antifascistes. En 1940, il témoigne en faveur des députés communistes poursuivis pour reconstitution de ligue dissoute, procès au cours duquel François Billoux fit une déclaration «défaitiste révolutionnaire», qui rejetait dos à dos l'«impérialisme français» et l'Allemagne nazie. Révoqué en 1942, Maublanc devient membre du Front national universitaire puis adhère au PCF. Après la guerre, il est secrétaire de rédaction de la revue communiste *La Pensée*.

L'Écriture ou la vie

Mibau (usine)

L'une des usines situées à proximité du camp de Buchenwald.

Quel beau dimanche!

Michels, Roberto

Sociologue italien, Roberto Michels (1876-1936) a analysé le fonctionnement des partis politiques, dans *Les Partis politiques. Essai sur les tendances oligarchiques des démocraties*, publié en juin 1914. Proche, avant 1914, du syndicalisme révolutionnaire, il se rallie au fascisme mussolinien.

L'Écriture ou la vie

Miller, Serge

En 1947, Serge Miller, ancien déporté à Buchenwald (matricule 44809), publie *Le Laminoir : récit d'un déporté*, préfacé par François Mitterrand, aux éditions Calmann-Lévy.

L'Écriture ou la vie

Moeller van den Bruck, Arthur

Théoricien de la révolution conservatrice allemande et animateur de ce courant politique, Arthur Moeller van den Bruck (1876-1925) est l'auteur du *Troisième Reich* (1923), traduit en 1933 à la Librairie de la Revue française-Redier.

Quel beau dimanche!

MOI

Organisation créée dès 1923 par le Parti communiste et la CGT-Unitaire, destinée au développement de l'influence communiste parmi l'immigration, la MOI (Main-d'œuvre immigrée) est en partie à l'origine de groupes armés (FTP-MOI) qui jouèrent un rôle important dans la lutte contre l'occupant. En avril 1943, sa direction est démantelée par la police française.

L'Évanouissement

Molotov, Viatcheslav

Membre du bureau politique du PCUS de 1926 à 1957, ministre des Affaires étrangères de 1939 à 1949, Viatcheslav Molotov (1890-1986) est l'un des plus fidèles collaborateurs de Staline. Partisan de la Grande Terreur, il est aussi le négociateur du pacte germano-soviétique (23 août 1939). Exclu du Politburo en 1957, il a laissé des entretiens : Félix Tchouev, *Conversations avec Molotov : 140 entretiens avec le bras doit de Staline*, Albin Michel, 1995.

Quel beau dimanche!

Mon amant de Saint-Jean

Allusion à la chanson de Léon Agel (parolier) et Émile Carrara (musique), *Mon amant de Saint-Jean*, datant de 1942, interprétée par Lucienne Delyle puis Édith Piaf, qui connut un très grand succès.

Refrain : «*Comment ne pas perdre la tête/ Serrée par des bras audacieux,/ Car l'on croit toujours aux doux mots d'amour/ Quand ils sont dits avec les yeux./ Moi, qui l'aimais tant…*»

Le Grand Voyage

Morale et la nôtre (Leur)

Léon Trotski, *Leur Morale et la nôtre*, Éditions du Sagittaire, 1939. La parution du livre provoque une violente polémique entre l'auteur et son traducteur, Victor Serge.

Quel beau dimanche !

Morales, Diego

Mort à Buchenwald de la dysenterie, fin avril 1945.

L'Écriture ou la vie

Morozov, Pavel

Le jeune délateur soviétique (il avait dénoncé son père hostile à la collectivisation), porté aux nues par la propagande stalinienne, fut assassiné par des membres de sa propre famille le 3 septembre 1932.

Le Mort qu'il faut

Mouvement de libération nationale (congrès du)

Les 23-28 janvier 1945, le congrès du MLN, mouvement fort de 500 000 membres formés par une série de mouvements de résistance (Combat, Libération, Franc-Tireur, etc.), rejette la fusion avec le Front national, organisation du parti communiste. André Malraux y prend la parole et dépose une motion qui recueille 250 voix contre 119 à la motion de Pierre Hervé, en faveur de la fusion. L'intervention de Malraux a été décisive pour mettre en échec la stratégie communiste de prise de contrôle des mouvements issus de la Résistance.

L'Écriture ou la vie

Musil, Robert

Der Mann ohne Eigenschaften, *L'Homme sans qualités*, le grand roman de Robert Musil (1880-1942) paraît en allemand en 1930 (tome I) et en 1932 (1re partie du tome II). Il ne sera publié en français qu'en 1957, dans une traduction de Philippe Jaccottet aux éditions du Seuil.

L'Écriture ou la vie

Mythe de Sisyphe. Essai sur l'absurde

Le livre d'Albert Camus paraît en 1942.

L'Écriture ou la vie

Nansen (passeport)

Premier haut-commissaire aux réfugiés auprès de la Société des Nations, le Norvégien Fridtjof Nansen (1861-1930) crée, le 5 juillet 1922, un passeport spécifique, avec l'accord de nombreux États, pour permettre la circulation des apatrides. Destiné d'abord aux Russes fuyant le régime bolchevique, le passeport sera ensuite attribué en particulier aux Arméniens fuyant la Turquie.

L'Évanouissement

Napoléon

La formule de Napoléon — «On s'engage et puis on voit» — est reprise par Lénine dans «Notre révolution», commentaire des notes de N. Soukhanov sur Octobre 1917 (à la date du 17 janvier 1923), publiées dans la *Pravda* le 30 mai 1923, volume 33 des *Œuvres complètes*, Éditions de Moscou, 1965.

Quel beau dimanche!

Negri, Pola

Polonaise, Pola Negri (1894-1987) est une célèbre actrice du cinéma muet puis du parlant. Elle tient le rôle de Vera la chanteuse dans le film de Willi Forst, *Mazurka* (1935).

L'Évanouissement

Nieto, Jaime

Espagnol réfugié en France en 1939, Jaime Nieto López dit Bolados participe à l'organisation de la Résistance dans l'Aude, le Cantal, la Haute-Garonne. Il est arrêté à Toulouse le 1er septembre 1942 et déporté à Buchenwald le 31 juillet 1944. Revenu à Toulouse en 1946, il est arrêté en 1950 et assigné à résidence en Corse. En juin 1951, il s'embarque pour la Pologne où l'on perd sa trace.

L'Écriture ou la vie

Nijhoff, Martinus (librairie)

Créée par une famille d'érudits, poètes et éditeurs, la librairie Martinus Nijhoff, installée à La Haye, a acquis une grande réputation dans les milieux de bibliophiles.

Le Grand Voyage

Nouveau Crève-Cœur (Le)

Recueil de Louis Aragon paru en 1948 aux Éditions Gallimard.

L'Écriture ou la vie

Nouvelle Critique (La)

Revue du marxisme militant créée en 1948 à l'initiative du PCF, *La Nouvelle Critique* est dirigée par Jean Kanapa (1921-1978) avec Victor Joannès, Annie Besse (Annie Kriegel), Pierre Daix, Jean-Toussaint Desanti, Jean Fréville, Victor Leduc, Henri Lefebvre. Le comité de rédaction sera modifié au fil du temps. La revue disparaît en février 1980.

Quel beau dimanche!

Novedades (teatro de las)

Le 23 septembre 1928, le théâtre des Nouveautés de Madrid est détruit par un incendie qui fit 200 victimes.

Le Grand Voyage

Noyers de l'Altenburg (Les)

Livre d'André Malraux paru en 1948 aux Éditions Gallimard.

L'Écriture ou la vie

« *O Deutschland, bleiche Mutter!* »

Extrait de *Die Massnahme, La Décision*, de Bertolt Brecht : « *Ô Allemagne, mère blafarde!/ Comment tes fils t'ont-ils traitée/ Pour que tu deviennes la risée/ ou l'épouvantail des autres peuples!* »

L'Écriture ou la vie

O'Neill, Eugene

Dramaturge réaliste américain, Eugene O'Neill (1888-1953) reçut le prix Nobel de littérature en 1936.

L'Écriture ou la vie

Offensive soviétique (Grande)

À la mi-janvier 1945, les armées soviétiques reprennent l'offensive sur l'ensemble du front, de la limite est de la Prusse-Orientale, le cours de la Vistule, jusqu'aux abords de la Hongrie. Cette dernière offensive conduira l'armée Rouge jusqu'à Berlin, atteint en avril.

Le Grand Voyage

« *Oh pena de los Gitanos...* »

Poème de Federico García Lorca (1898-1936) : *Romance de la pina negra*, « Romance de la peine noire », traduction d'André Belamich.

« *Ô la peine des gitans !/ Peine pure et toujours seule./ Ô peine de rive secrète/ et de matinée lointaine !* »

Le Mort qu'il faut

Ordóñez, Antonio

Antonio Ordóñez (1932-1998). Le matador quitte l'arène en 1968.

L'Évanouissement

Ortega y Gasset, José

Philosophe, sociologue, José Ortega y Gasset (1883-1955) fonde en 1923 *La Revista de Occidente* ; il publie *La Révolte des masses* en 1930, traduit en 1937 en français (réédition Les Belles-Lettres, 2010). Menacé par les deux camps qui s'affrontent lors de la guerre civile — tout en penchant plutôt pour le camp nationaliste par rejet du communisme —, il choisit l'exil en France, puis gagne l'Argentine en 1939 et enfin le Portugal. Il rentre en Espagne en 1946 et vit ses dernières années dans l'isolement.

Quel beau dimanche !

Östlich des Vergessens, « *à l'est de l'oubli...* »

Allusion au poème de Paul Celan *Der Sand aus den Urnen* (« Pavot et Mémoire », 1952) dont le premier vers est : « *Schimmelgrün ist das Haus des Vergessens* », « Vert moisi est la maison de l'oubli », citation à rapprocher peut-être du vers « *Am östlichen Fenster* », « à la fenêtre de l'Est », tiré du poème « Œil sombre de septembre » (P. Celan, *Choix de Poèmes*, réunis par l'auteur, éd. Jean-Pierre Lefebvre, Poésie/Gallimard, 1998, p. 30 et 31, et p. 36 et 37).

Le Mort qu'il faut

Palach, Jan

Étudiant tchèque, Jan Palach (1948-1969) s'immola par le feu le 16 janvier 1969, place Wenceslas à Prague, pour protester contre la répression du Printemps de Prague et l'annulation des réformes mises en place en 1968 par Alexander Dubček. En janvier 1989, la commémoration de son geste provoqua de grandes manifestations, point de départ de la Révolution de velours, qui renversa le régime communiste en décembre de la même année.

Quel beau dimanche !

Paloma (La)

La Colombe, chanson de l'Espagnol Sebastián Iradier, écrite vers 1863.

Le Grand Voyage

Parvus, Alexandre

Israël Alexandre Gelfand, dit Alexandre Parvus (1867-1924), servit d'intermédiaire entre les autorités allemandes et les émigrés révolutionnaires russes pour l'organisation de leur voyage de retour en Russie après la révolution démocratique de Février. Ils voyagèrent dans un wagon bénéficiant de l'extraterritorialité, mais qui n'était pas « plombé », c'est-à-dire fermé par des plombs.

L'Écriture ou la vie

Patočka, Jan

Philosophe tchèque, élève d'Edmund Husserl, Jan Patočka (1907-1977), professeur à la faculté des lettres jusqu'en 1939, enseigne à l'école primaire pendant l'occupation en raison de la fermeture des universités par les Allemands. Redevenu professeur, il est écarté de l'université tchèque en 1949 et ne retrouve son poste qu'en 1968. À la retraite en 1972, il organise des séminaires privés. En 1977, il signa la Charte 77 avec Václav Havel et d'autres, ce qui lui vaut d'être longuement interrogé le 13 mars. Au cours de cet interrogatoire, il fait une hémorragie cérébrale et meurt durant son hospitalisation. Dans la chanson *Casse-Têtes* (paroles de Gébé, musique de Michel Philippe-Gérard), interprétée par Yves Montand, il est fait allusion à Jan Patočka : « *Je suis mort, répondez pour moi !/Je m'appelais Jan Patočka/ Argentin et bébé phoque arabe/ Maintenant… ça me revient.* »

Le Mort qu'il faut

Paul, Marcel

Militant communiste depuis 1923, Marcel Paul (1900-1982) est, à partir de 1937, secrétaire général de la Fédération réunifiée de l'Éclairage. Fait prisonnier en 1940, il s'évade deux fois, puis s'emploie à reconstituer les réseaux communistes en Bretagne. Arrêté en novembre 1941, condamné en février 1943 par la Section spéciale à quatre ans de prison, il est livré aux Allemands en février 1944. Déporté le 27 avril à Auschwitz, puis transféré le 14 mai à Buchenwald, il devient l'un des dirigeants de l'organisation clandestine de résistance. À la Libération, il est ministre de la Production industrielle dans le gouvernement du général de Gaulle.

Le Mort qu'il faut

Payart, Jean

Chargé d'affaires à Moscou dans les années trente, Jean Payart (1892-1969) est, après la guerre, consul général à Cologne, puis conseiller à Moscou, et ambassadeur de France à Vienne d'octobre 1950 à janvier 1955.

L'Écriture ou la vie

Petit Camp

Voir Camp.

Peulevé, Harry

Harry Peulevé (1916-1963), agent du SOE britannique, intégré au maquis de Corrèze, arrêté en mars 1944, déporté à Buchenwald le 10 août 1944, survit au camp grâce à une substitution d'identité.

Quel beau dimanche!, Le Mort qu'il faut

Picasso, Pablo

À l'annonce de la mort de Staline le 5 mars 1953, la rédaction des *Lettres françaises* demande à Picasso, membre du PCF depuis 1944, de dessiner un portrait du *Vojd* (le chef). Elle le publie en première page. Le portrait, qui ne répond pas aux canons du réalisme socialiste, scandalise la direction du PCF, qui condamne ce portrait, arguant du fait qu'il ne correspond pas aux « qualités » du dictateur.

L'Écriture ou la vie

Pierre Ménard, auteur du Quichotte

L'une des nouvelles de *Fictions* de Jorge Luis Borges (1899-1986), paru en 1944 (traduction 1951, Éditions Gallimard).

L'Écriture ou la vie

Pilniak, Boris

Écrivain russe, Boris Pilniak (1894-1938) est considéré dès 1918 comme contre-révolutionnaire. *L'Année nue* (1921), récit de la première année de la révolution, lui apporte la célébrité. En 1926, avec la publication de sa nouvelle, *Conte de la lune non éteinte*, qui met en scène la mort de Mikhaïl Frounzé, l'un des dirigeants bolchéviques, en laissant supposer un assassinat au cours d'une intervention médicale à laquelle Frounzé avait été contraint par Staline, Pilniak redevient suspect aux yeux du pouvoir soviétique. Il est finalement arrêté le 28 octobre 1937 sous l'accusation de trotskisme antisoviétique et fusillé le 21 avril 1938.

Le Mort qu'il faut

Pineau, Christian

Christian Pineau (1904-1995), militant syndicaliste de la Banque, socialiste, résistant. L'un des fondateurs du mouvement Libération-Nord, il intègre le Comité d'action socialiste. Partisan de l'unification des mouvements de résistance, il est arrêté en mai 1943 au moment où elle se réalise avec la mise sur pied du Conseil national de la Résistance. Il est déporté à Buchenwald. Compagnon de la Libération, il occupe de nombreuses fonctions politiques sous la IVe République (ministre, président du Conseil en 1955). Il a publié ses Souvenirs, sous le titre *La Simple Vérité, 1940-1945* (Julliard, 1960).

Quel beau dimanche!

Pinkas (rue)

Fondée à Prague en 1479 par le rabbin Pinkas, la synagogue de style gothique qui porte son nom est entourée d'un cimetière, considéré comme le plus vieux d'Europe. Après la Révolution de velours en 1989, la synagogue a retrouvé sa fonction de mémorial des Juifs tchèques et slovaques assassinés pendant la Shoah, ses murs portent les noms des 80 000 victimes.

Quel beau dimanche!

Platonov, Andreï

Écrivain russe, Andreï Platonov (1899-1951) publie quelques nouvelles, mais il est bientôt réduit au silence. D'abord communiste fervent puis désabusé par la politique de collectivisation de Staline, il écrit une anti-utopie : *Tchevengour* (1929). En 1933, ses écrits sont confisqués. Ces textes seront redécouverts après 1990 lors de l'ouverture des archives du KGB.

Le Mort qu'il faut

Plus-value

Jorge Semprún remet en cause la présentation classique des régimes socialistes, selon laquelle l'exploitation ne pouvait pas y exister puisque la propriété collective des moyens de production interdirait l'appropriation privée de la plus-value. En réalité, et la question a été soulevée dès les années trente par l'économiste marxiste Lucien Laurat, la plus-value produite est collectivement captée au profit d'une nouvelle classe au pouvoir ; par conséquent, la société communiste n'est plus, comme elle le prétendait, une société sans classe où l'exploitation de l'homme par l'homme a disparu. Les ouvriers, dépossédés du contrôle des biens de production, subissent un autre type d'exploitation. C'est l'un des thèmes que reprend le communiste yougoslave Milovan Djilas dans son ouvrage *La Nouvelle Classe dirigeante* (Plon, 1957).

Quel beau dimanche!

Politzer, Georges

Georges Politzer (1903-1942), philosophe, membre du parti communiste, professeur à l'Université ouvrière de Paris. Responsable du journal clandestin *L'Université ouvrière*, il est arrêté en février 1942 et fusillé en mai au Mont-Valérien.

Quel beau dimanche!

« *Polonais abandonnés…* »

Selon les accords militaires franco-polonais de 1939, en cas d'agression de la Pologne par l'un de ses voisins, l'état-major français s'était engagé à faire intervenir l'armée française dans un délai de quinze jours à compter du début des hostilités. À la réunion du conseil franco-britannique de la mi-septembre 1940, le général Gamelin renonce à cette offensive, trahissant sa parole. Les Soviétiques, informés de cette décision (au contraire des Polonais laissés dans l'ignorance), décident alors de répondre aux sollicitations de Hitler pour qu'ils entrent à leur tour en Pologne (ce qui a lieu le 17 septembre) conformément aux dispositions du pacte germano-soviétique.

Quel beau dimanche!

Ponomarev, Boris

De 1955 à 1986, Boris Ponomarev (1905-1995) est chef du Département international du Comité central du PCUS. Il avait été l'un des protégés de Mikhaïl Souslov, idéologue et membre féroce du KGB.

Quel beau dimanche!

Pontigny (train de munitions de)

Le 7 octobre 1943, le groupe Bayard, implanté à Joigny, lié au réseau «Jean-Marie Action» et animé par Paul Herbin, fait sauter un train à Pontigny (Yonne). Une imprudence de deux des participants à l'action provoque, selon le témoignage de Michel Herr, l'arrestation de l'un des deux par les Allemands, qui lancent une vaste opération d'arrestations. Se rendant à Joigny chez Irène Chiot, Jorge Semprún, qui y avait trouvé refuge, est arrêté.

Le Grand Voyage

Popper, Karl

Karl Popper (1902-1994), auteur de *La Société ouverte et ses ennemis.* tome I. *L'ascendant de Platon;* tome II. *Hegel et Marx*, Le Seuil, 1979.

Quel beau dimanche!

Poretski, Élisabeth

Voir dans ce volume la préface de Jorge Semprún à ses Souvenirs: *Les Nôtres*.

Quel beau dimanche!

Pöttgen, Peter

Auteur de *Am Ettersberg*, roman, Düsseldorf, Erb Verlag, 1983.

L'Écriture ou la vie

« Présence pure, ombre divine »

Vers tiré de *Les Pas*, dans *Charmes* de Paul Valéry, 1922. La Pléiade, *Œuvres I*, p. 120-121.

Le Mort qu'il faut

Pronteau, Jean

Jean Pronteau (1919-1984), résistant, militant communiste, dirigeant des Forces unies de la Jeunesse patriotique, élu député communiste de la Charente après la Libération. Directeur de la revue *Économie et Politique*, J. Pronteau entre en conflit avec la direction du PCF dans les années soixante. Il est exclu au début des années soixante-dix pour avoir mis en cause Georges Marchais. Il rejoint alors le Parti socialiste.

Quel beau dimanche!

Que peut la littérature ?

Rencontre de la Mutualité (1964) avec S. de Beauvoir, Y. Berger, J.-P. Faye, J.-P. Sartre, J. Semprún, publication chez UGE, coll. « 10/18 », 1965.

Quel beau dimanche!

Question (La)

En février 1958, les Éditions de Minuit publient *La Question* d'Henri Alleg, directeur du journal communiste *Alger républicain*. Il avait été arrêté le 12 juin 1957. Le livre, qui dénonce la torture, est saisi le 27 mars 1958.

Le Grand Voyage

Quevedo, Francisco de

Auteur de la deuxième moitié du Siècle d'or espagnol, Francisco de Quevedo (1580-1645) est un poète satirique, fasciné par la rhétorique et les effets de style. Il passe un certain temps à la cour en tant que secrétaire du roi. Il écrit des textes très divers : des œuvres politiques, des poèmes amoureux, un roman picaresque, et des textes religieux et philosophiques.

Le Mort qu'il faut

Rákosi ; Ulbricht ; Gottwald

Mátyás Rákosi (1892-1971), secrétaire du Parti communiste hongrois, dirigeant stalinien de la République de Hongrie de 1949 à 1956, en exil après 1956 en URSS.

Walter Ulbricht (1893-1973), premier secrétaire du SED de RDA en 1953, président du Conseil d'État.

Klement Gottwald (1896-1953), dirigeant du Parti communiste tchécoslovaque, Premier ministre et président de la République.

Quel beau dimanche!

Rayon de Saint-Denis

Le rayon communiste de Saint-Denis, l'un des plus forts de la région parisienne. Il s'appuyait sur la municipalité de la ville, fut dirigé par Jacques Doriot (1897-1945), maire de

Saint-Denis à partir de 1930. Bien tenu en main par Doriot, le rayon le suit en grande partie lors de la crise de 1934, qui l'oppose à la direction du PCF (Maurice Thorez). Doriot prône, en avance sur Moscou, l'alliance antifasciste avec les socialistes et les radicaux.

Quel beau dimanche!

Redon 1940

Le 17 juin 1940, Rennes est déclarée «ville ouverte». Le 18, pour protéger l'évacuation des 12 000 soldats polonais du camp de Coëtquidan, un verrou est mis en place à Redon constitué de deux compagnies antichars polonaises en provenance du centre d'instruction de Granville. La position tient toute la journée.

L'Évanouissement

Religion dans les limites de la simple raison (La)

Jorge Semprún se réfère à l'édition de ce texte de Kant datant de 1793, parue en 1943 dans la collection «Bibliothèque des textes philosophiques» des Éditions J. Vrin, dans une traduction de J. Gibelin.

L'Écriture ou la vie

Revier

Terme militaire allemand désignant, à l'origine, l'infirmerie d'une caserne. Dans les camps, il s'agit aussi d'une infirmerie, mais le plus souvent celle-ci est dépourvue de médicaments et de matériel médical. Les SS y passent régulièrement pour sélectionner les malades qu'ils destinent à la mort.

Le Grand Voyage

Rhin et Danube

L'insigne de la Iʳᵉ Armée française, commandée par le général de Lattre de Tassigny, reprend les armes de la ville de Colmar : un écusson partagé en deux verticalement, rouge à gauche, vert à droite, frappé d'une masse d'arme or placée en diagonale, le tout soutenu par des lignes bleues symbolisant le débarquement de Provence du 15 août 1944.

L'Évanouissement

Ricardou, Jean

Instituteur puis professeur et docteur ès lettres, Jean Ricardou est l'un des théoriciens du Nouveau Roman.

Quel beau dimanche!

« *Robert A., rue de Rennes…* »

Il s'agit de Robert Antelme (1917-1990). (Voir *supra* l'entrée Antelme).

Quel beau dimanche!

Rodhain, abbé

Aumônier général de la Jeunesse ouvrière catholique en 1934, l'abbé Rodhain (1900-1977) fut, pendant l'Occupation, aumônier des prisonniers de guerre. À la Libération, il fonde le Secours catholique.

Quel beau dimanche!

Röhm, Ernst

Ancien des corps francs, Röhm (1887-1934) rencontre Hitler en 1919. Il adhère au parti nazi et met sur pied les Sections d'Assaut. Après l'échec du putsch de Munich (1923), il s'exile en Bolivie d'où il rentre en 1930, appelé par Hitler, qui lui confie la réorganisation des SA. Après la prise du pouvoir, Hitler, pour ménager la Reichswehr et les milieux d'affaires, décide d'épurer le parti et de reprendre en main les SA dont les tendances «socialistes», version national-socialiste, entravent son rapprochement avec les milieux d'affaires. Au cours de la liquidation de la direction des SA qui a lieu le 30 juin 1934, Röhm est assassiné.

Quel beau dimanche!

Rokossovki (offensive)

Le maréchal Konstantin Rokossovki, qui commande depuis le 29 juin 1944 le front de Biélorussie, lance une offensive qui conduit l'armée Rouge aux portes de Varsovie à la fin de juillet 1944. Il n'exploite pas une situation très favorable qui lui aurait permis de franchir la Vistule en plusieurs points et d'investir Varsovie, qui s'insurge le 1er août, escomptant le soutien des Soviétiques qui n'ont cessé d'appeler à l'insurrection par tracts et par radio. Staline a décidé de réorienter son effort vers la Hongrie, préférant laisser les troupes allemandes et les brigades SS massacrer la population de Varsovie et réduire peu à peu les quartiers tenus par les insurgés polonais, qui déposent les armes le 2 octobre 1944.

Quel beau dimanche!

Roosevelt, Franklin Delano

Le président américain décède d'une hémorragie cérébrale le 12 avril 1945 à Warm Springs, État de Géorgie. Roosevelt avait été réélu pour un quatrième mandat en novembre 1944.

L'Écriture ou la vie

Rosenberg, Alfred

Alfred Rosenberg (1893-1946), théoricien nazi, chargé en 1940 de rafler les œuvres d'art et les bibliothèques appartenant aux Juifs (l'*Einsatzstab Reichsleiter* Rosenberg), ministre du

Reich pour les territoires occupés à l'Est, condamné à mort au cours du procès de Nuremberg. Il est l'auteur du *Mythe du XXᵉ siècle* (1930), dans lequel il développe ses théories raciales et antichrétiennes.

Quel beau dimanche!

Rossanda, Rossana

Militante communiste italienne, journaliste, elle est chargée par Togliatti de la commission culturelle du PC italien. En 1968, elle condamne l'invasion de la Tchécoslovaquie par les troupes du pacte de Varsovie. Elle fonde en 1969 le journal *Il Manifesto*, qu'elle dirigera jusqu'en 1978.

L'Écriture ou la vie

« Rossel (qui portait de surcroît le nom de) »

Allusion à Louis-Nathaniel Rossel (1844-1871), colonel rallié à la Commune de Paris en 1871. Il fut nommé délégué à la Guerre le 30 avril. Arrêté, jugé à deux reprises, il est finalement fusillé le 28 novembre 1871 à Satory.

Quel beau dimanche!

Roth, Philip

Allusion au chapitre «Conversation à Turin avec Primo Levi» du livre de Philip Roth intitulé *Parlons travail*, publié en 2004 chez Gallimard (titre original : *Shop Talk : a Writer and his Colleagues and their Work*, Boston, New York, Houghton Mifflin, 2001).

L'Écriture ou la vie

Rousset, David

David Rousset (1912-1997), auteur de *L'Univers concentrationnaire*, Éditions du Pavois, 1946 (prix Renaudot), réédition Pluriel, 2011, et *Les Jours de notre mort*, Éditions du Pavois, 1947, réédition Hachette littérature, 2005.

Quel beau dimanche!

« Ruhe Scheiskerl… »

« Silence salaud. »

Le Grand Voyage

Rundstedt, Gerd von

Voir Bastogne.

Saint-Prix

À la veille de la Seconde Guerre mondiale, la famille Semprún s'installe à Saint-Prix dans l'Oise, dans une maison trouvée avec l'aide des réseaux de la revue *Esprit*.

Le Grand Voyage ; L'Évanouissement

« ... sang du POUM... »

Après les journées de Barcelone de mai 1937, le Parti ouvrier d'unification marxiste subit la répression des services républicains tenus en main par les conseillers du NKVD. Les militants sont enlevés, séquestrés, torturés, assassinés, comme Andreu Nin, l'un des leaders du POUM.

Quel beau dimanche !

Sang noir (Le)

Roman de Louis Guilloux (1899-1980), paru en 1935, dans lequel Kaminsky, compagnon du narrateur, est inspiré de Waldemar George (George Jarocinski, 1893-1970). Celui-ci, selon Guilloux, engagé volontaire en 1914, était employé comme interprète par la préfecture de Saint-Brieuc. Jorge Semprún, dans *Le Mort qu'il faut*, utilise le nom de Kaminsky pour désigner un Allemand originaire de Silésie.

Le Mort qu'il faut

Sartre, Jean-Paul

L'Être et le néant de Jean-Paul Sartre (1905-1980) a paru en 1943, *La Nausée* en 1938, *Les Mouches* en 1943. La première de la pièce a eu lieu le 2 juin 1943 au théâtre de la Cité, le théâtre Sarah-Bernhardt débaptisé en raison des origines juives de la tragédienne.

L'Écriture ou la vie

Sauckel, Fritz

Né en 1894, dès 1923 adhérent du parti nazi, Fritz Sauckel devint *Gauleiter* de Thuringe en 1923. Nommé responsable de l'emploi de la main-d'œuvre en 1942, il organise le transfert de travailleurs des pays occupés vers l'Allemagne. En France, il est à l'origine de la loi de février 1943 sur le Service du travail obligatoire. Jugé au procès de Nuremberg, il est condamné à mort et pendu en 1946.

Quel beau dimanche !

Schaff, Adam

Philosophe marxiste polonais, Adam Schaff (1913-2006) étudia le droit et l'économie à Paris, puis la philosophie à Moscou. Rentré en Pologne avec l'armée Rouge, il devint membre du comité central du Parti ouvrier unifié polonais (le PC) et le resta jusqu'en 1968. Il en fut l'idéologue orthodoxe jusqu'en 1956, puis inscrivit ses réflexions et travaux dans le sillage du courant «révisionniste» (L. Kołakowski).

Quel beau dimanche!

Scharführer

Grade de la SS équivalent à celui de sergent-chef dans l'armée française.

Le Grand Voyage

Schelling, Friedrich W. J.

Recherches philosophiques sur l'essence de la liberté humaine et les problèmes qui s'y rattachent, traduit de l'allemand par Georges Politzer, introduction d'Henri Lefebvre, Éditions Rieder, collection de philosophie et de mystique, 1926.

Le Mort qu'il faut

« Schön war die Zeit da wir uns so geliebt…»

Chanson *Schön war es doch*, interprétée par Zarah Leander.

L'Écriture ou la vie

Seifert, Willi

Militant communiste arrêté en 1934 par la Gestapo, Willi Seifert (1915-1986) fut kapo à Buchenwald. Après la guerre, il entre dans la police de la zone soviétique puis dans celle de la RDA, atteignant le grade de lieutenant-général de la Police du peuple (Deutsche Volk Polizei, DVP) et exerce ensuite de hautes fonctions au ministère de l'Intérieur.

Quel beau dimanche!

Sein und Zeit

Être et temps de Martin Heidegger (1889-1976) a paru en allemand en 1927. La première traduction intégrale a été publiée en 1964 chez Gallimard, dans la «Bibliothèque de philosophie».

L'Écriture ou la vie

Semur-en-Auxois (maquis de)

Un maquis de quinze hommes s'établit en mai 1943 à Allerey, entre Semur et Flée.

Le Grand Voyage

STO

Le 17 février 1943 est institué le Service du travail obligatoire pour les hommes âgés de 21 à 23 ans (voir Sauckel, Fritz). Les requis doivent partir en Allemagne. Une partie de ceux qui veulent s'y soustraire (10 %) se cache, rejoint les maquis existants ou les organise.

Le Grand Voyage

Seuls demeurent

Recueil de poèmes de René Char (1907-1982) paru en février 1945.

L'Écriture ou la vie

Sextus Empiricus

Philosophe, astronome et médecin grec (IIe-IIIe siècle), ainsi nommé parce qu'il avait adopté l'empirisme en médecine. Il vécut à Alexandrie et Athènes et fut à la tête de l'école sceptique de 180 à 210.

Quel beau dimanche!

Si c'est un homme

Se questo è un uomo, de Primo Levi, est traduit en 1961 aux Éditions Buchet-Chastel sous le titre *J'étais un homme* (traduction Michèle Causse) et republié en 1990 sous le titre *Si c'est un homme* aux Éditions Julliard (traduction Martine Schruoffeneger).

L'Écriture ou la vie

Siniavski, Andreï

Écrivain, dissident, Andreï Siniavski (1925-1997) fut condamné à sept ans de prison en 1966 pour «activités antisoviétiques» c'est-à-dire l'envoi à l'étranger de manuscrits signés Abraham Terz. Exilé en France, il publie plusieurs romans et poursuit des activités de soutien à la dissidence russe.

Quel beau dimanche!

Six août 1945

Ce jour-là, les Américains lâchent la première bombe atomique sur la ville de Hiroshima au Japon. On dénombrera 78 000 morts, 14 000 disparus, 40 000 blessés.

L'Évanouissement

Slánský (procès)

Procès, organisé à Prague en 1952, qui s'inscrit dans la série des procès touchant plus particulièrement les dirigeants communistes — onze des quatorze accusés sont juifs — ayant eu des activités en Espagne où à l'étranger. Sur les quatorze, accusés de «complot titiste», onze sont condamnés à mort, trois à la prison à vie. Sur le mécanisme des procès, voir Annie Kriegel, *Les Grands Procès dans les systèmes communistes*, Paris, Gallimard, coll. « Idées », 1972.

Le Mort qu'il faut

« *So stelle ich mir die Liebe vor,/ ich bin nicht mehr allein...* »

Citation tirée de l'opérette de Peter Alexander, *Hochzeitsnacht im Paradies*, dont la première eut lieu le 24 septembre 1942 à Berlin au Metropol-Theater.

L'Écriture ou la vie

Sodome et Gomorrhe

Pièce en deux actes de Jean Giraudoux, créée le 11 octobre 1943 au théâtre Hébertot. Gérard Philipe y tint le rôle de l'ange.

L'Écriture ou la vie

Sonderkommando d'Auschwitz

Le terme désigne l'unité de travail des déportés chargés de vider les chambres à gaz et de transporter les cadavres aux fours crématoires. Ces déportés étaient régulièrement éliminés et remplacés par de nouveaux arrivants. Le 7 octobre 1944, les membres du *Sonderkommando* d'Auschwitz se révoltent en incendiant leur bâtiment — ils seront tous liquidés. Six membres de ce kommando ont laissé leurs témoignages enfouis à proximité des crématoires. Cinq d'entre eux ont été publiés : *Des voix sous la cendre — Manuscrits des Sonderkommandos d'Auschwitz-Birkenau* (Calmann-Lévy/Mémorial de la Shoah, 2005). Deux survivants ont également témoigné : Filip Müller, *Trois ans dans une chambre à gaz d'Auschwitz* (Pygmalion, 1980) et Shlomo Venezia, *Sonderkommando — Dans l'enfer des chambres à gaz* (Albin Michel, 2007).

L'Écriture ou la vie

Soutou, Jean-Marie

Jean-Marie Soutou (1912-2009) a joué un rôle important auprès de la famille Semprún (voir le « Vie & Œuvre »). En 1940, il participe à Lyon à la création de l'Amitié chrétienne avec l'abbé Glasberg, le père Chaillet, Germaine Ribière et Ninon Hait, organisation qui se destinait à aider les Juifs persécutés : en 1942, il participe au sauvetage d'enfants juifs. Il est l'un des responsables des *Cahiers du Témoignage chrétien*. Il épouse Maribel Semprún, la sœur de Jorge. Arrêté par les Allemands en janvier 1943, il est interné au fort Montluc et libéré grâce à l'intervention du cardinal Gerlier. Recherché par la Gestapo, Jean-Marie Soutou gagne la Suisse, où il représente les Mouvements unis de la Résistance (MUR). Il a été honoré du titre de Juste parmi les Nations en 1994. Son fils Georges-Henri Soutou a publié en 2011 : *Jean-Marie Soutou, un diplomate engagé, mémoires 1939-1979*, d'après des entretiens avec Jean-François Noiville, Éditions de Fallois.

L'Écriture ou la vie

Souvorov, Alexandre

Alexandre Souvorov (1729 ou 1730-1800), feld-maréchal de Catherine II et Paul Ier, qui sortit vainqueur de toutes les campagnes qu'il entreprit, sauf celle de 1799 contre les Français.

Quel beau dimanche!

Soviets et électrification (Lénine)

Lénine déclare lors de la conférence de la province de Moscou du PC(b)R (20-22 novembre 1920): « Sans instaurer en Russie une technique perfectionnée, plus élevée qu'auparavant, il ne saurait être question ni de rétablissement de la vie économique, ni de communisme. Le communisme, c'est le pouvoir des Soviets plus l'électrification de tout le pays, car sans électrification il est impossible de perfectionner l'industrie. » Son discours, intitulé « Notre situation extérieure et intérieure et les tâches du parti », est publié en français dans le *Bulletin communiste*, n° 52/53, du 30 décembre 1920. C'est un thème qu'il développe à plusieurs reprises notamment au cours du IIIe congrès de l'Internationale communiste, en juin 1921.

Quel beau dimanche!

Spinoza, Baruch

Il s'agit d'une allusion au *Tractatus theologico-politicus* (1670) dans lequel Spinoza défend la liberté de philosopher au moyen et en vue d'une sorte de théologie rationnelle, c'est-à-dire une exégèse biblique libérée des contraintes de la foi.

L'Évanouissement

Staline, « *l'organisation décide de tout* »

Allusion au texte de Joseph Staline, *L'Homme, le capital le plus précieux*, discours prononcé devant une promotion des élèves de l'académie de l'armée Rouge le 4 mai 1935, dans lequel se trouve cette formule : « Le gros de notre effort doit porter maintenant sur les hommes, sur les cadres, sur les travailleurs, maîtres de la technique. Voilà pourquoi l'ancien mot d'ordre : "la technique décide de tout", reflet d'une période déjà révolue, où la pénurie sévissait chez nous, doit être remplacé maintenant par ce mot d'ordre nouveau : "les cadres décident de tout". C'est aujourd'hui l'essentiel. »

Quel beau dimanche!

Star Dust

Chanson composée en 1929, interprétée notamment par Louis Armstrong, paroles de Mitchell Parish, musique de Hoagy Carmichael.

Le Grand Voyage

Stoica, Chivu

Communiste roumain, Chivu Stoica (1908-1975) fut membre des Brigades internationales en Espagne en 1936. Il fut Premier ministre de Roumanie de 1955 à 1961, puis président du conseil d'État de 1965 à 1967.

L'Écriture ou la vie

Structure du comportement (La)

L'ouvrage de Maurice Merleau-Ponty (1908-1961) a paru en novembre 1942 aux Presses universitaires de France, dans la collection «Bibliothèque de philosophie contemporaine». Il s'agit de sa thèse de doctorat qu'il avait achevée en 1938.

L'Écriture ou la vie

« Suzanne dans son île du Pacifique »

Allusion à Jean Giraudoux, *Suzanne et le Pacifique*, Émile-Paul Frères, 1921; réédition Grasset, 1935.

Quel beau dimanche !

« Tabou » (maquis)

Constitué début 1943 par des réfractaires du STO, le maquis «Tabou», situé à Pothières dans la forêt d'Othe, au nord de Châtillon-sur-Seine, survivait grâce aux liens familiaux des maquisards. Ils étaient armés — ils avaient récupéré des armes abandonnées en 1940 —, mais le fonctionnement du maquis laissait une grande part à l'improvisation. Le maquis est contraint de changer plusieurs fois de lieu pour échapper aux Allemands. Début décembre 1943, au moment de l'attaque des Allemands, dix-sept maquisards sont présents. Pris au dépourvu, ils se défendent, mais six seulement réussiront à s'échapper. Deux ont été tués et neuf sont faits prisonniers (dont deux blessés). Ils seront fusillés le 14 janvier 1944 à Chaumont.

Le Grand Voyage

Taslitzky, Boris

Boris Taslitzky (1911-2005), peintre et dessinateur, militant communiste, collaborateur du journal *Ce Soir* dirigé par Louis Aragon. Membre du Front national, il est arrêté en 1941 et interné successivement dans plusieurs camps du Sud de la France. Déporté en juillet 1944 à Buchenwald, il réalise deux cents dessins de la vie quotidienne du camp.

L'Évanouissement

« … témoin, le seul vrai témoin… »

Allusion à la réflexion de Primo Levi : «Je le répète : nous, les survivants, ne sommes pas les vrais témoins. C'est là une notion qui dérange, dont j'ai pris conscience peu à peu, en lisant les souvenirs des autres et en relisant les miens à plusieurs années de distance. Nous, les survivants, nous sommes une minorité non seulement exiguë, mais anormale : nous sommes ceux qui, grâce à la prévarication, l'habileté ou la chance, n'ont pas touché le fond. Ceux qui l'ont fait, qui ont vu la Gorgone, ne sont pas revenus pour raconter, ou sont revenus muets, mais ce sont eux, les "musulmans", les engloutis, les témoins intégraux, ceux dont la déposition aurait eu une signification générale. Eux sont la règle, nous l'exception», (Primo Levi, *Les Naufragés et les Rescapés. Quarante ans après Auschwitz,* trad. André Maugé, Gallimard, coll. «Arcades», 1989, p. 81-82).

Le Mort qu'il faut

Temps des cerises (Le)

Chanson de Jean-Baptiste Clément (1836-1903), écrite en 1866. Après la Commune de 1871, Clément l'associa à l'insurrection parisienne en ajoutant la dédicace suivante : «À la vaillante citoyenne Louise, ambulancière de la rue Fontaine-au-Roi, le dimanche 26 mai 1871.» La barricade de la rue de la Fontaine-au-Roi fut l'une des dernières à résister aux troupes de Versailles.

Le Mort qu'il faut

Totenkopf

La division SS *Totenkopf* (Tête de mort) était plus spécialement chargée de la garde des camps de concentration. Lors de sa participation aux opérations militaires en Pologne, en France, ou en Union soviétique, ses soldats commirent de nombreux massacres de civils et de prisonniers. Une caserne de cette unité se trouvait à proximité de Buchenwald.

Le Grand Voyage

Touchard, Pierre-Aimé

Répétiteur au lycée Henri-IV, Pierre-Aimé Touchard (1903-1987) devint chroniqueur théâtral à *Esprit.* En 1934, il est chargé d'animer l'Association des Amis d'Esprit. De 1941 à 1944, il dirige la Maison des lettres, dont il fait un centre antipétainiste. En 1946-1947, il est inspecteur principal des spectacles auprès de la Direction générale des Arts et Lettres, puis de 1947 à 1953 administrateur de la Comédie-Française. De 1968 à 1974, il dirige le Conservatoire national supérieur d'art dramatique.

L'Écriture ou la vie

Toucy (groupe de)

Toucy (Yonne), bourgade aux confins de la Puisaye et de la Champagne humide, au sud-est d'Auxerre, patrie de Pierre Larousse.

L'Évanouissement

« Tout n'est pas possible… » ; « Il faut savoir terminer une grève… »

Formules de Maurice Thorez lancées le 11 juin 1936 devant une assemblée de militants. La première répondait à un article de Marceau Pivert (1895-1958), dirigeant de l'aile gauche de la SFIO, « La Gauche révolutionnaire », publié le 27 mai dans *Le Populaire*. Il envisageait, compte tenu du mouvement de grève massif, la perspective proche d'une révolution sociale, « d'un changement radical, à brève échéance, de la situation politique et économique ». La seconde, plus connue, se termine par « dès l'instant où les revendications essentielles ont été obtenues ».

Quel beau dimanche !

Trêve (La)

La Tregua de Primo Levi (1919-1987) paraît en 1963 aux éditions Einaudi (Turin). D'Auschwitz au retour en Italie, *La Trêve* est le récit des trente-cinq jours de ce voyage de sortie du camp.

L'Écriture ou la vie

Triangle rouge

Le triangle rouge cousu sur la veste de déportés désigne les détenus politiques, s'y ajoute l'initiale de la nationalité *S* pour *Spanier*, *F* pour *Französich*, etc. Les droits communs portaient un triangle vert. On dénombre huit couleurs pour désigner les catégories de prisonniers. Sous le triangle est inscrit le matricule du déporté.

Le Grand Voyage

Trilla, Gabriel León

Membre du comité exécutif du PCE, Gabriel León Trilla est exclu en 1933 puis réintégré pendant la guerre civile. Réfugié en France, il participe, avec Jesús Monzón, à la réorganisation du PCE, étant plus spécialement chargé des questions militaires. Après l'échec, à l'automne 1944, des tentatives de conquête de l'Espagne à partir des Pyrénées, il est accusé d'être un provocateur, complice des franquistes. Le 6 septembre 1945, il est assassiné à Madrid par un commando du PCE.

Quel beau dimanche !

Trutat, Alain

Alain Trutat (1922-2006), l'un des fondateurs de France Culture et l'inventeur de l'Atelier de création radiophonique.

Quel beau dimanche !

« *Tutto è ora volto in caos…* »

Citation extraite de *La Trêve* (1961-1962) de Primo Levi : « Puis c'est le chaos ; je suis au centre d'un néant grisâtre et trouble, et soudain je sais ce que tout cela signifie, et je sais aussi que je l'ai toujours su : je suis à nouveau dans le Camp et rien n'était vrai que le Camp. Le reste, la famille, la nature en fleur, le foyer, n'était qu'une brève vacance une illusion des sens, un rêve. » Cette citation se trouve à la toute fin du roman (cf. P. Levi, *Œuvres*, R. Laffont, coll. « Bouquins », 2005, p. 308).

L'Écriture ou la vie

« *Un journal parisien avait publié…* »

Le 6 juin 1956, *Le Monde* publie le Rapport Khrouchtchev, d'après le texte publié deux jours auparavant par le Département d'État américain. Le texte a transité par la Pologne d'où il a été transmis aux États-Unis.

L'Évanouissement

Unamuno, Miguel de

Le philosophe et critique littéraire Miguel de Unamuno (né en 1864) meurt le 31 décembre 1936 à Salamanque, assigné à résidence, après avoir prononcé un discours antifranquiste retentissant en tant que recteur de l'université de Salamanque. C'est au cours de ce discours que le général Millán Astray, invalide de guerre, qu'Unamuno a mis en cause directement, s'écrit : « Mort aux intellectuels ! *Viva la muerte!* »

L'Évanouissement

Une journée d'Ivan Denissovitch

La nouvelle d'Alexandre Soljenitsyne paraît en 1962 dans la revue *Novy Mir* (avec l'appui de Nikita Khrouchtchev) ; elle est publiée en français en 1963 aux éditions Julliard, avec une préface de Pierre Daix.

Quel beau dimanche !

Uribe, Vicente

Député communiste, Vicente Uribe (1897-1961) devient ministre de l'Agriculture dans le gouvernement de Francisco Largo Caballero en 1936. Exilé au Mexique en 1939, il s'installe en France en 1946. En 1950, l'interdiction du PCE le contraint à partir pour Prague. Après le XXe congrès, il est écarté de la direction du PCE.

L'Écriture ou la vie

URSS et nous (L')

Livre signé d'Alexandre Adler, Francis Cohen, Maurice Decaillot, Claude Frioux, *L'URSS et nous* (Éditions sociales, 1978) était destiné à faire le point sur l'état de l'URSS de «façon critique», et à définir les rapports entre PCF et PCUS. Pierre Daix commente cette démarche de la manière suivante dans la revue *Faire* (n° 36, octobre 1978): «Bref, avec vingt-deux ans de retard, voici le rapport secret de Khrouchtchev pris comme base de discussion...»

Quel beau dimanche!

Vallat, Xavier

Réélu député de l'Ardèche en 1936, Xavier Vallat (1891-1972) est secrétaire général aux Anciens Combattants sous Vichy, puis prend la tête du Commissariat général aux questions juives en mars 1941. En dépit de son antisémitisme affiché, il est jugé trop modéré par les Allemands, qui le remplacent par Louis Darquier de Pellepoix en 1942. En 1947, Vallat est condamné à dix ans de prison et à l'indignité nationale. Libéré sous condition en décembre 1949, il est amnistié en 1954.

Quel beau dimanche!

Vallejo, César

Poète péruvien, César Vallejo (1892-1938) est considéré comme l'un des plus grands poètes de langue espagnole et l'un des plus novateurs. Il s'installe à Paris en 1923. En 1928, il adhère au parti communiste.

L'Écriture ou la vie

Valmy (Goethe à)

Goethe assiste à la bataille de Valmy (20 septembre 1792) en tant qu'officier auprès du duc de Saxe-Weimar. Il en fait le récit dans *La Campagne de France et Mayence* (1817). Il juge l'événement en ces termes: «De ce lieu et de ce jour date une nouvelle époque de l'histoire du monde.»

Quel beau dimanche!

Vienne 1934

Le 12 février 1934, l'organisation paramilitaire *(Schutzbund)* du Parti social-démocrate déclenche une insurrection armée afin de riposter aux perquisitions et arrestations de la police. Au bout de quatre jours de combats, les insurgés sont contraints de déposer les armes. Le chancelier Dollfuss interdit le parti social-démocrate. La gauche neutralisée, Dollfuss devait affronter ensuite l'extrême droite nazie. Il est assassiné le 25 juillet 1934 par un commando nazi.

Le Mort qu'il faut

Vol de bois

Voir Loi sur le vol de bois

Völkischer Beobachter

Organe officiel du parti nazi de 1920 à 1945, le *Völkischer Beobachter* (l'*Observateur populaire*) fut dirigé par l'idéologue Alfred Rosenberg de 1923 à 1938.

Quel beau dimanche!

« Vous n'aurez pas l'Alsace... »

Premier vers de la chanson revancharde *Alsace et Lorraine* créée en 1871, paroles de Gaston Villemer et Henri Nazet, musique de Ben Tayoux. Il s'agit d'une protestation contre l'annexion des trois départements français (Bas-Rhin, Haut-Rhin, Moselle) par l'Empire allemand lors du traité de Francfort signé le 10 mai 1871.

Refrain: «*Vous n'aurez pas l'Alsace et la Lorraine/ Et, malgré vous, nous resterons Français/ Vous avez pu germaniser la plaine/ Mais notre cœur, vous ne l'aurez jamais!*»

Le Grand Voyage

Vuelan mis canciónes

Il s'agit vraisemblablement du film *Zauber der Bohème* (1936) dans lequel jouent les deux artistes, film inspiré du roman d'Henri Murger et de l'opéra de Puccini, interprété par Jan Kiepura (1902-1966), ténor polonais qui fit une brillante carrière cinématographique, et son épouse la soprano et actrice Martha Eggerth.

Quel beau dimanche!

Vychinski, Andreï

Juriste, militant menchevique, Andreï Vychinski (1883-1954) rallia le parti bolchevique en 1920. Au terme d'une longue ascension, il devint le procureur des procès de Moscou (1936, 1937, 1938) qui liquidèrent la «vieille garde» bolchevique. Il fut ministre des Affaires étrangères de l'URSS de 1949 à 1953.

Le Mort qu'il faut

Wanderers Nachtlied

Titre d'un poème de Goethe «Chant nocturne du voyageur», qui figure dans le recueil *Élégie de Marienbad*; transposition et présentation par Jean Tardieu, Poésie/Gallimard, 1993, p. 90 et 93.

Quel beau dimanche!

Weidenfeld, George Lord

Viennois réfugié en Grande-Bretagne en 1938, George Weidenfeld a d'abord travaillé à la BBC avant de fonder une maison d'édition avec Nigel Nicholson. Ils furent les premiers éditeurs de *Lolita* de Vladimir Nabokov. George Weidenfeld fut anobli en 1969.

L'Écriture ou la vie

Weimar

La cité de Weimar (Thuringe) se trouve seulement à quelques kilomètres du camp de Buchenwald. Goethe s'y était installé à la fin du XVIIIe siècle.

Le Grand Voyage

« *Wer reitet so spät durch Nacht und Windt…* »

Vers tiré du poème *Le Roi des aulnes* de Goethe, écrit en 1782. Il fut traduit en français par Charles Nodier (1780-1844).

« *Qui chevauche si tard à travers la nuit et le vent ?/ C'est le père avec son enfant./ Il porte l'enfant dans ses bras,/ Il le tient ferme, il le réchauffe.* »

Le Mort qu'il faut

Wetter, Gustaw

Le père Gustaw Wetter (1911-1991) est l'auteur du *Matérialisme dialectique* (Desclée de Brouwer, 1962), et de *L'Idéologie soviétique contemporaine, I. Le matérialisme historique et le matérialisme dialectique* (Payot, 1965).

Quel beau dimanche !

Weydemeyer (lettre à)

Lettre de Karl Marx à Joseph Weydemeyer (1818-1866), officier prussien devenu journaliste socialiste, publiée dans *Die Neue Zeit*, XXV/2, 1907, p. 163 et suiv. : « En ce qui me concerne, il ne faut pas m'attribuer le mérite d'avoir découvert ni l'existence des classes dans la société moderne, ni la lutte que ces classes mènent entre elles. Des historiens bourgeois ont, bien longtemps avant moi, décrit le développement historique de cette lutte de classes et des économistes bourgeois en ont exposé l'anatomie économique. Ce que j'ai fait de nouveau c'est de démontrer : 1° que l'*existence des classes* n'est liée qu'à des *phases historiques déterminées du développement de la production* ; 2° que la lutte des classes conduit nécessairement à la dictature du prolétariat ; 3° que cette dictature elle-même ne constitue que la transition vers l'*abolition de toutes les classes* et vers une société sans classes. » La lettre de Marx est accessible sur le site http://www.marwist.org.

Quel beau dimanche !

Wittgenstein, Ludwig

Ludwig Wittgenstein (1889-1951) est un philosophe né en Autriche. Malgré des centaines de pages manuscrites, il ne publie de son vivant qu'un article, «Notes on Logic» (1913) (trad. par G.-G. Granger in *Carnets 1914-1916*, Gallimard, 1971, p. 169-195), et une œuvre, le *Tractatus logico-philosophicus* (1922) (trad. par G.-G. Granger, Gallimard, 1993) qui retient immédiatement l'attention du philosophe anglais Bertrand Russell (1872-1970). Dans la Vienne des années 1920, l'influence du *Tractatus* gagne aussi les membres du Cercle de Vienne, qui veulent établir une «conception scientifique du monde» en interrogeant les fondements et le fonctionnement du langage commun à tous et à toutes les sciences, le rapport trop facilement admis des mots aux choses, du langage au monde. Wittgenstein prend ainsi part aux travaux du Cercle et, à l'invitation de Russell, poursuit une carrière universitaire à Cambridge.

L'Évanouissement, L'Écriture ou la vie

Wormser, Olga

Désignée en 1944 par le ministère des Prisonniers et Rapatriés de guerre pour mener une enquête sur les camps nazis, Olga Wormser (1912-2002) en tira un livre de référence: *Le Système concentrationnaire nazi (1933-1945)*, PUF, 1968.

Quel beau dimanche!

Zagladine, Vadim

De 1964 à 1988, Vadim Zagladine (1927-2006) fut premier secrétaire adjoint du Département international du comité central du PCUS.

Quel beau dimanche!

Zak, Jiri (Žák, Jiří)

Dans le camp de Buchenwald, un orchestre jouait pour le départ au travail des kommandos et à leur retour. À côté de cet orchestre officiel, le détenu tchèque Jiri Zak organise un orchestre clandestin. Quelques jours après la libération du camp, le 19 avril, l'orchestre donne un «Concert de jazz dans le libre Buchenwald», comme l'indique le programme conservé par Jorge Semprún.

Le Mort qu'il faut

Zamiatine Evgueni

Voir dans ce volume la préface de Jorge Semprún à *Nous autres*.

Quel beau dimanche!

TABLE DES MATIÈRES

VIE ET ŒUVRE 13

L'ESPÈCE HUMAINE, ROBERT ANTELME 85

LE GRAND VOYAGE 89
I, 91 • II, 223

L'ÉVANOUISSEMENT 235

NOUS AUTRES, EVGUENI ZAMIATINE 345

LA CRISE DU MOUVEMENT COMMUNISTE
DU KOMINTERN AU KOMINFORM, FERNANDO CLAUDÍN 353

LE FASCISME. DE MUSSOLINI À HITLER, ERNST NOLTE 361

QUEL BEAU DIMANCHE! 371
Zéro, 375 • Un, 385 • Deux, 405 • Trois, 451 • Quatre, 501 • Cinq, 545 • Six, 573 •
Sept, 613

UN MONDE À PART, GUSTAW HERLING 657

LES NÔTRES, ELISABETH K. PORETSKI 663

L'ESPRIT RÉVOLUTIONNAIRE, LESZEK KOŁAKOWSKI 667

L'ARBRE DE GOETHE. STALINISME ET FASCISME 675

MAL ET MODERNITÉ: LE TRAVAIL DE L'HISTOIRE 687

UNE TOMBE AU CREUX DES NUAGES 715

L'ÉCRITURE OU LA VIE 729

PARTIE I, 733 - LE REGARD, 735 • LE KADDISH, 749 • LA LIGNE BLANCHE, 771 •
LE LIEUTENANT ROSENFELD, 785 • LA TROMPETTE DE LOUIS ARMSTRONG, 803
PARTIE II, 825 - LE POUVOIR D'ÉCRIRE, 827 • LE PARAPLUIE DE BAKOUNINE, 861
PARTIE III, 877 - LE JOUR DE LA MORT DE PRIMO LEVI, 879 • Ô SAISONS,
Ô CHÂTEAUX, 897 • RETOUR À WEIMAR, 913

NI HÉROS NI VICTIMES. WEIMAR-BUCHENWALD 935

L'EXPÉRIENCE DU TOTALITARISME 947

À UNE HEURE INCERTAINE, PRIMO LEVI 955

L'ÉQUIPÉE FRATERNELLE, PAUL NOTHOMB 965

LE MORT QU'IL FAUT 973

PARTIE I, 977 • PARTIE II, 1041 • ÉPILOGUE, 1087

GOULAG, TOMASZ KIZNY 1091

RÉFÉRENCES, AUTEURS, ŒUVRES 1101

CRÉDITS PHOTOGRAPHIQUES 1179

CRÉDITS PHOTOGRAPHIQUES

DIRECTION ÉDITORIALE
Françoise Cibiel

EDITORIAL
Brigitte de La Broise • Emmanuelle Garcia
Anna Kriegel • Jean-Louis Panné

CLICHÉS
Marthe Le More

MAQUETTE
Cédric Vigneault pour l'atelier Zip shebam

Achevé d'imprimer sur Timson
par Normandie Roto Impression s.a.s
61250 Lonrai en avril 2012
Dépôt légal : avril 2012
N° d'imprimeur : 121492
ISBN 978-2-07-013624-7/ Imprimé en France

237638